KB260298

사회복지 법령집

사회복지 법령집

조성은 편저

나눔의 집

일러두기
2006년부터 법률의 명칭을 과거처럼 모두 붙여서 쓰지 않고 의미에 맞게 띄어쓰기를 하고 있다. 이 책에는 발행일을 기준으로
개정된 법률은 띄어쓰기를 했으며, 앞으로 개정되는 법률은 개정에 맞춰 반영할 것이다.

머리말

이 책은 사회복지법제론의 수업에서 기본 이론서와 병행하여 사용하기 위해 편저한 것이다.

이미 시중에 오랜 기간 학문적 폭과 깊이를 쌓아 오신 학자들이 저술한 사회복지법제에 관한 좋은 교재들이 여럿 출판되어 있기 때문에 기존의 책들을 활용하면 충분한 지식을 습득할 수 있다. 다만, 사회복지법제론을 학습하는 목표가 법학적 지식을 얻기 위한 것이 아니라 사회복지 영역의 실무와 탐구 과정에서 법률로 형성된 내용을 명확히 확인하고 활용하기 위한 것이라는 점에서 사회복지법령을 보다 많이, 직접 접하는 것이 필요하다고 생각되어 이 책을 펴낸다.

우리의 사회복지법 체계도 독일과 같이 사회법전의 형태로 되고 이를 출간한 법전이 있다면 보다 손쉽게 법령을 접할 수 있었을 텐데, 개별법 체계이다 보니 그 범위도 불명확하고 사회복지법을 모아 놓은 적당한 법전이 없어서 다소간의 불편이 있었다. 특히 사회복지법제론을 가르치는 강의자의 입장에서는 각 법률을 강의할 때마다 프린트한 법령을 지참하도록 하여 법률을 읽고 이해할 수 있게 교육하고 싶었지만 제대로 이루어지지 않는 경우가 많아 아쉬웠다. 매번 출력하는 일을 학생들이 번거로워 하기도 했고, 이론서에 해설된 내용만으로도 충분하다고 느껴서인지 법률을 직접 읽어야 한다는 필요성을 느끼지 못하는 것 같기도 했다.

사회복지사가 사회복지법제론을 필수적으로 수강해야 하는 이유는 산만하게 흩어져 있는 사회복지법의 내용을 많이 외우고 지식적으로 알고 있어야 하는 것은 아닐 것이다. 법제론의 상당 부분은 사회복지정책론이나 사회보장론, 기타 여러 분야론 과목에서 이미 다루고 있기 때문에 법제론을 통해서 얻어야 할 핵심은 그런 내용의 반복이 아닌 법령을 읽고 적용할 수 있는 능력을 키우는 것이 아닐까 생각한다. 그러기 위해서는 수업을 통해 직접 법령을 접하고 다소 생소한 용어와 표현을 반복해서 익히는 것이 무엇보다 중요하다고 할 수 있다.

이 책은 간략한 각 부의 소개 글을 제외하고는 모두 관련 법령의 내용을 그대로 담고 있다. 헌법과 국제조약을 비롯하여 사회보험, 공공부조, 사회복지서비스 및 관련 법령들을 가급적이면 모두 접해볼 수 있도록 모았다. 주요한 법령의 경우 시행령과 시행규칙까지 실었고, 나머지는 법률만을 소개하였다. 법령을 이해하기 위해서는 시행령과 시행규칙까지도 모두 필요하지만 사회복지 관련 법률이 많기 때문에 지면의 한계상 모두 싣지는 못하였다. 여기에 빠져 있는 시행령과 시행규칙이라 해서 중요하지 않다는 의미는 아니기 때문에 가급적 모두 접해볼 것을 권한다. 법제처 홈페이지(http://www.moleg.go.kr)에서는 모든 법령을 검색하여 출력할 수 있고, 출판사 홈페이지(http://www.ncbook.co.kr)에서는 이 책에 법률만 실어 놓은 것에 대한 시행령과 시행규칙을 별도의 파일로 제공할 예정이다.

아무쪼록 좋은 이론서들과 함께 법령들을 자주 접함으로써 보다 단단한 기반을 갖춘 사회복지사로 성장하는 데 도움이 되기 바란다.

편저자

Contents

Contents

제 1 부

헌법

우리나라에서 제정되고 효력을 갖는 모든 법령은 헌법을 기초로 하고 헌법의 이념과 테두리 안에서만 성립될 수 있다. 따라서 사회복지에 관한 모든 법령 역시 헌법에 기초하고 있다.

우리나라 헌법은 전문에서 국민생활의 균등한 향상을 선언하고, 기본권 조항에서 모든 국민의 인간다운 생활을 보장하며, 제34조에서는 사회보장·사회복지에 관한 국가의 책임과 의무를 명시하고 있다. 헌법에 명시된 복지국가 지향의 이념과 원칙은 사회복지에 관한 여러 법령을 통해 보다 구체화된다.

헌법에서 사회복지와 직접적으로 관련되는 조항은 국민기본권 전체의 기조가 되는 헌법 제10조(인간의 존엄과 가치·행복추구권)와 사회복지에 대한 국민의 권리와 국가의 의무를 규정한 34조(인간다운 생활을 할 권리) 등이라 할 수 있다.

대한민국헌법

연혁

1948. 7. 17 제정 헌법 제1호
1952. 7. 7 일부개정 헌법 제2호
1954. 11. 29 일부개정 헌법 제3호
1960. 6. 15 일부개정 헌법 제4호
1960. 11. 29 일부개정 헌법 제5호

1962. 12. 26 전부개정 헌법 제6호
1969. 10. 21 일부개정 헌법 제7호
1972. 12. 27 전문개정 헌법 제8호
1980. 10. 27 전문개정 헌법 제9호
1987. 10. 29 전문개정 헌법 제10호

전문

유구한 역사와 전통에 빛나는 우리 대한국민은 3·1운동으로 건립된 대한민국임시정부의 법통과 불의에 항거한 4·19민주이념을 계승하고, 조국의 민주개혁과 평화적 통일의 사명에 입각하여 정의·인도와 동포애로써 민족의 단결을 공고히 하고, 모든 사회적 폐습과 불의를 타파하며, 자율과 조화를 바탕으로 자유민주적 기본질서를 더욱 확고히 하여 정치·경제·사회·문화의 모든 영역에 있어서 각인의 기회를 균등히 하고, 능력을 최고도로 발휘하게 하며, 자유와 권리에 따르는 책임과 의무를 완수하게 하여, 안으로는 국민생활의 균등한 향상을 기하고 밖으로는 항구적인 세계평화와 인류공영에 이바지함으로써 우리들과 우리들의 자손의 안전과 자유와 행복을 영원히 확보할 것을 다짐하면서 1948년 7월 12일에 제정되고 8차에 걸쳐 개정된 헌법을 이제 국회의 의결을 거쳐 국민투표에 의하여 개정한다.

제1장 총강

제1조 ①대한민국은 민주공화국이다.
②대한민국의 주권은 국민에게 있고, 모든 권력은 국민으로부터 나온다.

제2조 ①대한민국의 국민이 되는 요건은 법률로 정한다.
②국가는 법률이 정하는 바에 의하여 재외국민을 보호할 의무를 진다.

제3조 대한민국의 영토는 한반도와 그 부속도서로 한다.

제4조 대한민국은 통일을 지향하며, 자유민주적 기본질서에 입각한 평화적 통일 정책을 수립하고 이를 추진한다.

제5조 ①대한민국은 국제평화의 유지에 노력하고 침략적 전쟁을 부인한다.
②국군은 국가의 안전보장과 국토방위의 신성한 의무를 수행함을 사명으로 하며, 그 정치적 중립성은 준수된다.

제6조 ①헌법에 의하여 체결·공포된 조약과 일반적으로 승인된 국제법규는 국내법과 같은 효력을 가진다.
②외국인은 국제법과 조약이 정하는 바에 의하여 그 지위가 보장된다.

제7조 ①공무원은 국민전체에 대한 봉사자이며, 국민에 대하여 책임을 진다.
②공무원의 신분과 정치적 중립성은 법률이 정하는 바에 의하여 보장된다.

제8조 ①정당의 설립은 자유이며, 복수정당제는 보장된다.
②정당은 그 목적·조직과 활동이 민주적이어야 하며, 국민의 정치적 의사형성에 참여하는데 필요한 조직을 가져야 한다.
③정당은 법률이 정하는 바에 의하여 국가의 보호를 받으며, 국가는 법률이 정하는 바에 의하여 정당운영에 필요한 자금을 보조할 수 있다.
④정당의 목적이나 활동이 민주적 기본질서에 위배될 때에는 정부는 헌법재판소에 그 해산을 제소할 수 있고, 정당은 헌법재판소의 심판에 의하여 해산된다.

제9조 국가는 전통문화의 계승·발전과 민족문화의 창달에 노력하여야 한다.

제2장 국민의 권리와 의무

제10조 모든 국민은 인간으로서의 존엄과 가치를 가지며, 행복을 추구할 권리를 가진다. 국가는 개인이 가지는 불가침의 기본적 인권을 확인하고 이를 보장할 의무를 진다.

제11조 ①모든 국민은 법 앞에 평등하다. 누구든지 성별·종교 또는 사회적 신분에 의하여 정치적·경제적·사회적·문화적 생활의 모든 영역에 있어서 차별을 받지 아니한다.
②사회적 특수계급의 제도는 인정되지 아니하며, 어떠한 형태로도 이를 창설할 수 없다.
③훈장 등의 영전은 이를 받은 자에게만 효력이 있고, 어떠한 특권도 이에 따르지 아니한다.

제12조 ①모든 국민은 신체의 자유를 가진다. 누구든지 법률에 의하지 아니하고는 체포·구속·압수·수색 또는 심문을 받지 아니하며, 법률과 적법한 절차에 의하지 아니하고는 처벌·보안처분 또는 강제노역을 받지 아니한다.
②모든 국민은 고문을 받지 아니하며, 형사상 자기에게 불리한 진술을 강요당하지 아니한다.
③체포·구속·압수 또는 수색을 할 때에는 적법한 절차에 따라 검사의 신청에 의하여 법관이 발부한 영장을 제시하여야 한다. 다만, 현행범인인 경우와 장기 3년 이상의 형에 해당하는 죄를 범하고 도피 또는 증거인멸의 염려가 있을 때에는 사후에 영장을 청구할 수 있다.
④누구든지 체포 또는 구속을 당한 때에는 즉시 변호인의 조력을 받을 권리를 가진다. 다만, 형사피고인이 스스로 변호인을 구할 수 없을 때에는 법률이 정하는 바에 의하여 국가가 변호인을 붙인다.
⑤누구든지 체포 또는 구속의 이유와 변호인의 조력을 받을 권리가 있음을 고지받지 아니하고는 체포 또는 구속을 당하지 아니한다. 체포 또는 구속을 당한 자의 가족 등 법률이 정하는 자에게는 그 이유와 일시·장소가 지체없이 통지되어야 한다.
⑥누구든지 체포 또는 구속을 당한 때에는 적부의 심사를 법원에 청구할 권리를 가진다.
⑦피고인의 자백이 고문·폭행·협박·구속의 부당한 장기화 또는 기망 기타의 방법에 의하여 자의로 진술된 것이 아니라고 인정될 때 또는 정식재판에 있어서 피고인의 자백이 그에게 불리한 유일한 증거일 때에는 이를 유죄의 증거로 삼거나 이를 이유로 처벌할 수 없다.

제13조 ①모든 국민은 행위시의 법률에 의하여 범죄를 구성하지 아니하는 행위로 소추되지 아니하며, 동일한 범죄에 대하여 거듭 처벌받지 아니한다.
②모든 국민은 소급입법에 의하여 참정권의 제한을 받거나 재산권을 박탈당하지 아니한다.
③모든 국민은 자기의 행위가 아닌 친족의 행위로 인하여 불이익한 처우를 받지 아니한다.

제14조 모든 국민은 거주·이전의 자유를 가진다.

제15조 모든 국민은 직업선택의 자유를 가진다.

제16조 모든 국민은 주거의 자유를 침해받지 아니한다. 주거에 대한 압수나 수색을 할 때에는 검사의 신청에 의하여 법관이 발부한 영장을 제시하여야 한다.

제17조 모든 국민은 사생활의 비밀과 자유를 침해받지 아니한다.

제18조 모든 국민은 통신의 비밀을 침해받지 아니한다.

제19조 모든 국민은 양심의 자유를 가진다.

제20조 ①모든 국민은 종교의 자유를 가진다.
②국교는 인정되지 아니하며, 종교와 정치는 분리된다.

제21조 ①모든 국민은 언론·출판의 자유와 집회·결사의 자유를 가진다.
②언론·출판에 대한 허가나 검열과 집회·결사에 대한 허가는 인정되지 아니한다.
③통신·방송의 시설기준과 신문의 기능을 보장하기 위하여 필요한 사항은 법률로 정한다.
④언론·출판은 타인의 명예나 권리 또는 공중도덕이나 사회윤리를 침해하여서는 아니된다. 언론·출판이 타인의 명예나 권리를 침해한 때에는 피해자는 이에 대한 피해의 배상을 청구할 수 있다.

제22조 ①모든 국민은 학문과 예술의 자유를 가진다.
②저작자·발명가·과학기술자와 예술가의 권리는 법률로써 보호한다.

제23조 ①모든 국민의 재산권은 보장된다. 그 내용과 한계는 법률로 정한다.
②재산권의 행사는 공공복리에 적합하도록 하여야 한다.
③공공필요에 의한 재산권의 수용·사용 또는 제한 및 그에 대한 보상은 법률로써 하되, 정당한 보상을 지급하여야 한다.

제24조 모든 국민은 법률이 정하는 바에 의하여 선거권을 가진다.

제25조 모든 국민은 법률이 정하는 바에 의하여 공무담임권을 가진다.

제26조 ①모든 국민은 법률이 정하는 바에 의하여 국가기관에 문서로 청원할 권리를 가진다.
②국가는 청원에 대하여 심사할 의무를 진다.

제27조 ①모든 국민은 헌법과 법률이 정한 법관에 의하여 법률에 의한 재판을 받을 권리를 가진다.
②군인 또는 군무원이 아닌 국민은 대한민국의 영역안에서는 중대한 군사상 기밀·초병·초소·유독음식물공급·포로·군용물에 관한 죄 중 법률이 정한 경우와 비상계엄이 선포된 경우를 제외하고는 군사법원의 재판을 받지 아니한다.
③모든 국민은 신속한 재판을 받을 권리를 가진다. 형사피고인은 상당한 이유가 없는 한 지체없이 공개재판을 받을 권리를 가진다.
④형사피고인은 유죄의 판결이 확정될 때까지는 무죄로 추정된다.
⑤형사피해자는 법률이 정하는 바에 의하여 당해 사건의 재판절차에서 진술할 수 있다.

제28조 형사피의자 또는 형사피고인으로서 구금되었던 자가 법률이 정하는 불기소처분을 받거나 무죄판결을 받은 때에는 법률이 정하는 바에 의하여 국가에 정당한 보상을 청구할 수 있다.

제29조 ①공무원의 직무상 불법행위로 손해를 받은 국민은 법률이 정하는 바에 의하여 국가 또는 공공단체에 정당한 배상을 청구할 수 있다. 이 경우 공무원 자신의 책임은 면제되지 아니한다.
②군인·군무원·경찰공무원 기타 법률이 정하는 자가 전투·훈련 등 직무집행과 관련하여 받은 손해에 대하여는 법률이 정하는 보상외에 국가 또는 공공단체에 공무원의 직무상 불법행위로 인한 배상은 청구할 수 없다.

제30조 타인의 범죄행위로 인하여 생명·신체에 대한 피해를 받은 국민은 법률이 정하는 바에 의하여 국가로부터 구조를 받을 수 있다.

제31조 ①모든 국민은 능력에 따라 균등하게 교육을 받을 권리를 가진다.
②모든 국민은 그 보호하는 자녀에게 적어도 초등교육과 법률이 정하는 교육을 받게 할 의무를 진다.
③의무교육은 무상으로 한다.
④교육의 자주성·전문성·정치적 중립성 및 대학의 자율성은 법률이 정하는 바에 의하여 보장된다.

⑤국가는 평생교육을 진흥하여야 한다.
⑥학교교육 및 평생교육을 포함한 교육제도와 그 운영, 교육재정 및 교원의 지위에 관한 기본적인 사항은 법률로 정한다.

제32조 ①모든 국민은 근로의 권리를 가진다. 국가는 사회적·경제적 방법으로 근로자의 고용의 증진과 적정임금의 보장에 노력하여야 하며, 법률이 정하는 바에 의하여 최저임금제를 시행하여야 한다.
②모든 국민은 근로의 의무를 진다. 국가는 근로의 의무의 내용과 조건을 민주주의원칙에 따라 법률로 정한다.
③근로조건의 기준은 인간의 존엄성을 보장하도록 법률로 정한다.
④여자의 근로는 특별한 보호를 받으며, 고용·임금 및 근로조건에 있어서 부당한 차별을 받지 아니한다.
⑤연소자의 근로는 특별한 보호를 받는다.
⑥국가유공자·상이군경 및 전몰군경의 유가족은 법률이 정하는 바에 의하여 우선적으로 근로의 기회를 부여받는다.

제33조 ①근로자는 근로조건의 향상을 위하여 자주적인 단결권·단체교섭권 및 단체행동권을 가진다.
②공무원인 근로자는 법률이 정하는 자에 한하여 단결권·단체교섭권 및 단체행동권을 가진다.
③법률이 정하는 주요방위산업체에 종사하는 근로자의 단체행동권은 법률이 정하는 바에 의하여 이를 제한하거나 인정하지 아니할 수 있다.

제34조 ①모든 국민은 인간다운 생활을 할 권리를 가진다.
②국가는 사회보장·사회복지의 증진에 노력할 의무를 진다.
③국가는 여자의 복지와 권익의 향상을 위하여 노력하여야 한다.
④국가는 노인과 청소년의 복지향상을 위한 정책을 실시할 의무를 진다.
⑤신체장애자 및 질병·노령 기타의 사유로 생활능력이 없는 국민은 법률이 정하는 바에 의하여 국가의 보호를 받는다.
⑥국가는 재해를 예방하고 그 위험으로부터 국민을 보호하기 위하여 노력하여야 한다.

제35조 ①모든 국민은 건강하고 쾌적한 환경에서 생활할 권리를 가지며, 국가와 국민은 환경보전을 위하여 노력하여야 한다.
②환경권의 내용과 행사에 관하여는 법률로 정한다.
③국가는 주택개발정책 등을 통하여 모든 국민이 쾌적한 주거생활을 할 수 있도록 노력하여야 한다.

제36조 ①혼인과 가족생활은 개인의 존엄과 양성의 평등을

기초로 성립되고 유지되어야 하며, 국가는 이를 보장한다.
②국가는 모성의 보호를 위하여 노력하여야 한다.
③모든 국민은 보건에 관하여 국가의 보호를 받는다.

제37조 ①국민의 자유와 권리는 헌법에 열거되지 아니한 이유로 경시되지 아니한다.
②국민의 모든 자유와 권리는 국가안전보장·질서유지 또는 공공복리를 위하여 필요한 경우에 한하여 법률로써 제한할 수 있으며, 제한하는 경우에도 자유와 권리의 본질적인 내용을 침해할 수 없다.

제38조 모든 국민은 법률이 정하는 바에 의하여 납세의 의무를 진다.

제39조 ①모든 국민은 법률이 정하는 바에 의하여 국방의 의무를 진다.
②누구든지 병역의무의 이행으로 인하여 불이익한 처우를 받지 아니한다.

제3장 국회

제40조 입법권은 국회에 속한다.

제41조 ①국회는 국민의 보통·평등·직접·비밀선거에 의하여 선출된 국회의원으로 구성한다.
②국회의원의 수는 법률로 정하되, 200인 이상으로 한다.
③국회의원의 선거구와 비례대표제 기타 선거에 관한 사항은 법률로 정한다.

제42조 국회의원의 임기는 4년으로 한다.

제43조 국회의원은 법률이 정하는 직을 겸할 수 없다.

제44조 ①국회의원은 현행범인인 경우를 제외하고는 회기 중 국회의 동의없이 체포 또는 구금되지 아니한다.
②국회의원이 회기전에 체포 또는 구금된 때에는 현행범인이 아닌 한 국회의 요구가 있으면 회기 중 석방된다.

제45조 국회의원은 국회에서 직무상 행한 발언과 표결에 관하여 국회 외에서 책임을 지지 아니한다.

제46조 ①국회의원은 청렴의 의무가 있다.
②국회의원은 국가이익을 우선하여 양심에 따라 직무를 행한다.
③국회의원은 그 지위를 남용하여 국가·공공단체 또는 기업체와의 계약이나 그 처분에 의하여 재산상의 권리·이익 또는 직위를 취득하거나 타인을 위하여 그 취득을 알선할 수 없다.

제47조 ①국회의 정기회는 법률이 정하는 바에 의하여 매년 1회 집회되며, 국회의 임시회는 대통령 또는 국회재적의원 4분의 1 이상의 요구에 의하여 집회된다.
②정기회의 회기는 100일을, 임시회의 회기는 30일을 초과할 수 없다.
③대통령이 임시회의 집회를 요구할 때에는 기간과 집회요구의 이유를 명시하여야 한다.

제48조 국회는 의장 1인과 부의장 2인을 선출한다.

제49조 국회는 헌법 또는 법률에 특별한 규정이 없는 한 재적의원 과반수의 출석과 출석의원 과반수의 찬성으로 의결한다. 가부동수인 때에는 부결된 것으로 본다.

제50조 ①국회의 회의는 공개한다. 다만, 출석의원 과반수의 찬성이 있거나 의장이 국가의 안전보장을 위하여 필요하다고 인정할 때에는 공개하지 아니할 수 있다.
②공개하지 아니한 회의내용의 공표에 관하여는 법률이 정하는 바에 의한다.

제51조 국회에 제출된 법률안 기타의 의안은 회기 중에 의결되지 못한 이유로 폐기되지 아니한다. 다만, 국회의원의 임기가 만료된 때에는 그러하지 아니하다.

제52조 국회의원과 정부는 법률안을 제출할 수 있다.

제53조 ①국회에서 의결된 법률안은 정부에 이송되어 15일 이내에 대통령이 공포한다.
②법률안에 이의가 있을 때에는 대통령은 제1항의 기간내에 이의서를 붙여 국회로 환부하고, 그 재의를 요구할 수 있다. 국회의 폐회 중에도 또한 같다.
③대통령은 법률안의 일부에 대하여 또는 법률안을 수정하여 재의를 요구할 수 없다.
④재의의 요구가 있을 때에는 국회는 재의에 붙이고, 재적의원과반수의 출석과 출석의원 3분의 2 이상의 찬성으로 전과 같은 의결을 하면 그 법률안은 법률로서 확정된다.
⑤대통령이 제1항의 기간내에 공포나 재의의 요구를 하지 아니한 때에도 그 법률안은 법률로서 확정된다.
⑥대통령은 제4항과 제5항의 규정에 의하여 확정된 법률을 지체없이 공포하여야 한다. 제5항에 의하여 법률이 확정된 후 또는 제4항에 의한 확정법률이 정부에 이송된 후 5일 이내에 대통령이 공포하지 아니할 때에는 국회의장이 이를 공포한다.

⑦법률은 특별한 규정이 없는 한 공포한 날로부터 20일을 경과함으로써 효력을 발생한다.

제54조 ①국회는 국가의 예산안을 심의·확정한다.
②정부는 회계연도마다 예산안을 편성하여 회계연도 개시 90일전까지 국회에 제출하고, 국회는 회계연도 개시 30일전까지 이를 의결하여야 한다.
③새로운 회계연도가 개시될 때까지 예산안이 의결되지 못한 때에는 정부는 국회에서 예산안이 의결될 때까지 다음의 목적을 위한 경비는 전년도 예산에 준하여 집행할 수 있다.
1. 헌법이나 법률에 의하여 설치된 기관 또는 시설의 유지·운영
2. 법률상 지출의무의 이행
3. 이미 예산으로 승인된 사업의 계속

제55조 ①한 회계연도를 넘어 계속하여 지출할 필요가 있을 때에는 정부는 연한을 정하여 계속비로서 국회의 의결을 얻어야 한다.
②예비비는 총액으로 국회의 의결을 얻어야 한다. 예비비의 지출은 차기국회의 승인을 얻어야 한다.

제56조 정부는 예산에 변경을 가할 필요가 있을 때에는 추가경정예산안을 편성하여 국회에 제출할 수 있다.

제57조 국회는 정부의 동의없이 정부가 제출한 지출예산 각 항의 금액을 증가하거나 새 비목을 설치할 수 없다.

제58조 국채를 모집하거나 예산외에 국가의 부담이 될 계약을 체결하려 할 때에는 정부는 미리 국회의 의결을 얻어야 한다.

제59조 조세의 종목과 세율은 법률로 정한다.

제60조 ①국회는 상호원조 또는 안전보장에 관한 조약, 중요한 국제조직에 관한 조약, 우호통상항해조약, 주권의 제약에 관한 조약, 강화조약, 국가나 국민에게 중대한 재정적 부담을 지우는 조약 또는 입법사항에 관한 조약의 체결·비준에 대한 동의권을 가진다.
②국회는 선전포고, 국군의 외국에의 파견 또는 외국군대의 대한민국 영역안에서의 주류에 대한 동의권을 가진다.

제61조 ①국회는 국정을 감사하거나 특정한 국정사안에 대하여 조사할 수 있으며, 이에 필요한 서류의 제출 또는 증인의 출석과 증언이나 의견의 진술을 요구할 수 있다.
②국정감사 및 조사에 관한 절차 기타 필요한 사항은 법률로 정한다.

제62조 ①국무총리·국무위원 또는 정부위원은 국회나 그 위원회에 출석하여 국정처리상황을 보고하거나 의견을 진술하고 질문에 응답할 수 있다.
②국회나 그 위원회의 요구가 있을 때에는 국무총리·국무위원 또는 정부위원은 출석·답변하여야 하며, 국무총리 또는 국무위원이 출석요구를 받은 때에는 국무위원 또는 정부위원으로 하여금 출석·답변하게 할 수 있다.

제63조 ①국회는 국무총리 또는 국무위원의 해임을 대통령에게 건의할 수 있다.
②제1항의 해임건의는 국회재적의원 3분의 1 이상의 발의에 의하여 국회재적의원 과반수의 찬성이 있어야 한다.

제64조 ①국회는 법률에 저촉되지 아니하는 범위안에서 의사와 내부규율에 관한 규칙을 제정할 수 있다.
②국회는 의원의 자격을 심사하며, 의원을 징계할 수 있다.
③의원을 제명하려면 국회재적의원 3분의 2 이상의 찬성이 있어야 한다.
④제2항과 제3항의 처분에 대하여는 법원에 제소할 수 없다.

제65조 ①대통령·국무총리·국무위원·행정각부의 장·헌법재판소 재판관·법관·중앙선거관리위원회 위원·감사원장·감사위원 기타 법률이 정한 공무원이 그 직무집행에 있어서 헌법이나 법률을 위배한 때에는 국회는 탄핵의 소추를 의결할 수 있다.
②제1항의 탄핵소추는 국회재적의원 3분의 1 이상의 발의가 있어야 하며, 그 의결은 국회재적의원 과반수의 찬성이 있어야 한다. 다만, 대통령에 대한 탄핵소추는 국회재적의원 과반수의 발의와 국회재적의원 3분의 2 이상의 찬성이 있어야 한다.
③탄핵소추의 의결을 받은 자는 탄핵심판이 있을 때까지 그 권한행사가 정지된다.
④탄핵결정은 공직으로부터 파면함에 그친다. 그러나 이에 의하여 민사상이나 형사상의 책임이 면제되지는 아니한다.

제4장 정부

제1절 대통령

제66조 ①대통령은 국가의 원수이며, 외국에 대하여 국가를 대표한다.
②대통령은 국가의 독립·영토의 보전·국가의 계속성과 헌법을 수호할 책무를 진다.
③대통령은 조국의 평화적 통일을 위한 성실한 의무를 진다.
④행정권은 대통령을 수반으로 하는 정부에 속한다.

제67조 ①대통령은 국민의 보통·평등·직접·비밀선거에 의하여 선출한다.
②제1항의 선거에 있어서 최고득표자가 2인 이상인 때에는 국회의 재적의원 과반수가 출석한 공개회의에서 다수표를 얻은 자를 당선자로 한다.
③대통령후보자가 1인일 때에는 그 득표수가 선거권자 총수의 3분의 1 이상이 아니면 대통령으로 당선될 수 없다.
④대통령으로 선거될 수 있는 자는 국회의원의 피선거권이 있고 선거일 현재 40세에 달하여야 한다.
⑤대통령의 선거에 관한 사항은 법률로 정한다.

제68조 ①대통령의 임기가 만료되는 때에는 임기만료 70일 내지 40일전에 후임자를 선거한다.
②대통령이 궐위된 때 또는 대통령 당선자가 사망하거나 판결 기타의 사유로 그 자격을 상실한 때에는 60일 이내에 후임자를 선거한다.

제69조 대통령은 취임에 즈음하여 다음의 선서를 한다.
"나는 헌법을 준수하고 국가를 보위하며 조국의 평화적 통일과 국민의 자유와 복리의 증진 및 민족문화의 창달에 노력하여 대통령으로서의 직책을 성실히 수행할 것을 국민 앞에 엄숙히 선서합니다."

제70조 대통령의 임기는 5년으로 하며, 중임할 수 없다.

제71조 대통령이 궐위되거나 사고로 인하여 직무를 수행할 수 없을 때에는 국무총리, 법률이 정한 국무위원의 순서로 그 권한을 대행한다.

제72조 대통령은 필요하다고 인정할 때에는 외교·국방·통일 기타 국가안위에 관한 중요정책을 국민투표에 붙일 수 있다.

제73조 대통령은 조약을 체결·비준하고, 외교사절을 신임·접수 또는 파견하며, 선전포고와 강화를 한다.

제74조 ①대통령은 헌법과 법률이 정하는 바에 의하여 국군을 통수한다.
②국군의 조직과 편성은 법률로 정한다.

제75조 대통령은 법률에서 구체적으로 범위를 정하여 위임받은 사항과 법률을 집행하기 위하여 필요한 사항에 관하여 대통령령을 발할 수 있다.

제76조 ①대통령은 내우·외환·천재·지변 또는 중대한 재정·경제상의 위기에 있어서 국가의 안전보장 또는 공공의 안녕질서를 유지하기 위하여 긴급한 조치가 필요하고 국회의 집회를 기다릴 여유가 없을 때에 한하여 최소한으로 필요한 재정·경제상의 처분을 하거나 이에 관하여 법률의 효력을 가지는 명령을 발할 수 있다.
②대통령은 국가의 안위에 관계되는 중대한 교전상태에 있어서 국가를 보위하기 위하여 긴급한 조치가 필요하고 국회의 집회가 불가능한 때에 한하여 법률의 효력을 가지는 명령을 발할 수 있다.
③대통령은 제1항과 제2항의 처분 또는 명령을 한 때에는 지체없이 국회에 보고하여 그 승인을 얻어야 한다.
④제3항의 승인을 얻지 못한 때에는 그 처분 또는 명령은 그때부터 효력을 상실한다. 이 경우 그 명령에 의하여 개정 또는 폐지되었던 법률은 그 명령이 승인을 얻지 못한 때부터 당연히 효력을 회복한다.
⑤대통령은 제3항과 제4항의 사유를 지체없이 공포하여야 한다.

제77조 ①대통령은 전시·사변 또는 이에 준하는 국가비상사태에 있어서 병력으로써 군사상의 필요에 응하거나 공공의 안녕질서를 유지할 필요가 있을 때에는 법률이 정하는 바에 의하여 계엄을 선포할 수 있다.
②계엄은 비상계엄과 경비계엄으로 한다.
③비상계엄이 선포된 때에는 법률이 정하는 바에 의하여 영장제도, 언론·출판·집회·결사의 자유, 정부나 법원의 권한에 관하여 특별한 조치를 할 수 있다.
④계엄을 선포한 때에는 대통령은 지체없이 국회에 통고하여야 한다.
⑤국회가 재적의원 과반수의 찬성으로 계엄의 해제를 요구한 때에는 대통령은 이를 해제하여야 한다.

제78조 대통령은 헌법과 법률이 정하는 바에 의하여 공무원을 임면한다.

제79조 ①대통령은 법률이 정하는 바에 의하여 사면·감형 또는 복권을 명할 수 있다.
②일반사면을 명하려면 국회의 동의를 얻어야 한다.
③사면·감형 및 복권에 관한 사항은 법률로 정한다.

제80조 대통령은 법률이 정하는 바에 의하여 훈장 기타의 영전을 수여한다.

제81조 대통령은 국회에 출석하여 발언하거나 서한으로 의견을 표시할 수 있다.

제82조 대통령의 국법상 행위는 문서로써 하며, 이 문서에는 국무총리와 관계 국무위원이 부서한다. 군사에 관한 것도 또한 같다.

제83조 대통령은 국무총리·국무위원·행정각부의 장 기타 법률이 정하는 공사의 직을 겸할 수 없다.

제84조 대통령은 내란 또는 외환의 죄를 범한 경우를 제외하고는 재직 중 형사상의 소추를 받지 아니한다.

제85조 전직대통령의 신분과 예우에 관하여는 법률로 정한다.

제2절 행정부

제1관 국무총리와 국무위원

제86조 ①국무총리는 국회의 동의를 얻어 대통령이 임명한다.
②국무총리는 대통령을 보좌하며, 행정에 관하여 대통령의 명을 받아 행정각부를 통할한다.
③군인은 현역을 면한 후가 아니면 국무총리로 임명될 수 없다.

제87조 ①국무위원은 국무총리의 제청으로 대통령이 임명한다.
②국무위원은 국정에 관하여 대통령을 보좌하며, 국무회의의 구성원으로서 국정을 심의한다.
③국무총리는 국무위원의 해임을 대통령에게 건의할 수 있다.
④군인은 현역을 면한 후가 아니면 국무위원으로 임명될 수 없다.

제2관 국무회의

제88조 ①국무회의는 정부의 권한에 속하는 중요한 정책을 심의한다.
②국무회의는 대통령·국무총리와 15인 이상 30인 이하의 국무위원으로 구성한다.
③대통령은 국무회의의 의장이 되고, 국무총리는 부의장이 된다.

제89조 다음 사항은 국무회의의 심의를 거쳐야 한다.
1. 국정의 기본계획과 정부의 일반정책
2. 선전·강화 기타 중요한 대외정책
3. 헌법개정안·국민투표안·조약안·법률안 및 대통령령안
4. 예산안·결산·국유재산처분의 기본계획·국가의 부담이 될 계약 기타 재정에 관한 중요사항
5. 대통령의 긴급명령·긴급재정경제처분 및 명령 또는 계엄과 그 해제

6. 군사에 관한 중요사항
7. 국회의 임시회 집회의 요구
8. 영전수여
9. 사면·감형과 복권
10. 행정각부간의 권한의 획정
11. 정부안의 권한의 위임 또는 배정에 관한 기본계획
12. 국정처리상황의 평가·분석
13. 행정각부의 중요한 정책의 수립과 조정
14. 정당해산의 제소
15. 정부에 제출 또는 회부된 정부의 정책에 관계되는 청원의 심사
16. 검찰총장·합동참모의장·각군참모총장·국립대학교총장·대사 기타 법률이 정한 공무원과 국영기업체관리자의 임명
17. 기타 대통령·국무총리 또는 국무위원이 제출한 사항

제90조 ①국정의 중요한 사항에 관한 대통령의 자문에 응하기 위하여 국가원로로 구성되는 국가원로자문회의를 둘 수 있다.
②국가원로자문회의의 의장은 직전대통령이 된다. 다만, 직전대통령이 없을 때에는 대통령이 지명한다.
③국가원로자문회의의 조직·직무범위 기타 필요한 사항은 법률로 정한다.

제91조 ①국가안전보장에 관련되는 대외정책·군사정책과 국내정책의 수립에 관하여 국무회의의 심의에 앞서 대통령의 자문에 응하기 위하여 국가안전보장회의를 둔다.
②국가안전보장회의는 대통령이 주재한다.
③국가안전보장회의의 조직·직무범위 기타 필요한 사항은 법률로 정한다.

제92조 ①평화통일정책의 수립에 관한 대통령의 자문에 응하기 위하여 민주평화통일자문회의를 둘 수 있다.
②민주평화통일자문회의의 조직·직무범위 기타 필요한 사항은 법률로 정한다.

제93조 ①국민경제의 발전을 위한 중요정책의 수립에 관하여 대통령의 자문에 응하기 위하여 국민경제자문회의를 둘 수 있다.
②국민경제자문회의의 조직·직무범위 기타 필요한 사항은 법률로 정한다.

제3관 행정각부

제94조 행정각부의 장은 국무위원 중에서 국무총리의 제청으로 대통령이 임명한다.

제95조 국무총리 또는 행정각부의 장은 소관사무에 관하여 법률이나 대통령령의 위임 또는 직권으로 총리령 또는 부령을 발할 수 있다.

제96조 행정각부의 설치·조직과 직무범위는 법률로 정한다.

제4관 감사원

제97조 국가의 세입·세출의 결산, 국가 및 법률이 정한 단체의 회계검사와 행정기관 및 공무원의 직무에 관한 감찰을 하기 위하여 대통령 소속하에 감사원을 둔다.

제98조 ①감사원은 원장을 포함한 5인 이상 11인 이하의 감사위원으로 구성한다.
②원장은 국회의 동의를 얻어 대통령이 임명하고, 그 임기는 4년으로 하며, 1차에 한하여 중임할 수 있다.
③감사위원은 원장의 제청으로 대통령이 임명하고, 그 임기는 4년으로 하며, 1차에 한하여 중임할 수 있다.

제99조 감사원은 세입·세출의 결산을 매년 검사하여 대통령과 차년도국회에 그 결과를 보고하여야 한다.

제100조 감사원의 조직·직무범위·감사위원의 자격·감사대상공무원의 범위 기타 필요한 사항은 법률로 정한다.

제5장 법원

제101조 ①사법권은 법관으로 구성된 법원에 속한다.
②법원은 최고법원인 대법원과 각급법원으로 조직된다.
③법관의 자격은 법률로 정한다.

제102조 ①대법원에 부를 둘 수 있다.
②대법원에 대법관을 둔다. 다만, 법률이 정하는 바에 의하여 대법관이 아닌 법관을 둘 수 있다.
③대법원과 각급법원의 조직은 법률로 정한다.

제103조 법관은 헌법과 법률에 의하여 그 양심에 따라 독립하여 심판한다.

제104조 ①대법원장은 국회의 동의를 얻어 대통령이 임명한다.
②대법관은 대법원장의 제청으로 국회의 동의를 얻어 대통령이 임명한다.
③대법원장과 대법관이 아닌 법관은 대법관회의의 동의를 얻어 대법원장이 임명한다.

제105조 ①대법원장의 임기는 6년으로 하며, 중임할 수 없다.
②대법관의 임기는 6년으로 하며, 법률이 정하는 바에 의하여 연임할 수 있다.
③대법원장과 대법관이 아닌 법관의 임기는 10년으로 하며, 법률이 정하는 바에 의하여 연임할 수 있다.
④법관의 정년은 법률로 정한다.

제106조 ①법관은 탄핵 또는 금고 이상의 형의 선고에 의하지 아니하고는 파면되지 아니하며, 징계처분에 의하지 아니하고는 정직·감봉 기타 불리한 처분을 받지 아니한다.
②법관이 중대한 심신상의 장해로 직무를 수행할 수 없을 때에는 법률이 정하는 바에 의하여 퇴직하게 할 수 있다.

제107조 ①법률이 헌법에 위반되는 여부가 재판의 전제가 된 경우에는 법원은 헌법재판소에 제청하여 그 심판에 의하여 재판한다.
②명령·규칙 또는 처분이 헌법이나 법률에 위반되는 여부가 재판의 전제가 된 경우에는 대법원은 이를 최종적으로 심사할 권한을 가진다.
③재판의 전심절차로서 행정심판을 할 수 있다. 행정심판의 절차는 법률로 정하되, 사법절차가 준용되어야 한다.

제108조 대법원은 법률에서 저촉되지 아니하는 범위안에서 소송에 관한 절차, 법원의 내부규율과 사무처리에 관한 규칙을 제정할 수 있다.

제109조 재판의 심리와 판결은 공개한다. 다만, 심리는 국가의 안전보장 또는 안녕질서를 방해하거나 선량한 풍속을 해할 염려가 있을 때에는 법원의 결정으로 공개하지 아니할 수 있다.

제110조 ①군사재판을 관할하기 위하여 특별법원으로서 군사법원을 둘 수 있다.
②군사법원의 상고심은 대법원에서 관할한다.
③군사법원의 조직·권한 및 재판관의 자격은 법률로 정한다.
④비상계엄하의 군사재판은 군인·군무원의 범죄나 군사에 관한 간첩죄의 경우와 초병·초소·유독음식물공급·포로에 관한 죄 중 법률이 정한 경우에 한하여 단심으로 할 수 있다. 다만, 사형을 선고한 경우에는 그러하지 아니하다.

제6장 헌법재판소

제111조 ①헌법재판소는 다음 사항을 관장한다.
1. 법원의 제청에 의한 법률의 위헌여부 심판
2. 탄핵의 심판
3. 정당의 해산 심판

4. 국가기관 상호간, 국가기관과 지방자치단체 간 및 지방자
치단체 상호간의 권한쟁의에 관한 심판
5. 법률이 정하는 헌법소원에 관한 심판
②헌법재판소는 법관의 자격을 가진 9인의 재판관으로 구성
하며, 재판관은 대통령이 임명한다.
③제2항의 재판관 중 3인은 국회에서 선출하는 자를, 3인은
대법원장이 지명하는 자를 임명한다.
④헌법재판소의 장은 국회의 동의를 얻어 재판관 중에서 대
통령이 임명한다.

제112조 ①헌법재판소 재판관의 임기는 6년으로 하며, 법률
이 정하는 바에 의하여 연임할 수 있다.
②헌법재판소 재판관은 정당에 가입하거나 정치에 관여할
수 없다.
③헌법재판소 재판관은 탄핵 또는 금고 이상의 형의 선고에
의하지 아니하고는 파면되지 아니한다.

제113조 ①헌법재판소에서 법률의 위헌결정, 탄핵의 결정,
정당해산의 결정 또는 헌법소원에 관한 인용결정을 할 때에
는 재판관 6인 이상의 찬성이 있어야 한다.
②헌법재판소는 법률에 저촉되지 아니하는 범위 안에서 심
판에 관한 절차, 내부규율과 사무처리에 관한 규칙을 제정할
수 있다.
③헌법재판소의 조직과 운영 기타 필요한 사항은 법률로 정
한다.

제7장 선거관리

제114조 ①선거와 국민투표의 공정한 관리 및 정당에 관한
사무를 처리하기 위하여 선거관리위원회를 둔다.
②중앙선거관리위원회는 대통령이 임명하는 3인, 국회에서
선출하는 3인과 대법원장이 지명하는 3인의 위원으로 구성
한다. 위원장은 위원 중에서 호선한다.
③위원의 임기는 6년으로 한다.
④위원은 정당에 가입하거나 정치에 관여할 수 없다.
⑤위원은 탄핵 또는 금고 이상의 형의 선고에 의하지 아니하
고는 파면되지 아니한다.
⑥중앙선거관리위원회는 법령의 범위 안에서 선거관리·국
민투표관리 또는 정당사무에 관한 규칙을 제정할 수 있으며,
법률에 저촉되지 아니하는 범위 안에서 내부규율에 관한 규
칙을 제정할 수 있다.
⑦각급 선거관리위원회의 조직·직무범위 기타 필요한 사항
은 법률로 정한다.

제115조 ①각급 선거관리위원회는 선거인명부의 작성 등 선
거사무와 국민투표사무에 관하여 관계 행정기관에 필요한

지시를 할 수 있다.
②제1항의 지시를 받은 당해 행정기관은 이에 응하여야 한
다.

제116조 ①선거운동은 각급 선거관리위원회의 관리하에 법
률이 정하는 범위안에서 하되, 균등한 기회가 보장되어야 한
다.
②선거에 관한 경비는 법률이 정하는 경우를 제외하고는 정
당 또는 후보자에게 부담시킬 수 없다.

제8장 지방자치

제117조 ①지방자치단체는 주민의 복리에 관한 사무를 처리
하고 재산을 관리하며, 법령의 범위 안에서 자치에 관한 규
정을 제정할 수 있다.
②지방자치단체의 종류는 법률로 정한다.

제118조 ①지방자치단체에 의회를 둔다.
②지방의회의 조직·권한·의원선거와 지방자치단체의 장의
선임방법 기타 지방자치단체의 조직과 운영에 관한 사항은
법률로 정한다.

제9장 경제

제119조 ①대한민국의 경제질서는 개인과 기업의 경제상의
자유와 창의를 존중함을 기본으로 한다.
②국가는 균형 있는 국민경제의 성장 및 안정과 적정한 소득
의 분배를 유지하고, 시장의 지배와 경제력의 남용을 방지하
며, 경제주체간의 조화를 통한 경제의 민주화를 위하여 경제
에 관한 규제와 조정을 할 수 있다.

제120조 ①광물 기타 중요한 지하자원·수산자원·수력과 경
제상 이용할 수 있는 자연력은 법률이 정하는 바에 의하여
일정한 기간 그 채취·개발 또는 이용을 특허할 수 있다.
②국토와 자원은 국가의 보호를 받으며, 국가는 그 균형 있
는 개발과 이용을 위하여 필요한 계획을 수립한다.

제121조 ①국가는 농지에 관하여 경자유전의 원칙이 달성될
수 있도록 노력하여야 하며, 농지의 소작제도는 금지된다.
②농업생산성의 제고와 농지의 합리적인 이용을 위하거나
불가피한 사정으로 발생하는 농지의 임대차와 위탁경영은
법률이 정하는 바에 의하여 인정된다.

제122조 국가는 국민 모두의 생산 및 생활의 기반이 되는 국
토의 효율적이고 균형 있는 이용·개발과 보전을 위하여 법
률이 정하는 바에 의하여 그에 관한 필요한 제한과 의무를

과할 수 있다.

제123조 ①국가는 농업 및 어업을 보호·육성하기 위하여 농·어촌종합개발과 그 지원 등 필요한 계획을 수립·시행하여야 한다.
②국가는 지역간의 균형 있는 발전을 위하여 지역경제를 육성할 의무를 진다.
③국가는 중소기업을 보호·육성하여야 한다.
④국가는 농수산물의 수급균형과 유통구조의 개선에 노력하여 가격안정을 도모함으로써 농·어민의 이익을 보호한다.
⑤국가는 농·어민과 중소기업의 자조조직을 육성하여야 하며, 그 자율적 활동과 발전을 보장한다.

제124조 국가는 건전한 소비행위를 계도하고 생산품의 품질향상을 촉구하기 위한 소비자보호운동을 법률이 정하는 바에 의하여 보장한다.

제125조 국가는 대외무역을 육성하며, 이를 규제·조정할 수 있다.

제126조 국방상 또는 국민경제상 긴절한 필요로 인하여 법률이 정하는 경우를 제외하고는, 사영기업을 국유 또는 공유로 이전하거나 그 경영을 통제 또는 관리할 수 없다.

제127조 ①국가는 과학기술의 혁신과 정보 및 인력의 개발을 통하여 국민경제의 발전에 노력하여야 한다.
②국가는 국가표준제도를 확립한다.
③대통령은 제1항의 목적을 달성하기 위하여 필요한 자문기구를 둘 수 있다.

제10장 헌법개정

제128조 ①헌법개정은 국회재적의원 과반수 또는 대통령의 발의로 제안된다.
②대통령의 임기연장 또는 중임변경을 위한 헌법개정은 그 헌법개정 제안 당시의 대통령에 대하여는 효력이 없다.

제129조 제안된 헌법개정안은 대통령이 20일 이상의 기간 이를 공고하여야 한다.

제130조 ①국회는 헌법개정안이 공고된 날로부터 60일 이내에 의결하여야 하며, 국회의 의결은 재적의원 3분의 2 이상의 찬성을 얻어야 한다.
②헌법개정안은 국회가 의결한 후 30일 이내에 국민투표에 붙여 국회의원선거권자 과반수의 투표와 투표자 과반수의 찬성을 얻어야 한다.

③헌법개정안이 제2항의 찬성을 얻은 때에는 헌법개정은 확정되며, 대통령은 즉시 이를 공포하여야 한다.

부칙 <제10호, 1987.10.29>
제1조 이 헌법은 1988년 2월 25일부터 시행한다. 다만, 이 헌법을 시행하기 위하여 필요한 법률의 제정·개정과 이 헌법에 의한 대통령 및 국회의원의 선거 기타 이 헌법시행에 관한 준비는 이 헌법시행 전에 할 수 있다.
제2조 ①이 헌법에 의한 최초의 대통령선거는 이 헌법시행일 40일 전까지 실시한다.
②이 헌법에 의한 최초의 대통령의 임기는 이 헌법시행일로부터 개시한다.
제3조 ①이 헌법에 의한 최초의 국회의원선거는 이 헌법공포일로부터 6월 이내에 실시하며, 이 헌법에 의하여 선출된 최초의 국회의원의 임기는 국회의원선거후 이 헌법에 의한 국회의 최초의 집회일로부터 개시한다.
②이 헌법공포 당시의 국회의원의 임기는 제1항에 의한 국회의 최초의 집회일 전일까지로 한다.
제4조 ①이 헌법시행 당시의 공무원과 정부가 임명한 기업체의 임원은 이 헌법에 의하여 임명된 것으로 본다. 다만, 이 헌법에 의하여 선임방법이나 임명권자가 변경된 공무원과 대법원장 및 감사원장은 이 헌법에 의하여 후임자가 선임될 때까지 그 직무를 행하며, 이 경우 전임자인 공무원의 임기는 후임자가 선임되는 전일까지로 한다.
②이 헌법시행 당시의 대법원장과 대법원판사가 아닌 법관은 제1항 단서의 규정에 불구하고 이 헌법에 의하여 임명된 것으로 본다.
③이 헌법 중 공무원의 임기 또는 중임제한에 관한 규정은 이 헌법에 의하여 그 공무원이 최초로 선출 또는 임명된 때로부터 적용한다.
제5조 이 헌법시행 당시의 법령과 조약은 이 헌법에 위배되지 아니하는 한 그 효력을 지속한다.
제6조 이 헌법시행 당시에 이 헌법에 의하여 새로 설치될 기관의 권한에 속하는 직무를 행하고 있는 기관은 이 헌법에 의하여 새로운 기관이 설치될 때까지 존속하며 그 직무를 행한다.

제 2 부

국제법규

국제법이란 국가 간의 관계에서 법으로서 성립하는 규범으로서 원칙적으로 국가 간의 합의에 의해 성립한다. 국가 간의 구체적인 과정을 통한 명시적인 합의를 기반으로 조약, 협약, 협정 등의 명칭을 갖는 국제법을 체결하는 것이 기본이지만, 명시적인 합의가 없더라도 국제 사회에서 일반적으로 그 규범성이 인정된 국제관습법도 인정한다.

우리나라 헌법 제6조 1항은 '헌법에 의하여 체결공포된 조약과 일반적으로 승인된 국제법규는 국내법과 같은 효력을 가진다'고 규정하여 국제법의 효력을 국내법과 동일하게 인정하고 있다.

최근 세계화 추세와 더불어 사회복지 분야에 있어서도 국제법의 영향이 늘어나고 있다. 사회복지와 관련한 국제법은 크게 두 가지로 나누어 볼 수 있는데, 하나는 국제기구에 의해서 선언된 사회보장에 관한 원칙과 기준에 영향을 받는 것이고 다른 하나는 특정 국가와의 양자 협약에 의해서 양 국가 국민들의 상호 교류 과정에서 발생하는 사회보장 적용 문제를 조약을 통해 정하는 경우이다.

사회복지와 관련하여 중요한 원칙을 제시한 대표적인 국제기구로는 국제연합(UN: United Nation)과 국제노동기구(ILO: International Labor Organization)를 들 수 있다. 이들 기구에 의해 만들어진 여러 가지 선언과 조약은 국내에서 절차를 밟아 비준을 하여 국내법과 동일한 효력을 미치기도 하지만, 비준하지 않은 경우에도 그 내용이 국내법에 간접적으로 영향을 미치기도 한다. 사회복지에 관한 대표적인 국제적 선언과 조약을 살펴보면, 국제연합(UN)이 주도한 것으로는 1948년 채택한 세계인권선언(Universal Declaration of Human Rights), 1966년의 국제인권규약 A 조약(International Covenant on Economic, Social and Cultural Rights), 1975년 채택한 장애인인권선언(Declaration on the Rights of Disabled Persons), 1989년의 아동의 권리에 관한 국제협약(Convention on the Right of the Child) 등이 있으며, 국제노동기구(ILO)가 국제적인 사회보장의 최저기준으로 제시한 102호 조약 등이 대표적이다. 국제 사회복지조약은 국제노동기구(ILO)에 의해 주도되어왔다고 평가되는데, 우리나라의 경우 사회보장에 관한 대표적인 조약들을 아직 비준하지 않고 있다. 2005년 4월 현재 총 185개의 ILO 협약 중 20개의 협약을 비준하고 있다.

사회보장협정은 다른 국가와 우리나라의 국민이 그 국가에 머무는 동안 사회보장제도의 적용을 어떻게 할 것인가의 문제를 해결하기 위해 상호 체결하고 있다. 만일 우리나라 국민이 외국에 진출해서 취업할 경우 이들은 국내 사회보장법의 대상인지, 아니면 나가있는 외국 사회보장법의 적용대상인지는 각국의 국내법에서 일관되게 규정하고 있지 않다. 특히 사회보험에 있어서 주로 문제가 발생하는데, 최근의 사례로는 중국에 진출한 우리나라 기업인이 우리나라 법에 의해 대한민국의 사회보험에 가입하더라도 중국의 사회보험법이 자국에 체류한 외국인을 사회보험 가입대상으로 정하면서 양국에 이중의 보험료 납부의무가 발생하기도 하였다. 이러한 문제를 해결하고 사회보장의 기회를 늘리기 위해 각국은 서로 사회보장협정을 맺고 있다.

ILO 협약 비준 현황 (2005년 4월 현재)

호 수	제 명	비준 년·월
제53호	상선에 승무하는 선장과 직원에 대한 직무상 자격의 최저요건에 관한 협약(1936년)	
제170호	작업장에서의 화학물질 사용에 있어 안전유지를 위한 규정 및 사용자와 근로자간 협력 등 규정(1990년)	2003년 4월
제26호	최저임금결정제도에 관한 협약(1928년)	
제88호	직업안정기관의 구성에 관한 협약(1948년)	
제131호	개발도상국을 특히 고려한 최저임금결정에 관한 협약(1970년)	2001년 12월
제135호	근로자대표에 관한 협약(1971년)	
제19호	근로자 재해보상에 대한 내·외국인 근로자의 균등대우에 관한 협약(1925년)	
제156호	가족부양책임이 있는 남녀근로자에 대한 기회 및 대우 균등에 관한 협약(1981년)	2001년 3월
제182호	가혹한 형태의 아동노동철폐에 관한 협약(1999년)	
제144호	국제노동기준의 이행을 촉진하기 위한 3자 협의에 관한 협약(1976년)	
제159호	장애인 직업재활 및 고용에 관한 협약(1983년)	1999년 11월
제138호	취업의 최저연령에 관한 협약(1973년)	1999년 1월
제111호	고용 및 직업에 있어서 차별대우에 관한 협약(1958년)	1998년 12월
제100호	동일가치 근로에 대한 남녀근로자의 동등보수에 관한 협약(1951년)	
제150호	노동행정(역할, 기능, 조직)에 관한 협약(1978년)	1997년 12월
제160호	노동통계에 관한 협약(1985년)	
제142호	인적자원의 개발에 있어서 작업지도 및 훈련에 관한 협약(1975년)	1994년 1월
제73호	선원의 건강진단에 관한 협약(1946년)	
제81호	공업 및 상업부문에서 근로감독에 관한 협약(1947년)	1992년 12월
제122호	고용정책에 관한 협약(1964년)	

우리나라의 사회보장협정 체결 및 협상진행 상황 (2006년 6월 현재)

구분	국 가	진 행 상 황	협 정 형 태	상대국 실무 기관 및 웹사이트
협정 발효	이란	1977년 5월 11일 서명/1978년 6월 10일 발효	보험료 면제협정	사회보장청(www.sso.ir)
	캐나다	1997년 1월 10일 서명/1999년 5월 1일 발효	가입기간 합산협정	사회개발부(www.sdc.gc.ca)
	영국	1999년 4월 20일 서명/2000년 8월 1일 발효	보험료 면제협정	국세부(www.inlandrevenue.gov.uk)
	미국	2000년 3월 13일 서명/2001년 4월 1일 발효	가입기간 합산협정	사회보장청(www.ssa.gov)
	독일	2000년 3월 10일 서명/2003년 1월 1일 발효	가입기간 합산협정	연방봉급근로자보험공단(www.bfa.de)
	네덜란드	2002년 7월 3일 서명/2003년 10월 1일 발효	보험료 면제협정	사회보험은행(www.svb.org)
	일본	2004년 2월 17일 서명/2005년 4월 1일 발효	보험료 면제협정	사회보험청(www.sia.go.jp)
	이탈리아	2000년 3월 3일 서명/2005년 4월 1일 발효	보험료 면제협정	국가사회보장청((www.inps.it)
	우즈베 키스탄	2005년 5월 10일 서명/2006년 5월 1일 발효	보험료 면제협정	재무부 부속 예산외 연금기금 (Off-budget Pension Fund)
잠정 조치	중국	2003년 2월 28일 잠정조치 협정발효	보험료 면제협정	노동사회보장부(www.molss.gov.cn)
협정 서명	프랑스	2004년 12월 6일 서명, 미발효	가입기간 합산협정	사회보장 유럽 및 국제 연락사무소 (www.cleiss.fr)
	벨기에	2005년 7월 5일 서명, 미발효	가입기간 합산협정	국가사회보장청(www.onprvp.fgov.be)
	필리핀	2005년 12월 15일 서명, 미발효	가입기간 합산협정	사회보장청(www.sss.gov.ph)
	몽골	2006년 5월 8일 서명, 미발효	보험료 면제협정	국가사회보험청(www.ndaatgal.mn))
	헝가리	2006년 5월 12일 서명, 미발효	가입기간 합산협정	국민연금보험 중앙관리청 (www.onyf.hu)

자료: 국민연금관리공단 홈페이지(http://www.nps4u.or.kr/social/index.html)

우리나라의 국제인권조약 가입현황 (2007년 8월 기준)

협 약 명	협약채택 (발효)	당사국수	한국가입 (발효)	유보조항 (유보철회)
집단살해죄의 방지와 처벌에 관한 협약 Convention on the Prevention and Punishment of the Crime of Genocide	48. 12. 9. (51. 1. 12.)	140 *07.8.9 기준	50. 10. 14. (51. 12. 12.)	
부녀자의 정치적 권리에 관한 협약 Convention on the Political Rights of Women	52. 12. 20. (54. 7. 7.)	120 *07.8.9. 기준	59. 6. 23. (59. 9. 21.)	
인신매매금지 및 타인의 매춘행위에 의한 착취 금지에 관한 협약 Convention for the Suppression of the Traffic in Persons and of the Exploitation of the Prostitution of Others	49. 12. 2. (51. 7. 25.)	80 *07.8.9. 기준	62. 2. 13. (62. 5. 14.)	
무국적자의 지위에 관한 협약 Convention relating to the Status of Stateless Persons	54. 9. 28. (60. 6. 6.)	62 *07.8.9. 기준	62. 8. 22. (62. 11. 20.)	
모든 형태의 인종차별 철폐에 관한 국제협약 International Convention on the Elimination of All Forms of Racial Discrimination	65. 12. 21. (69. 1. 4.)	173 *07.8.9. 기준	78. 12. 05. (79. 1.4.)	*14조 선언(1997. 3. 5.)
여성에 대한 모든 형태의 차별철폐에 관한 협약 Convention on the Elimination of All Forms of Discrimination against Women	79. 12. 18. (81. 9. 3.)	185 *07.8.9. 기준	84. 12. 27. (85. 1. 26.)	16조1항 (g) (16조1항 중(c),(d),(f) 91.3.15. 철회 / 9조 99.8.24. 철회)
여성에 대한 차별철폐에 관한 협약 선택의정서 Optional Protocol to the Convention on the Elimination of Discrimination against Women	99. 10. 6 (00.12.22)	88 *07.8.9. 기준	06. 10 .18 (07.1.18)	
경제적, 사회적 및 문화적 권리에 관한 국제규약 International Covenant on Economic, Social and Cultural Rights	66. 12.16. (76. 1. 3.)	156 *07.8.9. 기준	90. 4. 10. (90. 7. 10.)	
시민적 및 정치적 권리에 관한 국제규약 International Covenant on Civil and Political Rights	66. 12. 19. (76. 3. 23.)	160 *07.8.9. 기준	90. 4. 10. (90. 7. 10.)	14조5항, 22조 (23조4항 91.3.15. 유보철회 /14조7항 93.1.21. 유보철회 /14조 5항 07.4.2. 유보철회)
시민적 및 정치적 권리에 관한 국제규약 선택의정서 Optional Protocol to the International Covenant on Civil and Political Rights	66. 12. 19. (76. 3. 23.)	109 *07.8.9. 기준	90. 4. 10. (90. 7. 10.)	
아동의 권리에 관한 협약 Convention on the Rights of the Child	89. 11. 20. (90. 9. 2.)	193 *07.8.9. 기준	91. 11. 20. (91. 12. 20)	9조3항, 21조(a), 40조2항 (b),(v)
시민적 및 정치적 권리에 관한 국제규약 선택의정서 Optional Protocol to the International Covenant on Civil and Political Rights	66. 12. 19. (76. 3. 23.)	109 *07.8.9. 기준	90. 4. 10. (90. 7. 10.)	

협 약 명	협약채택 (발효)	당사국수	한국가입 (발효)	유보조항 (유보철회)
아동의 권리에 관한 협약 Convention on the Rights of the Child	89. 11. 20. (90. 9. 2.)	193 *07.8.9. 기준	91. 11. 20. (91. 12. 20)	9조3항, 21조(a), 40조2항 (b),(v)
난민의 지위에 관한 협약 Convention relating to the Status of Refugees	51. 7. 28. (54. 4. 22.)	144 *07.8.9. 기준	92. 12. 3. (93. 3. 3.)	유보내용: 대한민국은 체약국의 영역에서 3년 거주요건을 충족한 난민에 입법상의 상호주의를 면제한다고 규정한 제7조 유보 *선언내용: 대한민국은 제1조 A에 규정된 "1951년 1월 1일 이전에 발생한 사건"이라는 용어가 "1951년 1월 1일 이전에 유럽 또는 기타 지역에서 발생한 사건"을 의미하는 것으로 해석된다는 것을 이 협약 제1조 B에 따라 선언한다.
난민의 지위에 관한 의정서 Protocol Relating to the Status of Refugees	67. 1. 31. (67. 10. 4.)	144 *07.8.9. 기준	92. 12. 3 (92. 12. 3.)	대한민국은 체약국의 영역에서 3년 거주요건을 충족한 난민에 입법상의 상호주의를 면제한다고 규정한 난민의 지위에 관한 협약 제7조 유보
고용 정책에 관한 협약 (ILO협약 no.122) Convention Concerning Employment Policy	64. 7. 9. (66. 7. 15.)	97 *07.8.9. 기준	92. 12. 9. (93. 12. 9.)	
고문 및 그 밖의 잔혹한·비인도적인 또는 굴욕적인 대우나 처벌의 방지에 관한 협약 Convention against Torture and Other Cruel, Inhuman or Degrading Treatment or Punishment	84. 12. 10. (87. 6. 26.)	144 *07.8.9. 기준	95. 1. 9. (95. 2. 8.)	
동일가치노동에 대한 남녀근로자의 동일보수에 관한 협약 (ILO협약 no.100) Convention Concerning Equal Remuneration for Men and Women Workers for Work of Equal Value	51. 6. 29. (53. 5. 23.)	164 *07.8.9. 기준	97. 12. 8 (98. 12. 8.)	
고용과 직업상의 차별에 관한 협약 (ILO협약 no.111) Convention Concerning Discrimination in respect to Employment and Occupation	58. 6. 25. (60. 6. 15.)	166 *07.8.9. 기준	98. 12. 4. (99. 12. 4.)	
아동의 무력분쟁 관여에 관한 선택의정서 Optional Protocol to the Convention on the Rights of the Child on the involvement of children in armed conflict	00. 5. 25. (02. 2. 12.)	117 *07.8.9. 기준	04.9.24 (04.10.24)	

협 약 명	협약채택 (발효)	당사국수	한국가입 (발효)	유보조항 (유보철회)
아동매매, 아동매춘 및 아동포르노 그라피에 관한 선택의정서 Optional Protocol to the Convention on the Rights of the Child on the sale of children, child prostitution and child pornography	00. 5. 25. (02. 1. 18.)	121 *07.8.9. 기준	04.9.24 (04.10.24)	
기업의 근로자대표에게 제공되는 보호 및 편의에 관한 협약(ILO협약 no.135) Convention concerning Protection and Facilities to be Afforded to Workers' Representatives in the Undertaking	71. 6. 23. (73. 6. 30.)	81 *07.8.9. 기준	01. 12. 27. (02. 12. 27)	
국제형사재판소에 관한 로마규정 Rome Statute of the International Criminal Court	98. 7. 17. (02. 7. 1.)	105 *07.8.9. 기준	02. 11. 13. (03. 2. 1.)	

한국 미가입 국제인권협약

○ 시민적 및 정치적 권리에 관한 국제규약 제2선택의정서(사형제 폐지)

  The Second Optional Protocol to the International Covenant on Civil and Political Rights, aiming at the abolition of death penalty

○ 고문 및 그 밖의 잔혹한, 비인간적인 또는 굴욕적인 대우나 처벌의 방지에 관한 협약 선택의정서

  Optional Protocol to the Convention against Torture and Other Cruel, Inhuman or Degrading Treatment or Punishment

○ 모든 이주노동자와 그 가족의 권리보호에 관한 국제협약

  International Convention on the Protection of the Rights of All Migrant Workers and Members of their Families

○ 강제실종으로부터 모든 사람의 보호에 관한 국제협약

  International Convention for the Protection of All Persons from Enforced Disappearance(미발효)

○ 장애

  - 장애인권리협약 Convention on the Rights of Persons with Disabilities(미발효)

  - 장애인권리협약 선택의정서 Optional Protocol to the Convention on the Rights of Persons with Disabilities(미발효)

○ 전쟁범죄

  - 전쟁범죄 및 인도에 반하는 죄에 대한 공소시효 부적용에 관한 협약 Convention on the Non-Applicability of Statutory Limitations to War Crimes and Crimes Against Humanity

○ 교육

  - 교육상의 차별금지 협약 Convention against Discrimination in Education

  - 교육상의 차별금지 협약 당사국간에 발생하는 분쟁해결을 위한 조정 및 주선위원회 설치에 관한 의정서 Protocol Instituting a Conciliation and Good Offices Commission to be responsible for seeking a settlement of any disputes which may arise between States Parties to the Convention against Discrimination in Education

○ 노예제도 및 강제노동

  - 노예제도 협약 Slavery Convention

  - 노예제도 협약의 개정 의정서 Protocol amending the Slavery Convention

  - 노예제도, 노예 매매, 그리고 노예제도와 유사한 제도 및 관행의 폐지에 관한 추가 협약 Supplementary Convention on the Abolition of Slavery, the Slave Trade, and Institutions and Practices Similar to Slavery

  - 강제적 노동 협약 (ILO협약 no.29) Forced Labour Convention

  - 강제적 노동 철폐 협약 (ILO협약 no.105) Abolition of Forced Labour Convention

○ 결사의 자유 및 단결권 등

  - 결사의 자유 및 단결권 보호에 관한 협약 (ILO협약 no.87) Freedom of Association and Protection of the Rights to Organise Convention

  - 단결권 및 단체교섭 원칙의 적용에 관한 협약 (ILO협약 no.98) Right to Organise and Collective Bargaining Convention

  - 노사관계 (공공서비스) 에 관한 협약 (ILO협약 no.151) Labour Relations (Public Service) Convention

○ 고용

  - 단체교섭 촉진에 관한 협약 (ILO협약 no.154) Convention concerning the Promotion of Collective Bargaining

  - 고용촉진 및 실업보호에 관한 협약 (ILO협약 no.168) Convention concerning Employment Promotion and protection against Unemployment

  - 독립국가의 원주민 및 부족민에 관한 협약 (ILO협약 no.169) Convention concerning Indigenous and Tribal Peoples in Independent Countries

○ 국적

  - 무국적자의 감소에 관한 협약 Convention on the Reduction of Statelessness

  - 기혼여성의 국적에 관한 협약 Convention on the Nationality of Married Women

○ 혼인의 동의, 혼인을 위한 최소연령 및 혼인신고에 관한 협약

  Convention on Consent to Marriage, Minimum Age for Marriage and Registration of Marriages

○ 정정할 수 있는 권리에 관한 국제협약 Convention on the International Rights of Correction

(출처: 국가인권위원회 자료실 http://www.humanrights.go.kr)

세계인권선언

(Universal Declaration of Human Rights: 1948)

전문

인류사회의 모든 구성원이 갖는 고유한 존엄과 평등하고도 양도할 수 없는 권리를 승인함은 세계의 자유, 정의와 평화의 기초이기에, 인권 무시와 멸시는 인류의 양심을 짓밟는 만행을 초래하였으며, 언론과 신앙의 자유 그리고 공포와 결핍 없는 세계의 도래는 사람들의 최고의 소망으로 선언되어 왔기에, 인간이 전제와 탄압에 저항하는 최후의 수단으로 반란을 일으키지 않도록 하기 위하여 법의 지배에 의해 인권을 보장하는 것이 필수적이기에, 여러 국가 사이의 우호적 관계의 발전을 증진시키는 것이 필수적이기에, 유엔의 여러 국민들은 유엔헌장에서 기본적 인권, 인간의 존엄과 가치, 그리고 남녀의 평등권에 대한 믿음을 재확인하고, 더욱 광범한 자유 중에서 사회적 진보와 생활수준 향상을 촉진하고자 결의하였기에, 가입국은 유엔과 협력하여 인권과 기본적 자유의 보편적인 존중 및 준수의 촉진을 이루어내고자 서약하였기에, 이러한 권리와 자유에 대한 공통된 이해는 그러한 서약의 완전한 실현에 가장 중요한 것이므로, 따라서 이에 국제연합 총회는, 사회의 모든 개인과 기관이 이 세계인권선언을 항상 마음에 새기면서, 가입국 자신의 인민들과 자국의 통치하에 있는 인민에게도 이들 권리와 자유의 존중을 교육을 통하여 촉진하는 일 및 그 보편적이고 효과적인 승인과 준수를 확보하도록 국내적 및 국제적인 점진적 조치를 통하여 확보하기 위하여 노력하도록, 모든 인민과 모든 국가가 이룩해야 할 공통의 기준으로 이 세계인권선언을 공포한다.

제1조 모든 사람은 태어나면서부터 자유롭고, 존엄과 권리에 있어 평등하다. 모든 사람은 이성과 양심을 타고났으며 서로 동포의 정신으로 행동하여야 한다.

제2조 1. 모든 사람은 인종, 피부색, 성, 언어, 종교, 정치적 또는 기타의 의견, 국민적 또는 사회적 출신, 재산, 출생 또는 이들과 유사한 그 어떠한 이유에 의해서도 차별을 받지 않고 이 선언에 규정된 모든 권리와 자유를 누릴 수 있다. 2. 나아가 개인이 속하는 국가 또는 지역이 독립국이든 신탁 통치지역이든 비자치지역이든, 또는 어떤 주권제한 하에 있든지, 그 국가 또는 지역의 정치적, 사법적 또는 국제적인 지위에 근거하는 어떤 차별도 받지 않는다.

제3조 모든 사람은 생명, 자유 및 신체의 안전에 대한 권리를 가진다.

제4조 누구도 노예가 되거나 괴로운 노역을 강요당하지 않는다. 노예제도와 노예매매는 어떤 형태로든 금지된다.

제5조 누구도 고문 또는 잔인하고 비인도적이며 모욕적인 취급 또는 형벌을 받지 않는다.

제6조 모든 사람은 어디에서나 법 앞의 인격으로 인정받을 권리를 가진다.

제7조 모든 사람은 법 앞에 평등하며, 아무런 차별 없이 법의 동등한 보호를 받을 수 있다. 모든 사람은 이 선언을 위반하는 어떤 차별로부터도, 또한 그러한 차별을 부추기는 어떤 행위로부터도 평등한 보호를 받을 권리를 가진다.

제8조 모든 사람은 헌법 또는 법률에 의해 부여된 기본적인 권리를 침해하는 행위에 대하여, 권한을 가진 국내법원으로부터 유효한 구제를 받을 수 있는 권리를 가진다.

제9조 아무도 자의적인 체포, 구금 및 추방을 당하지 않는다.

제10조 모든 사람은 자신의 권리와 의무 및 자신에 대한 형사책임이 결정될 때에 독립된 공평한 법원에 의해 공정한 공개 심리를 받는 데 있어 완전히 평등한 권리를 가진다.

제11조 1. 범죄의 소추를 받은 사람은 누구나 자신을 변호하는 데 필요한 모든 것을 보장받는 공개재판을 통하여 법률에 따라 유죄가 입증될 때까지 무죄로 추정될 권리를 가진

다.

2. 누구도 행위시에 국내법 또는 국제법에 의해 범죄를 구성하지 않은 작위나 부작위로 인하여 유죄가 되지 않는다. 또한 범죄가 행해진 때의 형벌보다 더 무거운 형벌을 받지 않는다.

제12조 누구도 자신의 개인적인 일, 가족, 주거 또는 통신에 대하여 함부러 간섭받거나 명예 및 신용에 대하여 공격을 받지 않는다. 모든 사람은 이러한 간섭이나 공격에 대하여 법의 보호를 받을 권리를 가진다.

제13조 1. 모든 사람은 각국의 경계 내에서 자유롭게 이전하고 거주할 권리를 가진다.

2. 모든 사람은 자국이나 다른 나라를 떠나거나 자국에 돌아갈 권리를 가진다.

제14조 1. 모든 사람은 박해를 피하여 타국에 피난처를 구하고 체재할 권리를 가진다.

2. 이 권리는 비정치적 범죄 또는 국제연합의 목적 및 원칙에 반하는 행위만을 원인으로 하는 소추의 경우에는 원용될 수 없다.

제15조 1. 누구에게나 국적을 가질 권리가 있다.

2. 누구나 자의적으로 국적을 박탈당하거나 국적을 변경할 권리를 거부당하지 않는다.

제16조 1. 성년 남녀는 인종, 국적 또는 종교에 의한 어떤 제한도 받지 않고 혼인하며 가정을 만들 권리를 가진다. 그들은 혼인기간 중 또는 그것을 해소할 때에 시에 혼인에 관하여 평등한 권리를 가진다.

2. 혼인은 그 의사를 가진 양 당사자의 자유롭고 완전한 합의에 의해서만 성립된다.

3. 가정은 사회의 자연적이고 기초적인 집단 단위로서 사회와 국가의 보호를 받는다.

제17조 1. 모든 사람은 단독으로 또는 타인과 공동하여 재산을 소유할 권리를 가진다.

2. 누구나 자의적으로 자신의 재산을 빼앗기지 않는다.

제18조 모든 사람은 사상, 양심 및 종교의 자유를 누릴 권리를 가진다. 이 권리는 종교 또는 신념을 바꿀 자유, 단독 또는 타인과 공동하여 공적 또는 사적으로 포교, 행사, 예배 및 의식을 통하여 종교나 신념을 표명할 자유를 포함한다.

제19조 모든 사람은 의견과 표현의 자유를 누릴 권리를 가진다. 이 권리는 간섭을 받지 않고 자신의 의견을 가질 자유를 포함하며, 또한 모든 수단을 통하여, 국경을 넘거나 넘지 않거나에 관계없이, 정보와 사상을 추구하고 받고 전할 자유를 포함한다.

제20조 1. 모든 사람은 평화적인 집회 및 결사의 자유를 누릴 권리를 가진다.

2. 누구도 결사에 소속할 것을 강요 받지 않는다.

제21조 1. 모든 사람은 직접 또는 자유롭게 선출된 대표자를 통하여 자국의 정치에 참여할 권리를 가진다.

2. 모든 사람은 자국에서 평등하게 공무를 담당할 권리를 가진다.

3. 인민의 의사는 통치권력의 기초가 되어야 한다. 이 의사는 정기적이고 진정한 선거에 의해 표명되어야 한다. 이 선거는 평등한 보통선거에 의한 것이어야 하고 비밀투표 또는 그것과 동등한 자유가 보장되는 투표절차에 의해 치러져야 한다.

제22조 모든 사람은 사회의 일원으로서 사회보장을 받을 권리를 가지며 국가적 노력 및 국제적 협력에 의해 또한 각국의 조직 및 자원에 따라 자신의 존엄과 자신의 인격의 자유로운 발전에 불가결한 경제적, 사회적 및 문화적 권리의 실현을 요구할 권리를 가진다.

제23조 1. 모든 사람은 노동할 권리, 직업을 자유롭게 선택할 권리, 공정하고 유리한 노동조건을 확보할 권리, 실업으로부터 보호 받을 권리를 가진다.

2. 모든 사람은 어떤 차별도 받지 않고 동등한 노동에 대하여 동등한 보수를 받을 권리를 가진다.

3. 모든 노동자는 자신과 가족이 인간의 존엄에 적합한 생활을 할 수 있는 공정하고 유리한 보수를 받고, 나아가 필요한 경우에는 다른 사회적 보호수단에 의해 보충 받을 권리를 가진다.

4. 모든 사람은 자신의 이익을 보호하기 위하여 노동조합을 조직하고 또한 그것에 가입할 권리를 가진다.

제24조 모든 사람은 노동시간의 합리적인 제한과 정기적 유급휴가를 포함하여 휴식 및 여가를 누릴 권리를 가진다.

제25조 1. 모든 사람은 의식주, 의료 및 필요한 사회복지에 의해 자신과 가족의 건강 및 복지에 충분한 생활수준을 유지할 권리를 가지며, 실업, 질병, 심신장애, 배우자의 사망, 노령 기타 불가항력에 의한 생활불능의 경우에는 보장을 받을 권리를 가진다.

2. 어머니와 어린이는 특별한 보호와 원조를 받을 권리를 가진다. 모든 어린이는 적출 여부에 관계없이 동일한 사회

적 보호를 받는다.

제26조 1. 모든 사람은 교육을 받을 권리를 가진다. 교육은 적어도 초등과 기초적 단계에서는 무상이어야 한다. 초등교육은 의무적이어야 한다. 기술교육과 직업교육은 일반인이 이용할 수 있어야 하며 고등교육은 능력에 따라 모든 사람에게 동등하게 열려 있어야 한다.
2. 교육은 인격의 충분한 발전과 인권 및 기본적 자유의 존중을 강화할 것을 목적으로 하여야 한다. 교육은 모든 나라, 인종적 또는 종교적 집단 상호간의 이해, 관용 및 우호관계를 증진하는 것이어야 하고, 평화의 유지를 위하여 국제연합의 활동을 촉진하는 것이어야 한다.
3. 부모는 자녀에게 주는 교육의 종류를 선택하는 데 있어 우선적 권리를 가진다.

제27조 1. 모든 사람은 그 사회의 문화생활에 자유롭게 참여하고 예술을 즐기며 과학의 진보와 그 혜택을 공유할 권리를 가진다.
2. 모든 사람은 자신이 창작한 과학적, 문화적 또는 예술적 작품에서 생기는 정신적 및 물질적 이익을 보호받을 권리를 가진다.

제28조 모든 사람은 이 선언에서 제시된 권리와 자유가 완전하게 실현될 사회적 및 국제적 질서에 대한 권리를 가진다.

제29조 1. 모든 사람은 그 인격의 자유롭고 완전한 발전이 그 사회 속에서만 가능한, 그런 사회를 만들어 나갈 의무를 진다.
2. 모든 사람은 자신의 권리와 자유를 행사함에 있어서, 타인의 권리와 자유의 정당한 승인 및 존중을 보장하고 민주사회의 도덕, 공공질서 및 일반적 복지의 정당한 요구를 만족시키는 것만을 목적으로 하여 법률로써 정해진 제한에만 복종한다.
3. 이러한 권리와 자유는 어떤 경우에도 국제연합의 목적과 원칙에 반하여 행사할 수 없다.

제30조 이 선언의 모든 규정은, 어떤 나라나 집단 또는 개인에 대하여 이 선언에 열거된 권리와 자유의 파괴를 목적으로 하는 활동에 종사하거나 또는 그러한 목적의 행위를 할 권리를 인정한다고 해석되어서는 안된다.

경제적·사회적·문화적 권리에 관한 국제조약

(International Covenant on Economic, Social and Cultural Rights)

UN 총회 결의안 2200A(XX1) 1966년 12월 16일 채택
1976년 1월 3일 발효

전문

이 조약의 가입국은, 국제연합헌장에 밝혀진 원칙에 따라, 인류사회의 모든 사람이 나면서부터 가지고 있는 존엄성과 평등하고 남에게 넘겨줄 수 없는 권리를 인정함이 자유와 정의와 세계평화의 기본이 됨을 고려하고, 이러한 권리는 인간의 고유한 존엄성으로부터 유래함을 인정하며, 세계인권선언에 따라 공포와 궁핍으로부터 벗어나야 한다는 자유 인간의 이상은 사람이라면 누구나 자신의 시민적·정치적 권리와 함께 경제적·사회적·문화적 권리를 누릴 수 있는 조건이 조성되었을 때만 달성될 수 있음을 인정하고, 국제연합헌장을 수락한 여러 나라가 인권과 자유에 대한 보편적인 존중과 준수를 촉진시킬 의무를 지고 있음을 고려하고, 개인도 타인과 공동체에 대해 책임이 있는 바, 이 조약에 명시된 권리의 증진과 준수를 위해 노력할 의무를 지고 있음을 인식하면서, 다음과 같이 합의한다.

제1부

제1조 1. 모든 인민은 자결권을 가진다. 이 권리에 근거하여 모든 인민은 그 정치적 지위를 자유로이 결정하고, 또한 그들의 경제적·사회적·문화적 발전을 자유로이 추구한다.
2. 모든 인민은 그들의 천연재화와 자원을 자신들을 위해 자유로이 처분할 수가 있다. 이 때, 호혜의 원칙에 근거한 국제적 경제협력 때문에 생기는 의무와 국제법을 위반해서는 안된다. 어떠한 경우에도 한 인민은 그들의 생존 수단을 빼앗겨서는 안된다.
3. 비자치지역 및 신탁통치지역의 행정 책임을 지고 있는 나라를 포함하여 이 조약의 가입국은 국제연합헌장의 규정에 따라 자결권의 실현을 촉진하고, 또한 자결권을 존중한다.

제2부

제2조 1. 각 가입국은 특히 입법 조치의 채택을 포함한 모든 적절한 수단에 의하여 이 조약에서 인정한 권리의 완전한 실현을 점진적으로 달성하기 위해, 개별적으로 또한 국제적인 원조와 협력, 특히 경제적 기술적인 지원과 협력을 통하여, 자기 나라의 가용 자원이 허용하는 최대한도까지 조치를 취할 의무를 진다.
2. 가입국은 이 조약에서 선포된 권리가 인종·피부색·성별·언어·종교·정치적 또는 기타의 의견·민족적 또는 사회적 출신·재산·가문·기타의 신분에 기인하는 어떠한 종류의 차별
도 받지 않고 행사되도록 보장할 의무를 진다.
3. 개발도상국은 인권 및 자국 경제를 적절하게 고려하는 가운데 이 조약에서 인정된 경제적 권리를 비자국인에게 어느 정도로 보장할 것인가를 정할 수 있다.

제3조 가입국은 이 조약에 규정된 모든 경제적·사회적·문화적 권리를 남녀가 평등하게 누리도록 보장할 의무를 진다.

제4조 가입국은 이 조약에 따라서 국가가 제공하는 권리의 향유에 있어서 법률이 정하는 바에 따라서만 국가가 그 권리에 제한을 가할 수 있음을 인정한다. 그 제한은 이 권리의 본질과 모순되지 아니하고, 또한 오직 민주사회에서의 공공복지를 증진시킬 것을 목적으로 하는 경우에 한한다.

제5조 1. 이 조약의 어떠한 조항도 국가·집단·개인에게 다음 권리를 인정해 주는 것으로 해석되어서는 안된다. 그 권리란, 이 조약에 인정된 권리 또는 자유를 파괴하거나, 이 조약에 규정된 제한의 범위를 넘어서 제한을 가할 것을 목적으로 하는 활동에 종사, 또는 행위를 벌일 권리를 말한다.
2. 어떤 나라에서 특정한 기본적 인권이 법률·조약·규칙 또는 관습으로 인정되거나 현실로 존재하는 경우, 이 조약이 그 권리를 인정하지 않고 있다는 이유로, 또한 인정하는 범위가 좁다는 이유로 그 권리를 제한하거나 침해하지 못한다.

제3부

제6조 1. 가입국은 노동의 권리를 인정한다. 이 권리에는 각 자가 자유롭게 선택하거나 수락하는 노동으로 생계를 꾸려 나갈 기회를 얻을 권리도 포함된다. 가입국은 노동의 권리를 보장하기 위해 적절한 조치를 취한다.

2. 가입국이 노동의 권리를 완전하게 실현하기 위해 취하는 조치에는 개개인에게 기본적인 정치적·경제적 자유를 보장하는 조건 아래서, 착실한 경제적·사회적·문화적 발전과 완전하고도 생산적인 고용을 달성하기 위한 기술 및 직업의 지도·훈련 계획·정책·방법이 포함된다.

제7조 가입국은 누구나 공정하고 유리한 노동조건, 특히 다음 항목을 보장하는 노동조건을 누릴 권리가 있음을 인정한다.

가. 최소한 모든 노동자에게 제공하는 다음의 보수

(1) 공정한 임금 및 어떤 차별도 없는 동일한 가치의 노동에 대한 동일한 보수, 특히 여자의 경우 동일한 노동에 대한 동일한 임금과 함께 남자의 노동조건에 뒤떨어지지 않는 노동조건을 보장할 것.

(2) 이 조약의 규정에 부합하는 노동자 자신과 그 가족의 평균적인 생활

나. 안전하고 위생적인 작업 조건

다. 연공서열과 능력 이외의 어떤 것도 고려되지 않고, 누구나 고용관계 안에서 적절한 상급 지위로 승진할 수 있는 균등한 기회

라. 휴식, 여가 및 노동시간의 합리적 제한, 공휴일에 대한 보수와 정기적인 유급휴일

제8조 1. 가입국은 다음의 권리를 보장할 것을 책임진다.

가. 모든 사람은 자신의 경제적·사회적 이익을 증진시키고 보호하기 위해 누구든지 노동조합을 조직할 수 있고, 또 해당 노동조합의 규칙에만 따르는 가운데 자신이 선택하는 노동조합에 가입할 수 있는 권리. 그러한 권리의 행사에 대하여는 법률로 정해진 바, 국가의 안전이나 공공질서를 위해서 또는 타인의 권리와 자유를 보장하기 위해서 민주사회에 필요한 제한 이외의 어떠한 제한도 가할 수 없다.

나. 노동조합이 전국적인 연맹 또는 총연맹을 결성할 권리 및 연맹이나 총연맹이 국제적인 노동조합조직을 결성하거나 거기에 가입할 권리

다. 노동조합은 법률로 정한 바, 국가의 안전이나 공공질서를 위해서 또는 타인의 권리와 자유를 보호하기 위해서 민주사회에서 필요한 제한 이외의 어떠한 제한도 받지 않고 자유롭게 활동할 권리

라. 파업권, 그러나 이 권리는 그 나라의 법률에 따라 행사되어야 한다.

2. 이 조문은 군, 경찰 또는 국가행정기관 구성원이 앞에 쓴 권리를 행사하는 것에 대하여 합법적인 규제를 배제하는 것이 아니다.

3. 이 조의 어떠한 규정도 결사의 자유 및 단결권 보호에 관한 ILO조약(1948) 가입국이, 동 조약에 규정된 보장을 저해하는 입법조치를 취하거나, 저해하는 방식으로 법을 적용하는 것을 허용하지 않는다.

제9조 가입국은 사회보험을 포함한 사회보장을 받을 권리가 누구에게나 있음을 인정한다.

제10조 가입국은 다음을 인정한다.

1. 가정은 사회의 자연적이고 기본적인 단위이다. 가능한 한 최대의 보호와 원조가 가정에 대해 주어져야 한다. 특히 가정의 형성을 위해 그렇거니와, 한 가정이 부양할 어린이의 양육과 교육을 책임지고 있는 동안에는 보호와 원조가 마땅히 주어져야 한다. 결혼은 혼인 의사를 가진 두 당사자의 자유로운 합의로 이루어져야 한다.

2. 산전산후의 상당한 기간 동안 산모에게 특별한 보호가 주어져야 한다. 직장생활을 하고 있는 산모인 경우에는 그 기간 동안 유급휴가나, 상당한 사회보장의 혜택이 따르는 휴가가 주어져야 한다.

3. 출생이나 그 밖의 조건을 이유로 하는 어떠한 차별도 없이 모든 어린이와 청소년을 돕기 위한 특별한 보호와 원조의 조치가 취해져야 한다. 어린이와 청소년을 그들의 정신 또는 건강에 해롭거나, 생명에 위험을 주거나, 그 정상적인 발육에 지장을 줄 우려가 있는 노동에 종사시키는 행위는 법률로 처벌되어야 한다. 또한 국가는 연령제한을 정해야 한다. 그 연령에 미치지 못한 어린이를 임금을 주고 일을 시키는 행위는 법률로 금지되고, 또한 처벌되어야 한다.

제11조 1. 가입국은 누구나 상당한 생활수준을 유지하고, 또한 부단히 생활조건을 향상시킬 권리가 있음을 인정한다. 상당한 생활수준이란 자기와 자기 가족이 쓸 상당한 식량, 의복 및 주택을 그 내용으로 한다. 가입국은 이 권리의 실현을 확보하기 위해 적절한 조치를 취하고, 또한 그러기 위해서는 자유로운 합의에 근거한 국제협력이 매우 중요하다는 것을 인정한다.

2. 가입국은 사람이 누구나 굶주림에서 벗어날 기본적 권리를 가지고 있음을 인정하면서, 단독으로는 물론 국제협력을 통해, 다음을 이룩하기 위해 구체적인 계획, 기타 필요한 조치를 취한다.

가. 식량의 생산·보존·분배의 방법을 개선한다. 개선의 방법으로는 기술적 및 과학적 지식을 충분히 이용하는 것, 영양 원칙에 관한 지식을 보급하는 것, 천연자원을 가장 효과적으로 개발하고 이용할 수 있도록 농지제도를 발전 또는

개혁하는 것 등을 들 수 있다.

나. 식량의 수입국과 수출국 쌍방의 문제를 고려하면서, 수요와 관련하여 세계의 식량 공급품의 분배가 공평하게 이루어지도록 한다.

제12조 1. 가입국은 누구에게나 성취할 수 있는 최고수준의 신체적 및 정신적 건강을 누릴 권리가 있음을 인정한다.

2. 가맹국이 이 권리의 완전한 실현을 위해 취할 조치에는 다음 사항을 위하여 필요한 조치가 포함된다.

가. 사산율과 유아사망율의 감소 및 어린이의 건전한 발육을 위한 대책

나. 환경위생 및 산업위생의 모든 부문의 개선

다. 전염병, 풍토병, 직업병 및 기타 질병의 예방·치료 및 억제

라. 질병 발생시 누구나 의료와 의학적 배려를 받을 수 있는 여건의 조성

제13조 1. 가입국은 누구에게나 교육받을 권리가 있음을 인정한다. 가입국은 교육이 인격의 완성과 인격의 존엄성에 대한 의식을 온전히 발전시키는 방향으로 나아가야 하며, 또 인권과 기본적 자유에 대한 존경심을 군건하게 해야 한다는 것에 동의한다. 더 나아가서 가입국은 교육이 모든 사람으로 하여금 자연스런 사회에 효과적으로 참가할 수 있게 한다는 것, 모든 나라와 인종·종족·종교 집단 사이에 이해와 관용 및 우의를 촉진시킨다는 것, 그리고 평화를 유지하기 위해 국제연합의 활동을 증진시킬 수 있도록 하는 것에 동의한다.

2. 가입국은 이 권리의 완전한 실현을 달성할 목적으로 다음을 인정한다.

가. 초등 교육은 모든 사람에게 무상 의무 교육으로 실시한다.

나. 기술 및 직업 중등교육을 포함하여 여러 가지 형태의 중등교육은 모든 적절한 방법을 통해서, 특히 무상교육의 점진적 도입에 의하여 모든 사람이 일반적으로 이용할 수 있도록 하고, 또한 모든 사람에게 개방한다.

다. 고등 교육은 모든 적절한 방법을 통해, 특히 무상교육의 점진적 도입에 의하여, 능력에 따라 모든 사람에게 균등하게 개방한다.

라. 초등교육을 받지 못했거나 그 전 과정을 마치지 못한 사람들을 위해 될 수 있는 대로 광범하게 기초교육을 장려 또는 강화한다.

마. 모든 단계의 학교제도의 발전을 적극적으로 추구하고, 적절한 장학제도를 수립하며, 교원의 물질적 처우는 부단히 개선한다.

3. 가입국은 부모 또는 법정 후견인이 자녀를 위해 학교를 선택할 자유를 존중할 책임을 진다. 여기서 말하는 학교란 공공기관이 설치하지 아니하되, 국가가 설정하거나 승인한 교육상의 최저기준에 합치하는 학교를 가리킨다. 또한 가입국의 부모 또는 법정 후견인이 자신의 신념에 따라서 자녀의 종교교육과 도덕교육을 책임지는 자유를 존중할 것을 약속한다.

4. 이 조문의 어떠한 규정도 개인 및 단체가 교육기관을 설치·운영하는 자유를 막는 것으로 해석되어서는 안된다. 그러나 교육기관이 언제나 1항에 제시된 원칙을 준수하고 있고, 또 그 기관에서 이루어지는 교육이 국가가 설정한 최저기준에 부합하고 있다는 조건 아래서만 그러하다.

제14조 이 조약 가입 당시에 본토에서는 물론이요, 그 통치 하에 있는 다른 지역에서 무상 초등의무교육을 실시하지 못하고 있는 각 가입국은 다음을 이행할 책임을 진다. 즉 무상 의무교육 원칙을 점진적으로 실시하기 위한 상세한 행동계획을 2년 이내에 마련·채택하되, 합리적인 실시 기간이 그 계획에 명시되어 있어야 한다.

제15조 1. 가입국은 누구에게나 다음 권리가 있음을 인정한다.

가. 문화적인 생활에 참여할 수 있는 권리

나. 과학의 진보와 그 응용에서 오는 혜택을 누릴 수 있는 권리

다. 자기가 창조한 과학적·문화적·예술적 작품에서 생기는 유형·무형의 이익을 보호받는 데에서 오는 혜택을 누릴 수 있는 권리

2. 가입국이 이 문화적 권리의 완전한 실현을 이룩하기 위하여 취하는 조치 중에는 과학과 문화의 보전·발전·보급에 필요한 조치가 포함된다.

제4부

제16조 1. 가입국은 이 조약에서 인정된 권리가 잘 지켜지도록 하기 위해서 어떤 조치를 취했고 또 어떤 발전이 이루어졌는가 하는 보고서를 이 조약 제4부의 규정에 따라 제출할 의무를 진다.

2. 가. 모든 보고서는 국제연합 사무총장에게 제출한다. 국제연합 사무총장은 이 조약의 규정에 따라 경제사회이사회가 심의할 수 있도록 그 사본을 보낸다.

나. 국제연합 사무총장은 또한 전문기구 회원국이기도 한 가입국으로부터 온 보고서의 사본 또는 관련 부분을 전문기구 앞으로 보낸다. 그러나 이것은 그 보고서 또는 보고서의 일부가 그 전문기구의 기본 문서에 따라 임무 범위에 속하는 사항과 관련이 있는 경우에 한한다.

제17조 1. 가입국은, 경제사회이사회가 가입국 및 관계 전문

기구와 협의를 거친 다음 이 조약의 발효 후 1년 이내에 작성하는 계획에 따라, 보고서를 단계적으로 제출한다.

2. 보고서에는 이 조약에 규정된 의무의 이행 정도에 영향을 미치는 요인 및 장애를 기재할 수 있다.

3. 관련 정보가 가입국에 의해 국제연합 또는 전문기구 앞으로 이미 제출되었을 경우, 그 정보를 다시 작성할 필요는 없고, 제출된 정보에 대한 명확한 언급만으로 족하다.

第18조 국제연합헌장은 인권 및 기본적 자유 분야의 책임을 경제사회이사회에 지우고 있다. 이 책임에 따라 경제사회이사회는 이사회 앞으로 보고서를 보내주는 문제에 관해 전문기구와 사전 협의를 가질 수 있다. 그 보고서는 조약 준수 촉진 활동에서 이룩된 진전에 관한 것인데, 그 활동이 동 전문기구의 활동 범위에 속해 있어야 한다. 전문기구의 권한 있는 기관이 채택한, 협약 실시에 관한 결의 및 권고의 자세한 내용이 이 보고서에 포함될 수 있다.

第19조 가입국의 경우는 제16조와 제17조의 규정에 따라, 전문기구의 경우는 제18조의 규정에 따라, 각각 인권에 관한 보고서를 제출하기로 되어 있다. 경제사회이사회는, 검토와 일반적인 권고를 위해, 또는 적당하다고 생각하는 경우에는 정보용으로, 적절한 보고서를 인권위원회 앞으로 보낼 수 있다.

第20조 가입국 및 관계 전문기구는 제19조의 규정에 따라 행해진 일반적 권고에 대한 의견을 경제사회이사회에 제출할 수 있다. 인권위원회의 보고서 또는 인권위원회의 보고서에서 언급된 문서가 그와 같은 일반적 권고를 언급하고 있을 경우, 그 부분에 관한 의견도 위와 똑같다.

第21조 경제사회이사회는 일반적 성격을 지닌 권고가 첨부된 보고서와, 가입국 및 전문기구로부터 접수한 정보의 개요를 수시로 총회에 제출할 수 있다. 그 정보란 이 조약에서 인정된 권리의 실현을 위해 취해진 조치 및 이룩된 진전 사항에 관한 것을 말한다.

第22조 이 조약 제4부에 규정된 보고서에서 어떤 사안이 제기될 경우, 경제사회이사회는 기술원조 제공에 관여하는 국제연합의 다른 기구, 그 보조기관 및 전문기구에 대해 주의를 환기시킬 수 있다. 그 사안이란, 앞에 쓴 기관들이 각기의 소관 분야에서 이 조약의 효과적이고도 점진적인 시행에 도움이 될 만한 국제적 조치를 결정하는 데 참고가 되는 것을 말한다.

第23조 가입국은 이 조약에서 인정된 권리를 실현시키기 위한 국제적 조치에는 조약의 체결, 권고의 채택, 기술원조의 제공, 관계국 정부와 협조하여 조직된 협의 및 연구를 목적으로 하는 지역회의와 전문가 회의의 개최와 같은 방안이 포함된다는 것을 인정한다.

第24조 국제연합헌장 및 전문기구 기본문서는 국제연합의 여러 기관 및 전문기구의 임무를 각각 규정하고 있는 바, 이 조약의 어느 규정도 국제연합헌장 및 전문기구 기본문서의 규정을 이 협약에 규정된 사항에 대해 적용하는 것을 막는다고 해석되어서는 안된다.

第25조 모든 인민은 그들의 천연재화와 자원을 충분히 그리고 자유스러이 누리고 또 이용할 타고난 권리를 가지고 있는 바, 이 조약의 어느 규정도 그 권리를 막는다고 해석되어서는 안된다.

제5부

第26조 1. 이 조약은 국제연합 가입국이나 전문기구 회원국, 국제사법재판소 규정 가입국, 그리고 국제연합 총회가 이 조약에 가입하도록 요청한 그 밖의 국가가 서명할 수 있도록 개방된다.

2. 이 조약은 비준 절차를 밟아야 한다. 비준서는 국제연합 사무총장에게 기탁된다.

3. 이 조약은 1항에서 언급된 국가가 가입할 수 있도록 개방된다.

4. 가입은 가입서가 국제연합 사무총장에게 기탁됨으로써 이루어진다.

5. 국제연합 사무총장은 이 조약에 서명하거나 가입한 모든 국가에 대해 비준서 또는 가입서를 기탁할 것을 통보한다.

第27조 1. 이 조약은 35번째의 비준서 또는 가입서가 국제연합 사무총장에게 기탁된 날로부터 3개월 후에 발효된다.

2. 35번째의 비준서 또는 가입서가 기탁된 후에 이 조약을 비준하거나 이 조약에 가입하는 국가에 대해서는, 이 조약은 그 국가의 비준서 또는 가입서가 기탁된 날로부터 3개월 후에 발효된다.

第28조 이 조약의 조항은, 어떠한 제한이나 예외 없이, 연방 국가의 모든 지역에 적용된다.

第29조 1. 어느 가입국이나 개정을 제안할 수 있고 또 개정안을 국제연합 사무총장에게 제출할 수 있다. 국제연합 사무총장은 그 즉시로 여러 가입국에 대해 개정안을 통보하고, 그 제안을 검토·표결할 가입국 회의의 개최를 찬성하는지 또는 반대하는지를 국제연합 사무총장에게 통고해주도록 요청한다. 가입국의 3분의 1 이상이 회의 개최를 찬성할 경우, 국제연합 사무총장은 국제연합의 주관 아래 회의를 소집한다. 과반수의 찬성으로 채택된 개정안은 승인받기 위해 국제연합 총회에 제출된다.

2. 개정안은 국제연합 총회가 승인하고 또 가맹국의 3분의 2가 그 나라 헌법에 규정된 절차에 따라 수락했을 때 효력을 발생한다.

3. 개정안은 효력 발생시에 개정을 수락한 가입국에 대해 구속력을 가진다. 그 밖의 가입국은 이 조약의 조항 및 그 국가가 수락한 그 이전의 모든 개정에 의해 종전대로 구속된다.

제30조 제26조 5항의 규정에 따라 행해지는 통보와 상관없이, 국제연합 사무총장은 제26조 1항에서 언급된 모든 국가에 대해 다음 사항을 통고한다.
가. 제26조의 규정에 따른 서명, 비준 및 가입.
나. 제27조의 규정에 따른 이 조약의 발효 일자 및 제29조의 규정에 따른 개정이 효력을 발생하는 일자.

제31조 1. 이 조약은 중국어·영어·프랑스어·러시아어·스페인어로 기록된 것을 정본으로 하고, 국제연합 기록보관소에 기탁된다.
2. 국제연합 사무총장은 제26조에 언급된 모든 국가 앞으로 이 조약의 인증된 등본을 송부한다.

장애인 인권선언

(Declaration on the Rights of Disabled Persons)

UN총회 결의 3447(제30차) 1975년 12월 9일 채택

1. "장애인"이라 함은 선천적이든 후천적이든 간에, 신체적, 정신적 능력의 불완전으로 인하여 일상의 개인적 또는 사회적 생활에서 필요한 것을 확보하는데 자기 자신으로서는 완전하게 또는 부분적으로 할 수 없는 사람을 의미한다.

2. 장애인은 본 선언에 제시된 모든 권리를 누린다. 이들의 권리는 어떠한 예외도 없이, 인종, 피부색, 성, 언어, 종교, 정치 혹은 기타의 의견, 국가 또는 사회적 신분, 빈부, 출생, 장애인 자신이나 그 가족이 처해 있는 상황에 따라 구별이나 차별 없이 모든 장애인에게 인정된다.

3. 장애인은 인간으로서의 존엄이 존중되는 권리를 출생하면서부터 갖고 있다. 장애인은 그들 장애의 원인, 특질, 정도에 관계없이, 같은 연령의 시민과 동등한 기본적 권리를 가진다. 이는 맨 먼저(First and foremost) 가능한 통상적이고 만족스러운 일상생활을 할 수 있는 권리를 의미한다.

4. 장애인은 다른 시민들과 동등한 시민권 및 정치적 권리를 가진다. 「정신지체인의 권리선언」제7조는 정신지체인의 이와 같은 권리의 어떠한 제한이나 배제에도 적용된다.

5. 장애인은 가능한 한 그들이 자립(Self-reliant)할 수 있도록 계획된 여러 시책을 누릴 자격이 있다.

6. 장애인은 보장구를 포함한 의료적, 심리적, 기능적 치료와 의료적, 사회적 재활, 교육, 직업교육, 훈련 및 재활, 원조, 상담, 직업알선 및 기타 장애인의 능력과 기술을 최대한으로 개발하고 그들이 사회통합 또는 재통합의 과정을 촉진시킬 수 있는 서비스를 받을 권리가 있다.

7. 장애인은 경제적, 사회적 보장 및 상당한 수준의 생활을 누릴 권리를 가진다. 장애인은 그 능력에 따라 보장을 받고, 고용되어, 유익하고 생산적이며 보수를 받는 직업에 종사하고, 노동조합에 참여할 권리를 가진다.

8. 장애인은 경제·사회계획의 모든 단계에 있어서 그들의 특별한 요구가 고려되도록 할 자격이 있다.

9. 장애인은 그들 가족이나 위탁부모와 함께 생활하고, 모든 사회적, 창조적 활동이나 여가활동에 참여할 권리를 가진다. 장애인은 그의 주거와 관련하여, 그 상태로 인하여 그가 필요하다든지 혹은 그 주거상태개선을 요구할 경우 이외에는 차별대우를 받지 않는다. 만일 장애인이 특수한 시설에 입소하는 것이 절대로 필요할 때에도 그곳의 환경이나 생활조건은 동연령 사람의 통상적 생활과 가능한 유사한 것이라야 한다.

10. 장애인은 차별적, 모욕적 또는 천박한 모든 착취와 모든 규칙, 그리고 모든 취급으로부터 보호되어야 한다.

11. 장애인은 그의 인격과 재산의 보호를 위하여 적절한 법적인 원조가 필요할 때에는 그러한 것을 제공받을 수 있어야 한다. 만일 장애인에 대해 사법적인 소송절차가 있을 경우에, 그것에 적용되는 법적 수속은 장애인들의 신체적, 정신적 상태를 충분히 고려하여야 한다.

12. 장애인 단체들은 장애인의 권리에 관한 모든 사항에 대하여 유효하게 협의할 수 있어야 한다.

13. 장애인과 그 가족 및 지역사회는 모든 적절한 방법에 의하여, 본 선언에 포함된 권리에 대해 충분히 주지하여야 한다.

[참고]

한국 장애인 인권 헌장

(1998.12.9 국무회의 의결 거쳐 대통령이 서명하여 제정 선포)

전 문
장애인은 인간의 존엄과 가치를 가지며 행복을 추구할 권리를 가진다. 장애인은 건전한 사회 구성원으로 책임 있는 삶을 살아가며 자신의 능력을 계발하여 자립하도록 노력하여야 한다. 국가와 사회는 헌법과 국제연합의 장애인권리선언의 정신에 따라 장애인의 인권을 보호하고 완전한 사회참여와 평등을 이루어 더불어 살아가는 사회를 만들기 위한 여건과 환경을 조성하여야 한다.

1. 장애인은 장애를 이유로 정치, 경제, 사회, 교육 및 문화생활의 모든 영역에서 차별을 받지 아니한다.

2. 장애인은 인간다운 삶을 영위할 수 있도록 소득, 주거, 의료 및 사회복지서비스 등을 보장받을 권리를 가진다.

3. 장애인은 다른 모든 사람과 동등한 시민권과 정치적 권리를 가진다.

4. 장애인은 자유로운 이동과 시설이용에 필요한 편의를 제공받아야 하며, 의사표현과 정 보 이용에 필요한 통신, 수화통역, 자막, 점자 및 음성도서 등 모든 서비스를 제공받을 권리를 가진다.

5. 장애인은 자신의 능력을 계발하기 위하여 장애 유형과 정도에 따라 필요한 교육을 받 을 권리를 가진다.

6. 장애인은 능력에 따라 직업을 선택하고 그에 따른 정당한 보수를 받을 권리를 가지며, 직업을 갖기 어려운 장애인은 국가의 특별한 지원을 받아 일하고 인간다운 생활을 보장 받을 권리를 가진다.

7. 장애인은 문화, 예술, 체육 및 여가활동에 참여할 권리를 가진다.

8. 장애인은 가족과 함께 생활할 권리를 가진다. 장애인이 전문시설에서 생활하는 것이 필요한 경우에도 환경이나 생활 조건은 같은 나이 사람의 생활과 가능한 같아야 한다.

9. 장애인은 사회로부터 분리, 학대 및 멸시받지 않을 권리를 가지며, 누구든지 장애인을 이용하여 부당한 이익을 취하여서는 안 된다.

10. 장애인은 자신의 인격과 재산의 보호를 위하여 필요한 법률상의 도움을 받을 권리를 가진다.

11. 여성 장애인은 임신, 출산, 육아 및 가사 등에 있어서 생활에 필요한 보호와 지원을 받을 권리를 가진다.

12. 혼자 힘으로 의사결정을 하기 힘든 장애인과 그 가족은 인간다운 삶을 영위하기 위하여 필요한 지원을 받을 권리를 가진다.

13. 장애인의 특수한 욕구는 국가정책의 계획단계에서부터 우선 고려되어야 하며, 장애인 과 가족은 복지증진을 위한 정책결정에 민주적인 절차에 따라 참여할 권리를 가진다.

아동의 권리에 관한 협약

(Convention on the Rights of the Child, 1989)

체결일자 및 장소 : 1989년 11월 20일 뉴욕에서 작성
발효일 : 1990년 9월 2일

[우리나라 관련사항]
비준서 기탁일 : 1991년 11월 20일
발효일 : 1991년 12월 20일 (조약 제1072호)

전 문

이 협약의 당사국은, 국제연합헌장에 선언된 원칙에 따라, 인류사회의 모든 구성원의 고유의 존엄성 및 평등하고 양도할 수 없는 권리를 인정하는 것이 세계의 자유· 정의 및 평화의 기초가 됨을 고려하고, 국제연합체제하의 모든 국민들은 기본적인 인권과 인간의 존엄성 및 가치에 대한 신념을 헌장에서 재확인하였고, 확대된 자유속에서 사회진보와 생활수준의 향상을 촉진하기로 결의하였음에 유념하며, 국제연합이 세계인권선언과 국제인권규약에서 모든 사람은 인종, 피부색, 성별, 언어, 종교, 정치적 또는 기타의 의견, 민족적 또는 사회적 출신, 재산, 출생 또는 기타의 신분 등 어떠한 종류 구분에 의한 차별없이 동 선언 및 규약에 규정된 모든 권리와 자유를 누릴 자격이 있음을 선언하고 동의하였음을 인정하고, 국제연합이 세계인권선언에서 아동기에는 특별한 보호와 원조를 받을 권리가 있다고 선언하였음을 상기하며, 사회의 기초집단이며 모든 구성원 특히 아동의 성장과 복지를 위한 자연적 환경으로서 가족에게는 공동체 안에서 그 책임을 충분히 감당할 수 있도록 필요한 보호와 원조가 부여되어야 함을 확신하며, 아동은 완전하고 조화로운 인격 발달을 위하여 가족적 환경과 행복, 사랑 및 이해의 분위기 속에서 성장하여야 함을 인정하고, 아동은 사회에서 한 개인으로서의 삶을 영위할 수 있도록 충분히 준비되어져야 하며, 국제연합헌장에 선언된 이상의 정신과 특히 평화· 존엄·관용·자유·평등·연대의 정신 속에서 양육되어야 함을 고려하고, 아동에게 특별한 보호를 제공하여야 할 필요성은 1924년 아동권리에 관한 제네바선언과 1959년 11월 20일 총회에 의하여 채택된 아동권리선언에 명시되어 있으며, 세계인권선언, 시민적 및 정치적 권

리에 관한 국제규약 (특히 제23조 및 제24조), 경제적·사회적 및 문화적 권리에 관한 국제 규약(특히 제10조) 및 아동의 복지와 관련된 전문기구와 국제기구의 규정 및 관련문서에서 인정되었음을 유념하고, 아동권리선언에 나타나 있는 바와 같이, "아동은 신체적·정신적 미성숙으로 인하여 출생전후를 막론하고 적절한 법적 보호를 포함한 특별한 보호와 배려를 필요로 한다"는 점에 유념하고, "국내적 또는 국제적 양육위탁과 입양을 별도로 규정하는 아동의 보호와 복지에 관한 사회적 및 법적 원칙에 관한 선언"의 제규정, "소년법 운영을 위한 국제연합 최소 표준규칙"(베이징규칙) 및 "비상시 및 무력 충돌시 부녀자와 아동의 보호에 관한 선언"을 상기하고, 세계 모든 국가에 예외적으로 어려운 여건 하에 생활하고 있는 아동들이 있으며, 이 아동들은 특별한 배려를 필요로 함을 인정하고, 아동의 보호와 조화로운 발전을 위하여 각 민족의 전통과 문화적 가치의 중요성을 충분히 고려하고, 모든 국가, 특히 개발도상국가 아동의 생활여건을 향상시키기 위한 국제 협력의 중요성을 인정하면서, 다음과 같이 합의하였다.

제1부

제1조 이 협약의 목적상, "아동"이라 함은 아동에게 적용되는 법에 의하여 보다 조기에 성인 연령에 달하지 아니하는 한 18세미만의 모든 사람을 말한다.

제2조 1. 당사국은 자국의 관할권 안에서 아동 또는 그의 부모나 후견인의 인종, 피부색, 성별, 언어, 종교, 정치적 또는 기타의 의견, 민족적, 인종적 또는 사회적 출신, 재산, 무능력, 출생 또는 기타의 신분에 관계없이 그리고 어떠한 종류의 차별을 함이 없이 이 협약에 규정된 권리를 존중하고 각 아동에게 보장하여야 한다.
2. 당사국은 아동이 그의 부모나 후견인 또는 가족 구성원의 신분, 활동, 표명된 의견 또는 신념을 이유로 하는 모든 형태의 차별이나 처벌로부터 보호되도록 보장하는 모든 적절한 조치를 취하여야 한다.

제3조 1. 공공 또는 민간 사회복지기관, 법원, 행정당국, 또는 입법기관 등에 의하여 실시되는 아동에 관한 모든 활동에 있어서 아동의 최선의 이익이 최우선적으로 고려되어야 한다.

2. 당사국은 아동의 부모, 후견인, 기타 아동에 대하여 법적 책임이 있는 자의 권리와 의무를 고려하여, 아동복지에 필요한 보호와 배려를 아동에게 보장하고, 이를 위하여 모든 적절한 입법적·행정적 조치를 취하여야 한다.

3. 당사국은 아동에 대한 배려와 보호에 책임 있는 기관, 편의 및 시설이 관계당국이 설정한 기준, 특히 안전과 위생분야 그리고 직원의 수 및 적격성은 물론 충분한 감독면에서 기준에 따를 것을 보장하여야 한다.

제4조 당사국은 이 협약에서 인정된 권리를 실현하기 위하여 모든 적절한 입법적·행정적 및 여타의 조치를 취하여야 한다. 경제적·사회적 및 문화적 권리에 관하여 당사국은 가용자원의 최대한도까지 그리고 필요한 경우에는 국제협력의 테두리 안에서 이러한 조치를 취하여야 한다.

제5조 아동이 이 협약에서 인정된 권리를 행사함에 있어서 당사국은 부모 또는 적용가능한 경우 현지 관습에 의하여 인정되는 확대가족이나 공동체의 구성원, 후견인 기타 아동에 대한 법적 책임자들이 아동의 능력발달에 상응하는 방법으로 적절한 감독과 지도를 행할 책임과 권리 및 의무를 가지고 있음을 존중하여야 한다.

제6조 1. 당사국은 모든 아동이 생명에 관한 고유의 권리를 가지고 있음을 인정한다.

2. 당사국은 가능한 한 최대한도로 아동의 생존과 발전을 보장하여야 한다.

제7조 1. 아동은 출생 후 즉시 등록되어야 하며, 출생시부터 성명권과 국적취득권을 가지며, 가능한 한 자신의 부모를 알고 부모에 의하여 양육받을 권리를 가진다.

2. 당사국은 이 분야의 국내법 및 관련국제문서상의 의무에 따라 이러한 권리가 실행되도록 보장하여야 하며, 권리가 실행되지 아니하여 아동이 무국적으로 되는 경우에는 특히 그러하다.

제8조 1. 당사국은 위법한 간섭을 받지 아니하고, 국적, 성명 및 가족관계를 포함하여 법률에 의하여 인정된 신분을 보존할 수 있는 아동의 권리를 존중한다.

2. 아동이 그의 신분요소 중 일부 또는 전부를 불법적으로 박탈당한 경우, 당사국은 그의 신분을 신속하게 회복하기 위하여 적절한 원조와 보호를 제공하여야 한다.

제9조 1. 당사국은 사법적 심사의 구속을 받는 관계당국이 적용 가능한 법률 및 절차에 따라서 분리가 아동의 최상의 이익을 위하여 필요하다고 결정 하는 경우 외에는, 아동이 그의 의사에 반하여 부모로부터 분리되지 아니 하도록 보장하여야 한다. 위의 결정은 부모에 의한 아동 학대 또는 유기의 경우나 부모의 별거로 인하여 아동의 거소에 관한 결정이 내려져야 하는 등 특별한 경우에 필요할 수 있다.

2. 제1항의 규정에 의한 어떠한 절차에서도 모든 이해당사자는 그 절차에 참가하여 자신의 견해를 표시할 기회가 부여되어야 한다.

3. 당사국은 아동의 최선의 이익에 반하는 경우외에는, 부모의 일방 또는 쌍방으로부터 분리된 아동이 정기적으로 부모와 개인적 관계 및 직접적인 면접교섭을 유지할 권리를 가짐을 존중하여야 한다.

4. 그러한 분리가 부모의 일방이나 쌍방 또는 아동의 감금, 투옥, 망명, 강제퇴거 또는 사망(국가가 억류하고 있는 동안 어떠한 원인에 기인한 사망을 포함한다) 등과 같이 당사국에 의하여 취하여진 어떠한 조치의 결과인 경우에는, 당사국은 그 정보의 제공이 아동의 복지에 해롭지 아니하는 한, 요청이 있는 경우, 부모, 아동 또는 적절한 경우 다른 가족구성원에게 부재중인 가족구성원의 소재에 관한 필수적인 정보를 제공하여야 한다. 또한 당사국은 그러한 요청의 제출이 그 자체로 관계인에게 불리한 결과를 초래하지 아니하도록 보장하여야 한다.

제10조 1. 제9조 제1항에 규정된 당사국의 의무에 따라서, 가족의 재결합을 위하여 아동 또는 그 부모가 당사국에 입국하거나 출국하기 위한 신청은 당사국에 의하여 긍정적이며 인도적인 방법으로 그리고 신속하게 취급 되어야 한다. 또한 당사국은 이러한 요청의 제출이 신청자와 그의 가족구성원들에게 불리한 결과를 수반하지 아니하도록 보장하여야 한다.

2. 부모가 타국에 거주하는 아동은 예외적 상황 외에는 정기적으로 부모와 개인적 관계 및 직접적인 면접교섭을 유지할 권리를 가진다. 이러한 목적에 비추어 그리고 제9조 제2항에 규정된 당사국의 의무에 따라서, 당사국은 아동과 그의 부모가 본국을 포함하여 어떠한 국가로부터 출국할 수 있고 또한 본국으로 입국할 수 있는 권리를 존중하여야 한다. 어떠한 국가로부터 출국할 수 있는 권리는 법률에 의하여 규정되고, 국가안보, 공공질서, 공중보건이나 도덕 또는 타인의 권리와 자유를 보호하기 위하여 필요하며 이 협약에서 인정된 그 밖의 권리에 부합되는 제한에 의하여만 구속된다.

제11조 1. 당사국은 아동의 불법 해외이송 및 미귀환을 퇴치하기 위한 조치를 취하여야 한다.

2. 이 목적을 위하여 당사국은 양자 또는 다자협정의 체결이나 기존 협정에의 가입을 촉진하여야 한다.

제12조 1. 당사국은 자신의 견해를 형성할 능력이 있는 아동에 대하여 본인에게 영향을 미치는 모든 문제에 있어서 자신의 견해를 자유스럽게 표시할 권리를 보장하며, 아동의 견해에 대하여는 아동의 연령과 성숙도에 따라 정당한 비중이 부여되어야 한다.

2. 이러한 목적을 위하여, 아동에게는 특히 아동에게 영향을 미치는 어떠한 사법적·행정적 절차에 있어서도 직접 또는 대표자나 적절한 기관을 통하여 진술할 기회가 국내법적 절차에 합치되는 방법으로 주어져야 한다.

제13조 1. 아동은 표현에 대한 자유권을 가진다. 이 권리는 구두, 필기 또는 인쇄, 예술의 형태 또는 아동이 선택하는 기타의 매체를 통하여 모든 종류의 정보와 사상을 국경에 관계없이 추구하고 접수하며 전달하는 자유를 포함한다.

2. 이 권리의 행사는 일정한 제한을 받을 수 있다. 다만 이 제한은 오직 법률에 의하여 규정되고 또한 다음 사항을 위하여 필요한 것이어야 한다.

가. 타인의 권리 또는 신망의 존중

나. 국가안보, 공공질서, 공중보건 또는 도덕의 보호

제14조 1. 당사국은 아동의 사상·양심 및 종교의 자유에 대한 권리를 존중하여야 한다.

2. 당사국은 아동이 권리를 행사함에 있어 부모 및 경우에 따라서는, 후견인이 아동의 능력발달에 부합하는 방식으로 그를 감독할 수 있는 권리와 의무를 존중하여야 한다.

3. 종교와 신념을 표현하는 자유는 오직 법률에 의하여 규정되고 공공의 안전, 질서, 보건이나 도덕 또는 타인의 기본권적 권리와 자유를 보호하기 위하여 필요한 경우에만 제한될 수 있다.

제15조 1. 당사국은 아동의 결사의 자유와 평화적 집회의 자유에 대한 권리를 인정한다.

2. 이 권리의 행사에 대하여는 법률에 따라 부과되고 국가안보 또는 공공의 안전, 공공질서, 공중보건이나 도덕의 보호 또는 타인의 권리와 자유의 보호를 위하여 민주사회에서 필요한 것 외의 어떠한 제한도 과하여져서는 아니된다.

제16조 1. 어떠한 아동도 사생활, 가족, 가정 또는 통신에 대하여 자의적 이거나 위법적인 간섭을 받지 아니하며 또한 명예나 신망에 대한 위법적인 공격을 받지 아니한다.

2. 아동은 이러한 간섭 또는 비난으로부터 법의 보호를 받을 권리를 가진다.

제17조 당사국은 대중매체가 수행하는 중요한 기능을 인정하며, 아동이 다양한 국내적 및 국제적 정보원으로부터의 정보와 자료, 특히 아동의 사회적· 정신적·도덕적 복지와 신체적·정신적 건강의 향상을 목적으로 하는 정보와 자료에 대한 접근권을 가짐을 보장하여야 한다. 이 목적을 위하여 당사국은,

가. 대중매체가 아동에게 사회적·문화적으로 유익하고 제29조의 정신에 부합되는 정보와 자료를 보급하도록 장려하여야 한다.

나. 다양한 문화적·국내적 및 국제적 정보원으로부터의 정보와 자료를 제작·교환 및 보급하는데 있어서의 국제협력을 장려하여야 한다.

다. 아동도서의 제작과 보급을 장려하여야 한다.

라. 대중매체로 하여금 소수집단에 속하거나 원주민인 아동의 언어상의 곤란에 특별한 관심을 기울이도록 장려하여야 한다.

마. 제13조와 제18조의 규정을 유념하며 아동 복지에 해로운 정보와 자료로부터 아동을 보호하기 위한 적절한 지침의 개발을 장려 하여야 한다.

제18조 1. 당사국은 부모 쌍방이 아동의 양육과 발전에 공동책임을 진다는 원칙이 인정받을 수 있도록 최선의 노력을 기울여야 한다. 부모 또는 경우에 따라서 후견인은 아동의 양육과 발달에 일차적 책임을 진다. 아동의 최선의 이익이 그들의 기본적 관심이 된다.

2. 이 협약에 규정된 권리를 보장하고 촉진시키기 위하여, 당사국은 아동의 양육책임 이행에 있어서 부모와 후견인에게 적절한 지원을 제공하여야 하며, 아동 보호를 위한 기관·시설 및 편의의 개발을 보장하여야 한다.

3. 당사국은 취업부모의 아동들이 이용할 자격이 있는 아동보호를 위한 편의 및 시설로부터 이익을 향유할 수 있는 권리가 있음을 보장하기 위하여 모든 적절한 조치를 취하여야 한다.

제19조 1. 당사국은 아동이 부모·후견인 기타 아동양육자의 양육을 받고 있는 동안 모든 형태의 신체적·정신적 폭력, 상해나 학대, 유기나 유기적 대우, 성적 학대를 포함한 혹사나 착취로부터 아동을 보호하기 위하여 모든 적절한 입법적·행정적·사회적 및 교육적 조치를 취하여야 한다.

2. 이러한 보호조치는 아동 및 아동 양육자에게 필요한 지원을 제공하기 위한 사회계획의 수립은 물론, 제1항에 규정된 바와 같은 아동학대 사례를 다른 형태로 방지하거나 확인·보고·조회·조사·처리 및 추적하고 또한 적절한 경우에는 사법적 개입을 가능하게 하는 효과적 절차를 적절히 포함하여야 한다.

제20조 1. 일시적 또는 항구적으로 가정환경을 박탈당하거나 가정환경에 있는 것이 스스로의 최선의 이익을 위하여 허용될 수 없는 아동은 국가로부터 특별한 보호와 원조를 부여받을 권리가 있다.

2.. 당사국은 자국의 국내법에 따라 이러한 아동을 위한 보호의 대안을 확보하여야 한다.

3. 이러한 보호는 특히 양육위탁, 회교법의 카팔라, 입양, 또는 필요한 경우 적절한 아동 양육기관에 두는 것을 포함한다. 해결책을 모색하는 경우에는 아동 양육에 있어 계속성의 보장이 바람직하다는 점과 아동의 인종적·종교적·문화적 및 언어적 배경에 대하여 정당한 고려가 베풀어져야 한다.

제21조 입양제도를 인정하거나 허용하는 당사국은 아동의 최선의 이익이 최우선적으로 고려되도록 보장하여야 하며, 또한 당사국은

가. 아동의 입양은, 적용 가능한 법률과 절차에 따라서 그리고 적절 하고 신빙성 있는 모든 정보에 기초하여, 입양이 부모·친척 및 후견인에 대한 아동의 신분에 비추어 허용될 수 있음을, 그리고 요구되는 경우 관계자들이 필요한 협의에 의하여 입양에 대한 분별 있는 승낙을 하였음을 결정하는 관계당국에 의하여만 허가되도록 보장하여야 한다.

나. 국제입양은, 아동이 위탁 양육자나 입양가족에 두어질 수 없거나 또는 어떠한 적절한 방법으로도 출신국에서 양육되어질 수 없는 경우, 아동 양육의 대체수단으로서 고려될 수 있음을 인정하여야 한다.

다. 국제입양에 관계되는 아동이 국내입양의 경우와 대등한 보호와 기준을 향유하도록 보장하여야 한다.

라. 국제입양에 있어서 양육지정이 관계자들에게 부당한 재정적 이익을 주는 결과가 되지 아니하도록 모든 적절한 조치를 취하여야 한다.

마. 적절한 경우에는 양자 또는 다자약정이나 협정을 체결함으로써 이 조의 목적을 촉진시키며, 이러한 테두리 안에서 아동의 타국내 양육지정이 관계당국이나 기관에 의하여 실시되는 것을 확보하기 위하여 노력하여야 한다.

제22조 1. 당사국은 난민으로서의 지위를 구하거나 또는 적용가능한 국제법 및 국내법과 절차에 따라 난민으로 취급되는 아동이, 부모나 기타 다른 사람과의 동반 여부에 관계없이, 이 협약 및 당해 국가가 당사국인 다른 국제 인권 또는 인도주의 관련 문서에 규정된 적용 가능한 권리를 향유함에 있어서 적절한 보호와 인도적 지원을 받을 수 있도록 하기 위하여 적절한 조치를 취하여야 한다.

2. 이 목적을 위하여, 당사국은 국제연합 및 국제연합과 협력하는 그 밖의 권한 있는 정부간 또는 비정부간 기구들이 그러한 아동을 보호, 원조하고 가족재결합에 필요한 정보를 얻기 위하여 난민 아동의 부모나 다른 가족 구성원을 추적하는데 기울이는 모든 노력에 대하여도 적절하다고 판단되는 협조를 제공하여야 한다. 부모나 다른 가족구성원을 발견할 수 없는 경우, 그 아동은 어떠한 이유로 인하여 영구적 또는 일시적으로 가정 환경을 박탈당한 다른 아동과 마찬가지로 이 협약에 규정된 바와 같은 보호를 부여받아야 한다.

제23조 1. 당사국은 정신적 또는 신체적 장애아동이 존엄성이 보장되고 자립이 촉진되며 적극적 사회참여가 조장되는 여건 속에서 충분히 품위 있는 생활을 누려야 함을 인정한다.

2. 당사국은 장애아동의 특별한 보호를 받을 권리를 인정하며, 신청에 의하여 그리고 아동의 여건과 부모나 다른 아동양육자의 사정에 적합한 지원이, 활용 가능한 재원의 범위 안에서, 이를 받을만한 아동과 그의 양육 책임자에게 제공될 것을 장려하고 보장하여야 한다.

3. 장애아동의 특별한 어려움을 인식하며, 제2항에 따라 제공된 지원은 부모나 다른 아동양육자의 재산을 고려하여 가능한 한 무상으로 제공되어야 하며, 장애아동의 가능한 한 전면적인 사회참여와 문화적· 정신적 발전을 포함한 개인적 발전의 달성에 이바지하는 방법으로 그 아동이 교육, 훈련, 건강관리지원, 재활지원, 취업준비 및 오락기회를 효과적으로 이용하고 제공받을 수 있도록 계획되어야 한다.

4. 당사국은 국제협력의 정신에 입각하여, 그리고 당해 분야에서의 능력과 기술을 향상시키고 경험을 확대하기 위하여 재활, 교육 및 직업보도 방법에 관한 정보의 보급 및 이용을 포함하여, 예방의학 분야 및 장애아동에 대한 의학적·심리적·기능적 처치분야에 있어서의 적절한 정보의 교환을 촉진하여야 한다. 이 문제에 있어서 개발도상국의 필요에 대하여 특별한 고려가 베풀어져야 한다.

제24조 1. 당사국은 도달 가능한 최상의 건강수준을 향유하고, 질병의 치료와 건강의 회복을 위한 시설을 사용할 수 있는 아동의 권리를 인정한다. 당사국은 건강관리지원의 이용에 관한 아동의 권리가 박탈되지 아니하도록 노력하여야 한다.

2. 당사국은 이 권리의 완전한 이행을 추구하여야 하며, 특히 다음과 같은 적절한 조치를 취하여야 한다.

가. 유아와 아동의 사망률을 감소시키기 위한 조치

나. 기초건강관리의 발전에 중점을 두면서 모든 아동에게 필요한 의료지원과 건강관리의 제공을 보장하는 조치

다. 환경오염의 위험과 손해를 감안하면서, 기초건강관리 체계 안에서 무엇보다도 쉽게 이용 가능한 기술의 적용과 충분한 영양식 및 깨끗한 음료수의 제공 등을 통하여 질병과 영양실조를 퇴치하기 위한 조치

라. 산모를 위하여 출산 전후의 적절한 건강관리를 보장하는 조치

마. 모든 사회구성원 특히 부모와 아동은 아동의 건강과 영양, 모유·수유의 이익, 위생 및 환경정화 그리고 사고 예방에 관한 기초 지식의 활용에 있어서 정보를 제공받고 교육을 받으며 지원을 받을 것을 확보하는 조치

바. 예방적 건강관리, 부모를 위한 지도 및 가족계획에 관한 교육과 편의를 발전시키는 조치

3. 당사국은 아동의 건강을 해치는 전통관습을 폐지하기 위하여 모든 효과적이고 적절한 조치를 취하여야 한다.

4. 당사국은 이 조에서 인정된 권리의 완전한 실현을 점진적으로 달성하기 위하여 국제협력을 촉진하고 장려하여야 한다. 이 문제에 있어서 개발도상국의 필요에 대하여 특별한 고려가 베풀어져야 한다.

제25조 당사국은 신체적·정신적 건강의 관리, 보호 또는 치료의 목적으로 관계당국에 의하여 양육지정 조치된 아동이, 제공되는 치료 및 양육지정과 관련된 그 밖의 모든 사정을 정기적으로 심사받을 권리를 가짐을 인정한다.

제26조 1. 당사국은 모든 아동이 사회보험을 포함한 사회보장제도의 혜택을 받을 권리를 가짐을 인정하며, 자국의 국내법에 따라 이 권리의 완전한 실현을 달성하기 위하여 필요한 조치를 취하여야 한다.

2. 이러한 혜택은 아동 및 아동에 대한 부양책임자의 자력과 주변 사정은 물론 아동에 의하여 직접 행하여지거나 또는 아동을 대신하여 행하여지는 혜택의 신청과 관련된 그 밖의 사정을 참작하여 적절한 경우에 부여되어야 한다.

제27조 1. 당사국은 모든 아동이 신체적·지적·정신적·도덕적 및 사회적 발달에 적합한 생활수준을 누릴 권리를 가짐을 인정한다.

2. 부모 또는 기타 아동에 대하여 책임이 있는 자는 능력과 재산의 범위 안에서 아동 발달에 필요한 생활여건을 확보할 일차적 책임을 진다.

3. 당사국은 국내 여건과 재정의 범위 안에서 부모 또는 기타 아동에 대하여 책임 있는 자가 이 권리를 실현하는 것을 지원하기 위한 적절한 조치를 취하여야 하며, 필요한 경우에는 특히 영양, 의복 및 주거에 대하여 물질적 보조 및 지원계획을 제공하여야 한다.

4. 당사국은 국내외에 거주하는 부모 또는 기타 아동에 대하여 재정적으로 책임 있는 자로부터 아동양육비의 회부를 확보하기 위한 모든 적절한 조치를 취하여야 한다. 특히 아동에 대하여 재정적으로 책임 있는 자가 아동이 거주하는 국가와 다른 국가에 거주하는 경우, 당사국은 국제협약의 가입이나 그러한 협약의 체결은 물론 다른 적절한 조치의 강구를 촉진하여야 한다.

제28조 1. 당사국은 아동의 교육에 대한 권리를 인정하며, 점진적으로 그리고 기회 균등의 기초 위에서 이 권리를 달성하기 위하여 특히 다음의 조치를 취하여야 한다.

가. 초등교육은 의무적이며, 모든 사람에게 무료로 제공되어야 한다.

나. 일반교육 및 직업교육을 포함한 여러 형태의 중등교육의 발전을 장려하고, 이에 대한 모든 아동의 이용 및 접근이 가능하도록 하며, 무료교육의 도입 및 필요한 경우 재정적 지원을 제공하는 등의 적절한 조치를 취하여야 한다.

다. 고등교육의 기회가 모든 사람에게 능력에 입각하여 개방될 수 있도록 모든 적절한 조치를 취하여야 한다.

라. 교육 및 직업에 관한 정보와 지도를 모든 아동이 이용하고 접근할 수 있도록 조치하여야 한다.

마. 학교에의 정기적 출석과 탈락율 감소를 장려하기 위한 조치를 취하여야 한다.

2. 당사국은 학교 규율이 아동의 인간적 존엄성과 합치하고 이 협약에 부합하도록 운영되는 것을 보장하기 위한 모든 적절한 조치를 취하여야 한다.

3. 당사국은, 특히 전세계의 무지와 문맹의 퇴치에 이바지하고, 과학적·기술적 지식과 현대적 교육방법에의 접근을 쉽게 하기 위하여, 교육에 관련되는 사항에 있어서 국제협력을 촉진하고 장려하여야 한다. 이 문제에 있어서 개발도상국의 필요에 대하여 특별한 고려가 베풀어져야 한다.

제29조 당사국은 아동교육이 다음의 목표를 지향하여야 한다는데 동의한다.

가. 아동의 인격, 재능 및 정신적·신체적 능력의 최대한의 계발

나. 인권과 기본적 자유 및 국제연합헌장에 규정된 원칙에 대한 존중의 진전

다. 자신의 부모, 문화적 주체성, 언어 및 가치 그리고 현거주국과 출신국의 국가적 가치 및 이질문명에 대한 존중의 진전

라. 아동이 인종적·민족적·종교적 집단 및 원주민 등 모든 사람과의 관계에 있어서 이해, 평화, 관용, 성(性)의 평등 및 우정의 정신에 입각하여 자유사회에서 책임 있는 삶을 영위하도록 하는 준비

마. 자연환경에 대한 존중의 진전

2. 이 조 또는 제28조의 어떠한 부분도 개인 및 단체가, 언제나 제1항에 규정된 원칙들을 준수하고 당해교육기관에서 실시되는 교육이 국가에 의하여 설정된 최소한의 기준에 부합하여야 한다는 조건하에, 교육기관을 설립하여 운영할 수 있는 자유를 침해하는 것으로 해석되어서는 아니된다.

제30조 인종적·종교적 또는 언어적 소수자나 원주민이 존재하는 국가에서 이러한 소수자에 속하거나 원주민인 아동은 자기 집단의 다른 구성원과 함께 고유 문화를 향유하고, 고유의 종교를 신앙하고 실천하며, 고유의 언어를 사용할 권리를 부인당하지 아니한다.

제31조 1. 당사국은 휴식과 여가를 즐기고, 자신의 연령에 적합한 놀이와 오락활동에 참여하며, 문화생활과 예술에 자유롭게 참여할 수 있는 아동의 권리를 인정한다.
2. 당사국은 문화적·예술적 생활에 완전하게 참여할 수 있는 아동의 권리를 존중하고 촉진하며, 문화, 예술, 오락 및 여가활동을 위한 적절하고 균등한 기회의 제공을 장려하여야 한다.

제32조 1. 당사국은 경제적 착취 및 위험하거나, 아동의 교육에 방해되거나, 아동의 건강이나 신체적·지적·정신적·도덕적 또는 사회적 발전에 유해한 여하한 노동의 수행으로부터 보호받을 아동의 권리를 인정한다.
2. 당사국은 이 조의 이행을 보장하기 위한 입법적·행정적·사회적 및 교육적 조치를 강구하여야 한다. 이 목적을 위하여 그리고 그 밖의 국제 문서의 관련 규정을 고려하여 당사국은 특히 다음의 조치를 취하여야 한다.
가. 단일 또는 복수의 최저 고용연령의 규정
나. 고용시간 및 조건에 관한 적절한 규정의 마련
다. 이 조의 효과적인 실시를 확보하기 위한 적절한 처벌 또는 기타 제재수단의 규정

제33조 당사국은 관련 국제조약에서 규정하고 있는 마약과 향정신성 물질의 불법적 사용으로부터 아동을 보호하고 이러한 물질의 불법적 생산과 거래에 아동이 이용되는 것을 방지하기 위하여 입법적·행정적·사회적·교육적 조치를 포함한 모든 적절한 조치를 취하여야 한다.

제34조 당사국은 모든 형태의 성적 착취와 성적 학대로부터 아동을 보호할 의무를 진다. 이 목적을 달성하기 위하여 당사국은 특히 다음의 사항을 방지하기 위한 모든 적절한 국내적·양국간·다국간 조치를 취하여야 한다.
가. 아동을 모든 위법한 성적 활동에 종사하도록 유인하거나 강제하는 행위
나. 아동을 매음이나 기타 위법한 성적 활동에 착취적으로 이용하는 행위
다. 아동을 외설스러운 공연 및 자료에 착취적으로 이용하는 행위

제35조 당사국은 모든 목적과 형태의 아동의 약취유인이나 매매 또는 거래를 방지하기 위한 모든 적절한 국내적, 양국

간, 다국간 조치를 취하여야 한다.

제36조 당사국은 아동복지의 어떠한 측면에 대하여라도 해로운 기타 모든 형태의 착취로부터 아동을 보호하여야 한다.

제37조 당사국은 다음의 사항을 보장하여야 한다.
가. 어떠한 아동도 고문 또는 기타 잔혹하거나 비인간적이거나 굴욕적인 대우나 처벌을 받지 아니한다. 사형 또는 석방의 가능성이 없는 종신형은 18세미만의 사람이 범한 범죄에 대하여 과하여져서는 아니된다.
나. 어떠한 아동도 위법적 또는 자의적으로 자유를 박탈당하지 아니 한다. 아동의 체포, 억류 또는 구금은 법률에 따라 행하여져야 하며, 오직 최후의 수단으로서 또한 적절한 최단기간 동안만 사용되어야 한다.
다. 자유를 박탈당한 모든 아동은 인도주의와 인간 고유의 존엄성에 대한 존중에 입각하여 그리고 그들의 연령상의 필요를 고려하여 처우되어야 한다. 특히 자유를 박탈당한 모든 아동은, 성인으로부터 격리되지 아니하는 것이 아동의 최선의 이익에 합치된다고 생각되는 경우를 제외하고는 성인으로부터 격리되어야 하며, 예외적인 경우를 제외하고는 서신과 방문을 통하여 자기 가족과의 접촉을 유지할 권리를 가진다.
라. 자유를 박탈당한 모든 아동은 법률적 및 기타 적절한 구조에 신속하게 접근할 권리를 가짐은 물론 법원이나 기타 권한있고 독립적이며 공정한 당국 악에서 자신에 대한 자유박탈의 합법성에 이의를 제기하고 이러한 소송에 대하여 신속한 결정을 받을 권리를 가진다.

제38조 1. 당사국은 아동과 관련이 있는 무력분쟁에 있어서, 당사국에 적용 가능한 국제인도법의 규칙을 존중하고 동 존중을 보장할 의무를 진다.
2. 당사국은 15세에 달하지 아니한 자가 적대행위에 직접 참여하지 아니할 것을 보장하기 위하여 실행가능한 모든 조치를 취하여야 한다.
3. 당사국은 15세에 달하지 아니한 자의 징병을 삼가야 한다. 15세에 달하였으나 18세에 달하지 아니한 자 중에서 징병하는 경우, 당사국은 최연장자에게 우선순위를 두도록 노력하여야 한다.
4. 무력분쟁에 있어서 민간인 보호를 위한 국제인도법상의 의무에 따라서, 당사국은 무력분쟁의 영향을 받는 아동의 보호 및 배려를 확보하기 위하여 실행가능한 모든 조치를 취하여야 한다.

제39조 당사국은 모든 형태의 유기, 착취, 학대, 또는 고문이나 기타 모든 형태의 잔혹하거나 비인간적이거나 굴욕적인

대우나 처벌, 또는 무력분쟁으로 인하여 희생이 된 아동의 신체적·심리적 회복 및 사회복귀를 촉진시키기 위한 모든 적절한 조치를 취하여야 한다.

제40조 1. 당사국은 형사피의자나 형사피고인 또는 유죄로 인정받은 모든 아동에 대하여, 아동의 연령 그리고 아동의 사회복귀 및 사회에서의 건설적 역할 담당을 촉진하는 것이 바람직스럽다는 점을 고려하고, 인권과 타인의 기본적 자유에 대한 아동의 존중심을 강화시키며, 존엄과 가치에 대한 아동의 지각을 촉진시키는데 부합하도록 처우받을 권리를 가짐을 인정한다.

2. 이 목적을 위하여 그리고 국제문서의 관련규정을 고려하며, 당사국은 특히 다음 사항을 보장하여야 한다.

가. 모든 아동은 행위시의 국내법 또는 국제법에 의하여 금지되지 아니한 작위 또는 부작위를 이유로 하여 형사피의자가 되거나 형사기소되거나 유죄로 인정받지 아니한다.

나. 형사피의자 또는 형사피고인인 모든 아동은 최소한 다음 사항을 보장받는다.

(1) 법률에 따라 유죄가 입증될 때까지는 무죄로 추정받는다.

(2) 피의사실을 신속하게 그리고 직접 또는, 적절한 경우, 부모나 후견인을 통하여 통지받으며, 변론의 준비 및 제출시 법률적 또는 기타 적절한 지원을 받는다.

(3) 권한 있고 독립적이며 공평한 기관 또는 사법기관에 의하여 법률적 또는 기타 적당한 지원하에 법률에 따른 공정한 심리를 받아 지체없이 사건이 판결되어야 하며, 아동의 최선의 이익에 반한다고 판단되지 아니하는 경우, 특히 그의 연령이나 주변환경, 부모 또는 후견인 등을 고려하여야 한다.

(4) 증언이나 유죄의 자백을 강요당하지 아니하며, 자신에게 불리한 증인을 신문하거나 또는 신문받도록 하며, 대등한 조건하에 자신을 위한 증인의 출석과 신문을 확보한다.

(5) 형법위반으로 간주되는 경우, 그 판결 및 그에 따라 부과된 여하한 조치는 법률에 따라 권한 있고 독립적이며 공정한 상급당국이나 사법기관에 의하여 심사되어야 한다.

(6) 아동이 사용되는 언어를 이해하지 못하거나 말하지 못하는 경우, 무료로 통역원의 지원을 받는다.

(7) 사법절차의 모든 단계에서 아동의 사생활은 충분히 존중되어야 한다.

3. 당사국은 형사피의자, 형사피고인 또는 유죄로 인정받은 아동에게 특별히 적용될 수 있는 법률, 절차, 기관 및 기구의 설립을 촉진하도록 노력하며, 특히 다음 사항에 노력하여야 한다.

가. 형법위반능력이 없다고 추정되는 최저 연령의 설정

나. 적절하고 바람직스러운 경우, 인권과 법적 보장이 완전히 존중된다는 조건하에 이러한 아동을 사법절차에 의하지 아니하고 다루기 위한 조치

4. 아동이 그들의 복지에 적절하고 그들의 여건 및 범행에 비례하여 취급될 것을 보장하기 위하여 보호, 지도 및 감독명령, 상담, 보호관찰, 보호양육, 교육과 직업훈련계획 및 제도적 보호에 대한 그 밖의 대체방안 등 여러 가지 처분이 이용 가능하여야 한다.

제41조 이 협약의 규정은 다음 사항에 포함되어 있는 아동권리의 실현에 보다 공헌할 수 있는 어떠한 규정에도 영향을 미치지 아니한다.

가. 당사국의 법

나. 당사국에 대하여 효력을 가지는 국제법

제2부

제42조 당사국은 이 협약의 원칙과 규정을 적절하고 적극적인 수단을 통하여 성인과 아동 모두에게 널리 알릴 의무를 진다.

제43조 1. 이 협약상의 의무이행을 달성함에 있어서 당사국이 이룩한 진전 상황을 심사하기 위하여 이하에 규정된 기능을 수행하는 아동권리위원회 를 설립한다.

2. 위원회는 고매한 인격을 가지고 이 협약이 대상으로 하는 분야에서 능력이 인정된 10명의 전문가로 구성된다. 위원회의 위원은 형평한 지리적 배분과 주요 법체계를 고려하여 당사국의 국민 중에서 선출되며, 개인적 자격으로 임무를 수행한다.

3. 위원회의 위원은 당사국에 의하여 지명된 자의 명단 중에서 비밀투표에 의하여 선출된다. 각 당사국은 자국민 중에서 1인을 지명할 수 있다.

4. 위원회의 최초의 선거는 이 협약의 발효일부터 6월 이내에 실시되며, 그 이후는 매 2년마다 실시된다. 각 선거일의 최소 4월 이전에 국제 연합 사무총장은 당사국에 대하여 2월 이내에 후보자 지명을 제출하라는 서한을 발송하여야 한다. 사무총장은 지명한 당사국의 표시와 함께 알파벳 순으로 지명된 후보들의 명단을 작성하여, 이를 이 협약의 당사국에게 제시하여야 한다.

5. 선거는 국제연합 본부에서 사무총장에 의하여 소집된 당사국 회의에서 실시된다. 이 회의는 당사국의 3분의 2를 의사정족수로 하고, 출석하고 투표한 당사국 대표의 최대다수표 및 절대다수표를 얻은 자가 위원으로 선출된다.

6. 위원회의 위원은 4년 임기로 선출된다. 위원은 재지명된 경우에는 재선될 수 있다. 최초의 선거에서 선출된 위원 중 5인의 임기는 2년 후에 종료된다. 이들 5인 위원의 명단은 최초선거후 즉시 동 회의의 의장에 의하여 추첨으로 선정된다.

7. 위원회 위원이 사망, 사퇴 또는 본인이 어떠한 이유로 인하여 위원회의 임무를 더 이상 수행할 수 없다고 선언하는 경우, 그 위원을 지명한 당사국은 위원회의 승인을 조건으로 자국민 중에서 잔여 임기를 수행할 다른 전문가를 임명한다.

8. 위원회는 자체의 절차규정을 제정한다.

9. 위원회는 2년 임기의 임원을 선출한다.

10. 위원회의 회의는 통상 국제연합 본부나 위원회가 결정하는 그 밖의 편리한 장소에서 개최된다. 위원회는 통상 매년 회의를 한다. 위원회의 회의기간은 필요한 경우 총회의 승인을 조건으로 이 협약 당사국 회의에 의하여 결정되고 재검토된다.

11. 국제연합 사무총장은 이 협약에 의하여 설립된 위원회의 효과적인 기능수행을 위하여 필요한 직원과 편의를 제공한다.

12. 이 협약에 의하여 설립된 위원회의 위원은 총회의 승인을 얻고 총회가 결정하는 기간과 조건에 따라 국제연합의 재원으로부터 보수를 받는다.

제44조 1. 당사국은 이 협약에서 인정된 권리를 실행하기 위하여 그들이 채택한 조치와 동 권리의 향유와 관련하여 이룩한 진전상황에 관한 보고서를 다음과 같이 국제연합 사무총장을 통하여 위원회에 제출한다.

가. 관계 당사국에 대하여 이 협약이 발효한 후 2년 이내

나. 그 후 5년마다

2. 이 조에 따라 제출되는 보고서는 이 협약상 의무의 이행정도에 영향을 미치는 요소와 장애가 있을 경우 이를 적시하여야 한다. 보고서는 또한 관계국에서의 협약이행에 관한 포괄적인 이해를 위원회에 제공하기 위한 충분한 정보를 포함하여야 한다.

3. 위원회에 포괄적인 최초의 보고서를 제출한 당사국은, 제1항 나호에 의하여 제출하는 후속보고서에 이미 제출된 기초적 정보를 반복할 필요는 없다.

4. 위원회는 당사국으로부터 이 협약의 이행과 관련이 있는 추가정보를 요청할 수 있다.

5. 위원회는 위원회의 활동에 관한 보고서를 2년마다 경제 사회 이사회를 통하여 총회에 제출한다.

6. 당사국은 자국의 활동에 관한 보고서를 자국내 일반에게 널리 활용 가능하도록 하여야 한다.

제45조 이 협약의 효과적인 이행을 촉진하고 이 협약이 대상으로 하는 분야에서의 국제협력을 장려하기 위하여

가. 전문기구, 국제연합아동기금 및 국제연합의 그 밖의 기관은 이 협약 중 그들의 권한 범위 안에 속하는 규정의 이행에 관한 논의에 대표를 파견할 권리를 가진다. 위원회는 전문기구, 국제연합 아동기금 및 위원회가 적절하다고 판단하는 그 밖의 권한 있는 기구에 대하여 각 기구의 권한 범위에 속하는 분야에 있어서 이 협약의 이행에 관한 전문적인 자문을 제공하여 줄 것을 요청할 수 있다. 위원회는 전문기구, 국제연합아동기금 및 국제연합의 그 밖의 기관에게 그들의 활동범위에 속하는 분야에서의 이 협약의 이행에 관한 보고서를 제출할 것을 요청할 수 있다.

나. 위원회는 적절하다고 판단되는 경우 기술적 자문이나 지원을 요청하거나 그 필요성을 지적하고 있는 당사국의 모든 보고서를 그러한 요청이나 지적에 대한 위원회의 의견이나 제안이 있으면 동 의견이나 제안과 함께 전문기구, 국제연합아동기금 및 그 밖의 권한 있는 기구에 전달하여야 한다.

다. 위원회는 사무총장이 위원회를 대신하여 아동권리와 관련이 있는 특정 문제를 조사하도록 요청할 것을 총회에 대하여 권고할 수 있다.

라. 위원회는 이 협약 제44조 및 제45조에 의하여 접수한 정보에 기초하여 제안과 일반적 권고를 할 수 있다. 이러한 제안과 일반적 권고는 당사국의 논평이 있으면 그 논평과 함께 모든 관계 당사국에 전달되고 총회에 보고되어야 한다.

제3부

제46조 이 협약은 모든 국가에 의한 서명을 위하여 개방된다.

제47조 이 협약은 비준되어야 한다. 비준서는 국제연합 사무총장에게 기탁되어야 한다.

제48조 이 협약은 모든 국가에 의한 가입을 위하여 개방된다. 가입서는 국제연합 사무총장에게 기탁되어야 한다.

제49조 1. 이 협약은 20번째의 비준서 또는 가입서가 국제연합 사무총장에게 기탁되는 날부터 30일째 되는 날 발효한다.

2. 20번째의 비준서 또는 가입서의 기탁 이후에 이 협약을 비준하거나 가입하는 각 국가에 대하여, 이 협약은 그 국가의 비준서 또는 가입서 기탁 후 30일째 되는 날 발효한다.

제50조 1. 모든 당사국은 개정안을 제안하고 이를 국제연합 사무총장에게 제출할 수 있다. 동 제출에 의하여 사무총장은 당사국에게 동 제안을 심의하고 표결에 붙이기 위한 당사국회의 개최에 대한 찬성 여부에 관한 의견을 표시하여 줄 것을 요청하는 것과 함께 개정안을 당사국에게 송부 하여야 한다. 이러한 통보일부터 4월 이내에 당사국 중 최소 3분의 1이 회의 개최에 찬성하는 경우 사무총장은 국제연

합 주관하에 동 회의를 소집하여야 한다. 동 회의에 출석하고 표결한 당사국의 과반수에 의하여 채택된 개정안 은 그 승인을 위하여 국제연합 총회에 제출된다.

2. 제1항에 따라서 채택된 개정안은 국제연합 총회에 의하여 승인되고, 당사국의 3분의 2이상의 다수가 수락하는 때에 발효한다.

3. 개정안은 발효한 때에 이를 수락한 당사국을 구속하며, 그 밖의 당사국은 계속하여 이 협약의 규정 및 이미 수락한 그 이전의 모든 개정에 구속된다.

제51조 1. 국제연합 사무총장은 비준 또는 가입시 각국이 행한 유보문을 접수하고 모든 국가에게 이를 배포하여야 한다.

2. 이 협약의 대상 및 목적과 양립할 수 없는 유보는 허용되지 아니한다.

3. 유보는 국제연합 사무총장에게 발송된 통고를 통하여 언제든지 철회될 수 있으며, 사무총장은 이를 모든 국가에게 통보하여야 한다. 그러한 통고는 사무총장에게 접수된 날부터 발효한다.

제52조 당사국은 국제연합 사무총장에 대한 서면통고를 통하여 이 협약을 폐기할 수 있다. 폐기는 사무총장이 통고를 접수한 날부터 1년 후에 발효한다.

제53조 국제연합 사무총장은 이 협약의 수탁자로 지명된다.

제54조 아랍어·중국어·영어·불어·러시아어 및 서반아어본이 동등하게 정본인 이 협약의 원본은 국제연합 사무총장에게 기탁된다.

이상의 증거로 아래의 서명 전권대표들은 각국 정부에 의하여 정당하게 권한을 위임받아 이 협약에 서명하였다.

사회보장의 최저기준에 관한 협약

(ILO 제102호 조약, 1952년)
*효력발생 : 1955년 4월 27일 (40개국 비준), 현재 한국은 미가입상태

국제노동기구 총회는, 국제노동기구 이사회가 1952년 6월 4일 제네바에 소집한 제35차 회의에서, 회기 의사일정의 다섯 번째 의제인 사회보장의 최저기준에 관한 제안을 채택하기로 결정하고, 이 제안이 국제협약의 형식을 취할 것을 결의하여, 1952년 사회보장(최저기준) 협약이라고 부를 다음의 협약을 1952년 6월 20일 채택한다.

제1절 일반규정

제1조 1. 이 협약에서,
㈎ '소정의'라 함은 국내법령에 의해서 또는 이에 근거하여 결정된 것을 말한다.
㈏ '거주'라 함은 회원국의 영토내에 통상 거주하고 있는 것을 말하며, '거주자'라 함은 회원국의 영토내에 통상 거주하는 자를 말한다.
㈐ '처'라 함은 남편이 부양하는 부인을 말한다.
㈑ '과부'라 함은 남편의 사망 당시 남편에 의해서 부양되던 여자를 말한다.
㈒ '자녀'라 함은 국내법령이 정하는 바에 따라 의무교육 종료연령 또는 15세 미만인 자녀를 말한다.
㈓ '자격기간'이라 함은 국내법령에 정해진 바에 의해서 각 출기간, 고용기간 혹은 거주기간 또는 이러한 것들의 결합을 말한다.
2. 제10조, 제30조 및 제49조에서 '급여'라 함은 의료의 형식에 의한 직접급여 또는 관계자가 부담하는 비용의 상환에 의한 간접급여를 말한다.

제2조 이 협약이 적용되는 각 회원국은,
㈎ 다음의 규정을 이행하여야 한다.
⑴ 제1절의 규정
⑵ 제2절 내지 제10절 중에서 적어도 3개의 절(제4절 내지 제6절, 제9절 및 제10절 중 적어도 하나의 절를 포함할 것을

요한다)의 규정
⑶ 제11절 내지 제13절의 관계규정
⑷ 제14절의 규정
㈏ 비준시 제2절 내지 제10절 중에서 이 협약의 의무를 수락하는 절을 지정한다.

제3조 1. 경제 및 의료시설이 충분히 발달하지 않은 회원국은 권한있는 기관이 필요하다고 인정한 경우에, 이 기관이 필요하다고 인정하는 기간동안 그 비준에 부수되는 선언으로 제9조 ㈑호, 제12조 제2항, 제15조 ㈑호, 제18조 제2항, 제21조 ㈑호, 제27조 ㈑호, 제33조 ㈑호, 제34조 제3항, 제41조, 제48조 ㈑호, 제55조 ㈑호 및 제61조 ㈑호에서 정한 잠정적인 예외규정을 원용할 수 있다.
2. 제1항의 규정에 따라 선언을 행한 회원국은 국제노동기구 헌장 제22조의 규정에 따라 제출하는 이 협약의 적용에 관한 연차보고에서 자국이 원용하고 있는 각각의 예외규정에 관하여 다음 각 호의 사항을 포함하여야 한다.
㈎ 당해 예외규정을 원용하는 이유가 계속적으로 존재하고 있을 것
㈏ 당해 예외규정을 일정한 시일 이후에는 원용하지 않을 것

제4조 1. 이 협약을 비준하는 회원국은 그 후에 국제노동기구 사무총장에 대해서 제2절 내지 제10절 중에서 그 비준시 지정하지 않았던 1 또는 2 이상의 절에 대해서 이 협약의 의무를 수락하는 것을 통지할 수 있다.
2. 제1항에서 언급한 의무의 수락은 비준의 불가분의 일부로 보며, 통지일부터 비준과 동일한 효력을 갖는다.

제5조 회원국은 제2절 내지 제10절 중에서 그 비준에 의해서 의무를 수락하게 되는 절의 규정을 이행함에 있어서 근로자 또는 거주자의 특정한 백분율 이상을 구성하는 소정의 종류에 속하는 자를 보호할 필요가 있는 경우에는 그 절의 규정의 이행을 약속하기에 앞서서 소정의 종류에 속하는 자들이 당해 특정한 백분율에 달하고 있음을 확인하여야 한다.

제6조 회원국은 제2절, 제3절, 제4절, 제5절, 제8절(의료에 관한 규정에 한한다), 제9절 또는 제10절의 규정을 이행함에 있어서 피보호자에 대하여 국내법령에 의해서 강제적인 것으로 되어 있지 아니한다고 하여도 보험방식에 의한 다음 각 호의 보호를 고려할 수 있다.

㈎ 공적 기관이 감독하거나, 또는 사용자 및 근로자가 소정의 기준에 따라 공동으로 관리하는 것

㈏ 숙련 남자육체근로자의 근로소득 미만의 소득을 갖고 있는 자의 대부분을 대상으로 하는 것

㈐ 적절한 경우에는 다른 형식의 보호와 배합하여 이 협약의 관계규정에 적합한 것

제2절 의 료

제7조 제2절의 규정이 적용되는 회원국은 이 절의 규정에 따라 피보호자에게 예방적 또는 치료적 의료급여의 지급을 보장하여야 한다.

제8조 급여사유는 원인 여하를 불문하고 모든 병적 상태와 임신, 분만 및 그 결과로 한다.

제9조 피보호자는 다음 각 호의 자로 한다.

㈎ 모든 근로자의 50퍼센트 이상을 구성하는 소정의 종류에 속하는 근로자 및 그 처와 자녀

㈏ 모든 거주자의 20퍼센트 이상을 구성하는 소정의 종류에 속하는 경제활동참가자 및 그 처와 자녀

㈐ 모든 거주자의 50퍼센트 이상을 구성하는 소정의 종류에 속하는 거주자

㈑ 제3조의 규정에 의한 선언이 행해지고 있는 경우에는 20인 이상의 자를 고용하는 공업부문 사업장에서 모든 근로자의 50퍼센트 이상을 구성하는 소정의 종류에 속하는 근로자 및 그 처와 자녀

제10조 1. 급여에는 적어도 다음 각 호와 같은 사항이 포함되어야 한다.

㈎ 병적 상태에 대해서는,

⑴ 일반의에 의한 진료(왕진을 포함한다)

⑵ 입원환자 및 통원환자에 대한 전문의에 의한 병원내에서의 진료 및 병원 외에서 행해질 수 있는 전문의에 의한 치료

⑶ 의사 기타 자격 있는 자의 처방에 따른 필수적인 약제 지급

⑷ 필요한 경우 병원에의 입원

㈏ 임신, 분만 및 그 결과에 대해서는,

⑴ 의사 또는 자격있는 조산원에 의한 산전, 분만 및 산후의 진료

⑵ 필요한 경우 병원에의 입원

2. 병적 상태로 인한 수급자의 의료비용은 수급자나 수급자의 부양자에게 일부를 부담하게 할 수 있다. 이러한 비용부담에 관한 규칙은 관계자에게 과중한 부담을 초래하지 않도록 작성되어야 한다.

3. 제10조에 의한 급여는 피보호자의 건강, 근로능력 및 자신의 수요에 족한 능력을 유지하고 회복 또는 개선함을 목적으로 지급되어야 한다.

4. 급여를 관리하는 단체 또는 행정부서는, 적절하다고 인정되는 수단으로, 공공기관 또는 공공기관이 인정하는 단체에 의해서 피보호자가 이용하도록 설치된 일반적인 보건에 관한 시설을 피보호자가 이용하도록 장려하여야 한다.

제11조 앞 조의 급여는 급여사유가 발생한 경우에는 남용의 방지를 위해서 필요하다고 인정되는 자격기간을 충족시킨 피보호자나 그 피부양자에게 보장되어야 한다.

제12조 1. 제10조의 급여는 급여사유가 존속하는 기간 동안 지급한다. 다만, 병적 상태의 경우 급여의 지급기간은 동일한 병적 상태에 대해서 26주 동안으로 제한할 수 있다. 다만, 급여는 상병급여가 지급되고 있는 동안은 정지되어서는 아니되며, 장기요양이 필요하다고 인정되는 소정의 질병에 대해서는 그 제한된 기간을 연장하기 위한 조치를 강구하여야 한다.

2. 제3조의 규정에 의한 선언이 행하여진 경우의 급여의 지급기간 동안 동일한 부상 또는 질병에 대해서 13주로 제한할 수 있다.

제3절 상병급여

제13조 본절 규정의 적용을 받는 회원국은 이 절의 규정에 따라 피보호자에 대해서 상병급여의 지급을 보장하여야 한다.

제14조 급여사유는 병적 상태에 기인하고 근로소득의 정지를 수반하는 근로불능으로서 국내법령에서 정하도록 한다.

제15조 피보호자는 다음 각 호의 자로 한다.

㈎ 전체근로자 50퍼센트 이상을 구성하는 소정의 종류에 속하는 근로자

㈏ 전체거주자의 20퍼센트 이상을 구성하는 소정의 종류에 속하는 경제활동참가자

㈐ 급여사유가 존재하는 동안에 자산가액이 제67조의 요건에 따라 국내법령에서 정하는 한도액을 초과하지 아니하는 모든 거주자

㈑ 제3조의 규정에 의하여 선언이 행하여지는 경우에는 20

인 이상을 고용하는 공업부문 사업장에서 전 근로자 50퍼센트 이상을 구성하는 소정의 종류에 속하는 근로자

제16조 1. 소정의 종류에 속하는 근로자 또는 소정의 종류에 속하는 경제활동참가자를 피보호자로 하는 경우에 급여는 제65조 또는 제66조의 요건에 적합하도록 산정된 정기적 급부(periodical payment)로 하여야 한다.
2. 급여사유가 존재하는 기간 동안 자산가액이 소정의 한도액을 넘지 않는 모든 거주자를 피보호자로 하는 경우 급여는 제67조의 요건에 적합하게 산정된 정기적 급부(periodical payment)로 하여야 한다.

제17조 제16조의 급여는 급여사유가 발생한 경우에는 남용을 방지하기 위해서 필요하다고 인정되는 자격기간을 최소한 충족시키고 있는 피보호자에게 확보되어야 한다.

제18조 1. 제16조의 급여는 급여사유가 존속하는 기간 동안 지급한다. 다만, 급여의 지급기간은 동일한 병적 상태에 대해서 26주로 제한할 수 있으며, 급여는 근로소득의 정지 후 최초 3일간에 대해서는 지급하지 아니하여도 무방하다.
2. 제3조의 규정에 의한 선언이 이행되고 있는 경우 급여의 지급기간은 다음 각 호와 같이 제한할 수 있다.
㈎ 1년간의 상병급여의 연지급일수가 그 1년간 피보호자의 평균인수의 10배 이상으로 되는 기간
㈏ 동일한 질병에 대해서 13주간. 이 경우 급여는 근로소득의 정지 후 최초 3일간에 대해서는 지급하지 아니하여도 무방하다.

제4절 실업급여

제19조 본절의 규정을 적용받는 회원국은 이 절의 규정에 따라 피보호자에 대해서 실업급여의 지급을 보장하여야 한다.

제20조 급여사유는 근로능력이 있으며 취업 가능한 상태에 있는 피보호자가 적합한 직업에 취업하지 못함으로 인한 근로소득의 정지로서, 국내법령에서 정하여야 한다.

제21조 피보호자는 다음 각 호에 해당되는 자로 한다.
㈎ 전체근로자 50퍼센트 이상을 구성하는 소정의 종류에 속하는 근로자
㈏ 급여사유가 존재하는 기간 동안 자산가액이 제67조의 요건에 따라 국내법령에서 정하는 한도액을 초과하지 아니하는 모든 거주자
㈐ 제3조의 규정에 의하여 선언이 행하여지고 있는 경우에는 20인 이상의 자를 고용하는 공업부문 사업장에서 전체

근로자의 50퍼센트 이상을 구성하는 소정의 종류에 속하는 근로자

제22조 1. 소정의 종류에 속하는 근로자를 피보호자로 하는 경우에는 급여는 제65조 및 제66조의 요건에 따라 산정한 정기적 급부로 하여야 한다.
2. 급여사유가 존재하는 기간 동안 자산가액이 소정의 한도액을 넘지 아니하는 모든 거주자를 피보호자로 하는 경우에는 급여는 제67조의 요건에 따라 산정된 정기적 급부로 하여야 한다.

제23조 제22조의 급여는 급여사유가 발생한 경우에는 남용을 방지하기 위해서 필요하다고 인정되는 최소한의 자격기간을 충족시키고 있는 피보호자에 대해서 확보되어야 한다.

제24조 1. 제22조의 급여는 급여사유가 존속하는 기간 동안 지급한다. 다만, 급여의 지급기간은 다음 각 호의 기간으로 제한할 수 있다.
㈎ 소정의 종류에 속하는 근로자를 피보호자로 하는 경우에는 12개월의 기간 동안 13주간
㈏ 급여사유가 존재하는 동안에 자산가액이 소정의 한도액을 넘지 아니하는 모든 거주자를 피보호자로 하는 경우에는 12개월의 기간 동안 26주간
2. 급여 지급기간이 갹출기간의 길이 또는 소정의 기간 내에 이미 받은 급여에 따라서 다르다는 취지를 국내법령에서 정하고 있는 경우에 급여의 평균 지급기간이 12개월의 기간 동안 적어도 13주간인 경우는 제1항 ㈎호의 규정은 충족된 것으로 본다.
3. 급여는 동일한 근로소득의 정지에 대해서 최초 7일간의 대기기간에 대해서는 지급하지 아니하여도 무방하다. 이 경우에 소정의 기간을 넘지 아니하는 일시적 취업 전후의 실업일수는 근로소득의 정지로 계산하여야 한다.
4. 계절적 근로자에 대해서는 급여의 지급기간 및 대기기간을 그 취업조건에 적합하게 할 수 있다.

제5절 노령급여

제25조 본절의 규정을 적용받는 회원국은 이 절의 규정에 따라 피보호자에 대하여 노령급여의 지급을 보장하여야 한다.

제26조 1. 급여사유는 소정의 연령을 초과하는 생존으로 한다.
2. 소정의 연령은 65세를 넘지 아니하는 노령 또는 권한있는 기관이 당해 국가의 노인의 근로능력을 충분히 고려하여 정한 65세보다 높은 연령으로 한다.

3. 수급권자가 소정의 유상활동에 종사하고 있는 경우에는 당해 급여를 정지할 것을 국내법령에서 정할 수 있으며, 갹출제에 의한 급여에 대해서는 수급자의 근로소득이 소정의 액을 넘는 경우와 무갹출제에 의한 급여에 대해서는 수급자의 근로소득이나 그 이외의 자산가액 또는 이 둘의 합계액이 소정의 액을 넘는 경우에 당해 급여를 감액할 것을 국내법령에서 정할 수 있다.

제27조 피보호자는 다음 각 호의 자로 한다.
㈎ 전체근로자의 50퍼센트 이상을 구성하는 소정의 종류에 속하는 근로자
㈏ 모든 거주자의 20퍼센트 이상을 구성하는 소정의 종류에 속하는 경제활동참가자
㈐ 급여사유가 존재하는 경우에 자산가액이 제67조의 요건에 적합하도록 국내법령에서 정하는 한도액을 넘지 아니하는 모든 거주자
㈑ 제3조의 규정에 의한 선언이 행하여지고 있는 경우에는 20인 이상의 자를 고용하는 공업부문 사업장에서 전체근로자의 50퍼센트 이상을 구성하는 소정의 종류에 속하는 근로자

제28조 급여는 다음 각 호의 정기적 급부(periodical payment)로 한다.
㈎ 소정의 종류에 속하는 근로자 또는 소정의 종류에 속하는 경제활동참가자를 피보호자로 하는 경우에는 제65조 또는 제66조의 요건에 따라 산정된 정기적 급부
㈏ 급여사유가 존재하는 동안에 자산가액이 소정의 한도액을 넘지 아니하는 모든 거주자를 보호대상으로 하는 경우에는 제67조의 요건에 따라 산정된 정기적 급부

제29조 1. 제28조의 급여는 급여사유가 발생하는 경우에는 적어도 다음 각 호의 자에 대해서 확보되어야 한다.
㈎ 급여사유가 발생하기 전에 30년 이상 기여금을 납부하거나 고용되어 있던 자 혹은 20년 이상 거주한 피보호자
㈏ 원칙적으로 모든 경제활동참가자를 피보호자로 하는 경우에는 기여금에 있어서 소정의 자격기간을 충족하고 있으며 근로능력이 있었던 기간 동안에 소정의 연평균 납부회수의 기여금을 납부한 피보호자
2. 제1항의 급여가 기여금 납부 또는 고용에 대해서 최소한의 기간의 경과를 조건으로 하는 경우에는 적어도 다음 각 호의 자에 대해 감액된 급여를 보장하여야 한다.
㈎ 급여사유가 발생하기 전에 기여금 납부 또는 고용에 대해서 15년의 자격기간을 소정의 규칙에 따라 충족하고 있는 피보호자
㈏ 원칙적으로 모든 경제활동참가자를 피보호자로 하는 경우에는 기여금 납부에 있어서 소정의 자격기간을 충족하고

있으며 근로능력이 있었던 기간에 제1항 ㈏호에서 언급한 소정의 연평균 납부회수의 2분의 1의 회수의 기여금을 납부한 피보호자
3. 제11절의 부속표에 열거된 표준수급자의 백분율에서 100분의 10을 감한 백분율로 하여 제11절의 요건에 따라 산정한 급여가 기여금 납무나 고용의 경우 10년, 거주의 경우에는 5년의 기간을 소정의 규칙에 따라 최소한 충족하고 있는 피보호자에게 확보되어 있는 경우에는 제1항의 요건은 충족된 것으로 본다.
4. 급여를 위해서 필요한 자격기간이 기여금 납부 또는 고용에 있어서 10년이상 30년 미만인 경우, 급여는 제11절의 부속표에 열거된 백분율을 비례적으로 감하여 얻은 백분율에 의해 산정된 급여로 할 수 있다. 이 경우에 당해 자격기간이 15년을 넘는 경우는 감액된 급여를 제2항의 규정에 따라 지급하여야 한다.
5. 제1항, 제3항, 제4항의 급여가 기여금 납부 또는 고용에 대해서 최소한 기간의 만료를 조건으로 하는 경우에는 제5절의 적용에 대한 관계규정의 효력발생시 노령이었기 때문에 제2항의 규정에 따라 국내법령에서 정한 조건을 충족시키지 못한 피보호자에 대해서 감액된 급여를 소정의 조건에 따라 지급하여야 한다. 다만, 이러한 자에 대해서 제1항, 제3항, 제4항의 규정에 적합한 급여가 통상의 연령보다 높은 연령에 대하여 확보되고 있는 경우에는 그러하지 아니하다.

제30조 제28조 및 제29조의 급여는 급여사유가 존속하는 전 기간동안 지급하여야 한다.

제6절 업무상 재해급여

제31조 본절의 규정을 적용받는 회원국은 이 절의 규정에 따라 피보호자에게 업무상 재해급여의 지급을 보장하여야 한다.

제32조 급여사유는 업무에 기인하는 사고 또는 소정의 질병으로 인한 다음 각 호에 해당되는 것으로 한다.
㈎ 병적 상태
㈏ 병적 상태에 기인하며 소득의 정지를 수반하는 근로불능으로서 국내법령에서 정하는 것
㈐ 소득능력의 전부 상실 또는 소정의 정도를 넘는 소득능력의 일부 상실로서 영구적인 것으로 될 우려가 있는 경우 또는 이에 상당하는 신체기능의 상실
㈑ 부양자의 사망의 결과로 배우자 또는 자녀가 입은 부양의 상실. 다만, 배우자가 급여를 받을 권리에 대해서는 국내법령에 따라 자활이 불가능한 상태에 있을 것을 조건으로 할 수 있다.

제33조 피보호자는 다음 각 호의 자로 한다.
㈎ 모든 근로자의 50퍼센트 이상을 구성하는 소정의 종류에 속하는 근로자 및 부양자의 사망에 관계된 급여에 대해서는 당해 소정의 종류에 속하는 근로자의 배우자 및 자녀
㈏ 제3조의 규정에 의한 선언이 행하여진 경우에는 20인 이상을 고용하는 공업부문 사업장에서 모든 근로자의 50퍼센트 이상을 구성하는 소정의 종류에 속하는 근로자 및 부양자의 사망에 관계된 급여에 대해서는 당해 소정의 종류에 속하는 근로자의 배우자 및 자녀

제34조 1. 병적 상태에 대한 급여는 제2항 및 제3항에서 규정하는 의료로 한다.
2. 의료는 다음 각 호로 구성된다.
㈎ 입원환자 및 통원환자에 대한 일반의 및 전문의에 의한 치료(왕진을 포함한다)
㈏ 치과진료
㈐ 가정 또는 병원 기타 의료시설에서의 간호
㈑ 병원, 요양소 기타 의료시설에의 수용
㈒ 치과용 치료재, 약제 기타 내·외과용의 치료재료(의수, 의족 등 인공기관 및 그 수리를 포함한다) 및 안경
㈓ 의료업에 유사한 것으로, 법률상 인정되는 직업에 종사하는 자가 의사 또는 치과의사의 감독하에 행하는 진료
3. 제3조의 규정에 의한 선언이 행해지고 있는 경우 의료에는 적어도 다음 각 호의 것이 포함되어야 한다.
㈎ 일반의에 의한 진료(왕진을 포함한다)
㈏ 입원환자 및 통원환자에 대한 병원 내에서의 전문의에 의한 진료 및 병원 외에서 행해질 수 있는 전문의에 의한 진료
㈐ 의사 기타 자격 있는 자의 처방에 따른 필수적인 약제의 시급
㈑ 필요한 경우 병원에의 입원
4. 제1항 내지 제3항의 규정에 의한 진료는 피보호자의 건강, 근로능력 및 자기의 수요를 충족시킬 수 있는 능력의 유지, 회복 또는 개선을 목적으로 지급되어야 한다.

제35조 1. 의료를 관리하는 단체 또는 행정부서는 심신장애인을 적당한 업무에 재고용시키기 위하여 일반적인 직업재활사업과 적절하게 협력하여야 한다.
2. 국내법령은 제1항의 단체 또는 행정부서에 대하여 심신장애인의 직업재활을 위한 조치를 실시하도록 권한을 부여할 수 있다.

제36조 1. 근로능력이나 영구화 우려가 있는 경제력의 전부 상실 혹은 이에 상당하는 신체기능의 상실 또는 부양자 사망에 대한 급여는 제65조 또는 제66조의 요건에 따라 산정된 정기적 급부로 한다.

2. 영구화 우려가 있는 경제력의 일부상실 또는 이에 상당하는 신체기능의 상실에 대한 급여를 지급하는 경우에는 소득능력의 전부 상실 또는 이에 상당하는 신체기능의 상실에 관계된 정기적 급부에 대한 적당한 비율의 정기적 급부로 한다.
3. 다음 각 호의 경우 정기적 급부는 일시금으로 지급할 수 있다.
㈎ 불능 또는 상실의 정도가 경미한 경우
㈏ 일시금이 적절하게 사용될 것이라고 권한 있는 기관이 인정한 경우

제37조 급여사유가 발생한 경우 제34조 및 제36조의 급여는, 피보호자가 재해발생 당시 또는 질병발생 당시 회원국의 영역 내에 고용되어 있었을 때에는 적어도 그 피보호자에 대하여, 그리고 부양자의 사망에 관한 정기적 급부에 있어서는 적어도 당해 피보호자의 배우자 및 자녀에게 보장하여야 한다.

제38조 제34조 및 제36조의 급여는 급여사유가 존속하는 기간 동안 지급한다. 다만, 근로불능에 관한 급여는 당해 근로소득의 정지 후에 최초 3일간에 대해서는 지급하지 아니하여도 무방하다.

제7절 가족급여

제39조 이 절의 규정을 적용받는 회원국은 이 절의 규정에 따라 피보호자에 대해서 가족급여의 지급을 보장하여야 한다.

제40조 급여사유는 소정의 자녀에 대한 부양의 의무로 한다.

제41조 피보호자는 다음 각 호의 자로 한다.
㈎ 모든 근로자의 50퍼센트 이상을 구성하는 소정의 종류에 속하는 근로자
㈏ 모든 거주자의 20퍼센트 이상을 구성하는 소정의 종류에 속하는 경제활동참가자
㈐ 급여사유가 존재하는 동안에 자산가액이 소정의 한도액을 넘지 아니하는 모든 거주자
㈑ 제3조의 규정에 의한 선언이 행해진 경우에는 20인 이상의 자를 고용하는 공업부문 사업장의 모든 근로자의 50퍼센트 이상을 구성하는 소정의 종류에 속하는 근로자

제42조 급여는 다음 각 호의 것으로 한다.
㈎ 소정의 자격기간을 충족시키고 있는 모든 피보호자에게 지급되는 정기적 급부

(내) 자녀에게 혹은 자녀에 관해서 제공되는 식료품, 의류, 주거, 휴일 또는 가사보조
(대) (개)호 및 (내)호의 배합

제43조 제42조의 급여는 적어도 기여금 납부나 고용기간에 있어서 3개월 또는 거주에 대해서 1년의 자격기간 중 어느 하나로 하고 국내법령의 요건을 소정의 기간 내에 충족시키고 있는 피보호자에게는 보장하여야 한다.

제44조 제42조의 규정에 따라 피보호자에 대해서 지급되는 급여의 총액은 다음 금액으로 한다.
(개) 제66조의 규정에 따라 결정된 보통 성인 남자근로자의 임금의 3퍼센트에 피보호자 자녀의 총수를 곱한 금액
(내) (개)호의 임금의 1.5퍼센트에 거주자 자녀의 총수를 곱한 금액

제45조 정기적 급부는 급여사유가 존속하는 전기간 동안 지급하여야 한다.

제8절 모성급여

제46조 이 절의 규정을 적용받는 회원국은 이 절의 규정에 따라 피보호자에 대해서 모성급여의 지급을 보장하여야 한다.

제47조 급여사유는 임신, 분만 및 그 결과와 국내법령에서 정한 사유에 따른 근로소득의 중단으로 한다.

제48조 보호대상자는 다음 각 호의 자로 한다.
(개) 모든 근로자의 50퍼센트 이상을 구성하는 소정의 집단에 속하는 모든 여성근로자 및 모성 의료급여에 대해서는 당해 소정의 집단에 속하는 남성근로자의 처
(내) 모든 거주자의 20퍼센트 이상을 구성하는 소정의 집단에 속하는 모든 여성경제활동참가자 및 당해 소정의 집단에 속하는 남자근로자의 처
(대) 제3조의 규정에 의한 선언이 행해지고 있는 경우에는 20인 이상의 자를 고용하는 공업부문 사업장의 모든 근로자의 50퍼센트 이상을 구성하는 소정의 집단에 속하는 모든 여성근로자 및 모성의료급여에 대하여는 당해 소정의 종류에 속하는 남성근로자의 처

제49조 1. 임신, 분만 및 그 결과에 대한 모성 의료급여는 제2항 및 제3항에 규정한 의료로 한다.
2. 의료에는 최소한 다음 각 호의 것이 포함되어야 한다.
(개) 의사 또는 자격있는 조산원에 의한 산전·후 진료 및 분만

(내) 필요한 경우 병원에의 입원
3. 제2항의 의료는 피보호자의 건강, 근로능력 및 자신의 수요를 충족시킬 수 있는 능력을 유지·회복·개선할 것을 목적으로 지급하여야 한다.
4. 모성의료급여를 관리하는 단체 또는 행정부서는 적당하다고 인정되는 수단으로, 공공기관 또는 공공기관이 인정하는 단체가 피보호자의 사용을 위해 설치한 일반적인 보호에 관한 시설을 피보호자가 이용하도록 장려하여야 한다.

제50조 임신, 분만 및 그 결과에 기인하는 근로소득 중단에 대한 급여는 제65조 및 제66조의 요건에 따라 산정된 정기적 급부로 한다. 정기적 급부액은 그 평균액이 제65조 또는 제66조의 요건에 적합한 범위 내에서 급여사유가 존속하는 기간동안 변동시킬 수 있다.

제51조 제49조 및 제50조의 급여는 급여사유가 발생한 경우에는 남용을 방지하기 위해서 필요하다고 인정되는 자격기간을 최소한 충족시키고 있는 제48조 규정에 따른 소정의 여성에 대해 보장되어야 한다. 제49조의 급여는 제48조에 규정된 소정의 집단에 속하는 남자가 그러한 자격기간을 충족시키고 있는 경우에는 그 배우자에게도 확보되어야 한다.

제52조 제49조 및 제50조의 급여는 급여사유가 존속하는 전기간동안 지급되어야 한다. 다만, 정기적 급부의 지급기간은 국내법령에 의해 12주 이상의 휴업기간이 필요하거나 인정되는 경우를 제외하고는 12주로 제한할 수 있다. 국내법령에 의해 12주 이상의 휴업기간이 필요하거나 인정되는 경우에는 이 휴업기간 이하로 제한할 수 없다.

제9절 장해급여

제53조 본 절의 규정을 적용받는 회원국은 이 절의 규정에 따라 피보호자에게 장해급여의 지급을 보장하여야 한다.

제54조 급여사유는 영구화할 우려가 있거나 상병급여의 종료 후에도 지속되는, 경제활동에 종사할 수 없는 소정의 상태이다.

제55조 피보호자는 다음 각 호의 자로 한다.
(개) 모든 근로자의 50퍼센트 이상을 구성하는 소정의 종류에 속하는 근로자
(내) 모든 거주자의 20퍼센트 이상을 구성하는 소정의 종류에 속하는 경제활동참가자
(대) 급여사유가 존속하는 동안 자산가액이 제67조의 요건에 따라 국내법령으로 정한 한도액을 넘지 아니하는 모든 거

주자

⒭ 제3조의 규정에 의한 선언이 행해지고 있는 경우에는 20인 이상의 자를 고용하는 공업부문 사업장의 모든 근로자의 50퍼센트 이상을 구성하는 소정의 종류에 속하는 근로자

제56조 급여는 다음 각 호의 정기적 급부로 한다.

⒤ 소정의 종류에 속하는 근로자 또는 소정의 종류에 속하는 경제활동참가자를 보호대상자로 하는 경우 제65조 및 제66조의 요건에 따라 산정된 정기적 급부

⒥ 급여사유가 존속하는 기간동안 자산가액이 소정의 한도액을 넘지 아니하는 모든 거주자를 피보호자로 하는 경우, 제67조의 요건에 따라 산정된 정기적 급부

제57조 1. 제56조의 급여는 급여사유가 발생한 경우에는 적어도 다음 각 호의 자에게 대해서 보장되어야 한다.

⒤ 급여사유가 발생하기 전에 기여금 납부나 고용기간에 있어서 대해서 15년 또는 거주에 있어서 10년의 자격기간을 소정의 규칙에 따라 충족시키고 있는 피보호자

⒥ 원칙적으로 모든 경제활동참가자를 피보호자로 하는 경우 기여금 납부에 대해서 3년의 자격기간을 충족하고 있으며 근로능력이 있었던 동안 소정의 연평균 납부횟수의 기여금을 납부한 피보호자

2. 제1항의 급여가 기여금 납부나 고용기간에 대해서 최소한의 기간의 경과를 조건으로 하는 경우에는 적어도 다음 각 호의 자에 대해 감액된 급여를 보장하여야 한다.

⒤ 급여사유가 발생하기 전에 기여금 납부나 고용기간에 있어서 5년의 자격기간을 소정의 규칙에 따라서 충족하고 있는 피보호자

⒥ 원칙적으로 모든 경제활동참가자를 피보호자로 하는 경우에는 기여금 납부에 대해서 3년의 자격기간을 충족하고 있으며, 근로능력이 있었던 동안 소정의 연평균 납부횟수의 2분의 1의 횟수의 기여금을 납부한 피보호자

3. 제11절의 부속표에 열거된 표준수급자의 백분율에서 100분의 10을 삭감한 백분율로 하여 제11절의 요건에 따라 산정된 급여가 기여금 납부, 고용 또는 거주에 대해서 5년의 기간을 소정의 규칙에 따라 최소한 충족하고 있는 피보호자에게 확보되어 있는 경우에는 제1항의 요건은 충족된 것으로 본다.

4. 급여를 위해서 필요한 자격기간이 기여금 납부 또는 고용에 대해서 5년은 초과하나 15년을 충족시키지는 아니하는 경우에는 급여는 제11절의 부속표에 열거된 백분율을 비례적으로 삭감하여 얻은 백분율에 의해 산정된 급여로 할 수 있다. 이 경우에는 감액된 급여를 제2항의 규정에 따라 지급해야 한다.

제58조 제56조 및 제57조의 급여는 급여사유가 존속하는 전 기간 동안 또는 노령급여가 지급될 때까지 지급하여야 한다.

제10절 유족급여

제59조 본절의 규정을 적용받는 회원국은 이 절의 다음 각 조의 규정에 따라 피보호자에 대해서 유족급여의 지급을 보장하여야 한다.

제60조 1. 급여사유는 부양자의 사망의 결과로 배우자 또는 자녀가 입은 부양의 상실로 한다. 다만, 배우자의 급여를 받을 권리에 대해서는 국내법령에 따라 스스로의 힘으로 생활할 수 없는 상태에 있을 것을 요건으로 할 수 있다.

2. 급여를 받을 권리를 갖는 자가 소정의 경제활동에 종사하고 있는 경우에, 당해 급여의 정지 및 갹출제에 의한 급여에 있어서는 수급자의 근로소득, 그 이외의 자산가액 또는 이 둘의 합계액이 소정의 액을 초과하는 경우 당해 급여에 대한 감액을 국내법령에서 정할 수 있다.

제61조 피보호자는 다음 각 호의 자로 한다.

⒤ 전체 근로자의 50퍼센트 이상을 구성하는 소정의 종류에 속하는 경제활동참가자가 부양하는 배우자와 자녀

⒥ 전체 거주자의 20퍼센트 이상을 구성하는 소정의 종류에 속하는 경제활동참가자가 부양하는 배우자와 자녀

⒦ 부양자를 상실하고, 급여사유가 존속하는 기간 동안 자산가액이 제67조의 요건에 따라 국내법령에서 정한 한도액에 미달하는 모든 거주자인 배우자와 자녀

⒭ 제3조의 규정에 의한 선언이 행해지는 경우 20인 이상을 고용하는 공업부문 사업장의 모든 근로자의 50퍼센트 이상을 구성하는 소정의 종류에 속하는 근로자가 부양하는 배우자와 자녀

제62조 급여는 다음 각 호의 정기적 급부로 한다.

⒤ 소정의 종류에 속하는 근로자 또는 소정의 종류에 속하는 경제활동참가자를 피보호자로 하는 경우에는 제64조 및 제66조의 요건에 따라 산정된 금액

⒥ 급여사유의 존속기간 동안 자산가액이 소정의 한도액을 넘지 않는 모든 거주자를 피보호자로 하는 경우에는 제67조의 요건에 따라 산정된 정기적 급부

제63조 1. 제62조의 급여는 급여사유가 발생한 경우에는 적어도 다음 각 호의 자에게 보장하여야 한다.

⒤ 부양자가 기여금납부나 고용에 대해서 15년 또는 거주에 대해서 10년의 자격기간을 소정의 규칙에 따라 충족하고 있는 피보호자

(내) 원칙적으로 모든 경제활동참가자의 배우자와 자녀를 피보호자로 하는 경우에는 부양자가 기여금납부에 대해서 3년의 자격기간을 충족하고 있으며 당해 부양자가 근로능력이 있었던 기간동안에 소정의 연평균 납부의 기여금을 납부한 피보호자

2. 제1항의 급여가 기여금 납부 또는 고용에 대해서 최소한의 기간의 경과를 조건으로 하는 경우에는 적어도 다음 각 호의 자에 대해서 감액된 급여를 보장하여야 한다.

(개) 부양자가 기여금 납부 또는 고용에 대해 5년의 자격기간을 소정의 규칙에 따라 충족하고 있는 피보호자

(내) 원칙적으로 모든 경제활동참가자의 배우자와 자녀를 피보호자로 하는 경우에는 부양자가 기여금 납부에 대해서 3년의 자격기간을 충족하고 있으며 당해 부양자가 근로능력이 있었던 제1항 (내)호에서 언급한 소정의 연평균 납부횟수의 2분의 1의 횟수의 기여금을 납부한 피보호자

3. 제11절의 부속표에 열거된 관계표준수급자의 백분율에서 100분의 10의 비율을 감한 백분율로 하여 제11절의 요건에 따라 산정된 급여가 기여금 납부, 고용 또는 거주에 대해서 5년의 기간을 소정의 규칙에 따라서 충족하고 있는 피보호자에게 보장되어 있는 경우에는 제1항의 요건은 충족된 것으로 본다.

4. 급여를 위해서 필요한 자격기간이 기여금 납부 또는 고용에 대해서 5년을 초과하나 15년을 충족시키지 아니하는 경우에는 급여는 제11절의 부속표에 열거된 백분율을 비례적으로 감하여 얻은 백분율에 의해 산정된 급여로 할 수 있다. 이 경우에는 감액된 급여를 제2항의 규정에 따라 지급하여야 한다.

5. 자녀가 없는 피보호자의 배우자로서 스스로의 힘으로 생활할 능력이 없는 자가 유족급여를 받을 권리를 취득하기 위해서는 혼인이 최소한의 기간 존속되고 있었음을 요건으로 할 수 있다.

제64조 제62조 및 제63조의 급여는 급여사유가 존속하는 전기간 동안 지급하여야 한다.

제11절 정기적 급부(periodical payment)의 산정기준

제65조 1. 이 조가 적용되는 정기적 급부에 있어서는, 급여액과 급여사유의 존속기간 동안 지급된 가족수당의 합계액은 당해 급여사유에 관해서 본 절 부속표의 표준수급자에 대해서 최소한 수급자 또는 수급자의 부양자의 근로소득과 표준수급자와 동일한 가족적 책임을 갖는 피보호자에 지급된 가족수당의 합계액에 동부속표의 백분율을 곱하여 산정된 액수에 달하여야 한다.

2. 수급자 또는 수급자의 부양자의 종전 근로소득은 소정의 규칙에 따라서 계산한다. 피보호자 또는 피보호자의 부양자가 그 근로소득계층에 따라 분류되는 경우 그 자의 종전 근로소득은 당해인이 속하는 계층의 표준근로소득으로 계산할 수 있다.

3. 급여액 또는 급여의 계산에 있어서 고려하는 근로소득에 대해서는 최고한도를 국내법령으로 정할 수 있다. 다만, 이 최고한도는 수급자 또는 수급자의 부양자의 종전의 근로소득이 숙련 남자 육체근로자의 임금과 동일하거나 이보다 낮은 경우에는 제1항의 규정에 따라 정한다.

4. 수급자 또는 수급자의 부양자의 종전 근로소득, 숙련 남자 육체근로자의 임금, 급여 및 가족수당은 동일한 시점을 기초로 계산하여야 한다.

5. 표준수급자 이외의 수급자에 대한 급여는 표준수급자에 대한 급여와 균형을 유지하여야 한다.

6. 본조의 적용에서 숙련 남자 육체근로자는 다음 각 호의 자로 한다.

(개) 전기·기계 이외의 기계제조업의 설비공 또는 선반공

(내) 제7항의 규정에 따라 선정된 전형적인 숙련근로자

(대) 모든 피보호자 중 75퍼센트의 자의 근로소득과 비교하여 이와 동등하거나 이를 초과하는 근로소득을 갖는 자. 이 경우 근로소득은 국내법령에서 정하는 바에 따라 1년 또는 이보다 짧은 기간을 기준으로 한다.

(래) 모든 피보호자의 근로소득 평균의 125퍼센트에 해당되는 근로소득을 갖는 자

7. 제6항 (내)호의 적용에 있어서 전형적인 숙련근로자는 당해 급여사유로 보호받고 있는 경제활동참가자인 남자 또는 피보호자의 부양자의 최대다수를 포괄하는 경제활동의 대분류에 종사하는 자로 하며, 경우에 따라서는 이러한 피보호자 또는 부양자의 최대다수를 포함하는 경제활동의 중분류에 종사하는 자로 한다. 이를 위해서는 국제연합 경제사회이사회가 1948년 8월 27일 제7차 회기에서 채택하고 차후 개정하는 전경제활동의 국제표준산업 분류를 사용하여야 한다.

8. 급여액이 지역에 따라 다른 경우에는 숙련 남자 육체근로자를 제6항 및 제7항의 규정에 따라 지역마다 결정할 수 있다.

9. 남성 숙련근로자의 임금은 단체협약에 의해서, 국내법령이 적용되는 경우에는 이에 의하거나 또는 관행에 의해서 결정된 통상의 근로시간의 임금(생계수당이 있으면 이를 포함한다)을 기초로 하여 결정하여야 한다. 이들 임금이 지역에 따라서 다르고 제8항의 규정이 적용되지 않는 경우에는 중간치의 임금을 채택하여야 한다.

10. 노령, 업무상 재해(근로불능의 경우는 제외), 장해 및 부양자의 사망에 관계된 정기적 급부는 생계비의 상당한 변동의 결과로 일반 근로소득수준에 큰 변동이 생기는 경우에는 재검토하여야 한다.

제66조 1. 이 조가 적용되는 정기적 급부에서 급여액과 급여사유의 존속기간동안 지급된 가족수당의 합계액은 당해 급여사유에 관해서 본 절의 부속표의 표준수급자에 대해서 최소한 보통 성인 남성 근로자의 임금액과 표준수급자와 동일한 가족적 책임을 갖는 피보호자에게 지급된 가족수당의 합계액에 동부속표의 백분율을 곱하여 산정된 액수에 달하여야 한다.

2. 보통 성인 남자근로자의 임금과 급여 및 가족수당은 동일한 시점을 기초로 계산하여야 한다.

3. 표준수급자 이외의 수급자에 대한 급여는 표준수급자에 대한 급여와 균형을 유지하여야 한다.

4. 이 조의 적용에서 보통 성인 남성근로자는 다음 각 호의 자로 한다.

㈎ 전기·기계 이외의 기계제조업의 전형적인 미숙련근로자

㈏ 제5항의 규정에 기하여 선정된 전형적인 미숙련근로자

5. 제4항 ㈏호의 적용에 있어서 전형적인 미숙련근로자는 당해 급여사유로 보호받고 있는 경제활동참가자인 남자 또는 피보호자의 부양자의 최대다수를 차지하는 경제활동의 대분류에 종사하는 자로 하며, 경우에 따라서는 이러한 피보호자 또는 부양자의 최대다수를 포괄하는 경제활동의 중분류에 종사하는 자로 한다. 이를 위해서는 국제연합 경제사회이사회가 1948년 8월 27일 제7차 회기에서 채택하고 차후 개정하는 전경제활동의 국제표준산업분류를 사용하여야 한다.

6. 급여액이 지역에 따라 다른 경우에는 보통 성인 남성근로자를 제4항 및 제5항의 규정에 따라 지역마다 결정할 수 있다.

7. 보통 성인 남성근로자의 임금은 단체협약에 의해서, 정해진 국내법령이 적용되는 경우에는 이에 의하거나 또는 관행에 의해서 결정된 통상의 근로시간의 임금(생계수당이 있는 경우에는 이를 포함한다)을 기초로 하여 결정하여야 한다. 이들 임금이 지역에 따라 다르고 제6항의 규정이 적용되지 않는 경우에는 중간치의 임금을 채택하여야 한다.

8. 노령, 업무상 재해(근로불능의 경우를 제외), 장해 및 부양자의 사망에 관계된 정기적 급부는 생계비의 상당한 변동의 결과로 일반근로소득수준에 상당한 변동이 생기는 경우에는 재검토하여야 한다.

제67조 이 조가 적용되는 정기적 급부에 있어서는,

㈎ 급여액은 소정의 급여비율 또는 권한 있는 공공기관이 소정의 규칙에 따라 정하는 급여비율에 따라서 결정하여야 한다.

㈏ ㈎호의 액은 수급자 및 그 가족의 당해 급여 이외의 자산액이 소정의 상당한 액 또는 권한 있는 공공기관이 소정의 규칙에 따라 정한 상당한 액을 넘는 경우에 한해서 그 한도에서 감액할 수 있다.

㈐ 급여와 급여 이외 자산액의 합계액에서 ㈏의 상당한 액을 공제한 금액은 수급자 및 그 가족의 건강 및 상응한 생활을 유지하기 위해서 충분하고 제66조의 요건에 따라 산정된 해당 급여액을 하회하지 아니하는 금액이어야 한다.

㈑ 각 절의 규정에 의하여 지급된 급여총액이 제66조의 규정 및 다음에 열거한 규정을 적용한 경우에 얻어진 급여총액을 30퍼센트 이상 초과하는 경우에는 ㈐호에서 규정된 요건은 충족된 것으로 본다.

(1) 제3절에 대해서는 제15조 (나)호의 규정

(2) 제5절에 대해서는 제27조 (나)호의 규정

(3) 제9절에 대해서는 제55조 (나)호의 규정

(4) 제10절에 대해서는 제61조 (나)호의 규정

<부속표>

표준수급자에 대한 정기적 급부

절	급여사유	표준수급자	백분율
3	상 병	처와 두 명의 자녀가 있는 남자	45
4	실 업	처와 두 명의 자녀가 있는 남자	45
5	노 령	연금수급자격 있는 배우자가 있는 남자	40
6	업무상 재해 근로불능	처와 두 명의 자녀가 있는 남자	50
	장 해	처와 두 명의 자녀가 있는 남자	50
	유 족	두 명의 자녀가 있는 배우자	40
8	모 성	여자	45
9	장 해	처와 두 명의 자녀가 있는 남자	40
10	유 족	두 명의 자녀가 있는 과부	40

제12절 외국인 거주자에 대한 균등우대

제68조 1. 외국인 거주자는 자국인 거주자와 동일한 권리를 갖는다. 다만, 전적으로 또는 주로 공적 자금을 재원으로 하는 급여 또는 급여의 부분 및 과도적인 제도에 대해서는 외국인 및 자국의 영역외에서 생활하는 자국인에 관한 특별한 규칙을 국내법령으로 정할 수 있다.

2. 근로자를 피보호자로 하는 각출제의 사회보장제도에 대해서는 당해 절의 의무를 수락한 다른 회원국의 국민인 피보호자는 당해 절에 관하여 자국인과 동일한 권리를 가져야 한다. 다만, 이 절의 적용에 대해서는 상호주의를 규정한 양국간 또는 다수국가 사이의 협정의 존재를 조건으로 할 수 있다.

제13절 공통규정

제69조 제2절 내지 제11절의 어떠한 절의 규정에 따라 피보호자에게 지급해야 하는 급여는 다음 각 호의 기간 동안 또

는 다음 각 호의 경우에는 소정의 범위내에서 정지할 수 있
또.

㈎ 관계인이 당해 회원국의 영역내에 있지 아니한 기간

㈏ 관계인이 공적 비용 또는 사회보장단체 혹은 사업의 비
용으로 생활을 유지하고 있는 기간, 다만, 이 생활의 유지를
위한 비용을 초과하는 급여부분은 수급자의 피부양자에게
지급한다.

㈐ 관계인이 다른 사회보장급여(가족급여를 제외하며 현금
에 한한다)를 받고 있는 기간 및 관계인이 동일한 사유에
대해서 제3자로부터 보상을 받고 있는 기간. 다만, 급여가
정지되는 부분은 당해 다른 사회보장급여 또는 제3자에 의
한 보상의 액을 초과하지 아니하도록 한다.

㈑ 관계인이 허위의 청구를 한 경우

㈒ 급여사유가 관계인의 범죄행위에 기인하는 경우

㈓ 급여사유가 관계인의 의도적인 비행행위에 기인하는 경
우

㈔ 적당한 경우에 관계인이 그 이용에 공여된 의료 혹은 재
활에 관한 시설의 이용을 태만히 하고, 또는 급여사유의 발
생 혹은 그 지속의 확인 혹은 수급자가 행해야 할 행위에
관한 소정의 규칙에 따르지 아니하는 경우

㈕ 실업급여에 대해서는 관계인이 그 이용을 위해 제공된
직업안정에 관한 시설을 이용하지 아니한 경우

㈖ 실업급여에 대해서는 관계인이 노동쟁의에 의한 조업중
단의 직접적 결과로 실직하거나 정당한 이유없이 자발적으
로 퇴직한 경우

㈗ 유족급여에 대해서는 사망한 피보호자의 과부가 어떤
남자와 동거하고 있는 기간

제70조 1. 모든 청구인은 급여가 거부되거나 급여의 질·양
에 관한 이의가 있는 경우 제소할 권리를 갖는다.

2. 이 협약의 적용상 입법기관에 대해 책임을 부담하는 공
공기관이 의료를 관리하고 있는 경우에는 의료의 거부 또
는 받은 의료의 질에 관한 이의에 대해서 적당한 기관에 제
소할 권리를 가지며 제1항의 제소할 권리에 갈음할 수 있
다.

3. 사회보장에 관한 문제의 처리를 위해 설치되고 또 피보
호자의 대표자가 참가하는 특별한 심판기관이 이를 해결하
는 경우에는 제소할 권리는 반드시 부여되어야 하는 것은
아니다.

제71조 1. 이 협약에 의하여 급여에 소요되는 비용 및 당해
급여의 관리에 필요한 비용은 자산이 적은 자가 과중한 부
담을 지지 않고 회원국 및 각 종류에 속하는 피보호자의 경
제상태를 고려하여 보험기여금(insurance contribution), 세금
또는 이 두 가지 방법을 배합하여 부담하여야 한다.

2. 피보호자인 근로자가 부담하는 보험기여금(insurance

contribution)의 총액은 근로자 및 그 배우자와 자녀의 보호
에 충당되는 재원의 총액의 50퍼센트를 초과하지 아니하도
록 한다. 이 조건이 충족되고 있는가 여부를 확인함에 있어
서는 이 협약에 의한 회원국의 급여는 가족급여 및 특별부
문으로 행해지는 경우에 있어서의 업무상 재해급여를 제외
하고는 그 모두를 전체적으로 고려할 수 있다.

3. 회원국은 이 협약에 의하여 급여의 적정한 지급에 대해
서 일반적 책임을 부담하며 이 목적을 위해서 필요한 모든
조치를 취하고 재정적 균형에 관해서 필요한 보험수리의
연구 및 계산을 정기적으로 행한다. 이러한 조치는 급여의
변경, 보험기여금액(insurance contribution)의 변경 또는 당해
급여사유를 대상으로 하는 세금의 변경에 앞서서 적절하게
행하여야 한다.

제72조 1. 공공기관의 규제를 받는 단체 또는 입법기관에 대
해서 책임을 부담하는 공공기관이 관리를 담당하지 않는
경우에는 피보호자의 대표자가 소정의 조건에 따라서 운영
에 참가하거나 고문의 자격으로 참여하여야 한다. 국내법
령은 사용자 및 공적 기관의 대표자의 참여에 관해서도 규
정할 수 있다.

2. 회원국은 이 협약의 적용에 관여하는 단체 및 사업의 적
절한 관리에 대해 일반적인 책임을 부담한다.

제14절 기타규정

제73조 이 협약은 다음 각 호에 대해서는 적용하지 아니한
다.

㈎ 당해 절이 당해 회원국에 대해서 효력을 발생하기 전에
발행한 사유

㈏ 당해 절이 당해 회원국에 대해서 효력을 발생한 후에 발
생하는 사유에 관계된 급여로서, 수급권이 효력발생일 이
전의 기간에 유래하는 경우

제74조 이 협약은 현존하는 어떠한 협약도 개정하는 것으로
간주되어서는 아니된다.

제75조 이 협약에서 취급하고 있는 사항에 관해서 장래 총
회가 채택할 신협약이 그러한 취지를 규정하는 경우에는
신협약에서 명시하는 이 협약의 규정은 신협약을 비준한
회원국에 대해서 신협약이 효력을 발생하는 날부터 당해
회원국에 대해서 적용되지 아니한다.[1]

제76조 1. 이 협약을 비준하는 회원국은 국제노동기구 헌장
제22조의 규정에 따라 제출하는 이 협약의 적용에 관한 연

---

1) 제75조에 의한 규정은 제121호(제29조), 제128호(제45조), 제
    130호(제36조) 협약에도 포함되어 있음.

차보고에 다음의 각 호를 포함시켜야 한다.

㈎ 이 협약의 규정을 실시하는 법령에 관한 충분한 정보

㈏ 다음에 열거한 규정에서 정하는 통계적 조건의 충족에 대한 증거. 이 경우 국제노동기구의 이사회가 표시의 통일화에 관하여 행한 제안에 실행 가능한 한도에서 따르도록 한다.

(1) 피보호자의 수에 관해서 제9조(가)·(나)·(다)·(라)호, 제15조 (가)·(나)·(라)호, 제21조(가)·(다)호, 제27조(가)·(나)·(라)호, 제33조 (가)·(나)·호, 제41조 (가)·(나)·(라)호, 제48조 (가)·(나)·(다)호, 제55조 (가)·(나)·(라)호, 제61조 (가)·(나)·(라)호의 규정

(2) 급여액에 관해서, 제44조, 제65조, 제66조, 제67조의 규정

(3) 상병급여의 지급기간에 관해서 제18조 제2항 (가)호의 규정

(4) 실업급여의 지급기간에 관해서 제24조 제2항의 규정

(5) 피보호자인 근로자의 보험기여금이 재원 중 차지하는 비율에 관해서 제71조 제2항의 규정

2. 이 협약을 비준하는 회원국은 제2절 내지 제10절에서 그 비준에 있어서 또는 제4조의 규정에 의하여 차후 행하는 통지에 있어서 지정하지 않는 부분에 관한 자국의 법률 및 관행의 현황을 이사회가 요청하는 적당한 기간마다 국제노동기구 사무총장에게 보고하여야 한다.

제77조 1. 이 협약은 선원 또는 어민에 대해서는 적용하지 아니한다. 선원 및 어민의 보호를 위한 규정은 국제노동기구의 총회에 의해서 채택된 1946년 선원연금 협약 중에 설정하여야 한다.

2. 회원국은 제2절 내지 제10절에서 그 비준에 의해서 의무를 수락한 절의 규정에 따라 피보호자로 된 근로자 또는 거주자에 관계된 백분율을 계산함에 있어서 선원 및 어민을 근로자, 경제활동참가자 또는 거주자의 수에서 제외시킬 수 있다.

제15절 최종규정

제78조 이하 표준 최종규정(비준등록, 효력발생, 회원국에 대한 비준의 통보, 폐기, 개정의 심의, 정본), 비본토지역의 적용에 관한 선언

제82조 폐기에 관한 표준최종규정에서 "이 협약 또는 제2절 내지 제10절에서 1 또는 2 이상의 절"을 폐기할 수 있다는 규정은 예외로 한다.

대한민국 정부와 캐나다 정부간의 사회보장에 관한 협정

(Agreement on Social Security between the Government of the Republic of Korea and the Government of Canada)

서명일: 1997년 01월 10일
발효일: 1999년 05월 01일 (조약 1485호)

1997년 1월 10일 서울에서 서명
1999년 5월 1일 발효

대한민국 정부와 캐나다 정부는, 사회보장분야에 있어서의 양국 관계를 규율하고자, 다음과 같이 합의하였다.

제1부 일반규정

제1조 정의 1. 이 협정의 목적상,
"실무기관"이라 함은, 한국에 있어서는 국민연금관리공단을 말하고, 캐나다에 있어서는 권한있는 당국을 말한다.
"급여"라 함은 일방 체약당사국과 관련하여 자국의 법령에 규정된 모든 현금급여·연금 또는 수당을 말하며, 그러한 현금급여·연금 또는 수당에 적용되는 보조금 또는 증액금을 포함한다.
"권한있는 당국"이라 함은, 한국에 있어서는 보건복지부장관을 말하고, 캐나다에 있어서는 제5조와 관련된 사항 이외의 모든 사항에는 인력개발부장관을 말하며 제5조와 관련된 사항에는 국세부장관을 말한다.
"가입기간"이라 함은, 한국에 있어서는 한국법령에 의하여 가입기간으로 정의되거나 인정되는 보험료납부기간 또는 고용·자영에 의한 소득기간을 말하거나 한국법령에 의하여 가입기간에 상응하다고 인정된 경우의 유사기간을 말한다. 거주기간은 가입기간으로 인정되지 아니한다.
캐나다에 있어서는 캐나다법령상의 급여에 대한 권리를 얻기 위하여 사용되는 거주기간 또는 보험료납부기간을 말하며, 장해연금이 캐나다 연금제도에 따라 지급되는 기간을 포함한다.
"법령"이라 함은 일방 체약당사국과 관련하여 그 체약당사국에 대하여 제2조에 명시된 법과 규정을 말한다.

"국민"이라 함은, 한국에 있어서는 국적법에 정의된 대한민국 국민을 말하고, 캐나다에 있어서는 캐나다 시민을 말한다.
2. 이 조에서 정의되지 아니한 용어는 적용법령에서 그에 부여된 의미를 가진다.

제2조 협정의 적용대상법령 1. 이 협정은 다음 법령에 적용한다.
가. 한국에 있어서는, 국민연금법 및 그 시행령과 시행규칙
나. 캐나다에 있어서는,
(1) 노령보장법과 그에 따라 제정된 규칙
(2) 캐나다연금제도과 그에 따라 제정된 규칙
2. 이 협정은, 상기 법령을 개정·보충·통합·대체하는 일방 체약당사국의 권한있는 당국이 이러한 개정·보충·통합·대체의 공포 또는 발효후 90일 이내 서면으로 타방 체약당사국의 권한있는 당국에 달리 통지하지 아니하는 한, 제1항에 명시된 법령을 개정·보충·통합·대체하는 장래의 법령에도 적용한다.
3. 이 협정에 달리 규정하지 아니하는 한, 제1항과 제2항에 언급된 법령은 일방 체약당사국과 제3국간에 체결될 수 있는 사회보장에 관한 조약이나 다른 국제협정 또는 그의 구체적인 시행을 위하여 공포된 법령을 포함하지 아니한다.

제3조 협정의 적용대상자 이 협정은 어느 일방 체약당사국의 법령이 적용되어 왔거나 적용되는 모든 자와 어느 일방 체약당사국의 적용법령상 해당되는 당해인의 피부양자와 유족 모두에게 적용한다.

제4조 동등대우 및 급여의 해외송금 1. 이 협정에 달리 규정하지 아니하는 한, 일방 체약당사국 법령의 적용에 있어 제3조에 언급된 급여를 받을 자격 및 급여의 지급을 포함한 그 법령상의 권리와 의무에 대하여 동 일방 체약당사국의 국민과 동등한 대우를 받는다.
2. 이 협정에 달리 규정하지 아니하는 한, 일방 체약당사국

법령에서 어느 급여수급권자가 동 일방 체약당사국의 국외
에 거주하거나 또는 국내에 부재한다는 이유만으로
가. 그 법령상의 현금급여에 대한 수급자격을 제한하거나,
또는
나. 그 법령상 그에게 지급될 급여를 감액·변경·정지·취소
또는 몰수하는 규정은 타방 체약당사국에 거주하는 자에게
는 적용되지 아니한다.

제2부 적용에 관한 규정

제5조 적용법령의 결정 1. 이 조에서 달리 규정하지 아니하는
한, 일방 체약당사국에서 고용된 자는 그 고용과 관련하여
동 일방 체약당사국의 법령만을 따른다.

2. 일방 체약당사국에서 사업장을 가진 사용자에게 고용된
자가 5년을 초과하지 아니할 것으로 예상되는 기간동안 그
사용자에 의하여 타방 체약당사국에 파견된 경우, 그는 그
고용에 관하여는 전기 일방 체약당사국에서 고용된 것처럼
그 체약당사국의 법령에만 따른다. 이 항의 적용목적상 그
를 파견한 전기 일방 체약당사국의 국내법에서 정의된 사
용자와 그 사용자의 계열사 또는 자회사는 하나의 동일체
로 본다.

3. 사용자에 의하여 일방 체약당사국으로부터 제3국에 파
견되었던 자가 그 사용자에 의하여 그후에 다시 제3국으로
부터 타방 체약당사국에 파견된 경우에도 제2항이 적용된
다.

4. 일방 체약당사국에 통상적으로 거주하면서 타방 체약당
사국 또는 양 체약당사국에서 자영업에 종사하는 자는 그
자영업에 관하여는 전기 일방 체약당사국의 법령에만 따른
다.

5. 동일한 활동이 일방 체약당사국 법령에서는 자영업으로
간주되고 타방 체약당사국 법령에서는 고용으로 간주되는
경우, 그 활동은 대상자가 전기 일방 체약당사국의 거주자
이면 제4항의 규정에 따라 취급되고 여타의 경우에는 고용
에 관한 이 조의 규정에 따르도록 한다.

6. 이 협정은 1961년 4월 18일의 외교관계에 관한 비엔나협
약 또는 1963년 4월 24일의 영사관계에 관한 비엔나협약의
규정에 영향을 미치지 아니한다.

7. 선박 또는 항공기의 승무원으로서 그 고용에 관하여는
이 협정이 아니면 양 체약당사국의 법령을 함께 따라야 하
는 자는, 그가 캐나다에 통상적으로 거주한다면 그 고용과
관련하여 캐나다법령만을 따르고 그 외의 경우에는 한국법
령만을 따른다.

8. 양 체약당사국의 권한있는 당국은 공동 합의로 특정인
또는 특정부류의 사람들에 대하여 이 조의 규정에 대한 예
외를 인정할 수 있다. 다만, 대상자는 양 체약당사국 중 어
느 일방 체약당사국 법령의 적용을 받는다.

제6조 캐나다법령과 관련된 특정 거주기간의 정의 1. 노령보장
법상의 급여액을 산정하기 위하여,
가. 어떤 자가 한국내 체재하거나 거주하는 기간동안 캐나
다연금제도 또는 캐나다의 어느 주의 포괄적인 연금제도를
따른다면, 그 기간은 본인뿐만 아니라 고용 또는 자영에 의
하여 한국법령을 따르지 아니하면서 함께 거주하는 배우자
와 피부양자에게도 캐나다에서의 거주기간으로 간주된다.
나. 어떤 자가 캐나다내 체재하거나 거주하는 기간동안 한
국법령을 따른다면 그 기간은 본인뿐만 아니라 고용 또는
자영에 의하여 캐나다연금제도 또는 캐나다의 어느 주의
포괄적인 연금제도를 따르지 아니하면서 함께 거주하는 배
우자와 피부양자에게도 캐나다에서의 거주기간으로 간주
되지 아니한다.

2. 제1항을 적용함에 있어서,
가. 어떤 자가 한국내 체재하거나 거주하는 기간동안 고용
또는 자영에 의하여 캐나다의 관련 제도하에서 보험료를
납부하는 경우에만, 그가 그 기간동안 캐나다연금제도 또
는 캐나다의 어느 주의 포괄적인 연금제도를 따르는 것으
로 간주된다.
나. 어떤 자가 캐나다내 체재하거나 거주하는 기간동안 고
용 또는 자영에 의하여 한국법령상의 보험료를 의무 납부
하는 경우에만, 그가 그 기간동안 한국법령을 따르는 것으
로 간주된다.

제3부 급여에 관한 규정

제1장 한국법령에 의한 급여

제7조 합산 및 급여 1. 어떤 자가 한국 법령만으로 인정된 가
입기간에 근거하여 그 법령에 의한 노령·유족 또는 장해급
여의 수급자격이 없다면, 한국법령에 의한 그의 급여 수급
권을 설정하기 위하여 한국측 실무기관은, 가입기간이 중
복되지 아니하는 한, 캐나다연금제도에 의하여 인정된 가
입기간을 고려한다. 그가
한국 법령상 12개월 이상의 가입기간을 채우지 아니하는
한, 노령·유족 또는 장해급여의 수급권을 설정함에 있어 전
기 문장이 적용되지 아니한다.

2. 장해급여나 유족급여를 받기 위하여, 어떤 자가 한국법
령상 보험사고가 발생한 시점이 포함된 기간동안 캐나다연
금제도의 급여를 위하여 가입되어 있는 경우, 그가 보험사
고 발생시에 가입되어 있어야 한다는 한국법령의 요건은
충족된 것으로 본다.

3. 이 조에 따른 급여 수급자격을 결정함에 있어, 한국측 실
무기관은 캐나다측 실무기관에 의하여 인정 가능함이 증명
된 캐나다연금제도상 매년 보험료 납부를 12개월의 가입으
로 인정한다.

4. 이 조에 따라 한국법령에 의한 급여 수급자격을 설정하기 위하여 캐나다연금제도의 가입기간이 고려되는 경우, 지급될 급여는 다음과 같이 결정된다.

가. 한국측 실무기관은 우선 양 체약당사국의 법령에 의하여 인정된 총 가입기간이 한국법령에 의하여 완료되었을 경우 대상자에게 지급될 수 있는 금액과 동일한 기본연금액을 산정한다. 기본연금액을 결정하기 위하여 한국측 실무기관은 한국법령에 의하여 가입된 기간동안의 대상자의 표준소득월액의 평균을 고려한다.

나. 한국측 실무기관은 상기 가.에 따라 산정되는 기본연금액을 기초로 한국법령에 의하여 고려되는 가입기간과 양 체약당사국의 법령에 의하여 고려되는 총 가입기간의 비율에 비례하여 한국법령에 따라 부분급여를 산정한다.

5. 제1항의 규정을 원용하지 아니하고도 한국법령상 동등하거나 더 많은 급여를 받을 수 있는 자격을 설정하기에 충분한 가입기간을 취득한 경우, 제1항에 따른 한국급여의 수급권은 종료한다.

제2장 캐나다법령에 의한 급여

제8조 합산 1. 가. 어떤 자가 캐나다법령상 충분한 가입기간을 취득하지 못하여 급여 수급권이 없는 경우, 그의 급여 수급권은, 가입기간이 중복되지 아니하는 한, 제1항 나.에 따라 상기 가입기간과 제2항에 명시된 가입기간을 합산하여 결정된다.

나. 노령보장법에 대하여 제1항 가.를 적용함에 있어,

(1) 캐나다측 실무기관은, 어떤 자가 동 법에 정의된 바와 같이 캐나다에서의 거주기간을 12개월 이상 완료한 경우에만, 급여에 대한 그의 수급자격을 결정하기 위하여 가입기간을 합산한다. 이 경우 이 조 제2항 가.와 관계없이 이 항 나.(2)의 규정을 적용한다.

(2) 제6조에 의하여 그러하다고 간주되는 기간을 포함하여 1988년 1월 1일 이후에 완성된 캐나다에서의 거주기간만을 고려한다.

2. 가. 노령보장법에 따른 급여 수급권을 결정함에 있어, 한국법령상 가입기간이면서 또한 노령보장법의 목적상 캐나다에서의 거주기간이 인정되는 연령 후에 완성된 1개월은 캐나다에서 거주한 1개월로 본다.

나. 캐나다연금제도에 따른 급여 수급자격을 결정함에 있어, 한국 법령에 의하여 인정되는 가입기간 3개월 이상이 포함된 역년은 캐나다연금제도상 보험료를 납부한 1년으로 본다.

제9조 노령보장법에 의한 급여 1. 어떤 자가 제8조 합산규정의 적용을 통하여서만 노령보장연금이나 배우자수당에 대한 수급권이 주어진다면, 캐나다측 실무기관은, 노령보장법에 의하여 고려되거나 또는 제6조에 의하여 그러하다고 간주되고 1988년 1월 1일 이후에 완성된 캐나다에서의 거주기간만을 기초하고 부분연금이나 배우자수당 지급을 관장하는 노령보장법의 규정에 따라, 그에게 지급될 연금액이나 배우자 수당액을 산정한다.

2. 캐나다에서는 연금 수급권이 있지만 캐나다 국외에서의 연금 수급자격을 위하여 노령보장법상 요구되는 캐나다에서의 최소 거주기간을 충족하지 못한 캐나다 국외에 있는 자에게도 제1항은 적용된다.

3. 이 협정의 다른 규정에도 불구하고,

가. 제8조에 규정된 바와 같이 합산한 어떤 자의 거주기간이 캐나다 국외에서의 연금 수급권을 위하여 노령보장법상 요구되는 캐나다에서의 최소 거주기간과 적어도 동일한 경우에만, 노령보장연금이 캐나다 국외에 있는 자에게 지급된다.

나. 배우자수당과 보장 소득보조금은 노령보장법이 허용하는 범위내에서 캐나다 국외에 있는 자에게 지급된다.

제10조 캐나다연금제도에 의한 급여 어떤 자가 제8조 합산규정의 적용을 통하여서만 캐나다연금제도상의 급여수급권이 주어진다면, 캐나다측 실무기관은 그에게 지급되는 급여액을 다음과 같은 방법으로 산정한다.

가. 급여의 소득비례부분은 캐나다연금제도에 의한 연금산정소득만을 근거로 하여 그 제도의 규정에 따라 결정한다.

나. 급여의 정액부분은 다음의 (1)에 (2)를 곱하여 결정한다.

(1) 캐나다연금제도의 규정에 따라 결정되는 급여의 균일부분 금액

(2) 급여 수급자격의 설정을 위하여 캐나다연금제도상 요구되는 최소 수급자격기간에 대한 캐나다연금제도에 대한 보험료 납부기간의 비율을 나타내는 분수. 단, 어떤 경우에도 그 분수는 1을 초과하지 아니한다.

제4부 보칙

제11조 행정약정 1. 양 체약당사국의 권한있는 당국은 이 협정의 시행을 위하여 필요한 조치를 정하는 행정약정을 체결한다.

2. 각 체약당사국의 연락기관은 이 행정약정에 지정된다.

제12조 정보의 교환 및 상호협조 1. 양 체약당사국의 권한있는 당국 및 실무기관은 각자의 권한 범위내에서,

가. 관할 법령이 허용하는 한 이 협정의 적용을 위하여 필요한 정보를 상호 통보한다.

나. 이 협정 또는 이 협정이 적용되는 법령에 의한 급여 수급권의 결정 또는 급여 지급과 관련하여 상호 협조한다.

다. 이 협정의 적용을 위하여 각자가 취한 조치 및 이 협정

의 적용에 영향을 미칠 수 있는 각자의 법령 변경과 관련된 정보를 가능한 한 조속히 상호 통보한다.

2. 제1항 나에 언급된 협조는 무료로 제공하되, 제11조에 의하여 체결되는 행정약정으로 양 체약당사국의 권한있는 당국이 합의할 경우 예외로 할 수 있다.

제13조 정보의 보호 일방 체약 당사국의 권한있는 당국 또는 실무기관에 의하여 타방 체약당사국의 권한있는 당국 또는 실무기관에게 이 협정에 따라 제공되는 개인에 관한 정보는 일방 체약당사국의 국내법이 달리 요구하지 아니하는 한, 이 협정 및 이 협정이 적용되는 법령을 시행하는 목적으로만 사용된다. 일방 체약당사국의 권한있는 당국 또는 실무기관에 의하여 접수된 상기 정보는 사생활 및 개인정보 비밀의 보호를 위한 그 체약당사국의 국내법에 의하여 관리된다.

제14조 수수료 면제 및 서류확인 1. 일방 체약당사국 법령이 동 체약당사국의 권한있는 당국 또는 실무기관에 제출된 서류에 대하여 영사 및 행정 수수료를 포함한 수수료 또는 비용의 전부 또는 일부를 면제하도록 규정하면, 이러한 면제는 이 협정의 적용에 있어 타방당사국의 권한있는 당국 또는 실무기관에 제출된 이에 상응하는 서류에도 적용된다.

2. 이 협정의 목적을 위하여 제시된 서류 및 확인서는 대사관 또는 영사관의 공증 요건을 면제받는다.

3. 일방 체약당사국의 실무기관에 의하여 사실이며 정확한 사본으로 인증된 서류의 사본은 추가 확인 절차없이 타방 체약당사국의 실무기관에 의하여 사실이며 정확한 것으로 인정된다. 각 체약당사국의 실무기관은 출처에 관계없이 자신에게 제출된 증거물의 입증가치에 대한 최종 판단자가 된다.

제15조 의사소통 언어 1. 양 체약당사국의 권한있는 당국 및 실무기관은 이 협정 또는 이 협정이 적용되는 법령의 적용을 위하여 필요한 때에는 언제든지 직접 서로 간 그리고 거주지에 관계없이 개인과 교신할 수 있다. 교신은 각 체약당사국의 공식언어 중 어느 것으로도 할 수 있다.

2. 청구서나 서류가 타방 체약당사국의 공식언어로 작성되었다는 이유만으로 일방 체약당사국의 권한있는 당국 또는 실무기관이 이를 거절하여서는 아니된다.

제16조 청구서·신고서 또는 이의신청서의 제출 1. 일방 체약당사국의 법령상 권한있는 당국 또는 실무기관에 정하여진 기간내에 그 법령에 따라 제출되었어야 하는 급여의 결정 또는 지급관련 청구서·신고서 또는 이의신청서가 타방 체약당사국의 권한있는 당국 또는 실무기관에 동 기간내에 제출된 경우, 이는 전기 일방 체약당사국의 권한있는 당국

또는 실무기관에 제출된 것으로 본다.

2. 이 협정의 발효 후 어떤 자가 일방 체약당사국의 실무기관에 그 법령에 따라 서면으로 급여 청구서를 제출하면서 이 청구가 일방 체약당사국 법령에 의한 급여에 한정되도록 구체적으로 요청하지 아니한 경우, 급여 청구시 그가 다음의 경우에 해당하면 이 청구는 타방 체약당사국 법령상 상응하는 급여에 대한 그의 권리도 또한 보호한다.

가. 이 청구가 타방 체약당사국 법령상의 청구로 간주되어야 함을 요청한 경우,

나. 가입기간이 타방 체약당사국 법령에 의하여 완성되었음을 표시하는 정보를 제공한 경우.

3. 제1항 또는 제2항이 적용되는 경우, 청구서·신고서 또는 이의신청서가 제출된 권한있는 당국 또는 실무기관은 그 서류의 접수일을 표시하여 이를 지체없이 타방 체약당사국의 권한있는 당국 또는 실무기관에 송부한다.

제17조 급여의 지급 1. 일방 체약당사국의 실무기관은 동 일방 체약당사국의 통화로 이 협정에 따른 급여를 지급한다.

2. 일방 체약당사국이 국외에 있는 자에 대하여 통화규제 조치를 취하거나 지급·송금 또는 자금이나 재정증서의 이전을 제한하는 기타 통화규제와 유사한 조치를 취하는 경우, 동 체약당사국은 지체없이 타방 체약당사국에 거주하는 제3조에 언급된 자에게 이 협정에 의하여 지급되어야 할 금액의 지급을 보장하기 위하여 적절한 조치를 취하여야 한다.

제18조 분쟁 해결 이 협정의 해석이나 적용에 관한 분쟁은 양 체약당사국의 권한있는 당국간의 협의에 의하여 해결한다.

제19조 캐나다 주정부와의 양해서 대한민국 정부와 캐나다의 어느 주 정부는 이 협정의 규정과 상충되지 아니하는 한 그 주의 관할범위내에서 사회보장사항에 관한 양해서를 체결할 수 있다.

제5부 경과 및 최종규정

제20조 경과 규정 1. 이 협정이 협정 발효일 전의 기간에 대한 급여의 지급에 관한 권리 또는 협정 발효일 전에 사망한 경우의 사망일시금에 관한 권리를 설정하지는 아니한다.

2. 제1항을 조건으로 하여, 이 협정에 의한 급여 수급권을 결정할 때 이 협정 발효전의 가입기간과 발생 사건은 고려되어야 한다. 그러나, 어느 체약당사국의 실무기관도 그 법령으로 인정될 수 있는 가입기간의 최초일 전에 발생한 가입기간을 고려할 의무를 지지 아니한다.

3. 이 협정의 발효일 전에 취하여진 급여 수급자격 결정은

이 협정에 따라 발생한 권리에 영향을 주지 아니한다.
4. 이 협정의 적용이 협정 발효일 전에 수급자격이 설정된 급여액의 감소를 초래하지 아니한다.
5. 이 협정의 발효일 전에 일방 체약당사국에 파견된 자에 대하여 제5조 제2항을 적용함에 있어, 이 항에 언급된 고용 기간은 이 협정의 발효일에 시작하는 것으로 본다.
6. 제3부의 규정은 이 협정 발효일 이후 청구서가 제출된 급여에 대하여만 적용한다.

제21조 존속기간 및 종료 1. 이 협정은 일방 체약당사국이 타방 체약당사국에 서면으로 협정의 종료를 통보한 연도의 다음 연도 말까지 유효하다.
2. 이 협정이 종료하는 경우, 이 협정에 따라 취득된 급여의 수급 또는 지급에 대한 권리는 존속한다. 양 체약당사국은 계류 중인 권리의 처리를 위한 방안을 마련한다.

제22조 발효 이 협정은 각 체약당사국이 타방 체약당사국으로부터 이 협정의 발효에 필요한 모든 요건을 완료하였음을 서면으로 통지받은 날이 속하는 달의 다음달로부터 4번째 달의 초일부터 효력을 발생한다.

이상의 증거로, 아래 서명자는 각기 그들 각자의 정부로부터 정당히 권한을 위임받아 이 협정에 서명하였다.
1997년 1월 10일 서울에서 동등히 정본인 한국어, 영어 및 프랑스어로 각 2부 작성하였다.

대한민국 정부를 대표하여　　캐나다 정부를 대표하여

의 정 서

대한민국 정부와 캐나다 정부간의 사회보장에 대한 협정(이하 "협정")의 서명에 있어 아래 서명자는 동 협정의 불가분의 일부를 구성할 하기 규정들에 합의하였다.

1. 한국법령에 따라 보험료를 납부한 캐나다국민에게 지불된 반환 일시금의 액수를 산정함에 있어 동 협정의 발효전의 가입기간은 고려되지 아니한다.

2. 납부된 보험료가 일시불로 반환된 가입기간은 기간합산을 통한 급여의 수급권을 결정함에 있어 한국측 실무기관에 의하여 인정 가능하다고 증명되지 아니한다.

이상의 증거로, 아래 서명자는 각기 그들 각자의 정부로부터 정당히 권한을 위임받아 이 의정서에 서명하였다.

1997년 1월 10일 서울에서 동등히 정본인 한국어, 영어 및 프랑스어로 각 2부 작성하였다.

대한민국 정부를 대표하여　　캐나다 정부를 대표하여

대한민국 정부와 영국 정부간의 사회보장에 관한 협약

(CONVENTION ON SOCIAL SECURITY BETWEEN THE GOVERNMENT OF THE REPUBLIC OF KOREA AND THE GOVERNMENT OF THE UNITED KINGDOM OF GREAT BRITAIN AND NORTHERN IRELAND)

서명일: 1999년 04월 20일
발효일: 2000년 08월 01일 (조약 1529 호)

대한민국 정부와 영국 정부는,
사회문제에 관한 분야에서 특히 사회보장보험료의 납부의무에 관하여 협력할 것을 결의하고, 그들 각자의 영역간에 이동하거나 또는 그들 각자의 영역안에서 근로하는 자의 복지를 증진시키기를 희망하며, 양국 국민들이 그들 각자의 사회보장법령에 의하여 이 협약의 적용대상이 되는 문제에 관하여 동등한 권리를 누리도록 보장할 것을 희망하여, 다음과 같이 합의하였다.

제1부 일반규정

제1조 정의 1. 이 협약의 목적상, 본문에서 달리 규정하는 경우를 제외하고는, 다음의 정의가 적용된다.
"당사국"이라 함은,
(1) 대한민국과 (2) 영국을 말한다.
"법령"이라 함은 어느 일방당사국에 있어서는 그 일방당사국의 영역에 적용되는 이 협약 제2조에 명시된 법령을 말하며, 또는 영국에 있어서는 영국영역의 어떠한 부분에서 적용되는 이 협약 제2조에 명시된 법령을 말한다.
"영국"이라 함은 영국본토와 북아일랜드, 그리고 이 협약의 문맥에 따라, 맨섬·저지 및 건지를 말하며, 이와 유사하게 영국과 관련하여 "영역"이라 함은 문맥에 따라 역시 맨섬·저지 및 건지를 말한다.
"저지"라 함은 저지섬을 말한다.
"건지"라 함은 건지섬·올더니섬·험섬 및 제투섬을 말한다.
"권한있는 당국"이라 함은,
(1) 대한민국에 있어서는 보건복지부를 말하고,
(2) 영국의 영역에 있어서는 사안에 따라 영국사회보장부, 내국세청장들 또는 그들의 권한있는 대리인, 북아일랜드보건사회서비스부, 맨섬보건사회보장부, 저지고용사회보장위원회 또는 건지사회보장청을 말한다.
"가입"이라 함은,
(1) 대한민국에 있어서는 관련당사자에 의하여 사회보장보

험료가 납부되었거나 납부가능하거나, 또는 관련당사자에 대하여 납부예외되는 것을 말하며,
(2) 영국에 있어서는 사회보장보험료가 관련당사자에 의하여 납부되었거나, 관련당사자에 의하여 납부가능하거나, 관련당사자에 관하여 납부가능하거나, 또는 관련당사자에 관하여 납부인정되는 것을 말한다.
"근로자"라 함은,
(1) 대한민국에 있어서는 그 적용가능한 법령에서 근로자의 정의에 해당하는 자를 말하고,
(2) 영국본토·북아일랜드 또는 맨섬에 있어서는 그 적용가능한 법령에서 근로소득자 또는 근로자의 정의에 해당하거나 그와 같이 취급되는 자를 말하며,
(3) 저지 및 건지에 있어서는 그 적용가능한 법령에서 근로자 또는 자영자의 정의에 해당하는 자를 말하며,
"고용되어 있다"라는 용어도 이와 상응하게 해석된다.
"고용"이라 함은 근로자로서의 고용을 말하고, "고용하다", "고용되다", "사용자"라는 용어도 이와 상응하게 해석된다.
"자영자"라 함은 적용법령에서 자영소득자 또는 자영자의 정의에 해당하거나 또는 그와 같이 취급되는 자를 말하며, "자영하다"라는 용어도 이와 상응하게 해석된다.
"선박"이라 함은 그 등록항이 각 당사국의 영역안에 있는 모든 선박 또는 각 당사국의 영역안에 등록된 쾌속부양선을 말하며, 그 소유자(또는 2명 이상의 소유자가 있는 경우 관리소유자)는 각 당사국의 영역안에 거주하고 있거나 사업소를 가지고 있어야 한다.
2. 이 협약에서 사용되는 기타 용어와 표현은 관련법령에서 그들에게 각각 부여된 의미를 가진다.
3. 달리 규정하지 아니하는 한 이 협약에서 "조"라 함은 이 협약의 조를 말하고, "항"이라 함은 언급되어진 조의 항을 말한다.

제2조 법령의 범위 1. 이 협약은 다음에 적용된다.
가. 대한민국에 있어서는 1986년의 국민연금법과 동법시행령 및 동법시행규칙
나. 영국의 영역에 있어서는,
(1) 1992년의 사회보장관리법, 1992년의 사회보장보험료및

급여법, 그리고 1992년의 사회보장법 및 그에 따르는 규정
(2) 1992년의 북아일랜드 사회보장관리법, 1992년의 북아일
랜드 사회보장보험료및급여법, 그리고 1992년의 북아일랜
드 사회보장법 및 그에 따르는 규정
(3) 1992년의 사회보장관리법, 1992년의 사회보장보험료및
급여법 또는 1992년의 의회법인 사회보장법과 그에 따르는
규정을 말하며, 이러한 법령은 맨섬의 의회법인 1982년의
사회보장법에 의하여 제정되거나 또는 제정된 것과 같은
효력을 지니는 칙령에 의하여 맨섬에 적용된다.
(4) 1978년의 건지 사회보험법
(5) 1974년의 저지 사회보장법
그리고 이들 법 및 칙령에 의하여 통합 또는 폐지된 법령이
나 이들 통합된 법령에 의하여 폐지된 법령
2. 이 협약은 제1항에 명시된 법령을 대체·교체·개정·보충
또는 통합하는 법령에도 적용된다.
3. 이 협약은 다음에는 적용되지 아니한다.
가. 구주공동체 이사회나 구주공동체 이사회 및 의회에 의
하여 채택된 사회보장에 관한 법령, 또는
나. 구주공동체, 그 회원국 및 제3국간에 체결된 협정에 포
함되거나 또는 그러한 협정에 의하여 채택된 사회보장에
관한 법적인 구속력이 있는 규정, 또는
다. 일방당사국이 제3국과 체결한 사회보장에 관한 협약 또
는 그러한 협약을 이행할 목적으로 제1항에 명시된 법령을
개정하는 법 또는 규정
그러나, 이 협약은 각 당사국이 제3국과 체결한 다른 사회
보장협약의 규정을 자국의 법령에 의하여 고려하는 것을
방해하지 아니한다.

제3조 동등대우 1. 일방당사국의 법령의 적용을 받거나 적용
을 받아 온 자는 그가 타방당사국의 영역 안에 있는 동안에
타방당사국의 법령에 의하여 타방당사국의 국민과 동등한
권리와 의무를 가진다.
2. 제1항은 그러하지 아니하다면 대한민국의 국민연금법
제102조에 따라 지급될 기여금의 반환일시금에 대하여 적
용하지 아니한다.

**제2부 사회보장보험료의 납부의무에 관한
적용법령을 결정하는 규정**

제4조 일반규정 1. 제2항 내지 제4항 및 제5조 내지 제8조의
적용을 받는 것을 조건으로, 어떠한 자가 일방당사국의 영
역안에 고용된 경우, 그 자에 대한 사회보장보험료의 납부
의무는 그 당사국의 법령에 의하여 결정되며 그 법령은 그
자가 그 당사국의 영역안에 통상적으로 거주하는 바대로
그 자에게 적용된다.
2. 어떠한 자가 동일한 기간동안 양 당사국의 영역안에서

고용된 경우, 그 자에 대한 사회보장보험료의 납부의무는
그 자가 통상적으로 거주하는 영역의 당사국의 법령에 의
하여서만 결정된다.
3. 어떠한 자가 일방당사국의 영역안에 통상적으로 거주하
며 타방당사국의 영역 또는 양 당사국의 영역안에서 자영
하는 경우, 그 자에 대한 사회보장보험료의 납부의무는 그
자가 통상적으로 거주하는 영역의 당사국의 법령에 의하여
서만 결정되며 그 법령은 그 자가 그 당사국의 영역 안에서
자영하는 것과 같이 그 자에게 적용된다.
4. 어떠한 자가 동일한 기간동안 일방당사국의 영역 안에서
고용되고 타방당사국의 영역 안에서 자영하는 경우, 그 자
에 대한 사회보장보험료의 납부의무는 그 자가 통상적으로
거주하는 영역의 당사국의 법령에 의하여서만 결정된다.
5. 어떠한 자가 제5조 및 제6조에 의하여 일방당사국의 영
역안에서 고용되어 있는 동안 타방당사국의 법령에 의하여
사회보장보험료를 계속 납부할 의무를 지고 있는 경우, 전
기 일방당사국의 법령은 그 자에게 적용되지 아니하며, 또
한 그 자는 전기 일방당사국의 법령에 의한 사회보장보험
료를 납부할 의무뿐만 아니라 자격도 없다.
6. 어떠한 자가 유급으로 고용되어 있지 아니하며 저지 또는
건지에 통상적으로 거주하는 경우 사회보장보험료의 납부
의무는 사안에 따라 저지 또는 건지의 법령에 의하여 결정
된다.
7. 어떠한 자가 저지 또는 건지에 있는 동안 대한민국의 법
령에 의하여 일정 기간동안 장해연금을 수급할 자격이 있
는 경우, 그 자는 근로자 또는 자영자인 경우를 제외하고는
저지 또는 건지의 법령에 의하여 그 기간에 대하여 사회보
장보험료를 납부할 의무로부터 제외된다.
8. 저지 또는 건지의 법령에 의하여 미망인급여의 수급권이
있는 자는 사안에 따라 오직 그 자가 저지 또는 건지에 통
상적으로 거주하고 있는 기간동안에만 사회보장보험료의
납부인정을 받는다.

제5조 파견근로자 1. 제6조 및 제7조의 적용을 받는 것을 조
건으로, 일방당사국의 법령에 의하여 가입되어 있고, 그 당
사국의 영역안에 사업장을 가진 사용자에 의하여 고용된
자가 그 사용자에 의하여 타방당사국의 영역안에서 근로하
기 위하여 파견된 경우, 그 타방당사국의 영역안에서의 고
용이 5년을 초과하여 지속될 것으로 예상되지 아니한다면,
그 자가 일방당사국의 영역안에서 고용된 것과 같이 사회
보장보험료의 납부의무에 관한 전기 일방당사국의 법령이
계속 그 자에게 적용되며 후기 타방당사국의 법령은 그 자
에게 적용되지 아니한다.
2. 대한민국에 있어서는 제1항의 적용목적상, 사용자와 그
사용자의 계열회사 또는 자회사는, 대한민국의 법령에서
정의된 바와 같이, 동일한 것으로 간주된다.

제6조 선원 및 항공승무원 선박 또는 항공기의 승무원으로서 이 협약의 규정이 없다면 고용에 관하여 양 당사국의 법령의 적용을 받게 되는 자는 그 고용에 관하여 그 자가 통상적으로 거주하는 영역의 당사국의 법령만을 적용받는다.

제7조 외교관공무원 및 영사관근로자 1. 이 협약은 1961년 4월 18일의 외교관계에 관한 비엔나협약 또는 1963년 4월 24일의 영사관계에 관한 비엔나협약에 의하여 체재하거나 또는 거주하고 있는 영역의 당사국의 사회보장법령으로부터 면제되는 자에게는 적용하지 아니한다.

2. 제1항의 적용을 받는 것을 조건으로, 일방당사국의 정부 또는 그와 동일하게 취급되는 기관 또는 지방정부에 고용된 자가 타방당사국의 영역에서 근로하기 위하여 파견된 경우에는 사회보장보험료의 납부의무에 관하여 전기 일방당사국의 법령이 그 자가 그 당사국의 영역안에서 고용된 것과 같이 그 자에게 적용된다.

3. 제1항 및 제2항의 적용을 받는 것을 조건으로, 어떠한 자가 타방당사국의 영역안에 있는 일방당사국의 외교공관 또는 영사기관에 고용되거나, 그러한 공관직원 또는 영사기관원의 사적용역에 고용되는 경우, 이 협약의 발효일부터 3월이내 또는 후기 타방당사국의 영역에서의 고용이 개시된 지 3월이내 보다 늦은 기한내에 그가 전기 일방당사국의 법령에 의하여 가입되기를 선택하지 아니하는 한, 사회보장보험료의 납부의무에 관하여는 후기 타방당사국의 법령이 그 자가 그 영역안에서 고용된 것과 같이 그 자에게 적용된다. 다만, 영국의 경우에는 그 자가 이전에 전기 일방당사국의 법령에 의하여 가입된 경우에만 전기 일방당사국의 법령에의 가입을 선택할 수 있다. 이 항에 의하여 어떠한 자가 전기 일방당사국의 법령에 의하여 가입할 수 있는 선택권을 가지고 있으나 그와 같이 선택하지 아니하는 경우, 그 자는 전기 일방당사국의 법령에 의하여 사회보장보험료를 납부할 의무뿐만 아니라 자격도 없다.

제8조 변경규정 예외적으로 당사국의 권한있는 당국은 특정인 또는 특정 범주에 속한 자에 대하여 그 자가 일방당사국의 법령의 적용을 받는다는 것을 조건으로 제4조 내지 제7조의 적용을 변경하는 데 합의할 수 있다.

제3부 보 칙

제9조 행정약정 및 협조 1. 양 당사국의 권한있는 당국은,
가. 이 협약의 적용을 위하여 필요한 행정약정을 체결한다.

나. 이 협약의 이행을 촉진시키기 위한 목적으로 연락기관을 지정한다.
다. 이 협약의 적용을 위하여 양 당사국의 권한있는 당국이

취한 조치 또는 자국의 법령의 변경이 이 협약의 적용에 영향을 미치는 한 그변경에 관한 모든 정보를 가능한 한 신속하게 상호 통보한다.
라. 그들 각자의 법령의 범위안에서 이 협약의 적용에 관하여 상호 협조한다. 이 협조는 무료로 이루어진다.

2. 일방당사국의 법령이 그 법령에 의하여 제출된 증명서 또는 기타 문서에 대하여 조세·법적부과금·영사수수료 또는 행정요금을 전부 또는 일부 면제한다고 규정하는 경우, 그러한 면제는 이 협약에 의하여 또는 타방당사국의 법령에 의하여 제출된 증명서 또는 기타 문서에 적용된다.

3. 이 협약의 목적상 발급될 필요성이 있는 모든 서류·문서 및 모든 종류의 증명서는 외교 또는 영사 당국의 공증으로부터 면제된다.

4. 어느 당사국의 공식언어로 작성된 모든 종류의 증명서·문서 또는 진술서는 외국어로 작성되었다는 이유로 거부되지 아니한다.

5. 일방당사국의 법령에 의하여 공개가 요구되지 아니하는 한, 이 협약에 의하여 그리고 이 협약의 목적상 타방당사국에 의하여 그 일방당사국에 송부된 개인에 관한 정보는 비밀이며, 이 협약 및 이 협약의 적용법령을 이행하기 위한 목적으로만 활용되어야 한다.

제10조 분쟁해결 이 협약의 해석 또는 적용에 관한 분쟁은 권한있는 당국간의 협의에 의하여 해결한다.

제4부 경과 및 최종규정

제11조 경과규정 제5조의 적용에 있어서 이 협약의 발효일 이전에 일방당사국의 영역에 파견된 자의 경우, 동조에서 언급된 고용기간은 상기 발효일에 개시되는 것으로 간주된다.

제12조 발효 이 협약은 각 정부가 이 협약의 발효를 위하여 모든 헌법적·법적 요건을 충족하였다는 서면통보를 타방당사국 정부로부터 접수한 달의 다음 달부터 세 번째 달의 첫 번째 날에 발효한다.

제13조 협약의 존속 이 협약은 일방당사국이 타방당사국에 서면으로 이 협약의 종료를 통보한 연도의 다음 연도말까지 유효하다.

이상의 증거로, 아래 서명자는 그들 각자의 정부로부터 정당하게 권한을 위임받아 이 협약에 서명하였다.
1999년 4월 20일 서울에서 동등하게 정본인 한국어 및 영어로 각 2부를 작성하였다.

대한민국 정부를 위하여   영국 정부를 위하여

대한민국과 미합중국간의 사회보장에 관한 협정

(AGREEMENT BETWEEN THE REPUBLIC OF KOREA AND THE UNITED STATES OF AMERICA ON SOCIAL SECURITY)

서명일: 2000년 03월 13일
발효일: 2001년 04월 01일 (조약 1552 호)

2000년 3월 13일 워싱턴에서 서명
2001년 4월 1일 발효

대한민국과 미합중국(이하 "체약당사국" 이라 한다)은, 사회보장분야에서 그들 양국간의 관계를 규율하기를 희망하여, 다음과 같이 합의하였다.

제1부 일반규정

제1조 1. 이 협정의 목적상,
가. "국민" 이라 함은,
한국에 있어서는 적용당시 유효한 국적법에 정의된 대한민국 국민을 말하며, 미국에 있어서는 적용당시 유효한 이민 및 국적법 제101조에 정의된 미국 국민을 말한다.
나. "법" 이라 함은 이 협정 제2조에 명시된 법령을 말한다.
다. "권한있는 당국" 이라 함은,
한국에 있어서는 보건복지부장관 또는 사안의 필요에 따라 노동부장관을 말하며, 미국에 있어서는 사회보장청장을 말한다.
라. "실무기관" 이라 함은,
한국에 있어서는 국민연금관리공단 또는 사안의 필요에 따라 한국근로복지공단을 말하며, 미국에 있어서는 사회보장청을 말한다.
마. "가입기간" 이라 함은 그 가입기간의 완성을 규정하는 법에 의하여 가입기간으로 정의되거나 인정되는 기여금납부기간 또는 고용이나 자영으로부터의 소득기간, 또는 그 법에 의하여 가입기간에 상응하다고 인정되는 한도안에서의 유사기간을 말한다.
바. "급여" 라 함은 이 협정 제2조에 명시된 법에 규정된 급여를 말한다.
2. 이 조에서 정의되지 아니한 용어는 적용가능한 법에서 그에 부여된 의미를 가진다.

제2조 1. 이 협정의 목적상, 적용가능한 법은 다음과 같다.
가. 한국에 있어서는
(1) 국민연금법·동법시행령 및 동법시행규칙
(2) 다만 제2부에 관하여는 산업재해보상보험법·동법시행령 및 동법시행규칙
나. 미국에 있어서는 연방 노령·유족·장애 보험제도를 규율하는 법
(1) 사회보장법 제2편제226조·제226조의1·제228조 및 이들 조에 관련되는 규칙을 제외한 사회보장법 제2편 및 동편에 관련되는 규칙
(2) 1986년의 내국세법 제2장 및 제21장과 동장에 관련되는 규칙
2. 이 협정에 달리 규정되지 아니하는 한, 이 조 제1항에 언급된 법은 일방체약당사국과 제3국간에 체결될 수 있는 사회보장에 관한 조약이나 다른 국제협정 또는 이들의 구체적인 이행을 위하여 공포된 법이나 규칙을 포함하지 아니한다.
3. 이 협정은 이 조 제1항에 명시된 법을 개정하거나 보충하는 미래의 법에 대하여도 적용된다.

제3조 1. 일방체약당사국의 법을 적용받거나 받아 온 자로서 타방체약당사국의 영역안에 거주하는 자는, 그의 피부양자와 함께, 급여의 수급자격 및 지급에 관한 타방체약당사국의 법의 적용에 있어서 타방체약당사국의 국민과 동등한 대우를 받는다.
2. 이 협정에 달리 규정되지 아니하는 한, 어떠한 자가 일방체약당사국의 영역밖에 거주하거나 그 영역에 부재한다는 이유만으로 현금급여의 수급권 또는 지급을 제한하는 일방체약당사국의 법의 어떠한 규정도 타방체약당사국의 영역에 거주하는 자에게는 적용되지 아니한다.

제2부 가입에 관한 규정

제4조 1. 이 조에서 달리 규정되는 경우를 제외하고는, 어느 일방체약당사국의 영역안에서 고용된 자는 그 고용에 관하여는 그 체약당사국의 법만을 적용받는다.

2. 일방체약당사국의 영역에 사업장을 가지고 있는 사용자에 의하여 그 영역에서 정상적으로 고용된 자가 그 사용자에 의하여 타방체약당사국의 영역에서 동일한 사용자를 위하여 일하도록 파견되는 경우, 타방체약당사국의 영역에서의 고용기간이 5년을 초과할 것으로 예상되지 아니하는 한, 그 자는 전기 일방체약당사국의 영역에서 고용된 것으로 간주하여 그 체약당사국의 법만을 적용받는다. 전단의 적용목적상, 타방체약당사국의 영역에서의 고용이 이 협정이 없었더라도 그 자를 파견한 체약당사국의 법이 적용되었을 것이라는 조건하에(그 자를 파견한 체약당사국의 법에 의하여 정의된 바와 같이) 사용자와 그 사용자의 계열회사 또는 자회사는 하나의 동일체로 간주된다.

3. 사용자에 의하여 일방체약당사국의 영역으로부터 제3국의 영역으로 파견되었던 자가 그후에 그 사용자에 의하여 제3국의 영역으로부터 타방체약당사국의 영역으로 파견된 경우에는 이 조 제2항이 적용된다.

4. 일방체약당사국의 영역안에서 거주하는 자영자는 그 국가의 법만을 적용받는다.

5. 동일한 활동이 일방체약당사국의 법에서는 자영으로 간주되고 타방체약당사국의 법에서는 고용으로 간주되는 경우, 그 활동은 그 자가 전기 일방체약당사국의 거주자인 경우에는 그 국가의 법만을 적용받고 기타의 모든 경우에는 타방체약당사국의 법만을 적용받는다.

6. 선박이나 항공기의 승무원으로서의 고용에 관하여 양 체약당사국의 법에 의하여 달리 강제적으로 가입되는 자는 그 자가 거주하는 영역의 체약당사국의 법만을 적용받는다.

7. 가. 이 협정은 1961년 4월 18일의 외교관계에 관한 비엔나협약 또는 1963년 4월 24일의 영사관계에 관한 비엔나협약 또는 1963년 1월 8일의 한·미 영사협약의 규정에 영향을 미치지 아니한다.

나. 체약당사국 중 일방의 국민은 그 체약당사국의 정부에 의하여 타방체약당사국의 영역에서 고용되었으나 위 가목에 언급된 협약에 의하여 타방체약당사국의 법으로부터 면제되지 아니하는 경우 전기 일방체약당사국의 법만을 적용받는다. 이 항의 목적상, 체약당사국 정부의 대행기관에 의한 고용은 그 정부에 의한 고용에 포함된다.

다. 한국에 있어서는, 한국의 지방정부에 의한 고용은 한국정부에 의한 고용에 포함된다.

8. 양 체약당사국의 권한있는 당국은 특정한 자 또는 특정 범주의 자에 관하여는 그들이 체약당사국 중 일방의 법의 적용을 받는다는 조건으로 이 조의 규정에 대한 예외를 허용하는 데 합의할 수 있다.

제3부 급여에 관한 규정

제5조 다음의 규정은 한국에 적용된다.

1. 어떠한 자가 한국법에 따라서만 인정되는 가입기간에 근거하여서는 한국법에 따른 노령·유족 또는 장애급여에 대한 수급자격이 없는 경우, 한국의 실무기관은 수급권의 설정을 위하여 한국법 및 미국법에 따라 인정된 가입기간이 중복되지 아니하는 한 미국법에 따라 인정된 그 자의 가입기간을 고려한다. 전단은 그 자가 한국법에 따라 최소한 18월의 가입기간을 경과하지 아니하는 경우 노령·유족 또는 장애급여에 대한 수급권을 설정할 목적으로 적용되지 아니한다.

2. 장애급여 또는 유족급여를 받기 위하여는 어떠한 자가 보험사고의 발생시에 가입되어 있어야 한다는 한국법의 요건은 그 자가 미국법에 따라 급여를 위하여 보험에 가입하고 있거나 한국법에 따라 보험사고가 발생한 시점의 역분기를 마지막 분기로 하는 8역분기의 기간 중 최소한 4가입분기를 미국법에 따라 인정받는 경우에는 그 요건을 충족한 것으로 간주된다.

3. 이 조에 따라 급여의 수급자격을 결정함에 있어서, 한국의 실무기관은 미국의 실무기관에 의하여 증명된 매 가입분기에 대하여 3월의 가입기간을 인정한다.

4. 미국법에 따른 가입기간이 이 조에 의하여 한국법에 따른 급여에 대한 수급자격을 설정하기 위하여 고려되는 경우, 지급할 급여는 다음 각 목과 같이 결정된다.

가. 한국의 실무기관은 먼저 양 체약당사국의 법에 따라 인정되는 모든 가입기간이 한국법에 따라 완료되었을 경우 그 자에게 지급될 수 있는 금액과 동등한 기본연금액을 먼저 계산한다. 한국의 실무기관은 기본연금액을 결정하기 위하여 그 자가 한국법에 따라 가입한 기간의 평균표준월소득을 고려한다.

나. 한국의 실무기관은 위 가목에 따라 계산된 기본연금액을 기초로 하여, 한국법에 따라 고려되는 가입기간과 양 체약당사국의 법에 따라 고려되는 총 가입기간의 비율에 비례하여 한국법에 따라 지급되는 부분급여를 계산한다.

5. 이 조 제1항으로부터 발생하는 한국으로부터의 급여에 대한 수급권은 이 조 제1항의 규정을 원용할 필요없이 한국법에 따라 동등하거나 그보다 상위의 급여수급권을 설정하기에 충분한 가입기간의 취득에 의하여 소멸한다.

6. 가. 미국 국민은 기여금의 반환일시금에 관한 한국법의 규정의 적용에 있어서 언제 기여금이 납부되었는지와 관계없이 한국 국민과 동등한 대우를 받는다. 제3조제1항에 불구하고, 체약당사국 외의 국민에게는 한국법에 따라 기여금의 반환일시금이 지급된다.

나. 기여금이 일시금으로 반환된 가입기간은 급여의 수급권을 결정하기 위한 기간을 합산함에 있어서 인정되는 것으로 한국 실무기관에 의하여 확인되지 아니한다.

제6조 다음의 규정은 미국에 적용된다.

1. 어떠한 자가 미국법에 따라 최소한 6가입분기를 완료하였으나 미국법에 따른 급여의 수급권을 취득하기 위한 요건을 충족하는 데 충분한 가입기간을 확보하지 못하는 경우, 미국의 실무기관은 이 조에 따른 급여에 대한 수급권을 설정할 목적으로 한국법에 따라 인정되는 가입기간으로서 미국법에 따라 이미 인정된 가입기간과 중복되지 아니한 가입기간을 고려한다.

2. 이 조 제1항에 따라 급여의 수급자격을 결정함에 있어서, 미국의 실무기관은 한국의 실무기관에 의하여 확인된 매 3가입월을 1가입분기로 인정한다. 그러나 미국법에 따라 가입분기로 이미 인정된 역분기는 가입분기로 인정되지 아니한다. 1년에 인정되는 가입분기의 총수는 4를 초과하지 아니한다.

3. 미국법에 따른 급여의 수급권이 이 조 제1항의 규정에 따라 설정되는 경우, 미국의 실무기관은

(가) 미국법에 따라서만 인정된 그 자의 평균소득 그리고
(나) 미국법에 따라 결정되는 평생가입기간에 대하여 미국법에 따라 완료된 그 자의 가입기간의 비율

을 기초로 하여 미국법에 따라 비례기본보험액을 계산한다. 미국법에 따라 지급되는 급여는 비례기본보험액을 기초로 한다.

4. 이 조 제1항으로부터 발생하는 미국으로부터의 급여에 대한 수급권은 이 조 제1항의 규정을 원용할 필요없이 미국법에 따라 동등하거나 그보다 상위의 급여수급권을 설정하기에 충분한 가입기간의 취득에 의하여 소멸한다.

제4부 보칙

제7조 양 체약당사국의 권한있는 당국은,

가. 이 협정의 이행에 필요한 모든 행정약정을 체결하고 연락기관을 지정한다.

나. 이 협정의 적용을 위하여 취한 조치에 관한 정보를 상호 통보한다. 또한

다. 이 협정의 적용에 영향을 미칠 수 있는 그들 각자의 법의 모든 변경과 관련된 정보를 가능한 한 조속히 상호 통보한다.

제8조 체약당사국의 권한있는 당국과 실무기관은 그들 각자의 권한의 범위안에서 이 협정을 이행하는 데 상호 협조한다. 이 협조는 무료로 이루어지되, 행정약정에서 합의되는 경우에는 예외로 한다.

제9조 1. 양 체약당사국의 권한있는 당국과 실무기관은 합의된 조치에 따라 협정의 적용에 필요한 정보를 상호 통보한다.

2. 일방체약당사국의 국내 법률에 의하여 달리 요구되지 아니하는 한, 이 협정에 따라 그 일방체약당사국에게 타방체약당사국이 전달하는 개인에 관한 정보는 이 협정의 이행목적에 한하여 사용된다. 일방체약당사국이 접수한 그러한 정보는 사생활과 개인정보비밀의 보호를 위한 일방체약당사국의 국내법률에 의하여 규율된다.

제10조 1. 일방체약당사국의 법이 그 일방체약당사국의 권한있는 당국 또는 실무기관에 제출되는 서류에 대하여 영사 및 행정수수료를 포함한 수수료 또는 비용의 전부 또는 일부가 면제되도록 규정하는 경우, 이러한 면제는 이 협정의 적용에 있어서 타방체약당사국의 권한있는 당국 또는 실무기관에 제출되는 그에 상응하는 서류에도 적용된다.

2. 이 협정의 목적을 위하여 제시되는 서류 및 확인서는 대사관 또는 영사관의 공증요건을 면제받는다.

3. 일방체약당사국의 실무기관에 의하여 정확한 사본으로 확인된 서류사본은 추가확인의 절차없이 타방체약당사국의 실무기관에 의하여 정확한 사본으로 인정된다. 각 체약당사국의 실무기관은 출처에 관계없이 자신에게 제출된 증거물의 입증가치에 대한 최종 판단자가 된다.

제11조 1. 체약당사국의 권한있는 당국과 실무기관은 이 협정의 집행을 위하여 필요한 경우에는 언제든지 상호간에 직접 연락을 취할 수 있으며, 어떤 개인과도 거주지에 관계없이 연락을 취할 수 있다. 이 연락은 어느 일방체약당사국의 공식 언어로 이를 할 수 있다.

2. 신청서 또는 서류가 타방체약당사국의 공식언어로 작성되어 있다는 이유만으로 일방체약당사국의 권한있는 당국 또는 실무기관이 이를 거부하여서는 아니된다.

제12조 1. 서면급여신청이 일방체약당사국의 실무기관에 제출되는 때, 신청인이 이를 타방체약당사국의 법에 따른 신청으로 간주하여 줄 것을 요청하는 경우, 이는 타방체약당사국의 법에 따른 청구권자의 권리로서 보호된다.

2. 신청인이 일방체약당사국의 실무기관에 서면급여신청을 제출하면서 그 신청이 그 일방체약당사국의 법에 따른 급여에 한정되도록 명시적으로 요청하지 아니하는 경우, 그 신청은 타방체약당사국의 법에 따른 청구권자의 권리로서 보호된다. 다만, 이는 신청인이 신청서의 제출시에 그 기록에 따라 급여가 청구된 자가 타방체약당사국의 법에 따른 가입기간을 완료하였음을 나타내는 정보를 제공하는 경우에 한한다.

3. 제3부의 규정은 이 협정의 발효일에 또는 그후에 신청서가 제출된 급여에 대하여서만 적용된다.

제13조 1. 일방체약당사국의 실무기관이 행한 결정에 대한 서면이의신청은 어느 일방체약당사국의 실무기관에 대하

여도 유효하게 제출될 수 있다. 이의신청은 그 이의신청의 대상이 된 결정을 행한 체약당사국의 절차와 법에 따라 처리된다.

2. 청구서·신고서 또는 서면이의신청은 일방체약당사국의 법에 따라 그 일방체약당사국의 실무기관에서 정한 기간내에 제출되어야 하나, 이에 갈음하여 동일기간내에 타방체약당사국의 실무기관에 제출되는 경우에는 그 기간내에 제출된 것으로 간주된다.

제14조 이 협정 제13조의 규정이 적용되는 모든 경우, 청구서·신고서 또는 서면이의신청을 제출받은 실무기관은 이 협정 제7조가목에 따라 그 목적을 위하여 합의된 바대로 서류 또는 서식에 접수일을 표시하고 이를 타방체약당사국의 연락기관에 지체없이 전달한다.

제15조 1. 이 협정에 따른 지급은 그 지급을 행하는 체약당사국의 통화로 할 수 있다.

2. 환전 또는 국외송금을 제한하려고 하는 규정이 어느 일방체약당사국에 의하여 도입되는 경우 양 체약당사국의 정부는 즉시 어느 일방체약당사국이 이 협정에 따라 지급하여야 하는 금액의 송금을 보장하는 데 필요한 조치를 취한다.

제16조 이 협정의 해석 또는 적용에 관한 분쟁은 체약당사국간의 협의에 의하여 해결된다.

제17조 이 협정은 미래에 보충협정에 의하여 개정될 수 있으며, 그 보충협정은 발효시부터 이 협정의 불가분의 일부로 간주된다.

제5부 경과 및 최종규정

제18조 1. 이 협정은 협정의 발효일전의 어느 기간에 대한 급여의 지급청구권 또는 이 협정의 발효전에 어떠한 자가 사망한 경우의 사망일시급여에 관한 청구권을 설정하지 아니한다.

2. 이 협정에 따른 급여수급권을 결정함에 있어서 이 협정의 발효전에 발생한 가입기간과 기타 사건이 고려된다. 그러나, 어느 체약당사국도 자국의 법에 따라 인정될 수 있는 가입기간의 최초일전에 발생한 가입기간은 고려하지 아니한다.

3. 이 협정의 발효전에 행하여진 급여수급권에 관한 결정은 이 협정에 따라 발생하는 권리에 영향을 주지 아니한다.

4. 이 협정의 적용은 이 협정의 발효전에 수급권한이 설정된 급여의 액수의 감소를 초래하지 아니한다.

5. 이 협정의 발효일전에 일방체약당사국의 영역에 파견된 자의 경우 제4조제2항을 적용함에 있어서, 동항에서 언급된 고용기간은 그 발효일에 시작하는 것으로 간주된다.

제19조 이 협정은 이 협정의 발효를 위한 모든 헌법적·법률적 요건을 완료하였다는 서면통보를 각 정부가 타방 정부로부터 접수한 달부터 세 번째 달의 첫째 날에 발효한다.

제20조 1. 이 협정은 어느 일방체약당사국이 타방체약당사국에게 서면으로 이 협정의 종료를 통보한 연도의 다음 연도말까지 유효하다.

2. 이 협정이 종료되는 경우 이 협정에 따라 취득된 급여의 수급권한 또는 급여의 지급에 관한 권리는 존속한다. 체약당사국은 취득과정 중에 있는 권리의 처리를 위한 약정을 체결한다.

이상의 증거로, 아래 서명자는 정당하게 권한을 위임받아 이 협정에 서명하였다.

2000년 3월 13일 워싱턴에서 동등하게 정본인 한국어 및 영어로 각 2부씩 작성하였다.

대한민국을 위하여　　　미합중국을 위하여

대한민국과 독일연방공화국간의 사회보장에 관한 협정

(AGREEMENT BETWEEN THE REPUBLIC OF KOREA AND THE FEDERAL REPUBLIC OF GERMANY ON SOCIAL SECURITY)

서명일: 2000년 03월 10일
발효일: 2003년 01월 01일 (조약 1613 호)

2000년 3월 10일 베를린에서 서명
2003년 1월 1일 발효

대한민국과 독일연방공화국은 사회보장 분야에서 양국간의 관계를 규정하기를 희망하여 다음과 같이 합의하였다.

제1부 일반규정

제1조 정의 (1) 이 협정의 목적상,
가. "영역"이라 함은,
대한민국에 있어서는 대한민국의 영역을 말하며,
독일연방공화국에 있어서는 독일연방공화국의 영역을 말한다.
나. "국민"이라 함은,
대한민국에 있어서는 대한민국의 국적법의 의미에서의 대한민국 국민을 말하며, 독일연방공화국에 있어서는 독일연방공화국의 기본법의 의미에서의 독일인을 말한다.
다. "법령"이라 함은,
대한민국에 있어서는 이 협정 제2조제1항에 명시된 법령을 말하며, 독일연방공화국에 있어서는 이 협정의 물적 범위(제2조제1항)에 포함되는 연금보험제도 관련 법령·규칙 기타 일반법 령을 말한다.
라. "권한있는 당국"이라 함은,
대한민국에 있어서는 보건복지부를 말하며, 독일연방공화국에 있어서는 연방노동사회부를 말한다.
마. "행정당국"이라 함은 제2조제1항에 명시된 법령의 이행을 책임지는 권한있는 당국 또는 기타 행정당국을 말한다.
바. "실무기관"이라 함은,
대한민국에 있어서는 국민연금관리공단을 말하며, 독일연방공화국에 있어서는 제2조제1항에 명시된 법령의 이행을 책임지는 보험기관을 말한다.
사. "가입기간"이라 함은,
체약당사국의 법령에 따른 보험료의 납부기간 그리고 급여

수급권을 설정하거나 급여액을 산정하기 위하여 그 법령에 따라 고려되는 기타 기간을 말한다.
아. "급여"라 함은,
체약당사국의 법령에 따른 연금 또는 기타 현금급여를 말한다.
(2) 제1항에서 정의되지 아니한 기타 용어는 각 체약당사국의 적용가능한 법령에서 그 용어에 부여된 의미를 가진다.

제2조 적용의 물적 범위 (1) 이 협정은 다음의 법령에 적용된다.
가. 대한민국에 있어서는 국민연금법·동법시행령 및 동법시행규칙
나. 독일연방공화국에 있어서는,
①공적연금보험법
②철강근로자보충보험법
③농민노령보장법
(2) 이 협정은 이 조 제1항에 명시된 법령을 개정·보충·통합 또는 대체하는 미래의 법령에 대하여도 적용된다.
(3) 이 협정은 기타 형태의 급여 또는 새로운 범주의 수급권자를 창출하는 미래의 법령에 대하여도 적용된다. 다만, 그러한 법령을 공포하는 체약당사국이 타방당사국에 그러한 법령의 공포 후 90일 이내에 서면으로 달리 통보하는 경우에는 그러하지 아니하다.
(4) 일방체약당사국의 법령에 따라 이 협정의 적용조건뿐만 아니라 다른 협정 또는 국제약정의 적용조건이 충족되는 경우, 그 다른 협정 또는 국제약정은 이 협정의 적용에 있어서 일방체약당사국의 실무기관에 의하여 고려되지 아니한다.

제3조 적용의 인적 범위 이 협정은 어느 일방체약당사국의 법령을 적용받거나 적용받아 온 다음의 자에게 적용된다.
가. 어느 일방체약당사국의 국민
나. 1951년 7월 28일의 난민의 지위에 관한 협약 제1조와 1967년 1월 31일의 난민의 지위에 관한 의정서의 의미에서의 난민
다. 1954년 9월 28일의 무국적자의 지위에 관한 협약 제1조

의 의미에서의 무국적자
라. 기타의 자

제4조 동등대우 (1) 이 협정에서 달리 규정되지 아니하는 한, 어느 일방체약당사국의 영역에서 통상 거주하는 제3조가목·나목 및 다목에 명시된 자는 일방체약당사국의 법령의 적용에 있어서 그 체약당사국의 국민에게 부여되는 것과 동등한 대우를 부여받는다. 전단의 규정은 어느 일방체약당사국의 영역에서 통상 거주하는 제3조라목에 명시된 자에 대하여도 제3조가목·나목 또는 다목에 명시된 자로부터 파생된 자들의 권리와 관련하여 적용된다.
(2) 일방체약당사국의 법령에 따른 급여는 양 체약당사국의 영역 밖에서 통상 거주하는 타방체약당사국의 국민에게도 양 체약당사국의 영역 밖에서 통상 거주하는 위의 일방체약당사국의 국민에게 지급되는 것과 동일한 조건으로 지급된다.

제5조 영역의 동등지위 급여수급권의 취득 또는 급여의 지급을 위하여는 일방체약당사국의 영역에서 통상 거주할 것을 요구하는 일방체약당사국의 법령의 규정은 타방체약당사국의 영역에서 통상 거주하는 제3조가목·나목 및 다목에 명시된 자나 제3조가목·나목 또는 다목에 명시된 자로부터 파생된 자들의 권리와 관련하여 그 타방체약당사국의 영역에서 통상 거주하는 제3조라목에 명시된 자에게는 적용되지 아니한다.

제6조 당연가입 (1) 이 협정에서 달리 규정되지 아니하는 한, 근로자의 당연가입은 그 자가 고용된 영역의 체약당사국의 법령에 의하여 결정된다. 이는 사용자가 타방체약당사국의 영역에 있는 경우에도 적용된다.
(2) 제1항의 규정은 자영자에게 준용된다.

제7조 파견에 있어서의 당연가입 (1) 일방체약당사국에서 고용된 근로자가 그의 사용자에 의하여 타방체약당사국의 영역에 그 고용의 범위안에서 그 사용자를 위하여 근로를 행할 목적으로 파견되는 경우, 최초 24월동안은 그 근로자가 동 일방체약당사국의 영역에서 계속 고용된 것으로 간주하여 동 일방체약당사국의 당연가입에 관한 법령만이 그 고용과 관련하여 계속 적용된다. 파견이 위에 명시된 기간을 초과하여 계속되는 경우, 양 체약당사국의 권한있는 당국이나 그들에 의하여 지정된 기관이 근로자·사용자의 공동요청에 대하여 동의하면 동 일방체약당사국의 당연가입에 관한 법령이 계속 적용된다.
(2) 제1항의 규정은 독일연방공화국의 영역에서 통상 근로하는 자영자가 대한민국의 영역에서 일시적으로 근로하는 경우 그에게 준용된다.

(3) 제1항의 규정은 대한민국의 영역에서 통상 거주하는 자영자가 독일연방공화국의 영역에서 일시적으로 근로하는 경우 그에게 준용된다.

제8조 선원의 당연가입 이 협정은 항해선에 승선하여 근로하는 자의 당연가입에 관한 각 체약당사국의 국내법령에 영향을 미치지 아니한다.

제9조 외교공관에 고용된 자의 당연가입 (1) 이 협정은 1961년 4월 18일의 외교관계에 관한 비엔나협약이나 1963년 4월 24일의 영사관계에 관한 비엔나협약의 규정에 영향을 미치지 아니한다.
(2) 제3항의 규정을 적용받을 것을 조건으로, 일방체약당사국의 국민이 타방체약당사국의 영역에서 그 일방체약당사국이나 그 일방체약당사국의 외교공관원·영사관원 또는 직원에 의하여 고용되는 경우, 그 자는 그 일방체약당사국의 영역에서 고용된 것으로 간주되며, 고용기간동안 당연가입에 관하여 동 일방체약당사국의 법령이 적용된다.
(3) 제2항에 명시된 근로자가 고용의 개시전에 그 자가 고용된 체약당사국의 영역에서 통상 거주한 경우, 그 자는 고용의 개시로부터 6월 이내에 그 자가 고용된 체약당사국의 법령이 당연가입에 관하여 적용되도록 선택할 수 있다. 사용자는 그 선택에 관하여 통보를 받는다. 선택된 법령은 통보일부터 적용된다.
(4) 어느 일방체약당사국의 외교공관 또는 영사관이 타방체약당사국의 법령이 적용되는 자를 고용하는 경우, 외교공관 또는 영사관은 명시된 법령에 따라 현지사용자에게 부과되는 의무를 이행한다.

제10조 당연가입규정으로부터의 예외 근로자·사용자의 공동요청 또는 자영자의 요청에 따라, 체약당사국의 권한있는 당국 또는 권한있는 당국으로부터 지정된 기관은 관련 당사자가 어느 일방체약당사국의 법령을 계속 적용받아 오고 있거나 적용받게 될 경우 상호 합의에 의하여 당연가입에 관한 이 협정의 규정을 적용하지 아니할 수 있다. 이와 관련하여는 고용 또는 자영의 성질과 상황이 고려되어야 한다.

제2부 급여규정

제11조 가입기간의 합산과 연금의 산정 (1) 인정된 가입기간이 양 체약당사국의 법령에 따라 완료된 경우, 각 체약당사국의 실무기관은 각 체약당사국이 적용하는 법령에 따른 급여수급권을 결정하는 데 있어서 필요한 경우 타방체약당사국의 법령에 따라 인정되는 가입기간이 자국의 법령에 따라 인정되는 가입기간과 중복되지 아니하는 것을 조건으로 타방체약당사국의 법령에 따라 인정되는 가입기간을 고려

한다. 고려되는 가입기간의 정도는 가입기간의 완료에 관하여 적용되는 그 체약당사국의 법령에 의하여 결정된다.
(2) 연금의 산정은 이 협정에서 달리 규정되지 아니하는 한 각 체약당사국의 적용가능한 법령에 의하여 결정된다.

제12조 독일연방공화국에 관한 특별규정 (1) 개인소득점수는 독일법령에 따라 취득된 소득점수를 기초로 결정된다.
(2) 가입기간의 합산에 관한 규정(제11조제1항)은 실무기관의 재량으로 지급되는 급여에도 준용된다.
(3) 한국법령에 따라 완료된 가입기간은 그 가입기간이 채광업체에서의 갱내작업에 종사하여 완료된 경우, 제11조에 따라 광부연금보험을 위하여 고려된다. 상시갱내근로 또는 동등한 근로가 행하여졌음이 독일법령상 급여수급권의 필수조건인 경우, 한국법령에 따라 완료된 가입기간은 이 기간동안 동일한 종류의 활동이 행하여지는 경우에 한하여 독일 기관에 의하여 고려된다.
(4) 독일법령이 급여수급권을 위하여는 명시된 기간내에 일정 가입기간의 완료가 요구된다고 규정하고 이 기간이 일정 상황이나 가입기간에 의하여 연장된다고 그 법령이 추가로 규정하는 경우, 타방체약당사국의 법령에 따른 가입기간 또는 타방체약당사국에서의 유사한 상황도 그러한 연장을 위하여 고려된다. 유사한 상황이라 함은 대한민국법령에 따라 장애 또는 노령연금이나 질병·실업 또는 산재(연금은 제외한다)로 인한 급여가 지급되었던 기간과 대한민국에서의 자녀양육기간을 말한다.
(5) 일정 기간동안의 보험료가 납부되었다는 것을 조건으로 당연가입이 독일법령에 따라 면제되는 경우, 한국법령에 따른 보험료의 납부기간도 고려된다.

제13조 대한민국에 관한 특별규정 (1) 장애 또는 유족급여를 취득하기 위하여는, 어떤 자가 보험사고가 발생한 때에 가입 중이어야 한다는 한국법령의 요건은 한국법령에 따라 보험사고가 발생한 시기에 그 자가 독일법령에 따라 급여를 위하여 보험에 가입하여 있는 경우에는 충족된 것으로 고려된다.
(2) 제11조를 적용하는 데 있어서, 독일연방공화국의 광부연금보험법에 따라 채광업체에서의 상시갱내근로 또는 동등한 근로에 의하여 완료된 기간으로 인정된 가입기간은 한국법령에 따른 동등한 근로의 기간으로 고려된다.
(3) 제11조제1항 및 이 조 제1항에 따라 한국법령에 의한 급여수급권을 설정하기 위하여 독일법령에 따른 가입기간이 고려되는 경우, 지급될 급여는 다음 각 목과 같이 결정된다.
가. 한국의 실무기관은 양 체약당사국의 법령에 따라 인정된 모든 가입기간이 한국법령에 따라 완료되었다면 그 자에게 지급되었을 금액과 동등한 연금액을 우선 계산한다. 연금액을 결정하기 위하여, 한국의 실무기관은 한국법령에 따라 가입된 기간동안 그 자의 평균표준소득월액을 고려한다.
나. 한국의 실무기관은 가목에 따라 산정된 연금액을 기초로 양 체약당사국의 법령에 따라 고려되는 총 가입기간에 대한 자국의 법령에 따라 고려되는 가입기간의 비율에 비례하여 한국법령에 따라 지급되는 부분급여를 산정한다.

<h2 style="text-align:center">제3부 보칙규정</h2>

제1장 협력

제14조 행정협조 체약당사국의 행정당국·실무기관 및 실무기관협회는 이 협정의 물적 범위(제2조제1항)에 포함되는 법령의 이행과 이 협정의 이행에 있어서, 이들이 이들에게 적용되는 법령을 적용하는 것처럼, 상호 협조를 제공한다. 협조는 무료로 제공된다. 그러나, 현금지출은 통신비용을 제외하고는 상환된다.

제15조 비용 및 인증 (1) 일방체약당사국의 법령에 규정된 영사수수료를 포함한 행정비용의 면제 또는 감면과 그 법령의 적용시에 제출되는 서류에 대한 비용의 상환은 이 협정 또는 이 협정의 물적 범위(제2조제1항)에 포함되는 타방체약당사국의 법령의 적용시에 제출되는 상응하는 서류에도 적용된다.
(2) 이 협정 또는 이 협정의 물적 범위(제2조제1항)에 포함되는 일방체약당사국의 법령의 적용시에 제출되는 서류는 인증 또는 기타 유사한 절차없이 타방체약당사국의 기관에 제출될 수 있다.

제16조 의사소통언어 (1) 이 협정 및 이 협정의 물적 범위(제2조제1항)에 포함되는 법령의 이행에 있어서, 체약당사국의 행정당국·실무기관 및 실무기관협회는 자국의 공식언어로 상호간에 그리고 관련 당사자 및 그 대리인과 직접 의사소통할 수 있다. 통역자의뢰에 관한 어떤 법령도 이에 영향을 받지 아니한다.
(2) 체약당사국의 행정당국·실무기관 및 실무기관협회는 청원서 및 서류가 타방체약당사국의 공식언어로 작성되었다는 이유로 이를 거절하지 못한다.

제17조 신청서의 동등지위 (1) 일방체약당사국의 법령에 따른 급여신청서가 이에 적용되는 법령에 따라 상응하는 급여신청서를 접수할 권한이 있는 타방체약당사국의 기관에 제출된 경우, 이 신청서는 동 일자에 동 일방체약당사국의 권한 있는 실무기관에 제출된 것으로 간주된다. 이는 기타 신청서·신고서 및 이의신청서에 준용된다.
(2) 신청서·신고서 및 이의신청서는 이들이 제출된 일방체

약당사국의 기관에 의하여 타방체약당사국의 권한있는 기관에 지체없이 송부된다.

(3) 일방체약당사국의 법령에 따른 급여신청서는 그 신청인이 타방체약당사국의 법령에 따른 가입기간이 완료되었음을 나타내는 정보를 제공하는 경우 타방체약당사국의 법령에 따른 상응하는 급여신청서로도 간주된다. 전단의 규정은 신청인이 타방체약당사국의 법령에 따라 취득한 노령급여에 대한 수급권의 결정을 연기할 것을 명시적으로 요청한 경우에는 적용되지 아니한다.

제18조 자료의 보호 (1) 이 협정에 근거하여 개인자료가 국내법에 따라 전달되는 경우, 각 체약당사국에 적용되는 법령을 고려하여 다음 각 목의 규정이 적용된다.

가. 자료는 이 협정 그리고 협정과 관련된 법령을 이행할 목적으로 접수국의 권한있는 기관에 전달될 수 있다. 접수국은 이 목적을 위하여 자료를 처리하고 사용할 수 있다. 접수국안의 기타 기관에 이 자료를 전달하거나 접수국에서 기타 목적으로 이 자료를 사용하는 것은 그것이 관련 사법절차를 포함하여 사회보장목적에 도움이 되는 경우 접수국의 법의 범위 안에서 허용된다. 그러나, 형법에 의하여 또는 조세의 목적상 보호되는 이익을 위하여 접수국의 법령에 따라 자료의 전달이 의무적인 경우, 앞의 규정은 그 전달을 방해하지 아니한다. 기타의 경우에 있어서는 전달기관의 사전동의가 있는 경우에 한하여 기타 기관으로의 전달이 허용된다.

나. 개개의 경우에 있어서 자료의 접수자는 전달기관의 요청이 있으면 전달된 자료의 사용과 그로부터 획득된 결과에 대하여 그 기관에 통보한다.

다. 전달기관은 전달되는 자료가 정확하고 그 전달이 필요하며 자료의 전달로 추구되는 목적과 관련하여 비례성이 있다는 것을 보증한다. 이러한 맥락에서 각자의 국내법에 따른 자료의 전달금지는 존중되어야 한다. 부정확한 자료 또는 전달국의 법령에 따라 전달이 허용되지 아니하는 자료가 전달되었음이 명백하게 되는 경우, 그 사실은 접수기관에 즉시 통보되어야 한다. 이 경우 접수기관은 그 자료를 수정하거나 삭제한다.

라. 요청을 하는 경우, 관련당사자는 전달된 개인자료와 그 자료의 사용 의도에 관하여 통보받는다. 기타의 경우 그와 관련하여 보유된 개인자료에 대한 정보를 받을 관련당사자의 권리는 정보를 요청하는 기관의 체약당사국의 국내법에 의하여 결정된다.

마. 전달된 개인자료는 자료가 제공되는 목적에 더 이상 필요하지 아니하게 되고 보호할 가치가 있는 관련당사자의 사회보장이익이 자료의 삭제로 영향을 받게 될 것이라고 추정할 만한 이유가 없으면 즉시 삭제된다.

바. 전달 및 접수 기관은 개인자료의 전달 및 접수를 기록한다.

사. 전달 및 접수 기관은 전달받은 개인자료를 인가되지 아니한 접근·수정 및 공개로부터 효과적으로 보호한다.

(2) 제1항의 규정은 영업 및 산업비밀에 준용된다.

제2장 협정의 이행

제19조 이행약정 (1) 체약당사국의 정부 또는 권한있는 당국은 이 협정의 이행에 필요한 약정을 체결할 수 있다. 권한있는 당국은 이 협정의 물적 범위(제2조제1항)에 포함된 법령의 개정 및 보충에 관하여 상호 통보한다.

(2) 이 협정의 이행을 위한 연락기관은 이 조 제1항에 따른 약정에서 지정된다.

제20조 통화 및 환율 현금급여는 타방체약당사국의 영역에서 거주하는 자에게 일방체약당사국의 실무기관에 의하여 타방체약당사국의 통화로 유효하게 지급될 수 있다. 타방체약당사국의 통화로 현금급여가 지급되는 경우, 환전율은 송금이 행하여지는 날에 유효한 환율이다.

제21조 분쟁해결 (1) 이 협정의 해석 및 적용에 관한 양 체약당사국간의 분쟁은 가능한 한 권한있는 당국간에 교섭을 통하여 해결된다.

(2) 분쟁이 이 방식으로 해결될 수 없는 경우, 그 분쟁은 어느 일방체약당사국의 요청으로 중재재판에 회부된다.

(3) 중재재판소는 각 사안마다 각 체약당사국에 의하여 임명되는 재판관 각 1인과 그 2인의 재판관이 제3국인 중 재판장으로 합의하여 양 체약당사국의 정부에 의하여 임명되는 재판장으로 구성된다. 일방체약당사국이 분쟁을 중재재판소에 회부한다는 사실을 타방당사국에 통보한 후 재판관은 2월 이내에 임명되며, 재판장은 3월 이내에 임명된다.

(4) 제3항에 명시된 기한이 지켜지지 못하는 경우, 어느 일방체약당사국은 다른 합의가 없으면 국제사법재판소장에게 필요한 임명을 하여 줄 것을 요청할 수 있다. 국제사법재판소장이 체약당사국의 국민이거나 기타 사유로 직무를 수행하지 못하게 되는 경우, 동 재판소의 부소장이 임명한다. 부소장도 체약당사국의 국민이거나 달리 직무를 수행하지 못하게 되는 경우, 동 재판소의 다음 서열의 재판관으로서 체약당사국의 국민이 아닌 자가 임명한다.

(5) 중재재판소는 체약당사국간에 유효한 조약과 일반국제법에 기초하여 다수결로 결정을 내린다. 그 결정은 구속력을 가진다. 각 체약당사국은 자국의 재판관과 중재재판절차에서의 자국의 대리인을 위한 비용을 부담한다. 재판장을 위한 비용과 기타 비용은 체약당사국간에 동등하게 부담한다. 중재재판소는 비용의 할당에 대하여 다른 결정을 할 수 있다. 기타 사항에서 중재재판소는 절차에 관한 자체

규칙을 정한다.

제4부 경과 및 최종 규정

제22조 경과규정 (1) 이 협정은 발효 이전의 기간에 대한 급여수급권을 설정하지 아니한다.

(2) 이 협정의 적용에 있어서, 발효 이전에 완료된 가입기간과 발효 이전에 발생한 기타 법적 사안이 고려된다. 그러나, 어느 체약당사국도 자국의 법령에 따라 가입기간이 인정될 수 있는 가장 빠른 일자 이전에 발생한 기간은 고려하지 아니한다.

(3) 이 협정의 발효 이전에 이루어진 결정은 이 협정에 따라 발생하는 권리에 영향을 주지 아니한다.

(4) 이 협정의 발효 이전에 결정된 연금은 이 협정의 규정 때문에 어떤 변경이 초래되는 경우에만 신청에 따라 새로이 결정될 수 있다.

(5) 제4항에 따른 새로운 결정으로 수급권이 없어지게 되거나 이 협정의 발효 이전 최종기간에 지급된 것보다 더 적은 연금액에 대한 수급권이 초래된 경우, 종전에 지급된 것과 동일한 연금액이 계속 지급된다.

제23조 최종의정서 첨부된 최종의정서는 이 협정의 불가분의 일부를 구성한다.

제24조 비준 및 발효 (1) 이 협정은 비준된다. 비준서는 서울에서 가능한 한 조속히 교환된다.

(2) 이 협정은 비준서가 교환되는 달의 다음 세번째 달의 첫째 날에 발효한다.

제25조 협정의 유효기간 (1) 이 협정은 무기한 유효하다. 그러나, 어느 일방체약당사국은 타방체약당사국에 외교경로를 통하여 12월전에 서면으로 통보하여 협정을 제라도 종료시킬 수 있다.

(2) 이 협정이 종료되는 경우, 이 협정의 규정은 협정종료시까지 취득된 급여수급권에 대하여는 계속 적용된다. 체약당사국은 취득과정에 있는 수급권을 처리하려는 목적으로 약정을 체결한다.

이상의 증거로 아래 서명자는 정당하게 권한을 위임받아 이 협정에 서명하였다.

2000년 3월 10일 베를린에서 3본 모두 정본인 한국어·독일어 및 영어로 각 2부씩 작성하였다. 한국어본 및 독일어본의 해석상 상위가 있는 경우, 영어본이 우선한다.

대한민국을 위하여　　　독일연방공화국을 위하여

대한민국과 독일연방공화국간의 사회보장에 관한 협정에 대한 최종의정서

금일 체결된 대한민국과 독일연방공화국간의 사회보장에 관한협정의 서명시에, 양 체약당사국의 서명자는 다음 사항에 합의하였다.

1. 협정 제1조제1항과 관련하여,
독일법령에 있어서, "급여"는 재활현물급여를 포함한다.
2. 협정 제2조와 관련하여,
협정 제2부는 독일연방공화국의 철강근로자보충보험법 및 농민노령보장법에는 적용되지 아니한다.
3. 협정 제2조제4항과 관련하여,
독일연방공화국과 제3국간에 체결되는 사회보장협정이나 사회보장에 관한 구주공동체약정이 보험부담배분에 관한 규정을 포함하는 경우, 이러한 규정은 이 협정의 적용에 있어서 고려된다.
4. 협정 제4조와 관련하여,
가. 제4조제1항은 독일연방공화국과 제3국간에 체결되는 사회보장협정이나 사회보장에 관한 구주공동체약정에 포함되는 보험부담분배에 관한 규정에 영향을 미치지 아니한다.
나. 가입자 및 사용자가 실무기관·실무기관협회의 자치운영기구와 사회보장사항에 대한 판결절차에 참여하는 것을 보장하는 독일법령은 영향을 받지 아니한다.
다. 독일연방공화국의 영역밖에서 통상 거주하는 대한민국 국민은 독일 연금보험상의 최소 60월의 납부기간을 완료하였다면 독일 연금보험상의 임의가입권이 있다. 더 유리한 국내법령은 영향을 받지 아니한다. 이는 대한민국의 영역에 통상 거주하는 협정 제3조나목 및 다목에 명시된 난민 및 무국적자에게도 적용된다.
5. 협정 제5조와 관련하여,
가. 소득능력의 감소로 인한 독일법령상의 연금과 관련하여, 제5조는 노동시장의 상황과 관계없이 수급권이 존재하는 경우에만 대한민국의 영역에서 통상 거주하는 자에게 적용된다.
나. 독일연방공화국의 영역안에서 완료되지 아니한 가입기간에 기초한 급여에 관한 독일법령은 영향을 받지 아니한다.
다. 연금보험 실무기관에 의하여 제공되는 재활급여에 관한 독일법령은 영향을 받지 아니한다.
라. 형사소송절차를 피하기 위하여 해외로 도피한 자에 대하여 연금보험의 급여청구권의 중지를 규정한 독일법령은 영향을 받지 아니한다.
6. 협정 제6조 내지 제10조와 관련하여,

가. 근로자의 당연가입에 관한 협정 제6조 내지 제10조의 규정은 근로자는 아니지만 당연가입에 관한 독일법령에 따라 그러한 것으로 취급되는 자에게도 적용된다.

나. 협정 제6조 내지 제10조에 따라 어떤 자가 체약당사국의 당연가입에 관한 법령의 적용을 받는 경우, 그 체약당사국의 고용증진(고용보험)을 위한 당연가입에 관한 법은 그 자와 그 자의 사용자에게 같은 방식으로 적용된다.

7. 협정 제7조와 관련하여,
협정의 발효일에 이미 고용되어 있는 자에 대하여, 명시된 기간은 그 발효일에 시작된다.

8. 협정 제9조와 관련하여,
협정의 발효일에 이미 고용되어 있는 자에 대하여, 제3항에 명시된 기간은 그 발효일에 시작된다.

9. 협정 제9조제2항 및 제10조와 관련하여,
협정 제9조제2항 및 제10조의 적용에 있어서 관련 당사자가 독일법령을 적용받고 있는 경우, 그 자는 그가 마지막으로 고용되었거나 근로하던 장소에서 고용되거나 근로하고 있는 것으로 간주된다. 협정 제7조의 사전적용으로 인한 기타 결정은 계속 적용된다. 그 자가 종전에 독일연방공화국의 영역에서 고용되거나 근로하지 아니한 경우에는, 독일의 권한있는 당국이 소재하고 있는 장소에서 고용되거나 근로하고 있는 것으로 간주된다.

10. 협정 제11조와 관련하여,
독일법령에 따른 급여수급권을 위하여만 일정 가입기간이 요구되는 경우, 한국법령에 따른 유사한 가입기간만이 그 목적을 위하여 고려된다.

11. 협정 제16조제1항과 관련하여,
독일법령의 적용에 있어서 통지서와 기타 서류는 대한민국의 영역에서 통상 거주하는 관련 당사자나 그 대리인에게 직접 반송용 등기우편으로 송달될 수 있다. 이 규정은 전쟁희생자에 대한 지원을 규율하는 독일법령을 이행하는 과정에서 송달되는 통지서와 기타 서류에 대하여도 적용된다.

12. 협정 제22조와 관련하여,
협정에 의하여서만 수급권이 존재하는 연금의 결정에 관한 신청서가 협정의 발효후 12월 이내에 독일법령에 따라 제출되는 경우, 그 연금은 이 협정이 발효하면서 가장 빠르게 수급요건이 처음으로 충족되기 시작하는 달부터 지급된다.

대한민국과 일본국간의 사회보장에 관한 협정

서명일: 2004년 02월 17일
발효일: 2005년 04월 01일 (조약 1724 호)

대한민국과 일본국은, 사회보장분야에서 양국간의 관계를 규율하기를 희망하여, 다음과 같이 합의하였다.

제1조 1. 이 협정의 적용상

가. "국민"이라 함은 대한민국에 있어서는 국적법에 정의된 대한민국 국민을 말하고, 일본국에 있어서는 일본국의 국적에 관한 법률에서 말하는 일본 국민을 말한다.

나. "법령"이라 함은 이 협정 제2조에 규정된 연금제도에 관한 일방체약당사국의 법률 및 규칙을 말한다. 다만, 법령은 일방체약당사국과 제3국간에 체결한 사회보장에 관한 조약 그 밖의 국제합의 또는 그러한 조약, 그 밖의 국제합의의 이행을 위하여 공포된 법률 및 규칙을 포함하지 아니한다.

다. "권한있는 당국"이라 함은 이 협정 제2조에 규정된 연금제도를 관할하는 정부기관을 말한다.

라. "실무기관"이라 함은 대한민국에 있어서는 국민연금관리공단을 말하고, 일본국에 있어서는 이 협정 제2조나목에 규정된 일본국 연금제도의 실시를 책임지는 보험기관(그 연합조직을 포함한다)을 말한다.

마. "난민"이라 함은 1951년 7월 28일의 난민의지위에관한 협약 제1조 또는 1967년 1월 31일의 난민의지위에관한의정서 제1조에서 말하는 난민을 말한다.

2. 이 협정의 적용상 이 협정에서 정의되지 아니한 용어는 각 체약당사국의 법령에서 부여된 의미를 가진다.

제2조 이 협정은 다음의 연금제도에 적용된다.

가. 대한민국에 있어서는 국민연금

나. 일본국에 있어서는

(1) 국민연금(노령복지연금 그 밖의 복지적 목적을 위하여 경과적 또는 보완적으로 지급되는 연금으로 전적 또는 주로 국고를 재원으로 하여 지급되는 것을 제외한다)

(2) 후생연금보험

(3) 국가공무원공제연금

(4) 지방공무원 등 공제연금

(5) 사립학교교직원공제연금

제3조 이 협정은 어느 일방체약당사국의 법령을 적용 받고 있거나 받았던 모든 자와 당해자로부터 유래하는 권리를 가지는 가족 및 유족에게 적용된다.

제4조 1. 일방체약당사국의 법령을 적용 받고 있거나 받았던 당해 일방체약당사국의 국민 또는 난민과 당해자로부터 유래하는 권리를 가지는 가족 및 유족으로서 타방체약당사국의 영역 안에 통상 거주하는 자는 당해 타방체약당사국의 법령 적용에 있어서 당해 타방체약당사국의 국민에게 부여되는 대우와 동등한 대우를 받는다.

2. 제1항의 규정은 일본국의 영역 밖에서 통상 거주하는 것에 의하여 일본 국민에 대하여 인정되는 합산대상기간에 관한 일본국 법령의 규정에 영향을 미치지 아니한다.

3. 제1항의 규정은 대한민국 법령에 의한 반환일시금에는 적용되지 아니한다.

4. 일방체약당사국의 법령에 의한 급여는 양 체약당사국의 영역 밖의 지역에 통상 거주하는 타방체약당사국의 국민에 대하여는 당해 지역에 통상 거주하는 당해 일방체약당사국의 국민에 대하여 지급하는 경우와 동일한 조건으로 지급한다.

5. 일방체약당사국의 영역 안에 통상 거주할 것을 급여를 받을 권리의 취득 또는 급여의 지급을 위한 요건으로 정한 당해 일방체약당사국의 법령 규정은 어느 일방체약당사국의 국민 또는 난민과 당해자로부터 유래하는 권리를 가지는 가족 및 유족으로서 타방체약당사국의 영역 내에 통상 거주하는 자에게는 적용되지 아니한다. 다만, 이 규정은 초진일 또는 사망일에 있어서 60세 이상 65세 미만이었던 자에 관하여 장애기초연금 또는 유족기초연금을 수급할 권리의 취득을 위하여 일본국의 영역 안에 통상 거주하고 있을 것을 요건으로 정한 일본국의 법령 규정에 영향을 미치지 아니한다.

제5조 1. 제2조에 규정된 연금제도에의 강제가입(이하 "강제가입"이라 한다)에 관하여는 이 협정에 별도의 규정이 있는 경우를 제외하고 일방체약당사국의 영역 안에서 피용자 또는 자영자로서 근로하는 자에 대하여는 당해 일방체약당사국의 법령만을 적용 받는다.

2. 강제가입에 관하여는 제6조제1항 및 제3항의 규정에 따르는 것을 조건으로 다음에 규정된 자에 대하여 동일한 기간에 양 체약당사국의 법령이 적용되는 경우에는 그 자가 통상 거주하는 영역의 체약당사국의 법령만을 적용 받는다.

가. 양 체약당사국의 영역 안에서 피용자로서 근로하는 자
나. 일방체약당사국의 영역 안에서 피용자로서 근로하고, 또한 타방체약당사국의 영역 안에서 자영자로서 근로하는 자

3. 강제가입에 관하여는 양 체약당사국의 영역 안에서 자영자로서 근로하는 자에 대하여 동일한 기간에 양 체약당사국의 법령이 적용되는 경우에는 그 자가 통상 거주하는 영역의 체약당사국의 법령만을 적용 받는다.

제6조 1. 강제가입에 관하여는 제7조 및 제8조의 규정에 따르는 것을 조건으로 제2조에 규정된 일방체약당사국의 연금제도에 가입하고 또한 당해 일방체약당사국의 영역 안에 사업장을 가진 사용자에게 고용된 자가 그 사용자에 의하여 당해 일방체약당사국의 영역에서 타방체약당사국의 영역에 근로하도록 파견되는 경우에는 그 파견기간이 5년을 초과할 것으로 예상되지 아니하는 것을 조건으로 그 고용된 자가 당해 일방체약당사국의 영역 안에서 근로하고 있는 것으로 보아 당해 일방체약당사국의 법령만을 적용 받는다.

2. 제1항의 규정은 사용자에 의하여 일방체약당사국의 영역에서 제3국의 영역에 파견된 자가 그 후에 그 사용자에 의하여 당해 제3국의 영역에서 타방체약당사국의 영역에 파견되는 경우에도 적용된다.

3. 강제가입에 관하여는 제2조에 규정된 일방체약당사국의 연금제도에 가입하고 또한 통상 당해 일방체약당사국의 영역 안에서 자영자로서 근로하던 자가 타방체약당사국의 영역 안에서만 자영자로서 근로하는 경우에는 당해 타방체약당사국의 영역 안에서 그 자영활동의 기간이 5년을 초과할 것으로 예상되지 아니하는 것을 조건으로 그 자가 당해 일방체약당사국의 영역 안에서 근로하고 있는 것으로 보아 당해 일방체약당사국의 법령만을 적용 받는다.

4. 제1항 또는 제3항의 규정의 적용에 있어서는 제1항에서 말하는 파견 또는 제3항에서 말하는 자영활동이 5년을 초과하여 계속되는 경우에는 자국의 법령의 적용을 면제하는 체약당사국의 권한있는 당국 또는 실무기관은 제9조의 규정에 따라 계속하여 자국의 법령의 적용을 면제할 수 있다.

제7조 강제가입에 관하여는 어느 일방체약당사국의 국기를 게양한 해상항행 선박에 있어서 선원으로서 근로하는 자에 대하여 양 체약당사국의 법령이 적용되는 것으로 되는 경우에는 그 자가 통상 거주하는 영역의 체약당사국의 법령만을 적용 받는다.

제8조 1. 이 협정은 1961년 4월 18일의 외교관계에관한비엔나협약 또는 1963년 4월 24일의 영사관계에관한비엔나협약의 규정에 영향을 미치지 아니한다.

2. 강제가입에 관하여는 제1항의 규정에 따르는 것을 조건으로, 일방체약당사국의 공무원 또는 일방체약당사국의 법령에서 공무원으로 취급되는 자가 타방체약당사국의 영역 안에서 근로하도록 파견되는 경우에는 그 자가 당해 일방체약당사국의 영역 안에서 근로하고 있는 것으로 보아 당해 일방체약당사국의 법령만을 적용 받는다.

제9조 강제가입에 관하여는 양 체약당사국의 권한있는 당국 또는 실무기관은 특정한 자 또는 특정 범주의 자의 이익을 위하여 피용자 및 사용자의 공동 신청 또는 자영자의 신청에 의하여 어느 일방체약당사국의 법령이 적용되는 것을 조건으로 당해 특정한 자 또는 특정 범주의 자에게 제5조 내지 제8조의 규정에 대한 예외를 인정하는 것에 대하여 상호 동의할 수 있다.

제10조 1. 강제가입에 관하여는 일본국의 영역 안에서 근로하는 자로서, 제6조·제8조제2항 또는 제9조의 규정에 의하여 대한민국의 법령을 적용 받는 자에 수반하는 배우자 또는 자녀가 일본국민이 아닌 자일 경우에는 당해 배우자 또는 자녀가 별도의 신고를 할 경우를 제외하고는 일본국의 법령을 적용 받지 아니한다. 또한, 당해 배우자 또는 자녀가 일본국민일 경우에는 일본국의 법령 적용의 면제는 일본국의 법령에 따라 결정한다.

2. 강제가입에 관하여는 대한민국의 영역 안에서 근로하는 자로서, 제6조·제8조제2항 또는 제9조의 규정에 의하여 일본국의 법령을 적용 받는 자에 수반하는 배우자 또는 자녀가 피용자 또는 자영자로서 근로하지 아니할 경우에는 대한민국의 법령을 적용 받지 아니한다.

제11조 양 체약당사국의 권한있는 당국은,
가. 이 협정의 실시를 위하여 필요한 행정상 조치에 대하여 합의할 수 있다.
나. 이 협정의 실시를 위하여 연락기관을 지정한다.
다. 자국 법령의 변경(이 협정의 실시에 영향을 미치는 것에 한한다)에 관한 모든 정보를 가능한 한 신속히 상호 통보한다.

제12조 양 체약당사국의 권한있는 당국 또는 실무기관은 각자의 권한의 범위 내에서 이 협정의 실시를 위하여 필요한 원조를 상호 제공한다. 그러한 원조는 양 체약당사국의 권한있는 당국 또는 실무기관간의 상호 동의에 의하여 별도의 결정이 있는 경우를 제외하고 무상으로 한다.

제13조 1. 일방체약당사국의 권한있는 당국 또는 실무기관은 당해 일방체약당사국 법령에 의하여 수집된 개인에 관한 정보(이 협정의 적용을 위하여 필요한 것에 한한다)를 당해 일방체약당사국 법령과 그 밖의 관련된 법률 및 규칙에 따라 타방체약당사국의 권한있는 당국 또는 실무기관에 전달한다.
2. 일방체약당사국 법령과 그 밖의 관련 법률 및 규칙에 따라 공개가 의무화되어 있는 경우를 제외하고, 제1항의 규정에 따라 전달된 개인에 관한 어떠한 정보도 비밀로서 취급하는 것으로 하고, 또한 이 협정을 적용하는 목적으로만 사용된다.

제14조 1. 이 협정을 실시함에 있어서 양 체약당사국의 권한있는 당국 또는 실무기관은 상호간 또는 관계자나 그 대리인에 대하여 각각 자국의 언어로 연락할 수 있다. 다만, 일방체약당사국에 의한 강제집행에 직접 결부될 수 있는 문서를 타방체약당사국 영역 안에 통상 거주하는 관계자나 그 대리인에 대하여 송부할 경우에는 당해 타방체약당사국의 언어에 의한 번역을 첨부하도록 노력한다.
2. 이 협정을 실시함에 있어서 일방체약당사국의 권한있는 당국 또는 실무기관은 타방체약당사국의 언어로 작성되어 있다는 것을 이유로 신청서 그 밖의 문서의 수리를 거부하여서는 아니된다.

제15조 이 협정의 해석 또는 적용에 있어서의 의견 상위는 양 체약당사국간의 협의에 의하여 해결한다.

제16조 제6조제1항 또는 제3항의 규정을 적용함에 있어서 동조제1항에서 말하는 파견 또는 동조제3항에서 말하는 자영활동이 이 협정의 발효 전에 개시한 자에 대하여는 당해 파견 또는 자영활동 기간은 이 협정의 발효일에 개시된 것으로 본다.

제17조 이 협정은 양 체약당사국이 이 협정의 발효에 필요한 각각의 국내법상의 요건이 충족되었다는 취지를 상호 통고하는 외교상의 공문을 교환한 달의 다음 달부터 세 번째 달의 첫째 날에 발효한다.

제18조 이 협정은 무기한으로 효력을 가진다. 다만, 어느 일방체약당사국도 외교상의 경로를 통하여 타방체약당사국에게 서면으로 이 협정의 종료의 통고를 할 수 있다. 이 경우에는 이 협정은 종료의 통고가 이루어진 달의 다음 달부터 열두 번째 되는 달의 마지막 날까지 효력을 가진다.

이상의 증거로, 아래 서명자는 그들 각자의 정부로부터 정당하게 권한을 위임 받아 이 협정에 서명하였다.

2004년 2월 17일에 서울에서 동등하게 정본인 한국어 및 일본어로 각 2부를 작성하였다.

대한민국을 위하여   일본국을 위하여

제 3 부

사회복지의 기본 법령

사회복지법의 체계를 크게 두 가지로 나누면, 독일과 같이 사회법전 체계를 택하여 사회보장 관련 법들을 하나의 법전으로 묶어놓은 나라가 있는 반면 우리나라와 같이 필요한 법령들을 하나씩 만들어가는 개별법 체계 국가가 있다. 우리나라의 사회복지 관련 법률이 개별법 체계이기 때문에 사회복지법의 범위에 어떠한 법률이 속하는지에 대한 정답은 없고, 학자들에 따라 조금씩 다른 범위를 제시하고 있다. 그리고 각 법률들은 형식상 상위법과 하위법의 위치에 놓이지 않고 동등한 지위의 법률이다.

하지만, 내용상으로 볼 때 사회보장기본법은 여타의 법령들에 대해 포괄적으로 적용될 수 있는 기본 원칙들을 담고 있기 때문에 가장 넓게 적용되는 일반법이라 할 수 있다. 그리고 사회복지사업법은 사회복지서비스 영역의 다른 법령 등에 대해 포괄적으로 적용될 수 있는 사회복지 사업을 위한 법인의 설립과 운영, 시설의 설립과 운영, 각종 위원회와 협의회·협회, 지역복지협의체의 설립과 운영 등에 대한 내용을 담고 있다.

따라서 사회보장기본법과 사회복지사업법은 사회복지를 공부하고 현장에서 실천하기 위해서 반드시 알아두어야 할 가장 핵심적인 법률들이라 할 수 있다.

사회보장기본법

연혁

1963. 11. 5 사회보장에관한법률 제정 법률 제1437호
1995. 12. 30 사회보장에관한법률 폐지

1995. 12. 30 사회보장기본법 제정 법률 제5134호
2005. 1. 27 일부개정 법률 7378호

제1장 총칙

제1조 (목적) 이 법은 사회보장에 관한 국민의 권리와 국가 및 지방자치단체의 책임을 정하고 사회보장제도에 관한 기본적인 사항을 규정함으로써 국민의 복지증진에 기여함을 목적으로 한다.

제2조 (기본이념) 사회보장은 모든 국민이 인간다운 생활을 할 수 있도록 최저생활을 보장하고 국민 개개인이 생활의 수준을 향상시킬 수 있도록 제도와 여건을 조성하여, 그 시행에 있어 형평과 효율의 조화를 기함으로써 복지사회를 실현하는 것을 기본이념으로 한다.

제3조 (정의) 이 법에서 사용하는 용어의 정의는 다음과 같다.
1. "사회보장"이라 함은 질병·장애·노령·실업·사망 등의 사회적 위험으로부터 모든 국민을 보호하고 빈곤을 해소하며 국민생활의 질을 향상시키기 위하여 제공되는 사회보험·공공부조·사회복지서비스 및 관련복지제도를 말한다.
2. "사회보험"이라 함은 국민에게 발생하는 사회적 위험을 보험방식에 의하여 대처함으로써 국민건강과 소득을 보장하는 제도를 말한다.
3. "공공부조"라 함은 국가 및 지방자치단체의 책임하에 생활유지능력이 없거나 생활이 어려운 국민의 최저생활을 보장하고 자립을 지원하는 제도를 말한다.
4. "사회복지서비스"라 함은 국가·지방자치단체 및 민간부문의 도움을 필요로 하는 모든 국민에게 상담·재활·직업소개 및 지도·사회복지시설이용 등을 제공하여 정상적인 사회생활이 가능하도록 지원하는 제도를 말한다.
5. "관련복지제도"라 함은 보건·주거·교육·고용 등의 분야에서 인간다운 생활이 보장될 수 있도록 지원하는 각종 복지제도를 말한다.

제4조 (다른 법률과의 관계) 사회보장에 관한 다른 법률을 제정 또는 개정하는 경우에는 이 법에 부합되도록 하여야 한다.

제5조 (국가 및 지방자치단체의 책임) 국가 및 지방자치단체는 국가발전의 수준에 부응하는 사회보장제도를 확립하고 매년 이에 필요한 재원을 조달하여야 한다.

제6조 (국가 등과 가정) ①국가와 지방자치단체는 가정이 건전하게 유지되고 그 기능이 향상되도록 노력하여야 한다. ②국가와 지방자치단체는 사회보장제도를 시행함에 있어 가정과 지역공동체의 자발적 복지활동을 촉진하여야 한다.

제7조 (국민의 책임) 모든 국민은 자신의 능력을 최대한 발휘하여 자립·자활할 수 있도록 노력하고 국가의 사회보장정책에 협력하여야 한다.

제8조 (외국인에의 적용) 국내에 거주하는 외국인에 대한 사회보장제도의 적용은 상호주의의 원칙에 의하되, 관계법령이 정하는 바에 따른다.

제2장 사회보장을 받을 권리 등

제9조 (사회보장을 받을 권리) 모든 국민은 사회보장에 관한 관계법령이 정하는 바에 의하여 사회보장의 급여를 받을 권리(이하 "사회보장수급권"이라 한다)를 가진다.

제10조 (사회보장급여의 수준) ①국가는 모든 국민이 건강하고 문화적인 생활을 유지할 수 있도록 사회보장급여수준의 향상에 노력하여야 한다.
②국가는 관계법령이 정하는 바에 의하여 최저생계비를 매년 공표하여야 한다.
③국가 또는 지방자치단체는 제2항의 규정에 의한 최저생

계비와 최저임금법에 의한 최저임금을 참작하여 사회보장급여의 수준을 결정하여야 한다.

제11조 (사회보장급여의 신청) ①사회보장의 급여를 받고자 하는 자는 관계법령이 정하는 바에 의하여 국가 또는 지방자치단체에 신청하여야 한다.
②사회보장의 급여를 신청하는 자가 다른 기관에 신청한 경우에는 당해 기관은 지체없이 이를 정당한 권한이 있는 기관에 이송하여야 한다. 이 경우 사회보장급여의 신청은 정당한 권한이 있는 기관에 이송된 날에 신청된 것으로 본다.

제12조 (사회보장수급권의 보호) 사회보장수급권은 관계법령이 정하는 바에 따라 타인에게 양도하거나 담보로 제공할 수 없으며, 이를 압류할 수 없다.

제13조 (사회보장수급권의 제한 등) ①사회보장수급권은 제한되거나 정지될 수 없다. 다만, 관계법령이 따로 정하고 있는 경우에는 그러하지 아니하다.
②제1항 단서의 규정에 의하여 사회보장수급권이 제한 또는 정지되는 경우에는 그 제한 또는 정지의 목적에 필요한 최소한에 그쳐야 한다.

제14조 (사회보장수급권의 포기) ①사회보장수급권은 정당한 권한이 있는 기관에 서면으로 통지하여 이를 포기할 수 있다.
②사회보장수급권의 포기는 이를 취소할 수 있다.
③사회보장수급권의 포기가 타인에게 피해를 주거나 사회보장에 관한 관계법령에 위반되는 경우에는 이를 포기할 수 없다.

제15조 (불법행위에 대한 구상) 제3자의 불법행위에 의하여 피해를 입은 국민이 그로 인하여 사회보장수급권을 가지게 된 경우 사회보장제도를 운영하는 자는 불법행위의 책임이 있는 자에 대하여 관계법령이 정하는 바에 의하여 구상권을 행사할 수 있다.

제3장 사회보장심의위원회 등

제16조 (사회보장심의위원회) 사회보장에 관한 주요시책을 심의하기 위하여 국무총리 소속하에 사회보장심의위원회(이하 "위원회"라 한다)를 둔다. <개정 2005.1.27>

제17조 (위원회의 구성) ①위원회는 위원장 1인과 부위원장 3인을 포함한 위원 30인 이내로 한다. <개정 2005.1.27>
②위원장은 국무총리가 되고 부위원장은 재정경제부장관·

교육인적자원부장관 및 보건복지부장관이 된다. <개정 2005.1.27>
③위원은 다음 각 호의 자로 한다. <개정 2005.1.27>
1. 대통령령이 정하는 관계중앙행정기관의 장
2. 다음 각 목의 자 중에서 대통령이 위촉하는 자
가. 근로자를 대표하는 자
나. 사용자를 대표하는 자
다. 사회보장에 관한 학식과 경험이 있는 자
라. 변호사의 자격이 있는 자
④위원의 임기는 2년으로 한다. 다만, 공무원인 위원의 임기는 그 재임기간으로 한다.
⑤보궐위원의 임기는 전임자의 잔임기간으로 한다.
⑥위원회를 효율적으로 운영하고 위원회의 심의사항을 보다 전문적으로 검토하기 위하여 위원회에 사회보장분야별 실무위원회를 둔다.
⑦이 법에 규정한 것외에 위원회와 실무위원회의 구성·조직 기타 운영에 관하여 필요한 사항은 대통령령으로 정한다.

제18조 (위원회의 직무) 위원회는 다음 각 호의 사항을 심의한다.
1. 사회보장의 증진을 위한 사회보장장기발전방향
2. 사회보장제도의 개선
3. 사회보장제도의 도입 또는 확대에 따른 우선순위의 조정
4. 2 이상의 부처에 관련되는 주요사회보장정책
5. 사회보장급여 및 비용부담의 조정
6. 국가 및 지방자치단체의 역할 및 비용분담
7. 기타 위원장이 심의에 부치는 사항

제19조 (관계행정기관의 협력) ①위원회는 관계행정기관에 대하여 사회보장에 관한 자료의 제출과 위원회의 업무에 관하여 필요한 협력을 요청할 수 있다.
②관계행정기관은 위원회로부터 제1항의 규정에 의한 요청을 받은 때에는 이에 응하여야 한다.

제20조 (사회보장장기발전방향의 수립) ①보건복지부장관은 관계중앙행정기관의 장과 협의하여 제16조의 규정에 의한 사회보장심의위원회의 심의를 거쳐 사회보장증진을 위한 장기발전방향(이하 "장기발전방향"이라 한다)을 5년마다 수립하여야 한다.
②장기발전방향에는 다음 각 호의 사항이 포함되어야 한다.
1. 사회보장에 관한 기본목표및 추진방향
2. 주요 추진과제 및 추진방법
3. 재원조달방안
4. 사회보장의 전달체계
5. 사회보장관련 기금운용방안

6. 기타 사회보장을 위하여 특히 필요하다고 인정되는 사항
③장기발전방향은 국무회의의 심의를 거쳐 확정한다.

제21조 (공청회) 보건복지부장관은 장기발전방향을 수립하고자 하는 경우에는 공청회를 열어 국민 및 관계전문가 등으로부터 의견을 들을 수 있다.

제22조 (주요시책추진방안의 수립 및 평가 <개정 2005.1.27>)
①보건복지부장관·관계중앙행정기관의 장 및 특별시장·광역시장·도지사(이하 "시·도지사"라 한다)는 장기발전방향을 기초로 하여 사회보장과 관련된 소관주요시책의 추진방안을 매년 수립·시행하여야 한다.
②관계중앙행정기관의 장 및 시·도지사는 제1항의 규정에 의하여 수립한 소관주요시책의 추진방안 및 전년도 추진실적을 대통령령이 정하는 바에 따라 보건복지부장관에게 제출하여야 한다. <신설 2005.1.27>
③보건복지부장관은 제2항의 규정에 의하여 제출받은 관계중앙행정기관 및 특별시·광역시·도의 추진실적과 보건복지부소관의 추진실적을 종합하여 성과를 평가하고, 그 결과를 위원회에 보고하여야 한다. <신설 2005.1.27>
④보건복지부장관은 제3항의 규정에 의한 평가를 효율적으로 시행하기 위하여 이에 필요한 조사·분석 등을 전문기관에 의뢰할 수 있다. <신설 2005.1.27>

제23조 (계획수립 등의 협조 <개정 2005.1.27>) ①보건복지부장관·관계중앙행정기관의 장 및 시·도지사는 장기발전방향과 제22조의 규정에 의한 주요시책추진방안의 수립·시행 및 평가를 위하여 필요한 때에는 관계공공기관, 사회단체 기타 민간기업체의 장에게 협조를 요청할 수 있다. <개정 2005.1.27>
②제1항의 규정에 의한 협조요청을 받은 자는 특별한 사유가 없는 한 이에 응하여야 한다.

제4장 사회보장제도의 운영

제24조 (운영원칙) ①국가 및 지방자치단체는 사회보장제도를 운영함에 있어 이를 필요로 하는 모든 국민에게 적용하여야 한다.
②국가 및 지방자치단체는 사회보장제도의 급여수준 및 비용부담 등에 있어서 형평성을 유지하여야 한다.
③국가 및 지방자치단체는 사회보장제도의 정책결정 및 시행과정에 공익의 대표자 및 이해관계인 등을 참여시켜 민주성을 확보하여야 한다.
④국가 및 지방자치단체는 사회보장제도를 운영함에 있어서 국민의 다양한 복지욕구를 효율적으로 충족시키기 위하여 연계성·전문성을 높여야 한다.

제25조 (역할의 조정) ①국가는 지방자치단체와 사회보장에 관한 책임과 역할을 합리적으로 조정하여야 한다.
②사회보험은 국가의 책임으로 행함을 원칙으로 하며, 공공부조 및 사회복지서비스는 국가 및 지방자치단체의 책임으로 행함을 원칙으로 하되, 국가 및 지방자치단체의 재정형편 등을 감안하여 이를 조정할 수 있다.

제26조 (민간의 참여) ①국가 및 지방자치단체는 사회보장에 대한 민간부문의 참여를 조장할 수 있도록 정책을 개발·시행하고 그 여건을 조성하여야 한다.
②국가 및 지방자치단체는 사회보장에 대한 민간부문의 참여를 조장할 수 있도록 다음 각 호의 사업이 포함된 시책을 수립·시행하여야 한다. <신설 2005.1.27>
1. 국가 또는 지방자치단체의 사회보장행정에 필요한 자원봉사인력의 활용사업
2. 사회보장에 관련된 민간의 자원봉사 활성화를 위한 각종 지원사업
3. 그 밖에 사회보장에 관련된 민간의 참여를 조장하는데 필요한 사업
③국가 및 지방자치단체는 개인·법인 또는 단체의 사회보장에 대한 참여에 소요되는 경비의 전부 또는 일부를 지원하거나 그 업무수행에 필요한 지원을 할 수 있다.

제27조 (비용의 부담) ①사회보장비용의 부담은 각각의 사회보장제도에 대한 역할분담에 따라 국가·지방자치단체 및 민간부문간에 합리적으로 조정되어야 한다.
②사회보험에 소요되는 비용은 사용자·피용자 및 자영자가 부담하는 것을 원칙으로 하되 관계법령이 정하는 바에 따라 국가가 그 비용의 일부를 부담할 수 있다.
③공공부조 및 관계법령이 정하는 일정소득수준이하의 국민에 대한 사회복지서비스에 소요되는 비용의 전부 또는 일부는 국가 및 지방자치단체가 이를 부담한다.
④부담능력이 있는 국민에 대한 사회복지서비스에 소요되는 비용은 그 수익자가 부담함을 원칙으로 하되, 관계법령이 정하는 바에 따라 국가 및 지방자치단체가 그 비용의 일부를 부담할 수 있다.

제28조 (사회보장전달체계) ①국가 또는 지방자치단체는 지역적으로 고루 분포되고 기능에 따라 균형이 이루어지도록 사회보장전달체계를 마련하여야 한다.
②국가 또는 지방자치단체는 사회보장관련업무를 수행함에 있어 관계기관과 관계자간의 조정이 원활하게 이루어지도록 사회보장전달체계를 갖추어야 한다.
③국가 또는 지방자치단체는 모든 국민이 쉽게 이용할 수 있도록 사회보장전달체계를 마련하여야 한다.

제29조 (전문인력의 양성 등) 국가 및 지방자치단체는 사회보장제도의 발전을 위하여 전문인력의 양성, 학술조사 및 연구, 국제교류의 증진 등에 노력하여야 한다.

제30조 (정보의 공개) ①국가 및 지방자치단체는 국민이 사회보장제도에 관하여 필요로 하는 정보를 관계법령이 정하는 바에 의하여 공개하고, 이를 홍보하여야 한다.
②국가 및 지방자치단체는 사회보장제도를 효율적으로 운영하기 위하여 사회보장에 관한 정보를 관리하는 체계를 확립하여야 한다.

제31조 (비밀의 보호) 사회보장의 업무에 종사하는 자는 사회보장과 관련하여 알게 된 개인·법인 또는 단체의 비밀을 관계법령이 정하는 바에 의하여 보호하여야 한다.

제32조 (사회보장에 관한 설명) 국가와 지방자치단체는 사회보장에 관한 관계법령에 규정된 권리나 의무를 해당 국민에게 설명하도록 노력하여야 한다.

제33조 (사회보장에 관한 상담) 국가와 지방자치단체는 사회보장에 관한 관계법령에 따라 사회보장에 관한 상담에 응하여야 한다.

제34조 (사회보장에 관한 통지) 국가와 지방자치단체는 사회보장에 관한 관계법령이 정하는 바에 따라 사회보장에 관한 사항을 해당 국민에게 통지하여야 한다.

제35조 (권리구제) 위법 또는 부당한 처분을 받거나 필요한 처분을 받지 못함으로써 권리 또는 이익의 침해를 받은 국민은 행정심판법 또는 행정소송법의 규정에 의한 심판청구 또는 행정소송을 제기하여 그 처분의 취소 또는 변경 등을 청구할 수 있다. <개정 2005.1.27>

부칙 <제5134호, 1995.12.30>
①(시행일) 이 법은 공포 후 6월이 경과한 날부터 시행한다.
②(폐지법률) 사회보장에관한법률은 이를 폐지한다.

부칙 <제7378호, 2005.1.27>
이 법은 공포한 날부터 시행한다. 다만, 제17조제3항의 개정규정은 공포 후 3월이 경과한 날부터 시행하고, 제22조제3항·제4항 및 제23조제1항의 개정규정은 공포 후 1년이 경과한 날부터 시행한다.

사회보장기본법 시행령

연혁

1996. 7. 13 제정 대통령령 제15118호
1998. 8. 1 일부개정 대통령령 제15859호

2005. 4. 27 일부개정 대통령령 18812호
2006. 6. 12 일부개정 대통령령 제19513호

제1조 (목적) 이 영은 「사회보장기본법」에서 위임된 사항과 그 시행에 관하여 필요한 사항을 규정함을 목적으로 한다. <개정 2005.4.27>

제2조 (위원회 위원장의 직무 등) ①「사회보장기본법」(이하 "법"이라 한다) 제16조의 규정에 의한 사회보장심의위원회(이하 "위원회"라 한다)의 위원장은 위원회를 대표하며, 위원회의 사무를 통할한다. <개정 2005.4.27>
②위원회의 위원장이 부득이한 사유로 직무를 수행할 수 없는 때에는 재정경제부장관 및 보건복지부장관의 순으로 그 직무를 대행한다. <개정 1998.8.1>

제2조의2 (위원회의 위원) 법 제17조제3항제1호에서 "대통령령이 정하는 관계중앙행정기관의 장"이라 함은 법무부장관, 행정자치부장관, 문화관광부장관, 농림부장관, 정보통신부장관, 환경부장관, 노동부장관, 여성부장관, 건설교통부장관, 기획예산처장관 및 국가보훈처장을 말한다.
[본조신설 2005.4.27]

제3조 (위원회의 회의) ①위원장은 위원회의 회의를 소집하며, 그 의장이 된다.
②위원회의 회의는 재적위원 과반수의 출석으로 개의하고, 출석위원 과반수의 찬성으로 의결한다.

제4조 (실무위원회의 설치 등) ①법 제17조제6항의 규정에 의하여 위원회에 두는 사회보장분야별 실무위원회(이하 "실무위원회"라 한다)는 사회보험실무위원회와 사회복지실무위원회로 한다.
②실무위원회는 다음 각 호의 사항을 검토한다.
1. 위원회에서 심의할 분야별 안건에 관한 사항
2. 위원회로부터 검토지시를 받은 사항
3. 기타 실무위원회의 운영에 관하여 필요한 사항

제5조 (실무위원회의 구성 등) ①실무위원회는 각각 실무위원장 1인을 포함한 20인이내의 실무위원으로 구성한다.

②실무위원장은 보건복지부차관이 되고, 실무위원은 관계 중앙행정기관의 3급 공무원 또는 고위공무원단에 속하는 일반직공무원과 그 분야의 전문가 중에서 보건복지부장관이 임명 또는 위촉하는 자가 된다. <개정 2006.6.12>
③제2조제1항 및 제3조의 규정은 실무위원장의 직무 등에 관하여 이를 준용한다. 이 경우 "위원장"은 "실무위원장"으로, "위원"은 "실무위원"으로 본다.

제6조 (실무위원의 임기) 실무위원의 임기는 2년으로 하되 연임할 수 있다. 다만, 공무원인 실무위원의 임기는 그 재임기간으로 한다.

제7조 (전문위원) ①사회보장에 관한 전문적인 사항을 조사·연구하기 위하여 실무위원회에 각각 3인이내의 전문위원을 둘 수 있다.
②전문위원에게는 예산의 범위안에서 연구비 및 여비를 지급할 수 있다.

제8조 (간사) ①위원회에 간사 2인을 두며, 실무위원회에 간사 1인을 둔다.
②위원회의 간사는 국무조정실 사회문화조정관 및 보건복지부 사회복지정책본부장이 되며, 실무위원회의 간사는 보건복지부소속 일반직 4급 이상 공무원 또는 고위공무원단에 속하는 일반직공무원 중에서 실무위원장이 위촉하는 자가 된다. <개정 1998.8.1, 2005.10.21, 2006.6.12>
③위원회 또는 실무위원회의 간사는 각각 위원장 또는 실무위원장의 명을 받아 위원회 또는 실무위원회의 사무를 처리한다.

제9조 (관계기관의 협조) 실무위원회는 그 업무수행에 관하여 필요하다고 인정될 때에는 관계기관·단체 등에 대하여 필요한 자료를 요청하거나 관계기관·단체 등의 직원 또는 전문가로부터 의견을 들을 수 있다.

제10조 (수당과 여비) 위원회 또는 실무위원회에 출석한 위

원, 실무위원, 관계기관·단체 등의 직원 또는 전문가에 대
하여는 예산의 범위안에서 수당과 여비를 지급할 수 있다.
다만, 공무원이 그 소관업무와 직접 관련되어 출석한 경우
에는 그러하지 아니하다.

제11조 (운영세칙) 이 영에 규정된 사항외에 위원회 및 실무
위원회의 운영에 관하여 필요한 사항은 위원회 및 실무위
원회의 의결을 거쳐 당해 위원회의 위원장이 정한다.

제12조 (사회보장장기발전방향의 통보) 보건복지부장관은 법
제20조제3항의 규정에 의하여 확정된 사회보장장기발전방
향의 내용을 지체없이 관계중앙행정기관의 장 및 특별시장
·광역시장·도지사(이하 "시·도지사"라 한다)에게 통보하여
야 한다.

제13조 (주요시책추진방안 및 추진실적의 제출) <개정 2005.4.
27> ①관계 중앙행정기관의 장 및 시·도지사는 법 제22조
제2항의 규정에 의하여 매년 3월 31일까지 소관 사회보장
관련 업무에 관한 주요시책의 추진방안을 수립하여 보건복
지부장관에게 제출하고, 보건복지부장관은 주요시책의 추
진방안을 총괄하여 위원회에서 이를 심의하게 하여야 한다.
<개정 2005.4.27>
②보건복지부장관은 제1항의 규정에 의한 위원회의 심의
결과 주요시책의 추진방안에 대하여 필요한 사항을 관계중
앙행정기관의 장 및 시·도지사에게 권고할 수 있다.
③관계중앙행정기관의 장 및 시·도지사는 법 제22조제2항
의 규정에 의하여 매년 3월 31일까지 보건복지부장관에게
각각 전년도 주요시책의 추진방안의 추진실적을 제출하여
야 한다. <개정 2005.4.27>

제14조 (사회보장에 대한 민간의 참여조장) ①국가 또는 지방자
치단체는 법 제26조제2항 각 호의 사업을 효율적으로 수행
하기 위하여 「정부조직법」 제6조제3항 및 「지방자치법」 제
95조제3항의 규정에 의하여 법인·단체 또는 그 기관이나
개인에게 이를 위탁할 수 있다. <개정 1998.8.1, 2005.4.27>
②국가 또는 지방자치단체가 제1항의 규정에 의하여 법인·
단체 또는 그 기관이나 개인에게 법 제26조제2항 각 호의
사업을 위탁하는 경우에는 그 사업수행에 필요한 비용을
지원할 수 있다. <개정 2005.4.27>

부칙 <제15118호, 1996.7.13>
①(시행일) 이 영은 공포한 날부터 시행한다.
②(다른 법령의 폐지) 사회보장심의위원회규정은 이를 폐
지한다.
③(사회보장장기발전방향에 관한 적용례) 제12조의 규정에
의하여 최초로 수립하는 사회보장장기발전방향은 1999년 1
월 1일부터 2003년 12월 31일까지 적용한다. <개정 1998.8.1>

부칙 <제15859호, 1998.8.1>
이 영은 공포한 날부터 시행한다.

부칙 <제18812호, 2005.4.27>
이 영은 공포한 날부터 시행한다. 다만, 제2조의2의 개정규
정은 2005년 4월 28일부터 시행하고, 제13조의 개정규정은
2006년 1월 28일부터 시행한다.

부칙 (보건복지부와 그 소속기관 직제) <제19093호, 2005.
10.21>
제1조 (시행일) 이 영은 공포한 날부터 시행한다.
제2조 (다른 법령의 개정) ①내지 ③생략
④사회보장기본법 시행령 일부를 다음과 같이 개정한다.
제8조제2항 중 "사회복지정책실장"을 "사회복지정책본부
장"으로 한다.
⑤및 ⑥생략

부칙 (고위공무원단 인사규정) <제19513호, 2006.6.12>
제1조 (시행일) 이 영은 2006년 7월 1일부터 시행한다.
제2조 및 제3조 생략
제4조 (다른 법령의 개정) ①내지 <116>생략
<117>사회보장기본법 시행령 일부를 다음과 같이 개정한
다.
제5조제2항 중 "3급 이상 공무원"을 "3급 공무원 또는 고위
공무원단에 속하는 일반직공무원"으로 한다.
제8조제2항 중 "4급 이상 공무원"을 "4급 이상 공무원 또는
고위공무원단에 속하는 일반직공무원"으로 한다.
<118>내지 <241>생략

사회복지사업법

연혁

1970. 1. 1 제정 법률 제2191호
1983. 5. 21 일부개정 법률 제3656호
1992. 12. 8 전문개정 법률 제4531호
1995. 12. 30 일부개정 법률 제5133호
1997. 8. 22 전문개정 법률 제5358호

1999. 4. 30 일부개정 법률 5979호
2000. 1. 12 일부개정 법률 6160호
2003. 7. 30 일부개정 법률 6960호
2005. 7. 13 일부개정 법률 7587호
2006. 3. 24 일부개정 법률 제7918호

제1장 총칙

제1조 (목적) 이 법은 사회복지사업에 관한 기본적 사항을 규정하여 사회복지를 필요로 하는 사람의 인간다운 생활을 할 권리를 보장하고 사회복지의 전문성을 높이며, 사회복지사업의 공정·투명·적정을 기하고, 지역사회복지의 체계를 구축함으로써 사회복지의 증진에 이바지함을 목적으로 한다. <개정 2003.7.30>

제2조 (정의) 이 법에서 사용하는 용어의 정의는 다음과 같다. <개정 2004.1.29, 2004.3.22, 2006.3.24>
1. "사회복지사업"이라 함은 다음 각 목의 법률에 의한 보호·선도 또는 복지에 관한 사업과 사회복지상담·부랑인 및 노숙인보호·직업보도·무료숙박·지역사회복지·의료복지·재가복지·사회복지관운영·정신질환자 및 한센병력자 사회복귀에 관한 사업 등 각종 복지사업과 이와 관련된 자원봉사활동 및 복지시설의 운영 또는 지원을 목적으로 하는 사업을 말한다.
가. 국민기초생활보장법
나. 아동복지법
다. 노인복지법
라. 장애인복지법
마. 모·부자복지법
바. 영유아보육법
사. 성매매방지및피해자보호등에관한법률
아. 정신보건법
자. 성폭력범죄의처벌및피해자보호등에관한법률
차. 입양촉진및절차에관한특례법
카. 일제하일본군위안부피해자에대한생활안정지원및기념사업등에관한법률

타. 사회복지공동모금회법
파. 장애인·노인·임산부등의편의증진보장에관한법률
하. 가정폭력방지및피해자보호등에관한법률
거. 농어촌주민의보건복지증진을위한특별법
너. 「식품기부 활성화에 관한 법률」
2. "사회복지법인"이라 함은 사회복지사업을 행할 목적으로 설립된 법인을 말한다.
3. "사회복지시설"이라 함은 사회복지사업을 행할 목적으로 설치된 시설을 말한다.
4. "사회복지서비스"라 함은 국가·지방자치단체 및 민간부문의 도움을 필요로 하는 모든 국민에게 상담·재활·직업소개 및 지도, 사회복지시설의 이용 등을 제공하여 정상적인 사회생활이 가능하도록 제도적으로 지원하는 것을 말한다.
5. "보건의료서비스"라 함은 국민의 건강을 보호·증진하기 위하여 보건의료인이 행하는 모든 활동을 말한다.
[전문개정 2003.7.30]

제3조 (다른 법률과의 관계) ①사회복지사업의 내용, 절차 등에 관하여 제2조제1호 각 목의 법률에 특별한 규정이 있는 경우를 제외하고는 이 법이 정하는 바에 의한다. <개정 2003.7.30>
②제2조제1호 각 목의 법률을 개정하는 경우에 이 법에 부합하도록 하여야 한다. <개정 2003.7.30>

제4조 (복지증진의 책임) ①국가와 지방자치단체는 사회복지를 증진할 책임을 진다.
②국가와 지방자치단체는 사회복지서비스와 보건의료서비스를 함께 필요로 하는 사람에게 이들 서비스가 연계되어 제공되도록 노력하여야 한다. <신설 2003.7.30>
③국가·지방자치단체 기타 사회복지사업을 행하는 자는

사회복지를 필요로 하는 자에 대하여 그 사업과 관련한 상담·작업치료·직업훈련 등을 실시하고 필요한 경우에는 주민의 복지욕구를 조사할 수 있다.

제5조 (최대봉사의 원칙) 이 법에 의하여 복지업무에 종사하는 사람은 그 업무를 행함에 있어서 사회복지를 필요로 하는 사람을 위하여 차별없이 최대로 봉사하여야 한다.

제6조 (시설설치방해금지) ①누구든지 정당한 이유없이 사회복지시설의 설치를 방해하여서는 아니된다.
②시장·군수·구청장(자치구의 구청장을 말한다. 이하 같다)은 정당한 이유없이 사회복지시설의 설치를 지연시키거나 제한하는 조치를 하여서는 아니된다.

제7조 (사회복지위원회) ①사회복지사업에 관한 중요사항과 제15조의3제2항의 규정에 의한 지역사회복지계획을 심의 또는 건의하기 위하여 특별시·광역시·도(이하 "시·도"라 한다)에 사회복지위원회를 둔다. <개정 2003.7.30>
②사회복지위원회의 위원은 다음 각 호의 1에 해당하는 자 중에서 특별시장·광역시장·도지사(이하 "시·도지사"라 한다)가 임명 또는 위촉한다. <개정 2003.7.30>
1. 사회복지 또는 보건의료에 관한 학식과 경험이 풍부한 자
2. 사회복지법인의 대표자
3. 사회복지사업을 행하는 비영리법인 또는 단체의 대표자
4. 사회복지를 필요로 하는 사람의 이익 등을 대표하는 자
5. 제7조의2의 규정에 의한 지역사회복지협의체의 대표자
6. 공익단체(비영리민간단체지원법 제2조의 규정에 의한 비영리민간단체를 말한다. 이하 같다)에서 추천한 자
7. 사회복지공동모금회법 제14조의 규정에 의한 사회복지공동모금지회에서 추천한 자
③다음 각 호의 1에 해당하는 자는 사회복지위원회의 위원이 될 수 없다. <개정 1999.4.30, 2003.7.30, 2005.3.31>
1. 미성년자
2. 금치산자 또는 한정치산자
3. 파산선고를 받은 자로서 복권되지 아니한 자
4. 법원의 판결 또는 다른 법률에 의하여 자격이 상실 또는 정지된 자
5. 금고 이상의 실형의 선고를 받고 그 집행이 종료(집행이 종료된 것으로 보는 경우를 포함한다)되거나 집행이 면제된 날부터 3년이 경과되지 아니한 자
6. 금고 이상의 형의 집행유예선고를 받고 그 유예기간 중에 있는 자
7. 제5호 및 제6호의 규정에 불구하고 사회복지사업 또는 그 직무와 관련하여 아동복지법 제40조 또는 제41조, 보조금의예산및관리에관한법률 제40조 내지 제42조 또는 형법

제28장·제40장(제360조를 제외한다)의 죄를 범하거나 이 법에 위반하여 50만원 이상의 벌금형의 선고를 받고 그 형이 확정된 후 5년 또는 형의 집행유예의 선고를 받고 그 형이 확정된 후 7년이 경과하지 아니하거나 징역형의 선고를 받고 그 집행이 종료(집행이 종료된 것으로 보는 경우를 포함한다)되거나 집행이 면제된 날부터 7년이 경과되지 아니한 자
④사회복지위원회의 조직·운영에 관하여 필요한 사항은 보건복지부령이 정하는 바에 따라 당해 시·도의 조례로 정한다. <개정 2003.7.30>

제7조의2 (지역사회복지협의체) ①관할지역 안의 사회복지사업에 관한 중요사항과 제15조의3제1항의 규정에 의한 지역사회복지계획을 심의 또는 건의하고, 사회복지·보건의료 관련 기관·단체가 제공하는 사회복지서비스 및 보건의료서비스의 연계·협력을 강화하기 위하여 시·군·구(자치구를 말한다. 이하 같다)에 지역사회복지협의체를 둔다.
②지역사회복지협의체의 위원은 다음 각 호의 1에 해당하는 자 중에서 시장·군수·구청장이 임명 또는 위촉한다.
1. 사회복지 또는 보건의료에 관한 학식과 경험이 풍부한 자
2. 사회복지사업을 행하는 기관·단체의 대표자
3. 보건의료사업을 행하는 기관·단체의 대표자
4. 공익단체에서 추천한 자
5. 사회복지업무 또는 보건의료 업무를 담당하는 공무원
③지역사회복지협의체의 업무를 효율적으로 수행하기 위하여 지역사회복지협의체에 실무협의체를 둘 수 있다.
④지역사회복지협의체 및 실무협의체의 조직·운영에 관하여 필요한 사항은 보건복지부령이 정하는 바에 따라 시·군·구의 조례로 정한다.
⑤제7조제3항의 규정은 지역사회복지협의체의 위원에 대하여 이를 준용한다. 이 경우 "사회복지위원회"는 "지역사회복지협의체"로 본다.
[본조신설 2003.7.30]

제8조 (복지위원) ①시장·군수·구청장은 읍·면·동의 사회복지사업을 원활하게 수행하도록 하기 위하여 읍·면·동단위에 복지위원을 위촉할 수 있다.
②복지위원은 명예직으로 하되, 예산의 범위안에서 수당을 지급할 수 있다.
③복지위원의 자격·직무·위촉절차 등에 관하여 필요한 사항은 보건복지부령으로 정한다.

제9조 (사회복지 자원봉사활동의 지원·육성) ①국가 및 지방자치단체는 사회복지 자원봉사활동을 지원·육성하기 위하여 다음 각 호의 사항을 실시하여야 한다.

1. 자원봉사활동의 홍보 및 교육
2. 자원봉사활동프로그램의 개발·보급
3. 자원봉사활동 중의 재해에 대비한 시책의 개발
4. 기타 자원봉사활동의 지원에 필요한 사항
②국가 및 지방자치단체는 제1항 각 호의 사항을 효율적으로 수행하기 위하여 사회복지법인 기타 비영리법인·단체에 이를 위탁할 수 있다.

제10조 (지도훈련) ①보건복지부장관은 이 법 기타 사회복지관련 법률의 시행에 관한 사무에 종사하는 공무원과 사회복지사업에 종사하는 자의 자질향상을 위하여 필요한 지도와 훈련을 행할 수 있다. <개정 1999.4.30>
②제1항의 훈련에 관하여 필요한 사항은 보건복지부령으로 정한다.

제11조 (사회복지사자격증의 교부 등) ①보건복지부장관은 사회복지에 관한 전문지식과 기술을 가진 자에게 사회복지사의 자격증을 교부할 수 있다. <개정 2005.7.13>
②제1항의 규정에 의한 사회복지사의 등급은 1·2·3급으로 하고 등급별 자격기준 및 자격증의 교부절차 등은 대통령령으로 정한다.
③사회복지사 1급의 자격증을 교부받고자 하는 자는 국가시험에 합격하여야 한다.
④보건복지부장관은 제2항의 규정에 의한 사회복지사의 자격증을 교부 또는 재교부 받고자 하는 자에게 보건복지부령이 정하는 바에 의하여 수수료를 납부하게 할 수 있다. <개정 1999.4.30>

제11조의2 (사회복지사의 결격사유) 다음 각 호의 어느 하나에 해당하는 자는 사회복지사가 될 수 없다.
1. 금치산자 또는 한정치산자
2. 파산자로서 복권되지 아니한 자
3. 금고 이상의 형의 선고를 받고 그 집행이 종료되지 아니하였거나 그 집행을 받지 아니하기로 확정되지 아니한 자
4. 법률 또는 법원의 판결에 의하여 자격이 상실 또는 정지된 자
[본조신설 2005.7.13]

제12조 (국가시험) ①제11조제3항의 규정에 의한 국가시험은 보건복지부장관이 시행하되, 시험의 관리는 대통령령이 정하는 바에 의하여 시험관리능력이 있다고 인정되는 관계전문기관에 위탁할 수 있다.
②보건복지부장관은 제1항의 규정에 의하여 국가시험의 관리를 위탁한 때에는 그에 소요되는 비용을 예산의 범위 안에서 보조할 수 있다.
③제1항의 규정에 의하여 시험의 관리를 위탁받은 기관은 보건복지부령이 정하는 금액을 응시수수료로 징수할 수 있다.
④시험의 과목·응시자격 등 시험 실시에 관하여 필요한 사항은 대통령령으로 정한다.

제13조 (사회복지사의 채용) 사회복지법인 및 사회복지시설을 설치·운영하는 자는 대통령령이 정하는 바에 의하여 사회복지사를 그 종사자로 채용하여야 한다. 다만, 대통령령이 정하는 사회복지시설은 그러하지 아니하다.

제14조 (사회복지전담공무원) ①사회복지사업에 관한 업무를 담당하게 하기 위하여 시·도, 시·군·구 및 읍·면·동 또는 제15조의 규정에 의한 복지사무전담기구에 사회복지전담공무원(이하 "복지전담공무원"이라 한다)을 둘 수 있다. <개정 1999.4.30>
②복지전담공무원은 사회복지사의 자격을 가진 자로 하며, 그 임용 등 기타 필요한 사항은 대통령령으로 정한다. <개정 1999.4.30>
③복지전담공무원은 그 관할지역 안의 사회복지를 필요로 하는 사람 등에 대하여 항상 그 생활실태 및 가정환경 등을 파악하고, 사회복지에 관하여 필요한 상담과 지도를 행한다.
④관계행정기관 및 사회복지시설을 설치·운영하는 자는 복지전담공무원의 업무수행에 협조하여야 한다.
⑤국가는 복지전담공무원의 보수 등에 소요되는 비용의 전부 또는 일부를 보조할 수 있다. <신설 1999.4.30>

제15조 (복지사무전담기구의 설치) ①사회복지사업에 관한 업무를 효율적으로 운영하기 위하여 필요한 경우 시·군·구 또는 읍·면·동에 복지사무를 전담하는 기구를 따로 설치할 수 있다.
②제1항의 규정에 의한 복지사무전담기구의 사무의 범위·조직 기타 필요한 사항은 당해 시·군·구의 조례로 정한다.

제15조의2 (사회복지의 날) ①국가는 국민의 사회복지에 대한 이해를 증진하고 사회복지사업 종사자의 활동을 장려하기 위하여 매년 9월 7일을 사회복지의 날로 하고 사회복지의 날부터 1주간을 사회복지주간으로 한다.
②국가와 지방자치단체는 사회복지의 날 취지에 적합한 행사 등 사업을 실시하도록 노력하여야 한다.
[본조신설 2000.1.12]

제1장의2 지역사회복지계획의 수립·시행 <신설 2003.7.30>

제15조의3 (지역사회복지계획의 수립) ①시장·군수·구청장은 지역주민 등 이해관계인의 의견을 들은 후 지역사회복지협

의체의 심의를 거쳐 당해 시·군·구의 지역사회복지계획을 수립하고 이를 시·도지사에게 제출하여야 한다. 이 경우 지역보건법 제3조제1항의 규정에 의한 지역보건의료계획과 연계되도록 하여야 한다.

②시·도지사는 제1항의 규정에 의하여 제출받은 시·군·구의 지역사회복지계획을 종합·조정하여 사회복지위원회의 심의를 거쳐 시·도의 지역사회복지계획을 수립하고 이를 보건복지부장관에게 제출하여야 한다. 이 경우 지역보건법 제3조제2항의 규정에 의한 지역보건의료계획과 연계되도록 하여야 한다.

③시·도지사 또는 시장·군수·구청장은 제1항 또는 제2항의 규정에 의한 지역사회복지계획(이하 "지역복지계획"이라 한다)을 수립함에 있어서 필요하다고 인정하는 경우에는 사회복지관련 기관·단체 등에 대하여 자료제공 및 협력을 요청할 수 있다.

④보건복지부장관 또는 시·도지사는 지역복지계획의 내용에 관하여 필요하다고 인정하는 경우에는 시·도지사 또는 시장·군수·구청장에 대하여 보건복지부령이 정하는 바에 의하여 그 조정을 권고할 수 있다.

⑤지역복지계획의 수립방법 및 수립시기 등에 관하여 필요한 사항은 대통령령으로 정한다.

[본조신설 2003.7.30]

제15조의4 (지역복지계획의 내용) 지역복지계획에는 다음 각 호의 사항이 포함되어야 한다.

1. 복지수요의 측정 및 전망에 관한 사항

2. 사회복지시설 및 재가복지에 대한 장·단기 공급대책에 관한 사항

3. 인력·조직 및 재정 등 복지자원의 조달 및 관리에 관한 사항

4. 사회복지전달체계에 관한 사항

5. 사회복지서비스 및 보건의료서비스의 연계제공방안에 관한 사항

6. 지역사회복지에 관련된 통계의 수집 및 정리에 관한 사항

7. 그 밖에 대통령령이 정하는 사항

[본조신설 2003.7.30]

제15조의5 (지역복지계획의 시행) ①시·도지사 또는 시장·군수·구청장은 보건복지부령이 정하는 바에 의하여 지역복지계획을 시행하여야 한다.

②시·도지사 또는 시장·군수·구청장은 지역복지계획을 시행함에 있어서 필요하다고 인정하는 경우에는 민간 사회복지관련 단체 등에 대하여 인력·기술 및 재정 지원을 할 수 있다.

[본조신설 2003.7.30]

제15조의6 (지역복지계획 시행결과의 평가) ①보건복지부장관 또는 시·도지사는 대통령령이 정하는 바에 의하여 시·도 또는 시·군·구의 지역복지계획의 시행결과를 평가할 수 있다.

②보건복지부장관 또는 시·도지사는 필요한 경우 제1항의 규정에 의한 평가결과를 제42조의 규정에 의한 비용의 보조에 반영할 수 있다.

[본조신설 2003.7.30]

제2장 사회복지법인

제16조 (법인의 설립허가) ①사회복지법인(이하 이 장에서 "법인"이라 한다)을 설립하고자 하는 자는 대통령령이 정하는 바에 의하여 보건복지부장관의 허가를 받아야 한다. <개정 1999.4.30>

②제1항의 규정에 의하여 설립된 법인은 주된 사무소의 소재지에서 설립등기를 하여야한다.

제17조 (정관) ①법인의 정관에는 다음 각 호의 사항을 기재하여야 한다. <개정 1999.4.30>

1. 목적

2. 명칭

3. 주된 사무소의 소재지

4. 사업의 종류

5. 자산 및 회계에 관한 사항

6. 임원의 임면 등에 관한 사항

7. 회의에 관한 사항

8. 수익을 목적으로 하는 사업이 있는 경우 그에 관한 사항

9. 정관의 변경에 관한 사항

10. 존립시기와 해산사유를 정한 때에는 그 시기와 사유 및 잔여재산의 처리방법

11. 공고 및 그 방법에 관한 사항

②법인이 정관을 변경하고자 할 때에는 보건복지부장관의 인가를 받아야 한다. 다만, 보건복지부령으로 정하는 경미한 사항의 경우에는 그러하지 아니하다. <개정 1999.4.30>

제18조 (임원) ①법인은 대표이사를 포함한 이사 5인 이상과 감사 2인 이상을 두어야 한다.

②이사회의 구성에 있어서 대통령령이 정하는 특별한 관계에 있는 자가 이사현원의 5분의 1을 초과할 수 없다. <개정 2003.7.30>

③이사의 임기는 3년으로 하고 감사의 임기는 2년으로 하되, 각각 연임할 수 있다. <개정 1999.4.30>

④외국인인 이사는 이사현원의 2분의 1 미만이어야 한다.

⑤법인은 임원을 임면하는 경우에는 보건복지부령이 정하는 바에 의하여 지체없이 이를 보건복지부장관에게 보고하

여야 한다. <개정 1999.4.30>
⑥감사는 이사와 제2항의 규정에 의한 특별한 관계에 있는 자가 아니어야 하며, 그 중 1인은 대통령령이 정하는 바에 의하여 법률과 회계에 관한 지식과 경험이 있는 자 중에서 보건복지부장관이 추천할 수 있다. <개정 1999.4.30>

제19조 (임원의 결격사유) ①다음 각 호의 1에 해당하는 자는 임원이 될 수 없다. <개정 1999.4.30>
1. 제7조제3항 각 호의 1에 해당하는 자
2. 제22조의 규정에 의한 해임명령에 따라 해임된 날부터 5년이 경과되지 아니한 자
②임원이 제1항 각 호에 해당하게 된 때에는 그 자격을 상실한다.

제20조 (임원의 보충) ①이사 또는 감사 중에 결원이 생긴 때에는 2월 이내에 이를 보충하여야 한다.
②법인이 제1항의 규정에 의한 기간내에 결원보충을 하지 아니하는 경우에는 보건복지부장관은 지체없이 이해관계인의 청구 또는 직권으로 임시이사를 선임하여야 한다. <개정 1999.4.30>
③제2항의 규정에 의한 임시이사의 선임에 관하여 필요한 사항은 보건복지부령으로 정한다.

제21조 (임원의 겸직금지) ①이사는 법인이 설치한 사회복지시설의 장을 제외한 당해 시설의 직원을 겸할 수 없다.
②감사는 법인의 이사, 법인이 설치한 사회복지시설의 장 또는 그 직원을 겸할 수 없다.

제22조 (임원의 해임명령 <개정 1999.4.30>) 보건복지부장관은 임원이 다음 각 호의 1에 해당한 때에는 법인에 대하여 그 임원의 해임을 명할 수 있다. <개정 1999.4.30>
1. 보건복지부장관의 명령을 정당한 이유없이 이행하지 아니한 때
2. 회계부정이나 현저한 불법행위 기타 부당행위 등이 발견되었을 때
3. 법인의 업무에 관하여 보건복지부장관에게 보고할 사항에 대하여 고의로 보고를 지연하거나 허위보고를 한 때
4. 기타 이 법 또는 이 법에 의한 명령을 위반한 때

제23조 (재산 등) ①법인은 사회복지사업의 운영에 필요한 재산을 소유하여야 한다.
②법인의 재산은 보건복지부령이 정하는 바에 의하여 기본재산과 보통재산으로 구분하며, 기본재산은 그 목록과 가액을 정관에 기재하여야 한다.
③법인은 기본재산에 관하여 다음 각 호의 1에 해당하는 경우에는 보건복지부장관의 허가를 받아야 한다. 다만, 보건

복지부령으로 정하는 사항에 대하여는 그러하지 아니하다. <개정 1999.4.30>
1. 매도·증여·교환·임대·담보제공 또는 용도변경하고자 할 때
2. 보건복지부령이 정하는 금액 이상을 1년 이상 장기차입하고자 할 때
④제1항의 규정에 의한 재산과 그 회계에 관하여 필요한 사항은 보건복지부령으로 정한다.

제24조 (재산취득보고) 법인이 매수·기부채납, 후원 등의 방법으로 재산을 취득한 때에는 지체없이 이를 법인의 재산으로 편입조치하여야 한다. 이 경우 법인은 그 취득사유, 취득재산의 종류·수량 및 가액을 매년 보건복지부장관에게 보고하여야 한다. <개정 1999.4.30>

제25조 삭제 <1999.4.30>

제26조 (설립허가 취소 등) ①보건복지부장관은 법인이 다음 각 호의 1에 해당할 때에는 기간을 정하여 시정명령을 하거나 설립허가를 취소할 수 있다. 다만, 제1호에 해당하는 때에는 설립허가를 취소하여야 한다. <개정 1999.4.30>
1. 사위 기타 부정한 방법으로 설립허가를 받은 때
2. 설립허가 조건에 위반한 때
3. 목적달성이 불가능하게 된 때
4. 목적사업 외의 사업을 한 때
5. 공익을 해치는 행위를 한 때
6. 정당한 사유없이 설립허가를 받은 날부터 6월 이내에 목적사업을 개시하지 아니하거나 1년 이상 사업실적이 없을 때
7. 기타 이 법 또는 이 법에 의한 명령이나 정관에 위반한 때
②법인이 제1항제2호 내지 제7호에 해당하여 설립허가를 취소하는 경우는 다른 방법으로 감독목적을 달성할 수 없거나 시정을 명한 후 6월 이내에 법인이 이를 이행하지 아니한 경우에 한한다.

제27조 (잔여재산의 처리) ①해산한 법인의 잔여재산은 정관이 정하는 바에 의하여 국가 또는 지방자치단체에 귀속된다. <개정 2003.7.30>
②제1항의 규정에 의하여 국가 또는 지방자치단체에 귀속된 재산은 사회복지사업에 사용하거나 유사한 목적을 가진 법인에게 무상으로 대부하거나 무상으로 사용·수익하게 할 수 있다. 다만, 해산한 법인의 이사 본인 및 그와 대통령령이 정하는 특별한 관계에 있는 자가 이사로 있는 법인에 대하여는 그러하지 아니하다. <개정 2003.7.30>

제28조 (수익사업) ①법인은 목적사업의 경비에 충당하기 위하여 필요한 때에는 법인의 설립목적 수행에 지장이 없는 범위안에서 수익사업을 할 수 있다.

②법인은 제1항의 규정에 의한 수익사업으로부터 생긴 수익을 법인 또는 그가 설치한 사회복지시설의 운영외의 목적에 사용할 수 없다. <개정 1999.4.30>

③제1항의 규정에 의한 수익사업에 관한 회계는 법인의 다른 회계와 구분하여 계리하여야 한다.

제29조 삭제 <1999.4.30>

제30조 (합병) ①법인은 보건복지부장관의 허가를 받아 이 법에 의한 다른 법인과 합병할 수 있다. <개정 1999.4.30>

②제1항의 규정에 의하여 법인이 합병하는 경우 합병 후 존속하는 법인 또는 합병에 의하여 설립된 법인은 합병에 의하여 소멸된 법인의 지위를 승계한다. <신설 1999.4.30>

제31조 (동일명칭 사용금지 <개정 1999.4. 30>) 이 법에 의한 사회복지법인이 아닌 자는 사회복지법인이라는 용어를 사용하지 못한다. <개정 1999.4.30>

제32조 (다른 법률의 준용) 법인에 관하여 이 법에 규정된 것을 제외하고는 민법과 공익법인의설립·운영에관한법률을 준용한다.

제33조 (사회복지협의회) ①사회복지에 관한 조사·연구와 각종 복지사업을 조성하기 위하여 전국단위의 한국사회복지협의회(이하 "중앙협의회"라 한다)와 시·도단위의 시·도사회복지협의회(이하 "시·도협의회"라 한다)를 두며, 필요한 경우에는 시·군·구 단위의 시·군·구사회복지협의회(이하 "시·군·구협의회"라 한다)를 둘 수 있다. <개정 2003.7.30>

②제1항의 규정에 의한 중앙협의회, 시·도협의회 및 시·군·구협의회는 이 법에 의한 사회복지법인으로 하되, 제23조제1항의 규정은 이를 적용하지 아니한다. <개정 2003.7.30>

③중앙협의회, 시·도협의회 및 시·군·구협의회의 조직과 운영 등에 관하여 필요한 사항은 대통령령으로 정한다. <개정 2003.7. 30>

제2장의2 사회복지서비스의 실시 <신설 2003.7.30>

제33조의2 (사회복지서비스의 신청) ①사회복지서비스를 필요로 하는 자(이하 "보호대상자"라 한다)와 그 친족 그 밖의 관계인은 관할 시장·군수·구청장에게 보호대상자에 대한 사회복지서비스의 제공(이하 "보호"라 한다)을 신청할 수 있다.

②시·군·구 복지담당공무원은 이 법에 의한 보호대상자가 누락되지 아니하도록 하기 위하여 관할지역안에 거주하는 보호대상자의 보호를 직권으로 신청할 수 있다. 이 경우 보호대상자의 동의를 얻어야 하며, 동의를 얻은 경우에는 보호대상자가 신청한 것으로 본다.

③제1항의 규정에 의한 보호의 신청방법 등에 관하여 필요한 사항은 보건복지부령으로 정한다.

[본조신설 2003.7.30]

제33조의3 (복지요구의 조사) ①시장·군수·구청장은 제33조의2의 규정에 의한 보호신청이 있는 경우 복지담당공무원에게 다음 각 호의 사항을 조사하게 한다.

1. 신청인의 복지요구와 관련된 사항

2. 보호대상자 및 그 부양의무자(국민기초생활보장법에 의한 부양의무자를 말한다. 이하 같다)의 소득·재산·근로능력 및 취업상태에 관한 사항

3. 그 밖에 보호실시 여부를 결정하기 위하여 필요하다고 인정하는 사항

②시장·군수·구청장은 제1항의 규정에 의한 조사의 목적으로 자료를 확보하기 위하여 신청인 또는 보호대상자와 그 부양의무자에게 필요한 자료의 제출을 요구할 수 있다.

[본조신설 2003.7.30]

제33조의4 (보호의 결정) ①시장·군수·구청장은 제33조의3의 규정에 의한 조사를 한 때에는 보호의 실시여부와 그 유형을 결정하여야 한다.

②시장·군수·구청장은 제1항의 규정에 의한 보호의 실시여부와 그 유형을 결정하고자 하는 때에는 보호대상자 및 그 친족, 복지담당공무원 및 지역안의 사회복지·보건의료사업관련 기관·단체의 의견을 들을 수 있다.

③시장·군수·구청장은 제1항의 규정에 의하여 보호의 실시여부와 그 유형을 결정한 때에는 이를 서면으로 신청인에게 통지하여야 한다.

[본조신설 2003.7.30]

제33조의5 (보호대상자별 보호계획의 수립 등) ①시장·군수·구청장은 보호대상자에 대하여 보호의 실시를 결정한 때에는 필요한 경우 지역사회복지협의체의 의견을 들어 다음 각 호의 사항이 포함된 보호대상자별 보호계획을 작성하여야 한다. 이 경우 보호대상자 또는 그 친족의 의견을 참작하여야 한다.

1. 사회복지서비스의 유형·방법·수량 및 제공기간

2. 사회복지서비스를 제공하는 기관 및 단체

3. 그 밖의 보호에 필요한 사항

②시장·군수·구청장은 보호대상자의 사회복지서비스의 실

시결과를 정기적으로 평가하고 필요한 경우 보호대상자별 보호계획을 변경할 수 있다.

③제1항의 규정에 의한 보호대상자별 보호계획의 작성 등에 관하여 필요한 사항은 보건복지부령으로 정한다.

[본조신설 2003.7.30]

제33조의6 (보호의 실시) ①시장·군수·구청장은 제33조의5의 규정에 의하여 작성된 보호대상자별 보호계획에 따라 보호를 실시하여야 한다.

②시장·군수·구청장은 보호의 실시가 긴급을 요하는 등 보건복지부장관이 인정하는 경우 이 장의 규정에 의한 절차의 일부를 생략할 수 있다.

[본조신설 2003.7.30]

제33조의7 (보호의 방법) ①보호대상자에 대한 보호는 현물로 제공함을 원칙으로 한다.

②시장·군수·구청장은 국가 또는 지방자치단체외의 자로 하여금 제1항의 보호를 실시하게 하는 경우에는 보호대상자에게 사회복지서비스이용권(이하 "이용권"이라 한다)을 지급하여 국가 또는 지방자치단체외의 자로부터 그 이용권으로 보호를 받게 할 수 있다.

③제2항의 규정에 의한 이용권의 지급대상, 사회복지서비스의 유형 및 이용권의 지급방법 등에 관하여 필요한 사항은 보건복지부령으로 정한다.

[본조신설 2003.7.30]

제3장 사회복지시설

제34조 (시설의 설치) ①국가 또는 지방자치단체는 사회복지시설(이하 "시설"이라 한다)을 설치·운영할 수 있다.

②국가 또는 지방자치단체외의 자가 시설을 설치·운영하고자 하는 때에는 보건복지부령이 정하는 바에 의하여 시장·군수·구청장에게 신고하여야 한다. 다만, 제40조의 규정에 의하여 폐쇄명령을 받고 1년이 경과되지 아니한 자는 시설의 설치·운영 신고를 할 수 없다. <개정 1999.4.30>

③삭제 <1999.4.30>

④제2항의 규정에 의한 시설 중 사회복지관, 부랑인 및 노숙인보호를 위한 시설의 설치·운영에 관한 사항과 부랑인 및 노숙인보호를 위한 시설의 입·퇴소의 기준·절차 및 직업보도 등에 관하여 필요한 사항은 보건복지부령으로 정한다. <개정 1999.4.30, 2003.7.30>

⑤제1항의 규정에 의하여 국가 또는 지방자치단체가 설치한 시설은 필요한 경우 사회복지법인 또는 비영리법인에게 위탁하여 운영하게 할 수 있다. <개정 2003.7.30>

⑥제5항의 규정에 의한 위탁운영의 기준·기간 및 방법 등에 관하여 필요한 사항은 보건복지부령으로 정한다. <신설 2003.7.30>

제34조의2 (보험가입의무) ①시설의 운영자는 화재로 인한 손해배상책임의 이행을 위하여 손해보험회사가 영위하는 책임보험에 가입하여야 한다.

②국가 또는 지방자치단체는 예산의 범위안에서 제1항의 규정에 의한 책임보험에 소요되는 비용의 전부 또는 일부를 보조할 수 있다.

③제1항의 규정에 의하여 손해책임보험에 가입하여야 할 시설의 범위는 대통령령으로 정한다.

[본조신설 2000.1.12]

제34조의3 (시설의 안전점검 등) ①시설의 장은 시설에 대하여 정기 및 수시안전점검을 실시하여야 한다.

②시설의 장은 제1항의 규정에 의하여 정기 또는 수시안전점검을 한 후 그 결과를 시장·군수·구청장에게 제출하여야 한다.

③시장·군수·구청장은 제2항의 규정에 의한 결과를 제출받은 후 필요한 경우 시설의 운영자로 하여금 시설의 보완 또는 개·보수를 요구할 수 있으며 이 경우 시설의 운영자는 이에 응하여야 한다.

④국가 또는 지방자치단체는 예산의 범위안에서 제1항 내지 제3항의 규정에 의한 안전점검, 시설의 보완 및 시설의 개·보수에 소요되는 비용의 전부 또는 일부를 보조할 수 있다.

⑤제1항 내지 제4항의 규정에 의한 정기 또는 수시안전점검을 받아야 하는 시설의 범위 및 시기, 안전점검기관과 그 절차는 대통령령으로 정한다.

[본조신설 2000.1.12]

제35조 (시설의 장) ①시설의 장은 상근하여야 한다.

②제7조제3항 각 호의 1에 해당하는 자는 시설의 장이 될 수 없다.

제36조 (운영위원회) ①시설의 운영에 관한 다음 각 호의 사항을 심의하기 위하여 운영위원회를 둔다. <개정 2003.7.30>

1. 시설운영계획의 수립·평가에 관한 사항
2. 사회복지프로그램의 개발·평가에 관한 사항
3. 시설종사자의 근무환경 개선에 관한 사항
4. 시설거주자의 생활환경 개선 및 고충처리 등에 관한 사항
5. 시설과 지역사회와의 협력에 관한 사항
6. 그 밖에 시설의 장이 부의하는 사항

②운영위원회의 조직 및 운영에 관한 사항은 보건복지부령으로 정한다.

제37조 (시설의 서류비치) 시설의 장은 후원금품대장 등 보건복지부령이 정하는 서류를 시설내에 비치하여야 한다.

제38조 (시설의 휴지·재개·폐지신고 등) <개정 1999.4.30> ①제34조제2항의 규정에 의한 신고를 한 자는 지체없이 시설의 운영을 개시하여야 한다.
②시설의 운영자는 그 운영을 휴지하거나 재개 또는 시설을 폐지하고자 하는 때에는 보건복지부령이 정하는 바에 의하여 시장·군수·구청장에게 신고를 하여야 한다. <개정 1999.4.30>
③시장·군수·구청장은 제2항의 규정에 의한 시설운영의 휴지 및 폐지의 경우 보건복지부령이 정하는 바에 의하여 시설거주자를 다른 시설로 보내는 등 시설거주자의 권익을 보호하기 위한 조치를 취하여야 한다. <개정 1999.4.30>
④삭제 <1999.4.30>

제39조 삭제 <1999.4.30>

제40조 (시설의 개선, 사업의 정지, 폐쇄 등) ①보건복지부장관, 시·도지사 또는 시장·군수·구청장은 시설이 다음 각 호의 1에 해당할 때에는 그 시설의 개선, 사업의 정지, 시설의 장의 교체를 명하거나, 시설의 폐쇄를 명할 수 있다. <개정 1999.4.30>
1. 시설이 설치기준에 미달하게 된 때
2. 사회복지법인 또는 비영리법인이 설치·운영하는 시설의 경우 그 사회복지법인 또는 비영리법인의 설립허가가 취소된 때
3. 설치목적의 달성 기타의 사유로 계속하여 운영될 필요가 없다고 인정할 때
3의2. 회계부정이나 불법행위 기타 부당행위 등이 발견된 때
4. 기타 이 법 또는 이 법에 의한 명령에 위반한 때
②제38조제3항의 규정은 제1항의 규정에 의한 사업의 정지 및 시설의 폐쇄명령을 받은 경우에 이를 준용한다. <신설 1999.4.30>
③제1항의 규정에 의한 행정처분의 세부적인 기준은 그 위반행위의 유형과 위반의 정도 등을 참작하여 보건복지부령으로 정한다. <신설 2003.7.30>

제41조 (시설수용인원의 제한) 각각의 시설은 그 수용인원이 300인을 초과할 수 없다. 다만, 대통령령으로 정하는 경우에는 그러하지 아니하다.

제3장의2 재가복지 <신설 2003.7.30>

제41조의2 (재가복지서비스) ①국가 또는 지방자치단체는 보호대상자가 다음 각 호의 1에 해당하는 재가복지서비스를 제공받도록 할 수 있다.
1. 가정봉사서비스 : 가사 및 개인활동을 지원하거나 정서활동을 지원하는 서비스
2. 주간·단기보호서비스 : 주간·단기보호시설에서 급식 및 치료 등 일상생활의 편의를 낮 동안 또는 단기간동안 제공하거나 가족에 대한 교육 및 상담을 지원하는 서비스
②시장·군수·구청장은 제33조의5의 규정에 의한 보호대상자별 보호계획에 따라 보호대상자에게 사회복지서비스를 제공하는 경우 시설에의 입소에 우선하여 제1항 각 호의 재가복지서비스를 제공하도록 하여야 한다.
[본조신설 2003.7.30]

제41조의3 (보호대상자의 보호자에 대한 지원) 국가 또는 지방자치단체는 제33조의4의 규정에 의하여 보호가 결정된 보호대상자를 자신의 가정에서 돌보는 자에게 보건복지부령이 정하는 바에 의하여 그 보호자의 부담을 경감하기 위한 상담을 실시하거나 금전적 지원 등을 할 수 있다.
[본조신설 2003.7.30]

제41조의4 (가정봉사원의 양성) 국가 또는 지방자치단체는 재가복지서비스를 필요로 하는 가정 또는 시설에서 보호대상자가 일상생활을 영위하기 위하여 필요한 각종 편의를 제공하는 가정봉사원을 양성하도록 노력하여야 한다.
[본조신설 2003.7.30]

제4장 보칙

제42조 (보조금 등) ①국가 또는 지방자치단체는 사회복지사업을 수행하는 자 중 대통령령이 정하는 자에 대하여 필요한 비용의 전부 또는 일부를 보조할 수 있다. <개정 1999.4.30>
②제1항의 규정에 의한 보조금은 그 목적 외의 용도에 사용할 수 없다.
③국가 또는 지방자치단체는 제1항의 규정에 의하여 보조금을 받은 자가 다음 각 호의 1에 해당할 때에는 이미 교부한 보조금의 전부 또는 일부의 반환을 명할 수 있다.
1. 사위 기타 부정한 방법으로 보조금의 교부를 받은 때
2. 사업목적외의 용도에 보조금을 사용한 때
3. 이 법 또는 이 법에 의한 명령에 위반한 때

제43조 (시설의 평가) ①보건복지부장관 및 시·도지사는 보건복지부령이 정하는 바에 따라 시설을 정기적으로 평가하며, 이를 시설의 감독, 지원 등에 반영하거나 시설거주자를 다른 시설로 보내는 등의 조치를 할 수 있다. <개정 1999.4. 30, 2003.7.30>

②보건복지부장관 또는 시·도지사는 제1항의 평가결과에 따라 시설거주자를 다른 시설로 보내는 경우에는 제38조제3항의 조치를 하여야 한다. <신설 1999.4.30>

제44조 (비용의 징수) ①이 법에 의한 복지조치에 필요한 비용을 부담한 지방자치단체의 장 기타 시설을 운영하는 자는 그 혜택을 받은 본인 또는 그 부양의무자로부터 대통령령이 정하는 바에 의하여 그가 부담한 비용의 전부 또는 일부를 징수할 수 있다. <개정 2003.7.30>
②삭제 <1999.4.30>

제45조 (후원금의 관리) ①사회복지법인의 대표이사와 시설의 장은 아무런 대가없이 무상으로 받은 금품 기타의 자산(이하 "후원금"이라 한다)의 수입·지출 내용과 관리에 명확성이 확보되도록 하여야 한다.
②제1항의 규정에 의한 후원금에 관한 영수증교부, 수입 및 사용결과 보고 등 기타 후원금관리에 필요한 사항은 보건복지부령으로 정한다.

제46조 (한국사회복지사협회) ①사회복지사는 사회복지에 관한 전문지식과 기술을 개발·보급하고 사회복지사의 자질향상을 위한 교육훈련 및 사회복지사의 복지증진을 도모하기 위하여 한국사회복지사협회(이하 "협회"라 한다)를 설립한다. <개정 2000.1.12>
②제1항의 규정에 의한 협회는 법인으로 하되, 협회의 조직과 운영 등에 관하여 필요한 사항은 대통령령으로 정한다.
③협회에 관하여 이 법에 규정된 것을 제외하고는 민법 중 사단법인에 관한 규정을 준용한다.

제47조 (비밀누설의 금지) 사회복지사업 또는 사회복지업무에 종사하였거나 종사하고 있는 자는 그 업무수행의 과정에서 알게 된 다른 사람의 비밀을 누설하여서는 아니된다.

제48조 (압류금지) 이 법 및 제2조제1호 각 목의 법률에 의하여 지급된 금품과 이를 받을 권리는 압류하지 못한다. <개정 2003.7.30>

제49조 (청문) 보건복지부장관, 시·도지사 또는 시장·군수·구청장이 제26조 또는 제40조의 규정에 의한 허가의 취소 또는 시설의 폐쇄를 하고자 할 때에는 청문을 하여야 한다. <개정 1999.4.30>

제50조 (포상) 정부는 사회복지사업에 관하여 공로가 현저하거나 모범이 되는 자에 대하여 포상을 할 수 있다.

제51조 (지도·감독 등) ①보건복지부장관, 시·도지사 또는 시장·군수·구청장은 사회복지사업을 운영하는 자에 대한 소관업무에 관하여 지도·감독을 하며, 필요한 경우 그 업무에 관하여 보고 또는 관계서류의 제출을 명하거나, 소속공무원으로 하여금 법인의 사무소 또는 시설에 출입하여 검사 또는 질문하게 할 수 있다.
②법인의 주된 사무소의 소재지와 시설의 소재지가 동일한 시·도 또는 시·군·구에 있지 아니한 경우 당해 시설의 업무에 관하여는 시설소재지의 시·도지사 또는 시장·군수·구청장이 지도·감독 등을 한다. 이 경우 지도·감독상 필요한 때에는 법인의 업무에 대하여 법인의 주된 사무소 소재지의 시·도지사 또는 시장·군수·구청장에 대하여 협조를 요청할 수 있다. <신설 1999.4.30>
③제1항의 규정에 의하여 검사 또는 질문을 하는 관계공무원은 그 권한을 표시하는 증표를 지니고 이를 관계인에게 내보여야 한다.

제52조 (권한의 위임 또는 위탁) ①이 법에 의한 보건복지부장관 또는 시·도지사의 권한은 그 일부를 대통령령이 정하는 바에 의하여 시·도지사 또는 시장·군수·구청장에게 위임할 수 있다.
②보건복지부장관은 이 법에 의한 업무의 일부를 대통령령이 정하는 바에 따라 사회복지 관련기관이나 단체에 위탁할 수 있다.

제5장 벌칙

제53조 (벌칙) 다음 각 호의 1에 해당하는 자는 5년 이하의 징역 또는 1,500만원 이하의 벌금에 처한다.
1. 제23조제3항의 규정에 위반한 자
2. 제42조제2항의 규정에 위반한 자

제54조 (벌칙) 다음 각 호의 1에 해당하는 자는 1년 이하의 징역 또는 300만원 이하의 벌금에 처한다. <개정 1999.4.30>
1. 제6조제1항의 규정에 위반한 자
2. 제28조제2항의 규정에 위반한 자
3. 제34조제2항의 규정에 의한 신고를 하지 아니하고 시설을 설치·운영한 자
4. 정당한 이유없이 제38조제3항(제40조제2항에서 준용하는 경우를 포함한다)의 규정에 의한 시설거주자 권익 보호 조치를 기피 또는 거부한 자
5. 정당한 이유없이 제40조제1항의 규정에 의한 명령을 이행하지 아니한 자
6. 제47조의 규정에 위반한 자
7. 정당한 이유없이 제51조제1항의 규정에 의한 보고를 하지 아니하거나 허위의 보고를 한 자, 자료를 제출하지 아니

하거나 허위의 자료를 제출한 자, 검사·질문을 거부·방해 또는 기피한 자

제55조 (벌칙) 제13조의 규정에 위반한 자는 300만원 이하의 벌금에 처한다. <개정 1999.4.30>

제56조 (양벌규정) 법인의 대표자 또는 법인이나 개인의 대리인·사용인 기타 종업원이 그 법인 또는 개인의 업무에 관하여 제53조 내지 제55조의 위반행위를 한 때에는 행위자를 벌하는 외에 그 법인 또는 개인에 대하여도 각 해당 조의 벌금형을 과한다.

제57조 (벌칙적용에 있어서의 공무원 의제) 제12조제1항 또는 제52조제2항의 규정에 의하여 위탁받은 업무를 수행하는 사회복지관련기관·단체의 임·직원은 형법 제129조 내지 제132조의 적용에 있어서는 이를 공무원으로 본다.

제58조 (과태료) ①제18조제5항, 제24조, 제31조, 제34조의2, 제34조의3, 제37조 제38조제1항·제2항 또는 제45조의 규정에 위반한 자는 300만원 이하의 과태료에 처한다. <개정 1999.4.30, 2000.1.12>
②제1항의 규정에 의한 과태료는 대통령령이 정하는 바에 의하여 보건복지부장관, 시·도지사 또는 시장·군수·구청장이 부과·징수한다.
③제2항의 규정에 의한 과태료처분에 불복이 있는 자는 그 처분의 고지를 받은 날부터 30일 이내에 보건복지부장관, 시·도지사 또는 시장·군수·구청장에게 이의를 제기할 수 있다.
④제2항의 규정에 의하여 과태료처분을 받은 자가 제3항의 규정에 의하여 이의를 제기한 때에는 보건복지부장관, 시·도지사 또는 시장·군수·구청장은 지체없이 관할법원에 그 사실을 통보하여야 하며, 그 통보를 받은 관할법원은 비송사건절차법에 의한 과태료의 재판을 한다.
⑤제3항의 규정에 의한 기간내에 이의를 제기하지 아니하고 과태료를 납부하지 아니한 때에는 국세 또는 지방세 체납처분의 예에 의하여 이를 징수한다.

부칙 <제5358호, 1997.8.22>
제1조 (시행일) 이 법은 1998년 7월 1일부터 시행한다. 다만, 제11조제3항 및 제12조의 개정규정은 2003년 1월 1일부터 시행한다.
제2조 (사회복지사에 대한 경과조치) ①이 법 시행당시 종전의 규정에 의하여 사회복지사 자격증을 교부받은 자는 이 법에 의하여 자격증을 교부받은 자로 본다.
②제11조제3항의 개정규정에 불구하고 다음 각 호의 1에

해당되는 자는 종전의 규정에 의하여 사회복지사 1급 자격증을 교부받을 수 있다.
1. 이 법 시행당시 종전의 규정에 의하여 사회복지사 2급, 3급의 자격증을 교부받은 자
2. 이 법 시행당시 종전의 규정에 의하여 사회복지사 1급 자격기준에 해당되는 학교에 재학 중인 자
3. 2003년 1월 1일 현재 종전의 규정에 의하여 사회복지사 1급 자격기준에 해당하는 석사 또는 박사학위를 취득한 자
제3조 (법인, 시설에 관한 경과조치) 이 법 시행당시 종전의 규정에 의하여 설립 또는 설치된 사회복지법인과 시설은 이 법에 의하여 설립 또는 설치된 것으로 본다.
제4조 (임원에 관한 경과조치) 이 법 시행전에 종전의 규정에 의하여 선임된 사회복지법인의 임원이 제19조 내지 제21조의 개정규정에 적합하지 아니한 경우에는 종전의 규정에 의한다.
제5조 (한국사회복지협의회에 대한 경과조치) 중앙협의회는 제33조의 개정규정에 따라 정관을 변경하여 이 법 시행일부터 6월 이내에 보건복지부장관의 인가를 받아야 한다.
제6조 (시·도협의회의 설립준비) ①이 법 시행당시 종전의 사회복지사업관계법령에 의한 지방사회복지협의회는 이 법 시행일부터 6월 이내에 5인 이내의 준비위원을 위촉하여 이 법에 의한 시·도협의회의 설립준비업무를 처리하게 하여야 한다.
②제1항의 규정에 의한 지방사회복지협의회는 시·도협의회의 정관을 작성하고 관할 시·도지사의 사회복지법인 설립허가를 받아야 한다.
③시·도지사는 이 법에 의한 시·도협의회의 설립에 필요한 협조요청을 받은 때에는 특별한 사유가 없는 한 이에 응하여야 한다.
④제1항의 규정에 의한 준비위원은 제2항의 규정에 의한 사회복지법인설립허가를 받은 때에는 해촉된 것으로 본다.
제7조 (한국사회복지사협회에 관한 경과조치) ①이 법 시행당시 사단법인 한국사회복지사협회는 이 법에 의하여 설립된 한국사회복지사협회로 본다.
②한국사회복지사협회는 이 법 시행일부터 6월 이내에 이 법에 의한 정관을 작성하여 보건복지부장관의 인가를 받아야 한다.
제8조 (시설수용인원의 제한에 관한 경과조치) 이 법 시행당시의 시설과 시설의 설치를 위한 허가를 신청한 시설에 대하여는 제41조의 개정규정을 적용하지 아니한다.
제9조 (다른 법률의 개정 등) ①아동복지법 중 다음과 같이 개정한다.
제20조제2항 중 "도지사의 인가를 받아"를 "도지사에게 신고하고"로 한다.
제26조의 제목 중 "인가취소와"를 삭제하고, 동조제1항제4호 중 "인가 또는"을 삭제하며, 동조제1항제5호 중 "(제20조

제3항의 규정에 의하여 신고된 시설에 한한다)"를 삭제한다.

제35조제2호 중 "인가를 받지 아니하거나"를 삭제하고, 동조제4호 중 "인가의 취소·"를 삭제한다.

②장애인복지법 중 다음과 같이 개정한다.

제38조제2항 중 "시·도지사의 허가를 받아"를 "시·도지사에게 신고하고"로 하고, 동조제3항 중 "설치허가에"를 "설치신고에"로 한다.

제42조의 제목 "(허가취소 등)"을 "(시설폐쇄 등)"으로 하고, 동조 본문 중 "제38조제2항의 규정에 의한 허가를 취소할 수 있다"를 "시설을 폐쇄할 수 있다"로 한다.

제56조제1호 중 "허가를 받지"를 "신고를 하지"로 한다.

③모자복지법 중 다음과 같이 개정한다.

제20조제2항 중 "시·도지사의 허가를 받아"를 "시·도지사에게 신고하고"로 하고, 동조제3항 중 "설치허가에"를 "설치신고에"로 한다.

제24조의 제목 "(인가의 취소 등)"을 "(시설폐쇄 등)"으로 하고, 동조 본문 중 "제20조제2항의 규정에 의한 허가를 취소할 수 있다"를 "시설을 폐쇄할 수 있다"로 한다.

제29조제1항제1호 중 "허가를 받지"를 "신고를 하지"로 한다.

④영유아보육법 중 다음과 같이 개정한다.

제7조제2항 중 "시장·군수의 인가를 받아"를 "시장·군수에게 신고를 하고"로 하고, 동조제3항 중 "시장·군수의 인가를 받아"를 "시장·군수에게 신고를 하고"로 하며, 동조제5항 중 "설치인가 및"을 삭제한다.

제12조의 제목 "(인가의 취소 등)"을 "(시설의 폐쇄 등)"으로 하고 동조 본문 중 "제7조제2항 및 제3항에 의한 인가를 취소할 수 있다."를 "시설을 폐쇄할 수 있다."로 한다.

제31조제1호 중 "인가를 받지"를 "신고를 하지"로 하고, 동조제3호 중 "인가의 취소"를 "시설의 폐쇄"로 한다.

⑤윤락행위등방지법 중 다음과 같이 개정한다.

제12조제2항 중 "구청장(자치구의 구청장에 한한다. 이하 같다)의 허가를 받아"를 "구청장(자치구의 구청장에 한한다 이하 같다)에게 신고하고"로 하며, 동조 제3항 중 "허가"를 "신고"로 한다.

제18조의 제목 "(허가의 취소 등)"을 "(시설의 폐쇄 등)"으로 하고, 동조제1항 본문 중 "허가를 취소할 수 있다"를 "시설을 폐쇄할 수 있다"로 한다.

제26조제1항제1호 중 "허가를 받지"를 "신고를 하지"로 한다.

⑥정신보건법 중 다음과 같이 개정한다.

제15조제2항 중 "시·도지사의 허가를 받아"를 "시·도지사에게 개설신고를 하고"로 한다.

제19조의 제목 "(설치허가의 취소 등)"을 "(시설설치의 폐쇄 등)"으로 하고, 동조제1항 중 "시설설치를 취소하거나"를

"시설을 폐쇄하거나"로 하고, 동조제3항 중 "허가를"을 "시설의 폐쇄 및 허가를"로 한다.

제58조제1호 중 "허가를 받지"를 "신고를 하지"로 한다.

법률 제5133호 정신보건법 부칙 제3조제1항 중 "정신요양병원 또는 사회복귀시설의 허가를 받아야 한다"를 "정신요양병원의 허가를 받거나 사회복귀시설의 개설신고를 하여야 한다"로 하고, 동조제3항 중 "정신요양병원 또는 사회복귀시설의 허가를 받은"을 "정신요양병원의 허가를 받거나 사회복귀시설의 개설신고를 한"으로 하며, 동조제4항 중 "정신요양병원 또는 사회복귀시설의 허가를 받기"를 "정신요양병원의 허가 또는 사회복귀시설의 개설신고를 하기"로 한다.

⑦성폭력범죄의처벌및피해자보호등에관한법률 중 다음과 같이 개정한다.

제25조제2항 중 "시·도지사의 허가를 받아"를 "시·도지사에게 신고하고"로 하고, 동조제3항 중 "허가"를 "신고"로 한다.

제29조의 제목 "(허가의 취소 등)"을 "(시설의 폐쇄 등)"으로 하고, 동조 본문 중 "허가를 취소할 수 있다"를 "시설을 폐쇄할 수 있다"로 한다.

제35조제2호 중 "허가의 취소"를 "시설의 폐쇄"로 한다.

⑧이 법 시행당시 다른 법령에서 사회복지사업법의 규정을 인용하고 있는 경우 이 법 중 그에 관한 규정이 있는 때에는 이 법의 해당 규정을 인용한 것으로 본다.

부칙 <제5979호, 1999.4.30>

제1조 (시행일) 이 법은 공포 후 6월이 경과한 날부터 시행한다. 다만 제2조제1항제14호의 개정규정은 공포한 날부터 시행한다.

제2조 (일반적 경과조치) ①이 법 시행 전에 종전의 규정에 의하여 시·도지사가 행한 허가·인가·취소는 이 법에 의하여 보건복지부장관이 행한 것으로 본다.

②이 법 시행 전에 종전의 규정에 의하여 시·도지사에 대하여 행한 허가 및 인가신청에 관하여는 이 법의 개정규정에 불구하고 종전의 규정에 의한다.

제3조 (보궐임원의 임기에 관한 경과조치) 이 법 시행당시 종전의 규정에 의하여 취임한 보궐임원의 임기는 제18조제3항 단서의 개정규정에 불구하고 종전의 규정에 의한 보궐임원의 임기만료일 까지로 한다.

제4조 (임원의 취임승인 신청에 관한 경과조치) 이 법 시행당시 종전의 규정에 의하여 임원의 취임승인을 신청한 경우에는 제18조제5항의 개정규정에 의하여 임원의 선임을 보고한 것으로 본다.

제5조 (임원의 결격사유에 관한 경과조치) 이 법 시행당시 임원의 취임승인이 취소된 날부터 5년이 경과되지 아니한 자는 제19조제1항제2호의 개정규정에 불구하고 종전의 규

정에 의한다.

제6조 (벌칙 등에 관한 경과조치) 이 법 시행 전의 행위에 대한 벌칙 및 과태료의 적용에 있어서는 종전의 규정에 의한다.

부칙 <제6160호, 2000.1.12>

이 법은 공포 후 6월이 경과한 날부터 시행한다. 다만, 제34조의2의 개정규정은 공포 후 3년이 경과한 날부터 시행한다.

부칙 (일제하일본군위안부피해자에대한생활안정지원및기념사업등에관한법률) <제6771호, 2002.12.11>

①(시행일) 이 법은 공포 후 6월이 경과한 날부터 시행한다.
②생략
③(다른 법률의 개정) 사회복지사업법 중 다음과 같이 개정한다.
제2조제1항제11호를 다음과 같이 한다.
11.일제하일본군위안부피해자생활안정및기념사업등에관한법률

부칙 (모·부자복지법) <제6801호, 2002.12.18>

제1조 (시행일) 이 법은 공포 후 6월이 경과한 날부터 시행한다.
제2조 내지 제6조 생략
제7조 (다른 법률의 개정) ①및 ②생략
③사회복지사업법 중 다음과 같이 개정한다.
제2조제1항제5호를 다음과 같이 한다.
5. 모·부자복지법
④내지 ⑥생략

부칙 <제6960호, 2003.7.30>

①(시행일) 이 법은 공포 후 1년이 경과한 날부터 시행한다. 다만, 제7조, 제7조의2, 제15조의3 내지 제15조의6, 제33조의5의 개정규정은 2년이 경과한 날부터 시행한다.
②(임원의 임기에 관한 경과조치) 이 법 시행 당시 종전의 규정에 의하여 선임된 임원은 제18조제2항의 개정규정에 불구하고 그 임원의 임기만료일까지 재임할 수 있다.

부칙 (농어촌주민의보건복지증진을위한특별법) <제7151호, 2004.1.29>

①(시행일) 이 법은 공포 후 3월이 경과한 날부터 시행한다.
②(다른 법률의 개정) 사회복지사업법 중 다음과 같이 개정한다.
제2조제1호에 거목을 다음과 같이 신설한다.
거. 농어촌주민의보건복지증진을위한특별법

부칙 (성매매방지및피해자보호등에관한법률) <제7212호, 2004.3.22>

제1조 (시행일) 이 법은 공포 후 6월이 경과한 날부터 시행한다.
제2조 및 제3조 생략
제4조 (다른 법률의 개정 등) ①사회복지사업법 중 다음과 같이 개정한다.
제2조제1호 사목를 다음과 같이 한다.
사. 성매매방지및피해자보호등에관한법률
②내지 ④생략

부칙 (채무자 회생 및 파산에 관한 법률) <제7428호, 2005.3.31>

제1조 (시행일) 이 법은 공포 후 1년이 경과한 날부터 시행한다.
제2조 내지 제4조 생략
제5조 (다른 법률의 개정) ①내지 <52>생략
<53>사회복지사업법 일부를 다음과 같이 개정한다.
제7조제3항제3호 중 "파산자"를 "파산선고를 받은 자"로 한다.
<54>내지 <145>생략
제6조 생략

부칙 <제7587호, 2005.7.13>

이 법은 공포 후 1월이 경과한 날부터 시행한다.

부칙 (식품기부 활성화에 관한 법률) <제7918호, 2006.3.24>

①(시행일) 이 법은 공포 후 6개월이 경과한 날부터 시행한다.
②생략
③(다른 법률의 개정) 사회복지사업법 일부를 다음과 같이 개정한다.
제2조제1호에 너목을 다음과 같이 신설한다
너. 「식품기부 활성화에 관한 법률」

사회복지사업법시행령

연혁

1984. 2. 28 전문개정 대통령령 제11365호	2000. 7. 10 일부개정 대통령령 제16903호
1991. 8. 14 일부개정 대통령령 제13450호	2002. 12. 26 일부개정 대통령령 17814호
1993. 6. 9 일부개정 대통령령 제13900호	2004. 7. 30 일부개정 대통령령 18501호
1998. 7. 16 전문개정 대통령령 제15839호	2004. 9. 23 일부개정 대통령령 18553호
1999. 10. 30 일부개정 대통령령 제16589호	

제1조 (목적) 이 영은 사회복지사업법에서 위임된 사항과 그 시행에 관하여 필요한 사항을 규정함을 목적으로 한다.

제1조의2 (사회복지사의 결격사유) 사회복지사업법(이하 "법"이라 한다) 제11조제1항의 규정에 의한 사회복지사의 결격사유는 다음 각 호의 1과 같다.
1. 금치산자 또는 한정치산자
2. 파산선고를 받고 복권되지 아니한 자
3. 금고 이상의 실형의 선고를 받고 그 집행이 종료되지 아니하였거나 그 집행을 받지 아니하기로 확정되지 아니한 자
4. 법률 또는 법원의 판결에 의하여 자격이 상실 또는 정지된 자
[본조신설 1999.10.30]

제2조 (사회복지사의 등급별 자격기준 등) ①법 제11조제2항의 규정에 의한 사회복지사의 등급별 자격기준은 별표 1과 같다. <개정 1999.10.30>
②사회복지사의 자격증을 교부받고자 하는 자는 사회복지사자격증교부신청서에 보건복지부령이 정하는 서류를 첨부하여 보건복지부장관에게 제출하여야 한다.

제3조 (국가시험의 시행 등) ①보건복지부장관은 법 제12조의 규정에 의한 사회복지사 1급의 국가시험(이하 "시험"이라 한다)을 매년 1회이상 실시하여야 한다.
②보건복지부장관은 법 제12조제1항의 규정에 따라 다음 각 호의 기준에 적합한 관계전문기관을 시험관리기관으로 지정하여 시험관리업무를 위탁한다. <신설 2002.12.26>
1. 시험에 관한 조사·연구 등을 통하여 시험에 관한 전문적인 능력을 갖춘 비영리법인
2. 사회복지에 관한 전문지식과 기술을 갖춘 비영리법인
③시험관리기관의 장은 제1항의 규정에 의한 시험을 실시하고자 하는 때에는 미리 보건복지부장관의 승인을 얻어 시험일시·시험장소·시험과목·응시원서의 제출기간 기타 필요한 사항을 시험일 30일전까지 공고하여야 한다. <개정 2002.12. 26>
④시험은 필기시험의 방법에 의하여 실시하며, 그 시험과목은 별표 2와 같다.
⑤시험의 합격결정에 있어서는 매 과목 4할이상, 전 과목 총점의 6할 이상을 득점한 자를 합격자로 한다.

제4조 (시험의 응시자격 및 시험관리) <개정 2002.12.26>) ①법 제12조제4항의 규정에 의하여 시험에 응시할 수 있는 자격은 별표 3과 같다.
②시험에 응시하고자 하는 자는 시험관리기관의 장이 정하는 응시원서를 시험관리 기관의 장에게 제출하여야 한다. <신설 2002.12.26>
③시험관리기관의 장은 시험을 실시한 때에는 합격자를 결정·발표하고, 그 합격자에 대한 다음 각 호의 사항을 보건복지부장관 및 법 제46조의 규정에 의한 한국사회복지사협회(이하 "협회"라 한다)에 통보하여야 한다. <신설 2002.12. 26>
1. 성명 및 주소
2. 시험 합격번호 및 합격연월일

제5조 (시험위원) ①시험관리기관의 장은 시험을 실시하고자 하는 때에는 시험과목별로 전문지식을 갖춘 자 중에서 시험위원을 위촉한다.
②제1항의 시험위원에게는 예산의 범위안에서 수당과 여비를 지급할 수 있다.

제5조의2 (관계기관 등에의 협조요청) 시험관리기관의 장은 시험관리업무의 원활한 수행을 위하여 필요한 경우에는 국가·지방자치단체 또는 관계기관·단체에 대하여 시험장소 및

시험감독의 지원 등에 필요한 협조를 요청할 수 있다.
[본조신설 2002.12.26]

제6조 (사회복지사의 채용) ①법 제13조 본문의 규정에 의하여 사회복지법인 또는 사회복지시설을 설치·운영하는 자는 당해 법인 또는 시설에서 다음 각 호에 해당하는 업무에 종사하는 자를 사회복지사로 채용하여야 한다. 다만, 법 제2조제1항 각 호의 법률에서 따로 정하고 있는 경우에는 그에 의한다. <개정 1999.10.30>
1. 사회복지프로그램의 개발 및 운영업무
2. 시설거주자의 생활지도업무
3. 사회복지를 필요로 하는 사람에 대한 상담업무
②법 제13조 단서에서 "대통령령이 정하는 사회복지시설"이라 함은 다음 각 호의 시설을 말한다. <개정 2004.9.23>
1. 노인복지법에 의한 노인여가복지시설(노인복지회관을 제외한다)
2. 장애인복지법에 의한 점자도서관과 점서 및 녹음서 출판시설
3. 영유아보육법에 의한 보육시설
4. 성매매방지및피해자보호등에관한법률 제5조의 규정에 의한 성매매피해자 등을 위한 지원시설 및 동법 제10조의 규정에 의한 성매매피해상담소
5. 정신보건법에 의한 정신질환자사회복귀시설 및 정신요양시설
6. 성폭력범죄의처벌및피해자보호등에관한법률에 의한 성폭력피해상담소

제7조 (사회복지전담공무원의 임용) ①법 제14조의 규정에 의한 사회복지전담공무원은 사회복지사의 자격이 있는 자 중에서 임용하되, 그 임용 등에 관하여는 지방공무원임용령이 정하는 바에 의한다. 다만, 사회복지전담공무원 중 별정직 공무원인 자의 임용 등에 관하여는 당해 지방자치단체의 조례가 정하는 바에 의한다.
②특별시장·광역시장 또는 도지사(이하 "시·도지사"라 한다)는 제1항의 규정에 의하여 사회복지전담공무원을 임용·배치하는 경우에는 보건복지부령이 정하는 바에 의하여 보건복지부장관에게 그 사실을 보고하여야 한다.

제7조의2 (지역사회복지계획의 수립방법 및 제출시기) ①시장·군수·구청장(자치구의 구청장을 말한다. 이하 같다)은 법 제15조의3제1항의 규정에 의한 시·군·구의 지역사회복지계획(이하 "시·군·구복지계획"이라 한다)을 수립하기 전에 지역주민의 복지욕구 및 지역내 복지자원 등에 대한 자료를 수집하고 이에 필요한 조사를 실시하여야 한다.
②시장·군수·구청장은 제1항의 규정에 의한 복지욕구 및 복지자원의 실태조사결과에 따라 당해 지역에 필요한 사업

내용을 종합적으로 고려하여 시·군·구복지계획을 수립하되, 사회보장기본법 제20조의 규정에 의한 사회보장증진을 위한 장기발전방향에 부합되게 하여야 한다.
③시장·군수·구청장은 제2항의 규정에 따라 수립한 시·군·구복지계획의 주요내용을 20일 이상 공고하여 지역주민의 의견을 수렴하여야 한다.
④시장·군수·구청장은 법 제7조의2제1항의 규정에 의한 지역사회복지협의체(이하 "지역사회복지협의체"라 한다)의 심의를 거쳐 확정된 시·군·구복지계획과 그 연차별 시행계획을 시행연도의 전년도 6월말까지 시·도지사에게 제출하여야 한다.
⑤시·도지사는 제4항의 규정에 따라 제출받은 시·군·구복지계획을 종합·조정하여 법 제15조의3제2항의 규정에 의한 시·도의 지역사회복지계획(이하 "시·도복지계획"이라 한다)을 작성한 후 이를 20일 이상 공고하여 지역주민의 의견을 수렴하여야 한다.
⑥시·도지사는 법 제7조제1항의 규정에 의한 사회복지위원회(이하 "사회복지위원회"라 한다)의 심의를 거쳐 확정된 시·도복지계획과 그 연차별 시행계획을 시행연도의 전년도 11월말까지 보건복지부장관에게 제출하여야 한다.
[본조신설 2004.7.30]

제7조의3 (지역복지계획의 수립시기 및 변경) ①시·도지사 또는 시장·군수·구청장은 4년마다 시·도복지계획 또는 시·군·구복지계획(이하 "지역복지계획"이라 한다)을 수립하여야 하되, 그 수립연도는 지역보건법 제3조제1항의 규정에 의한 지역보건의료계획의 수립시기와 일치하도록 하여야 한다.
②시·도지사 또는 시장·군수·구청장은 지역내 인구의 급격한 변화 등 예측하지 못한 복지환경의 변화에 따라 지역복지계획을 변경하고자 하는 경우에는 지역주민, 사회복지 및 보건의료관련기관·단체, 전문가의 의견을 들은 후 사회복지위원회 또는 지역사회복지협의체의 심의를 거쳐 이를 변경할 수 있다.
③제2항의 규정에 따라 지역복지계획을 변경한 때에는 시·도지사는 보건복지부장관에게, 시장·군수·구청장은 시·도지사에게 각각 그 변경내용을 제출하여야 한다.
[본조신설 2004.7.30]

제7조의4 (지역복지계획 시행결과의 평가) ①보건복지부장관 또는 시·도지사는 법 제15조의6의 규정에 따라 지역복지계획의 시행결과를 평가하고자 하는 경우에는 지역복지계획 내용의 충실성, 시행과정의 적정성, 시행결과의 목표달성도, 지역주민의 참여도와 만족도 등을 고려하여 보건복지부장관이 정하는 평가기준에 따라 평가하여야 한다.
②제1항의 규정에 따라 지역복지계획의 시행결과를 평가

하기 위하여 시장·군수·구청장은 시·군·구복지계획의 시행결과와 연차별 시행계획의 시행결과를 시행년도 다음해 2월말까지 시·도지사에게, 시·도지사는 시·도복지계획의 시행결과와 연차별 시행계획의 시행결과를 시행년도 다음해 3월말까지 보건복지부장관에게 각각 제출하여야 한다. ③보건복지부장관 및 시·도지사는 제1항의 규정에 따라 지역복지계획의 시행결과를 평가한 때에는 그 결과를 공표할 수 있다.
[본조신설 2004.7.30]

제8조 (사회복지법인의 설립허가신청 등<개정 2004.7.30>) ① 법 제16조의 규정에 따라 사회복지법인의 설립허가를 받고자 하는 자는 법인설립허가신청서에 보건복지부령이 정하는 서류를 첨부하여 사회복지법인의 주된 사무소의 소재지를 관할하는 시장·군수·구청장 및 시·도지사를 거쳐 보건복지부장관에게 제출하여야 한다. <개정 2004.7.30>
②제1항의 규정에 의한 경유기관이 법인설립허가신청서를 받은 때에는 자산에 관한 실지조사의 결과와 사회복지법인 설립의 필요성에 관한 검토의견을 첨부하여 보건복지부장관에게 송부하여야 한다. <개정 1999.10.30, 2004.7.30>

제9조 (특별한 관계에 있는 자의 범위) ①법 제18조제2항에서 "대통령령이 정하는 특별한 관계에 있는 자"라 함은 다음 각 호의 자를 말한다.
1. 출연자
2. 출연자 또는 이사와 다음 각 목의 1에 해당하는 친족. 다만, 출연자 또는 이사가 출가녀인 경우에는 남편과의 관계에 의한다.
가. 6촌 이내의 부계혈족과 4촌 이내의 부계혈족의 처
나. 3촌 이내의 부계혈족의 남편 및 자녀
다. 3촌 이내의 모계혈족과 그 배우자 및 자녀
라. 처의 3촌 이내의 부계혈족 및 그 배우자
마. 배우자(사실상 혼인관계에 있는 자를 포함한다)
바. 입양자의 생가의 직계존속
사. 출양자 및 그 배우자와 출양자의 양가의 직계비속
아. 혼인 외의 출생자의 생모
자. 2촌 이내의 부계혈족의 배우자의 2촌 이내의 부계혈족
3. 출연자 또는 이사의 사용인 그 밖에 고용관계에 있는 자(출연자 또는 이사가 출자에 의하여 사실상 지배하고 있는 법인의 사용인 그 밖에 고용관계에 있는 자를 포함한다)
4. 출연자 또는 이사의 금전 그 밖의 재산에 의하여 생계를 유지하는 자 및 그와 생계를 함께 하는 자
5. 출연자 또는 이사가 재산을 출연한 다른 법인의 이사
②제1항제3호에서 "출자에 의하여 사실상 지배하고 있는 법인"이라 함은 법인이 다음 각 호의 1에 해당하는 것을 말한다.

1. 법인의 발행주식총액 또는 출자총액의 100분의 30 이상을 출자자 1인과 그와 제1항제2호·제4호 및 사용인 그 밖에 고용관계에 있는 자(이하 이 항에서 "지배주주"라 한다)가 소유하고 있는 경우
2. 법인의 발행주식총액 또는 출자총액의 100분의 50 이상을 제1호의 법인과 그의 지배주주가 소유하고 있는 경우
3. 법인의 발행주식총액 또는 출자총액의 100분의 50 이상을 제1호의 법인과 그의 지배주주 및 제2호의 법인이 소유하고 있는 경우
[전문개정 2004.7.30]

제10조 (감사의 추천) 법 제18조제6항의 규정에 의하여 보건복지부장관이 감사 1인을 추천하고자 하는 경우에는 해당 사회복지법인이 업무와 재산관리에 있어서 위법 또는 부당하여 정상적인 업무수행이 곤란하다고 판단되는 때에 한하여 이를 행할 수 있으며, 그 뜻을 당해 사회복지법인에게 서면으로 통지하여야 한다. <개정 1999.10.30, 2004.7.30>

제10조의2 (이사와 특별한 관계에 있는 자의 범위) 법 제27조제2항 단서에서 "대통령령이 정하는 특별한 관계가 있는 자"라 함은 이사와 제9조제1항제2호 내지 제5호의 관계가 있는 자를 말한다.
[본조신설 2004.7.30]

제11조 (사회복지법인의 합병 <개정 2004.7.30>) ①법 제30조의 규정에 의하여 사회복지법인의 합병허가를 받고자 하는 때에는 법인합병허가신청서에 합병후 존속하는 사회복지법인 또는 합병에 의하여 설립되는 사회복지법인의 정관과 보건복지부령이 정하는 서류를 첨부하여 보건복지부장관에게 제출하여야 한다. <개정 1999.10.30, 2004.7.30>
②합병에 의하여 사회복지법인을 새로이 설립하고자 하는 경우에는 관계 사회복지법인이 각각 5인씩 지명하는 설립위원이 정관의 작성 등 사회복지법인설립에 관한 사무를 공동으로 행하여야 한다. <개정 2004.7.30>

제12조 (한국사회복지협의회 등의 업무) ①법 제33조제1항의 규정에 의한 한국사회복지협의회(이하 "중앙협의회"라 한다)는 다음 각 호의 업무를 행한다.
1. 사회복지에 관한 조사연구 및 정책건의
2. 사회복지에 관한 교육훈련
3. 사회복지에 관한 자료수집 및 간행물 발간
4. 사회복지에 관한 계몽 및 홍보
5. 자원봉사활동의 진흥
6. 사회복지사업에 종사하는 자의 교육훈련과 복지증진
7. 사회복지에 관한 학술도입과 국제사회복지단체와의 교류

8. 보건복지부장관이 위탁하는 사회복지에 관한 업무
9. 기타 중앙협의회의 목적달성에 필요하여 정관으로 정하는 사항
②법 제33조제1항의 규정에 의한 시·도사회복지협의회(이하 "시·도협의회"라 한다)는 당해 지역안에서 다음 각 호의 업무를 행한다. <개정 2004.7.30>
1. 제1항제1호 내지 제7호의 사업
2. 시·도지사 또는 중앙협의회가 위탁하는 업무
3. 그 밖에 시·도협의회의 목적달성에 필요하여 정관으로 정하는 사항
③법 제33조제1항의 규정에 의한 시·군·구사회복지협의회(이하 "시·군·구협의회"라 한다)는 당해 지역안에서 다음 각 호의 업무를 행한다. <신설 2004.7.30>
1. 제1항제1호 내지 제7호의 사업
2. 시·도지사, 시장·군수·구청장, 중앙협의회 또는 시·도협의회가 위탁하는 업무
3. 그 밖에 시·군·구협의회의 목적달성에 필요하여 정관으로 정하는 사항

제13조 (중앙협의회 등의 회원) ①다음 각 호의 1에 해당하는 자는 중앙협의회의 회원이 될 수 있다. <개정 2004.7.30>
1. 시·도협의회의 장
2. 사회복지법인 및 사회복지사업과 관련있는 비영리법인의 대표자
3. 경제계·언론계·종교계·법조계·문화계·교육계 및 보건의료계 등을 대표하는 자
4. 기타 사회복지사업수행에 필요하다고 인정되어 중앙협의회의 장이 추천하는 자
②다음 각 호의 1에 해당하는 자는 시·도협의회의 회원이 될 수 있다. <개정 2004.7.30>
1. 시·군·구협의회의 장
2. 당해 지역에 주된 사무소가 있는 사회복지법인 및 사회복지사업과 관련있는 비영리법인의 대표자
3. 당해 지역의 경제계·언론계·종교계·법조계·문화계·교육계 및 보건의료계 등을 대표하는 자
4. 그 밖에 지역사회의 복지발전을 위하여 시·도협의회의 장이 추천하는 자
③다음 각 호의 1에 해당하는 자는 시·군·구협의회의 회원이 될 수 있다. <신설 2004.7.30>
1. 당해 지역에 주된 사무소가 있는 사회복지법인 및 사회복지사업과 관련있는 비영리법인의 임직원
2. 당해 지역에 주된 사무소가 있는 사회복지시설의 종사자
3. 당해 지역의 경제계·언론계·종교계·법조계·문화계·교육계 및 보건의료계 등에 종사하는 자
4. 그 밖에 지역사회의 복지발전을 위하여 시·군·구협의회의 장이 추천하는 자

제14조 (임원) ①중앙협의회, 시·도협의회 및 시·군·구협의회(이하 "각 협의회"라 한다)는 임원으로 대표이사 1인을 포함한 15인 이상 30인 이하(시·군·구협의회의 경우에는 10인 이상 30인 이하)의 이사와 감사 2인을 둔다. <개정 2004.7.30>
②이사와 감사의 임기는 3년으로 하되, 각각 연임할 수 있다.
③임원의 선출방법과 그 자격요건에 관하여 필요한 사항은 정관으로 정한다.

제15조 (이사회) ①각 협의회에 이사로 구성되는 이사회를 둔다.
②이사회는 정관이 정하는 바에 따라 각 협의회의 업무에 관한 중요사항을 심의·의결한다.
③대표이사는 이사회를 소집하고, 그 의장이 된다.
④감사는 이사회에 출석하여 의견을 진술할 수 있다.
⑤이사회의 운영에 관하여 필요한 사항은 정관으로 정한다.

제16조 삭제 <1999.10.30>

제17조 (각 협의회의 운영경비) 각 협의회의 운영경비는 회원의 회비, 국가 및 지방자치단체의 보조금, 사업수입 및 기타 수입으로 충당한다.

제18조 (상호협조) 각 협의회는 원활한 업무추진을 위하여 상호협조하여야 한다.

제18조의2 (보험가입의무) 법 제34조의2제3항의 규정에 의한 손해책임보험에 가입하여야 할 사회복지시설의 범위는 다음 각 호와 같다. <개정 2004.7.30>
1. 다음 각 목의 사회복지시설 중 시설거주자를 보호하기 위한 사회복지시설
가. 법 제2조제1항 각 호의 법령에 의한 사회복지시설
나. 법 제34조제4항의 규정에 의한 사회복지시설
2. 결핵 및 한센병 요양시설
[본조신설 2000.7.10]

제18조의3 (시설의 안전점검 등) ①법 제34조의3의 규정에 의한 안전점검을 받아야 하는 사회복지시설의 범위는 다음 각 호와 같다. <개정 2004.7.30>
1. 법 제2조제1항 각 호의 법령에 의한 사회복지시설
2. 법 제34조제4항의 규정에 의한 사회복지시설
3. 결핵 및 한센병 요양시설
②제1항의 규정에 의한 사회복지시설(이하 이 조에서 "시설"이라 한다)의 장은 매 반기마다 보건복지부장관이 정하는 바에 따라 정기안전점검을 실시하여야 한다.

③시설의 장은 제2항의 규정에 의한 정기안전점검 결과 당해 시설의 구조·설비의 안전도가 취약하여 위해의 우려가 있는 때에는 다음 각 호의 1에 해당하는 안전점검기관에게 시설물의안전관리에관한특별법 제13조의 규정에 의한 안전점검및정밀안전진단지침에 따라 수시안전점검을 실시하도록 하여야 한다.
1. 시설물의안전관리에관한특별법 제9조의 규정에 의하여 등록한 안전진단전문기관
2. 건설산업기본법 제9조의 규정에 의하여 등록한 시설물의 유지관리를 업으로 하는 전문건설업자
[본조신설 2000.7.10]

제19조 (수용인원 300인 초과시설) 법 제41조 단서의 규정에 의하여 수용인원 300인을 초과할 수 있는 사회복지시설은 다음 각 호의 1에 해당하는 시설로 한다.
1. 노인복지법 제32조의 규정에 의한 노인주거복지시설 중 유료양로시설과 유료노인복지주택
2. 노인복지법 제34조의 규정에 의한 노인의료복지시설 중 유료노인요양시설과 유료노인전문요양시설

제20조 (보조금 등) 법 제42조제1항에서 "대통령령이 정하는 자"라 함은 다음 각 호의 1에 해당하는 자를 말한다.
1. 사회복지법인
2. 사회복지사업을 수행하는 비영리법인
3. 사회복지시설 보호대상자를 수용하거나 보육·상담 및 자립지원을 하기 위하여 사회복지시설을 설치·운영하는 개인

제21조 (비용의 징수) ①법 제44조제1항의 규정에 의하여 비용을 징수하고자 하는 때에는 그 산출근거를 명시하여 서면으로 통지하여야 한다. 다만, 그 혜택을 받은 본인이 국민기초생활보장법에 의한 수급자인 경우에는 그 비용을 징수하지 아니한다. <개정 2004.7.30>
②제1항의 규정에 의한 비용의 징수방법 및 절차 등에 관하여 필요한 사항은 보건복지부령으로 정한다.

제22조 (한국사회복지사협회의 업무) 협회는 다음 각 호의 업무를 행한다. <개정 2002.12.26>
1. 사회복지사에 대한 전문지식 및 기술의 개발·보급
2. 사회복지사의 전문성 향상을 위한 교육훈련
3. 사회복지사제도에 대한 조사연구·학술대회개최 및 홍보·출판사업
4. 국제사회복지사단체와의 교류·협력
5. 보건복지부장관이 위탁하는 사회복지사업에 관한 업무
6. 기타 협회의 목적달성에 필요한 사항

제23조 (협회의 회원) 협회의 회원은 사회복지사 자격증을 교부 받은 자로 한다.

제24조 (준용규정) 제14조 내지 제17조의 규정은 협회에 관하여 이를 준용한다. 이 경우 "각 협의회"는 이를 "협회"로 본다.

제25조 (권한의 위임·위탁) ①법 제52조제1항의 규정에 따라 보건복지부장관은 사회복지법인에 관한 권한 중 다음 각 호의 권한을 당해 사회복지법인의 주된 사무소의 소재지를 관할하는 시·도지사에게 위임한다. 다만, 중앙협의회 및 사회복지공동모금회법 제4조의 규정에 의한 사회복지공동모금회에 관한 권한을 제외한다. <개정 2004.7.30>
1. 법 제16조제1항의 규정에 의한 사회복지법인의 설립허가
2. 법 제17조제2항 본문의 규정에 의한 사회복지법인의 정관변경 인가
3. 법 제18조제5항의 규정에 의한 임원 임면보고의 접수
4. 법 제18조제6항의 규정에 의한 감사의 추천
5. 법 제20조제2항의 규정에 의한 임시이사의 선임
6. 법 제22조의 규정에 의한 임원의 해임명령
7. 법 제23조제3항 본문의 규정에 의한 기본재산의 처분 등에 관한 허가
8. 법 제24조의 규정에 의한 재산취득보고의 접수
9. 법 제26조의 규정에 의한 시정명령 또는 사회복지법인 설립허가의 취소
10. 법 제30조제1항의 규정에 의한 사회복지법인 합병의 허가(주사무소가 서로 다른 시·도에 소재한 사회복지법인간의 합병을 제외한다)
②법 제52조제2항의 규정에 의하여 보건복지부장관의 업무중 법 제9조의 규정에 의한 자원봉사활동의 지원·육성에 관한 업무는 중앙협의회에, 법 제11조의 규정에 의한 사회복지사자격증의 교부업무는 협회에 위탁한다. <개정 1999.10.30, 2004.7.30>
③법 제52조제2항의 규정에 의하여 보건복지부장관은 다음 각 호의 업무를 정부가 설립·운영비용의 일부를 출연한 비영리법인으로서 사회복지 지도·훈련 또는 시설평가에 관한 전문적인 능력을 갖춘 전문기관에 위탁할 수 있다. <신설 2004.7.30>
1. 법 제10조의 규정에 의한 사회복지사업종사자에 대한 지도·훈련업무
2. 법 제43조제1항의 규정에 의한 사회복지시설에 대한 평가업무

제26조 (과태료의 부과징수) ①법 제58조의 규정에 의하여 과태료를 부과할 때에는 당해 위반행위를 조사·확인한 후 위

반사실·과태료금액 등을 서면으로 명시하여 이를 납부할 것을 과태료처분대상자에게 통지하여야 한다.
②보건복지부장관, 시·도지사 또는 시장·군수·구청장은 제1항의 규정에 의하여 과태료를 부과하고자 할 때에는 10일 이상의 기간을 정하여 과태료처분대상자에게 구술 또는 서면에 의한 의견진술의 기회를 주어야 한다. 이 경우 지정된 기일까지 의견진술이 없는 때에는 의견이 없는 것으로 본다.
③보건복지부장관, 시·도지사 또는 시장·군수·구청장은 과태료의 금액을 정함에 있어서는 당해 위반행위의 동기와 그 결과 등을 참작하되, 그 부과기준은 별표 4와 같다.
④과태료의 징수절차는 보건복지부령으로 정한다.

부칙 <제15839호, 1998.7.16>
제1조 (시행일) 이 영은 공포한 날부터 시행한다. 다만, 제3조 내지 제5조, 별표 2및 별표 3의 개정규정은 2003년 1월 1일부터 시행한다.
제2조 (사회복지사의 자격기준에 관한 특례 등) ①제2조제1항 및 별표 1의 개정규정에 불구하고 2002년 12월 31일까지의 사회복지사의 등급별 자격기준은 별표 1의2와 같다.
②이 영 시행당시 고등교육법에 의한 대학원에서 사회복지학 또는 사회사업학을 전공하고 있는 자에 대하여는 별표 1의2의 사회복지사 1급란의 가목 단서의 규정에 불구하고 2002년 12월 31일까지는 종전의 규정에 의한다. <개정 1999.10.30>
③이 영 시행당시 종전의 별표 사회복지사 2급란의 제1호 및 동표 사회복지사 3급란의 제1호에 해당하는 자는 2002년 12월 31일까지는 별표 1의2의 사회복지사 1급란의 다목 및 동표의 사회복지사 2급란의 가목에 각각 해당하는 것으로 본다. <개정 1999.10.30>
제3조 (사회복지사의 채용에 관한 경과조치) 이 영 시행당시 사회복지법인 또는 사회복지시설을 설치·운영하는 자가 사회복지사가 아닌 자로 하여금 제6조제1항 각 호의 1에 해당하는 업무에 종사하게 한 경우에는 이 영 공포일부터 3년이내에 사회복지사를 채용하여 그 업무에 종사하게 하여야 한다.
제4조 (사회복지사자격증의 교부업무에 관한 특례) 중앙협의회는 제25조제2항의 개정규정에 불구하고 1998년 12월 31일까지 사회복지사자격증의 교부업무를 행한다.
제5조 (한국사회복지협의회 임원의 임기에 관한 경과조치) 이 영 시행당시 한국사회복지협의회의 임원의 임기는 종전의 규정에 불구하고 법 부칙 제5조의 규정에 의하여 변경인가받은 정관에 따라 구성된 총회에서 선출된 임원에 대하여 등기한 날까지로 한다.

부칙 <제16589호, 1999.10.30>

이 영은 1999년 11월 1일부터 시행한다.

부칙 <제16903호, 2000.7.10>
이 영은 2000년 7월 13일부터 시행한다. 다만, 제18조의2 및 별표 4 제4호의 개정규정은 2003년 1월 13일부터 시행한다.

부칙 <제17814호, 2002.12.26>
이 영은 공포한 날부터 시행한다. 다만 별표 1 및 별표 3의 개정규정은 2003년 1월 1일부터 시행한다.

부칙 <제18501호, 2004.7.30>
제1조 (시행일) 이 영은 2004년 7월 31일부터 시행한다. 다만, 제7조의2 내지 제7조의4의 개정규정은 2005년 7월 31일부터 시행한다.
제2조 (특별한 관계에 있는 자의 범위에 관한 경과조치) 이 영 시행당시 종전의 규정에 따라 구성된 사회복지법인의 이사회에 대하여는 제9조의 개정규정에 불구하고 종전의 규정에 의한다.
제3조 (권한의 위임 및 위탁에 따른 경과조치) ①이 영 시행당시 종전의 규정에 따라 보건복지부장관이 사회복지법인에 대하여 행한 허가 및 인가는 제25조제1항의 개정규정에 따라 시·도지사가 행한 것으로 본다.
②이 영 시행당시 보건복지부장관에게 신청 중인 사회복지법인 설립의 허가신청 및 정관변경의 인가신청 등은 제25조제1항의 개정규정에 따라 시·도지사에게 신청한 것으로 본다.
③이 영 시행당시 종전의 규정에 따라 사회복지사업종사자에 대한 지도·훈련업무를 위탁받은 자는 제25조제3항의 개정규정에 따라 위탁받은 것으로 본다.
제4조 (과태료에 관한 경과조치) 이 영 시행전의 행위에 대한 과태료의 적용에 있어서는 종전의 규정에 의한다.
제5조 (사회복지사 자격기준 및 응시자격에 관한 특례) 이 영 시행당시 고등교육법에 의한 대학원에서 사회복지학 또는 사회사업학을 전공하고 있는 자에 대하여는 별표 1 및 별표 3의 개정규정에 불구하고 종전의 규정에 의한다.

부칙 (성매매방지및피해자보호등에관한법률시행령)
<제18553호, 2004.9.23>
①(시행일) 이 영은 2004년 9월 23일부터 시행한다.
②(다른 법령의 개정) 사회복지사업법시행령 중 다음과 같이 개정한다.
제6조제2항제4호를 다음과 같이 한다.
4. 성매매방지및피해자보호등에관한법률 제5조의 규정에 의한 성매매피해자등을 위한 지원시설 및 동법 제10조의 규정에 의한 성매매피해상담소
③생략

사회복지사업법시행규칙

연혁

1970. 8.28 제정 보건사회부령 356호
1975. 9.17 일부개정 보건사회부령 491호
1976. 9. 4 일부개정 보건사회부령 535호
1977. 2.25 일부개정 보건사회부령 553호
1980.12.30 일부개정 보건사회부령 663호
1981. 3. 4 일부개정 보건사회부령 668호
1984. 8.16 전문개정 보건사회부령 751호
1986. 6.25 일부개정 보건사회부령 789호
1990.10.29 일부개정 보건사회부령 856호

1993. 6. 9 일부개정 보건사회부령 907호
1993.11. 8 일부개정 보건사회부령 918호
1998. 8.11 전문개정 보건복지부령 71호
2000. 1.26 일부개정 보건복지부령 142호
2002.12.31 일부개정 보건복지부령 233호
2003.12.15 일부개정 보건복지부령 382호
2004. 9. 6 일부개정 보건복지부령 297호
2005. 6. 8 일부개정 보건복지부령 317호
2006. 7. 3 일부개정 보건복지부령 제363호

제1조 (목적) 이 규칙은 「사회복지사업법」 및 동법시행령에서 위임된 사항과 그 시행에 관하여 필요한 사항을 규정함을 목적으로 한다. <개정 2007.3.7>

제1조의2 (사회복지위원회의 구성 및 운영) ①「사회복지사업법」(이하 "법"이라 한다) 제7조의 규정에 의한 사회복지위원회는 위원장 1인을 포함한 15인 이상 20인 이하의 위원으로 구성한다. <개정 2007.3.7>
②사회복지위원회의 위원장은 위원 중에서 호선한다.
③사회복지위원회의 위원의 임기는 2년으로 한다.
[본조신설 2004.9.6]

제1조의3 (지역사회복지협의체의 구성 및 운영) ①법 제7조의2제1항의 규정에 의한 지역사회복지협의체는 위원장을 포함한 10인 이상 20인 이하의 위원으로 구성한다.
②지역사회복지협의체의 위원장은 위원 중에서 호선하되, 임명직위원과 위촉직위원 각 1인을 공동위원장으로 선출할 수 있다.
③지역사회복지협의체의 위원의 임기는 2년으로 한다. 다만, 공무원인 위원의 임기는 그 재직기간으로 한다.
[본조신설 2004.9.6]

제1조의4 (실무협의체의 구성 및 운영) ①법 제7조의2제3항의 규정에 의한 실무협의체(이하 "실무협의체"라 한다)는 위원장 1인을 포함한 10인 이상 20인 이하의 위원으로 구성한다.
②실무협의체의 위원장은 위원 중에서 호선하고, 위원은 다음 각 호의 1에 해당하는 자 중에서 지역사회복지협의체의 위원장이 임명 또는 위촉한다. 이 경우 지역사회복지협의체의 위원장이 2인의 공동위원장인 경우에는 공동으로 임명 또는 위촉한다.
1. 사회복지 또는 보건의료에 관한 실무지식과 경험이 풍부한 자
2. 법 제7조의2제2항제2호 내지 제4호의 규정에 의한 기관·단체의 실무자
3. 사회복지업무 또는 보건의료업무를 담당하는 공무원
③실무협의체의 위원의 임기는 2년으로 한다. 다만, 공무원인 위원의 임기는 그 재직기간으로 한다.
[본조신설 2004.9.6]

제2조 (복지위원) ①법 제8조의 규정에 의한 복지위원은 다음 각 호의1에 해당하는 자 중에서 읍·면·동의 장의 추천으로 시장·군수·구청장(자치구의 구청장에 한한다. 이하 같다)이 위촉한다. <개정 2004.9.6>
1. 당해지역사회의 실정에 밝고 사회복지증진에 열의가 있는 자
2. 사회복지에 관한 학식과 경험이 풍부한 자
②복지위원의 임기는 3년으로 한다.
③복지위원의 정수는 읍·면·동별로 각 2인이상으로 하되, 지역여건을 감안하여 시·군·구(자치구에 한한다. 이하 같다)의 조례로 정한다.
④복지위원은 다음 각 호의 직무를 행한다.
1. 관할지역 안의 저소득 주민·아동·노인·장애인·모자가정·요보호자등 법 제2조제1항의 사회복지사업에 의한 도움을 필요로 하는 자(이하 이 항에서 "사회복지대상자"라 한다)에 대한 선도 및 상담

2. 사회복지대상자의 권익을 보호하기 위하여 필요한 사항
3. 사회복지관계 행정기관, 사회복지시설 기타 사회복지관계 단체와의 협력
4. 기타 관할지역 주민의 복지증진을 위하여 필요한 사항의 처리

제3조 (사회복지학 전공교과목과 사회복지관련 교과목) 「사회복지사업법 시행령」(이하 "영"이라 한다) 별표 1, 별표 1의2 및 별표 3에서 "보건복지부령이 정하는 사회복지학 전공교과목과 사회복지관련 교과목"이라 함은 별표 1과 같다. <개정 2007.3.7>

제4조 (사회복지사자격증의 교부신청 등) ①영 제2조제2항 및 영 제25조제2항의 규정에 의하여 사회복지사의 자격증(이하 "자격증"이라 한다)을 교부받고자 하는 자는 별지 제1호서식의 사회복지사자격증교부신청서에 다음 각 호의 서류를 첨부하여 법 제46조의 규정에 의한 한국사회복지사협회(이하 "협회"라 한다)에 제출하여야 한다. <개정 2000.1.26, 2002.12.31>
1. 삭제 <2002.12.31>
2. 영 별표 1의 사회복지사 자격기준에 해당함을 증명하는 서류 1부(사회복지사 1급 국가시험에 합격한 자를 제외한다)
3. 6월이내에 촬영한 탈모정면 상반신 반명함판(3.5×4.5센티미터) 사진 2매
②제1항의 규정에 의하여 자격증을 교부받은 자가 그 자격증을 잃어버리거나 헐어서 못쓰게 되어 재교부를 받고자 하는 때에는 별지 제2호서식의 사회복지사자격증재교부신청서에 다음 각 호의 서류를 첨부하여 협회에 제출하여야 한다. <개정 2000.1.26>
1. 사회복지사자격증(헐어서 못쓰게 된 경우에 한한다) 1부
2. 6월이내에 촬영한 탈모정면 상반신 반명함판(3.5×4.5센티미터) 사진 1매
③협회는 제1항 및 제2항의 규정에 의하여 자격증의 교부 또는 재교부신청을 받은 때에는 별지 제3호서식의 사회복지사자격증교부대장에 이를 기재한 후 별지 제4호서식의 사회복지사자격증을 교부하여야 한다.
④법 제11조제4항의 규정에 의하여 자격증을 교부 또는 재교부받고자 하는 자는 수수료로 1만원을 납부하여야 한다. <개정 2000.1.26>

제5조 (응시수수료) ①법 제12조제3항의 규정에 의한 사회복지사 1급 국가시험의 응시수수료는 4만2천원으로 한다. <개정 2002.12.31>
②제1항의 규정에 의한 수수료를 납부한 때에는 시험에 응시하지 아니한 경우에도 이를 반환하지 아니한다.

제6조 (사회복지전담공무원의 임용·배치현황 보고) 특별시장·광역시장 또는 도지사(이하 "시·도지사"라 한다)는 영 제7조제2항의 규정에 의하여 사회복지전담공무원을 임용·배치하는 경우에는 그 현황을 다음 연도 1월말까지 별지 제6호서식에 의하여 보건복지부장관에게 보고하여야 한다.

제6조의2 (지역사회복지계획의 조정권고) ①법 제15조의3제4항의 규정에 따라 보건복지부장관 또는 시·도지사가 지역사회복지계획의 내용에 대하여 조정을 권고할 수 있는 경우는 다음 각 호의 경우로 한다.
1. 지역사회복지계획의 내용이 법령에 위반된다고 판단되는 경우
2. 지역사회복지계획의 내용이 국가 또는 특별시·광역시·도(이하 "시·도"라 한다)의 사회복지시책에 부합되지 아니한 경우
3. 지역사회복지계획의 내용이 지방자치단체의 행정구역과 주민생활권역간의 차이를 반영하지 아니한 경우
4. 지역사회복지계획의 내용이 2 이상의 지방자치단체에 걸쳐 있음에도 당해 지방자치단체 간 협의를 거치지 아니한 경우
5. 지방자치단체 간 지역사회복지계획의 내용에 현저한 불균형이 있는 경우
②보건복지부장관 또는 시·도지사는 법 제15조의3제4항의 규정에 따른 지역복지계획의 조정권고를 위하여 필요하다고 인정되는 경우에는 당해 지방자치단체의 장에게 관련자료의 제출을 요구할 수 있다.
[본조신설 2004.9.6]

제7조 (법인의 설립허가 신청 등) ①영 제8조제1항의 규정에 의한 사회복지법인(이하 "법인"이라 한다) 설립허가신청서는 별지 제7호서식에 의한다.
②제1항의 신청서에는 다음 각 호의 서류를 첨부하여야 한다. 다만, 「전자정부구현을 위한 행정업무 등의 전자화촉진에 관한 법률」 제21조제1항의 규정에 따른 행정정보의 공동이용을 통하여 첨부서류에 대한 정보를 확인할 수 있는 경우에는 그 확인으로 첨부서류에 갈음할 수 있다. <개정 2005.6.8, 2007.3.7>
1. 설립취지서 1부
2. 정관 2부
3. 재산출연증서 1부
4. 재산출연자의 인감증명서 1부
5. 재산의 소유를 증명할 수 있는 서류(부동산의 경우에는 등기부등본을 말한다. 이하 같다) 1부
6. 재산의 평가조서(「지가공시 및 토지 등의 평가에 관한 법률」에 의한 감정평가업자의 감정평가서를 첨부하여야 한

다. 이하 같다) 1부
7. 재산의 수익조서(수익용 기본재산을 갖춘 경우에 한하며, 공인된 감정평가기관의 수익증명 또는 수익을 증명할 수 있는 기관의 증빙서류를 첨부하여야 한다. 이하 같다) 1부
8. 임원의 취임승낙서(인감증명서를 첨부하여야 한다. 이하 같다) 및 이력서 각 1부
9. 임원 상호간의 관계에 있어 법 제18조제2항의 규정에 저촉되지 아니함을 입증하는 각서 1부
10. 설립 당해연도 및 다음 연도의 사업계획서 및 예산서 각 1부
③보건복지부장관 또는 특별시장·광역시장·도지사(이하 "주무관청"이라 한다)는 제1항의 규정에 의한 신청에 대하여 허가를 하는 때에는 별지 제8호서식의 사회복지법인설립허가증을 신청인에게 교부하여야 한다.

제8조 (정관의 변경) 법 제17조제2항의 규정에 의하여 법인이 정관을 변경하고자 하는 때에는 별지 제9호서식의 사회복지법인정관변경인가신청서에 다음 각 호의 서류를 첨부하여 주무관청에 제출하여야 한다. 다만, 「전자정부구현을 위한 행정업무 등의 전자화촉진에 관한 법률」 제21조제1항의 규정에 따른 행정정보의 공동이용을 통하여 첨부서류에 대한 정보를 확인할 수 있는 경우에는 그 확인으로 첨부서류에 갈음할 수 있다. <개정 2005.6.8>
1. 정관의 변경을 결의한 이사회 회의록사본 1부
2. 정관변경안 1부
3. 사업변경계획서, 예산서 및 재산의 소유를 증명할 수 있는 서류(사업의 변동이 있는 경우에 한한다) 각 1부
4. 재산의 평가조서 및 재산의 수익조서(사업의 변동이 있는 경우에 한한다) 각 1부

제9조 (인가를 요하지 아니하는 정관변경) 법 제17조제2항 단서에서 "보건복지부령으로 정하는 경미한 사항"이라 함은 법 제17조제1항제11호의 사항을 말한다.

제10조 (임원의 임면보고) <개정 2000.1.26> 법 제18조제5항의 규정에 의하여 법인이 임원의 임면보고를 하고자 하는 때에는 별지 제10호서식의 법인임원임면보고서에 다음 각 호의 서류를 첨부하여 주무관청에 제출하여야 한다. 이 경우 법인 설립당시 취임하는 임원에 대하여는 법인설립허가신청서에 임원의 선임보고를 한 것으로 본다. <개정2000.1.26, 2004.9.6, 2007.3.7>
1. 당해임원의 선임 또는 해임을 결의한 이사회 회의록사본 1부
2. 제7조제2항제8호 및 제9호의 서류 각 1부

제11조 (임시이사의 선임청구) 법 제20조제3항의 규정에 의하

여 이해관계인이 임시이사의 선임을 청구하고자 하는 때에는 청구사유와 이해관계인임을 증명하는 서류를 주무관청에 제출하여야 한다. <개정 2004.9.6>

제12조 (재산의 구분 및 범위) ①법 제23조의 규정에 의한 법인의 기본재산은 다음 각 호에 해당하는 재산으로 하고, 그 밖의 재산은 보통재산으로 한다.
1. 부동산
2. 정관에서 기본재산으로 정한 재산
3. 이사회의 결의에 의하여 기본재산으로 편입된 재산
②제1항의 규정에 의한 기본재산은 다음 각 호와 같이 목적사업용 기본재산과 수익용 기본재산으로 구분한다. 다만, 제13조제2항의 규정에 해당하는 법인에 있어서는 이를 구분하지 아니할 수 있다. <개정 2000.1.26>
1. 목적사업용 기본재산 : 법인이 사회복지시설(이하 "시설"이라 한다) 등을 설치하는 데 직접 사용하는 기본재산
2. 수익용 기본재산 : 법인이 그 수익으로 목적사업의 수행에 필요한 경비를 충당하기 위한 기본재산

제13조 (기본재산의 기준) ①법 제23조의 규정에 의하여 시설의 설치·운영을 목적으로 하는 법인은 다음 각 호의 구분에 따라 기본재산을 갖추어야 한다. <개정 2004.9.6>
1. 시설거주자를 보호하기 위한 시설 : 다음 각 목의 구분에 따라 상시 10인 이상의 시설거주자를 보호할 수 있는 목적사업용 기본재산을 갖추어야 한다. 다만, 법 제2조제1항 각 호의 법령에서 10인 미만의 소규모시설을 따로 정하고 있는 경우에는 당해 법령에 의한 시설의 설치기준에 해당하는 목적사업용 기본재산을 갖추어야 한다.
가. 법 제2조제1항 각 호의 법령에 의한 시설 및 법 제34조제4항의 규정에 의한 시설 : 법 제2조제1항 각 호의 법령에 의한 시설 및 법 제34조제4항의 규정에 의한 시설의 설치기준에 해당하는 목적사업용 기본재산
나. 결핵 및 한센병 요양시설 : 입소정원에 13.2제곱미터를 곱한 시설면적 이상에 해당하는 목적사업용 기본재산
2. 제1호외의 시설 : 당해 법인이 설치·운영하고자 하는 시설을 갖출 수 있는 목적사업용 기본재산
②법 제23조의 규정에 의하여 시설의 설치·운영을 목적으로 하지 아니하고 사회복지사업을 지원하는 것을 목적으로 하는 법인은 법인의 운영경비의 전액을 충당할 수 있는 기본재산을 갖추어야 한다.
[전문개정 2000.1.26]

제14조 (기본재산의 처분) ①법인은 법 제23조제3항제1호의 규정에 의하여 기본재산의 매도·증여·교환·임대·담보제공 또는 용도변경(이하 "처분"이라 한다)에 관한 허가를 받고자 하는 경우에는 별지 제11호서식의 기본재산처분허가신

청서에 다음 각 호의 서류를 첨부하여 주무관청에 제출하여야 한다. <개정 2000.1.26, 2004.9.6>
1. 기본재산의 처분을 결의한 이사회 회의록사본 1부
2. 처분하는 기본재산의 명세서 1부
3. 처분하는 기본재산의 감정평가서(교환의 경우에는 취득하는 재산의 감정평가서를 포함한다) 1부
②법 제23조제3항 단서에서 "보건복지부령으로 정하는 사항"이라 함은 기본재산에 관한 임대계약을 갱신하는 경우를 말한다.

제15조 (장기차입금액의 허가) ①법 제23조제3항제2호에서 "보건복지부령이 정하는 금액이상"이라 함은 장기차입하고자 하는 금액을 포함한 장기차입금의 총액이 기본재산 총액에서 차입당시의 부채총액을 공제한 금액의 100분의 5에 상당하는 금액이상을 말한다.
②제1항의 규정에 의한 금액을 장기차입하고자 하는 경우에는 별지 제12호서식의 장기차입허가신청서에 다음 각 호의 서류를 첨부하여 주무관청에 제출하여야 한다. <개정 2000.1.26, 2004.9.6>
1. 이사회 회의록사본 1부
2. 차입목적 또는 사유서(차입용도를 포함한다) 1부
3. 상환계획서 1부

제16조 (재산취득보고) 법인은 법 제24조 후단의 규정에 의하여 매년 1월말까지 전년도의 재산취득상황을 주무관청에 보고하여야 한다. <개정 2000.1.26, 2004.9.6>

제17조 삭제 <2000.1.26>
제18조 삭제 <2000.1.26>

제19조 (법인의 합병) ①영 제11조제1항의 규정에 의한 법인 합병허가신청서는 별지 제14호서식에 의한다.
②제1항의 신청서에는 다음 각 호의 구분에 따른 서류를 첨부하여야 한다.
1. 합병후 존속하는 법인
가. 관계법인의 합병결의서·정관·재산목록 및 대차대조표 각 1부
나. 정관변경안 1부
다. 사업계획서·예산서 및 재산의 소유를 증명할 수 있는 서류 각 1부
라. 재산의 평가조서 및 재산의 수익조서 각 1부
2. 합병에 의하여 새로이 설립되는 법인
가. 합병취지서·재산목록 및 대차대조표 각 1부
나. 합병 당해연도 및 다음 연도의 사업계획서 및 예산서 각 1부
다. 제7조제2항제2호 내지 제9호의 서류 각 1부

제19조의2 (보호의 신청 및 통지) ①법 제33조의2의 규정에 의하여 사회복지서비스의 제공(이하 "보호"라 한다)을 신청하고자 하는 자는 별지 제14호의2서식에 의한 사회복지서비스제공신청서에 보건복지부장관이 정하는 바에 따라 보호대상자의 부양관계, 소득·재산상태 및 건강상태를 확인할 수 있는 서류를 첨부하여 시장·군수·구청장에게 제출하여야 한다.
②제1항의 규정에 따라 사회복지서비스의 제공을 받고 있는 자가 서비스의 내용을 변경하여 받고자 하는 때에는 별지 제14호의2서식에 의한 사회복지서비스변경신청서에 보건복지부장관이 정하는 바에 따라 보호대상자의 부양관계, 소득·재산상태, 건강상태를 확인할 수 있는 서류를 첨부하여 시장·군수·구청장에게 제출하여야 한다.
③시장·군수·구청장이 법 제33조의4제3항의 규정에 의하여 보호의 실시여부와 그 유형을 통지함에 있어서는 신청일부터 20일 이내에 하여야 한다. 다만, 조사 등에 시일을 요하는 특별한 사유가 있는 경우에는 그 사유를 명시하여 신청일부터 30일 이내에 통지할 수 있다.
[본조신설 2004.9.6]

제19조의3 (보호계획의 작성 등) ①시장·군수·구청장은 법 제33조의5제1항의 규정에 의하여 보호대상자별 보호계획을 작성하는 때에는 보호대상자의 경제상황, 가정상황 및 건강상황을 종합적으로 고려하여 사회복지 및 보건의료서비스가 제공될 수 있도록 하여야 한다.
②제1항의 규정에 의한 보호대상자별 보호계획은 별지 제14호의3서식에 의하여 작성한다.
[본조신설 2004.9.6]

제19조의4 (사회복지서비스 이용권) ①법 제33조의7제3항에 따라 보건복지부장관은 보호대상자의 복지요구, 소득·재산상태 등을 고려하여 사회복지서비스 이용권(이하 "이용권"이라 한다)의 지급대상에 대한 기준을 정하고, 시장·군수·구청장은 보건복지부장관이 정한 기준에 따라 예산의 범위 내에서 이용권 지급대상자를 결정한다.
②제1항에 따른 이용권으로 이용할 수 있는 사회복지서비스의 유형은 개인과 가정의 돌봄 지원, 활동의 보조, 가사 또는 간병서비스, 신체적·정신적 건강의 향상을 목적으로 하는 사회복지서비스와 그 밖에 보건복지부장관이 정하는 사회복지서비스로 한다.
③보건복지부장관, 시·도지사, 시장·군수·구청장은 사회복지서비스를 제공하는 기관 또는 단체 중 보건복지부장관이 정하는 기준을 갖춘 자를 이용권을 받고 보호를 실시하는 기관 또는 단체(이하 "보호실시기관"이라 한다)로 선정하고 이를 공고하여야 한다.

④시장·군수·구청장은 보호대상자 중 보호실시기관을 이용하게 하는 것이 보호에 적합하다고 인정되는 자에게 이용권을 지급하고 이용권의 가격, 사용기한, 이용이 가능한 보호실시기관 등에 관한 정보를 제공하여야 한다.

⑤보호실시기관의 운영자는 이용권을 제출한 보호대상자에 대하여 이용권의 범위에서 보호를 실시하고 이에 따른 비용을 시장·군수·구청장에게 청구하여야 한다.

⑥시장·군수·구청장은 제5항에 따른 보호실시비용의 지급과 정산 등에 관한 업무를 보건복지부장관이 정하는 전문기관이나 단체로 하여금 수행하게 할 수 있다. 이 경우 시장·군수·구청장은 당해 전문기관이나 단체에 미리 보호실시비용을 예탁하여야 한다.

[본조신설 2007.3.7]

제20조 (시설의 설치·운영신고 등) ①법 제34조제2항의 규정에 의하여 국가 또는 지방자치단체외의 자가 시설을 설치·운영하고자 하는 때에는 별지 제15호서식의 사회복지시설설치·운영신고서(전자문서로 된 신고서를 포함한다)에 다음 각 호의 서류(전자문서를 포함한다)를 첨부하여 관할 시장·군수·구청장에게 제출하여야 한다. <개정 2004.9.6, 2005.6.8, 2005.10.17, 2006.7.3>

1. 법인의 정관(법인에 한한다) 1부
2. 시설운영에 필요한 재산목록(소유를 증명할 수 있는 서류를 첨부하여야 한다. 다만, 국·공유 토지나 건물에 시설을 설치·운영하고자 하는 경우에는 그 사용권을 증명할 수 있는 서류로 갈음할 수 있다) 1부
3. 삭제 <2006.7.3>
4. 사업계획서 및 예산서 각 1부
5. 시설의 평면도(시설의 층별 및 구조별 면적을 표시하여야 한다)와 건물의 배치도 각 1부
6. 삭제 <2002.12.31>

②제1항에 따라 신고서를 제출받은 담당 공무원은 「전자정부 구현을 위한 행정업무 등의 전자화 촉진에 관한 법률」 제21조제1항에 따른 행정정보의 공동이용을 통하여 법인등기부등본(법인인 경우에 한한다)을 확인하여야 한다. 다만, 신고인이 이에 동의하지 아니하는 경우에는 그 서류를 첨부하도록 하여야 한다. <신설 2006.7.3>

③시장·군수·구청장은 제1항의 규정에 의하여 신고를 받은 경우에는 별지 제18호서식의 사회복지시설신고증을 교부하여야 한다. <개정 2000.1.26>

④시장·군수·구청장은 별지 제19호서식의 사회복지시설신고관리대장을 작성·관리하여야 한다.

제21조 (사회복지관의 설치기준) ①법 제34조제2항의 규정에 의하여 사회복지관을 설치할 때에는 시설입구 등 일반이 보기 쉬운 곳에 사회복지관의 명칭을 부착하여야 한다.

②사회복지관에는 강당 또는 회의실과 방음설비를 갖춘 상담실을 갖추어야 하며, 제22조제1항의 규정에 의한 업무수행에 필요한 공간을 확보하여야 한다.

[본조신설 2004.9.6]

제22조 (사회복지관의 운영기준) ①사회복지관에는 사무분야, 가족복지분야, 지역사회보호분야, 지역사회조직분야, 교육 및 문화분야, 자활분야 등으로 업무분야를 나누어 이를 수행할 수 있는 직원을 각각 두거나 겸임할 수 있도록 하되, 직원의 수는 사회복지관의 규모 및 수행하는 사업을 고려하여 정하여야 한다.

②사회복지관의 관장과 각 분야별 책임자는 다음 각 호의 자격을 갖춘 자로 하여야 한다.

1. 관장 : 2급 이상의 사회복지사자격증 소지자 또는 이와 동등한 자격이 있다고 법 제36조의 규정에 의한 운영위원회(이하 "운영위원회"라 한다)에서 인정한 자
2. 사무분야의 책임자 : 3급 이상의 사회복지사자격증 소지자 또는 이와 동등한 자격이 있다고 운영위원회에서 인정한 자
3. 그 밖의 업무분야의 책임자 : 해당 분야의 자격증 소지자

③사회복지관의 관장은 별표 2에 해당하는 사업 중 지역사회의 특성과 지역주민의 복지욕구를 고려한 사업을 선택하여 복지사업을 수행하여야 한다.

④사회복지관의 관장은 지역주민의 복지욕구에 대한 조사, 관계행정기관 및 단체의 의견을 수렴하여 매년도의 사회복지관 복지사업계획을 수립하여야 한다.

⑤사회복지관은 복지사업을 함에 있어서 지역주민을 그 대상으로 실시하되, 다음 각 호에 해당하는 주민이 우선적인 사업대상이 되도록 하여야 한다. <개정 2007.3.7>

1. 「국민기초생활보장법」에 의한 수급자 등 저소득 주민
2. 장애인, 노인, 모·부자가정 등 취약계층 주민
3. 직업·부업훈련 및 취업알선이 필요한 주민
4. 유아, 아동 또는 청소년의 보호 및 교육이 필요한 주민

⑥사회복지관의 재무·회계는 사회복지법인재무·회계규칙을 준용한다.

⑦사회복지관의 관장은 별지 제15호의2서식에 의한 사회복지관현황보고서를 매년 1월말까지 시장·군수·구청장 및 시·도지사를 거쳐 보건복지부장관에게 제출하여야 한다.

[본조신설 2004.9.6]

제22조의2 (시설의 위탁기준 및 방법) ①법 제34조제5항의 규정에 의하여 국가 또는 지방자치단체가 설치한 시설을 위탁하여 운영하고자 하는 경우에는 공개모집에 의하여 수탁자를 선정하되, 수탁자의 재정적 능력, 공신력, 사업수행능력, 지역간 균형분포 및 제27조의 규정에 의한 평가결과(평가를 한 경우에 한한다) 등을 종합적으로 고려하여 선정하

여야 한다.

②제1항의 규정에 의한 시설의 수탁자 선정을 위하여 당해 시설을 설치한 국가 또는 지방자치단체(이하 "위탁기관"이라 한다)에 수탁자선정심의위원회(이하 "선정위원회"라 한다)를 둔다.

③국가 또는 지방자치단체는 제1항의 규정에 의하여 수탁자를 선정하고자 하는 경우에는 제2항의 규정에 의한 선정위원회의 심의를 거쳐야 한다.

④선정위원회는 위원장 1인을 포함한 9인 이내의 위원으로 구성하고, 위원은 다음 각 호의 1에 해당하는 자 중에서 위탁기관의 장이 임명 또는 위촉하며, 위원장은 위원 중에서 위탁기관의 장이 지명한다. <개정 2007.3.7>

1. 사회복지업무를 담당하는 공무원

2. 사회복지에 관한 학식과 경험이 풍부한 자

3. 공익단체(「비영리민간단체지원법」 제2조의 규정에 의한 비영리민간단체를 말한다)에서 추천한 자

4. 기타 법률전문가 등 선정위원회 참여가 필요하다고 위탁기관의 장이 인정하는 자

⑤선정위원회는 재적위원 과반수의 출석으로 개의하고 출석위원 과반수의 찬성으로 의결한다.

⑥이 규칙에 정한 것 외에 선정위원회의 운영에 관하여 필요한 사항은 위탁기관의 장이 정한다.

[본조신설 2004.9.6]

제23조 (시설의 위탁) ①법 제34조제5항의 규정에 의하여 위탁기관이 시설을 위탁하여 운영하고자 하는 때에는 다음 각 호의 내용이 포함된 계약을 체결하여야 한다. <개정 2004.9. 6>

1. 수탁자의 성명 및 주소

2. 위탁계약기간

3. 위탁대상시설 및 업무내용

4. 수탁자의 의무 및 준수 사항

5. 시설의 안전관리에 관한 사항

5의2. 시설종사자의 고용승계에 관한 사항

6. 계약의 해지에 관한 사항

7. 기타 시설의 운영에 필요하다고 인정되는 사항

②제1항제2호의 규정에 의한 위탁계약기간은 5년이내로 한다. 다만, 위탁자가 필요하다고 인정하는 때에는 제22조의2제2항의 규정에 의한 선정위원회의 심의를 거쳐 그 계약기간을 갱신할 수 있다. <개정 2004.9.6>

제24조 (운영위원회의 조직 및 운영) ①법 제36조제2항의 규정에 의한 운영위원회의 위원은 위원장 및 시설의 장을 포함하여 5인이상 10인이하의 위원으로 구성한다. <개정 2004. 9.6>

②운영위원회의 위원은 다음 각 호의 1에 해당하는 자 중에

서 시설의 장의 추천을 받아 관할 시장·군수·구청장이 임명 또는 위촉한다. 다만, 제4호에 해당하는 자의 경우에는 시설의 장의 추천을 받지 아니한다. <개정 2000.1.26, 2004. 9.6>

1. 시설거주자 또는 시설거주자의 보호자 대표

2. 지역주민

3. 후원자 대표

4. 관계공무원

5. 기타 시설운영에 관하여 전문적인 지식과 경험이 풍부한 자

③운영위원회의 위원장은 위원 중에서 호선한다. <개정 2004.9.6>

④위원의 임기는 3년으로 한다.

⑤이 규칙에서 정한 사항 외에 운영위원회의 운영에 관하여 필요한 사항은 보건복지부장관이 정한다. <개정 2004.9. 6>

제25조 (시설의 서류비치) 법 제37조의 규정에 의하여 시설에 비치하여야 할 서류는 다음 각 호와 같다. <개정 2000.1. 26>

1. 법인의 정관(법인에 한한다)

2. 법인설립허가증사본(법인에 한한다)

3. 사회복지시설신고증

4. 시설거주자 및 퇴소자의 명부

5. 시설거주자 및 퇴소자의 상담기록부

6. 시설의 운영계획서 및 예산·결산서

7. 후원금품대장

8. 시설의 건축물관리대장

9. 시설의 장과 종사자의 명부

제26조 (시설의 휴지·재개·폐지신고 등) ①법 제38조제2항의 규정에 의하여 시설의 운영을 휴지 또는 재개하거나 시설을 폐지하고자 하는 때에는 별지 제20호서식에 의한 신고서에 다음 각 호의 서류를 첨부하여 휴지·재개·폐지 3월전까지 관할 시장·군수·구청장에게 제출하여야 한다.

1. 시설의 휴지·재개·폐지사유서(법인의 경우에는 휴지·재개·폐지를 결의한 이사회의 회의록 사본) 1부

2. 시설거주자에 대한 조치계획서(시설 재개의 경우를 제외한다) 1부

3. 시설의 재산에 관한 사용 또는 처분계획서(시설 재개의 경우를 제외한다) 1부

4. 사회복지시설신고증(시설 폐지의 경우에 한한다) 1부

②법 제38조제3항의 규정에 의하여 시장·군수·구청장은 제1항의 규정에 의한 휴지 또는 폐지신고를 받은 경우에는 시설거주자의 권익을 보호하기 위하여 다음 각 호의 1에 해당하는 조치를 하여야 한다.

1. 제1항제2호의 조치계획의 이행여부 확인
2. 시설거주자가 사용료 등을 부담한 경우 그 반환여부의 확인
3. 보조금·후원금품 등의 사용실태의 확인
4. 기타 시설거주자의 권익보호를 위하여 필요하다고 인정되는 사항
[전문개정 2000.1.26]

제26조의2 (행정처분의 기준) 법 제40조제3항의 규정에 의한 행정처분의 세부적인 기준은 별표 3과 같다.
[본조신설 2004.9.6]

제27조 (시설의 평가) ①보건복지부장관 및 시·도지사는 법 제43조의 규정에 의하여 3년마다 1회이상 시설에 대한 평가를 실시하여야 한다. <개정 2000.1.26>
②제1항의 규정에 의한 시설의 평가기준은 다음 각 호와 같다. <개정 2000.1.26>
1. 입소정원의 적정성
2. 종사자의 전문성
3. 시설의 환경
4. 시설거주자에 대한 서비스의 만족도
5. 기타 시설의 운영개선에 필요한 사항
③제1항의 규정에 의한 평가의 방법 기타 평가에 관하여 필요한 사항은 보건복지부장관이 정한다.

제28조 (비용징수의 통지) 영 제21조의 규정에 의한 비용징수의 통지는 별지 제21호서식에 의한다.
[전문개정 2000.1.26]

제29조 (지도·감독공무원의 증표) 법 제51조제2항의 규정에 의한 지도·감독공무원의 권한을 표시하는 증표는 별지 제22호서식에 의한다.

제30조 삭제 <2000.1.26>

제31조 (부대시설의 지원) ①시·도지사 또는 시장·군수·구청장은 시설을 설치·운영하는 자가 시설거주자의 원활한 보호를 위하여 종사자(시설의 장을 포함한다. 이하 같다)의 숙소를 시설에 부대하여 설치하고자 하는 때에는 예산의 범위 안에서 그 종사자의 숙소를 설치하는 데 필요한 비용을 보조할 수 있다. 이 경우 가족과 같이 거주하는 종사자의 숙소는 「주택법」에 의한 국민주택의 규모이하로 하고, 가족과 같이 거주하지 아니하는 종사자의 숙소는 1인당 20제곱미터이내로 한다. <개정 2000.1.26, 2003.12.15, 2007.3.7>
②삭제<2000.1.26>

제32조 (과태료의 징수절차) 영 제26조제4항의 규정에 의한 과태료의 징수절차에 관하여는 「국고금관리법 시행규칙」을 준용한다. 이 경우 납입고지서에는 이의방법 및 이의기간을 함께 기재하여야 한다. <개정 2007.3.7>

부칙 <제71호, 1998.8.11>
①(시행일) 이 규칙은 공포한 날부터 시행한다. 다만, 제5조의 개정규정은 2003년 1월 1일부터 시행한다.
②(법인의 기본재산 등에 관한 경과조치) 이 규칙 시행당시 종전의 규정에 의하여 허가를 받은 법인의 기본재산 또는 시설의 종류별 규모에 관하여는 제13조 또는 별표 2의 개정규정에 불구하고 종전의 규정에 의한다.
③(법인설립허가신청 등에 관한 경과조치) 이 규칙 시행당시 접수된 법인설립허가신청 또는 시설설치허가신청에 대하여는 제13조 또는 별표 2의 개정규정에 불구하고 종전의 규정에 의한다.
④(사회복지학 전공교과목과 사회복지관련 교과목에 관한 경과조치) 이 규칙 시행당시 고등교육법에 의한 대학원, 대학 또는 이와 동등이상의 학력이 있다고 교육부장관이 인정하는 학교와 전문대학에 재학 중인 자는 별표 1의 개정규정에 불구하고 종전의 규정에 의하여 필수과목 중 사회보장론을 이수한 경우에는 별표 1의 개정규정에 의한 사회복지정책론을 이수한 것으로 보고, 종전의 규정에 의하여 필수과목중 개별지도 또는 집단지도를 이수한 경우에는 별표 1의 개정규정에 의한 사회복지실천론 또는 사회복지실천기술론을 이수한 것으로 보며, 종전의 규정에 의하여 선택과목 중 사회사업통합방법론·사회심리학 또는 사회변동론을 이수한 경우에는 이수한 과목의 수만큼 별표 1의 개정규정에 의한 선택과목의 수를 이수한 것으로 본다.
⑤(시설설치·운영허가신청에 관한 경과조치) 이 규칙 시행당시 종전의 규정에 의하여 시설의 설치·운영을 위한 허가신청서를 제출한 경우에는 이 규칙에 의하여 시설의 설치·운영신고서를 제출한 것으로 본다.

부칙 <제142호, 2000.1.26>
이 규칙은 공포한 날부터 시행한다.

부칙 <제233호, 2002.12.31>
이 규칙은 공포한 날부터 시행한다.

부칙 (주택법시행규칙) <제382호, 2003.12.15>
제1조 (시행일) 이 규칙은 공포한 날부터 시행한다.
제2조 내지 제7조 생략
제8조 (다른 법령의 개정) ①내지 ⑨생략
⑩사회복지사업법시행규칙 중 다음과 같이 개정한다.

제31조제1항 후단 중 "주택건설촉진법"을 "주택법"으로 한다.
⑪내지 <19>생략

부칙 <제297호, 2004.9.6>
①(시행일) 이 규칙은 공포한 날부터 시행한다. 다만, 제1조의2 내지 제1조의4, 제6조의2, 제19조의3의 개정규정은 2005년 7월 31일부터 시행한다.
②(시설의 위탁에 관한 적용례) 제22조의2 및 제23조제1항제5호의2의 개정규정은 이 규칙 시행 후의 위탁분부터 적용한다.
③(사회복지관의 직원의 자격기준에 관한 경과조치) 이 규칙 시행 전에 설치된 사회복지관에 근무하고 있는 종사자는 제22조제2항의 개정규정에 불구하고 당해 사회복지관에 한하여 계속 근무할 수 있다.
④(사회복지관 복지사업계획수립에 대한 경과조치) 이 규칙 시행 전에 수립된 사회복지관 복지사업계획은 제22조제4항의 개정규정에 의하여 수립된 것으로 본다.

부칙 (전자적 민원처리를 위한 「공중위생관리법 시행규칙」 등 일부개정령) <제317호, 2005.6.8>
①(시행일) 이 규칙은 공포한 날부터 시행한다.
②(서식에 관한 경과조치) 이 규칙 시행당시 종전의 규정에 의하여 작성되어 사용 중인 서식은 계속하여 사용하되, 이 규칙에 의한 개정내용을 반영하여 사용하여야 한다.

부칙 (전자적민원처리를 위한 간호조무사및의료유사업자에 관한규칙 등 일부개정령) <제333호, 2005.10.17>
이 규칙은 공포한 날부터 시행한다.

부칙 (행정정보의 공동이용 및 문서감축을 위한 건강기능식품에관한법률 시행규칙 등 일부개정령) <제363호, 2006.7.3>
이 규칙은 공포한 날부터 시행한다.

부칙 <제388호, 2007.3.7>
①(시행일) 이 규칙은 공포한 날부터 시행한다.
②(사회복지법인 임원임면 보고서에 관한 적용례) 제10조의 개정규정은 이 규칙 시행 이후 임면보고서를 제출하는 자부터 적용한다.

제 4 부

사회보험법

사회보험은 국민들이 생활 가운데 겪을 수 있는 다양한 사회적 위험에 대하여 보험방식, 즉 위험 발생 이전에 보험료를 납입하고 이 재정을 바탕으로 위험이 발생한 사람들에게 생활에 필요한 급여를 제공하는 제도이다.

사회보험은 1880년대 독일에서 처음 도입된 이래 20세기 사회정책이 크게 확대되는데 기여한 중요한 정책 프로그램이라 할 수 있다.

우리나라에서는 1960년대 특수직역 연금제도와 산재보험으로부터 출발하여 의료보험, 공적연금, 고용보험 등을 차례로 도입하였으며, 그 대상의 범위로 점차 넓혀서 1990년대 후반에는 필요한 거의 모든 국민을 대상으로 하게 되었다. 최근에는 공적연금제도의 개편과정에서 사회보험 방식이 아닌 일반조세를 사용하는 기초노령연금제도가 도입되었다.

21세기 들어 새로운 사회적 위험이 늘어나면서 기존의 사회보험 체계가 충분히 작동하지 못한다는 비판도 있지만, 여전히 사회보험은 재정의 크기와 국민 생활에 미치는 영향력 면에서 가장 핵심적인 사회복지정책으로 자리하고 있다.

사회보험제도에서 급여는 법률로서 그 수급요건과 급여수준이 결정되어 있으므로 미래에 자신에게 위험이 발생할 경우에 받을 수 있는 혜택을 예상할 수 있다. 그리고 보험료의 납입을 급여수급의 조건으로 요구하고 있기 때문에 급여의 권리성이 강하다. 하지만, 이는 보험료 납입이 어려운 저소득층이 보험의 혜택을 받지 못하거나, 받더라도 낮은 급여를 받게 되는 한계로 작용하기도 한다.

현재 시행되고 있는 사회보험 제도로는 건강보험제도, 국민연금제도, 산재보험제도, 고용보험제도 등이 있으며, 특수직역인 공무원, 군인, 사립학교교직원에 대해서는 별도의 연금제도를 통해 산재, 실업, 노령 등의 위험에 대비하고 있다. 또한 이른바 제5의 사회보험으로 일컬어지는 장기요양보험제도가 곧 실시될 예정이다.

국민건강보험법

연혁

1963. 12. 16 의료보험법 제정 법률 제1623호
1987. 12. 4 일부개정 법률 제3986호
1989. 7. 1 전국민의료보험 실시
1997. 12. 31 국민의료보험법 제정 법률 제5488호
1999. 2. 8 의료보험법 폐지
1999. 2. 8 국민건강보험법 제정 법률 제5854호

1999. 12. 31 일부개정 법률 제6093호
2000. 12. 29 일부개정 법률 제6320호
2001. 5. 24 일부개정 법률 제6474호
2002. 1. 19 일부개정 법률 제6618호
2006. 12. 30 일부개정 법률 제8153호

제1장 총칙

제1조 (목적) 이 법은 국민의 질병·부상에 대한 예방·진단·치료·재활과 출산·사망 및 건강증진에 대하여 보험급여를 실시함으로써 국민보건을 향상시키고 사회보장을 증진함을 목적으로 한다.

제2조 (관장) 이 법에 의한 건강보험사업은 보건복지부장관이 관장한다.

제3조 (정의) 이 법에서 사용하는 용어의 정의는 다음과 같다. <개정 2000.1.12, 2006.10.4>
1. "근로자"라 함은 직업의 종별에 불구하고 근로의 대가로서 보수를 받아 생활하는 자(법인의 이사 기타 임원을 포함한다)로서 제4호 및 제5호의 규정에 의한 공무원과 교직원을 제외한 자를 말한다.
2. "사용자"라 함은 다음 각 목의 1에 해당되는 자를 말한다.
가. 당해 근로자가 소속되어 있는 사업장의 사업주
나. 당해 공무원이 소속되어 있는 기관의 장으로서 대통령령이 정하는 자
다. 당해 교직원이 소속되어 있는 사립학교(「사립학교교직원연금법」 제3조에 규정된 사립학교를 말한다. 이하 이 조에서 같다)를 설립·운영하는 자
3. "사업장"이라 함은 사업소 또는 사무소를 말한다.
4. "공무원"이라 함은 국가 또는 지방자치단체에서 상시 공무에 종사하는 자를 말한다.
5. "교직원"이라 함은 사립학교 또는 그 학교경영기관에서 근무하는 교원 및 직원을 말한다.

제4조 (건강보험정책심의위원회) ①건강보험정책에 관한 다음 각 호의 사항을 심의·의결하기 위하여 보건복지부장관 소속하에 건강보험정책심의위원회(이하 "심의위원회"라 한다)를 둔다.
1. 제39조제2항의 규정에 따른 요양급여의 기준
2. 제42조제3항의 규정에 따른 요양급여비용에 관한 사항
3. 제65조제1항의 규정에 따른 직장가입자의 보험료율
4. 제65조제3항의 규정에 따른 지역가입자의 보험료부과점수당 금액
5. 그 밖에 건강보험에 관한 주요 사항으로서 대통령령이 정하는 사항
②심의위원회는 위원장 1인과 부위원장 1인을 포함한 25인의 위원으로 구성한다.
③심의위원회의 위원장은 보건복지부차관이 되고, 부위원장은 제4항제3호의 위원 중에서 위원장이 지명하는 자가 된다.
④심의위원회의 위원은 다음 각 호의 자를 보건복지부장관이 임명 또는 위촉한다.
1. 근로자단체 및 사용자단체가 각각 2인씩, 시민단체(「비영리민간단체 지원법」 제2조의 규정에 따른 비영리민간단체를 말한다. 이하 같다), 소비자단체, 농어업인단체 및 자영업자단체가 각각 1인씩 추천하는 8인
2. 의료계를 대표하는 단체 및 약업계를 대표하는 단체가 추천하는 8인
3. 다음 각 목의 8인
가. 대통령령이 정하는 중앙행정기관 소속 공무원 2인
나. 국민건강보험공단의 이사장 및 건강보험심사평가원의 원장이 각각 1인씩 추천하는 2인
다. 건강보험에 관한 학식과 경험이 풍부한 4인

⑤심의위원회 위원의 임기는 3년으로 한다. 다만, 공무원인 위원의 임기는 그 재임기간으로 하고, 보궐된 위원의 임기는 전임자의 잔임기간으로 한다.
⑥심의위원회의 운영 등에 관하여 필요한 사항은 대통령령으로 정한다.
[전문개정 2006.12.30]

제2장 가입자

제5조 (적용대상 등) ①국내에 거주하는 국민으로서 다음 각 호의 1에 해당하는 자 외의 자는 이 법에 의한 건강보험(이하 "건강보험"이라 한다)의 가입자(이하 "가입자"라 한다) 또는 피부양자가 된다. <개정 2001.5.24, 2006.10.4>
1. 「의료급여법」에 따라 의료급여를 받는 자(이하 "수급권자"라 한다)
2. 「독립유공자예우에 관한 법률」 및 「국가유공자 등 예우 및 지원에 관한 법률」에 의하여 의료보호를 받는 자(이하 "유공자 등 의료보호대상자"라 한다). 다만, 다음 각 목의 1에 해당하는 자는 그러하지 아니하다.
가. 유공자 등 의료보호대상자 중 건강보험의 적용을 보험자에게 신청한 자
나. 건강보험의 적용을 받고 있던 자가 유공자 등 의료보호대상자가 된 경우로서 보험자에게 건강보험의 적용배제신청을 하지 아니한 자
②제1항의 피부양자는 다음 각 호의 1에 해당하는 자 중 직장가입자에 의하여 주로 생계를 유지하는 자로서 보수 또는 소득이 없는 자를 말한다.
1. 직장가입자의 배우자
2. 직장가입자의 직계존속(배우자의 직계존속을 포함한다)
3. 직장가입자의 직계비속(배우자의 직계비속을 포함한다) 및 그 배우자
4. 직장가입자의 형제·자매
③제2항의 규정에 의한 피부양자 자격의 인정기준, 취득·상실시기 기타 필요한 사항은 보건복지부령으로 정한다.

제6조 (가입자의 종류) ①가입자는 직장가입자 및 지역가입자로 구분한다.
②모든 사업장의 근로자 및 사용자와 공무원 및 교직원은 직장가입자가 된다. 다만, 다음 각 호의 1에 해당하는 자를 제외한다. <개정 2000.12.29, 2004.1.29, 2006.10.4>
1. 1월 미만의 기간동안 고용되는 일용근로자
2. 「병역법」의 규정에 의한 현역병(지원에 의하지 아니하고 임용된 하사를 포함한다), 전환복무된 사람 및 무관후보생
3. 선거에 의하여 취임하는 공무원으로서 매월 보수 또는 이에 준하는 급료를 받지 아니하는 자
4. 기타 사업장의 특성, 고용형태 및 사업의 종류 등을 고려

하여 대통령령으로 정하는 사업장의 근로자 및 사용자와 공무원 및 교직원
③지역가입자는 가입자 중 직장가입자와 그 피부양자를 제외한 자를 말한다.
④제2항제4호의 규정에 의한 근로자 및 사용자는 대통령령이 정하는 절차에 따라 직장가입자가 되거나 탈퇴할 수 있다. <신설 2000.12.29>

제7조 (자격취득의 시기) ①가입자는 국내에 거주하게 된 날에 직장가입자 또는 지역가입자의 자격을 얻는다. 다만, 다음 각 호의 1에 해당하는 자는 그 해당되는 날에 각각 자격을 얻는다. <개정 2001.5.24>
1. 수급권자이었던 자는 그 대상자에서 제외된 날
2. 직장가입자의 피부양자이었던 자가 그 자격을 잃은 날
3. 유공자 등 의료보호대상자이었던 자는 그 대상자에서 제외된 날
4. 유공자 등 의료보호대상자로서 제5조제1항제2호 가목의 규정에 의하여 건강보험의 적용을 보험자에 신청한 자는 그 신청한 날
②제1항의 규정에 의하여 자격을 얻은 경우 당해 직장가입자의 사용자 및 지역가입자의 세대주는 그 내역을 보건복지부령이 정하는 바에 의하여 자격취득일부터 14일 이내에 보험자에게 신고하여야 한다.

제8조 (자격의 변동) ①지역가입자가 직장가입자로 자격이 변동된 경우에는 당해 직장가입자의 사용자가, 직장가입자 또는 그 피부양자가 지역가입자로 자격이 변동된 경우에는 당해 지역가입자의 세대주가 각각 그 내역을 보건복지부령이 정하는 바에 의하여 자격변동일부터 14일 이내에 보험자에게 신고하여야 한다.
②국방부장관 및 법무부장관은 직장가입자 또는 지역가입자가 제49조제3호 및 제4호의 규정에 해당하는 경우에는 그 변동일부터 1월 이내에 보건복지부령이 정하는 바에 따라 보험자에게 통지하여야 한다. <신설 2005.7.13>

제9조 (자격상실의 시기) ①가입자는 다음 각 호의 1에 해당하게 된 날에 그 자격을 잃는다. <개정 2001.5.24, 2004.1.29>
1. 사망한 날의 다음 날
2. 국적을 잃은 날의 다음 날
3. 국내에 거주하지 아니하게 된 날의 다음 날
4. 직장가입자의 피부양자가 된 날
5. 수급권자가 된 날
6. 건강보험의 적용을 받고 있던 자로서 유공자 등 의료보호대상자가 된 자가 건강보험의 적용배제신청을 한 날
②제1항의 규정에 의하여 자격을 잃은 경우 당해 직장가입자의 사용자 및 지역가입자의 세대주는 그 내역을 보건복

지부령이 정하는 바에 의하여 자격을 잃은 날부터 14일 이내에 보험자에게 신고하여야 한다.

제10조 (자격득실의 확인) ①가입자의 자격의 취득·변동 및 상실은 제7조 내지 제9조의 규정에 의한 자격의 취득·변동 및 상실의 시기에 소급하여 효력을 발생한다. 이 경우 보험자는 그 사실을 확인할 수 있다.
②가입자 또는 가입자이었던 자는 제1항의 규정에 의한 확인을 청구할 수 있다.

제11조 (건강보험증) ①국민건강보험공단은 가입자에 대하여 건강보험증을 발급하여야 한다.
②가입자 및 피부양자가 요양급여를 받을 때에는 제1항의 건강보험증을 제40조제1항의 규정에 의한 요양기관(이하 "요양기관"이라 한다)에 제출하여야 한다. 다만, 천재·지변 기타 부득이한 사유가 있는 경우에는 그러하지 아니하다.
③제1항의 규정에 의한 건강보험증의 서식과 그 교부 및 사용 등에 관하여 필요한 사항은 보건복지부령으로 정한다.

제3장 국민건강보험공단

제12조 (보험자) 건강보험의 보험자는 국민건강보험공단(이하 "공단"이라 한다)으로 한다.

제13조 (업무 등) ①공단은 다음 각 호의 업무를 관장한다.
1. 가입자 및 피부양자의 자격관리
2. 보험료 기타 이 법에 의한 징수금의 부과·징수
3. 보험급여의 관리
4. 가입자 및 피부양자의 건강의 유지·증진을 위하여 필요한 예방사업
5. 보험급여비용의 지급
6. 자산의 관리·운영 및 증식사업
7. 의료시설의 운영
8. 건강보험에 관한 교육훈련 및 홍보
9. 건강보험에 관한 조사연구 및 국제협력
10. 이 법 또는 다른 법령에 의하여 위탁받은 업무
11. 기타 건강보험과 관련하여 보건복지부장관이 필요하다고 인정한 업무
②제1항제6호의 규정에 의한 자산의 관리·운영 및 증식사업의 종류와 범위 등에 관하여 필요한 사항은 대통령령으로 정한다.
③공단은 당해 업무의 제공 또는 시설의 이용이 특정인을 위한 것일 경우 그 업무의 제공 또는 시설의 사용에 대하여 공단의 정관이 정하는 바에 의하여 수수료 또는 사용료를 징수할 수 있다.
④공단은 「공공기관의 정보공개에 관한 법률」에 의하여 건강보험과 관련하여 보유·관리하고 있는 정보를 공개한다. <개정 2006.10.4>

제14조 (법인격 등) ①공단은 법인으로 한다.
②공단은 주된 사무소의 소재지에서 설립등기를 함으로써 성립한다.

제15조 (사무소) ①공단의 주된 사무소의 소재지는 정관으로 정한다. <개정 2004.1.29>
②공단은 필요한 때에는 정관이 정하는 바에 의하여 분사무소를 둘 수 있다.

제16조 (정관) ①공단의 정관에는 다음 각 호의 사항을 기재하여야 한다.
1. 목적
2. 명칭
3. 사무소의 소재지
4. 임·직원에 관한 사항
5. 이사회에 관한 사항
6. 재정운영위원회에 관한 사항
7. 보험료 및 보험급여에 관한 사항
8. 예산 및 결산에 관한 사항
9. 자산 및 회계에 관한 사항
10. 정관변경에 관한 사항
11. 공고에 관한 사항
②공단은 정관을 변경하고자 하는 때에는 보건복지부장관의 인가를 받아야 한다.

제17조 (등기) 공단의 설립등기에는 다음 각 호의 사항을 포함하여야 한다.
1. 목적
2. 명칭
3. 주된 사무소 및 분사무소의 소재지
4. 이사장의 성명·주소 및 주민등록번호

제18조 (해산) 공단의 해산에 관하여는 법률로 정한다.

제19조 (임원) ①공단에 임원으로서 이사장 1인, 이사 17인 및 감사 1인을 둔다. <개정 2004.1.29>
②이사장은 보건복지부장관의 제청에 의하여 대통령이 임면한다. <개정 2004.1.29>
③이사 중 8인은 노동조합·사용자단체·농어업인단체·소비자단체가 각각 2인씩 추천한 자를, 5인은 공단의 이사장이 추천한 자를, 4인은 대통령령이 정하는 관계공무원을 보건복지부장관이 임면한다. <개정 2004.1.29>
④감사는 보건복지부장관이 임면한다. <개정 2004.1.29>

⑤이사장, 이사 중 5인 및 감사는 상임으로 한다. 다만, 비상임임원은 정관이 정하는 바에 의하여 실비변상을 받을 수 있다. <개정 2004.1.29>
⑥임원의 임기는 3년으로 한다. 다만, 공무원인 임원의 임기는 그 재임기간으로 한다. <개정 2004.1.29>

제20조 (임원의 직무) ①이사장은 공단을 대표하며 그 직무를 총괄한다.
②상임이사는 이사장의 명을 받아 공단의 업무를 집행하며, 이사장이 부득이한 사유로 그 직무를 수행할 수 없는 때에는 정관이 정하는 상임이사가 이사장의 직무를 대행한다.
③감사는 공단의 회계와 업무집행상황 및 재산상황을 감사한다.

제21조 (임원의 결격사유) 다음 각 호의 1에 해당하는 자는 공단의 임원이 될 수 없다. <개정 2006.10.4>
1. 대한민국국민이 아닌 자
2. 「국가공무원법」 제33조 각 호의 1에 해당하는 자
[전문개정 2004.1.29]

제22조 (임원의 당연퇴임·해임) ①임원이 제21조 각 호의 1에 해당하는 것이 확인된 때에는 당해 임원은 당연퇴임한다.
②임면권자는 임원이 다음 각 호의 1에 해당하게 된 때에는 그 임원을 해임할 수 있다. <개정 2004.1.29>
1. 신체상 또는 정신상의 장애로 직무를 수행할 수 없다고 인정되는 때
2. 직무상의 의무를 위반한 때
3. 고의 또는 중대한 과실로 인하여 공단에 손실을 발생하게 한 때
4. 직무의 내외를 불문하고 품위를 손상하는 행위를 한 때
5. 이 법에 의한 보건복지부장관의 명령에 위반한 때

제23조 (임원의 겸직금지) 공단의 이사장·상임이사·상임감사는 영리를 목적으로 하는 사업에 종사하지 못하며, 당해 임면권자의 허가없이 다른 직무를 겸할 수 없다. <개정 2004. 1.29>

제24조 (이사회) ①공단의 주요사항을 심의·의결하기 위하여 공단에 이사회를 둔다.
②이사회는 이사장과 이사로 구성한다.
③감사는 이사회에 출석하여 발언할 수 있다.
④이사회의 의결사항 및 운영 등에 관하여 필요한 사항은 대통령령으로 정한다.

제25조 (직원의 임면) 이사장은 정관이 정하는 바에 의하여 직원을 임면한다.

제26조 (벌칙적용에 있어서의 공무원의 의제) 공단의 임원 및 직원은 「형법」 제129조 내지 제132조의 적용에 있어서는 이를 공무원으로 본다. <개정 2006.10.4>

제27조 (규정 등) 공단의 조직·인사·보수 및 회계에 관한 규정은 이사회의 의결을 거쳐 보건복지부장관의 승인을 얻어 정한다.

제28조 (대리인의 선임) 이사장은 공단의 업무에 관한 일체의 재판상 또는 재판외의 행위를 대행하게 하기 위하여 공단의 이사 또는 직원 중에서 대리인을 선임할 수 있다.

제29조 (대표권의 제한) ①공단의 이익과 이사장의 이익이 상반되는 사항에 대하여는 이사장이 공단을 대표하지 못하며, 이 경우 상임감사가 공단을 대표한다.
②제1항의 규정은 공단과 이사장간의 소송에 관하여 이를 준용한다.

제30조 (이사장의 권한의 위임) 이 법에 규정된 이사장의 권한 중 급여의 제한, 보험료의 납입고지 등 대통령령이 정하는 사항은 정관이 정하는 바에 의하여 분사무소의 장에게 위임할 수 있다.

제31조 (재정운영위원회) ①제42조제5항의 규정에 따른 요양급여비용의 계약 및 제72조의 규정에 따른 보험료의 결손처분 등 보험재정과 관련된 사항을 심의·의결하기 위하여 공단에 재정운영위원회를 둔다. <개정 2006.12.30>
②삭제 <2006.12.30>
③재정운영위원회의 위원장은 제32조제1항제3호의 규정에 의한 위원 중에서 위원회가 호선한다.

제32조 (재정운영위원회의 구성 등) ①재정운영위원회는 다음 각 호의 위원으로 구성한다.
1. 직장가입자를 대표하는 위원 10인
2. 지역가입자를 대표하는 위원 10인
3. 공익을 대표하는 위원 10인
②제1항의 규정에 의한 위원은 다음 각 호의 자를 보건복지부장관이 임명 또는 위촉한다.
1. 제1항제1호의 위원은 노동조합 및 사용자단체가 각각 5인씩 추천하는 자
2. 제1항제2호의 위원은 대통령령이 정하는 바에 의하여 농어업인단체·도시자영업자단체 및 시민단체가 각각 추천하는 자
3. 제1항제3호의 위원은 대통령령이 정하는 관계공무원 및 건강보험에 관한 학식과 경험이 풍부한 자

③재정운영위원회의 위원의 임기는 2년으로 한다. 다만, 공무원인 위원의 임기는 그 재임기간으로 하며, 보궐된 위원의 임기는 전임자의 잔임기간으로 한다.
④재정운영위원회의 운영 등에 관하여 필요한 사항은 대통령령으로 정한다.

제33조 (회계) ①공단의 회계연도는 정부의 회계연도에 따른다.
②공단은 직장가입자와 지역가입자의 재정을 통합하여 운영한다.
③공단은 건강보험사업에 관한 회계를 공단의 다른 회계와 구분하여 계리하여야 한다.

제34조 (예산) 공단은 매 회계연도의 예산안을 그 내용의 성질별로 구분 편성하여 보건복지부장관의 승인을 얻어야 한다. 예산을 변경할 때에도 또한 같다.

제35조 (차입금) 공단은 현금의 지출에 부족이 생긴 때에는 차입을 할 수 있다. 다만, 1년 이상의 장기차입을 할 경우에는 보건복지부장관의 승인을 얻어야 한다.

제36조 (준비금) ①공단은 매 회계연도의 결산상 잉여금 중에서 그 연도의 보험급여에 소요된 비용의 100분의 5 이상에 상당하는 액을 그 연도에 소요된 비용의 100분의 50에 이를 때까지 준비금으로 적립하여야 한다.
②제1항의 규정에 의한 준비금은 보험급여에 소요되는 비용의 부족에 충당하거나 현금의 지출에 부족이 생긴 때 외에는 이를 사용할 수 없으며, 현금의 지출에 준비금을 사용한 때에는 당해 회계연도 중에 이를 보전하여야 한다.
③제1항의 규정에 의한 준비금의 관리·운영방법 등에 관하여 필요한 사항은 보건복지부장관이 정한다.

제37조 (결산) ①공단은 회계연도마다 결산보고서 및 사업보고서를 작성하여 다음해 2월말까지 보건복지부장관에게 보고하여야 한다.
②공단은 제1항의 규정에 의하여 결산보고서 및 사업보고서를 보건복지부장관에게 보고한 때에는 보건복지부령이 정하는 바에 의하여 그 내용을 공고하여야 한다.

제38조 (민법의 준용) 공단에 관하여 이 법에 규정된 것을 제외하고는 「민법」중 재단법인에 관한 규정을 준용한다. <개정 2006.10.4>

제4장 보험급여

제39조 (요양급여) ①가입자 및 피부양자의 질병·부상·출산 등에 대하여 다음 각 호의 요양급여를 실시한다.
1. 진찰·검사
2. 약제·치료재료의 지급
3. 처치·수술 기타의 치료
4. 예방·재활
5. 입원
6. 간호
7. 이송
②제1항의 규정에 의한 요양급여(이하 "요양급여"라 한다)의 방법·절차·범위·상한 등 요양급여의 기준은 보건복지부령으로 정한다.
③보건복지부장관은 제2항의 규정에 의하여 요양급여의 기준을 정함에 있어 업무 또는 일상생활에 지장이 없는 질환 기타 보건복지부령이 정하는 사항은 요양급여의 대상에서 제외할 수 있다.

제40조 (요양기관) ①요양급여(간호 및 이송을 제외한다)는 다음 각 호의 요양기관에서 행한다. 이 경우 보건복지부장관은 공익 또는 국가시책상 요양기관으로 적합하지 아니하다고 인정되는 의료기관 등으로서 대통령령이 정하는 의료기관 등은 요양기관에서 제외할 수 있다. <개정 2003.9.29, 2006.10.4>
1. 「의료법」에 의하여 개설된 의료기관
2. 「약사법」에 의하여 등록된 약국
3. 「약사법」 제72조의12의 규정에 의하여 설립된 한국희귀의약품센터
4. 「지역보건법」에 의한 보건소·보건의료원 및 보건지소
5. 「농어촌 등 보건의료를 위한 특별조치법」에 의하여 설치된 보건진료소
②보건복지부장관은 요양급여를 효율적으로 하기 위하여 필요한 경우에는 보건복지부령이 정하는 바에 의하여 시설·장비·인력 및 진료과목 등 보건복지부령이 정하는 기준에 해당하는 요양기관을 종합전문요양기관 또는 전문요양기관으로 인정할 수 있다.
③제2항의 규정에 의하여 종합전문요양기관 또는 전문요양기관으로 인정된 요양기관에 대하여는 제39조제2항의 규정에 의한 요양급여절차 및 제42조의 규정에 의한 요양급여비용을 다른 요양기관과 달리 할 수 있다.
④제1항 및 제2항의 규정에 의한 요양기관은 정당한 이유 없이 요양급여를 거부하지 못한다. <개정 2004.1.29>

제41조 (비용의 일부부담) 제39조제1항의 규정에 의한 요양급여를 받는 자는 대통령령이 정하는 바에 의하여 그 비용의 일부(이하 "본인일부부담금"이라 한다)를 본인이 부담한다.

제42조 (요양급여비용의 산정 등) ①요양급여비용은 공단의 이사장과 대통령령이 정하는 의약계를 대표하는 자와의 계

약으로 정한다. 이 경우 계약기간은 1년으로 한다. <개정 1999.12.31>

②제1항의 규정에 의하여 계약이 체결된 경우 그 계약은 공단과 각 요양기관간에 체결된 것으로 본다.

③제1항의 규정에 의한 계약은 그 계약기간 만료일의 75일 전까지 체결하여야 하며, 그 기한까지 계약이 체결되지 아니하는 경우 보건복지부장관이 심의위원회의 의결을 거쳐 정하는 금액을 요양급여비용으로 한다. 이 경우 보건복지부장관이 정하는 요양급여비용은 제1항 및 제2항의 규정에 의하여 계약으로 정한 요양급여비용으로 본다. <개정 2006.12. 30>

④제1항 또는 제3항의 규정에 의하여 요양급여비용이 정하여지는 경우에 보건복지부장관은 그 요양급여비용의 내역을 지체없이 고시하여야 한다.

⑤공단의 이사장은 제1항의 규정에 의한 계약을 체결하는 때에는 제31조의 규정에 의한 재정운영위원회의 심의·의결을 거쳐야 한다.

⑥제55조의 규정에 의한 건강보험심사평가원은 공단의 이사장이 제1항의 규정에 의한 계약을 체결하기 위하여 필요한 자료를 요청하는 경우에는, 이에 성실히 응하여야 한다.

⑦제1항의 규정에 의한 계약의 내용 기타 필요한 사항은 대통령령으로 정한다. <개정 1999.12.31>

제43조 (요양급여비용의 청구와 지급 등) ①요양기관은 요양급여비용의 지급을 공단에 청구할 수 있다. 이 경우 제2항의 규정에 의한 심사청구는 이를 공단에 대한 요양급여비용의 청구로 본다.

②제1항의 규정에 의한 요양급여비용의 청구를 하고자 하는 요양기관은 제55조의 규정에 의한 건강보험심사평가원에 요양급여비용의 심사청구를 하여야 하며, 심사청구를 받은 건강보험심사평가원은 이를 심사한 후 지체없이 그 내용을 공단 및 요양기관에 통보하여야 한다.

③제2항의 규정에 의하여 심사의 내용을 통보받은 공단은 지체없이 그 내용에 따라 요양급여비용을 요양기관에게 지급한다. 이 경우 이미 납부한 본인일부부담금이 제2항의 규정에 의하여 통보된 금액보다 과다한 경우에는 요양기관에 지급할 금액에서 그 과다하게 납부된 금액을 공제하여 당해 가입자에게 지급하여야 한다.

④공단은 제3항의 규정에 의하여 가입자에게 지급하여야 하는 금액을 당해 가입자가 납부하여야 하는 보험료 기타 이 법에 의한 징수금(이하 "보험료 등"이라 한다)과 상계처리할 수 있다.

⑤공단은 요양급여비용을 지급함에 있어 제2항의 규정에 의한 건강보험심사평가원이 제56조의 규정에 의한 요양급여의 적정성을 평가하여 공단에 통보한 경우에는 그 평가결과에 따라 요양급여비용을 가산 또는 감액 조정하여 지급한다. 이 경우 평가결과에 따른 요양급여비용의 가감지급의 기준에 관하여는 보건복지부령으로 정한다.

⑥요양기관은 제2항의 규정에 따른 심사청구를 다음 각 호의 단체로 하여금 대행하게 할 수 있다. <신설 2006.12.30>

1. 「의료법」 제26조제1항의 규정에 따른 의사회·치과의사회·한의사회·조산사회 또는 동조제6항의 규정에 따라 신고한 각각의 지부 및 분회

2. 「의료법」 제45조의2의 규정에 따른 의료기관단체

3. 「약사법」 제11조의 규정에 따른 약사회 또는 동법 제12조의2의 규정에 따라 신고한 지부 및 분회

⑦의약품제조업자·의약품도매상 기타 보건복지부령이 정하는 자는 의약품유통체계를 개선하고 요양기관에 대한 의약품의 보관·배송 기타 물류사업을 수행하기 위하여 의약품물류협동조합을 설립할 수 있다. 이 경우 의약품물류협동조합의 구성·운영 및 동 조합에 대한 지도·감독에 관하여는 「중소기업협동조합법」의 협동조합 또는 사업협동조합에 관한 규정을 준용하여 대통령령으로 정한다. <개정 2002.12.18, 2006.10.4, 2006.12.30>

⑧제1항 내지 제6항의 규정에 의한 요양급여비용의 청구·심사·지급 등의 방법 및 절차에 관하여 필요한 사항은 보건복지부령으로 정한다. <개정 2002.12.18, 2006.12.30>

제43조의2 (요양급여의 대상여부의 확인 등) ①가입자 또는 피부양자는 본인일부부담금 외에 부담한 비용이 제39조제3항의 규정에 의하여 요양급여의 대상에서 제외되는 것인지에 대하여 제55조의 규정에 의한 건강보험심사평가원에 확인을 요청할 수 있다.

②제1항의 규정에 의한 확인요청을 받은 건강보험심사평가원은 그 결과를 확인요청한 자에게 통보하여야 한다. 이 경우 확인요청한 비용이 요양급여의 대상에 대한 비용에 해당하는 것으로 확인된 때에는 그 내용을 공단 및 관련 요양기관에 통보하여야 한다.

③제2항 후단의 규정에 의하여 통보받은 요양기관은 과다하게 징수한 금액(이하 "과다본인부담금"이라 한다)을 지체없이 확인요청한 자에게 지급하여야 한다. 다만, 공단은 당해 요양기관이 과다본인부담금을 지급하지 아니한 경우에는 당해 요양기관에 지급할 요양급여비용에서 그 과다본인부담금을 공제하여 이를 확인요청한 자에게 지급할 수 있다.

[본조신설 2002.12.18]

제44조 (요양비) ①공단은 가입자 또는 피부양자가 보건복지부령이 정하는 긴급 기타 부득이한 사유로 인하여 요양기관과 유사한 기능을 수행하는 기관으로서 보건복지부령이 정하는 기관(제85조제1항의 규정에 의하여 업무정지처분기간중인 요양기관을 포함한다)에서 질병·부상·출산 등에 대

하여 요양을 받거나 요양기관외의 장소에서 출산을 한 때에는 그 요양급여에 상당하는 금액을 보건복지부령이 정하는 바에 의하여 그 가입자 또는 피부양자에게 요양비로 지급한다.
②제1항의 규정에 의하여 요양을 실시한 기관은 보건복지부장관이 정하는 요양비명세서 또는 요양의 내역을 기재한 영수증을 요양을 받은 자에게 교부하여야 하며, 요양을 받은 자는 이를 공단에 제출하여야 한다.

제45조 (임의급여) 공단은 이 법에 규정한 요양급여 외에 대통령령이 정하는 바에 의하여 장제비·상병수당 기타의 급여를 실시할 수 있다.

제46조 (장애인에 대한 특례) ①공단은 「장애인복지법」에 의하여 등록한 장애인인 가입자 및 피부양자에게는 보장구에 대하여 보험급여를 실시할 수 있다. <개정 2006.10.4>
②제1항의 규정에 의한 보장구에 대한 보험급여의 범위·방법·절차 기타 필요한 사항은 보건복지부령으로 정한다.

제47조 (건강검진) ①공단은 가입자 및 피부양자에 대하여 질병의 조기발견과 그에 따른 요양급여를 하기 위하여 건강검진을 실시한다.
②제1항의 규정에 의한 건강검진의 대상·회수·절차 기타 필요한 사항은 대통령령으로 정한다.

제48조 (급여의 제한) ①공단은 보험급여를 받을 수 있는 자가 다음 각 호의 1에 해당하는 때에는 보험급여를 하지 아니한다.
1. 고의 또는 중대한 과실로 인한 범죄행위에 기인하거나 고의로 사고를 발생시킨 때
2. 고의 또는 중대한 과실로 공단이나 요양기관의 요양에 관한 지시에 따르지 아니한 때
3. 고의 또는 중대한 과실로 제50조의 규정에 의한 문서 기타 물건의 제출을 거부하거나 질문 또는 진단을 기피한 때
4. 업무상 또는 공무상 질병·부상·재해로 인하여 다른 법령에 의한 보험급여나 보상 또는 보상을 받게 되는 때
②공단은 보험급여를 받을 수 있는 자가 다른 법령에 의하여 국가 또는 지방자치단체로부터 보험급여에 상당하는 급여를 받거나 보험급여에 상당하는 비용을 지급받게 되는 때에는 그 한도내에서 보험급여를 실시하지 아니한다.
③공단은 제62조제4항의 규정에 의한 세대단위의 보험료를 대통령령이 정하는 기간 이상 체납한 지역가입자에 대하여 보험료를 완납할 때까지 보험급여를 실시하지 아니할 수 있다. <개정 2004.1.29, 2006.12.30>
④공단은 제68조제1항의 규정에 의한 보험료를 체납한 경우에는 그 체납에 대하여 직장가입자 본인에게 귀책사유가

있는 경우에 한하여 제3항의 규정을 적용한다. 이 경우 당해 직장가입자의 피부양자에게도 제3항의 규정을 적용한다.
⑤제3항 및 제4항의 규정에 불구하고 제70조의2의 규정에 따라 공단으로부터 분할납부 승인을 받고 그 승인된 보험료를 1회 이상 납부한 경우에는 보험급여를 실시할 수 있다. 다만, 제70조의2의 규정에 따른 분할납부 승인을 받은 자가 정당한 사유 없이 2회 이상 그 승인된 보험료를 납부하지 아니한 경우에는 그러하지 아니하다. <신설 2006.12.30>
⑥제3항 및 제4항의 규정에 따라 보험급여를 실시하지 아니하는 기간(이하 이 항에서 "급여제한기간"이라 한다) 중 실시된 보험급여에 대하여는 다음 각 호의 어느 하나에 해당하는 경우에 한하여 그 보험급여를 인정한다. <신설 2006.12.30>
1. 급여제한기간 중에 보험급여를 받은 사실이 있음을 공단이 통지한 날부터 2개월이 경과한 날이 속한 달의 납부기한 이내에 체납된 보험료를 완납한 경우
2. 급여제한기간 중 보험급여를 받은 사실이 있음을 공단이 통지한 날부터 2개월이 경과한 날이 속하는 달의 납부기한 이내에 제70조의2의 규정에 따라 승인된 보험료를 1회 이상 납부한 경우. 다만, 제70조의2의 규정에 따른 분할납부 승인을 받은 자가 정당한 사유 없이 2회 이상 그 승인된 보험료를 납부하지 아니한 경우에는 그 보험급여를 인정하지 아니한다.

제49조 (급여의 정지) 보험급여를 받을 수 있는 자가 다음 각 호의 1에 해당하게 된 때에는 그 기간 중 보험급여를 하지 아니한다. 다만, 제3호 및 제4호의 경우 제54조의2의 규정에 의한 요양급여를 실시한다. <개정 2004.1.29, 2005.7.13>
1. 국외에 여행 중인 때
2. 국외에서 업무에 종사하고 있는 때
3. 제6조제2항제2호에 해당하게 된 때
4. 교도소 기타 이에 준하는 시설에 수용되어 있는 때

제50조 (급여의 확인) 공단은 보험급여를 실시함에 있어서 필요하다고 인정되는 때에는 보험급여를 받는 자에 대하여 문서 기타 물건의 제출을 요구하거나 관계인으로 하여금 질문 또는 진단을 하게 할 수 있다.

제51조 (요양비 등의 지급) 공단은 이 법에 의하여 지급의무가 있는 요양비 또는 임의급여의 청구가 있는 때에는 지체없이 이를 지급하여야 한다.

제52조 (부당이득의 징수) ①공단은 사위 기타 부당한 방법으로 보험급여를 받은 자 또는 보험급여비용을 받은 요양기

관에 대하여 그 급여 또는 급여비용에 상당하는 금액의 전부 또는 일부를 징수한다. <개정 2002.12.18>

②제1항의 경우에 있어 사용자 또는 가입자의 허위의 보고 또는 증명에 의거나 요양기관의 허위의 진단에 의하여 보험급여가 실시된 때에는 공단은 이들에 대하여 보험급여를 받은 자와 연대하여 동항의 규정에 의한 징수금을 납부하게 할 수 있다.

③제1항의 경우에 있어 공단은 사위 기타 부당한 방법으로 보험급여를 받은 자와 같은 세대에 속한 가입자(사위 기타 부당한 방법으로 보험급여를 받은 자가 피부양자인 경우에는 그 직장가입자를 말한다)에 대하여 사위 기타 부당한 방법으로 보험급여를 받은 자와 연대하여 동항의 규정에 의한 징수금을 납부하게 할 수 있다.

④제1항의 경우에 있어 요양기관이 가입자 또는 피부양자로부터 사위 기타 부당한 방법으로 요양급여비용을 받은 때에는 공단은 당해 요양기관으로부터 이를 징수하여 가입자 또는 피부양자에게 지체없이 지급하여야 한다.

제53조 (구상권) ①공단은 제3자의 행위로 인한 보험급여사유가 발생하여 가입자에게 보험급여를 한 때에는 그 급여에 소요된 비용의 한도내에서 그 제3자에 대한 손해배상청구의 권리를 얻는다.

②제1항의 경우에 있어 보험급여를 받은 자가 제3자로부터 이미 손해배상을 받은 때에는 공단은 그 배상액의 한도내에서 보험급여를 하지 아니한다.

제54조 (수급권의 보호) 보험급여를 받을 권리는 양도 또는 압류할 수 없다.

제54조의2 (현역병 등에 대한 요양급여비용의 지급) ①공단은 제49조제3호 및 제4호의 규정에 의한 자가 요양기관에서 대통령령이 정하는 치료 등(이하 이 조에서 "요양급여"라 한다)을 받은 경우에 그에 따라 공단이 부담하는 비용(이하 이 조에서 "요양급여비용"이라 한다)을 법무부장관·국방부장관·소방방재청장·경찰청장 또는 해양경찰청장으로부터 예탁받아 지급할 수 있다. 이 경우 법무부장관·국방부장관·소방방재청장·경찰청장 또는 해양경찰청장은 예산상 불가피한 경우를 제외하고는 연간 소요될 것으로 예상되는 요양급여비용을 대통령령이 정하는 바에 따라 미리 공단에 예탁하여야 한다. <개정 2005.7.13>

②요양급여 및 요양급여비용에 관한 사항은 제39조 내지 제43조·제43조의2·제50조 및 제51조의 규정을 준용한다.

[본조신설 2004.1.29]

제5장 건강보험심사평가원

제55조 (설립) 요양급여비용을 심사하고 요양급여의 적정성을 평가하기 위하여 건강보험심사평가원(이하 "심사평가원"이라 한다)을 설립한다.

제56조 (업무 등) ①심사평가원은 다음 각 호의 업무를 관장한다.

1. 요양급여비용의 심사
2. 요양급여의 적정성에 대한 평가
3. 심사 및 평가 기준의 개발
4. 제1호 내지 제3호의 업무와 관련된 조사연구 및 국제협력
5. 다른 법률의 규정에 의하여 지급되는 급여비용의 심사 또는 의료의 적정성 평가에 관하여 위탁받은 업무
6. 건강보험과 관련하여 보건복지부장관이 필요하다고 인정한 업무
7. 기타 보험급여비용의 심사와 보험급여의 적정성 평가와 관련하여 대통령령이 정하는 업무

②제1항제2호·제5호 및 제7호의 규정에 의한 요양급여 등의 적정성 평가에 관한 기준·절차·방법 기타 필요한 사항은 보건복지부령으로 정한다.

제57조 (법인격 등) ①심사평가원은 법인으로 한다.

②심사평가원은 주된 사무소의 소재지에서 설립등기를 함으로써 성립한다.

제58조 (임원) ①심사평가원에 임원으로서 원장, 이사 16인 및 감사 1인을 둔다.

②원장 및 감사는 보건복지부장관이 임면한다. <개정 2004.1.29>

③이사 중 5인은 의약관계단체가 추천한 자를, 3인은 공단이 추천한 자를, 3인은 심사평가원의 원장이 추천한 자를, 5인은 노동조합·사용자단체·농어업인단체 및 소비자단체가 각각 1인씩 추천한 자 및 대통령령이 정하는 관계공무원 중 1인을 보건복지부장관이 임면한다. <개정 2004.1.29>

④원장, 이사 중 3인 및 감사는 상임으로 한다. 다만, 비상임 임원은 정관이 정하는 바에 의하여 실비변상을 받을 수 있다. <개정 2005.7.13>

⑤임원의 임기는 3년으로 한다. 다만, 공무원인 임원의 임기는 그 재임기간으로 한다. <개정 2004.1.29>

제59조 (진료심사평가위원회) ①심사평가원의 업무를 효율적으로 수행하기 위하여 심사평가원에 진료심사평가위원회(이하 "심사위원회"라 한다)를 둔다.

②심사위원회는 위원장을 포함한 30인 이내의 상근심사위

원과 600인 이내의 비상근심사위원으로 구성하며, 진료과목별 분과위원회를 둘 수 있다.
③심사위원회의 위원의 자격·임기 및 위원회의 운영 등에 관하여 필요한 사항은 보건복지부령으로 정한다.

제60조 (자금의 조달 등) ①심사평가원은 제56조제1항의 업무(동조동항제5호의 규정에 의한 업무를 제외한다)를 수행하기 위하여 공단으로부터 부담금을 징수할 수 있다.
②심사평가원은 제56조제1항제5호의 규정에 의하여 급여비용의 심사 또는 의료의 적정성 평가에 관한 업무를 위탁받은 때에는 위탁자로부터 수수료를 받을 수 있다.
③제1항 및 제2항의 규정에 의한 부담금 및 수수료의 금액·징수방법 기타 필요한 사항은 보건복지부령으로 정한다.

제61조 (준용규정) 제13조제4항·제15조·제16조(제1항제6호 및 제7호를 제외한다)·제17조·제18조·제20조 내지 제22조·제23조·제24조 내지 제30조·제33조제1항·제34조·제35조·제37조 및 제38조의 규정은 심사평가원에 관하여 이를 준용한다. 이 경우 "공단"은 "심사평가원"으로, "이사장"은 "원장"으로 본다. <개정 2004.1.29, 2005.7.13>

제6장 보험료

제62조 (보험료) ①공단은 건강보험사업에 소요되는 비용에 충당하기 위하여 제68조의 규정에 의한 보험료의 납부의무자로부터 보험료를 징수한다.
②제1항의 규정에 의한 보험료는 가입자의 자격을 취득한 날이 속하는 달의 다음 달부터 가입자의 자격을 상실한 날의 전날이 속하는 달까지 징수한다. 다만, 가입자의 자격을 매월 1일에 취득한 경우에는 그 달부터 징수한다. <개정 2006.10.4>
③제1항 및 제2항의 규정에 따른 보험료를 징수함에 있어서 가입자의 자격이 변동된 경우에는 변동된 날이 속하는 달의 보험료는 변동되기 전의 자격을 기준으로 징수한다. 다만, 가입자의 자격이 매월 1일에 변동된 경우에는 변동된 자격을 기준으로 징수한다. <신설 2006.10.4>
④직장가입자의 월별 보험료액은 제63조의 규정에 의하여 산정한 보수월액에 제65조제1항 또는 제2항의 규정에 의한 보험료율을 곱하여 얻은 금액으로 한다. <개정 2006.10.4, 2006.12.30>
⑤지역가입자의 월별 보험료액은 세대단위로 산정하되, 지역가입자가 속한 세대의 월별 보험료액은 제64조의 규정에 의하여 산정한 보험료부과점수에 제65조제3항의 규정에 따른 보험료부과점수당 금액을 곱한 금액으로 한다. <개정 1999.12.31, 2006.10.4, 2006.12.30>
⑥삭제 <2006.12.30>

제63조 (보수월액) <개정 2006.12.30> ①제62조제4항의 규정에 따른 보수월액은 직장가입자가 지급받는 보수를 기준으로 하여 산정하되, 대통령령이 정하는 기준에 따라 상·하한을 정할 수 있다. <개정 2006.12.30>
②휴직 기타의 사유로 보수의 전부 또는 일부가 지급되지 아니하는 가입자의 보험료는 당해 사유가 발생하기 전월의 보수월액을 기준으로 보험료를 산정한다. <개정 2006.12.30>
③제1항의 규정에 의한 보수는 근로자·공무원 및 교직원이 근로의 제공으로 인하여 사용자·국가 또는 지방자치단체로부터 지급받는 금품(실비변상적인 성격의 것을 제외한다)으로서 대통령령이 정하는 것을 말한다. 이 경우 보수관련 자료가 없거나 불명확한 경우 등 대통령령이 정하는 사유에 해당하는 경우에는 보건복지부장관이 정하여 고시하는 금액을 보수로 본다. <개정 2000.12.29>
④제1항의 규정에 의한 보수월액의 산정 및 보수가 지급되지 아니하는 사용자의 보수월액의 산정 등에 관하여 필요한 사항은 대통령령으로 정한다. <개정 2006.12.30>

제64조 (보험료부과점수 <개정 2006.12.30>) ①제62조제5항의 규정에 따른 보험료부과점수는 지역가입자의 소득·재산·생활수준·경제활동참가율 등을 참작하여 정하되, 대통령령이 정하는 기준에 따라 상·하한을 정할 수 있다. <개정 2006.12.30>
②제1항의 규정에 의하여 보험료부과점수의 산정방법·기준을 정함에 있어 법령에 의하여 재산권의 행사가 제한되는 재산에 대하여는 다른 재산과 달리 정할 수 있다. <개정 2006.12.30>
③보험료부과점수의 산정방법·기준 그 밖에 필요한 사항은 대통령령으로 정한다. <신설 2006.12.30>
[전문개정 1999.12.31]

제65조 (보험료율 등) <개정 2006.12.30> ①직장가입자의 보험료율은 1천분의 80의 범위 안에서 심의위원회의 의결을 거쳐 대통령령으로 정한다. <개정 2006.12.30>
②국외에서 업무에 종사하고 있는 직장가입자에 대한 보험료율은 제1항의 규정에 의하여 정하여진 보험료율의 100분의 50으로 한다.
③지역가입자의 보험료부과점수당 금액은 심의위원회의 의결을 거쳐 대통령령으로 정한다. <신설 2006.12.30>

제66조 (보험료의 면제) ①공단은 직장가입자가 제49조제2호 내지 제4호의 1에 해당되는 때에는 당해 가입자의 보험료를 면제한다. 다만, 제49조제2호에 해당하는 직장가입자의 경우에는 국내에 거주하는 피부양자가 없는 경우에 이를

적용한다.

②지역가입자가 다음 각 호의 1에 해당되는 때에는 그 가입자가 속한 세대의 보험료를 산정함에 있어서 그 가입자의 소득을 제외한다.

1. 제49조제2호 내지 제4호의 1에 해당되는 때

2. 대학이하의 각급 학교에의 재학 등 소득활동에 종사하지 아니하는 것이 명백하다고 인정되는 때

3. 제1호 및 제2호에 준하는 것으로서 보건복지부령이 정하는 기준에 해당되는 때

③제1항의 규정에 따른 보험료 면제 또는 제2항제1호의 규정에 따라서 보험료 산정에서 제외되는 소득에 대하여는 제49조제2호 내지 제4호의 어느 하나에 해당하는 급여정지 사유가 발생한 날이 속하는 달의 다음 달부터 사유가 해소된 날이 속하는 달까지 적용한다. 다만, 급여정지 사유가 매월 1일에 해소된 경우에는 그 달의 보험료를 면제하지 아니하거나 보험료 산정에서 소득을 제외하지 아니한다. <신설 2006.10.4>

제66조의2 (보험료의 경감) ①다음 각 호의 어느 하나에 해당하는 가입자 중 보건복지부령이 정하는 가입자에 대하여는 그 가입자 또는 그 가입자가 속한 세대의 보험료의 일부를 경감할 수 있다.

1. 도서·벽지·농어촌 등 대통령령이 정하는 지역에 거주하는 자

2. 65세 이상인 자

3. 「장애인복지법」에 따라 등록한 장애인

4. 「국가유공자 등 예우 및 지원에 관한 법률」 제4조제1항 제4호·제6호·제10호·제12호 또는 제14호의 규정에 따른 국가유공자

5. 휴직자

6. 그 밖에 생활이 어렵거나 천재지변 등의 사유로 보험료의 경감이 필요하다고 보건복지부장관이 정하여 고시하는 자

②제1항의 규정에 따른 보험료 경감의 방법·절차 그 밖에 필요한 사항은 보건복지부장관이 정하여 고시한다.

[본조신설 2006.12.30]

제67조 (보험료의 부담) ①직장가입자의 보험료는 직장가입자와 다음 각 호의 구분에 의한 자가 각각 보험료액의 100분의 50씩 부담한다. 다만, 직장가입자가 교직원인 경우의 보험료액은 그 직장가입자가 100분의 50을, 제3조제2호 다목에 규정된 자가 100분의 30을, 국가가 100분의 20을 각각 부담하되, 제3조제2호 다목에 규정된 자가 그 부담액의 전액을 부담할 수 없을 때에는 그 부족액을 학교에 속하는 회계에서 부담하게 할 수 있다. <개정 2002.12.18>

1. 직장가입자가 근로자인 경우에는 제3조제2호 가목에 규

정된 자

2. 직장가입자가 공무원인 경우에는 그 공무원이 소속되어 있는 국가 또는 지방자치단체

②지역가입자의 보험료는 그 가입자가 속한 세대의 지역가입자 전원이 연대하여 부담한다.

③삭제 <2006.12.30>

제68조 (보험료의 납부의무) ①직장가입자의 보험료는 사용자가 납부한다.

②지역가입자의 보험료는 그 가입자가 속한 세대의 지역가입자 전원이 연대하여 납부한다. 이 경우 가입자 1인에게 행한 고지 또는 독촉은 당해 세대의 지역가입자 모두에게 효력이 있는 것으로 본다.

③사용자는 직장가입자가 부담하여야 하는 그 달의 보험료액을 그 보수에서 공제하여 납부하여야 한다. 이 경우 직장가입자에게 그 공제액을 통지하여야 한다.

제69조 (보험료 납부기한) 제68조제1항 및 제2항의 규정에 의하여 보험료의 납부의무가 있는 자는 가입자에 대한 해당 월의 보험료를 그 다음달 10일까지 납부하여야 한다. 다만, 지역가입자의 보험료는 보건복지부령이 정하는 바에 의하여 분기별로 납부할 수 있다.

제70조 (보험료 등의 독촉 및 체납처분) ①공단은 제68조의 규정에 의한 납부의무자가 보험료 등을 납부하지 아니한 때에는 기한을 정하여 독촉할 수 있다.

②제1항의 규정에 의하여 독촉을 하는 때에는 10일 이상 15일 이내의 납부기한을 정하여 독촉장을 발부하여야 한다.

③공단은 제1항의 규정에 의한 독촉을 받은 자가 그 납부기한까지 보험료 등을 납부하지 아니한 때에는 보건복지부장관의 승인을 얻어 국세체납처분의 예에 의하여 이를 징수할 수 있다.

④공단은 제3항의 규정에 의한 국세체납처분의 예에 의하여 압류한 재산의 공매에 전문지식이 필요하거나 기타 특수한 사정이 있어 직접 공매하기에는 적당하지 아니하다고 인정하는 때에는 「금융기관부실자산 등의 효율적 처리 및 한국자산관리공사의 설립에 관한 법률」에 의하여 설립된 한국자산관리공사(이하 "한국자산관리공사"라 한다)로 하여금 이를 대행하게 할 수 있으며, 이 경우 공매는 공단이 한 것으로 본다. <개정 1999.12.31, 2006.10.4>

⑤공단은 제4항의 규정에 의하여 한국자산관리공사가 공매를 대행하는 경우에는 보건복지부령이 정하는 바에 의하여 수수료를 지급할 수 있다. <개정 1999.12.31>

제70조의2 (체납보험료의 분할납부) ①공단은 보험료를 3회 이상 체납한 자에 대하여 보건복지부령이 정하는 바에 따라

분할납부 승인을 할 수 있다.

②공단은 제1항의 규정에 따라 분할납부 승인을 받은 자가 정당한 사유 없이 2회 이상 그 승인된 보험료를 납부하지 아니한 때에는 그 분할납부의 승인을 취소한다.

③분할납부의 승인과 취소에 관한 절차·방법·기준 등에 관하여 필요한 사항은 보건복지부령으로 정한다.

[본조신설 2006.12.30]

제71조 (가산금) ①공단은 보험료 등의 납부의무자가 납부기한까지 이를 납부하지 아니한 때에는 그 납부기한이 경과한 날부터 체납된 보험료 등의 100분의 5에 해당하는 가산금을 징수한다.

②공단은 보험료 등의 납부의무자가 납부기한 경과후 3월 이내에 체납된 보험료 등을 납부하지 아니한 때에는 그 3월을 경과한 날부터 체납된 보험료 등의 100분의 5에 해당하는 가산금을 제1항의 규정에 의한 가산금에 가산하여 징수한다.

③공단은 보험료 등의 납부의무자가 납부기한 경과후 6월 이내에 체납된 보험료 등을 납부하지 아니한 때에는 그 6월이 경과한 날부터 체납된 보험료 등의 100분의 5에 해당하는 가산금을 제1항 및 제2항의 규정에 의한 가산금에 가산하여 징수한다.

④제1항 내지 제3항의 규정에 불구하고 천재·지변 기타 보건복지부령이 정하는 부득이한 사유가 있는 경우에는 제1항 내지 제3항의 규정에 의한 가산금은 이를 징수하지 아니할 수 있다.

제72조 (결손처분) ①공단은 다음 각 호의 1에 해당하는 사유가 있는 때에는 재정운영위원회의 의결을 얻어 보험료 등을 결손처분할 수 있다.

1. 체납처분이 종결되고 체납액에 충당될 배분금액이 그 체납액에 미달하는 경우

2. 당해 권리에 대한 소멸시효가 완성된 경우

3. 기타 징수할 가능성이 없다고 인정되는 경우로서 대통령령이 정하는 경우

②공단은 제1항제3호의 규정에 의하여 결손처분을 한 후 다른 압류할 수 있는 재산이 있었던 것을 발견한 때에는 지체없이 그 처분을 취소하고 체납처분을 하여야 한다.

제73조 (보험료 등의 징수순위) 보험료 등은 국세 및 지방세를 제외한 기타의 채권에 우선하여 징수한다. 다만, 보험료 등의 납부기한전에 전세권·질권 또는 저당권의 설정을 등기 또는 등록한 사실이 증명되는 재산의 매각에 있어서 그 매각대금 중에서 보험료 등을 징수하는 경우의 그 전세권·질권 또는 저당권에 의하여 담보된 채권에 대하여는 그러하지 아니하다.

제74조 (보험료 등의 납입고지) ①공단은 보험료 등을 징수하고자 하는 때에는 그 금액을 결정하여 납부의무자에게 다음 각 호의 사항을 기재한 문서로써 납입의 고지를 하여야 한다.

1. 징수하고자 하는 보험료 등의 종류

2. 납부하여야 하는 금액

3. 납부기한 및 장소

②공단은 제1항의 규정에 따른 납입의 고지를 함에 있어서 납부의무자가 신청한 경우에는 전자문서교환방식 등에 의하여 전자문서로 고지할 수 있다. <신설 2006.10.4>

③공단이 제2항의 규정에 따라 전자문서로 고지한 경우에는 보건복지부령이 정하는 정보통신망에 저장되거나 납부의무자가 지정한 전자우편주소에 입력된 때에 그 납부의무자에게 도달된 것으로 본다. <신설 2006.10.4>

④제2항의 규정에 따른 전자문서 고지에 대한 신청방법, 절차 그 밖에 필요한 사항은 보건복지부령으로 정한다. <신설 2006.10.4>

제75조 (보험료 등의 충당과 환급) ①공단은 납부의무자가 보험료·가산금 또는 체납처분비로서 납부한 금액 중 과오납부한 금액이 있는 때에는 즉시 그 초과납부액 또는 오납액을 보험료환급금으로 결정하여야 한다.

②제1항의 규정에 의한 보험료환급금은 납부할 보험료 등과 체납처분비에 충당하여야 하며, 충당후의 잔여금은 제1항의 규정에 의한 결정일부터 30일 이내에 납부자에게 지급하여야 한다.

제7장 이의신청 및 심사청구 등

제76조 (이의신청) ①가입자 및 피부양자의 자격·보험료 등·보험급여 및 보험급여비용에 관한 공단의 처분에 이의가 있는 자는 공단에 이의신청을 할 수 있다.

②요양급여비용 및 요양급여의 적정성에 대한 평가 등에 관한 심사평가원의 처분에 이의가 있는 공단·요양기관 기타의 자는 심사평가원에 이의신청을 할 수 있다.

③제1항 및 제2항의 규정에 의한 이의신청은 처분이 있은 날부터 90일 이내에 문서로 하여야 한다. 다만, 정당한 사유에 의하여 그 기간내에 이의신청을 할 수 없었음을 소명한 때에는 그러하지 아니하다.

④이의신청에 대한 결정, 그 결정의 통지 등에 관하여 필요한 사항은 대통령령으로 정한다.

제77조 (심사청구) ①제76조의 규정에 의한 이의신청에 대한 결정에 불복이 있는 자는 건강보험분쟁조정위원회(이하 "분쟁조정위원회"라 한다)에 심사청구를 할 수 있다. 이 경

우 제76조제3항의 규정은 심사청구에 관하여 이를 준용한다.

②분쟁조정위원회는 보건복지부장관소속하에 둔다.

③분쟁조정위원회는 건강보험에 관한 법학 또는 의학 분야의 학식과 경험이 풍부한 자 중 보건복지부장관이 임명 또는 위촉하는 20인 이내의 위원으로 구성한다.

④심사청구에 대한 결정, 그 결정의 통지 및 분쟁조정위원회의 조직·운영에 관하여 필요한 사항은 대통령령으로 정한다.

제78조 (행정소송) 공단 또는 심사평가원의 처분에 이의가 있는 자와 제76조의 규정에 의한 이의신청 또는 제77조의 규정에 의한 심사청구에 대한 결정에 불복이 있는 자는 「행정소송법」이 정하는 바에 의하여 행정소송을 제기할 수 있다. <개정 2006.10.4>

제8장 보칙

제79조 (시효) ①다음 각 호의 권리는 3년간 행사하지 아니하면 소멸시효가 완성된다.

1. 보험료(보험료의 가산금을 포함한다)를 징수하거나 보험료환급금을 받을 권리

2. 보험급여를 받을 권리

3. 보험급여비용을 받을 권리

4. 제43조제3항의 규정에 의하여 과다납부된 본인일부부담금을 반환받을 권리

②제1항의 규정에 의한 시효는 다음 각 호의 1의 사유로 인하여 중단된다.

1. 보험료의 고지 또는 독촉

2. 보험급여 또는 보험급여비용의 청구

③제1항 및 제2항의 규정에 의한 소멸시효 및 시효중단에 관하여 이 법에 정한 사항 외에는 「민법」의 규정에 의한다. <개정 2006.10.4>

제80조 (기간의 계산) 이 법 또는 이 법에 의한 명령에 규정된 기간의 계산에 관하여 이 법에 정한 사항외에는 「민법」의 기간에 관한 규정을 준용한다. <개정 2006.10.4>

제81조 (근로자의 권익보호) 제6조제2항 각 호의 1에 해당하지 아니하는 모든 사업장의 근로자를 고용하는 사용자는 그 고용한 근로자가 이 법에 의한 직장가입자로 되는 것을 방해하거나 그가 부담하는 부담금의 증가를 기피할 목적으로 정당한 사유없이 근로자의 승급 또는 임금인상을 하지 아니하거나 해고 기타 불이익한 조치를 할 수 없다. <개정 2004.1. 29>

제82조 (신고 등) ①공단은 사용자 및 세대주로 하여금 가입자의 거주지변경 또는 보수·소득 기타 건강보험사업을 위하여 필요한 사항을 신고하게 하거나 관계서류를 제출하게 할 수 있다.

②공단은 제1항의 규정에 의하여 신고 또는 제출받은 자료에 대한 사실여부를 확인할 필요가 있다고 인정하는 때에는 소속직원으로 하여금 당해 사항에 관하여 조사하게 할 수 있다.

③제2항의 경우에 소속직원은 그 권한을 표시하는 증표를 지니고 이를 관계인에게 내보여야 한다.

제82조의2 (소득 축소·탈루 자료 송부 등) ①공단은 제82조제1항의 규정에 의하여 신고한 보수나 소득 등에 축소나 탈루가 있다고 인정하는 경우에는 보건복지부장관을 거쳐 소득의 축소 또는 탈루에 관한 사항을 문서로 국세청장에게 송부할 수 있다.

②국세청장은 제1항의 규정에 의하여 송부받은 사항에 대하여 「국세기본법」 등 관련법률의 규정에 의한 세무조사를 실시한 경우 그 조사결과 중 보수·소득에 관한 사항을 공단에 송부한다. <개정 2006.10.4>

③제1항 및 제2항의 규정에 의한 송부절차 그 밖에 필요한 사항은 대통령령으로 정한다.

[본조신설 2005.1.27]

제83조 (자료의 제공) ①공단 및 심사평가원은 국가·지방자치단체·요양기관, 「보험업법」에 의한 보험사업자 및 보험료율 산출기관 그 밖의 공공단체 등에 대하여 건강보험사업을 위하여 필요한 자료의 제공을 요청할 수 있다. <개정 2003.7. 29, 2006.10.4>

②제1항의 규정에 의하여 자료의 제공을 요청받은 자는 성실히 이에 응하여야 한다. <개정 2003.7.29>

③제1항의 규정에 의한 국가·지방자치단체·요양기관·「보험업법」에 의한 보험요율 산출기관 그 밖의 공공단체가 공단 또는 심사평가원에 제공하는 자료에 대하여는 사용료·수수료 등을 면제한다. <신설 2003.7.29, 2006.10.4>

제84조 (보고와 검사) ①보건복지부장관은 사용자 또는 세대주에게 가입자의 이동·보수·소득 기타 필요한 사항에 관한 보고 또는 서류제출을 명하거나 소속공무원으로 하여금 관계인에게 질문을 하게 하거나 관계서류를 검사하게 할 수 있다.

②보건복지부장관은 요양기관(제44조의 규정에 의하여 요양을 실시한 기관을 포함한다)에 대하여 요양·약제의 지급 등 보험급여에 관한 보고 또는 서류제출을 명하거나 소속공무원으로 하여금 관계인에게 질문을 하게 하거나 관계서류를 검사하게 할 수 있다.

③보건복지부장관은 보험급여를 받은 자에게 당해 보험급여의 내용에 관하여 보고하게 하거나 소속공무원으로 하여금 질문하게 할 수 있다.
④보건복지부장관은 제43조제6항의 규정에 따라 요양급여비용의 심사청구를 대행하는 단체(이하 "대행청구단체"라 한다)에 대하여 필요한 자료의 제출을 명하거나 소속 공무원으로 하여금 대행청구에 관한 자료 등을 조사·확인하게 할 수 있다. <신설 2006.12.30>
⑤제1항 내지 제4항의 경우에 소속공무원은 그 권한을 표시하는 증표를 지니고 이를 관계인에게 내보여야 한다. <개정 2006.12.30>

제85조 (과징금 등) ①보건복지부장관은 요양기관이 다음 각 호의 1에 해당하는 때에는 1년의 범위 안에서 기간을 정하여 요양기관의 업무정지를 명할 수 있다.
1. 사위 기타 부당한 방법으로 보험자·가입자 및 피부양자에게 요양급여비용을 부담하게 한 때
2. 제84조제2항의 규정에 의한 명령에 위반하거나 허위보고를 하거나 소속공무원의 검사 또는 질문을 거부·방해 또는 기피한 때
②보건복지부장관은 요양기관이 제1항제1호의 규정에 해당하여 업무정지처분을 하여야 하는 경우로서 그 업무정지처분이 당해 요양기관을 이용하는 자에게 심한 불편을 주거나 기타 특별한 사유가 있다고 인정되는 때에는 그 업무정지처분에 갈음하여 사위 기타 부당한 방법으로 부담하게 한 금액의 5배 이하의 금액을 과징금으로 부과·징수할 수 있다. 이 경우 과징금을 부과하는 위반행위의 종별·정도 등에 따른 과징금의 금액 기타 필요한 사항은 대통령령으로 정한다.
③제1항의 규정에 의하여 업무정지처분을 받은 자는 당해 업무정지기간 중에는 요양급여를 행하지 못한다.
④제2항의 규정에 의하여 징수한 과징금은 다음 각 호외의 용도로는 이를 사용할 수 없다. <개정 2006.10.4>
1. 제43조제3항 본문의 규정에 의하여 보험자가 지급하는 요양급여비용에 필요한 자금의 지원
2. 「응급의료에 관한 법률」에 의한 응급의료기금에의 지원
⑤제4항의 규정에 의한 과징금의 용도별 지원규모·사용절차 기타 필요한 사항은 대통령령으로 정한다.
⑥제2항의 규정에 의한 과징금을 납부하여야 할 자가 납부기한까지 납부하지 아니한 때에는 국세체납처분의 예에 의하여 이를 징수한다.

제86조 (비밀의 유지) 공단·심사평가원 및 대행청구단체에 종사하였던 자 또는 종사하고 있는 자는 그 업무상 알게 된 비밀을 누설하여서는 아니된다. <개정 2006.12.30>

제87조 (공단 등에 대한 감독) 보건복지부장관은 공단 및 심사평가원에 대하여 그 사업에 관한 보고를 명하거나 사업 또는 재산상황을 검사하여 정관 또는 규정의 변경 기타 필요한 처분을 명하는 등 감독상 필요한 조치를 할 수 있다.

제88조 (권한의 위임 및 위탁) ①이 법에 의한 보건복지부장관의 권한은 대통령령이 정하는 바에 의하여 그 일부를 특별시장·광역시장 또는 도지사에게 위임할 수 있다.
②제84조제2항의 규정에 의한 보건복지부장관의 권한은 대통령령이 정하는 바에 의하여 이를 공단 또는 심사평가원에 위탁할 수 있다.

제89조 (업무의 위탁) ①공단은 대통령령이 정하는 바에 의하여 보험료의 수납, 보험급여비용의 지급 또는 보험료납부의 확인에 관한 업무를 체신관서 또는 금융기관에 위탁할 수 있다.
②공단은 그 업무의 일부를 국가기관·지방자치단체 또는 다른 법령에 의한 사회보험업무를 수행하는 법인 기타의 자에게 위탁할 수 있다.
③제2항의 규정에 의하여 공단이 위탁할 수 있는 업무 및 위탁받을 수 있는 자의 범위는 보건복지부령으로 정한다.

제90조 (소액처리) 공단은 징수하여야 할 금액 및 반환하여야 할 금액이 건당 2천원 미만인 경우(제43조제4항의 규정에 의하여 상계처리가 가능한 본인일부부담금환급금을 제외한다)에는 이를 징수 또는 반환하지 아니한다.

제91조 (단수처리) 보험료 등과 보험급여에 관한 비용의 계산에 있어서 국고금관리법 제47조의 규정에 의한 단수는 이를 계산하지 아니한다. <개정 2005.1.27>

제92조 (보험재정에 대한 정부지원) ①국가는 매년 예산의 범위 안에서 당해연도 보험료 예상수입액의 100분의 14에 상당하는 금액을 국고에서 공단에 지원한다.
②공단은 「국민건강증진법」이 정하는 바에 따라 동법에 따른 국민건강증진기금에서 자금을 지원받을 수 있다.
③공단은 제1항의 규정에 따라 지원된 재원을 다음 각 호의 사업에 사용한다.
1. 가입자 및 피부양자에 대한 보험급여
2. 건강보험사업에 대한 운영비
3. 제66조의2 및 제93조의2제3항의 규정에 따른 보험료 경감에 대한 지원
④공단은 제2항의 규정에 따라 지원된 재원을 다음 각 호의 사업에 사용한다.
1. 건강검진 등 건강증진에 관한 사업
2. 가입자 및 피부양자의 흡연으로 인한 질병에 대한 보험

급여
3. 가입자 및 피부양자 중 65세 이상 노인에 대한 보험급여
[전문개정 2006.12.30]

제93조 (외국인 등에 대한 특례) ①정부는 외국정부가 사용자인 사업장의 근로자의 건강보험에 관하여 외국정부와의 합의에 의하여 이를 따로 정할 수 있다.
②국내에 체류하고 있는 재외국민 또는 외국인으로서 대통령령이 정하는 사람은 제5조의 규정에 불구하고 이 법의 적용을 받는 가입자 또는 피부양자가 된다. <개정 2005.7.13>

제93조의2 (실업자에 대한 특례) ①사용관계가 종료된 직장가입자 중 보건복지부령이 정하는 자가 지역가입자가 된 이후 제74조의 규정에 따라 최초로 고지 받은 지역가입자 보험료의 납부기한 이내에 공단에 직장가입자로서의 자격을 유지할 것을 신청한 경우에는 제8조의 규정에 불구하고 대통령령이 정하는 기간동안 직장가입자의 자격을 유지한다. 다만, 신청자가 신청 후 최초로 납부하여야 할 보험료를 그 납부기한까지 납부하지 아니한 때에는 그러하지 아니하다.
②제1항의 규정에 따라 공단에 신청한 가입자(이하 "임의계속가입자"라 한다)는 제63조의 규정에 불구하고 사용관계가 종료된 날이 속하는 달을 제외한 직전 3월간 지급받은 보수의 평균액을 기준으로 보수월액을 산정한다.
③임의계속가입자의 보험료는 보건복지부장관이 고시하는 바에 따라 그 일부를 경감할 수 있다.
④제67조제1항 및 제68조제1항의 규정에 불구하고 임의계속가입자의 보험료는 그 임의계속가입자가 전액을 부담하고 납부한다.
⑤임의계속가입자의 신청방법·절차 그 밖에 필요한 사항은 보건복지부령으로 정한다.
[본조신설 2006.12.30]

제9장 벌칙

제94조 (벌칙) ①대행청구단체의 종사자로서 거짓 그 밖에 부정한 방법으로 요양급여비용의 청구를 한 자는 3년 이하의 징역 또는 3천만원 이하의 벌금에 처한다.
②다음 각 호의 어느 하나에 해당하는 자는 1년 이하의 징역 또는 1천만원 이하의 벌금에 처한다.
1. 제43조제6항의 규정을 위반하여 대행청구단체가 아닌 자로 하여금 대행하게 한 자
2. 제81조의 규정을 위반한 사용자
3. 제85조제3항의 규정을 위반한 요양기관의 개설자
4. 제86조의 규정을 위반한 자
[전문개정 2006.12.30]

제95조 (벌칙) 제84조제2항의 규정에 위반하여 보고 또는 서류제출을 하지 아니한 자, 허위로 보고하거나 허위의 서류를 제출한 자 및 검사 또는 질문을 거부·방해 또는 기피한 자는 1천만원 이하의 벌금에 처한다.

제96조 (벌칙) 제40조제4항 또는 제44조제2항 전단의 규정에 위반한 자는 500만원 이하의 벌금에 처한다.

제97조 (양벌규정) 법인의 대표자, 법인이나 개인의 대리인·사용인 기타 종사자가 그 법인 또는 개인의 업무에 관하여 제94조 내지 제96조의 위반행위를 한 때에는 그 행위자를 벌하는 외에 그 법인 또는 개인에 대하여도 각 해당조의 벌금형을 과한다.

제98조 (과태료) ①가입자 및 피부양자 또는 가입자 및 피부양자이었던 자가 그 자격을 잃은 후 그 자격을 증명하던 서류를 사용하여 보험급여를 받은 때에는 그 급여에 상당하는 금액 이하의 과태료에 처한다.
②보험급여를 받을 수 있는 자가 사위 기타 부당한 방법에 의하여 타인으로 하여금 보험급여를 받게 한 때에는 그 보험급여에 상당하는 금액 이하의 과태료에 처한다. 같은 방법으로 그 보험급여를 받은 자도 또한 같다.

제99조 (과태료) 다음 각 호의 어느 하나에 해당하는 자는 100만원 이하의 과태료에 처한다. <개정 2006.12.30>
1. 제87조의 규정에 의한 명령에 위반한 자
2. 정당한 사유없이 제82조제1항·제2항 또는 제84조제1항·제3항·제4항의 규정에 위반하여 서류의 제출, 의견의 진술, 신고 또는 보고를 하지 아니한 자, 허위로 진술·신고 또는 보고를 하거나 조사 또는 검사를 거부·방해 또는 기피한 자

제100조 (과태료의 부과징수절차) ①제98조 및 제99조의 규정에 의한 과태료는 대통령령이 정하는 바에 의하여 보건복지부장관이 부과·징수한다.
②제1항의 규정에 의한 과태료처분에 불복이 있는 자는 그 처분의 고지를 받은 날부터 30일 이내에 보건복지부장관에게 이의를 제기할 수 있다.
③제1항의 규정에 의한 과태료처분을 받은 자가 제2항의 규정에 의하여 이의를 제기한 때에는 보건복지부장관은 지체없이 관할법원에 그 사실을 통보하여야 하며, 그 통보를 받은 관할법원은 「비송사건절차법」에 의한 과태료의 재판을 한다. <개정 2006.10.4>
④제2항의 규정에 의한 기간내에 이의를 제기하지 아니하고 과태료를 납부하지 아니한 때에는 국세체납처분의 예에 의하여 이를 징수한다.

부칙 <제5854호, 1999.2.8>
제1조 (시행일) 이 법은 2000년 7월 1일부터 시행한다. 다만, 부칙 제4조 및 제5조의 규정은 공포한 날부터 시행한다. <개정 1999.12.31>
제2조 (다른 법률의 폐지) 의료보험법 및 국민의료보험법은 이를 각각 폐지한다.
제3조 (공단의 설립) 이 법 시행당시 종전의 국민의료보험법에 의하여 설립된 국민의료보험관리공단은 이 법에 의하여 설립된 공단으로 본다. 다만, 공단의 임원은 제19조의 규정에 의하여 임명하여야 하며, 이 경우 종전 국민의료보험관리공단의 임원은 그 임기가 만료된 것으로 본다.
제4조 (심사평가원의 설립준비) ①보건복지부장관은 이 법이 공포된 날부터 30일 이내에 6인의 설립위원을 위촉하여 심사평가원의 설립에 관한 사무를 담당하게 하여야 한다. ②설립위원은 정관을 작성하여 보건복지부장관의 인가를 받아 심사평가원의 설립등기를 하여야 한다. ③설립위원은 심사평가원의 원장이 임명된 때에는 지체없이 이 사무를 인계하여야 하며, 사무인계가 끝난 때에는 해촉된 것으로 본다. ④심사평가원의 설립준비에 필요한 비용 등은 국가가 부담한다.
제5조 (이 법의 시행을 위한 준비행위) ①보건복지부장관, 국민의료보험관리공단이사장 또는 설립위원은 의료보험연합회·의료보험조합·국민의료보험관리공단 기타 관계인에 대하여 이 법 시행을 위한 준비에 필요한 자료의 제출을 요청할 수 있다. ②제1항의 규정에 의한 자료의 제출을 요청받은 자는 성실하게 이에 응하여야 한다.
제6조 (법인의 해산) 이 법 시행당시 종전의 의료보험법에 의하여 설립된 의료보험조합 및 의료보험연합회는 이 법 시행과 동시에 각각 해산된다.
제7조 (권리의 포괄승계 등) ①이 법 시행당시 종전의 의료보험법에 의한 의료보험조합 및 의료보험연합회의 권리와 의무는 공단이 포괄승계한다. 다만, 의료보험연합회의 심사업무와 관련된 권리와 의무는 심사평가원이 포괄승계한다. ② 이 법 시행당시 종전의 의료보험법에 의한 의료보험조합의 재산은 공단의 재산으로 보며, 의료보험연합회의 재산은 심사평가원의 재산으로 본다.
제8조 (직원의 고용 등) 이 법 시행당시 종전의 의료보험조합 및 의료보험연합회의 직원은 공단에 고용된 것으로 본다. 다만, 의료보험연합회의 직원 중 보건복지부장관이 정하는 심사업무에 종사하고 있는 직원은 심사평가원에 고용된 것으로 본다.
제9조 (가입자 및 피부양자의 자격취득 등에 관한 경과조치) ①이 법 시행당시 종전의 의료보험법 및 국민의료보험법에 의하여 피보험자 및 피부양자가 된 자는 이 법에 의한 가입자 및 피부양자의 자격을 얻은 것으로 본다.
②이 법 시행당시 종전의 의료보험법 및 국민의료보험법에 의하여 제기되어 심리 중인 의료보험심사청구는 이 법에 의한 이의신청으로, 의료보험재심사청구는 분쟁조정위원회에 청구하여 심리 중인 것으로 본다.
③이 법 시행당시 종전의 의료보험법 및 국민의료보험법에 의하여 납부기한이 경과된 보험료 등의 징수에 관하여는 종전의 규정에 의한다.
④이 법 시행당시 종전의 의료보험법 및 국민의료보험법에 의하여 업무정지처분을 받은 요양기관 중 그 업무정지처분의 기간이 종료되지 아니한 요양기관은 이 법에 의하여 그 잔여기간(의료보험법 및 국민의료보험법에 의한 업무정지처분기간의 잔여기간이 중복되는 경우에는 그 중 짧은 기간을 말한다)에 해당되는 업무정지처분을 받은 것으로 본다.
⑤이 법 시행당시 종전의 의료보험법 및 국민의료보험법에 의하여 행하여진 보험급여, 보험급여비용의 청구 및 청문 등은 이 법에 의한 보험급여, 보험급여비용의 청구 및 청문 등으로 본다.
제10조 (재정통합에 관한 경과조치) ①공단은 제33조제2항의 규정에 불구하고 2003년 6월 30일까지 직장가입자와 지역가입자의 재정(공단의 관리·운영에 필요한 재정은 제외한다)을 각각 구분하여 계리한다. <개정 2002.1.19>
②제1항의 규정에 의한 직장가입자 중 제6조제2항제1호의 규정에 의한 사업장 근로자 및 그 사용자인 직장가입자와 제6조제2항제2호의 규정에 의한 공무원 및 교직원인 직장가입자의 재정은 2000년 12월 31일까지 각각 구분하여 계리한다.
[전문개정 1999.12.31]
제10조의2 삭제 <2002.1.19>
제10조의3 (재정구분계리에 따른 보험요율에 관한 특례) ① 직장가입자의 보험요율은 제65조제1항의 규정에 불구하고 부칙 제10조제2항의 규정에 의한 재정구분계리기간동안 제6조제2항제1호 및 제2호의 규정에 의한 직장가입자별로 대통령령이 정하는 바에 의하여 이를 다르게 정할 수 있다. 이 경우 그 보험요율은 각각 1천분의 80의 범위 안에서 이를 정하여야 한다.
②국외에서 업무에 종사하고 있는 직장가입자의 보험요율은 제65조제2항의 규정에 불구하고 부칙 제10조제2항의 규정에 의한 재정구분계리기간동안 제1항의 규정에 의한 해당보험요율의 100분의 50으로 한다.
[본조신설 1999.12.31]
제10조의4 (직장가입자의 보험료 조정에 관한 특례) 이 법 시행으로 인하여 보험료가 이 법 시행일의 전날이 속하는 달의 보험료보다 100분의 20 이상 인상되는 직장가입자 중

대통령령이 정하는 비율 이상 인상되는 자의 보험료는 대통령령이 정하는 바에 의하여 부칙 제10조제1항의 재정구분계리기간의 범위내에서 이를 조정할 수 있다.
[본조신설 1999.12.31]
제11조 (요양급여비용의 적용례) 이 법 시행당시 종전의 의료보험법 및 국민의료보험법의 규정에 의하여 보건복지부장관이 정한 요양급여비용의 산정기준은 이 법 시행일부터 6월까지는 이 법 제42조제1항의 규정에 의하여 공단의 이사장과 의약계를 대표하는 자와의 계약으로 정한 것으로 본다.
제12조 (벌칙 등에 관한 경과조치) 이 법 시행전에 종전의 의료보험법 및 국민의료보험법을 위반한 행위에 대한 벌칙 또는 과태료의 적용에 있어서는 종전의 의료보험법 및 국민의료보험법의 규정에 의한다.
제13조 (다른 법령과의 관계) ①이 법 시행당시 다른 법령에서 종전의 의료보험법 또는 국민의료보험법을 인용하고 있는 경우에 이 법 중 그에 해당하는 규정이 있는 때에는 종전의 규정에 갈음하여 이 법 또는 이 법의 해당규정을 인용한 것으로 본다.
②이 법 시행당시 다른 법령에서 종전의 의료보험법에 의한 의료보험조합·의료보험연합회 또는 국민의료보험법에 의한 국민의료보험관리공단을 인용한 경우에는 이 법에 의한 공단을 인용한 것으로 본다.
제14조 (소멸시효에 관한 경과조치) 보험료를 징수하거나 반환받을 권리 또는 보험급여를 받을 권리 또는 과다납부된 본인일부부담금을 반환받을 권리로서 이 법 시행전에 발생된 소멸시효에 관하여는 종전의 규정에 의한다.
제15조 (종전의 행위 등에 대한 경과조치) ①이 법 시행전에 의료보험법 및 국민의료보험법을 위반한 행위에 대한 처분은 종전의 규정에 의한다.
②이 법 시행당시 종전의 의료보험법 및 국민의료보험법에 의하여 보험자, 보험자단체 및 행정기관이 행한 처분 등의 각종 행위는 그에 해당하는 이 법에 의한 공단, 심사평가원 및 행정기관의 행위로 보며, 보험자 또는 보험자단체가 행한 처분 등 기타의 행위가 중복되는 경우에는 그 중 가벼운 처분행위를 이 법에 의한 공단 또는 심사평가원의 행위로 본다.
③이 법 시행당시 종전의 의료보험법 및 국민의료보험법에 의하여 보건복지부장관이 인정한 종합전문요양기관 또는 전문요양기관은 이 법의 규정에 의한 종합전문요양기관 또는 전문요양기관으로 본다.

부칙 (금융기관부실자산등의효율적처리및한국자산관리공사의설립에관한법률) <제6073호, 1999.12.31>
제1조 (시행일) 이 법은 공포한 날부터 시행한다.
제2조 생략

제3조 (다른 법률의 개정) ①국민건강보험법 중 다음과 같이 개정한다.
제70조제4항 중 "금융기관부실자산등의효율적처리및성업공사의설립에관한법률에 의하여 설립된 성업공사(이하 "성업공사"라 한다)"를 "금융기관부실자산등의효율적처리및한국자산관리공사의설립에관한법률에 의하여 설립된 한국자산관리공사(이하 "한국자산관리공사"라 한다)"로 하고, 동조제5항 중 "성업공사"를 "한국자산관리공사"로 한다.
②내지 ⑫생략

부칙 <제6093호, 1999.12.31>
이 법은 공포한 날부터 시행한다.

부칙 (사립학교교직원연금법) <제6124호, 2000.1.12>
제1조 (시행일) 이 법은 공포한 날부터 시행한다.
제2조 내지 제4조 생략
제5조 (다른 법령의 개정 등) ①내지 ⑩생략
⑪국민보건보험법 중 다음과 같이 개정한다.
제3조제2호 다목 중 "사립학교교원연금법"을 "사립학교교직원연금법"으로 한다.
⑫및 ⑬생략
제6조 생략

부칙 <제6320호, 2000.12.29>
제1조 (시행일) 이 법은 2001년 7월 1일부터 시행한다.
제2조 (이 법의 시행을 위한 준비행위) ①보건복지부장관 또는 국민건강보험공단이사장은 국가·지방자치단체·다른 법령에 의한 사회보험업무를 수행하는 법인과 공공단체 및 사업장의 사용자·근로자 기타 관계인에게 이 법의 시행을 위한 준비에 필요한 자료의 제출을 요청할 수 있다.
②제1항의 규정에 의한 자료의 제출을 요청받은 자는 성실하게 이에 응하여야 한다.

부칙 (의료급여법) <제6474호, 2001.5.24>
제1조 (시행일) 이 법은 2001년 10월 1일부터 시행한다.
제2조 내지 제11조 생략
제12조 (다른 법률의 개정) ①국민건강보험법 중 다음과 같이 개정한다.
제5조제1항제1호를 다음과 같이 한다.
1. 의료급여법에 따라 의료급여를 받는 자(이하 "수급권자"라 한다)
제7조제1항제1호 및 제9조제1항제5호 중 "의료보호대상자"를 각각 "수급권자"로 한다.
②및 ③생략
제13조 생략

부칙 <제6618호, 2002.1.19>
①(시행일) 이 법은 공포한 날부터 시행한다.
②(법률 제5854호 국민건강보험법 부칙 제10조제1항 개정에 따른 경과조치) 공단은 이 법 시행 당시 통합하여 계리한 직장가입자와 지역가입자의 재정을 2001년 12월 31일 당시 구분하여 계리한 직장가입자와 지역가입자의 재정상태대로 원상회복조치하여야 한다.

부칙 <제6799호, 2002.12.18>
이 법은 공포한 날부터 시행한다.

부칙 <제6951호, 2003.7.29>
이 법은 공포한 날부터 시행한다.

부칙 <제6981호, 2003.9.29>
①(시행일) 이 법은 공포 후 6월이 경과한 날부터 시행한다.
②(적용례) 제40조제1항제3호의 개정규정에 의하여 한국회귀의약품센터가 실시하는 요양급여는 이 법 시행후 최초로 환자에게 공급하는 의약품 분부터 적용한다.

부칙 (국고금관리법) <제7347호, 2005.1.27>
제1조 (시행일) 이 법은 2005년 7월 1일부터 시행한다.
제2조 및 제3조 생략
제4조 (다른 법률의 개정) ①내지 ③생략
④국민건강보험법 중 다음과 같이 개정한다.
제91조 중 "국고금단수계산법 제1조의 규정에 의한 단수"를 "국고금관리법 제47조의 규정에 의한 단수"로 한다.
⑤내지 ⑦생략

부칙 <제7377호, 2005.1.27>
이 법은 공포 후 6월이 경과한 날부터 시행한다.

부칙 <제7590호, 2005.7.13>
이 법은 2006년 1월 1일부터 시행한다.

부칙 <제8034호, 2006.10.4>
①(시행일) 이 법은 공포한 날이 속하는 달의 다음 달 1일부터 시행한다. 다만, 제74조제2항 및 제3항의 개정규정은 공포 후 6개월이 경과한 날부터 시행한다.
②(보험료 징수 및 면제에 관한 적용례) 제62조제2항 및 제66조제3항의 개정규정은 이 법 시행 후 최초로 보험가입자의 자격을 취득하거나 상실한 자 또는 급여정지사유가 발생하거나 해소되는 분부터 적용한다.
부칙 <제8153호, 2006.12.30>
제1조 (시행일) 이 법은 2007년 1월 1일부터 시행한다. 다만, 제62조제6항·제66조의2 및 제93조의2의 개정규정은 2007

년 7월 1일부터 시행한다.
제2조 (유효기간) 제92조의 개정규정은 2011년 12월 31일까지 효력을 가진다.
제3조 (보험료에 관한 적용례) 제62조제4항 및 제5항의 개정규정은 이 법 시행 후 최초로 고지되는 보험료부터 적용한다.
제4조 (건강보험정책심의위원회에 관한 경과조치) ①종전의 「국민건강보험 재정건전화특별법」에 따른 건강보험정책심의위원회는 제4조의 개정규정에 따른 건강보험정책심의위원회로 본다.
②이 법 시행당시 종전의 「국민건강보험 재정건전화특별법」에 따라 건강보험정책심의위원회의 심의·의결을 거친 사항은 제4조의 개정규정에 따른 건강보험정책심의위원회의 심의·의결을 거친 것으로 본다.
제5조 (요양급여비용의 대행청구에 관한 경과조치) 이 법 시행당시 종전의 「국민건강보험 재정건전화특별법」 제10조의 규정에 따라 대행청구한 요양급여비용은 제43조제6항의 개정규정에 따라 대행청구한 것으로 본다.
제6조 (체납보험료 분할납부 승인 등에 관한 경과조치) 이 법 시행당시 종전의 「국민건강보험 재정건전화특별법」 제11조의 규정에 따른 체납보험료 분할납부의 승인 또는 승인취소는 제70조의2의 개정규정에 따라 승인 또는 승인취소한 것으로 본다.
제7조 (다른 법률의 개정) ①농어촌주민의 보건복지증진을 위한 특별법 일부를 다음과 같이 개정한다.
제27조제1항 중 "제62조제5항제1호"를 "제66조의2제1호"로 하고, 제28조제1항 및 제2항 중 "부과표준소득"을 각각 "보험료부과점수"로 한다.
②국민건강증진법 일부를 다음과 같이 개정한다.
법률 제6619호 국민건강증진법 중 개정법률(법률 제7250호 국민건강증진법 중 개정법률 및 법률 제8004호 국민건강증진법 일부개정법률에 따라 개정된 내용을 포함한다) 부칙 제2항을 다음과 같이 한다.
②(기금사용의 한시적 특례) 보건복지부장관은 제25조제1항의 규정에 불구하고 2011년 12월 31일까지 매년 기금에서 「국민건강보험법」에 따른 당해연도 보험료 예상수입액의 100분의 6에 상당하는 금액을 동법 제92조제4항의 용도에 사용하도록 동법에 따른 국민건강보험공단에 지원한다. 다만, 그 지원금액은 당해연도 부담금 예상수입액의 100분의 65를 초과할 수 없다.

국민건강보험법 시행령

연혁

2000. 6. 23 제정 대통령령 제16853호
2000. 12. 30 일부개정 대통령령 제17067호
2001. 6. 30 일부개정 대통령령 제17285호
2001. 12. 31 일부개정 대통령령 제17476호
2003. 6. 27 일부개정 대통령령 제18028호
2004. 3. 29 일부개정 대통령령 제18347호
2004. 6. 29 일부개정 대통령령 제18461호

2004. 12. 31 일부개정 대통령령 제18664호
2005. 8. 31 일부개정 대통령령 제19028호
2005. 12. 28 일부개정 대통령령 제19202호
2006. 5. 24 일부개정 대통령령 제19482호
2006. 7. 14 일부개정 대통령령 제19610호
2006. 12. 30 일부개정 대통령령 제19818호

제1장 총칙

제1조 (목적) 이 영은 「국민건강보험법」에서 위임된 사항과 그 시행에 관하여 필요한 사항을 규정함을 목적으로 한다. <개정 2005.6.30>

제2조 (사용자인 기관장) 「국민건강보험법」(이하 "법"이라 한다) 제3조제2호 나목에서 "대통령령이 정하는 자"라 함은 별표 1에서 정하는 기관장을 말한다. 다만, 법 제12조의 규정에 의한 건강보험의 보험자인 국민건강보험공단(이하 "공단"이라 한다)은 건강보험 업무처리의 능률을 위하여 필요하다고 인정하는 때에는 기관의 소재지, 인원 기타 사정을 참작하여 별표 1에 규정된 기관장에게 소속되어 있는 기관 중에서 따로 기관의 장을 지정할 수 있다. <개정 2005.6.30>

제3조 (공무원인 위원) 법 제4조제4항제3호가목에서 "대통령령이 정하는 중앙행정기관 소속 공무원"이라 함은 재정경제부와 보건복지부 소속의 3급 공무원 또는 고위공무원단에 속하는 일반직공무원 중에서 그 소속기관의 장이 지명하는 자 각 1인을 말한다.
[전문개정 2006.12.30]

제4조 (심의위원회의 위원장 등) ①법 제4조에 따른 건강보험정책심의위원회(이하 "심의위원회"라 한다)의 위원장(이하 "위원장"이라 한다)은 심의위원회를 대표하며, 심의위원회의 업무를 통할한다.
②법 제4조제3항에 따른 심의위원회의 부위원장은 위원장을 보좌하며, 위원장이 부득이한 사유로 직무를 수행할 수 없을 때에는 그 직무를 대행한다.

[전문개정 2006.12.30]

제5조 (심의위원회의 회의 <개정 2006.12.30>) ①위원장은 심의위원회의 회의를 소집하며 그 의장이 된다. <개정 2006.12.30>
②심의위원회의 회의는 재적위원 3분의 1이상의 요구가 있는 때 또는 위원장이 필요하다고 인정하는 때에 이를 소집한다. <개정 2006.12.30>
③심의위원회의 회의는 재적위원 과반수의 출석으로 개의하고 출석위원 과반수의 찬성으로 의결한다. <개정 2006.12.30>
④위원장은 제3항에 따른 의결에 참여하지 아니한다. 다만, 가부 동수인 때에는 위원장이 정한다. <신설 2006.12.30>
⑤심의위원회는 효율적인 심의를 위하여 필요한 경우에는 분야별로 소위원회를 구성할 수 있다. <신설 2006.12.30>
⑥제1항 내지 제5항에 정한 것 외에 심의위원회와 소위원회의 운영 등에 관하여 필요한 사항은 심의위원회의 의결을 거쳐 위원장이 정한다. <신설 2006.12.30>

제6조 삭제 <2006.12.30>

제7조 (심의위원회의 간사 <개정 2006.12.30>) ①심의위원회에 간사 1인을 두되, 보건복지부 소속 4급 이상 공무원 또는 고위공무원단에 속하는 일반직공무원 중에서 위원장이 지명한다. <개정 2006.12.30>
②간사는 위원장의 명을 받아 심의위원회의 사무를 처리한다. <개정 2006.12.30>

제8조 (심의위원회 위원의 수당 등 <개정 2006.12.30>) 심의위원회의 회의에 출석한 위원에 대하여는 예산의 범위 안에

서 수당·여비 기타 필요한 경비를 지급할 수 있다. 다만, 공무원인 위원이 그 소관업무와 직접 관련되어 출석하는 경우에는 그러하지 아니하다. <개정 2006.12.30>

제9조 삭제 <2006.12.30>

제2장 가입자

제10조 (직장가입자에서 제외되는 자) 법 제6조제2항제4호에서 "대통령령으로 정하는 사업장의 근로자 및 사용자와 공무원 및 교직원"이라 함은 다음 각 호의 1의 자를 말한다.
1. 비상근 근로자 또는 1월간의 근로시간이 80시간 미만인 시간제근로자 등 사업장에서 상시 근로에 종사할 목적으로 고용되지 아니한 근로자
2. 비상근 교직원 또는 1월간의 근로시간이 80시간 미만인 시간제공무원 및 교직원
3. 소재지가 일정하지 아니한 사업장의 근로자 및 사용자
4. 근로자가 없거나 제1호의 규정에 의한 자만을 고용하고 있는 사업장의 사업주
[전문개정 2003.6.27]

제3장 국민건강보험공단

제11조 (자산의 관리·운영) 법 제13조제2항의 규정에 의한 공단 자산의 관리·운영 및 증식사업은 안정성과 수익성을 고려하여 다음 각 호의 방법에 의하여야 한다. <개정 2000.12.30, 2005.6.30>
1. 「우체국예금·보험에 관한 법률」에 의한 체신관서 또는 「은행법」에 의한 금융기관에의 예입 또는 신탁
2. 국가·지방자치단체 또는 「은행법」에 의한 금융기관이 직접 발행하거나 채무이행을 보증하는 유가증권의 매입
3. 특별법에 의하여 설립된 법인이 발행하는 유가증권의 매입
4. 「신탁업법」에 의한 신탁회사가 발행하거나 「간접투자자산운용업법」에 의한 자산운용회사가 발행하는 수익증권의 매입
5. 공단의 업무에 사용되는 부동산의 취득 및 일부 임대
6. 「은행법」에 의하여 설립된 금융기관 중 전국을 영업구역으로 하는 은행에서 적용하는 1년 만기 정기예금금리를 평균한 금리이상의 수익이 기대되는 사업으로서 보건복지부장관이 인정하는 사업

제12조 (공무원인 임원) 법 제19조제3항에서 "대통령령이 정하는 관계공무원"이라 함은 교육인적자원부장관·행정자치부장관·보건복지부장관 및 기획예산처장관이 그 부처의 3급공무원 또는 고위공무원단에 속하는 일반직공무원 중에서

지명하는 자 각 1인을 말한다. <개정 2001.6.30, 2006.6.12>

제13조 (이사회의 심의·의결사항) 법 제24조제4항의 규정에 의하여 다음 각 호의 사항은 공단의 이사회(이하 "이사회"라 한다)의 심의·의결을 거쳐야 한다. 다만, 법 제4조제1항에 따른 심의위원회의 심의·의결사항 및 법 제31조에 따른 재정운영위원회의 심의·의결사항을 제외한다. <개정 2006.12.30>
1. 사업운영계획 기타 공단운영의 기본방침에 관한 사항
2. 예산 및 결산에 관한 사항
3. 정관변경에 관한 사항
4. 보험료 등에 관한 사항
5. 준비금 기타 중요재산의 취득·관리 및 처분에 관한 사항
6. 규정의 제정·개정 및 폐지에 관한 사항
7. 차입금에 관한 사항
8. 보험급여에 관한 사항
9. 기타 공단운영에 관한 중요사항

제14조 (이사회의 회의) ①이사회의 회의는 정기회의와 임시회의로 한다.
②정기회의는 매년 2회 정관이 정하는 시기에 이사회의 의장이 소집한다.
③임시회의는 재적이사(이사장을 포함한다. 이하 같다) 3분의 1이상의 요구가 있는 때 또는 이사장이 필요하다고 인정하는 때에 이사회의 의장이 소집한다.
④이사회는 재적이사 과반수의 출석으로 개의하고 출석이사 과반수의 찬성으로 의결한다.
⑤이사회의 의장은 이사장이 된다.
⑥이사회의 소집절차는 정관이 정하는 바에 의한다.

제15조 (이사장의 권한의 위임) 법 제30조의 규정에 의하여 이사장은 다음 각 호의 권한을 분사무소의 장에게 위임한다. <개정 2006.12.30>
1. 법 제5조 및 법 제7조 내지 법 제9조의 규정에 의한 가입자 및 피부양자의 자격관리 등 공단이 정관으로 정하는 사항에 관한 권한
2. 법 제48조의 규정에 의한 보험급여의 제한에 관한 권한
3. 법 제53조의 규정에 의한 구상권의 행사에 관한 권한
4. 법 제52조·법 제62조·법 제70조 및 법 제74조의 규정에 의한 보험료 기타 이 법에 의한 징수금 등의 부과·징수·납입고지, 독촉 및 국세체납처분의 예에 의한 징수에 관한 권한
5. 법 제70조의2에 따른 분할납부 승인과 승인취소에 관한 권한 및 분할납부할 보험료의 납입고지 등 징수에 관한 권한

제16조 삭제 <2006.12.30>

제17조 (재정운영위원회의 구성) ①법 제32조제2항제2호의 규정에 의한 재정운영위원회의 위원은 다음 각 호의 자로 한다. <개정 2005.6.30>
1. 농어업인단체 및 도시자영업자단체가 추천하는 자 각 3인
2. 시민단체(「비영리민간단체지원법」 제2조의 규정에 의한 비영리민간단체를 말한다. 이하 같다)가 추천하는 자 4인
②법 제32조제2항제3호에서 "대통령령이 정하는 관계공무원"이라 함은 재정경제부장관·보건복지부장관 및 기획예산처장관이 그 부처의 4급 이상 공무원 또는 고위공무원단에 속하는 일반직공무원 중에서 지명하는 자 각 1인을 말한다. <개정 2006.6.12>

제18조 (재정운영위원회의 운영) ①재정운영위원회의 회의는 정기회의와 임시회의로 한다.
②정기회의는 매년 1회 정관이 정하는 시기에 재정운영위원회의 위원장이 소집한다.
③임시회의는 공단 이사장의 요구가 있는 때, 재적위원 3분의 1이상의 요구가 있는 때 또는 재정운영위원회의 위원장이 필요하다고 인정하는 때에 재정운영위원회의위원장이 소집한다.
④재정운영위원회의 위원장은 회의의 의장이 되며, 회의는 재적위원 과반수의 출석으로 개의하고 출석위원 과반수의 찬성으로 의결한다.
⑤재정운영위원회의 회의 소집절차 등에 관하여 필요한 사항은 정관으로 정한다.

제19조 (재정운영위원회의 간사) ①재정운영위원회에 간사 1인을 두되, 위원장이 공단 소속 직원 중에서 임명한다.
②간사는 위원장의 명을 받아 재정운영위원회의 사무를 처리한다.

제20조 (재정운영위원회의 회의록) ①위원장은 재정운영위원회의 회의에 관하여 회의록을 작성·비치하여야 한다.
②제1항의 규정에 의한 회의록에는 회의경과·심의사항 및 의결사항을 기재하고 위원장 및 출석한 위원이 서명 또는 날인하여야 한다.

제4장 보험급여

제21조 (요양기관에서 제외되는 의료기관 등) ①법 제40조제1항 후단에서 "대통령령이 정하는 의료기관 등"이라 함은 다음 각 호의 의료기관 또는 약국을 말한다. <개정 2001.6.30, 2005.6.30>

1. 「의료법」 제31조의 규정에 의하여 설립된 부속의료기관
2. 「사회복지사업법」 제34조의 규정에 의한 사회복지시설에 수용된 자의 진료를 주된 목적으로 개설한 의료기관
3. 가입자 또는 피부양자를 제22조제1항의 규정에 의한 본인부담액을 받지 아니하거나 경감하여 받는 등의 방법으로 유인하거나 이와 관련하여 과잉진료행위를 하거나 부당하게 많은 진료비를 요구하는 행위로 업무정지처분 등을 받은 다음 각 목의 1에 해당하는 의료기관
가. 법 제85조의 규정에 의한 업무정지 또는 과징금처분을 5년동안에 2회이상 받은 의료기관
나. 「의료법」 제53조의 규정에 의한 면허정지처분을 5년동안에 2회이상 받은 의료인이 개설·운영하는 의료기관
4. 법 제85조의 규정에 의한 업무정지처분의 절차가 진행중이거나 업무정지처분을 받은 요양기관의 개설자가 개설한 의료기관 또는 약국
②제1항제1호 및 제2호에 규정된 의료기관이 요양기관에서 제외되고자 하는 경우에는 보건복지부장관이 정하는 바에 의하여 요양기관 제외신청을 하여야 한다.
③의료기관 등이 요양기관에서 제외되는 기간은 제1항제3호의 경우에는 1년 이하로 하고, 제1항제4호의 경우에는 업무정지처분기간이 끝나는 날까지로 한다. <개정 2001.6.30>

제22조 (비용의 본인부담) ①법 제41조의 규정에 의한 요양급여비용 중 본인이 부담할 비용의 부담률 및 부담액은 별표 2와 같다. 이 경우 본인이 부담한 비용의 총액(별표 2 제3호 가목에 따른 금액을 제외한다)이 6월간 300만원을 초과하는 경우에는 그 초과한 금액을 공단이 부담한다. <개정 2004.6.29, 2006.12.30>
②제1항의 규정에 의한 본인부담액은 요양기관의 청구에 의하여 가입자 또는 피부양자가 요양기관에 지불한다. 이 경우 법 제39조제2항 및 제3항의 규정에 의하여 보건복지부령이 정하는 요양급여사항 또는 비급여사항외의 입원보증금 등 다른 명목으로 비용을 청구하여서는 아니된다.
③공단은 가입자 또는 피부양자가 제1항 후단의 규정에 따라 공단이 부담하여야 하는 금액을 요양기관에 지불한 경우에는 그 초과한 금액을 가입자 또는 피부양자에게 지급하여야 한다. <신설 2004.6.29>

제23조 (요양급여비용계약의 당사자인 의약계를 대표하는 자) ①법 제42조제1항에서 "대통령령이 정하는 의약계를 대표하는 자"라 함은 제2항 내지 제4항의 규정에 의한 요양급여비용협의회(이하 이 조에서 "협의회"라 한다)의 위원장을 말한다.
②협의회는 다음 각 호의 위원으로 구성한다. <개정 2005.6.30>

1. 「의료법」 제3조의 규정에 의한 종합병원·병원·치과병원·한방병원 및 요양병원을 개설한 자가 설립한 전국적 조직을 가지는 각 단체의 장
2. 「의료법」 제26조의 규정에 의하여 의사·치과의사·한의사·조산사 및 간호사가 설립한 전국적 조직을 가지는 각 단체의 장
3. 「약사법」 제11조의 규정에 의하여 설립된 전국적 조직을 가지는 단체의 장
4. 「지역보건법」에 의하여 설치된 보건소·보건의료원 및 보건지소와 「농어촌 등 보건의료를 위한 특별조치법」에 의하여 설치된 보건진료소를 대표하는 자로서 보건복지부장관이 지명한 자
5. 기타 의약계를 대표할 수 있는 자로서 제1호 내지 제3호의 규정에 해당되지 아니하는 자 중 보건복지부장관이 필요하다고 인정하는 자
③제1항 및 제2항의 규정에 의한 협의회의 위원장은 협의회의 위원 중 호선된 자로 한다.
④협의회의 운영 및 위원의 임기 기타 필요한 사항은 협의회에서 정한다.

제24조 (계약의 내용 등) ①법 제42조제1항의 규정에 의한 계약은 제2항의 규정에 의한 각 요양급여의 상대가치점수의 점수당 단가를 정하는 것으로 체결한다.
②요양급여의 상대가치점수는 요양급여에 소요되는 시간·노력 등 업무량, 인력·시설·장비 등 자원의 양과 요양급여의 위험도를 고려하여 산정한 요양급여의 가치를 각 항목간에 상대적 점수로 나타낸 것으로 하되, 보건복지부장관이 심의위원회의 심의를 거쳐 보건복지부령이 정하는 바에 의하여 이를 고시한다. <개정 2006.12.30>
③제1항의 규정에 불구하고 법 제39조제1항제2호의 약제·치료재료(제2항의 규정에 의한 상대가치점수가 적용되는 약제·치료재료를 제외한다)에 대한 비용은 보건복지부장관이 심의위원회의 심의를 거쳐 정하여 고시하는 금액의 범위 안에서 요양기관이 당해 약제 및 치료재료를 구입한 금액으로 하되, 약제 및 치료재료 구입금액의 결정기준·결정절차 기타 필요한 사항은 보건복지부장관이 정하여 고시한다. 다만, 약제·치료재료 중 한약재에 대한 비용은 보건복지부장관이 심의위원회의 심의를 거쳐 고시한 금액으로 한다. <개정 2001.6.30, 2001.12.31, 2006.12.30>
④제1항의 규정에 의하여 계약을 체결할 때 상대가치점수가 고시되지 아니한 새로운 요양급여항목의 비용에 대한 계약은 제2항의 규정에 의하여 동 항목의 상대가치점수가 고시되는 날에 계약이 체결된 것으로 보되, 요양기관이 동 항목에 대한 요양급여를 최초로 실시한 날부터 이를 적용한다.

제25조 (임의급여) ①법 제45조의 규정에 의한 임의급여는 장제비와 제3항의 규정에 의한 본인부담액보상금으로 한다.
②장제비는 가입자 또는 피부양자가 사망한 경우에 그 장제를 행한 자에게 지급하되, 그 지급액은 25만원으로 한다.
③본인부담액보상금은 제22조제1항의 규정에 의한 본인부담액이 매 30일간에 120만원을 초과한 경우에 지급하되, 그 지급액은 초과한 금액의 100분의 50으로 한다. <개정 2001.12.31>

제26조 (건강검진) ①법 제47조제2항의 규정에 의하여 건강검진을 받을 수 있는 자는 직장가입자, 세대주인 지역가입자, 40세 이상인 지역가입자 및 40세 이상인 피부양자로 한다.
②건강검진은 2년마다 1회 이상 실시하되, 사무직에 종사하지 아니하는 직장가입자에 대하여는 1년에 1회 실시한다.
③건강검진은 별표 3의 규정에 의한 의료관련 인력·시설 및 장비 등을 갖춘 요양기관에서 행하여야 한다.
④공단은 건강검진을 실시하고자 하는 때에는 건강검진의 실시에 관한 사항을 직장가입자 및 피부양자의 경우에는 소속사용자에게, 지역가입자의 경우에는 소속세대주에게 통보하여야 한다.
⑤제4항의 규정에 의하여 통보를 받은 사용자는 가입자·피부양자가 건강검진을 받을 수 있도록 필요한 조치를 하여야 한다.
⑥건강검진을 실시한 검진기관은 건강검진의 결과를 공단에 통보하여야 하며, 공단은 이를 사용자 또는 건강검진을 받은 자에게 통보하여야 한다. 다만, 검진기관이 사용자 또는 건강검진을 받은 자에게 직접 통보한 경우에는 공단은 사용자 또는 건강검진을 받은 자에게 통보하지 아니할 수 있다. <개정 2001.12.31>
⑦제6항의 규정에 의하여 통보를 받은 사용자는 이를 건강검진을 받은 가입자(피부양자의 경우에는 당해 가입자)에게 통보하여야 한다.
⑧건강검진의 검사항목·방법·범위 및 그에 소요되는 비용 등에 관하여 필요한 사항은 보건복지부장관이 정하여 고시한다.

제27조 (보험료 체납기간) 법 제48조제3항에서 "대통령령이 정하는 기간"이라 함은 1월을 말한다. 다만, 보험료의 체납기간에 관계없이 월별 보험료의 총체납횟수(체납횟수 산정시 이미 납부된 체납보험료의 횟수를 제외한다)가 3회 미만인 경우에는 법 제48조제3항의 규정을 적용하여서는 아니 된다. <개정 2006.12.30>

제27조의2 (현역병 등에 대한 요양급여비용의 지급) ①법 제54조의2제1항 전단에서 "대통령령이 정하는 치료 등"이라 함

은 법 제39조제1항제1호 내지 제3호 및 제5호의 규정에 의한 요양급여를 말한다.

②법 제54조의2제1항 후단의 규정에 따라 법무부장관·국방부장관·소방방재청장·경찰청장 또는 해양경찰청장(이하 "기관장"이라 한다)은 당해 기관에서 연간 소요될 것으로 예상되는 요양급여비용을 공단이 지정한 계좌에 예탁하여야 한다. <개정 2005.12.28>

③공단은 예탁금집행현황을 분기별로 보건복지부장관 및 해당 기관장에게 통보하여야 한다.

④공단은 제2항의 규정에 따라 기관장이 예탁한 요양급여비용이 공단이 부담하여야 할 요양급여비용에 부족하게 된 경우에는 기관장에게 이를 즉시 청구하고, 기관장은 공단의 청구에 따라 요양급여비용을 공단에 지급하여야 한다. [본조신설 2004.4.24]

제5장 건강보험심사평가원

제28조 (업무) ①법 제56조제1항제7호에서 "대통령령이 정하는 업무"라 함은 다음 각 호의 업무를 말한다. <개정 2001.6. 30>

1. 법 제43조의 규정에 의한 요양급여비용 심사청구와 관련된 소프트웨어의 개발·공급·검사 등 전산관리
2. 법 제44조제1항의 규정에 의하여 지급되는 요양비 중 보건복지부령이 정하는 기관에서 받은 요양비에 대한 심사
3. 법 제56조제1항제1호 내지 제6호의 업무와 관련된 교육·홍보

②제1항제1호의 규정에 의한 전산관리의 범위·절차 그 밖의 필요한 사항은 보건복지부장관이 정하여 고시한다. <신설 2001.6.30>

제29조 (공무원인 임원) 법 제58조제3항에서 "대통령령이 정하는 관계공무원"이라 함은 보건복지부장관이 보건복지부의 3급 공무원 또는 고위공무원단에 속하는 공무원 중에서 지명하는 자를 말한다. <개정 2006.6.12>

제30조 (원장의 권한의 위임) 법 제61조의 규정에 의하여 준용되는 법 제30조의 규정에 의하여 건강보험심사평가원(이하 "심사평가원"이라 한다)의 원장은 다음 각 호의 요양기관을 제외한 요양기관의 법 제43조제2항의 규정에 의한 요양급여비용에 대한 심사권한과 법 제76조제2항의 규정에 의한 이의신청에 대한 결정권한을 분사무소의 장에게 위임한다. <개정 2004.4.24>

1. 법 제40조제2항의 규정에 의한 종합전문요양기관
2. 심사평가원의 정관으로 정하는 요양기관

제31조 (준용규정) 제13조(제4호 및 제8호를 제외한다) 및 제

14조의 규정은 심사평가원의 심의·의결사항과 심사평가원 이사회의 회의에 관하여 이를 준용한다. 이 경우 "공단"은 "심사평가원"으로, "이사장"은 "원장"으로 본다.

제6장 보험료

제31조의2 삭제 <2006.12.30>

제32조 (보험료경감 대상자) 법 제62조제5항제1호 본문에서 "대통령령이 정하는 지역에 거주하는 자"라 함은 다음 각 호의 1에 해당하는 자를 말한다. <개정 2004.4.24, 2005.6. 30>

1. 요양기관까지의 거리 및 대중교통 소요시간 등을 고려하여 보건복지부장관이 정하여 고시하는 도서·벽지 지역에 거주하는 자
2. 군 및 도농복합 형태의 시의 읍·면 지역에 거주하는 자
3. 요양기관의 이용이 제한되는 근무지의 특성을 고려하여 보건복지부장관이 인정하는 지역에 거주하는 자
4. 천재지변 또는 이에 준하는 사유로 보험료의 경감이 필요하다고 보건복지부장관이 정하여 고시하는 지역에 거주하는 자
5. 「농어촌주민의 보건복지증진을 위한 특별법」 제2조제1호 나목에 해당하는 지역에 거주하는 자
[전문개정 2000.12.30]

제33조 (보수에 포함되는 금품) ①법 제63조제3항 전단에서 "대통령령이 정하는 것"이라 함은 근로의 제공으로 인하여 받은 봉급·급료·보수·세비·임금·상여·수당과 이와 유사한 성질의 금품 중 다음 각 호의 것을 제외한 것을 말한다. <개정 2001.6.30, 2005.6.30>

1. 퇴직금
2. 현상금·번역료 및 원고료
3. 「소득세법」의 규정에 의한 비과세 근로소득. 다만, 다음 각 목의 1에 해당하는 경우를 제외한다.
가. 「소득세법」 제12조제4호 자목·카목 및 파목의 규정에 의하여 비과세되는 소득
나. 직급보조비 또는 이와 유사한 성질의 금품

②법 제63조제3항 후단에서 "보수관련 자료가 없거나 불명확한 경우 등 대통령령이 정하는 사유에 해당하는 경우"라 함은 보수자료가 없거나 불명확한 경우를 말한다. <신설 2001.6.30>

③법 제63조제3항 후단의 규정에 의하여 보건복지부장관이 고시하는 금액이 적용되는 기간 중에 사업장 근로자의 보수가 확인되는 경우에는 공단이 확인한 날이 속하는 달의 다음달부터 그 고시금액을 적용하지 아니할 수 있다.

<신설 2001.6.30>

제34조 (직장가입자에 대한 보험료부과의 원칙) ①법 제63조제1항의 규정에 의하여 직장가입자에 대한 보험료는 매년 다음 각 호의 구분에 의하여 산정된 보수월액으로 보험료를 부과하고, 다음 연도에 확정되는 당해 연도의 보수의 총액을 기준으로 제39조의 규정에 의하여 보수월액을 다시 산정하여 정산한다. 다만, 법 제63조제3항 후단의 규정에 의하여 보건복지부장관이 고시하는 금액이 적용되는 직장가입자에 대하여는 그 고시하는 금액이 적용되는 기간동안에 부과한 보험료의 정산을 생략할 수 있다. <개정 2001.6.30, 2006.12. 30>

1. 직장가입자의 자격을 취득하거나 다른 직장가입자로 자격이 변동되거나 지역가입자에서 직장가입자로 자격이 변동된 자 : 제37조의 규정에 의한 자격취득 또는 변동시의 보수월액

2. 제1호에 해당되지 아니하는 직장가입자 : 전년도에 지급받은 보수의 총액을 기준으로 제36조의 규정에 의하여 산정한 보수월액

②제1항 각 호의 규정에 의하여 산정한 보험료의 적용기간은 다음 각 호와 같다.

1. 제1항제1호의 가입자 : 자격취득 또는 변동일이 속하는 달(매월 2일이후에 자격이 변동된 경우에는 그 자격변동일이 속한 달의 다음달을 말한다)부터 다음연도 3월까지

2. 제1항제2호의 가입자 : 매년 4월부터 다음 연도 3월까지

제35조 (보수월액 산정을 위한 보수 등의 통보 <개정 2006.12. 30>) ①사용자는 법 제63조제4항의 규정에 의하여 매년 2월 말일까지 전년도 직장가입자에게 지급한 보수의 총액(법 제63조 및 이 영 제33조의 규정에 의하여 산정된 금액으로서 가입자별로 1월부터 12월까지 지급한 보수의 총액을 말한다)과 직장가입자가 당해 사업장·국가·지방자치단체·사립학교 또는 그 학교경영기관(이하 "당해사업장 등"이라 한다)에 종사한 기간 등 보수월액의 산정에 필요한 사항을 공단에 통보하여야 한다. 이 경우 제34조제1항 단서의 규정에 의한 직장가입자에 대하여는 보수월액의 산정에 필요한 사항의 통보를 생략할 수 있다. <개정 2000. 12.30, 2001.6.30, 2006.12.30>

②법 제63조제4항의 규정에 의하여 사용자는 그 사업장이 다음 각 호의 어느 하나에 해당하게 된 때에는 그때까지 사용·임용 또는 채용한 모든 직장가입자(제4호의 경우에는 해당 직장가입자)에게 지급한 보수의 총액 등 보수월액의 산정에 필요한 사항을 공단에 통보하여야 한다. <개정 2001.6.30, 2006.12.30>

1. 사업장이 폐업·도산하거나 이에 준하는 사유가 발생한 때

2. 삭제 <2005.6.30>

3. 사립학교가 폐교된 때

4. 일부 직장가입자가 퇴직한 때

제36조 (보수월액의 결정 등 <개정 2006.12.30>) ①공단은 제35조의 규정에 의하여 통보받은 보수의 총액을 전년도 중 직장가입자가 당해 사업장 등에 종사한 기간의 월수로 나누어서 얻은 금액을 매년 보수월액으로 결정한다. 다만, 사용자가 당해 사업장 등의 당해 연도 보수의 평균인상율 또는 인하율을 공단에 통보한 경우에는 본문의 규정에 의하여 계산한 금액에 그 평균인상율 또는 인하율을 반영한 후 산정한 금액을 매년 보수월액으로 결정한다. <개정 2000.12.30, 2006.12.30>

②사용자는 당해 직장가입자의 보수가 인상되거나 인하되었을 때에는 공단에 보수월액의 변경을 신청할 수 있다. <개정 2006.12.30>

③공단은 사용자가 제35조의 규정에 의한 통보를 하지 아니하거나 그 통보내용이 사실과 다른 경우에는 법 제82조의 규정에 의하여 그 사실을 조사하여 보수월액을 산정·변경할 수 있으며, 제2항의 규정에 의하여 보수월액의 변경신청이 있는 경우에는 공단은 보수인상월 또는 인하월부터 보수월액을 변경할 수 있다. <개정 2000.12.30, 2006.12.30>

④제1항 내지 제3항에 따라 산정한 직장가입자의 보수월액이 28만원 미만인 경우에는 28만원으로 하고, 보수월액이 6,579만원을 초과하는 경우에는 6,579만원으로 한다. <개정 2006.12.30>

⑤직장가입자가 2 이상의 건강보험적용사업장에서 보수를 받고 있는 경우에는 각 사업장에서 받고 있는 보수를 기준으로 각각 보수월액을 결정한다. <신설 2006.12.30>

⑥직장가입자의 보수월액을 제33조 내지 제38조의 규정에 의하여 산정하기 곤란하거나 보수를 확인할 수 있는 자료가 없는 경우 보수월액의 산정방법과 보수의 인상·인하시 보수월액의 변경신청 등 필요한 사항은 재정운영위원회의 의결을 거쳐 공단의 정관으로 정한다. <개정 2006.12.30>

제37조 (직장가입자의 자격취득·변동시 보수월액의 결정 <개정 2006.12.30>) 공단은 직장가입자의 자격을 취득하거나 다른 직장가입자로 변동되거나 지역가입자에서 직장가입자로 자격이 변동된 자가 있는 때에는 다음 각 호의 구분에 의한 금액을 당해 가입자의 보수월액으로 결정한다. <개정 2006.12.30>

1. 연·분기·월·주 기타 일정기간으로 보수가 정하여지는 경우에는 그 보수액을 그 기간의 총일수로 나눈 액의 30배에 상당하는 액

2. 일·시간·생산고 또는 도급으로 보수가 정하여지는 경우에는 직장가입자의 자격을 취득하거나 자격이 변동된 월의

전 1월간에 당해 사업장에서 당해 가입자와 같은 업무에 종
사하고 같은 보수를 받는 자의 보수액을 평균한 액
3. 제1호 및 제2호의 규정에 의하여 보수월액을 산정하기
곤란한 자에 대하여는 직장가입자의 자격을 취득하거나 자
격이 변동된 월의 전 1월간에 같은 업무에 종사하고 있는
자가 받는 보수액을 평균한 액

제38조 (보수가 지급되지 아니하는 사용자의 보수월액의 결정
<개정 2006.12.30>) ①법 제63조제4항의 규정에 의하여 보
수가 지급되지 아니하는 사용자의 보수월액은 다음 각 호
의 방법으로 산정한다. 이 경우 보수월액의 적용기간 및 변
경절차 등은 제34조 내지 제36조의 규정을 준용한다. <개
정 2001.6.30, 2006.12.30>
1. 당해연도 중 당해 사업장에서 발생한 보건복지부령이 정
하는 수입으로서 객관적인 자료에 의하여 확인된 금액
2. 수입을 확인할 수 있는 객관적인 자료가 없는 경우에는
사용자의 신고금액
②제1항제1호 및 제2호에 불구하고 동항제1호의 확인금액
또는 동항제2호의 신고금액이 그 사업장에서 가장 높은 보
수월액의 적용을 받는 근로자의 보수월액보다 낮은 경우에
는 당해 근로자의 보수월액을 그 사용자의 보수월액으로
한다. <개정 2006.12.30>

제39조 (보험료의 정산 및 분할납부) ①공단은 당초 산정·징수
한 보험료의 금액이 제34조제1항 각 호외의 부분의 규정에
의하여 다시 산정한 보험료의 금액을 초과하는 경우에는
그 초과액을 사용자에게 반환하여야 하며, 부족한 경우에
는 그 부족액을 사용자로부터 추가 징수하여야 한다. <개
정 2001.6.30>
②사용자는 직장가입자의 사용·임용·채용관계가 종료된
때에는 당해 직장가입자가 납부한 보험료를 다시 산정하여
근로자와 정산한 후 공단과 정산절차를 거쳐야 한다. 다만,
법 제63조제3항 후단의 규정에 의하여 보건복지부장관이
고시하는 금액이 적용되는 직장가입자에 대하여는 그 고시
하는 금액이 적용되는 기간동안에 부과한 보험료의 정산을
생략할 수 있다. <개정 2001.6.30>
③사용자는 제1항의 규정에 의하여 반환받은 금액 또는 추
가 납부한 금액 중 직장가입자가 반환받을 금액 및 부담하
여야 할 금액에 대하여는 당해 직장가입자에게 정산하여야
한다.
④공단은 제1항의 규정에 의하여 추가 징수할 경우에는 이
를 분할하여 납부하게 할 수 있으며, 분할납부대상 및 기타
필요한 사항은 공단의 정관으로 정한다.

제40조 (현물보수의 가액) 보수의 전부 또는 일부가 현물로 지
급되는 경우에는 그 가액은 그 지방의 시가를 기준으로 하

여 공단이 정한다.

제40조의2 (보험료부과점수의 산정기준 <개정 2006.12.30>)
①법 제64조제1항의 규정에 의한 보험료부과점수는 다음
각 호의 사항을 참작하여 산정하되, 구체적인 산정방법은
별표 4의2와 같다. <개정 2006.12.30>
1. 소득
2. 재산
3. 생활수준 및 경제활동참가율
②제1항제1호의 규정에 의한 소득은 다음 각 호와 같다.
<개정 2005.6.30>
1. 「소득세법」 제4조제1항제1호의 규정에 의한 종합소득
2. 「지방세법」 제197조의 규정에 의한 농업소득
③제1항제2호의 규정에 의한 재산은 다음 각 호와 같다.
<개정 2005.1.5, 2005.6.30>
1. 「지방세법」 제181조의 규정에 의한 재산세의 과세대상
이 되는 토지, 건축물, 주택, 선박 및 항공기
2. 삭제 <2005.6.30>
3. 주택을 소유하지 아니한 자의 경우에는 임차주택에 대한
보증금 및 월세금액
4. 「지방세법」 제196조의2의 규정에 의한 자동차.다만, 다
음 각 목의 자동차를 제외한다.
가. 「국가유공자 등 예우 및 지원에 관한 법률」의 규정에
의하여 상이등급을 판정받은 국가유공자 등이 소유한 자동
차
나. 「장애인복지법」의 규정에 의하여 등록한 장애인이 소
유한 자동차
다. 「지방세법」 제7조의 규정에 의하여 과세하지 아니하는
자동차
라. 「지방세법 시행령」 제146조의3의 규정에 의한 영업용
자동차
④제1항 내지 제3항에 따라 산정한 지역가입자의 보험료부
과점수가 20점 미만인 경우에는 20점으로 하고, 11,000점을
초과하는 경우에는 11,000점으로 한다. <신설 2006.12.30>
[본조신설 2001.12.31]

제41조 (지역가입자의 세대분리) 공단은 공단의 정관이 정하
는 바에 따라 지역가입자 중 당해 세대와 가계단위를 같이
하지 아니하는 지역가입자에 대하여 당해 세대주 또는 당
해 지역가입자의 신청에 따라 세대를 분리할 수 있다.

제42조 (공무원의 전출시 보험료납부) 공무원인 직장가입자가
다른 기관으로 전출한 경우 전출한 날이 속하는 달의 보험
료는 전출전의 기관장이 이를 공제하여 납부한다. 다만, 전
출전의 기관에서 전출한 달의 보수를 지급받지 아니한 때
에는 전입기관에서 이를 공제하여 납부한다.

제43조 (계좌이체자에 대한 보험료감액 등) 공단은 보험료납부의무자가 보험료를 자동계좌이체의 방법에 의하여 납부할 경우에는 우편료 등 발송비용의 범위 안에서 공단의 정관이 정하는 바에 의하여 보험료를 감액하거나 감액보험료에 상당하는 금품을 제공할 수 있다.

제43조의2 (보험료율 및 보험료부과점수당 금액) ①법 제65조제1항에 따른 직장가입자의 보험료율은 1만분의 477로 한다. ②법 제65조제3항에 따른 지역가입자의 보험료부과점수당 금액은 139원 90전으로 한다.
[전문개정 2006.12.30]

제44조 (결손처분) 법 제72조제1항제3호에서 "기타 징수할 가능성이 없다고 인정되는 경우로서 대통령령이 정하는 경우"라 함은 다음 각 호의 경우를 말한다.
1. 체납자의 재산이 없거나 체납처분의 목적물인 총재산의 견적가격이 체납처분비에 충당하고 잔여가 생길 여지가 없음이 확인된 경우
2. 체납처분의 목적물인 총재산이 보험료 기타 이 법에 의한 징수금 등보다 우선하는 국세, 지방세, 전세권·질권 또는 저당권에 의하여 담보된 채권 등의 변제에 충당하고 잔여가 생길 여지가 없음이 확인된 경우
3. 기타 징수할 가능성이 없다고 재정운영위원회에서 의결한 경우

제45조 삭제 <2001.12.31>
제46조 삭제 <2000.12.30>

제7장 이의신청 및 심사청구 등

제47조 (이의신청위원회) 법 제76조제1항 및 제2항의 규정에 의한 이의신청에 대한 처분업무를 효율적으로 수행하기 위하여 공단 및 심사평가원에 각각 이의신청위원회를 설치한다.

제48조 (이의신청위원회의 구성 등) ①제47조의 규정에 의한 이의신청위원회는 각각 위원장 1인을 포함한 10인의 위원으로 구성한다.
②공단에 설치하는 이의신청위원회의 위원장은 공단의 이사장이 되고, 위원은 다음 각 호에 해당하는 자 중에서 공단의 이사장이 임명 또는 위촉한다.
1. 공단의 임직원 1인
2. 사용자단체가 추천하는 자 2인
3. 근로자단체가 추천하는 자 2인
4. 지역가입자를 대표하는 단체(시민단체를 포함한다)가 추천하는 자 2인

5. 변호사 및 사회보험에 관한 학식과 경험이 있는 자 각 1인
③심사평가원에 설치하는 이의신청위원회의 위원장은 심사평가원의 원장이 되고, 위원은 다음 각 호에 해당하는 자 중에서 심사평가원의 원장이 임명 또는 위촉한다.
1. 심사평가원의 임직원 1인
2. 가입자를 대표하는 단체(시민단체를 포함한다)가 추천하는 자 2인
3. 변호사 및 사회보험에 관한 학식과 경험이 있는 자 각 1인
4. 의사·치과의사·한의사 및 약사 각 1인
④이의신청위원회의 위원의 임기, 위원회의 회의, 부의안건의 범위 기타 필요한 사항은 각각 위원장이 정한다.

제49조 (이의신청 등의 방식) 법 제76조제1항 및 제2항의 규정에 의한 이의신청 및 이의신청에 대한 결정은 보건복지부령이 정하는 서식에 의한다.

제50조 (이의신청 결정의 통지) 공단 또는 심사평가원은 이의신청에 대한 결정을 한 때에는 지체없이 신청인에게 결정서의 정본을, 이해관계인에게는 그 사본을 통지하여야 한다.

제51조 (이의신청 결정기간) ①공단 또는 심사평가원은 이의신청을 받은 날부터 60일 이내에 결정을 하여야 한다. 다만, 부득이한 사정이 있는 경우에는 30일의 범위 안에서 그 기간을 연장할 수 있다.
②제1항 단서의 규정에 의하여 결정기간을 연장하는 때에는 결정기간이 만료되기 7일전까지 이의신청인에게 이를 통지하여야 한다.

제52조 (심사청구의 방식 등) ①법 제77조제1항의 규정에 의하여 심사청구를 하고자 하는 자는 이의신청에 대한 결정통지를 받은 날부터 90일 이내에 다음 각 호의 사항을 기재한 심사청구서를 건강보험분쟁조정위원회(이하 "분쟁조정위원회"라 한다)에 제출하여야 한다.
1. 청구인 및 처분을 받은 자의 성명·주민등록번호 및 주소
2. 원처분을 행한 자(공단 또는 심사평가원의 분사무소가 원처분을 한 경우에는 그 분사무소의 장을 말한다. 이하 같다)
3. 원처분의 요지 및 처분이 있은 것을 안 날
4. 심사청구의 취지 및 이유
5. 청구인이 처분을 받은 자가 아닌 때에는 처분을 받은 자와의 관계
6. 첨부서류의 표시
7. 심사청구에 관한 고지의 유무 및 그 내용

②분쟁조정위원회가 제1항의 규정에 의하여 심사청구서를 받은 때에는 지체없이 그 사본 또는 부본을 원처분을 행한 자 및 이해관계인에게 송부하고, 원처분을 행한 자는 그 사본 또는 부본을 받은 날부터 10일이내에 답변서 및 이의신청결정서 사본을 분쟁조정위원회에 제출하여야 한다.

제53조 (심사청구 결정의 통지) 분쟁조정위원회의 위원장은 심사청구에 대하여 결정을 한 때에는 다음의 사항을 기재한 결정서에 서명 또는 기명날인하여 지체없이 청구인에게는 결정서의 정본을, 원처분을 행한 자 및 이해관계인에게는 그 사본을 통지하여야 한다. <개정 2000.12.30>

1. 청구인의 성명·주민등록번호 및 주소
2. 원처분을 행한 자
3. 결정의 주문
4. 심사청구의 취지
5. 결정의 이유
6. 결정의 연월일

제54조 (분쟁조정위원회의 구성 등) ①분쟁조정위원회는 위원장 1인을 포함한 15인의 위원으로 구성한다.
②위원은 다음 각 호의 자 중에서 보건복지부장관이 임명 또는 위촉한다. <개정 2005.6.30, 2006.6.12>

1. 4급 이상 공무원 또는 고위공무원단에 속하는 일반직공무원으로 재직 중이거나 재직한 자
2. 판사·검사 또는 변호사의 자격이 있는 자
3. 「고등교육법」제2조제1호 내지 제3호의 규정에 의한 학교에서 사회보험 또는 의료와 관련된 분야에 부교수이상의 직에 재직하고 있는 자
4. 사회보험 또는 의료에 관한 학식과 경험이 있는 자 중에서 보건복지부장관이 그 자격이 있다고 인정하는 자

제55조 (분쟁조정위원회의 위원장) ①분쟁조정위원회의 위원장은 보건복지부 보험연금정책본부장이 된다. <개정 2001.6.30, 2005.10.21>
②위원장이 부득이한 사유로 직무를 수행할 수 없는 때에는 위원장이 지명하는 위원이 그 직무를 대행한다.

제56조 (분쟁조정위원회의 위원임기) 분쟁조정위원회의 위원의 임기는 3년으로 한다. 다만, 공무원인 위원의 임기는 그 직위의 재임기간으로 한다.

제57조 (분쟁조정위원회의 회의) ①분쟁조정위원회의 위원장은 분쟁조정위원회의 회의를 소집하며 그 의장이 된다.
②분쟁조정위원회의 회의는 재적위원 과반수의 출석으로 개의하고 출석위원 과반수의 찬성으로 의결한다.
③이 영에서 정한 것 외에 분쟁조정위원회의 회의운영에 관하여 필요한 사항은 분쟁조정위원회의 의결을 거쳐 위원장이 정한다. <신설 2000.12.30>

제58조 (분쟁조정위원회의 간사) ①분쟁조정위원회에 간사 1인을 두되, 보건복지부장관이 그 소속공무원 중에서 임명한다.
②간사는 위원장의 명을 받아 분쟁조정위원회의 사무를 처리한다.

제59조 (분쟁조정위원회 위원의 수당) 분쟁조정위원회에 출석한 위원에게 예산의 범위 안에서 수당·여비 기타 필요한 경비를 지급할 수 있다. 다만, 공무원인 위원이 그 소관업무와 직접적으로 관련되어 출석하는 경우에는 그러하지 아니하다.

제60조 (준용규정) 제51조의 규정은 분쟁조정위원회에 관하여 이를 준용한다. 이 경우 "공단 또는 심사평가원"은 "분쟁조정위원회"로, "이의신청"은 "심사청구"로, "이의신청인"은 "청구인"으로 본다.

제60조의2 (소득축소·탈루자료의 송부절차) ①공단은 법 제82조의2제1항의 규정에 의하여 사용자나 세대주가 신고한 보수나 소득 등(이하 "소득 등"이라 한다)이 다음 제1호 내지 제3호에 해당하거나 법 제82조의 규정에 의하여 자료제출 등의 의무가 있는 사용자나 세대주가 다음 제4호에 해당하는 경우로서 소득 등의 축소 또는 탈루가 있다고 인정되는 경우에는 제2항의 규정에 의한 소득축소탈루심사위원회의 심사를 거쳐 해당 자료를 보건복지부장관에게 제출하고 국세청장에게 송부하여야 한다.

1. 국세청에 신고한 소득과 차이가 있는 경우
2. 해당 업종·직종별 평균 소득 등보다 낮은 경우
3. 임금대장 그 밖에 소득관련 서류나 장부 등의 내용과 다른 경우
4. 정당한 이유 없이 공단이 제출하도록 한 소득 등과 관련된 서류·장부 등의 제출을 거부하거나 3월 이상 지연한 경우 또는 조사에 3회 이상 불응한 경우
②제1항의 규정에 의한 소득 등의 축소나 탈루 여부에 관한 사항을 심사하기 위하여 공단에 소득축소탈루심사위원회를 둔다.
③소득축소탈루심사위원회는 위원장을 포함한 5인의 위원으로 구성한다.
④소득축소탈루심사위원회의 위원장은 공단의 이사장이 소속 임직원 중에서 임명한다.
⑤소득축소탈루심사위원회의 위원은 다음 각 호에 해당하는 자로 하되, 공단의 이사장이 임명 또는 위촉한다. <개정 2006.6.12>

1. 공단의 직원 1인
2. 보건복지부 및 국세청소속의 5급 이상 공무원 또는 고위
공무원단에 속하는 일반직공무원 중에서 소속기관의 장이
지명하는 자 각 1인
3. 세무사 또는 공인회계사 1인
⑥소득축소탈루심사위원회의 운영에 관하여 필요한 사항
은 공단의 이사장이 정한다.
[본조신설 2005.6.30]

제60조의3 (국세청 회신자료의 반영) 법 제82조의2제2항의 규
정에 의하여 국세청장으로부터 보수 또는 소득에 관한 사
항을 송부받은 공단은 그 결과를 해당 가입자의 보수 또는
소득에 반영하여야 한다.
[본조신설 2005.6.30]

제8장 보칙

제61조 (과징금 등 행정처분기준) ①법 제85조제1항 및 제2항
의 규정에 의한 요양기관의 업무정지처분 및 과징금부과의
기준은 별표 5와 같다.
②과징금의 징수절차는 보건복지부령으로 정한다.

제62조 (과징금의 지원규모 등) ①법 제85조제5항의 규정에 의
한 과징금의 용도별 지원규모는 다음 각 호와 같다. <개정
2005.6.30>
1. 법 제43조제3항 본문의 규정에 의하여 공단이 지급하는
요양급여비용에 필요한 자금의 지원 : 과징금 수입의 2분의
1
2. 「응급의료에 관한 법률」에 의한 응급의료기금에의 지원
: 과징금 수입의 2분의 1
②공단의 이사장과 「응급의료에 관한 법률」 제19조제2항
의 규정에 의하여 응급의료기금의 관리·운영을 위탁받은
자는 제1항의 규정에 의하여 지원받은 과징금의 다음 연도
운용계획서와 전년도 사용실적을 매년 4월 30일까지 보건
복지부장관에게 제출하여야 한다. <개정 2005.6.30>
③보건복지부장관은 제2항의 규정에 의하여 제출받은 과
징금운용계획서와 과징금사용실적을 참작하여 다음 연도
과징금 지원금액을 정한 후 이를 국가재정법령이 정하는
바에 의하여 예산에 반영하여야 한다. <개정 2006.12.29>

제63조 (업무의 위탁) 법 제89조제1항의 규정에 의하여 보험
료의 수납, 보험급여비용의 지급 또는 보험료납부의 확인
에 관한 업무를 체신관서 또는 금융기관에 위탁하고자 하
는 때에는 위탁받을 기관의 선정 및 위탁계약의 내용에 관
하여 공단 이사회의 의결을 거쳐야 한다.

제64조 (외국인 등 가입자) ①법 제93조제2항의 규정에 의하
여 직장가입자가 되는 재외국민 또는 외국인은 다음 각 호
의 어느 하나에 해당하는 자로서 직장가입자 적용사업장에
근무하는 자와 공무원·교직원으로 임용 또는 채용된 자로
한다. 다만, 법 제6조제2항 각 호의 어느 하나에 해당하는
자를 제외한다.
1. 「출입국관리법」 제31조의 규정에 의하여 외국인등록을
한 자
2. 「재외동포의 출입국과 법적지위에 관한 법률」 제6조의
규정에 의하여 국내거소신고를 한 자
②제1항의 규정에 해당되지 아니하는 재외국민 또는 외국
인으로서 다음 각 호의 어느 하나에 해당하는 자는 본인의
신청에 따라 이 법의 적용을 받는 지역가입자가 된다.
1. 「출입국관리법」 제31조의 규정에 의하여 외국인등록을
한 자로서 보건복지부령이 정하는 체류자격이 있는 자
2. 제1항제2호에 해당하는 자
③제1항 및 제2항의 규정에 불구하고 다음 각 호의 어느 하
나에 해당하는 자는 이 법에 의한 가입자가 될 수 없다.
1. 「출입국관리법」 제25조 및 「재외동포의 출입국과 법적
지위에 관한 법률」 제10조제2항의 규정에 의하여 체류기간
연장허가를 받지 아니하고 체류하는 자
2. 「출입국관리법」 제59조제2항의 규정에 의하여 강제퇴거
명령서가 발부된 자
[전문개정 2005.12.28]

제65조 (과태료의 부과징수) ①보건복지부장관은 법 제100조
제1항의 규정에 의하여 과태료를 부과하고자 하는 때에는
위반행위를 조사·확인한 후 위반행위의 종류, 과태료의 금
액 및 납부기한 등을 명시하여 서면으로 당해 과태료 처분
대상자에게 통지하여야 한다.
②보건복지부장관은 제1항의 규정에 의하여 과태료를 부
과하고자 하는 때에는 10일이상 기간을 정하여 과태료 처
분대상자에게 구술 또는 서면(전자문서를 포함한다)에 의
한 의견진술기회를 주어야 한다. 이 경우 지정된 기일까지
의견진술이 없는 때에는 의견이 없는 것으로 본다. <개정
2004.3.17>
③보건복지부장관은 과태료의 금액을 정함에 있어서는 당
해 위반행위의 동기와 그 결과 등을 참작하여야 한다.
④과태료의 징수절차는 보건복지부령으로 정한다.

부칙 <제16853호, 2000.6.23>
제1조 (시행일) 이 영은 2000년 7월 1일부터 시행한다.
제2조 (다른 법령의 폐지) 의료보험법시행령 및 국민의료보
험법시행령은 이를 각각 폐지한다.
제3조 (직장가입자의 보험료 조정에 관한 특례) ①법률 제

6093호 국민건강보험법 중 개정법률에 의하여 개정된 법률 제5854호 국민건강보험법 부칙 제10조의4의 규정에 의하여 보험료를 조정할 수 있는 직장가입자는 법 시행일의 전날이 속하는 달의 보험료보다 100분의 30이상 인상된 자로 하되, 보험료를 조정할 수 있는 기간은 2000년 12월 31일까지로 한다.

②제1항의 규정에 해당되는 직장가입자에 대하여는 100분의 30이상 100분의 70이하 인상자는 100분의 30을 초과하는 인상액의 100분의 50을, 100분의 70초과 인상자는 100분의 50을 초과하는 인상액 전액을 각각 경감한다.

제4조 (직장가입자의 보험료 산정 및 정산례) ①공단은 이 영 시행일이 속하는 월부터 2001년 3월까지 직장가입자의 보험료에 대하여는 종전의 의료보험법 제74조·제76조 및 국민의료보험법 제65조의 규정에 의하여 제출받은 직장가입자보수관련 자료에 의하여 보수월액 등을 산정할 수 있다.

②이 영의 시행일이 속하는 연도의 보험료 정산은 정산신고후 확정된 2000년도 보수월액을 기준으로 하되, 정산기간은 2000년 7월 1일부터 2000년 12월 31일까지로 한다.

제5조 (상대가치점수에 관한 경과조치) 제24조제1항의 규정에 의하여 2001년 1월 1일부터 2001년 12월 31일까지 적용되는 요양급여비용의 계약을 위한 상대가치점수는 제24조제2항의 규정에 불구하고 2000년 7월 15일까지 이를 고시하여야 한다.

제6조 (다른 법령과의 관계) ①이 영 시행당시 다른 법령에서 종전의 의료보험법시행령 또는 국민의료보험법시행령을 인용하고 있는 경우 이 영에 그에 해당하는 규정에 있는 때에는 종전의 규정에 갈음하여 이 영 또는 이 영의 해당규정을 각각 인용한 것으로 본다.

②이 영 시행당시 다른 법령에서 급여비용의 심사와 관련하여 종전의 의료보험법령에 의한 의료보험연합회를 인용한 경우에는 이 영에 의한 건강보험심사평가원을 인용한 것으로 본다.

부칙 <제17067호, 2000.12.30>

①(시행일) 이 영은 2001년 1월 1일부터 시행한다.

②(직장가입자의 보험료조정에 관한 특례) 제46조제1호의 개정규정에 해당하는 직장가입자로서 이 영 시행으로 인하여 보험료가 이 영 시행일의 전날이 속하는 달의 보험료보다 100분의 20 이상 인상된 자에 대하여는 그 초과하는 인상액의 전액을 2001년 12월 31일까지 경감한다.

부칙 <제17285호, 2001.6.30>

①(시행일) 이 영은 2001년 7월 1일부터 시행한다.

②(행정처분기준의 변경에 따른 경과조치) 이 영 시행전에 행한 행위에 대한 행정처분기준은 별표 5의 개정규정에 불

구하고 종전의 규정에 의한다.

부칙 <제17476호, 2001.12.31>

①(시행일) 이 영은 2002년 1월 1일부터 시행한다. 다만, 별표 2 제1호 나목의 개정규정은 2002년 2월 1일부터 시행한다.

②(직장가입자의 보험료조정에 관한 특례) 이 영 시행으로 인하여 보험료가 2001년 12월의 보험료보다 100분의 100을 초과하여 인상된 직장가입자에 대하여는 2002년 12월 31일까지 그 초과하는 인상액의 100분의 50을 경감한다.

부칙 <제18028호, 2003.6.27>

이 영은 2003년 7월 1일부터 시행한다.

부칙 (전자적민원처리를위한가석방자관리규정등중개정령) <제18312호, 2004.3.17>

이 영은 공포한 날부터 시행한다.

부칙 <제18347호, 2004.3.29>

이 영은 2004년 3월 30일부터 시행한다.

부칙 (농어촌주민의보건복지증진을위한특별법시행령) <제18378호, 2004.4.24>

①(시행일) 이 영은 2004년 4월 30일부터 시행한다.

②(다른 법령의 개정) 국민건강보험법시행령 중 다음과 같이 개정한다.

제32조에 제5호를 다음과 같이 신설한다.

5. 농어촌주민의보건복지증진을위한특별법 제2조제1호 나목에 해당하는 지역에 거주하는 자

부칙 <제18379호, 2004.4.24>

①(시행일) 이 영은 2004년 4월 30일부터 시행한다.

②(이의신청에 대한 결정권한의 위임에 관한 경과조치) 이 영 시행전의 이의신청에 대한 결정은 제30조의 개정규정에 불구하고 종전의 규정에 의한다.

③(행정처분기준의 변경에 따른 경과조치) 이 영 시행전의 행위에 대한 행정처분기준은 별표 5의 개정규정에 불구하고 종전의 규정에 의한다.

부칙 <제18461호, 2004.6.29>

①(시행일) 이 영은 2004년 7월 1일부터 시행한다.

②(본인부담액 상한제에 관한 적용례) 제22조제1항 및 제3항의 개정규정은 2004년 7월 1일 이후에 실시하는 보험급여부터 적용한다.

부칙 <제18664호, 2004.12.31>

이 영은 2005년 1월 1일부터 시행한다.

부칙(지방세법 시행령) <제18669호, 2005.1.5>
제1조 (시행일) 이 영은 공포한 날부터 시행한다.
제2조 내지 제4조 생략
제5조 (다른 법령의 개정) ①국민건강보험법시행령 일부를
다음과 같이 개정한다.
제40조의2제3항제1호 본문 중 "지방세법 제181조의 규정에
의한 재산세의 과세대상이 되는 건축물과 동법 제234조의8
의 규정에 의한 종합토지세의 과세대상이 되는 토지"를 "「
지방세법」 제181조의 규정에 의한 재산세의 과세대상이 되
는 건축물과 토지"로 한다.
②내지 ⑤생략

부칙 <제18909호, 2005.6.30>
이 영은 2005년 7월 28일부터 시행한다. 다만, 제35조제2항
제2호 및 제40조의2제3항제1호·제2호의 개정규정은 공포
한 날부터, 별표 4의2의 개정규정은 2005년 7월 1일부터 각
각 시행한다.

부칙 <제19028호, 2005.8.31>
①(시행일) 이 영은 2005년 9월 1일부터 시행한다.
②(본인부담액 변경에 관한 적용례) 별표 2 제1호 나목 및
제5호의 개정규정은 이 영 시행 이후에 실시하는 요양급여
부터 적용한다.

부칙 (보건복지부와 그 소속기관 직제) <제19093호, 2005.10
.21>
제1조 (시행일) 이 영은 공포한 날부터 시행한다.
제2조 (다른 법령의 개정) ①및 ②생략
③국민건강보험법 시행령 일부를 다음과 같이 개정한다.
제55조제1항 중 "사회복지정책실장"을 "보험연금정책본부
장"으로 한다.
④내지 ⑥생략

부칙 <제19202호, 2005.12.28>
①(시행일) 이 영은 2006년 1월 1일부터 시행한다.
②(본인부담액 면제에 관한 적용례) 별표 2 제4호 본문의 개
정규정은 이 영 시행 이후에 실시하는 요양급여부터 적용
한다.

부칙 <제19482호, 2006.5.24>
①(시행일) 이 영은 2006년 6월 1일부터 시행한다.
②(본인부담액 변경에 관한 적용례) 별표 2의 개정규정은
이 영 시행 후 실시하는 요양급여부터 적용한다.

부칙 (고위공무원단 인사규정) <제19513호, 2006.6.12>
제1조 (시행일) 이 영은 2006년 7월 1일부터 시행한다.
제2조 및 제3조 생략
제4조 (다른 법령의 개정) ①내지 <47>생략
<48>국민건강보험법 시행령 일부를 다음과 같이 개정한
다.
제3조제2호 및 제12조 중 "그 소속 3급이상 공무원"을 각각
"그 부처의 3급 공무원 또는 고위공무원단에 속하는 일반
직공무원"으로 한다.
제17조제2항 "그 소속 4급이상 공무원"을 "그 부처의 4급
이상 공무원 또는 고위공무원단에 속하는 일반직공무원"으
로 한다.
제29조 중 "그 소속 3급이상 공무원"을 "보건복지부의 3급
공무원 또는 고위공무원단에 속하는 공무원"으로 한다.
제54조제2항제1호 중 "4급이상 공무원"을 "4급 이상 공무
원 또는 고위공무원단에 속하는 일반직공무원"으로 한다.
제60조의2제5항제2호 중 "5급 이상 공무원"을 "5급 이상 공
무원 또는 고위공무원단에 속하는 일반직공무원"으로 한
다.
<49>내지 <241>생략

부칙 <제19610호, 2006.7.14>
①(시행일) 이 영은 공포한 날부터 시행한다.
②(부과표준소득의 산정 방법에 관한 적용례) 별표 4의2 제
1호 라목 및 제3호의 개정규정은 이 영 시행 후 최초로 고
지하는 보험료부터 적용한다.

부칙 (국가재정법 시행령) <제19806호, 2006.12.29>
제1조 (시행일) 이 영은 2007년 1월 1일부터 시행한다.
제2조 내지 제4조 생략
제5조 (다른 법령의 개정) ①내지 ⑨생략
⑩국민건강보험법 시행령 일부를 다음과 같이 개정한다.
제62조제3항 중 "예산회계법령"을 "국가재정법령"으로 한
다.
⑪내지 <42>생략
제6조 생략

부칙 <제19818호, 2006.12.30>
①(시행일) 이 영은 2007년 1월 1일부터 시행한다.
②(요양급여의 상대가치점수 등의 심의·의결에 관한 경과
조치) 이 영 시행 당시 종전의 규정에 따라 심의조정위원회
의 심의를 거쳐 고시된 요양급여의 상대가치점수, 약제·치
료재료비용은 제24조제2항 및 제3항의 개정 규정에 따라
심의위원회의 심의·의결을 거친 것으로 본다.

국민연금법

연혁

1973. 12. 24 국민복지연금법 제정 법률 제2655호
1974. 12. 21 일부개정 법률 제2702호
1975. 12. 31 일부개정 법률 제2863호
1986. 12. 31 국민연금법으로 개정 법률 제3902호
1989. 3. 31 일부개정 법률 제4110호
1995. 1. 5 일부개정 법률 제4909호

1995. 8. 4 일부개정 법률 제4971호
1998. 12. 31 일부개정 법률 제5623호
1999. 9. 7 일부개정 법률 제6027호
2000. 12. 23 일부개정 법률 제6286호
2007. 5. 17 일부개정 법률 제8435호 시행일 2008.1.1

제1장 총칙

제1조 (목적) 이 법은 국민의 노령·폐질 또는 사망에 대하여 연금급여를 실시함으로써 국민의 생활안정과 복지증진에 기여함을 목적으로 한다.

제2조 (관장) 이 법에 의한 국민연금사업은 보건복지부장관이 이를 관장한다. <개정 1997.12.13>

제3조 (정의 등) ①이 법에서 사용하는 용어의 정의는 다음과 같다. <개정 1989.3.31, 1995.1.5, 1998.12.31, 2000.12.23>
1. "근로자"라 함은 직업의 종류에 불구하고 사업장에서 노무를 제공하고 그 대가로 임금을 받아 생활하는 자(법인의 이사 기타 임원을 포함한다)를 말한다. 다만, 대통령령이 정하는 사를 제외한나.
2. "사용자"라 함은 사업주 또는 사업경영자를 말한다.
3. "소득"이라 함은 일정기간 동안의 근로의 제공 또는 사업 및 자산의 운영 등에서 얻는 수입을 말한다. 이 경우 국민연금가입자(이하 "가입자"라 한다)의 종별에 따른 소득의 범위는 대통령령으로 정한다.
4. "평균소득월액"이라 함은 매년의 사업장가입자 및 지역가입자 전원의 표준소득월액의 평균치를 말한다.
5. "표준소득월액"이라 함은 연금보험료 및 급여의 산정을 위하여 가입자의 소득월액을 기준으로 하여 등급별로 대통령령이 정하는 금액을 말한다.
6. "사업장가입자"라 함은 사업장에 사용된 근로자 및 사용자로서 제8조의 규정에 의하여 국민연금에 가입된 자를 말한다.
7. "지역가입자"라 함은 사업장가입자외의 자로서 제10조의 규정에 의하여 국민연금에 가입된 자를 말한다.
8. "임의가입자"라 함은 사업장가입자 및 지역가입자외의 자로서 제10조의2의 규정에 의하여 국민연금에 가입된 자를 말한다.
9. "임의계속가입자"라 함은 국민연금 가입기간이 20년미만인 가입자가 제13조제1항의 규정에 의하여 가입자로 된 자를 말한다.
10. "연금보험료"라 함은 국민연금사업에 필요한 비용으로서 사업장가입자에 있어서는 부담금 및 기여금의 합계액을, 지역가입자·임의가입자 및 임의계속가입자에 있어서는 본인이 납부하는 금액을 말한다.
11. "부담금"이라 함은 사업장가입자의 사용자가 부담하는 금액을 말한다.
12. "기여금"이라 함은 사업장가입자가 부담하는 금액을 말한다.
13. "사업장"이라 함은 근로자를 사용하는 사업소 및 사무소를 말한다.
②이 법의 적용에 있어서 배우자·부 또는 처에는 사실상의 혼인관계에 있는 자를 포함한다.
③이 법에 의한 급여를 받을 권리를 취득할 당시의 가입자 또는 가입자이었던 자의 태아가 출생한 경우에는 이를 가입자 또는 가입자이었던 자에 의하여 생계를 유지하고 있던 자녀로 본다.

제4조 (국민연금이 재정계산 및 급여액의 조정) ①이 법에 의한 급여수준 및 연금보험료는 국민연금재정의 장기적인 균형이 유지되도록 조정되어야 한다.
②보건복지부장관은 대통령령이 정하는 바에 의하여 5년마다 국민연금의 재정수지에 관한 계산을 실시하고, 국민

연금의 재정전망과 연금보험료의 조정 및 국민연금기금의 운용에 관한 계획 등을 포함한 국민연금운영 전반에 관한 계획을 수립하여 국무회의의 심의를 거쳐 대통령의 승인을 얻어야 하며, 이를 국회에 제출하고 대통령령이 정하는 바에 의하여 공시하여야 한다.

③이 법에 의한 급여액은 국민의 생활수준·임금·물가 기타 경제사정에 현저한 변동이 생긴 때에는 그 사정에 맞도록 조정되어야 한다.

[전문개정 1998.12.31]

제5조 (국민연금심의위원회) ①국민연금사업에 관한 다음 사항을 심의하기 위하여 보건복지부에 국민연금심의위원회를 둔다.

1. 국민연금제도 및 재정계산에 관한 사항
2. 급여에 관한 사항
3. 연금보험료에 관한 사항
4. 국민연금기금에 관한 사항
5. 기타 국민연금제도의 운영과 관련하여 보건복지부장관이 부의하는 사항

②국민연금심의위원회는 위원장·부위원장 및 위원으로 구성되되, 위원장은 보건복지부차관이 되고, 부위원장은 공익을 대표하는 위원 중에서 호선하며, 위원은 다음의 구분에 따라 보건복지부장관이 지명 또는 위촉한다.

1. 사용자를 대표하는 위원으로서 사용자단체가 추천하는 자 4인
2. 근로자를 대표하는 위원으로서 근로자단체가 추천하는 자 4인
3. 지역가입자를 대표하는 위원으로서 다음의 자
가. 농어업인단체가 추천하는 자 2인
나. 농어업인단체이외의 자영자관련 단체가 추천하는 자 2인
다. 소비자 및 시민단체가 추천하는 자 2인
4. 공익을 대표하는 위원으로서 국민연금에 관한 전문가 5인

③국민연금심의위원회의 구성 및 운영 등에 관하여 필요한 사항은 대통령령으로 정한다.

[전문개정 1998.12.31]

제2장 국민연금가입자

제6조 (가입대상) 국내에 거주하는 18세이상 60세미만의 국민은 국민연금의 가입대상이 된다. 다만, 공무원연금법, 군인연금법 및 사립학교교직원연금법의 적용을 받는 공무원·군인 및 사립학교교직원 기타 대통령령이 정하는 자를 제외한다. <개정 2000.1.12>

제7조 (가입자의 종별) 가입자는 사업장가입자·지역가입자·임의가입자 및 임의계속가입자로 구분한다.

[전문개정 1995.1.5]

제8조 (사업장가입자) ①사업의 종류, 근로자의 수 등을 고려하여 대통령령이 정하는 사업장(이하 "당연적용사업장"이라 한다)의 18세이상 60세미만의 근로자와 사용자는 당연히 사업장가입자가 된다. 다만, 다음 각 호의 1에 해당하는 자를 제외한다. <개정 1998.12.31, 2000.1.12, 2000.12.23>

1. 공무원연금법·사립학교교직원연금법 또는 별정우체국법에 의한 퇴직연금·장해연금 또는 퇴직연금일시금이나 군인연금법에 의한 퇴역연금·상이연금 또는 퇴역연금일시금의 수급권을 취득한 자(이하 "퇴직연금 등 수급권자"라 한다)
2. 국민기초생활보장법에 의한 수급자

②제1항 본문의 규정에 의한 당연적용사업장외의 사업장의 사용자가 당해 사업장의 18세 이상 60세미만의 근로자 3분의 2 이상의 동의에 의하여 보건복지부령이 정하는 바에 따라 제22조의 규정에 의한 국민연금관리공단에 신청을 하는 경우에는 당해 사업장(이하 "임의적용사업장"이라 한다)의 18세 이상 60세미만의 근로자와 사용자(퇴직연금 등 수급권자를 제외한다)는 사업장가입자가 될 수 있다. 탈퇴하는 경우에도 또한 같다. <개정 1989.3.31, 1997.12.13, 1998.12.31, 2000.12. 23>

③제1항·제2항 및 제6조의 규정에 불구하고 국민연금에 가입된 사업장에 종사하는 18세미만의 근로자는 본인이 원하는 경우에 사용자의 동의를 얻어 사업장가입자가 될 수 있다. <신설 1995.1.5>

제9조 (의제적용) 제8조제1항 본문의 규정에 의한 당연적용사업장이 그 기준에 미달하게 된 때에는 그 사업장은 제8조제2항 전단의 규정에 의한 임의적용사업장으로 본다. <개정 2000.12.23>

제10조 (지역가입자) 제8조의 규정에 의한 사업장가입자가 아닌 자로서 18세 이상 60세 미만인 자는 당연히 지역가입자가 된다. 다만, 다음 각 호의 1에 해당하는 자를 제외한다. <개정 2000.12.23>

1. 다음 각 목의 1에 해당하는 자의 배우자로서 별도의 소득이 없는 자
가. 제6조 단서의 규정에 의한 국민연금가입대상제외자
나. 사업장가입자, 지역가입자 및 제13조제1항의 규정에 의한 임의계속가입자
다. 별정우체국직원
라. 노령연금수급권자 및 퇴직연금 등 수급권자
2. 퇴직연금 등 수급권자

3. 18세 이상 27세 미만인 자로서 학생이거나 군복무 등으로 소득이 없는 자(연금보험료를 납부한 사실이 있는 자를 제외한다)

4. 국민기초생활보장법에 의한 수급자

제10조의2 (임의가입자) ①다음 각 호의 1에 해당하는 자 외의 자로서 18세 이상 60세 미만인 자는 보건복지부령이 정하는 바에 의하여 국민연금관리공단에 가입신청을 하는 경우에는 임의가입자가 될 수 있다. <개정 1997.12.13>

1. 제8조의 규정에 의한 사업장가입자

2. 제10조의 규정에 의한 지역가입자

②임의가입자는 보건복지부령이 정하는 바에 의하여 국민연금관리공단에 신청을 하여 탈퇴할 수 있다.<개정 1997.12.13>

[본조신설 1995.1.5]

제11조 (가입자 자격의 취득시기) ①사업장가입자는 다음 각 호의 1에 해당하게 된 날에 그 자격을 취득한다. <개정 1989.3.31, 2000.12.23>

1. 제8조제1항 본문 또는 동조제2항의 전단의 규정에 의한 사업장에 사용된 때 또는 그 사업장의 사용자가 된 때

2. 제8조제1항의 규정에 의한 사업장으로 된 때

3. 제8조제2항 전단의 규정에 의한 가입신청이 수리된 때

②제10조의 규정에 의한 지역가입자는 다음 각 호의 1에 해당하게 된 날에 그 자격을 취득한다. <개정 1998.12.31, 2000.12.23>

1. 사업장가입자의 자격을 상실한 때

2. 제6조 단서의 규정에 의한 국민연금가입대상제외자에 해당하지 아니하게 된 때

3. 제10조제1호의 규정에 의한 배우자로서 별도의 소득이 있게 된 때

4. 18세이상 27세미만인 자로서 소득이 있게 된 때

③제10조의2제1항의 규정에 의한 임의가입자는 가입신청이 수리된 날에 그 자격을 취득한다. <신설 1995.1.5>

제12조 (가입자 자격의 상실시기) ①사업장가입자는 다음 각 호의 1에 해당하게 된 날의 다음 날에 그 자격을 상실한다. 다만, 제6호의 경우에는 그 해당하게 된 날에 그 자격을 상실한다. <개정 1989.3.31, 2000.12.23>

1. 사망한 때

2. 국적을 상실하거나 국외에 이주한 때

3. 사용관계가 종료된 때

4. 제8조제2항 후단의 규정에 의한 탈퇴신청이 수리된 때

5. 60세에 달한 때

6. 제6조 단서의 규정에 의한 국민연금가입대상제외자에 해당하게 된 때

②지역가입자는 다음 각 호의 1에 해당하게 된 날의 다음 날에 그 자격을 상실한다. 다만, 제3호 및 제4호의 경우에는 그 해당하게 된 날에 그 자격을 상실한다. <개정 1989.3.31, 1995.1.5, 1998.12.31, 2000.12.23>

1. 사망한 때

2. 국적을 상실하거나 국외에 이주한 때

3. 제6조 단서의 규정에 의한 국민연금가입대상제외자에 해당하게 된 때

4. 사업장가입자의 자격을 취득한 때

5. 제10조제1호의 규정에 의한 배우자로서 별도의 소득이 없게 된 때

6. 삭제 <2000.12.23>

7. 60세에 달한 때

③임의가입자는 다음 각 호의 1에 해당하게 된 날의 다음 날에 그 자격을 상실한다. 다만, 제6호 및 제7호의 경우에는 그 해당하게 된 날에 그 자격을 상실한다. <신설 1995.1.5, 1998.12.31, 2000.12.23>

1. 사망한 때

2. 국적을 상실하거나 국외에 이주한 때

3. 제10조의2제2항의 규정에 의한 탈퇴신청이 수리된 때

4. 60세에 달한 때

5. 대통령령이 정하는 기간이상 계속하여 연금보험료를 체납한 때

6. 사업장가입자 또는 지역가입자의 자격을 취득한 때

7. 제6조 단서의 규정에 의한 국민연금가입대상제외자에 해당하게 된 때

제13조 (임의계속가입자) ①다음 각 호의 1에 해당하는 자는 제6조의 규정에 불구하고 65세에 달할 때까지 보건복지부령이 정하는 바에 따라 국민연금관리공단에 가입신청을 하는 경우에는 임의계속가입자가 될 수 있다. 이 경우 가입신청이 수리된 날에 그 자격을 취득한다. <개정 2000.12.23>

1. 국민연금가입기간이 20년 미만인 가입자로서 60세에 달한 자

2. 대통령령이 정하는 직종에 종사하거나 종사하였던 근로자(이하 "특수직종근로자"라 한다)로서 제56조제2항·제3항 및 법률 제3902호 국민복지연금법개정법률 부칙 제5조의 규정에 의하여 노령연금수급권을 취득한 자

②임의계속가입자는 보건복지부령이 정하는 바에 따라 국민연금관리공단에 신청을 하는 경우에는 탈퇴할 수 있다. <개정 1989.3.31, 1997.12.13>

③임의계속가입자는 다음 각 호의 1에 해당하게 된 날의 다음 날에 그 가입자의 자격을 상실한다. <개정 1989.3.31, 1995.1.5, 2000.12.23>

1. 사망한 때

2. 국적을 상실하거나 국외에 이주한 때

3. 제2항의 규정에 의한 탈퇴신청이 수리된 때
4. 삭제 <2000.12.23>
5. 대통령령이 정하는 기간이상 계속하여 연금보험료를 체납한 때

제14조 (자격의 확인) ①국민연금관리공단은 가입자 자격의 취득 및 상실에 관한 확인을 하여야 한다. <개정 1989.3.31>
②가입자의 자격의 취득 및 상실은 제1항의 규정에 의한 국민연금관리공단의 확인에 의하여 제11조 내지 제13조에 규정된 자격의 취득 및 상실시기에 그 효력을 발생한다. <신설 1989.3.31>
③제1항의 규정에 의한 확인은 가입자의 청구, 제19조의 규정에 의한 신고 또는 직권에 의하여 행한다.
④가입자 또는 가입자이었던 자는 언제든지 보건복지부령이 정하는 바에 의하여 자격의 취득·상실 및 가입자 종별의 변동에 관한 확인을 청구할 수 있다. <개정 1997.12.13>

제15조 (사망의 추정) 사고가 발생한 선박 또는 항공기에 탔던 자로서 생사가 불명하거나 기타의 사유로 생사가 불명하게 된 자는 대통령령이 정하는 바에 의하여 사망으로 추정한다.

제16조 (가입자증서) ①국민연금관리공단은 가입자에게 국민연금가입자증서를 교부하여야 한다.
②제1항의 규정에 의한 증서의 교부에 관하여 필요한 사항은 보건복지부령으로 정한다. <개정 1997.12.13>

제17조 (국민연금가입기간의 계산) ①국민연금가입기간(이하 "가입기간"이라 한다)은 월에 의하여 계산하되, 가입자의 자격을 취득한 날이 속하는 달부터 그 자격을 상실한 날의 전날이 속하는 달까지로 한다. 다만, 가입자가 그 자격을 상실한 날의 전날이 속하는 달에 그 자격을 다시 취득한 때에는 그 다시 취득한 달을 중복하여 가입기간으로 산입하지 아니한다. <개정 1995.1.5, 1998.12.31>
②가입기간의 계산에 있어서는 연금보험료를 납부하지 아니한 기간은 이에 산입하지 아니한다. 다만, 사용자가 사업장가입자의 임금에서 기여금을 공제하고 연금보험료를 납부하지 아니한 경우에는 그 납부하지 아니한 기간의 2분의 1에 해당하는 기간을 가입기간에 산입한다. 이 경우 1월 미만의 기간은 이를 1월로 한다. <개정 1995.1.5, 1998.12.31>
③국민연금관리공단이 사업장가입자에게 당해 사업장의 체납사실을 보건복지부령이 정하는 바에 따라 통지한 때에는 제2항 단서의 규정에 불구하고 통지된 체납월의 다음달부터 발생하는 체납기간에 대하여는 가입기간에 산입하지 아니한다. 이 경우 당해 사업장가입자는 제77조제1항의 규

정에 불구하고 대통령령이 정하는 바에 의하여 기여금을 국민연금관리공단에 납부할 수 있다. <신설 1998.12.31, 2000.12.23>

제18조 (가입기간의 합산) ①가입자의 자격을 상실한 후 다시 그 자격을 취득한 자에 대하여는 전후의 가입기간을 합산한다.
②가입자의 가입종별에 변동이 있는 경우에는 그 자의 가입기간은 각 종별가입기간을 합산한 기간으로 한다.

제19조 (신고) ①사업장가입자의 사용자는 보건복지부령이 정하는 바에 의하여 당연적용사업장에 해당된 사실, 사업장의 내역변경 및 휴·폐업 등에 관한 사항과 가입자 자격의 취득·상실, 가입자의 소득월액 등에 관한 사항을 국민연금관리공단에 신고하여야 한다. <개정 1995.1.5, 1997.12.13, 1998.12.31>
②지역가입자·임의가입자 및 임의계속가입자는 보건복지부령이 정하는 바에 의하여 그 자격의 취득·상실, 성명 또는 주소의 변경 및 소득에 관한 사항 등을 국민연금관리공단에 신고하여야 한다. <개정 1995.1.5, 1997.12.13>
③지역가입자·임의가입자 또는 임의계속가입자가 부득이한 사유로 제2항의 규정에 의한 신고를 할 수 없을 때에는 배우자 기타 그 가족이 신고를 대리할 수 있다. <개정 1995.1.5>

제20조 (신고인에 대한 통지 등) ①국민연금관리공단은 제19조의 규정에 의한 신고를 받은 때에는 그 내용을 확인하고, 신고내용이 사실과 다르다고 인정될 때에는 그 뜻을 신고인에게 통지하여야 한다.
②제21조제3항의 규정은 제1항의 규정에 의한 통지에 관하여 이를 준용한다.

제21조 (가입자 등에 대한 통지 등) ①국민연금관리공단은 제14조의 규정에 의하여 사업장가입자의 자격의 취득 및 상실에 관한 확인을 한 때와 표준소득월액이 결정되거나 변경된 때에는 이를 해당 사업장의 사용자에게 통지하여야 하며, 지역가입자·임의가입자 또는 임의계속가입자의 자격의 취득 및 상실에 관한 확인을 한 때와 표준소득월액이 결정되거나 변경된 때에는 이를 해당 지역가입자·임의가입자 또는 임의계속가입자에게 통지하여야 한다. <개정 1995.1.5>
②제1항의 규정에 의한 통지를 받은 사용자는 이를 해당 사업장가입자 또는 그 자격을 상실한 자에게 통지하되, 그 통지를 받을 자의 소재가 불명하여 통지할 수 없을 때에는 그 뜻을 국민연금관리공단에 통지하여야 한다.
③국민연금관리공단은 다음 각 호의 1에 해당하는 경우에

는 보건복지부령이 정하는 바에 의하여 공고를 함으로써
그 통지에 갈음할 수 있다. <개정 1995.1.5, 1997.12.13>
1. 사업장이 폐지된 경우
2. 제1항의 규정에 의한 통지를 받을 지역가입자·임의가입
자 또는 임의계속가입자의 소재가 불명한 경우
3. 제2항 후단의 규정에 의하여 사용자로부터 통지를 받은
경우
4. 기타 통지할 수 없는 불가피한 사정이 있는 경우로서 대
통령령이 정하는 경우

제3장 국민연금관리공단

제22조 (국민연금관리공단의 설립) 보건복지부장관의 위탁을
받아 제1조의 목적을 달성하기 위한 사업을 효율적으로 수
행하기 위하여 국민연금관리공단(이하 “공단”이라 한다)을
설립한다. <개정 1997.12.13>

제23조 (공단의 업무) 공단은 다음의 업무를 수행한다. <개정
1995.1.5, 1997.12.13, 1998.12.31>
1. 가입자에 대한 기록의 관리 및 유지
2. 연금보험료의 징수
3. 급여의 결정 및 지급
4. 가입자·가입자이었던 자 및 제46조의 규정에 의한 수급
권자를 위한 자금의 대여 및 복지시설의 설치·운영 등 복지
증진사업
5. 가입자 및 가입자이었던 자에 대한 기금증식을 위한 자
금의 대여사업
6. 기타 국민연금사업에 관하여 보건복지부장관이 위탁하
는 사항

제24조 (법인격) 공단은 법인으로 한다.

제25조 (사무소) ①공단의 주된 사무소의 소재지는 정관이
정하는 바에 의한다.
②공단은 필요한 때에는 정관이 정하는 바에 의하여 분사
무소를 둘 수 있다. <개정 1998.12.31>

제26조 (정관) ①공단의 정관에는 다음 사항을 기재하여야
한다. <개정 1998.12.31>
1. 목적
2. 명칭
3. 주된 사무소와 분사무소에 관한 사항
4. 임원 및 직원에 관한 사항
5. 이사회에 관한 사항
6. 사업에 관한 사항
7. 예산 및 결산에 관한 사항
8. 자산 및 회계에 관한 사항
9. 정관의 변경에 관한 사항
10. 규약·규정의 제정 및 개폐에 관한 사항
11. 공고에 관한 사항
②공단은 정관을 변경하고자 하는 때에는 보건복지부장관
의 인가를 받아야 한다. <개정 1997.12.13>

제27조 (설립등기) 공단은 그 주된 사무소의 소재지에서 설립
등기를 함으로써 성립한다.

제28조 (임원) ①공단에 임원으로서 이사장 1인, 상임이사 3
인이내, 이사 7인 및 감사 1인을 두되, 이사에는 사용자 대
표, 근로자 대표, 지역가입자 대표 각 1인이상과 당연직이
사로서 보건복지부의 국민연금업무를 담당하는 3급 국가
공무원 또는 고위공무원단에 속하는 일반직공무원 1인이
포함되어야 한다. <개정 1998.12.31, 2005.12.29>
②이사장은 보건복지부장관의 제청에 의하여 대통령이 임
면하고, 상임이사·이사(당연직이사를 제외한다) 및 감사는
이사장의 제청에 의하여 보건복지부장관이 임면한다. <개
정 1998.12.31>
③이사에 대하여는 보수를 지급하지 아니한다. 다만, 실비
의 지급은 그러하지 아니하다.

제28조의2 (기금이사) ①상임이사 중 국민연금기금의 관리·
운용에 관한 업무를 담당하는 이사(이하 “기금이사”라 한
다)는 경영·경제 및 기금운용에 관한 지식과 경험이 풍부한
자중에서 선임하여야 한다.
②기금이사후보를 추천하기 위하여 공단에 이사장을 위원
장으로 하고 이사를 위원으로 하는 기금이사추천위원회(이
하 “추천위원회”라 한다)를 둔다.
③추천위원회는 주요 일간신문에 기금이사후보의 모집을
공고하여야 하며, 이와 별도로 적임자로 판단되는 기금이
사후보를 조사하거나 전문단체에 조사를 의뢰할 수 있다.
④추천위원회는 보건복지부령이 정하는 기금이사후보심사
기준에 따라 제3항의 규정에 의하여 모집된 자를 심사하여
야 하며, 기금이사후보로 추천될 자와 계약의 조건에 관하
여 협의하여야 한다.
⑤이사장은 제4항의 규정에 의한 심사와 협의의 결과에 따
라 기금이사후보를 보건복지부장관에게 추천함과 동시에
계약서안을 제출하여야 한다.
⑥제5항의 규정에 의하여 제출한 기금이사후보 추천안 및
계약서안을 보건복지부장관이 승인한 때에는 이사장은 기
금이사후보와 계약을 체결하여야 한다.
⑦제5항의 규정에 의한 기금이사후보 추천안 및 계약서안
의 제출과 제6항의 규정에 의한 승인은 각각 제28조제2항
의 규정에 의한 상임이사 임명제청과 임명으로 본다.

⑧기금이사의 자격, 계약서안의 협의, 추천 및 계약 등에 관하여 필요한 사항은 보건복지부령으로 정한다.
[본조신설 1998.12.31]

제29조 (임원의 임기) 임원의 임기는 3년으로 한다. 다만, 당연직이사의 임기는 그 재임기간으로 하고, 기금이사의 임기는 그 계약기간으로 한다.
[전문개정 1998.12.31]

제30조 (임원의 직무) ①이사장은 공단을 대표하고, 공단의 업무를 통할한다.
②상임이사는 정관이 정하는 바에 의하여 공단의 업무를 분장하고, 이사장이 사고가 있을 때에는 정관이 정하는 순위에 따라 그 직무를 대행한다.
③감사는 공단의 회계와 업무집행상황 및 재산상황을 감사한다.

제30조의2 (대리인의 선임) 이사장은 정관이 정하는 바에 의하여 직원 중에서 공단의 업무에 관한 모든 재판상 또는 재판외의 행위를 할 수 있는 권한을 가진 대리인을 선임할 수 있다.
[본조신설 1995.1.5]

제31조 (임원의 결격사유) 다음 각 호의 1에 해당하는 자는 공단의 임원이 될 수 없다.
1. 금치산자 또는 한정치산자
2. 파산선고를 받고 복권되지 아니한 자
3. 금고이상의 형의 선고를 받고 그 집행이 종료되거나 집행을 받지 아니하기로 확정된 날로부터 3년이 경과되지 아니한 자
4. 법률 또는 법원의 판결에 의하여 자격이 상실 또는 정지된 자

제32조 (임원의 당연퇴임·해임) ①임원이 제31조 각 호의 1에 해당하게 된 때에는 그 임원은 당연히 퇴임한다.
②임면권자는 임원이 다음 각 호의 1에 해당하게 된 때에는 그 임원을 해임할 수 있다. <개정 1998.12.31>
1. 신체 또는 정신상의 장애로 직무를 수행할 수 없다고 인정될 때
2. 직무상의 의무를 위반한 때
3. 고의 또는 중대한 과실로 인하여 공단에 손실을 발생하게 한 때
4. 기금이사가 제28조의2제6항의 규정에 의하여 이사장과 체결한 계약에서 정한 해임사유에 해당하게 된 때

제33조 (임·직원의 겸직제한) 공단의 이사장·상임이사·감사

및 직원은 영리를 목적으로 하는 업무에 종사하지 못하며, 이사장과 상임이사 및 감사는 보건복지부장관의, 직원은 이사장의 허가없이 다른 직무를 겸할 수 없다. <개정 1997.12.13>

제34조 (이사회) ①공단의 중요사항을 심의·의결하기 위하여 공단에 이사회를 둔다.
②이사회는 이사장·상임이사 및 이사로 구성한다.
③이사장은 이사회를 소집하고 그 의장이 된다.
④이사회는 재적구성원 과반수의 출석과 출석구성원 과반수의 찬성으로 의결한다.
⑤감사는 이사회에 출석하여 발언할 수 있다.
⑥이사회의 운영에 관하여 필요한 사항은 대통령령으로 정한다.

제35조 (직원의 임면) 공단의 직원은 정관이 정하는 바에 의하여 이사장이 임면한다.

제36조 (임·직원의 신분) 공단의 임원 및 직원은 형법 제129조 내지 제132조의 적용에 있어서는 이를 공무원으로 본다.

제37조 (공단에 대한 감독) ①공단은 대통령령이 정하는 바에 의하여 매 회계연도의 사업운영계획과 예산에 관하여 보건복지부장관의 승인을 얻어야 한다. <개정 1997.12.13>
②공단은 매 회계연도 종료후 2월 이내에 사업실적과 결산을 보건복지부장관에게 보고하여야 한다. <개정 1997.12.13>
③보건복지부장관은 공단에 대하여 그 사업에 관한 보고를 명하거나, 사업 또는 재산상황을 검사할 수 있으며, 필요하다고 인정하는 때에는 정관의 변경을 명하는 등 감독상 필요한 조치를 할 수 있다. <개정 1997.12.13>

제38조 (공단의 회계) ①공단의 회계연도는 정부의 회계연도에 따른다.
②공단은 보건복지부장관의 승인을 얻어 회계규정을 정하여야 한다. <개정 1997.12.13>

제39조 (공단의 수입·지출) 공단의 수입은 제82조의 규정에 의한 국민연금기금으로부터의 전입금, 국가로부터의 보조금, 차입금 기타의 수입금으로 하고, 지출은 이 법에 의한 제급여·적립금·환부금·차입금의 상환금과 이자 기타 공단의 운영 및 사업을 위한 제경비로 한다.

제40조 (일시차입 및 이입충당) ①공단은 매 회계연도의 지출자금이 부족할 때에는 국민연금기금에서 일시차입할 수 있다.

②일시차입금은 당해 회계연도내에 상환하여야 한다.

③공단은 매 회계연도에 있어서 제급여와 관련된 지출이 수입을 초과하게 될 때에는 국민연금기금운용위원회의 심의를 거쳐 국민연금기금에서 이입충당할 수 있다. <개정 1998.12.31>

제41조 (잉여금의 처리) 공단은 매 회계연도말에 결산상 잉여금이 있을 때에는 손실금을 보전하고 나머지는 이를 국민연금기금으로 적립하여야 한다.

제42조 (복지사업 및 대여사업) ①공단은 대통령령이 정하는 바에 의하여 가입자·가입자이었던 자 및 수급권자의 복지를 증진하기 위하여 자금의 대여 및 복지시설의 설치 기타 복지사업을 할 수 있다.

②공단은 대통령령이 정하는 바에 의하여 가입자 및 가입자이었던 자에 대하여 기금증식을 위한 대여사업을 할 수 있다.

③제1항 또는 제2항의 규정에 의한 대여업무를 담당하는 임·직원은 그 직무를 수행함에 있어서 고의 또는 중대한 과실로 공단에 손해를 끼쳤을 때에는 그 손해를 배상하여야 한다.

[전문개정 1998.12.31]

제43조 (업무의 위탁) ①공단은 정관이 정하는 바에 의하여 연금보험료 및 대여금의 상환금의 수납과 급여·대여금의 지급에 관한 업무 기타 그 업무의 일부를 다른 법령에 의한 사회보험업무를 수행하는 법인, 체신관서, 금융기관 기타의 자에게 위탁할 수 있다. <개정 1995.1.5, 1998.12.31, 2000.12. 23>

②제1항의 규정에 의하여 공단이 위탁할 수 있는 업무 및 위탁받을 수 있는 자의 범위는 대통령령으로 정한다.

제44조 (민법의 준용) 공단에 관하여 이 법에 정한 것을 제외하고는 민법 중 재단법인에 관한 규정을 준용한다.

제4장 급여

제1절 통칙

제45조 (급여의 종류) 이 법에 의한 급여의 종류는 다음과 같다. <개정 1998.12.31>
1. 노령연금
2. 장애연금
3. 유족연금
4. 반환일시금

제46조 (급여의 지급) ①급여는 그 지급받을 권리를 가지는 자(이하 "수급권자"라 한다)의 청구에 의하여 공단이 지급한다.

②연금액은 그 지급사유에 따라 기본연금액과 가급연금액을 기초로 하여 산정한다.

제47조 (기본연금액) ①수급권자의 기본연금액은 다음 각 호의 금액을 합산한 금액에 1천분의 1천800을 곱한 금액으로 한다. 다만, 가입기간이 20년을 초과하는 경우에는 그 초과하는 1년(1년미만의 매 1월은 12분의 1년으로 계산한다)마다 본문의 규정에 의하여 계산한 금액에 1천분의 50을 곱한 금액을 가산한다. <개정 1998.12.31, 2000.12.23, 2007.4.27>
1. 다음 각 목의 규정에 의하여 산정한 금액을 합산하여 이를 3으로 나눈 금액
가. 연금수급3년전년도의 평균소득월액을 연금수급3년전년도와 대비한 연금수급전년도 전국소비자물가변동률(「통계법」 제3조의 규정에 의하여 통계청장이 매년 고시하는 전국소비자물가변동률을 말한다. 이하 이 조에서 같다)에 의하여 환산한 금액
나. 연금수급2년전년도의 평균소득월액을 연금수급2년전년도와 대비한 연금수급전년도 전국소비자물가변동률에 의하여 환산한 금액
다. 연금수급전년도의 평균소득월액
2. 가입자 개인의 가입기간 중 매년의 표준소득월액을 대통령령이 정하는 바에 의하여 보건복지부장관이 고시하는 연도별 재평가율에 의하여 연금수급전년도의 현재가치로 환산한 후 이를 합산한 금액을 총가입기간으로 나눈 금액

②제1항 각 호의 금액을 수급권자에게 적용함에 있어서는 연금수급2년전년도와 대비한 전년도 전국소비자물가변동률을 기준으로 하여 매년 3월말까지 그 변동률에 해당하는 금액을 증액 또는 감액하되, 미리 제5조의 규정에 의한 국민연금심의위원회의 심의를 거쳐야 한다. <개정 1998.12.31, 2000.12.23>

③제2항의 규정에 의하여 조정된 금액을 수급권자에게 적용함에 있어서 그 적용기간은 당해 조정연도 4월부터 다음 연도 3월까지로 한다. <개정 1998.12.31>

[전문개정 1995.1.5] [시행일:2007.10.28] 제47조제1항제1호

제48조 (가급연금액) ①가급연금액은 수급권자가 그 권리를 취득할 당시 그 자(유족연금에 있어서는 가입자 또는 가입자이었던 자를 말한다)에 의하여 생계를 유지하고 있거나 노령연금 또는 장애연금의 수급권자가 그 권리를 취득한 후 그 자에 의하여 생계를 유지하고 있는 다음 각 호의 자에 대하여 해당 호에 규정된 각각의 금액으로 한다. 이 경우 생계유지에 관한 대상자별 인정기준은 대통령령으로 정한다. <개정 98.12.31, 2000.12.23>

1. 배우자 : 연 15만원

2. 18세 미만 또는 장애등급 2급 이상에 해당하는 자녀 : 연 10만원

3. 60세 이상 또는 장애등급 2급 이상에 해당하는 부모(배우자의 부모를 포함한다. 이하 이 조에서 같다) : 연 10만원

②제47조제2항 및 제3항의 규정은 제1항의 규정에 의한 가급연금액을 수급권자에게 적용함에 있어서 이를 준용한다. <신설 1998.12.31>

③제1항 각 호의 자가 연금수급권자인 경우에는 제1항의 규정에 의한 가급연금액의 계산에서 제외한다.

④제1항 각 호의 자는 가급연금액의 계산에 있어서 2인이상의 연금수급권자의 가급연금계산대상이 될 수 없다.

⑤제1항 각 호에 해당하는 자가 다음 각 호의 1에 해당하게 된 때에는 가급연금액의 계산에서 이를 제외한다. <개정 1998.12.31>

1. 사망한 때

2. 수급권자에 의한 생계유지의 상태가 끝난 때

3. 배우자가 이혼한 때

4. 자녀가 다른 사람의 양자로 되거나 파양된 때

5. 자녀가 18세에 달한 때. 다만, 수급권자가 그 권리를 취득할 당시로부터 장애등급 2급이상의 장애상태에 있는 자를 제외한다.

6. 장애등급 2급이상의 장애상태에 있던 자녀 또는 부모가 그 장애상태에 해당하지 아니하게 된 때

제49조 (연금액의 최고한도) 연금의 월지급액은 연금수급전년도를 기준으로 하여 제47조제1항제2호의 규정에 준하여 산정한 가입자이었던 최종 5년간의 표준소득월액의 평균액과 가입기간 중의 표준소득월액의 평균액을 동조제2항의 규정에 준하여 조정한 각각의 금액 중에서 많은 금액을 초과하지 못한다.

[전문개정 1998.12.31]

제50조 (연금의 지급기간 및 지급시기) ①연금은 그 지급하여야 할 사유가 발생한 날(제68조제1항의 규정에 의한 반납금을 납부하거나 제77조의3제1항의 규정에 의한 추납보험료를 납부함에 따라 연금을 지급하여야 할 사유가 발생한 경우에는 해당 금액을 납부한 날이 속하는 달의 다음 달부터 수급권이 소멸한 날이 속하는 달까지 지급한다. <개정 2000. 12.23>

②연금은 매월 말일에 그 달의 금액을 지급하되, 지급일이 토요일이거나 공휴일인 경우에는 그 전일에 지급한다. 다만, 수급권이 소멸하거나 그 지급이 정지된 경우에는 그 지급일전에 이를 지급할 수 있다. <개정 1998.12.31,2000.12. 23>

③연금은 그 지급을 정지하여야 할 사유가 발생한 때에는 그 사유가 발생한 날이 속하는 달의 다음 달부터 그 사유가 소멸한 날이 속하는 달까지는 이를 지급하지 아니한다.

제51조 (미지급의 급여) ①급여의 수급권자가 사망한 경우에 그 수급권자에게 지급하여야 할 급여로서 아직 지급되지 아니한 것이 있을 때에는 그 배우자·자녀·부모·손자녀 또는 조부모로서 수급권자의 사망 당시 수급권자에 의하여 생계를 유지하고 있던 자의 청구에 의하여 그 미지급 급여를 지급한다. 이 경우 수급권자에 의하여 생계를 유지하고 있던 자에 관한 인정기준은 대통령령으로 정한다. <개정 1998.12. 31>

②제1항의 규정에 의한 급여를 지급받을 자의 순위는 배우자·자녀·부모·손자녀·조부모의 순으로 한다. 이 경우 동순위자가 2인 이상 있을 때에는 균분하여 지급하되, 그 지급방법은 대통령령으로 정한다.

제52조 (병급의 조정) 수급권자에게 이 법에 의한 2이상의 급여의 수급권이 발생한 때에는 그 자의 선택에 의하여 그 중의 하나만을 지급하고 다른 급여의 지급은 정지된다.

제53조 (부당이득 등의 환수) ①공단은 허위 기타 부정한 방법으로 급여를 지급받거나 수급권이 소멸 또는 정지된 급여 기타 과오급된 급여를 지급받은 자가 있는 때에는 대통령령이 정하는 바에 의하여 그 지급금액을 환수하여야 한다. 이 경우 허위 기타 부정한 방법으로 급여를 지급받은 경우에는 대통령령이 정하는 이자를 가산하여 환수하여야 한다. <개정 1998.12.31>

②제15조의 규정에 의하여 사망으로 추정되는 자의 생존이 확인된 때에는 공단은 그 사망의 추정으로 인하여 급여를 지급받은 자로부터 그 지급금액을 환수하여야 한다.

③제1항 또는 제2항의 규정에 의하여 급여에 해당하는 액을 반환하여야 할 자가 동시에 다른 급여의 수급권이 있거나 과오납금 등 반환받을 금액이 있는 경우에는 공단은 이를 제1항 또는 제2항의 규정에 의하여 환수할 금액에 충당할 수 있다.

제54조 (수급권의 보호) 급여를 받을 권리는 이를 양도·압류하거나 담보에 제공할 수 없다.

제54조의2 (미납금의 공제지급) ①가입자 또는 가입자이었던 자가 수급권을 취득하거나 사망한 경우에 제42조의 규정에 의하여 대여한 자금의 상환금에 관한 채무가 있는 때에는 이를 이 법에 의한 급여(사망일시금을 포함하고 지급이 정지된 급여를 제외한다)에서 감할 수 있다. 다만, 이 법에 의한 급여 중 연금급여(제59조제2항의 규정에 의하여 일시보상금으로 지급되는 장애연금을 제외한다)의 수급권자에 대

하여는 당해 연금월액의 2분의 1을 초과하여 감할 수 없다. <개정 2000.1.12>
②제1항의 규정에 의하여 해당 상환금에 관한 채무를 감하고자 할 경우에는 20일이상의 기한을 정하여 문서로 당해 채무의 변제를 최고하여야 하며, 그 기한까지 채무를 변제하지 아니할 경우에는 해당 급여에서 이를 감할 것임을 미리 수급권자에게 통지하여야 한다.
③제1항의 규정에 의하여 감한 금액은 그 범위 안에서 수급권자에게 지급된 것으로 본다.
[본조신설 1998.12.31]

제55조 (조세 기타 공과금의 면제) 이 법에 의한 급여로서 지급된 금액에 대하여는 조세특례제한법 기타 법률 또는 지방자치단체의 조례가 정하는 바에 의하여 조세 기타 국가 또는 지방자치단체의 공과금을 감면한다. <개정 2000.12.23>

제2절 노령연금

제56조 (노령연금의 수급권자) ①가입기간이 20년이상인 가입자 또는 가입자이었던 자가 60세(특수직종근로자의 경우에는 55세)에 달한 때에는 그때부터 그가 생존하는 동안 노령연금을 지급한다. <개정 2000.12.23>
②가입기간이 10년이상 20년미만인 가입자 또는 가입자이었던 자가 60세(특수직종근로자의 경우에는 55세)에 달한 때에는 그때부터 그가 생존하는 동안 제1항의 규정에 의한 노령연금액에서 일정한 금액을 감액한 연금(이하 “감액노령연금”이라 한다)을 지급한다. <개정 1998.12.31>
③가입기간이 10년이상인 자로서 소득이 있는 업무에 종사하고 있는 경우 60세이상 65세미만의 기간(특수직종근로자의 경우에는 55세이상 60세미만의 기간) 동안에는 일정한 금액의 연금(이하 “재직자노령연금”이라 한다)을 지급한다. <개정 1995.1.5, 1998.12.31>
④가입기간이 10년이상인 가입자 또는 가입자이었던 자로서 55세이상인 자가 소득이 있는 업무에 종사하지 아니하는 경우에는 제1항의 규정에 불구하고 60세에 달하지 아니하더라도 본인의 희망에 의하여 그가 생존하는 동안 일정한 금액의 연금(이하 “조기노령연금”이라 한다)을 지급받을 수 있다. <개정 1995.1.5, 1998.12.31>
⑤제3항 및 제4항의 규정에 의한 소득이 있는 업무의 범위는 대통령령으로 정한다. <개정 1995.1.5>

제57조 (노령연금액) ①제56조제1항의 규정에 의한 노령연금액은 기본연금액에 가급연금액을 가산한 액으로 한다.
②감액노령연금액은 기본연금액의 1천분의 475에 해당하는 액에 가급연금액을 가산한 액으로 한다. 다만, 가입기간이 10년을 초과하는 경우에는 그 초과하는 1년(1년미만의

매 1월은 12분의 1년으로 계산한다)마다 기본연금액 의 1천분의 50에 해당하는 액을 가산한다. <개정 1998.12.31>
③재직자노령연금액은 가입기간에 따라 제1항의 규정에 의한 기본연금액이나 제2항의 규정에 의한 기본연금액의 1천분의 475에 해당하는 액[가입기간이 10년을 초과하는 경우에는 그 초과하는 1년(1년미만의 매 1월은 12분의 1년으로 계산한다)마다 기본연금액의 1천분의 50에 해당하는 액을 가산한 액을 말한다]에 수급권자의 연령별로 다음 각 호의 비율을 곱한 금액으로 한다. <개정 1998.12.31>
1. 60세인 자(특수직종근로자의 경우에는 55세인 자)의 경우에는 1천분의 500
2. 61세인 자(특수직종근로자의 경우에는 56세인 자)의 경우에는 1천분의 600
3. 62세인 자(특수직종근로자의 경우에는 57세인 자)의 경우에는 1천분의 700
4. 63세인 자(특수직종근로자의 경우에는 58세인 자)의 경우에는 1천분의 800
5. 64세인 자(특수직종근로자의 경우에는 59세인 자)의 경우에는 1천분의 900
④조기노령연금액은 가입기간에 따라 제1항의 규정에 의한 기본연금액이나 제2항의 규정에 의한 기본연금액의 1천분의 475에 해당하는 액[가입기간이 10년을 초과하는 경우에는 그 초과하는 1년(1년미만의 매 1월은 12분의 1년으로 계산한다)마다 기본연금액의 1천분의 50에 해당하는 액을 가산한 액을 말한다]에 수급연령별로 다음 각 호의 비율을 곱한 금액에 가급연금액을 가산한 액으로 한다. <개정 1998.12.31>
1. 55세부터 지급받는 경우에는 1천분의 750
2. 56세부터 지급받는 경우에는 1천분의 800
3. 57세부터 지급받는 경우에는 1천분의 850
4. 58세부터 지급받는 경우에는 1천분의 900
5. 59세부터 지급받는 경우에는 1천분의 950

제57조의2 (분할연금수급권자 등) ①혼인기간(배우자의 가입기간 중의 혼인기간에 한한다. 이하 같다)이 5년이상인 자가 다음 각 호의 1에 해당하게 되는 때에는 그때부터 그가 생존하는 동안 배우자이었던 자의 노령연금을 분할한 일정한 금액의 연금(이하 “분할연금”이라 한다)을 지급받을 수 있다.
1. 노령연금수급권자인 배우자와 이혼한 후 60세가 된 때
2. 60세가 된 이후에 노령연금수급권자인 배우자와 이혼한 때
3. 60세가 된 이후에 배우자이었던 자가 노령연금수급권을 취득한 때
4. 배우자이었던 자가 노령연금수급권을 취득한 후 본인이 60세가 된 때

②제1항의 규정에 의한 분할연금액은 배우자이었던 자의 노령연금액(가급연금액을 제외한다) 중 혼인기간에 해당하는 연금액을 균분한 액으로 한다.

③분할연금수급권자가 재혼한 때에는 그 재혼기간동안 해당 분할연금의 지급을 정지한다.

④분할연금을 청구할 권리는 제1항 각 호의 1에 해당하는 때부터 3년을 경과한 때에는 소멸한다.

[본조신설 1998.12.31]

제57조의3 (분할연금과 노령연금의 관계 등) ①제57조의2제1항의 규정에 의한 분할연금수급권은 그 수급권을 취득한 후에 배우자이었던 자에게 발생한 사유로 인한 노령연금수급권의 소멸·정지에 의하여 영향을 받지 아니한다.

②분할연금은 분할연금수급권이 소멸한 때에는 그때부터, 지급이 정지된 때에는 그 정지기간동안 이를 노령연금수급권자에게 지급한다.

③분할연금은 그 수급권자에게 2이상의 분할연금수급권이 발생한 경우에는 제52조의 규정에 불구하고 2이상의 분할연금액을 합산하여 지급하되, 2이상의 분할연금수급권과 다른 급여의 수급권이 발생한 경우에는 그 2이상의 분할연금수급권을 하나의 분할연금수급권으로 보고 그 자의 선택에 의하여 그 분할연금 또는 다른 급여 중 하나만을 지급하고 선택하지 아니한 분할연금 또는 다른 급여의 지급은 정지된다.

④분할연금수급권자는 제62조제1항의 규정에 의한 유족연금을 지급함에 있어서 노령연금수급권자로 보지 아니한다.

[본조신설 1998.12.31]

제57조의4 (조기노령연금의 지급정지 등) ①제56조제4항 및 제57조제4항의 규정에 의하여 조기노령연금을 수급하고 있는 자로서 65세미만인 자가 제56조제5항의 규정에 의한 소득이 있는 업무에 종사하게 된 때에는 그 기간에 해당하는 조기노령연금은 그 지급을 정지한다.

②제1항의 규정에 의하여 조기노령연금의 지급이 정지된 자가 그 후 소득이 있는 업무에 종사하지 아니하게 되어 다시 조기노령연금을 수급하게 되는 경우의 조기노령연금액은 다음 각 호와 같다. <개정 2000.12.23>

1. 조기노령연금 지급정지 전후의 가입기간을 합산한 기간이 20년 이상인 경우 : 제57조제1항의 규정에 의한 기본연금액에 조기노령연금을 처음 수급할 당시의 연령별 지급률을 적용한 액에 가급연금액을 가산한 액

2. 제1호외의 경우 : 제57조제2항의 규정에 의한 감액노령연금 중 가급연금액을 제외한 금액에 조기노령연금을 처음 수급할 당시의 연령별 지급률을 적용한 액에 가급연금액을 가산한 액

[본조신설 1998.12.31]

제3절 장애연금

제58조 (장애연금의 수급권자) ①가입 중에 발생한 질병 또는 부상으로 인하여 그 완치후에도 신체 또는 정신상의 장애가 있는 자에 대하여는 그 장애가 존속하는 동안 장애정도에 따라 장애연금을 지급한다. <개정 1998.12.31>

②제1항의 규정에 의한 질병 또는 부상을 당한 자가 초진일로부터 2년이 경과하여도 완치되지 아니하는 경우에는 그 2년이 경과된 날을 기준으로 장애정도를 결정하되, 그 2년이 경과된 날에 장애연금의 지급대상이 되지 아니하는 자가 그 질병 또는 부상의 악화로 인하여 60세가 되기전에 장애연금의 지급대상이 되는 경우에는 본인의 청구에 의하여 그 청구한 날을 기준으로 장애정도를 결정한다. <개정 98.12.31>

③제61조제1항의 규정에 의하여 장애연금의 수급권을 상실한 자가 장애연금 수급권 취득 당시의 질병 또는 부상의 악화로 인하여 60세가 되기 전에 다시 장애연금의 지급대상이 되는 경우에는 본인의 청구에 의하여 그 청구한 날을 기준으로 장애정도를 결정한다. <신설 2000.12.23>

④장애연금의 지급대상이 되는 자가 제67조의 규정에 의하여 반환일시금을 지급받은 때에는 장애연금을 지급하지 아니한다. <개정 1998.12.31>

⑤장애정도에 관한 장애등급은 1급, 2급, 3급, 4급으로 구분하되, 그 등급구분의 기준과 장애정도의 심사에 관한 사항은 대통령령으로 정한다. <개정 1998.12.31>

제59조 (장애연금액) ①장애연금액은 장애등급에 따라 다음 각 호의 액으로 한다. <개정 1998.12.31>

1. 장애등급 1급에 해당하는 자에 대하여는 기본연금액에 가급연금액을 가산한 액
2. 장애등급 2급에 해당하는 자에 대하여는 기본연금액의 1천분의 800에 해당하는 액에 가급연금액을 가산한 액
3. 장애등급 3급에 해당하는 자에 대하여는 기본연금액의 1천분의 600에 해당하는 액에 가급연금액을 가산한 액

②장애등급 4급에 해당하는 자에 대하여는 기본연금액의 1천분의 2천250에 해당하는 액을 일시보상금으로 지급한다. <개정 1998.12.31>

제60조 (장애의 중복조정) 장애연금의 수급권자에게 다시 장애연금을 지급하여야 할 장애가 발생한 때에는 전후의 장애를 병합한 장애정도에 따라 장애연금을 지급한다. 다만, 전후의 장애를 병합한 장애정도에 따른 장애연금이 전의 장애연금보다 적을 때에는 전의 장애연금을 지급한다. <개정 98.12.31, 2000.12.23>

제61조 (장애연금액의 변경) ①공단은 장애연금의 수급권자의 장애정도를 심사하여 장애등급이 다르게 된 때에는 그 등급에 따라 장애연금액을 변경한다. <개정 1998.12.31> ②장애연금의 수급권자는 그 장애가 악화된 경우에는 공단에 장애연금액의 변경을 청구할 수 있다. <개정 1998.12.31>

제61조의2 (일시보상금에 대한 평가) 제59조제2항의 규정에 의한 일시보상금수급권자에게 제52조의 규정에 의한 병급의 조정, 제60조의 규정에 의한 장애의 중복 조정, 제61조의 규정에 의한 장애연금액의 변경 및 제95조제1항의 규정에 의한 소멸시효를 적용함에 있어서는 일시보상금의 지급사유 발생일이 속하는 달의 다음 달부터 기본연금액의 1천분의 400을 12로 나눈 액이 67월 동안 지급된 것으로 본다. [본조신설 2000.12.23]

제4절 유족연금

제62조 (유족연금의 수급권자) ①다음 각 호의 1에 해당하는 자가 사망한 때에는 그 유족에게 유족연금을 지급한다. 다만, 가입기간이 1년미만인 가입자가 질병이나 부상으로 인하여 사망한 경우에는 가입 중에 발생한 질병이나 부상으로 사망한 경우에 한한다. <개정 1998.12.31>
1. 노령연금수급권자
2. 가입기간이 10년이상인 가입자이었던 자
3. 가입자
4. 장애등급 2급이상에 해당하는 장애연금수급권자
②가입기간이 10년미만인 가입자이었던 자가 가입 중에 발생한 질병이나 부상 또는 그 부상으로 인한 질병으로 가입 중의 초진일 또는 가입자자격상실후 1년이내의 초진일로부터 2년이내에 사망한 때에는 그 유족에게 유족연금을 지급할 수 있다. 다만, 제67조의 규정에 의하여 본인 또는 유족이 반환일시금을 지급받은 경우에는 그러하지 아니하다. <개정 1989.3.31, 1998.12.31>

제63조 (유족의 범위 등) ①유족연금을 지급받을 수 있는 유족은 가입자 또는 가입자이었던 자의 사망 당시 그에 의하여 생계를 유지하고 있던 다음의 자로 한다. 이 경우 가입자 또는 가입자이었던 자에 의하여 생계를 유지하고 있던 자에 관한 인정기준은 대통령령으로 정한다. <개정 1998.12.31>
1. 배우자. 다만, 부의 경우에는 60세이상이거나 장애등급 2급이상에 해당하는 자에 한한다.
2. 자녀. 다만, 18세미만이거나 장애등급 2급이상에 해당하는 자에 한한다.
3. 부모(배우자의 부모를 포함한다. 이하 이 절에서 같다). 다만, 60세이상이거나 장애등급 2급이상에 해당하는 자에 한한다.
4. 손자녀. 다만, 18세미만이거나 장애등급 2급이상에 해당하는 자에 한한다.
5. 조부모(배우자의 조부모를 포함한다. 이하 이 절에서 같다). 다만, 60세이상이거나 장애등급 2급이상에 해당하는 자에 한한다.
②유족연금은 제1항 각 호의 순위에 따라 최우선순위자에 한하여 지급한다. 다만, 제1항제1호의 규정에 의한 유족의 수급권이 소멸되거나 정지된 때에는 동항제2호의 규정에 의한 유족에게 지급한다.
③제2항의 경우 같은 순위의 유족이 2인이상 있는 때에는 그 유족연금액을 균분하여 지급하되, 그 지급방법은 대통령령으로 정한다.

제64조 (유족연금액) 유족연금액은 가입기간에 따라 다음 각 호의 액에 가급연금액을 가산한 액으로 한다. 다만, 노령연금수급권자가 사망한 경우의 유족연금액은 사망한 자가 지급받던 노령연금액을 초과할 수 없다.
1. 가입기간이 10년미만인 경우에는 기본연금액의 1천분의 400에 해당하는 액
2. 가입기간이 10년이상 20년미만인 경우에는 기본연금액의 1천분의 500에 해당하는 액
3. 가입기간이 20년이상인 경우에는 기본연금액의 1천분의 600에 해당하는 액

제65조 (유족연금수급권의 소멸) ①유족연금의 수급권자가 다음 각 호의 1에 해당하게 된 때에는 그 수급권은 소멸한다. <개정 1998.12.31>
1. 수급권자가 사망한 때
2. 배우자인 수급권자가 재혼한 때
3. 자녀 또는 손자녀인 수급권자가 다른 사람에게 입양되거나 파양된 때
4. 삭제 <2000.12.23>
5. 장애등급 2급이상에 해당하지 아니하였던 자녀 또는 손자녀인 수급권자가 18세에 달한 때
6. 장애로 인하여 수급권을 취득한 자가 장애등급 2급이상에 해당하지 아니하게 된 때
②부모·손자녀 또는 조부모인 유족의 유족연금수급권은 가입자 또는 가입자이었던 자의 사망 당시의 태아가 출생하여 수급권을 갖게 되는 때에는 소멸한다.

제66조 (배우자에 대한 유족연금의 지급정지) ①유족연금의 수급권자인 처에 대하여는 수급권이 발생한 때부터 5년간 유족연금을 지급한 후 50세에 달할 때까지 그 지급을 정지한다. 다만, 당해 수급권자가 다음 각 호의 1에 해당하는 경우

에는 지급을 정지하지 아니한다. <개정 1995.1.5, 1998.12.31>
1. 장애등급 2급이상인 때
2. 가입자 또는 가입자이었던 자의 18세미만 또는 장애등급 2급이상인 자녀의 생계를 유지한 때
3. 대통령령이 정하는 소득이 있는 업무에 종사하지 아니한 때
②유족연금의 수급권자인 배우자의 소재가 1년이상 불명한 때에는 유족인 자녀의 신청에 의하여 그 소재가 불명한 기간에 해당하는 그에 대한 유족연금의 지급을 정지한다.
③배우자외의 자에 대한 유족연금의 수급권자가 2인이상인 경우에 있어서 그 수급권자 중 소재가 1년이상 불명한 자가 있는 때에는 다른 수급권자의 신청에 의하여 그 소재가 불명한 기간에 해당하는 그에 대한 유족연금의 지급을 정지한다.
④제2항 및 제3항의 규정에 의하여 유족연금의 지급이 정지된 자의 소재가 확인된 때에는 본인의 신청에 의하여 지급정지를 해제한다.

제5절 반환일시금 등

제67조 (반환일시금) ①가입자 또는 가입자이었던 자가 다음 각 호의 1에 해당하게 된 때에는 본인 또는 그 유족의 청구에 의하여 반환일시금을 지급받을 수 있다. <개정 1989.3.31, 1998.12.31, 1999.9.7, 2000.1.12>
1. 가입기간이 10년미만인 자가 60세에 달한 때
2. 가입자 또는 가입자이었던 자가 사망한 때. 다만, 가입자 또는 가입기간이 10년이상인 가입자이었던 자가 사망한 때에는 제72조의2의 규정에 의하여 유족연금이 지급되지 아니하는 경우에 한한다.
3. 가입자 또는 가입자이었던 자가 국적을 상실하거나 국외에 이주한 때
4. 공무원연금법·군인연금법·사립학교교직원연금법 또는 별정우체국법의 적용을 받는 공무원·군인·사립학교교직원 또는 별정우체국직원이 된 때
②제1항의 규정에 의한 반환일시금의 액은 다음 각 호의 액으로 한다. 다만, 60세가 되기 전에 가입자의 자격을 상실한 후 가입자로 되지 아니하고 제1항 각 호의 반환일시금 지급사유가 발생한 자의 경우에는 대통령령이 정하는 바에 의하여 산정한 이자를 가산한다. <개정 1989.3.31, 1995.1.5, 1998.12.31, 2000.12.23>
1. 사업장가입자
기여금 및 부담금에 각각 대통령령이 정하는 바에 의하여 산정한 이자를 합산한 액
2. 지역가입자·임의가입자 및 임의계속가입자와 제77조의3의 규정에 의하여 보험료를 추후납부한 가입자
본인이 부담한 연금보험료 또는 추후납부한 보험료에 대통령령이 정하는 바에 의하여 산정한 이자를 합산한 액
③제1항의 규정에 의하여 반환일시금의 지급을 청구함에 있어서의 유족의 범위 및 청구의 우선순위 등에 관하여는 제63조의 규정을 준용한다.

제68조 (반납금의 납부와 가입기간) ①제67조의 규정에 의하여 반환일시금을 지급받은 자로서 다시 가입자 자격을 취득한 자는 지급받은 반환일시금에 대통령령이 정하는 이자를 가산한 금액(이하 "반납금"이라 한다)을 공단에 납부할 수 있다.
②제1항의 규정에 의한 반납금은 대통령령이 정하는 바에 의하여 분할하여 납부하게 할 수 있다. 이 경우 대통령령이 정하는 이자를 가산하여야 한다.
③제1항 및 제2항의 규정에 의하여 반납금을 납부한 경우에는 그에 상응하는 기간은 가입기간의 계산에 이를 산입한다.
④제1항 및 제2항의 규정에 의한 반납금의 납부신청·납부방법 및 납부기한 등 반납금의 납부에 관하여 필요한 사항은 대통령령으로 정한다.
[전문개정 1998.12.31]

제69조 (반환일시금수급권의 소멸) 반환일시금의 수급권은 다음 각 호의 1에 해당하는 때에는 소멸한다.
1. 수급권자가 다시 가입자로 된 때
2. 수급권자가 노령연금의 수급권을 취득한 때
3. 수급권자가 장애연금의 수급권을 취득한 때
4. 수급권자의 유족이 유족연금의 수급권을 취득한 때
[전문개정 2000.12.23]

제69조의2 (사망일시금) ①가입자 또는 가입자이었던 자가 사망한 때에 제63조의 규정에 의한 유족이 없는 경우에는 그 배우자·자녀·부모·손자녀·조부모·형제자매 또는 4촌이내의 방계혈족으로서 가입자 또는 가입자이었던 자에 의하여 생계를 유지하고 있던 자에게 사망일시금을 지급한다. 이 경우 가입자 또는 가입자이었던 자에 의하여 생계를 유지하고 있던 자에 관한 인정기준은 대통령령으로 정한다. <개정 1998.12.31>
②제1항의 규정에 의한 사망일시금은 가입자 또는 가입자이었던 자의 반환일시금에 상당하는 금액으로 하되, 그 금액은 사망한 가입자 또는 가입자이었던 자의 최종 표준소득월액을 제47조제1항제2호의 규정에 의한 연도별 재평가율에 의하여 사망일시금수급전년도의 현재가치로 환산한 금액과 동규정에 준하여 산정한 가입기간 중 표준소득월액의 평균액 중에서 많은 금액의 4배를 초과하지 못한다. <개정 1998.12. 31>

③제1항의 규정에 의한 사망일시금을 지급받을 자의 순위는 배우자·자녀·부모·손자녀·조부모·형제자매 및 4촌이내의 방계혈족 순으로 한다. 이 경우 동순위자가 2인이상 있을 때에는 균분하여 지급하되, 그 지급방법은 대통령령으로 정한다. <개정 1998.12.31>
[본조신설 1995.1.5]

제6절 급여의 제한 등

제70조 (급여의 제한) ①가입자 또는 가입자이었던 자가 고의로 질병·부상 또는 그 원인이 되는 사고를 발생시켜 그로 인하여 장애를 입은 경우에는 당해 장애를 지급사유로 하는 장애연금을 지급하지 아니할 수 있다. <개정 1998.12.31>
②가입자 또는 가입자이었던 자가 고의 또는 중대한 과실로 요양지시에 따르지 아니하거나 정당한 사유없이 요양지시에 따르지 아니함으로써 장애·사망 또는 그 원인이 되는 사고를 발생하게 하거나 그 장애를 악화시키거나 회복을 방해한 때에는 대통령령이 정하는 바에 의하여 이를 원인으로 하는 급여의 전부 또는 일부를 지급하지 아니할 수 있다. <개정 1998.12.31>

제71조 (장애연금액의 변경제한) 장애연금의 수급권자가 고의 또는 중대한 과실로 요양지시에 따르지 아니하거나 정당한 사유없이 요양지시에 따르지 아니함으로써 그 장애를 악화시키거나 회복을 방해한 때에는 제61조의 규정에 의한 장애연금액의 변경을 하지 아니할 수 있다.
<개정 1998.12.31>

제72조 (유족연금의 지급제한) ①가입자 또는 가입자이었던 자를 고의로 사망하게 한 유족에게는 유족연금을 지급하지 아니한다.
②유족연금의 수급권자로 될 수 있는 자를 고의로 사망하게 한 유족에게는 유족연금을 지급하지 아니한다.
③유족연금의 수급권자가 다른 수급권자를 고의로 사망하게 한 때에는 그 자에게는 유족연금을 지급하지 아니한다.

제72조의2 (연금보험료의 미납에 따른 지급제한) 장애연금 또는 유족연금의 지급사유 발생당시 다음 각 호의 1에 해당하는 경우에는 그 연금을 지급하지 아니한다.
1. 연금보험료를 납부한 사실이 없는 경우
2. 연금보험료를 납부한 기간(제17조제3항의 규정에 의하여 기여금을 납부한 기간을 포함한다. 이하 이 조에서 같다)이 그 연금보험료를 납부한 기간과 연금보험료를 납부하지 아니한 기간(제76조제1항의 규정에 의한 납부기한으로부터 1월을 경과하지 아니한 기간과 제77조의2제1항의 규정에 의하여 연금보험료를 납부하지 아니한 기간을 제외한다.

이하 이 조에서 같다)을 합산한 기간의 3분의 2에 미달하는 경우. 다만, 연금보험료를 납부하지 아니한 기간이 6월미만인 경우를 제외한다.
[본조신설 1998.12.31]

제73조 (지급의 정지 등) ①수급권자가 다음 각 호의 1에 해당하는 때에는 급여의 전부 또는 일부의 지급을 정지할 수 있다. <개정 1998.12.31>
1. 수급권자가 정당한 사유없이 제101조제1항의 규정에 의한 공단의 서류 기타 자료제출요구에 응하지 아니한 때
2. 장애연금 또는 유족연금의 수급권자가 정당한 사유없이 제99조의 규정에 의한 공단의 진단요구 또는 확인에 응하지 아니한 때
3. 장애연금수급권자가 고의 또는 중대한 과실로 요양지시에 따르지 아니하거나 정당한 사유없이 요양지시에 따르지 아니함으로써 회복을 방해한 때
4. 수급권자가 정당한 사유없이 제100조제1항의 규정에 의한 신고를 하지 아니한 때
② 삭제 <1997.12.13>
③제1항의 규정에 의하여 급여의 지급을 정지하고자 하는 경우에는 그 지급정지 전에 대통령령이 정하는 바에 의하여 급여의 지급을 일시 중지할 수 있다. <신설 1998.12.31>

제5장 비용부담 및 연금보험료 징수 등

제74조 (국고부담) 국가는 매년 국민연금사업의 관리·운영에 필요한 공단의 관리·운영비의 전부 또는 일부를 부담한다.

제75조 (연금보험료의 징수) ①공단은 국민연금사업에 소요되는 비용에 충당하기 위하여 가입자 및 사용자로부터 가입기간 동안 매월 연금보험료를 징수한다. <개정 1995.1.5>
②사업장가입자의 연금보험료 중 기여금은 사업장가입자 본인이, 부담금은 사용자가 부담하되, 그 금액은 각각 표준소득월액의 1천분의 45에 해당하는 액으로 한다. <개정 1998. 12.31>
③지역가입자·임의가입자 및 임의계속가입자의 연금보험료는 지역가입자·임의가입자 또는 임의계속가입자 본인이 부담하되, 그 금액은 표준소득월액의 1천분의 90으로 한다. <개정 1995.1.5>
④삭제 <1998.12.31>
⑤삭제 <1998.12.31>
⑥삭제 <1998.12.31>

제76조 (연금보험료의 납부기한 등) ①연금보험료는 그 납부의무자가 다음 달 10일까지 납부하여야 한다. 다만, 대통령령이 정하는 농업·임업·축산업 또는 수산업을 경영하거나 이

에 종사하는 자(이하 "농어업인"이라 한다)는 본인의 신청에 의하여 분기별 연금보험료를 해당 분기의 다음달 10일까지 납부할 수 있다. <개정 1995.1.5, 1998.12.31>

②연금보험료를 그 납부기한으로부터 1월이전에 선납한 경우에는 그 전월의 연금보험료의 납부기한이 속하는 날의 다음 날에 납부한 것으로 본다. <개정 1998.12.31>

③납부의무자가 연금보험료를 선납할 경우에 그 기간 및 감액할 금액 등은 대통령령으로 정한다. <신설 1995.1.5>

④공단은 납부의무자가 연금보험료를 자동계좌이체의 방법에 의하여 납부할 경우에는 대통령령이 정하는 바에 의하여 연금보험료를 감액하거나 재산상의 이익을 제공할 수 있다. <신설 1998.12.31>

⑤공단은 제1항의 규정에 불구하고 고지서의 송달지연 등 보건복지부령이 정하는 사유에 해당되는 경우에는 제1항의 규정에 의한 납부기한으로부터 1월의 범위내에서 납부기한을 연장할 수 있다. <신설 2000.12.23>

⑥제5항의 규정에 의하여 납부기한의 연장을 받고자 하는 자는 보건복지부령이 정하는 바에 따라 공단에 납부기한의 연장을 신청하여야 한다. <신설 2000.12.23>

제77조 (연금보험료의 원천공제납부) ①사용자는 사업장가입자가 부담할 기여금을 그에게 지급할 매월의 임금에서 공제하여 이를 공단에 납부하여야 한다. <개정 1995.1.5, 1998.12.31>

②사용자는 제1항의 규정에 의하여 임금에서 기여금을 공제한 때에는 공제계산서를 작성하여 사업장가입자에게 교부하여야 한다. <개정 1995.1.5, 1998.12.31>

제77조의2 (연금보험료 납부의 예외) ①납부의무자는 사업장가입자 또는 지역가입자가 다음 각 호의 1에 해당하는 사유로 연금보험료를 납부할 수 없는 경우에는 대통령령이 정하는 바에 따라 그 사유의 발생기간에 해당하는 연금보험료를 납부하지 아니할 수 있다. <개정 1998.12.31, 2000.12. 23, 2005.8.4>

1. 사업중단, 실직 또는 휴직 중인 경우
2. 병역법 제3조의 규정에 의한 병역의무를 수행하는 경우
3. 초·중등교육법 제2조 또는 고등교육법 제2조의 규정에 의한 학교에 재학 중인 경우
4. 교도소에 수용 중인 경우
5. 「사회보호법」에 의한 보호감호시설 또는 「치료감호법」에 의한 치료감호시설에 수용 중인 경우
6. 행방이 불명한 경우
7. 재해·사고 등으로 소득이 감소되거나 기타 소득이 있는 업무에 종사하지 아니하는 경우로서 대통령령이 정하는 경우

②제1항의 규정에 의하여 연금보험료를 납부하지 아니한

기간에 대하여는 가입기간에 산입하지 아니한다.
[본조신설 1995.1.5]

제77조의3 (연금보험료의 추후납부) ①다음 각 호의 1에 해당하는 자는 해당 호에 규정된 기간의 전부 또는 일부에 상응하는 보험료(이하 "추납보험료"라 한다)의 추후납부를 신청할 수 있다.

1. 제77조의2제1항의 규정에 의하여 연금보험료를 납부하지 아니한 가입자 : 당해 연금보험료를 납부하지 아니한 기간
2. 병역법 제3조의 규정에 의한 병역의무를 수행한 후 가입자 자격을 취득한 자 : 당해 병역의무를 수행한 기간(공무원연금법·사립학교교직원연금법 및 별정우체국법에 의한 재직기간에 산입된 기간과 군인연금법에 의한 복무기간에 산입된 기간 그리고 1988년 1월 1일 전에 병역의무를 수행한 기간을 제외한다)

②제1항의 규정에 의한 추납보험료는 추후납부를 신청한 날이 속하는 달의 연금보험료에 추후납부하고자 하는 기간의 월수를 곱한 금액으로 한다.

③추납보험료는 대통령령이 정하는 바에 의하여 분할하여 납부할 수 있다. 이 경우 대통령령이 정하는 이자를 가산하여야 한다.

④제1항 내지 제3항의 규정에 의한 추납보험료를 납부한 경우에는 그에 상응하는 기간은 가입기간의 계산에 산입한다.

⑤추납보험료의 납부신청·납부방법 및 납부기한 등 추납보험료의 납부에 관하여 필요한 사항은 대통령령으로 정한다.
[본조신설 1998.12.31]

제78조 (사업장가입자 및 지역가입자의 연금보험료의 납기전 징수) 사업장가입자의 연금보험료납부의무자 및 지역가입자에게 다음 각 호의 1에 해당하는 사유가 있는 때에는 납기(제76조제5항의 규정에 의하여 납부기한을 연장한 경우에는 그 기한을 말한다)전이라도 연금보험료를 징수할 수 있다. <개정 1995.1.5, 2000.12.23>

1. 국세·지방세 기타 공과금의 체납으로 인한 체납처분을 받은 때
2. 강제집행을 받은 때
3. 파산선고를 받은 때
4. 경매가 개시된 때
5. 법인이 해산한 때

제79조 (연금보험료의 독촉 및 체납처분) ①공단은 사업장가입자 및 지역가입자의 연금보험료 기타 이 법에 의한 징수금을 기한(제76조제5항의 규정에 의하여 납부기한을 연장한

경우에는 그 기한을 말한다)내에 납부하지 아니한 때에는 대통령령이 정하는 바에 의하여 기한을 정하여 이를 독촉하여야 한다. <개정 1995.1.5, 1998.12.31, 2000.12.23>
②공단은 제1항의 규정에 의하여 독촉을 함에 있어서는 10일이상의 납부기한을 정하여 독촉장을 발부하여야 한다.
③제1항의 규정에 의하여 독촉을 받은 자가 그 기한내에 연금보험료 기타 이 법에 의한 징수금을 납부하지 아니한 때에는 공단은 보건복지부장관의 승인을 얻어 국세체납처분의 예에 따라 이를 징수할 수 있다. <개정 1995.1.5, 1997.12.13>
④공단은 제3항의 규정에 의하여 국세체납처분의 예에 따라 압류한 재산의 매각에 전문지식이 필요하거나 그 밖에 특수한 사정이 있어 직접 매각하기에 부적당하다고 인정되는 때에는 대통령령이 정하는 바에 따라 금융기관부실자산등의효율적처리및한국자산관리공사의설립에관한법률에 의하여 설립된 한국자산관리공사(이하 "한국자산관리공사"라 한다)로 하여금 이를 대행하게 할 수 있다. 이 경우 한국자산관리공사가 행한 매각은 이를 공단이 한 것으로 본다. <신설 2000.12.23>
⑤공단은 제4항의 규정에 의하여 한국자산관리공사가 매각을 대행하는 경우에는 보건복지부령이 정하는 바에 따라 수수료를 지급할 수 있다. <신설 2000.12.23>
제79조의2 (서류의 송달) 제79조의 규정에 의한 서류의 송달은 국세기본법 제8조 내지 제12조의 규정을 준용한다.
[본조신설 2000.12.23]

제80조 (연체금) 공단은 연금보험료의 납부의무자가 납부기한(제76조제5항의 규정에 의하여 납부기한을 연장한 경우에는 그 기한을 말한다)내에 이를 납부하지 아니한 때에는 그 연체기간에 대하여 대통령령이 정하는 바에 의하여 연체금을 징수한다. <개정 1995.1.5, 2000.12.23>

제81조 (연금보험료의 징수의 우선순위) 연금보험료 기타 이 법에 의한 징수금의 징수의 순위는 국민건강보험법에 의한 보험료와 동순위로 한다. <개정 1995.1.5, 1998.12.31, 2000.12.23>

제81조의2 (연금보험료 등의 징수권의 소멸) 지역가입자·임의가입자 및 임의계속가입자의 연금보험료 및 연체금을 징수할 공단의 권리는 다음 각 호의 1에 해당하는 때에 소멸한다. <개정 2000.12.23>
1. 가입자 또는 가입자이었던 자가 사망한 때
2. 임의계속가입자가 제13조제3항의 규정에 의하여 가입자의 자격을 상실한 때
3. 본인이 노령연금을 지급받거나 제67조제1항의 규정에 의하여 반환일시금을 지급받은 때

4. 제95조제1항의 규정에 의하여 소멸시효가 완성한 때
[본조신설 1998.12.31]

제81조의3 (과오납금의 충당 및 반환) 공단은 연금보험료·연체금·체납처분비의 징수에서 발생한 과오납금이 있는 때에는 대통령령이 정하는 바에 의하여 연금보험료 그 밖에 이 법에 의한 징수금에 충당하거나 이를 반환하여야 한다. 이 경우 과오납금에 대통령령이 정하는 이자를 가산하여야 한다.
[본조신설 2000.12.23]

제6장 국민연금기금

제82조 (기금의 설치 및 조성) ①보건복지부장관은 국민연금사업에 필요한 재원을 원활하게 확보하고, 이 법에 의한 급여에 충당하기 위한 책임준비금으로서 국민연금기금(이하 "기금"이라 한다)을 설치한다. <개정 1997.12.13>
②기금은 연금보험료, 기금운용수익금, 적립금 및 공단의 수입지출결산상 잉여금으로 이를 조성한다. <개정 1995.1.5>

제83조 (기금의 관리·운용) ①기금은 보건복지부장관이 관리·운용한다. <개정 1997.12.13>
②보건복지부장관은 국민연금재정의 장기적인 안정유지를 위하여 그 수익을 최대로 증대시킬 수 있도록 국민연금기금운용위원회에서 의결한 바에 따라 다음의 방법으로 기금을 관리·운용하되, 가입자·가입자이었던 자 및 수급권자의 복지증진을 위한 사업에의 투자는 국민연금재정의 안정을 해치지 아니하는 범위 안에서 하여야 한다. 다만, 제2호의 경우에는 재정경제부장관 및 기획예산처장관과 협의하여 국채를 매입한다. <개정 98.12.31, 99.5.24, 2000.12.23>
1. 대통령령이 정하는 금융기관에의 예입 또는 신탁
2. 공공사업을 위한 공공부문에의 투자
3. 증권거래법 제2조제1항 각 호의 규정에 의한 유가증권의 매매 및 대여
4. 선물거래법 제2조제3호의 규정에 의한 지수 중 금융상품지수에 대한 선물거래
5. 제42조의 규정에 의한 복지사업 및 대여사업
6. 기금의 본래의 사업목적수행을 위한 재산의 취득 및 처분
7. 그 밖의 기금증식을 위하여 대통령령이 정하는 사업
③제2항의 규정에 의하여 기금을 관리·운용함에 있어서는 제5호 및 제6호의 규정에 의한 사업을 제외하고는 그 수익이 자산종류별 시장수익률을 상회하는 성과를 올리도록 신의에 좇아 성실하게 하여야 한다. 다만, 제2항제2호의 규정에 의하여 기금을 공공자금관리기금법에 의한 공공자금관

리기금(이하 "관리기금"이라 한다)에 예탁할 경우 그 수익율은 동법 제7조제2항의 규정에 의한 공공자금관리기금운용위원회가 대통령령이 정하는 바에 따라 산정한 5년만기 국채수익율이상의 수준에서 국민연금기금운용위원회와 협의하여 정한다. <개정 1998.12.31, 2000.12.23>
④보건복지부장관은 기금의 운용성과 및 재정상태를 명확히 하기 위하여 대통령령이 정하는 바에 의하여 기금을 계리하여야 한다. <개정 1997.12.13>
⑤보건복지부장관은 기금의 관리·운용에 관한 업무의 일부를 대통령령이 정하는 바에 의하여 공단에 위탁할 수 있다. <개정 1997.12.13, 1998.12.31>

제84조 (국민연금기금운용위원회) ①기금의 운용에 관한 다음 각 호의 사항을 심의·의결하기 위하여 보건복지부에 국민연금기금운용위원회(이하 "운용위원회"라 한다)를 둔다. <개정 2000.12.23>
1. 기금운용지침에 관한 사항
2. 기금을 관리기금에 예탁할 경우 예탁이자율의 협의에 관한 사항
3. 기금운용계획에 관한 사항
4. 제87조제3항의 규정에 의한 기금의 운용내역과 사용내역에 관한 사항
5. 기타 기금운용에 관한 중요사항으로서 운용위원회 위원장이 부의한 사항
②운용위원회는 위원장인 보건복지부장관과 당연직위원인 재정경제부차관·농림부차관·산업자원부차관·노동부차관·기획예산처차관과 공단이사장 및 위원장이 다음 각 호의 자로 위촉하는 위원으로 구성한다. <개정 1999.5.24>
1. 사용자를 대표하는 위원으로서 사용자단체가 추천하는 자 3인
2. 근로자를 대표하는 위원으로서 노동조합을 대표하는 연합단체가 추천하는 자 3인
3. 지역가입자를 대표하는 위원으로서 다음의 자
가. 농어업인단체가 추천하는 자 2인
나. 농어업인단체이외의 자영자관련 단체가 추천하는 자 2인
다. 소비자 및 시민단체가 추천하는 자 2인
4. 관계전문가로서 국민연금에 관한 학식과 경험이 풍부한 자 2인
③위원의 임기는 2년으로 하고, 중임할 수 있다. 다만, 위원장 및 당연직위원인 위원의 임기는 그 재임기간으로 한다.
④위원장은 운용위원회의 회의를 소집하고 그 의장이 되며, 회의일시·장소·토의내용 및 의결사항이 기록된 회의록을 작성·비치하고 이를 공개하여야 한다.
⑤운용위원회의 회의는 연 4회이상 개최하여야 하며, 재적위원과반수의 출석으로 개회하고 출석위원 과반수의 찬성

으로 의결한다. 이 경우 출석하지 아니한 위원은 의결권을 행사하지 아니한 것으로 본다. <개정 2000.12.23>
⑥보건복지부장관은 운용위원회의 요구에 따라 회의에 필요한 자료를 사전에 제출하여야 한다.
⑦운용위원회의 구성 및 운영 등에 관하여 필요한 사항은 대통령령으로 정한다.
[전문개정 1998.12.31]

제84조의2 (국민연금기금운용실무평가위원회) ①기금운용에 관한 다음 사항을 심의·평가하기 위하여 운용위원회에 국민연금기금운용실무평가위원회(이하 "실무평가위원회"라 한다)를 둔다.
1. 기금운용자산의 구성 및 기금의 회계처리에 관한 사항
2. 기금운용성과의 측정에 관한 사항
3. 기금의 관리·운용에 있어서 개선하여야 할 사항
4. 운용위원회에 상정할 안건 중 실무평가위원회의 위원장이 필요하다고 인정한 사항
5. 기타 운용위원회에서 심의요구한 사항
②실무평가위원회는 위원장인 보건복지부차관과 위원 중에서 호선하는 부위원장 및 위원장이 다음 각 호의 자로 위촉하는 위원으로 구성한다. <개정 2005.12.29>
1. 운용위원회의 위원 중 제84조제2항의 규정에 의한 위원장 및 당연직위원(공단이사장을 제외한다)이 각각 지명하는 소속부처의 3급 국가공무원 또는 고위공무원단에 속하는 일반직 국가공무원
2. 사용자를 대표하는 위원으로서 사용자단체가 추천하는 자 3인
3. 근로자를 대표하는 위원으로서 노동조합을 대표하는 연합단체가 추천하는 자 3인
4. 지역가입자를 대표하는 위원으로서 다음의 자
가. 농어업인단체가 추천하는 자 2인
나. 농어업인이외의 자영자관련 단체가 추천하는 자 2인
다. 소비자 및 시민단체가 추천하는 자 2인
5. 국민연금제도 및 국민연금기금운용에 관한 학식과 경험이 풍부한 자 2인
③제2항제2호 내지 제4호의 규정에 의하여 각 단체가 위원을 추천하고자 할 경우에는 다음 각 호의 1에 해당하는 자 중에서 하여야 한다.
1. 변호사 또는 공인회계사의 자격이 있는 자
2. 사회복지학·경제학 또는 경영학 등을 전공하고 고등교육법에 의한 대학에서 전임강사이상의 직에 3년이상 재직 중인 자
3. 사회복지학·경제학 또는 경영학 등 박사학위 소지자로서 연구기관 또는 공공기관에서 3년이상 재직한 경력이 있는 자
④위원의 임기는 2년으로 하고, 중임할 수 있다. 다만, 위원

장 및 공무원인 위원의 임기는 그 재임기간으로 한다.
⑤기금관련 담당부서는 실무평가위원회의 요구에 따라 회의에 필요한 자료를 사전에 제출하여야 한다.
⑥실무평가위원회는 기금운용에 관한 평가결과를 다음 연도 6월말까지 운용위원회에 제출하여야 한다.
⑦실무평가위원회의 구성 및 운영 등에 관하여 필요한 사항은 대통령령으로 정한다.
[본조신설 1998.12.31]

제85조 (국민연금기금운용지침) ①운용위원회는 가입자의 권익이 극대화되도록 매년 다음 사항에 관한 국민연금기금운용지침(이하 "기금운용지침"이라 한다)을 마련하여야 한다. <개정 1998.12.31>
1. 공공사업에 사용할 기금자산의 비율
2. 공공사업에 대한 기금배분의 우선순위
3. 가입자·가입자이었던 자 및 수급권자의 복지증진을 위한 사업비
4.기금증식을 위한 가입자 및 가입자이었던 자에 대한 대여사업비
②제1항의 규정에 의한 기금운용지침에 관하여 필요한 사항은 대통령령으로 정한다.

제86조 (기금의 출납) 기금의 관리·운용에 있어서의 출납절차에 관한 사항은 대통령령으로 정한다.

제87조 (기금운용계획 등) ①보건복지부장관은 매년 기금운용계획을 수립하여 운용위원회 및 국무회의의 심의를 거쳐 대통령의 승인을 얻어야 한다.
②정부는 제1항의 규정에 의한 기금운용계획을 전년도 10월말까지 국회에 보고하여야 한다.
③보건복지부장관은 기금의 운용내역을, 재정경제부장관은 관리기금에 예탁된 기금의 사용내역을 다음 연도 6월말까지 운용위원회에 제출하여야 한다.
④운용위원회의 위원장은 제3항의 규정에 의한 기금의 운용내역과 사용내역을 운용위원회의 심의를 거쳐 국회에 제출하고 대통령령이 정하는 바에 의하여 공시하여야 한다.
[전문개정 1998.12.31]

제7장 심사청구 및 재심사청구

제88조 (심사청구) ①가입자의 자격, 표준소득월액, 연금보험료 기타 이 법에 의한 징수금과 급여에 관한 공단의 처분에 이의가 있는 자는 공단에 심사청구를 할 수 있다. <개정 1995.1.5, 1998.12.31>
②제1항의 규정에 의한 심사청구는 그 처분이 있음을 안 날로부터 90일이내에 문서로 하여야 한다. 다만, 정당한 사유

로 인하여 기간내에 심사청구를 할 수 없었음을 증명한 때에는 기간이 지난 후라도 심사청구를 할 수 있다. <개정 1998.12.31>

제89조 (국민연금심사위원회) ①제88조의 규정에 의한 심사청구사항을 심사하기 위하여 공단에 국민연금심사위원회(이하 "심사위원회"라 한다)를 둔다.
②심사위원회의 구성과 운영 및 심사 등에 관하여 필요한 사항은 대통령령으로 정한다.
[전문개정 1998.12.31]

제90조 (재심사청구) 제88조의 규정에 의한 심사청구에 대한 결정에 불복이 있는 자는 그 결정통지를 받은 날부터 90일이내에 국민연금재심사위원회에 재심사청구를 할 수 있다.
[전문개정 1998.12.31]

제91조 (국민연금재심사위원회) ①제90조의 규정에 의한 청구사항을 재심사하기 위하여 보건복지부에 국민연금재심사위원회(이하 "재심사위원회"라 한다)를 둔다.
②재심사위원회의 구성과 운영 및 재심사 등에 관하여 필요한 사항은 대통령령으로 정한다.
[전문개정 1998.12.31]

제92조 (행정심판과의 관계) ①재심사위원회의 재심사 및 재결에 관한 절차에 관하여는 행정심판법을 준용한다. <개정 1998.12.31>
②제90조의 규정에 의한 청구사항에 대한 재심사위원회의 재심사는 행정소송법 제18조의 적용에 있어서는 이를 행정심판법에 의한 행정심판으로 본다. <개정 1998.12.31>

제8장 보칙

제93조 (연금의 병급조정) 장애연금 또는 유족연금의 수급권자가 이 법에 의한 장애연금 또는 유족연금의 지급사유와 동일한 사유로 다음 각 호의 1에 해당하는 급여를 지급받을 수 있는 경우에는 제59조의 규정에 의한 장애연금액 또는 제64조의 규정에 의한 유족연금액은 그 2분의 1에 해당하는 액을 지급한다.
1. 근로기준법 제83조의 규정에 의한 장해보상, 동법 제85조의 규정에 의한 유족보상 또는 동법 제87조의 규정에 의한 일시보상
2. 산업재해보상보험법 제42조의 규정에 의한 장해급여 또는 동법제43조의 규정에 의한 유족급여
3. 선원법 제88조의 규정에 의한 장해보상, 동법 제89조의 규정에 의한 일시보상 또는 동법 제90조의 규정에 의한 유족보상

[전문개정 1998.12.31]

제93조의2 (고용보험의 구직급여와의 병급조정) 55세이상 65세 미만의 노령연금수급권자가 「고용보험법」 제40조의 규정에 의한 구직급여를 지급 받을 수 있는 경우에는 그 기간동안에는 노령연금의 지급을 정지한다. <개정 2007.5.11>
[본조신설 1998.12.31]

제94조 (대위권 등) ①공단은 제3자의 행위에 의하여 장애연금 또는 유족연금의 지급사유가 발생하여 장애연금 또는 유족연금을 지급한 때에는 그 급여액의 범위 안에서 수급권자의 제3자에 대한 손해배상청구권에 관하여 수급권자를 대위한다. <개정 1998.12.31>
②제3자의 행위에 의하여 장애연금 또는 유족연금의 지급사유가 발생한 경우 그와 동일한 사유로 제3자로부터 손해배상을 받은 때에는 공단은 그 배상액의 범위 안에서 제1항의 규정에 의한 장애연금 또는 유족연금을 지급하지 아니한다. <개정 1998.12.31>

제95조 (시효) ①연금보험료·환수금 기타 이 법에 의한 징수금 등을 징수하거나 환수할 공단의 권리는 3년간 급여를 지급받거나 과오납금을 반환받을 수급권자 또는 가입자 등의 권리는 5년간 행사하지 아니하면 소멸시효가 완성한다. <개정 1995.1.5, 1998.12.31>
②급여를 지급받을 권리는 그 급여의 전액에 대하여 지급이 정지되어 있는 동안은 시효가 진행되지 아니한다.
③연금보험료 기타 이 법에 의한 징수금 등의 납입의 고지·제79조제1항의 규정에 의한 독촉과 급여의 지급 또는 과오납금 등의 반환의 청구는 소멸시효중단의 효력을 가진다. <개정 1995.1.5, 1998.12.31>
④제3항의 규정에 의하여 중단된 소멸시효는 납입의 고지 또는 독촉에 의한 납입기간이 경과한 때로부터 새로이 진행된다.
⑤제1항의 규정에 의한 급여의 지급 또는 과오납금 등의 반환의 청구에 관한 기간의 계산에 있어서 그 서류의 우송에 소요된 일수는 그 기간에 산입하지 아니한다. <신설 1998.12.31>

제96조 (단수의 처리) 이 법에 의한 급여·연금보험료·반환금 등의 계산에 있어서 그 금액에 10원미만의 단수가 있을 때에는 국고금관리법의 규정을 준용하여 계산한다. <개정 1995.1.5, 2005.1.27>

제97조 (연금원부) 공단은 국민연금원부를 비치하고 가입자·가입자이었던 자 및 수급권자의 인적사항, 자격의 취득 및 상실, 연금보험료의 납부, 급여의 지급상황 기타 보건복지부령이 정하는 사항을 기록·보관하여야 한다. <개정 1995.1.5, 1997.12.13>

제98조 (근로자의 권익보호) 사용자는 근로자가 가입자로 되는 것을 방해하거나 부담금의 증가를 기피할 목적으로 정당한 사유없이 근로자의 승급 또는 임금인상을 하지 아니하거나 해고 기타 불이익한 대우를 하여서는 아니된다.

제99조 (진단) 공단은 필요하다고 인정할 때에는 장애에 의한 수급권자 또는 가급연금액의 계산의 대상이 되는 자에 대하여 공단이 지정하는 의사의 진단을 받을 것을 요구하거나 소속직원으로 하여금 장애상태를 확인하게 할 수 있다. <개정 1998.12.31>

제100조 (신고 등) ①가입자·가입자이었던 자 또는 수급권자는 가입자자격·연금보험료·수급권의 발생·변경 등과 관련된 사항으로서 보건복지부령이 정하는 사항을 공단 또는 사용자에게 신고하거나 통보하여야 한다. <개정 1995.1.5, 1997. 12.13>
②가입자·가입자이었던 자 또는 수급권자가 사망한 때에는 「가족관계의 등록 등에 관한 법률」 제85조의 규정에 의한 신고의무자는 1월이내에 그 사망사실을 공단에 신고하여야 한다. <개정 2007.5.17>

제101조 (조사질문 등) ①공단은 가입자의 자격, 표준소득월액, 연금보험료 또는 급여에 관한 결정 등이나 수급권 또는 급여의 발생·변경·소멸·정지 등에 관한 확인을 위하여 필요하다고 인정할 때에는 사용자, 가입자, 가입자이었던 자 또는 수급권자에 대하여 필요한 서류 기타 자료의 제출을 요구하거나 소속직원으로 하여금 사업장 기타 필요한 장소에 출입하여 서류 등을 조사하거나 관계인에게 필요한 질문을 하게 할 수 있다. <개정 1995.1.5>
②제1항의 규정에 의하여 출입·조사·질문을 하는 공단의 직원은 그 권한을 표시하는 증표를 지니고 이를 관계인에게 내보여야 한다.

제101조의2 (자료의 요청) ①공단은 국가·지방자치단체 기타 공공단체 등에 대하여 국민연금사업과 관련하여 필요한 자료의 제공을 요청할 수 있으며, 자료의 제공을 요청받은 국가·지방자치단체 기타 공공단체 등은 특별한 사유가 없는 한 이에 응하여야 한다.
②제1항의 규정에 의하여 공단에 제공되는 자료에 대하여는 사용료, 수수료 등을 면제한다.
[전문개정 1998.12.31]

제101조의3 (비밀의 유지) 공단에 종사하였던 자 또는 종사하

고 있는 자는 그 업무상 알게 된 비밀을 누설하여서는 아니
된다.
[본조신설 1995.1.5]

제102조 (외국인에 대한 적용) ①이 법의 적용을 받는 사업장
에 사용되고 있는 외국인과 국내에 거주하는 외국인으로서
대통령령이 정하는 자를 제외한 외국인은 제6조의 규정에
불구하고 당연히 사업장가입자 또는 지역가입자가 된다.
다만, 이 법에 의한 국민연금에 상응하는 연금에 관하여 외
국인의 본국법이 대한민국국민에게 적용되지 아니하는 경
우에는 그러하지 아니하다. <개정 1998.12.31>
②제1항 본문의 규정에 의하여 사업장가입자 또는 지역가
입자가 된 외국인에 대하여는 제67조 내지 제69조의 규정
을 적용하지 아니한다. 다만, 다음 각 호의 어느 하나에 해
당하는 외국인에 대하여는 그러하지 아니하다. <개정 1998
.12.31, 2007.5.11>
1. 외국인의 본국법이 대한민국국민에게 제67조 내지 제69
조의 규정에 따른 반환일시금에 상응하는 급여를 지급하도
록 규정하고 있는 경우의 외국인
2. 「외국인근로자의 고용 등에 관한 법률」의 규정에 따른
외국인근로자로서 이 법을 적용받는 사업장에 사용된 자
3. 「출입국관리법」 제10조의 규정에 따라 산업연수활동을
할 수 있는 체류자격을 가지고 필요한 연수기간 동안 지정
된 연수장소를 이탈하지 아니한 자로서 이 법을 적용받는
사업장에 사용된 자
③삭제 <2000.12.23>
[전문개정 1995.8.4]

제102조의2 (외국과의 사회보장협정) 대한민국이 외국과 사회
보장협정을 체결한 경우에는 이 법의 규정에 불구하고 국
민연금의 가입, 연금보험료의 납부, 급여의 수급요건, 급여
액 산정 및 급여의 지급 등에 관하여 당해 사회보장협정이
정하는 바에 의한다.
[본조신설 2000.12.23]

제103조 (시행령) 이 법의 시행에 관하여 필요한 사항은 대통
령령으로 정한다.

제9장 벌칙

제104조 (벌칙) ①사위 기타 부정한 방법에 의하여 급여를 받
은 자는 3년이하의 징역 또는 1천만원이하의 벌금에 처한
다. <개정 1995.1.5>
②다음 각 호의 1에 해당하는 자에 대하여는 1년이하의 징
역 또는 500만원이하의 벌금에 처한다. <개정 1998.12.31,
2000.12.23>

1. 제79조제2항의 규정에 의한 납부기한내에 정당한 사유
없이 연금보험료를 납부하지 아니한 사용자
2. 제98조의 규정에 위반하여 근로자가 가입자로 되는 것을
방해하거나 부담금의 증가를 기피할 목적으로 정당한 사유
없이 근로자의 승급 또는 임금인상을 하지 아니하거나 해
고 기타 불이익한 대우를 한 사용자
3. 제101조의3의 규정에 위반하여 업무상 알게 된 비밀을
누설한 자
4. 제75조제2항의 규정에 의한 부담금을 사업장가입자에게
전부 또는 일부를 부담하게 하거나 제77조제1항의 규정에
의하여 임금에서 기여금을 공제함에 있어 기여금을 초과하
는 금액을 사업장가입자의 임금에서 공제한 사용자

제105조 (벌칙) 다음 각 호의 1에 해당하는 자에 대하여는 50
만원이하의 벌금에 처한다.
1. 제19조제1항의 규정에 위반하여 신고를 하지 아니하거
나 허위의 신고를 한 사용자
2 제101조의 규정에 의한 공단 또는 그 직원의 서류 기타
자료제출의 요구 또는 조사·질문을 거부·기피·방해하거나
허위의 답변을 한 사용자

제106조 (양벌규정) 법인의 대표자 또는 법인이나 개인의 대
리인·사용인 기타 종업원이 그 법인 또는 개인의 업무에 관
하여 제104조 또는 제105조의 위반행위를 한 때에는 그 행
위자를 처벌하는 외에 그 법인 또는 개인에 대하여도 해당
조의 벌금에 처한다.

제107조 (과태료) 다음 각 호의 1에 해당하는 자에 대하여는
10만원이하의 과태료를 과한다.
1. 제19조제2항 또는 제100조제1항 또는 제2항의 규정에 의
한 신고를 하지 아니한 자
2. 제21조제2항의 규정에 의한 통지를 하지 아니한 자
3. 제101조의 규정에 의한 공단 또는 그 직원의 서류 기타
자료제출의 요구 또는 조사·질문을 거부·기피·방해하거나
허위의 답변을 한 가입자·가입자이었던 자 또는 수급권자

제108조 (과태료의 부과징수절차) ①제107조의 과태료는 대통
령령이 정하는 바에 의하여 보건복지부장관이 부과·징수
한다. <개정 1997.12.13>
②제1항의 규정에 의한 과태료처분에 불복이 있는 자는 그
처분이 있음을 안 날로부터 30일이내에 과태료부과권자에
게 이의를 제기할 수 있다.
③제1항의 규정에 의하여 과태료처분을 받은 자가 제2항의
규정에 의한 이의를 제기한 때에는 보건복지부장관은 지체
없이 관할법원에 그 사실을 통보하여야 하며, 그 통보를 받
은 관할법원은 비송사건절차법에 의한 과태료의 재판을 한

다. <개정 1997.12.13>
④제2항의 규정에 의한 기간내에 이의를 제기하지 아니하고 과태료를 납부하지 아니한 때에는 국세체납처분의 예에 의하여 이를 징수한다.

부칙 <제3902호, 1986.12.31>

제1조 (시행일) 이 법은 1988년 1월 1일부터 시행한다. 다만, 제22조 내지 제44조 및 제82조 내지 제87조의 규정은 공포한 날로부터 시행한다.

제2조 (다른 법률의 폐지 등) ①국민복지연금특별회계법은 이를 폐지한다.

②제1항의 규정에 의하여 폐지되는 법률에 의하여 설치된 국민복지연금기금은 이 법에 의하여 설치된 국민연금기금으로 본다.

제3조 (다른 법률의 개정) ①이 법의 시행에 따라 관계법률을 다음과 같이 개정한다.

1. 상속세법 제8조의2제2항제3호 중 "국민복지연금법"을 "국민연금법"으로 한다.

2. 국민투자기금법 제8조제1항제2호 중 "국민복지연금법"을 "국민연금법"으로 한다.

3. 소득세법 제5조제4호 라목 중 "국민복지연금법"을 "국민연금법"으로 한다.

4. 주택건설촉진법 제10조의2제1항제1호 중 "국민복지연금특별회계법"을 "국민연금법"으로 한다.

②제1항의 규정 외에 이 법 시행당시 다른 법률에서 종전의 국민복지연금법 또는 국민복지연금특별회계법을 인용 또는 준용한 경우 이 법 중 그 인용 또는 준용에 해당하는 내용의 규정이 있는 것은 종전의 규정에 갈음하여 이 법의 해당 조항을 인용 또는 준용한 것으로 본다.

제4조 (연금보험료에 관한 적용례) ①사업장가입자의 연금보험료는 제75조제2항의 규정에 불구하고 1997년까지는 다음의 액으로 한다. <개정 1995.1.5>

1. 기여금 및 부담금은 1988년부터 1992년까지는 각각 표준소득월액의 1천분의 15에 해당하는 액으로 하고, 1993년부터 1997년까지는 각각 표준소득월액의 1천분의 20에 해당하는 액으로 한다.

2. 퇴직금전환금은 1988년부터 1992년까지는 0으로 하고, 1993년부터 1997년까지는 표준소득월액의 1천분의 20에 해당하는 액으로 한다.

②임의가입자 및 임의계속가입자의 연금보험료는 제75조제3항의 규정에 불구하고 1988년부터 1992년까지는 표준소득월액의 1천분의 30으로 하고, 1993년부터 1997년까지는 표준소득월액의 1천분의 60으로 한다. <개정 1995.1.5>

제5조 (노령연금에 관한 특례) ①1988년 1월 1일 현재 45세이상 60세미만인 자(특수직종 근로자의 경우에는 40세이상 55세미만인 자)가 가입기간이 5년이상이 되는 때에는 제56조의 규정에 불구하고 일정한 금액의 연금(이하 "특례노령연금"이라 한다)을 지급한다.

②제1항의 규정에 의한 특례노령연금액은 기본연금액의 1천분의 250에 해당하는 액에 가급연금액을 가산한 액으로 한다. 다만, 5년을 초과하는 경우에는 그 초과하는 1년(1년미만의 매 1월은 12분의 1년으로 계산한다)마다 기본연금액의 1천분의 50에 해당하는 액을 가산한다. <개정 1998.12.31>

제6조 (공단의 설립준비) ①보건사회부장관은 공단을 설립하기 위하여 5인의 설립위원을 위촉한다.

②설립위원은 정관을 작성하여 보건사회부장관의 인가를 받아야 한다.

③설립위원은 제2항의 규정에 의한 정관의 인가를 받은 때에는 지체없이 공단의 설립등기를 하여야 한다.

④설립위원은 공단의 이사장이 임명된 때에는 지체없이 사무를 인계하여야 한다.

⑤설립위원은 제4항의 규정에 의한 사무인계가 끝난 때에는 해촉된 것으로 본다.

제7조 (이 법 시행을 위한 준비행위) ①보건사회부장관 또는 공단은 이 법 시행전이라도 사용자 기타 관계인에 대하여 이 법 시행의 준비에 필요한 자료의 제출 등 협조를 요청할 수 있다.

②제1항의 규정에 의한 협조의 요청을 받은 자는 성실하게 요청에 응하여야 한다.

부칙 <제4110호, 1989.3.31>

①(시행일) 이 법은 공포한 날부터 시행한다.

②(장해연금수급권자에 관한 적용례) 제58조제1항 및 제2항의 개정규정은 1988년 1월 1일부터 이 법 시행일까지의 기간 중에 발생한 부상으로 인하여 장해가 발생한 자에 대하여도 이를 적용한다.

부칙 (정부조직법) <제4541호, 1993.3.6>

제1조 (시행일) 이 법은 공포한 날부터 시행한다. <단서 생략>

제2조 및 제3조 생략

제4조 (상공자원부 신설에 따른 다른 법률의 개정) ①내지 〈63〉 생략

〈64〉 국민연금법 중 다음과 같이 개정한다.

제84조제3항 중 "상공부장관"을 "상공자원부장관"으로 한다.

〈65〉 내지 〈100〉 생략

제5조 생략

부칙 <제4909호, 1995.1.5>

제1조 (시행일) 이 법은 1995년 7월 1일부터 시행한다.
제2조 (종전 지역가입자의 자격에 관한 경과조치) 이 법 시행당시 지역가입자 중 제10조의 개정규정에 의한 지역가입자로 된 자 외의 자는 제10조의2의 개정규정에 의한 임의가입자가 된 것으로 본다.
제3조 (농어민의 가입에 관한 특례) 이 법 시행당시 농어민으로서 60세이상 65세미만인 자는 제6조의 규정에 불구하고 1995년 12월 31일까지 보건사회부령이 정하는 바에 의하여 공단에 가입신청을 하는 경우 70세에 달할 때까지 제10조의 개정규정에 의한 지역가입자가 될 수 있다.
제4조 삭제 <1998.12.31>
제5조 (농어업인에 대한 연금보험료 보조) 농어업인으로서 제10조 또는 부칙 제3조의 개정규정에 의하여 지역가입자로 된 자와 지역가입자에서 임의계속가입자로 된 자에 대하여는 제75조제3항의 개정규정에 불구하고 2004년 12월 31일까지 본인이 부담할 연금보험료 중 표준소득월액의 최저등급 연금보험료의 3분의 1이상에 해당하는 금액을 농어촌특별세관리특별회계에서균등지원한다. <개정 1998.12.31>
제6조 (지역가입자의 노령연금에 관한 특례) ①이 법 시행당시 45세이상 60세미만인 제10조의 개정규정에 의한 지역가입자 및 부칙 제3조의 개정규정에 의한 지역가입자가 가입기간이 5년이상이 되는 때에는 제56조의 규정에 불구하고 일정한 금액의 연금(이하 "특례노령연금"이라 한다)을 지급한다.
②제1항의 규정에 의한 특례노령연금의 금액은 기본연금액의 1천분의 250에 해당하는 금액에 가급연금액을 가산한 금액으로 한다. 다만, 5년을 초과하는 경우에는 그 초과하는 1년(1년미만의 매 1월은 12분의 1년으로 계산한다)마다 기본연금액의 1천분의 50에 해당하는 금액을 가산한다. <개정 1998.12.31>
제7조 (지역가입자의 연금보험료 징수에 관한 경과조치) 제10조의 개정규정에 의한 지역가입자에 대하여는 1997년 6월 30일까지 제79조의 개정규정을 적용하지 아니한다.
제8조 (법 시행을 위한 준비행위) 보건사회부장관 또는 공단은 이 법 시행전이라도 국가·지방자치단체 기타 공공단체와 지역가입자 기타 관계인에 대하여 이 법 시행의 준비에 필요한 자료의 제출 등 협조를 요청할 수 있다.

부칙 <제4971호, 1995.8.4>
①(시행일) 이 법은 공포한 날부터 시행한다.
②(외국인 사업장가입자에 대한 경과조치) 이 법 시행전에 종전의 규정에 따라 본인이 신청하여 사업장가입자가 된 외국인에 대하여는 제102조제2항의 개정규정에 불구하고 이 법 시행전에 가입했던 기간에 대하여 제67조 내지 제69조의 규정을 적용한다.

부칙 (행정절차법의시행에따른공인회계사법등의정비에관한법률) <제5453호, 1997.12.13>
제1조 (시행일) 이 법은 1998년 1월 1일부터 시행한다.<단서 생략>
제2조 생략

부칙 (정부부처명칭등의변경에따른건축법등의정비에관한법률) <제5454호, 1997.12.13>
이 법은 1998년 1월 1일부터 시행한다.<단서 생략>

부칙 <제5623호, 1998.12.31>
제1조(시행일) 이 법은 1999년 1월1일부터 시행한다. 다만, 제3조, 제8조, 제10조 내지 제12조, 제17조, 제19조, 제68조, 제75조 내지 제79조, 제81조의2 및 제102조의 개정규정은 1999년 4월 1일부터, 제72조의2의 개정규정은 2000년 1월 1일부터 시행한다.
제2조 (법 시행을 위한 준비행위) ①보건복지부장관 또는 공단은 법 시행을 위하여 필요하다고 인정하는 경우에는 이 법 시행전에 국가·지방자치단체와 공공단체 및 지역가입자 기타 관계인에 대하여 이 법 시행의 준비에 필요한 자료의 제출 등 협조를 요청할 수 있다.
②제1항의 규정에 의한 협조의 요청을 받은 국가·지방자치단체와 공공단체 및 지역가입자 기타 관계인은 성실하게 이에 응하여야 한다.
제3조 (급여의 지급연령에 관한 적용예) 제48조제1항제3호의 개정규정, 제56조제1항의 규정, 제56조제2항 내지 제4항, 제57조제3항 각 호·동조제4항 각 호, 제57조의2제1항 각 호, 제57조의4제1항, 제58조제2항 및 제63조제1항제1호 단서·제3호 단서·제5호 단서의 개정규정, 제66조제1항 본문의 규정과 제67조제1항제1호·제2항 단서 및 제93조의2의 개정규정 중 급여에 관한 지급연령은 그 지급연령에 관한 각각의 규정에 불구하고 그 지급연령에 2013년부터 2017년까지는 1세를, 2018년부터 2022년까지는 2세를, 2023년부터 2027년까지는 3세를, 2028년부터 2032년까지는 4세를, 2033년이후에는 5세를 각각 더한 연령을 적용한다.
제4조 (연금보험료 등에 관한 적용 예) ①제10조의 개정규정에 의한 지역가입자, 제10조의2의 규정에 의한 임의가입자, 부칙 제14조의 규정에 의한 지역가입자와 국민연금에 가입된 사업장에 종사하지 아니하는 임의계속가입자의 연금보험료는 제4조제1항의 개정규정 및 제75조제3항의 규정에 불구하고 1999년 4월부터 2000년 6월까지는 표준소득월액의 1천분의 30에 해당하는 금액으로, 2000년 7월부터 2001년 6월까지는 표준소득월액의 1천분의 40에 해당하는 금액으로, 2001년 7월부터 2002년 6월까지는 표준소득월액의 1천분의 50에 해당하는 금액으로, 2002년 7월부터 2003

년 6월까지는 표준소득월액의 1천분의 60에 해당하는 금액으로, 2003년 7월부터 2004년 6월까지는 표준소득월액의 1천분의 70에 해당하는 금액으로, 2004년 7월부터 2005년 6월까지는 표준소득월액의 1천분의 80에 해당하는 금액으로 한다.

②제75조제2항의 개정규정에 의한 기여금 및 부담금과동조제3항의 규정에 의한 연금보험료는 제4조제1항의 개정규정에 불구하고 2009년까지 이를 조정하지 아니한다.

제5조 (국민연금심의위원회위원 등의 임기에 관한 경과조치) ①이 법 시행당시 종전의 규정에 의한 국민연금심의위원회 및 운용위원회의 위원(당연직위원을 제외한다)은 이 법에 의하여 동위원회의 위원이 새로 임명 또는 위촉될 때까지 그 직무를 행하며, 이 경우 전임자인 위원의 임기는 후임자가 임명 또는 위촉되는 전일까지로 한다.

②이 법 시행당시 재직 중인 공단 이사장·상임이사 및 감사의 임기는 종전의 규정에 의하고, 이사(당연직이사를 제외한다)는 이 법에 의하여 이사가 새로 임명될 때까지 그 직무를 행하며, 이 경우 전임자인 이사의 임기는 후임자가 임명되는 전일까지로 한다.

제6조(사업장가입자의 가입기간의 계산에 관한 경과조치) 1999년 4월 1일전에 발생된 체납기간에 대하여는 제17조제2항 단서 및 제3항의 개정규정에 불구하고 종전의 규정에 의한다.

제7조 (사업장가입자 및 지역가입자에서 제외되는 자에 관한 경과조치) ①종전의 규정에 의한 사업장가입자 또는 지역가입자로서 제8조제1항 단서, 동조제2항 전단 및 제10조의 개정규정에 의하여 그 가입대상에서 제외되는 자는 동개정규정에 의한 사업장가입자 또는 지역가입자로 본다.

②제1항의 규정에 의한 사업장가입자 또는 지역가입자가 그 가입자의 자격의 상실을 원하는 때에는 제12조제1항의 규정 및 동조제2항의 개정규정에 의한 자격상실 사유에 불구하고 보건복지부령이 정하는 바에 의하여 공단에 신청을 하여 탈퇴할 수 있다.

제8조 (급여의 지급 등에 관한 경과조치) ①이 법 시행전에 지급 사유가 발생한 급여의 지급은 종전의 규정에 의한다.

②이 법 시행전의 가입기간에 해당하는 분의 기본연금액의 계산은 제47조의 개정규정에 불구하고 종전의 규정에 의한다.

제9조 (부당이득 등의 환수에 관한 경과조치) 이 법 시행전에 발생한 사유로 인한 부당이득 등의 환수에 관하여는 제53조제1항 개정규정에 불구하고 종전의 규정에 의한다.

제10조 (분할연금에 관한 경과조치) 이 법 시행전에 제57조의2제1항의 개정규정에 의한 분할연금의 지급사유가 발생한 자에 대하여는 이 법 시행일이후의 노령연금급여분부터 제57조의2 및 제57조의3의 개정규정에 의한 분할연금에 관한 규정을 적용한다.

제11조 (연금보험료의 납부 등에 관한 경과조치) ①1999년 4월 1일 현재 종전의 규정에 의하여 지역가입자로 된 농어민은 연금보험료의 분기별 납부 및 연금보험료의 보조 등에 있어서 이를 농어업인으로 본다.

②1999년 4월 1일 현재 종전의 규정에 의하여 연금보험료의 납부기한이 따로 정하여진 지역가입자(제1항의 규정에 의한 농어민을 제외한다)의 연금보험료는 제76조제1항 단서의 개정규정에 불구하고 해당 분기의 다음 달 10일까지 분기별로 납부할 수 있다. 다만, 정당한 사유없이 그 납부기한내에 연속하여 2분기의 연금보험료를 납부하지 아니하는 때에는 이를 분기별로 납부할 수 없다.

제12조 (위원회의 행위 등에 관한 경과조치) 이 법 시행전에 종전의 국민연금급여등심의위원회 및 국민연금심사위원회가 행한 행위나 동위원회에 대한 행위는 이 법에 의한 국민연금심사위원회 및 국민연금재심사위원회가 행한 행위나 동위원회에 대한 행위로 본다.

제13조(종전 지역가입자의 연금보험료에 관한 경과조치) 1999년 1월 1일부터 1999년 3월 31일까지 종전의 규정에 의하여 지역가입자(지역가입자가 임의계속가입자로 된 자를 포함한다)의 자격이 있는 자의 연금보험료는 1999년 1월부터 1999년 3월까지는 종전의 규정에 의한다.

제14조 (고령자의 가입에 관한 특례) 1999년 4월 1일 현재 60세이상 65세미만인 자는 제6조의 규정 및 제10조의 개정규정에 불구하고 2000년 3월 31일까지 보건복지부령이 정하는 바에 의하여 공단에 가입신청을 하는 경우에는 제10조의 개정규정에 의한 지역가입자가 될 수 있다.

제15조 (노령연금에 관한 특례) ①1999년 4월 1일 현재 50세이상 60세미만인 자로서 다음 각 호의 1에 해당하는 자에 대하여는 제56조의 개정규정에 불구하고 해당 호에 규정된 날부터 일정한 금액의 연금을 지급한다.

1. 60세가 되기 전에 가입기간이 5년이상 10년미만이 되는 자 : 60세가 되는 날

2. 60세가 된 후에 가입기간이 5년이상이 되는 자 : 가입자 자격을 상실한 날

②제1항의 규정에 의한 특례노령연금의 금액은 기본연금액의 1천분의 250에 해당하는 금액에 가급연금액을 가산한 금액으로 한다. 다만, 5년을 초과하는 경우에는 그 초과하는 1년(1년미만의 매 1월은 12분의 1년으로 계산한다)마다 기본연금액의 1천분의 50에 해당하는 금액을 가산한다.

③제1항 및 제2항의 규정은 부칙 제14조의 규정에 의하여 지역가입자로 된 자가 가입기간이 5년이상 되고 가입자자격을 상실한 경우에 이를 준용한다.

제16조 (반환일시금의 지급 등에 관한 특례) ①이 법 시행당시 종전의 규정에 의하여 사업장가입자의 자격을 상실한 자가 소득이 있는 업무에 종사하지 아니하게 된 상태에서 1년이 경과하고 제56조의 개정규정에 의한 노령연금을 지

급받을 수 없는 때에는 제67조제1항 및 제69조의 개정규정에 불구하고 2000년 12월 31일까지 반환일시금을 지급받을 수 있다. 이 경우 소득이 업무에 종사하지 아니하는 범위는 대통령령으로 정한다.

②제1항의 규정에 의하여 반환일시금을 지급받은 자는 제68조제1항의 개정규정에 불구하고 반납금을 공단에 납부할 수 있다.

③1999년 4월 1일전의 퇴직연금 등 수급권자가 사업장가입자 또는 지역가입자의 자격을 상실한 때에는 제67조제1항제1호의 개정규정에 불구하고 반환일시금을 지급받을 수 있다. <신설 2000.12.23>

부칙 (정부조직법) <제5982호, 1999.5.24>

제1조 (시행일) 이 법은 공포한 날부터 시행한다.<단서 생략>

제2조 생략

제3조 (다른 법률의 개정) ①내지 <59>생략

<60>국민연금법 중 다음과 같이 개정한다.

제83조제2항 중 "재정경제부장관"을 "재정경제부장관 및 기획예산처장관"으로 한다.

제84조제2항 중 "노동부차관"을 "노동부차관·기획예산처차관"으로 한다.

<61>내지 <78>생략

제4조 내지 제6조 생략

부칙 <제6027호, 1999.9.7>

제1조 (시행일) 이 법은 공포한 날부터 시행한다.

제2조 (반환일시금 지급에 관한 적용특례) 이 법 시행전에 제67조제1항제3호 및 제4호의 개정규정에 해당하는 자도 반환일시금을 지급받을 수 있다.

제3조 (지역가입자 및 임의가입자에 대한 반환일시금의 지급 등에 관한 특례) ①1999년 1월 1일이전에 지역가입자 또는 임의가입자의 자격을 상실한 자가 소득이 있는 업무에 종사하지 아니하게 된 상태에서 1년이 경과하고 제56조의 규정에 의한 노령연금을 지급받을 수 없는 때에는 제67조제1항 및 제69조의 규정에 불구하고 2000년 12월 31일까지 반환일시금을 지급받을 수 있다. 이 경우 소득이 있는 업무에 종사하지 아니하는 범위는 대통령령으로 정한다.

②제1항의 규정에 의하여 반환일시금을 지급받은 자는 제68조제1항의 규정에 불구하고 반납금을 공단에 납부할 수 있다.

부칙 (사립학교교직원연금법) <제6124호, 2000.1.12>

제1조 (시행일) 이 법은 공포한 날부터 시행한다.

제2조 내지 제4조 생략

제5조 (다른 법령의 개정 등) ①국민연금법 중 다음과 같이 개정한다.

제6조 단서 중 "사립학교교원연금법"을 "사립학교교직원연금법"으로 하고, 제8조제1항 단서·제67조제1항제4호 및 제77조의3제1항제2호 중 "사립학교교원연금법"을 각각 "사립학교교직원연금법"으로 한다.

②내지 ⑬생략

제6조 생략

부칙 <제6164호, 2000.1.12>

제1조 (시행일) 이 법은 공포한 날부터 시행한다.

제2조 (생활안정자금을 대여받은 자에 대한 반환일시금 지급 등에 관한 특례) ①가입자이었던 자로서 1998년 5월 11일부터 1998년 12월 31일까지의 기간동안 실직자 생활안정자금을 대여받은 자 중(1998년 12월31일이전에 신청하여 1999년 1월 31일까지 대여받은 자를 포함한다) 그 대여원리금 전액을 상환하지 아니한 자는 제67조제1항 및 제69조의 규정에 불구하고 미상환대여원리금에 상당하는 반환일시금을 지급받을 수 있다.

② 제1항의 규정에 의한 반환일시금의 청구·지급 및 반납금의 납부 등에 관하여는 제67조제2항·제3항 및 제68조를 각각 준용하되, 지급할 반환일시금을 산정함에 있어 가입기간 및 보험료의 계산은 최초 가입기간부터 순차적으로 산입하고, 가산할 이자를 산정함에 있어 이자의 계산기간은 대여를 받기전 자격상실일이 속한 달의 다음달부터 반환일시금을 청구한 날이 속한 달까지의 월수에 의한다.

부칙 <제6286호, 2000.12.23>

제1조 (시행일) 이 법은 공포한 날부터 시행한다. 다만, 제8조제1항제2호, 제10조제4 호, 제43조, 제76조제5항·제6항, 제78조, 제79조, 제80조, 제81조의3 및 제83조제3항의 개정규정은 2001년 4월 1일부터, 제83조제2항의 개정규정은 2001년 7월 1일부터 시행한다.

제2조 (가급연금액의 지급에 관한 적용례) 제48조제1항의 개정규정은 이 법 시행일전에 수급권을 취득한 자에 대하여 이 법 시행일 이후 지급되는 가급연금액분부터 적용한다.

제3조 (연금의 지급기간에 관한 적용례) 제50조제1항의 개정규정은 이 법 시행 이후 반납금 또는 추납보험료의 납부신청을 한 자부터 적용한다.

제4조 (연금지급에 관한 경과조치) 이 법 시행일이 속하는 달 및 그 전달의 연금은 이 법 시행일이 속하는 달의 말일에 지급한다.

제5조 (국민기초생활보장법에 의한 수급자에 관한 경과조치) 이 법 시행당시 종전의 규정에 의하여 사업장가입자 또는 지역가입자의 자격을 유지하고 있는 국민기초생활보장법에 의한 수급자는 제8조제1항 및 제10조제4호의 개정규정에 불구하고 제8조 또는 제10조의 규정에 의한 사업장가

입자 또는 지역가입자로 본다.

제6조 (급여의 지급 등에 관한 경과조치) ①이 법 시행전에 지급사유가 발생한 급여의 지급은 종전의 규정에 의한다.
②이 법 시행 이후 제47조제1항제1호의 규정에 의하여 산정한 금액이 1,271,595원보다 적은 경우에는 동 금액은 동 조동항동호의 규정에 불구하고 1,271,595원으로 본다.

부칙 (국고금관리법) <제7347호, 2005.1.27>
제1조 (시행일) 이 법은 2005년 7월 1일부터 시행한다.
제2조 및 제3조 생략
제4조 (다른 법률의 개정) ①내지 ④생략
⑤국민연금법 중 다음과 같이 개정한다
제96조 중 "국고금단수계산법"을 "국고금관리법"으로 한다.
⑥및 ⑦생략

부칙 (치료감호법) <제7655호, 2005.8.4>
제1조 (시행일) 이 법은 공포한 날부터 시행한다.
제2조 내지 제7조 생략
제8조 (다른 법률의 개정) ①국민연금법 일부를 다음과 같이 개정한다.
제77조의2제1항제5호를 다음과 같이 한다.
5. 「사회보호법」에 의한 보호감호시설 또는 「치료감호법」에 의한 치료감호시설에 수용 중인 경우
②내지 ⑨생략

부칙 (국가공무원법) <제7796호, 2005.12.29>
제1조 (시행일) 이 법은 2006년 7월 1일부터 시행한다.
제2조 내지 제5조 생략
제6조 (다른 법률의 개정) ①내지 ⑮생략
<16>국민연금법 일부를 다음과 같이 한다.
제28조제1항 중 "3급이상 국가공무원"을 "3급 국가공무원 또는 고위공무원단에 속하는 일반직공무원"으로 한다.
제84조의2제2항제1호 중 "2급 또는 3급 국가공무원"을 "3급 국가공무원 또는 고위공무원단에 속하는 일반직 국가공무원"으로 한다.
<17>내지 <68>생략

부칙 (통계법) <제8387호, 2007.4.27>
제1조 (시행일) 이 법은 공포 후 6개월이 경과한 날부터 시행한다.
제2조부터 제7조 생략
제8조 (다른 법률의 개정) ①및 ②생략
③국민연금법 일부를 다음과 같이 개정한다.
제47조제1항제1호가목 중 "통계법"을 "「통계법」"으로 한다.

④부터 ⑭생략
제9조 생략

부칙 <제8426호, 2007.5.11>
①(시행일) 이 법은 공포한 날부터 시행한다.
②(이미 본국으로 귀국한 외국인 등에 대한 반환일시금 지급의 소급적용) 제102조제2항제2호 및 제3호의 개정규정은 이 법 시행 전에 본국으로 귀국한 외국인이나 제67조제1항 각 호의 어느 하나에 해당한 외국인에 대하여도 적용한다.

부칙 (고용보험법) <제8429호, 2007.5.11>
제1조 (시행일) 이 법은 공포한 날부터 시행한다.
제2조부터 제5조까지 생략
제6조 (다른 법률의 개정) ①및 ②생략
③국민연금법 일부를 다음과 같이 개정한다.
제93조의2 중 "고용보험법 제31조"를 "「고용보험법」 제40조"로 한다.
④부터 ⑧까지 생략
제7조 생략

부칙 (가족관계의 등록 등에 관한 법률) <제8435호, 2007.5.17>
제1조 (시행일) 이 법은 2008년 1월 1일부터 시행한다. <단서 생략>
제2조부터 제7조까지 생략
제8조 (다른 법률의 개정) ①부터 <29>까지 생략
<30> 국민연금법 일부를 다음과 같이 개정한다.
제100조제2항 중 "호적법 제88조"를 "「가족관계의 등록 등에 관한 법률」 제85조"로 한다.
<31>부터 <39>까지 생략
제9조 생략

국민연금법 시행령

연혁

1987. 8. 14 전문개정 대통령령 제12227호
1989. 5. 3 일부개정 대통령령 제12695호
1991. 8. 10 일부개정 대통령령 제13449호
1993. 11. 16 일부개정 대통령령 제14005호
1995. 4. 1 일부개정 대통령령 제14565호
1995. 12. 29 일부개정 대통령령 제14849호
1998. 12. 31 일부개정 대통령령 제16082호

1999. 3. 31 일부개정 대통령령 제16219호
1999. 9. 30 일부개정 대통령령 제16567호
2000. 12. 12 일부개정 대통령령 제17013호
2001. 3. 31 일부개정 대통령령 제17188호
2003. 6. 27 일부개정 대통령령 제18027호
2006. 3. 23 일부개정 대통령령 제19391호
2006. 8. 17 일부개정 대통령령 제19646호

제1장 총칙

제1조 (목적) 이 영은 「국민연금법」에서 위임된 사항과 그 시행에 관하여 필요한 사항을 규정함을 목적으로 한다. <개정 2006.3.23>

제2조 (근로자에서 제외되는 자) 「국민연금법」(이하 "법"이라 한다) 제3조제1항제1호 단서의 규정에 의하여 근로자에서 제외되는 자는 다음과 같다. <개정 1995.12.29, 2003.6.27, 2006.3.23>
1. 일용근로자 또는 1월 미만의 기한부로 사용되는 근로자. 다만, 1월 이상 계속 사용된 경우에는 그러하지 아니하다.
2. 소재지가 일정하지 아니한 사업장에 종사하는 근로자
3. 삭제 <2003.6.27>
4. 비상임이사, 1월간의 근로시간이 80시간 미만인 시간제근로자등 사업장에서 상시 근로에 종사할 목적으로 사용되는 자가 아닌 자
5. 삭제 <1999.3.31>

제3조 (소득의 범위) ①사업장가입자 또는 국민연금에 가입된 사업장에 종사하는 임의계속가입자(이하 "사업장임의계속가입자"라 한다)의 법 제3조제1항제3호의 규정에 의한 소득의 범위는 다음 각 호와 같다. <개정 2000.12.12, 2006.3.23>
1. 사용자(법인이 아닌 사업장의 사용자에 한한다)의 경우 : 도매업·소매업·제조업 그 밖의 사업에서 얻는 소득
2. 근로자의 경우 : 「소득세법」 제20조의 규정에 의한 근로소득에서 동법 제12조제4호의 규정에 의한 비과세근로소득(동법 제12조제4호거목의 규정에 의하여 비과세되는 급여 및 동법시행령 제16조제1항제1호의 규정에 의하여 비과세되는 급여를 제외한다)을 차감한 소득
②지역가입자와 지역가입자의 요건을 갖춘 임의계속가입자(이하 "지역임의계속가입자"라 한다)의 법 제3조제1항제3호의 규정에 의한 소득의 범위는 다음 각 호의 것으로 하되 해당 가입자의 소득이 2이상인 경우에는 합산한 것으로 한다. <개정 1999.3.31, 2000.12.12, 2001.3.31>
1. 농업소득
경종업, 과수·원예업, 양잠업, 종묘업, 특수작물생산업, 가축의 사육업, 종축업 또는 부화업과 이에 부수하는 업무에서 얻는 소득
2. 임업소득
영림업·임산물생산업 또는 야생조수사육업과 이에 부수하는 업무에서 얻는 소득
3. 어업소득
어업과 이에 부수하는 업무에서 얻는 소득
4. 근로소득
제1항제2호의 규정에 의한 소득
5. 사업소득
도매업·소매업·제조업 기타의 사업에서 얻는 소득
[전문개정 1995.4.1]

제4조 (평균소득월액의 산정방법 <개정 2001.3.31>) ①법 제3조제1항제4호의 규정에 의한 평균소득월액은 매년 전년도 12월 31일 현재의 사업장가입자 및 지역가입자 전원(법 제77조의2제1항 각 호의 규정에 의한 납부예외사유로 연금보험료를 납부하지 아니하는 사업장가입자 및 지역가입자를 제외한다. 이하 같다)의 표준소득월액 총액을 사업장가입자 및 지역가입자 전원의 인원수로 나누어 산정한다.
②삭제 <2001.3.31>
[전문개정 1999.3.31]

제5조 (등급별 표준소득월액) 법 제3조제1항제5호의 규정에 의한 등급별 표준소득월액은 별표1과 같다. <개정 1995.4.1>

제6조 (가입자 자격취득시 및 납부재개시의 표준소득월액의 결정 및 적용기간) ①사업장가입자 또는 사업장임의계속가입자가 가입자 자격을 취득하여 연금보험료를 최초로 납부하거나 법 제77조의2의 규정에 의한 연금보험료의 납부예외기간이 종료되어 연금보험료의 납부를 재개하는 경우의 표준소득월액은 다음 각 호의 규정에 의한 액을 소득월액으로 하여 국민연금관리공단이 결정하되, 그 적용기간은 자격을 취득한 날 또는 납부를 재개한 날이 속하는 달부터 제7조제1항의 규정에 의하여 정기결정되는 표준소득월액을 적용하는 달의 전달까지로 한다.

1. 월·주 기타 일정기간으로 소득이 정하여지는 경우에는 그 소득액을 그 기간의 총일수로 나눈 액의 30배에 상당하는 액

2. 일·시간·생산고 또는 도급으로 소득이 정하여지는 경우에는 가입자의 자격을 취득한 날 또는 납부를 재개한 날이 속하는 달의 전 1월간에 당해사업장에서 같은 업무에 종사하고 또한 같은 소득이 있는 자가 받은 소득월액을 평균한 액

3. 제1호 및 제2호의 규정에 의하여 소득월액을 산정하기 곤란한 자에 대하여는 가입자의 자격을 취득한 날 또는 납부를 재개한 날이 속하는 달의 전 1월간에 그 지방에서 같은 업무에 종사하고 또한 같은 소득이 있는 자가 받은 소득월액을 평균한 액

②지역가입자 또는 지역임의계속가입자가 가입자 자격을 취득하여 연금보험료를 최초로 납부하거나 법 제77조의2의 규정에 의한 연금보험료의 납부예외기간이 종료되어 연금보험료의 납부를 재개하는 경우의 표준소득월액은 가입자 자격취득시 또는 납부재개시 종사하는 업무에서 얻는 소득으로서 당해 가입자 또는 대리인이 신고한 소득을 소득월액으로 하여 국민연금관리공단이 결정한다. 이 경우 국민연금관리공단은 당해 가입자 또는 대리인이 소득신고를 하는 때에 참고가 될 수 있도록 종사업종별 과세자료, 종사업종, 사업장규모 및 농지면적 등을 기초로 하여 산정한 금액을 신고권장소득월액으로 제시하거나 미리 통지할 수 있다.

[전문개정 1999.3.31]

제7조 (가입기간 중 표준소득월액의 결정 및 적용기간) ①사업장가입자 또는 사업장임의계속가입자에 대한 자격취득후 가입기간 중의 표준소득월액은 전년도 중 당해 사업장에서 종사한 기간(소득산정의 기초로 된 일수가 20일미만인 월이 있을 때에는 그 월을 제외한다)에 받은 소득총액을 그 해당기간의 월수로 나누어서 얻은 금액을 소득월액으로 하

여 매년 국민연금관리공단이 결정하되, 그 적용기간은 당해연도 4월부터 다음 연도 3월까지로 한다. 다만, 당해 사업장에서 종사한 기간이 3월미만인 경우에는 제6조제1항의 규정에 의하여 표준소득월액을 결정한다.

②지역가입자 또는 지역임의계속가입자에 대한 자격취득후 가입기간 중의 표준소득월액은 다음 각 호의 1에 해당하는 방법에 의하여 국민연금관리공단이 결정한다.

1. 소득의 변경이 없는 경우

제6조제2항의 규정에 의한 자격취득시의 당해 가입자의 표준소득월액

2. 1회이상 소득의 변경이 있는 경우

국민연금관리공단은 법 제101조의 규정에 의하여 사업장 등에 대한 조사·확인에 의하여 종사업종의 변경 등 소득의 변동사유를 확인하거나 과세자료 등에 의하여 가입자의 실제소득이 기존의 표준소득월액과 다르다고 인정되는 경우에는 당해 가입자에게 법 제19조의 규정에 의하여 변경된 소득을 신고할 것을 통지하여 그 가입자 또는 대리인이 신고한 전년도의 제3조제2항의 규정에 의한 소득으로 표준소득월액을 결정하되, 그 결정을 한 날이 속하는 달의 다음달부터 이를 적용한다. 이 경우 국민연금관리공단은 당해 가입자 또는 대리인이 소득신고를 하는 때에 참고가 될 수 있도록 전년도의 제3조제2항의 규정에 의한 소득의 범위 안에서 과세자료·종사업종·사업장규모 및 농지면적 등을 기초로 하여 산정한 금액을 신고권장소득월액으로 미리 통지할 수 있다.

③지역가입자 또는 지역임의계속가입자나 그 대리인은 다음 각 호의 1에 해당하는 경우에는 보건복지부령이 정하는 바에 의하여 국민연금관리공단에 표준소득월액의 변경을 신청할 수 있으며, 그 표준소득월액은 당해 가입자 또는 대리인이 신청한 소득으로 이를 결정하되, 그 변경을 신청한 날이 속하는 다음 달부터 이를 적용한다.

1. 종사업종의 변경, 경영실적의 변동 또는 사업중단 등으로 소득이 증가 또는 감소된 경우

2. 가입자 본인이 표준소득월액을 실제소득보다 높게 결정하여 줄 것을 희망하는 경우

④국민연금관리공단은 제2항의 규정에 의하여 소득신고를 하게 하는 경우 필요하다고 인정하는 때에는 이사회의 심의를 거쳐 신고대상자의 범위, 소득조사의 시기 및 방법 등을 포함한 연간 소득확인계획을 수립하여야 한다.

[전문개정 1999.3.31]

제8조 (2이상 적용사업장가입자의 표준소득월액 결정) 사업장가입자 또는 사업장임의계속가입자가 2이상의 국민연금에 가입된 사업장 근로자이거나 사용자인 경우(하나의 국민연금에 가입된 사업장에서 근로자이면서 다른 국민연금에 가입된 사업장에서는 사용자인 경우를 포함한다. 이하 같다)

의 표준소득월액은 각 사업장에서 받고 있는 소득월액을 기준으로 각각 표준소득월액을 결정한다. 다만, 각 사업장의 표준소득월액의 합이 별표1의 등급별 표준소득월액표의 최고등급에 해당하는 표준소득월액을 초과한 때에는 각 사업장별 소득월액이 그 합산된 소득월액에서 차지하는 비율을 최고등급의 표준소득월액에 곱하여 계산된 금액을 기준으로 각각 표준소득월액을 결정한다. <개정 1989.5.3, 1995.4.1>

제9조 (표준소득월액의 결정의 특례) ①사업장가입자·지역가입자·사업장임의계속가입자 또는 지역임의계속가입자의 표준소득월액을 제6조의 규정에 의하여 계산하기 곤란하거나, 제6조 또는 제7조제1항·제2항·제3항제1호의 규정에 의하여 신고 또는 신청한 소득이 실제소득과 현저한 차이가 있는 경우에는 동 규정에 불구하고 국민연금관리공단이 이를 결정하되, 그 결정기준 및 결정방법 등에 관하여는 법 제5조의 규정에 의한 국민연금심의위원회의 사전심의를 거쳐야 한다. <개정 1999.3.31>
②소득의 전부 또는 일부가 현물로 지급되는 경우에 있어서는 그 가액은 당해 지방의 소비자물가를 기준으로 하여 국민연금관리공단이 정한다. <개정 1995.4.1>
③사업장가입자·지역가입자·사업장임의계속가입자 또는 지역임의계속가입자의 소득월액에 대하여 법 제19조의 규정에 의한 신고를 하지 아니한 경우로서 법 제101조제1항의 규정에 의한 확인결과 소득관련자료가 없는 경우에는 국민연금관리공단이 다음 각 호의 구분에 따른 금액을 소득월액으로 하여 표준소득월액을 결정한다. <신설 1995.4. 1, 1999.3. 31>
1. 가입기간 중 표준소득월액의 결정의 경우에는 당해가입자의 전년도 표준소득월액을 법 제3조제1항제4호의 규정에 의한 평균소득월액의 변동률을 기준으로 조정한 금액
2. 가입자 자격취득시 또는 납부재개시의 표준소득월액을 결정하는 경우에는 제10조 본문의 규정에 의한 임의가입자 등에게 적용하는 표준소득월액에 해당하는 금액
④제6조 및 제7조제1항·제2항의 규정은 사업장가입자·지역가입자·사업장임의계속가입자 또는 지역임의계속가입자의 소득월액에 대하여 법 제19조의 규정에 의한 신고를 하지 아니한 경우로서 법 제101조제1항의 규정에 의한 확인결과 소득관련 자료가 있는 경우에 관하여 이를 준용한다. <신설 1995.4.1, 1999.3.31>

제10조 (임의가입자 등의 표준소득월액의 결정 및 적용기간<개정 1999.3.31>) ①다음 각 호의 1에 해당하는 가입자(「국민기초생활 보장법」에 의한 수급자를 제외한다. 이하 이 항에서 같다)의 표준소득월액은 매년 전년도 12월 31일 현재의 사업장가입자 및 지역가입자 전원의 표준소득월액을 기준

으로 그 중위수에 해당하는 자의 표준소득월액에 해당하는 액으로 하되, 그 적용기간은 당해연도 4월부터 다음 연도 3월까지로 한다. 다만, 가입자 본인의 표준소득월액을 중위수에 해당하는 자의 표준소득월액보다 높게 결정하여 줄 것을 신청하는 경우에는 국민연금관리공단은 표준소득월액의 변경결정을 할 수 있다. <개정 1999.3.31, 2001.3.31, 2006.3.23>
1. 임의가입자
2. 사업장임의계속가입자 및 지역임의계속가입자를 제외한 임의계속가입자
②「국민기초생활 보장법」에 의한 수급자가 제1항 각 호의 1에 해당하는 가입자가 되는 경우의 표준소득월액은 국민기초생활보장법 제23조제1항의 규정에 의한 조사에서 확인된 소득 중 동법시행령 제3조제1항제1호 및 제2호의 규정에 의한 소득을 합산한 금액을 기준으로 결정하되, 그 적용기간은 당해 연도 4월부터 다음 연도 3월까지로 한다. <신설 2001.3.31, 2006.3.23>
[전문개정 1995.4.1]

제11조 삭제 <1999.3.31>

제11조의2 (국민연금의 재정계산 등) ①보건복지부장관은 법 제4조제2항의 규정에 의하여 매 5년이 되는 해의 3월 31일까지 국민연금기금의 재정계산을 실시하고, 국민연금 재정전망 및 연금보험료 조정 등을 포함한 국민연금 운영 전반에 관한 계획을 수립하여 국민연금심의위원회의 심의를 거쳐 당해연도 9월말일까지 대통령의 승인을 얻어 당해연도 10월말일까지 국회에 제출하여야 한다.
②보건복지부장관은 제1항의 규정에 의한 국민연금 재정전망 등을 포함한 국민연금 운영 전반에 관한 계획을 「신문 등의 자유와 기능보장에 관한 법률」 제12조제1항의 규정에 의하여 전국을 보급지역으로 등록한 일반일간신문 및 경제분야 특수일간신문 각 1개이상에 공시하여야 한다. <개정 2006.3.23>
[본조신설 1998.12.31]

제12조 삭제 <1998.12.31>
제13조 삭제 <1998.12.31>

제14조 (국민연금심의위원회 위원장 등의 직무) ①삭제<1998.12.31>
②삭제 <1998.12.31>
③위원장은 국민연금심의위원회를 대표하며, 그 회무를 통리한다.
④부위원장은 위원장을 보좌하며, 위원장이 사고가 있을 때에는 그 직무를 대행한다.

제15조 (국민연금심의위원회 위원의 임기 등) 국민연금심의위원회의 위원장외의 위원의 임기는 2년으로 하되, 연임할 수 있다.
[전문개정 1998.12.31]

제16조 (국민연금심의위원회의 회의 등) ①위원장은 국민연금심의위원회의 회의를 소집하며, 그 의장이 된다.
②국민연금심의위원회의 회의는 정기회와 임시회로 구분한다. <신설 1998.12.31>
③정기회는 매년 2월에, 임시회는 다음 각 호의 1에 해당하는 때에 이를 소집한다. <개정 1998.12.31>
1. 보건복지부장관의 요구가 있는 때
2. 국민연금심의위원회의 재적위원 3분의 1이상의 요구가 있는 때
3. 기타 위원장이 필요하다고 인정하는 때
④국민연금심의위원회의 의사는 재적위원 과반수의 출석으로 개의하고 출석위원 과반수의 찬성으로 의결한다.
⑤위원장은 국민연금심의위원회에서 의결된 사항에 관하여 보건복지부장관에게 보고하여야 한다. <개정 1994.12.23>

제16조의2 (국민연금심의위원회 회의록의 작성·비치 등) ①국민연금심의위원회의 위원장은 국민연금심의위원회의 회의에 관하여 회의록을 작성·비치하여야 한다.
②회의록에는 회의일시·장소, 토의내용 및 의결사항을 기재하고, 위원장 및 출석한 위원이 서명 또는 기명날인하여야 한다.
③가입자, 가입자이었던 자 및 수급권자 기타 국민연금의 이해관계인은 언제든지 제1항의 규정에 의한 회의록의 열람을 요청할 수 있다.
[본조신설 1998.12.31]

제17조 (간사) ①국민연금심의위원회에 간사 1인을 두되, 보건복지부장관이 보건복지부 소속공무원 중에서 임명한다. <개정 1994.12.23>
②간사는 위원장의 명을 받아 국민연금심의위원회의 서무를 처리한다.

제18조 (위원의 수당) 국민연금심의위원회의 회의에 출석한 위원에게는 예산의 범위 안에서 수당을 지급할 수 있다. 다만, 공무원인 위원이 그 소관업무와 직접적으로 관련되어 출석하는 경우에는 그러하지 아니하다.

제18조의2 (가입대상 제외자) 법 제6조 단서의 규정에 의하여 다음 각 호의 1에 해당하는 자는 국민연금 가입대상에서 제외한다. <개정 1999.3.31, 2000.12.12>

1. 삭제 <2001.3.31>
2. 법 제56조제1항 내지 제3항 및 법률 제3902호 국민복지연금법개정법률 부칙 제5조의 규정에 의하여 노령연금의 수급권을 취득한 자 중 60세미만의 특수직종근로자
3. 법 제56조제4항의 규정에 의한 조기노령연금의 수급권을 취득한 자. 다만, 법 제57조의4제1항의 규정에 의하여 조기노령연금의 지급이 정지 중인 자를 제외한다.
[본조신설 1995.4.1]

제2장 국민연금가입자

제19조 (당연적용사업장) ①법 제8조제1항의 규정에 의한 당연적용사업장은 다음 각 호의 1에 해당하는 사업장으로 한다. <개정 1991.8.10, 2003.6.27>
1. 1인 이상의 근로자를 사용하는 사업장
2. 주한외국기관으로서 1인 이상의 대한민국 국민인 근로자를 사용하는 사업장
②사업장 상호간에 본점과 지점, 대리점 또는 출장소 등의 관계에 있고 그 사업경영이 일체로 되어 있는 경우에는 이를 하나의 사업장으로 보아 제1항의 규정을 적용한다.
③삭제 <1999.3.31>

제19조의2 삭제 <1999.3.31>

제20조 (연금보험료체납에 의한 자격상실) 법 제12조제3항제5호, 법 제13조제3항제5호의 규정에 의하여 임의가입자 및 임의계속가입자가 그 자격을 상실하게 되는 연금보험료의 체납기간은 3월로 한다. 다만, 천재·지변 기타 부득이한 사유로 인하여 기간내에 연금보험료를 납부할 수 없었음을 증명한 경우에는 그러하지 아니하다. <개정 1995.4.1>

제20조의2 (특수직종근로자) ①법 제13조제1항제2호에서 "대통령령이 정하는 직종"이라 함은 다음 각 호와 같다. <개정 2006.3.23>
1. 「광업법」 제4조의 규정에 의한 광업(갱내작업에 한한다)
2. 「선원법」 제2조의 규정에 의한 선박 중 어선에서의 「수산업법」 제2조의 규정에 의한 어업(부원으로서 직접 어로작업에 종사한 경우에 한한다)
②제1항의 경우에 특수직종근로자로서의 연금가입기간이 그의 전연금가입기간의 5분의 3에 미달하는 때에는 특수직종근로자로 보지 아니한다.
[본조신설 2001.3.31]

제21조 (사망의 추정) ①법 제15조의 규정에 의하여 사망으로 추정되는 경우는 다음과 같다.
1. 선박이 침몰, 전복, 멸실 또는 행방불명되거나 항공기가

추락, 멸실 또는 행방불명된 경우에 그 선박 또는 항공기에 탔던 자가 그 사고의 발생일로부터 그 생사가 3월간 불명한 때

2. 항행 중의 선박 또는 항공기에 탔던 자가 행방불명되어 그 생사가 3월간 불명한 때

3. 천재·지변 기타 이에 준하는 사유로 그 생사가 3월간 불명한 때

②제1항의 규정에 의하여 사망으로 추정되는 자는 그 사고가 발생한 날 또는 행방불명된 날에 사망한 것으로 추정한다.

③제1항 각 호의 사유로 인하여 그 생사가 불명하였던 자가 사망한 것이 사고가 발생한 날 또는 행방불명된 날로부터 3월이내에 확인되었으나 그 사망의 시기가 분명하지 아니한 경우에는 그 사고가 발생한 날 또는 행방불명된 날에 사망한 것으로 추정한다.

④삭제 <1998.12.31>

제21조의2 (기여금의 개별납부) ①사업장가입자는 법 제17조제3항 후단의 규정에 의하여 체납사실이 통지된 체납월의 다음 달부터 발생되는 체납연금보험료 중 본인이 부담하여야 하는 기여금의 전부 또는 일부를 납부하고자 하는 경우에는 당해 연금보험료의 월별 납부기한으로부터 1년이내에 이를 국민연금관리공단에 납부하여야 한다. <개정 2001.31>

②국민연금관리공단이 법 제75조제1항 및 법 제79조제3항의 규정에 의하여 체납사실이 통지된 체납월의 다음 달부터 발생되는 체납연금보험료의 전부 또는 일부를 사용자로부터 납부받거나 징수한 경우에는 제1항의 규정에 의하여 사업장가입자가 중복하여 납부한 기여금은 당해 사업장가입자에게 그 이자를 가산하여 이를 반환하여야 한다. 이 경우 그 이자율은 제51조의3제3항의 규정을 준용한다. <개정 2001.3.31, 2006.3.23>

[본조신설 1999.3.31]

제3장 국민연금관리공단

제22조 삭제 <1998.12.31>

제23조 (이사회의 심의·의결사항) 국민연금관리공단(이하 "공단"이라 한다)의 이사회는 다음 사항을 심의·의결한다. <개정 1998.12.31, 1999.3.31>

1. 예산 및 결산에 관한 사항
2. 정관변경에 관한 사항
3. 중요재산의 취득·관리 및 처분에 관한 사항
4. 사업운영계획 기타 공단운영의 기본방침에 관한 사항
5. 신고권장소득월액의 산정기준 및 방법 등에 관한 사항
6. 지역가입자 및 지역임의계속가입자의 연간 소득확인계획에 관한 사항
7. 규약·규정의 제정 및 개폐에 관한 사항

제24조 (이사회의 회의) ①이사회의 회의는 정기회와 임시회로 구분한다.

②정기회는 매년 2월과 10월 중에 개최하되, 이사장이 이를 소집한다. <개정 1998.12.31>

③임시회는 이사장이 필요하다고 인정할 때 또는 이사(상임이사를 포함한다. 이하 같다) 3인이상의 요구가 있을 때 이사장이 소집한다. <개정 1998.12.31>

제25조 (이사회의 회의록의 작성·비치 등) 제16조의2의 규정은 공단 이사회의 회의록의 작성·비치 및 열람에 관하여 이를 준용한다. 이 경우 "국민연금심의위원회"는 "이사회"로, "위원장"은 "이사장"으로, "위원"은 "이사"로 본다.

[전문개정 1998.12.31]

제26조 (사업운영계획과 예산) ①공단은 보건복지부장관이 정하는 사업운영지침과 예산편성지침에 따라 매 회계연도의 사업운영계획과 예산을 편성하여 회계연도 개시 2월전까지 보건복지부장관에게 제출하여야 한다.<개정 1994.12.23>

②제1항의 규정에 의하여 제출하는 사업운영계획과 예산에는 주요사업별세부계획, 추정대차대조표, 추정손익계산서 등 그 내용을 명백히 함에 필요한 부속서류를 첨부하여야 한다.

③보건복지부장관은 제1항의 규정에 의하여 제출된 사업운영계획과 예산을 회계연도개시전까지 승인하여야 한다. <개정 1994.12.23>

제27조 (일시차입 및 이입충당) ①공단은 법 제40조제1항의 규정에 의하여 일시차입을 하고자 할 때에는 차입사유·차입방법·이자율 및 상환방법 등을 명백히 한 서면을 보건복지부장관에게 제출하여야 한다. <개정 1994.12.23, 1998.12.31>

②공단은 법 제40조제3항의 규정에 의하여 국민연금기금에서 이입충당을 하고자 할 때에는 이입충당의 사유 및 금액 등에 관한 사항을 명백히 한 서면을 국민연금기금운용위원회에 제출하여야 한다. <개정 1994.12.23, 1998.12.31>

제28조 (복지사업) ①공단은 법 제42조의 규정에 의하여 다음의 복지사업을 할 수 있다.<개정 1995.4.1>

1. 노인복지·아동복지·장애인복지 등을 위한 시설의 설치·운영 및 자금의 대여
2. 병원·휴양시설 또는 요양시설의 설치·운영 및 자금의 대여
3. 생활안정을 위한 자금의 대여

4. 학자금의 대여
5. 당연적용사업장인 중·소사업장의 사업장내 복지시설의 설치를 위한 자금의 대여
6. 주택구입자금 및 전세자금의 대여
②공단은 사업에 지장이 없는 범위 안에서 가입자, 가입자이었던 자 또는 수급권자가 아닌 자에 대하여 제1항제1호 및 제2호의 규정에 의한 복지시설을 이용하게 할 수 있다. <개정 1998.12.31>

제28조의2 (대여사업) ①공단은 법 제42조제2항의 규정에 의하여 가입자 또는 가입자이었던 자에게 그가 납부한 연금보험료의 100분의 80에 해당하는 금액의 범위 안에서 자금을 대여할 수 있다.
②대여금의 이자율, 대여의 기간·기준 및 절차 등에 관하여 필요한 사항은 보건복지부장관이 정하여 고시한다.
[본조신설 1998.12.31]

제29조 (업무의 위탁) ①법 제43조제2항의 규정에 의하여 공단이 위탁할 수 있는 업무의 범위와 공단으로부터 그 업무를 위탁받을 수 있는 자는 다음과 같다. <개정 1995.4.1, 1998. 12.31, 2000.12.12, 2001.3.31, 2006.3.23>
1. 연금보험료, 대여금의 상환금 기타 비용의 수납, 급여의 지급 및 대여금의 지급에 관한 업무는 체신관서 또는 금융기관
2. 가입자의 자격의 취득신청 및 상실신청의 접수 등에 관한 업무는 국민건강보험의 보험자 또는 지방자치단체의 장
3. 노인복지·아동복지·장애인복지 등을 위한 시설의 설치·운영사업 및 병원·휴양시설·요양시설의 설치·운영사업은 「사회복지사업법」에 의한 사회복지법인, 「정부투자기관 관리기본법」에 의한 정부투자기관, 「농업협동조합법」·「수산업협동조합법」 및 「산림조합법」에 의한 농업협동조합중앙회·수산업협동조합중앙회 및 산림조합중앙회, 종교단체 또는 동종사업을 운영하는 자
4. 보험료 고지서 및 독촉장의 발급업무는 국민건강보험의 보험자
②공단은 제1항의 규정에 의하여 업무를 위탁받은 자에게 수수료를 지급할 수 있다. <신설 2001.3.31>

제30조 (규정의 제정 등) 공단은 그 내부조직, 직원의 인사, 임직원의 보수, 감사 및 기금의 관리·운용 등에 관한 제규정을 정하거나 변경하고자 할 때에는 보건복지부장관의 승인을 얻어야 한다. <개정 1994.12.23, 1998.12.31>

제4장 급여

제31조 (국민연금수급증서의 교부) 공단은 급여를 지급받을 권리를 가지는 자(이하 "수급권자"라 한다)에 대하여 보건복지부령이 정하는 바에 의하여 국민연금수급증서를 교부하여야 한다. <개정 1994.12.23>

제32조 삭제 <1995.4.1>
제33조 삭제 <1998.12.31>

제34조 (연도별 재평가율 등) 법 제47조제1항제2호의 규정에 의하여 보건복지부장관이 연도별 재평가율(이하 "재평가율"이라 한다)을 고시함에 있어서는 제1호의 규정에 의하여 산정한 금액을 제2호의 규정에 의하여 산정한 금액으로 나눈 값을 기준으로 하여 매년 이를 정하여야 한다. 이 경우 법 제5조의 규정에 의한 국민연금심의위원회의 사전심의를 거쳐야 한다. <개정 2001.3.31>
1. 법 제47조제1항제1호의 규정에 의하여 산정한 금액
2. 법 제47조제1항제1호의 규정에 의한 산정방식에 준하여 재평가대상연도마다 산정한 금액
[전문개정 1998.12.31]

제35조 (기본연금액 산정 관련 적용기간) 법 제47조제1항제1호의 규정에 의하여 산정한 금액 및 제34조의 규정에 의한 연도별 재평가율은 당해 연도 4월부터 다음 연도 3월까지의 기간동안에 지급이 개시되는 급여를 지급받을 권리를 가지는 자에게 이를 적용한다.
[본조신설 2001.3.31]

제36조 (가급연금액 지급대상의 생계의 유지에 관한 인정기준) 법 제48조제1항의 규정에 의하여 가급연금액의 지급대상이 되는 대상자별 인정기준은 별표2와 같다. <개정 2001. 3.31>
[전문개정 1998.12.31]

제37조 (미지급급여의 지급방법) 법 제51조제2항의 규정에 의하여 미지급의 급여를 지급받을 동순위자가 2인이상 있을 때에 그 지급방법은 다음과 같다.
1. 동순위자 중 1인이 한 청구는 그가 지급받을 부분에 대한 청구를 한 것으로 본다.
2. 동순위자가 모든 동순위자의 급여를 지급받을 대표자를 선정하여 미지급급여의 청구를 하는 경우에는 동순위자 또는 그의 법정대리인 중에서 대표자를 선정하고 대표자선정서를 제출하여야 하며, 대표자선정서에는 위임자가 성년인 경우에는 위임자 본인의 인감증명서를, 위임자가 미성년인 경우에는 그 법정 대리인의 인감증명서를 첨부하여야 한다.

제37조의2 (미지급급여 지급대상의 생계의 유지에 관한 인정기준) 법 제51조제1항의 규정에 의하여 미지급급여의 지급대

상이 되는 수급권자에 의하여 생계를 유지하고 있던 자에
관한 대상자별 인정기준은 별표 2와 같다.
[본조신설 1998.12.31]

제37조의3 (부당이득환수금의 고지 등) ①공단은 법 제53조제1
항 및 제2항의 규정에 의한 부당이득 등의 환수사유가 발생
한 때에는 20일이상의 기한을 정하여 그 환수하여야 할 금
액(이하 "부당이득환수금"이라 한다)을 고지하여야 한다.
②제1항의 규정에 의한 기한내에 부당이득환수금을 납부
하지 아니하는 때에는 20일이상의 기한을 정하여 이를 독
촉하여야 한다.
[본조신설 1998.12.31]

제37조의4 (부당이득 등에 가산할 이자) ①법 제53조제1항 후
단의 규정에 의하여 허위 기타 부정한 방법으로 지급받은
급여에 가산할 이자의 계산기간은 당해 급여를 지급받은
날이 속하는 달부터 부당이득환수금을 납부한 날이 속하는
달의 전달까지의 월수에 의하되, 연단위로 계산한 이자를
지급받은 급여에 산입하여 그 후의 이자액을 계산한다.
②제1항의 계산기간동안 적용할 이자율은 3년만기 정기예
금 이자율(당해 계산기간 중에 그 이자율이 변동되거나 은
행에 따라 이자율이 다른 경우에 적용할 이자율은 그 해 1
월 1일 현재 「은행법」에 의하여 설립된 금융기관 중 전국을
영업구역으로 하는 은행이 적용하는 이자율을 평균한 이자
율로 한다. 이하 같다)로 한다. <개정 2006.3.23>
[본조신설 1998.12.31]

제38조 삭제 <2001.3.31>

제39조 (소득이 있는 업무) 법 제56조제3항 및 제4항에서 "소
득이 있는 업무"라 함은 다음 각 호의 소득을 합산한 금액
을 종사월수(당해연도에 종사한 월수를 말하며, 1월 미만인
경우에는 이를 1월로 본다)로 나눈 금액이 법 제47조제1항
제1호의 규정에 따라 산정한 금액을 초과하는 소득이 있는
업무를 말한다.
1. 「소득세법」 제18조의 규정에 따른 부동산임대소득
2. 「소득세법」 제19조의 규정에 따른 사업소득
3. 「소득세법」 제20조의 규정에 따른 근로소득
[전문개정 2006.3.23]

제40조 삭제 <1998.12.31>

제41조 (장애등급 등) ①법 제58조제5항의 규정에 의한 장애
등급구분의 기준은 별표 3과 같다. <개정 1989.5.3, 1998.12.
31, 2001.3.31>
②장애등급의 결정을 위한 장애정도의 심사는 공단이 행한

다. <개정 1998.12.31>
③제2항의 규정에 의한 장애정도의 적정한 심사를 위하여
공단은 장애심사위원을 두거나 자문의사를 위촉할 수 있다.
<개정 1998.12.31>
④장해심사위원 또는 자문의사의 자격과 장애정도의 판정
기준 그 밖에 필요한 사항은 보건복지부장관이 정하여 고
시한다. <개정 1994.12.23, 1998.12.31, 2006.3.23>

제42조 삭제 <2000.12.12>

제43조 (유족연금의 지급방법) 법 제63조제3항의 규정에 의하
여 동 순위의 유족이 2인이상 있는 경우에 유족연금의 지급
방법은 제37조의 규정을 준용한다.

제43조의2 (유족연금 지급대상의 생계의 유지에 관한 인정기준)
법 제63조제1항의 규정에 의하여 유족연금의 지급대상이
되는 가입자 또는 가입자이었던 자에 의하여 생계를 유지
하고 있던 자에 관한 대상자별 인정기준은 별표 2와 같다.
[본조신설 1998.12.31]

제43조의3 (유족연금 수급권자인 처의 소득이 있는 업무) 제39조
의 규정은 유족연금의 수급권자인 처의 경우 법 제66조제1
항제3호의 규정에 의하여 당해 연금의 지급이 정지되는 소
득이 있는 업무의 범위에 관하여 이를 준용한다.
[본조신설 1998.12.31]

제44조 (반환일시금의 산정) ①법 제67조제2항의 규정에 의하
여 사업장가입자·지역가입자·임의가입자 및 임의계속가입
자의 반환일시금을 산정함에 있어서 합산하여야 할 이자의
계산기간은 연금보험료를 납부한 날이 속하는 달의 다음달
부터 자격상실일이 속하는 달까지의 월 수에 의하되, 이자
율은 당해계산기간 중에 적용되었던 3년만기 정기예금이
자율을 적용한다. <개정 1994.12.23, 1995.4.1, 1999.3.31>
1. 삭제<1999.3.31>
2. 삭제<1999.3.31>
②법 제77조의3의 규정에 의하여 보험료를 추후납부한 가
입자의 반환일시금을 산정함에 있어서 합산하여야 하는 이
자의 계산기간은 추후납부한 보험료를 납부한 날이 속하는
달의 다음달부터 자격상실일이 속하는 달까지의 월 수에
의하고, 이자율은 당해 계산기간 중에 적용되었던 3년만기
정기예금이자율을 적용한다.<개정 1999.3.31>
③법 제67조제2항 단서의 규정에 의한 가산할 이자를 산정
함에 있어서 그 계산기간은 자격상실일이 속하는 달의 다
음달부터 다음 각 호의 1에 해당하는 사유가 발생한 날이
속하는 달까지의 월 수에 의하되, 가산율은 당해 계산기간
중에 적용되었던 1년만기 정기예금이자율을 적용한다.

<개정 1998.12.31, 2001.3.31, 2006.3.23>
1. 사망한 때
2. 국적을 상실하거나 국외에 이주한 때
3. 60세에 달한 때
4. 「공무원연금법」·「군인연금법」·「사립학교교직원 연금법」 또는 「별정우체국법」의 적용을 받는 공무원·군인·사립학교교직원 또는 별정우체국직원이 된 때
[전문개정 1989.5.3]

제44조의2 (사망일시금의 지급방법) 제37조의 규정은 법 제69조의2제3항의 규정에 의하여 사망일시금을 지급받을 동순위자가 2인이상 있을 경우의 지급방법에 관하여 이를 준용한다.
[본조신설 1995.4.1]

제45조 (반납금의 납부기한 등<개정 1999.3.31>**)** ①법 제68조제1항의 규정에 의하여 반환일시금을 지급받은 자가 공단에 반납하여야 할 반환일시금 및 이자 (이하 "반납금"이라 한다)의 납부는 일시반납에 있어서는 반납금의 납부신청을 한 날이 속하는 달의 다음달 말일까지, 분할반납에 있어서는 반납금의 납부신청을 한 날이 속하는 달의 다음달부터 매월 말일까지 납부하여야 한다. <개정 1989.5.3, 1999.3.31>
②공단은 법 제68조제2항의 규정에 의하여 반납금을 분할하여 납부하게 하는 경우에는 다음 각 호의 1에 해당하는 횟수의 범위 안에서 납부할 자의 신청에 의하여 반납금을 균분하여 월별로 납부하게 하여야 한다. <개정 1999.3.31>
1. 가입기간이 1년미만이었던 경우에는 3회
2. 가입기간이 1년이상 5년미만이었던 경우에는 12회
3. 가입기간이 5년이상이었던 경우에는 24회
③법 제68조제1항의 규정에 의하여 반환일시금에 가산하는 이자의 계산기간은 당해 반환일시금을 지급한 날이 속하는 달부터 반납금의 납부신청을 한 날이 속하는 달의 전월까지의 월수에 의하되, 연단위로 그 이자를 그 반환일시금에 산입하여 그 후의 이자액을 계산한다. 다만, 법 제68조제2항의 규정에 의한 분할반납의 경우에 다시 가산할 이자의 계산기간은 반납금의 납부신청을 한 날이 속하는 달부터 분할반납이 끝나는 달의 전월까지로 하되, 분할반납할 1회의 금액은 분할반납의 횟수에 따라 원리금을 균분한 금액으로 한다. <개정 1999.3.31>
④제3항 본문의 규정에 의한 이자는 동규정에 의한 기간 중에 적용되었던 1년만기 정기예금이자율을 적용한 액으로 하고, 동항 단서의 규정에 의한 분할반납의 경우에 다시 가산할 이자는 반납금의 납부신청을 한 날이 속하는 당해연도의 1년만기 정기예금이자율을 적용한 액으로 한다. 다만, 제1항의 규정에 의한 반납기한까지 반납금을 납부하지 아니한 경우의 연체이자는 연체기간 중 적용되었던 1년만기

정기예금이자율의 2배에 해당하는 율을 적용한 액으로 한다. <개정 1995.4.1, 1999.3.31>
⑤제2항의 규정에 의한 분할반납의 경우 납부되는 반납금에 상응하는 기간을 가입기간에 산입함에 있어서는 해당 가입기간이 시작되는 처음 달부터 순차적으로 이를 산입한다. <신설 1999.3.31>

제45조의2 (사망일시금 지급대상의 생계의 유지에 관한 인정기준) 법 제69조의2제1항의 규정에 의하여 사망일시금의 지급대상이 되는 가입자 또는 가입자이었던 자에 의하여 생계를 유지하고 있던 자에 관한 대상자별 인정기준은 별표 2와 같다.
[본조신설 1998.12.31]

제46조 (급여의 제한) 법 제70조제2항의 규정에 의하여 급여를 제한하는 경우에 있어서 그 지급하지 아니할 수 있는 범위는 다음 구분에 의한다.
1. 고의나 중대한 과실로 요양지시에 따르지 아니하는 경우에는 급여의 1천분의 800 내지 1천분의 1,000
2. 정당한 사유없이 요양지시에 따르지 아니한 경우에는 급여의 1천분의 500 내지 1천분의 800

제46조의2 삭제 <1997.12.31>

제46조의3 (지급의 일시중지) ①공단은 법 제73조제3항의 규정에 의하여 급여의 지급을 일시중지하고자 하는 경우에는 수급권자에게 10일이상의 기한을 정하여 서면으로 급여의 지급이 정지될 수 있는 사유를 해소할 것을 촉구하여야 한다.
②제1항의 규정에 의한 촉구를 받은 자가 기한내에 필요한 조치를 하지 아니하는 경우에는 그 다음달부터 1년이내의 기간을 정하여 급여의 지급을 일시중지한다.
③제1항의 규정에 의하여 급여의 지급이 일시중지된 자가 그 일시중지 기간내에 필요한 조치를 이행하는 때에는 그 일시중지를 즉시 해제하고, 그 동안 지급하지 아니한 급여를 지급하여야 한다.
④제2항의 규정에 의한 일시중지 기간내에 필요한 조치를 이행하지 아니하는 자에 대하여 법 제73조제1항의 규정에 의하여 급여의 지급을 정지하는 경우에는 일시중지한 기간을 포함하여 그 지급을 정지하여야 한다.
[본조신설 1998.12.31]

제5장 비용부담 및 연금보험료 징수 등 <개정 1999.3.31>

제47조 (농어업인의 범위) ①법 제76조제1항 단서의 규정에 의한 농업·임업·축산업 또는 수산업을 경영하거나 이에 종

사하는 자(이하 "농어업인"이라 한다)는 다음 각 호의 어느 하나에 해당하는 자로 한다. <개정 2006.3.23>
1. 「농업·농촌기본법 시행령」 제3조의 규정에 해당하는 자
2. 「농어촌발전 특별조치법 시행령」 제3조제3호의 규정에 해당하는 자
3. 삭제 <2006.3.23>
②제1항의 규정에 불구하고 농업·임업 또는 어업간의 겸업을 하는 경우에는 각 업종의 판매액 또는 종사기간을 보건복지부령이 정하는 바에 의하여 합산하여 농어업인인지의 여부를 결정한다.
③제1항 및 제2항의 규정에 불구하고 다음 각 호의 어느 하나에 해당하는 자는 농어업인에서 제외한다. <개정 2000.12.12, 2006.3.23>
1. 농업소득·임업소득 또는 어업소득을 합산한 액보다 그 외의 소득이 많은 자
2. 「부가가치세법」 제5조 및 「소득세법」 제168조의 규정에 따라 등록하여 사업을 하는 자. 다만, 다음 각 목의 어느 하나에 해당하는 자를 제외한다.
가. 「부가가치세법」 제25조의 규정에 따른 간이과세자
나. 농업·임업 또는 어업과 관련하여 사업활동을 하는 자
④제1항 및 제2항의 규정에 의한 농어업인에 해당하는 자는 보건복지부령이 정하는 바에 의하여 그 거주지 또는 토지의 소재지를 관할하는 시장·구청장·읍장 또는 면장의 확인을 받아야 한다. 다만, 「농지법」 제51조의 규정에 따른 농지원부에 의하여 농업인임을 확인할 수 있는 자 또는 「축산법」 제20조제1항의 규정에 따라 축산업을 등록한 자의 경우에는 그러하지 아니하다. <개정 2003.4.4, 2006.3.23>
[전문개정 1999.3.31]

제47조의2 삭제 <1999.3.31>

제48조 (연금보험료의 선납과 환부) ①법 제76조제2항의 규정에 의하여 연금보험료를 선납할 경우에는 월을 단위로 하여 납부하여야 한다. <개정 1995.4.1>
②법 제76조제2항의 규정에 의하여 연금보험료를 선납한 후 선납분에 해당되는 기간이 경과되기 전에 가입자가 그 자격을 상실한 경우에는 그 자격을 상실한 자(사망한 경우에는 「민법」에 의한 상속인을 말한다)의 청구에 의하여 선납한 연금보험료 등 미경과기간분에 해당하는 액을 환부하며, 환부할 금액은 제3항의 규정에 의한 감액률을 적용한 경과기간분에 해당하는 액을 공제한 금액으로 한다. <개정 1995.4.1, 2006.3.23>
③법 제76조제3항의 규정에 의하여 연금보험료를 선납하는 경우 그 선납하는 기간은 1년을 초과하지 못하며, 선납에 따라 연금보험료에서 감액하는 금액은 월 연금보험료에 1년만기 정기예금이자율의 12분의 1 및 선납하는 월 수를 곱하여 계산한다. 이 경우 1년만기 정기예금이자율은 연금보험료의 선납을 신청한 날이 속하는 연도의 이자율로 한다. <개정 1999.3.31>

제48조의2 (자동계좌이체자에 대한 이익제공) 공단은 법 제76조제4항의 규정에 의하여 연금보험료를 자동계좌이체의 방법에 의하여 납부하는 자에 대하여는 자동계좌이체에 따라 절감되는 비용에 상당하는 금액을 연금보험료에서 차감하거나 추첨의 방법에 의하여 금품·경품 등을 제공할 수 있다. <개정 1999.9.30>
[본조신설 1999.3.31]

제49조 (연금보험료의 납부예외) 법 제77조의2제1항제7호의 규정에 의하여 연금보험료를 납부하지 아니할 수 있는 경우는 다음 각 호의 1에 해당하는 경우로 한다. <개정 2006.3.23>
1. 질병 또는 부상으로 3월이상 입원한 경우
2. 「농어업재해대책법」·「자연재해대책법」 또는 「재해구호법」에 의한 보조 또는 지원의 대상이 된 경우
3. 삭제 <2001.3.31>
4. 재해·사고 등의 발생으로 연금보험료를 납부할 경우 보건복지부장관이 정하는 기초생활의 유지가 곤란하다고 인정되는 소득감소의 경우
[전문개정 1999.3.31]

제49조의2 (연금보험료의 납부예외신청 등) ①사용자 또는 지역가입자는 법 제77조의2제1항의 규정에 의하여 연금보험료를 납부하지 아니하고자 하는 경우에는 보건복지부령이 정하는 바에 의하여 공단에 연금보험료의 납부예외신청을 하여야 한다.
②공단은 지역가입자에게 법 제77조의2제1항제2호 내지 제6호의 규정에 의한 사유가 발생하여 연금보험료를 징수할 수 없다고 판단되는 때에는 제1항의 규정에 불구하고 그 사유의 발생기간에 대하여 연금보험료의 납부예외를 결정할 수 있다. 다만, 납부예외사유가 발생한 기간의 전부 또는 일부에 대하여 이미 연금보험료를 납부한 경우 그 납부한 연금보험료에 대하여는 그러하지 아니하다.
③공단은 법 제77조의2제1항제6호 또는 제7호의 규정에 의한 사유로 연금보험료를 납부하지 아니하는 자에 대하여는 연금보험료의 납부예외 개시일부터 1년이 경과할 때마다 그 예외사유의 종료여부를 확인하여야 한다.
④공단은 연금보험료를 납부하지 아니하는 자의 납부예외 사유가 종료되는 때에는 미리 그 사실을 당해 가입자에게 통지하여야 한다.
[본조신설 1999.3.31]

제49조의3 (추납보험료의 납부신청 등) ①법 제77조의3제1항 각 호의 1에 해당하는 자가 해당호에 규정된 기간의 전부 또는 일부에 상응하는 보험료(이하 "추납보험료"라 한다)를 공단에 납부하고자 하는 경우에는 보건복지부령이 정하는 바에 의하여 공단에 추납보험료의 납부신청을 하여야 한다. ②제45조제1항 내지 제4항의 규정은 추납보험료의 납부기한, 추납보험료를 분할납부할 경우의 납부의 방법·횟수, 가산이자 및 추납보험료를 납부기한내에 납부하지 아니한 경우의 연체이자 등에 관하여 이를 준용한다. 이 경우 제45조제1항 내지 제4항 중 "반납금"은 "추납보험료"로, "가입기간"은 "추납기간"으로 본다.
[본조신설 1999.3.31]

제50조 (20이상 적용사업장가입자의 연금보험료 징수) 공단은 사업장가입자의 연금보험료를 징수함에 있어 그 사업장가입자가 국민연금에 가입된 2이상의 사업장의 근로자이거나 사용자인 경우에는 각 사업장별 표준소득월액을 기준으로 각각 징수한다. 다만, 국민연금에 가입된 2이상의 사업장 중에 표준소득월액의 최고등급에 해당하는 소득월액을 지급하는 사업장이 있는 경우에는 주된 사업장에서만 징수한다.
[전문개정 1995.4.1]

제50조의2 (연금보험료 등의 독촉) ①공단은 법 제79조제1항의 규정에 의하여 사업장가입자의 연금보험료 등의 납부를 독촉하는 때에는 납기경과후 20일이내에 당해 사업장가입자의 사용자에게 독촉장을 발부하여야 한다. ②공단은 법 제79조제1항의 규정에 의하여 지역가입자의 연금보험료 등의 납부를 독촉하는 때에는 납기경과후 3월이내에 당해가입자에게 독촉장을 발부하여야 한다.
[본조신설 1999.3.31][종전 제50조의2는 제50조의3으로 이동<1999.3.31>]

제50조의3 (체납처분시의 연금보험료 충당) 법 제79조제3항의 규정에 의하여 체납연금보험료 등을 국세체납처분의 예에 따라 징수함에 있어서, 체납처분이 종결되고 체납액에 충당된 배분금액이 그 체납액에 부족한 때에는 다음 각 호의 방법으로 연금보험료 등에 충당하여야 한다. <개정 1995.4.1, 1999.3.31>
1. 2월분이상의 연금보험료를 체납한 경우 : 납부기한이 빠른 달의 연체금·연금보험료의 순서
2. 1월분의 연금보험료를 체납한 경우 : 연체금·연금보험료의 순서
[본조신설 1991.8.10][제50조의2에서 이동<1999.3.31>]

제50조의4 (매각대행의 의뢰 등) ①공단은 법 제79조제4항의 규정에 의하여 압류재산의 매각을 「금융기관부실자산 등의 효율적 처리 및 한국자산관리공사의 설립에 관한 법률」에 의하여 설립된 한국자산관리공사(이하 "한국자산관리공사"라 한다)로 하여금 대행하게 하는 경우에는 다음 각 호의 사항을 기재한 매각대행의뢰서를 한국자산관리공사에 송부하여야 한다. <개정 2006.3.23>
1. 체납자의 성명과 주소 또는 거소
2. 매각할 재산의 종류·수량·품질 및 소재지
3. 압류에 관계되는 연금보험료 그 밖의 징수금의 내역과 납부기한
4. 그 밖의 필요한 사항
②공단은 제1항의 규정에 의한 매각대행의 사실을 체납자, 그 재산상에 전세권·질권·저당권 그 밖의 권리를 가진 자와 압류재산을 보관하고 있는 자에게 통지하여야 한다.
[본조신설 2001.3.31]

제50조의5 (압류재산의 인도) ①공단은 제50조의4제1항의 규정에 의하여 매각대행을 의뢰함에 있어서 공단이 점유하고 있거나 제3자로 하여금 보관하게 한 재산을 한국자산관리공사에 인도할 수 있다. 다만, 제3자로 하여금 보관하게 한 재산에 대하여는 그 제3자가 발행하는 재산의 보관증을 인도함으로써 이에 갈음할 수 있다. ②한국자산관리공사는 제1항의 규정에 의하여 압류재산을 인수한 때에는 인계·인수서를 작성하여야 한다.
[본조신설 2001.3.31]

제50조의6 (매각대행의 해제 요구) ①한국자산관리공사는 매각대행의 의뢰를 받은 날부터 2년 이내에 매각되지 아니한 재산이 있는 경우에는 공단에 그 재산에 대한 매각대행의뢰의 해제를 요구할 수 있다. ②공단은 제1항의 규정에 의하여 해제 요구를 받은 때에는 특별한 사정이 있는 경우를 제외하고는 이에 응하여야 한다.
[본조신설 2001.3.31]

제50조의7 (압류해제의 통지) ①공단은 한국자산관리공사로 하여금 압류재산의 매각을 대행하게 한 후 매각기일전에 그 재산의 압류를 해제한 때에는 지체없이 그 사실을 한국자산관리공사에 통지하여야 한다. ②제1항의 규정에 의하여 통지를 받은 한국자산관리공사는 지체없이 그 재산의 매각을 중지하고 그 사실을 공단에 통지하여야 한다.
[본조신설 2001.3.31]

제50조의8 (매각대행에 관한 세부사항) 법 제79조제4항의 규정에 의하여 한국자산관리공사가 대행하는 매각에 관하여 필

요한 사항으로서 이 영에서 정한 내용에 관한 세부사항은 공단이 한국자산관리공사와 협의하여 정한다.
[본조신설 2001.3.31]

제51조 (연체금) ①공단은 법 제80조의 규정에 의하여 연금보험료의 납부의무자가 납부기한내에 이를 납부하지 아니한 때에는 그 납부기한이 경과한 날부터 체납된 연금보험료의 1천분의 30에 해당하는 연체금을 징수한다. <개정 1995.4.1, 2006.3.23>
②체납된 연금보험료를 납부하지 아니한 때에는 납부기한이 경과한 날부터 1월이 경과할 때마다 체납된 연금보험료의 1천분의 10에 해당하는 연체금을 제1항의 규정에 의한 연체금에 가산하여 징수한다. 이 경우 연체금의 합계액은 체납된 연금보험료의 1천분의 90을 초과하지 못한다. <개정 1995.4.1, 2006.3.23>
③천재·지변 기타 보건복지부령이 정하는 부득이한 사유가 있는 경우에는 제1항 및 제2항의 규정에 의한 연체금을 징수하지 아니할 수 있다. <개정 1994.12.23>

제51조의2 (연금보험료 등의 회계기관) 공단의 이사장은 법 제75조제1항 및 동법 제80조의 규정에 의하여 연금보험료 및 연체금의 징수업무를 담당하게 하기 위하여 공단의 상임이사 중에서 연금보험료세입징수관을, 그 직원 중에서 분임 연금보험료세입징수관을 임명할 수 있다. <개정 1995.4.1>
[본조신설 1989.5.3]

제51조의3 (과오납금의 충당 및 반환) ①공단은 법 제81조의3의 규정에 의한 과오납금이 발생한 때에는 다음 각 호의 순으로 우선 충당한다. 이 경우 제3호의 규정에 의한 징수금의 충당방법에 관하여는 제50조의3의 규정을 준용한다.
1. 체납처분비
2. 부당이득환수금 및 가산이자
3. 미납된 연금보험료 및 연체금
4. 향후 납부하여야 할 1월분의 연금보험료. 다만, 제2항의 규정에 의하여 과오납금의 잔여금을 반환받을 수 있는 자의 의사에 반하여 충당할 수 없다.
②제1항의 규정에 의하여 충당하고 남은 과오납금의 잔여금은 다음 각 호의 순으로 반환하여야 한다. 이 경우 동순위자가 2인 이상이 있을 때에는 제37조의 규정을 준용한다.
1. 납부의무자
2. 법 제63조의 규정에 의한 유족연금수급권자
3. 납부의무자의 상속인
③법 제81조의3 후단의 규정에 의하여 과오납금에 가산할 이자의 계산기간은 그 과오납부한 날이 속하는 달의 다음 달부터 충당 또는 반환하기로 결정한 날이 속하는 달까지로 하되, 이자율은 계산기간 중에 적용된 1년만기 정기예금 이자율로 한다. <개정 2006.3.23>
1. 삭제 <2006.3.23>
2. 삭제 <2006.3.23>
3. 삭제 <2006.3.23>
④공단은 제1항의 규정에 의하여 과오납금을 충당하거나 제2항의 규정에 의하여 반환하고자 하는 때에는 그 사실을 제2항에 규정된 자에게 문서로 통지하여야 한다.
⑤법 제68조의 규정에 의한 반납금 및 법 제77조의3의 규정에 의한 추납보험료의 징수에서 발생한 과오납금에 대하여는 제1항 내지 제4항의 규정을 준용하고, 부당이득환수금의 징수에서 발생한 과오납금에 대하여는 제1항·제2항 및 제4항의 규정을 준용한다. <개정 2006.3.23>
[본조신설 2001.3.31]

제6장 국민연금기금

제52조 (기금의 운용사업 등) ①법 제83조제2항제1호의 규정에 의한 금융기관은 다음 각 호와 같다. <신설 2001.3.31, 2006.3.23, 2006.8.17>
1. 「은행법」에 의한 금융기관, 「한국산업은행법」에 의한 한국산업은행 및 「중소기업은행법」에 의한 중소기업은행
2. 「증권거래법」에 따른 증권회사
3. 「신탁업법」에 따른 신탁회사
4. 「간접투자자산 운용업법」에 따른 자산운용회사 및 투자자문회사
5. 「종합금융회사에 관한 법률」에 따른 종합금융회사
6. 「보험업법」에 의한 보험회사
②법 제83조제2항제5호의 규정에 의한 사업을 실시하기 위하여 기금을 대여하는 경우 그 이자율은 국민연금기금운용위원회(이하 "운용위원회"라 한다)가 정한다.
③법 제83조제2항제7호의 규정에 의한 기금증식사업은 다음 각 호와 같다. <개정 2001.3.31, 2006.3.23>
1. 「벤처기업 육성에 관한 특별조치법」 제4조제1항의 규정에 따른 벤처기업에 대한 투자와 중소기업창업투자조합·신기술사업투자조합 또는 한국벤처투자조합에 대한 출자
2. 「산업발전법」 제15조의4제1항의 규정에 따른 기업구조조정조합에 대한 출자
3. 「간접투자자산 운용업법」 제2조제8호 및 제9호의 규정에 따른 장내파생상품 및 장외파생상품거래(투기적 목적의 거래를 제외한다)
4. 「외국환거래법」 제3조제1항제11호의 규정에 따른 외국환의 매매
5. 「간접투자자산 운용업법」 제2조제4호의2의 규정에 따른 투자전문회사에 대한 출자
6. 「사회기반시설에 대한 민간투자법」 제2조제2호 및 제41조의 규정에 따른 사회기반시설사업에 대한 투융자 및 사

회기반시설투융자회사에 대한 출자
7. 「부동산투자회사법」에 따른 부동산투자회사, 「자산유동화에 관한 법률」에 따른 유동화전문회사, 「간접투자자산운용업법」에 따른 부동산 간접투자기구에 대한 투융자
8. 외국의 투자전문회사·사회기반시설투융자회사에 대한 출자와 외국의 사회기반시설사업·부동산투자회사·유동화전문회사 또는 부동산 간접투자기구에 대한 투융자. 이 경우 해당 회사 또는 사업 등은 외국의 관계법령에 따라 적법하게 설치되거나 시행되고 있는 것에 한한다.
9. 법 제83조제3항 단서의 규정에 의한 5년만기 국채수익률 이상의 수익이 기대되는 사업으로서 운용위원회가 기금의 증식을 위하여 필요하다고 인정하는 사업
④법 제83조제3항 단서의 규정에 의한 5년만기 국채수익률은 「증권거래법」 제194조의 규정에 의한 유가증권시장 및 코스닥시장외에서 매매거래되는 다음 각 호의 채권의 유통수익률 중 높은 수익률로 한다. <개정 2003.11.29, 2006.3.23>
1. 「주택법 시행령」 제91조제1항제1호의 규정에 의하여 발행된 제1종 국민주택채권
2. 「국채법」 제3조의 규정에 의한 국고채권
[전문개정 1998.12.31]

제53조 (기금의 계리) 법 제83조제4항의 규정에 의한 기금의 계리는 모든 회계처리를 발생의 사실에 의하여 기업회계의 원칙에 따라 계리하여야 한다.

제54조 (기금의 관리·운용에 관한 업무위탁 등) ①보건복지부장관은 법 제83조제5항의 규정에 의하여 다음 각 호의 업무를 공단에 위탁한다.
1. 법 제83조제2항의 규정에 의한 기금의 관리·운용
2. 법 제83조제4항의 규정에 의한 기금의 계리
3. 법 제83조제2항제6호의 규정에 의하여 공단이 취득한 재산의 임대 등 기금의 관리·운용에 관하여 보건복지부장관이 정하는 업무
[전문개정 1998.12.31]

제55조 (운용위원회의 위원장 등의 직무) ①운용위원회의 위원장은 운용위원회를 대표하며, 그 회무를 통리한다.
②위원장이 부득이한 사유로 직무를 수행할 수 없는 때에는 공익을 대표하는 위원 중에서 위원장이 미리 지정하는 자가 그 직무를 대행한다. <개정 1998.12.31>

제56조 (운용위원회의 회의 등) ①운용위원회의 위원장은 법 제84조제5항의 규정에 의한 회의 외에 재적위원 3분의 1이상의 요구가 있는 때 또는 위원장이 필요하다고 인정하는 때에 운용위원회의 회의를 소집할 수 있다. <개정

2001.3.31>
②운용위원회에 간사 1인을 두되, 간사는 보건복지부 소속 공무원 중에서 위원장이 지명한다.
③제16조의2의 규정은 운용위원회의 회의록의 작성·비치 및 열람에 관하여 이를 준용한다. 이 경우 "국민연금심의위원회"는 "운용위원회"로 본다.
[전문개정 1998.12.31]

제57조 삭제 <1998.12.31>

제58조 (운용위원회위원의 수당) 운용위원회의 회의에 출석한 위원에게는 예산의 범위 안에서 수당을 지급할 수 있다. 다만, 공무원인 위원이 그 소관업무와 직접적으로 관련되어 출석하는 경우에는 그러하지 아니하다.

제58조의2 (국민연금기금운용실무평가위원회) ①법 제84조의2의 규정에 의한 국민연금기금운용실무평가위원회(이하 "실무평가위원회"라 한다)의 위원장은 실무평가위원회를 대표하고, 그 사무를 통할한다.
②실무평가위원회의 부위원장은 위원장을 보좌하고, 위원장이 부득이한 사유로 직무를 수행할 수 없는 때에는 그 직무를 대행한다.
③실무평가위원회에 간사 1인을 두되, 간사는 보건복지부 소속공무원 중에서 위원장이 지명한다.
④실무평가위원회의 회의에 출석한 위원에게는 예산의 범위 안에서 수당을 지급할 수 있다. 다만, 공무원인 위원이 그 소관업무와 직접적으로 관련되어 출석하는 경우에는 그러하지 아니하다.
⑤실무평가위원회의 운영에 관하여 제1항 내지 제4항외에 필요한 사항은 운용위원회의 의결을 거쳐 운용위원회의 위원장이 정한다.
[전문개정 1998.12.31]

제59조 (기금운용지침) ①보건복지부장관은 다음 연도의 국민연금기금운용지침안(이하 "기금운용지침안"이라 한다)을 작성하여 4월 말일까지 운용위원회에 제출하여야 한다. <개정 1993.11.16, 1994.12.23, 1998.12.31>
②운용위원회는 제1항의 규정에 의한 기금운용지침안을 5월 말일까지 심의·의결하여야 한다. <개정 1993.11.16>

제60조 (기금계정의 설치) 보건복지부장관은 기금의 수입과 지출을 명확히 하기 위하여 한국은행에 국민연금기금계정을 설치하여야 한다. <개정 1994.12.23>

제61조 (연금보험료의 기금에의 납입 등) ①공단은 징수한 연금보험료의 총액을 일별로 국민연금기금계정에 납입하여

야 한다. <개정 1995.4.1>
②공단은 징수한 전월분의 연금보험료의 총액, 미수된 금액등의 징수현황을 매월 말일까지 보건복지부장관에게 문서로 보고하여야 한다. <개정 1994.12.23, 1995.4.1>

제62조 (기금의 월별운용) 보건복지부장관은 조성된 기금을 법 제87조제1항의 규정에 의한 기금운용계획에 의하여 원칙적으로 월별로 관리·운용하여야 한다. <개정 1994.12.23>

제63조 (기금의 회계기관 등) ①보건복지부장관은 기금의 출납업무를 담당하게 하기 위하여 보건복지부 소속공무원 중에서 기금수입징수관·기금재무관·기금지출관 및 기금출납공무원을 임명한다. 이 경우 임명사실을 감사원장 및 한국은행총재에게 각각 통지하여야 한다. <개정 1994.12.23, 1998.12.31, 2006.3.23>
②기금수입징수관 및 기금재무관은 기금의 관리·운용에 따르는 계약 및 수입·지출의 원인이 되는 행위와 기금수입금의 징수·결정에 관한 업무를 담당하며, 기금지출관 및 기금출납공무원은 기금의 관리·운용에 따르는 수입 및 지출업무를 담당한다. <개정 2006.3.23>
③공단은 제54조제1항의 규정에 의하여 위탁받은 기금의 관리·운용에 관한 업무를 처리하기 위하여 기금출납이사와 기금출납원을 두되, 기금출납이사는 법 제28조의2의 규정에 의한 기금이사가 되고, 기금출납원은 공단 직원 중에서 공단 이사장이 임명한 자가 된다. 이 경우 기금출납이사는 기금수입징수관 및 기금재무관의 업무를, 기금출납원은 기금지출관 및 기금출납공무원의 업무를 행한다. <개정 1998.12.31, 2006.3.23>
④삭제 <2001.3.31>
⑤공단이사장은 제3항의 규정에 의하여 기금출납이사와 기금출납원을 임명하는 때에는 그 사실을 보건복지부장관·감사원장 및 한국은행총재에게 각각 통지하여야 한다. <개정 1998.12.31>
⑥기금의 지출원인행위, 지출 등에 관하여 필요한 사항은 보건복지부령으로 정한다. <개정 1994.12.23>

제63조의2 (기금운용 결산 등) ①공단은 매 분기말 현재의 법 제87조제3항의 규정에 의한 기금의 운용결과를 다음 분기 첫째 달 20일까지 운용위원회에 제출하여야 한다.
②공단은 매 회계연도 종료후 2월이내에 「주식회사의 외부감사에 관한 법률」 제3조의 규정에 의한 감사인의 감사보고서를 첨부한 연간기금운용 결과를 보건복지부장관에게 제출하여야 한다. <개정 2006.3.23>
[본조신설 1998.12.31]

제64조 (기금운용내역 등의 공시) 운용위원회의 위원장은 법 제87조제4항의 규정에 의하여 매년 기금의 운용내역 및 사용내역을 「신문 등의 자유와 기능보장에 관한 법률」 제12조제1항의 규정에 의하여 보급지역을 전국으로 등록한 일반일간신문 및 경제분야 특수일간신문 각 1개이상에 공시하여야 한다. 이 경우 운용위원회 위원장은 법 제84조의2제6항의 규정에 의하여 실무평가위원회가 제출한 기금운용에 관한 평가결과를 함께 공시하여야 한다. <개정 2006.3.23>
[전문개정 1998.12.31]

제7장 심사청구 및 재심사청구<개정 1998.12.31>

제65조 (심사청구의 방식) ①법 제88조의 규정에 의한 심사청구는 다음의 사항을 기재한 문서로 하되, 청구인이 기명날인하여야 한다. <개정 1998.12.31>
1. 청구인의 성명, 주소 및 주민등록번호
2. 처분을 받은 자의 성명, 주소 및 주민등록번호
3. 심사청구의 대상이 되는 처분의 내용
4. 처분이 있은 것을 안 날
5. 심사청구의 취지 및 이유
6. 심사청구의 연월일
7. 청구인이 처분을 받은 자가 아닌 때에는 처분을 받은 자와의 관계
8. 첨부서류의 표시
②청구인 및 처분을 받은 자가 가입자 또는 가입자이었던 자가 아닌 경우에는 당해가입자 또는 가입자이었던 자의 성명, 주소 및 주민등록번호를 기재하여야 한다.<개정 1998.12. 31>
③청구인의 대리인이 심사청구를 한 때에는 그 대리인임을 증명하는 위임장을 첨부하여야 한다. <개정 1998.12.31>

제66조 (심사위원회의 구성) ①법 제89조제1항의 규정에 의한 국민연금심사위원회(이하 "심사위원회"라 한다)는 위원장 1인을 포함한 20인 이내의 위원으로 구성한다. <개정 1998.12.31, 2006.3.23>
②위원은 다음 각 호에 해당하는 자 중에서 공단 이사장이 임명 또는 위촉한다. <개정 1998.12.31, 2006.3.23>
1. 공단의 실장급이상의 임직원
2. 사용자단체가 추천하는 자
3. 근로자단체가 추천하는 자
4. 지역가입자를 대표하는 단체가 추천하는 자
5. 변호사, 사회보험 및 의료에 관한 학식과 경험이 있는 자

제67조 (심사위원회의 위원장) ①심사위원회의 위원장은 공단의 상임이사 중 공단 이사장이 임명하는 자로 한다. <개정 1998.12.31, 2006.3.23>

②위원장이 사고가 있을 때에는 위원장이 지명하는 위원이 그 직무를 대행한다.

제68조 (심사위원회 위원의 임기) 심사위원회의 위원의 임기는 2년으로 한다. 다만, 공단의 임직원인 위원의 임기는 그 직위의 재임기간으로 한다.
[전문개정 1998.12.31]

제69조 (심사위원회의 회의) ①심사위원회의 회의는 위원장과 위원장이 매 회의마다 지정하는 9인의 위원으로 구성하되, 위원은 제66조제2항제2호 내지 제5호에 해당하는 자가 각 2인 이상 포함되어야 한다. <신설 2006.3.23>
②심사위원회의 위원장은 회의를 소집하고, 그 의장이 된다. <개정 1998.12.31, 2006.3.23>
③심사위원회의 회의는 제1항의 규정에 따른 구성원 과반수의 출석으로 개의하고 출석위원 과반수의 찬성으로 의결한다. <개정 1998.12.31, 2006.3.23>

제69조의2 (간사) ①심사위원회에 간사 1인을 둔다.
②간사는 공단 이사장이 공단의 직원 중에서 임명한다.
③간사는 위원장의 명을 받아 심사위원회의 서무를 처리한다.
[본조신설 2006.3.23]

제70조 (수당) 심사위원회의 회의에 출석한 공단의 임직원이 아닌 위원에 대하여는 수당을 지급할 수 있다. <개정 1998.12.31>

제71조 (보정) ①심사위원회는 심사청구가 부적법하나 보정할 수 있다고 인정되는 때에는 상당한 기간을 정하여 그 보정을 요구하여야 한다. 다만, 보정할 사항이 경미한 때에는 직권으로 보정할 수 있다. <개정 1998.12.31>
②제1항의 보정은 서면으로 하여야 하며, 보정이 있는 경우에는 처음부터 적법한 심사청구가 있는 것으로 본다. <개정 1998.12.31>

제72조 (증거제출) 청구인은 심사청구에 대한 결정이 있기 전까지 심사위원회에 문서, 장부, 물건 그 밖의 증거자료를 제출할 수 있으며 심사위원회에 출석하여 구두로 의견을 진술할 수 있다. <개정 1998.12.31>

제73조 (감정의뢰) 심사위원회는 심사를 위하여 필요하다고 인정할 때에는 청구인의 신청 또는 직권에 의하여 특별한 학식과 경험이 있는 자에게 감정을 의뢰할 수 있다. <개정 1998.12.31>

제74조 (심사청구의 취하) 청구인은 결정이 있기 전까지는 언제든지 심사청구를 문서로써 취하할 수 있다. <개정 1998.12.31>

제75조 (결정) ①공단은 심사청구가 부적법한 것인 때에는 그 심사청구를 각하하는 결정을 한다. <개정 1998.12.31>
②공단은 심사청구가 이유없다고 인정할 때에는 그 심사청구를 기각하는 결정을 한다. <개정 1998.12.31>
③공단은 심사청구가 이유있다고 인정할 때에는 처분을 취소 또는 변경하는 결정을 한다. <개정 1998.12.31>
④공단은 제1항 내지 제3항의 규정에 의한 결정을 한 때에는 지체없이 청구인에게 결정서의 정본을 송부하여야 한다. <개정 1998.12.31>

제76조 (결정기간) ①공단은 심사청구를 받은 날부터 60일 이내에 결정을 하여야 한다. 다만, 부득이한 사정이 있을 때에는 위원장이 직권으로 30일을 연장할 수 있다.
②제1항 단서의 규정에 따라 결정기간을 연장한 때에는 결정기간이 만료되기 7일전까지 청구인에게 이를 통지하여야 한다.
③제71조의 규정에 따른 보정기간은 제1항의 규정에 따른 결정기간에 산입하지 아니한다.
[전문개정 2006.3.23]

제77조 (결정의 방식) ①결정서에는 다음의 사항을 기재하고 공단이사장이 기명날인하여야 한다. <개정 1998.12.31, 2006. 3.23>
1. 청구인의 성명, 주소
2. 처분을 받은 자의 성명, 주소
3. 결정의 주문
4. 심사청구의 취지
5. 결정의 이유
6. 결정의 연월일

제78조 (심사위원회의 운영규정) 심사위원회의 운영에 관하여 필요한 사항은 공단의 규정으로 정한다.
[전문개정 1998.12.31]

제79조 (재심사청구의 방식) 법 제90조의 규정에 의하여 심사청구에 대한 결정에 불복이 있는 자가 재심사청구를 하는 경우에 있어서는 「행정심판법」 제19조제2항의 규정에 의한 기재사항을 준용하는 외에 다음의 사항을 기재하여야 한다. <개정 1998.12.31, 2006.3.23>
1. 재심사청구를 하는 자와 처분을 받은 자가 다른 경우에는 처분을 받은 자의 성명, 주소 및 주민등록번호
2. 재심사청구를 하는 자 및 처분을 받은 자가 가입자 또는

가입자이었던 자가 아닌 경우에는 당해 가입자 또는 가입자이었던 자의 성명, 주소 및 주민등록번호

제80조 (재심사위원회의 구성 등) ①법 제91조제1항의 규정에 의한 국민연금재심사위원회(이하 "재심사위원회"라 한다)는 위원장 1인을 포함한 7인의 위원으로 구성한다. <개정 1998.12.31>
②위원은 다음 각 호의 어느 하나에 해당하는 자 중에서 보건복지부장관이 임명 또는 위촉하는 자로 한다. <개정 1994.12. 23, 1998.12.31, 2000.12.12, 2006.3.23, 2006.6.12>
1. 보건복지부 소속 3급·4급 또는 고위공무원단에 속하는 일반직공무원
2. 판사, 검사 또는 변호사의 자격이 있는 자
3. 「고등교육법」 제2조의 규정에 의한 대학에서 부교수이상의 직에 재직하고 있는 자
4. 사회보험 또는 의료에 관한 학식과 경험이 있는 자 중에서 보건복지부장관이 그 자격이 있다고 인정하는 자

제81조 (재심사위원회의 위원장) ①재심사위원회의 위원장은 보건복지부 국민연금정책관이 된다. <개정 1994.12.23, 1998.12.31, 2006.3.23>
②위원장이 사고가 있을 때에는 위원장이 지명하는 위원이 그 직무를 대행한다.

제81조의2 (재심사위원회의 회의) ①재심사위원회의 위원장은 회의를 소집하고 그 의장이 된다.
②재심사위원회의 회의는 재적위원 과반수의 출석으로 개의하고 출석위원 과반수의 찬성으로 의결한다.
[본조신설 2006.3.23]

제82조 (간사) ①재심사위원회에 간사 1인을 둔다. <개정 1998.12.31>
②간사는 보건복지부장관이 보건복지부 소속공무원 중에서 임명한다. <개정 1994.12.23, 1998.2.28>
③간사는 위원장의 명을 받아 재심사위원회의 서무를 처리한다. <개정 1998.12.31>

제83조 (수당) 재심사위원회의 회의에 출석한 위원에게는 예산의 범위 안에서 수당을 지급할 수 있다. 다만, 공무원인 위원이 그 소관업무와 직접적으로 관련되어 출석하는 경우에는 그러하지 아니하다. <개정 1998.12.31>

제84조 (준용규정) 제68조의 규정은 재심사위원회에 관하여 이를 준용한다. 이 경우에 "심사위원회"는 "재심사위원회"로, "공단의 임직원"은 "공무원"으로 본다. <개정 1998.12. 31, 2006.3.23>

제8장 보칙

제85조 삭제 <1998.12.31>

제85조의2 (당연적용에서 제외되는 외국인) 법 제102조제1항의 규정에 의하여 당연히 사업장가입자 또는 지역가입자가 되는 외국인에서 제외되는 자는 다음 각 호와 같다. <개정 2006.3.23>
1. 「출입국관리법」 제25조의 규정에 의하여 체류기간 연장허가를 받지 아니하고 체류하는 자
2. 「출입국관리법」 제31조의 규정에 의한 외국인등록을 하지 아니하거나 동법 제59조제2항의 규정에 의하여 강제퇴거명령서가 발부된 자
3. 「출입국관리법 시행령」 별표1에 의한 외국인의 체류자격이 있는 자로서 보건복지부령이 정하는 자
[본조신설 1999.3.31][종전 제85조의2는 제85조의3으로 이동<1991.3.31>]

제85조의3 (외국인 가입자에 대한 반환일시금의 지급<개정 1999.3.31>) 법 제102조제2항 단서에서 "외국인의 본국법이 대한민국국민에게 제67조 내지 제69조의 규정에 의한 반환일시금에 상응하는 급여를 지급하도록 규정하는 경우"라 함은 외국인의 본국법에서 법 제45조제1호 내지 제3호의 규정에 의한 급여에 상응하는 급여의 수급권을 취득하지 못하고 법 제67조제1항 각 호의 1에 해당하게 되는 대한민국국민에게 당해 대한민국국민이 가입기간 중 납부한 연금보험료에 기초하여 산정한 일정금액을 일시금으로 지급하도록 규정하고 있는 경우를 말한다.
[본조신설 1995.12.29][제85조의2에서 이동<1991.3.31>]

제85조의4 (외국인에 대한 통지) 공단은 법 제102조제1항의 규정에 의하여 당연히 사업장가입자 또는 지역가입자가 되는 외국인에 대하여 당해 외국인의 본국법이 대한민국국민에 대하여 법에 의한 국민연금에 상응하는 연금에 관한 법률을 적용하는 경우에는 당연히 국민연금가입자가 된다는 사실과 법에 의한 반환일시금에 상응하는 급여를 지급하지 아니하는 경우에는 반환일시금을 지급하지 아니하게 된다는 사실을 통지하여야 한다.
[본조신설 1999.3.31]

제86조 (과태료의 부과징수절차) ①법 제108조제1항의 규정에 의하여 과태료를 부과할 때에는 당해 위반행위를 조사·확인한 후 위반사실과 금액 등을 서면으로 명시하여 이를 납부할 것을 과태료처분대상자에게 통지하여야 한다.
②보건복지부장관은 제1항의 규정에 의한 과태료를 부과하고자 하는 때에는 10일이상의 기간을 정하여 처분대상에

게 구술 또는 서면에 의한 의견진술의 기회를 주어야 한다.
이 경우 지정된 기일까지 의견진술이 없는 때에는 의견이
없는 것으로 본다. <개정 1994.12.23>
③보건복지부장관은 과태료의 금액을 정함에 있어서는 당
해 위반행위의 동기와 그 결과 등을 참작하여야 한다. <개
정 1994.12.23>

부칙 <제12227호, 1987.8.14>
제1조 (시행일) 이 영은 1988년 1월 1일부터 시행한다. 다만,
제22조 내지 제30조 및 제52조 내지 제64조의 규정은 공포
한 날로부터 시행한다.
제2조 (시행을 위한 준비행위) 상시 10인이상의 근로자를
사용하는 사업장의 사용자는 법 부칙 제7조의 규정에 의하
여 공단이 공고하여 정하는 기한까지 사업장가입자가 될
본인 또는 근로자의 보수월액, 재직기간 등에 관한 사항을
공단에 신고하여야 한다.
제3조 (표준보수월액 및 표준소득월액 결정에 관한 경과조
치) ①공단은 1988년 1월부터 동년 3월까지의 기간에 적용
할 사업장가입자의 표준보수월액을 결정함에 있어서는 제6
조의 규정에 불구하고 부칙 제2조의 규정에 의한 신고일을
기준으로 그 신고일전 3월간(보수지급의 기초로 된 일수가
20일미만의 월이 있을 때에는 그 월을 제외한다)에 받은 보
수총액을 그 해당기간의 월수로 나누어서 얻은 금액을 보
수월액으로 하여 표준보수월액을 결정한다. 다만, 의료보
험법의 피보험자인 사업장가입자의 경우에는 부칙 제2조
의 규정에 의한 신고일 현재 적용받고 있는 의료보험법에
의한 표준보수월액을 동 기간에 적용할 표준보수월액으로
할 수 있다.
②공단은 1988년 1월부터 1989년 3월까지의 기간에 적용할
지역가입자의 표준소득월액을 결정함에 있어서는 제10조
의 규정에 불구하고 제1항의 규정에 의한 표준보수월액을
기준으로 그 중위수에 해당하는 자의 표준보수월액에 해당
하는 액으로 한다.
제4조 (반환일시금의 적용이자율에 관한 경과조치) 법 제67
조제2항제2호의 규정에 의한 지역가입자·임의가입자 및
임의계속가입자의 반환일시금에 적용하는 이자율은 제44
조제2항의 규정에 불구하고 1988년부터 1992년까지는 다음
각 호에 의한다. <개정 1989.5.3, 1995.4.1>
1. 계속가입기간 중의 연금보험료 중 2분의 1에 해당하는
액에 대하여는 당해 계산기간 중에 적용되었던 3년만기 일
반근로자의 재산형성저축이자율
2. 계속가입기간 중의 연금보험료 중 2분의 1에 해당하는
액에 대하여는 당해 계산기간 중에 적용되었던 1년만기 정
기예금이자율
제5조 (공단의 설립비용) 법 부칙 제6조의 규정에 의하여 공

단의 설립위원이 공단의 설립준비를 위하여 집행한 비용은
공단이 집행한 것으로 본다.

부칙 <제12695호, 1989.5.3>
①(시행일) 이 영은 공포한 날로부터 시행한다.
②(국외근로자의 표준보수월액 적용에 관한 경과조치) 제3
조제4호 단서의 개정규정에 해당하는 근로자의 표준보수
월액은 이 영 시행후 1월이내에 결정하여야 하며 그 결정된
표준보수월액은 제11조의 규정에 불구하고 그 결정된 날이
속하는 달부터 이를 적용한다.

부칙 <제13449호, 1991.8.10>
①(시행일) 이 영은 1992년 1월 1일부터 시행한다.
②(시행을 위한 준비) 공단은 이 영 시행전에 제19조의 개정
규정의 시행준비를 위한 신고기간을 정하여 공고할 수 있
으며, 1992년 1월 1일부터 당연적용사업자가 되는 상시 5인
이상 9인이하의 근로자를 사용하는 사업장의 사용자는 공
단이 공고하는 기간내에 사업장가입자가 될 본인 또는 근
로자의 보수월액, 재직기간 등에 관한 사항을 공단에 신고
하여야 한다.
③(표준보수월액 결정에 관한 경과조치) 공단은 상시 5인이
상 9인이하의 근로자를 사용하는 사업장에서 1992년 1월부
터 동년 3월까지의 기간에 적용할 사업장가입자의 표준보
수월액을 결정함에 있어서는 제6조의 규정에 불구하고 이
부칙 제2항의 규정에 의한 신고일을 기준으로 그 신고일전
3월간(보수지급의 기초로 된 일수가 20일미만의 월이 있을
때에는 그 월을 제외한다)에 받은 보수총액을 그 해당 기간
의 월수로 나누어서 얻은 금액을 보수월액으로 하여 표준
보수월액을 결정한다. 다만, 의료보험법의 피보험자인 사
업장가입자의 경우에는 이 부칙 제2항의 규정에 의한 신고
일 현재 적용받고 있는 의료보험법에 의한 표준보수월액을
동 기간에 적용할 표준보수월액으로 할 수 있다.

부칙 <제14005호, 1993.11.16>
이 영은 공포한 날부터 시행한다.

부칙 (재정경제원과그소속기관직제) <제14438호, 1994.12.
23>
제1조 (시행일) 이 영은 공포한 날부터 시행한다.
제2조 내지 제4조 생략
제5조 (다른 법령의 개정) ①내지 <308>생략
<309>국민연금법시행령 중 다음과 같이 개정한다.
제57조제2항 중 "경제기획원"을 "재정경제원"으로 한다.
<310>내지 <327>생략

부칙 (보건복지부와그소속기관직제) <제14446호, 1994.12.

23>
제1조 (시행일) 이 영은 공포한 날부터 시행한다.<단서 생략>
제2조 생략
제3조 (다른 법령의 개정) ①내지 <113>생략
<114>국민연금법시행령 중 다음과 같이 개정한다.
제12조본문·제5호, 제16조제2항·제4항, 제17조제1항, 제26조제1항·제3항, 제27조제1항·제2항, 제30조, 제34조제1항, 제41조제4항, 제42조제1항, 제56조제2항, 제59조제1항, 제60조, 제61조제2항, 제62조, 제63조제1항·제3항·제5항, 제64조, 제78조, 제80조제2항본문·제4호, 제82조제2항 및 제86조제2항·제3항 중 "보건사회부장관"을 각각 "보건복지부장관"으로 하고, 제13조제2항, 제14조제2항, 제15조 및 제81조제1항중 "보건사회부차관"을 각각 "보건복지부차관"으로 하며, 제17조제1항, 제57조제2항, 제63조제1항 및 제80조제2항 중 "보건사회부"를 각각 "보건복지부"로 하고, 제19조제3항, 제21조제4항, 제31조, 제44조제1항제1호·제2호, 제51조제3항 및 제63조제6항 중 "보건사회부령"을 각각 "보건복지부령"으로 한다.
<115>내지 <140>생략

부칙 <제14565호, 1995.4.1>
제1조 (시행일) 이 영은 1995년 7월 1일부터 시행한다. 다만, 제44조제1항제1호 및 동조제2항제1호의 개정규정은 1995년 2월 1일부터 적용한다.
제2조 (등급별 표준소득월액 적용의 특례) 별표 1에 불구하고 제5조의 규정에 의한 등급별 표준보수월액을 결정함에 있어서 1995년 4월 1일부터 1995년 6월 30일까지는 다음 표에 의한다.
제3조 (소득의 범위에 관한 경과조치) 제3조제1항제4호 나목의 개정규정 중 "소득세법시행령 제16조제1항제1호"는 1995년 12월 31일까지 "소득세법시행령 제12조제1항제2호"로 본다.
제4조 (등급별 표준소득월액에 관한 경과조치) 공단은 1995년 4월 1일전에 가입자 자격을 취득한 자로서 종전의 제6조단서 및 제7조의 규정에 의하여 표준보수월액이 결정된 자와 종전의 제10조의 규정에 의하여 표준소득월액이 결정된 자의 경우에는 부칙 제2조의 표에 의하여 표준보수월액 또는 표준소득월액을 결정하되 가입자 자격취득시의 보수월액을 부칙 제2조의 표에 의한 보수월액으로 본다.
제5조 (반환일시금의 산정에 관한 경과조치) 제44조의 개정규정에 의하여 반환일시금을 산정함에 있어 1995년 2월 1일전의 계산기간과 이자율에 대하여는 종전의 규정을 적용한다.
제6조 (연체금에 관한 경과조치) 이 영 시행당시 납부기한이 경과된 연금보험료에 대한 연체금의 징수에 관하여는 종전의 규정에 의한다.
제7조 (기금 수익율에 관한 경과조치) 이 영 시행당시 법 제83조제2항제5호의 규정에 의하여 실시 중인 가입자 및 수급권자의 복지증진사업 중 직장 및 민간보육시설 설치지원사업의 지원자금 대여이자율은 제52조의 개정규정에 의하여 국민연금기금운용위원회에서 정한 것으로 본다.

부칙 (산업재해보상보험법시행령) <제14628호, 1995.4.15>
제1조 (시행일) 이 영은 1995년 5월 1일부터 시행한다.
제2조 생략
제3조 생략
제4조 (다른 법령의 개정) ①내지 ⑨생략
⑩국민연금법시행령 중 다음과 같이 개정한다.
제42조제1항 중 "산업재해보상보험법 제9조의3제1항"을 "산업재해보상보험법 제40조제1항"으로 한다.
제85조 중 "산업재해보상보험법 제9조의5"를 "산업재해보상보험법 제42조"로, "산업재해보상보험법 제9조의5에 의한 장해급여 또는 동법 제9조의6에 의한 유족급여"를 "산업재해보상보험법 제42조에 의한 장해급여 또는 동법 제43조에 의한 유족급여"로 한다.
⑪내지 ⑮생략
제5조 생략

부칙 <제14849호, 1995.12.29>
이 영은 공포한 날부터 시행한다.

등급별 표준보수월액

등급	보 수 월 액	표준보수월액
1	225,000 미만	220,000
2	225,000 이상 235,000 미만	230,000
3	235,000 이상 245,000 미만	240,000
4	245,000 이상 255,000 미만	250,000
5	255,000 이상 265,000 미만	260,000
6	265,000 이상 280,000 미만	270,000
7	280,000 이상 300,000 미만	290,000
8	300,000 이상 325,000 미만	310,000
9	325,000 이상 355,000 미만	340,000
10	355,000 이상 385,000 미만	370,000
11	385,000 이상 420,000 미만	400,000
12	420,000 이상 460,000 미만	440,000
13	460,000 이상 500,000 미만	480,000
14	500,000 이상 545,000 미만	520,000
15	545,000 이상 595,000 미만	570,000
16	595,000 이상 645,000 미만	620,000
17	645,000 이상 700,000 미만	670,000
18	700,000 이상 760,000 미만	730,000
19	760,000 이상 820,000 미만	790,000
20	820,000 이상 885,000 미만	850,000
21	885,000 이상 955,000 미만	920,000
22	955,000 이상 1,025,000 미만	990,000
23	1,025,000 이상 1,095,000 미만	1,060,000
24	1,095,000 이상 1,170,000 미만	1,130,000
25	1,170,000 이상 1,250,000 미만	1,210,000
26	1,250,000 이상 1,335,000 미만	1,290,000
27	1,335,000 이상 1,425,000 미만	1,380,000
28	1,425,000 이상 1,515,000 미만	1,470,000
29	1,515,000 이상 1,610,000 미만	1,560,000
30	1,610,000 이상 1,710,000 미만	1,660,000
31	1,710,000 이상 1,810,000 미만	1,760,000
32	1,810,000 이상 1,915,000 미만	1,860,000
33	1,915,000 이상 2,030,000 미만	1,970,000
34	2,030,000 이상 2,135,000 미만	2,080,000
35	2,135,000 이상 2,245,000 미만	2,190,000
36	2,245,000 이상 2,360,000 미만	2,300,000
37	2,360,000 이상 2,475,000 미만	2,420,000
38	2,475,000 이상 2,600,000 미만	2,540,000
39	2,600,000 이상 2,730,000 미만	2,670,000
40	2,730,000 이상 2,870,000 미만	2,800,000
41	2,870,000 이상 3,010,000 미만	2,940,000
42	3,010,000 이상 3,150,000 미만	3,080,000
43	3,150,000 이상 3,310,000 미만	3,230,000
44	3,310,000 이상 3,450,000 미만	3,380,000
45	3,450,000 이상	3,600,000

부칙 (여신전문금융업법시행령) <제15569호, 1997.12.31>

제1조 (시행일) 이 영은 1998년 1월 1일부터 시행한다.

제2조 내지 제4조 생략

제5조 (다른 법령의 개정) ①내지 <20>생략

<21>국민연금법시행령 중 다음과 같이 개정한다.

제52조제1항제4호 중 "시설대여업법에 의한 시설대여회사"를 "여신전문금융업법에 의하여 시설대여업을 등록한 여신전문금융회사"로 한다.

<22>생략

부칙 (행정절차법의시행에따른관세법시행령등의개정령) <제15598호, 1997.12.31>

이 영은 1998년 1월 1일부터 시행한다.

부칙 (보건복지부와그소속기관직제) <제15732호, 1998.2.28>

제1조 (시행일) 이 영은 공포한 날부터 시행한다.

제2조 생략

제3조 (다른 법령의 개정) ①내지 <23>생략

<24>국민연금법시행령 중 다음과 같이 개정한다.

제57조제2항 중 "재정경제원소속"을 "재정경제부소속"으로 한다.

제82조제2항 중 "보건사회부소속"을 "보건복지부소속"으로 한다.

<25>내지 <31>생략

부칙 <제16082호, 1998.12.31>

①(시행일) 이 영은 1999년 1월 1일부터 시행한다.

②(생계를 유지하고 있던 자에 관한 대상자별 인정기준에 관한 적용례) 제36조·제37조의2·제43조의2 및 제45조의2의 개정규정에 의한 생계를 유지하고 있던 자에 관한 대상자별 인정기준은 이 영 시행후 최초로 지급사유가 발생하는 자와 이 영 시행당시 종전의 규정에 의하여 가급연금 또는 유족연금을 지급받고 있는 자로서 수급권의 변경사유가 발생하는 자부터 각각 이를 적용한다.

③(국민연금급여 등 심의위원회의 위원의 임기에 관한 경과조치) 이 영 시행당시 종전의 규정에 의한 국민연금급여 등 심의위원회의 위원은 이 영에 의한 국민연금심사위원회의 위원이 새로 임명 또는 위촉될 때까지 그 직무를 행하며, 이 경우 전임자인 위원의 임기는 후임자가 임명 또는 위촉되는 전일까지로 한다.

④(반환일시금에 가산할 이자의 계산기간에 관한 특례) 법률 제5623호 국민연금법 중 개정법률 부칙(법률 제6286호 국민연금법 중 개정법률에 의하여 개정된 내용을 포함하며, 이하 "법 부칙"이라 한다) 제16조의 규정에 의한 반환일시금을 지급받는 자에 대하여 가산이자를 계산·지급함에 있

어서 그 이자의 계산기간은 제44조제3항의 개정규정에 불구하고 가입자 자격을 상실한 날이 속하는 달의 다음달부터 급여청구일이 속하는 달까지로 한다. 다만, 법 부칙 제16조제3항의 규정에 의하여 반환일시금을 지급받는 자로서 동 규정의 시행일(2000년 12월 23일)전에 사업장가입자 또는 지역가입자의 자격을 상실한 자에 대한 가산이자의 계산기간은 자격상실일이 속하는 달의 다음 달부터 2000년 12월까지로 한다. <개정 2001.3.31>

부칙 <제16219호, 1999.3.31>
제1조 (시행일) 이 영을 1999년 4월 1일부터 시행한다.
제2조 (신규가입자의 표준소득월액에 관한 특례 등) ①이 영 시행당시 법 제10조의 규정에 의하여 지역가입자의 자격을 취득한 자(이하 이 조에서 "신규가입자"라 한다)에 대한 표준소득월액은 법 부칙 제2조의 규정에 의하여 당해 신규가입자 또는 대리인이 신고하는 전연도의 제3조제2항의 규정에 의한 소득으로 공단이 결정한다.
②공단은 신규가입자에 대한 표준소득월액의 결정시기와 그 연금보험료의 납부시기를 보건복지부장관의 승인을 얻어 1년의 범위내에서 따로 정할 수 있다.
③신규가입자로서 공단이 결정한 표준소득월액에 대하여 이의가 있는 자는 공단에 표준소득월액의 조정을 신청할 수 있다.
제3조 (반환일시금의 이자율 등에 관한 경과조치) 이 영 시행전의 가입기간에 해당하는 분의 연금보험료에 대한 반환일시금을 산정함에 있어서 그 이자 및 이자율은 제44조의 개정규정에 불구하고 종전의 규정에 의한다.
제4조 (소득이 있는 업무에 종사하지 아니하는 경우의 범위) 법 부칙 제16조의 규정에 의한 소득이 있는 업무에 종사하지 아니하는 범위는 제3조의 개정규정에 의한 소득이 없게 되거나 제49조의 개정규정에 의한 연금보험료의 납부예외요건에 해당하는 경우로 한다.

부칙 <제16567호, 1999.9.30>
①(시행일) 이 영은 공포한 날부터 시행한다.
②(소득이 있는 업무에 종사하지 아니하는 경우의 범위) 법률 제6027호 국민연금법 중 개정법률 부칙 제3조의 규정에 의한 소득이 있는 업무에 종사하지 아니하는 경우의 범위는 제3조의 규정에 의한 소득이 없게 되거나 제49조의 규정에 의한 연금보험료의 납부예외요건에 해당하는 경우로 한다.

부칙 <제17013호, 2000.12.12>
제1조 (시행일) 이 영은 공포한 날부터 시행한다.
제2조 (국민연금 가입대상에서 제외되는 자에 관한 경과조치) ①이 영 시행 당시 제18조의2제1호의 개정규정에 의하여 가입대상에서 제외되는 가입자는 동 개정규정에 불구하고 종전의 규정에 의한 가입자로 본다.
②제1항의 규정에 의한 가입자는 보건복지부령이 정하는 바에 의하여 공단에 신고하고 탈퇴할 수 있다.
제3조 (수급권자 등에 의하여 생계를 유지하고 있던 자의 인정기준에 관한 경과조치) 이 영 시행 당시 종전의 규정에 의하여 수급권자 등에 의하여 생계를 유지하고 있던 자에 대한 유족연금의 지급에 관하여는 별표 2의 개정규정에 불구하고 종전의 규정에 의한다.

부칙 <제17188호, 2001.3.31>
제1조 (시행일) 이 영은 2001년 4월 1일부터 시행한다. 다만, 제52조의 개정규정은 2001년 7월 1일부터 시행한다.
제2조 (연도별 재평가율 산정기준에 관한 특례) ①제34조제1호의 개정규정에 의한 금액을 산정함에 있어서 법률 제6286호 국민연금법 중 개정법률 부칙 제6조제2항의 규정이 적용된 연도의 경우에는 제34조제2호의 개정규정에 의한 금액을 산정하는 때에도 동법 부칙 제6조제2항의 규정을 적용한다.
②제34조제2호의 개정규정을 적용함에 있어서 1988연도의 금액은 당해 연도의 평균소득월액으로 하고, 1989연도의 금액은 당해 연도의 평균소득월액과 통계법 제3조의 규정에 의하여 통계청장이 고시하는 1988연도와 대비한 1989연도의 전국소비자물가변동률에 의하여 환산한 1988연도의 평균소득월액을 합산하여 이를 2로 나눈 금액으로 한다.

부칙 (읍면동기능전환에따른상훈법시행령 등의 일부개정령) <제17952호, 2003.4.4>
이 영은 2003년 5월 1일부터 시행한다.

부칙 <제18027호, 2003.6.27>
①(시행일) 이 영은 2003년 7월 1일부터 시행한다.
②(당연적용사업장에 관한 적용례) 제19조제1항제1호 및 제2호의 개정규정은 다음 각 호의 구분에 의한 날부터 적용한다.
1. 법인인 사업장 또는 통계법 제17조의 규정에 의한 한국표준산업분류 중 의약품 및 의료용품 소매업(약국에 한한다), 부동산감정업, 변호사업(공증인업을 포함한다), 변리사업, 법무사업, 공인회계사업, 세무사업(관세사업을 포함한다), 건축설계 및 관련서비스업(건축사업에 한한다), 병·의원, 수의업에 해당하는 사업장 그 밖에 이와 유사한 사업장으로서 보건복지부령이 정하는 사업장 : 2003년 7월 1일
2. 제1호의 규정에 해당하지 아니하는 사업장으로서 이 영 시행당시 국민건강보험 또는 고용보험에 가입한 사업장 : 2004년 7월 1일
3. 제1호 및 제2호의 규정에 해당하지 아니하는 사업장 :

2006년 1월 1일

부칙 (주택법시행령) <제18146호, 2003.11.29>
제1조 (시행일) 이 영은 2003년 11월 30일부터 시행한다.
<단서 생략>
제2조 내지 제14조 생략
제15조 (다른 법령의 개정) ①내지 ⑧생략
⑨국민연금법시행령 중 다음과 같이 개정한다.
제52조제4항제1호 중 "주택건설촉진법시행령 제15조의2"
를 "주택법시행령 제90조"로 한다.
⑩내지 <54>생략

부칙 <제19391호, 2006.3.23>
제1조 (시행일) 이 영은 공포한 날부터 시행한다. 다만, 제41
조제4항 및 별표 3의 개정규정은 이 영 시행 후 3월이 경과
한 날부터 시행하고, 제51조제1항 및 제2항의 개정규정은
이 영 시행 후 6월이 경과한 날부터 시행한다.
제2조 (소득이 있는 업무에 관한 적용례) 제39조의 개정규
정은 이 영 시행 후 최초로 지급되는 연금액분부터 적용한
다.
제3조 (장애정도 판정기준의 적용례) 제41조제4항 및 별표
3의 개정규정은 동 규정의 시행 후 최초로 장애정도의 심사
를 청구하는 것부터 적용한다.
제4조 (연체금의 적용례) 제51조제1항 및 제2항의 개정규정
은 동 규정의 시행 후 최초로 납부기한(법 제76조제5항의
규정에 의하여 납부기한을 연장한 경우에는 그 기한)이 도
래하는 연체금분부터 적용한다.
제5조 (수급권자 또는 가입자 등에 의한 생계유지자의 대상
자별 인정기준에 관한 적용례) 별표 2의 개정규정은 다음
각 호의 어느 하나에 해당하는 자에 대하여 이 영 시행 후
최초로 지급되는 급여액분부터 적용한다.
1. 이 영 시행일 이후 최초로 급여의 지급사유가 발생하는
자
2. 이 영 시행당시 종전의 규정에 의하여 가급연금을 지급
받지 못한 자로서 별표 2의 개정규정에 의하여 급여의 지급
대상이 되는 자
3. 이 영 시행당시 종전의 규정에 의하여 유족연금을 지급
받고 있는 경우로서 별표 2의 개정규정에 의하여 수급권의
변경사유가 발생하는 자

부칙 (고위공무원단 인사규정) <제19513호, 2006.6.12>
제1조 (시행일) 이 영은 2006년 7월 1일부터 시행한다.
제2조 및 제3조 생략
제4조 (다른 법령의 개정) ①내지 <50>생략
<51>국민연금법시행령 일부를 다음과 같이 개정한다.
제80조제2항제1호 중 "3급이상의 공무원"을 "3급 이상의

공무원 또는 고위공무원단에 속하는 일반직공무원"으로 한
다.
<52>내지 <241>생략

[참고]

기초노령연금법

연혁

2007.7.27 일부개정 법률 제8557호 시행일 2008.1.1

제1조 (목적) 이 법은 노인이 후손의 양육과 국가 및 사회의 발전에 이바지하여 온 점을 고려하여 생활이 어려운 노인에게 기초노령연금을 지급함으로써 노인의 생활안정을 지원하고 복지를 증진함을 목적으로 한다.

제2조 (정의) 이 법에서 사용하는 용어의 정의는 다음과 같다.
1. "수급권"이란 이 법에 따른 기초노령연금(이하 "연금"이라 한다)을 받을 권리를 말한다.
2. "수급권자"란 수급권을 가진 자를 말한다.
3. "수급자"란 이 법에 따라 연금을 지급받는 자를 말한다.
4. "소득인정액"이란 「국민기초생활 보장법」 제2조제8호에 따른 소득인정액(본인 및 배우자의 소득인정액에 한한다)을 말한다. 다만, 보건복지부령으로 정하는 바에 따라 그 산출기초가 되는 소득·재산의 범위, 같은 법 제2조제9호에 따른 소득평가액 산정방식 및 같은 조 제10호에 따른 재산의 소득환산액 산정방식을 다르게 정할 수 있다.

제3조 (연금 지급대상) 65세 이상인 자로서 소득인정액이 대통령령으로 정하는 금액 이하인 자에게 연금을 지급한다.

제4조 (연금지급액에 관한 기본시책) ①국가 및 지방자치단체는 연금이 제1조에 따른 목적에 따라 노인의 생활안정을 지원하고 복지를 증진하는데 필요한 수준이 되도록 최대한 노력하여야 한다.
②국가 및 지방자치단체는 제1항에 따라 필요한 비용을 부담할 수 있도록 재원을 조성하여야 한다.
③국가 및 지방자치단체는 연금의 지급에 따라 계층간 소득역전현상이 발생하지 아니하고 근로의욕 및 저축유인이 저하되지 아니하도록 최대한 노력하여야 한다. <신설 2007.7.27>

제5조 (연금액) ①연금액은 「국민연금법」 제51조제1항제1호에 따른 금액의 100분의 5에 해당하는 액수로 한다. 다만, 소득인정액과 연금액을 합한 금액이 제3조에 따라 대통령령으로 정하는 금액 이상인 경우에는 대통령령으로 정하는 바에 따라 연금액의 일부를 감액하여 지급할 수 있다. <개정 2007.7.27>
②제1항에도 불구하고 본인 및 그 배우자가 모두 연금을 지급받는 경우에는 각각의 연금액에 대하여 100분의 20을 감액한다. <개정 2007.7.27>

제6조 (연금의 신청) ①연금을 지급받고자 하는 자(이하 "연금수급희망자"라 한다) 또는 그 친족, 그 밖의 관계인은 보건복지부장관 또는 지방자치단체의 장에게 급여를 신청할 수 있다. 이 경우 보건복지부장관 또는 지방자치단체의 장은 제7조에 따른 조사 결과에 따라 지체 없이 연금의 지급 여부를 결정하여야 한다. <개정 2007.7.27>
② 연금수급희망자와 그 배우자는 제1항에 따른 신청을 할 때 다음 각 호의 자료 또는 정보 제공에 대하여 동의한다는 서면을 제출하여야 한다. <신설 2007.7.27>
1. 「금융실명거래 및 비밀보장에 관한 법률」 제2조제2호 및 제3호에 따른 금융자산 및 금융거래의 내용에 대한 자료 또는 정보 중 예금의 평균잔액과 그 밖에 대통령령으로 정하는 자료 또는 정보(이하 "금융정보"라 한다)
2. 「신용정보의 이용 및 보호에 관한 법률」 제2조제1호에 따른 신용정보 중 채무액과 그 밖에 대통령령으로 정하는 자료 또는 정보(이하 "신용정보"라 한다)
3. 「보험업법」 제4조제1항 각 호에 따른 보험에 가입하여 납부한 보험료와 그 밖에 대통령령으로 정하는 자료 또는 정보(이하 "보험정보"라 한다)
③ 제1항에 따른 연금의 신청권자·신청방법·절차 및 지급과 제2항에 따른 동의의 방법·절차 등에 관하여 필요한 사항은 대통령령으로 정한다. <개정 2007.7.27>

제7조 (조사질문 등) ①보건복지부장관 또는 지방자치단체의 장은 수급권의 발생 또는 상실을 확인하기 위하여 연금을 신청한 자, 수급권자, 수급자, 그 배우자 및 고용주(이하 이

항에서 "수급권자 등"이라 한다)에 대하여 필요한 서류나 그 밖에 소득·재산 등에 관한 자료의 제출을 요구할 수 있으며, 소속 공무원으로 하여금 수급권자 등의 주거,그 밖의 필요한 장소에 출입하여 서류 등을 조사하게 하거나 관계인에게 필요한 질문을 하게 할 수 있다.

②보건복지부장관 또는 지방자치단체의 장은 제1항에 따른 조사 또는 기초노령연금사업을 수행하기 위하여 필요한 금융정보, 신용정보, 보험정보, 국세·지방세·토지·건물·건강보험·국민연금·출입국 등에 관한 자료의 제공을 관계 기관의 장에게 요청할 수 있다. 이 경우 자료의 제공을 요청받은 관계기관의 장은 특별한 사유가 없는 한 이에 응하여야 한다. <개정 2007.7.27>

③제1항에 따라 출입·조사·질문을 하는 자는 그 권한을 표시하는 증표를 지니고 이를 관계인에게 내보여야 한다.

④보건복지부장관 또는 지방자치단체의 장은 수급권자 또는 수급자가 제1항에 따른 서류 또는 자료의 제출을 거부하거나 조사·질문을 거부·방해 또는 기피하는 경우에는 연금 지급의 신청을 각하하거나 연금지급의 결정을 취소·중지 또는 정지할 수 있다.

⑤ 제1항에 따른 조사·질문의 범위·시기 및 내용에 관하여 필요한 사항은 대통령령으로 정한다. <신설 2007.7.27>

제7조의2 (금융정보 등의 제공) ① 보건복지부장관은 「금융실명거래 및 비밀보장에 관한 법률」 제4조제1항 및 「신용정보의 이용 및 보호에 관한 법률」 제23조제1항에도 불구하고 연금수급희망자와 그 배우자가 제6조제2항에 따라 제출한 동의 서면을 전자적 형태로 바꾼 문서에 의하여 금융기관등(「금융실명거래 및 비밀보장에 관한 법률」제2조제1호에 따른 금융기관, 「신용정보의 이용 및 보호에 관한 법률」 제2조제5호에 따른 신용정보집중기관을 말한다. 이하 같다)의 장에게 금융정보·신용정보 또는 보험정보(이하 "금융정보등"이라 한다)의 제공을 요청할 수 있다.

② 보건복지부장관은 수급자(배우자를 포함한다)의 수급권 심사를 위하여 필요하다고 인정하는 경우 「금융실명거래 및 비밀보장에 관한 법률」 제4조제1항 및 「신용정보의 이용 및 보호에 관한 법률」 제23조제1항에도 불구하고 대통령령으로 정하는 기준에 따라 인적사항을 기재한 문서 또는 정보통신망으로 금융기관 등의 장에게 금융정보 등을 제공하도록 요청할 수 있다.

③ 제1항 및 제2항에 따라 금융정보 등의 제공요청을 받은 금융기관 등의 장은 「금융실명거래 및 비밀보장에 관한 법률」 제4조 및 「신용정보의 이용 및 보호에 관한 법률」 제23조에도 불구하고 명의인의 금융정보 등을 제공하여야 한다.

④ 제3항에 따라 금융정보 등을 제공하는 금융기관 등의 장은 「금융실명거래 및 비밀보장에 관한 법률」 제4조의2제1항 및 「신용정보의 이용 및 보호에 관한 법률」 제24조의2에

도 불구하고 금융정보 등의 제공사실을 명의인에게 통보하지 아니할 수 있다. 다만, 명의인의 요구가 있을 때에는 통보하여야 한다.

⑤ 제1항부터 제3항까지의 규정에 따른 금융정보등의 제공요청과 제공은 「정보통신망 이용촉진 및 정보보호 등에 관한 법률」 제2조제1항제1호에 따른 정보통신망을 이용하여야 한다. 다만, 정보통신망의 손상 등 불가피한 경우에는 그러하지 아니하다.

⑥ 제1항부터 제3항까지의 규정에 따른 업무에 종사하는 자와 제21조에 따라 권한을 위임 또는 위탁받은 자는 업무를 수행하면서 취득한 금융정보 등을 이 법으로 정한 목적 외의 용도로 다른 사람에게 제공하거나 누설하여서는 아니 된다.

⑦ 제1항부터 제3항까지 및 제5항에 따른 금융정보 등의 제공요청과 제공 등에 관하여 필요한 사항은 대통령령으로 정한다.

[본조신설 2007.7.27]

제8조 (연금의 지급기간 및 지급시기) ①연금은 제6조에 따라 수급권자로 결정된 경우 연금을 신청한 날이 속하는 달부터 수급권이 소멸한 날이 속하는 달까지 매월 정기적으로 지급한다.

②연금은 그 지급을 정지하여야 할 사유가 발생한 때에는 그 사유가 발생한 날이 속하는 달의 다음달부터 그 사유가 소멸한 날이 속하는 달까지는 이를 지급하지 아니한다.

제9조 (미지급의 연금) ①수급자가 사망한 경우 수급자에게 지급하여야 할 연금으로서 아직 지급되지 아니한 것이 있을 때에는 수급자의 사망 당시 생계를 같이 한 부양의무자(배우자와 직계비속 및 그 배우자를 말한다)는 미지급 연금을 청구할 수 있다. 이 경우 보건복지부장관 또는 지방자치단체의 장은 지체 없이 그 지급 여부를 결정하여야 한다.

②제1항에 따른 미지급 연금의 청구절차·방법 및 부양의무자의 인정기준과 지급순위 등에 관하여 필요한 사항은 대통령령으로 정한다.

제10조 (지급정지) 수급자가 금고 이상의 형을 선고받고 그 집행이 종료되지 아니하거나 집행을 받지 아니하기로 확정되지 아니한 기간동안에는 연금의 지급을 정지한다.

제11조 (수급권의 상실) 수급권자는 다음 각 호의 어느 하나에 해당하게 된 때에 수급권을 상실한다.

1. 사망한 때
2. 국적을 상실하거나 국외로 이주한 때
3. 제3조에 따른 수급요건에 해당하지 아니하게 된 때

제12조 (부당이득의 환수) ①보건복지부장관 또는 지방자치단체의 장은 수급권이 없는 자가 연금을 지급받은 경우에는 대통령령으로 정하는 바에 따라 지급액을 징수하여야 한다.
②제1항에 따라 지급액을 납부하여야 할 자가 이를 납부하지 아니하는 때에는 국세 또는 지방세 체납처분의 예에 따라 징수한다.

제13조 (수급권의 보호) ①수급권은 이를 양도·압류하거나 담보에 제공할 수 없다.
②연금으로 지급받은 금품은 이를 압류할 수 없다.

제14조 삭제 <2007.7.27>

제15조 (이의신청) ①수급권자의 자격인정, 그 밖에 이 법에 따른 처분에 이의가 있는 자는 보건복지부장관 또는 지방자치단체의 장에게 이의신청을 할 수 있다.
②제1항에 따른 이의신청은 그 처분이 있음을 안 날부터 90일 이내에 서면으로 하여야 한다. 다만, 정당한 사유로 인하여 그 기간 이내에 이의신청을 할 수 없음을 증명한 때에는 그 사유가 소멸한 때부터 60일 이내에 이의신청을 할 수 있다.

제16조 (시효) 제12조에 따른 부당이득을 환수할 국가 및 지방자치 단체의 권리와 수급권자의 권리는 5년간 행사하지 아니하면 시효의 완성으로 소멸된다.

제17조 (단수의 처리) 이 법에 따른 부당이득금의 계산에 있어 1천원 미만의 단수는 이를 계산하지 아니한다.

제18조 (신고) 수급자는 수급권의 상실사유가 발생하였을 때에는 보건복지부령으로 정하는 바에 따라 보건복지부장관 또는 지방자치단체의 장에게 신고하여야 한다. 다만, 수급자가 사망한 때에는 「호적법」 제88조에 따른 신고의무자가 보건복지부령으로 정하는 기한 이내에 그 사망사실을 보건복지부장관 또는 지방자치단체의 장에게 신고하여야 한다.

제19조 (비용의 부담) 연금은 다음 각 호의 구분에 따라 국가 또는 지방자치단체가 부담한다.
1. 국가는 지방자치단체의 노인인구비율 및 재정여건 등을 고려하여 100분의 40 이상 100분의 90 이하의 범위 안에서 대통령령으로 정하는 비율을 부담한다.
2. 제1호에 따라 국가가 부담한 금액을 차감한 액수에 대하여는 특별시·광역시·도 또는 특별자치도(이하 "시·도"라 한다) 및 시·군·구(자치구를 말한다. 이하 같다)가 상호 분담하되, 그 부담비율은 노인인구 비율 및 재정여건 등을 고

려하여 시·도의 조례로 정하고, 미리 보건복지부장관과 협의하여야 한다.

제20조 (조세와 그 밖의 공과금의감면) 제8조에 따라 지급받은 연금에 대하여는 「조세특례제한법」 그 밖의 법률 또는 지방자치단체의 조례로 정하는 바에 따라 조세와 그 밖의 공과금을 감면한다.

제20조의2 (기초노령연금정보시스템의 구축 및 운영) 보건복지부장관은 제6조부터 제12조까지, 제14조·제15조·제18조 및 제23조 등과 관련된 기초노령연금사업에 필요한 각종 자료 또는 정보의 효율적 처리와 기록·관리업무의 전산화를 위하여 기초노령연금정보시스템을 대통령령으로 정하는 바에 따라 구축·운영할 수 있다.
[본조신설 2007.7.27]

제21조 (권한의 위임·위탁) ①이 법에 따른 보건복지부장관의 권한은 그 일부를 대통령령으로 정하는 바에 따라 특별시장·광역시장·도지사 또는 특별자치도지사(이하 "시·도지사"라 한다) 또는 시장·군수·구청장(자치구의 구청장을 말한다. 이하 같다)에게 위임할 수 있다.
②이 법에 따른 보건복지부장관 또는 지방자치단체의 장의 업무 중 다음 각 호의 사항은 대통령령으로 정하는 바에 따라 「국민연금법」 제24조에 따른 국민연금공단에 위탁할 수 있다. <개정 2007.7.27>
1. 제6조제1항에 따른 연금 신청의 접수
2. 제7조제1항에 따른 소속 공무원이 행하는 조사·질문에 관한 업무 지원
3. 제15조제1항에 따른 이의신청의 접수
4. 제18조에 따른 수급권 상실사유 신고의 접수
4의2. 제20조의2에 따른 기초노령연금정보시스템의 구축·운영에 관한 사항
5. 그 밖에 대통령령으로 정하는 수급자 관리 지원 등에 관한 사항

제22조 (벌칙) ① 제7조의2제6항을 위반하여 금융정보를 다른 사람에게 제공하거나 누설한 자는 5년 이하의 징역 또는 3천만원 이하의 벌금에 처한다.
② 제7조의2제6항을 위반하여 신용정보 또는 보험정보를 다른 사람에게 제공하거나 누설한 자는 3년 이하의 징역 또는 2천만원 이하의 벌금에 처한다.
③ 거짓이나 그 밖의 부정한 방법으로 연금을 지급받은 자는 1년 이하의 징역 또는 500만원 이하의 벌금에 처한다.
[전문개정 2007.7.27]

제22조의2 (양벌규정) 법인의 대표자, 법인 또는 개인의 대리

인·사용인 및 그 밖의 종업원이 그 법인 또는 개인의 업무에 관하여 제22조제1항 또는 제2항에 해당하는 위반행위를 한 때에는 행위자를 벌하는 외에 그 법인 또는 개인에 대하여도 해당 조항의 벌금형을 과(科)한다.
[본조신설 2007.7.27]

제23조 (과태료) ①정당한 사유 없이 제7조에 따른 서류나 그 밖에 소득·재산 등에 대한 자료를 제출하지 아니하거나 거짓 자료를 제출한 자 또는 조사·질문을 거부·방해 또는 기피하거나 거짓 답변을 한 자에게는 20만원 이하의 과태료를 부과한다.
②정당한 사유 없이 제18조에 따른 신고를 하지 아니한 자에게는 10만원 이하의 과태료를 부과한다.
③제1항 및 제2항에 따른 과태료는 대통령령으로 정하는 바에 따라 보건복지부장관, 시·도지사 및 시장·군수·구청장(이하 "관할관청"이라 한다)이 부과·징수한다.
④제3항에 따른 과태료 처분에 불복하는 자는 그 처분을 고지 받은 날부터 30일 이내에 관할관청에 이의를 제기할 수 있다.
⑤제3항에 따른 과태료 처분을 받은 자가 제4항에 따라 이의를 제기한 때에는 관할관청은 지체 없이 관할 법원에 그 사실을 통보하여야 하며, 그 통보를 받은 관할 법원은 「비송사건절차법」에 따른 과태료 재판을 한다.
⑥제4항에 따른 기간 이내에 이의를 제기하지 아니하고 과태료를 납부하지 아니한 때에는 국세 또는 지방세 체납처분의 예에 따라 징수한다.

부칙 <제8385호, 2007.4.25>
제1조 (시행일) 이 법은 2008년 1월 1일부터 시행한다.
제2조 (법시행을 위한 준비행위) ①보건복지부장관은 법시행을 위하여 필요하다고 인정하는 경우에는 이 법 시행 전에 다른 중앙행정기관 또는 지방자치단체와 공공단체, 그 밖의 관계인에 대하여 이 법 시행의 준비에 필요한 자료의 제출 등 협조를 요청할 수 있다.
②제1항에 따른 협조의 요청을 받은 중앙행정기관, 지방자치단체와 공공단체, 그 밖의 관계인은 성실하게 이에 응하여야 한다.
③보건복지부장관 또는 지방자치단체의 장은 법시행을 위하여 필요하다고 인정하는 경우에는 이 법 시행 전에 수급권자 또는 그 친척, 그 밖의 관계인의 신청을 받거나 연금의 지급 결정에 필요한 조사를 실시할 수 있다.
제3조 (지급대상에 관한 특례) ①이 법에 따라 연금을 지급받는 대상은 제3조에도 불구하고 2008년 6월 30일까지는 다음 각 호의 어느 하나에 해당하는 자로 한다.
1. 1937년 12월 31일 이전 출생한 자로서 소득인정액이 제3

조에 따라 대통령령으로 정하는 금액 이하인 자
2. 이 법 시행 당시 「노인복지법」에 따라 이미 경로연금을 지급받고 있는 자
3. 65세 이상인 자로서 「국민기초생활 보장법」에 따른 기초수급자인 자
② 국가는 2008년 7월 1일 이후 최초로 연금을 지급하는 때는 수급자가 65세 이상인 자 중 100분의 60 수준이 되도록 하고, 2009년 1월 1일 당시 수급자가 65세 이상인 자 중 100분의 70 수준이 되도록 한다. <개정 2007.7.27>
제4조 (연금 신청에 관한 경과조치) ①이 법 시행 당시 「노인복지법」에 따라 경로연금을 지급받고 있는 자(2007년 12월 31일 이전에 경로연금 수급자로 결정된 자 및 경로연금을 신청한 자를 포함한다)는 이 법 시행일에 제6조에 따라 연금을 신청한 자로 본다.
②이 법 시행 이후 2008년 6월 30일까지 「국민기초생활 보장법」에 따라 기초수급자가 된 65세 이상의 자와 이 법 시행 당시 「국민기초생활 보장법」에 따른 기초수급자로서 이 법 시행 후 2008년 6월 30일까지 65세 이상이 된 자는 각각 기초수급자로 결정된 날 또는 65세가 된 날에 제6조에 따라 연금을 신청한 자로 본다.
제4조의2 (연금액의 단계적 인상에 관한 경과조치) ① 제5조제1항 본문에 따른 연금액은 2028년까지 단계적으로 「국민연금법」 제51조제1항제1호에 따른 금액의 100분의 10에 해당하는 금액으로 인상한다.
② 제1항에 따른 연금지급액의 조정에 따른 소요재원 대책, 상향조정의 시기 및 방법, 기초노령연금과 국민연금의 통합 등을 논의하기 위하여 2008년 1월부터 국회에 연금제도 개선을 위한 위원회를 설치·운영한다.
[본조신설 2007.7.27]
제5조 (다른 법률의 개정 등) ①노인복지법 일부를 다음과 같이 개정한다.
제2장(제9조부터 제22조까지)을 삭제한다.
제45조제1항을 삭제한다.
제49조 중 "제11조의 규정에 의한 수급권자가 받는 연금과 제31조"를 "제31조"로 한다.
제58조 및 제61조를 각각 삭제한다.
②이 법 시행 당시 다른 법령에서 제1항에 따라 개정되는 「노인복지법」의 규정을 인용하고 있는 경우 이 법 중 그에 해당하는 규정이 있는 경우에는 종전의 규정에 갈음하여 이 법의 해당 규정을 인용한 것으로 본다.

부칙 <제8557호, 2007.7.27>
제1조 (시행일) 이 법은 2008년 1월 1일부터 시행한다.
제2조 (법 시행을 위한 준비행위) ① 보건복지부장관 또는 지방자치단체의 장은 법 시행을 위하여 필요하다고 인정하는 경우는 이 법 시행 전에 제6조제2항의 개정규정에 따른

동의 서면을 법률 제8385호 기초노령연금법 부칙 제2조제3항에 따라 받는 신청서와 함께 연금수급희망자 또는 그 배우자에게 제출하게 할 수 있다.

② 보건복지부장관은 법 시행을 위하여 필요하다고 인정하는 경우는 이 법 시행 이전에 제7조의2제1항의 개정규정에 따른 금융정보 등의 제공을 금융기관 등의 장에게 요청할 수 있다.

③ 제2항에 따른 요청을 받은 금융기관 등의 장은 특별한 사유가 없는 한 금융정보 등을 제공하여야 한다.

④ 보건복지부장관은 법 시행을 위하여 필요하다고 인정하는 경우는 이 법 시행 전에 제20조의2의 개정규정에 따른 기초노령연금정보시스템의 구축 및 운영에 필요한 조치를 할 수 있다.

노인장기요양보험법

연혁

2007.4.27 제정 법률 제8403호 시행일 2008. 7. 1

제1장 총칙

제1조 (목적) 이 법은 고령이나 노인성 질병 등의 사유로 일상생활을 혼자서 수행하기 어려운 노인 등에게 제공하는 신체활동 또는 가사활동 지원 등의 장기요양급여에 관한 사항을 규정하여 노후의 건강증진 및 생활안정을 도모하고 그 가족의 부담을 덜어줌으로써 국민의 삶의 질을 향상하도록 함을 목적으로 한다.

제2조 (정의) 이 법에서 사용하는 용어의 정의는 다음과 같다.
1. "노인 등"이란 65세 이상의 노인 또는 65세 미만의 자로서 치매·뇌혈관성질환 등 대통령령으로 정하는 노인성 질병을 가진 자를 말한다.
2. "장기요양급여"란 제15조제2항에 따라 6개월 이상 동안 혼자서 일상생활을 수행하기 어렵다고 인정되는 자에게 신체활동·가사활동의 지원 또는 간병 등의 서비스나 이에 갈음하여 지급하는 현금 등을 말한다.
3. "장기요양사업"이란 장기요양보험료, 국가 및 지방자치단체의 부담금 등을 재원으로 하여 노인 등에게 장기요양급여를 제공하는 사업을 말한다.
4. "장기요양기관"이란 제31조에 따라 지정을 받은 기관 또는 제32조에 따라 지정의제된 재가장기요양기관으로서 장기요양급여를 제공하는 기관을 말한다.
5. "장기요양요원"이란 장기요양기관에 소속되어 노인 등의 신체활동 또는 가사활동 지원 등의 업무를 수행하는 자를 말한다.

제3조 (장기요양급여 제공의 기본원칙) ①장기요양급여는 노인 등의 심신상태·생활환경과 노인 등 및 그 가족의 욕구·선택을 종합적으로 고려하여 필요한 범위 안에서 이를 적정하게 제공하여야 한다.
②장기요양급여는 노인 등이 가족과 함께 생활하면서 가정에서 장기요양을 받는 재가급여를 우선적으로 제공하여야 한다.
③장기요양급여는 노인 등의 심신상태나 건강 등이 악화되지 아니하도록 의료서비스와 연계하여 이를 제공하여야 한다.

제4조 (국가 및 지방자치단체의 책무 등) ①국가 및 지방자치단체는 노인이 일상생활을 혼자서 수행할 수 있는 온전한 심신상태를 유지하는데 필요한 사업(이하 "노인성질환예방사업"이라 한다)을 실시하여야 한다.
②국가는 노인성질환예방사업을 수행하는 지방자치단체 또는 「국민건강보험법」에 따른 국민건강보험공단(이하 "공단"이라 한다)에 대하여 이에 소요되는 비용을 지원할 수 있다.
③국가 및 지방자치단체는 노인인구 및 지역특성 등을 고려하여 장기요양급여가 원활하게 제공될 수 있도록 충분한 수의 장기요양기관을 확충하고 장기요양기관의 설립을 지원하여야 한다.
④국가 및 지방자치단체는 장기요양급여가 원활히 제공될 수 있도록 공단에 필요한 행정적 또는 재정적 지원을 할 수 있다.

제5조 (장기요양급여에 관한 국가정책방향) 국가는 제6조의 장기요양기본계획을 수립·시행함에 있어서 노인뿐만 아니라 장애인 등 일상생활을 혼자서 수행하기 어려운 모든 국민이 장기요양급여, 신체활동지원서비스 등을 제공받을 수 있도록 노력하고 나아가 이들의 생활안정과 자립을 지원할 수 있는 시책을 강구하여야 한다.

제6조 (장기요양기본계획) ①보건복지부장관은 노인 등에 대한 장기요양급여를 원활하게 제공하기 위하여 5년 단위로 다음 각 호의 사항이 포함된 장기요양기본계획을 수립·시행하여야 한다.
1. 연도별 장기요양급여 대상인원 및 재원조달 계획
2. 연도별 장기요양기관 및 장기요양전문인력 확충 방안

3. 그 밖에 노인 등의 장기요양에 관한 사항으로서 대통령령으로 정하는 사항
②지방자치단체의 장은 제1항에 따른 장기요양기본계획에 따라 세부시행계획을 수립·시행하여야 한다.

제2장 장기요양보험

제7조 (장기요양보험) ①장기요양보험사업은 보건복지부장관이 관장한다.
②장기요양보험사업의 보험자는 공단으로 한다.
③장기요양보험의 가입자(이하 "장기요양보험가입자"라 한다)는 「국민건강보험법」 제5조 및 제93조에 따른 가입자로 한다.

제8조 (장기요양보험료의 징수) ①공단은 장기요양사업에 사용되는 비용에 충당하기 위하여 장기요양보험료를 징수한다.
②제1항에 따른 장기요양보험료는 「국민건강보험법」 제62조에 따른 보험료(이하 이 조에서 "건강보험료"라 한다)와 통합하여 징수한다. 이 경우 공단은 장기요양보험료와 건강보험료를 구분하여 고지하여야 한다.
③공단은 제2항에 따라 통합 징수한 장기요양보험료와 건강보험료를 각각의 독립회계로 관리하여야 한다.

제9조 (장기요양보험료의 산정) ①장기요양보험료는 「국민건강보험법」 제62조제4항 및 제5항에 따라 산정한 보험료액에서 같은 법 제66조 또는 제66조의2에 따라 경감 또는 면제되는 비용을 공제한 금액에 장기요양보험료율을 곱하여 산정한 금액으로 한다.
②제1항에 따른 장기요양보험료율은 제45조에 따른 장기요양위원회의 심의를 거쳐 대통령령으로 정한다.

제10조 (장애인 등에 대한 장기요양보험료의 감면) 공단은 「장애인복지법」에 따른 장애인 또는 이와 유사한 자로서 대통령령으로 정하는 자가 장기요양보험가입자 또는 그 피부양자인 경우 제15조제2항에 따른 수급자로 결정되지 못한 때 대통령령으로 정하는 바에 따라 장기요양보험료의 전부 또는 일부를 감면할 수 있다.

제11조 (장기요양보험가입 자격 등에 관한 준용) 「국민건강보험법」 제5조부터 제10조까지, 제62조제1항부터 제3항까지, 제67조부터 제75조까지 및 제93조의2는 장기요양보험가입자·피부양자의 자격취득·상실, 장기요양보험료 등의 납부·징수 및 결손처분 등에 관하여 이를 준용한다. 이 경우 "보험료"는 "장기요양보험료"로, "건강보험"은 "장기요양보험"으로, "가입자"는 "장기요양보험가입자"로 본다.

제3장 장기요양인정

제12조 (장기요양인정의 신청자격) 장기요양인정을 신청할 수 있는 자는 노인등으로서 다음 각 호의 어느 하나에 해당하는 자격을 갖추어야 한다.
1. 장기요양보험가입자 또는 그 피부양자
2. 「의료급여법」 제3조제1항에 따른 수급권자(이하 "의료급여수급권자"라 한다)

제13조 (장기요양인정의 신청) ①장기요양인정을 신청하는 자(이하 "신청인"이라 한다)는 공단에 보건복지부령으로 정하는 바에 따라 장기요양인정신청서(이하 "신청서"라 한다)에 의사 또는 한의사가 발급하는 소견서(이하 "의사소견서"라 한다)를 첨부하여 제출하여야 한다. 다만, 의사소견서는 공단이 제15조제1항에 따라 등급판정위원회에 자료를 제출하기 전까지 제출할 수 있다.
②제1항에도 불구하고 거동이 현저하게 불편하거나 도서·벽지 지역에 거주하여 의료기관을 방문하기 어려운 자 등 대통령령으로 정하는 자는 의사소견서를 제출하지 아니할 수 있다.
③의사소견서의 발급비용·비용부담방법·발급자의 범위, 그 밖에 필요한 사항은 보건복지부령으로 정한다.

제14조 (장기요양인정 신청의 조사) ①공단은 제13조제1항에 따라 신청서를 접수한 때 보건복지부령으로 정하는 바에 따라 소속 직원으로 하여금 다음 각 호의 사항을 조사하게 하여야 한다. 다만, 지리적 사정 등으로 직접 조사하기 어려운 경우 또는 조사에 필요하다고 인정하는 경우 시·군·구(자치구를 말한다. 이하 같다)에 대하여 조사를 의뢰하거나 공동으로 조사할 것을 요청할 수 있다.
1. 신청인의 심신상태
2. 신청인에게 필요한 장기요양급여의 종류 및 내용
3. 그 밖에 장기요양에 관하여 필요한 사항으로서 보건복지부령으로 정하는 사항
②제1항에 따라 조사를 하는 자는 조사일시, 장소 및 조사를 담당하는 자의 인적사항 등을 미리 신청인에게 통보하여야 한다.
③공단 또는 제1항 단서에 따른 조사를 의뢰받은 시·군·구는 조사를 완료한 때 조사결과서를 작성하여야 한다. 조사를 의뢰받은 시·군·구는 지체 없이 공단에 조사결과서를 송부하여야 한다.

제15조 (등급판정 등) ①공단은 제14조에 따른 조사가 완료된 때 조사결과서, 신청서, 의사소견서, 그 밖에 심의에 필요한 자료를 제52조에 따른 장기요양등급판정위원회(이하 "등급판정위원회"라 한다)에 제출하여야 한다.

②등급판정위원회는 신청인이 제12조의 신청자격요건을 충족하고 6개월 이상 동안 혼자서 일상생활을 수행하기 어렵다고 인정하는 경우 심신상태 및 장기요양이 필요한 정도 등 대통령령으로 정하는 등급판정기준에 따라 장기요양급여를 받을 자(이하 "수급자"라 한다)로 판정한다.
③등급판정위원회는 제2항에 따라 심의·판정을 하는 때 신청인과 그 가족, 의사소견서를 발급한 의사 등 관계인의 의견을 들을 수 있다.

제16조 (장기요양등급판정기간) ①등급판정위원회는 신청인이 신청서를 제출한 날부터 30일 이내에 제15조에 따른 장기요양등급판정을 완료하여야 한다. 다만, 신청인에 대한 정밀조사가 필요한 경우 등 기간 이내에 등급판정을 완료할 수 없는 부득이한 사유가 있는 경우 30일 이내의 범위에서 이를 연장할 수 있다.
②공단은 등급판정위원회가 제1항 단서에 따라 장기요양인정심의 및 등급판정기간을 연장하고자 하는 경우 신청인 및 대리인에게 그 내용·사유 및 기간을 통보하여야 한다.

제17조 (장기요양인정서) ①공단은 등급판정위원회가 장기요양인정 및 등급판정의 심의를 완료한 경우 지체 없이 다음 각 호의 사항이 포함된 장기요양인정서를 작성하여 수급자에게 송부하여야 한다.
1. 장기요양등급
2. 장기요양급여의 종류 및 내용
3. 그 밖에 장기요양급여에 관한 사항으로서 보건복지부령으로 정하는 사항
②공단은 등급판정위원회가 장기요양인정 및 등급판정의 심의를 완료한 경우 수급자로 판정받지 못한 신청인에게 그 내용 및 사유를 통보하여야 한다. 이 경우 시장·군수·구청장(자치구의 구청장을 말한다. 이하 같다)은 공단에 대하여 이를 통보하도록 요청할 수 있고, 요청을 받은 공단은 이에 응하여야 한다.
③공단은 제1항에 따라 장기요양인정서를 송부하는 때 장기요양급여를 원활히 이용할 수 있도록 제28조에 따른 월 한도액 범위 안에서 표준장기요양이용계획서를 작성하여 이를 함께 송부하여야 한다.
④제1항 및 제3항에 따른 장기요양인정서 및 표준장기요양이용계획서의 작성방법에 관하여 필요한 사항은 보건복지부령으로 정한다.

제18조 (장기요양인정서를 작성할 경우 고려사항) 공단은 장기요양인정서를 작성할 경우 제17조제1항제2호에 따른 장기요양급여의 종류 및 내용을 정하는 때 다음 각 호의 사항을 고려하여 정하여야 한다.
1. 수급자의 장기요양등급 및 생활환경

2. 수급자와 그 가족의 욕구 및 선택
3. 시설급여를 제공하는 경우 장기요양기관이 운영하는 시설 현황

제19조 (장기요양인정의 유효기간) ①제15조에 따른 장기요양인정의 유효기간은 최소 1년 이상으로서 대통령령으로 정한다.
②제1항의 유효기간의 산정방법 그 밖에 필요한 사항은 보건복지부령으로 정한다.

제20조 (장기요양인정의 갱신) ①수급자는 제19조에 따른 장기요양인정의 유효기간이 만료된 후 장기요양급여를 계속하여 받고자 하는 경우 공단에 장기요양인정의 갱신을 신청하여야 한다.
②제1항에 따른 장기요양인정의 갱신 신청은 유효기간이 만료되기 전 30일까지 이를 완료하여야 한다.
③제12조부터 제19조까지의 규정은 장기요양인정의 갱신 절차에 관하여 이를 준용한다.

제21조 (장기요양등급 등의 변경) ①장기요양급여를 받고 있는 수급자는 장기요양등급, 장기요양급여의 종류 또는 내용을 변경하여 장기요양급여를 받고자 하는 경우 공단에 변경신청을 하여야 한다.
②제12조부터 제19조까지의 규정은 장기요양등급의 변경 절차에 관하여 준용한다.

제22조 (장기요양인정 신청 등에 대한 대리) ①장기요양급여를 받고자 하는 자 또는 수급자가 신체적·정신적인 사유로 이 법에 따른 장기요양인정의 신청, 장기요양인정의 갱신신청 또는 장기요양등급의 변경신청 등을 직접 수행할 수 없을 때 본인의 가족이나 친족, 그 밖의 이해관계인은 이를 대리할 수 있다.
②「사회복지사업법」에 따른 사회복지전담공무원은 관할 지역 안에 거주하는 자에 대한 제1항에 따른 장기요양인정 신청 등을 본인 또는 가족의 동의를 받아 대리할 수 있다.
③제1항 및 제2항에도 불구하고 장기요양급여를 받고자 하는 자 또는 수급자가 제1항에 따른 장기요양인정신청 등을 할 수 없는 경우 시장·군수·구청장이 지정하는 자는 이를 대리할 수 있다.
④제1항부터 제3항까지의 규정에 따른 장기요양인정신청 등의 방법 및 절차 등에 관하여 필요한 사항은 보건복지부령으로 정한다.

제4장 장기요양급여의 종류

제23조 (장기요양급여의 종류) ①이 법에 따른 장기요양급여

의 종류는 다음 각 호와 같다.

1. 재가급여

가. 방문요양 : 장기요양요원이 수급자의 가정 등을 방문하여 신체활동 및 가사활동 등을 지원하는 장기요양급여

나. 방문목욕 : 장기요양요원이 목욕설비를 갖춘 장비를 이용하여 수급자의 가정 등을 방문하여 목욕을 제공하는 장기요양급여

다. 방문간호 : 장기요양요원인 간호사 등이 의사, 한의사 또는 치과의사의 지시서(이하 "방문간호지시서"라 한다)에 따라 수급자의 가정 등을 방문하여 간호, 진료의 보조, 요양에 관한 상담 또는 구강위생 등을 제공하는 장기요양급여

라. 주·야간보호 : 수급자를 하루 중 일정한 시간 동안 장기요양기관에 보호하여 신체활동 지원 및 심신기능의 유지·향상을 위한 교육·훈련 등을 제공하는 장기요양급여

마. 단기보호 : 수급자를 보건복지부령으로 정하는 범위 안에서 일정 기간 동안 장기요양기관에 보호하여 신체활동 지원 및 심신기능의 유지·향상을 위한 교육·훈련 등을 제공하는 장기요양급여

바. 기타재가급여 : 수급자의 일상생활·신체활동 지원에 필요한 용구를 제공하거나 가정을 방문하여 재활에 관한 지원 등을 제공하는 장기요양급여로서 대통령령으로 정하는 것

2. 시설급여 : 장기요양기관이 운영하는 「노인복지법」 제34조에 따른 노인의료복지시설(노인전문병원은 제외한다) 등에 장기간 동안 입소하여 신체활동 지원 및 심신기능의 유지·향상을 위한 교육·훈련 등을 제공하는 장기요양급여

3. 특별현금급여

가. 가족요양비 : 제24조에 따라 지급하는 가족장기요양급여

나. 특례요양비 : 제25조에 따라 지급하는 특례장기요양급여

다. 요양병원간병비 : 제26조에 따라 지급하는 요양병원장기요양급여

②제1항제1호 및 제2호에 따라 장기요양급여를 제공할 수 있는 장기요양기관의 종류 및 기준과 장기요양급여 종류별 장기요양요원의 범위·업무·보수교육 등에 관하여 필요한 사항은 대통령령으로 정한다.

③장기요양급여의 제공 기준·절차·방법·범위, 그 밖에 필요한 사항은 보건복지부령으로 정한다.

제24조 (가족요양비) ①공단은 다음 각 호의 어느 하나에 해당하는 수급자가 가족 등으로부터 제23조제1항제1호가목에 따른 방문요양에 상당한 장기요양급여를 받은 때 대통령령으로 정하는 기준에 따라 당해 수급자에게 가족요양비를 지급할 수 있다.

1. 도서·벽지 등 장기요양기관이 현저히 부족한 지역으로서 보건복지부장관이 정하여 고시하는 지역에 거주하는 자

2. 천재지변이나 그 밖에 이와 유사한 사유로 인하여 장기요양기관이 제공하는 장기요양급여를 이용하기가 어렵다고 보건복지부장관이 인정하는 자

3. 신체·정신 또는 성격 등 대통령령으로 정하는 사유로 인하여 가족 등으로부터 장기요양을 받아야 하는 자

②제1항에 따른 가족요양비의 지급절차와 그 밖에 필요한 사항은 보건복지부령으로 정한다.

제25조 (특례요양비) ①공단은 수급자가 장기요양기관이 아닌 노인요양시설 등의 기관 또는 시설에서 재가급여 또는 시설급여에 상당한 장기요양급여를 받은 경우 대통령령으로 정하는 기준에 따라 당해 장기요양급여비용의 일부를 당해 수급자에게 특례요양비로 지급할 수 있다.

②제1항에 따라 장기요양급여가 인정되는 기관 또는 시설의 범위, 특례요양비의 지급절차, 그 밖에 필요한 사항은 보건복지부령으로 정한다.

제26조 (요양병원간병비) ①공단은 수급자가 「노인복지법」 제34조제1항에 따른 노인전문병원 또는 「의료법」 제3조제5항에 따른 요양병원에 입원한 때 대통령령으로 정하는 기준에 따라 장기요양에 사용되는 비용의 일부를 요양병원간병비로 지급할 수 있다.

②제1항에 따른 요양병원간병비의 지급절차와 그 밖에 필요한 사항은 보건복지부령으로 정한다.

제5장 장기요양급여의 제공

제27조 (장기요양급여의 제공 시기) ①수급자는 제17조제1항에 따른 장기요양인정서가 도달한 날부터 장기요양급여를 받을 수 있다.

②제1항에도 불구하고 수급자는 돌볼 가족이 없는 경우 등 대통령령으로 정하는 사유가 있는 경우 신청서를 제출한 날부터 장기요양인정서가 도달되는 날까지의 기간 중에도 장기요양급여를 받을 수 있다.

③제2항에 따라 장기요양급여가 인정되는 범위와 절차 등은 대통령령으로 정한다.

제28조 (장기요양급여의 월 한도액) ①장기요양급여는 월 한도액 범위 안에서 제공한다. 이 경우 월 한도액은 장기요양등급 및 장기요양급여의 종류 등을 고려하여 산정한다.

②제1항에 따른 월 한도액의 산정기준 및 방법, 그 밖에 필요한 사항은 보건복지부령으로 정한다.

제29조 (장기요양급여의 제한) ①공단은 장기요양급여를 받고 있거나 받을 수 있는 자가 다음 각 호의 어느 하나에 해당하는 경우 장기요양급여를 중단하거나 제공하지 아니하게

하여야 한다.

1. 거짓이나 그 밖의 부정한 방법으로 장기요양인정을 받은 경우

2. 고의로 사고를 발생하도록 하거나 본인의 위법행위에 기인하여 장기요양인정을 받은 경우

②공단은 장기요양급여를 받고 있는 자가 정당한 사유 없이 제60조 또는 제61조에 따른 요구에 응하지 아니하거나 답변을 거절한 경우 장기요양급여의 전부 또는 일부를 제공하지 아니하게 할 수 있다.

제30조 (장기요양급여의 제한 등에 관한 준용) 「국민건강보험법」 제48조제1항제4호·제2항부터 제6항까지 및 제49조는 이 법에 따른 보험료 체납자 등에 대한 장기요양급여의 제한 및 장기요양급여의 정지에 관하여 준용한다. 이 경우 "가입자"는 "장기요양보험가입자"로, "보험급여"는 "장기요양급여"로 본다.

제6장 장기요양기관

제31조 (장기요양기관의 지정) ①장기요양기관을 설치·운영하고자 하는 자는 소재지를 관할 구역으로 하는 시장·군수·구청장으로부터 지정을 받아야 한다.

②제1항에 따라 장기요양기관으로 지정받고자 하는 자는 보건복지부령으로 정하는 장기요양에 필요한 시설 및 인력을 갖추어야 한다.

③시장·군수·구청장은 제1항에 따라 장기요양기관을 지정한 때 지체 없이 지정 명세를 공단에 통보하여야 한다.

④장기요양기관의 지정절차와 그 밖에 필요한 사항은 보건복지부령으로 정한다.

제32조 (재가장기요양기관의 설치) ①제23조제1항제1호의 재가급여 중 어느 하나 이상에 해당하는 장기요양급여를 제공하고자 하는 자는 시설 및 인력을 갖추어 재가장기요양기관을 설치하고 시장·군수·구청장에게 이를 신고하여야 한다. 신고를 받은 시장·군수·구청장은 신고 명세를 공단에 통보하여야 한다.

②제1항 전단에 따라 설치의 신고를 한 재가장기요양기관은 장기요양기관으로 본다.

③의료기관이 아닌 자가 설치·운영하는 재가장기요양기관은 방문간호를 제공하는 경우 방문간호의 관리책임자로서 간호사를 둔다.

④제1항에 따른 시설 및 인력기준, 그 밖에 필요한 사항은 보건복지부령으로 정한다.

제33조 (장기요양기관의 시설·인력에 관한 변경) 장기요양기관은 시설 및 인력 중 보건복지부령이 정하는 중요한 사항을 변경하는 경우 보건복지부령으로 정하는 바에 따라 시장·군수·구청장에게 신고하여야 한다. 신고를 받은 시장·군수·구청장은 지체 없이 변경 명세를 공단에 통보하여야 한다.

제34조 (장기요양기관 정보의 안내 등) ①장기요양기관은 수급자가 장기요양급여를 쉽게 선택하도록 하고 장기요양기관이 제공하는 급여의 질을 보장하기 위하여 장기요양기관별 급여의 내용, 시설·인력 등 현황자료 등을 공단이 운영하는 인터넷 홈페이지에 게시하여야 한다.

②제1항에 따른 게시 내용, 방법, 절차, 그 밖에 필요한 사항은 보건복지부령으로 정한다.

제35조 (장기요양기관의 의무) ①장기요양기관은 수급자로부터 장기요양급여신청을 받은 때 장기요양급여의 제공을 거부하여서는 아니 된다. 다만, 입소정원에 여유가 없는 경우 등 정당한 사유가 있는 경우는 그러하지 아니하다.

②장기요양기관은 제23조제3항에 따른 장기요양급여의 제공 기준·절차 및 방법 등에 따라 장기요양급여를 제공하여야 한다.

③장기요양기관의 장은 장기요양급여를 제공한 수급자에게 장기요양급여비용에 대한 명세서를 교부하여야 한다.

④제3항에 따른 장기요양급여비용의 명세서와 그 밖에 필요한 서식 등은 보건복지부령으로 정한다.

제36조 (장기요양기관의 폐업 등 신고) ①장기요양기관은 폐업하거나 휴업하고자 하는 경우 폐업이나 휴업 예정일 전 30일까지 시장·군수·구청장에게 신고하여야 한다. 신고를 받은 시장·군수·구청장은 지체 없이 신고 명세를 공단에 통보하여야 한다.

②시장·군수·구청장은 제1항에 따라 폐업 또는 휴업신고를 접수한 경우 인근지역에 대체 장기요양기관이 없는 경우 등 장기요양급여에 중대한 차질이 우려되는 때 장기요양기관의 폐업 또는 휴업 철회를 권고하거나 그 밖의 다른 조치를 강구하여야 한다.

③시장·군수·구청장은 「노인복지법」 제43조에 따라 노인의료복지시설 등(장기요양기관이 운영하는 시설인 경우에 한한다)에 대하여 사업정지 또는 폐지 명령을 하는 경우 지체 없이 공단에 그 내용을 통보하여야 한다.

④재가장기요양기관의 장은 재가장기요양기관의 폐업 또는 휴업을 하고자 하는 때 시장·군수·구청장에게 이를 신고하여야 한다. 신고를 받은 시장·군수·구청장은 신고 명세를 지체 없이 공단에 통보하여야 한다.

제37조 (장기요양기관 지정의 취소 등) ①시장·군수·구청장은 장기요양기관이 다음 각 호의 어느 하나에 해당하는 경우 그 지정을 취소할 수 있다. 다만, 제1호에 해당하는 경우 지

정을 취소하여야 한다.

1. 거짓이나 그 밖의 부정한 방법으로 지정을 받은 경우
2. 제31조제2항에 따른 지정기준에 적합하지 아니한 경우
3. 제35조제1항을 위반하여 장기요양급여를 거부한 경우
4. 거짓이나 그 밖의 부정한 방법으로 재가 및 시설 급여비용을 청구한 경우
5. 제60조 및 제61조에 따른 질문·검사 및 자료의 제출 요구를 거부·방해하거나 거짓으로 보고하거나 거짓 자료를 제출한 경우
6. 장기요양기관의 종사자 등이 다음 각 목의 어느 하나에 해당하는 행위를 한 경우
가. 수급자의 신체에 폭행을 가하거나 상해를 입히는 행위
나. 수급자에게 성적 수치심을 주는 성폭행, 성희롱 등의 행위
다. 자신의 보호·감독을 받는 수급자를 유기하거나 의식주를 포함한 기본적 보호 및 치료를 소홀히 하는 방임행위
②시장·군수·구청장은 제1항에 따라 지정을 취소한 경우 지체 없이 공단에 지정취소의 명세를 통보하여야 한다.
③시장·군수·구청장은 재가장기요양기관이 다음 각 호의 어느 하나에 해당하는 경우 6개월의 범위 내에서 영업정지를 명하거나 폐쇄명령을 할 수 있다. 다만, 제1호에 해당하는 경우 폐쇄명령을 하여야 한다.

1. 거짓이나 그 밖의 부정한 방법으로 신고한 경우
2. 제32조제1항에 따라 갖추어야 하는 시설 및 인력을 갖추지 아니한 경우
3. 제1항제3호부터 제6호까지의 규정 중 어느 하나에 해당하는 경우
④시장·군수·구청장은 제3항에 따라 재가장기요양기관에 대하여 영업정지 또는 폐쇄명령을 한 경우 지체 없이 공단에 그 내용을 통보하여야 한다. 폐쇄명령을 받은 재가장기요양기관은 제1항에 따라 장기요양기관의 지정이 취소된 것으로 본다.
⑤제1항 및 제3항에 따라 지정취소 또는 폐쇄명령을 받은 자는 그 처분을 받은 날부터 대통령령으로 정하는 기간 동안에는 장기요양기관 또는 재가장기요양기관으로 다시 지정받거나 신고할 수 없다.
⑥제1항 및 제3항에 따른 지정취소의 절차 등에 관하여 필요한 사항은 보건복지부령으로 정한다.

제7장 재가 및 시설 급여비용 등

제38조 (재가 및 시설 급여비용의 청구 및 지급) ①장기요양기관은 수급자에게 제23조에 따른 재가급여 또는 시설급여를 제공한 경우 공단에 장기요양급여비용을 청구하여야 한다.
②공단은 제1항에 따라 장기요양기관으로부터 재가 또는 시설 급여비용의 청구를 받은 경우 이를 심사하여 장기요

양에 사용된 비용 중 공단부담금(재가 및 시설 급여비용 중 본인일부부담금을 공제한 금액을 말한다)을 당해 장기요양기관에 지급하여야 한다.
③공단은 제54조제2항에 따른 장기요양기관의 장기요양급여평가 결과에 따라 장기요양급여비용을 가산 또는 감액조정하여 지급할 수 있다.
④제1항부터 제3항까지의 규정에 따른 재가 및 시설 급여비용의 심사기준, 장기요양급여비용의 가감지급의 기준, 청구절차 및 지급방법 등에 관한 사항은 보건복지부령으로 정한다.

제39조 (재가 및 시설 급여비용의 산정) ①재가 및 시설 급여비용은 급여종류 및 장기요양등급 등에 따라 제45조에 따른 장기요양위원회의 심의를 거쳐 보건복지부장관이 정하여 고시한다.
②보건복지부장관은 제1항에 따라 재가 및 시설 급여비용을 정할 때 대통령령으로 정하는 바에 따라 국가 및 지방자치단체로부터 장기요양기관의 설립비용을 지원받았는지 여부 등을 고려할 수 있다.
③제1항에 따른 재가 및 시설 급여비용의 구체적인 산정방법 및 항목 등에 관하여 필요한 사항은 보건복지부령으로 정한다.

제40조 (본인일부부담금) ①재가 및 시설 급여비용은 다음 각 호와 같이 수급자가 부담한다. 다만, 수급자 중 「국민기초생활 보장법」에 따른 수급권자는 그러하지 아니하다.

1. 재가급여 : 당해 장기요양급여비용의 100분의 15
2. 시설급여 : 당해 장기요양급여비용의 100분의 20
②다음 각 호의 장기요양급여에 대한 비용은 수급자 본인이 전부 부담한다.

1. 이 법의 규정에 따른 급여의 범위 및 대상에 포함되지 아니하는 장기요양급여
2. 수급자가 제17조제1항제2호에 따른 장기요양인정서에 기재된 장기요양급여의 종류 및 내용과 다르게 선택하여 장기요양급여를 받은 경우 그 차액
3. 제28조에 따른 장기요양급여의 월 한도액을 초과하는 장기요양급여
③다음 각 호의 어느 하나에 해당하는 자에 대하여는 본인일부부담금의 100분의 50을 감경한다.

1. 의료급여수급권자
2. 소득·재산 등이 보건복지부장관이 정하여 고시하는 일정 금액 이하인 자
3. 천재지변 등 보건복지부령으로 정하는 사유로 인하여 생계가 곤란한 자
④제1항부터 제3항까지의 규정에 따른 본인일부부담금의 산정방법, 감경절차 및 감경방법 등에 관하여 필요한 사항

은 보건복지부령으로 정한다.

제41조 (가족 등의 장기요양에 대한 보상) ①공단은 장기요양급여를 받은 금액의 총액이 보건복지부장관이 정하여 고시하는 금액 이하에 해당하는 수급자가 가족 등으로부터 제23조제1항제1호 가목에 따른 방문요양에 상당한 장기요양을 받은 경우 보건복지부령으로 정하는 바에 따라 본인일부부담금의 일부를 감면하거나 이에 갈음하는 조치를 할 수 있다.
②제1항에 따른 본인일부부담금의 감면방법 등 필요한 사항은 보건복지부령으로 정한다.

제42조 (방문간호지시서 발급비용의 산정 등) 제23조제1항제1호다목에 따라 방문간호지시서를 발급하는데 사용되는 비용, 비용부담방법 및 비용 청구·지급절차 등에 관하여 필요한 사항은 보건복지부령으로 정한다.

제43조 (부당이득의 징수) ①공단은 장기요양급여를 받은 자 또는 장기요양급여비용을 받은 자가 다음 각 호의 어느 하나에 해당하는 경우 그 장기요양급여 또는 장기요양급여비용에 상당하는 금액을 징수한다.
1. 제28조의 월 한도액 범위를 초과하여 장기요양급여를 받은 경우
2. 제29조 또는 제30조에 따라 장기요양급여의 제한 등을 받을 자가 장기요양급여를 받은 경우
3. 제37조제1항제4호·제3항제3호에 따른 거짓이나 그 밖의 부정한 방법으로 재가 및 시설 급여비용을 청구하여 이를 지급받은 경우
4. 그 밖에 이 법상의 원인 없이 공단으로부터 장기요양급여를 받거나 장기요양급여비용을 지급받은 경우
②공단은 제1항의 경우 거짓 보고 또는 증명에 의하거나 거짓 진단에 따라 장기요양급여가 제공된 때 거짓의 행위에 관여한 자에 대하여 장기요양급여를 받은 자와 연대하여 제1항에 따른 징수금을 납부하게 할 수 있다.
③공단은 제1항의 경우 거짓이나 그 밖의 부정한 방법으로 장기요양급여를 받은 자와 같은 세대에 속한 자(장기요양급여를 받은 자를 부양하고 있거나 다른 법령에 따라 장기요양급여를 받은 자를 부양할 의무가 있는 자를 말한다)에 대하여 거짓이나 그 밖의 부정한 방법으로 장기요양급여를 받은 자와 연대하여 제1항에 따른 징수금을 납부하게 할 수 있다.
④공단은 제1항의 경우 장기요양기관이 수급자로부터 거짓이나 그 밖의 부정한 방법으로 장기요양급여비용을 받은 때 당해 장기요양기관으로부터 이를 징수하여 수급자에게 지체 없이 지급하여야 한다.

제44조 (구상권) ①공단은 제3자의 행위로 인한 장기요양급여의 제공사유가 발생하여 수급자에게 장기요양급여를 행한 때 그 급여에 사용된 비용의 한도 안에서 그 제3자에 대한 손해배상의 권리를 얻는다.
②공단은 제1항의 경우 장기요양급여를 받은 자가 제3자로부터 이미 손해배상을 받은 때 그 손해배상액의 한도 안에서 장기요양급여를 행하지 아니한다.

제8장 장기요양위원회

제45조 (장기요양위원회의 설치 및 기능) 다음 각 호의 사항을 심의하기 위하여 보건복지부장관 소속으로 장기요양위원회를 둔다.
1. 제9조제2항에 따른 장기요양보험료율
2. 제24조부터 제26조까지의 규정에 따른 가족요양비, 특례요양비 및 요양병원간병비의 지급기준
3. 제39조에 따른 재가 및 시설 급여비용
4. 그 밖에 대통령령으로 정하는 주요 사항

제46조 (장기요양위원회의 구성) ①장기요양위원회는 위원장 1인, 부위원장 1인을 포함한 16인 이상 22인 이하의 위원으로 구성한다.
②위원장이 아닌 위원은 다음 각 호의 자 중에서 보건복지부장관이 임명 또는 위촉한 자로 하고, 각 호에 해당하는 자를 각각 동수로 구성하여야 한다.
1. 근로자단체, 사용자단체, 시민단체(「비영리민간단체 지원법」 제2조에 따른 비영리민간단체를 말한다), 노인단체, 농어업인단체 또는 자영자단체를 대표하는 자
2. 장기요양기관 또는 의료계를 대표하는 자
3. 대통령령으로 정하는 관계 중앙행정기관의 고위공무원단 소속 공무원, 장기요양에 관한 학계 또는 연구계를 대표하는 자, 공단 이사장이 추천하는 자
③위원장은 보건복지부차관이 되고, 부위원장은 위원 중에서 위원장이 지명한다.
④장기요양위원회 위원의 임기는 3년으로 한다. 다만, 공무원인 위원의 임기는 재임기간으로 한다.

제47조 (장기요양위원회의 운영) ①장기요양위원회 회의는 구성원 과반수의 출석으로 개의하고 출석위원 과반수의 찬성으로 의결한다.
②장기요양위원회의 효율적 운영을 위하여 분야별로 실무위원회를 둘 수 있다.
③이 법에서 정한 것 외에 장기요양위원회의 구성·운영, 그 밖에 필요한 사항은 대통령령으로 정한다.

제9장 관리운영기관

제48조 (관리운영기관 등) ①장기요양사업의 관리운영기관은 공단으로 한다.

②공단은 다음 각 호의 업무를 관장한다.

1. 장기요양보험가입자 및 그 피부양자와 의료급여수급권자의 자격관리
2. 장기요양보험료의 부과·징수
3. 신청인에 대한 조사
4. 등급판정위원회의 운영 및 장기요양등급 판정
5. 장기요양인정서의 작성 및 표준장기요양이용계획서의 제공
6. 장기요양급여의 관리 및 평가
7. 수급자에 대한 정보제공·안내·상담 등 장기요양급여 관련 이용지원에 관한 사항
8. 재가 및 시설 급여비용의 심사 및 지급과 특별현금급여의 지급
9. 장기요양급여 제공내용 확인
10. 장기요양사업에 관한 조사·연구 및 홍보
11. 노인성질환예방사업
12. 이 법에 따른 부당이득금의 부과·징수 등
13. 그 밖에 장기요양사업과 관련하여 보건복지부장관이 위탁한 업무

③「국민건강보험법」 제16조에 따른 공단의 정관은 장기요양사업과 관련하여 다음 각 호의 사항을 포함·기재한다.

1. 장기요양보험료
2. 장기요양급여
3. 장기요양사업에 관한 예산 및 결산
4. 그 밖에 대통령령으로 정하는 사항

제49조 (공단의 장기요양사업 조직 등) 공단은 「국민건강보험법」 제27조에 따라 공단의 조직 등에 관한 규정을 정할 때 장기요양사업을 수행하기 위하여 두는 조직 등을 건강보험사업을 수행하는 조직 등과 구분하여 따로 두어야 한다. 다만, 제48조제2항제1호 및 제2호의 자격관리와 보험료 부과·징수업무는 그러하지 아니하다.

제50조 (장기요양사업의 회계) ①공단은 장기요양사업에 대하여 독립회계를 설치·운영하여야 한다.

②공단은 장기요양사업 중 장기요양보험료를 재원으로 하는 사업과 국가·지방자치단체의 부담금을 재원으로 하는 사업의 재정을 구분하여 운영하여야 한다. 다만, 관리운영에 필요한 재정은 구분하여 운영하지 아니할 수 있다.

제51조 (권한의 위임 등에 관한 준용) 「국민건강보험법」 제30조 및 제36조는 이 법에 따른 이사장의 권한의 위임 및 준비금에 관하여 이를 준용한다. 이 경우 "보험급여"는 "장기요양급여"로 본다.

제52조 (등급판정위원회의 설치) ①장기요양인정 및 장기요양등급 판정 등을 심의하기 위하여 공단에 장기요양등급판정위원회를 둔다.

②등급판정위원회는 시·군·구 단위로 설치한다. 다만, 인구 수 등을 고려하여 하나의 시·군·구에 2 이상의 등급판정위원회를 설치하거나 2 이상의 시·군·구를 통합하여 하나의 등급판정위원회를 설치할 수 있다.

③등급판정위원회는 위원장 1인을 포함하여 15인의 위원으로 구성한다.

④등급판정위원회 위원은 다음 각 호의 자 중에서 공단 이사장이 위촉한다. 이 경우 시장·군수·구청장이 추천한 위원은 7인, 의사 또는 한의사가 1인 이상 각각 포함되어야 한다.

1. 「의료법」에 따른 의료인
2. 「사회복지사업법」에 따른 사회복지사
3. 시·군·구 소속 공무원
4. 그 밖에 법학 또는 장기요양에 관한 학식과 경험이 풍부한 자

⑤등급판정위원회 위원의 임기는 3년으로 한다. 다만, 공무원인 위원의 임기는 재임기간으로 한다.

제53조 (등급판정위원회의 운영) ①등급판정위원회 위원장은 위원 중에서 시장·군수·구청장이 위촉한다. 이 경우 제52조제2항 단서에 따라 2 이상의 시·군·구를 통합하여 하나의 등급판정위원회를 설치하는 때 당해 시장·군수·구청장이 공동으로 위촉한다.

②등급판정위원회 회의는 구성원 과반수의 출석으로 개의하고 출석위원 과반수의 찬성으로 의결한다.

③이 법에 정한 것 외에 등급판정위원회의 구성·운영, 그 밖에 필요한 사항은 대통령령으로 정한다.

제54조 (장기요양급여의 관리·평가) ①공단은 장기요양기관이 제공하는 장기요양급여 내용을 지속적으로 관리·평가하여 장기요양급여의 수준이 향상되도록 노력하여야 한다.

②공단은 장기요양기관이 제23조제3항에 따른 장기요양급여의 제공 기준·절차·방법 등에 따라 적정하게 장기요양급여를 제공하였는지를 평가한 후 그 결과를 공개하는 등 필요한 조치를 할 수 있다.

③제2항에 따른 장기요양급여 제공내용의 평가 방법 및 평가 결과의 공개 방법, 그 밖에 필요한 사항은 보건복지부령으로 정한다.

제10장 이의신청 및 심사청구

제55조 (이의신청) ①장기요양인정·장기요양등급·장기요양급여·부당이득·장기요양급여비용 또는 장기요양보험료 등에 관한 공단의 처분에 이의가 있는 자는 공단에 이의신청을 할 수 있다.
②제1항에 따른 이의신청은 처분이 있은 날부터 90일 이내에 문서로 하여야 한다. 다만, 정당한 사유로 본문의 기간 이내에 이의신청을 할 수 없었음을 소명한 때는 그러하지 아니하다.
③공단은 장기요양심사위원회를 구성하여 제1항에 따른 이의신청사건을 심의하게 하여야 한다.
④제3항에 따른 장기요양심사위원회의 구성·운영 및 위원의 임기, 그 밖에 필요한 사항은 대통령령으로 정한다.

제56조 (심사청구) ①제55조에 따른 이의신청에 대한 결정에 불복하는 자는 결정처분을 받은 날부터 90일 이내에 장기요양심판위원회(이하 "심판위원회"라 한다)에 심사청구를 할 수 있다.
②심판위원회는 보건복지부장관 소속으로 두고, 위원장 1인을 포함한 20인 이내의 위원으로 구성한다.
③심판위원회의 위원은 관계 공무원, 법학, 그 밖에 장기요양사업 분야의 학식과 경험이 풍부한 자 중에서 보건복지부장관이 임명 또는 위촉한다.
④심판위원회의 구성·운영 및 위원의 임기, 그 밖에 필요한 사항은 대통령령으로 정한다.

제57조 (행정소송) 공단의 처분에 이의가 있는 자와 제55조에 따른 이의신청 또는 제56조에 따른 심사청구에 대한 결정에 불복하는 자는 「행정소송법」이 정하는 바에 따라 행정소송을 제기할 수 있다.

제11장 보칙

제58조 (국가의 부담) ①국가는 매년 예산의 범위 안에서 당해 연도 장기요양보험료 예상수입액의 100분의 20에 상당하는 금액을 공단에 지원한다.
②국가와 지방자치단체는 대통령령으로 정하는 바에 따라 의료급여수급권자의 장기요양급여비용, 의사소견서 발급비용, 방문간호지시서 발급비용 중 공단이 부담하여야 할 비용(제40조제1항 단서 및 제3항제1호에 따라 면제 및 감경됨으로 인하여 공단이 부담하게 되는 비용을 포함한다) 및 관리운영비의 전액을 부담한다.
③제2항에 따라 지방자치단체가 부담하는 금액은 보건복지부령으로 정하는 바에 따라 특별시·광역시·도와 시·군·구가 분담한다.

④제2항 및 제3항에 따른 지방자치단체의 부담액 부과, 징수 및 재원관리, 그 밖에 필요한 사항은 대통령령으로 정한다.

제59조 (전자문서의 사용) ①장기요양사업에 관련된 각종 서류의 기록, 관리 및 보관은 전자문서로 한다.
②공단 및 장기요양기관은 장기요양기관의 지정신청, 재가·시설 급여비용의 청구 및 지급 등에 대하여 전산매체 또는 전자문서교환방식을 이용하여야 한다.
③제1항 및 제2항에도 불구하고 정보통신망 및 정보통신서비스 시설이 열악한 지역 등 보건복지부장관이 정하는 지역의 경우 전자문서·전산매체 또는 전자문서교환방식을 이용하지 아니할 수 있다.

제60조 (자료의 제출 등) ①공단은 장기요양급여 제공내용 확인, 장기요양급여의 관리·평가 및 장기요양보험료 산정 등 장기요양사업 수행에 필요하다고 인정할 때 다음 각 호의 어느 하나에 해당하는 자에게 자료의 제출을 요구할 수 있다.
1. 장기요양보험가입자 또는 그 피부양자 및 의료급여수급권자
2. 수급자 및 장기요양기관
②제1항에 따라 자료의 제출을 요구받은 자는 성실히 이에 응하여야 한다.

제61조 (보고 및 검사) ①보건복지부장관 또는 시장·군수·구청장은 다음 각 호의 어느 하나에 해당하는 자에게 보수·소득이나 그 밖에 보건복지부령으로 정하는 사항의 보고 또는 자료의 제출을 명하거나 소속 공무원으로 하여금 관계인에게 질문을 하게 하거나 관계 서류를 검사하게 할 수 있다.
1. 장기요양보험가입자
2. 피부양자
3. 의료급여수급권자
②보건복지부장관 또는 시장·군수·구청장은 다음 각 호의 어느 하나에 해당하는 자에게 장기요양급여의 제공 명세 등 장기요양급여에 관련된 자료의 제출을 명하거나 소속 공무원으로 하여금 관계인에게 질문을 하게 하거나 관계 서류를 검사하게 할 수 있다.
1. 장기요양기관
2. 장기요양급여를 받은 자
③제1항 및 제2항의 경우에 소속 공무원은 그 권한을 표시하는 증표를 지니고 이를 관계인에게 내보여야 한다.

제62조 (비밀누설금지) 다음 각 호에 해당하는 자는 업무수행 중 알게 된 비밀을 누설하여서는 아니 된다.
1. 시·군·구, 공단, 등급판정위원회 및 장기요양기관에 종사하고 있거나 종사한 자

2. 제24조부터 제26조까지의 규정에 따른 가족요양비·특례요양비 및 요양병원간병비와 관련된 급여를 제공한 자

제63조 (청문) 시장·군수·구청장은 제37조에 따라 장기요양기관 지정의 취소 및 재가장기요양기관의 영업정지·폐쇄를 하고자 하는 경우 청문을 실시하여야 한다.

제64조 (시효 등에 관한 준용) 「국민건강보험법」 제79조, 제80조, 제83조, 제87조부터 제89조까지, 제91조는 시효, 기간의 계산, 자료의 제공, 공단 등에 대한 감독, 권한의 위임 및 위탁, 업무의 위탁, 단수처리 등에 관하여 준용한다. 이 경우 "보험료"를 "장기요양보험료"로, "보험급여"를 "장기요양급여"로, "요양기관"을 "장기요양기관"으로, "건강보험사업"을 "장기요양사업"으로 본다.

제65조 (다른 법률에 따른 소득 등의 의제금지) 이 법에 따른 장기요양급여로 지급된 현금 등은 「국민기초생활 보장법」 제2조제8호 및 제9호의 소득 또는 재산으로 보지 아니한다.

제66조 (수급권의 보호) 장기요양급여를 받을 권리는 양도 또는 압류하거나 담보로 제공할 수 없다.

제12장 벌칙

제67조 (벌칙) 다음 각 호의 어느 하나에 해당하는 자는 2년 이하의 징역 또는 1천만원 이하의 벌금에 처한다.
1. 제35조제1항을 위반하여 정당한 사유 없이 장기요양급여의 제공을 거부한 자
2. 제62조를 위반하여 업무수행 중 알게 된 비밀을 누설한 자
3. 거짓이나 그 밖의 부정한 방법으로 장기요양급여를 받거나 타인으로 하여금 장기요양급여를 받게 한 자

제68조 (양벌규정) 법인의 대표자, 법인이나 개인의 대리인·사용인 및 그 밖의 종사자가 그 법인 또는 개인의 업무에 관하여 제67조에 해당하는 위반행위를 한 때에는 그 행위자를 벌하는 외에 그 법인 또는 개인에 대하여도 해당 조의 벌금형을 과한다.

제69조 (과태료) 정당한 사유 없이 다음 각 호의 어느 하나에 해당하는 자에게는 500만원 이하의 과태료를 부과한다.
1. 제32조를 위반하여 신고하지 아니하거나 거짓이나 그 밖의 부정한 방법으로 신고하고 재가장기요양기관을 설치·운영한 자
2. 제33조를 위반하여 신고하지 아니하거나 거짓이나 그 밖의 부정한 방법으로 신고한 자

3. 공단에 장기요양급여비용을 거짓이나 그 밖의 부정한 방법으로 청구한 자
4. 거짓이나 그 밖의 부정한 방법으로 수급자에게 장기요양급여비용을 부담하게 한 자
5. 제60조 또는 제61조를 위반하여 자료의 제출·답변 또는 보고를 하지 아니한 자, 거짓 자료의 제출·답변 또는 보고를 하거나 검사를 거부·방해 또는 기피한 자

제70조 (과태료의 부과징수절차) ①제69조에 따른 과태료는 대통령령으로 정하는 바에 따라 보건복지부장관이 부과·징수한다.
②제1항에 따른 과태료 처분에 불복하는 자는 그 처분을 고지받은 날부터 30일 이내에 보건복지부장관에게 이의를 제기할 수 있다.
③제1항에 따른 과태료 처분을 받은 자가 제2항에 따라 이의를 제기한 때에는 보건복지부장관은 관할 법원에 그 사실을 통보하여야 하며, 그 통보를 받은 관할 법원은 「비송사건절차법」에 따른 과태료 재판을 한다.
④제2항에 따른 기간 이내에 이의를 제기하지 아니하고 과태료를 납부하지 아니한 때에는 국세 체납처분의 예에 따라 징수한다.

부칙 <제8403호, 2007.4.27>
제1조 (시행일) 이 법은 2008년 7월 1일부터 시행한다. 다만, 제1장(제1조부터 제6조까지), 제3장(제12조부터 제22조까지), 제23조제2항 중 장기요양요원에 관한 사항, 제6장(제31조부터 제37조까지), 제8장(제45조부터 제47조까지), 제9장(제54조를 제외한다), 제10장(제55조부터 제57조까지), 제11장(제58조를 제외한다), 제12장(제67조부터 제70조까지)은 2007년 10월 1일부터 시행한다.
제2조 (이 법 시행을 위한 준비행위) ①보건복지부장관 및 공단은 이 법이 공포된 날부터 이 법 시행을 위하여 필요한 준비행위를 행할 수 있다.
②보건복지부장관 또는 공단은 국가·지방자치단체 또는 다른 법령에 따른 사회보장업무를 수행하는 법인, 그 밖에 장기요양사업을 하는 단체 등에 대하여 이 법 시행 준비에 필요한 자료의 제출을 요청할 수 있다.
③제2항에 따라 자료의 제출을 요청받은 자는 성실하게 이에 응하여야 한다.
제3조 (시범사업의 특례) ①보건복지부장관은 장기요양사업을 원활히 추진하기 위하여 이 법 시행 전에 시범사업을 실시할 수 있다.
②보건복지부장관은 제1항에 따른 시범사업을 실시함에 있어서 장기요양보험료를 부과·징수할 수 있다.
③보건복지부장관, 지방자치단체 및 공단은 제1항 및 제2

항에 따른 시범사업에 대하여 행정적·재정적 지원을 할 수
있다.
④제1항에 따른 시범사업 지역의 선정, 제2항에 따른 장기
요양보험료의 부과·징수의 절차 및 방법, 그 밖에 시범사업
의 실시에 관하여 필요한 사항은 보건복지부장관이 정한다.

산업재해보상보험법

연혁

1963. 11. 5 제정 법률 제1438호
1970. 12. 31 일부개정 법률 제2271호
1973. 3. 13 일부개정 법률 제2607호
1976. 12. 22 일부개정 법률 제2912호
1977. 12. 19 일부개정 법률 제3026호
1981. 12. 17 일부개정 법률 제3467호
1982. 12. 31 일부개정 법률 제3631호
1983. 12. 31 일부개정 법률 제3713호
1986. 5. 9 일부개정 법률 제3818호

1989. 4. 1 일부개정 법률 제4111호
1993. 12. 27 일부개정 법률 제4641호
1994. 12. 22 전문개정 법률 제4826호
1997. 8. 28 일부개정 법률 제5398호
1999. 2. 8 일부개정 법률 제5881호
1999. 12. 31 일부개정 법률 제6100호
2003. 12. 31 일부개정 법률 제7049호
2004. 1. 29 일부개정 법률 제7155호
2007. 5. 17 일부개정 법률 제8435호

제1장 총칙

제1조 (목적) 이 법은 산업재해보상보험 사업을 시행하여 근로자의 업무상의 재해를 신속하고 공정하게 보상하며, 재해근로자의 재활 및 사회 복귀를 촉진하기 위하여 이에 필요한 보험시설을 설치·운영하고, 재해 예방과 그 밖에 근로자의 복지 증진을 위한 사업을 시행하여 근로자 보호에 이바지하는 것을 목적으로 한다.

제2조 (보험의 관장과 보험연도) ①이 법에 따른 산업재해보상보험 사업(이하 "보험사업"이라 한다)은 노동부장관이 관장한다.
②이 법에 따른 보험사업의 보험연도는 정부의 회계연도에 따른다.

제3조 (국고의 부담 및 지원) ①국가는 회계연도마다 예산의 범위에서 보험사업의 사무 집행에 드는 비용을 일반회계에서 부담하여야 한다.
②국가는 회계연도마다 예산의 범위에서 보험사업에 드는 비용의 일부를 지원할 수 있다.

제4조 (보험료) 이 법에 따른 보험사업에 드는 비용에 충당하기 위하여 징수하는 보험료나 그 밖의 징수금에 대하여는 「고용보험 및 산업재해보상보험의 보험료징수 등에 관한 법률」(이하 "보험료징수법"이라 한다)에서 정하는 바에 따른다.

제5조 (정의) 이 법에서 사용하는 용어의 뜻은 다음과 같다.
1. "업무상의 재해"란 업무상의 사유에 따른 근로자의 부상·질병·신체장해 또는 사망을 말한다. 이 경우 업무상의 재해의 인정 기준에 관하여는 노동부령으로 정한다.
2. "근로자"·"임금"·"평균임금"·"통상임금"이란 각각 「근로기준법」에 따른 "근로자"·"임금"·"평균임금"·"통상임금"을 말한다. 다만, 「근로기준법」에 따라 "임금" 또는 "평균임금"을 결정하기 어렵다고 인정되면 노동부장관이 정하여 고시하는 금액을 해당 "임금" 또는 "평균임금"으로 한다.
3. "유족"이란 사망한 자의 배우자(사실상 혼인 관계에 있는 자를 포함한다)·자녀·부모·손자녀·조부모 또는 형제자매를 말한다.

제6조 (적용 범위) 이 법은 근로자를 사용하는 모든 사업 또는 사업장(이하 "사업"이라 한다)에 적용한다. 다만, 위험률·규모 및 장소 등을 고려하여 대통령령으로 정하는 사업에 대하여는 이 법을 적용하지 아니한다.

제7조 (보험 관계의 성립·소멸) 이 법에 따른 보험 관계의 성립과 소멸에 대하여는 보험료징수법으로 정하는 바에 따른다.

제8조 (산업재해보상보험심의위원회) ①보험사업에 관한 중요 사항을 심의하게 하기 위하여 노동부에 산업재해보상보험심의위원회(이하 "위원회"라 한다)를 둔다.
②위원회는 근로자를 대표하는 자, 사용자를 대표하는 자

및 공익을 대표하는 자로 구성하되, 그 수는 각각 같은 수로 한다.

③위원회는 그 심의 사항을 검토·조정하고, 위원회의 심의를 보조하게 하기 위하여 위원회에 전문위원회를 둘 수 있다.

④위원회 및 전문위원회의 조직과 운영에 필요한 사항은 대통령령으로 정한다.

제9조 (보험사업 관련 조사연구) ①노동부장관은 보험사업을 효율적으로 관리·운영하기 위하여 조사·연구 사업 등을 할 수 있다.

②노동부장관은 필요하다고 인정하면 제1항에 따른 업무의 일부를 대통령령으로 정하는 자에게 대행하게 할 수 있다.

제2장 근로복지공단

제10조 (근로복지공단의 설립) 노동부장관의 위탁을 받아 제1조의 목적을 달성하기 위한 사업을 효율적으로 수행하기 위하여 근로복지공단(이하 "공단"이라 한다)을 설립한다.

제11조 (공단의 사업) 공단은 다음 각 호의 사업을 수행한다.
1. 보험가입자와 수급권자에 관한 기록의 관리·유지
2. 보험료징수법에 따른 보험료와 그 밖의 징수금의 징수
3. 보험급여의 결정과 지급
4. 보험급여에 관한 심사 청구의 심리· 결정
5. 산업재해보상보험 시설의 설치·운영
6. 근로자의 복지 증진을 위한 사업
7. 그 밖에 정부로부터 위탁받은 사업
8. 제5호부터 제7호까지의 규정에 따른 사업에 딸린 사업

제12조 (법인격) 공단은 법인으로 한다.

제13조 (사무소) ①공단의 주된 사무소 소재지는 정관으로 정한다.

②공단은 필요하면 정관에서 정하는 바에 따라 분사무소를 둘 수 있다.

제14조 (정관) ①공단의 정관에는 다음 각 호의 사항을 적어야 한다.
1. 목적
2. 명칭
3. 주된 사무소와 분사무소에 관한 사항
4. 임원과 직원에 관한 사항
5. 이사회에 관한 사항
6. 사업에 관한 사항

7. 예산 및 결산에 관한 사항
8. 자산 및 회계에 관한 사항
9. 정관의 변경에 관한 사항
10. 내부규정의 제정·개정 및 폐지에 관한 사항
11. 공고에 관한 사항

②공단의 정관은 노동부장관의 인가를 받아야 한다. 이를 변경하려는 때에도 또한 같다.

제15조 (설립등기) 공단은 그 주된 사무소의 소재지에서 설립등기를 함으로써 성립한다.

제16조 (임원) ①공단의 임원은 이사장 1명과 상임이사 3명을 포함한 15명 이내의 이사와 감사 1명으로 한다.

②이사장은 노동부장관의 제청에 따라 대통령이 임명하고, 이사와 감사는 이사장의 제청에 따라 노동부장관이 임명한다. 다만, 당연직이사는 제외한다.

③비상임이사에게는 보수를 지급하지 않는다. 다만, 직무 수행에 드는 실제 비용은 지급할 수 있다.

제17조 (임원의 임기) 임원의 임기는 3년으로 하되, 각각 연임할 수 있다. 다만, 당연직이사의 임기는 그 재임 기간으로 한다.

제18조 (임원의 직무) ①이사장은 공단을 대표하고 공단의 업무를 총괄한다.

②상임이사는 정관으로 정하는 바에 따라 공단의 업무를 분장하고, 이사장이 사고가 있을 때에는 정관에서 정하는 순서에 따라 그 직무를 대행한다.

③감사(감사)는 공단의 업무와 회계를 감사(감사)한다.

제19조 (임원의 결격사유) 다음 각 호의 어느 하나에 해당하는 자는 공단의 임원이 될 수 없다.
1. 대한민국 국민이 아닌 자
2. 「국가공무원법」 제33조 각 호의 어느 하나에 해당하는 자

제20조 (임원의 당연퇴임·해임) ①임원이 제19조 각 호의 어느 하나에 해당하면 그 임원은 당연히 퇴임한다.

②임명권자는 임원이 다음 각 호의 어느 하나에 해당하면 그 임원을 해임할 수 있다.
1. 신체상 또는 정신상의 장애로 직무를 수행할 수 없다고 인정될 경우
2. 직무상의 의무를 위반한 경우
3. 고의 또는 중대한 과실로 공단에 손실을 발생하게 한 경우

제21조 (임직원의 겸직 제한) 공단의 상임임원과 직원은 그 업무 외에 영리를 목적으로 하는 업무에 종사하지 못하며, 상임임원은 노동부장관의, 직원은 이사장의 허가를 받지 아니하고 다른 직무를 겸할 수 없다.

제22조 (이사회) ①공단에는 그 업무에 관한 중요 사항을 심의·의결하기 위하여 이사회를 둔다.
②이사회는 이사장 및 이사로 구성한다.
③이사장은 이사회를 소집하고, 그 의장이 된다.
④이사회는 재적 구성원 과반수의 출석과 출석 구성원 과반수의 찬성으로 의결한다.
⑤감사는 이사회에 출석하여 발언할 수 있다.
⑥이사회의 운영에 필요한 사항은 정관으로 정한다.

제23조 (직원의 임면 및 대리인의 선임) ①이사장은 정관으로 정하는 바에 따라 공단의 직원을 임명하거나 해임한다.
②이사장은 정관으로 정하는 바에 따라 직원 중에서 업무에 관한 재판상 행위 또는 재판 외의 행위를 할 수 있는 권한을 가진 대리인을 선임할 수 있다.

제24조 (벌칙 적용에서의 공무원 의제) 공단의 임원과 직원은 「형법」 제129조부터 제132조까지의 규정을 적용하는 경우 공무원으로 본다.

제25조 (업무의 지도·감독) ①공단은 대통령령으로 정하는 바에 따라 회계연도마다 사업 운영계획과 예산에 관하여 노동부장관의 승인을 받아야 한다.
②공단은 회계연도마다 회계연도가 끝난 후 2개월 이내에 사업 실적과 결산을 노동부장관에게 보고하여야 한다.
③노동부장관은 공단에 대하여 그 사업에 관한 보고를 명하거나 사업 또는 재산 상황을 검사할 수 있고, 필요하다고 인정하면 정관을 변경하도록 명하는 등 감독상 필요한 조치를 할 수 있다.

제26조 (공단의 회계) ①공단의 회계연도는 정부의 회계연도에 따른다.
②공단은 보험사업에 관한 회계를 공단의 다른 회계와 구분하여 계리(계리)하여야 한다.
③공단은 노동부장관의 승인을 받아 회계규정을 정하여야 한다.

제27조 (자금의 차입 등) ①공단은 제11조에 따른 사업을 위하여 필요하면 노동부장관의 승인을 받아 자금을 차입(국제기구·외국 정부 또는 외국인으로부터의 차입을 포함한다)할 수 있다.
②공단은 회계연도마다 보험사업과 관련하여 지출이 수입

을 초과하게 되면 제68조에 따른 책임준비금의 범위에서 노동부장관의 승인을 받아 제64조에 따른 산업재해보상보험 및 예방 기금에서 이입(이입)하여 충당할 수 있다.

제28조 (잉여금의 처리) 공단은 회계연도 말에 결산상 잉여금이 있으면 공단의 회계규정으로 정하는 바에 따라 회계 별로 구분하여 손실금을 보전(보전)하고 나머지는 적립하여야 한다.

제29조 (업무의 위탁) ①공단은 보험급여의 지급이나 그 밖의 업무의 일부를 체신관서나 금융기관에 위탁할 수 있다.
②제1항에 따라 공단이 위탁할 수 있는 업무의 범위는 대통령령으로 정한다.

제30조 (수수료 등의 징수) 공단은 제11조에 따른 사업에 관하여 노동부장관의 승인을 받아 공단 시설의 이용료나 업무 위탁 수수료 등 그 사업에 필요한 비용을 수익자가 부담하게 할 수 있다.

제31조 (자료 제공의 요청) ①공단은 보험사업을 효율적으로 수행하기 위하여 필요하면 국세청·지방자치단체 등 관계 행정기관이나 보험사업과 관련되는 기관·단체 등에게 필요한 자료의 제공을 요청할 수 있다.
②제1항에 따라 자료의 제공을 요청받은 관계 행정기관이나 관련 기관·단체 등은 정당한 사유 없이 그 요청을 거부할 수 없다.

제32조 (출자 등) ①공단은 공단의 사업을 효율적으로 수행하기 위하여 필요하면 제11조제5호부터 제7호까지의 규정에 따른 사업에 출자하거나 출연할 수 있다.
②공단은 의료 사업 및 재활 사업 등을 수행하는 산업재해보상보험 시설을 관리·운영하기 위하여 노동부장관의 허가를 받아 관리기구를 설립할 수 있다. 이 경우 관리기구는 법인으로 하여야 한다.
③공단은 제2항에 따라 설립된 관리기구의 업무를 지도·감독한다.
④제1항 및 제2항에 따른 출자·출연 또는 관리기구의 설립에 필요한 사항은 대통령령으로 정한다.

제33조 (유사명칭의 사용 금지) 공단이 아닌 자는 근로복지공단 또는 이와 비슷한 명칭을 사용하지 못한다.

제34조 (「민법」의 준용) 공단 및 제32조제2항에 따른 관리기구에 관하여는 이 법에 규정된 것 외에는 「민법」 중 재단법인에 관한 규정을 준용한다.

제3장 보험급여

제35조 (보험급여의 종류와 산정 기준 등) ①보험급여의 종류는 다음 각 호와 같다.

1. 요양급여
2. 휴업급여
3. 장해급여
4. 간병급여
5. 유족급여
6. 상병보상연금
7. 장의비

②제1항에 따른 보험급여는 제37조·제39조·제40조·제42조·제43조·제47조 및 제48조에 따른 보험급여를 받을 수 있는 자(이하 "수급권자"라 한다)의 청구에 의하여 지급한다.

③보험급여를 산정할 때 그 근로자가 소속된 사업과 동일한 직종의 근로자에게 지급되는 통상임금이 변동되거나 사업의 폐업·휴업이나 그 밖의 부득이한 사유가 있으면 대통령령으로 정하는 기준에 따라 평균임금을 증감할 수 있다.

④보험급여를 산정할 때 해당 근로자의 근로 형태가 특이하여 평균임금을 적용하는 것이 적당하지 아니하다고 인정되는 경우로서 대통령령으로 정하는 경우에는 대통령령으로 정하는 산정 방법에 따라 산정한 금액을 평균임금으로 한다.

⑤보험급여를 산정할 때 진폐(진폐) 등 대통령령으로 정하는 직업병으로 보험급여를 받게 되는 근로자에게 그 평균임금을 적용하는 것이 근로자의 보호에 적당하지 아니하다고 인정되면 대통령령으로 정하는 산정 방법에 따라 산정한 금액을 그 근로자의 평균임금으로 한다.

⑥보험급여(장의비는 제외한다)를 산정할 때 그 근로자의 평균임금 또는 제3항부터 제5항까지의 규정에 따라 보험급여의 산정 기준이 되는 평균임금이 대통령령으로 정하는 바에 따라 매년 노동부장관이 고시하는 최고 보상기준 금액을 초과하거나 최저 보상기준 금액에 못 미치면 그 최고 보상기준 금액 또는 최저 보상기준 금액을 각각 그 근로자의 평균임금으로 한다. 다만, 휴업급여 및 상병보상연금을 산정할 때에는 최저 보상기준 금액을 적용하지 아니한다.

제36조 (사망의 추정) ①사고가 발생한 선박 또는 항공기에 있던 근로자의 생사가 밝혀지지 아니하거나 항행(항행) 중인 선박 또는 항공기에 있던 근로자가 행방불명 또는 그 밖의 사유로 그 생사가 밝혀지지 아니하면 대통령령으로 정하는 바에 따라 사망한 것으로 추정하고, 유족급여와 장의비에 관한 규정을 적용한다.

②제1항에 따른 사망의 추정으로 보험급여를 받은 후에 그 근로자의 생존이 확인되면 그 급여를 받은 자가 선의(선의)인 경우에는 받은 금액을, 악의(악의)인 경우에는 받은 금액의 2배에 해당하는 금액을 반환하여야 한다.

제37조 (요양급여) ①요양급여는 근로자가 업무상의 사유로 부상을 당하거나 질병에 걸린 경우에 그 근로자에게 지급한다.

②요양급여는 요양비의 전액으로 하되, 공단이 설치한 보험시설 또는 공단이 지정한 의료기관에서 요양을 하게 한다. 다만, 부득이한 경우에는 요양을 갈음하여 요양비를 지급할 수 있다.

③제1항의 경우에 부상 또는 질병이 3일 이내의 요양으로 치유될 수 있으면 요양급여를 지급하지 아니한다.

④제1항의 요양급여의 범위는 다음 각 호와 같다.

1. 진찰
2. 약제 또는 진료재료와 의지(의지), 그 밖의 보조기 지급
3. 처치·수술, 그 밖의 치료
4. 의료시설에의 수용
5. 간병
6. 이송
7. 그 밖에 노동부령으로 정하는 사항

⑤제2항 및 제4항에 따른 요양급여의 범위나 비용 등 요양급여의 산정 기준은 노동부령으로 정한다.

⑥공단은 근로자가 요양하고 있는 보험시설 또는 의료기관의 소재지·인력 또는 시설 등이 그 근로자의 요양에 맞지 아니하다고 인정되면 다른 보험시설 또는 의료기관을 지정하여 그 보험시설 또는 의료기관에서 요양하게 할 수 있다.

제38조 (재요양) ①제37조에 따른 요양급여를 받은 자가 치유 후 요양의 대상이 되었던 업무상의 부상 또는 질병이 재발하거나 치유 당시보다 상태가 악화되어 이를 치유하기 위한 적극적인 치료가 필요하다는 의학적 소견이 있으면 제37조에 따른 요양(이하 "재요양"이라 한다)을 받을 수 있다.

②제40조제5항에 따른 장해보상연금을 미리 지급받은 자가 그 미리 지급받은 기간 중에 재요양을 받는 경우 제39조에 따른 휴업급여 및 제47조에 따른 상병보상연금은 그 미리 지급받은 기간 중에는 대통령령으로 정하는 바에 따라 지급한다.

③장해보상연금의 수급권자가 재요양을 받는 경우에는 재요양이 결정된 날이 속하는 달의 다음 달부터 재요양이 끝난 날이 속하는 달까지 장해보상연금의 지급을 정지한다.

④재요양의 요건과 절차 등에 관하여 필요한 사항은 노동부령으로 정한다.

제39조 (휴업급여) ①휴업급여는 업무상 사유로 부상을 당하거나 질병에 걸린 근로자에게 요양으로 취업하지 못한 기간에 대하여 지급하되, 1일당 지급액은 평균임금의 100분

의 70에 상당하는 금액으로 한다. 다만, 취업하지 못한 기간이 3일 이내이면 지급하지 아니한다.
②제1항에도 불구하고 그 근로자가 일정한 연령에 도달한 이후에는 노동능력 등을 고려하여 휴업급여를 감액하여 지급하되, 그 연령과 지급 기준 등에 관하여 필요한 사항은 대통령령으로 정한다. 다만, 일정한 연령 이후에 취업 중인 자가 업무상의 재해로 요양하는 경우에는 대통령령으로 정하는 기간에는 휴업급여를 감액하지 아니한다.
③제1항에 따라 산정한 휴업급여가 「최저임금법」 제5조에 따른 최저임금액에 미달하면 그 최저임금액을 그 근로자의 1일당 휴업급여 지급액으로 한다.

제40조 (장해급여) ①장해급여는 근로자가 업무상의 사유로 부상을 당하거나 질병에 걸려 치유된 후 신체 등에 장해가 있는 경우에 그 근로자에게 지급한다.
②장해급여는 장해등급에 따라 별표 1에 따른 장해보상연금 또는 장해보상일시금으로 하되, 그 장해등급의 기준은 대통령령으로 정한다.
③제2항에 따른 장해보상연금 또는 장해보상일시금은 수급권자의 선택에 따라 지급한다. 다만, 대통령령으로 정하는 노동력을 완전히 상실한 장해등급의 근로자에게는 장해보상연금을 지급한다.
④제3항에도 불구하고 장해급여를 연금의 형태로 지급하는 것이 곤란한 경우로서 대통령령으로 정하는 경우에는 장해보상일시금을 지급한다.
⑤장해보상연금은 수급권자가 신청하면 그 연금의 최초 1년분 또는 2년분을 미리 지급할 수 있다. 다만, 제3항 단서에 따른 근로자에게는 그 연금의 최초 1년분부터 4년분까지를 미리 지급할 수 있다.
⑥장해보상연금 수급권자의 수급권이 제41조에 따라 소멸한 경우에 이미 지급한 연금액을 지급 당시의 각각의 평균임금으로 나눈 일수(일수)의 합계가 별표 1에 따른 장해보상일시금의 일수에 못 미치면 그 못 미치는 일수에 수급권 소멸 당시의 평균임금을 곱하여 산정한 금액을 유족 또는 그 근로자에게 일시금으로 지급한다.

제41조 (장해보상연금 수급권의 소멸) 장해보상연금의 수급권자가 사망하거나 그 밖에 대통령령으로 정한 경우에는 그 수급권이 소멸한다.

제42조 (간병급여) ①간병급여는 제37조에 따른 요양급여를 받은 자 중 치유 후 의학적으로 상시 또는 수시로 간병이 필요하여 실제로 간병을 받는 자에게 지급한다.
②제1항에 따른 간병급여의 지급 기준과 지급 방법 등에 관하여 필요한 사항은 대통령령으로 정한다.

제43조 (유족급여) ①유족급여는 근로자가 업무상의 사유로 사망한 경우에 유족에게 지급한다.
②유족급여는 별표 2에 따른 유족보상연금이나 유족보상일시금으로 하되, 유족보상일시금은 유족급여를 연금의 형태로 지급하는 것이 곤란한 경우로서 대통령령으로 정하는 경우에만 지급한다.
③제2항에 따른 유족보상연금의 수급권자가 원하면 별표 2의 유족보상일시금의 100분의 50에 상당하는 금액을 일시금으로 지급하고 유족보상연금은 100분의 50을 감액하여 지급한다.
④유족보상연금을 받던 자가 그 수급자격을 잃은 경우 다른 수급자격자가 없고 이미 지급한 연금액을 지급 당시의 각각의 평균임금으로 나누어 산정한 일수의 합계가 1,300일에 못 미치면 그 못 미치는 일수에 수급자격 상실 당시의 평균임금을 곱하여 산정한 금액을 유족보상연금 수급자격자가 아닌 다른 유족에게 일시금으로 지급한다.
⑤제2항에 따른 유족보상연금의 지급 기준 및 방법, 그 밖에 필요한 사항은 대통령령으로 정한다.

제44조 (유족보상연금 수급자격자의 범위) ①유족보상연금을 받을 수 있는 자격이 있는 자(이하 "유족보상연금 수급자격자"라 한다)는 근로자가 사망할 당시 부양하고 있던 유족 중 처(사실상 혼인 관계에 있는 자를 포함한다. 이하 같다)와 다음 각 호의 어느 하나에 해당하는 자로 한다.
1. 남편(사실상 혼인 관계에 있는 자를 포함한다. 이하 같다)·부모 또는 조부모로서 각각 60세 이상인 자
2. 자녀 또는 손자녀로서 각각 18세 미만인 자
3. 형제자매로서 18세 미만이거나 60세 이상인 자
4. 제1호부터 제3호까지의 규정 중 어느 하나에 해당하지 아니하는 남편·자녀·부모·손자녀·조부모 또는 형제자매로서 「장애인복지법」 제2조에 따른 장애인 중 노동부령으로 정한 장애등급 이상에 해당하는 자
②제1항을 적용할 때 근로자가 사망할 당시 태아(태아)였던 자녀가 출생한 경우에는 출생한 때부터 장래에 향하여 그 근로자가 사망할 당시 부양하고 있던 자로 본다.
③유족보상연금 수급자격자 중 유족보상연금을 받을 권리의 순위는 배우자·자녀·부모·손자녀·조부모 및 형제자매의 순서로 한다.

제45조 (유족보상연금 수급자격자의 자격 상실과 지급 정지 등) ①유족보상연금 수급자격자인 유족이 다음 각 호의 어느 하나에 해당하면 그 자격을 잃는다.
1. 사망한 때
2. 재혼한 경우(사망한 근로자의 배우자만 해당하며, 재혼에는 사실상 혼인 관계에 있는 경우를 포함한다)
3. 사망한 근로자와의 친족 관계가 끝난 경우

4. 자녀·손자녀 또는 형제자매가 18세가 된 경우
5. 제44조제1항제4호에 따른 장애인이었던 자로서 그 장애 상태가 해소된 경우
②유족보상연금을 받을 권리가 있는 유족보상연금 수급자격자(이하 "유족보상연금 수급권자"라 한다)가 그 자격을 잃은 경우에 유족보상연금을 받을 권리는 같은 순위자가 있으면 같은 순위자에게, 같은 순위자가 없으면 다음 순위자에게 이전된다.
③유족보상연금의 수급권자가 1년 이상 행방불명이면 대통령령으로 정하는 바에 따라 연금 지급을 정지하고, 다음 순위자에게 유족보상연금을 지급한다.

제46조 (수급권자인 유족의 순위) ①제40조제6항·제43조제2항(유족보상일시금에 한한다) 및 제4항에 따른 유족 간의 수급권의 순위는 다음 각 호의 순서로 하되, 각 호의 자 사이에서는 각각 그 적힌 순서에 따른다. 이 경우 같은 순위의 수급권자가 2명 이상이면 그 유족에게 똑같이 나누어 지급한다.
1. 근로자가 사망할 당시 그가 부양하고 있던 배우자·자녀·부모·손자녀 및 조부모
2. 근로자가 사망할 당시 그가 부양하지 아니하던 배우자·자녀·부모·손자녀 및 조부모 또는 근로자가 사망할 당시 근로자가 부양하고 있던 형제자매
3. 형제자매
②제1항의 경우 부모는 양부모(양부모)를 선순위로, 실부모(실부모)를 후순위로 하고, 조부모는 양부모의 부모를 선순위로, 실부모의 부모를 후순위로, 부모의 양부모를 선순위로, 부모의 실부모를 후순위로 한다.
③수급권자인 유족이 사망한 경우 그 보험급여는 같은 순위자가 있으면 같은 순위자에게, 같은 순위자가 없으면 다음 순위자에게 지급한다.
④제1항부터 제3항까지의 규정에도 불구하고 근로자가 유언으로 보험급여를 받을 유족을 지정하면 그 지정에 따른다.

제47조 (상병보상연금) ①요양급여를 받는 근로자가 요양을 시작한 지 2년이 지난 날 이후에 다음 각 호의 요건에 해당하는 상태가 계속되면 휴업급여 대신 상병보상연금을 그 근로자에게 지급한다. 이 경우 제40조제3항 단서에 따른 장해보상연금을 받고 있던 자가 재요양하고 있으면 요양을 시작한 후 2년이 지난 것으로 본다.
1. 그 부상이나 질병이 치유되지 않은 상태일 것
2. 그 부상이나 질병에 따른 폐질(폐질)의 정도가 대통령령으로 정하는 폐질등급 기준에 해당할 것
②상병보상연금은 별표 3에 따른 폐질등급에 따라 지급한다.

③제2항에도 불구하고 그 근로자가 일정한 연령에 도달한 이후에는 노동능력 등을 고려하여 상병보상연금을 감액하여 지급하되, 그 연령과 지급 기준 등에 관한 사항은 대통령령으로 정한다. 다만, 일정한 연령 이후에 취업 중인 자가 업무상의 재해로 요양하면 대통령령으로 정하는 기간에는 상병보상연금을 감액하지 아니한다.

제48조 (장의비) ①장의비는 근로자가 업무상의 사유로 사망한 경우에 지급하되, 평균임금의 120일분에 상당하는 금액을 그 장제(장제)를 행하는 자에게 지급한다.
②제1항에 따른 장의비가 대통령령으로 정하는 바에 따라 노동부장관이 고시하는 최고 금액을 초과하거나 최저 금액에 미달하면 그 최고 금액 또는 최저 금액을 각각 장의비로 한다.

제49조 (후유증상의 진료) 공단은 제38조에 따른 재요양의 요건에는 해당하지 아니하지만 그 업무상의 부상 또는 질병의 특성상 치유된 후에 후유증상이 발생하였거나 발생할 우려가 있는 자에게는 제37조제2항에 따른 의료기관에서 필요한 조치를 받도록 할 수 있다.

제50조 (장해특별급여) ①보험가입자의 고의 또는 과실로 발생한 업무상 재해로 근로자가 대통령령으로 정하는 장해등급에 해당하는 장해를 입은 경우에 수급권자가 「민법」에 따른 손해배상청구를 갈음하여 장해특별급여를 청구하면 제40조의 장해급여 외에 대통령령으로 정하는 장해특별급여를 지급할 수 있다. 다만, 근로자와 보험가입자 사이에 장해특별급여에 관하여 합의가 이루어진 경우에 한한다.
②수급권자가 제1항에 따른 장해특별급여를 받으면 동일한 사유에 대하여 보험가입자에게 「민법」이나 그 밖의 법령에 따른 손해배상을 청구할 수 없다.
③공단은 제1항에 따라 장해특별급여를 지급하면 대통령령으로 정하는 바에 따라 그 급여액 모두를 보험가입자로부터 징수한다.

제51조 (유족특별급여) ①보험가입자의 고의 또는 과실로 발생한 업무상 재해로 근로자가 사망한 경우에 수급권자가 「민법」에 따른 손해배상청구를 갈음하여 유족특별급여를 청구하면 제43조의 유족급여 외에 대통령령으로 정하는 유족특별급여를 지급할 수 있다.
②유족특별급여에 관하여는 제50조제1항 단서·제2항 및 제3항을 준용한다. 이 경우 "장해특별급여"는 "유족특별급여"로 본다.

제52조 (다른 보상이나 배상과의 관계) ①수급권자가 이 법에 따라 보험급여를 받았거나 받을 수 있으면 보험가입자는

동일한 사유에 대하여 「근로기준법」에 따른 재해보상 책임
이 면제된다.
②수급권자가 동일한 사유에 대하여 이 법에 따른 보험급
여를 받으면 보험가입자는 그 금액의 한도 안에서 「민법」
이나 그 밖의 법령에 따른 손해배상의 책임이 면제된다. 이
경우 장해보상연금 또는 유족보상연금을 받고 있는 자는
장해보상일시금 또는 유족보상일시금을 받은 것으로 본다.
③수급권자가 동일한 사유로 「민법」이나 그 밖의 법령에
따라 이 법의 보험급여에 상당한 금품을 받으면 공단은 그
받은 금품을 대통령령으로 정하는 방법에 따라 환산한 금
액의 한도 안에서 이 법에 따른 보험급여를 지급하지 아니
한다. 다만, 제2항 후단에 따라 수급권자가 지급받은 것으
로 보게 되는 장해보상일시금 또는 유족보상일시금에 해당
하는 연금액에 대하여는 그러하지 아니하다.
④요양급여를 받는 근로자가 요양을 시작한 후 3년이 지난
날 이후에 상병보상연금을 지급받고 있으면 「근로기준법」
제23조제2항 단서를 적용할 때 그 사용자는 그 3년이 지난
날 이후에는 같은 법 제84조에 규정된 일시 보상을 지급한
것으로 본다.

제53조 (미지급의 보험급여) ①보험급여의 수급권자가 사망한
경우에 그 수급권자에게 지급하여야 할 보험급여로서 아직
지급되지 아니한 보험급여가 있으면 그 수급권자의 유족
(유족급여의 경우에는 그 유족급여를 받을 수 있는 다른 유
족)의 청구에 의하여 그 보험급여를 지급한다.
②제1항의 경우에 그 수급권자가 사망 전에 보험급여를 청
구하지 아니하면 같은 항에 따른 유족의 청구에 의하여 그
보험급여를 지급한다.

제54조 (보험급여의 지급) 보험급여는 지급 결정일부터 14일
이내에 지급하여야 한다.

제55조 (보험급여 지급의 제한) ①공단은 근로자가 정당한 사
유 없이 요양에 관한 지시를 위반하여 부상·질병 또는 신체
장해의 상태를 악화시키거나 그 치유를 방해한 것이 명백
하면 보험급여의 전부 또는 일부를 지급하지 아니할 수 있
다.
②공단은 제1항에 따라 보험급여를 지급하지 아니하기로
결정하면 지체 없이 이를 관계 보험가입자와 근로자에게
알려야 한다.

제56조 (부당이득의 징수) ①공단은 보험급여를 받은 자가 다
음 각 호의 어느 하나에 해당하면 그 급여액에 해당하는 금
액을 징수하여야 한다. 다만, 제1호의 경우에는 그 급여액
의 2배에 해당하는 금액을 징수한다.
1. 거짓이나 그 밖의 부정한 방법으로 보험급여를 받은 경

우
2. 수급권자 또는 수급권이 있었던 자가 제81조제2항부터
제4항까지의 규정에 따른 신고의무를 이행하지 아니하여
부당하게 보험급여를 지급받은 경우
3. 그 밖에 잘못 지급된 보험급여가 있는 경우
②제1항제1호의 경우 보험급여의 지급이 보험가입자의 거
짓된 신고 또는 증명으로 인한 것이면 그 보험가입자도 연
대하여 책임을 진다.
③제1항 및 제2항에 따른 징수금의 징수에 관하여는 보험
료징수법 제27조부터 제30조까지, 제32조, 제39조, 제41조
및 제42조를 준용한다.

제57조 (보험급여의 충당) 공단은 제56조에 따른 부당이득을
받은 자에게 지급할 보험급여가 있으면 이를 제56조에 따
라 징수할 금액에 충당할 수 있다.

제58조 (제3자에 대한 구상권) ①공단은 제3자의 행위에 따른
재해로 보험급여를 지급한 경우에는 그 급여액의 한도 안
에서 급여를 받은 자의 제3자에 대한 손해배상청구권을 대
위(대위)한다. 다만, 보험가입자인 2 이상의 사업주가 같은
장소에서 하나의 사업을 분할하여 각각 행하다가 그 중 사
업주를 달리하는 근로자의 행위로 재해가 발생하면 그러하
지 아니하다.
②제1항의 경우에 수급권자가 제3자로부터 동일한 사유로
이 법의 보험급여에 상당하는 손해배상을 받으면 공단은
그 배상액을 대통령령으로 정하는 방법에 따라 환산한 금
액의 한도 안에서 이 법에 따른 보험급여를 지급하지 아니
한다.
③수급권자 및 보험가입자는 제3자의 행위로 재해가 발생
하면 지체 없이 공단에 신고하여야 한다.

제59조 (수급권의 보호) ①근로자의 보험급여를 받을 권리는
퇴직하여도 소멸되지 아니한다.
②보험급여를 받을 권리는 양도하거나 압류할 수 없다.

제60조 (수급권의 대위) 보험가입자가 소속 근로자의 업무상
의 재해에 대하여 이 법에 따른 보험급여의 지급 사유와 동
일한 사유로 「민법」이나 그 밖의 법령에 따라 보험급여에
상당하는 금품을 수급권자에게 미리 지급한 경우로서 그
금품이 보험급여에 대체하여 지급한 것으로 인정되는 경우
에 보험가입자는 대통령령으로 정하는 바에 따라 그 수급
권자의 보험급여를 받을 권리를 대위한다.

제61조 (공과금의 면제) 보험급여로서 지급된 금품에 대하여
는 국가나 지방자치단체의 공과금을 부과하지 아니한다.

제4장 근로복지 사업

제62조 (근로복지 사업) ①노동부장관은 근로자의 복지 증진을 위한 다음 각 호의 사업을 한다.
1. 업무상의 재해를 입은 근로자의 원활한 사회복귀를 촉진하기 위한 다음 각 목의 보험시설의 설치·운영
가. 요양이나 외과 후 처치에 관한 시설
나. 의료재활이나 직업재활에 관한 시설
2. 장학사업 등 재해근로자와 그 유족의 복지 증진을 위한 사업
3. 그 밖에 근로자의 복지 증진을 위한 시설의 설치·운영 사업
②노동부장관은 공단 또는 재해근로자의 복지 증진을 위해 설립된 법인 중 노동부장관의 지정을 받은 법인(이하 "지정법인"이라 한다)에 제1항에 따른 사업을 하게 하거나 같은 항 제1호에 따른 보험시설의 운영을 위탁할 수 있다.
③제2항에 따른 지정법인의 지정 기준에 필요한 사항은 노동부령으로 정한다.
④노동부장관은 예산의 범위에서 지정법인의 사업에 필요한 비용의 일부를 보조할 수 있다.

제63조 (장해급여자의 고용 촉진) 노동부장관은 보험가입자에 대하여 장해급여를 받은 자를 그 적성에 맞는 업무에 고용하도록 권고하거나 대통령령으로 정하는 바에 따라 필요한 지원을 할 수 있다.

제5장 산업재해보상보험 및 예방 기금

제64조 (기금의 설치 및 조성) ①노동부장관은 보험사업, 산업재해 예방 사업에 필요한 재원을 확보하고, 보험급여에 충당하기 위하여 산업재해보상보험 및 예방 기금(이하 "기금"이라 한다)을 설치한다.
②기금은 보험료, 기금운용 수익금, 적립금, 기금의 결산상 잉여금, 정부 또는 정부 아닌 자의 출연금 및 기부금, 차입금, 그 밖의 수입금을 재원으로 하여 조성한다.
③정부는 산업재해 예방 사업을 수행하기 위하여 회계연도마다 기금지출예산 총액의 100분의 3의 범위에서 제2항에 따른 정부의 출연금으로 세출예산에 계상(계상)하여야 한다.

제65조 (기금의 용도) ①기금은 다음 각 호의 용도에 사용한다.
1. 보험급여의 지급 및 반환금의 반환
2. 차입금 및 이자의 상환
3. 공단에의 출연
4. 「산업안전보건법」 제61조의3에 따른 용도

5. 재해근로자의 복지 증진
6. 「한국산업안전공단법」에 따른 한국산업안전공단(이하 "한국산업안전공단"이라 한다)에의 출연금
7. 그 밖에 보험사업 및 기금의 관리와 운용
②노동부장관은 회계연도마다 제1항 각 호에 해당하는 기금지출예산 총액의 100분의 8 이상을 제1항제4호 및 제6호에 따른 용도로 계상하여야 한다.

제66조 (기금의 관리·운용) ①기금은 노동부장관이 관리·운용한다.
②노동부장관은 다음 각 호의 방법에 따라 기금을 관리·운용하여야 한다.
1. 금융기관 또는 체신관서에의 예입(예입) 및 금전신탁
2. 재정자금에의 예탁
3. 투자신탁 등의 수익증권 매입
4. 국가·지방자치단체 또는 금융기관이 직접 발행하거나 채무이행을 보증하는 유가증권의 매입
5. 그 밖에 기금 증식을 위하여 대통령령으로 정하는 사업
③노동부장관은 제2항에 따라 기금을 관리·운용할 때에는 그 수익이 대통령령으로 정하는 수준 이상이 되도록 하여야 한다.
④노동부장관은 기업회계의 원칙에 따라 기금을 계리하여야 한다.
⑤노동부장관은 기금의 관리·운용에 관한 업무의 일부를 공단 또는 한국산업안전공단에 위탁할 수 있다.

제67조 (기금의 운용계획) 노동부장관은 회계연도마다 위원회의 심의를 거쳐 기금운용계획을 세워야 한다.

제68조 (책임준비금의 적립) ①노동부장관은 보험급여에 충당하기 위하여 책임준비금을 적립하여야 한다.
②노동부장관은 회계연도마다 책임준비금을 산정하여 적립금 보유액이 책임준비금의 금액을 초과하면 그 초과액을 장래의 보험급여 지급 재원으로 사용하고, 부족하면 그 부족액을 보험료 수입에서 적립하여야 한다.
③제1항에 따른 책임준비금의 산정 기준 및 적립에 필요한 사항은 대통령령으로 정한다.

제69조 (잉여금과 손실금의 처리) ①기금의 결산상 잉여금이 생기면 이를 적립금으로 적립하여야 한다.
②기금의 결산상 손실금이 생기면 적립금을 사용할 수 있다.

제70조 (차입금) ①기금에 속하는 경비를 지급하기 위하여 필요하면 기금의 부담으로 차입할 수 있다.
②기금에서 지급할 현금이 부족하면 기금의 부담으로 일시

차입을 할 수 있다.

③제2항에 따른 일시차입금은 그 회계연도 안에 상환하여야 한다.

제71조 (기금의 출납 등) 기금을 관리·운용을 할 때의 출납 절차 등에 관한 사항은 대통령령으로 정한다.

제6장 심사 청구 및 재심사 청구

제72조 (심사 청구의 제기) ①제3장에 따른 보험급여에 관한 결정에 불복하는 자는 공단에 심사 청구를 할 수 있다.

②제1항에 따른 심사 청구는 그 보험급여에 관한 결정을 한 공단의 소속 기관을 거쳐 공단에 제기하여야 한다.

③제1항에 따른 심사 청구는 보험급여에 관한 결정이 있음을 안 날부터 90일 이내에 하여야 한다.

④제2항에 따라 심사 청구서를 받은 공단의 소속 기관은 5일 이내에 의견서를 첨부하여 공단에 보내야 한다.

⑤보험급여에 관한 결정에 대하여는 「행정심판법」에 따른 행정심판을 제기할 수 없다.

제73조 (심사 청구에 대한 심리·결정) ①공단은 제72조제4항에 따라 심사 청구서를 받은 날부터 50일 이내에 심사 청구에 대한 결정을 하여야 한다. 다만, 부득이한 사유로 그 기간 내에 결정을 할 수 없으면 1차에 한하여 10일을 넘지 아니하는 범위에서 그 기간을 연장할 수 있다.

②공단은 심사 청구의 심리를 위하여 필요하면 청구인의 신청 또는 직권으로 다음 각 호의 행위를 할 수 있다.

1. 청구인 또는 관계인을 지정 장소에 출석하게 하여 질문하거나 의견을 진술하게 하는 것

2. 청구인 또는 관계인에게 증거가 될 수 있는 문서나 그 밖의 물건을 제출하게 하는 것

3. 전문적인 지식이나 경험을 가진 제3자에게 감정하게 하는 것

4. 소속 직원에게 사건에 관계가 있는 사업장이나 그 밖의 장소에 출입하여 사업주·근로자, 그 밖의 관계인에게 질문하게 하거나, 문서나 그 밖의 물건을 검사하게 하는 것

5. 심사 청구와 관계가 있는 근로자에게 공단이 지정하는 의사·치과의사 또는 한의사(이하 "의사 등"이라 한다)의 진단을 받게 하는 것

③제2항제4호에 따른 질문이나 검사를 하는 공단의 소속 직원은 그 권한을 표시하는 증표를 지니고 이를 관계인에게 내보여야 한다.

제74조 (재심사 청구의 제기) ①제73조제1항에 따른 심사 청구에 대한 결정에 불복하는 자는 제75조에 따른 산업재해보상보험심사위원회에 재심사 청구를 할 수 있다.

②제1항에 따른 재심사 청구는 그 보험급여에 관한 결정을 한 공단의 소속 기관을 거쳐 산업재해보상보험심사위원회에 제기하여야 한다.

③제1항에 따른 재심사 청구는 심사 청구에 대한 결정이 있음을 안 날부터 90일 이내에 제기하여야 한다.

④재심사 청구에 관하여는 제72조제4항을 준용한다. 이 경우 "심사 청구서"는 "재심사 청구서"로, "공단"은 "산업재해보상보험심사위원회"로 본다.

제75조 (산업재해보상보험심사위원회) ①제74조에 따른 재심사 청구를 심리·재결하기 위하여 노동부에 산업재해보상보험심사위원회(이하 "심사위원회"라 한다)를 둔다.

②심사위원회는 위원장을 포함한 30명 이내의 위원으로 구성하되, 위원 중 2명은 상임위원으로, 1명은 당연직위원으로 한다.

③심사위원회의 위원 중 3분의 1에 해당하는 위원은 제4항제6호에 규정된 자로 구성한다. 이 경우 근로자 단체 및 사용자 단체가 추천한 자는 같은 수로 하여야 한다.

④심사위원회의 위원은 다음 각 호의 어느 하나에 해당하는 자 중에서 노동부장관의 제청으로 대통령이 임명한다. 다만, 당연직위원은 노동부장관이 소속 3급의 일반직 공무원 또는 고위공무원단에 속하는 일반직 공무원 중에서 지명하는 자로 한다.

1. 3급 이상의 공무원 또는 고위공무원단에 속하는 일반직 공무원으로 재직하고 있거나 있었던 자

2. 판사·검사·변호사 또는 공인노무사로서 10년 이상의 경력이 있는 자

3. 「고등교육법」에 따른 대학에서 부교수 이상으로 재직하고 있거나 있었던 자

4. 노동 관계 업무에 15년 이상 종사한 자로서 심사위원회의 위원으로 적합하다고 인정되는 자

5. 사회보험이나 산업의학에 관한 학식과 경험이 있는 자로서 심사위원회의 위원으로 적합하다고 인정되는 자

6. 제2호부터 제5호까지의 규정에 해당하는 자 중에서 근로자 단체 및 사용자 단체가 각각 추천하는 자

⑤다음 각 호의 어느 하나에 해당하는 자는 위원에 임명될 수 없다.

1. 금치산·한정치산 또는 파산의 선고를 받고 복권되지 아니한 자

2. 금고 이상의 형을 선고받고 그 형의 집행이 종료되거나 집행을 받지 아니하기로 확정된 후 3년이 지나지 아니한 자

3. 심신 상실자·심신 박약자

⑥위원(당연직위원은 제외한다)의 임기는 3년으로 하되, 연임할 수 있다. 다만, 보궐 위원의 임기는 전임자의 남은 임기로 한다.

⑦위원은 다음 각 호의 어느 하나에 해당하는 경우 외에는

그 의사에 반하여 면직되지 아니한다.
1. 금고 이상의 형을 선고받은 경우
2. 오랜 심신 쇠약으로 직무를 수행할 수 없게 된 경우
⑧심사위원회에 사무국을 둔다.
⑨심사위원회 및 사무국의 조직·운영 등에 필요한 사항은
대통령령으로 정한다.

제76조 (재심사 청구에 대한 심리와 재결) ①재심사 청구에 대
한 심리·재결에 관하여는 제73조를 준용한다. 이 경우 "공
단"은 "심사위원회"로, "심사 청구"는 "재심사 청구"로, "결
정"은 "재결"로, "소속 직원"은 "심사위원회의 위원"으로
본다.
②심사위원회의 재결은 공단을 기속(기속)한다.

제77조 (심사 청구인 및 재심사 청구인의 지위 승계) 심사 청구
인 또는 재심사 청구인이 사망한 경우 그 청구인이 보험급
여의 수급권자이면 제43조제1항 또는 제53조에 따른 유족
이, 그 밖의 자이면 상속인 또는 심사 청구나 재심사 청구의
대상인 보험급여에 관련된 권리·이익을 승계한 자가 각각
청구인의 지위를 승계한다.

제78조 (다른 법률과의 관계) ①제72조 및 제74조에 따른 심사
청구 및 재심사 청구의 제기는 시효의 중단에 관하여 「민법
」 제168조에 따른 재판상의 청구로 본다.
②제74조에 따른 재심사 청구에 대한 재결은 「행정소송법」
제18조를 적용할 때 행정심판에 대한 재결로 본다.
③제72조 및 제74조에 따른 심사 청구 및 재심사 청구에 관
하여 이 법에서 정하고 있지 아니한 사항에 대하여는 「행정
심판법」에 따른다.

제7장 보칙

제79조 (시효) ①이 법에 따른 보험급여를 받을 권리는 3년간
행사하지 아니하면 시효로 말미암아 소멸한다.
②제1항에 따른 소멸시효에 관하여는 이 법에 규정된 것 외
에는 「민법」에 따른다.

제80조 (시효의 중단) 제79조에 따른 소멸시효는 제35조제2
항에 따른 청구로 말미암아 중단된다.

제81조 (보고 등) ①공단은 필요하다고 인정하면 대통령령으
로 정하는 바에 따라 이 법의 적용을 받는 사업의 사업주
또는 그 사업에 종사하는 근로자 및 보험료징수법 제33조
에 따른 보험사무대행기관(이하 "보험사무대행기관"이라
한다)에게 보험사업에 관하여 필요한 보고 또는 관계 서류
의 제출을 요구할 수 있다.

②장해보상연금 또는 유족보상연금을 받을 권리가 있는 자
는 보험급여 지급에 필요한 사항으로서 대통령령으로 정하
는 사항을 공단에 신고하여야 한다.
③수급권자 및 수급권이 있었던 자는 수급권의 변동과 관
련된 사항으로서 대통령령으로 정하는 사항을 공단에 신고
하여야 한다.
④수급권자가 사망하면 「호적법」 제88조에 따른 신고 의무
자는 1개월 이내에 그 사망 사실을 공단에 신고하여야 한
다.

제82조 (사업주의 조력) ①보험급여를 받을 자가 사고로 보험
급여의 청구 등의 절차를 행하기 곤란하면 사업주는 이를
도와야 한다.
②사업주는 보험급여를 받을 자가 보험급여를 받는 데에
필요한 증명을 요구하면 그 증명을 하여야 한다.
③사업주의 행방불명, 그 밖의 부득이한 사유로 제2항에 따
른 증명이 불가능하면 그 증명을 생략할 수 있다.

제83조 (응시수수료) ①공단은 필요하다고 인정하면 소속 직
원에게 이 법의 적용을 받는 사업의 사무소 또는 사업장과
보험사무대행기관의 사무소에 출입하여 관계인에게 질문
을 하게 하거나 관계 서류를 검사하게 할 수 있다.
②제1항의 경우에 공단 직원은 그 권한을 표시하는 증표를
지니고 이를 관계인에게 내보여야 한다.

제84조 (보고와 검사) ①공단은 보험급여에 관하여 필요하다
고 인정하면 대통령령으로 정하는 바에 따라 보험급여를
받는 근로자를 진료한 담당 의사 등에게 그 근로자의 진료
에 관한 보고 또는 그 진료에 관한 서류나 물건의 제출을
요구하거나 소속 직원으로 하여금 그 의사 등에게 질문을
하게 하거나 관계 서류나 물건을 검사하게 할 수 있다.
②제1항의 검사에 관하여는 제83조제2항을 준용한다.

제85조 (진찰 요구) 공단은 보험급여에 관하여 필요하다고 인
정하면 대통령령으로 정하는 바에 따라 보험급여를 받은
자 또는 이를 받으려는 자에게 공단이 지정하는 의료기관
에서 진찰을 받을 것을 요구할 수 있다.

제86조 (보험급여의 일시중지) 공단은 보험급여를 받고자 하
는 자가 정당한 사유 없이 이 법에 따른 보고 등의 의무 또
는 공단이 요구하는 사항을 이행하지 아니하면 보험급여의
지급을 일시 중지할 수 있다.

제87조 (국외의 사업에 대한 특례) ①국외 근무 기간에 발생한
근로자의 재해를 보상하기 위하여 우리나라가 당사국이 된
사회 보장에 관한 조약이나 협정(이하 "사회보장관련조약"

이라 한다) 또는 대통령령으로 정하는 국가나 지역에서의 사업에 대하여는 노동부장관이 금융감독위원회와 협의하여 지정하는 자(이하 "보험회사"라 한다)에게 이 법에 따른 보험사업을 자기의 계산으로 영위하게 할 수 있다.

②제1항에 따른 보험회사는 「보험업법」에 따른 사업 방법에 따라 보험사업을 영위한다. 이 경우 보험회사가 지급하는 보험급여는 이 법에 따른 보험급여보다 근로자에게 불이익하여서는 아니 된다.

③제1항에 따라 보험사업을 영위하는 보험회사는 이 법과 근로자를 위한 사회보장관련조약에서 정부가 부담하는 모든 책임을 성실히 이행하여야 한다.

④제1항에 따른 국외의 사업과 이를 대상으로 하는 보험사업에 대하여는 제2조, 제3조제1항, 제6조 단서, 제8조, 제54조와 제5장 및 제6장의 규정을 적용하지 아니한다.

⑤보험회사는 제1항에 따른 보험사업을 영위할 때 이 법에 따른 공단의 권한을 행사할 수 있다.

제88조 (해외파견자에 대한 특례) ①보험료징수법 제5조제3항 및 제4항에 따른 보험가입자가 대한민국 밖의 지역(노동부령으로 정하는 지역은 제외한다)에서 하는 사업에 근로시키기 위하여 파견하는 자(이하 "해외파견자"라 한다)에 대하여 공단에 보험 가입 신청을 하여 승인을 받으면 해외파견자를 그 가입자의 대한민국 영역 안의 사업(2개 이상의 사업이 있는 경우에는 주된 사업을 말한다)에 사용하는 근로자로 보아 이 법을 적용할 수 있다.

②해외파견자의 보험급여의 기초가 되는 임금액은 그 사업에 사용되는 같은 직종 근로자의 임금액 및 그 밖의 사정을 고려하여 노동부장관이 정하여 고시하는 금액으로 한다.

③해외파견자에 대한 보험급여의 지급 등에 필요한 사항은 노동부령으로 정한다.

④제1항에 따라 이 법의 적용을 받는 해외파견자의 보험료 산정, 보험 가입의 신청 및 승인, 보험료의 신고 및 납부, 보험 관계의 소멸, 그 밖에 필요한 사항은 보험료징수법으로 정하는 바에 따른다.

제89조 (현장실습생에 대한 특례) ①이 법이 적용되는 사업에서 현장 실습을 하고 있는 학생 및 직업 훈련생(이하 "현장실습생"이라 한다) 중 노동부장관이 정하는 현장실습생은 제5조제2호에도 불구하고 이 법을 적용할 때는 그 사업에 사용되는 근로자로 본다.

②현장실습생이 실습과 관련하여 입은 재해는 업무상의 재해로 보아 제35조제1항 각 호에 따른 보험급여를 지급한다.

③현장실습생에 대한 보험급여의 기초가 되는 임금액은 현장실습생이 지급받는 훈련수당 등 모든 금품으로 하되, 이를 적용하는 것이 현장실습생의 재해보상에 적절하지 아니하다고 인정되면 노동부장관이 정하여 고시하는 금액으로

할 수 있다.

④현장실습생에 대한 보험급여의 지급 등에 필요한 사항은 대통령령으로 정한다.

⑤현장실습생에 대한 보험료의 산정·신고 및 납부 등에 관한 사항은 보험료징수법이 정하는 바에 따른다.

제90조 (중소기업 사업주에 대한 특례) ①대통령령으로 정하는 중·소기업 사업주(근로자를 사용하지 않는 자를 포함한다. 이하 이 조에서 같다)는 공단의 승인을 받아 자기 또는 유족을 보험급여를 받을 수 있는 자로 하여 보험에 가입할 수 있다. 이 경우 제5조제2호에도 불구하고 그 사업주는 이 법을 적용할 때 근로자로 본다.

②제1항에 따른 중·소기업 사업주에 대한 보험급여의 지급 사유인 업무상의 재해의 인정 범위는 노동부령으로 정한다.

③제1항에 따른 중·소기업 사업주에 대한 보험급여의 산정 기준이 되는 임금액 및 평균임금은 노동부장관이 정하여 고시하는 금액으로 한다.

④제2항에 따른 업무상의 재해가 보험료의 체납 기간에 발생하면 대통령령으로 정하는 바에 따라 그 재해에 대한 보험급여의 전부 또는 일부를 지급하지 아니할 수 있다.

⑤중·소기업 사업주에 대한 보험급여의 지급 등에 필요한 사항은 노동부령으로 정한다.

⑥제1항에 따라 이 법의 적용을 받는 중·소기업 사업주의 보험료의 산정, 보험 가입의 신청 및 승인, 보험료의 신고 및 납부, 보험 관계의 소멸, 그 밖에 필요한 사항은 보험료징수법에서 정하는 바에 따른다.

제8장 벌칙

제91조 (과태료) ①제33조를 위반하여 유사명칭을 사용한 자에게는 100만원 이하의 과태료를 부과한다.

②다음 각 호의 어느 하나에 해당하는 자에게는 50만원 이하의 과태료를 부과한다.

1. 제73조제2항(제76조제1항에서 준용하는 경우를 포함한다)에 따른 질문에 답변하지 아니하거나 거짓된 답변을 하거나 검사를 거부·방해 또는 기피한 자

2. 제81조제1항 또는 제84조에 따른 보고를 하지 아니하거나 거짓된 보고를 한 자

3. 제81조제1항 또는 제84조에 따른 서류나 물건의 제출 명령에 따르지 아니한 자

4. 제83조 또는 제84조에 따른 공단의 소속 직원의 질문에 답변을 거부하거나 검사를 거부·방해 또는 기피한 자

③제1항 또는 제2항에 따른 과태료는 대통령령으로 정하는 바에 따라 노동부장관이 부과·징수한다.

④제3항에 따른 과태료 처분에 불복하는 자는 그 처분을 고지받은 날부터 30일 이내에 노동부장관에게 이의를 제기할

수 있다.

⑤제3항에 따른 과태료 처분을 받은 자가 제4항에 따라 이의를 제기하면 노동부장관은 지체 없이 관할 법원에 그 사실을 통보하여야 하며, 그 통보를 받은 관할 법원은 「비송사건절차법」에 따른 과태료 재판을 한다.

⑥제4항의 기간에 이의를 제기하지 아니하고 과태료를 내지 아니하면 국세 체납처분의 예에 따라 징수한다.

부칙 <제8373호, 2007.4.11>

제1조 (시행일) 이 법은 공포한 날부터 시행한다.

제2조 (간병급여에 대한 적용례) 법률 제6100호 산업재해보상보험법 중 개정법률 제42조의3의 개정규정은 같은 법 시행 당시 종전의 제40조에 따라 요양 중인 자부터 적용한다.

제3조 (재단법인 산재의료관리원에 대한 경과조치) 법률 제6100호 산업재해보상보험법 중 개정법률 시행 당시 「민법」에 따라 설립된 재단법인 산재의료관리원은 이 법 제32조제2항의 개정규정에 따라 설립된 관리기구로 본다.

제4조 (처분 등에 관한 일반적 경과조치) 이 법 시행 당시 종전의 규정에 따른 행정기관의 행위나 행정기관에 대한 행위는 그에 해당하는 이 법에 따른 행정기관의 행위나 행정기관에 대한 행위로 본다.

제5조 (벌칙이나 과태료에 관한 경과조치) 이 법 시행 전의 행위에 대하여 벌칙이나 과태료 규정을 적용할 때에는 종전의 규정에 따른다.

제6조 (다른 법률의 개정) ①건설근로자의고용개선등에관한법률 일부를 다음과 같이 개정한다.

제14조제2항 중 “산업재해보상보험법 제43조의2 및 제43조의4”를 “「산업재해보상보험법」 제44조 및 제46조”로 한다.

②고용보험 및 산업재해보상보험의 보험료징수 등에 관한 법률 일부를 다음과 같이 개정한다.

제4조 중 “「산업재해보상보험법」 제13조”를 “「산업재해보상보험법」 제10조”로 하고, 제5조 제4항 중 “「산업재해보상보험법」 제5조 단서”를 “「산업재해보상보험법」 제6조 단서”로 하며, 제6조제2항 중 “「산업재해보상보험법」 제5조 단서”를 “「산업재해보상보험법」 제6조 단서”로 하고, 제7조제2호 중 “「산업재해보상보험법」 제5조 단서”를 “「산업재해보상보험법」 제6조 단서”로 하며, 제14조제4항 중 “「산업재해보상보험법」 제6조”를 “「산업재해보상보험법」 제8조”로 하고, 제23조제3항 중 “「산업재해보상보험법」 제55조의2”를 “「산업재해보상보험법」 제60조”로 하며, 제31조제4항 중 “「산업재해보상보험법」 제80조”를 “「산업재해보상보험법」 제64조”로 하고, 제47조제1항 중 “「산업재해보상보험법」 제105조의2제1항”을 “「산업재해보상보험법」 제88조제1항”으로 하며, 제48조제1항 중 “「산업재해보상보험법」 제105조의3제1항”을 “「산업재해보상보험법」 제89조제

1항”으로 하고, 제49조제1항 중 “「산업재해보상보험법」 제105조의4제1항”을 “「산업재해보상보험법」 제90조제1항”으로 한다.

③법률 제8117호 고용보험 및 산업재해보상보험의 보험료징수 등에 관한 법률 일부개정법률 일부를 다음과 같이 개정한다.

제22조의2제1항 전단 중 “「산업재해보상보험법」제6조”를 “「산업재해보상보험법」제8조”로 한다.

제23조의2 전단 중 “「산업재해보상보험법」 제40조제2항”을 “「산업재해보상보험법」 제37조제2항”으로 한다.

④공무원연금법 일부를 다음과 같이 개정한다.

제39조제2호 중 “산업재해보상보험법 제40조”를 “「산업재해보상보험법」 제37조”로 한다.

⑤군인연금법 일부를 다음과 같이 개정한다.

제30조의8제2호 중 “산업재해보상보험법 제40조”를 “「산업재해보상보험법」 제37조”로 한다.

⑥산업안전보건법 일부를 다음과 같이 개정한다.

제61조의3 각 호 외의 부분 중 “「산업재해보상보험법」 제80조제1항”을 “「산업재해보상보험법」 제64조제1항”으로 한다.

⑦어선원및어선재해보상보험법 일부를 다음과 같이 개정한다.

제22조제2항 중 “산업재해보상보험법 제13조”를 “「산업재해보상보험법」 제10조”로 하고, 제25조제2항 중 “산업재해보상보험법 제42조제2항”을 “「산업재해보상보험법」 제40조제2항”으로 하며, 제26조 중 “산업재해보상보험법 제42조제2항”를 “「산업재해보상보험법」 제40조제2항”으로 한다.

⑧임금채권보장법 일부를 다음과 같이 개정한다.

제3조 중 “산업재해보상보험법 제5조”를 “「산업재해보상보험법」 제6조”로 하고, 제14조 후단 중 “「산업재해보상보험법」 제6조”를 “「산업재해보상보험법」 제8조”로 하며, 제17조제2항 중 “산업재해보상보험법 제82조제2항 내지 제4항, 제83조 내지 제85조 및 제87조”를 “「산업재해보상보험법」 제66조제2항부터 제4항까지, 제67조부터 제69조까지 및 제71조”로 한다.

⑨제주특별자치도 설치 및 국제자유도시 조성을 위한 특별법 일부를 다음과 같이 개정한다.

제147조제3항제7호 중 “「산업재해보상보험법」 제78조제2항 및 제106조”를 “「산업재해보상보험법」 제62조제2항 및 제91조”로 한다.

제7조 (다른 법령과의 관계) 이 법 시행 당시 다른 법령에서 종전의 「산업재해보상보험법」 또는 그 규정을 인용한 경우에 이 법 가운데 그에 해당하는 규정이 있으면 종전의 규정을 갈음하여 이 법 또는 이 법의 해당 규정을 인용한 것으로 본다.

부칙 (가족관계의 등록 등에 관한 법률) <제8435호, 2007.5.
17>
제1조 (시행일) 이 법은 2008년 1월 1일부터 시행한다. <단
서 생략>
제2조부터 제7조까지 생략
제8조 (다른 법률의 개정) ①부터 <16>까지 생략
<17> 산업재해보상보험법 일부를 다음과 같이 한다.
제99조제4항 중 "「호적법」 제88조"를 "「가족관계의 등록
등에 관한 법률」 제85조"로 한다.
<18>부터 <39>까지 생략
제9조 생략

산업재해보상보험법시행령

연혁

1995. 4. 15 전문개정 대통령령 제14628호	2004. 1. 29 일부개정 대통령령 제18270호
1997. 3. 27 일부개정 대통령령 제15318호	2004. 10. 29 일부개정 대통령령 제18573호
1998. 6. 24 일부개정 대통령령 제15816호	2006. 8. 17 일부개정 대통령령 제19649호
2000. 6. 27 일부개정 대통령령 제16871호	2007. 6. 29 일부개정 대통령령 제20142호

제1장 총칙

제1조 (목적) 이 영은 「산업재해보상보험법」(이하 "법"이라 한다)에서 위임된 사항과 그 시행에 관하여 필요한 사항을 규정함을 목적으로 한다. <개정 2006.8.17>

제2조 삭제 <2004.10.29>
제2조의2 삭제 <2004.10.29>

제3조 (법의 적용제외사업) ①법 제5조 단서에서 "대통령령이 정하는 사업"이라 함은 다음 각 호의 1에 해당하는 사업을 말한다. <개정 2000.6.27, 2003.5.7, 2003.11.29, 2003.12.30, 2004.10.29, 2006.8.17>
1. 「공무원연금법」 또는 「군인연금법」에 의하여 재해보상이 행하여지는 사업
2. 「선원법」·「어선원 및 어선 재해보상보험법」 또는 「사립학교교직원 연금법」에 의하여 재해보상이 행하여지는 사업
3. 「주택법」에 의한 주택건설사업자, 「건설산업기본법」에 의한 건설업자, 「전기공사업법」에 의한 공사업자, 「정보통신공사업법」에 의한 공사업자, 「소방시설공사업법」에 의한 소방시설업자 또는 「문화재보호법」에 의한 문화재수리업자가 아닌 자가 시공하는 다음 각 목의 어느 하나에 해당하는 공사
가. 「고용보험 및 산업재해보상보험의 보험료징수 등에 관한 법률 시행령」 제2조제1항제2호의 규정에 의한 총공사금액(이하 "총공사금액"이라 한다)이 2천만원 미만인 공사
나. 연면적이 330제곱미터 이하인 건축물의 건축 또는 대수선에 관한 공사
4. 가사서비스업
5. 제1호 내지 제4호의 사업 외의 사업으로서 상시근로자수가 1인 이상이 되지 아니하는 사업. 이 경우 상시근로자수의 산정방법은 노동부령으로 정한다.
6. 농업·임업(벌목업을 제외한다)·어업·수렵업 중 법인이 아닌 자의 사업으로서 상시근로자수가 5인 미만인 사업. 이 경우 상시근로자수의 산정방법은 노동부령으로 정한다.
②제1항 각 호의 사업의 범위에 관하여 이 영에 특별한 규정이 있는 것을 제외하고는 「통계법」에 의하여 통계청장이 고시하는 한국표준산업분류표에 의한다. <개정 2006.8.17>
③총공사금액이 2천만원미만인 건설공사가 「고용보험 및 산업재해보상보험의 보험료징수 등에 관한 법률」(이하 "보험료징수법"이라 한다) 제8조제1항 또는 제2항의 규정에 의하여 일괄적용을 받게 되거나 설계변경(사실상의 설계변경이 있는 경우를 포함한다)으로 그 총공사금액이 2천만원 이상으로 된 때에는 그 때부터 법의 적용을 받는다. <개정 2000.6.27, 2003.5.7, 2004.10.29, 2006.8.17>

제4조 (산업재해보상보험심의위원회의 기능) 법 제6조제1항의 규정에 의한 산업재해보상보험심의위원회(이하 "위원회"라 한다)는 다음 각 호의 사항을 심의한다. <개정 2000.6.27, 2003.5.7, 2004.10.29>
1. 법 제40조제5항의 규정에 의한 요양급여의 범위·비용 등 요양급여의 산정기준과 요양관리에 관한 사항
1의2. 보험료징수법 제14조제3항 및 제4항의 규정에 의한 보험료율의 결정에 관한 사항
2. 법 제83조의 규정에 의한 산업재해보상보험및예방기금 운용계획의 수립에 관한 사항
3. 기타 노동부장관이 산업재해보상보험사업에 관하여 부의하는 사항

제5조 (위원회의 구성) 위원회의 위원은 다음 각 호의 구분에 따라 각각 노동부장관이 임명 또는 위촉한다. <개정 2000.6.27, 2006.6.12, 2006.8.17>
1. 근로자를 대표하는 위원은 총연합단체인 노동조합이 추천하는 자 5인

2. 사용자를 대표하는 위원은 전국을 대표하는 사용자단체
가 추천하는 자 5인
3. 공익을 대표하는 위원은 다음 각 목의 자 5인
가. 노동부차관
나. 노동부의 산업재해보상보험업무를 담당하는 3급 공무
원 또는 고위공무원단에 속하는 일반직공무원 1인
다. 시민단체(「비영리민간단체 지원법」 제2조의 규정에 의
한 비영리민간단체를 말한다)에서 추천한 자와 사회보험에
관한 학식과 경험이 풍부한 자 중 3인

제6조 (위원의 임기) ①위원의 임기는 3년으로 하되 연임할
수 있다. 다만, 노동부차관인 위원과 노동부의 산업재해보
상보험업무를 담당하는 3급 공무원 또는 고위공무원단에
속하는 일반직공무원인 위원은 그 재직기간으로 한다. <개
정 2006.6.12>
②보궐위원의 임기는 전임자의 잔임기간으로 한다.

제7조 (위원장과 부위원장) ①위원회에 위원장과 부위원장 각
1인을 둔다.
②위원장은 노동부차관이 되고, 부위원장은 공익을 대표하
는 위원 중에서 위원회가 선임한다.
③위원장은 위원회를 대표하며, 위원회의 회무를 통할한다.
④부위원장은 위원장을 보좌하며 위원장이 부득이한 사유
로 직무를 수행할 수 없는 때에는 그 직무를 대행한다. <개
정 2003.5.7>

제8조 (위원회의 회의) ①위원장은 위원회의 회의를 소집하고
그 의장이 된다.
②위원회의 회의는 노동부장관의 요구가 있거나 재적위원
과반수의 요구가 있을 때 소집한다.
③위원회의 회의는 재적위원 과반수의 출석으로 개의하고,
출석위원 과반수의 찬성으로 의결한다.

제9조 (전문위원회) ①법 제6조제3항의 규정에 의한 전문위
원회는 전문위원 약간인으로 구성한다.
②전문위원은 사회보험 또는 산업의학 등에 관한 학식과
경험이 있는 자 중에서 위원장이 위촉하되, 비상임으로 한
다. <개정 2000.6.27>
③전문위원회는 위원장의 명을 받아 산업재해보상보험에
관한 사항을 조사·연구하여 위원회에 보고하여야 한다.
④전문위원회의 구성·운영 기타 필요한 사항은 위원회의
의결을 거쳐 위원장이 정한다.

제10조 (위원회의 간사) ①위원회에 그 사무처리를 위하여 간
사 1인을 둔다.
②간사는 노동부장관이 그 소속공무원 중에서 임명한다.

제11조 (위원의 수당) 위원회의 회의에 출석한 노동부차관 및
노동부소속 공무원이 아닌 위원과 전문위원에 대하여는 예
산의 범위안에서 수당을 지급할 수 있다.

제12조 (운영세칙) 위원회의 운영에 관하여 필요한 세칙은 위
원회의 의결을 거쳐 위원장이 정한다.

제13조 삭제 <2004.10.29>

제13조의2 (업무의 대행) 노동부장관은 법 제6조의2제2항의
규정에 의하여 산업재해보상보험사업에 관한 조사·연구사
업의 일부를 「정부출연연구기관 등의 설립·운영 및 육성에
관한 법률」 제8조의 규정에 의하여 설립된 연구기관으로
하여금 대행하게 할 수 있다. 이 경우 연구기관 선정시에는
산업재해보상보험사업과 관련된 연구인력 및 실적 등을 고
려하여야 한다. <개정 2006.8.17>
[본조신설 2000.6.27]

제2장 삭제 <2004.10.29>

제14조 삭제 <2004.10.29>
제15조 삭제 <2004.10.29>
제16조 삭제 <2004.10.29>

제3장 근로복지공단

제17조 (공단의 비상임이사) ①법 제13조의 규정에 의한 근로
복지공단(이하 "공단"이라 한다)의 당연직이사는 다음 각
호의 자로 한다. <개정 1999.5.24, 2006.6.12>
1. 기획예산처의 공단예산을 담당하는 3급 공무원 또는 고
위공무원단에 속하는 일반직공무원
2. 노동부의 산업재해보상보험사업을 담당하는 3급 공무원
또는 고위공무원단에 속하는 일반직공무원
②공단의 당연직이사를 제외한 비상임이사가 될 수 있는
자는 총연합단체인 노동조합이 추천하는 자·전국을 대표
하는 사용자단체가 추천하는 자·사회보험 또는 근로복지
사업에 관한 학식과 경험이 풍부한 자로 한다. 이 경우 총연
합단체인 노동조합이 추천하는 자와 전국을 대표하는 사용
자단체가 추천하는 자는 그 수를 동수로 한다.

제18조 (사업운영계획 및 예산) ①공단은 법 제28조제1항의 규
정에 의하여 다음 회계연도의 사업운영계획과 예산에 관하
여 노동부장관의 승인을 얻고자 할 때에는 당해연도 12월
31일까지 예산요구서에 다음 각 호의 서류를 첨부하여 노
동부장관에게 제출하여야 한다. <개정 1997.12.31>

1. 다음 연도의 사업운영계획서 및 자금수지계획서
2. 다음 연도의 추정손익계산서 및 추정대차대조표
3. 기타 예산요구서의 내용을 확인하는데 필요한 서류
②공단이 제1항의 규정에 의하여 승인을 얻은 사업운영계획과 예산을 변경하고자 할 때에는 그 변경사유 및 변경내용을 기재한 서류를 노동부장관에게 제출하여 승인을 얻어야 한다.

제19조 (결산서의 제출) 공단은 법 제28조제2항의 규정에 의하여 매 회계연도의 결산서를 노동부장관에게 제출할 때에는 다음 각 호의 서류를 첨부하여야 한다.
1. 당해연도의 사업계획 및 자금수지계획과 그 집행실적과의 대비표
2. 당해연도의 손익계산서 및 대차대조표
3. 노동부장관이 지정하는 공인회계사 및 공단의 감사의 의견서
4. 기타 결산서의 내용을 확인하는데 필요한 자료

제20조 (공단규정의 승인) 공단은 다음 각 호의 사항에 관한 규정을 제정하거나 개정하고자 할 때에는 노동부장관의 승인을 얻어야 한다. <개정 2000.6.27>
1. 공단의 조직 및 정원에 관한 사항
2. 임직원의 인사·보수 및 복무에 관한 사항
3. 공단의 회계 및 재산·물품관리에 관한 사항
4. 기타 공단운영·보험사업 및 근로복지사업에 관하여 중요한 사항

제21조 (자금차입 등의 승인신청) ①공단은 법 제30조제1항의 규정에 의하여 자금의 차입에 관한 승인을 얻고자 할 때에는 다음 각 호의 사항을 기재한 승인신청서를 노동부장관에게 제출하여야 한다.
1. 차입의 사유
2. 차입처
3. 차입금액
4. 차입의 조건
5. 차입금의 상환방법 및 상환기간
6. 기타 자금의 차입과 그 상환에 관하여 필요한 사항
②공단은 법 제30조제2항의 규정에 의하여 산업재해보상보험및예방기금으로부터의 이입충당에 관한 승인을 얻고자 할 때에는 이입충당사유 및 금액 등에 관한 사항을 기재한 승인신청서를 노동부장관에게 제출하여야 한다. <개정 2003.5.7>

제22조 (업무의 위탁) ①공단이 법 제32조제1항의 규정에 의하여 업무를 위탁한 때에는 그 위탁을 받은 자에게 위탁에 따른 수수료를 지급할 수 있다.

②공단이 법 제32조제2항의 규정에 의하여 위탁할 수 있는 업무의 범위는 다음 각 호와 같다. <개정 2004.10.29>
1. 보험급여의 지급에 관한 사항
2. 제1호의 사항에 부대되는 업무

제23조 (출자 등) 공단이 법 제35조의 규정에 의하여 출자·출연하거나 관리기구를 설립하고자 하는 때에는 다음 각 호의 사항을 기재한 신청서를 제출하여 노동부장관의 승인 또는 허가를 얻어야 한다. <개정 2000.6.27>
1. 출자·출연 또는 관리기구 설립의 필요성
2. 출자 또는 출연할 재산의 종류 및 가액
3. 사업의 개요
4. 기타 출자·출연 또는 관리기구의 설립에 관하여 필요한 사항

제4장 보험급여

제24조 (보험급여의 청구, 결정통지 등) ①법 제38조제2항의 규정에 의하여 보험급여 중 휴업급여·장해보상일시금 또는 장해보상연금(법 제42조제6항의 규정에 의한 일시금을 포함한다)·간병급여·유족보상일시금 또는 유족보상연금(법 제43조제4항의 규정에 의한 일시금을 포함한다)·상병보상연금 및 장의비 등을 받고자 하는 자는 각각 당해 보험급여에 대한 청구서 또는 신청서를 공단에 제출하여야 한다. 다만, 보험급여를 연금의 형태로 지급받고자 하는 경우(상병보상연금을 포함한다) 및 입원 중인 근로자가 휴업급여를 지급받고자 하는 경우에는 1회의 청구로 갈음한다. <개정 1998.6.24, 2000.6.27, 2003.5.7>
②공단은 제1항의 규정에 의한 보험급여 청구를 받은 때에는 보험급여의 지급여부·지급내용 등을 결정하여 청구인에게 통지하여야 한다.
③공단은 제2항의 규정에 의하여 보험급여의 지급결정을 통지함에 있어서 당해 보험급여가 장해보상연금 또는 유족보상연금인 경우에는 그 수급권자에게 연금증서를 교부하여야 한다.

제25조 (평균임금의 증감) ①법 제38조제3항의 규정에 의하여 보험급여를 산정하는 경우에 적용할 평균임금의 증감은 별표 1의 규정에 의한다.
②법 제38조제3항의 규정에 의한 평균임금의 증감은 보험급여의 수급권자의 신청이 있거나 공단이 필요하다고 인정하는 때에 할 수 있다. 이 경우 보험급여의 수급권자가 평균임금의 증감을 신청하고자 하는 때에는 평균임금증감신청서를 공단에 제출하여야한다. <개정 1998.6.24>

제25조의2 (근로형태가 특이한 근로자의 범위) 법 제38조제4항에서 "근로형태가 특이하여 평균임금을 적용하는 것이 적

당하지 아니하다고 인정되는 경우로서 대통령령이 정하는 경우”라 함은 1일 단위로 고용되거나 근로일에 따라 일당 형식의 임금을 지급받는 근로자(이하 “일용근로자”라 한다)의 경우를 말한다. 다만, 일용근로자가 다음 각 호의 1에 해당하는 경우를 제외한다. <개정 2003.5.7>

1. 평균임금 산정사유 발생일 당시 당해 사업의 동종업무에 종사하는 다른 일용근로자의 근로조건 등이 다음 각 목의 1에 해당하는 경우

가. 근로관계가 3월 이상 계속되는 경우

나. 평균임금 산정사유 발생일 직전 3월간 월 평균 근로일수가 통상근로계수의 산정기초가 되는 근로일수를 초과하는 경우

다. 근로조건, 근로계약형식, 구체적 고용실태 등 제반 사실관계를 고려할 때 동종업무에 종사하는 상용근로자와 유사하다고 인정되는 경우

2. 평균임금 산정사유 발생일 당시 당해 사업에서 1월 이상 근로한 기간이 있는 일용근로자에 대하여 통상근로계수를 적용하는 것이 부적당하다고 그 일용근로자 또는 그 보험급여의 수급권자가 신청하는 경우로서 당해 일용근로자에게 지급된 임금액이 신청인이 제출한 자료 등에 의하여 명확한 경우

[본조신설 2000.6.27]

제25조의3 (통상근로계수의 적용) 제38조제4항에서 “대통령령이 정하는 산정방법에 따라 산정한 금액”이라 함은 다음 각 호의 구분에 따라 산정한 금액을 말한다.

1. 평균임금 산정사유 발생일 이전 1월간에 당해 사업에서 지급받은 임금이 있는 경우 : 당해 1월간에 근로자에게 지급된 임금의 총액을 그 기간 중에 당해 근로자가 근로한 일수로 나눈 금액에 일용근로자의 1월간 실제 근로일수 등을 고려하여 노동부장관이 고시하는 근로계수(이하 “통상근로계수”라 한다)를 곱하여 산정한 금액

2. 평균임금 산정사유 발생일 이전 1월간에 당해 사업에서 지급받은 임금은 없으나 일당이 미리 정하여져 있는 경우 : 당해 일당에 통상근로계수를 곱한 금액

3. 평균임금 산정사유 발생일 이전 1월간에 당해 사업에서 지급받은 임금이 없고 일당도 미리 정하여져 있지 아니한 경우 : 당해 사업에서 동종업무에 종사하는 일용근로자의 일당을 고려하여 산정한 금액에 통상근로계수를 곱한 금액

4. 제1호 내지 제3호의 규정에 의하여 산정하지 못하는 경우 : 당해지역의 동종업무에 종사하는 일용근로자의 일당을 고려하여 산정한 금액에 통상근로계수를 곱한 금액

[본조신설 2000.6.27]

제26조 (업무상 질병이환자에 대한 평균임금 산정특례) ①법 제38조제5항에서 “대통령령이 정하는 직업병”이라 함은 「근로기준법 시행령」 제44조제1항에 규정된 질병을 말한다. 다만, 업무상 부상에 기인한 질병을 제외한다. <개정 1997.12.31, 2000·6·27, 2006.8.17, 2007.6.29>

②법 제38조제5항에서 “대통령령이 정하는 산정방법에 따라 산정한 금액”이라 함은 직업병으로 확인된 날을 기준으로 당해 근로자가 소속한 사업과 업종 및 규모가 유사한 사업에 소속한 근로자 중 당해 근로자와 성별 및 직종이 유사한 근로자의 임금액을 고려하여 노동부령이 정하는 바에 따라 산정한 금액을 말한다. <개정 2000.6.27>

③법 제38조제5항의 규정을 적용함에 있어서 당해 근로자가 소속한 사업이 휴업 또는 폐업한 후 직업병이 확인된 경우에는 그 사업이 휴업 또는 폐업한 날을 기준으로 제2항의 규정에 의하여 임금을 산정하되, 직업병으로 확인된 날까지 제25조제1항의 규정에 의하여 증감된 금액을 당해 근로자의 평균임금으로 본다. <개정 2000.6.27>

④법 제38조제5항의 규정에 의한 평균임금 산정방법의 특례를 적용받고자 하는 자는 평균임금산정특례신청서를 공단에 제출하여야 한다. <개정 2000.6.27>

제26조의2 (최고·최저보상기준금액) ①법 제38조제6항 본문의 규정에 의한 최고보상기준금액은 과거 3년간의 전체 근로자의 임금수준과 임금계층별 근로자분포비 및 임금상승률 등을 고려하여 매년 노동부장관이 고시한 금액으로 하고, 최저보상기준금액은 「최저임금법」에 의한 최저임금의 전년대비 조정률 등을 기준으로 하여 매년 노동부장관이 고시한 금액으로 한다. <개정 2006.8.17>

②최고보상기준금액과 최저보상기준금액을 산정함에 있어서 원단위 미만은 이를 버린다.

③최고보상기준금액과 최저보상기준금액의 적용기간은 다음 연도 1월 1일부터 12월 31일까지로 한다. <개정 2006.8.27>

[본조신설 2000.6.27]

제27조 (사망의 추정 등) ①법 제39조제1항의 규정에 의하여 사망으로 추정하는 경우는 다음 각 호의 1에 해당하는 경우로 한다. <개정 1997.12.31>

1. 선박이 침몰·전복·멸실 또는 행방불명되거나 항공기가 추락·멸실 또는 행방불명(이하 이 조에서 “사고”라 한다)된 경우에 그 선박 또는 항공기에 타고 있던 근로자의 생사가 사고가 발생한 날부터 3월간 불명한 때

2. 항행 중의 선박 또는 항공기에 타고 있던 근로자가 행방불명되어 그 생사가 행방불명된 날부터 3월간 불명한 때

3. 천재·지변, 화재, 구조물 등의 붕괴 기타 각종 사고의 현장에 있던 근로자의 생사가 사고가 발생한 날부터 3월간 불명한 때

②제1항의 규정에 의하여 사망으로 추정되는 자는 그 사고

가 발생한 날 또는 행방불명된 날에 사망한 것으로 추정한다.

③제1항 각 호의 사유로 인하여 그 생사가 불명하였던 자가 사고가 발생한 날 또는 행방불명된 날부터 3월이내에 사망한 것이 확인되었으나 그 사망시기가 불명한 경우에도 제2항의 규정에 의한 날에 사망한 것으로 추정한다.

④보험가입자는 제1항 각 호의 사유가 발생한 때 또는 사망이 확인된 때(제3항의 규정에 의하여 사망한 것으로 추정되는 때를 포함한다)에는 지체없이 근로자실종(또는 사망확인)신고서를 공단에 제출하여야 한다.

⑤법 제39조제2항의 규정에 의하여 보험급여를 반환하여야 할 사유가 발생한 때에는 당해 보험급여를 받은 자 및 보험가입자는 그 사유가 발생한 날부터 15일이내에 근로자생존확인신고서를 공단에 제출하여야 한다. 이 경우 공단은 당해 보험급여를 받은 자에 대하여 보험급여의 반환을 통지하여야 한다.

⑥법 제39조제2항의 규정에 의하여 보험급여의 반환에 관한 통지를 받은 자는 그 통지를 받은 날부터 30일이내에 이를 공단에 반환하여야 한다.

제28조 (의료기관의 지정) ①법 제40조제2항의 규정에 의하여 공단이 지정할 수 있는 의료기관은 다음 각 호와 같다. <개정 1997.12.31, 2000.6.27, 2006.8.17>

1. 「의료법」 제3조의 규정에 의한 종합병원·병원·의원·치과병원·치과의원·한방병원·한의원 및 요양병원
2. 「지역보건법」 제7조의 규정에 의한 보건소
3. 기타 공단이 정하는 의료기관

②제1항의 규정에 의한 의료기관의 지정요건, 지정절차, 지정의 취소 등에 관하여 필요한 사항은 공단규정으로 정한다.

③공단은 의료기관을 지정하거나 그 지정을 취소한 때에는 공단규정이 정하는 바에 의하여 이를 공고하여야 한다.

제28조의2 (약제의 지급) 공단은 법 제40조제4항제2호의 규정에 의한 약제의 지급을 「약사법」 제16조의 규정에 의하여 등록한 약국을 통하여 할 수 있다. <개정 2006.8.17>
[본조신설 2000.6.27]

제29조 (요양급여의 신청 등) ①법 제40조제2항 본문의 규정에 의하여 요양을 받고자 하는 자는 요양신청서를 공단에 제출하여야 한다. <개정 2000.6.27>

②법 제40조제2항 단서의 규정에 의하여 수급권자가 지급받을 수 있는 요양비는 다음 각 호의 비용으로 한다. <개정 2000.6.27>

1. 공단이 설치한 보험시설 또는 공단이 지정한 의료기관외의 의료기관에서 응급진료 등 긴급하게 요양을 받은 경우의 요양비

2. 법 제40조제4항제2호·제5호 및 제6호의 요양급여에 소요되는 비용

3. 기타 공단이 정당한 사유가 있다고 인정하는 요양비

③법 제40조제2항 단서의 규정에 의한 요양비를 지급받고자 하는 자는 요양비청구서를 공단에 제출하여야 한다. <개정 2000.6.27>

④공단은 긴급 기타 부득이한 사유가 있을 때에는 당해 근로자의 청구에 의하여 법 제40조제4항제6호의 규정에 의한 이송에 소요되는 비용을 미리 지급할 수 있다. <개정 2000.6.27>

제30조 삭제 <2000.6.27>

제30조의2 (재요양기간 중의 보험급여) 법 제40조의2제2항의 규정에 따라 장해보상연금 선급금을 지급받은 자가 그 선급기간 중 재요양하는 경우 법 제41조의 규정에 의한 휴업급여 및 법 제44조의 규정에 의한 상병보상연금의 급여액은 재요양으로 인하여 발생한 휴업급여 또는 상병보상연금의 급여액과 재요양기간에 해당하는 장해보상연금 선급금의 차액으로 한다. 이 경우 법 제41조제2항의 규정에 따라 휴업급여를 감액하여야 하거나 법 제44조제3항의 규정에 따라 상병보상연금을 감액하여야 하는 경우에는 그 감액분을 참작하여 계산한다.
[전문개정 2003.5.7]

제30조의3 (휴업급여의 감액지급) ①법 제41조제2항의 규정에 의한 휴업급여의 감액지급 대상연령 및 지급기준은 별표 1의2의 규정에 의하되, 당해 근로자가 해당연령에 도달한 날부터 적용한다.

②법 제41조제2항 단서에서 "대통령령이 정하는 기간"이라 함은 업무상 재해발생일부터 2년간을 말한다.
[본조신설 2000.6.27]

제31조 (장해급여의 등급기준 등) ①법 제42조제2항의 규정에 의한 장해급여를 행할 신체장해등급기준은 별표 2의 규정에 의한다. 이 경우 신체부위별 장해등급 판정에 관한 세부기준 등은 노동부령으로 정한다. <개정 2000.6.27>

②별표 2의 규정에 의한 신체장해등급기준에 해당하는 신체장해가 2이상인 경우에는 그 중 중한 신체장해에 해당하는 장해등급을 그 근로자의 장해등급으로 하되, 제13급이상의 신체장해가 2이상인 경우에는 다음 각 호의 구분에 따라 조정된 장해등급을 그 근로자의 장해등급으로 한다. 다만, 조정의 결과 제1급을 초과하게 되는 경우에는 제1급을 그 근로자의 장해등급으로 하고, 그 신체장해의 정도가 조정된 등급에 규정된 다른 장해의 정도에 비하여 낮다고 인정되는 경우에는 조정된 등급보다 낮은 등급을 그 근로자

의 장해등급으로 한다.
1. 제5급이상에 해당하는 신체장해가 2이상 있는 경우에는 3개등급 인상
2. 제8급이상에 해당하는 신체장해가 2이상 있는 경우에는 2개등급 인상
3. 제13급이상에 해당하는 신체장해가 2이상 있는 경우에는 1개등급 인상
③별표 2의 신체장해등급기준에 규정되지 아니한 신체장해가 있을 때에는 그 장해정도에 따라 신체장해등급기준에 규정된 신체장해에 준하여 그 신체장해의 등급을 결정한다.
④이미 신체장해(업무상 재해여부를 불문한다)가 있던 자가 업무상 부상 또는 질병으로 인하여 동일부위에 장해의 정도를 가중한 경우에 그 장해에 대한 장해급여의 금액은 법 별표 1의 장해등급별 일분을 기준으로 하여 다음 각 호의 구분에 따라 산정한 금액으로 한다. <개정 2006.8.17>
1. 장해보상일시금으로 지급하는 경우 : 가중된 장해에 해당하는 장해보상일시금의 일수에서 기존의 장해에 해당하는 장해보상일시금의 일수를 공제한 일수에 급여청구사유 발생당시의 평균임금을 곱하여 산정한 금액
2. 장해보상연금으로 지급하는 경우 : 가중된 장해에 해당하는 장해보상연금의 일수에서 기존의 장해에 해당하는 장해보상연금의 일수(기존의 장해가 제8급 내지 제14급에 해당하는 장해인 경우에는 그 장해에 해당하는 장해보상일시금의 일수에 25분의 1을 곱한 일수)를 공제한 일수에 연금지급당시의 평균임금을 곱하여 산정한 금액.
⑤법 제42조제3항 단서에서 "대통령령이 정하는 노동력을 완전히 상실한 장해등급"이라 함은 별표 2의 제1급 내지 제3급의 장해등급을 말한다. <개정 2000.6.27>
⑥법 제42조제4항에서 "장해급여를 연금의 형태로 지급하는 것이 곤란한 경우로서 대통령령이 정하는 경우"라 함은 장해보상연금 수급권자가 다음 각 호의 1에 해당하게 되어 장해보상일시금의 지급을 공단에 신청하는 경우를 말한다. <신설 2000.6.27>
1. 내국인 수급권자가 국외로 이주하는 경우
2. 외국인 수급권자가 국내를 떠나게 되는 경우
⑦법 제42조제6항의 규정에 의한 장해보상연금차액일시금 산정시 법 제40조의2제2항의 규정에 의한 장해보상연금 선급기간 중 재요양한 기간에 대한 선급금은 이미 지급한 연금액으로 보지 아니한다. <신설 2000.6.27>
⑧법 제42조제6항의 규정에 의한 일시금을 지급받고자 하는 자는 공단에 이를 신청하여야 한다. <신설 2000.6.27>

제31조의2 (장해보상연금수급권의 소멸) 법 제42조의2에서 "대통령이 정하는 경우"라 함은 다음 각 호의 1에 해당하는 경우를 말한다.
1. 장해보상연금 수급권자가 제31조제6항 각 호의 1에 해당

하여 연금수급권을 포기하는 경우
2. 장해상태가 변동되어 장해보상연금 지급대상에서 제외되는 경우
[본조신설 2000.6.27]

제31조의3 (간병급여 지급대상기준 등) ①법 제42조의3제2항의 규정에 의한 간병급여의 지급대상 및 지급기준은 별표 2의2의 규정에 의한다.
②간병급여의 지급은 간병이 실제로 행하여진 날에 대하여 월단위로 지급한다.
③간병급여 지급대상자가 법 제40조의2의 규정에 의하여 재요양을 받는 경우에는 재요양한 날부터 재요양 종료시까지 간병급여를 지급하지 아니한다.
④간병급여는 근로자의 신청에 의하여 지급하되, 그 신청방법 등은 노동부령으로 정한다.
[본조신설 2000.6.27]

제32조 (유족보상일시금의 지급) 공단은 법 제43조제2항의 규정에 의하여 다음 각 호의 1에 해당하는 경우에는 유족보상일시금을 지급한다. 다만, 동일순위에 있는 수급권자 중 제2호에 해당하지 아니하는 자에 대하여는 그러하지 아니하다.
1. 근로자의 사망 당시 법 제43조의2제1항의 규정에 의한 유족보상연금수급자격자(이하 "유족보상연금수급자격자"라 한다)가 없는 경우
2. 근로자의 사망 당시 법 제43조의3제2항의 규정에 의한 유족보상연금수급권자(이하 "유족보상연금수급권자"라 한다)가 외국에 거주하는 자인 경우
[전문개정 2000.6.27]

제32조의2 삭제 <2004.10.29>

제33조 (유족보상연금 청구에 관한 대표자 선임 등) ①유족보상연금수급권자가 2인이상 있을 때에는 그 중의 1인을 유족보상연금의 청구와 수령에 관한 대표자로 선임할 수 있다. <개정 2000.6.27>
②제1항의 규정에 의하여 대표자를 선임하거나 그 선임된 대표자를 해임한 때에는 지체없이 그 선임 또는 해임을 증명할 수 있는 서류를 첨부하여 공단에 신고하여야 한다.

제34조 삭제 <2000.6.27>
제35조 삭제 <2000.6.27>

제36조 (유족보상연금의 지급정지 등) ①법 제43조의3제2항의 규정에 의하여 유족보상연금을 받을 권리가 이전된 경우에 유족보상연금을 새로이 지급받고자 하는 자는 공단에 이를

신청하여야 한다.

②법 제43조의3제3항의 규정에 의하여 유족보상연금수급권자가 1년 이상 행방불명인 경우에는 같은 순위자(같은 순위자가 없는 때에는 다음 순위자)의 신청에 의하여 행방불명된 달의 다음달 분부터 그 행방불명인 기간 동안 유족보상연금의 지급을 정지한다.

③제2항의 규정에 의하여 유족보상연금의 지급이 정지된 때에는 같은 순위자(같은 순위자가 없는 때에는 다음 순위자)의 신청에 의하여 법 제43조제2항 및 법 별표 2의 규정에 의하여 산정한 금액의 유족보상연금을 지급할 수 있다. 이 경우 제2항의 규정에 의하여 행방불명이 된 유족보상연금수급권자는 법 제43조제2항 및 법 별표 2의 규정에 의한 가산금액이 적용되는 유족보상연금수급자격자의 범위에서 제외한다.

④제2항의 규정에 의하여 유족보상연금의 지급이 정지된 자는 언제든지 그 지급정지의 해제를 신청할 수 있다.
[전문개정 2000.6.27]

제37조 (유족보상연금액의 개정) 공단은 다음 각 호의 사유가 발생한 경우에는 직접 또는 유족보상연금수급권자의 신청에 의하여 그 사유가 발생한 달의 다음달 분부터 유족보상연금의 금액을 개정한다. <개정 2000.6.27>
1. 근로자의 사망당시 그 태아이었던 자녀가 출생한 경우
2. 유족보상연금수급자격자가 법 제43조의3제1항의 규정에 의하여 자격을 잃은 경우
3. 제36조제4항의 규정에 의하여 지급정지가 해제된 경우
4. 유족보상연금수급자격자가 행방불명이 된 경우

제38조 (상병보상연금의 지급 등) ①법 제44조제1항의 규정에 의한 상병보상연금을 받고자 하는 자는 그 사유가 발생한 날부터 14일이내에 상병보상연금청구서에 폐질상태를 증명할 수 있는 의사의 진단서를 첨부하여 공단에 제출하여야 한다.

②상병보상연금을 받고 있는 근로자는 폐질등급에 변동이 있는 때에는 14일이내에 폐질상태신고서에 폐질상태를 증명할 수 있는 의사의 진단서를 첨부하여 공단에 신고하여야 한다.

③상병보상연금을 받고 있는 근로자의 폐질등급이 변동된 때에는 변동된 달의 다음달 분부터 새로운 폐질등급에 따른 상병보상연금을 지급한다.

제39조 (상병보상연금의 등급기준 등) ①법 제44조제1항의 규정에 의한 상병보상연금을 지급하기 위한 폐질등급기준은 별표 4와 같다.

②제31조제2항 및 제4항의 규정은 별표 4의 규정에 의한 폐질등급에 해당하는 폐질이 2이상 있는 경우 및 새로운 업무상 부상 또는 질병으로 인하여 기존의 폐질의 정도가 가중된 경우에 관하여 이를 준용한다. <개정 2000.6.27>

제39조의2 (상병보상연금의 감액지급) ①법 제44조제3항의 규정에 의한 상병보상연금의 감액지급 대상 연령 및 지급기준은 별표 1의2의 규정에 의하되, 당해 근로자가 해당 연령에 도달한 날부터 적용한다.

②법 제44조제3항 단서에서 "대통령령이 정하는 기간"이라 함은 상병보상연금개시일부터 1년간을 말한다.
[본조신설 2000.6.27]

제40조 (연금의 지급기간 등) ①연금인 보험급여의 지급은 그 지급사유가 발생한 달의 다음달의 초일부터 개시되며, 그 지급받을 권리가 소멸한 달의 말일에 종료된다.

②연금인 보험급여는 그 지급을 정지할 사유가 발생한 때에는 그 사유가 발생한 달의 다음달의 초일부터 그 사유가 소멸한 달의 말일까지 지급하지 아니한다.

③연금인 보험급여는 매년 이를 12등분하여 월별로 지급하되, 당월분의 금액을 다음달 10일까지 지급한다. <개정 2000.6.27>

④연금을 받을 권리가 소멸한 경우 소멸한 때까지의 기간에 해당하는 연금 중 지급하지 아니한 부분이 있는 경우에는 그 지급기일전이라도 이를 지급할 수 있다.

제40조의2 (장의비 최고·최저금액의 산정) ①법 제45조제2항의 규정에 의한 장의비의 최고금액 및 최저금액은 전년도 장의비 수급권자에게 지급된 1인당 평균장의비 일액의 90일분에 장의비 최고금액의 경우에는 법 제38조제6항의 규정에 의한 최고보상기준금액의 30일분을 합하여 산정하고, 장의비 최저금액의 경우에는 법 제38조제6항의 규정에 의한 최저보상기준금액의 30일분을 합하여 산정한다.

②장의비 최고금액 및 최저금액을 산정함에 있어서 10원 단위 미만은 이를 버린다. <개정 2006.8.17>

③장의비 최고금액 및 최저금액의 적용기간은 다음 연도 1월 1일부터 12월 31일까지로 한다. <개정 2006.8.17>
[본조신설 2000.6.27]

제41조 (장해특별급여의 지급기준 등) ①법 제46조제1항 본문에서 "대통령령이 정하는 장해등급"이라 함은 별표 2의 규정에 의한 제1급 내지 제3급의 장해등급을 말한다.

②법 제46조제1항 본문에서 "대통령령이 정하는 장해특별급여"라 함은 평균임금의 30일분에 별표 5의 규정에 의한 신체장해등급별 노동력상실률과 별표 7의 규정에 의한 취업가능기간에 대응하는 계수를 곱하여 산정한 금액에서 법 제42조의 규정에 의한 장해보상일시금을 공제한 금액을 말한다.

③제2항의 규정에 의한 장래 취업가능기간은 신체장해가 판정된 날부터 단체협약 또는 취업규칙이 정하는 취업정년까지로 한다. 이 경우 단체협약 또는 취업규칙에서 취업정년을 정하고 있지 아니한 때에는 55세를 취업정년으로 본다.

제42조 (유족특별급여의 지급기준 등) ①법 제47조제1항에서 "대통령령이 정하는 유족특별급여"라 함은 평균임금의 30일분에서 사망자 본인의 생활비(평균임금의 30일분에 별표 6의 규정에 의한 생활비비율을 곱하여 산정한 금액)를 공제한 후 별표 7의 규정에 의한 취업가능기간에 대응하는 계수를 곱하여 산정한 금액에서 법 제43조의 규정에 의한 유족보상일시금을 공제한 금액을 말한다.
②제41조제3항의 규정은 제1항의 취업가능기간의 산정에 관하여 이를 준용한다.

제43조 (특별급여액의 징수) ①보험가입자는 법 제46조제3항 및 법 제47조제2항의 규정에 의하여 장해특별급여액 또는 유족특별급여액의 납부통지를 받은 때에는 이를 1년간에 걸쳐 4회로 등분하여 분할납부할 수 있다.
②제1항의 규정에 의하여 장해특별급여액 또는 유족특별급여액을 분할납부하고자 하는 경우 최초의 납부액은 납부통지를 받은 날이 속하는 분기의 말일까지 납부하고, 그 이후의 납부액은 각각 그 분기의 말일까지 납부하여야 한다.

제44조 (손해배상을 받은 자에 대한 보험급여의 조정범위) ①법 제48조제3항 본문에서 "그 받은 금품을 대통령령이 정하는 방법에 따라 환산한 금액"이라 함은 그 받은 금품을 손해배상액 산정당시의 평균임금으로 나눈 일수에 해당하는 보험급여의 금액을 말한다. 다만, 그 받은 금품이 요양인 경우에는 그 요양금액으로 환산한 금액으로 한다.
②제1항의 규정을 적용함에 있어서 수급권자에게 지급할 보험급여가 유족보상연금 또는 휴업급여인 경우에는 각 유족보상연금급여액 또는 휴업급여액을 당해 급여액 산정당시의 평균임금으로 나눈 일수를 당해 보험급여액의 일수로 보고, 그 평균임금을 당해 보험급여의 1일분 급여액으로 본다.

제45조 삭제 <2000.6.27>

제46조 (미지급보험급여의 청구권자의 결정 등) 법 제43조의4제1항·제2항 및 제4항의 규정은 법 제50조의 규정에 의한 미지급보험급여의 청구권자의 결정에 관하여 이를 준용한다. <개정 2000.6.27>

제47조 (부당이득의 징수) ①공단은 법 제53조의 규정에 의한 부당이득을 징수하기로 결정한 때에는 지체없이 납부책임이 있는 자에게 그 금액의 납부를 통지하여야 한다.<개정 2000.6.27>
②제1항의 규정에 의하여 통지를 받은 자는 그 통지를 받은 날부터 30일이내에 그 금액을 납부하여야 한다.
③삭제 <2000.6.27>

제47조의2 (보험급여의 충당절차 등) ①공단이 법 제53조의2의 규정에 의하여 충당을 할 경우의 매회 충당한도액은 지급할 보험급여액의 10분의 1을 초과하지 못한다. 다만, 보험급여 수급권자가 노동부령이 정하는 바에 따라 서면으로 동의하는 경우에는 그러하지 아니하다. <개정 2006.8.17>
②공단은 제1항의 규정에 의하여 충당을 할 경우에는 보험급여 수급권자의 의견을 들어야 하며, 충당을 결정한 때에는 지체없이 보험급여 수급권자에게 그 사실을 통지하여야 한다. [전문개정 2000.6.27]

제48조 (제3자로부터 배상받은 자에 대한 보험급여의 조정) 제44조의 규정은 수급권자가 제3자로부터 손해배상을 받은 경우에 당해 배상금을 법 제54조제2항의 규정에 의하여 보험급여를 지급하지 아니하는 금액으로 환산함에 있어서 그 환산방법에 관하여 이를 준용한다.

제49조 (수급권의 대위) ①법 제55조의2의 규정에 의하여 보험가입자가 보험급여수급권자의 보험급여 수급권을 대위하여 보험급여를 지급받고자 하는 때에는 그 사실을 증명하는 서류를 첨부하여 공단에 청구하여야 한다.
②공단은 제1항의 규정에 의한 보험급여 수급권의 대위가 있는 경우에는 당해보험급여 수급권자가 당해 보험급여에 상당하는 금품을 수령하였는지 여부를 확인하여야 한다.
③보험가입자가 법 제55조의2의 규정에 의하여 보험급여 수급권자에게 연금지급이 가능한 장해급여 또는 유족급여에 상당하는 금품을 지급한 경우에는 각각 장해보상일시금 또는 유족보상일시금에 상당하는 금품을 지급한 것으로 본다.

[전문개정 2000.6.27]

제50조 (급여원부의 작성) ①공단은 보험급여를 행한 때에는 그 급여를 받은 근로자별 급여원부를 작성하고, 이를 비치하여야 한다.
②공단은 보험급여에 관계있는 자의 청구가 있는 때에는 급여원부를 열람시켜야 하며, 필요한 때에는 증명서를 발부할 수 있다.

제51조 삭제 <2000.6.27>

제5장 근로복지사업 <개정 2004.10.29>

제52조 삭제 <2004.10.29>

제52조의2 삭제 <2004.10.29>

제53조 삭제 <2004.10.29>

제54조 삭제 <2004.10.29>

제55조 삭제 <2004.10.29>

제56조 삭제 <2004.10.29>

제56조의2 삭제 <2004.10.29>

제57조 삭제 <2004.10.29>

제58조 삭제 <2004.10.29>

제59조 삭제 <2004.10.29>

제60조 삭제 <2004.10.29>

제61조 삭제 <2004.10.29>

제62조 삭제 <2004.10.29>

제63조 삭제 <2004.10.29>

제64조 삭제 <2004.10.29>

제65조 삭제 <2004.10.29>

제66조 삭제 <2004.10.29>

제66조의2 삭제 <2004.10.29>

제67조 삭제 <2000.6.27>

제68조 삭제 <2004.10.29>

제69조 삭제 <2004.10.29>

제70조 삭제 <2004.10.29>

제71조 삭제 <2004.10.29>

제71조의2 삭제 <2004.10.29>

제72조 삭제 <2004.10.29>

제73조 삭제 <2000.6.27>

제74조 삭제 <2004.10.29>

제75조 삭제 <2004.10.29>

제76조 삭제 <2004.10.29>

제77조 삭제 <2004.10.29>

제78조 삭제 <2004.10.29>

제79조 삭제 <2004.10.29>

제79조의2 삭제 <2004.10.29>

제79조의3 삭제 <2004.10.29>

제79조의4 삭제 <2004.10.29>

제79조의5 삭제 <2004.10.29>

제80조 삭제 <2004.10.29>

제80조의2 삭제 <2004.10.29>

제81조 삭제 <2004.10.29>

제82조 삭제 <2004.10.29>

제82조의2 (장해급여자 직장복귀지원금 <개정 2004.1.29>) ① 공단은 법 제79조에 따라 사업주가 다음 각 호의 어느 하나의 조치를 취한 경우에는 사업주에 대하여 직장복귀지원금을 지급할 수 있다. 다만, 장해급여자가 제1호 또는 제2호에 따른 고용유지를 시작한 날부터 6월내에 자발적으로 이직한 경우에는 그 이직일까지 직장복귀지원금을 지급할 수 있다. <개정 2006.8.17>

1. 요양이 종결된 후 장해급여를 받은 자(별표 2의 신체장해등급표의 제1급 내지 제9급에 해당하는 자에 한한다. 이하 "장해급여자"라 한다)로서 업무상 재해가 발생할 당시의 직장에 복귀한 자에 대하여 요양종결일부터 6월 이상 고용을 유지한 경우. 다만, 사업주가 「장애인고용촉진 및 직업재활법」 제26조에 따라 장애인고용장려금의 산정대상에 장해급여자를 포함하여 장애인고용장려금을 지급받은 경우에는 그 장해급여자를 제외한다.

2. 장해급여자로서 업무상 재해가 발생할 당시의 직장에 복귀한 자에 대하여 요양종결일부터 3월 이내에 업무상 재해가 발생할 당시의 직무수행 또는 다른 직무로의 전환에 필요한 직장적응훈련을 실시하거나 노동력의 회복을 위한 재활운동을 실시한 후 그 종료일 다음 날부터 6월 이상 고용을 유지한 경우

②제1항제1호의 규정에 의한 직장복귀지원금의 금액은 노동부장관이 임금상승률 및 노동시장의 여건 등을 고려하여 고시하는 금액에 대상 장해급여자수를 곱하여 산정한 금액으로 하되, 그 지급기간은 12월 이내로 한다. <개정 2004.1.29, 2006.8.17>

③제1항제2호에 따른 직장복귀지원금의 금액은 노동부장관이 제1항제2호의 직장적응훈련 또는 재활운동에 소요되는 비용을 고려하여 고시하는 금액의 범위 안에서 실제 소요된 비용으로 하되, 그 지급기간은 3월 이내로 한다. <개정 2006.8.17>

④제1항에 불구하고 사업주가 제1호 내지 제3호의 어느 하나에 해당하는 경우에는 제1항제1호에 따른 직장복귀지원금을 지급하지 아니하고, 제4호에 해당하는 경우에는 제1항제2호에 따른 직장복귀지원금을 지급하지 아니한다. <개정 2006.8.17>

1. 「장애인고용촉진 및 직업재활법」 제24조에 따라 장애인을 고용하여야 하는 의무가 있는 경우

2. 직장복귀지원금의 산정대상인 장해급여자의 고용유지와 관련하여 다른 법령에 따라 지원금 등을 지급받은 경우

3. 직장복귀지원금을 지급받을 목적으로 다른 장해급여자 또는 「장애인고용촉진 및 직업재활법」에 따른 장애인을 이직하게 한 경우

4. 직장복귀지원금의 산정대상인 장해급여자의 제1항제2호에 따른 직장적응훈련 또는 재활운동과 관련하여 다른 법령에 따라 지원금 등을 지급받은 경우

⑤공단은 보험료징수법에 의한 산재보험료 그 밖의 징수금을 체납하거나 해당 장해급여자의 임금을 체불한 사업주에 대하여는 노동부령이 정하는 바에 따라 직장복귀지원금을

지급하지 아니할 수 있다. <개정 2004.1.29, 2004.10.29>
⑥제1항의 규정에 의한 직장복귀지원금의 신청·지급절차 등에 관하여 필요한 사항은 노동부령으로 정한다. <개정 2006.8.17>
[본조신설 2003.5.7]

제6장 산업재해보상보험및예방기금 <개정 2003.5.7>

제83조 (기금의 운용) ①법 제82조제2항제5호에서 "대통령령이 정하는 사업"이라 함은 다음 각 호의 사업을 말한다. <개정 2004.1.29, 2006.8.17>
1. 근로자후생복지사업을 위한 융자
2. 「증권거래법」 제2조제1항의 규정에 의한 유가증권의 매입
②법 제82조제3항에서 "대통령령이 정하는 수준"이라 함은 「은행법」에 의한 금융기관으로서 전국을 영업구역으로 하는 금융기관의 1년만기 정기예금이자율을 고려하여 노동부장관이 정하는 수익률을 말한다. 이 경우, 노동부장관은 재정경제부장관과 협의하여 제1항의 규정에 의한 근로자후생복지사업을 위한 융자의 이자율을 다른 사업의 수익률과 달리 정할 수 있다. <개정 2000.6.27, 2003.5.7, 2006.8.17>

제84조 (기금계정의 설치) 노동부장관은 한국은행에 산업재해보상보험및예방기금계정을 설치하여야 한다. <개정 2003.5.7>

제85조 (보험료 등의 기금에의 납입 등) ①공단은 징수한 보험료 기타 징수금의 금액을 산업재해보상보험및예방기금계정에 납입하여야 한다. <개정 2003.5.7>
②공단은 징수한 전월분의 보험료 기타 징수금의 금액, 미수납된 금액 등의 징수현황을 매월 말일까지 노동부장관에게 문서로 보고하여야 한다.

제86조 (기금운용계획) 법 제83조의 규정에 의한 산업재해보상보험및예방기금(이하 "기금"이라 한다)의 운용계획에는 다음 각 호의 사항이 포함되어야 한다. <개정 2003.5.7>
1. 기금의 수입 및 지출에 관한 사항
2. 당해연도의 사업계획·지출원인행위계획 및 자금계획에 관한 사항
3. 전년도 이월자금의 처리에 관한 사항
4. 책임준비금에 관한 사항
5. 기타 기금운용에 필요한 사항

제87조 (책임준비금의 산정기준) 법 제84조제3항의 규정에 의한 책임준비금의 산정기준은 매년 12월 31일을 기준으로

하여 다음 각 호의 금액을 합산하여 산정한 금액으로 한다.
1. 당해 보험연도의 초일부터 당해 보험연도의 말일까지의 사이에 지급결정한 장해보상연금, 유족보상연금 및 상병보상연금을 합한 금액에 6을 곱하여 산정한 금액
2. 다음 보험연도 중에 지급결정할 것으로 예상되는 보험급여액에 12분의 3을 곱하여 산정한 금액

제88조 (기금의 회계기관 등) ①노동부장관은 기금의 수입과 지출에 관한 사무를 수행하게 하기 위하여 소속공무원 중에서 기금수입징수관·기금재무관·기금지출관 및 기금출납공무원을 임명하여야 한다.
②공단 또는 「한국산업안전공단법」에 의한 한국산업안전공단의 이사장은 법 제82조제5항의 규정에 의하여 기금의 관리·운용에 관한 업무를 위탁받은 경우에는 상임이사 중에서 기금수입담당이사 및 기금지출원인행위담당이사를, 그 직원중에서 기금지출직원 및 기금출납직원을 각각 임명할 수 있으며, 이를 노동부장관에게 보고하여야 한다. 이 경우 기금수입담당이사는 기금수입징수관의 직무를, 기금지출원인행위담당이사는 기금재무관의 직무를, 기금지출직원은 기금지출관의 직무를, 기금출납직원은 기금출납공무원의 직무를 각각 수행한다. <개정 2006.8.17>
③노동부장관은 제1항 및 제2항의 규정에 의한 기금수입징수관·기금재무관·기금지출관·기금출납공무원·기금수입담당이사·기금지출원인행위담당이사·기금지출직원 및 기금출납직원의 임명사항을 감사원장 및 한국은행총재에게 각각 통보하여야 한다.
[전문개정 2004.10.29]

제89조 (기금의 지출원인행위) ①노동부장관은 기금재무관에게 기금의 월별 지출한도액을 배정하고 이를 기금지출관에게 통지하여야 한다. <개정 2004.10.29>
②기금재무관은 제1항의 규정에 의하여 배정된 한도액의 범위안에서 지출원인행위를 하여야 한다. <개정 2004.10.29>

제90조 (기금의 지출) ①기금재무관이 기금지출관으로 하여금 기금을 지출하게 할 때에는 지출원인행위 관계서류를 기금지출관에게 송부하여야 한다. <개정 2004.10.29>
②기금지출관이 기금재무관의 지출원인행위에 의하여 기금을 지출하고자 할 때에는 한국은행, 「은행법」에 의한 금융기관 또는 체신관서를 지급인으로 하는 수표를 발행하여야 한다. <개정 2004.10.29, 2006.8.17>
③기금재무관이 지출원인행위를 한 후 불가피한 사유로 당해 회계연도내에 지출하지 못한 금액은 다음 연도에 이월하여 집행할 수 있다. <개정 2004.10.29>

제91조 (현금취급의 금지) 기금지출관과 기금출납공무원은 현금을 보관 또는 출납할 수 없다. 다만, 「국고금관리법」 제24조의 규정에 의한 경우에는 그러하지 아니하다. <개정 2004.10.29, 2006.8.17>

제92조 (기금의 결산보고) 노동부장관은 매 회계연도의 기금의 결산에 관한 다음 각 호의 서류를 작성하여 다음 회계연도 2월말까지 재정경제부장관에게 제출하여야 한다. <개정 2000.6.27>
1. 기금결산의 개황
2. 대차대조표 및 손익계산서 등 재무제표
3. 기금의 운용계획과 실적의 대비표
4. 수입 및 지출계산서
5. 기타 결산의 내용을 명백히 하기 위하여 필요한 서류

제7장 심사청구 및 재심사청구

제93조 (심사청구의 방식) ①법 제88조의 규정에 의한 심사청구는 다음 각 호의 사항을 기재한 문서(이하 "심사청구서"라 한다)로 하여야 한다.
1. 심사청구인의 이름 및 주소
2. 심사청구의 대상이 되는 보험급여의 결정내용
3. 보험급여에 관한 결정이 있음을 안 날
4. 심사청구의 취지 및 이유
5. 심사청구에 관한 고지의 유무 및 고지의 내용
②심사청구인이 재해를 당한 근로자가 아닌 경우에는 심사청구서에 제1항 각 호의 사항 외에 다음 각 호의 사항을 기재하여야 한다.
1. 재해를 당한 근로자의 이름
2. 재해를 당한 근로자의 재해당시 소속사업장의 명칭 및 소재지
③심사청구가 선정대표자 또는 대리인에 의하여 제기되는 것인 때에는 제1항 및 제2항의 규정에 의한 사항외에 선정대표자 또는 대리인의 이름과 주소를 청구서에 기재하여야 한다.
④심사청구서에는 청구인 또는 대리인이 기명·날인하여야 한다.

제94조 (보정 및 각하) ①심사청구가 법 제88조제3항의 규정에 의한 기간이 경과하여 제기되었거나 법령상의 방식에 위반하여 보정할 수 없을 때 또는 제2항 본문의 규정에 의한 기간내에 보정하지 아니한 때에는 공단은 결정으로 이를 각하하여야 한다.
②심사청구가 법령상의 방식에 위반한 것이라도 보정할 수 있는 때에는 공단은 상당한 기간을 정하여 심사청구인에게 이를 보정할 것을 요구할 수 있다. 다만, 보정할 사항이 경미한 경우에는 공단이 직권으로 이를 보정할 수 있다.
③공단은 제2항 단서의 규정에 의하여 직권으로 심사청구를 보정한 경우에는 그 사실을 심사청구인에게 통지하여야 한다.

제95조 (보험급여에 관한 결정의 집행정지) ①심사청구는 당해 보험급여에 관한 결정의 집행을 정지시키지 아니한다. 다만, 공단은 그 집행에 의하여 발생할 중대한 손실을 피하기 위하여 긴급한 필요가 있다고 인정할 때에는 그 집행을 정지시킬 수 있다.
②공단은 제1항 단서의 규정에 의하여 집행을 정지시킨 때에는 지체없이 이를 심사청구인 및 당해 보험급여에 관한 결정을 행한 공단의 소속기관에게 문서로 통지하여야 한다.
③제2항의 규정에 의한 통지서에는 다음 각 호의 사항을 기재하여야 한다.
1. 심사청구 사건명
2. 집행정지 대상인 보험급여에 관한 결정 및 집행정지의 내용
3. 심사청구인의 이름 및 주소
4. 집행정지의 이유

제96조 (심사청구에 대한 결정의 방법) ①법 제89조제1항의 규정에 의한 심사청구에 대한 결정은 문서로 행하여야 한다.
②제1항의 규정에 의한 결정서에는 다음 각 호의 사항을 기재하여야 한다.
1. 사건번호 및 사건명
2. 심사청구인 또는 대리인의 이름 및 주소
3. 심사청구인이 재해를 당한 근로자가 아닌 때에는 재해를 당한 근로자의 이름 및 주소
4. 주문
5. 심사청구의 취지
6. 이유
7. 결정연월일
③공단은 제1항의 규정에 의하여 심사청구에 대한 결정을 한 때에는 심사청구인에게 심사결정서의 정본을 송부하여야 한다.
④공단이 보험급여에 관한 결정을 하거나 심사청구에 대한 결정을 하는 경우에는 그 상대방 또는 심사청구인에게 그 보험급여에 관한 결정 또는 심사청구에 대한 결정에 관하여 심사청구 또는 재심사청구를 제기할 수 있는지의 여부, 제기하는 경우의 절차 및 청구기간을 알려야 한다.

제97조 (심리를 위한 조사) ①법 제89조제2항의 규정에 의한 심사청구에 대한 심리를 위한 조사의 신청은 다음 각 호의 사항을 기재한 문서로 하여야 한다.
1. 심사청구 사건명

2. 신청의 취지 및 이유
3. 출석을 요하는 관계인의 이름 및 주소(법 제89조제2항제
1호의 경우에 한한다)
4. 제출을 요하는 문서 기타 물건의 표시 및 그 소유자 또는
보관자의 이름과 주소(법 제89조제2항제2호의 경우에 한한
다)
5. 감정을 요하는 사항 및 그 이유(법 제89조제2항제3호의
경우에 한한다)
6. 출입할 사업장 기타 장소의 명칭과 소재지, 질문할 사업
주·근로자 기타 관계인의 이름과 주소, 검사할 문서 기타
물건의 표시(법 제89조제2항제4호의 경우에 한한다)
7. 진단을 받을 근로자의 이름 및 주소(법 제89조제2항제5
호의 경우에 한한다)
②공단이 법 제89조제2항의 규정에 의하여 조사를 한 경우
에는 다음 각 호의 사항을 기재한 조서를 작성하여야 한다.
이 경우 법 제89조제2항제1호의 규정에 의하여 심사청구인
또는 관계인으로부터 진술을 받은 때에는 진술조서를 작성
하여 첨부하여야 한다.
1. 사건번호 및 사건명
2. 조사의 일시 및 장소
3. 조사대상 및 조사방법
4. 조사의 결과

제98조 (실비변상) 법 제89조제2항제1호의 규정에 의하여 지
정된 장소에 출석한 관계인과 동항제3호의 규정에 의하여
감정을 한 감정인에게는 노동부령이 정하는 바에 의하여
실비를 지급한다.

제99조 (재심사청구의 방식) ①법 제90조의 규정에 의한 재심
사청구는 다음 각 호의 사항을 기재한 문서로 하여야 한다.
1. 재심사청구인의 이름 및 주소
2. 재심사청구의 대상이 되는 보험급여의 결정내용
3. 심사청구에 대한 결정이 있음을 안 날
4. 재심사청구의 취지 및 이유
5. 재심사청구에 관한 고지유무 및 그 내용
6. 재심사청구의 연월일
②제93조제2항 내지 제4항의 규정은 재심사청구에 관하여
이를 준용한다. 이 경우 "심사청구인"은 "재심사청구인"으
로, "심사청구서"는 "재심사청구서"로 본다.

제100조 (산업재해보상보험심사위원회의 구성) ①법 제91조의
규정에 의한 산업재해보상보험심사위원회(이하 "심사위원
회"라 한다)에 위원장과 부위원장 각 1인을 둔다.
②위원장은 상임위원 중에서 노동부장관이 임명하고, 부위
원장은 위원 중에서 호선한다.
③위원장은 심사위원회를 대표하며, 회무를 통할한다.

④부위원장은 위원장을 보좌하며, 위원장이 부득이한 사유
로 직무를 수행할 수 없는 때에는 그 직무를 대행한다. <개
정 1997.3.27>

제101조 (심사위원회의 운영) ①위원장은 심사위원회의 회의
를 소집하며, 그 의장이 된다. 다만, 심사위원회의 원활한
운영을 위하여 필요한 경우 위원장의 명을 받아 부위원장
이 심사위원회의 회의를 주재할 수 있다. <개정 2006.8.17>
②위원장이 심사위원회의 회의를 소집하고자 하는 때에는
회의개최 5일전까지 회의의 일시·장소 및 안건을 각 위원
에게 서면으로 통지하여야 한다. 다만, 긴급을 요하는 때에
는 그러하지 아니하다.
③심사위원회의 회의는 위원장 또는 부위원장, 상임위원
(위원장이 아닌 상임위원을 말한다) 및 위원장이 매회의마
다 지정하는 위원을 포함하여 9인 이내로 구성한다. 이 경
우 위원장이 지정하는 위원 중에는 법 제91조제4항제2호의
자격이 있는 위원과 동항제5호의 자격이 있는 위원이 각각
1인이상 포함되어야 한다. <신설 1997.3.27, 2003.5.7, 2006.
8.17>
④심사위원회의 회의는 제3항의 규정에 의한 구성원 과반
수의 출석과 출석위원 과반수의 찬성으로 의결한다. 이 경
우 법 제91조제4항제2호의 자격이 있는 위원과 동항제5호
의 자격이 있는 위원이 각각 1인이상 출석하여야 한다.
<개정 1997.3.27>
⑤심사위원회의 회의에 출석한 상임위원 및 당연직위원외
의 위원에 대하여는 예산의 범위안에서 수당과 여비를 지
급할 수 있다. <개정 2006.8.17>
⑥이 영에 규정한 것 외에 심사위원회의 세부적인 운영에
관하여 필요한 사항은 심사위원회의 의결을 거쳐 위원장이
정한다. <신설 2003.5.7>

제102조 (재심사 심리기일 및 장소의 통지 등) ①심사위원회는
재심사청구를 수리한 때에는 그 청구에 대한 심리기일 및
장소를 정하여 적어도 심리기일 5일전까지 당사자 및 공단
에 각각 문서로 통지하여야 한다.
②제1항의 규정에 의한 통지는 직접 전달하거나 등기우편
에 의하여야 한다.

제103조 (심리의 공개) ①심사위원회의 심리는 공개하여야
한다. 다만, 당사자의 쌍방 또는 일방의 신청이 있는 때에는
그러하지 아니하다.
②제1항 단서의 규정에 의한 신청은 그 취지 및 이유를 기
재한 문서로 하여야 한다.

제104조 (심리조서) ①심사위원회는 재심사의 심리경과에 관
하여 다음 각 호의 사항을 기재한 심리조서를 작성하여야

한다.
1. 사건번호 및 사건명
2. 심리일시 및 장소
3. 출석한 위원의 이름
4. 출석한 당사자의 이름
5. 심리의 내용
6. 기타 필요한 사항
②제1항의 심리조서에는 작성 연월일을 기재하고, 위원장이 서명·날인하여야 한다.
③당사자 또는 관계인은 문서로 제1항의 규정에 의한 심리조서의 열람을 신청할 수 있다.
④심사위원회는 당사자 또는 관계인으로부터 제3항의 규정에 의한 열람신청이 있을 때에는 정당한 사유없이 이를 거부하지 못한다.

제105조 (소위원회의 구성·운영) ①심사위원회는 재심사청구의 효율적인 심리를 위하여 필요하다고 인정하는 경우에는 부위원장, 상임위원(위원장이 아닌 상임위원을 말한다) 및 위원장이 지정하는 위원을 포함하여 5인 이내로 소위원회를 구성·운영할 수 있다. <개정 1997.3.27, 2003.5.7, 2006.8.17>
②소위원회는 위원장이 지정하는 재심사청구 사건을 검토하여 위원회에 보고하여야 한다.
③제101조제1항 본문·제2항·제4항 전단 및 제5항은 소위원회에 관하여 이를 준용한다. 이 경우 "위원장"은 "부위원장"으로, "심사위원회"는 "소위원회"로 본다. <개정 2006.8.17>

제105조의2 (조사연구원의 배치) ①노동부장관은 산업의학, 산업간호, 유해물질 관리 및 방사선 등 심사위원회의 재심사업무에 관하여 필요한 전문적인 조사·연구를 위하여 5인 이내의 조사연구원을 둘 수 있다.
②조사연구원의 자격 및 보수 등에 관하여 필요한 사항은 노동부령으로 정한다.
[본조신설 2003.5.7]

제106조 (준용규정) 제94조 내지 제98조의 규정은 재심사청구에 관하여 이를 준용한다. 이 경우 "심사청구"는 "재심사청구"로, "심사청구인"은 "재심사청구인"으로, "공단"은 "심사위원회"로, "공단의 소속기관"은 "공단"으로, "심사청구에 대한 결정"은 "재심사청구에 대한 재결"로, "심사결정서"는 "재결서"로 보고, 제96조제3항 중 "심사청구인"은 "공단 및 재심사청구인"으로, 동조제4항 중 "심사청구 또는 재심사청구"는 "행정소송"으로 본다.

제8장 보칙

제107조 (보고 등) 법 제99조의 규정에 의하여 사업주는 보험급여의 지급사유가 되는 재해가 발생한 때에는 지체없이 그 재해의 원인과 내용 및 재해를 입은 근로자에 관한 사항을 공단에 신고하여야 한다.
[전문개정 2004.10.29]

제107조의2 (수급권의 변동신고 등) ①법 제99조제2항에서 "대통령령이 정하는 사항"이라 함은 다음 각 호의 1에 해당하는 사항을 말한다.
1. 법 제48조제3항의 규정에 의하여 보험급여 수급권자가 동일한 사유로 민법 기타법령에 의하여 보험급여에 상당하는 금품을 지급받은 경우에는 그 내용
2. 법 제54조제2항의 규정에 의하여 보험급여 수급권자가 제3자로부터 동일한 사유로 손해배상을 받은 경우에는 그 내용
3. 유족보상연금수급자격자가 변동된 경우에는 그 내용
4. 기타 보험급여 수급권자의 성명·주민등록번호·주소 등이 변경된 경우에는 그 내용
②법 제99조제3항에서 "대통령령이 정하는 사항"이라 함은 다음 각 호의 1에 해당하는 사항을 말한다.
1. 장해보상연금 수급권의 소멸사유가 발생한 경우에는 그 내용
2. 유족보상연금 수급권의 변동사유가 발생한 경우에는 그 내용
[본조신설 2000.6.27]

제108조 삭제 <2004.1.29>
제109조 삭제 <2004.1.29>

제110조 (보고·제출요구) 법 제99조 및 법 제102조의 규정에 의한 보고·제출요구는 문서로 하여야 한다.

제111조 (진찰요구대상 등) ①법 제103조의 규정에 의하여 공단이 진찰을 요구할 수 있는 경우는 다음 각 호와 같다. <개정 1998.6.24>
1. 장기요양 중인 재해근로자에 대한 계속요양의 필요성을 판단하기 위한 진찰
2. 장해 및 폐질등급 판정을 위한 진찰
3. 업무상 질병여부를 판단하기 위한 진찰
4. 재요양여부를 판단하기 위한 진찰
②제1항제1호 및 제2호의 규정에 의한 진찰비용은 이에 소요되는 실비로 지급한다.
③제1항제3호의 규정에 의한 진찰비용에는 업무상 질병으로 추정할 수 있는 증상을 가진 자로서 그 증세가 위독하거

나, 진찰 중 이에 대한 치료를 하지 아니할 경우 증세가 급속히 악화하여 진찰과 사후치료에 지장이 있다는 의학적 소견에 따른 치료에 소요되는 비용을 포함할 수 있다.

④제110조의 규정은 법 제103조의 규정에 의한 진찰요구의 경우에 이를 준용한다.

제112조 (일시중지의 사유) ①법 제104조의 규정에 의한 보험급여의 일시중지는 다음 각 호의 1에 해당하는 경우에 하여야 한다. <개정 2000.6.27>

1. 삭제 <2000.6.27>
2. 제49조제2항의 규정에 의한 확인에 응하지 아니하는 때
3. 법 제99조의 규정에 의한 보고 또는 제출, 신고를 하지 아니하거나 법 제101조의 규정에 의한 질문 또는 검사에 응하지 아니하는 때
4. 법 제103조의 규정에 의한 진찰요구에 응하지 아니하는 때

②공단은 제1항의 규정에 의한 보험급여의 지급을 중지하기 전에 그 보험급여를 받고자 하는 자에게 2회에 걸쳐 상당한 기간을 정하여 문서로 의무이행을 촉구하여야 한다.

③법 제104조의 규정에 의하여 일시중지할 수 있는 보험급여는 보험급여를 받고자 하는 자가 제1항의 규정에 의한 의무를 이행하지 아니함으로써 그에게 지급될 보험급여의 지급결정을 함이 곤란하거나 이에 지장을 초래하게 되는 모든 보험급여로 하며, 그 기간은 당해 의무를 이행할 때까지로 한다.

제113조 (금융기관의 지정) 법 및 이 영의 규정에 의하여 보험급여를 받고자 하는 자는 공단이 지정하는 금융기관에 계좌를 개설하여야 한다. <개정 2004.10.29>

제113조의2 (현장실습생의 보험급여 지급 등) 제24조 내지 제27조, 제29조, 제30조의2 내지 제33조, 제36조 내지 제44조, 제46조 내지 제50조의 규정은 법 제105조의3제4항의 규정에 의하여 현장실습생의 보험급여의 지급 등에 관하여 이를 준용한다.

[전문개정 2004.10.29]

제113조의3 (중소기업사업주의 범위) ①법 제105조의4제1항 전단에서 "대통령령이 정하는 중·소기업사업주(근로자를 사용하지 아니하는 자를 포함한다. 이하 이 조에서 같다)" 라 함은 다음 각 호의 1에 해당하는 자를 말한다. <개정 2004,10,29>

1. 보험가입자로서 50인 미만의 근로자를 사용하는 사업주
2. 자동차를 사용하여 행하는 여객 또는 화물운송사업을 근로자를 사용하지 아니하고 행하는 자

②제1항제1호의 규정에 따라 보험에 가입한 중·소기업사업주가 50인 이상의 근로자를 사용하게 된 경우에도 당해 보험연도에 한하여는 50인 미만의 근로자를 사용하는 사업주로 본다. <개정 2004.10.29>

③제1항제2호에 따라 보험에 가입한 중·소기업사업주가 50인 미만의 근로자를 사용하게 된 경우에는 제1항제1호에 따라 보험에 가입한 것으로 본다. <신설 2006.8.17>

[본조신설 2000.6.27]

제113조의4 (중·소기업사업주에 대한 보험급여 지급의 제한) 법 제105조의4제4항의 규정에 의하여 보험료를 체납한 기간 중에 발생한 업무상의 재해에 대하여는 법 제38조제1항의 규정에 의한 보험급여를 지급하지 아니한다.

[본조신설 2000.6.27]

제114조 (과태료의 부과) ①노동부장관은 법 제106조의 규정에 의하여 과태료를 부과하고자 하는 때에는 당해 위반행위를 조사·확인한 후 위반행위의 종류· 과태료의 금액 및 납부기한 등을 명시하여 서면으로 당해 과태료처분대상자에게 통지하여야 한다.

②노동부장관은 과태료를 부과하고자 하는 때에는 10일이상의 기간을 정하여 과태료처분대상자에게 구술 또는 서면에 의한 의견진술의 기회를 주어야 한다. 이 경우 지정된 기일까지 의견진술이 없는 때에는 의견이 없는 것으로 본다.

③위반행위의 종별에 따른 과태료의 금액은 별표 9와 같다. 다만, 노동부장관은 위반행위의 정도, 위반횟수 및 위반행위의 동기와 그 결과 등을 고려하여 그 해당금액의 2분의 1의 범위 안에서 이를 가중 또는 감경할 수 있되, 가중하는 경우에는 법 제106조제1항 및 제2항의 규정에 의한 과태료 금액의 상한을 초과할 수 없다. <개정 2003.5.7>

④과태료의 징수절차는 노동부령으로 정한다. <신설 2003. 5.7>

부칙 <제14628호, 1995.4.15>

제1조 (시행일) 이 영은 1995년 5월 1일부터 시행한다.

제2조 (교육·보건사업 등에 대한 법 적용에 관한 경과조치) 제3조제1항의 규정에 불구하고 교육, 보건 및 사회복지사업, 부동산임대 및 서비스사업 중 연구 및 개발업에 대하여는 1995년 12월 31일까지는 법을 적용하지 아니한다.

제3조 (다른 법령의 폐지) 다음 각 호의 법령은 이를 각각 폐지한다.

1. 근로복지공사법시행령
2. 산업재해보상보험특별회계법시행령
3. 산업재해보상보험업무및심사에관한법률시행령
4. 산업재해보상보험심의위원회규정

5. 요양급여심의위원회규정
6. 산업재해보상보험금지급규정
제4조 (다른 법령의 개정) ①행정권한의위임및위탁에관한 규정 중 다음과 같이 개정한다.
제44조제1항제1호 중 "산업재해보상보험업무및심사에관한법률 제31조"를 "산업재해보상보험법 제106조"로 하고, 동항 제14호 중 "산업재해보상보험법 제28조의2"를 "산업재해보상보험법 제78조"로 한다.
②중소기업근로자복지진흥법시행령 중 다음과 같이 개정한다.
제3조제1항 중 "근로복지공사법에 의한 근로복지공사(이하 "공사"라 한다)는"을 "산업재해보상보험법에 의한 근로복지공단(이하 "공단"이라 한다)은"으로 한다.
제4조제1항 중 "공사"를 "공단"으로 하고, 동조제3항 본문 중 "공사의 사장"을 각각 "공단의 이사장"으로 하며, 동조 동항제1호 중 "공사의 집행간부"를 "공단의 상임이사"로 한다.
제5조제1항 및 제3항 중 "공사는"을 각각 "공단은"으로 한다.
제6조 중 "공사가"를 "공단이"로 한다.
제7조 중 "공사의 사장"을 "공단의 이사장"으로 한다.
제8조제1항 중 "공사는"을 "공단은"으로 하고, 동조제2항 중 "공사로"를 "공단으로"로 한다.
③진폐의예방과진폐근로자의보호등에관한법률시행령 중 다음과 같이 개정한다.
제31조제2항 중 "근로복지공사법에 의한 근로복지공사"를 "산업재해보상보험법에 의한 근로복지공단"으로 한다.
④공인노무사법시행령 중 다음과 같이 개정한다.
[별표 1] 중 제7호를 삭제한다.
[별표 2]의 노동법의 비고란 중 "산업재해보상보험업무및심사에관한법률"을 삭제한다.
⑤직업훈련기본법시행령 중 다음과 같이 개정한다.
제3조제2호 중 "산업재해보상보험법 제9조제5항"을 "산업재해보상보험법 제38조제4항"으로 한다.
⑥고용정책기본법시행령 중 다음과 같이 개정한다.
제16조제2항 중 "근로복지공사법에 의한 근로복지공사를"을 "산업재해보상보험법에 의한 근로복지공단을"로 한다.
⑦고용보험법시행령 중 다음과 같이 개정한다.
제73조 및 제74조를 각각 다음과 같이 한다.
제73조 (준용) 산업재해보상보험법시행령 제67조 내지 제70조의 규정은 개산보험료의 보고와 납부에 관하여 이를 준용한다. 이 경우 제67조 및 제69조제1항 중 "공단"은 "노동부장관"으로 본다.
제74조 (준용) 산업재해보상보험법시행령 제73조의 규정은 법 제61조제2항의 규정에 의하여 준용되는 확정보험료의 조사·징수에 관하여 이를 준용한다.

제80조 및 제81조를 각각 다음과 같이 한다.
제80조 (준용) 산업재해보상보험법시행령 제56조제2항, 제57조 내지 제59조의 규정은 고용보험사무조합에 의한 보험사무의 처리에 관하여 이를 준용한다. 이 경우 제56조제2항, 제57조제1항, 제3항 및 제4항, 제58조제2항 중 "공단"은 "노동부장관"으로, 제56조제2항, 제57조제1항 및 제2항, 제58조 및 제59조 중 "보험가입자"는 "사업주"로 본다.
제81조 (준용) 산업재해보상보험법시행령 제74조 내지 제76조 및 제80조의 규정은 보험료의 납부와 징수에 관하여 이를 준용한다. 이 경우 제74조제3항, 제80조제2항 중 "공단"은 "노동부장관"으로, 제74조제2항 및 제3항 중 "보험가입자"는 "사업주"로, 제75조제2호의 "신고"는 "보고"로, 제74조제1항제4호 및 제76조제2항제2호 중 "법 제72조의 규정"은 "고용보험법 제48조의 규정"으로, "보험급여액"은 "기본급여 또는 기본급여액에 상당하는 금액"으로 본다.
⑧선원법시행령 중 다음과 같이 개정한다.
제26조 중 "산업재해보상보험법 제9조의3제3항제5호"를 "산업재해보상보험법 제40조제3항제5호"로 한다.
제27조 중 "산업재해보상보험법시행령 제13조"를 "산업재해보상보험법시행령 제31조"로 한다.
⑨석탄산업법시행령 중 다음과 같이 개정한다.
제41조제4항제5호 중 "산업재해보상보험법 제9조의5제1항"을 "산업재해보상보험법 제42조제1항"으로, "동법 제9조의6제1항"을 "동법 제43조제1항"으로 한다.
⑩국민연금법시행령 중 다음과 같이 개정한다.
제42조제1항 중 "산업재해보상보험법 제9조의3제1항"을 "산업재해보상보험법 제40조제1항"으로 한다.
제85조 중 "산업재해보상보험법 제9조의5"를 "산업재해보상보험법 제42조"로, "산업재해보상보험법 제9조의5에 의한 장해급여 또는 동법 제9조의6에 의한 유족급여"를 "산업재해보상보험법 제42조에 의한 장해급여 또는 동법 제43조에 의한 유족급여"로 한다.
⑪국민투자기금법시행령 중 다음과 같이 개정한다.
제3조제3호 중 "산업재해보상보험특별회계법"을 "산업재해보상보험법"으로 한다.
⑫국유재산의현물출자에관한법률시행령 중 다음과 같이 개정한다.
제2조제38호를 다음과 같이 한다.
38. 근로복지공단
⑬조세감면규제법시행령 중 다음과 같이 개정한다.
제81조제5호 중 "근로복지공사가"를 "근로복지공단이"로 한다.
⑭범죄피해자구조법시행령 중 다음과 같이 개정한다.
제9조제2호를 다음과 같이 한다.
2. 산업재해보상보험법에 의한 장해급여·유족급여·상병 보상연금

⑮특정범죄가중처벌등에관한법률시행령 중 다음과 같이 개정한다.

제2조제27호를 다음과 같이 한다.

27. 근로복지공단

제5조 (다른 법령과의 관계) 이 영 시행당시 다른 법령에서 종전의 산업재해보상보험법시행령·산업재해보상보험특별회계법시행령·산업재해보상보험업무및심사에관한법률시행령·근로복지공사법시행령 또는 그 규정을 인용한 경우에 이 영 중 그에 해당하는 조항이 있을 때에는 종전의 규정에 갈음하여 이 영 또는 영의 해당 조항을 인용한 것으로 본다.

부칙 <제15318호, 1997.3.27>

이 영은 공포한 날부터 시행한다.

부칙 (정보통신공사업법시행령) <제15581호, 1997.12.31>

제1조 (시행일) 이 영은 1998년 1월 1일부터 시행한다. <단서 생략>

제2조 내지 제5조 생략

제6조 (다른 법령의 개정) ① 내지 ④ 생략

⑤산업재해보상보험법시행령 중 다음과 같이 개정한다.

제15조제1항제1호 중 "전기통신공사업법"을 "정보통신공사업법"으로 한다.

⑥ 내지 ⑪ 생략

제7조 생략

부칙 <제15589호, 1997.12.31>

이 영은 1998년 1월 1일부터 시행한다.

부칙 (행정절차법의시행에따른관세법시행령등의개정령) <제15598호, 1997.12.31>

이 영은 1998년 1월 1일부터 시행한다.

부칙 <제15816호, 1998.6.24>

이 영은 1998년 7월 1일부터 시행한다.

부칙 (기획예산처직제) <제16326호, 1999.5.24>

제1조 (시행일) 이 영은 공포한 날부터 시행한다.

제2조 (다른 법령의 폐지) 및 제3조 생략

제4조 (다른 법령의 개정) ①내지 <58>생략

<59>산업재해보상보험법시행령 중 다음과 같이 개정한다.

제17조제1항제1호 중 "재정경제원"을 "기획예산처"로 한다.

<60>내지 <109>생략

부칙 (금융기관부실자산등의효율적처리및한국자산관리공사의설립에관한법률시행령) <제16709호, 2000.2.14>

제1조 (시일행) 이 영은 공포한 날부터 시행한다.

제2조 (다른 법령의 개정) ①내지 ⑪생략

⑫산업재해보상보험법시행령 중 다음과 같이 개정한다.

제79조의2제1항, 제79조의3제1항 본문·제2항, 제79조의4제1항 및 제79조의5 중 "성업공사"를 각각"한국자산관리공사"로 한다.

⑬내지 <23>생략

부칙 <제16871호, 2000.6.27>

제1조 (시행일) 이 영은 2000년 7월 1일부터 시행한다. 다만, 제15조제1항제2호·제30조·제30조의3·제39조의2 및 제80조의2의 개정규정은 2001년 1월 1일부터 시행한다.

제2조 (재요양기간 중의 보험급여지급에 관한 적용례) 제30조의2의 개정규정은 이 영 시행후 재요양을 받게 되는 자부터 적용한다.

제3조 (징수비용교부에 관한 적용례) 제57조제1항 및 제2항의 개정규정은 2001년 1월 1일 이후에 보험사무조합에 의하여 처리된 보험가입자의 보험사무부터 적용한다.

제4조 (보험료율결정의 특례에 관한 적용례) 제63조제3항 및 제4항의 개정규정은 이 영 시행후 발생한 제3자의 행위에 의한 재해로 인하여 지급결정된 보험급여액부터 적용한다.

제5조 (국가 또는 지방자치단체의 시행사업에 관한 경과조치) 국가 또는 지방자치단체에서 직접 행하는 사업은 제3조제1항의 개정규정에 불구하고 2000년 12월 31일까지는 종전의 규정에 의한다.

제6조 (공단규정의 승인에 관한 경과조치) 이 영 시행당시 시행중인 공단의 규정 중 공단의 임직원의 복무, 재산·물품관리 및 공단운영에 관한 사항을 정한 규정은 제20조의 개정규정에 의하여 2000년 10월 31일까지 노동부장관의 승인을 얻어야 한다.

제7조 (업무상 질병이환자의 평균임금 산정특례에 관한 경과조치) 이 영 시행당시 요양 중인 업무상 질병이환자의 평균임금이 제26조의 개정규정에 의하여 산정된 평균임금보다 낮은 경우에는 이 영에 의하여 산정된 금액을 이 영 시행 이후 지급사유가 발생한 보험급여에 적용되는 평균임금으로 한다.

제8조 (최고보상기준금액 등의 적용기간에 관한 경과조치) 이 영 시행당시 제26조의2제1항 및 제40조의2제1항의 개정규정에 의하여 고시된 최고보상기준금액, 장의비최고금액 및 장의비최저금액의 적용기간은 제26조의2제3항 및 제40조의2제3항의 개정규정에 불구하고 최고보상기준금액, 장의비최고금액의 경우에는 2000년 7월 1일부터 2001년 8월 31일까지로 하고, 장의비최저금액의 경우에는 2000년 7월

1일부터 2000년 8월 31일까지로 한다.
제9조 (최저보상기준금액 적용기간에 관한 경과조치) 이 영
시행당시 종전의 법 제38조제4항의 규정에 의하여 고시된
최저보상기준금액은 2000년 7월 1일부터 2000년 8월 31일
까지 제26조의2의 개정규정에 의하여 고시된 최저보상기
준금액으로 본다.
제10조 (연금인 보험급여의 지급기간에 관한 경과조치)
2000년 5월·6월 및 7월분의 연금인 보험급여는 제40조제3
항의 개정규정에 불구하고 2000년 8월 10일까지 지급한다.
제11조 (보험사무조합의 장부비치 등에 관한 경과조치) 이
영 시행당시 종전의 규정에 의하여 인가를 받은 보험사무
조합은 이 영 시행일부터 60일 이내에 제59조제6호의 개정
규정에 의한 약정서를 추가로 비치하여야 한다.

부칙 <제17977호, 2003.5.7>
①(시행일) 이 영은 2003년 7월 1일부터 시행한다. 다만, 제3
조제1항제3호·제6호 및 제3항의 개정규정은 2005년 1월 1
일부터 시행한다.
②(보험료 기타 징수금의 납부실적 산정에 관한 적용례) 제
57조제6항의 개정규정은 이 영 시행일 이후에 보험사무조
합이 공단에 납부하는 금액부터 적용한다.
③(재해근로자 직장복귀지원금의 지급에 관한 적용례) 제82
조의2의 개정규정은 다음 각 호의 1에 해당하는 사업주부
터 적용한다.
1. 이 영 시행일 이후 요양종결된 재해근로자에 대하여 고
용을 유지한 사업주
2. 요양종결된 재해근로자를 이 영 시행일 이후 새로이 고
용한 사업주
④(재요양기간 중의 보험급여에 관한 경과조치) 이 영 시행
당시 장해보상연금 선급금을 받은 자가 종전의 규정에 의
하여 재요양기간 중 휴업급여 또는 상병보상연금의 수급권
을 가진 경우에는 제30조의2의 개정규정에 불구하고 종전
의 규정에 의한다.

부칙 (주택법시행령) <제18146호, 2003.11.29>
제1조 (시행일) 이 영은 2003년 11월 30일부터 시행한다.
<단서 생략>
제2조 내지 제14조 생략
제15조 (다른 법령의 개정) ①내지 <26>생략
<27>산업재해보상보험법시행령 중 다음과 같이 개정한
다.
제3조제1항제3호 각 목 외의 부분 중 "주택건설촉진법"을
"주택법"으로 한다.
<28>내지 <54>생략

부칙 (어선원및어선재해보상보험법시행령) <제18208호, 20

03.12.30>
①(시행일) 이 영은 2004년 1월 1일부터 시행한다.
②생략
③(다른 법령의 개정) 산업재해보상보험법시행령 중 다음
과 같이 개정한다.
제3조제1항제2호 중 "선원법 또는 사립학교교직원연금법"
을 "선원법·어선원및어선재해보상보험법 또는 사립학교교
직원연금법"으로 한다.

부칙 <제18270호, 2004.1.29>
①(시행일) 이 영은 공포한 날부터 시행한다.
②(보험료 등 과납액의 이자율에 대한 적용례) 제74조제4항
의 개정규정은 이 영 시행후 지급사유가 발생하는 보험료
등을 과오납부하거나 초과납부한 금액부터 적용한다.

부칙 <제18573호, 2004.10.29>
①(시행일) 이 영은 2005년 1월 1일부터 시행한다. 다만, 제
32조의2의 개정규정은 공포한 날부터 시행한다.
②(과태료 부과에 관한 적용례) 별표 9의 개정규정 중 위반
행위의 횟수에 따른 과태료의 부과기준에 관하여는 이 영
시행후 최초의 위반행위부터 적용한다.

부칙 (고위공무원단 인사규정) <제19513호, 2006.6.12>
제1조 (시행일) 이 영은 2006년 7월 1일부터 시행한다.
제2조 및 제3조 생략
제4조 (다른 법령의 개정) ①내지 <121>생략
<122>산업재해보상보험법시행령 일부를 다음과 같이 개
정한다.
제5조제3호 나목·제6조제1항 단서·제17조제1항제1호 및
제2호 중 "2급 또는 3급 공무원"을 각각 "3급 공무원 또는
고위공무원단에 속하는 일반직공무원"으로 한다.
<123>내지 <241>생략

부칙 <제19649호, 2006.8.17>
①(시행일) 이 영은 2006년 9월 1일부터 시행한다. 다만, 제
40조의2제2항의 개정규정은 2007년 1월 1일부터 시행한다.
②(장해급여자 직장복귀지원금에 관한 적용례) 제82조의2
의 개정규정은 이 영 시행 후 최초로 요양이 종결된 장해급
여자에 대하여 고용을 유지하거나 직장적응훈련 또는 재활
운동을 실시한 후 고용을 유지하는 사업주부터 적용한다.
③(최고·최저보상기준금액 등의 적용기간에 관한 경과조
치) 이 영 시행당시 종전의 제26조의2제1항 및 제40조의2제
1항에 따라 고시되어 2005년 9월 1일부터 2006년 8월 31일
까지 적용되는 최고·최저보상기준금액 및 장의비 최고·최
저금액은 제26조의2제3항 및 제40조의2제3항의 개정규정
에 불구하고 2006년 12월 31일까지 효력을 가진다.

④(장해급여자 직장복귀지원금에 관한 경과조치) 이 영 시
행당시 이미 요양종결된 장해급여자에 대하여 고용을 유지
하고 있거나 요양종결일부터 1년 이상 고용을 유지하였던
사업주 또는 이미 요양종결된 장해급여자를 요양종결일부
터 1년 이내에 새로이 고용하여 고용을 유지하고 있거나 새
로이 고용하여 1년 이상 고용을 유지하였던 사업주에 대한
직장복귀지원금의 지급은 제82조의2의 개정규정에 불구하
고 종전의 규정에 따른다.

부칙 (근로기준법 시행령) <제20142호, 2007.6.29>
제1조 (시행일) 이 영은 2007년 7월 1일부터 시행한다. <단
서 생략>
제2조 및 제3조 생략
제4조 (다른 법령의 개정) ①부터 ⑥까지 생략
⑦산업재해보상보험법 시행령 일부를 다음과 같이 개정한
다.
제26조제1항 본문 중 "「근로기준법 시행령」 제40조제1항"
을 "「근로기준법 시행령」 제44조제1항"으로 한다.
⑧부터 <17>까지 생략
제5조 생략

고용보험법

연혁

1993. 12. 27 제정 법률 제4644호
1996. 12. 30 일부개정 법률 제5226호
1997. 8. 28 일부개정 법률 제5399호
1998. 2. 20 일부개정 법률 제5514호
1998. 9. 17 일부개정 법률 제5566호
1999. 12. 31 일부개정 법률 제6099호
2001. 8. 14 일부개정 법률 제6509호

2002. 12. 30 일부개정 법률 제6850호
2003. 12. 31 일부개정 법률 제7048호
2005. 5. 31 일부개정 법률 제7565호
2005. 12. 7 일부개정 법률 제7705호
2006. 12. 28 일부개정 법률 제8118호
2007. 5. 11 전부개정 법률 제8429호

제1장 총칙

제1조 (목적) 이 법은 고용보험의 시행을 통하여 실업의 예방, 고용의 촉진 및 근로자의 직업능력의 개발과 향상을 꾀하고, 국가의 직업지도와 직업소개 기능을 강화하며, 근로자가 실업한 경우에 생활에 필요한 급여를 실시하여 근로자의 생활안정과 구직 활동을 촉진함으로써 경제·사회 발전에 이바지하는 것을 목적으로 한다.

제2조 (정의) 이 법에서 사용하는 용어의 뜻은 다음과 같다.
1. "피보험자"란 「고용보험 및 산업재해보상보험의 보험료징수 등에 관한 법률」(이하 "보험료징수법"이라 한다) 제5조제1항·제2항, 제6조제1항 및 제8조제1항·제2항에 따라 보험에 가입되거나 가입된 것으로 보는 근로자를 말한다.
2. "이직(離職)"이란 피보험자와 사업주 사이의 고용관계가 끝나게 되는 것을 말한다.
3. "실업"이란 피보험자가 이직하여 근로의 의사와 능력이 있음에도 불구하고 취업하지 못한 상태에 있는 것을 말한다.
4. "실업의 인정"이란 직업안정기관의 장이 제43조에 따른 수급자격자가 실업한 상태에서 적극적으로 직업을 구하기 위하여 노력하고 있다고 인정하는 것을 말한다.
5. "임금"이란 「근로기준법」에 따른 임금을 말한다. 다만, 휴직이나 그 밖에 이와 비슷한 상태에 있는 기간에 지급받는 금품 중 노동부장관이 정하는 금품은 이 법에 따른 임금으로 본다.
6. "일용근로자"란 1개월 미만 동안 고용되는 자를 말한다.

제3조 (보험의 관장) 고용보험(이하 "보험"이라 한다)은 노동부장관이 관장한다.

제4조 (고용보험사업) ①보험은 제1조의 목적을 이루기 위하여 고용보험사업(이하 "보험사업"이라 한다)으로 고용안정·직업능력개발 사업, 실업급여, 육아휴직 급여 및 산전후휴가 급여 등을 실시한다.
②보험사업의 보험연도는 정부의 회계연도에 따른다.

제5조 (국고의 부담) ①국가는 매년 보험사업에 드는 비용의 일부를 일반회계에서 부담할 수 있다.
②국가는 매년 예산의 범위에서 보험사업의 관리·운영에 드는 비용을 부담할 수 있다.

제6조 (보험료) ①이 법에 따른 보험사업에 드는 비용을 충당하기 위하여 징수하는 보험료와 그 밖의 징수금에 대하여는 보험료징수법으로 정하는 바에 따른다.
②보험료징수법 제13조제1항제1호에 따라 징수된 고용안정·직업능력개발 사업의 보험료 및 실업급여의 보험료는 각각 그 사업에 드는 비용에 충당한다. 다만, 실업급여의 보험료는 육아휴직 급여 및 산전후휴가 급여 등에 드는 비용에 충당할 수 있다.

제7조 (고용정책심의회의 심의) 이 법의 시행에 관한 주요 사항은 「고용정책기본법」 제6조에 따른 고용정책심의회(이하 "고용정책심의회"라 한다)의 심의를 거쳐야 한다.

제8조 (적용 범위) 이 법은 근로자를 사용하는 모든 사업 또

는 사업장(이하 "사업"이라 한다)에 적용한다. 다만, 산업별 특성 및 규모 등을 고려하여 대통령령으로 정하는 사업에 대하여는 적용하지 아니한다.

제9조 (보험관계의 성립·소멸) 이 법에 따른 보험관계의 성립 및 소멸에 대하여는 보험료징수법으로 정하는 바에 따른다.

제10조 (적용 제외 근로자) 다음 각 호의 어느 하나에 해당하는 근로자에게는 이 법을 적용하지 아니한다. 다만, 제1호의 근로자에 대한 고용안정·직업능력개발 사업에 관하여는 그러하지 아니하다.
1. 65세 이상인 자
2. 소정(所定)근로시간이 대통령령으로 정하는 시간 미만인 자
3. 「국가공무원법」과 「지방공무원법」에 따른 공무원
4. 「사립학교교직원 연금법」의 적용을 받는 자
5. 그 밖에 대통령령으로 정하는 자

제11조 (보험 관련 조사연구) ①노동부장관은 노동시장·직업 및 직업능력개발에 관한 연구와 보험 관련 업무를 지원하기 위한 조사·연구 사업 등을 할 수 있다.
②노동부장관은 필요하다고 인정하면 제1항에 따른 업무의 일부를 대통령령으로 정하는 자에게 대행하게 할 수 있다.

제12조 (국제교류·협력) 노동부장관은 보험사업에 관하여 국제기구 및 외국 정부 또는 기관과의 교류·협력 사업을 할 수 있다.

제2장 피보험자의 관리

제13조 (피보험자격의 취득일) 피보험자는 이 법이 적용되는 사업에 고용된 날에 피보험자격을 취득한다. 다만, 다음 각 호의 경우에는 각각 그 해당되는 날에 피보험자격을 취득한 것으로 본다.
1. 제10조에 따른 적용 제외 근로자였던 자가 이 법의 적용을 받게 된 경우에는 그 적용을 받게 된 날
2. 보험료징수법 제7조에 따른 보험관계 성립일 전에 고용된 근로자의 경우에는 그 보험관계가 성립한 날

제14조 (피보험자격의 상실일) 피보험자는 다음 각 호의 어느 하나에 해당하는 날에 각각 그 피보험자격을 상실한다.
1. 피보험자가 제10조에 따른 적용 제외 근로자에 해당하게 된 경우에는 그 적용 제외 대상자가 된 날
2. 보험료징수법 제10조에 따라 보험관계가 소멸한 경우에는 그 보험관계가 소멸한 날

3. 피보험자가 이직한 경우에는 이직한 날의 다음 날
4. 피보험자가 사망한 경우에는 사망한 날의 다음 날

제15조 (피보험자격에 관한 신고 등) ①사업주는 그 사업에 고용된 근로자의 피보험자격의 취득 및 상실 등에 관한 사항을 대통령령으로 정하는 바에 따라 노동부장관에게 신고하여야 한다.
②보험료징수법 제9조에 따라 원수급인(元受給人)이 사업주로 된 경우에 그 사업에 종사하는 근로자 중 원수급인이 고용하는 근로자 외의 근로자에 대하여는 그 근로자를 고용하는 다음 각 호의 하수급인(下受給人)이 제1항에 따른 신고를 하여야 한다. 이 경우 원수급인은 노동부령으로 정하는 바에 따라 하수급인에 관한 자료를 노동부장관에게 제출하여야 한다.
1. 「건설산업기본법」 제2조제5호에 따른 건설업자
2. 「주택법」 제9조에 따른 주택건설사업자
3. 「전기공사업법」 제2조제3호에 따른 공사업자
4. 「정보통신공사업법」 제2조제4호에 따른 정보통신공사업자
5. 「소방시설공사업법」 제2조제1항제2호에 따른 소방시설업자
6. 「문화재보호법」 제27조에 따른 문화재수리업자
③사업주가 제1항에 따른 피보험자격에 관한 사항을 신고하지 아니하면 대통령령으로 정하는 바에 따라 근로자가 신고할 수 있다.
④노동부장관은 제1항부터 제3항까지의 규정에 따라 신고된 피보험자격의 취득 및 상실 등에 관한 사항을 노동부령으로 정하는 바에 따라 피보험자 및 원수급인 등 관계인에게 알려야 한다.
⑤제1항이나 제2항에 따른 사업주, 원수급인 또는 하수급인은 같은 항의 신고를 노동부령으로 정하는 전자적 방법으로 할 수 있다.
⑥노동부장관은 제5항에 따라 전자적 방법으로 신고를 하려는 사업주, 원수급인 또는 하수급인에게 노동부령으로 정하는 바에 따라 필요한 장비 등을 지원할 수 있다.

제16조 (이직의 확인) ①사업주는 제15조제1항에 따라 피보험자격의 상실을 신고할 때 근로자가 이직으로 피보험자격을 상실한 경우에는 피보험 단위기간·이직 사유 및 이직 전에 지급한 임금·퇴직금 등의 명세를 증명하는 서류(이하 "이직확인서"라 한다)를 작성하여 노동부장관에게 제출하여야 한다. 다만, 제43조제1항에 따른 수급자격의 인정신청을 원하지 아니하는 피보험자격 상실자(일용근로자는 제외한다)에 대하여는 그러하지 아니하다.
②이직으로 피보험자격을 상실한 자는 실업급여의 수급자격의 인정신청을 위하여 종전의 사업주에게 이직확인서의

교부를 청구할 수 있다. 이 경우 청구를 받은 사업주는 이직
확인서를 내주어야 한다.

제17조 (피보험자격의 확인) ①피보험자 또는 피보험자였던
자는 언제든지 노동부장관에게 피보험자격의 취득 또는 상
실에 관한 확인을 청구할 수 있다.
②노동부장관은 제1항에 따른 청구에 따르거나 직권으로
피보험자격의 취득 또는 상실에 관하여 확인을 한다.
③노동부장관은 제2항에 따른 확인 결과를 대통령령으로
정하는 바에 따라 그 확인을 청구한 피보험자 및 사업주 등
관계인에게 알려야 한다.

제18조 (피보험자격 이중 취득의 제한) 근로자가 보험관계가
성립되어 있는 둘 이상의 사업에 동시에 고용되어 있는 경
우에는 노동부령으로 정하는 바에 따라 그 중 한 사업의 근
로자로서의 피보험자격을 취득한다.

제3장 고용안정·직업능력개발 사업

제19조 (고용안정·직업능력개발 사업의 실시) ①노동부장관은
피보험자 및 피보험자였던 자, 그 밖에 취업할 의사를 가진
자(이하 "피보험자 등"이라 한다)에 대한 실업의 예방, 취업
의 촉진, 고용기회의 확대, 직업능력개발·향상의 기회 제공
및 지원, 그 밖에 고용안정과 사업주에 대한 인력 확보를
지원하기 위하여 고용안정·직업능력개발 사업을 실시한다.
②노동부장관은 제1항에 따른 고용안정·직업능력개발 사
업을 실시할 때에는 근로자의 수, 고용안정·직업능력개발
을 위하여 취한 조치 및 실적 등 대통령령으로 정하는 기준
에 해당하는 기업을 우선적으로 고려하여야 한다.

제20조 (고용창출의 지원) 노동부장관은 고용환경 개선, 근무
형태 변경 등으로 고용의 기회를 확대한 사업주에게 대통
령령으로 정하는 바에 따라 필요한 지원을 할 수 있다.

제21조 (고용조정의 지원) ①노동부장관은 경기의 변동, 산업
구조의 변화 등에 따른 사업 규모의 축소, 사업의 폐업 또는
전환으로 고용조정이 불가피하게 된 사업주가 근로자에 대
한 휴업, 직업전환에 필요한 직업능력개발 훈련, 인력의 재
배치 등을 실시하거나 그 밖에 근로자의 고용안정을 위한
조치를 하면 대통령령으로 정하는 바에 따라 그 사업주에
게 필요한 지원을 할 수 있다.
②노동부장관은 제1항의 고용조정으로 이직된 근로자를
고용하는 등 고용이 불안정하게 된 근로자의 고용안정을
위한 조치를 하는 사업주에게 대통령령으로 정하는 바에
따라 필요한 지원을 할 수 있다.
③노동부장관은 제1항에 따른 지원을 할 때에는 「고용정책

기본법」 제26조에 따른 업종에 해당하거나 지역에 있는 사
업주에게 우선적으로 지원할 수 있다.

제22조 (지역 고용의 촉진) 노동부장관은 고용기회가 뚜렷이
부족하거나 산업구조의 변화 등으로 고용사정이 급속하게
악화되고 있는 지역으로 사업을 이전하거나 그러한 지역에
서 사업을 신설 또는 증설하여 그 지역의 실업 예방과 재취
업 촉진에 기여한 사업주, 그 밖에 그 지역의 고용기회 확대
에 필요한 조치를 한 사업주에게 대통령령으로 정하는 바
에 따라 필요한 지원을 할 수 있다.

제23조 (고령자 등 고용촉진의 지원) 노동부장관은 고령자 등
노동시장의 통상적인 조건에서는 취업이 특히 곤란한 자
(이하 "고령자 등"이라 한다)의 고용을 촉진하기 위하여 고
령자등을 새로 고용하거나 이들의 고용안정에 필요한 조치
를 하는 사업주 또는 사업주가 실시하는 고용안정 조치에
해당된 근로자에게 대통령령으로 정하는 바에 따라 필요한
지원을 할 수 있다.

제24조 (건설근로자 등의 고용안정 지원) ①노동부장관은 건설
근로자 등 고용상태가 불안정한 근로자를 위하여 다음 각
호의 사업을 실시하는 사업주에게 대통령령으로 정하는 바
에 따라 필요한 지원을 할 수 있다.
1. 고용상태의 개선을 위한 사업
2. 계속적인 고용기회의 부여 등 고용안정을 위한 사업
3. 그 밖에 대통령령으로 정하는 고용안정 사업
②노동부장관은 제1항 각 호의 사업과 관련하여 사업주가
단독으로 고용안정 사업을 실시하기 어려운 경우로서 대통
령령으로 정하는 경우에는 사업주 단체에 대하여도 지원을
할 수 있다.

제25조 (고용안정 및 취업 촉진) ①노동부장관은 피보험자 등
의 고용안정 및 취업을 촉진하기 위하여 다음 각 호의 사업
을 직접 실시하거나 이를 실시하는 자에게 필요한 비용을
지원 또는 대부할 수 있다.
1. 고용관리 진단 등 고용개선 지원 사업
2. 피보험자등의 창업을 촉진하기 위한 지원 사업
3. 그 밖에 피보험자 등의 고용안정 및 취업을 촉진하기 위
한 사업으로서 대통령령으로 정하는 사업
②제1항에 따른 사업의 실시와 비용의 지원·대부에 필요한
사항은 대통령령으로 정한다.

제26조 (고용촉진 시설에 대한 지원) 노동부장관은 피보험자
등의 고용안정·고용촉진 및 사업주의 인력 확보를 지원하
기 위하여 대통령령으로 정하는 바에 따라 상담 시설, 보육
시설, 그 밖에 대통령령으로 정하는 고용촉진 시설을 설치·

운영하는 자에게 필요한 지원을 할 수 있다.

제27조 (사업주에 대한 직업능력개발 훈련의 지원) 노동부장관은 피보험자 등의 직업능력을 개발·향상시키기 위하여 대통령령으로 정하는 직업능력개발 훈련을 실시하는 사업주에게 대통령령으로 정하는 바에 따라 그 훈련에 필요한 비용을 지원할 수 있다.

제28조 (비용 지원의 기준 등) 노동부장관이 제27조에 따라 사업주에게 비용을 지원하는 경우 지원 금액은 보험료징수법 제17조에 따른 해당 연도 고용보험개산보험료(같은 법 제21조에 따른 징수특례사업의 경우에는 전년도 납부보험료) 중 고용안정·직업능력개발 사업의 보험료에 대통령령으로 정하는 비율을 곱한 금액으로 하되, 그 한도는 대통령령으로 정한다.

제29조 (피보험자 등에 대한 직업능력개발 지원) ①노동부장관은 피보험자 등이 직업능력개발 훈련을 받거나 그 밖에 직업능력 개발·향상을 위하여 노력하는 경우에는 대통령령으로 정하는 바에 따라 필요한 비용을 지원할 수 있다.
②노동부장관은 필요하다고 인정하면 대통령령으로 정하는 바에 따라 피보험자 등의 취업을 촉진하기 위한 직업능력개발 훈련을 실시할 수 있다.

제30조 (직업능력개발 훈련 시설에 대한 지원 등) 노동부장관은 피보험자 등의 직업능력 개발·향상을 위하여 필요하다고 인정하면 대통령령으로 정하는 바에 따라 직업능력개발 훈련 시설의 설치 및 장비 구입에 필요한 비용의 대부, 그 밖에 노동부장관이 정하는 직업능력개발 훈련 시설의 설치 및 장비 구입·운영에 필요한 비용을 지원할 수 있다.

제31조 (직업능력개발의 촉진) ①노동부장관은 피보험자 등의 직업능력 개발·향상을 촉진하기 위하여 다음 각 호의 사업을 실시하거나 이를 실시하는 자에게 그 사업의 실시에 필요한 비용을 지원할 수 있다.
1. 직업능력개발 사업에 대한 기술지원 및 평가 사업
2. 기능·기술 장려 사업 및 자격검정 사업
3. 그 밖에 대통령령으로 정하는 사업
②노동부장관은 직업능력 개발·향상과 인력의 원활한 수급(수급)을 위하여 필요하다고 인정하면 대통령령으로 정하는 바에 따라 노동부장관이 정하는 직종에 대한 직업능력개발 훈련 사업을 위탁하여 실시할 수 있다.

제32조 (건설근로자 등의 직업능력개발 지원) ①노동부장관은 건설근로자 등 고용상태가 불안정한 근로자를 위하여 직업능력 개발·향상을 위한 사업으로 대통령령으로 정하는 사업을 실시하는 사업주에게 그 사업의 실시에 필요한 비용을 지원할 수 있다.
②노동부장관은 제1항의 사업과 관련하여 사업주가 단독으로 직업능력개발 사업을 실시하기 어려운 경우로서 대통령령으로 정하는 경우에는 사업주 단체에 대하여도 지원할 수 있다.

제33조 (고용정보의 제공 및 고용 지원 기반의 구축 등) ①노동부장관은 사업주 및 피보험자 등에 대한 구인·구직·훈련 등 고용정보의 제공, 직업·훈련 상담 등 직업지도, 직업소개, 고용안정·직업능력개발에 관한 기반의 구축 및 그에 필요한 전문 인력의 배치 등의 사업을 할 수 있다.
②노동부장관은 필요하다고 인정하면 제1항에 따른 업무의 일부를 「직업안정법」 제4조의4에 따른 민간직업상담원에게 수행하도록 할 수 있다.

제34조 (지방자치단체 등에 대한 지원) 노동부장관은 지방자치단체 또는 대통령령으로 정하는 비영리법인·단체가 그 지역에서 피보험자 등의 고용안정·고용촉진 및 직업능력개발을 위한 사업을 실시하는 경우에는 대통령령으로 정하는 바에 따라 필요한 지원을 할 수 있다.

제35조 (부정행위에 따른 지원의 제한 등) ①노동부장관은 거짓이나 그 밖의 부정한 방법으로 이 장의 규정에 따른 고용안정·직업능력개발 사업의 지원을 받은 자 또는 받으려는 자에게 대통령령으로 정하는 바에 따라 그 지원을 제한하거나 이미 지원된 것을 반환하도록 명할 수 있다.
②노동부장관은 제1항에 따라 반환을 명하는 경우에는 이에 추가하여 노동부령으로 정하는 기준에 따라 그 거짓이나 그 밖의 부정한 방법으로 지급받은 금액에 상당하는 액수 이하의 금액을 징수할 수 있다. 다만, 「근로자직업능력개발법」 제2조제1호의 직업능력개발 훈련을 실시하는 자에 대하여는 같은 법 제16조제5항제1호 및 제25조제4항제1호를 준용한다.
③노동부장관은 보험료를 체납한 자에게는 노동부장관이 정하는 바에 따라 이 장의 규정에 따른 고용안정·직업능력개발 사업의 지원을 하지 아니할 수 있다.

제36조 (업무의 대행) 노동부장관은 필요하다고 인정하면 제19조 및 제27조부터 제31조까지의 규정에 따른 업무의 일부를 대통령령으로 정하는 자에게 대행하게 할 수 있다.

제4장 실업급여

제1절 통칙

제37조 (실업급여의 종류) ①실업급여는 구직급여와 취업촉진 수당으로 구분한다.
②취업촉진 수당의 종류는 다음 각 호와 같다.
1. 조기(조기)재취업 수당
2. 직업능력개발 수당
3. 광역 구직활동비
4. 이주비

제38조 (수급권의 보호) 실업급여를 받을 권리는 양도 또는 압류하거나 담보로 제공할 수 없다.

제39조 (실업급여의 적용 연장) 피보험자로서 65세 전에 이직한 자가 그 이직과 관련하여 실업한 상태에서 65세가 되면 제10조제1호에도 불구하고 이 장을 적용한다.

제2절 구직급여

제40조 (구직급여의 수급 요건) ①구직급여는 이직한 피보험자가 다음 각 호의 요건을 모두 갖춘 경우에 지급한다. 다만, 제5호와 제6호는 최종 이직 당시 일용근로자였던 자만 해당한다.
1. 이직일 이전 18개월간(이하 "기준기간"이라 한다) 제41조에 따른 피보험 단위기간이 통산(통산)하여 180일 이상일 것
2. 근로의 의사와 능력이 있음에도 불구하고 취업(영리를 목적으로 사업을 영위하는 경우를 포함한다. 이하 이 장에서 같다)하지 못한 상태에 있을 것
3. 이직사유가 제58조에 따른 수급자격의 제한 사유에 해당하지 아니할 것
4. 재취업을 위한 노력을 적극적으로 할 것
5. 제43조에 따른 수급자격 인정신청일 이전 1개월 동안의 근로일수가 10일 미만일 것
6. 최종 이직일 이전 기준기간의 피보험 단위기간 180일 중 다른 사업에서 제58조에 따른 수급자격의 제한 사유에 해당하는 사유로 이직한 사실이 있는 경우에는 그 피보험 단위기간 중 90일 이상을 일용근로자로 근로하였을 것
②피보험자가 이직일 이전 18개월 동안에 질병·부상, 그 밖에 대통령령으로 정하는 사유로 계속하여 30일 이상 임금의 지급을 받을 수 없었던 경우에는 18개월에 그 사유로 임금을 지급 받을 수 없었던 일수를 가산한 기간을 기준기간(3년을 초과할 때에는 3년)으로 한다.

제41조 (피보험 단위기간) ①피보험 단위기간은 피보험기간 중 임금 지급의 기초가 된 날을 합하여 계산한다.
②제1항에 따라 피보험 단위기간을 계산할 때에는 최후로 피보험자격을 취득한 날 이전에 제43조제1항에 따른 수급자격의 인정을 받은 사실이 있는 경우에는 그 수급자격의 인정과 관련된 이직일 이전의 임금 지급의 기초가 된 날은 피보험 단위기간에 넣지 아니한다.

제42조 (실업의 신고) ①구직급여를 지급받으려는 자는 이직 후 지체없이 직업안정기관에 출석하여 실업을 신고하여야 한다.
②제1항에 따른 실업의 신고에는 구직 신청과 제43조에 따른 수급자격의 인정신청을 포함하여야 한다.

제43조 (수급자격의 인정) ①구직급여를 지급받으려는 자는 직업안정기관의 장으로부터 제40조제1항제1호부터 제3호까지·제5호 및 제6호에 따른 구직급여의 수급 요건을 갖추었다는 사실(이하 "수급자격"이라 한다)의 인정을 받아야 한다.
②직업안정기관의 장은 제1항에 따른 수급자격의 인정신청을 받으면 그 신청인에 대한 수급자격의 인정 여부를 결정하고, 대통령령으로 정하는 바에 따라 신청인에게 그 결과를 알려야 한다.
③제2항에 따른 신청인이 다음 각 호의 요건을 모두 갖춘 경우에는 마지막에 이직한 사업을 기준으로 수급자격의 인정 여부를 결정한다. 다만, 마지막 이직 당시 일용근로자로서 피보험 단위기간이 1개월 미만인 자가 수급자격을 갖추지 못한 경우에는 일용근로자가 아닌 근로자로서 마지막으로 이직한 사업을 기준으로 결정한다.
1. 피보험자로서 마지막에 이직한 사업에 고용되기 전에 피보험자로서 이직한 사실이 있을 것
2. 마지막 이직 이전의 이직과 관련하여 수급자격의 인정을 받은 사실이 없을 것
④제2항에 따라 수급자격의 인정을 받은 자(이하 "수급자격자"라 한다)가 제48조 및 제54조제1항에 따른 기간에 새로 수급자격의 인정을 받은 경우에는 새로 인정받은 수급자격을 기준으로 구직급여를 지급한다.

제44조 (실업의 인정) ①구직급여는 수급자격자가 실업한 상태에 있는 날 중에서 직업안정기관의 장으로부터 실업의 인정을 받은 날에 대하여 지급한다.
②실업의 인정을 받으려는 수급자격자는 제42조에 따라 실업의 신고를 한 날부터 계산하기 시작하여 1주부터 4주의 범위에서 직업안정기관의 장이 지정한 날(이하 "실업인정일"이라 한다)에 출석하여 재취업을 위한 노력을 하였음을 신고하여야 하고, 직업안정기관의 장은 직전 실업인정일의 다음 날부터 그 실업인정일까지의 각각의 날에 대하여 실업의 인정을 한다. 다만, 다음 각 호에 해당하는 자에 대한 실업의 인정 방법은 노동부령으로 정하는 기준에 따른다.
1. 직업능력개발 훈련 등을 받는 수급자격자

2. 천재지변, 대량 실업의 발생 등 대통령령으로 정하는 사유가 발생한 경우의 수급자격자
3. 그 밖에 대통령령으로 정하는 수급자격자
③제2항에도 불구하고 수급자격자가 다음 각 호의 어느 하나에 해당하면 직업안정기관에 출석할 수 없었던 사유를 적은 증명서를 제출하여 실업의 인정을 받을 수 있다.
1. 질병이나 부상으로 직업안정기관에 출석할 수 없었던 경우로서 그 기간이 계속하여 7일 미만인 경우
2. 직업안정기관의 직업소개에 따른 구인자와의 면접 등으로 직업안정기관에 출석할 수 없었던 경우
3. 직업안정기관의 장이 지시한 직업능력개발 훈련 등을 받기 위하여 직업안정기관에 출석할 수 없었던 경우
4. 천재지변이나 그 밖의 부득이한 사유로 직업안정기관에 출석할 수 없었던 경우
④직업안정기관의 장은 제1항에 따른 실업을 인정할 때에는 수급자격자의 취업을 촉진하기 위하여 재취업 활동에 관한 계획의 수립 지원, 직업소개 등 대통령령으로 정하는 조치를 하여야 한다. 이 경우 수급자격자는 정당한 사유가 없으면 직업안정기관의 장의 조치에 따라야 한다.

제45조 (급여의 기초가 되는 임금일액) ①구직급여의 산정 기초가 되는 임금일액[이하 "기초일액(기초일액)"이라 한다]은 제43조제1항에 따른 수급자격의 인정과 관련된 마지막 이직 당시 「근로기준법」 제2조제1항제6호에 따라 산정된 평균임금으로 한다. 다만, 마지막 이직일 이전 3개월 이내에 피보험자격을 취득한 사실이 2회 이상인 경우에는 마지막 이직일 이전 3개월간(일용근로자의 경우에는 마지막 이직일 이전 4개월 중 최종 1개월을 제외한 기간)에 그 근로자에게 지급된 임금 총액을 그 산정의 기준이 되는 3개월의 총 일수로 나눈 금액을 기초일액으로 한다.
②제1항에 따라 산정된 금액이 「근로기준법」에 따른 그 근로자의 통상임금보다 적을 경우에는 그 통상임금액을 기초일액으로 한다. 다만, 마지막 사업에서 이직 당시 일용근로자였던 자의 경우에는 그러하지 아니하다.
③제1항과 제2항에 따라 기초일액을 산정하는 것이 곤란한 경우와 보험료를 보험료징수법 제3조에 따른 기준임금(이하 "기준임금"이라 한다)을 기준으로 낸 경우에는 기준임금을 기초일액으로 한다. 다만, 보험료를 기준임금으로 낸 경우에도 제1항과 제2항에 따라 산정한 기초일액이 기준임금보다 많은 경우에는 그러하지 아니하다.
④제1항부터 제3항까지의 규정에도 불구하고 이들 규정에 따라 산정된 기초일액이 그 수급자격자의 이직 전 1일 소정근로시간에 이직일 당시 적용되던 「최저임금법」에 따른 시간 단위에 해당하는 최저임금액을 곱한 금액(이하 "최저기초일액"이라 한다)보다 낮은 경우에는 최저기초일액을 기초일액으로 한다.

⑤제1항부터 제3항까지의 규정에도 불구하고 이들 규정에 따라 산정된 기초일액이 보험의 취지 및 일반 근로자의 임금 수준 등을 고려하여 대통령령으로 정하는 금액을 초과하는 경우에는 대통령령으로 정하는 금액을 기초일액으로 한다.

제46조 (구직급여일액) ①구직급여일액은 다음 각 호의 구분에 따른 금액으로 한다.
1. 제45조제1항부터 제3항까지 및 제5항의 경우에는 그 수급자격자의 기초일액에 100분의 50을 곱한 금액
2. 제45조제4항의 경우에는 그 수급자격자의 기초일액에 100분의 90을 곱한 금액(이하 "최저구직급여일액"이라 한다)
②제1항제1호에 따라 산정된 구직급여일액이 최저구직급여일액보다 낮은 경우에는 최저구직급여일액을 그 수급자격자의 구직급여일액으로 한다.

제47조 (실업인정대상기간 중의 근로의 신고) ①수급자격자는 실업의 인정을 받으려 하는 기간(이하 "실업인정대상기간"이라 한다) 중에 근로를 제공한 경우에는 그 사실을 직업안정기관의 장에게 신고하여야 한다.
②직업안정기관의 장은 필요하다고 인정하면 수급자격자의 실업인정대상기간 중의 근로 제공 사실에 대하여 조사할 수 있다.

제48조 (수급기간 및 수급일수) ①구직급여는 이 법에 따로 규정이 있는 경우 외에는 그 구직급여의 수급자격과 관련된 이직일의 다음 날부터 계산하기 시작하여 12개월 내에 제50조제1항에 따른 소정급여일수를 한도로 하여 지급한다.
②제1항에 따른 12개월의 기간 중 임신·출산·육아, 그 밖에 대통령령으로 정하는 사유로 취업할 수 없는 자가 그 사실을 수급기간에 직업안정기관에 신고한 경우에는 12개월의 기간에 그 취업할 수 없는 기간을 가산한 기간(4년을 넘을 때에는 4년)에 제50조제1항에 따른 소정급여일수를 한도로 하여 구직급여를 지급한다.

제49조 (대기기간) 제44조에도 불구하고 제42조에 따른 실업의 신고일부터 계산하기 시작하여 7일간은 대기기간으로 보아 구직급여를 지급하지 아니한다.

제50조 (소정급여일수) ①하나의 수급자격에 따라 구직급여를 지급받을 수 있는 날(이하 "소정급여일수"라 한다)은 대기기간이 끝난 다음날부터 계산하기 시작하여 피보험기간과 연령에 따라 별표에서 정한 일수가 되는 날까지로 한다.
②수급자격자가 소정급여일수 내에 제48조제2항에 따른 임신·출산·육아, 그 밖에 대통령령으로 정하는 사유로 수

급기간을 연장한 경우에는 그 기간만큼 구직급여를 유예하여 지급한다.

③제1항에 따른 피보험기간은 그 수급자격과 관련된 이직 당시의 적용 사업에서의 고용기간(제10조 각 호의 어느 하나에 해당하는 근로자로 고용된 기간은 제외한다. 이하 이 조에서 같다)으로 한다. 다만, 그 사업에 고용되기 전에 다른 적용사업에서 이직한 사실이 있고 그 이직일부터 3년 이내에 피보험자격을 재취득한 경우에는 그 이직 전 적용사업에서의 고용기간을 포함하여 피보험기간을 계산한다.

④제3항 단서에 따라 피보험기간을 계산할 때 이직할 당시의 적용사업에서 피보험자격을 재취득하기 전에 구직급여를 지급받은 사실이 있는 경우에는 그 구직급여와 관련된 이직일 이전의 고용기간은 피보험기간에 포함하여 계산하지 아니한다.

⑤하나의 피보험기간에 피보험자로 된 날이 제17조에 따른 피보험자격 취득이 확인된 날부터 소급하여 3년 전이면 그 확인된 날부터 소급하여 3년이 되는 날에 그 피보험자격을 취득한 것으로 보아 피보험기간을 계산한다.

제51조 (훈련연장급여) ①직업안정기관의 장은 수급자격자의 연령·경력 등을 고려할 때 재취업을 위하여 직업능력개발 훈련 등이 필요하면 그 수급자격자에게 직업능력개발 훈련 등을 받도록 지시할 수 있다.

②직업안정기관의 장은 제1항에 따라 직업능력개발 훈련 등을 받도록 지시한 경우에는 수급자격자가 그 직업능력개발 훈련 등을 받는 기간 중 실업의 인정을 받은 날에 대하여는 소정급여일수를 초과하여 구직급여를 연장하여 지급할 수 있다. 이 경우 연장하여 지급하는 구직급여(이하 "훈련연장급여"라 한다)의 지급 기간은 대통령령으로 정하는 기간을 한도로 한다.

③제1항에 따른 훈련대상자·훈련 과정, 그 밖의 필요한 사항은 노동부령으로 정한다.

제52조 (개별연장급여) ①직업안정기관의 장은 취업이 특히 곤란하고 생활이 어려운 수급자격자로서 대통령령으로 정하는 자에게는 그가 실업의 인정을 받은 날에 대하여 소정급여일수를 초과하여 구직급여를 연장하여 지급할 수 있다.

②제1항에 따라 연장하여 지급하는 구직급여(이하 "개별연장급여"라 한다)는 60일의 범위에서 대통령령으로 정하는 기간 동안 지급한다.

제53조 (특별연장급여) ①노동부장관은 실업의 급증 등 대통령령으로 정하는 사유가 발생한 경우에는 60일의 범위에서 수급자격자가 실업의 인정을 받은 날에 대하여 소정급여일수를 초과하여 구직급여를 연장하여 지급할 수 있다. 다만, 이직 후의 생활안정을 위한 일정 기준 이상의 소득이 있는 수급자격자 등 노동부령으로 정하는 수급자격자에 대하여는 그러하지 아니하다.

②노동부장관은 제1항 본문에 따라 연장하여 지급하는 구직급여(이하 "특별연장급여"라 한다)를 지급하려면 기간을 정하여 실시하여야 한다.

제54조 (연장급여의 수급기간 및 구직급여일액) ①제51조부터 제53조까지의 규정에 따른 연장급여를 지급하는 경우에 그 수급자격자의 수급기간은 제48조에 따른 그 수급자격자의 수급기간에 연장되는 구직급여일수를 더하여 산정한 기간으로 한다.

②제51조부터 제53조까지의 규정에 따라 연장급여를 지급하는 경우에 구직급여일액은 그 수급자격자의 구직급여일액에 100분의 70을 곱한 금액으로 한다.

③제2항에 따라 산정된 구직급여일액이 제46조제2항에 따른 최저구직급여일액보다 낮은 경우에는 최저구직급여일액을 그 수급자격자의 구직급여일액으로 한다.

제55조 (연장급여의 상호 조정 등) ①제51조부터 제53조까지의 규정에 따른 연장급여는 제48조에 따라 그 수급자격자가 지급받을 수 있는 구직급여의 지급이 끝난 후에 지급한다.

②훈련연장급여를 지급받고 있는 수급자격자에게는 그 훈련연장급여의 지급이 끝난 후가 아니면 개별연장급여 및 특별연장급여를 지급하지 아니한다.

③개별연장급여 또는 특별연장급여를 지급받고 있는 수급자격자가 훈련연장급여를 지급받게 되면 개별연장급여나 특별연장급여를 지급하지 아니한다.

④특별연장급여를 지급받고 있는 수급자격자에게는 특별연장급여의 지급이 끝난 후가 아니면 개별연장급여를 지급하지 아니하고, 개별연장급여를 지급받고 있는 수급자격자에게는 개별연장급여의 지급이 끝난 후가 아니면 특별연장급여를 지급하지 아니한다.

⑤그 밖에 연장급여의 조정에 관하여 필요한 사항은 노동부령으로 정한다.

제56조 (지급일 및 지급 방법) ①구직급여는 대통령령으로 정하는 바에 따라 실업의 인정을 받은 일수분(일수분)을 지급한다.

②직업안정기관의 장은 각 수급자격자에 대한 구직급여를 지급할 날짜를 정하여 당사자에게 알려야 한다.

제57조 (지급되지 않은 구직급여) ①수급자격자가 사망한 경우 그 수급자격자에게 지급되어야 할 구직급여로서 아직 지급되지 아니한 것이 있는 경우에는 그 수급자격자의 배우자(사실상의 혼인 관계에 있는 자를 포함한다)·자녀·부

모·손자녀·조부모 또는 형제자매로서 수급자격자와 생계를 같이하고 있던 자의 청구에 따라 그 미지급분을 지급한다.

②수급자격자가 사망하여 실업의 인정을 받을 수 없었던 기간에 대하여는 대통령령으로 정하는 바에 따라 제1항에 따라 지급되지 아니한 구직급여의 지급을 청구하는 자가 그 수급자격자에 대한 실업의 인정을 받아야 한다. 이 경우 수급자격자가 제47조제1항에 해당하면 지급되지 아니한 구직급여를 청구하는 자가 같은 조 제1항에 따라 직업안정기관의 장에게 신고하여야 한다.

③제1항에 따라 지급되지 아니한 구직급여를 지급받을 수 있는 자의 순위는 같은 항에 열거된 순서로 한다. 이 경우 같은 순위자가 2명 이상이면 그 중 1명이 한 청구를 전원(전원)을 위하여 한 것으로 보며, 그 1명에게 한 지급은 전원에 대한 지급으로 본다.

제58조 (이직 사유에 따른 수급자격의 제한) 제40조에도 불구하고 피보험자가 다음 각 호의 어느 하나에 해당한다고 직업안정기관의 장이 인정하는 경우에는 수급자격이 없는 것으로 본다.

1. 중대한 귀책사유(귀책사유)로 해고된 피보험자로서 다음 각 목의 어느 하나에 해당하는 경우

가. 「형법」 또는 직무와 관련된 법률을 위반하여 금고 이상의 형을 선고받은 경우

나. 사업에 막대한 지장을 초래하거나 재산상 손해를 끼친 경우로서 노동부령이 정하는 기준에 해당하는 경우

다. 정당한 사유 없이 근로계약 또는 취업규칙 등을 위반하여 장기간 무단 결근한 경우

2. 자기 사정으로 이직한 피보험자로서 다음 각 목의 어느 하나에 해당하는 경우

가. 전직 또는 자영업을 하기 위하여 이직한 경우

나. 제1호의 중대한 귀책사유가 있는 자가 해고되지 아니하고 사업주의 권고로 이직한 경우

다. 그 밖에 노동부령으로 정하는 정당한 사유에 해당하지 아니하는 사유로 이직한 경우

제59조 (고액 금품 수령에 따른 구직급여의 지급 유예) ①제48조제1항에도 불구하고 이직 당시의 경제 사정 등을 고려하여 대통령령으로 정하는 금액 이상의 금품을 퇴직금 등으로 수령한 수급자격자(대통령령으로 정하는 수령이 확실시되는 자를 포함한다)에 대하여는 제42조에 따른 실업의 신고일부터 3개월 동안은 구직급여의 지급을 유예할 수 있다.

②제1항에 따른 구직급여의 지급유예 기간이 끝난 수급자격자의 경우에는 제49조에 따른 대기기간을 거친 것으로 본다.

③제1항에 따른 구직급여의 지급이 유예되는 수급자격자의 수급기간은 제48조에 따른 그 수급자격자의 수급기간에 3개월을 더하여 산정한 기간으로 한다.

제60조 (훈련 거부 등에 따른 급여의 지급 제한) ①수급자격자가 직업안정기관의 장이 소개하는 직업에 취직하는 것을 거부하거나 직업안정기관의 장이 지시한 직업능력개발 훈련 등을 거부하면 대통령령으로 정하는 바에 따라 구직급여의 지급을 정지한다. 다만, 다음 각 호의 어느 하나에 해당하는 정당한 사유가 있는 경우에는 그러하지 아니하다.

1. 소개된 직업 또는 직업능력개발 훈련 등을 받도록 지시된 직종이 수급자격자의 능력에 맞지 아니하는 경우

2. 취직하거나 직업능력개발 훈련 등을 받기 위하여 주거의 이전이 필요하나 그 이전이 곤란한 경우

3. 소개된 직업의 임금 수준이 같은 지역의 같은 종류의 업무 또는 같은 정도의 기능에 대한 통상의 임금 수준에 비하여 100분의 20 이상 낮은 경우 등 노동부장관이 정하는 기준에 해당하는 경우

4. 그 밖에 정당한 사유가 있는 경우

②수급자격자가 정당한 사유 없이 노동부장관이 정하는 기준에 따라 직업안정기관의 장이 실시하는 재취업 촉진을 위한 직업 지도를 거부하면 대통령령으로 정하는 바에 따라 구직급여의 지급을 정지한다.

③제1항 단서 및 제2항에서의 정당한 사유의 유무(유무)에 대한 인정은 노동부장관이 정하는 기준에 따라 직업안정기관의 장이 행한다.

④제1항과 제2항에 따라 구직급여의 지급을 정지하는 기간은 1개월의 범위에서 노동부장관이 정하여 고시한다.

제61조 (부정행위에 따른 급여의 지급 제한) ①거짓이나 그 밖의 부정한 방법으로 실업급여를 받았거나 받으려 한 자에게는 그 급여를 받은 날 또는 받으려 한 날부터의 구직급여를 지급하지 아니한다. 다만, 그 급여와 관련된 이직 이후에 새로 수급자격을 취득한 경우 그 새로운 수급자격에 따른 구직급여에 대하여는 그러하지 아니하다.

②제1항 본문에도 불구하고 거짓이나 그 밖의 부정한 방법이 제47조제1항에 따른 신고의무의 불이행 또는 거짓의 신고 등 대통령령으로 정하는 사유에 해당하면 그 실업인정 대상기간에 한하여 구직급여를 지급하지 아니한다. 다만, 2회 이상의 위반행위를 한 경우에는 제1항 본문에 따른다.

③거짓이나 그 밖의 부정한 방법으로 실업급여를 지급받았거나 받으려 한 자가 제1항 또는 제2항에 따라 구직급여를 지급받을 수 없게 된 경우에도 제50조제3항 및 같은 조 제4항을 적용할 때는 그 구직급여를 지급받은 것으로 본다.

④거짓이나 그 밖의 부정한 방법으로 실업급여를 지급받았거나 받으려 한 자가 제1항 또는 제2항에 따라 구직급여를 지급받을 수 없게 된 경우에도 제63조제2항을 적용할 때는

그 지급받을 수 없게 된 일수분의 구직급여를 지급받은 것으로 본다.

제62조 (반환명령 등) ①직업안정기관의 장은 거짓이나 그 밖의 부정한 방법으로 구직급여를 지급받은 자에게 지급받은 전체 구직급여의 전부 또는 일부의 반환을 명할 수 있고, 이에 추가하여 노동부령으로 정하는 기준에 따라 그 거짓이나 그 밖의 부정한 방법으로 지급받은 구직급여액에 상당하는 액수 이하의 금액을 징수할 수 있다.
②제1항의 경우에 거짓이나 그 밖의 부정한 방법이 사업주(사업주의 대리인·사용인, 그 밖의 종업원을 포함한다)의 거짓된 신고·보고 또는 증명으로 인한 것이면 그 사업주도 그 구직급여를 지급받은 자와 연대(연대)하여 책임을 진다.
③직업안정기관의 장은 수급자격자 또는 수급자격이 있었던 자에게 잘못 지급된 구직급여가 있으면 그 지급금액을 징수할 수 있다.

제63조 (질병 등의 특례) ①수급자격자가 제42조에 따라 실업의 신고를 한 이후에 질병·부상 또는 출산으로 취업이 불가능하여 실업의 인정을 받지 못한 날에 대하여는 제44조제1항에도 불구하고 그 수급자격자의 청구에 의하여 제46조의 구직급여일액에 해당하는 금액(이하 "상병급여"라 한다)을 구직급여에 갈음하여 지급할 수 있다. 다만, 제60조제1항 및 제2항에 따라 구직급여의 지급이 정지된 기간에 대하여는 상병급여(상병급여)를 지급하지 않는다.
②상병급여를 지급할 수 있는 일수는 그 수급자격자에 대한 구직급여 소정급여일수에서 그 수급자격에 의하여 구직급여가 지급된 일수를 뺀 일수를 한도로 한다. 이 경우 상병급여를 지급받은 자에 대하여 이 법의 규정(제61조 및 제62조는 제외한다)을 적용할 때에는 상병급여의 지급 일수에 상당하는 일수분의 구직급여가 지급된 것으로 본다.
③제1항에 따른 상병급여는 그 취업할 수 없는 사유가 없어진 이후에 최초로 구직급여를 지급하는 날(구직급여를 지급하는 날이 없는 경우에는 직업안정기관의 장이 정하는 날)에 지급한다. 다만, 필요하다고 인정하면 노동부장관이 따로 정하는 바에 따라 지급할 수 있다.
④제1항에도 불구하고 수급자격자가 「근로기준법」 제79조에 따른 휴업보상, 「산업재해보상보험법」 제39조에 따른 휴업급여, 그 밖에 이에 해당하는 급여 또는 보상으로서 대통령령으로 정하는 보상 또는 급여를 지급받을 수 있는 경우에는 상병급여를 지급하지 아니한다.
⑤상병급여의 지급에 관하여는 제47조, 제49조, 제57조, 제61조제1항부터 제3항까지 및 제62조를 준용한다. 이 경우 제47조 중 "실업인정대상기간"은 "실업의 인정을 받지 못한 날"로 본다.

제3절 취업촉진 수당

제64조 (조기재취업 수당) ①조기재취업 수당은 수급자격자(「외국인근로자의 고용 등에 관한 법률」 제2조에 따른 외국인 근로자는 제외한다)가 안정된 직업에 재취직하거나 스스로 영리를 목적으로 하는 사업을 영위하는 경우로서 대통령령으로 정하는 기준에 해당하면 지급한다.
②제1항에도 불구하고 수급자격자가 안정된 직업에 재취업한 날 또는 스스로 영리를 목적으로 하는 사업을 시작한 날 이전의 대통령령으로 정하는 기간에 조기재취업 수당을 지급받은 사실이 있는 경우에는 조기재취업 수당을 지급하지 아니한다.
③조기재취업 수당의 금액은 구직급여의 소정급여일수 중 미지급일수의 비율에 따라 대통령령으로 정하는 기준에 따라 산정한 금액으로 한다.
④조기재취업 수당을 지급받은 자에 대하여 이 법의 규정(제61조 및 제62조는 제외한다)을 적용할 때에는 그 조기재취업 수당의 금액을 제46조에 따른 구직급여일액으로 나눈 일수분에 해당하는 구직급여를 지급한 것으로 본다.
⑤수급자격자를 조기에 재취업시켜 구직급여의 지급 기간이 단축되도록 한 자에게는 대통령령으로 정하는 바에 따라 장려금을 지급할 수 있다.

제65조 (직업능력개발 수당) ①직업능력개발 수당은 수급자격자가 직업안정기관의 장이 지시한 직업능력개발 훈련 등을 받는 경우에 그 직업능력개발 훈련 등을 받는 기간에 대하여 지급한다.
②제1항에도 불구하고 제60조제1항 및 제2항에 따라 구직급여의 지급이 정지된 기간에 대하여는 직업능력개발 수당을 지급하지 아니한다.
③직업능력개발 수당의 지급 요건 및 금액에 필요한 사항은 대통령령으로 정한다. 이 경우 인력의 수급 상황을 고려하여 노동부장관이 특히 필요하다고 인정하여 고시하는 직종에 관한 직업능력개발 훈련 등에 대하여는 직업능력개발 수당의 금액을 다르게 정할 수 있다.

제66조 (광역 구직활동비) ①광역 구직활동비는 수급자격자가 직업안정기관의 소개에 따라 광범위한 지역에 걸쳐 구직 활동을 하는 경우로서 대통령령으로 정하는 기준에 따라 직업안정기관의 장이 필요하다고 인정하면 지급할 수 있다.
②광역 구직활동비의 금액은 제1항의 구직 활동에 통상 드는 비용으로 하되, 그 금액의 산정은 노동부령으로 정하는 바에 따른다.

제67조 (이주비) ①이주비는 수급자격자가 취업하거나 직업

안정기관의 장이 지시한 직업능력개발 훈련 등을 받기 위하여 그 주거를 이전하는 경우로서 대통령령으로 정하는 기준에 따라 직업안정기관의 장이 필요하다고 인정하면 지급할 수 있다.

②이주비의 금액은 수급자격자 및 그 수급자격자에 의존하여 생계를 유지하는 동거 친족의 이주에 일반적으로 드는 비용으로 하되, 그 금액의 산정은 노동부령으로 정하는 바에 따라 따른다.

제68조 (취업촉진 수당의 지급 제한) ①거짓이나 그 밖의 부정한 방법으로 실업급여를 받았거나 받으려 한 자에게는 그 급여를 받은 날 또는 받으려 한 날부터의 취업촉진 수당을 지급하지 아니한다. 다만, 그 급여와 관련된 이직 이후에 새로 수급자격을 취득하면 그 새로운 수급자격에 따른 취업촉진 수당은 그러하지 아니하다.

②제1항 본문에도 불구하고 거짓이나 그 밖의 부정한 방법이 제47조제1항에 따른 신고의무의 불이행 또는 거짓의 신고 등 대통령령으로 정하는 사유에 해당하면 취업촉진 수당의 지급을 제한하지 아니한다. 다만, 2회 이상의 위반행위를 한 경우에는 제1항 본문에 따른다.

③거짓이나 그 밖의 부정한 방법으로 실업급여를 지급받았거나 받으려 한 자가 제1항 또는 제2항에 따라 취업촉진 수당을 지급받을 수 없게 되어 조기재취업 수당을 지급받지 못하게 된 경우에도 제64조제4항을 적용할 때는 그 지급받을 수 없게 된 조기재취업 수당을 지급받은 것으로 본다.

제69조 (준용) 취업촉진 수당에 관하여는 제57조제1항·제3항 및 제62조를 준용한다. 이 경우 제57조제1항 중 "수급자격자"는 "취업촉진 수당을 지급받을 수 있는 자"로 본다.

제5장 육아휴직 급여 등

제1절 육아휴직 급여

제70조 (육아휴직 급여) ①노동부장관은 「남녀고용평등법」 제19조에 따른 육아휴직을 30일(「근로기준법」 제74조에 따른 산전후휴가기간 90일과 중복되는 기간은 제외한다) 이상 부여받은 피보험자 중 다음 각 호의 요건을 모두 갖춘 경우에 육아휴직 급여를 지급한다.

1. 육아휴직을 시작한 날 이전에 제41조에 따른 피보험 단위기간이 통산하여 180일 이상일 것
2. 같은 자녀에 대하여 피보험자인 배우자가 육아휴직(30일 미만은 제외한다)을 부여받지 아니하고 있을 것
3. 육아휴직을 시작한 날 이후 1개월부터 끝난 날 이후 12개월 이내에 신청할 것. 다만, 같은 기간에 대통령령으로 정한 사유로 육아휴직 급여를 신청할 수 없었던 자는 그 사유가

끝난 후 30일 이내에 신청하여야 한다.

②제1항에 따른 육아휴직 급여액은 대통령령으로 정한다.

③육아휴직 급여의 신청 및 지급에 관하여 필요한 사항은 노동부령으로 정한다.

제71조 (육아휴직의 확인) 사업주는 피보험자가 제70조에 따른 육아휴직 급여를 받으려는 경우 노동부령으로 정하는 바에 따라 사실의 확인 등 모든 절차에 적극 협력하여야 한다.

제72조 (취업의 신고 등) ①피보험자가 육아휴직 급여 기간 중에 이직 또는 새로 취업(취직한 경우 1주간의 소정근로시간이 15시간 미만인 경우는 제외한다. 이하 이 장에서 같다)하거나 사업주로부터 금품을 지급받은 경우에는 그 사실을 직업안정기관의 장에게 신고하여야 한다.

②직업안정기관의 장은 필요하다고 인정하면 육아휴직 급여 기간 중의 이직, 취업 여부 등에 대하여 조사할 수 있다.

제73조 (급여의 지급 제한 등) ①피보험자가 육아휴직 급여 기간 중에 그 사업에서 이직하거나 새로 취업한 경우에는 그 이직 또는 취업하였을 때부터 육아휴직 급여를 지급하지 아니한다.

②피보험자가 사업주로부터 육아휴직을 이유로 금품을 지급받은 경우 대통령령으로 정하는 바에 따라 급여를 감액하여 지급할 수 있다.

③거짓이나 그 밖의 부정한 방법으로 육아휴직 급여를 받았거나 받으려 한 자에게는 그 급여를 받은 날 또는 받으려 한 날부터의 육아휴직 급여를 지급하지 아니한다. 다만, 그 급여와 관련된 육아휴직 이후에 새로 육아휴직 급여 요건을 갖춘 경우 그 새로운 요건에 따른 육아휴직 급여는 그러하지 아니하다.

제74조 (준용) 육아휴직 급여에 관하여는 제62조를 준용한다. 이 경우 "구직급여"는 "육아휴직 급여"로 본다.

제2절 산전후휴가 급여 등

제75조 (산전후휴가 급여 등) 노동부장관은 「남녀고용평등법」 제18조에 따라 피보험자가 「근로기준법」 제74조에 따른 산전후휴가 또는 유산·사산휴가를 받은 경우로서 다음 각 호의 요건을 모두 갖춘 경우에 산전후휴가 급여 등(이하 "산전후휴가 급여 등"이라 한다)을 지급한다.

1. 휴가가 끝난 날 이전에 제41조에 따른 피보험 단위기간이 통산하여 180일 이상일 것
2. 휴가를 시작한 날(제19조제2항에 따라 근로자의 수 등이 대통령령으로 정하는 기준에 해당하는 기업이 아닌 경우는

휴가 시작 후 60일이 지난 날로 본다) 이후 1개월부터 휴가가 끝난 날 이후 12개월 이내에 신청할 것. 다만, 그 기간에 대통령령으로 정하는 사유로 산전후휴가 급여등을 신청할 수 없었던 자는 그 사유가 끝난 후 30일 이내에 신청하여야 한다.

제76조 (지급 기간 등) ①제75조에 따른 산전후휴가 급여 등은 「근로기준법」 제74조에 따른 휴가 기간에 대하여 「근로기준법」의 통상임금(휴가를 시작한 날을 기준으로 산정한다)에 해당하는 금액을 지급한다. 다만, 제19조제2항에 따라 근로자의 수 등이 대통령령으로 정하는 기준에 해당하는 기업이 아닌 경우에는 휴가 기간 중 60일을 초과한 일수(30일을 한도로 한다)로 한정한다.
②제1항에 따른 산전후휴가 급여 등의 지급 금액은 대통령령으로 정하는 바에 따라 그 상한액과 하한액을 정할 수 있다.
③제1항과 제2항에 따른 산전후휴가 급여등의 신청 및 지급에 필요한 사항은 노동부령으로 정한다.

제77조 (준용) 산전후휴가 급여등에 관하여는 제62조, 제71조부터 제73조까지의 규정을 준용한다. 이 경우 제62조 중 "구직급여"는 "산전후휴가 급여등"으로, 제71조부터 제73조까지의 규정 중 "육아휴직"은 "산전후휴가 또는 유산·사산휴가"로 각각 본다.

제6장 고용보험기금

제78조 (기금의 설치 및 조성) ①노동부장관은 보험사업에 필요한 재원에 충당하기 위하여 고용보험기금(이하 "기금"이라 한다)을 설치한다.
②기금은 보험료와 이 법에 따른 징수금·적립금·기금운용 수익금과 그 밖의 수입으로 조성한다.

제79조 (기금의 관리·운용) ①기금은 노동부장관이 관리·운용한다.
②기금의 관리·운용에 관한 세부 사항은 「국가재정법」의 규정에 따른다.
③노동부장관은 다음 각 호의 방법에 따라 기금을 관리·운용한다.
1. 금융기관에의 예탁
2. 재정자금에의 예탁
3. 국가·지방자치단체 또는 금융기관에서 직접 발행하거나 채무이행을 보증하는 유가증권의 매입
4. 보험사업의 수행 또는 기금 증식을 위한 부동산의 취득 및 처분
5. 그 밖에 대통령령으로 정하는 기금 증식 방법

④노동부장관은 제1항에 따라 기금을 관리·운용할 때에는 그 수익이 대통령령으로 정하는 수준 이상 되도록 하여야 한다.

제80조 (기금의 용도) 기금은 다음 각 호의 용도에 사용하여야 한다.
1. 고용안정·직업능력개발 사업에 필요한 경비
2. 실업급여의 지급
3. 육아휴직 급여 및 산전후휴가 급여등의 지급
4. 보험료의 반환
5. 일시 차입금의 상환금과 이자
6. 그 밖에 이 법의 시행을 위하여 필요한 경비로서 대통령령으로 정하는 경비와 제1호 및 제2호에 따른 사업의 수행에 딸린 경비

제81조 (기금운용 계획 등) ①노동부장관은 매년 기금운용 계획을 세워 고용정책심의회 및 국무회의의 심의를 거쳐 대통령의 승인을 받아야 한다.
②노동부장관은 매년 기금의 운용 결과에 대하여 고용정책심의회의 심의를 거쳐 공표하여야 한다.

제82조 (기금계정의 설치) ①노동부장관은 한국은행에 고용보험기금계정을 설치하여야 한다.
②제1항의 고용보험기금계정은 고용안정·직업능력개발 사업 및 실업급여로 구분하여 관리한다.

제83조 (기금의 출납) 기금의 관리·운용을 하는 경우 출납에 필요한 사항은 대통령령으로 정한다.

제84조 (기금의 적립) ①노동부장관은 대량 실업의 발생이나 그 밖의 고용상태의 불안에 대비한 준비금으로 그 연도의 지출 비용을 초과하는 여유자금을 적립하여야 한다.
②제1항에 따른 적립금의 적정한 규모는 고용정책심의회의 심의를 거쳐 결정한다.

제85조 (잉여금과 손실금의 처리) ①기금의 결산상 잉여금이 생기면 이를 적립금으로 적립하여야 한다.
②기금의 결산상 손실금이 생기면 적립금을 사용하여 이를 보전(보전)할 수 있다.

제86조 (차입금) 기금을 지출할 때 자금 부족이 발생하거나 발생할 것으로 예상되는 경우에는 기금의 부담으로 금융기관·다른 기금과 그 밖의 재원 등으로부터 차입을 할 수 있다.

제7장 심사 및 재심사청구

제87조 (심사와 재심사) ①제17조에 따른 피보험자격의 취득·상실에 대한 확인, 제4장의 규정에 따른 실업급여 및 제5장에 따른 육아휴직 급여와 산전후휴가 급여 등에 관한 처분[이하 "원처분 등"이라 한다]에 이의가 있는 자는 제89조에 따른 심사관에게 심사를 청구할 수 있고, 그 결정에 이의가 있는 자는 제99조에 따른 심사위원회에 재심사를 청구할 수 있다.

②제1항에 따른 심사의 청구는 같은 항의 확인 또는 처분이 있음을 안 날부터 90일 이내에, 재심사의 청구는 심사청구에 대한 결정이 있음을 안 날부터 90일 이내에 각각 제기하여야 한다.

③제1항에 따른 심사 및 재심사의 청구는 시효중단에 관하여 재판상의 청구로 본다.

제88조 (대리인의 선임) 심사청구인 또는 재심사청구인은 법정대리인 외에 다음 각 호의 어느 하나에 해당하는 자를 대리인으로 선임할 수 있다.

1. 청구인의 배우자, 직계존속·비속 또는 형제자매
2. 청구인인 법인의 임원 또는 직원
3. 변호사나 공인노무사
4. 제99조에 따른 심사위원회의 허가를 받은 자

제89조 (고용보험심사관) ①제87조에 따른 심사를 행하게 하기 위하여 고용보험심사관(이하 "심사관"이라 한다)을 둔다.

②심사관은 제87조제1항에 따라 심사청구를 받으면 30일 이내에 그 심사청구에 대한 결정을 하여야 한다. 다만, 부득이한 사정으로 그 기간에 결정할 수 없을 때에는 1차에 한하여 10일을 넘지 아니하는 범위에서 그 기간을 연장할 수 있다.

③심사관의 정원·자격·배치 및 직무에 필요한 사항은 대통령령으로 정한다.

④당사자는 심사관에게 심리·결정의 공정을 기대하기 어려운 사정이 있으면 그 심사관에 대한 기피신청을 노동부장관에게 할 수 있다.

⑤심사청구인이 사망한 경우 그 심사청구인이 실업급여의 수급권자이면 제57조에 따른 유족이, 그 외의 자인 때에는 상속인 또는 심사청구의 대상인 원처분등에 관계되는 권리 또는 이익을 승계한 자가 각각 심사청구인의 지위를 승계한다.

제90조 (심사의 청구 등) ①제87조제1항에 따른 심사의 청구는 원처분등을 한 직업안정기관을 거쳐 심사관에게 하여야 한다.

②직업안정기관은 심사청구서를 받은 날부터 5일 이내에 의견서를 첨부하여 심사청구서를 심사관에게 보내야 한다.

제91조 (청구의 방식) 심사의 청구는 대통령령으로 정하는 바에 따라 문서로 하여야 한다.

제92조 (보정 및 각하) ①심사의 청구가 제87조제2항에 따른 기간이 지났거나 법령으로 정한 방식을 위반하여 보정(보정)하지 못할 것인 경우에 심사관은 그 심사의 청구를 결정으로 각하(각하)하여야 한다.

②심사의 청구가 법령으로 정한 방식을 어긴 것이라도 보정할 수 있는 것인 경우에 심사관은 상당한 기간을 정하여 심사청구인에게 심사의 청구를 보정하도록 명할 수 있다. 다만, 보정할 사항이 경미한 경우에는 심사관이 직권으로 보정할 수 있다.

③심사관은 심사청구인이 제2항의 기간에 그 보정을 하지 아니하면 결정으로써 그 심사청구를 각하하여야 한다.

제93조 (원처분의 집행 정지) ①심사의 청구는 원처분등의 집행을 정지시키지 아니한다. 다만, 심사관은 원처분등의 집행에 의하여 발생하는 중대한 위해(위해)를 피하기 위하여 긴급한 필요가 있다고 인정하면 직권으로 그 집행을 정지시킬 수 있다.

②심사관은 제1항 단서에 따라 집행을 정지시키려고 할 때에는 그 이유를 적은 문서로 그 사실을 직업안정기관의 장에게 알려야 한다.

③직업안정기관의 장은 제2항에 따른 통지를 받으면 지체 없이 그 집행을 정지하여야 한다.

④심사관은 제2항에 따라 집행을 정지시킨 경우에는 지체 없이 심사청구인에게 그 사실을 문서로 알려야 한다.

제94조 (심사관의 권한) ①심사관은 심사의 청구에 대한 심리를 위하여 필요하다고 인정하면 심사청구인의 신청 또는 직권으로 다음 각 호의 조사를 할 수 있다.

1. 심사청구인 또는 관계인을 지정 장소에 출석하게 하여 질문하거나 의견을 진술하게 하는 것
2. 심사청구인 또는 관계인에게 증거가 될 수 있는 문서와 그 밖의 물건을 제출하게 하는 것
3. 전문적인 지식이나 경험을 가진 제삼자로 하여금 감정(감정)하게 하는 것
4. 사건에 관계가 있는 사업장 또는 그 밖의 장소에 출입하여 사업주·종업원이나 그 밖의 관계인에게 질문하거나 문서와 그 밖의 물건을 검사하는 것

②심사관은 제1항제4호에 따른 질문과 검사를 하는 경우에는 그 권한을 나타내는 증표를 지니고 이를 관계인에게 내보여야 한다.

제95조 (실비변상) 제94조제1항제1호에 따라 지정한 장소에 출석한 자와 같은 항 제3호에 따라 감정을 한 감정인에게는 노동부장관이 정하는 실비를 변상한다.

제96조 (결정) 심사관은 심사의 청구에 대한 심리(심리)를 마쳤을 때에는 원처분등의 전부 또는 일부를 취소하거나 심사청구의 전부 또는 일부를 기각한다.

제97조 (결정의 방법) ①제89조에 따른 결정은 대통령령으로 정하는 바에 따라 문서로 하여야 한다.
②심사관은 결정을 하면 심사청구인 및 원처분등을 한 직업안정기관의 장에게 각각 결정서의 정본(정본)을 보내야 한다.

제98조 (결정의 효력) ①결정은 심사청구인 및 직업안정기관의 장에게 결정서의 정본을 보낸 날부터 효력이 발생한다.
②결정은 원처분등을 행한 직업안정기관의 장을 기속(기속)한다.

제99조 (고용보험심사위원회) ①제87조에 따른 재심사를 하게 하기 위하여 노동부에 고용보험심사위원회(이하 "심사위원회"라 한다)를 둔다.
②심사위원회는 근로자를 대표하는 자 및 사용자를 대표하는 자 각 1명 이상을 포함한 15명 이내의 위원으로 구성한다.
③제2항의 위원 중 2명은 상임위원으로 한다.
④다음 각 호의 어느 하나에 해당하는 자는 위원에 임명될 수 없다.
1. 금치산자·한정치산자 또는 파산의 선고를 받고 복권되지 아니한 자
2. 금고 이상의 형을 선고받고 그 형의 집행이 종료되거나 집행을 받지 아니하기로 확정된 후 3년이 지나지 아니한 자
⑤위원은 형의 선고를 받았거나 심신 쇠약 또는 현저한 능력 부족으로 직무를 수행하기 곤란한 때 외에는 그 의사와 다르게 면직되지 아니한다.
⑥상임위원은 정당에 가입하거나 정치에 관여하여서는 아니 된다.
⑦심사위원회는 제87조제1항에 따라 재심사의 청구를 받으면 50일 이내에 재결(재결)을 하여야 한다. 이 경우 재결 기간의 연장에 관하여는 제89조제2항을 준용한다.
⑧심사위원회에 사무국을 둔다.
⑨심사위원회 및 사무국의 조직·운영 등에 필요한 사항은 대통령령으로 정한다.

제100조 (재심사의 상대방) 재심사의 청구는 원처분등을 행한 직업안정기관의 장을 상대방으로 한다.

제101조 (심리) ①심사위원회는 재심사의 청구를 받으면 그 청구에 대한 심리 기일(심리기일) 및 장소를 정하여 심리 기일 3일 전까지 당사자 및 그 사건을 심사한 심사관에게 알려야 한다.
②당사자는 심사위원회에 문서나 구두로 그 의견을 진술할 수 있다.
③심사위원회의 재심사청구에 대한 심리는 공개한다. 다만, 당사자의 양쪽 또는 어느 한 쪽이 신청한 경우에는 공개하지 아니할 수 있다.
④심사위원회는 심리조서(심리조서)를 작성하여야 한다.
⑤당사자나 관계인은 제4항의 심리조서의 열람을 신청할 수 있다.
⑥위원회는 당사자나 관계인이 제5항에 따른 열람 신청을 하면 정당한 사유 없이 이를 거부하여서는 아니 된다.
⑦재심사청구의 심리에 관하여는 제94조 및 제95조를 준용한다. 이 경우 "심사관"은 "심사위원회"로, "심사의 청구"는 "재심사의 청구"로, "심사청구인"은 "재심사청구인"으로 본다.

제102조 (준용 규정) 심사위원회와 재심사에 관하여는 제89조제4항·제5항, 제91조부터 제93조까지, 제96조부터 제98조까지의 규정을 준용한다. 이 경우 제89조제4항 중 "심사관"은 "심사위원회의 위원"으로, 제89조제4항·제97조·제98조 중 "결정"은 각각 "재결"로, 제91조·제93조·제96조 중 "심사의 청구"는 각각 "재심사의 청구"로, 제93조·제96조·제97조 중 "심사관"은 각각 "심사위원회"로, 제93조·제97조·제98조 중 "심사청구인"은 각각 "재심사청구인"으로 본다.

제103조 (고지) 직업안정기관의 장이 원처분등을 하거나 심사관이 제97조제2항에 따라 결정서의 정본을 송부하는 경우에는 그 상대방 또는 심사청구인에게 원처분등 또는 결정에 관하여 심사 또는 재심사를 청구할 수 있는지의 여부, 청구하는 경우의 경유(경유) 절차 및 청구 기간을 알려야 한다.

제104조 (다른 법률과의 관계) ①재심사의 청구에 대한 재결은 「행정소송법」 제18조를 적용할 경우 행정심판에 대한 재결로 본다.
②심사 및 재심사의 청구에 관하여 이 법에서 정하고 있지 아니한 사항은 「행정심판법」의 규정에 따른다.

제8장 보칙

제105조 (불이익 처우의 금지) 사업주는 근로자가 제17조에 따른 확인의 청구를 한 것을 이유로 그 근로자에게 해고나

그 밖의 불이익한 처우를 하여서는 아니 된다.

제106조 (준용) 이 법에 따른 징수금의 징수에 관하여는 보험료징수법 제27조부터 제30조까지·제32조·제39조·제41조 및 제42조를 준용한다.

제107조 (소멸시효) ①제3장부터 제5장까지의 규정에 따른 지원금·실업급여·육아휴직 급여 또는 산전후휴가 급여등을 지급받거나 그 반환을 받을 권리는 3년간 행사하지 아니하면 시효로 소멸한다. 다만, 보험료징수법 제22조의3에 따라 고용보험료를 면제받는 기간 중에 발생하는 사업주의 제3장에 따른 지원금을 지급받을 권리는 보험에 가입한 날이 속하는 그 보험연도의 직전 보험연도 첫날에 소멸한 것으로 본다.
②소멸시효의 중단에 관하여는 「산업재해보상보험법」 제80조를 준용한다.

제108조 (보고 등) ①노동부장관은 필요하다고 인정하면 피보험자 또는 수급자격자를 고용하고 있거나 고용하였던 사업주, 보험료징수법 제33조에 따른 보험사무대행기관(이하 "보험사무대행기관"이라 한다) 및 보험사무대행기관이었던 자에게 피보험자의 자격 확인, 부정수급(불정수급)의 조사 등 이 법의 시행에 필요한 보고, 관계 서류의 제출 또는 관계인의 출석을 요구할 수 있다.
②이직한 자는 종전의 사업주 또는 그 사업주로부터 보험사무의 위임을 받아 보험 사무를 처리하는 보험사무대행기관에게 실업급여를 지급받기 위하여 필요한 증명서의 교부를 청구할 수 있다. 이 경우 청구를 받은 사업주나 보험사무대행기관은 그 청구에 따른 증명서를 내주어야 한다.
③노동부장관은 피보험자, 수급자격자 또는 지급되지 아니한 실업급여의 지급을 청구하는 자에게 피보험자의 자격 확인, 부정수급의 조사 등 이 법의 시행에 필요한 보고를 하게 하거나 관계 서류의 제출 또는 출석을 요구할 수 있다.

제109조 (조사 등) ①노동부장관은 피보험자의 자격 확인, 부정수급의 조사 등 이 법의 시행을 위하여 필요하다고 인정하면 소속 직원에게 피보험자 또는 수급자격자를 고용하고 있거나 고용하였던 사업주의 사업장 또는 보험사무대행기관 및 보험사무대행기관이었던 자의 사무소에 출입하여 관계인에 대하여 질문하거나 장부 등 서류를 조사하게 할 수 있다.
②노동부장관이 제1항에 따라 조사를 하는 경우에는 그 사업주 등에게 미리 조사 일시·조사 내용 등 조사에 필요한 사항을 알려야 한다. 다만, 긴급하거나 미리 알릴 경우 그 목적을 달성할 수 없다고 인정되는 경우에는 그러하지 아니하다.

③제1항에 따라 조사를 하는 직원은 그 신분을 나타내는 증표를 지니고 이를 관계인에게 내보여야 한다.
④노동부장관은 제1항에 따른 조사 결과를 그 사업주 등에게 서면으로 알려야 한다.

제110조 (자료의 요청) ①노동부장관은 고용보험사업의 효율적인 운영을 위하여 필요하면 관계 중앙행정기관·지방자치단체, 그 밖의 공공단체 등에게 필요한 자료의 제출을 요청할 수 있다.
②제1항에 따라 자료의 제출을 요청받은 자는 정당한 사유가 없으면 요청에 따라야 한다.

제111조 (진찰명령) 직업안정기관의 장은 실업급여의 지급을 위하여 필요하다고 인정하면 제44조제3항제1호에 해당하는 자로서 같은 조 제2항에 따른 실업의 인정을 받았거나 받으려는 자 및 제63조에 따라 상병급여를 지급받았거나 지급받으려는 자에게 노동부장관이 지정하는 의료기관에서 진찰을 받도록 명할 수 있다.

제112조 (포상금의 지급) ①노동부장관은 이 법에 따른 고용안정·직업능력개발 사업의 지원·위탁 및 실업급여·육아휴직 급여 또는 산전후휴가 급여등의 지원과 관련한 부정행위를 신고한 자에게 예산의 범위에서 포상금을 지급할 수 있다.
②제1항에 따른 부정행위의 신고 및 포상금의 지급에 필요한 사항은 노동부령으로 정한다.

제113조 (자영업자에 대한 특례) 제8조에도 불구하고 소득 등을 고려하여 대통령령으로 정하는 자영업자는 보험료징수법에서 정한 바에 따라 자기를 피보험자로 하여 이 법(제3장의 규정만 해당한다)의 적용을 받을 수 있다.

제114조 (시범사업의 실시) ①노동부장관은 보험사업을 효과적으로 시행하기 위하여 전면적인 시행에 어려움이 예상되거나 수행 방식 등을 미리 검증할 필요가 있는 경우 대통령령으로 정하는 보험사업은 시범사업을 할 수 있다.
②노동부장관은 제1항에 따른 시범사업에 참여하는 사업주, 피보험자등 및 직업능력개발 훈련 시설 등에 재정·행정·기술 그 밖에 필요한 지원을 할 수 있다.
③제1항에 따른 시범사업의 대상자·실시지역·실시방법과 제2항에 따른 지원 내용 등에 관하여 필요한 사항은 노동부장관이 정하여 고시한다.

제115조 (권한의 위임·위탁) 이 법에 따른 노동부장관의 권한은 대통령령으로 정하는 바에 따라 그 일부를 직업안정기관의 장에게 위임하거나, 대통령령으로 정하는 자에게 위

탁할 수 있다.

제9장 벌칙

제116조 (벌칙) ①제105조를 위반하여 근로자를 해고하거나 그 밖에 근로자에게 불이익한 처우를 한 사업주는 3년 이하의 징역 또는 1천만원 이하의 벌금에 처한다.

②거짓이나 그 밖의 부정한 방법으로 실업급여·육아휴직 급여 및 산전후휴가 급여 등을 받은 자는 1년 이하의 징역 또는 300만원 이하의 벌금에 처한다.

제117조 (과태료) ①다음 각 호의 어느 하나에 해당하는 사업주, 보험사무대행기관의 대표자 또는 대리인·사용인, 그 밖의 종업원에게는 300만원 이하의 과태료를 부과한다.

1. 제15조를 위반하여 신고를 하지 아니하거나 거짓으로 신고한 자

2. 제16조제1항을 위반하여 이직확인서를 제출하지 아니하거나 거짓으로 작성하여 제출한 자

3. 제16조제2항 후단을 위반하여 이직확인서를 내주지 아니한 자

4. 제108조제1항에 따른 요구에 불응하여 보고를 하지 아니하거나 거짓으로 보고한 자 또는 같은 요구에 불응하여 문서를 제출하지 아니하거나 거짓으로 적은 문서를 제출한 자

5. 제108조제2항에 따른 요구에 불응하여 증명서의 교부를 거부한 자

6. 제109조제1항에 따른 질문에 답변을 하지 아니하거나 거짓으로 진술을 한 자 또는 조사를 거부·방해하거나 기피한 자

②다음 각 호의 어느 하나에 해당하는 피보험자, 수급자격자 또는 지급되지 아니한 실업급여의 지급을 청구하는 자에게는 100만원 이하의 과태료를 부과한다.

1. 제108조제3항에 따른 명령을 위반하여 보고를 하지 아니하거나 거짓으로 보고한 자 또는 문서를 제출하지 아니하거나 거짓으로 적은 문서를 제출한 자 또는 출석하지 아니한 자

2. 제109조제1항에 따른 질문에 답변을 하지 아니하거나 거짓으로 진술을 한 자 또는 검사를 거부·방해하거나 기피한 자

③제87조에 따른 심사 또는 재심사의 청구를 받아 행하는 심사관 및 심사위원회의 질문에 답변을 하지 아니하거나, 거짓으로 답변한 자 또는 검사를 거부·방해하거나 기피한 자에게는 100만원 이하의 과태료를 부과한다.

④제1항부터 제3항까지의 규정에 따른 과태료는 대통령령으로 정하는 바에 따라 노동부장관이 부과·징수한다.

⑤제4항에 따른 과태료 처분에 불복하는 자는 그 처분을 고지받은 날부터 30일 이내에 노동부장관에게 이의를 제기할 수 있다.

⑥제4항에 따른 과태료 처분을 받은 자가 제5항에 따라 이의를 제기하면 노동부장관은 지체 없이 관할 법원에 그 사실을 통보하여야 하며, 그 통보를 받은 관할 법원은 「비송사건절차법」에 따른 과태료 재판을 한다.

⑦제5항에 따른 기간에 이의를 제기하지 아니하고 과태료를 내지 아니하면 국세 체납처분의 예에 따라 징수한다.

제118조 (양벌규정) ①법인의 대표자, 대리인, 사용인, 그 밖의 종업원이 그 법인의 업무에 관하여 제116조의 위반행위를 하면 그 행위자를 벌할 뿐만 아니라 그 법인에도 해당 조문의 벌금형을 과(科)한다.

②개인의 대리인, 사용인, 그 밖의 종업원이 그 개인의 업무에 관하여 제116조의 위반행위를 하면 그 행위자를 벌할 뿐만 아니라 그 개인에게도 해당 조문의 벌금형을 과한다.

부칙 <제8429호, 2007.5.11>

제1조 (시행일) 이 법은 공포한 날부터 시행한다.

제2조 (직업능력개발 훈련을 실시하는 자의 부정행위에 대한 추가징수에 관한 경과조치) 직업능력개발 훈련을 실시하는 자가 이 법 시행 전에 거짓이나 그 밖의 부정한 방법으로 직업능력개발 훈련에 대한 지원을 받거나 이를 받고자 한 경우에는 제35조제2항 단서의 개정규정에도 불구하고 종전의 규정에 따른다.

제3조 (유효기간) 제107조제1항 단서의 개정규정은 2009년 12월 31일까지 효력을 가진다.

제4조 (처분 등에 관한 일반적 경과조치) 이 법 시행 당시 종전의 규정에 따른 행정기관의 행위나 행정기관에 대한 행위는 그에 해당하는 이 법에 따른 행정기관의 행위나 행정기관에 대한 행위로 본다.

제5조 (벌칙이나 과태료에 관한 경과조치) 이 법 시행 전의 행위에 대하여 벌칙이나 과태료 규정을 적용할 때에는 종전의 규정에 따른다.

제6조 (다른 법률의 개정) ①건설근로자의고용개선등에관한법률 일부를 다음과 같이 개정한다.

제5조제3항 중 "고용보험법 제13조"를 "「고용보험법」 제15조"로 한다.

②고용보험 및 산업재해보상보험의 보험료징수 등에 관한 법률 일부를 다음과 같이 개정한다.

제5조제2항 중 "「고용보험법」 제7조 단서"를 "「고용보험법」 제8조 단서"로, "「고용보험법」 제8조"를 "「고용보험법」 제10조"로 한다.

제6조제1항 중 "「고용보험법」 제7조 단서"를 "「고용보험법」 제8조 단서"로 하고, 같은 조 제3항 중 "「고용보험법」 제8

조"를 "「고용보험법」 제10조"로 한다.
제7조제1호 중 "「고용보험법」 제7조 단서"를 "「고용보험법」 제8조 단서"로 한다.
제17조제1항 본문 중 "「고용보험법」 제8조"를 "「고용보험법」 제10조"로 한다.
제49조의2제1항 중 "「고용보험법」 제83조의2"를 "「고용보험법」 제113조"로 한다.
③국민연김법 일부를 다음과 같이 개정한다.
제93조의2 중 "고용보험법 제31조"를 "「고용보험법」 제40조"로 한다.
④근로자직업능력 개발법 일부를 다음과 같이 개정한다.
제20조제1항제3호 중 "제15조제2항"을 "제19조제2항"으로 한다.
⑤제주특별자치도 설치 및 국제자유도시 조성을 위한 특별법 일부를 다음과 같이 개정한다.
제147조제4항제1호 중 "「고용보험법」 제13조(원수급인으로부터 제출된 자료의 접수에 관한 권한을 포함한다), 제13조의2, 제14조, 제16조 내지 제18조, 제18조의2(건설근로자고용안정지원금의 지원에 관한 권한을 포함한다), 제22조, 제24조, 제26조의3, 제33조의2제1항·제2항, 제34조제1항·제3항·제4항제3호·제5항, 제37조, 제42조제1항·제2항, 제42조의2제1항, 제43조제2항·제3항, 제44조제2항, 제45조제2항, 제46조제1항 내지 제3항, 제48조제1항·제3항, 제49조제3항, 제51조제1항, 제52조제1항, 제53조제1항, 제55조의2, 제55조의4, 제55조의5, 제55조의7, 제55조의9, 제75조의6제3항, 제75조의10제2항, 제75조의11, 제76조의5, 제80조(이양된 권한의 사무처리를 위하여 필요한 경우에 한한다), 제82조 및 제86조(이양된 권한에 관한 과태료의 부과·징수에 한한다)"를 "「고용보험법」 제15조(원수급인으로부터 제출된 자료의 접수에 관한 권한을 포함한다), 제16조, 제17조, 제21조부터 제23조까지, 제24조(건설근로자고용안정지원금의 지원에 관한 권한을 포함한다), 제27조, 제29조, 제33조, 제43조제1항·제2항, 제44조제1항·제2항·제3항제3호·제4항, 제47조, 제51조제1항·제2항, 제52조제1항, 제56조제2항, 제57조제2항, 제58조, 제60조제1항부터 제3항까지, 제62조제1항·제3항, 제63조제3항, 제65조제1항, 제66조제1항, 제67조제1항, 제70조, 제72조, 제73조, 제75조, 제77조, 제93조제3항, 제97조제2항, 제98조, 제103조, 제108조(이양된 권한의 사무처리를 위하여 필요한 경우에 한한다), 제111조 및 제117조(이양된 권한에 관한 과태료의 부과·징수에 한한다)"로 한다.
⑥주한미군 공여구역주변지역 등 지원 특별법 일부를 다음과 같이 개정한다.
제23조제1항 중 "「고용보험법」 제15조"를 "「고용보험법」 제19조"로 한다.
⑦중소기업 사업전환 촉진에 관한 특별법 일부를 다음과

같이 개정한다.
제25조제2항제2호 중 "「고용보험법」 제16조"를 "「고용보험법」 제21조"로, "동법 제24조"를 "같은 법 제29조"로 한다.
⑧중소기업인력지원 특별법 일부를 다음과 같이 개정한다.
제21조제1항 중 "고용보험법 제15조"를 "「고용보험법」 제19조"로 한다.
제7조 (다른 법령과의 관계) 이 법 시행 당시 다른 법령에서 종전의 「고용보험법」 또는 그 규정을 인용한 경우에 이 법 가운데 그에 해당하는 규정이 있으면 종전의 규정을 갈음하여 이 법 또는 이 법의 해당 규정을 인용한 것으로 본다.

고용보험법시행령

연혁

1995. 4. 6 제정 대통령령 제14570호
1996. 3. 9 일부개정 대통령령 제14935호
1996. 6. 29 일부개정 대통령령 제15092호
1997. 5. 8 일부개정 대통령령 제15367호
1998. 2. 12 일부개정 대통령령 제15624호
1998. 2. 24 일부개정 대통령령 제15683호
1998. 7. 1 일부개정 대통령령 제15829호
1998. 10. 1 일부개정 대통령령 제15902호
1999. 2. 1 일부개정 대통령령 제16095호
1999. 7. 1 일부개정 대통령령 제16464호
2000. 12. 30 일부개정 대통령령 제17090호
2001. 7. 7 일부개정 대통령령 제17301호

2001. 10. 31 일부개정 대통령령 제17403호
2002. 12. 30 일부개정 대통령령 제17853호
2003. 12. 18 일부개정 대통령령 제18165호
2004. 2. 25 일부개정 대통령령 제18296호
2004. 10. 1 일부개정 대통령령 제18555호
2004. 10. 29 일부개정 대통령령 제18572호
2005. 10. 26 일부개정 대통령령 제19103호
2005. 12. 30 일부개정 대통령령 제19246호
2006. 6. 12 일부개정 대통령령 제19513호
2006. 11. 23 일부개정 대통령령 제19738호
2007. 4. 27 일부개정 대통령령 제20036호

제1장 총칙

제1조 (목적) 이 영은 「고용보험법」에서 위임된 사항과 그 시행에 관하여 필요한 사항을 규정함을 목적으로 한다. <개정 2005.10.26, 2006.11.23>

제1조의2 삭제 <2004.10.29>

제2조 (적용범위) ①「고용보험법」(이하 "법"이라 한다) 제7조 단서에서 "대통령령이 정하는 사업"이라 함은 다음 각 호의 어느 하나에 해당하는 사업을 말한다. <개정 1998.2.12, 1998.10.1, 1999.2.1, 1999.7.1, 2002.12.30, 2004.10.29, 2005. 10.26, 2005.12.30, 2006.11.23>
1. 농업·임업·어업 및 수렵업 중 법인이 아닌 자가 상시 4인 이하의 근로자를 사용하는 사업
2. 다음 각 목의 어느 하나에 해당하는 공사. 다만, 법 제13조제2항 각 호의 자가 시공하는 공사를 제외한다.
가. 「고용보험 및 산업재해보상보험의 보험료징수 등에 관한 법률 시행령」 제2조제1항제2호의 규정에 의한 총공사금액(이하 "총공사금액"이라 한다)이 2천만원 미만인 공사
나. 연면적 330제곱미터 이하인 건축물의 건축 또는 대수선에 관한 공사
3. 가사서비스업
②삭제 <1998.10.1>
③제1항 각 호의 1의 규정에 의한 사업의 범위에 관하여는 법 또는 이 영에 특별한 규정이 있는 경우를 제외하고는 「통계법」의 규정에 의하여 통계청장이 고시하는 한국표준산업분류표에 의한다. <개정 1998.10.1, 2005.10.26>
④삭제 <2005.12.30>
⑤총공사금액이 2천만원미만인 건설공사가 설계변경(사실상의 설계변경이 있는 경우를 포함한다)으로 인하여 2천만원 이상의 건설공사에 해당하게 되거나 「고용보험 및 산업재해보상보험의 보험료징수 등에 관한 법률」(이하 "보험료징수법"이라 한다) 제8조제1항 및 제2항의 규정에 의하여 일괄적용을 받게 되는 경우에는 그때부터 법의 규정의 전부를 적용한다. <개정 1997.5.8, 1998.10.1, 1999.7.1, 2004.10. 29, 2005.10.26, 2005.12.30, 2006.11.23>

제2조의2 삭제 <1999.2.1>

제3조 (적용제외 근로자) ①법 제8조제2호에서 "소정근로시간이 대통령령이 정하는 시간 미만인 자"라 함은 1월간의 소정근로시간이 60시간 미만인 자(1주간의 소정근로시간이 15시간 미만인 자를 포함한다)를 말한다. 다만, 생업을 목적으로 근로를 제공하는 자 중 3월 이상 계속하여 근로를 제공하는 자 및 법 제2조제5호의 규정에 의한 일용근로자를 제외한다. <신설 2003.12.18>
②법 제8조제7호에서 "대통령령이 정하는 자"라 함은 다음 각 호의 자를 말한다. <개정 1996.3.9, 1998.7.1, 1998.10.1, 2000.2.9, 2002.12.30, 2003.12.18, 2004.2.25, 2005.10.26, 2005.

12.30>
1. 삭제 <2002.12.30>
2. 삭제 <2004.2.25>
3. 삭제 <1998.10.1>
4. 외국인 근로자. 다만, 다음 각 목의 어느 하나에 해당하는 자를 제외한다.
가. 「출입국관리법 시행령」 제12조의 규정에 의한 외국인의 체류자격 중 주재(D-7)·기업투자(D-8) 및 무역경영(D-9)의 체류자격을 가진 자(법에 의한 고용보험에 상응하는 보험료 및 급여에 관하여 당해 외국인의 본국법이 대한민국 국민에게 적용되지 아니하는 경우를 제외한다)
나. 「출입국관리법 시행령」 제23조제1항의 규정에 의한 취업활동을 할 수 있는 체류자격을 가진 자 중 비전문취업(E-9)의 체류자격을 가진 자(노동부령이 정하는 바에 따라 보험가입을 신청한 자에 한한다)
다. 「출입국관리법 시행령」 제23조제1항의 규정에 의한 취업활동을 할 수 있는 체류자격을 가진 자 중 비전문취업(E-9)의 체류자격을 가진 자가 아닌 자(노동부령이 정하는 바에 따라 보험가입을 신청한 자에 한한다)
라. 「출입국관리법 시행령」 제23조제2항제1호의 규정에 해당하는 자(노동부령이 정하는 바에 따라 보험가입을 신청한 자에 한한다)
마. 「출입국관리법 시행령」 제23조제2항제2호의 규정에 해당하는 자
바. 「출입국관리법 시행령」 제23조제3항의 규정에 해당하는 자(노동부령이 정하는 바에 따라 보험가입을 신청한 자에 한한다)
사. 「출입국관리법 시행령」 제23조제4항의 규정에 해당하는 자
5. 「별정우체국법」에 의한 별정우체국 직원

제4조 (대리인) ①사업주는 대리인을 선임하여 사업주가 법과 이 영에 의하여 행할 사항을 대리인으로 하여금 행하게 할 수 있다.
②사업주는 대리인을 선임하거나 해임한 때에는 노동부령이 정하는 바에 따라 노동부장관에게 신고하여야 한다.
[본조신설 2005.12.30]

제4조의2 (고용보험통계의 관리 등) ①노동부장관은 법 제8조의2의 규정에 의한 조사·연구 및 고용보험의 운영을 통하여 생성된 고용보험 관련 통계(이하 "고용보험통계"라 한다)를 체계적으로 관리·운영하여야 한다.
②노동부장관은 고용보험통계를 체계적으로 관리·운영하기 위하여 고용보험통계전문요원을 둘 수 있다.
③고용보험통계전문요원의 자격·복무 및 보수 등에 관하여 필요한 사항은 노동부장관이 정한다.

[본조신설 2004.2.25][종전 제4조의2는 제4조의3으로 이동 <2004.2.25>]

제4조의3 (업무의 대행) ①노동부장관은 법 제8조의2제2항의 규정에 의하여 노동시장에 관한 연구와 고용보험(이하 "보험"이라 한다) 관련업무를 지원하기 위한 조사·연구사업을 「정부출연연구기관 등의 설립·운영 및 육성에 관한 법률」 제8조의 규정에 의하여 설립된 고용보험 관련연구기관 또는 「고용정책기본법」 제33조에 따라 설립된 한국고용정보원으로 하여금 대행하게 할 수 있다. <개정 1999.1.29, 2004.2.25, 2005.10.26, 2007.4.27>
②노동부장관은 제1항의 규정에 의하여 업무를 대행하게 하는 경우에는 그에 필요한 조사·연구, 관리·운영 등에 소요되는 경비를 보험기금에서 지원할 수 있다.
[본조신설 1997.5.8][제4조의2에서 이동 <2004.2.25>]

제2장 피보험자의 관리 <개정 2004.10.29>

제5조 삭제 <2004.10.29>
제6조 삭제 <2004.10.29>
제7조 삭제 <2005.12.30>
제7조의2 삭제 <2004.10.29>
제8조 삭제 <2004.10.29>
제9조 삭제 <2004.10.29>
제9조의2 삭제 <2004.10.29>
제9조의3 삭제 <2004.10.29>
제9조의4 삭제 <2004.10.29>

제10조 (피보험자격의 취득 또는 상실신고 등) <개정 2003.12.18> ①사업주 또는 하수급인은 법 제13조의 규정에 따라 노동부장관에게 당해 사업에 고용된 근로자의 피보험자격의 취득 및 상실에 관한 사항을 신고하거나 법 제13조의2의 규정에 따라 노동부장관에게 피보험단위기간·이직사유 및 이직전에 지급한 임금·퇴직금 등의 내역을 증명하는 서류(이하 "이직확인서"라 한다)를 제출하고자 하는 경우에는 그 사유가 발생한 날이 속하는 달의 다음 달 15일까지(근로자가 동 기일 이전에 신고 또는 제출을 요구하는 경우에는 지체없이) 이를 하여야 한다. 이 경우 사업주 또는 하수급인이 법 제2조제5호의 규정에 의한 일용근로자에 대하여 당해 월에 고용한 일용근로자의 근로일수, 임금 등이 기재된 근로내역확인신고서를 그 사유가 발생한 날의 다음 달 15일까지 노동부장관에게 제출한 경우에는 피보험자격의 취득 및 상실을 신고하거나 이직확인서를 제출한 것으로 본다. <개정 2003.12.18>
②보험료징수법 제11조제3항의 규정에 의하여 사업의 개시 및 종료 신고를 한 사업주는 제1항의 규정에 의한 신고

기간내에 노동부장관에게 피보험자격의 취득 또는 상실신고를 하여야 한다. <신설 1997.5.8, 1998.7.1, 2003.12.18, 2004.10.29>

③삭제 <2003.12.18>

④법 제13조의2제1항의 규정에 따라 이직확인서를 제출받은 노동부장관은 피보험단위기간·이직사유 및 임금지급내역 등을 확인하여야 한다. <신설 1997.5.8, 2003.12.18>

⑤노동부장관은 제4항의 규정에 의하여 이직확인서의 기재내용을 확인하는 경우 이직자가 이직일이전 18월간에 법 제31조제2항의 규정에 의한 사유로 인하여 계속하여 30일 이상 임금을 지급받지 못한 사실이 있는 경우에는 당해 이직자에 대하여 의사의 진단서 기타 그 사유를 증명할 수 있는 서류의 제출을 요구할 수 있다. <신설 1997.5.8, 2003.12.18>

⑥삭제 <2003.12.18>

제10조의2 (근로자의 피보험자격에 관한 신고) 법 제13조제3항의 규정에 따라 근로자가 피보험자격의 취득 및 상실 등에 관한 사항을 신고하는 경우에는 근로계약서 등 고용관계를 증명할 수 있는 서류를 제출하여야 한다.

[본조신설 2003.12.18]

제11조 (피보험자의 전근신고) ①사업주는 피보험자를 당해 사업주의 하나의 사업에서 다른 사업으로 전보시킨 때에는 전보일부터 14일이내에 노동부장관에게 이를 신고하여야 한다. <개정 2003.12.18>

②삭제 <1996.3.9>

제12조 (피보험자 이름 등의 변경신고) 사업주는 피보험자의 이름 또는 주민등록번호가 변경 또는 정정된 경우에는 변경 또는 정정일부터 14일이내에 노동부장관에게 이를 신고하여야 한다. <개정 2003.12.18>

제13조 (확인의 청구 및 통지) ①피보험자 또는 피보험자이었던 자가 법 제14조제1항의 규정에 의하여 피보험자격의 취득 또는 상실에 관한 확인을 청구하고자 하는 경우에는 노동부장관에게 이를 하여야 한다. <개정 2003.12.18>

②노동부장관은 법 제14조제3항의 규정에 따라 피보험자격의 취득 또는 상실에 관하여 확인한 결과를 당해 청구인과 그 청구인을 고용하거나 고용하였던 사업주 또는 하수급인에게 통지하여야 한다. <개정 2003.12.18, 2005.12.30>

③삭제 <2005.12.30>

④삭제 <2003.12.18>

제14조 삭제 <1997.5.8>

제3장 고용안정사업·직업능력개발사업 <개정 2005.12.30>

제15조 (우선지원 대상기업의 범위) ①법 제15조제2항에서 "대통령령이 정하는 기준에 해당하는 기업"이라 함은 산업별로 상시 사용하는 근로자의 수가 다음 각 호의 어느 하나에 해당하는 기업(이하 "우선지원대상기업"이라 한다)을 말한다. <개정 2005.12.30>

1. 광업 : 300인이하
2. 제조업 : 500인이하
3. 건설업 : 300인이하
4. 운수·창고 및 통신업 : 300인이하
5. 제1호 내지 제4호외의 산업 : 100인이하

②제1항 각 호에 해당하지 아니하는 기업으로서 「중소기업기본법」 제2조제1항 및 제3항의 기준에 해당하는 기업은 제1항의 규정에 불구하고 이를 우선지원 대상기업으로 본다. <개정 2004.2.25, 2005.10.26>

③제1항 및 제2항의 규정에 불구하고 「독점규제 및 공정거래에 관한 법률」 제14조제1항의 규정에 따라 지정된 상호출자제한기업집단 중 자산총액이 5조원 이상인 기업집단에 속하는 회사로 통지받은 회사는 그 통지를 받은 날이 속하는 보험연도의 다음 보험 연도부터 이를 우선지원 대상기업으로 보지 아니한다. <개정 1998.7.1, 2002.12.30, 2005.10.26>

④제1항의 규정에 의하여 우선지원 대상기업에 해당하는지의 여부를 판단하는 경우 그 기준이 되는 사항은 다음 각 호와 같다. <개정 1998.7.1, 2003.11.29, 2005.10.26>

1. 상시 사용하는 근로자의 수는 당해 사업주가 행하는 모든 사업에 있어서 전년도 매월 말일 현재의 근로자의 수(건설업에 있어서는 일용근로자의 수를 제외한다)의 합계를 전년도의 조업월수로 나누어 산정한 수로 할 것. 다만, 「주택법」에 의한 공동주택을 관리하는 사업의 경우에는 각 사업별로 상시 사용하는 근로자의 수를 산정한다.

2. 제1항 각 호의 산업분류는 「통계법」의 규정에 의하여 통계청장이 고시하는 한국표준산업분류표의 대분류를 기준으로 적용할 것. 다만, 하나의 사업주가 2이상의 산업의 사업을 경영하는 경우에는 상시 사용하는 근로자의 수가 많은 산업을 기준으로 하며, 상시 사용하는 근로자의 수가 같을 경우에는 임금총액·매출액순으로 그 기준을 적용한다.

⑤제4항의 규정에 불구하고 보험연도 중에 보험관계가 성립된 사업주에 대하여는 보험관계성립일 현재를 기준으로 우선지원 대상기업에 해당하는지의 여부를 판단하여야 한다.

[전문개정 1997.5.8]

제15조의2 (중소기업근로시간단축지원금) ①노동부장관은 법 제15조의2의 규정에 따라 우선지원 대상기업에 해당하는

사업주(법률 제6974호 근로기준법 중 개정법률 부칙 제1조 제1호의 규정에 해당하는 사업 또는 사업장의 사업주를 제외한다)가 법률 제6974호 근로기준법 중 개정법률 부칙 제1조의 시행일 6월이전에 동법 부칙 제2조의 규정에 따라 개정규정의 적용을 받고, 개정규정의 적용후 매분기 당해 사업의 월평균 근로자수(근로시간을 동법 제49조의 개정규정에 의한 근로시간으로 단축한 후 새로이 채용한 자 중 노동부령이 정하는 근로자를 제외하며, 이하 "적용후월평균근로자수"라 한다)가 동법 제49조의 개정규정에 의한 근로시간으로 단축한 날이 속한 월의 직전 3월의 월평균 근로자수(이하 "단축전월평균근로자수"라 한다)를 초과하는 경우에는 중소기업근로시간단축지원금을 지급한다. 다만, 다음 각 호의 어느 하나에 해당하는 경우에는 이를 지급하지 아니한다. <개정 2004.10.1, 2005.10.26, 2005.12.30>

1. 「근로기준법」 제49조의 근로시간에 관한 규정이 적용되지 아니하는 사업의 경우

2. 2004년 1월 1일 이후에 사업을 개시한 경우

②제1항의 규정에 의한 근로자수를 산정함에 있어서 일용근로자와 제3조제1항에 해당하는 자가 있는 경우에는 이를 제외한다. <개정 2005.12.30>

③중소기업근로시간단축지원금의 금액은 노동부장관이 임금인상률, 노동시장 여건 등을 고려하여 매년 고시하는 금액에 제1항의 규정에 따라 적용후월평균근로자수가 단축전월평균근로자수를 초과한 수를 곱하여 산정한 금액으로 하며, 법률 제6974호 근로기준법 중 개정법률 부칙 제1조의 규정에 의한 시행일전까지의 기간동안 지급한다. 다만, 매분기당 지급총액은 노동부장관이 고시하는 금액에 단축전월평균근로자수의 100분의 10에 해당하는 수를 곱하여 산출한 금액을 초과할 수 없다.

④중소기업근로시간단축지원금의 신청 및 지급에 관하여 필요한 사항은 노동부령으로 정한다.

[본조신설 2004.2.25]

제15조의3 (교대제전환지원금)

①노동부장관은 법 제15조의2의 규정에 따라 사업주가 근로자를 조(組)를 나누어 교대로 근로하게 하는 교대제를 새로이 실시하거나 조를 늘려 교대제를 실시(4조 이하로 실시하는 경우에 한하며, 이하 "교대제전환"이라 한다)하고, 교대제전환 이후 매분기 당해 사업의 월평균 근로자수(교대제전환 이후 새로이 채용한 자 중 노동부령이 정하는 근로자를 제외하며, 이하 "전환후월평균근로자수"라 한다)가 교대제전환을 한 날이 속한 월의 직전 3월의 월평균 근로자수(이하 "전환전월평균근로자수"라 한다)를 초과하는 경우에는 교대제전환지원금을 지급한다. <개정 2005.12.30>

②제1항의 규정에 의한 근로자수의 산정은 교대제전환이 발생한 업무와 그 업무에 대한 관리·지원 업무에 종사하는 근로자를 대상으로 하되, 일용근로자와 제3조제1항에 해당하는 자가 있는 경우에는 이를 제외한다. <개정 2005.12.30>

③교대제전환지원금의 금액은 노동부장관이 임금인상률, 노동시장의 여건 등을 고려하여 매년 고시하는 금액에 전환후월평균근로자수가 전환전월평균근로자수를 초과한 수를 곱하여 산정한 금액으로 하며, 교대제전환 이후 1년이 되는 날까지 지원한다. 다만, 매분기당 지급총액은 노동부장관이 고시하는 금액에 전환전월평균근로자수의 3분의 1에 해당하는 수를 곱하여 산출한 금액을 초과할 수 없다.

④교대제전환지원금의 신청 및 지급에 관하여 필요한 사항은 노동부령으로 정한다.

[본조신설 2004.10.1]

제15조의4 (중소기업 고용환경개선에 대한 지원)

①노동부장관은 법 제15조의2 및 「중소기업인력지원 특별법」 제21조제1항의 규정에 따라 「중소기업인력지원 특별법」 제3조의 규정에 의한 업종의 우선지원대상기업에 해당하는 사업주가 고용기회의 확대를 위하여 고용환경의 개선에 필요한 시설 또는 설비를 설치하고, 고용을 늘린 경우에는 이에 소요된 비용 및 임금의 일부를 예산의 범위안에서 지원할 수 있다. <개정 2005.10.26, 2005.12.30>

②제1항의 규정에 의한 지원대상 시설·설비의 인정범위 등 지원의 요건, 지원금의 금액, 지원금의 신청 및 지급 등에 관하여 필요한 사항은 노동부장관이 정하여 고시한다.

[본조신설 2004.10.1]

제15조의5 (중소기업전문인력활용장려금 <개정 2005.12.30>)

①노동부장관은 법 제15조의2 및 「중소기업인력지원 특별법」 제21조제1항의 규정에 따라 「중소기업인력지원 특별법」 제3조의 규정에 의한 업종의 우선지원대상기업에 해당하는 사업주가 기업의 경쟁력 제고를 위하여 노동부장관이 정하여 고시하는 전문인력(이하 "전문인력"이라 한다)을 신규로 고용하거나 다음 각 호의 모든 요건을 갖추어 우선지원대상기업이 아닌 다른 기업으로부터 지원받아 사용하고, 고용 또는 사용 전 3월부터 고용 또는 사용 후 6월까지 근로자를 고용조정으로 이직시키지 아니하는 경우에는 중소기업전문인력활용장려금을 지급한다. 이 경우 그 전문인력은 피보험자이어야 한다. <개정 2005.12.30>

1. 전문인력을 지원하는 기업과 지원받는 기업이 근로자를 서로 교환하는 것이 아닐 것

2. 전문인력을 지원하는 기업이 근로자대표(근로자의 과반수로 조직된 노동조합이 있는 경우에는 그 노동조합의 대표를 말하며, 근로자의 과반수로 조직된 노동조합이 없는 경우에는 근로자의 과반수를 대표하는 자를 말한다. 이하 같다)와의 협의를 거친 후 해당전문인력의 동의를 얻어 실

시하는 것일 것
3. 1년 이상 지원받아 사용한 전문인력을 다시 지원받는 것
이 아닐 것
4. 지원하는 기업과 지원받는 기업이 전문인력 지원에 관한
협약을 체결하고 실시하되, 지원하는 전문인력의 임금 중
100분의 40이상을 해당전문인력을 지원하는 기업이 부담
하는 것일 것
②중소기업전문인력활용장려금의 금액은 노동부장관이 임
금인상률, 노동시장의 여건 등을 고려하여 고시하는 금액
에 신규로 고용하거나 지원받아 사용하는 전문인력의 수(3
인을 초과하는 경우에는 3인으로 하되, 50세 이상인 전문인
력을 추가로 고용하거나 지원받아 사용함으로써 3인을 초
과하는 경우에는 4인)를 곱하여 산정한 금액으로 하되, 우
선지원 대상기업이 해당전문인력에 대하여 부담하는 임금
액의 4분의 3을 상한액으로 한다. <개정 2005.12.30,
2007.4.27>
③중소기업전문인력활용장려금은 12월간 지급한다. 다만,
해당전문인력의 고용기간 또는 사용기간이 12월 미만인 경
우에는 그 기간동안 지급한다. <신설 2005.12.30>
④중소기업전문인력활용장려금의 신청 및 지급에 관하여
필요한 사항은 노동부령으로 정한다. <개정 2005.12.30>
[본조신설 2004.10.1]

제15조의6 (중소기업신규업종진출지원금) ①노동부장관은 법
제15조의2 및 「중소기업인력지원 특별법」 제21조제1항의
규정에 따라 「중소기업인력지원 특별법」 제3조의 규정에
의한 업종의 우선지원대상기업에 해당하는 사업주가 노동
부령이 정하는 바에 따라 새로운 업종으로 진출(이하 "신규
업종진출"이라 한다)하고, 신규업종진출 이후 매분기 당해
사업의 월평균 근로자수(신규업종진출 이후 새로이 채용한
자 중 노동부령이 정하는 근로자를 제외하며, 이하 "진출후
월평균근로자수"라 한다)가 신규업종으로 진출한 날이 속
한 월의 직전 3월의 월평균 근로자수(이하 "진출전월평균
근로자수")를 초과하는 경우에는 우선지원대상기업신규업
종진출지원금을 지급한다. <개정 2005.10.26, 2005.12.30>
②제1항의 규정에 의한 근로자수를 산정함에 있어서 일용
근로자와 제3조제1항에 해당하는 자가 있는 경우에는 이를
제외한다. <개정 2005.12.30>
③제1항의 규정에 따라 중소기업신규업종진출지원금을 지
급받고자 하는 사업주는 미리 당해 사업의 근로자대표와의
협의를 거쳐 신규업종진출을 위한 계획(이하 "신규업종진
출계획"이라 한다)을 수립하고 그 계획에 따라 실시하여야
한다. 이 경우 신규업종진출계획을 수립하거나 이를 변경
하고자 하는 자는 미리 노동부장관에게 신고하여야 한다.
<개정 2005.12.30>
④제3항의 규정에 의한 신규업종진출계획을 실시함에 있

어서 사업주는 신규업종진출계획을 신고한 날부터 1년 이
내에 신규업종진출을 완료하고 이를 노동부장관에게 신고
하여야 한다.
⑤중소기업신규업종진출지원금의 금액은 노동부장관이 임
금인상률, 노동시장의 여건 등을 고려하여 매년 고시하는
금액에 진출후월평균근로자수가 진출전월평균근로자수를
초과한 수(30인 이하에 한한다)를 곱하여 산정한 금액으로
하고, 신규업종으로의 진출이 완료된 날부터 1년이 되는 날
까지 지원한다.
⑥중소기업신규업종전환지원금의 신청 및 지급에 관하여
필요한 사항은 노동부령으로 정한다.
[본조신설 2004.10.1]

제16조 (고용조정의 지원내용 등) ①법 제16조제1항 및 제2항
의 규정에 의하여 근로자의 고용안정을 위한 조치를 취하
는 사업주에 대하여는 지원금 또는 장려금을 지급한다.
<개정 1997.12.31, 1998.7.1>
②법 제16조제3항의 규정에 의하여 우선적으로 지원을 할
수 있는 사업주는 다음 각 호의 1에 해당하는 사업주로 한
다. <개정 1997.12.31, 2005.10.26>
1. 「고용정책기본법 시행령」 제18조제1항제1호의 규정에
의하여 고용조정지원 등이 필요한 업종으로 지정된 업종
(이하 "지정업종"이라 한다)에 속하는 사업을 행하는 사업
주
2. 제1호의 규정에 의한 사업주로부터 지정업종에 속하는
사업의 도급을 받아 제조·수리 등을 행하는 사업주로서 그
매출액의 2분의 1이상이 당해 지정업종과 관련된 사업의
사업주
3. 「고용정책기본법 시행령」 제18조제1항제2호 또는 제3호
의 규정에 의하여 고용조정지원 등이 필요한 지역으로 지
정된 지역(이하 "지정지역"이라 한다)안에 소재하는 사업의
사업주
③노동부장관은 제2항 각 호의 1에 해당하는 사업주가 고
용유지조치·전직지원 및 재고용을 하는 경우에는 제17조
내지 제19조의2의 규정에 불구하고 고용정책심의회의 심
의를 거쳐 지원의 요건 및 지원의 수준을 달리 정할 수 있
다. <개정 2002.12.30>
[전문개정 1997.5.8]

제17조 (고용유지지원금의 지급대상) ①노동부장관은 법 제16
조제1항의 규정에 의하여 고용조정이 불가피하게 된 사업
주가 당해 사업에서 고용하는 피보험자(일용근로자, 「근로
기준법」 제32조의 규정에 의하여 해고가 예고된 자 및 경영
상 이유에 의한 사업주의 권고에 따라 퇴직이 예정된 자를
제외한다. 이하 이 장에서 같다)에 대하여 다음 각 호의 1에
해당하는 조치(이하 "고용유지조치"라 한다)를 취하여 당해

고용유지조치(제6호의 경우를 제외한다) 기간동안 고용조
정으로 피보험자를 이직시키지 아니하는 경우에는 지원금
(이하 "고용유지지원금"이라 한다)을 지급한다. <개정
1998.10.1, 1999.2.1, 2000.12.30, 2004.2.25, 2004.10.1, 2005.10.
26, 2007.4.27>

1. 1월을 단위(이하 "단위기간"이라 한다)로 당해 사업 피보
험자의 소정근로연일수에 대한 휴업을 행한 피보험자 휴업
연일수의 비율이 15분의 1을 초과하는 휴업을 행하고, 당해
휴업기간에 대하여 휴업수당을 지급하는 경우. 이 경우 단
위기간의 산정방법 및 1일의 소정근로시간의 일부를 휴업
한 경우의 휴업연일수의 계산방법 등은 노동부령으로 정한
다.

2. 삭제 <2004.2.25>

3. 노동부령이 정하는 바에 따라 고용유지를 위한 훈련을
실시하는 경우

4. 삭제 <2000.12.30>

5. 1월이상 유·무급휴직을 부여하는 경우

6. 통계청장이 고시하는 한국표준산업분류표상의 소분류의
범주에서 다른 소분류의 범주에 속하는 새로운 업종으로
사업을 전환하기 위하여 필요한 시설 또는 설비를 설치하
거나 정비하고, 제17조의2제2항의 규정에 의한 고용유지조
치계획 신고 당시의 피보험자의 6할 이상을 새로운 사업에
재배치하는 경우

7. 삭제 <2007.4.27>

②제1항의 규정에 불구하고 제1항제1호의 규정에 의한 고
용유지조치기간 중에 당해 사업의 연장근로일수와 휴일근
로일수의 합계가 노동부령이 정하는 일수를 초과하는 경우
에는 당해 고용유지조치기간에 대하여는 고용유지지원금
을 지급하지 아니한다. <신설 1999.2.1, 2004.2.25>

③제2항의 규정에 의한 연장근로일수 및 휴일근로일수의
계산방법 등에 관하여 필요한 사항은 노동부령으로 정한다.
<신설 1999.2.1>

[전문개정 1998.7.1]

[시행일:2008.1.1] 제17조제1항

제17조의2 (고용유지조치를 위한 계획수립 및 실시) ①고용유지
지원금을 지급받고자 하는 사업주는 노동부령이 정하는 바
에 의하여 다음 각 호의 요건을 갖춘 고용유지조치계획을
수립하고 그 계획에 따라 실시하여야 한다. <개정
1998.10.1, 2001.7.7, 2004.10.1>

1. 고용유지조치 계획을 수립함에 있어 당해 사업의 근로자
대표와의 협의를 거칠 것

2. 고용유지조치 계획의 실시상황과 휴업·휴직수당 및 임
금의 지급상황이 기재된 서류를 갖출 것

②제1항의 규정에 의한 고용유지조치 계획을 수립하고자
하는 자는 미리 노동부장관에게 신고하여야 한다. 고용유

지조치 계획의 내용 중 고용유지조치 예정일, 고용유지조
치 대상자, 고용유지조치 기간에 지급할 임금 등을 변경하
고자 하는 경우에도 또한 같다. 다만, 노동부령이 정하는 불
가피한 사유가 있는 경우에는 고용유지조치 실시일 또는
변경일부터 3일(「자연재해대책법」 제62조의2의 규정에 따
라 특별재해지역으로 선포된 지역에 소재하는 사업의 사업
주가 그 특별재해로 인하여 고용유지조치를 실시한 경우에
는 20일) 이내에 신고할 수 있다. <개정 2000.12.30, 2002.12.
30, 2005.10.26>

③제1항의 규정에 의한 고용유지조치 계획을 실시함에 있
어서 제17조제1항제6호에 해당하는 사업주는 고용유지조
치 계획을 신고한 날부터 1년 6월이내에 인력재배치를 완
료하고 이를 노동부장관에게 신고하여야 한다. <개정
2004.10.1, 2007.4.27>

[전문개정 1998.7.1]

[시행일:2008.1.1] 제17조의2제3항

제17조의3 (고용유지지원금의 금액 및 그 범위) ①고용유지지
원금은 다음 각 호에 해당하는 금액으로 한다. <개정 1998.
10.1, 1999.7.1, 2000.12.30, 2004.10.1, 2007.4.27>

1. 제17조제1항제1호·제5호 및 제6호의 규정에 해당하는
경우에는 당해 고용유지조치 기간에 대하여 사업주가 피보
험자에게 지급한 휴업·휴직수당 및 임금액의 3분의 2[제15
조의 규정에 의한 우선지원 대상기업에 해당하지 아니하는
기업(이하 "대규모기업"이라 한다)의 경우에는 2분의 1]에
해당하는 금액. 이 경우 제17조제1항제5호의 규정에 의한
휴직 중 무급휴직의 경우에는 당해 휴직기간동안 사업주가
부담하는 노무비용을 고려하여 노동부령이 정하는 금액으
로 하고, 제17조제1항제5호의 규정에 의한 휴직 중 유급휴
직의 경우로서 유급휴직으로 지원되는 고용유지지원금의
금액이 당해 근로자가 무급휴직을 하였을 때에 지원되는
고용유지지원금의 금액보다 적을 경우에는 당해 근로자가
무급휴직을 하였을 때에 지원되는 고용유지지원금을 지급
한다.

2. 삭제 <2004.2.25>

3. 제17조제1항제3호의 규정에 해당하는 경우에는 당해 훈
련기간 중 사업주가 피보험자인 훈련대상자에게 지급한 임
금액의 4분의 3(대규모기업의 경우에는 3분의 2)에 해당하
는 금액과 노동부장관이 고시하는 기준에 해당하는 훈련비
용에 노동부장관이 고시하는 비율을 곱하여 산정한 금액의
합계액

4. 제17조제1항제5호의 규정에 의한 무급휴직을 실시하는
기간 중에 사업주가 추가로 제17조제1항제3호의 규정에 의
한 훈련을 실시하는 경우에는 노동부장관이 고시하는 기준
에 해당하는 훈련비용에 노동부장관이 고시하는 비율을 곱
하여 산정한 금액과 노동부령이 정하는 훈련수당을 합산한

금액
5. 삭제 <2007.4.27>
②제1항의 규정에 의한 고용유지지원금은 제17조제1항제1
호·제3호 및 제5호의 규정에 의한 고용유지조치를 실시한
경우에는 그 조치를 실시한 일수(2이상의 고용유지조치를
동시에 실시한 날에 대하여는 1일로 본다)의 합계가 당해
보험연도의 기간 중에 180일에 달할 때까지만 각각의 고용
유지조치에 대하여 고용유지지원금을 지급하고, 제17조제1
항제6호에 따른 고용유지조치를 실시한 경우에는 인력재
배치가 완료된 날(1년 6월이내에 인력재배치를 완료하지
못한 때에는 1년 6월이 되는 날을 말한다)부터 1년을 한도
로 고용유지지원금을 지급하되, 당해 인력재배치에 의하여
새로운 사업에 재배치된 피보험자를 고용조정으로 이직시
킨 경우에는 그 이직일부터 고용유지지원금을 지급하지 아
니한다. 다만, 노동부장관은 실업의 급증 등으로 고용사정
이 악화된 경우로서 고용안정을 위하여 필요하다고 인정하
는 경우 제17조제1항제1호·제3호 및 제5호의 규정에 의한
고용유지조치를 실시하여 180일을 한도로 고용유지지원금
을 지급받은 자가 노동부장관이 정하여 고시하는 기간 중
에 제17조제1항제3호의 규정에 의한 고용유지조치를 추가
로 실시하는 때에는 당해 고용유지조치가 90일에 달할 때
까지 고용유지지원금을 지급할 수 있다. <개정 1999.2.1,
1999.7.1, 2000.2.9, 2000.12.30, 2004.2.25, 2004.10.1, 2007.4.
27>
③삭제 <1999.2.1>
④삭제 <2000.2.9>
⑤삭제 <2000.12.30>
⑥제1항제4호의 규정에 의하여 고용유지지원금을 지급받
는 사업주에 대하여는 당해 고용유지지원금을 지급받는 기
간 중에는 제1항제1호 후단의 규정에 의한 고용유지지원금
을 지급하지 아니한다. 이 경우 고용유지지원금을 지급받
은 사업주는 고용유지지원금 중 훈련수당에 해당하는 금액
을 훈련을 받는 근로자에게 지급하여야 한다. <신설
1998.10.1>
⑦제1항의 규정에 의하여 지급되는 고용유지지원금의 금
액은 고용유지조치별 대상근로자 1인당 노동부장관이 정
하여 고시하는 금액을 초과할 수 없다. <신설 2000.12.30>
[전문개정 1998.7.1]
[시행일: 2008.1.1] 제17조의3제1항, 제17조의3제2항

제17조의4 삭제 <2002.12.30>
제17조의5 삭제 <1998.7.1>

제18조 (전직지원장려금) ①노동부장관은 법 제16조제1항의
규정에 의하여 고용조정이 불가피하게 된 사업주가 단독
또는 공동으로 다음 각 호의 1에 해당하는 자에 대하여 신

속한 재취업을 지원하기 위하여 직접 직업상담 등을 위한
노동부령이 정하는 시설을 갖추거나 동 시설을 갖춘 외부
기관에 위탁하여 직업상담 등 노동부령이 정하는 서비스
(이하 "전직지원서비스"라 한다)를 제공하는 경우에는 전직
지원장려금을 지급한다. <개정 2002.12.30, 2004.2.25>
1. 당해 사업에서 고용조정·정년(정년) 또는 근로계약기간
만료로 인하여 이직예정인 피보험자
2. 당해 사업에서 고용조정·정년 또는 근로계약기간 만료
로 인하여 피보험자이었던 자로서 이직된 자
②전직지원장려금을 지급받고자 하는 사업주는 근로자대
표와의 성실한 협의를 거쳐 전직지원계획을 수립하여야 한
다. 이 경우 사업주가 공동으로 전직지원서비스를 제공하
는 경우에는 각 사업주별로 그 사업의 근로자대표와 성실
한 협의를 거쳐 각 사업주 중 대표사업주로 선정된 자(이하
"대표사업주"라 한다)가 전직지원계획을 수립하여야 한다.
<개정 2002.12.30, 2004.2.25>
③제2항의 규정에 의한 전직지원계획을 수립하고자 하는
사업주 또는 대표사업주는 전직지원계획서를 노동부령이
정하는 바에 따라 노동부장관에게 제출하여 승인을 얻어야
한다. 전직지원계획을 변경하고자 하는 경우에도 또한 같
다. <개정 2002.12.30>
④노동부장관은 제3항의 규정에 의하여 사업주 또는 대표
사업주로부터 전직지원계획서를 제출받은 경우 사업주가
제1항 및 제2항의 규정에 의한 전직지원장려금 지급대상자
에 해당하는지 여부를 심사하고, 그 전직지원계획의 승인
여부를 통지하여야 한다. <개정 2002.12.30>
⑤제1항의 규정에 의한 전직지원장려금의 금액은 사업주
가 단독 또는 공동으로 전직지원서비스를 제공하는 데 소
요된 비용의 4분의 3[대규모기업 또는 사업주가 공동으로
(그 전직지원서비스를 받은 자 중 대규모기업의 피보험자
또는 피보험자였던 자의 비중이 2분의 1 이상인 경우에 한
한다) 제공한 경우에는 3분의 2]에 해당하는 금액으로 한
다. 다만, 전직지원장려금의 세부 지원항목 및 지원상한액
은 노동부장관이 정하여 이를 고시한다. <개정 2002.12.30,
2004.2.25, 2005.12.30>
⑥제1항 내지 제5항의 규정에 의한 전직지원장려금의 지급
은 월단위로 하고 12월을 한도로 한다.
⑦전직지원장려금의 신청 및 지급에 관하여 필요한 사항은
노동부령으로 정한다.
[본조신설 2001.7.7]

제18조의2 삭제 <1998.7.1>
제19조 삭제 <2000.12.30>

제19조의2 (재고용장려금) ①노동부장관은 법 제16조제2항에
따라 사업주(당해 사업주와 합병하거나 그 사업을 양수한

사업주 등 당해 사업과 관련된 사업주로서 노동부령이 정하는 사업주를 포함한다. 이하 이 조에서 같다)가 다음의 어느 하나에 해당하는 자를 이직후 6월부터 2년 이내에 피보험자(근로계약기간이 단기간인 근로자 등 노동부령이 정하는 근로자를 제외한다)로 재고용하고, 당해 재고용전 3월부터 재고용후 6월까지 고용조정으로 근로자를 이직시키지 아니하는 경우에는 재고용장려금을 지급한다. <개정 2004.10.1, 2007.4.27>

1. 고용조정으로 이직한 자

2. 삭제 <2007.4.27>

②제1항의 규정에 의한 재고용장려금의 금액은 노동부장관이 매년 사업규모별로 고시하는 금액에 재고용된 근로자의 수를 곱한 금액으로 하되, 6월(재고용된 당해 근로자의 고용기간이 6월 미만인 경우 그 고용기간)간 지급한다. <개정 2004.10.1>

③재고용장려금을 지급함에 있어 최근 2년의 기간 중에 당해 사업에서 재고용장려금의 지급대상에 해당되었던 자를 재고용한 사업주에 대하여는 재고용장려금을 지급하지 아니한다.

④재고용장려금의 신청 및 지급에 관하여 필요한 사항은 노동부령으로 정한다.

[본조신설 1999.7.1]

[시행일: 2008.1.1] 제19조의2제1항

제20조 (지역고용촉진지원금) ①노동부장관은 법 제17조의 규정에 의하여 지정지역으로의 사업의 이전이나 지정지역에서의 사업의 신설 또는 증설로서 다음 각 호의 모든 요건을 갖춘 사업의 이전이나 사업의 신설 또는 증설을 행하는 사업주에 대하여 지역고용촉진지원금을 지급한다. <개정 1996.3.9, 1997.12.31, 2002.12.30, 2005.10.26, 2005.12.30>

1. 「고용정책기본법 시행령」 제18조제2항의 규정에 따라 고시된 고용조정의 지원 등의 기간(이하 "지정기간"이라 한다) 내에 사업이 이전되거나 신설 또는 증설될 것

2. 사업의 이전·신설 또는 증설 및 그에 따른 근로자의 고용에 관한 지역고용계획을 수립하여 노동부장관에게 신고하고, 그 계획에 따라 시행될 것

3. 지역고용계획이 제출된 날부터 1년 6월이내에 이전·신설 또는 증설된 사업의 조업이 개시될 것

4. 이전·신설 또는 증설된 사업의 조업이 개시된 날(이하 "조업개시일"이라 한다)현재 당해 지정지역 또는 다른 지정지역에 3월이상 거주한 구직자를 당해 이전·신설 또는 증설된 사업에 피보험자로 고용할 것

5. 「고용정책기본법」에 의한 지방고용심의회에서 그 필요성이 인정된 사업일 것

6. 지역고용계획의 실시상황 및 고용된 피보험자에 대한 임금지급 상황이 기재된 서류를 갖추고 시행될 것

②지역고용촉진지원금을 지급받고자 하는 사업주는 제1항제3호의 규정에 의한 조업을 개시한 때에는 이를 노동부장관에게 신고하여야 한다.

③지역고용촉진지원금의 금액은 제1항제4호의 규정에 의하여 고용된 피보험자에게 지급된 임금액의 2분의 1(대규모기업의 경우에는 3분의 1)에 해당하는 금액으로 한다. <개정 1997.5.8, 1997.12.31>

④지역고용촉진지원금은 조업개시일부터 1년간 지급하되, 지정기간이 종료되는 날까지만 지급한다.

⑤지역고용촉진지원금은 하나의 지정기간동안에 제1항제4호의 규정에 의하여 고용된 피보험자의 수가 200인을 초과하는 경우에 그 초과하는 인원에 대하여는 초과인원의 100분의 30에 대해서만 지급한다. <개정 1996.3.9, 1997.5.8>

⑥지역고용촉진지원금의 신청 및 지급에 관하여 필요한 사항은 노동부령으로 정한다.

제21조 삭제 <1997.5.8>

제22조 (고령자고용촉진장려금) ①노동부장관은 법 제18조의 규정에 의하여 다음 각 호의 1에 해당하는 요건을 갖춘 사업의 사업주에 대하여 고령자고용촉진장려금을 지급한다. <개정 1997.12.31, 1998.7.1, 1998.10.11, 1999.7.11, 2000.2.9, 2000.12.30, 2004.2.25, 2004.10.1, 2005.10.26>

1. 매분기 당해 사업의 월평균 근로자수에 대한 1년이상 고용된 월평균 고령자(「고령자고용촉진법」에 의한 고령자를 말한다. 이하 같다)수의 비율이 업종별로 노동부장관이 정하여 고시하는 비율이상일 것

2. 삭제 <2004.10.1>

3. 정년을 57세이상으로 정한 사업장의 당해 사업주에게 고용되어 18월이상을 계속 근무한 후 정년이 도래한 자를 퇴직시키지 아니하거나 정년 퇴직후 3월이내에 재고용(이하 "계속고용"이라 한다)하고 계속고용전 3월, 계속고용후 6월간 근로자를 고용조정으로 이직시키지 아니할 것. 다만, 1년이하의 기간을 정하여 계속고용하거나 정년을 단축하는 등 노동부령이 정하는 경우에 해당하는 때에는 이를 지급하지 아니한다.

②제1항제1호의 규정에 의한 근로자수 및 고령자수를 산정함에 있어서 일용근로자, 법 제8조제2호 또는 제5호 내지 제7호에 해당하는 자는 근로자수 및 고령자수에서 각각 제외한다. <개정 2004.2.25>

③제1항제1호의 요건을 갖춘 사업주에게 지급하는 고령자고용촉진장려금의 금액은 노동부장관이 매년 고시하는 금액에 제1항제1호의 규정에 의하여 업종별로 노동부장관이 정하여 고시하는 비율을 초과하여 고용된 고령자수를 곱하여 산정한 금액으로 한다. 다만, 사업주가 고령자고용촉진장려금을 지급받을 수 있는 기간은 5년을 초과할 수 없으

며, 매분기당 지급총액은 노동부장관이 고시하는 금액에 당해 사업의 근로자수의 100분의 15(대규모기업의 경우에는 100분의 10)에 해당하는 수를 곱하여 산출한 금액을 초과할 수 없다. <개정 2004.2.25, 2004.10.1>

④삭제 <2004.10.1>

⑤삭제 <2000.12.30>

⑥제1항제3호의 요건을 갖춘 사업주에게 지급하는 고령자고용촉진장려금의 금액은 노동부장관이 매년 임금상승률, 노동시장 여건 등을 고려하여 고시하는 금액에 정년 이후 계속고용한 근로자수를 곱하여 산정한 금액으로 하며, 6월(제15조제1항제2호에 해당하는 기업의 사업주에게는 12월)간 지급한다. <개정 2004.2.25>

⑦고령자고용촉진장려금의 신청 및 지급에 관하여 필요한 사항은 노동부령으로 정한다.

[전문개정 1997.5.8]

제22조의2 (신규고용촉진장려금<개정 2002.12.30, 2004.10.1>)

①노동부장관은 법 제18조의 규정에 따라 사업주가 직업안정기관 그 밖의 노동부령이 정하는 기관에 구직을 신청한 날부터 기산하여 별표 1에서 정한 대상자별 실업기간을 초과하여 실업상태에 있는 자를 피보험자(근로계약기간이 단기간인 근로자 등 노동부령이 정하는 근로자를 제외한다)로 고용하고, 당해 고용전 3월부터 고용후 6월까지 고용조정으로 근로자를 이직시키지 아니하는 경우에는 신규고용촉진장려금을 지급한다. 다만, 신규 고용된 근로자가 최종 이직전 사업주(최종 이직전 사업주와 합병하거나 그 사업을 양수한 사업주 등 당해 사업과 관련된 사업주로서 노동부령이 정하는 사업주를 포함한다)에게 고용된 경우에는 이를 지급하지 아니한다. <개정 2004.10.1>

②제1항의 규정에 의한 신규고용촉진장려금의 금액은 매년 노동부장관이 임금상승률, 노동시장 여건 등을 고려하여 고시하는 금액에 고용된 근로자수를 곱하여 산정한 금액으로 하며, 12월(당해 근로자의 고용기간이 12월 미만인 경우 그 고용기간)간 지급한다. 이 경우 노동부장관이 고시하는 금액은 근속기간에 따라 차등을 두어 정할 수 있다. <개정 2000.12.30, 2002.12.30, 2004.2.25, 2004.10.1>

③별표 1의 규정에 의한 신규고용촉진장려금의 지급대상에 2 이상이 동시에 해당하는 경우에는 사업주가 신청한 하나의 지급대상을 기준으로 제2항의 규정에 의한 금액을 지급한다. <신설 2004.10.1>

④신규고용촉진장려금은 제1항의 규정에 의하여 새로이 고용된 근로자의 수가 당해 보험연도에 100인을 초과하는 경우 그 초과인원에 대하여는 초과인원의 100분의 30에 한하여 지급한다. <개정 2000.2.9, 2002.12.30, 2004.10.1>

⑤삭제 <2000.12.30>

⑥신규고용촉진장려금의 신청 및 지급에 관하여 필요한 사항은 노동부령으로 정한다. <개정 2002.12.30, 2004.10.1>

[본조신설 1999.7.1]

제22조의3 (중장년훈련수료자채용장려금) ①노동부장관은 법 제18조의 규정에 따라 제31조의 규정에 의한 실업자의 취업훈련(1월 이상의 훈련과정에 한한다) 및 노동부장관이 지정하여 고시한 훈련과정을 수료한 40세 이상의 실업자를 훈련수료일부터 6월 이내에 피보험자(근로계약기간이 단기간인 근로자 등 노동부령이 정하는 근로자를 제외한다)로 새로이 채용한 사업주로서 채용 전 3월, 채용 후 6월간 고용조정으로 근로자를 이직시키지 아니한 사업주에 대하여 중장년훈련수료자채용장려금을 지급한다. 다만, 채용된 근로자가 최종 이직 전 사업주(최종 이직 전 사업주와 합병하거나 그 사업을 양수한 사업주 등 그 사업과 관련된 사업주로서 노동부령이 정하는 사업주를 포함한다)에게 채용된 경우에는 이를 지급하지 아니한다. <개정 2004.2.25, 2005.12.30>

②중장년훈련수료자채용장려금의 금액은 노동부장관이 매년 임금상승률, 노동시장의 여건 등을 고려하여 고시하는 금액에 제1항의 규정에 따라 채용된 근로자수를 곱하여 12월(채용된 당해 근로자의 고용기간이 12월 미만인 경우 그 고용기간)간 지급한다. 이 경우 노동부장관이 고시하는 금액은 근속기간에 따라 차등을 두어 정할 수 있다. <개정 2004.10.1>

③중장년훈련수료자채용장려금의 신청 및 지급 등에 관하여 필요한 사항은 노동부령으로 정한다.

[본조신설 2002.12.30]

제22조의4 (임금피크제보전수당) ①노동부장관은 법 제18조의 규정에 따라 사업주가 근로자대표의 동의를 받아 노동부령이 정하는 연령 이상까지의 고용보장을 조건으로 일정 연령·근속시점 또는 임금액을 기준으로 임금을 감액하는 제도(이하 "임금피크제"라 한다)를 시행하는 경우에 임금피크제를 적용받는 근로자에 대하여 임금피크제보전수당을 지급한다.

②제1항의 규정에 의한 임금피크제보전수당은 당해 사업주에 고용되어 18월 이상을 계속 근무한 자로서 임금피크제의 적용으로 임금이 최초로 감액된 날이 속하는 연도의 직전연도 임금(이하 "피크임금"이라 한다)과 당해연도의 임금을 비교하여 100분의 10이상 떨어진 자(당해연도 임금이 노동부장관이 고시하는 금액 이상인 경우를 제외한다)에 대하여 지급한다.

③제1항의 규정에 의한 임금피크제보전수당의 금액은 당해 근로자의 피크임금과 당해연도 임금과의 차액 및 임금인상률 등을 고려하여 노동부장관이 고시하는 금액으로 한다.

④제1항의 규정에 의한 임금피크제보전수당은 임금피크제가 적용되는 때(54세 이전에 임금피크제가 적용된 경우에는 54세를 초과하는 때를 말하며, 이 항에서 같다)부터 6년간 지급한다. 다만, 임금피크제가 적용되는 때부터 기산하여 고용기간이 6년 미만인 경우에는 그 기간동안 지급한다.
⑤제1항 내지 제4항의 규정에 의한 임금피크제보전수당의 금액산정, 신청 및 지급에 관하여 필요한 사항은 노동부령으로 정한다.
[본조신설 2005.12.30]
[유효기간 2008.12.31]

제22조의5 (임신·출산 후 계속고용지원금 <개정 2007.4.27>)

①노동부장관은 법 제18조의 규정에 따라 다음 각 호의 어느 하나에 해당하는 근로자로서 「근로기준법」 제72조의 규정에 의한 보호휴가 중이거나 임신 16주 이상인 여성근로자가 당해 휴가기간 또는 임신기간 중에 근로계약기간 또는 파견계약기간이 종료되는 경우 당초의 근로계약기간 또는 파견계약기간 종료 즉시 근로계약기간을 1년 이상으로 하는 근로계약을 체결하는 사업주에 대하여 노동부장관이 정하여 고시하는 금액을 6월간 지급한다. 이 경우 기간의 정함이 없는 계약을 체결하는 사업주에 대하여는 지원수준을 높게 정할 수 있다. <개정 2007.4.27>
1. 근로계약기간이 1년 이하인 자
2. 「파견근로자보호 등에 관한 법률」에 의한 파견근로자
②제1항에 따른 지원금은 파견계약기간이 만료된 근로자와 직접 1년 이상의 근로계약을 체결한 「파견근로자 보호 등에 관한 법률」에 따른 사용사업주에 대하여도 지급한다. <신설 2007.4.27>
③제1항 및 제2항에 따른 지원금의 지급신청 및 지급 등에 관하여 필요한 사항은 노동부령으로 정한다. <개정 2007.4.27>
[본조신설 2005.12.30]

제23조 (육아휴직장려금과 대체인력채용장려금 <개정 2005.12.30>)

①노동부장관은 법 제18조의 규정에 따라 피보험자인 근로자에 대하여 「남녀고용평등법」 제19조의 규정에 의한 육아휴직을 30일(「근로기준법」 제72조의 규정에 의한 산전후휴가기간 90일과 중복되는 기간을 제외한다) 이상 부여하고 육아휴직이 종료된 후 30일 이상 그 근로자를 피보험자로 계속 고용하는 사업주에 대하여 육아휴직장려금을 지급한다. <개정 2005.10.26>
②제1항의 규정에 의한 육아휴직장려금의 금액은 육아휴직의 부여에 따른 사업주의 노무비용부담을 고려하여 노동부장관이 매년 사업규모별로 고시하는 금액에 근로자가 사용한 육아휴직 월수(「근로기준법」 제72조의 규정에 의한 산후유급휴가기간을 포함한다. 다만, 우선지원대상기업의

근로자인 경우에는 그러하지 아니한다)를 곱하여 산정한 금액으로 한다. <개정 2005.10.26, 2005.12.30>
③노동부장관은 사업주가 육아휴직 개시일 90일 이전부터 신규로 대체인력을 30일 이상 채용하고, 육아휴직 종료 후 육아휴직자를 30일 이상 계속 고용한 경우로서 신규 대체인력을 채용하기 전 3월부터 채용 후 6월까지 고용조정으로 근로자를 이직시키지 아니한 때에는 제2항의 규정에 의한 육아휴직장려금 외에 대체인력채용장려금을 추가로 지급한다. <신설 2005.12.30>
④제3항의 규정에 의한 대체인력채용장려금의 금액은 대체인력채용에 따른 사업주의 비용 부담을 고려하여 노동부장관이 사업규모별로 고시하는 금액에 대체인력을 채용한 날부터 육아휴직 종료일까지 대체인력을 사용한 월수를 곱하여 산정한 금액으로 한다. <신설 2005.12.30>
⑤육아휴직장려금과 대체인력채용장려금의 신청 및 지급에 관하여 필요한 사항은 노동부령으로 정한다. <개정 2005.12.30>
[전문개정 2004.10.1]

제23조의2 (건설근로자퇴직공제부금의 지원)

①노동부장관은 법 제18조의2제1항의 규정에 의하여 「건설근로자의 고용개선 등에 관한 법률」 제10조제2항의 규정에 따라 퇴직공제에 가입한 사업주에게 동법 제13조의 규정에 따라 부담하여야 할 공제부금의 일부를 지원할 수 있다. <개정 2004.2.25, 2005.10.26>
②제1항의 규정에 의한 공제부금의 지원금액은 당해 건설근로자가 피공제자가 된 날부터 그 사업주가 납부한 공제부금의 3분의 1에 해당하는 금액으로 한다. <개정 2002.12.30>
③제1항 및 제2항의 규정에 따라 공제부금의 일부를 지원받은 사업주가 「건설근로자의 고용개선 등에 관한 법률」 제10조의2제3항의 규정에 따라 공제가입의 효력이 소멸하거나 동법 제18조의 규정에 따라 퇴직공제에서 탈퇴하여 동법 제9조의 규정에 의한 건설근로자공제회(이하 "건설근로자공제회"라 한다)에 과납한 공제부금에 대한 반환을 요구하는 경우 건설근로자공제회는 제1항 및 제2항의 규정에 따라 지원된 공제부금에 해당하는 금액을 공제하고 반환하여야 한다. 이 경우 건설근로자공제회는 공제한 금액을 지체없이 노동부장관에게 반환하여야 한다. <신설 2004.2.25, 2005.10.26>
④제1항 및 제2항의 규정에 의한 공제부금의 지원신청 및 지원방법 등에 관하여 필요한 사항은 노동부령으로 정한다.
[본조신설 1997.5.8]

제23조의3 (건설근로자고용안정지원금의 지원)

①노동부장관은 법 제18조의2의 규정에 의하여 다음 각 호의 모든 요건

을 갖춘 사업주에 대하여 건설근로자고용안정지원금을 지급한다. <개정 2005.10.26, 2005.12.30>
1. 「건설근로자의 고용개선 등에 관한 법률」 제2조제1호의 규정에 의한 사업주일 것
2. 「건설근로자의 고용개선 등에 관한 법률」 제5조의 규정에 따라 고용관리책임자를 지정할 것
3. 고용관리책임자가 노동부장관이 정하여 고시하는 규모 이상의 일용근로자에 대하여 피보험자격의 취득·상실신고 등 고용보험 사무처리를 할 것
②제1항에 따른 건설근로자고용안정지원금의 금액은 일용근로자인 피보험자의 관리규모에 따라 노동부장관이 정하여 고시하는 금액으로 하며, 월별로 지급한다. 이 경우 노동부령이 정하는 전자카드를 사용하여 제10조제1항 후단에 따른 근로내역확인신고를 하는 사업주에 대하여는 전자카드리더기 등 장비 구입비용 및 전자카드를 사용하여 근로내역확인신고를 한 실적 등을 감안하여 건설근로자고용안정지원금의 지원수준을 높게 정할 수 있다. <개정 2006.11.23>
③건설근로자고용안정지원금의 신청 및 지급에 관하여 필요한 사항은 노동부령으로 정한다.
[본조신설 2004.2.25]
[시행일:2008.1.1] 제23조의3제2항

제23조의4 (고용관리 진단 등 지원) ①노동부장관은 법 제18조의3제1항제1호의 규정에 따라 피보험자 등의 고용안정 및 취업의 촉진 등을 위하여 임금체계 개편 및 직무재설계 등에 관하여 전문기관의 진단을 받는 사업주 또는 노사단체에 대하여 그에 소요되는 비용의 일부를 예산의 범위 안에서 지원할 수 있다.
②제1항의 규정에 의한 지원대상자의 선정, 지원수준 그 밖에 지원에 관하여 필요한 사항은 노동부장관이 정한다.
[본조신설 2005.12.30]

제23조의5 (장기실업자 등에 대한 창업촉진 지원사업) ①노동부장관은 법 제18조의3제1항제2호에 따라 피보험자이었던 다음 각 호의 어느 하나에 해당하는 자의 창업을 촉진하기 위하여 점포임대 등 창업에 필요한 지원사업을 예산의 범위에서 실시할 수 있다.
1. 장기실업자(직업안정기관에 구직등록 후의 실업기간이 6개월 이상인 자를 말한다)
2. 여성실업자 중 가족부양의 책임이 있는 자로서 노동부령으로 정하는 자
②노동부장관은 제1항에 따른 지원 사업을 실시하는 경우에는 지원대상자 선정기준, 지원사업의 내용·수준 및 지원사업의 신청방법 등을 정하여 미리 공고하여야 한다.
③제1항에 따른 지원사업의 시행에 관하여 필요한 사항은

노동부장관이 정한다.
[본조신설 2007.4.27]

제23조의6 (고용안정 및 취업의 촉진) 법 제18조의3제1항제3호에서 "대통령령이 정하는 사업"이라 함은 다음 각 호의 사업을 말한다.
1. 피보험자 등의 고용안정 및 취업의 촉진에 관한 교육·홍보사업
2. 피보험자 등의 취업의 촉진을 위한 직업소개 등 취업지원사업
3. 고령자·여성·장애인인 피보험자 등의 고용환경개선사업
[본조신설 2005.12.30]
[제23조의5에서 이동, 종전의 제23조의5는 제23조의6으로 이동 <2007.4.27>]

제23조의7 (취업지원사업의 지원) ①노동부장관은 법 제18조의3 및 이 영 제23조의6제2호에 따라 다음 각 호의 자가 실시하는 취업지원사업에 대하여 예산의 범위 안에서 그 사업에 소요되는 비용을 지원할 수 있다. <개정 2007.4.27>
1. 「직업안정법」 제18조의 규정에 따라 무료직업소개사업을 하는 자와 동법 제19조의 규정에 따라 유료직업소개사업을 하는 자
2. 「직업안정법」 제23조의 규정에 따라 직업정보제공사업을 하는 자
3. 그 밖에 노동부장관이 취업지원사업을 실시할 능력이 있다고 인정하는 자
②노동부장관은 제1항의 규정에 따라 지원을 하고자 하는 경우에는 대상사업의 종류·내용, 대상 피보험자 등의 범위, 지원의 내용 및 수준, 신청방법 등을 미리 공고하여야 한다. 이 경우 대상 피보험자 등은 법 제18조의 규정에 의한 고령자 등으로서 직업안정기관에 구직등록을 한 자 중에서 구인상황 및 구직활동 상황 등을 고려하여 정하여야 한다.
[본조신설 2005.12.30]
[제23조의6에서 이동, 종전의 제23조의6은 제23조의7로 이동 <2007.4.27>]

제23조의8 (고령자 등의 고용환경개선 지원) ①노동부장관은 법 제18조의3 및 이 영 제23조의6제3호에 따라 고령자·여성 또는 장애인인 피보험자 등의 고용안정 및 취업의 촉진을 위하여 관련 시설이나 장비를 설치하거나 개선하고자 하는 사업주에 대하여 그에 필요한 비용의 일부를 예산의 범위 안에서 지원하거나 대부할 수 있다. <개정 2007.4.27>
②제1항의 규정에 의한 지원 또는 대부의 대상자 선정 및 요건 그 밖에 지원 또는 대부에 관하여 필요한 사항은 노동부장관이 정한다.
[본조신설 2005.12.30]

[제23조의7에서 이동, 종전의 제23조의7은 제23조의8로 이동 <2007.4.27>]

제24조 (고용촉진시설의 지원) ①법 제19조에서 "그 밖에 대통령령이 정하는 고용촉진시설"이라 함은 다음 각 호의 시설을 말한다. <신설 2005.12.30, 2007.4.27>
1. 「고용정책기본법」 제21조제1항의 규정에 의하여 지방자치단체가 설치·운영하는 고용촉진시설
2. 「고등교육법」 제2조제1호·제2호 및 제4호의 규정에 의한 학교 중 노동부장관이 지정한 학교가 운영하는 취업지원시설
2의2. 「초·중등교육법 시행령」 제80조제1항제1호에 따른 전문계고등학교 중 노동부장관이 지정한 학교
3. 「고령자고용촉진법」 제11조의 규정에 의한 고령자인재은행
4. 그 밖에 피보험자 등의 고용안정·고용촉진 및 사업주의 인력확보를 위한 시설로서 노동부령이 정하는 고용촉진시설
②노동부장관은 법 제19조의 규정에 따라 고용촉진시설을 설치·운영하는 자와 「고용정책기본법」 제21조의 규정에 따라 국가로부터 고용촉진시설의 설치·운영을 위탁받은 자에 대하여 그 시설의 설치·운영에 필요한 비용의 일부를 지원할 수 있다. <개정 2005.12.30>
③제1항의 규정에 의한 고용촉진시설의 지원에 관하여 필요한 사항은 노동부장관이 정한다. <개정 2005.12.30>
④노동부장관은 법 제19조의 규정에 의하여 사업주가 단독 또는 공동으로 설치·운영하는 보육시설의 운영비용의 일부를 노동부령이 정하는 바에 따라 지원할 수 있다. <개정 1997.5.8, 2005.12.30>
⑤노동부장관은 법 제19조의 규정에 의하여 보육시설을 단독 또는 공동으로 설치하고자 하는 사업주 또는 사업주단체에 대하여 노동부장관이 정하는 바에 따라 그 설치비용을 융자하거나 일부 지원할 수 있다. 이 경우 우선지원 대상기업의 사업주(우선지원 대상기업의 수가 100분의 50을 초과하는 사업주단체를 포함한다) 및 장애아 또는 영아를 위한 보육시설을 설치하고자 하는 사업주 또는 사업주단체에 대하여는 융자 또는 지원의 수준을 높게 정할 수 있다. <신설 1996.3.9, 1997.5.8, 1999.7.1, 2002.12.30, 2005.12.30>

제24조의2 삭제 <2005.12.30>
제25조 삭제 <1997.5.8>
제26조 삭제 <2005.12.30>

제26조의2 (일괄적용사업의 특례) 보험료징수법 제8조의 규정에 의하여 일괄적용되는 사업에 있어서는 개별사업을 하나의 사업으로 보아 제15조의2 내지 제15조의6·제17조·제18조·제19조의2·제20조·제22조·제22조의2·제22조의3·제23조 및 제23조의2를 적용한다. <개정 1998.7.1, 2000.2.9, 2000.12.30, 2001.7.7, 2002.12.30, 2004.2.25, 2004.10.1, 2004.10.29, 2007.4.27>
[본조신설 1997.5.8]

제26조의3 (지원금·장려금의 상호조정) ①제17조의 규정에 의한 고용유지지원금의 지급요건에 해당하는 사업주가 당해 고용유지조치 기간동안에 제19조의2·제22조제1항제3호·제22조의2 및 제22조의3의 규정에 의한 재고용장려금·고령자고용촉진장려금·신규고용촉진장려금 및 중장년훈련수료자채용장려금의 지급요건에 해당하는 조치를 한 경우에는 고용유지지원금을 지급하고, 기타 장려금은 이를 지급하지 아니한다. <개정 2000.2.9, 2000.12.30, 2002.12.30, 2004.10.1>
②제15조의5·제19조의2·제20조·제22조·제22조의2 및 제22조의3의 규정에 의한 중소기업전문인력활용장려금·재고용장려금·지역고용촉진지원금·고령자고용촉진장려금·신규고용촉진장려금 또는 중장년훈련수료자채용장려금의 지급요건에 동시에 해당하는 근로자가 있는 경우에는 당해 사업주의 신청에 따라 하나의 지원금 또는 장려금을 지급한다. <개정 2004.10.1, 2005.12.30>
③제15조의2·제15조의3·제15조의4 및 제15조의6의 규정에 의한 중소기업근로시간단축지원금·교대제전환지원금·중소기업 고용환경개선지원금 또는 중소기업신규업종진출지원금의 지급요건에 동시에 해당하는 사업주가 있는 경우에는 당해 사업주의 신청에 따라 하나의 지원금을 지급한다. <신설 2004.10.1>
④제3항의 규정에 해당하는 각 지원금을 지급받고 있는 사업주가 당해 지원금을 지급받는 기간동안 제2항의 규정에 따른 장려금 또는 지원금의 지급요건에 해당하는 경우 사업주는 제2항의 규정에 따른 장려금 또는 지원금의 금액에 노동부장관이 고시하여 정하는 비율을 곱하여 산정한 금액을 지원받을 수 있다. <신설 2004.10.1>
[전문개정 1999.7.1]

제27조 (사업주에 대한 직업능력개발훈련비용의 지원) ①법 제22조에서 "대통령령이 정하는 직업능력개발훈련"이라 함은 「근로자직업능력 개발법」 제24조의 규정에 따라 훈련과정의 인정을 받은 훈련과정으로서 다음 각 호의 어느 하나에 해당하는 훈련을 말한다. <개정 2000.2.9, 2002.12.30, 2004.2.25, 2004.10.1, 2005.6.30, 2005.10.26, 2005.12.30>
1. 피보험자를 대상으로 실시하는 직업능력개발훈련
1의2. 피보험자가 아닌 자로서 당해 사업주에게 고용된 자를 대상으로 실시하는 직업능력개발훈련
2. 당해 사업 또는 당해 사업과 관련되는 사업에서 채용하

고자 하는 자를 대상으로 실시하는 직업능력개발훈련
3. 직업안정기관에 구직등록된 자를 대상으로 실시하는 직업능력개발훈련
4. 그 사업에 고용된 피보험자[법 제83조의2의 규정에 의한 자영업자(이하 "자영업자"라 한다)를 제외한다]에게 다음 각 목의 어느 하나의 요건을 갖춘 유급휴가(「근로기준법」 제57조 및 제59조의 규정에 의한 월차·연차유급휴가가 아닌 경우로서 휴가기간 중 통상임금에 해당하는 금액 이상의 임금을 지급한 경우를 말한다)를 주어 실시하는 직업능력개발훈련
가. 우선지원 대상기업의 사업주 또는 상시 사용하는 근로자수가 150인 미만인 사업주가 그 근로자를 대상으로 계속하여 7일 이상의 유급휴가를 주어 30시간 이상의 훈련을 실시할 것
나. 가목에 해당하지 아니한 사업주가 1년 이상 재직하고 있는 그 근로자를 대상으로 30일 이상의 유급휴가를 주어 120시간 이상의 훈련을 실시할 것
다. 사업주가 기능·기술을 장려하기 위하여 그 근로자중 생산직 또는 관련직에 종사하는 근로자로서 노동부장관이 고시하는 자를 대상으로 유급휴가를 주어 20시간 이상의 훈련을 실시할 것
②제1항의 규정에 의한 직업능력개발훈련의 지원금은 그 훈련비(노동부장관이 고시하는 기준에 해당하는 비용에 한한다)에 사업규모 등을 고려하여 노동부장관이 고시하는 비율을 곱하여 산정한 금액으로 하되, 제1항제2호 및 제3호의 경우에는 노동부장관이 정하여 고시하는 훈련수당을 합산한 금액으로 하고, 제1항제4호의 경우에는 유급휴가기간 중에 지급한 임금의 일부에 해당하는 금액(지원수준은 노동부장관이 정하여 고시한다)을 합산한 금액으로 한다. 이 경우 기능·기술을 장려하기 위하여 생산직 또는 관련직에 종사하는 근로자로서 노동부장관이 고시하는 자를 대상으로 직업능력개발훈련을 실시하거나 교대제전환 이후 교대제의 적용을 받는 근로자로서 노동부장관이 고시하는 자를 대상으로 직업능력개발훈련을 실시하는 경우에는 지원수준을 높게 정할 수 있다. <개정 2002.12.30, 2004.2.25, 2004.10.1>
③다음 각 호의 어느 하나에 해당하는 자를 대상으로 직업능력개발훈련을 실시하는 사업주에 대하여는 제2항의 규정에 불구하고 노동부장관이 정하여 고시하는 바에 따라 지원수준을 높게 정할 수 있다. 이 경우 훈련기간 중 지급한 임금의 전부 또는 일부에 상당하는 금액을 함께 지원할 수 있다. <신설 2005.12.30>
1. 근로계약기간이 1년 이하인 자
2. 「근로기준법」 제21조의 규정에 의한 단시간근로자
3. 「파견근로자보호 등에 관한 법률」에 의한 파견근로자
4. 일용근로자

④직업능력개발훈련의 훈련비 및 훈련수당의 지원범위·지원상한액 및 지원신청절차 그 밖의 지원에 관하여 필요한 사항은 노동부령으로 정한다. <개정 2000.2.9, 2000.12.30>
[전문개정 1998.7.1]

제28조 삭제 <1998.7.1>
제29조 삭제 <1998.7.1>

제30조 (비용지원의 한도) ①법 제23조의2의 규정에 의하여 사업주가 지급받을 수 있는 직업능력개발훈련 비용의 연간 총액은 그 사업주가 보험료징수법 제13조제1항제1호·제17조제1항 및 제21조의 규정에 따라 당해연도에 납부하여야 할 고용안정·직업능력개발사업의 개산보험료 및 특례보험료의 100분의 100(우선지원대상기업의 경우에는 100분의 240)에 해당하는 금액으로 한다. 다만, 제16조제2항 각 호의 어느 하나에 해당하는 사업주에게 지급할 수 있는 비용의 총한도는 그 사업주가 당해연도에 납부하여야 할 고용안정·직업능력개발사업의 개산보험료의 100분의 130(우선지원대상기업의 경우에는 100분의 300)으로 할 수 있다. <개정 2002.12.30, 2004.10.1, 2004.10.29, 2005.12.30>
②사업주가 자신의 사업 외의 다른 사업에 고용된 근로자를 대상으로 「근로자직업능력 개발법」 제24조의 규정에 의하여 훈련과정의 인정을 받아 훈련을 실시하는 경우에는 제1항의 규정에 의한 지원금 외에 그 사업주가 당해연도에 납부하여야 할 고용안정·직업능력개발사업의 개산보험료의 100분의 80까지 추가로 지급할 수 있다. <개정 2002.12.30, 2005.6.30, 2005.12.30, 2006.11.23>
③제1항 및 제2항의 규정에 불구하고 지원금액이 기업의 규모·업종 등을 고려하여 노동부장관이 정하는 비용지원한도 최소금액에 미달하는 경우에는 노동부장관이 정하는 비용지원한도 최소금액을 지원금액으로 한다. <신설 1999.7.1>
④제27조제1항제2호 및 제3호의 규정에 의한 직업능력개발훈련에 대하여는 제1항 내지 제3항의 규정에 의한 지원 외에 예산의 범위 안에서 추가로 지급할 수 있다. <신설 2005.12.30>

제30조의2 (근로자수강지원금의 지원 <개정 2002.12.30>) ①노동부장관은 다음 각 호의 어느 하나에 해당하는 피보험자가 자비로 「근로자직업능력 개발법」 제2조의 규정에 의한 직업능력개발훈련(이하 "직업능력개발훈련"이라 한다)을 수강한 경우에는 노동부령이 정하는 바에 따라 필요한 비용의 전부 또는 일부를 지원할 수 있다. <개정 2000.2.9, 2000.12.30, 2001.7.7, 2002.12.30, 2004.2.25, 2004.10.1, 2005.6.30, 2005.10.26, 2005.12.30>
1. 이직예정인 자로서 훈련 중 또는 훈련수료후 1월 이내에

이직된 자. 다만, 이직사유가 법 제45조의 규정에 의한 수급
자격의 제한사유에 해당하는 경우를 제외한다.
2. 40세이상의 자
3. 상시 사용하는 근로자수가 300인 미만인 사업에 고용된
자
4. 근로계약기간이 1년 이하인 자
5. 「근로기준법」 제21조의 규정에 의한 단시간근로자
6. 「파견근로자의 보호 등에 관한 법률」에 의한 파견근로자
7. 일용근로자
②제1항의 규정에 불구하고 피보험자가 노동부장관이 정
하여 고시하는 정보화 기초과정을 자비로 수강하는 경우에
는 제1항제1호 내지 제7호의 어느 하나에 해당하지 아니하
는 경우에도 필요한 비용의 전부 또는 일부를 지원할 수 있
다. <신설 2005.12.30>
③제1항 및 제2항의 규정에 따라 훈련비용의 지원을 받을
수 있는 훈련과정의 범위 및 지원절차 등에 관하여 필요한
사항은 노동부령으로 정한다. <개정 2002.12.30, 2005.12.
30>
④삭제 <2002.12.30>
[본조신설 1998.7.1]

제30조의3 (근로자능력개발카드에 의한 수강지원) ①노동부장
관은 법 제24조제1항에 따라 제30조의2제1항제4호 내지 제
7호의 어느 하나에 해당하는 피보험자에 대하여 본인의 신
청에 따라 직업능력개발훈련을 수강할 수 있는 카드(이하
"근로자능력개발카드"라 한다)를 발급하고, 근로자능력개
발카드를 발급받은 자가 직업능력개발훈련을 수강하는 경
우 노동부령이 정하는 바에 따라 필요한 비용의 전부 또는
일부를 지원할 수 있다.
②제1항에 따라 근로자능력개발카드를 발급받은 피보험자
는 훈련기관에 근로자능력개발카드를 제시하고 직업능력
개발훈련을 수강할 수 있다.
③제1항에 따른 비용은 훈련기관의 장의 신청에 따라 노동
부장관이 지급한다.
④제1항에 따른 비용의 지원을 받을 수 있는 직업능력개발
훈련의 훈련과정의 범위, 근로자능력개발카드의 유효기간,
근로자능력개발카드의 신청 및 발급, 비용지급절차 등에
관하여 필요한 사항은 노동부령으로 정한다.
[본조신설 2006.11.23]

제30조의4 (능력개발비용의 대부) ①노동부장관은 법 제24조
제1항의 규정에 따라 피보험자(자영업자를 제외한다)인 근
로자가 자비로 다음 각 호의 어느 하나에 해당하는 학교 또
는 시설에 입학하거나 재학하는 경우에는 그 학자금의 전
부 또는 일부를 예산의 범위 안에서 대부할 수 있다. <개정
2005.10.26, 2005.12.30>

1. 「기능대학법」에 의한 기능대학
2. 「평생교육법」 제22조제3항의 규정에 의한 전문대학 또
는 대학졸업자와 동등한 학력·학위가 인정되는 원격대학
형태의 평생교육시설
3. 「고등교육법」 제2조의 규정에 의한 학교
②노동부장관은 피보험자인 근로자가 직업능력개발훈련을
수강하는 경우 그 수강료의 전부 또는 일부를 예산의 범위
안에서 대부할 수 있다. 다만, 다음 각 호의 1에 해당하는
과정을 수강하는 경우를 제외한다.
1. 세미나, 심포지엄 등 정보교류활동 또는 시사·일반상식
등 교양과정
2. 취미활동, 오락 및 스포츠 등을 목적으로 하는 과정
3. 그 밖에 노동부장관이 직업능력개발훈련과정으로 부적
합하다고 인정하는 과정
③제2항의 규정에 의한 직업능력개발훈련 중 외국어과정
에 대하여 수강료를 대부받을 수 있는 자의 범위는 노동부
장관이 정한다.
④제1항 내지 제3항의 규정에 의한 대부금의 이율·대부기
간 등 대부조건은 노동부장관이 재정경제부장관과 협의하
여 정한다.
⑤제1항 내지 제3항의 규정에 의한 대부대상자의 선정, 대
부절차, 대부횟수 그 밖에 대부에 관하여 필요한 사항은 노
동부령으로 정한다.
[본조신설 2002.12.30]

제30조의5 (능력개발비용의 지원) ①노동부장관은 법 제24조
제1항의 규정에 따라 제30조의4제1항 각 호의 어느 하나에
해당하는 학교 또는 시설에 입학하거나 재학하는 우선지원
대상기업의 피보험자(자영업자를 제외한다) 중 성적이 우
수한 자에 대하여 예산의 범위 안에서 학자금의 전부 또는
일부를 지원할 수 있다.
②제1항의 규정에 의한 지원대상자의 선발, 지원금액 및 지
원방법 등에 관하여 필요한 사항은 노동부장관이 정한다.
[본조신설 2005.12.30]

제31조 (실업자의 취업훈련) <개정 2004.2.25, 2005.12.30>
①노동부장관은 법 제24조제2항의 규정에 의하여 실업자
로서 취업을 위하여 직업능력개발훈련의 수강이 필요하다
고 인정되는 구직자에 대하여 취업훈련을 실시할 수 있다.
<개정 1998.7.1, 2004.2.25, 2005.12.30>
②제1항의 규정에 의한 취업훈련에 소요되는 비용은 당해
훈련을 받는 자 또는 훈련을 실시하는 기관에 지급할 수 있
다. <개정 1998.7.1, 2004.2.25, 2005.12.30>
③노동부장관은 법 제24조제2항의 규정에 의하여 실업자
의 취업촉진을 위한 직업능력개발훈련을 실시하는 경우에
당해 실업자가 법 제33조의2제1항의 규정에 의한 구직급여

의 수급자격이 없는 자인 경우에는 훈련수당을 지급할 수 있다. <개정 1997.5.8, 1998.7.1, 2000.2.9, 2004.2.25, 2005.12.30>
④노동부장관은 제1항의 규정에 의한 실업자 취업훈련을 수강하는 피보험자이었던 실업자에 대하여 당해 훈련비의 전부 또는 일부를 대부할 수 있다. <신설 2000.12.30, 2004.2.25, 2005.12.30>
⑤제4항의 규정에 의한 대부대상자의 선정, 대부절차, 대부횟수 그 밖의 대부에 관하여 필요한 사항은 노동부령으로 정한다. <신설 2000.12.30>
⑥제1항의 규정에 의한 실업자 취업훈련의 실시기관 그 밖의 실업자 취업훈련의 실시에 관하여 필요한 사항은 노동부령으로 정한다. <신설 2000.12.30, 2004.2.25, 2005.12.30>

제32조 (직업능력개발훈련시설 등에 대한 비용대부) ①노동부장관은 법 제25조의 규정에 따라 직업능력개발훈련을 실시하고 있거나 실시하고자 하는 사업주, 사업주단체, 근로자단체, 「근로자직업능력 개발법」 제32조의 규정에 따라 노동부장관의 허가를 받아 설립한 직업능력개발훈련법인 및 「근로자직업능력 개발법」 제2조제3호 나목의 규정에 의한 직업능력개발훈련시설을 설치·운영하는 자에 대하여 직업능력개발훈련시설의 설치 및 장비구입에 필요한 비용을 예산의 범위 안에서 대부할 수 있다. <개정 2002.12.30, 2005.6.30>
②삭제 <1998.7.1>
③제1항의 규정에 의한 대부금의 이율·대부기간 등 대부조건은 노동부장관이 재정경제부장관과 협의하여 이를 정한다. 이 경우 우선지원 대상기업의 사업주 또는 당해 기업의 사업주단체 및 제34조제1항제3호의4의 규정에 의한 직업능력개발사업을 실시하거나 실시하고자 하는 사업주 또는 사업주단체에 대하여 대부금의 이율을 달리 정할 수 있다. <개정 1997.5.8, 1998.7.1, 2004.2.25>
④제1항의 규정에 의한 비용의 대부한도·절차 등에 관하여 필요한 사항은 노동부령으로 정한다. <신설 1997.5.8, 1998.7.1, 2000.12.30>

제33조 (직업능력개발훈련시설의 지원) ①노동부장관은 법 제25조의 규정에 의하여 사업주, 사업주단체 또는 그 연합체가 제34조의2제2항의 규정에 의한 우선선정직종 등 노동부장관이 고시하는 직종의 훈련을 실시하기 위하여 단독 또는 공동으로 직업능력개발훈련시설을 설치하거나 장비를 구입하는 경우 또는 「근로자직업능력 개발법」 제2조제3호 가목의 규정에 따라 공공직업훈련시설을 설치한 공공단체가 노후 시설을 개·보수 하거나 장비를 구입하는 경우 그 시설설치 및 장비구입에 필요한 비용의 일부를 예산의 범위내에서 지원할 수 있다. 이 경우 우선지원 대상기업에 속

하는 사업주 또는 당해 기업의 사업주단체 및 제34조제1항제3호의4의 규정에 의한 직업능력개발사업을 실시하는 사업주 또는 사업주단체에 대하여는 우대할 수 있다. <개정 2004.2.25, 2005.12.30>
②제1항의 규정에 의한 비용의 지원한도 및 절차 등에 관하여 필요한 사항은 노동부령으로 정한다. <신설 2000.2.9, 2000.12.30>
[전문개정 1998.7.1]

제33조의2 (검정수수료 등의 지원) 노동부장관은 법 제26조제1항제2호의 규정에 따라 피보험자가 노동부령이 정하는 국가기술자격을 자비로 취득한 경우(국가기술자격 검정에 최종 합격한 날 현재 피보험자격을 갖춘 경우를 말한다)에는 노동부령이 정하는 바에 따라 그 비용의 전부 또는 일부를 지원할 수 있다.
[본조신설 2005.12.30]

제33조의3 (자격검정사업의 지원) ①노동부장관은 법 제26조제1항제2호의 규정에 따라 다음 각 호의 어느 하나에 해당하는 사업을 실시하는 자에게 그 사업의 실시에 필요한 비용의 전부 또는 일부를 지원할 수 있다.
1. 사업주가 근로자의 기술향상을 위하여 실시하는 자격검정사업
2. 「국가기술자격법」에 의한 국가기술자격 검정기관이 피보험자의 자격취득 편의를 위하여 실시하는 사업
②제1항제1호의 규정에 의한 자격검정사업은 다음 각 호의 모든 요건을 갖추어야 한다.
1. 사업주가 단독 또는 공동으로 당해 사업 및 당해 사업과 관련된 사업의 근로자를 대상으로 실시하는 자격검정일 것
2. 자격종목이 당해 사업에 필요한 지식 및 기능과 직접 관련될 것
3. 당해 자격을 취득한 근로자에 대하여는 승진·승급·보수 등에서 우대할 수 있는 규정을 제정·시행하고 있을 것
4. 당해 자격을 취득하려고 하는 근로자에게 검정사업과 관련하여 검정수수료 등 일체의 비용을 받지 아니할 것
5. 자격검정이 영리를 목적으로 하지 아니할 것
6. 그 밖에 노동부령이 정하는 요건을 갖출 것
③제1항의 규정에 의한 비용의 지원신청 및 지원방법 등에 관하여 필요한 사항은 노동부장관이 정한다.
[본조신설 2005.12.30]

제34조 (직업능력개발의 촉진) ①법 제26조제1항제3호에서 "대통령령이 정하는 사업"이라 함은 다음 각 호의 사업을 말한다.<개정 1998.7.1, 2000.2.9, 2002.12.30, 2004.2.25, 2005.6.30, 2005.10.26, 2005.12.30>
1. 직업능력개발사업에 관한 조사·연구사업

2. 직업능력개발사업을 위한 교육·홍보사업
3. 직업능력개발을 위한 훈련매체의 개발·편찬 및 보급사업
3의2. 사업주단체·근로자단체 또는 그 연합체가 협력하여 실시하는 직업능력개발사업
3의3. 인적자원개발 우수기업 인증제 지원사업
3의4. 사업주, 사업주단체 등이 중소기업과 공동으로 중소기업 근로자 등을 위하여 실시하는 직업능력개발사업
3의5. 「근로자직업능력 개발법」 제36조 및 제37조의 규정에 의한 직업능력개발훈련교사 및 동법 제20조제1항의 규정에 의한 인력개발담당자의 양성 및 능력개발을 위하여 실시하는 교육훈련사업
3의6. 「근로자직업능력 개발법」 제12조의 규정에 따라 실시하는 직업능력개발훈련
3의7. 「기능대학법」 제4조의 규정에 따라 기능대학에 두는 교육·훈련과정에 따라 실시하는 교육·훈련
3의8. 우선지원 대상기업의 사업주 또는 근로자의 핵심직무능력 향상을 위하여 실시하는 직업능력개발훈련(노동부장관이 정하는 우수훈련과정에 한한다)
3의9. 우선지원 대상기업 근로자의 직무지식 습득기회를 확대하거나 그 기업내의 직무지식을 원활하게 축적·공유할 수 있도록 하는 등의 학습조직화를 촉진하기 위하여 실시하는 직업능력개발사업
4. 기타 직업능력개발의 촉진을 위한 사업
②삭제 <2005.12.30>
③제1항의 규정에 의한 비용의 지원신청 및 지원방법 등에 관하여 필요한 사항은 노동부장관이 정한다.
[전문개정 1997.5.8]

제34조의2 (직업능력개발훈련사업의 위탁실시) ①노동부장관은 법 제26조제2항의 규정에 따라 직업능력개발사업을 실시하고자 하는 때에는 매년 위탁하고자 하는 직업능력개발사업의 계획을 수립하여야 한다.
②제1항의 규정에 의한 직업능력개발훈련사업의 훈련직종은 국가경제의 기간이 되는 산업 중 인력이 부족한 직종, 정보통신산업·자동차산업 등 국가전략산업 중 인력이 부족한 직종, 그 밖에 산업현장의 인력수요 증대에 따라 인력양성이 필요하다고 노동부장관이 고시하는 직종(이하 "우선선정직종"이라 한다)을 대상으로 하여야 한다. <개정 2005.6.30>
③제2항의 규정에 의한 우선선정직종에 대한 훈련은 「근로자직업능력 개발법」 제2조 및 제32조의 규정에 의한 직업능력개발훈련시설 또는 직업능력개발훈련법인에 위탁하여 실시하여야 한다. <개정 2005.6.30>
④우선선정직종의 훈련대상, 훈련절차, 훈련비 및 훈련수당의 지원 등 우선선정직종에 대한 훈련의 실시에 관하여

필요한 사항은 노동부령으로 정한다.
[전문개정 2002.12.30]

제35조 삭제 <1998.7.1>

제35조의2 (건설근로자의 직업능력개발 지원) ①노동부장관은 법 제26조의2의 규정에 의하여 건설업의 사업주 또는 사업주단체가 일정한 사업장에 고용되지 아니한 건설근로자로서 노동부장관이 정하여 고시하는 자의 직업능력의 개발·향상을 위하여 직업능력개발훈련을 실시하는 경우에는 그 비용의 일부를 지원하고, 건설근로자에 대하여 훈련기간 중 훈련수당을 지급한 경우에는 그에 관하여 필요한 비용을 지원할 수 있다. <개정 1998.7.1, 2000.12.30>
②제27조제2항의 규정은 제1항의 규정에 의한 직업능력개발훈련비용의 지원에 관하여 이를 준용한다. <개정 1998.7.1, 2004.2.25>
[본조신설 1997.5.8]

제35조의3 (지방자치단체 등에 대한 지원) ①법 제26조의4에서 "대통령령이 정하는 비영리법인·단체"라 함은 법률에 의하여 설립되거나 국가 또는 지방자치단체의 허가·인가를 받아 설립된 비영리법인과 「비영리민간단체지원법」에 따라 등록한 비영리단체를 말한다.
②노동부장관은 법 제26조의4의 규정에 따라 지방자치단체 또는 제1항의 규정에 의한 비영리법인·단체가 지역 내 피보험자 등의 고용안정·고용촉진 및 직업능력개발을 위한 사업을 실시하는 경우에는 예산의 범위 안에서 그에 소요되는 비용의 전부 또는 일부를 지원할 수 있다.
③노동부장관은 제2항의 규정에 의하여 비용을 지원하고자 하는 경우에는 대상 사업의 종류·내용, 지원의 요건·내용·수준 및 신청방법 등을 미리 공고하여야 한다.
[본조신설 2005.12.30]

제35조의4 (부정행위에 따른 지원금 등의 지급제한) ①노동부장관은 법 제26조의5제1항의 규정에 따라 거짓 그 밖의 부정한 방법으로 다음 각 호의 지원금·장려금 또는 직업능력개발훈련비용을 지급받거나 지급받고자 한 자에 대하여는 그 잔여 지원금·장려금·직업능력개발훈련비용 또는 지급받고자 한 지원금·장려금·직업능력개발훈련비용은 이를 지급하지 아니하며, 이미 지급된 지원금·장려금·직업능력개발훈련비용에 대하여는 반환을 명하여야 한다. <개정 2006.11.23>
1. 제15조의2 내지 제15조의6, 제17조, 제18조, 제19조의2, 제20조, 제22조, 제22조의2 내지 22조의5, 제23조, 제23조의2 내지 제23조의4, 제23조의6, 제23조의7, 제24조 및 제35조의3의 규정에 의한 지원금 또는 장려금

2. 제27조, 제30조의2 내지 제30조의5, 제31조 내지 제33조, 제33조의2, 제33조의3, 제34조, 제34조의2 및 제35조의2의 규정에 의한 직업능력개발훈련 비용

②법 제26조의5제1항의 규정에 따라 거짓 그 밖의 부정한 방법으로 제1항 각 호의 지원금·장려금 또는 직업능력개발훈련 비용을 지급받거나 지급받고자 한 자에 대하여는 지원금·장려금 또는 직업능력개발훈련 비용을 지급받은 날 또는 지급받고자 한 사실이 있은 날부터 1년간 지원금·장려금 또는 직업능력개발훈련비용을 지급하지 아니하며, 노동부장관은 지급제한기간 동안에 지급된 지원금·장려금 또는 직업능력개발훈련비용에 대하여는 반환을 명하여야 한다.

③제1항 또는 제2항의 규정에 의한 반환(법 제26조의5제2항의 규정에 의한 추가징수를 포함한다)의 명령을 받은 자는 그 통지를 받은 날부터 30일 이내에 통지된 금액을 납부하여야 한다. 이 경우 납부방식은 일시 납부를 원칙으로 하되, 납부금액이 1천만원을 초과하고 당해 사업의 개산보험료의 2분의 1을 초과하는 경우에는 노동부장관이 정하는 바에 따라 분할 납부할 수 있다.

④제1항 또는 제2항의 규정에 의한 반환명령을 받은 자가 정하여진 기간 내에 납부의무를 이행하지 아니하는 경우에는 그 의무를 이행하지 아니한 기간동안 지원금·장려금 또는 직업능력개발훈련비용을 지급하지 아니한다.
[본조신설 2005.12.30]

제36조 (업무의 대행) ①법 제27조에서 "대통령령이 정하는 자"라 함은 다음 각 호의 자를 말한다. <개정 2005.12.30>
1. 「한국산업인력공단법」에 의한 한국산업인력공단(이하 "한국산업인력공단"이라 한다)
2. 「기능대학법」에 의한 기능대학
3. 「근로자직업능력 개발법」 제23조의 규정에 의한 직업능력개발단체
②노동부장관은 법 제27조의 규정에 따라 업무를 대행하게 하는 경우에는 업무수행에 소요되는 경비를 고용보험기금에서 지원한다. <신설 2002.12.30, 2005.12.30>

제37조 삭제 <2005.12.30>

제4장 실업급여 <개정 2005.12.30>

제38조 (실업급여 지급에 관한 결정·통지) 직업안정기관의 장은 실업급여의 지급여부를 결정한 때에는 이를 그 청구인에게 통지하여야 한다. 다만, 실업급여를 지급하기로 결정한 경우에는 제43조의 규정에 의한 고용보험수급자격증에 그 사실을 기재·교부함으로써 통지에 갈음할 수 있다. <개정 1997.5.8>

제39조 (급여원부의 작성) ①직업안정기관의 장은 실업급여를 지급한 때에는 그 급여를 받은 수급자격자별로 급여원부를 작성하여야 한다.
②직업안정기관의 장은 보험에 관계있는 자의 청구가 있는 경우에는 급여원부를 열람시키고, 필요하다고 인정하는 경우에는 증명서를 발급하여야 한다.

제40조 (기준기간의 연장 사유) 법 제31조제2항에서 "대통령령이 정하는 사유"라 함은 다음 각 호의 사유를 말한다. 다만, 법 제2조제4호 단서의 규정에 의하여 노동부장관이 정하는 금품을 지급받는 경우를 제외한다. <개정 1997.12.31>
1. 사업장의 휴업
2. 임신·출산·육아에 따른 휴직
3. 휴직 기타 이와 유사한 상태로서 노동부장관이 정하여 고시하는 사유

제41조 삭제 <2003.12.18>

제42조 (구직신청 및 수급자격인정 신청) ①법 제33조의 규정에 의하여 실업을 신고하고자 하는 자는 「직업안정법」 제9조의 규정에 의한 구직신청을 하고, 수급자격인정신청서를 자신의 거주지를 관할하는 직업안정기관의 장(이하 "거주지관할 직업안정기관의 장"이라 한다)에게 제출하여야 한다. 이 경우 제51조의 규정에 의한 수급기간연장통지서를 교부받은 경우에는 이를 첨부하여야 한다. <개정 2005.10.26>
②제1항의 규정에 의하여 실업을 신고하고자 하는 자가 법 제13조의2제2항의 규정에 의하여 사업주로부터 이직확인서를 교부받은 경우에는 이를 소재지관할 직업안정기관의 장에게 제출하여야 한다. 다만, 이직한 자를 고용하고 있던 사업주의 소재불명 기타 부득이한 사유로 이직확인서의 교부가 불가능한 경우에는 그러하지 아니하다. <개정 2003.12.18>
③제1항의 규정에 의하여 실업의 신고를 받은 직업안정기관의 장은 법 제34조제3항의 규정에 의하여 직업안정기관에 출석하여 실업의 인정을 받아야 할 날(이하 "실업인정일"이라 한다)을 지정하여 당해 신고인에게 통지하여야 한다.
[전문개정 1997.5.8]

제43조 (수급자격의 인정) ①직업안정기관의 장은 제42조의 규정에 의하여 수급자격인정신청서를 제출받은 경우에 그 신청인이 법 제33조의2제1항의 규정에 의한 구직급여의 수급자격이 인정되는 경우에는 최초의 실업인정일에 고용보험수급자격증(이하 "수급자격증"이라 한다)을 교부하여야

한다. <개정 1997.5.8, 2000.2.9>
②직업안정기관의 장은 수급자격인정신청서를 제출한 자가 법 제33조의2제1항의 규정에 의한 구직급여의 수급자격이 인정되지 아니하는 경우에는 당해 신청인에게 그 사실을 통지하여야 한다. <개정 1997.5.8, 2000.2.9>
③수급자격자가 제1항의 규정에 의하여 교부받은 수급자격증이 못쓰게 되거나 이를 잃어버린 경우에는 거주지관할 직업안정기관의 장에게 재교부를 신청하여야 한다. <개정 1997.5.8>
④수급자격자가 이름·주민등록번호·주소 또는 거소를 변경 또는 정정한 경우에는 거주지관할 직업안정기관의 장에게 이를 신고하여야 한다. 이 경우 직업안정기관의 장은 수급자격증의 관련사항을 수정하여 반환하여야 한다. <개정 1997.5.8>
⑤제1항의 규정에 의하여 수급자격증을 교부받은 자는 수급자격인정의 근거가 된 수급자격인정내역서의 교부를 당해 수급자격을 인정한 직업안정기관의 장에게 청구할 수 있다. <신설 1997.5.8>

제44조 (실업의 인정) ①수급자격자가 법 제34조제3항의 규정에 의하여 실업의 인정을 받고자 하는 때에는 실업인정일에 거주지관할 직업안정기관에 출석하여 실업인정신청서에 직전 실업인정일의 다음 날부터 당해 실업인정일까지의 재취업활동 내용을 기재한 후 수급자격증을 첨부하여 제출하여야 한다. <개정 1997.5.8, 2003.12.18, 2005.12.30>
②직업안정기관의 장은 제1항의 규정에 의한 실업의 인정을 행한 때에는 그 사실을 수급자격증에 기재하여 반환하여야 한다. <개정 1997.5.8>
③제1항의 규정에 의한 재취업활동의 인정기준은 노동부령으로 정한다. <신설 2000.12.30, 2003.12.18>

제44조의2 (실업인정의 특례사유) 법 제34조제3항제2호에서 "대통령령이 정하는 사유"라 함은 다음 각 호의 1에 해당하는 경우를 말한다.
1. 천재지변이 발생한 경우
2. 월간 구직급여 수급자격의 인정을 신청한 자의 수를 매월 말일의 피보험자수로 나누어 얻은 비율(이하 "수급자격신청률"이라 한다)이 연속하여 2월간 100분의 1을 초과하는 경우
3. 법 제42조의3의 규정에 의한 특별연장급여의 지급이 결정된 경우
[본조신설 1998.7.1]

제45조 (실업인정의 특례자) 법 제34조제3항제3호에서 "대통령령이 정하는 수급자격자"라 함은 다음 각 호의 어느 하나에 해당하는 자를 말한다. <개정 1998.7.1, 2000.2.9, 2000.12.

30, 2003.12.18, 2004.2.25, 2004.10.1, 2005.10.26, 2005.12.30>
1. 취업 또는 구인자와의 면접 기타 부득이한 사유로 인하여 실업인정일에 직업안정기관에 출석할 수 없는 자로서 실업인정일의 전일까지 거주지관할 직업안정기관에 출석하여 실업인정일의 변경을 신청한 자
2. 취업 또는 구인자와의 면접 기타 부득이한 사유로 인하여 실업인정일 및 그 전일까지 출석할 수 없었던 자로서 당해 사유가 소멸된 날부터 14일 이내에 거주지관할 직업안정기관에 출석하여 실업인정일의 변경을 신청한 자
2의2. 7일 이상 계속적으로 취업하여 실업인정일 및 그 전일까지 출석할 수 없었던 자로서 취업일자를 증명할 수 있는 서류를 첨부하여 취업한 날부터 1월 이내에 실업의 인정을 신청한 자. 이 경우 우편·모사전송 또는 정보통신망을 통하여 신청할 수 있다.
2의3. 수급자격자의 착오로 인하여 실업인정일에 직업안정기관에 출석할 수 없었던 자로서 당해 실업인정일부터 14일 이내에 출석하여 실업인정일의 변경을 신청한 자(당해 수급자격자의 법 제39조의 규정에 의한 수급기간내 1회에 한한다)
3. 법 제39조의 규정에 의한 수급기간의 종료, 관공서의공휴일에관한규정에 의한 관공서의 공휴일 기타 부득이한 사정으로 인하여 직업안정기관의 장이 실업인정일을 변경하는 것이 적당하다고 인정한 자
4. 법 제74조제1항의 규정에 의한 심사·재심사 또는 소송에 의하거나 직업안정기관의 장의 직권에 의하여 실업급여에 관한 처분이 취소·변경된 자
5. 당해 실업인정일부터 30일 이내에 취업하기로 확정된 자
6. 노동부장관이 정하여 고시하는 도서지역에 거주하는 자로서 실업인정의 특례를 신청한 자
7. 삭제 <2005.12.30>

제46조 (증명서에 의한 실업의 인정) ①수급자격자가 법 제34조제4항제1호·제2호 또는 제4호의 규정에 의하여 실업의 인정을 받고자 하는 경우에는 그 사유가 종료된 후 14일 이내에 거주지관할 직업안정기관에 출석하여 실업인정신청서에 수급자격증과 출석할 수 없었던 사유를 기재한 증명서를 첨부하여 제출하여야 한다. <개정 1997.5.8, 2005.12. 30>
②제1항의 증명서의 기재사항 및 발급자 등에 관하여 필요한 사항은 노동부령으로 정한다.
③수급자격자가 법 제34조제4항제3호의 규정에 의하여 실업의 인정을 받고자 하는 경우에는 직접 또는 대리인을 통하여 실업인정신청서에 수급자격증과 직업훈련 등의 실시기관이 발급한 증명서를 첨부하여 관할직업안정기관의 장에게 제출하여야 한다. <개정 1997.5.8>

제47조 (수급자격자의 취업촉진을 위한 조치) 법 제34조제5항 전단에서 "재취업활동에 관한 계획의 수립 지원, 직업소개 등 대통령령이 정하는 조치"라 함은 다음 각 호의 조치로서 수급자격자의 취업을 촉진하기 위하여 필요한 조치를 말한다.

1. 재취업활동에 관한 계획의 수립 지원
2. 실업급여 등 고용보험에 관한 안내 및 교육
3. 직업적성검사, 직업정보제공 등 재취업을 위하여 미리 준비할 사항에 대한 심층상담 및 지도
4. 구인·훈련 등 고용정보의 탐색 및 활용요령, 이력서 작성 및 면접 요령 등 재취업활동 방법 지도
5. 일자리정보제공, 직업소개, 동행면접, 채용관련 행사의 참석 기회의 제공
6. 훈련필요여부 상담, 적합한 훈련과정의 안내, 훈련지시 등 재취업촉진을 위하여 필요한 조치
[본조신설 2005.12.30]

제47조의2 삭제 <2003.12.18>

제48조 (급여기초임금일액의 상한액) ①법 제35조제5항의 규정에 의하여 구직급여의 산정기초가 되는 임금일액이 8만원을 초과하는 경우에는 8만원을 그 임금일액으로 한다. <개정 1997.5.8, 1998.10.1, 1999.2.1, 2000.12.30, 2005.12.30>
②노동부장관은 제1항의 규정에 의한 금액이 적용된 후 물가상승률과 경기변동, 임금상승률 등을 참작하여 조정이 필요하다고 판단되는 경우에는 당해 금액의 변경을 고려하여야 한다. <개정 2000.12.30>

제49조 (근로의 제공 등) ①수급자격자는 법 제37조제1항의 규정에 따라 근로를 한 사실이 있는 경우에는 당해 근로를 제공한 날 이후 최초의 실업인정일에 제출하는 실업인정신청서에 그 근로제공의 사실을 기재하여야 한다.
②제1항의 규정에 의한 근로의 제공이 취업에 해당하는지 여부에 관한 판단기준은 노동부령으로 정한다.
[전문개정 2003.12.18]

제49조의2 삭제 <2000.2.9>

제50조 (수급기간의 연장사유) 법 제39조제2항에서 "대통령령이 정하는 사유"라 함은 다음 각 호의 사유를 말한다. <개정 1999.2.1, 1999.7.1, 2005.10.26>
1. 본인의 질병 또는 부상(법 제49조의 규정에 의하여 상병급여를 지급받은 경우의 질병 또는 부상을 제외한다)
2. 배우자의 질병 또는 부상
3. 본인 및 배우자의 직계존비속의 질병 또는 부상
4. 「병역법」에 의한 의무복무

5. 범죄혐의로 인한 구속 또는 형의 집행(법 제45조제1항의 규정에 의한 수급자격이 없는 자를 제외한다)
6. 제1호 내지 제5호에 준하는 경우로서 노동부령이 정하는 사유
[전문개정 1997.5.8]

제51조 (수급기간의 연장신고) ①법 제39조제2항의 규정에 의하여 취업할 수 없는 사실을 신고하고자 하는 자는 직접 또는 대리인을 통하여 수급기간내에 수급기간연장신고서에 수급자격증(수급자격증을 교부받은 경우에 한한다)을 첨부하여 거주지관할 직업안정기관의 장에게 제출하여야 한다. 다만, 천재지변, 「병역법」에 의한 병역의무이행 기타 부득이한 사유가 있는 경우에는 당해 사유가 종료된 날부터 30일 이내에 제출하여야 한다. <개정 1997.5.8, 1998.7.1, 1999.2.1, 2000.2.9, 2003.12.18, 2005.10.26>
②제1항의 규정에 불구하고 「산업재해보상보험법」 제40조의 규정에 따라 요양급여를 받는 경우에는 그 최초 요양일에 법 제39조제2항의 규정에 의한 신고를 한 것으로 본다. <신설 2004.2.25, 2005.10.26>
③직업안정기관의 장은 제1항의 규정에 의한 신고가 수급기간의 연장사유에 해당한다고 인정하는 경우에는 수급기간연장통지서를 신고자에게 교부하고, 수급자격증에 필요한 사항을 기재한 후 반환하여야 한다. <개정 1997.5.8>
④제3항의 규정에 의해 수급기간연장 통지를 받은 자가 당해 수급기간연장 사유가 종료되거나 수급기간연장신고서의 기재내용 중 노동부령이 정하는 사항의 변경이 있는 경우에는 지체없이 그 사실을 거주지관할 직업안정기관의 장에게 신고하고 수급기간연장통지서 및 수급자격증을 제출하여야 한다. <개정 1997.5.8, 2004.2.25>
⑤직업안정기관의 장은 제4항의 규정에 의한 신고를 받은 때에는 수급기간연장통지서 및 수급자격증에 해당사항을 기재하여 반환하여야 한다. <개정 1997.5.8, 2004.2.25>

제52조 (훈련연장급여 지급) ①법 제42조제2항 후단에서 "대통령령이 정하는 기간"이라 함은 2년을 말한다. <개정 2000.2.9>
②삭제 <2000.2.9>
③삭제 <2000.2.9>

제52조의2 (개별연장급여의 지급 등) ①법 제42조의2제1항에서 "취업이 특히 곤란하고 생활이 어려운 수급자격자로서 대통령령이 정하는 자"라 함은 다음 각 호의 요건을 모두 갖춘 수급자격자를 말한다. <개정 1999.2.1, 1999.7.1, 2000.2.9, 2002.12.30, 2003.12.18, 2005.10.26>
1. 삭제 <1999.7.1>
2. 법 제33조제1항의 규정에 의한 실업신고일부터 구직급

여의 지급이 종료될 때까지 직업안정기관의 장의 직업소개
에 3회 이상 응하였으나 취업되지 아니한 자로서 다음 각
목의 1에 해당하는 부양가족이 있는 자
가. 18세 미만이나 65세 이상인 자
나. 「장애인고용촉진 및 직업재활법」에 의한 장애인
다. 1월 이상의 요양을 요하는 환자
3. 직업상의 경험, 임금수준, 노동시장의 상황 등으로 보아
재취업을 위한 직업능력개발훈련이 필요하나 직업능력개
발훈련을 받지 못하였거나 받고 있지 아니한 자
4. 급여기초임금일액과 본인 및 배우자의 재산합계액이 각
각 노동부장관이 정하여 고시한 기준 이하인 자
②법 제42조의2제2항에서 "대통령령이 정하는 기간"이라
함은 60일을 말한다. <개정 1999.2.1>
③수급자격자가 개별연장급여를 지급받고자 하는 경우에
는 구직급여일수 종료일까지 개별연장급여신청서에 수급
자격증을 첨부하여 거주지관할 직업안정기관의 장에게 제
출하여야 한다. <신설 1999.2.1, 2000.2.9>
④제1항의 규정에 의한 개별연장급여의 지급에 관하여 필
요한 사항은 노동부령으로 정한다.
[본조신설 1998.7.1]

제52조의3 (특별연장급여 지급) 법 제42조의3제1항에서 "대통
령령이 정하는 사유"라 함은 다음 각 호의 1에 해당하는 경
우로서 이와 같은 상황이 계속될 것으로 예상되는 경우를
말한다. <개정 1999.2.1, 1999.7.1>
1. 매월의 구직급여 지급을 받은 자의 수(법 제42조 내지 제
42조의3의 규정에 의하여 훈련연장급여 등을 지급받는 자
의 수를 제외한다)를 당해 월의 말일의 피보험자수로 나누
어 얻은 비율이 연속하여 3월간 각각 100분의 3을 초과하는
경우
2. 매월의 수급자격신청률이 연속하여 3월간 100분의 1을
초과하는 경우
3. 매월의 실업률이 연속하여 3월간 100분의 6을 초과하는
경우
[본조신설 1998.7.1]

제53조 (구직급여의 지급절차) ①수급자격자는 거주지관할 직
업안정기관에 출석하는 최초의 실업인정일에 구직급여를
지급받기 원하는 금융기관과 계좌를 지정하여 신고하여야
한다. 신고한 금융기관 또는 계좌를 변경하고자 하는 경우
에도 또한 같다. <개정 1997.5.8>
②구직급여는 수급자격자가 지정한 금융기관의 계좌에 입
금함으로써 지급한다. <개정 1997.5.8>

제54조 삭제 <2005.12.30>

제55조 (미지급구직급여의 청구) ①법 제44조제1항의 규정에
의하여 미지급된 구직급여의 지급을 청구하고자 하는 자
(이하 "미지급급여청구자"라 한다)는 미지급실업급여청구
서를 사망자의 거주지를 관할하는 직업안정기관의 장에게
제출하여야 한다. <개정 1997.5.8>
②법 제44조제2항의 규정에 의하여 미지급급여청구자가
사망한 수급자격자의 실업의 인정을 받고자 하는 경우에는
당해 수급자격자의 거주지를 관할하는 직업안정기관에 출
석하여 미지급실업급여청구서를 제출하고 당해 수급자격
자에 대한 실업의 인정을 받아야 한다.
③미지급급여청구자가 미지급실업급여청구서를 제출할 때
에는 사망한 수급자격자가 구직급여의 지급을 받고자 하였
을 경우에 행하였어야 할 신고 또는 서류의 제출을 하여야
한다. <개정 1997.5.8>

제56조 (준용) 제53조의 규정은 미지급급여청구자에 대한 구
직급여의 지급절차에 관하여 이를 준용한다. 이 경우 "거주
지 관할직업안정기관"은 "사망자의 거주지를 관할하는 직
업안정기관"으로, "수급자격자"는 "미지급급여청구자"로
본다. <개정 1997.5.8>

제56조의2 (고액금품의 범위 등) ①법 제45조의2제1항에서
"대통령령이 정하는 금액이상의 금품"이라 함은 퇴직금·퇴
직위로금 등 명칭여하를 불문하고 이직당시 수령한 총액 1
억원이상의 금품(임금을 제외한다)을 말한다.
②법 제45조의2제1항에서 "대통령령이 정하는 수령이 확실
시되는 자"라 함은 다음 각 호의 1에 해당하는 사업에서 이
직한 자를 말한다. 다만, 당해 사업이 수급자격자의 이직전
1년부터 이직후 실업의 신고일까지 「채무자 회생 및 파산
에 관한 법률」에 의한 파산의 선고 등 노동부령이 정하는
사실이 있는 경우에는 그러하지 아니하다. <신설 2000.2.9,
2005.10.26, 2006.3.29>
1. 「정부투자기관관리 기본법」 제2조의 규정에 의한 정부
투자기관
2. 「지방공기업법」 제49조 및 동법 제76조의 규정에 의한
지방공사 및 지방공단
3. 국가·지방자치단체 또는 정부투자기관이 자본금의 2분
의 1 이상을 출자하거나 기본재산의 2분의 1 이상을 출연한
사업
4. 이직일 이전 최근 1년간 임금체불이 없었던 사업
[본조신설 1998.10.1]

제57조 (구직급여의 지급정지절차) ①직업안정기관의 장은 법
제46조제1항 및 제2항의 규정에 따라 직업안정기관의 장이
소개하는 직업에 취직하는 것을 거부하거나 직업안정기관
의 장이 지시한 직업능력개발훈련 등을 거부하는 수급자격

자 또는 직업안정기관의 장이 실시하는 재취업촉진을 위한 직업지도를 거부하는 수급자격자에 대하여 구직급여의 지급이 정지될 수 있음을 노동부령이 정하는 바에 따라 사전에 고지하여야 한다.
②직업안정기관의 장은 제1항의 규정에 의한 고지에 불구하고 법 제46조제1항 및 제2항의 규정에 의한 취직·직업능력개발훈련 등을 재차 거부하는 경우에는 구직급여의 지급을 정지하여야 한다.
③직업안정기관의 장은 제2항의 규정에 따라서 구직급여의 지급을 정지하는 때에는 다음 번 실업인정일의 전일까지 지급정지의 사유·기간 등을 수급자격자에게 통지하여야 하며, 그 지급정지기간에 대하여는 실업의 인정을 행하지 아니한다.
[전문개정 2003.12.18]

제57조의2 (구직급여의 지급제한이 완화되는 부정행위) 법 제47조제2항 본문에서 "대통령령이 정하는 사유에 해당하는 경우"라 함은 수급자격자에게 다음 각 호의 1에 해당하는 사유가 있는 경우를 말한다. <개정 2003.12.18>
1. 실업의 인정을 받고자 하는 기간(이하 "실업인정대상기간"이라 한다) 중에 근로를 제공한 사실을 실업의 인정신청시 신고하지 아니하거나 사실과 다르게 신고한 경우
2. 실업인정대상기간 중에 행한 재취업활동내용을 실업의 인정신청시 사실과 다르게 신고한 경우
[본조신설 2000.2.9]

제58조 (구직급여의 반환 등) ①직업안정기관의 장은 법 제47조 또는 법 제48조의 규정에 의하여 구직급여의 지급 중지 또는 구직급여의 반환과 구직급여액에 상당하는 금액의 징수를 결정한 때에는 지체없이 이를 당해 수급자격자(법 제48조제2항의 규정에 의한 사업주를 포함한다)에게 통지하여야 한다. <개정 1997.5.8>
②제1항의 규정에 의하여 구직급여의 반환 또는 구직급여액에 상당하는 금액의 납부를 명령받은 자는 그 통지를 받은 날부터 30일이내에 이를 납부하여야 한다. 다만, 납부할 금액이 노동부장관이 정하는 금액이상인 경우에는 본인의 신청에 따라 분할납부하게 할 수 있다. <개정 1997.5.8, 1997.12.31>
③제2항 단서의 규정에 의한 분할납부의 절차, 납부기한 등은 노동부장관이 정한다. <신설 1997.12.31>

제59조 (상병급여의 지급청구 및 지급제외) ①수급자격자는 법 제49조제1항의 규정에 의하여 상병급여의 지급을 청구하고자 하는 경우에는 직접 또는 대리인을 통하여 당해 취업할 수 없는 사유가 없어진 날부터 14일(법 제39조의 규정에 의한 수급기간이 당해 취업할 수 없는 기간안에 종료된 경

우에는 수급기간 종료후 30일)이내에 거주지관할 직업안정기관의 장에게 상병급여청구서에 수급자격증과 질병·부상 또는 출산에 관한 증명서를 첨부하여 제출하여야 한다. 다만, 천재지변 기타 부득이한 사유가 있는 경우에는 그 사유가 종료된 날부터 7일이내에 제출하여야 한다. <개정 1997. 5.8, 1998.10.1, 1999.2.1>
②법 제49조제4항에서 "대통령령이 정하는 보상 또는 급여"라 함은 다음 각 호의 보상 및 급여를 말한다. <개정 2001.7.7, 2005.10.26>
1. 「국가배상법」 제3조제2항의 규정에 의한 휴업배상
2. 「의사상자예우에 관한 법률」 제7조의 규정에 의한 보상금

제60조 (준용) 제49조, 제53조, 제55조 내지 제58조의 규정은 상병급여에 관하여 이를 준용한다. 이 경우 제49조 중 "실업인정신청서"는 "상병급여청구서"로, 제53조, 제55조 내지 제58조 중 "구직급여"는 "상병급여"로 본다. <개정 1997.5.8>

제61조 (조기재취업수당의 지급기준<개정 2003.12.18>) ①법 제50조제1항에서 "대통령령이 정하는 기준에 해당하는 경우"라 함은 수급자격자가 다음 각 호의 1에 해당하는 경우를 말한다. <개정 2003.12.18>
1. 6월 이상 계속 고용될 것이 확실하다고 인정되는 직업에 취직한 경우. 다만, 수급자격자가 최후에 이직한 사업의 사업주 또는 그와 관련된 사업주로서 노동부령이 정하는 사업주에게 재고용되거나 법 제33조의 규정에 의한 실업의 신고일 이전에 채용을 약속한 사업주에게 고용된 경우를 제외한다.
2. 6월 이상 계속하여 스스로 영리를 목적으로 사업을 영위할 것이 확실하다고 인정되는 경우. 이 경우 수급자격자가 법 제34조제3항의 규정에 따라 당해 수급기간 내에 당해 사업의 영위를 위한 준비활동을 재취업활동으로 신고하여 실업의 인정을 받은 때에 한한다.
②법 제50조제2항에서 "대통령령이 정하는 기간"이라 함은 2년을 말한다.

제62조 (조기재취업수당의 금액<개정 2003.12.18>) ①법 제50조제3항의 규정에 의한 조기재취업수당의 금액은 다음 각 호의 기준에 따라 산정한 금액으로 한다. <개정 2005.12.30>
1. 법 제41조의 규정에 의한 소정급여일수(이하 이 항에서 "소정급여일수"라 한다)를 3분의 2이상 남기고 재취업하는 경우에는 구직급여일액에 미지급일수의 3분의 2를 곱한 금액
2. 소정급여일수를 3분의 1이상 3분의 2미만 남기고 재취업

하는 경우는 구직급여일액에 미지급일수의 2분의 1을 곱한
금액
3. 소정급여일수를 3분의 1미만 남기고 재취업하는 경우는
구직급여일액에 미지급일수의 3분의 1을 곱한 금액
②제1항의 규정에 불구하고 수급자격자가 다음 각 호의 요
건에 해당하는 경우의 조기재취업수당의 금액은 구직급여
일액에 미지급일수를 곱한 금액으로 한다. <신설 2001.7.7,
2003.12.18, 2005.10.26>
1. 「중소기업기본법 시행령」 제3조의 규정에 의한 중소기
업에 해당하는 제조업, 건설업 또는 어업으로서 노동부장
관이 정하여 고시하는 업종의 다음 각 목의 1에 해당하는
직종(「통계법」 제17조의 규정에 의하여 통계청장이 고시한
한국표준직업분류표의 구분에 의한다)에 재취직되었을 것
가. 기능원 및 관련기능종사자
나. 장치·기계조작 및 조립종사자
다. 단순노무종사자
2. 삭제 <2002.12.30>

제63조 (조기재취업수당의 청구 등) ①수급자격자가 조기재취
업수당을 지급받고자 하는 경우에는 조기재취업수당청구
서에 수급자격증 등 노동부령이 정하는 서류를 첨부하여
거주지 관할직업안정기관의 장에게 제출하여야 한다.
②제1항의 규정에 의한 조기재취업수당청구서는 법 제50
조제1항의 규정에 따라 안정된 직업에 재취직한 날 또는 스
스로 영리를 목적으로 사업을 시작한 날 이후에 제출하여
야 한다.
③제53조의 규정은 조기재취업수당의 지급절차에 관하여
이를 준용한다.
[전문개정 2003.12.18]

제63조의2 (재취업촉진활동장려금) ①노동부장관은 법 제50조
제5항의 규정에 따라 직업안정기관의 직원이 제47조의 규
정에 의한 조치를 취하여 당해 수급자가 소정급여일수를
남기고 안정된 직업에 재취업한 경우에는 그 실적을 평가
하여 예산의 범위 안에서 재취업촉진활동장려금을 지급할
수 있다.
②제1항의 규정에 의한 재취업촉진활동장려금의 지급을
위한 실적평가, 지급대상자 선정, 지급방법 및 금액 등에 관
하여 필요한 사항은 노동부장관이 정한다.
[본조신설 2005.12.30]

제64조 (직업능력개발수당) ①법 제51조제3항의 규정에 의한
직업능력개발수당은 수급자격자가 직업안정기관의 장이
지시한 직업훈련 등을 받은 날로서 구직급여의 지급대상이
되는 날에 대하여 지급한다. <개정 1997.5.8>
②법 제51조제3항의 규정에 의한 직업능력개발수당의 금
액은 교통비·식대 등 직업훈련 등의 수강에 필요한 비용을
감안하여 노동부장관이 결정·고시하는 금액으로 한다.
③직업능력개발수당은 당해 수급자격자에 대한 구직급여
의 지급일에 지급한다. 이 경우 제53조의 규정은 직업능력
개발수당의 지급절차에 관하여 이를 준용한다. <개정
1997.5.8>
④직업능력개발수당의 청구절차는 노동부령으로 정한다.

제65조 (광역구직활동비) ①법 제52조제1항에서 "대통령령이
정하는 기준"이라 함은 다음 각 호의 요건을 갖춘 것을 말
한다.
1. 삭제 <2003.12.18>
2. 구직활동에 소요되는 비용이 구직활동을 위하여 방문하
는 사업장의 사업주로부터 지급되지 아니하거나 지급되더
라도 그 금액이 광역구직활동비의 금액에 미달할 것
3. 수급자격자의 거주지로부터 구직활동을 위하여 방문하
는 사업장까지의 거리가 노동부령이 정하는 거리이상일 것.
이 경우 거리는 거주지로부터 사업장까지의 순로에 따라
계산하되, 수로의 거리는 실제의 거리의 2배로 본다.
②광역구직활동비의 청구절차는 노동부령으로 정한다. 이
경우 제53조의 규정은 광역구직활동비의 지급절차에 관하
여 이를 준용한다.

제66조 (이주비) ①법 제53조제1항에서 "대통령령이 정하는
기준"이라 함은 다음 각 호의 요건을 갖춘 것을 말한다. 다
만, 1년미만의 근로계약기간을 정하여 취업하는 경우를 제
외한다. <개정 2003.12.18>
1. 취업하거나 직업훈련 등을 받게 된 경우로서 노동부장관
이 정하는 기준에 따라 거주지관할 직업안정기관의 장이
주거의 변경이 필요하다고 인정할 것
2. 당해 수급자격자를 고용하는 사업주로부터 주거의 이전
에 소요되는 비용이 지급되지 아니하거나 지급되더라도 그
금액이 이주비의 금액에 미달할 것
②이주비의 청구절차는 노동부령으로 정한다. 이 경우 제
53조의 규정은 이주비의 지급절차에 관하여 이를 준용한다.

제66조의2 (취업촉진수당의 지급제한이 완화되는 부정행위) 법
제54조제2항에서 "대통령령이 정하는 사유에 해당하는 경
우"라 함은 제57조의2 각 호의 1에 해당하는 경우를 말한다.
[본조신설 2003.12.18]

제67조 (준용) 제55조제1항·제3항, 제56조 및 제58조의 규정
은 취업촉진수당에 관하여 이를 준용한다. 이 경우 "구직급
여"는 "취업촉진수당"으로, "수급자격자"는 "취업촉진수당
을 지급받을 수 있는 자"로, "구직급여액"은 "취업촉진수당
액"으로 보고, 제58조제1항 중 "법 제47조"는 "법 제54조"

로 본다.
[전문개정 2003.12.18]

제68조 (사무의 위탁) ①직업안정기관의 장은 수급자격자의 신청에 의하여 필요하다고 인정하는 경우에는 그 자에 대하여 행하는 실업급여에 관한 사무를 다른 직업안정기관의 장에게 위탁할 수 있다.
②제1항의 규정에 의한 위탁이 행하여진 경우 당해 위탁에 관한 수급자격자에 대하여 행하는 실업의 인정, 실업급여의 지급 기타 실업급여에 관련된 사무는 이 장의 규정에 불구하고 위탁을 받은 직업안정기관의 장이 행한다.

제5장 육아휴직급여 등 <신설 2001.10.31, 2005.12.30>

제68조의2 (육아휴직급여 신청기간의 연장사유) 법 제55조의2제1항제3호 단서에서 "대통령령이 정하는 사유"라 함은 다음 각 호의 사유를 말한다. <개정 2005.10.26>
1. 천재지변
2. 본인 또는 배우자의 질병·부상
3. 본인 또는 배우자의 직계존비속의 질병·부상
4. 「병역법」에 의한 의무복무
5. 범죄혐의로 인한 구속 또는 형의 집행
[본조신설 2001.10.31][종전 제68조의2는 제68조의11로 이동<2001.10.31>]

제68조의3 (육아휴직급여액) ①법 제55조의2제2항의 규정에 의한 육아휴직급여액은 월 50만원으로 한다. <개정 2002. 12.30, 2004.2.25, 2007.4.27>
②제1항의 육아휴직급여액의 지급대상기간이 1월을 채우지 못하는 달에 대하여는 일수로 계산하여 지급한다.
[본조신설 2001.10.31]

제68조의4 (육아휴직급여기간 중 취업의 신고 등) 법 제55조의4제1항의 규정에 의하여 피보험자가 이직 또는 취업 사실의 신고를 하는 경우에는 이직 또는 취업한 날 이후 최초로 제출하는 육아휴직급여신청서에 그 사실을 기재하여야 한다.
[본조신설 2001.10.31]

제68조의5 (준용) 제58조의 규정은 법 제55조의2제1항의 규정에 의하여 지급된 육아휴직급여의 지급제한·반환명령 등에 관하여 이를 준용한다. 이 경우 "법 제47조 또는 법 제48조"는 "법 제55조의5 또는 법 제55조의6"으로, "구직급여"는 "육아휴직급여"로 본다.
[본조신설 2001.10.31]

제68조의6 (육아휴직급여의 감액) 노동부장관은 법 제55조의5

제2항의 규정에 따라 피보험자가 「남녀고용평등법」 제19조의 규정에 의한 육아휴직기간 중 사업주로부터 육아휴직을 이유로 금품을 지급받은 경우로서 육아휴직기간 중 지급받은 금품의 월평균금액과 법 제55조의2의 규정에 의한 육아휴직급여액의 월액을 합한 금액이 육아휴직 개시일을 기준으로 한 월 통상임금을 초과한 경우에는 그 초과하는 금액을 육아휴직급여에서 감액하여 지급한다.
[본조신설 2005.12.30][종전 제68조의6은 제68조의7로 이동 <2005.12.30>]

제68조의7 (육아휴직급여의 사무의 위탁) 직업안정기관의 장은 피보험자의 신청에 의하여 필요하다고 인정하는 경우에는 그 자에 대하여 행하는 육아휴직급여에 관한 사무를 다른 직업안정기관의 장에게 위탁하여 처리할 수 있다.
[본조신설 2001.10.31][제68조의6에서 이동, 종전 제68조의7은 제68조의8로 이동 <2005.12.30>]

제68조의8 (산전후휴가급여 신청기간의 연장사유) 제68조의2의 규정은 산전후휴가급여에 관하여 이를 준용한다. 이 경우 "법 제55조의2제1항제3호 단서"는 "법 제55조의7제2호 단서"로 본다.
[본조신설 2001.10.31][제68조의7에서 이동, 종전 제68조의8은 제68조의9로 이동 <2005.12.30>]

제68조의9 (산전후휴가급여 등의 상하한액 〈개정 2005.12.30〉) 법 제55조의8제2항의 규정에 의하여 피보험자에게 지급하는 산전후휴가급여 등 액의 상한액과 하한액은 다음 각 호와 같다. <개정 2005.10.26, 2005.12.30>
1. 상한액 : 통상임금에 상당하는 금액이 135만원을 초과하는 경우에는 135만원
2. 하한액 : 통상임금에 상당하는 금액이 피보험자의 휴가개시전 1월간의 소정근로시간에 휴가개시일 당시 적용되던 「최저임금법」에 의한 시간단위에 해당하는 최저임금액을 곱한 금액(이하 이 호에서 "최저기준월액"이라 한다)보다 낮은 경우에는 최저기준월액
[본조신설 2001.10.31][제68조의8에서 이동, 종전 제68조의9는 제68조의10으로 이동 <2005.12.30>]

제68조의10 (준용) 제68조의4의 규정은 산전후휴가기간 중의 취업의 신고 등에 관하여 이를 준용한다. 이 경우 "육아휴직급여"는 "산전후휴가급여"로, "법 제55조의4제1항"은 "법 제55조의 규정에 의하여 준용되는 법 제55조의4제1항"으로 본다.
[본조신설 2001.10.31][제68조의9에서 이동, 종전 제68조의10은 제68조의11로 이동 <2005.12.30>]

제68조의11 (준용) 제58조의 규정은 법 제55조의7의 규정에 의하여 지급된 산전후휴가급여의 지급제한·반환명령 등에 관하여 이를 준용한다. 이 경우 "법 제47조 또는 법 제48조"는 "법 제55조의9"로, "구직급여"는 "산전후휴가급여"로 본다.
[본조신설 2001.10.31] [제68조의10에서 이동 <2005.12.30>]

제68조의12 (산전후휴가급여 등의 감액) 노동부장관은 법 제55조의9의 규정에 따라 피보험자가 「근로기준법」 제72조의 규정에 의한 보호휴가기간 중 사업주로부터 「근로기준법 시행령」 제6조에 따른 통상임금에 해당하는 금품을 지급받은 경우로서 사업주로부터 지급받은 금품과 법 제55조의7의 규정에 의한 산전후휴가급여 등을 합한 금액이 보호휴가 개시일을 기준으로 한 통상임금을 초과한 경우 그 초과하는 금액을 산전후휴가급여 등에서 감액하여 지급한다. 다만, 보호휴가기간 중에 통상임금이 인상된 피보험자에 대하여 사업주가 인상된 통상임금과 산전후휴가급여 등의 차액을 지급한 때에는 그러하지 아니한다. <개정 2007.4.27>
[본조신설 2005.12.30]

제6장 삭제 <2004.10.29>

제69조 삭제 <2004.10.29>
제70조 삭제 <2004.10.29>
제71조 삭제 <2004.10.29>
제71조의2 삭제 <2004.10.29>
제72조 삭제 <2004.10.29>
제73조 삭제 <2004.10.29>
제73조의2 삭제 <2004.10.29>
제74조 삭제 <2004.10.29>
제75조 삭제 <1997.5.8>
제76조 삭제 <1998.7.1>
제76조의2 삭제 <2004.10.29>
제77조 삭제 <2004.10.29>
제78조 삭제 <2004.10.29>
제79조 삭제 <2004.10.29>
제79조의2 삭제 <2004.10.29>
제80조 삭제 <2004.10.29>
제80조의2 삭제 <2004.10.29>
제80조의3 삭제 <2004.10.29>
제81조 삭제 <2004.10.29>

제7장 고용보험기금

제82조 (기금의 운용사업 등) ①법 제67조제3항제4호에서 "대통령령이 정하는 기금증식방법"이라 함은 「증권거래법」 제2조제1항의 규정에 의한 유가증권의 매입을 말한다. <개정 2005.10.26>
②법 제67조제4항에서 "대통령령이 정하는 수준"이라 함은 1년 만기 정기예금 이자율(「은행법」에 의하여 설립된 금융기관 중 전국을 영업구역으로 하는 은행이 적용하는 이자율로 한다) 또는 예상물가 상승률 등을 고려하여 노동부장관이 정하는 수익률을 말한다. <개정 2005.10.26, 2005.12.30>
[전문개정 2001.7.7]

제83조 (기금의 계리) 고용보험기금(이하 "기금"이라 한다)은 기업회계의 원칙에 의하여 계리한다. <개정 1997.5.8>

제84조 (기금의 용도) 법 제68조제5호에서 "대통령령이 정하는 경비"라 함은 다음 각 호의 경비를 말한다. <개정 1996.3.9, 2004.10.29>
1. 보험사업의 관리운영에 소요되는 경비
2. 기금의 관리·운용에 소요되는 경비
3. 보험료징수법 제33조의 규정에 의한 보험사무대행기관에 대한 교부금
4. 법 및 보험료징수법에 의한 사업 또는 업무의 위탁수수료지급
5. 법 및 보험료징수법에 의한 업무를 대행하거나 위탁받은 자에 대한 출연금

제85조 (기금지급의 위탁) 노동부장관은 기금의 지원금·장려금의 지급, 대부금의 교부, 훈련비용 및 훈련수당의 지급 또는 실업급여의 지급에 관한 업무를 「은행법」에 의한 금융기관 또는 체신관서에 위탁하여 행할 수 있다. <개정 2004.10.29, 2005.10.26>

제86조 (기금운용계획) 법 제69조제1항의 규정에 의한 기금운용계획에는 다음 각 호의 사항이 포함되어야 한다.
1. 기금의 수입 및 지출에 관한 사항
2. 당해 연도의 사업계획·지출원인행위계획 및 자금계획에 관한 사항
3. 전년도 이월자금의 처리에 관한 사항
4. 적립금에 관한 사항
5. 기타 기금운용에 필요한 사항

제87조 (기금운용결과의 공시) 노동부장관은 법 제69조제2항의 규정에 의하여 매년 기금의 운용결과를 서울특별시에 본사를 두고 있는 1개이상의 경제분야 특수일간신문 또는 종합일간신문에 공시하여야 한다.

제88조 (기금의 회계기관) ①노동부장관은 기금의 수입과 지출에 관한 사무를 수행하게 하기 위하여 소속공무원 중에서 기금수입징수관·기금재무관·기금지출관 및 기금출납공무원을 임명한다.
②기금수입징수관 및 기금재무관은 기금의 관리·운용에 따르는 계약 및 수입·지출의 원인이 되는 행위와 기금수입금의 징수·결정에 관한 업무를 담당하며, 기금지출관 및 기금출납공무원은 기금의 관리·운용에 따르는 수입 및 지출업무를 담당한다.
③노동부장관은 기금수입징수관·기금재무관·기금지출관 및 기금출납공무원을 임명한 때에는 감사원장 및 한국은행 총재에게 통지하여야 한다.
[전문개정 2004.10.29]

제88조의2 삭제 <2005.12.30>

제89조 (거래은행의 지정) 기금지출관은 그 소재지에 있는 한국은행(본점·지점·출장소·국고대리점을 포함한다. 이하 같다)을, 그 소재지에 한국은행이 없는 경우에는 가까운 거리에 있는 한국은행을 그가 발행하는 수표의 지급인으로 지정하여야 한다. <개정 2004.10.29>

제90조 (기금수입금의 수납절차) ①기금수입징수관이 기금의 수입금을 징수하고자 할 때에는 납부의무자에게 이를 한국은행의 기금계정에 납입하도록 고지하여야 한다. 다만, 사업주가 소정기한내에 자진납부하는 경우에는 그러하지 아니하다. <개정 2004.10.29>
②한국은행은 기금의 수입금을 수납한 때에는 납입자에게 영수증을 교부하고, 수납통지서를 지체없이 기금수입징수관에게 송부하여야 한다. <개정 2004.10.29>
③한국은행은 제2항의 규정에 의하여 수납한 기금의 수입금을 국고금 취급절차에 따라 한국은행 본점에 설치되어 있는 기금계정에 집중시켜야 한다.

제91조 (기금의 지출절차) ①기금재무관이 지출원인행위를 한 때에는 그 지출원인행위에 관한 서류를 기금지출관에게 송부하여야 한다. <개정 2004.10.29>
②기금지출관이 기금재무관의 지출원인행위에 의하여 기금을 지출하고자 할 때에는 한국은행을 지급인으로 하여 수표를 발행하여야 한다. <개정 2004.10.29>
③기금재무관이 지출원인행위를 한 후 불가피한 사유로 당해 회계연도내에 지출하지 못한 금액은 다음 연도에 이월하여 지출할 수 있다. <개정 2004.10.29>

제92조 (현금취급의 금지) 기금지출관 및 기금출납공무원은 현금을 보관 또는 출납할 수 없다. 다만, 「예산회계법」 제65조의 규정에 의한 경우에는 그러하지 아니하다. <개정 2004.10.29, 2005.10.26>

제93조 (기금의 지출원인행위 한도액 등의 배정) ①노동부장관은 제86조제2호의 규정에 의한 분기별 지출원인행위계획의 범위안에서 각 기금재무관에게 지출원인행위 한도액을 배정하여야 한다. <개정 2004.10.29>
②노동부장관은 제86조제2호의 규정에 의한 월별 자금계획의 범위안에서 각 기금지출관에게 지출한도액을 배정하여야 한다. <개정 2004.10.29>

제94조 (기금의 운용상황보고) ①기금수입징수관은 기금징수액보고서를, 기금재무관은 기금지출원인행위액 보고서를, 기금지출관은 기금지출액보고서를 매월 말일 현재로 작성하여 다음달 20일까지 노동부장관에게 제출하여야 한다. <개정 2004.10.29>
②제1항의 보고외의 기금운용관리에 필요한 보고에 관한 사항은 노동부장관이 정한다.

제95조 (기금의 결산보고) 노동부장관은 매 회계연도의 기금의 결산에 관한 다음 각 호의 서류를 작성하여 「고용정책기본법」에 의한 고용정책심의위원회의 심의를 거쳐 다음 회계연도 2월말까지 재정경제부장관에게 제출하여야 한다. <개정 1998.7.1, 2005.10.26>
1. 기금결산의 개황 및 분석에 관한 서류
2. 대차대조표 및 손익계산서 등 재무제표
3. 기금의 운용계획과 실적의 대비표
4. 수입 및 지출계산서
5. 기타 결산의 내용을 명백히 하기 위하여 필요한 서류

제96조 (적립금 등의 출납) 법 제72조의 규정에 의한 기금의 적립금 및 여유금의 출납에 관하여 필요한 사항은 노동부령으로 정한다.

제97조 (「국가재정법」의 준용 (개정 2005.10.26, 2006.12.29)) 기금의 운용·관리에 관하여 법 및 이 영에 규정되지 아니한 사항에 관하여는 「국가재정법」의 규정에 의한다. <개정 2005.10.26, 2006.12.29>

제8장 심사 및 재심사 청구

제98조 (심사관의 자격) 법 제75조의 규정에 의한 고용보험심사관(이하 "심사관"이라 한다)은 노동부소속 공무원으로서 다음 각 호의 1에 해당하는 자 중에서 임명한다. <개정 2006.6.12>

1. 노동부에서 일반직 5급 이상 공무원 또는 고위공무원단에 속하는 일반직공무원으로서 고용보험에 관한 심사 또는 재심사의 청구에 관련된 업무에 1년이상 종사한 자
2. 노동부에서 일반직 5급 이상 공무원 또는 고위공무원단에 속하는 일반직공무원으로서 고용보험업무에 2년이상 종사한 자
3. 기타 제1호 또는 제2호의 자에 상당한 자격이 있다고 노동부장관이 인정하는 자

제98조의2 (심사관의 배치·직무) ①법 제75조제3항의 규정에 의한 심사관은 노동부에 둔다. <개정 2005.12.30>
②심사관은 노동부장관이 지정하는 심사업무와 심사청구에 대한 사례연구를 담당한다. <개정 2005.12.30>
[본조신설 1998.7.1]

제99조 (기피신청의 방식) ①법 제75조제4항의 규정에 의한 심사관에 대한 기피신청은 그 사유를 명시한 서면에 의하여야 한다.
②노동부장관은 제1항의 규정에 의하여 기피신청을 받은 경우에는 15일이내에 그에 대한 결정을 하여 신청인에게 통지하여야 한다.

제100조 (청구인의 지위승계 신고) 법 제75조제5항의 규정에 의하여 심사청구인의 지위를 승계한 자는 승계사실을 증명할 수 있는 서류를 첨부하여 서면으로 심사관에게 이를 신고하여야 한다.

제101조 (심사청구의 방식) ①법 제75조의3의 규정에 의한 심사의 청구의 문서에는 다음 각 호의 사항을 기재하여야 한다.
1. 청구인의 이름 및 주소
2. 피청구인인 처분청의 명칭
3. 심사의 청구의 대상인 처분의 내용
4. 처분이 있음을 안 날
5. 피청구인인 처분청에 의한 심사의 청구에 관한 고지의 유무와 고지의 내용
6. 심사의 청구의 취지 및 이유
7. 청구 연월일
②심사의 청구가 선정대표자 또는 대리인에 의하여 제기되는 것인 때에는 제1항의 사항외에 그 선정대표자 또는 대리인의 이름과 주소를 기재하여야 한다.
③제1항의 서면에는 청구인 또는 대리인이 기명날인하여야 한다.

제102조 (심사청구의 보정) ①법 제75조의4제2항 본문의 규정에 의한 심사의 청구의 보정명령은 다음 각 호의 사항을 기재한 문서로 하여야 한다.
1. 보정할 사항
2. 보정을 요하는 이유
3. 보정할 기간
4. 기타 필요한 사항
②심사관은 법 제75조의4제2항 단서의 규정에 의하여 직권으로 심사의 청구를 보정한 경우에는 그 사실을 당사자에게 통지하여야 한다.

제103조 삭제 <2005.12.30>

제104조 (원처분의 집행정지의 통지) 법 제75조의6제2항의 규정에 의한 집행정지의 통지문서에는 다음 각 호의 사항을 기재하여야 한다.
1. 심사의 청구 사건명
2. 집행정지 대상 처분 및 집행정지의 내용
3. 청구인의 이름 및 주소
4. 피청구인인 처분청의 명칭
5. 집행정지의 이유

제105조 (심리를 위한 조사) ①법 제75조의7제1항의 규정에 의한 심사의 청구에 대한 심리를 위한 조사의 신청은 다음 각 호의 사항을 기재한 문서로 하여야 한다.
1. 심사의 청구 사건명
2. 신청의 취지 및 이유
3. 출석을 요하는 관계인의 이름 및 주소(법 제75조의7제1항제1호의 경우에 한한다)
4. 제출을 요하는 문서 기타 물건 및 그 소유자 또는 보관자의 이름과 주소(법 제75조의7제1항제2호의 경우에 한한다)
5. 감정을 요하는 사항 및 그 이유(법 제75조의7제1항제3호의 경우에 한한다)
6. 출입할 사업장 기타 장소, 질문할 사업주·종업원 기타 관계인, 검사할 문서 기타 물건(법 제75조의7제1항제4호의 경우에 한한다)
②심사관은 법 제75조의7제1항의 규정에 의하여 증거조사를 한 때에는 증거조사조서를 작성하여야 한다. 이 경우 법 제75조의7제1항제1호의 규정에 의하여 심사청구인 또는 관계인으로부터 진술을 받을 때에는 진술조서를 작성하여 첨부하여야 한다.
③제2항의 증거조사조서에는 다음 각 호의 사항을 기재하고, 심사관이 기명·날인하여야 한다.
1. 사건의 표시
2. 조사의 일시 및 장소
3. 조사대상 및 조사방법
4. 조사의 결과

제106조 (결정서) 법 제75조의9의 규정에 의한 심사의 청구에 대한 결정은 다음 각 호의 사항을 기재하고 심사관이 서명·날인한 결정서에 의하여야 한다.
1. 사건번호 및 사건명
2. 청구인의 이름 및 주소
3. 피청구인인 처분청의 명칭
4. 주문
5. 청구의 취지
6. 이유
7. 결정 연월일

제107조 (심사위원회 위원의 위촉임명) ①법 제76조제1항의 규정에 의한 고용보험심사위원회(이하 "심사위원회"라 한다)의 위원 중 근로자를 대표하는 위원은 총연합단체인 노동조합에서, 사용자를 대표하는 위원은 전국적 규모의 사용자단체에서 추천한 자 중에서 노동부장관의 제청에 의하여 각각 대통령이 위촉한다. <개정 2000.12.30>
②심사위원회의 위원 중 근로자를 대표하는 위원, 사용자를 대표하는 위원 및 당연 직위원을 제외한 위원은 다음 각 호의 1에 해당하는 자 중에서 노동부장관의 제청에 의하여 대통령이 위촉한다. 다만, 상임위원은 제3호 또는 제4호에 해당하는 자 중에서 노동부장관의 제청에 의하여 대통령이 임명한다. <개정 98.7.1, 2000.12.30, 2005.10.26, 2006.6.12>
1. 판사·검사 또는 변호사의 자격이 있는 자
2. 「고등교육법」에 의한 대학에서 부교수이상으로 재직하고 있거나 있었던 자
3. 3급 이상의 공무원 또는 고위공무원단에 속하는 일반직 공무원으로 재직하고 있거나 있었던 자
4. 노동관계업무에 15년이상 종사한 자로서 노동부장관이 자격이 있다고 인정하는 자
5. 사회보험 또는 고용문제에 관한 학식과 경험이 있는 자 중에서 노동부장관이 자격이 있다고 인정하는 자
③노동부장관은 고용보험업무를 담당하는 노동부의 3급공무원 또는 고위공무원단에 속하는 일반직공무원 1인을 심사위원회의 당연직위원으로 지명한다. <개정 2006.6.12>

제108조 (위원의 임기) ①심사위원회의 위원의 임기는 3년으로 하되 연임할 수 있다. 다만, 제107조제3항의 규정에 의한 당연직 위원의 임기는 고용보험업무를 담당하는 기간으로 한다.
②삭제 <2000.12.30>

제109조 (위원의 처우) 심사위원회의 회의에 출석한 상임위원 및 당연직위원 이외의 위원에 대하여는 예산의 범위안에서 그 직무수행을 위하여 필요한 수당과 여비를 지급할 수 있다. 이 경우 여비는 공무원여비규정을 준용하여 지급

한다. <개정 2000.12.30>

제110조 (위원장과 부위원장) ①심사위원회는 위원장과 부위원장 각 1인을 둔다.
②심사위원회 위원장은 상임위원 중에서 노동부장관의 제청에 의하여 대통령이 임명하고, 부위원장은 위원 중에서 호선한다. <개정 2000.12.30>

제111조 (직무) ①위원장은 심사위원회를 대표하며, 심사위원회의 회무를 통할한다.
②부위원장은 위원장을 보좌하며, 위원장이 부득이한 사유로 직무를 수행할 수 없는 때에는 그 직무를 대행한다. <개정 2002.12.30>

제112조 (회의) ①심사위원회의 회의는 위원장 또는 부위원장, 당연직위원과 위원장이 매회의시마다 지정하는 노·사 대표 각 1인의 위원을 포함하여 9인이내로 구성·운영한다. <신설 1998.7.1, 1998.10.1>
②심사위원회의 위원장이 회의를 소집하고자 하는 때에는 회의개최 5일전까지 회의의 일시·장소 및 안건을 각 위원에게 서면으로 통지하여야 한다. 다만, 긴급을 요하는 때에는 그러하지 아니한다.
③심사위원회의 회의는 제1항의 규정에 의하여 구성된 구성원 과반수의 출석으로 개회하고, 출석위원 과반수의 찬성으로 의결한다. <개정 1998.7.1>

제112조의2 (조사연구원의 배치) ①노동부장관은 법 제76조제8항의 규정에 의하여 심사위원회의 재심사업무에 필요한 전문적인 조사·연구를 위하여 조사연구원을 둘 수 있다.
②조사연구원의 자격·복무 및 보수 등에 관하여 필요한 사항은 노동부령으로 정한다. <개정 2002.12.30>
[본조신설 1999.2.1]

제113조 (통지) 법 제76조의3제1항의 규정에 의한 심리기일 및 장소의 통지는 문서로 하되, 직접 전달하거나 등기우편으로 송달하여야 한다.

제114조 (심리비공개의 신청) 법 제76조의3제3항 단서의 규정에 의한 심리의 비공개 신청은 그 취지 및 이유를 기재한 문서로 하여야 한다.

제115조 (심리조서) ①법 제76조의3제4항의 규정에 의한 심리조서에는 다음 각 호의 사항을 기재하여야 한다.
1. 사건번호 및 사건명
2. 심리일시 및 장소
3. 출석한 위원의 이름

4. 출석한 당사자 또는 대리인의 이름
5. 심리내용
6. 기타 필요한 사항
②제1항의 심리조서에는 작성 연월일을 기재하고, 위원장이 서명·날인하여야 한다.
③법 제76조의3제6항의 규정에 의한 열람신청은 문서로 하여야 한다.

제116조 삭제 <2002.12.30>
제117조 (재심사청구의 방식) ①법 제74조의 규정에 의한 재심사의 청구는 다음 각 호의 사항을 기재한 문서로 하여야 한다. <개정 2000.12.30>
1. 청구인의 이름 및 주소
2. 제101조제1항제2호 내지 제4호의 사항
3. 결정을 한 심사관의 이름
4. 결정이 있음을 안 날
5. 결정을 한 심사관에 의한 재심사의 청구에 관한 고지의 유무와 고지의 내용
5의2. 재심사청구의 취지 및 이유
6. 재심사 청구의 연월일
②재심사청구가 선정대표자 또는 대리인에 의하여 제기되는 것인 때에는 제1항의 사항 외에 그 선정대표자 또는 대리인의 이름과 주소를 기재하여야 한다.
③제1항의 서면에는 청구인 또는 대리인이 기명날인하여야 한다.

제118조 (재결서) 재심사의 청구에 대한 재결서에는 다음 각 호의 사항을 기재하고, 심사위원회의 위원장 및 재결에 참여한 위원이 기명·날인하여야 한다.
1. 사건번호 및 사건명
2. 청구인의 이름 및 주소
3. 원처분청의 명칭
4. 심사의 청구에 대한 결정을 한 심사관의 이름
5. 주문
6. 청구의 취지
7. 이유
8. 재결 연월일

제119조 (준용) 제99조·제100조·제102조·제104조·제105조의 규정은 심사위원회 및 재심사에 관하여 이를 준용한다. 이 경우 제99조 중 "심사관"은 "심사위원회 위원"으로, "노동부장관"은 "심사위원회 위원장"으로, 제100조·제105조 중 "심사청구인"은 "재심사청구인"으로, 제100조·제102조·제105조 중 "심사관"은 "심사위원회 위원장"으로, 제102조·제104조·제105조 중 "심사의 청구"는 "재심사의 청구"로 본다.

[전문개정 2002.12.30]

제9장 보칙

제120조 삭제 <2004.10.29>
제121조 삭제 <2004.10.29>

제122조 (진찰비용) 직업안정기관의 장은 법 제82조의 규정에 의하여 진찰을 받을 것을 명하는 경우에는 그 진찰에 소요되는 실비를 지급할 수 있다.

제122조의2 (임의가입 자영업자의 범위) ①법 제83조의2에서 "대통령령이 정하는 자영업자"라 함은 근로자를 사용하지 아니하거나 5인 미만의 근로자를 사용하는 사업주로서 「소득세법」 제168조의 규정에 따라 사업자 등록을 한 자영업자를 말한다.
②제1항의 규정에 의한 자영업자가 보험에 가입한 후 5인 이상의 근로자를 사용하게 된 경우에는 당해연도에 한하여 5인 미만의 근로자를 사용하는 자영업자로 본다.
[본조신설 2005.12.30]

제123조 (권한의 위임 등) ①법 제84조의 규정에 의하여 노동부장관은 다음 각 호의 사항에 관한 권한을 직업안정기관의 장에게 위임한다. <개정 1999.7.1, 2000.2.9, 2001.12.31, 2003.12.18, 2004.2.25, 2004.10.1, 2005.12.30, 2006.11.23, 2007.4.27>
1. 법 제13조의 규정에 의한 피보험자격에 관한 신고의 수리 등
1의2. 법 제13조의2의 규정에 의한 이직확인서의 수리
1의3. 법 제14조의 규정에 의한 피보험자격의 확인
1의4. 법 제16조의 규정에 의한 고용조정의 지원
1의5. 법 제15조의2의 규정에 의한 고용창출의 지원
2. 법 제17조의 규정에 의한 지역고용의 촉진
3. 법 제18조의 규정에 의한 고령자 등 고용촉진의 지원
3의2. 법 제18조의2의 규정에 의한 건설근로자 등의 고용안정 지원
3의3. 법 제26조의3의 규정에 의한 고용정보의 제공 및 고용지원기반의 구축 등(고용안정·직업능력개발에 관한 기반의 구축, 전문인력의 배치사업 및 제6항에 따라 위탁된 사업을 제외한다)
4. 법 제26조의5의 규정에 의한 부정행위에 따른 지원의 제한 등
5. 법 제22조의 규정에 의한 사업주에 대한 직업능력개발훈련의 지원
6. 법 제24조의 규정에 의한 피보험자 등에 대한 직업능력개발의 지원

6의2. 법 제55조의2 및 법 제55조의5의 규정에 의한 육아휴
직급여의 지급 및 지급제한
6의3. 법 제55조의7 및 법 제55조의9의 규정에 의한 산전후
휴가급여 등의 지급 및 지급제한
7. 삭제 <2004.10.29>
8. 법 제80조의 규정에 의한 보고, 관계서류의 제출 및 출석
의 요구(위임된 사무처리를 위하여 필요한 경우에 한한다)
9. 법 제81조의 규정에 의한 사무소 출입, 관계인에 대한 질
문 및 서류의 조사(위임된 사무처리를 위하여 필요한 경우
에 한한다)와 이와 관련된 조사 전 통지 및 조사결과 통지
10. 법 제86조의 규정에 의한 과태료의 부과·징수
10의2. 법 제83조의 규정에 의한 포상금의 지급
10의3. 제4조의 규정에 의한 대리인 선임·해임의 신고
10의4. 제15조의2의 규정에 의한 중소기업근로시간단축지
원금의 지원
10의5. 제15조의3의 규정에 의한 교대제전환지원금의 지원
10의6. 제15조의4의 규정에 의한 중소기업 고용환경개선에
대한 지원(제4항의 규정에 따라 위탁하는 것을 제외한다)
10의7. 제15조의5의 규정에 의한 중소기업전문인력활용장
려금의 지원
10의8. 제15조의6의 규정에 의한 중소기업신규업종진출지
원금의 지원
10의9. 제23조의3의 규정에 의한 건설근로자고용안정지원
금의 지원
10의10. 제23조의7에 따른 취업지원사업에 대한 지원
10의11. 제24조제2항에 따른 고용촉진시설(제24조제1항제2
호 및 같은 항 제2호의2의 고용촉진시설에 한한다)에 대한
비용 지원
11. 제24조제4항에 따른 보육시설의 운영비용의 지원
12. 제33조의2의 규정에 의한 검정수수료 등의 지원
②법 제84조의 규정에 의하여 노동부장관은 다음 각 호의
사항에 관한 권한을 「산업재해보상보험법」에 의한 근로복
지공단(이하 "근로복지공단"이라 한다)에 위탁한다. <개정
1996.3.9, 1997.5.8, 1999.2.1, 1999.7.1, 2000.2.9, 2004.10.29,
2005.10.26, 2006.11.23, 2007.4.27>
1. 삭제 <2004.10.29>
1의2. 삭제 <2004.10.29>
1의3. 법 제48조(법 제49조제5항 및 법 제55조에서 준용하
는 경우를 포함한다)의 규정에 의하여 반환된 금액 및 이
영 제26조제1항(제37조에서 준용하는 경우를 포함한다)의
규정에 의하여 반환된 금액의 수납상황의 정리
2. 삭제 <2004.10.29>
3. 삭제 <2004.10.29>
4. 삭제 <2004.10.29>
5. 삭제 <2004.10.29>
6. 삭제 <2004.10.29>

7. 법 제80조의 규정에 의한 보고, 관계서류의 제출 및 출석
의 요구(위임된 사무처리를 위하여 필요한 경우에 한한다)
8. 법 제81조의 규정에 의한 사무소 출입, 관계인에 대한 질
문 및 서류의 조사(위임된 사무처리를 위하여 필요한 경우
에 한한다)
8의2. 법 제81조의2의 규정에 의한 자료제출의 요청(위탁된
사무를 처리하기 위하여 필요한 경우에 한한다)
9. 삭제 <2004.10.29>
10. 삭제 <2004.10.29>
11. 삭제 <2004.10.29>
12. 삭제 <2004.10.29>
13. 삭제 <2004.10.29>
14. 삭제 <2004.10.29>
15. 제23조의5에 따른 창업지원사업의 시행에 관한 사항
16. 제24조제5항에 따른 보육시설 설치비용의 융자 및 지원
업무와 융자금·지원금의 관리·운용에 관한 사항
17. 삭제 <2004.10.29>
③법 제84조의 규정에 따라 노동부장관은 다음 각 호의 사
항에 관한 권한을 한국산업인력공단에 위탁한다. <개정
2002.12.30, 2004.10.1, 2005.10.26, 2005.12.30>
1. 제32조의 규정에 의한 직업능력개발훈련시설 등에 대한
비용대부업무 및 대부금의 관리·운용에 관한 사항
2. 제33조의 규정에 의한 직업능력개발훈련시설 등에 대한
비용지원업무 및 지원금의 관리·운용에 관한 사항(지원결
정에 관한 사항을 제외한다)
2의2. 제30조의5의 규정에 의한 능력개발비용의 지원에 관
한 사항
2의3. 제33조의3제1항제1호의 규정에 의한 자격검정사업에
대한 비용의 지원업무에 관한 사항(지원결정에 관한 사항
을 제외한다)
3. 제34조제1항제3호의8 및 제3호의9의 규정에 의한 사업
에 대한 비용지원에 관한 사항
4. 제34조제1항제3호의3의 규정에 의한 인적자원개발 우수
기업 인증제 지원
④법 제84조의 규정에 따라 노동부장관은 제15조의4의 규
정에 의한 중소기업 고용환경개선에 대한 지원, 제23조의8
에 따른 고령자 등의 고용환경개선 지원, 제24조제2항에 따
른 고용촉진시설(제24조제1항제4호의 고용촉진시설에 한
한다)에 대한 비용 지원 및 제35조의3의 규정에 의한 지방
자치단체 등에 대한 지원 권한의 일부를 「한국산업안전공
단법」에 의한 한국산업안전공단, 근로복지공단, 한국산업
인력공단, 「장애인고용촉진 및 직업재활법」에 의한 한국장
애인고용촉진공단(이하 "한국장애인고용촉진공단"이라 한
다), 「정부출연연구기관 등의 설립·운영 및 육성에 관한 법
률」 제8조의 규정에 따라 설립된 한국노동연구원(이하 "한
국노동연구원"이라 한다) 그 밖에 노동부장관이 정하여 고

282 사회복지 법령집

시하는 관계전문기관 또는 비영리법인에 위탁할 수 있다.
<개정 2004.10.1, 2005.10.26, 2005.12.30, 2007.4.27>
⑤법 제84조의 규정에 따라 노동부장관은 제23조의4의 규
정에 의한 고용관리진단 등 지원의 권한을 한국장애인고용
촉진공단 또는 한국노동연구원에 위탁한다. <신설
2005.12.30, 2007.4.27>
⑥법 제84조에 따라 노동부장관은 법 제13조제6항에 따른
장비 등의 지원, 법 제26조의3에 따른 고용정보의 제공 및
고용지원기반의 구축 등에 관한 권한 중 다음 각 호의 사항
에 관한 권한을 「고용정책기본법」 제33조에 따라 설립된
한국고용정보원에 위탁한다. <신설 2006.11.23, 2007.4.27>
1. 고용정보의 수집·분석 및 직업안정기관에의 제공
2. 직업·훈련상담 등 직업지도에 관한 기법의 연구·개발 및
보급
3. 고용정보의 제공·직업지도·직업소개의 평가 및 지원
4. 고용안정·직업능력개발에 관한 기반의 구축 중 고용보
험사업에 관련된 전산망의 운용
⑦근로복지공단의 이사장, 한국산업인력공단의 이사장 및
한국장애인고용촉진공단의 이사장은 제2항부터 제5항까지
의 규정에 따라 위탁받은 업무를 수행하기 위하여 그 상임
이사 중에서 기금수입담당이사 및 기금지출원인행위담당
이사를, 그 직원 중에서 기금지출직원 및 기금출납직원을
임명하고 그 임명사실을 노동부장관에게 보고하여야 한다.
이 경우 기금수입담당이사는 기금수입징수관의 직무를, 기
금지출원인행위담당이사는 기금재무관의 직무를, 기금지
출직원은 기금지출관의 직무를, 기금출납직원은 기금출납
공무원의 직무를 각각 수행한다. <개정 2004.10.1,
2005.12.30, 2006.11.23, 2007.4.27>
⑧노동부장관은 제7항의 규정에 의한 기금수입담당이사·
기금지출원인담당이사·기금지출직원 및 기금출납직원의
임명사실을 감사원장 및 한국은행총재에게 통보하여야 한
다. <신설 1997.5.8, 2000.2.9, 2004.10.1, 2005.12.30, 2006.11.
23>

제10장 벌칙

제124조 (과태료의 부과) ①노동부장관은 법 제86조제4항의
규정에 의하여 과태료를 부과하고자 하는 때에는 당해 위
반행위를 조사·확인한 후 위반행위의 종류, 과태료의 금액
및 납부기한 등을 명시하여 서면으로 당해 과태료 처분대
상자에게 통지하여야 한다.
②노동부장관은 과태료를 부과하고자 하는 때에는 10일이
상의 기간을 정하여 과태료 처분대상자에게 구술 또는 서
면(전자문서를 포함한다)에 의한 의견진술의 기회를 주어
야 한다. 이 경우 지정된 기일까지 의견진술이 없는 때에는
의견이 없는 것으로 본다. <개정 2004.3.17>

③위반행위의 종별에 따른 과태료의 금액은 별표 2와 같다.
다만, 노동부장관은 위반행위의 정도, 위반횟수 및 위반행
위의 동기와 그 결과 등을 고려하여 그 해당금액의 2분의
1의 범위안에서 이를 가중 또는 경감할 수 있되, 가중하는
경우에는 법 제86조제1항 내지 제3항의 규정에 의한 과태
료금액의 상한을 초과할 수 없다. <개정 2004.10.1>
④과태료의 징수절차는 노동부령으로 정한다. <신설 2000.
12.30>

부칙 <제14570호, 1995.4.6>
제1조 (시행일) 이 영은 1995년 7월 1일부터 시행한다.
제2조 (적용범위에 관한 경과조치) ①제2조제1항의 규정에
불구하고 1997년 12월 31일까지는 상시 30인미만의 근로자
를 사용하는 사업에 대하여는 법의 전부를 적용하지 아니
하고, 상시 30인이상 70인미만의 근로자를 사용하는 사업
에 대하여는 법 제3장 및 제4장과 법 제56조의 규정 중 고
용안정사업 및 직업능력개발사업의 보험료의 납부에 관한
규정을 적용하지 아니한다.
②제2조제1항의 규정에 불구하고 1997년 12월 31일까지는
상시 30인미만의 근로자를 사용하는 사업의 사업주는 제6
조의 규정에 의하여 고용안정사업·직업능력개발사업 및
실업급여의 전부에 가입하거나 실업급여에 한하여 가입할
수 있으며, 제6조의 규정에 의하여 실업급여에 한하여 가입
한 사업주 또는 상시 30인이상 70인미만의 근로자를 사용
하는 사업의 사업주는 제7조의 규정에 의하여 고용안정사
업 및 직업능력개발사업에 가입할 수 있다.
③제2조제1항의 규정에 불구하고 1997년 12월 31일까지는
상시 70인이상의 근로자를 사용하는 사업이 사업규모의 변
동 등으로 인하여 상시 70인미만의 근로자를 사용하는 사
업으로 된 경우에는 제8조의 규정에 의하여 고용안정사업
및 직업능력개발사업에 가입한 것으로 보며, 상시 30인이
상 70인미만의 근로자를 사용하는 사업이 사업규모의 변동
등으로 인하여 상시 70인이상의 근로자를 사용하는 사업으
로 된 경우에는 그 사업주는 제9조의 규정에 의하여 14일이
내에 고용안정사업 및 직업능력개발사업의 적용을 노동부
장관에게 신고하여야 한다.
제3조 (보험관계 성립등의 신고에 관한 경과조치) ①법 부
칙 제2항의 규정에 의하여 법의 시행일에 보험관계가 성립
한 사업의 사업주는 제5조의 규정에 불구하고 1995년 7월
10일까지 노동부장관에게 보험관계성립을 신고하여야 한
다.
②법 부칙 제2항의 규정에 의하여 법의 시행일에 보험관계
가 성립한 사업의 사업주는 제10조의 규정에 불구하고
1995년 7월 25일까지 근로자의 피보험자격의 취득을 소재
지 관할직업안정기관의 장에게 신고하여야 한다.

제4조 (사업내직업훈련계획신고에 대한 경과조치) 1995보험연도 직업능력개발사업의 보험료를 사전공제 받고자 하는 사업주는 제75조의 규정에 불구하고 1995년 7월 31일까지 사업내직업훈련계획을 제출하여야 한다.

부칙 (산업재해보상보험법시행령) <제14628호, 1995.4.15>
제1조 (시행일) 이 영은 1995년 5월 1일부터 시행한다.
제2조 및 제3조 생략
제4조 (다른 법령의 개정) ①내지 ⑥생략
⑦고용보험법시행령 중 다음과 같이 개정한다.
제73조 및 제74조를 각각 다음과 같이 한다.
제73조 (준용) 산업재해보상법시행령 제67조 내지 제70조의 규정은 개산보험료의 보고와 납부에 관하여 이를 준용한다. 이 경우 제67조 및 제69조제1항 중 "공단"은 "노동부장관"으로 본다.
제74조 (준용) 산업재해보상법시행령 제73조의 규정은 법 제61조제2항의 규정에 의하여 준용되는 확정보험료의 조사·징수에 관하여 이를 준용한다.
제80조 및 제81조를 각각 다음과 같이 한다.
제80조 (준용) 산업재해보상법시행령제56조제2항,제57조 내지 제59조의 규정은 고용보험사무조합에 의한 보험사무의 처리에 관하여 이를 준용한다. 이 경우 제56조제2항, 제57조제1항, 제3항 및 제4항, 제58조제2항 중 "공단"은 "노동부장관"으로, 제56조제2항, 제57조제1항 및 제2항, 제58조 및 제59조 중 "보험가입자"는 "사업주"로 본다.
제81조 (준용) 산업재해보상보험법시행령 제74조 내지 제76조 및 제80조의 규정은 보험료의 납부와 징수에 관하여 이를 준용한다. 이 경우 제74조제3항, 제80조제2항 중 "공단"은 "노동부장관"으로, 제74조제2항 및 제3항 중 "보험가입자"는 "사업주"로, 제75조제2호의 "신고"는 "보고"로, 제74조제1항제4호 및 제76조제2항제2호 중 "법 제72조의 규정"은 "고용보험법 제48조의 규정"으로, "보험급여액"은 "기본급여 또는 기본급여액에 상당하는 금액"으로 본다.
⑧내지 ⑮생략
제5조 생략

부칙 <제14935호, 1996.3.9>
제1조 (시행일) 이 영은 공포한 날부터 시행한다. 다만, 제3조제2항제3호의 개정규정은 공포한 날부터 시행하되, 1996년 1월 1일부터 적용한다.
제2조 (사립학교 근로자의 보험관계에 관한 경과조치) ①이 영 시행당시 종전의 규정에 의하여 실업급여의 적용을 받은 사립학교법에 의한 사립학교(이하 "사립학교"라 한다)의 근로자 및 그 학교법인 또는 사립학교경영자에 대하여는 제3조제2항제3호의 개정규정에 불구하고 법 제9조제2항의 규정에 의하여 1996년 1월 1일 실업급여에 가입한 것으로

본다. 다만, 사립학교의 학교법인 또는 사립학교경영자가 이 영 시행일부터 60일이내에 종전의 규정에 의하여 실업급여의 적용을 받던 근로자의 2분의 1이상의 동의를 얻어 실업급여에의 가입 제외를 신청하는 경우에는 1996년 1월 1일 당해 사립학교에 대한 실업급여의 보험관계가 소멸된 것으로 본다.
②제1항의 규정에 의하여 실업급여에 가입한 것으로 보게되는 사립학교의 학교법인 또는 사립학교경영자는 이 영 시행일부터 70일이내에 1996보험연도 개산보험료를 보고·납부하여야 한다.
제3조 (중소기업의 범위에 대한 경과조치) ①이 영 시행당시 종전의 규정에 의한 중소기업에 대하여는 제15조의 개정규정에 불구하고 당해 기업이 종전의 규정에 의한 중소기업의 기준에 적합한 상태를 유지하고 있는 경우에는 이 영에 의한 중소기업으로 본다. 다만, 제15조제2항의 개정규정에 해당하게 된 경우에는 그러하지 아니하다.
②제1항의 규정에 불구하고 이 영 시행당시 종전의 규정에 의한 중소기업이 그 자산총액 또는 상시 근로자의 수의 변동으로 인하여 종전의 규정에 의한 중소기업의 기준에 해당하지 아니하게 된 경우에도 1998년 12월 31일까지는 이 영에 의한 중소기업으로 본다.
제4조 (고령자고용촉진장려금 지급에 관한 적용례) 제22조제1항 및 제3항의 개정규정은 1996보험연도 제1분기의 고령자고용촉진장려금분부터 적용한다.
제5조 (육아휴직장려금 지급에 관한 적용례) 제23조의 개정규정은 근로기준법 제60조의 규정에 의한 산전·산후유급휴가 60일을 제외한 육아휴직이 1996년 1월 1일이후에 행하여진 경우 그 육아휴직에 대한 육아휴직장려금의 지급분부터 적용한다.
제6조 (상시근로자수의 산정 및 보험료율 적용에 관한 경과조치) 제69조제2항 및 제3항의 개정규정은 1996보험연도 개산보험료의 직업능력개발사업 보험료율 결정을 위한 상시 사용하는 근로자의 수의 산정부터 적용한다. 다만, 1996보험연도 개산보험료율의 결정을 위한 전년도의 상시근로자의 수를 산정함에 있어서는 1995보험연도를 1995년 7월 1일부터 12월 31일까지의 기간으로 본다.

부칙 <제15092호, 1996.6.29>
이 영은 1996년 7월 1일부터 시행한다.

부칙 <제15367호, 1997.5.8>
①(시행일) 이 영은 공포한 날부터 시행한다. 다만, 제5조, 제9조의2 내지 제9조의4, 제10조제2항, 제23조의2, 제35조의2 및 제68조의2의 개정규정은 1998년 1월 1일부터 시행한다.
②(우선지원 대상기업에 대한 경과조치) 제15조 및 제69조

제1항제2호 나목의 개정규정은 1997보험연도부터 적용한다.

부칙(여신전문금융업법시행령) <제15569호, 1997.12.31>
제1조 (시행일) 이 영은 1998년 1월 1일부터 시행한다.
제2조 내지 제4조 생략
제5조 (다른 법령의 개정) ①내지 <21>생략
<22>고용보험법시행령 중 다음과 같이 개정한다.
제82조제1항 중 "시설대여업법에 의한 시설대여회사"를 "여신전문금융업법에 의하여 시설대여업을 등록한 여신전문금융회사"로 한다.

부칙(정보통신공사업법시행령) <제15581호, 1997.12.31>
제1조 (시행일) 이 영은 1998년 1월 1일부터 시행한다. <단서 생략>
제2조 내지 제5조 생략
제6조 (다른 법령의 개정) ①생략
②고용보험법시행령 중 다음과 같이 개정한다.
제9조의2제1항제1호 중 "전기통신공사업법"을 "정보통신공사업법"으로 한다.
③내지 ⑪생략
제7조 생략

부칙 <제15587호, 1997.12.31>
이 영은 1998년 1월 1일부터 시행한다.

부칙 <제15624호, 1998.2.12>
제1조 (시행일) 이 영은 1998년 3월 1일부터 시행한다. <개정 1998.2.24>
제2조 (적용범위에 관한 경과조치) ①제2조제1항의 개정규정에 불구하고 1998년 6월 30일까지 상시 5인이상 50인미만의 근로자를 사용하는 사업에 대하여는 법 제3장 및 제4장과 법 제56조의 규정 중 고용안정사업 및 직업능력개발사업의 보험료 납부에 관한 규정을 적용하지 아니한다.
②제1항의 규정에 불구하고 1998년 6월 30일까지 상시 5인이상 50인미만의 근로자를 사용하는 사업의 사업주는 노동부장관의 승인을 얻어 고용안정사업 및 직업능력개발사업에 가입할 수 있다.
③제1항의 규정에 불구하고 1998년 6월 30일까지 상시 50인이상의 근로자를 사용하는 사업이 사업규모의 변동 등으로 인하여 상시 50인미만의 근로자를 사용하는 사업으로 된 경우에는 당해 사업의 사업주는 고용안정사업 및 직업능력개발사업에 가입한 것으로 본다.
[본조신설 1998.2.24]

부칙 <제15683호, 1998.2.24>

이 영은 공포한 날부터 시행한다.

부칙 <제15829호, 1998.7.1>
①(시행일) 이 영은 1998년 7월 1일부터 시행한다. 다만, 제27조 내지 제30조, 제30조의2, 제31조("직업훈련 또는 교육훈련"을 "직업능력개발훈련"으로 변경하는 것에 한한다), 제32조, 제33조, 제34조, 제34조의2, 제35조, 제35조의2, 제36조,제37조, 제69조, 제76조 및 제123조제1항제5호·제22호의2·제24호·제26호·제27호의 개정규정은 1999년 1월 1일부터 시행한다.
②(고용안정사업의 지원금에 관한 경과조치) 이 영 시행당시 종전의 제18조·제18조의2·제19조의2 및 제22조의3의 규정에 의하여 고용안정을 위한 계획을 신고하거나 고용안정을 위한 조치를 실시 중인 자에 대한 지원금의 지급은 종전의 규정에 의한다.

부칙 <제15902호, 1998.10.1>
제1조 (시행일) 이 영은 1998년 10월 1일부터 시행한다. 다만, 제3조제2항제1호의 개정규정은 2000년 1월 1일부터 시행하고, 제9조의2제1항제2호 및 제17조의2제1항의 개정규정은 1999년 1월 1일부터 시행한다.
제2조 (고용유지조치를 위한 계획수립 및 실시에 관한 경과조치) 제17조의2제1항의 개정규정의 시행당시 제17조제4호 및 제5호의 규정에 의하여 실시 중인 고용유지조치에 대하여는 제17조의2제1항의 개정규정에 불구하고 종전의 규정에 의하여 고용유지지원금을 지급한다.
제3조 (고용유지지원범위에 관한 잠정조치) ①노동부장관은 제17조제1호 내지 제3호의 규정에 의한 고용유지조치를 실시한 사업주 중 다음 각 호의 1에 해당하는 사업주가 제17조의3제3항의 규정에 의하여 6월을 한도로 하여 고용유지지원금을 지급받은 후 제17조제3호의 규정에 의한 고용유지조치를 추가로 실시하는 경우에는 노동부장관이 정하여 고시한 기간동안은 제17조의3제4항의 규정을 적용하지 아니한다.
1. 고용정책기본법시행령 제18조제1항제1호의 규정에 의한 지정업종의 사업주
2. 제17조제3호의 규정에 의한 고용유지조치의 추가 실시 이후 1년동안 감원하지 아니할 것을 노사간에 합의한 사업주
②노동부장관은 실업의 급증 등으로 인하여 고용사정이 악화된 경우로서 고용안정을 위하여 필요하다고 인정하는 경우에는 제1항의 규정에 의한 조치를 실시할 기간을 정하여 고시하여야 한다. 이 경우 그 기간은 1999년 1월 1일부터 1999년 12월 31일까지의 범위내에서 정하여야 한다.

부칙(정부출연연구기관등의설립·운영및육성에관한법률시

행령) <제16093호, 1999.1.29>

제1조 (시행일) 이 영은 공포한 날부터 시행한다.

제2조 내지 제3조 생략

제4조 (다른 법령의 개정) ①및 ②생략

③고용보험법시행령 중 다음과 같이 개정한다.

제4조의2제1항 중 "한국노동연구원법에 의한 한국노동연구원"을 "정부출연연구기관 등의설립·운영및육성에관한법률 제8조의 규정에 의하여 설립된 한국노동연구원"으로 한다.

④내지 <47>생략

부칙 <제16095호, 1999.2.1>

제1조 (시행일) 이 영은 공포한 날부터 시행한다. 다만, 제48조의 개정규정은 1999년 7월 1일부터 시행한다.

제2조 (징수비용교부금 등의 지급에 관한 경과조치) 이 영 시행당시 고용보험사무를 위탁받아 처리하고 있는 고용보험사무조합에 대한 1998년이전의 보험료 납부에 따른 징수비용교부금 및 보험사무처리에 따른 보험사무촉진지원금의 지급에 관하여는 종전의 제80조의2 및 제80조의3의 규정에 의한다.

제3조 (고용유지지원금에 관한 잠정조치) ①제17조의3제2항의 개정규정에 불구하고 이 영 시행일부터 1999년 6월 30일까지의 기간 중에 제17조제1호 내지 제5호의 규정에 의한 고용유지조치를 시작한 사업주에 대하여는 고용유지지원금의 지원한도를 200일로 연장한다.

②노동부장관은 제17조의3제4항의 규정에 불구하고 이 영 시행일부터 1999년 6월 30일까지의 기간 중에 제17조 각 호의 규정에 의하여 고용유지조치를 시작한 사업주에 대하여는 고용유지지원금을 지급한다.

③노동부장관은 제17조 내지 제17조의4의 규정에 불구하고 이 영 시행일부터 1999년 12월 31일까지의 기간 중에 경영상의 이유로 고용조정이 불가피한 사업을 인수한 사업주로서 종전 사업의 근로자의 60퍼센트이상이 당해 사업에 재배치되고 종전사업의 근로자가 당해 사업의 지분의 50퍼센트를 초과하여 취득하고 있는 사업의 사업주가 노동부장관이 정하여 고시하는 고용안정을 위한 조치를 취한 경우에는 노동부장관이 사업규모별로 고시하는 금액에 재배치된 근로자의 수를 곱하여 산정한 금액을 고용유지지원금으로 지급한다.

제4조 (채용장려금에 관한 잠정조치) ①제19조제1항의 규정에 불구하고 이 영 시행일부터 1999년 6월 30일까지의 기간 중에 법 제16조제1항의 규정에 의한 고용조정으로 이직된 자(이직당시 피보험자의 자격을 갖춘 자에 한한다)를 직업안정기관의 알선에 의하여 월 1인이상 피보험자로 채용하는 사업주에 대하여는 채용장려금을 지급한다. 다만, 상시근로자수가 5인미만인 사업의 사업주는 직업안정기관의 알선에 의하지 아니하고 고용조정으로 이직된 자를 월 1인

이상 채용한 경우에도 채용장려금을 지급한다.

②이 영 시행일부터 1999년 6월 30일까지의 기간 중에 제1항의 규정에 의하여 이직된 자를 피보험자로 채용하거나 제19조제2항의 규정에 의하여 이직된 자를 피보험자로 채용한 사업주가 채용전 1월 및 채용후 3월이내에 고용조정으로 근로자를 이직시키지 아니하는 경우에는 제19조제1항 및 제2항의 개정규정에 불구하고 채용장려금을 지급한다.

③제19조제3항의 규정에 불구하고이 영 시행일부터 1999년 6월 30일까지의 기간 중에 사업주가 피보험자를 채용한 경우에는 사업주가 당해 피보험자에게 지급한 임금액의 3분의 2(대규모기업의 경우에는 2분의 1)에 해당하는 금액을 6월간 지급한다. 다만, 1년이상 실직상태에 있는 자 또는 55세이상으로 6월을 초과하여 실직상태에 있는 자를 채용한 경우에는 사업주가 지급한 임금액의 4분의 3(대규모기업의 경우에는 3분의 2)에 해당하는 금액을 지급한다.

부칙 <제16464호, 1999.7.1>

①(시행일) 이 영은 공포한 날부터 시행한다. 다만, 제123조의 개정규정은 1999년 10월 1일부터 시행하고, 제69조제1항제2호 라목의 개정규정은 2000년 1월 1일부터 시행한다.

②(고령자고용촉진장려금에 관한 경과조치) 이 영 시행당시 종전의 제22조의 규정에 의하여 고령자를 고용하거나 재고용하고 있는 사업주에 대한 장려금의 지급은 종전의 규정에 의한다.

③(채용장려금에 관한 잠정조치) 이 영 시행일부터 1999년 12월 31일까지의 기간 중에 상시근로자수가 5인 미만인 사업의 사업주가 직업안정기관의 알선에 의하지 아니하고 고용조정으로 이직된 자를 채용하는 경우에는 제19조제1항의 개정규정에 불구하고 채용장려금을 지급한다.

부칙 <제16705호, 2000.2.9>

제1조 (시행일) 이 영은 공포한 날부터 시행한다. 다만, 제26조제3항·제4항, 제31조제3항, 제43조제1항·제2항, 제45조, 제49조제1항, 제49조의2, 제51조제1항, 제52조, 제52조의2제1항·제3항, 제56조의2, 제57조의2, 제61조, 제67조 및 제71조의2의 개정규정은 2000년 4월 1일부터 시행한다.

제2조 (고용유지지원금의 지급기간 연장에 관한 적용례) 제17조의3제2항 단서의 개정규정은 이 영 시행후 사업주가 추가로 실시하는 제17조제1항제3호의 규정에 의한 고용유지조치분부터 적용한다.

제3조 (고령자고용촉진장려금 등의 상한액 설정에 관한 적용례) 제22조제5항, 제22조의2제5항 및 제23조제4항의 개정규정은 이 영 시행후 새로이 고용된 고령자, 장기실업자 및 여성에 대하여 지급하는 장려금분부터 적용한다.

제4조 (장기실업자고용촉진장려금 지급기간 연장에 관한

적용례) 제22조의2제2항의 개정규정은 이 영 시행후 새로이 고용된 근로자에 대하여 지급하는 장려금분부터 적용한다.

제5조 (직업능력개발훈련비용의 지원에 관한 적용례) 제27조제2항의 개정규정은 이 영 시행후 실시하는 직업능력개발훈련의 지원분부터 적용한다.

제6조 (기준훈련에 대한 비용지원의 한도에 관한 적용례) 제30조제2항의 개정규정은 이 영 시행후 실시하는 기준훈련에 대한 지원분부터 적용한다.

제7조 (수강장려금의 지원에 관한 적용례) 제30조의2제1항의 개정규정은 이 영 시행후 자비로 직업능력개발훈련을 받는 자부터 적용한다.

제8조 (직업능력개발의 촉진에 관한 적용례) 제34조제2항의 개정규정은 이 영 시행후 실시하는 자격검정사업부터 적용한다.

제9조 (조기재취직수당의 지급기준에 관한 적용례) 제61조제1항의 개정규정은 이 영 시행후 이직한 자부터 적용한다.

제10조 (지원금·장려금의 상호조정에 관한 경과조치) 이 영 시행당시 종전의 규정에 의하여 고용유지지원금의 지급요건에 해당하는 사업주가 당해 고용유지조치기간 동안에 여성실업자 중 부양가족이 있는 세대주 기타 가족부양의 책임이 있는 자를 새로이 고용하고 고용전후의 각 3월간 근로자를 이직시키지 아니한 경우에는 제26조의3제1항의 개정규정에 불구하고 여성고용촉진장려금을 지급한다.

제11조 (고용유지지원금에 관한 잠정조치) 노동부장관은 제17조 내지 제17조의4의 규정에 불구하고 이 영 시행일부터 2000년 12월 31일까지의 기간 중에 경영상의 이유로 고용조정이 불가피한 사업을 인수한 사업주가 다음 각 호의 요건을 갖춘 경우에는 노동부장관이 사업규모별로 고시하는 금액에 재배치된 근로자의 수를 곱하여 산정한 금액을 고용유지지원금으로 지급한다. 이 경우 허위 기타 부정한 방법으로 고용유지지원금을 받거나 받고자 한 자에 대하여는 제26조의 규정을 준용한다.

1. 종전 사업의 근로자의 60퍼센트 이상을 당해 사업에 재배치 할 것

2. 종전 사업의 근로자가 당해 사업의 지분의 50퍼센트를 초과하여 취득하고 있을 것

3. 노동부장관이 정하여 고시하는 고용안정조치를 취할 것

부칙 <제17090호, 2000.12.30>

제1조 (시행일) 이 영은 2001년 1월 1일부터 시행한다. 다만, 제27조제3항, 제30조제2항, 제30조의2제5항, 제31조제4항 내지 제6항, 제32조제1항·제4항, 제33조제2항, 제34조의2제4항, 제44조제3항, 제49조제2항, 제124조제4항의 개정규정은 2001년 3월 1일부터 시행하고, 제19조, 제26조의2, 제26조의3, 제45조제6호·제7호의 개정규정은 2001년 7월 1일부터 시행한다.

제2조 (비용지원한도에 관한 적용례) 제30조제2항의 개정규정은 2001년 3월 1일 이후에 당해 사업에 고용된 근로자가 아닌 자를 대상으로 최초로 실시하는 직업능력개발훈련부터 적용한다.

제3조 (수강장려금의 지원에 관한 적용례) 제30조의2제1항제1호의 개정규정은 2001년 1월 1일 이후에 최초로 실시되는 직업능력개발훈련을 받는 자부터 적용한다.

제4조 (실업자재직취훈련비의 대부에 관한 적용례) 제31조제4항 및 제5항의 개정규정은 2001년 3월 1일 이후에 최초로 실시되는 실업자재취직훈련을 수강하는 자부터 적용한다.

제5조 (직업능력개발훈련시설 비용대부에 관한 적용례) 제32조제1항의 개정규정은 2001년 3월 1일 이후에 법 제25조제1항의 규정에 의하여 최초로 직업능력개발훈련을 실시하는 자부터 적용한다.

제6조 (건설근로자 직업능력개발 지원에 관한 적용례) 제35조의2제1항의 개정규정은 2001년 1월 1일 이후에 최초로 실시되는 직업능력개발훈련을 받는 자부터 적용한다.

제7조 (고용유지지원금에 관한 경과조치) 2001년 1월 1일 당시 종전의 규정에 의하여 고용유지조치를 실시한 사업주에 대하여는 제17조 및 제17조의3의 개정규정에 불구하고 종전의 규정에 의하여 고용유지지원금을 지급한다.

제8조 (채용장려금에 관한 경과조치) 2001년 7월 1일 당시 종전의 제19조의 규정에 의하여 고용조정으로 이직된 자를 채용한 사업주에 대하여는 제19조의 개정규정에 불구하고 종전의 규정에 의하여 채용장려금을 지급한다.

제9조 (재고용장려금에 관한 경과조치) 2001년 1월 1일 당시 종전의 규정에 의하여 고용조정으로 당해 사업장에서 이직된 자를 재고용한 사업주에 대하여는 제19조의2제1항의 개정규정에 불구하고 종전의 규정에 의하여 재고용장려금을 지급한다.

제10조 (고령자고용촉진장려금에 관한 경과조치) 2001년 1월 1일 당시 종전의 규정에 의하여 고령자를 고용한 사업주에 대하여는 제22조의 개정규정에 불구하고 종전의 규정에 의하여 고령자고용촉진장려금을 지급한다.

제11조 (장기실업자고용촉진장려금에 관한 경과조치) 2001년 1월 1일 당시 종전의 규정에 의하여 장기실업자를 고용한 사업주에 대하여는 제22조의2의 개정규정에 불구하고 종전의 규정에 의하여 장기실업자고용촉진장려금을 지급한다.

제12조 (여성고용촉진장려금에 관한 경과조치) 2001년 1월 1일 당시 종전의 규정에 의하여 여성근로자를 고용한 사업주에 대하여는 제23조의 개정규정에 불구하고 종전의 규정에 의하여 여성고용촉진장려금을 지급한다.

제13조 (급여기초임금일액의 상한액에 관한 경과조치) 2001

년 1월 1일이전에 이직한 자에 대하여는 제48조제1항의 개정규정에 불구하고 종전의 규정에 의한 급여기초임금일액을 적용한다.

제14조 (심사위원회 위원의 위촉·임명에 관한 경과조치) 2001년 1월 1일 당시 종전의 규정에 의하여 위촉 또는 임명된 심사위원회 위원, 상임위원, 위원장 및 부위원장은 제107조 및 제110조의 개정규정에 불구하고 이 영에 의하여 위촉 또는 임명된 것으로 본다. 이 경우 그 임기는 종전 규정에 의하여 위촉 또는 임명된 날부터 기산한다

제15조 (고용유지지원금에 관한 잠정조치) 노동부장관은 2001년 1월 1일부터 2001년 12월 31일까지의 기간 중에 경영상 이유로 고용조정이 불가피한 사업을 인수한 사업주가 다음 각 호의 요건을 갖춘 경우에는 노동부장관이 사업규모별로 고시하는 금액에 재배치된 근로자의 수를 곱하여 산정한 금액을 고용유지지원금으로 지급한다. 이 경우 지원금의 신청절차와 제출서류 등에 관한 사항은 노동부장관이 정하며, 허위 그 밖의 부정한 방법으로 고용유지지원금을 받거나 받고자 한 자에 대하여는 제26조의 규정을 준용한다.

1. 종전 사업의 근로자의 60퍼센트 이상을 당해 사업에 재배치할 것
2. 종전사업 근로자의 25퍼센트 이상이 당해 사업의 지분의 50퍼센트를 초과하여 취득하고 있을 것
3. 노동부장관이 정하여 고시하는 고용안정조치를 취할 것

부칙 <제17301호, 2001.7.7>
①(시행일) 이 영은 공포한 날부터 시행한다.
②(수강장려금 등의 지원에 관한 적용례) 제30조의2의 개정규정은 이 영 시행후 수강하는 자 및 근로자학자금대부를 신청하는 자부터 적용한다.
③(조기재취직수당의 금액에 관한 적용례) 제62조제2항의 개정규정은 이 영 시행후 재취직한 수급자격자부터 적용한다.

부칙 <제17403호, 2001.10.31>
이 영은 2001년 11월 1일부터 시행한다.

부칙 <제17471호, 2001.12.31>
①(시행일) 이 영은 공포한 날부터 시행한다.
②(다른 법령의 개정) 고용보험법시행령 중 다음과 같이 개정한다.
제123조제1항에 제6호의2 및 제6호의3을 각각 다음과 같이 신설한다.
6의2. 법 제55조의2 및 법 제55조의5의 규정에 의한 육아휴직급여의 지급 및 지급제한
6의3. 법 제55조의7 및 법 제55조의9의 규정에 의한 산전후휴가급여의 지급 및 지급제한

부칙 <제17853호, 2002.12.30>
제1조 (시행일) 이 영은 공포한 날부터 시행한다. 다만, 제3조제2항제1호의 개정규정은 2004년 1월 1일부터 시행한다.
제2조 (조기재취직수당의 금액에 관한 적용례) 제62조제2항의 개정규정은 이 영 시행후 재취직한 수급자격자부터 적용한다.
제3조 (보험료율에 관한 적용례) 제69조제1항의 개정규정은 2003보험연도부터 적용한다.
제4조 (장기실업자고용촉진장려금에 관한 경과조치) 이 영 시행 당시 종전의 제22조의2의 규정에 따라 사업주가 장기실업자고용촉진장려금의 수급자격을 갖추고 있는 때에는 제22조의2의 개정규정에 불구하고 종전의 규정에 의한다.
제5조 (건설근로자퇴직공제부금의 지원에 관한 잠정조치) 이 영 시행 당시 종전의 규정에 따라 건설근로자복지수첩(이하 "수첩"이라 한다)을 발급받은 근로자를 고용한 사업주에 대한 건설근로자퇴직공제부금의 지원에 관하여는 제23조의2의 개정규정에 불구하고 그 근로자의 수첩의 공제부금지원란이 모두 소인될 때까지는 종전의 규정에 의한다.
제6조 (육아휴직급여액에 관한 경과조치) 이 영 시행 당시 종전의 규정에 따라 육아휴직급여의 수급자격을 갖춘 자가 이 영 시행일 이전에 실시한 육아휴직에 대하여 지급하여야 할 육아휴직급여액은 제68조의3제1항의 개정규정에 불구하고 종전의 규정에 의한다.

부칙 (주택법시행령) <제18146호, 2003.11.29>
제1조 (시행일) 이 영은 2003년 11월 30일부터 시행한다.
<단서 생략>
제2조 내지 제14조 생략
제15조 (다른 법령의 개정) ①내지 ⑤생략
⑥고용보험법시행령 중 다음과 같이 개정한다.
제9조의2제1항제1호·제15조제4항제1호 단서 및 제69조제2항 단서 중 "주택건설촉진법"을 각각 "주택법"으로 한다.
⑦내지 <54>생략

부칙 <제18165호, 2003.12.18>
①(시행일) 이 영은 2004년 1월 1일부터 시행한다. 다만, 제57조의 개정규정은 공포한 날부터 시행한다.
②(하수급인에 대한 사업주인정 승인신청에 관한 적용례) 제7조의2의 개정규정은 이 영 시행후 착공하는 하도급공사부터 시행한다.
③(실업인정의 특례자에 관한 적용례) 제45조제2호의3의 개정규정은 이 영 시행후 법 제33조제2항의 규정에 따라 수급자격인정을 신청한 자부터 적용한다.
④(조기재취업수당의 적용례) 제61조제1항제2호의 개정규

정은 이 영 시행후 스스로 영리를 목적으로 사업을 시행하고자 법 제34조제3항의 규정에 따라 그 준비활동을 재취업활동으로 신고하는 자부터 적용한다.

부칙 <제18296호, 2004.2.25>
제1조 (시행일) 이 영은 공포한 날부터 시행한다. 다만, 제3조제2항제4호의 개정규정은 2004년 8월 17일부터 시행하고, 제80조의2 및 제80조의3의 개정규정은 2004년 7월 1일부터 시행한다.
제2조 (전직지원장려금에 관한 적용례) 제18조의 개정규정은 이 영 시행후 최초로 전직지원계획의 승인을 얻어 전직지원서비스를 제공하는 사업주부터 적용한다.
제3조 (고령자고용촉진장려금의 지급기간제한에 관한 적용례) 제22조제3항의 개정규정은 이 영 시행 후 사업주가 지급받는 고령자고용촉진장려금분부터 적용한다.
제4조 (고령자고용촉진장려금에 관한 적용례) 제22조제4항의 개정규정은 이 영 시행후 새로이 고용된 근로자에 대하여 지급하는 장려금분부터 적용한다.
제5조 (장기구직자고용촉진장려금에 관한 적용례) 제22조의2제2항의 개정규정은 이 영 시행후 새로이 고용된 근로자에 대하여 지급하는 장려금분부터 적용한다.
제6조 (육아휴직급여액에 관한 적용례) 제68조의3제1항의 개정규정은 이 영 시행후 사용하는 육아휴직에 대한 육아휴직급여액부터 적용한다.
제7조 (고용유지지원금에 대한 경과조치) 이 영 시행당시 종전의 제17조제1항제2호의 규정에 의한 고용유지조치를 실시한 사업주에 대하여는 제17조 및 제17조의3의 개정규정에 불구하고 종전의 규정에 의하여 고용유지지원금을 지급한다.
제8조 (고령자고용촉진장려금에 대한 경과조치) 이 영 시행당시 종전의 제22조제1항제3호의 규정에 의하여 고령자를 재고용한 사업주에 대하여는 제22조의 개정규정에 불구하고 종전의 규정에 의하여 고령자고용촉진장려금을 지급한다.
제9조 (고용보험사무조합에 대한 지원제한에 관한 경과조치) 이 영 시행당시 종전의 규정에 따라 1회 시정명령을 받고 불응한 자가 이 영 시행후 다시 시정명령을 받는 경우 제80조의3제2항의 개정규정에 따라 1회 시정명령을 받은 것으로 보며, 2회이상 시정명령을 받고 불응한 자가 이 영 시행후 다시 시정명령을 받는 경우 제80조의3제2항의 개정규정에 따라 2회 시정명령을 받은 것으로 본다.

부칙 (전자적민원처리를위한가석방자관리규정 등 중 개정령) <제18312호, 2004.3.17>
이 영은 공포한 날부터 시행한다.

부칙 <제18555호, 2004.10.1>
제1조 (시행일) 이 영은 공포한 날부터 시행한다.
제2조 (유효기간) 별표 1의 신규고용촉진장려금 대상자 중 제5호의 규정은 공포한 날부터 3년이 되는 날까지 효력을 가진다.
제3조 (재고용장려금에 관한 적용례) 제19조의2의 개정규정은 이 영 시행 후 사업주가 근로자를 재고용하는 경우부터 적용한다.
제4조 (신규고용촉진장려금에 관한 적용례) 제22조의2의 개정규정은 이 영 시행 후 사업주가 신규로 근로자를 고용하는 경우부터 적용한다.
제5조 (고령자고용촉진장려금에 관한 경과조치) 이 영 시행 당시 종전의 제22조의 규정에 따라 고령자 또는 준고령자를 고용한 사업주에 대하여는 제22조의2의 개정규정에 불구하고 종전의 규정에 의하여 고령자고용촉진장려금을 지급한다.
제6조 (여성고용촉진장려금에 관한 경과조치) 이 영 시행당시 종전의 제23조의 규정에 따라 여성실업자를 고용한 사업주에 대하여는 제19조의2·제22조의2 및 제23조의 개정규정에 불구하고 종전의 규정에 의하여 여성고용촉진장려금을 지급한다.

부칙 <제18572호, 2004.10.29>
이 영은 2005년 1월 1일부터 시행한다.

부칙 (근로자직업능력 개발법 시행령) <제18911호, 2005.6.30>
제1조 (시행일) 이 영은 2005년 7월 1일부터 시행한다.
제2조 내지 제4조 생략
제5조 (다른 법령의 개정) ①고용보험법시행령 일부를 다음과 같이 개정한다.
제27조제1항 각 호 외의 부분 중 "근로자직업훈련촉진법 제28조의 규정에 따라 훈련과정의 인정 또는 지정을 받은"을 "「근로자직업능력 개발법」 제24조의 규정에 따라 훈련과정의 인정을 받은"으로 한다.
제30조제2항 중 "근로자직업훈련촉진법 제28조의 규정에 의하여 노동부장관의 인정을 받은 기준훈련"을 "「근로자직업능력 개발법」 제24조의 규정에 의하여 노동부장관의 인정을 받은 훈련과정"으로, "근로자직업훈련촉진법 제28조의 규정에 의하여 훈련과정의 인정 또는 지정을 받아"를 "「근로자직업능력 개발법」 제24조의 규정에 의하여 훈련과정의 인정을 받아"로 한다.
제30조의2제1항 각 호 외의 부분 본문 중 "근로자직업훈련촉진법"을 "「근로자직업능력 개발법」"으로 한다.
제32조제1항 중 "근로자직업훈련촉진법 제22조"를 "「근로자직업능력 개발법」 제32조"로, "근로자직업훈련촉진법시

행령 제3조제1항제3호 또는 제4호"를 "「근로자직업능력 개
발법」 제2조제3호 나목"으로 한다.
제34조제1항제3호의5 중 "근로자직업훈련촉진법 제11조
및 제11조의2"를 "「근로자직업능력 개발법」 제36조 및 제
37조"로, "동법 제20조제3항의 규정에 의한 직업능력개발
담당자의 양성 및 능력향상"을 "동법 제20조제1항의 규정
에 의한 인력개발담당자의 양성 및 능력개발"로 한다.
제34조제1항제3호의6을 다음과 같이 한다.
3의6. 「근로자직업능력 개발법」 제12조의 규정에 따라 실
시하는 직업능력개발훈련
제34조의2제2항 중 "개별사업주가 실시하기 곤란하거나 인
력이 부족한 직종 또는 국가경제발전의 기간이 되는 직종"
을 "국가경제의 기간이 되는 산업 중 인력이 부족한 직종,
정보통신산업·자동차산업 등 국가전략산업 중 인력이 부
족한 직종, 그 밖에 산업현장의 인력수요 증대에 따라 인력
양성이 필요하다고 노동부장관이 고시하는 직종"으로 한
다.
제34조의2제3항 중 "근로자직업훈련촉진법 제2조 및 제22
조"를 "「근로자직업능력 개발법」 제2조 및 제32조"로 한다.
②내지 <17>생략
제6조 생략

부칙 <제19103호, 2005.10.26>
①(시행일) 이 영은 공포한 날부터 시행한다.
②(근로자수강지원금의 수급에 관한 적용례) 제30조의2제1
항의 개정규정은 이 영 시행후 최초로 수강하는 직업능력
개발훈련부터 적용한다.

부칙 <제19246호, 2005.12.30>
제1조 (시행일) 이 영은 2006년 1월 1일부터 시행한다. 다만,
제22조의5의 개정규정은 2006년 7월 1일부터 시행한다.
제2조 (유효기간) ①제22조의4의 개정규정은 2008년 12월
31일까지 효력을 가진다.
②2008년 12월 31일까지 당해 사업의 임금피크제에 적용된
근로자에 대한 임금피크제보전수당은 제22조의4제4항에
규정된 기간까지 이를 지급한다.
제3조 (교대제전환지원금의 지급대상에 관한 적용례) 제15
조의3제1항의 개정규정은 이 영 시행 후 최초로 교대제전
환을 실시하는 사업주부터 적용한다.
제4조 (중소기업고용환경개선지원금의 지급대상에 관한 적
용례) 제15조의4제1항의 개정규정은 이 영 시행 후 최초로
고용개선조치를 취하는 우선지원 대상기업부터 적용한다.
제5조 (중소기업전문인력활용장려금의 지급대상에 관한 적
용례) 제15조의5의 개정규정은 이 영 시행 후 최초로 우선
지원대상기업 외의 기업으로부터 전문인력을 지원받아 사
용하는 우선지원대상기업부터 적용한다.

제6조 (중소기업신규업종진출지원금의 지급대상에 관한 적
용례) 제15조의6제1항의 개정규정은 이 영 시행 후 최초로
새로운 업종으로 진출하는 우선지원대상기업부터 적용한
다.
제7조 (전직지원장려금의 지급대상에 관한 적용례) 제18조
제5항의 개정규정은 이 영 시행 후 최초로 전직지원계획서
의 승인을 얻어 전직지원서비스를 제공하는 사업주부터 적
용한다.
제8조 (중장년훈련수료자채용장려금의 지급대상에 관한 적
용례) 제22조의3제1항의 개정규정은 이 영 시행 후 최초로
채용되는 자부터 적용한다.
제9조 (임금피크제보전수당에 관한 적용례) 제22조의4의
개정규정은 이 영 시행 전에 임금피크제를 도입하여 실시
하고 있는 사업장에 대하여도 적용한다. 이 경우 해당근로
자에 대한 임금피크제보전수당은 이 영 시행 후의 근로분
에 대한 임금부터 적용하여 지급한다.
제10조 (출산후계속고용지원금에 관한 적용례) 제22조의5
의 개정규정은 이 영 시행 후 최초로 동조의 규정에 의한
지원대상이 되는 근로계약을 체결하는 분부터 적용한다.
제11조 (육아휴직장려금 및 대체인력활용장려금의 지급대
상에 관한 적용례) ①제23조제2항 전단의 개정규정은 이 영
시행 후 최초로 육아휴직을 개시하는 자에 대한 지원부터
적용한다.
②제23조제2항 후단, 동조제3항 및 제4항의 개정규정은 이
영 시행 후 최초로 육아휴직을 종료하는 자에 대한 지원부
터 적용한다.
제12조 (파견근로자 등에 대한 훈련지원 특례에 관한 적용
례) 제27조 및 제30조의2의 개정규정은 이 영 시행 후 최초
로 개시하는 직업능력개발훈련부터 적용한다.
제13조 (육아휴직급여 및 산전후휴가급여 등의 감액에 관
한 적용례) 제68조의6 및 제68조의12의 개정규정은 이 영
시행 후 최초로 육아휴직을 하거나 산전후휴가 또는 유산·
사산휴가를 받는 자부터 적용한다.
제14조 (급여기초임금일액의 상한액에 관한 경과조치) 이
영 시행 전에 이직한 자에 대하여는 제48조제1항의 개정규
정에 불구하고 종전의 규정에 의한 급여기초임금일액을 적
용한다.
제15조 (다른 법령의 개정) ①고용정책기본법시행령 일부
를 다음과 같이 개정한다.
제19조제1항 중 "고용보험법에 의한 고용안정사업"을 "「고
용보험법」에 의한 고용안정·직업능력개발사업"으로 한다.
②과세자료의제출및관리에관한법률시행령 일부를 다음과
같이 개정한다.
별표 중 제12호의 과세자료명란을 다음과 같이 한다.
「고용보험법」 제15조·제16조·제17조·제18조·제18조의2·
제18조의3·제19조·제22조·제23조의2·제24조·제25조·제26

조·제26조의2·제26조의3 및 제26조의4의 규정에 의한 고용안정·직업능력개발사업과 관련하여 사업주 등에게 지원한 실적에 관한 자료

부칙 (채무자 회생 및 파산에 관한 법률 시행령) <제19422호, 2006.3.29>

제1조 (시행일) 이 영은 2006년 4월 1일부터 시행한다.

제2조 (다른 법령의 개정) ①및 ②생략

③고용보험법 시행령 일부를 다음과 같이 개정한다.

제56조의2제2항 각 호 외의 부분 단서 중 "「파산법」"을 "「채무자 회생 및 파산에 관한 법률」"로 한다.

④내지 <26>생략

부칙 (고위공무원단 인사규정) <제19513호, 2006.6.12>

제1조 (시행일) 이 영은 2006년 7월 1일부터 시행한다.

제2조 및 제3조 생략

제4조 (다른 법령의 개정) ①내지 ⑨생략

⑩고용보험법 시행령 일부를 다음과 같이 개정한다.

제98조제1호 및 제2호 중 "5급이상 공무원"을 각각 "5급 이상 공무원 또는 고위공무원단에 속하는 일반직공무원"으로 한다.

제107조제2항제3호 중 "3급이상의 공무원"을 "3급 이상의 공무원 또는 고위공무원단에 속하는 일반직공무원"으로 하고, 동조제3항 중 "노동부소속 2급 또는 3급공무원"을 "노동부의 3급공무원 또는 고위공무원단에 속하는 일반직공무원"으로 한다.

⑪내지 <241>생략

부칙 <제19738호, 2006.11.23>

①(시행일) 이 영은 공포한 날부터 시행한다. 다만, 제30조의3의 개정규정은 2007년 3월 1일부터 시행하고, 제23조의3제2항의 개정규정은 2008년 1월 1일부터 시행한다.

②(전자카드에 의한 근로내역신고 사업주 지원에 관한 특례) 노동부장관은 2008년 1월 1일 전에 전자카드를 사용하여 근로내역확인신고를 하는 사업주에 대한 지원을 위하여 시범사업을 실시할 수 있으며, 그 시범사업에 참가하는 사업주에 대하여는 2008년 1월 1일 전에 제23조의3제2항의 개정규정을 적용한다.

③(근로자능력개발카드에 의한 수강지원에 관한 특례) 노동부장관은 2007년 3월 1일 전에 근로자능력개발카드에 의한 수강지원을 위한 시범사업을 실시할 수 있으며, 그 시범사업의 대상이 되는 피보험자와 훈련기관에 대하여는 2007년 3월 1일 전에 제30조의3의 개정규정을 적용한다.

④(부정행위에 따른 직업능력개발훈련비용의 지급제한에 관한 적용례) 제35조의4제1항제2호의 개정규정은 이 영 시행 후 최초로 제30조의5에 따른 직업능력개발훈련비용의 지원을 받은 자부터 적용한다.

부칙 (국가재정법 시행령) <제19806호, 2006.12.29>

제1조 (시행일) 이 영은 2007년 1월 1일부터 시행한다.

제2조 내지 제4조 생략

제5조 (다른 법령의 개정) ①생략

②고용보험법 시행령 일부를 다음과 같이 개정한다.

제97조 제목 중 "「예산회계법」"을 "「국가재정법」"으로, 동조 중 "「예산회계법」"을 "「국가재정법」"으로 한다.

③내지 <42>생략

제6조 생략

부칙 <제20036호, 2007.4.27>

제1조 (시행일) 이 영은 공포한 날부터 시행한다. 다만, 제17조제1항, 제17조의2제3항, 제17조의3제1항·제2항 및 제19조의2제1항의 개정규정은 2008년 1월 1일부터 시행한다.

제2조 (유효기간) 별표 1의 개정규정은 2009년 12월 31일까지 효력을 가진다.

제3조 (중소기업전문인력활용장려금에 관한 적용례) 제15조의5제2항의 개정규정은 이 영 시행 이후 50세 이상의 전문인력을 추가로 고용하거나 지원받아 사용하는 사업주부터 적용한다.

제4조 (임신·출산 후 계속고용지원금의 지원에 관한 적용례) 제22조의5제1항 및 제2항의 개정규정은 이 영 시행 이후 재계약을 체결하는 사업주부터 적용한다.

제5조 (산전후휴가급여 등의 감액에 관한 적용례) 제68조의12의 개정규정은 이 영 시행 이후에 「근로기준법」 제72조에 따른 보호휴가를 받는 피보험자부터 적용한다.

제6조 (재고용장려금에 관한 경과조치) 2008년 1월 1일 전에 이미 재고용된 임신·출산 또는 육아를 이유로 이직한 여성근로자에 대한 재고용장려금에 관하여는 제19조의2제1항의 개정규정에 불구하고 종전의 규정에 따른다.

제7조 (육아휴직급여액에 관한 경과조치) 이 영 시행 전에 이미 육아휴직을 한 경우로서 이 영 시행 이후까지 육아휴직기간이 계속되는 경우에는 이 영 시행 전에 사용한 육아휴직기간에 대한 육아휴직급여액에 관하여는 제68조의3제1항의 개정규정에 불구하고 종전의 규정에 따른다.

제8조 (과태료에 관한 경과조치) 이 영 시행 전에 행한 행위에 대한 과태료의 적용에 있어서는 종전의 규정에 따른다.

고용보험 및 산업재해
보상보험의 보험료 징수 등에 관한 법률

연혁

2003. 12. 31 제정 법률 제7047호
2004. 12. 31 일부개정 법률 제7300호
2005. 12. 7 일부개정 법률 제7706호

2006. 12. 28 일부개정 법률 제8117호
2007. 5. 11 일부개정 법률 제8429호

제1장 총칙

제1조 (목적) 이 법은 고용보험과 산업재해보상보험의 보험관계의 성립·소멸, 보험료의 납부·징수 등에 관하여 필요한 사항을 규정함으로써 보험사무의 효율성을 높이는 것을 목적으로 한다.

제2조 (정의) 이 법에서 사용하는 용어의 정의는 다음과 같다. <개정 2005.12.7, 2006.12.28>
1. "보험"이라 함은 「고용보험법」에 의한 고용보험 또는 「산업재해보상보험법」에 의한 산업재해보상보험을 말한다.
2. "근로자"라 함은 「근로기준법」에 의한 근로자를 말한다.
3. "임금"이라 함은 「근로기준법」에 의한 임금을 말한다. 다만, 제13조제1항제1호의 규정에 의한 고용보험료를 징수하는 경우에는 휴직 그 밖에 이와 비슷한 상태에 있는 기간 중에 지급받는 금품 중 노동부장관이 정하여 고시하는 금품은 이 법에 의한 임금으로 본다.
4. "원수급인"이라 함은 사업이 여러 차례의 도급에 의하여 행하여지는 경우에 최초로 사업을 도급받아 행하는 자를 말한다. 다만, 발주자가 사업의 전부 또는 일부를 직접 행하는 경우에는 발주자가 직접 행하는 부분(발주자가 직접 행하다가 사업의 진행경과에 따라 도급하는 경우에는 발주자가 직접 행하는 것으로 본다)에 대하여 발주자를 원수급인으로 본다.
5. "하수급인"이라 함은 원수급인으로부터 그 사업의 전부 또는 일부를 도급받아 행하는 자와 그 자로부터 그 사업의 전부 또는 일부를 도급받아 행하는 자를 말한다.
6. "정보통신망"이라 함은 「정보통신망 이용촉진 및 정보보호 등에 관한 법률」에 따른 정보통신망을 말한다.

제3조 (기준임금) ①상시근로자수가 5인 미만인 사업의 경우, 사업의 폐업·도산 등으로 임금을 산정·확인하기 곤란한 경우 또는 대통령령이 정하는 사유에 해당하는 경우에는 노동부장관이 정하여 고시하는 금액(이하 "기준임금"이라 한다)을 임금으로 할 수 있다.
②제1항의 규정에 의한 기준임금은 사업의 규모, 근로형태 및 임금수준 등을 고려하여 「고용정책기본법」 제6조의 규정에 의한 고용정책심의회의 심의를 거쳐 시간·일 또는 월 단위로 정하되, 사업의 종류별로 구분하여 정할 수 있다. <개정 2005.12.7>
③제1항의 규정에 의한 상시근로자수의 산정방법은 대통령령으로 정한다.

제4조 (보험사업의 수행주체) 「고용보험법」 및 「산업재해보상보험법」에 의한 보험사업으로서 이 법에 정한 사항은 노동부장관의 위탁을 받아 「산업재해보상보험법」 제10조의 규정에 의한 근로복지공단(이하 "공단"이라 한다)이 수행한다. <개정 2005.12.7, 2007.4.11>

제4조의2 (정보통신망을 이용한 신고 또는 신청) ①이 법에 따른 신고 또는 신청은 노동부장관이 정하여 고시하는 정보통신망(이하 "고용·산재정보통신망"이라 한다)을 이용하여 할 수 있다.
②제1항의 방법으로 신고 또는 신청하는 경우에는 고용·산재정보통신망에 입력된 때에 신고 또는 신청이 있는 것으로 본다.
③제1항의 방법에 따른 신고 또는 신청의 방법·절차 등에 관하여 필요한 사항은 노동부령으로 정한다.
[본조신설 2006.12.28]

제2장 보험관계의 성립 및 소멸

제5조 (보험가입자) ①「고용보험법」의 적용을 받는 사업의 사업주와 근로자는 당연히 「고용보험법」에 의한 고용보험

(이하 "고용보험"이라 한다)의 보험가입자가 된다. <개정 2005.12.7>

② 「고용보험법」 제8조 단서의 규정에 의한 사업의 사업주가 근로자(「고용보험법」 제10조의 규정에 의한 적용제외 근로자를 제외한다. 이하 이 항 및 제6항에서 같다)의 과반수의 동의를 얻어 공단의 승인을 얻은 때에는 그 사업의 사업주 및 근로자는 고용보험에 가입할 수 있다. <개정 2005.12.7, 2007.5.11>

③ 「산업재해보상보험법」의 적용을 받는 사업의 사업주는 당연히 「산업재해보상보험법」에 의한 산업재해보상보험(이하 "산재보험"이라 한다)의 보험가입자가 된다. <개정 2005.12.7>

④ 「산업재해보상보험법」 제6조 단서의 규정에 의한 사업의 사업주는 공단의 승인을 얻어 산재보험에 가입할 수 있다. <개정 2005.12.7, 2007.4.11>

⑤ 제2항 또는 제4항의 규정에 따라 고용보험 또는 산재보험에 가입한 사업주가 보험계약을 해지하고자 할 때에는 공단의 승인을 얻어야 한다. 이 경우 보험계약의 해지는 그 보험계약이 성립한 보험연도가 종료된 이후에 하여야 한다.

⑥ 제5항의 규정에 따라 사업주가 고용보험계약을 해지하고자 할 때에는 근로자의 3분의 2 이상의 동의를 얻어야 한다.

⑦ 공단은 사업의 실체가 없는 등의 사유로 계속하여 보험관계를 유지할 수 없다고 인정하는 경우에는 그 보험관계를 소멸시킬 수 있다.

제6조 (보험의 의제가입) ① 제5조제1항의 규정에 따라 사업주 및 근로자가 고용보험의 당연가입자가 되는 사업이 사업규모의 변동 등으로 「고용보험법」 제8조 단서의 규정에 의한 사업에 해당하게 된 때에는 그 사업주 및 근로자는 그 해당하게 된 날부터 제5조제2항의 규정에 따라 고용보험에 가입한 것으로 본다. <개정 2005.12.7, 2007.5.11>

② 제5조제3항의 규정에 따라 그 사업주가 산재보험의 당연가입자가 되는 사업이 사업규모의 변동 등으로 인하여 「산업재해보상보험법」 제6조 단서의 규정에 의한 사업에 해당하게 된 때에는 그 사업주는 그 해당하게 된 날부터 제5조제4항의 규정에 따라 산재보험에 가입한 것으로 본다. <개정 2005.12.7, 2007.4.11>

③ 제5조제1항 내지 제4항의 규정에 의한 사업주가 그 사업의 운영 중에 근로자(고용보험의 경우에는 「고용보험법」 제10조의 규정에 의한 적용제외 근로자를 제외한다. 이하 이 항 및 제10조제4호에서 같다)를 고용하지 아니하게 된 때에는 그 날부터 1년의 범위안에서 근로자를 사용하지 아니한 기간 동안에도 보험에 가입한 것으로 본다. <개정 2005.12.7, 2007.5.11>

④ 제5조제5항 및 제6항의 규정은 제1항 및 제2항의 사업주 및 근로자에 대한 보험계약의 해지에 관하여 이를 준용한다.

제7조 (보험관계의 성립일) 보험관계는 다음 각 호의 어느 하나에 해당하는 날에 성립한다. <개정 2005.12.7, 2006.12.28, 2007.4.11, 2007.5.11>

1. 제5조제1항의 규정에 따라 고용보험의 당연가입자가 되는 사업의 경우에는 그 사업이 시작된 날(「고용보험법」 제8조 단서의 규정에 의한 사업이 제5조제1항의 규정에 따라 고용보험의 당연가입자가 되는 사업에 해당하게 된 경우에는 그 해당하게 된 날)

2. 제5조제3항의 규정에 따라 산재보험의 당연가입자가 되는 사업의 경우에는 그 사업이 시작된 날(「산업재해보상보험법」 제6조 단서의 규정에 의한 사업이 제5조제3항의 규정에 따라 산재보험의 당연가입자가 되는 사업에 해당하게 된 경우에는 그 해당하게 된 날)

3. 제5조제2항 또는 제4항의 규정에 따라 보험에 가입한 사업에 있어서는 공단이 그 사업의 사업주로부터 보험가입승인신청서를 접수한 날의 다음 날

4. 제8조제1항의 규정에 따라 일괄적용을 받는 사업의 경우에는 처음 행하는 사업이 시작된 날

5. 제9조제1항 단서 및 제2항의 규정에 따라 보험에 가입한 하수급인의 경우에는 그 하도급공사의 착공일

제8조 (사업의 일괄적용) ① 제5조제1항 또는 동조제3항의 규정에 의한 보험의 당연가입자인 사업주가 운영하는 각각의 사업이 다음 각 호의 요건에 해당하는 경우에는 이 법의 적용에 있어서 그 사업의 전부를 하나의 사업으로 본다.

1. 사업주가 동일인일 것

2. 각각의 사업은 기간이 정하여져 있는 사업일 것

3. 사업의 종류, 공사실적액 등이 대통령령이 정하는 요건에 해당할 것

② 제1항의 규정에 따라 일괄적용을 받는 사업주외의 사업주가 제1항제1호의 요건에 해당하는 사업(산재보험의 경우에는 노동부장관이 정하는 사업종류가 동일한 경우에 한한다)의 전부를 하나의 사업으로 보아 이 법의 적용을 받고자 하는 경우에는 공단의 승인을 얻어야 하며, 승인을 얻은 경우에는 공단이 그 사업의 사업주로부터 일괄적용관계 승인신청서를 접수한 날의 다음 날부터 일괄적용을 받는다. 이 경우 일괄적용관계가 제3항의 규정에 따라 해지되지 아니하는 한 그 사업주는 그 보험연도 이후의 보험연도에도 계속하여 그 사업 전부에 대하여 일괄적용을 받는다. <개정 2006.12.28>

③ 제2항의 규정에 따라 일괄적용을 받고 있는 사업주가 그 일괄적용관계를 해지하고자 하는 경우에는 공단의 승인을 얻어야 한다. 이 경우 일괄적용관계의 해지는 다음 보험연

도의 보험관계부터 그 효력을 발생한다.
④제1항의 규정에 따라 일괄적용을 받는 사업주가 제1항제
3호의 요건에 적합하지 아니하게 된 때에는 제2항의 규정
에 따라 일괄적용승인을 받은 것으로 보아 이 법을 적용하
며, 사업주가 그 일괄적용관계를 해지하고자 하는 경우에
는 제3항의 규정에 따른다.

제9조 (도급사업의 일괄적용) ①건설업 등 대통령령이 정하는
사업이 여러 차례의 도급에 의하여 행하여지는 경우에는
그 원수급인을 이 법의 적용을 받는 사업주로 본다. 다만,
대통령령이 정하는 바에 따라 공단의 승인을 얻은 경우에
는 하수급인을 이 법의 적용을 받는 사업주로 본다.
②제1항의 규정에 따른 사업이 국내에 영업소를 두지 않는
외국의 사업주로부터 하도급을 받아 행하여지는 경우에는
그 최초 하수급인을 이 법의 적용을 받는 사업주로 본다.
<신설 2006.12.28>

제10조 (보험관계의 소멸일) 보험관계는 다음 각 호의 1에 해
당하는 날에 소멸한다.
1. 사업이 폐지 또는 종료된 날의 다음 날
2. 제5조제5항(제6조제4항에서 준용되는 경우를 포함한다)
의 규정에 따라 보험계약을 해지하는 경우에는 그 해지에
관하여 공단의 승인을 얻은 날의 다음 날
3. 제5조제7항의 규정에 따라 공단이 보험관계를 소멸시키
는 경우에는 그 소멸의 결정·통지를 한 날의 다음 날
4. 제6조제3항의 규정에 의한 사업주의 경우에는 근로자를
사용하지 아니한 최초의 날부터 1년이 되는 날의 다음 날

제11조 (보험관계의 신고) ①사업주는 제5조제1항 또는 제3항
의 규정에 따라 당연히 보험의 가입자가 된 경우에는 그 보
험관계가 성립한 날부터 14일 이내에, 사업의 폐지·종료 등
으로 인하여 보험관계가 소멸한 경우에는 그 보험관계가
소멸한 날부터 14일 이내에 공단에 보험관계의 성립 또는
소멸의 신고를 하여야 한다. 다만, 보험관계가 성립한 날부
터 14일 이내에 종료되는 사업의 경우에는 종료일 전날까
지 그 보험관계의 성립신고를 하여야 한다.
②사업주는 제8조제1항의 규정에 따라 일괄적용을 받는 사
업의 경우에는 처음 행하는 사업의 시작일부터 14일 이내
에, 일괄적용을 받고 있는 사업이 사업의 폐지·종료 등으로
일괄적용관계가 소멸한 경우에는 소멸한 날부터 14일 이내
에, 공단에 일괄적용관계의 성립 또는 소멸의 신고를 하여
야 한다. <개정 2004.12.31>
③제8조제1항 및 제2항의 규정에 의한 일괄적용사업의 사
업주는 그 각각의 사업(제1항의 규정에 따라 신고된 사업을
제외한다)의 개시일 및 종료일(사업종료의 신고는 고용보
험에 한한다)부터 각각 14일 이내에 그 사실을 공단에 신고

하여야 한다. 다만, 사업의 개시일부터 14일 이내에 종료되
는 사업의 경우에는 그 종료일 전날까지 신고하여야 한다.

제12조 (보험관계의 변경신고) 보험에 가입한 사업주는 사업
주의 이름, 사업의 소재지 등 대통령령이 정하는 사항이 변
경된 때에는 변경된 날부터 14일 이내에 그 변경사항을 공
단에 신고하여야 한다.

제3장 보험료

제13조 (보험료) ①공단은 보험사업에 드는 비용에 충당하기
위하여 보험가입자로부터 다음 각 호의 보험료를 징수한다.
<개정 2005.12.7>
1. 고용안정·직업능력개발사업 및 실업급여의 보험료(이하
"고용보험료"라 한다)
2. 산재보험의 보험료(이하 "산재보험료"라 한다)
②고용보험가입자인 근로자가 부담하여야 하는 고용보험
료는 자기의 임금(그 사업이 제21조제1항의 규정에 의한 징
수특례사업에 해당하는 경우에는 기준임금을 임금으로 본
다. 이하 같다)총액에 제14조제1항의 규정에 의한 실업급여
의 보험료율의 2분의 1을 곱한 금액으로 한다. 다만, 사업주
로부터 제2조제3호 본문의 규정에 의한 임금을 지급받지
아니하는 근로자의 경우에는 제2조제3호 단서의 규정에 의
하여 임금으로 보는 금액의 총액에 제14조제1항의 규정에
의한 실업급여의 보험료율을 곱한 금액을 부담하여야 한다.
③제1항의 규정에 불구하고 고용보험가입자인 근로자가 64
세가 된 때에는 그 날이 속한 달부터 고용보험료를 징수하
지 아니한다.
④제1항의 규정에 의하여 사업주가 부담하여야 하는 고용
보험료는 그 사업에 종사하는 고용보험가입자인 근로자의
임금총액에 제14조제1항의 규정에 의한 고용안정·직업능
력개발사업의 보험료율을 곱한 금액 및 실업급여의 보험료
율의 2분의 1을 곱한 금액을 합한 금액으로 한다. <개정
2005.12.7>
⑤제1항의 규정에 따라 사업주가 부담하여야 하는 산재보
험료는 그 사업주가 경영하는 사업의 임금총액에 같은 종
류의 사업에 적용되는 보험료율을 곱한 금액으로 한다.
⑥제17조제1항의 규정에 의한 임금총액의 추정액 또는 제
19조제1항의 규정에 의한 임금총액을 결정하기 곤란한 경
우에는 대통령령이 정하는 바에 따라 노동부장관이 정하여
고시하는 노무비율을 사용하여 임금총액의 추정액 또는 임
금총액을 결정할 수 있다.

제14조 (보험료율의 결정) ①고용보험료율은 보험수지의 동
향과 경제상황 등을 고려하여 1000분의 30의 범위안에서
고용안정·직업능력개발사업의 보험료율 및 실업급여의 보

험료율로 구분하여 대통령령으로 정한다. <개정 2005.12. 7>

②제1항의 고용보험료율을 결정하거나 변경하고자 하는 경우에는 「고용정책기본법」 제6조의 규정에 의한 고용정책심의회의 심의를 거쳐야 한다. <개정 2005.12.7>

③산재보험료율은 매년 9월 30일 현재 과거 3년 동안의 임금총액에 대한 산재보험급여총액의 비율을 기초로 하여, 「산업재해보상보험법」에 의한 연금 등 산재보험급여에 드는 금액, 재해예방 및 재해근로자의 복지증진에 드는 비용 등을 고려하여 사업의 종류별로 구분하여 노동부령으로 정한다. <개정 2005.12.7>

④산재보험의 보험관계가 성립한 후 3년이 지나지 아니한 사업에 대한 산재보험료율은 제3항의 규정에 불구하고 노동부령이 정하는 바에 따라 「산업재해보상보험법」 제8조의 규정에 의한 산업재해보상보험심의위원회의 심의를 거쳐 노동부장관이 사업의 종류별로 따로 정한다. <개정 2005.12.7, 2007.4.11>

제15조 (보험료율의 특례) ①대통령령이 정하는 사업으로서 매년 9월 30일 현재 고용보험의 보험관계가 성립한 후 3년이 지난 사업에 있어서 그 해 9월 30일 이전 3년 동안의 그 실업급여의 보험료에 대한 실업급여의 금액의 비율이 대통령령이 정하는 비율에 해당하는 경우에는 제14조제1항의 규정에 불구하고 그 사업에 적용되는 실업급여의 보험료율의 100분의 40의 범위안에서 대통령령이 정하는 기준에 따라 인상 또는 인하하여 그 사업에 대한 다음 보험연도의 실업급여의 보험료율로 할 수 있다.

②대통령령이 정하는 사업으로서 매년 9월 30일 현재 산재보험의 보험관계가 성립한 후 3년이 지난 사업에 있어서 그 해 9월 30일 이전 3년 동안의 산재보험료에 대한 산재보험급여의 금액의 비율이 대통령령이 정하는 비율에 해당하는 경우에는 제14조제3항 및 제4항의 규정에 불구하고 그 사업에 적용되는 산재보험료율의 100분의 50의 범위안에서 대통령령이 정하는 바에 따라 인상 또는 인하하여 그 사업에 대한 다음 보험연도의 산재보험료율로 할 수 있다.

제16조 (고용보험료의 원천공제) ①사업주는 제13조제2항의 규정에 따라 고용보험가입자인 근로자가 부담하는 고용보험료에 상당하는 금액을 대통령령이 정하는 바에 따라 그 근로자에게 지급할 임금에서 원천공제할 수 있다.

②사업주는 제1항의 규정에 따라 고용보험료에 상당하는 금액을 원천공제한 때에는 공제계산서를 그 근로자에게 교부하여야 한다.

③제9조제1항 및 제2항의 규정에 따라 사업주가 되는 원수급인 또는 하수급인은 노동부령이 정하는 바에 따라 자기가 고용하는 고용보험가입자외의 근로자를 고용하는 하수급인에게 위임하여 그 근로자가 부담하는 보험료에 상당하는 금액을 그 임금에서 원천공제하게 할 수 있다. <개정 2006.12.28>

④제13조제2항 단서의 규정에 따라 근로자가 그 실업급여의 보험료를 부담하는 경우에는 사업주가 제17조 및 제19조의 규정에 의한 보험료를 신고·납부하여야 하며, 그 근로자는 그 보험료 해당액을 사업주에게 지급하여야 한다.

제17조 (개산보험료의 신고와 납부) ①사업주(제21조제1항의 규정에 의한 징수특례사업의 사업주를 제외한다. 이하 이 조 내지 제20조에서 같다)는 보험연도마다 그 1년 동안(보험연도 중에 보험관계가 성립한 경우에는 그 성립일부터 그 보험연도 말일까지의 기간)에 사용할 근로자(고용보험료를 산정하는 경우에는 「고용보험법」 제10조의 규정에 의한 적용제외 근로자를 제외한다. 이하 이 조 및 제19조에서 같다)에게 지급할 임금총액의 추정액(대통령령이 정하는 경우에는 전년도에 사용한 근로자에게 지급한 임금총액)에 고용보험료율 및 산재보험료율을 각각 곱하여 산정한 금액(이하 "개산보험료"라 한다)을 대통령령이 정하는 바에 따라 그 보험연도의 3월 31일(보험연도 중에 보험관계가 성립한 경우에는 그 보험관계의 성립일부터 70일, 건설공사 등 기간이 정하여져 있는 사업으로서 70일 이내에 종료되는 사업에 있어서는 그 사업의 종료일전날)까지 공단에 신고·납부하여야 한다. 다만, 그 보험연도의 개산보험료 신고·납부 기한이 제19조의 규정에 따른 확정보험료 신고·납부 기한보다 늦은 경우에는 그 보험연도의 확정보험료 신고·납부 기한을 그 보험연도의 개산보험료 신고·납부 기한으로 한다. <개정 2005.12.7, 2006.12.28, 2007.5.11>

②공단은 사업주가 제1항의 규정에 의한 신고를 하지 아니하거나 그 신고가 사실과 다른 경우에는 그 사실을 조사하여 개산보험료를 산정하여 징수하되, 이미 납부된 금액이 있을 때에는 그 부족액을 징수하여야 한다.

③사업주는 제1항의 개산보험료를 대통령령이 정하는 바에 따라 분할납부할 수 있다.

④사업주가 제3항의 규정에 따라 분할납부할 수 있는 개산보험료를 제1항의 규정에 의한 납부기한 이내에 전액 납부하는 경우에는 그 개산보험료의 금액에서 100분의 5에 상당하는 금액을 경감한다.

⑤제1항의 규정에 의한 기한 이내에 개산보험료를 신고한 사업주는 이미 신고한 개산보험료가 이 법에 따라 신고하여야 할 개산보험료를 초과하는 때(제18조제2항의 경우를 제외한다)에는 제1항의 규정에 의한 기한이 지난 후 1년 이내에 최초에 신고한 개산보험료의 경정을 공단에 청구할 수 있다.

⑥제5항의 규정에 의한 개산보험료의 경정청구 및 이에 대한 통지에 관하여 필요한 사항은 대통령령으로 정한다.

제18조 (보험료율의 인상 또는 인하 등에 따른 조치) ①공단은 보험료율이 인상 또는 인하된 때에는 개산보험료 및 제21조제1항의 규정에 의한 특례보험료를 추가징수하거나 감액조정한다.

②공단은 사업주가 보험연도 중에 사업의 규모를 축소하여 실제의 개산보험료 총액이 이미 신고한 개산보험료 총액보다 대통령령이 정하는 기준 이상으로 감소하게 된 경우에는 사업주의 신청에 의하여 그 초과액을 감액할 수 있다.

제19조 (확정보험료의 신고·납부 및 정산) ①사업주는 매 보험연도의 말일(보험연도 중에 보험관계가 소멸한 경우에는 그 소멸한 날의 전날)까지 사용한 근로자에게 지급한 임금총액(지급하기로 결정된 금액을 포함한다)에 고용보험료율 및 산재보험료율을 각각 곱하여 산정한 금액(이하 "확정보험료"라 한다)을 대통령령이 정하는 바에 따라 다음 보험연도의 3월 31일(보험연도 중에 보험관계가 소멸한 사업에 있어서는 그 소멸한 날부터 30일)까지 공단에 신고하여야 한다. 다만, 사업주가 국가 또는 지방자치단체인 경우에는 그 보험연도의 말일(보험연도 중에 보험관계가 소멸한 사업에 있어서는 그 소멸한 날부터 30일)까지 신고할 수 있다. <개정 2006.12.28>

②제17조 및 제18조제1항의 규정에 따라 납부 또는 추가징수한 개산보험료의 금액이 제1항의 확정보험료의 금액을 초과하는 경우에 공단은 그 초과액을 사업주에게 반환하여야 하며, 부족한 경우에 사업주는 그 부족액을 다음 보험연도의 3월 31일(보험연도 중에 보험관계가 소멸한 사업에 있어서는 그 소멸한 날부터 30일)까지 납부하여야 한다. 다만, 사업주가 국가 또는 지방자치단체인 경우에는 그 보험연도의 말일(보험연도 중에 보험관계가 소멸한 사업에 있어서는 그 소멸한 날부터 30일)까지 납부할 수 있다. <개정 2006.12.28>

③제1항 및 제2항의 규정에 불구하고 그 보험연도의 확정보험료 신고·납부 기한이 다음 보험연도의 확정보험료 신고·납부 기한보다 늦은 경우에는 다음 보험연도의 확정보험료 신고·납부 기한을 그 보험연도의 확정보험료 신고·납부 기한으로 한다. <개정 2006.12.28>

④공단은 사업주가 제1항의 규정에 따른 신고를 하지 아니하거나 그 신고가 사실과 다른 때에는 사실을 조사하여 확정보험료의 금액을 산정한 후 개산보험료를 납부하지 아니한 사업주에 대하여는 그 확정보험료의 전액을 징수하고, 개산보험료를 납부한 사업주에 대하여 그 납부한 개산보험료와 확정보험료의 차액이 있는 때에는 그 초과액을 반환하거나 부족액을 징수하여야 한다. 이 경우 사실조사를 하는 때에는 미리 조사계획을 사업주에게 통지하여야 한다. <개정 2006.12.28>

⑤제1항의 규정에 의한 기한 내에 확정보험료를 신고한 사업주는 이미 신고한 확정보험료가 이 법에 따라 신고하여야 할 확정보험료에 미달하는 경우에는 제4항 후단의 규정에 따른 조사계획의 통지 전까지 확정보험료수정신고서를 제출할 수 있다. <개정 2006.12.28>

⑥확정보험료수정신고서의 기재사항 및 신고절차에 관하여 필요한 사항은 노동부령으로 정한다.

⑦제17조제5항 및 제6항의 규정은 제1항의 규정에 의한 확정보험료의 신고에 관하여 이를 준용한다. 이 경우 제17조제5항 및 제6항 중 "개산보험료"는 "확정보험료"로 본다.

제20조 (보험료징수의 특례) 공단은 제17조제2항 및 제19조제4항의 규정에 따라 보험료를 징수함에 있어서 결산서 등 보험료 산정을 위한 기초자료를 확보하기 어려운 경우 등 대통령령이 정하는 사유에 해당하는 경우에는 그 사업주에 대한 적용사업과 사업규모·임금수준 및 매출액 등이 비슷한 동종업종의 사업을 기준으로 노동부령이 정하는 바에 따라 그 사업의 보험료를 산정·부과하여 징수할 수 있다.

제21조 (징수특례사업의 보험료 징수 등) ①공단은 건설공사 등 대통령령이 정하는 사업을 제외한 사업으로서 상시근로자수가 5인 미만인 사업(이하 "징수특례사업"이라 한다)의 경우에는 사업주로부터 보험료(이하 "특례보험료"라 한다)를 분기별로 부과·징수한다. 다만, 그 사업주가 징수특례사업의 적용을 원하지 아니하여 노동부령이 정하는 바에 따라 공단에 신청을 한 경우에는 이 조의 규정을 적용하지 아니한다.

②징수특례사업의 분기별 보험료는 다음 각 호의 계산식에 따라 산정한다.

1. 특례보험료 = 특례고용보험료 + 특례산재보험료
2. 특례고용보험료 = (해당 분기의 일자별 고용보험가입자인 근로자수의 합계/해당 분기 총일수) × 월 단위 기준임금 × 3 × 고용보험료율
3. 특례산재보험료 = (해당 분기의 일자별 근로자수의 합계/해당 분기 총일수) × 월 단위 기준임금 × 3 × 산재보험료율

③공단은 징수특례사업의 사업주가 납부하여야 할 특례보험료를 대통령령이 정하는 바에 따라 그 사업주에게 부과·고지하여야 한다.

④징수특례사업의 사업주는 제3항의 규정에 따라 부과된 특례보험료를 그 다음 분기의 중간월 15일까지 납부하여야 한다. 다만, 보험연도 중에 보험관계가 성립한 징수특례사업의 경우 보험관계 성립일부터 70일이 되는 날이 보험관계 성립일이 속하는 분기의 다음 분기에 속하는 때에는 보험관계 성립일이 속하는 분기의 특례보험료를 그 다음 분기의 특례보험료 납부기한까지 납부하여야 한다. <개정 2006.12.28>

⑤공단은 징수특례사업의 근로자수의 변동 등으로 인한 사

업주의 신청이 있거나 그 밖에 대통령령이 정하는 사유가 발생한 경우에는 제2항의 규정에 의한 특례보험료를 재산정하여야 한다.

⑥공단은 제5항의 규정에 따라 특례보험료를 재산정한 경우에 징수특례사업의 사업주가 납부한 특례보험료가 실제 납부하여야 할 특례보험료를 초과하는 경우에는 그 초과액을 반환하고, 납부한 특례보험료가 실제 납부하여야 할 특례보험료보다 부족한 경우에는 그 부족액을 징수하여야 한다.

제22조 삭제 <2006.12.28>

제22조의2 (보험료 등의 경감) ①노동부장관은 천재·지변 그 밖에 대통령령이 정하는 특수한 사유가 있어 보험료의 경감이 필요하다고 인정하는 보험가입자에 대하여 「고용정책기본법」 제6조의 규정에 따른 고용정책심의회 또는 「산업재해보상보험법」 제8조에 따른 산업재해보상보험심의위원회의 심의를 거쳐 보험료, 이 법에 따른 그 밖의 징수금을 경감할 수 있다. 이 경우 경감비율은 100분의 50의 범위 안에서 대통령령으로 정하며, 경감의 신청절차 및 경감 여부의 통지 등에 관하여 필요한 그 밖의 사항은 노동부령으로 정한다. <개정 2007.4.11>

②공단은 개산보험료를 제17조제1항의 규정에 따른 기한 이내에 고용·산재정보통신망을 통하여 신고하는 사업주에 대하여는 그 개산보험료에서 대통령령이 정하는 금액을 경감할 수 있다. 다만, 개산보험료가 10만원 미만인 경우에는 그러하지 아니하다.

③공단은 개산보험료 또는 특례보험료를 자동계좌이체의 방법으로 납부하는 사업주에 대하여는 대통령령이 정하는 바에 따라 개산보험료 또는 특례보험료를 경감하거나 추첨에 따라 경품을 제공하는 등 재산상의 이익을 제공할 수 있다.

[본조신설 2006.12.28]

제22조의3 (보험료 등의 일부면제) 제5조제1항 또는 제3항의 규정에 따른 보험의 당연가입자가 제7조의 규정에 따른 보험관계 성립일부터 1년 이상을 경과하여 보험에 가입한 경우에는 보험에 가입한 날이 속하는 보험연도와 그 직전 보험연도를 제외한 이전 보험연도의 보험료·가산금 및 연체금을 면제한다.

[본조신설 2006.12.28]

제23조 (보험료 등 과납액의 충당과 반환) ①공단은 사업주가 보험료, 이 법에 따른 그 밖의 징수금과 체납처분비로 납부한 금액 중 잘못 낸 금액을 반환하고자 하는 때에는 다음 각 호의 순위에 따라 보험료, 이 법에 따른 그 밖의 징수금

과 체납처분비에 우선 충당하고 그 잔액을 그 사업주에게 반환하여야 한다. <개정 2006.12.28>

1. 제28조제1항의 규정에 따른 체납처분비
2. 제25조제1항의 규정에 따른 연체금
3. 제24조의 규정에 따른 가산금
4. 제26조제1항의 규정에 따른 보험급여액의 징수금
5. 개산보험료, 확정보험료 및 특례보험료

②제1항의 경우 잘못 낸 금액이 고용보험과 관련되는 경우에는 고용 보험료 및 관련 징수금·체납처분비에 충당하고, 산재보험과 관련되는 경우에는 산재보험료 및 관련 징수금·체납처분비에 충당하여야 하며, 같은 순위의 보험료, 이 법에 따른 그 밖의 징수금과 체납처분비가 2 이상 있는 때에는 납부기한이 빠른 보험료, 이 법에 따른 그 밖의 징수금과 체납처분비를 선순위로 한다. <신설 2006.12.28>

③「산업재해보상보험법」 제60조의 규정에 의하여 보험가입자에게 산재보험급여를 지급하여야 하는 때에는 제1항 각 호의 순위에 따라 산재보험료, 이 법에 의한 그 밖의 징수금과 체납처분비(산재보험 관련 징수금과 체납처분비에 한한다)에 우선 충당하고 그 잔액을 사업주에게 지급하여야 한다. <개정 2005.12.7, 2006.12.28, 2007.4.11>

④공단은 제1항 또는 제2항의 규정에 따라 잘못 낸 금액을 보험료, 이 법에 의한 그 밖의 징수금과 체납처분비에 충당하거나 반환하는 때에는 다음 각 호의 어느 하나에 규정된 날의 다음날부터 충당 또는 반환하는 날까지의 기간에 대하여 대통령령이 정하는 이자율에 따라 계산한 금액을 그 잘못 낸 금액에 가산하여야 한다. <개정 2006.12.28>

1. 착오납부, 이중납부, 납부후 그 부과의 취소 또는 경정결정으로 인한 초과액에 있어서는 그 납부일
2. 제18조제2항의 규정에 따라 보험료를 감액한 경우의 초과액에 있어서는 개산보험료감액신청서 접수일부터 7일
3. 제19조제2항 또는 제4항의 규정에 따라 반환하는 경우에는 확정보험료신고서 접수일부터 7일
4. 제21조제6항의 규정에 따라 반환하는 경우에는 특례보험료 재산정신청서 접수일부터 7일

제23조의2 (산재보험 진료비 등의 충당) 공단은 「산업재해보상보험법」 제37조제2항의 규정에 따라 공단이 지정한 의료기관에 진료비를 지급하거나 동조제4항제2호의 규정에 따라 약제를 지급하는 약국에 약제비를 지급하는 때에는 그 의료기관 또는 약국이 산재보험가입자로서 납부하여야 하는 산재보험료, 이 법에 따른 그 밖의 징수금과 체납처분비에 우선 충당하고 그 잔액을 지급할 수 있다. 이 경우 충당의 순위는 제23조제1항 각 호의 순위에 따른다. <개정 2007.4.11>

[본조신설 2006.12.28]

제24조 (가산금의 징수) 공단은 제19조제4항의 규정에 따라 보험료를 징수하는 경우에는 그 징수하여야 할 보험료의 100분의 10(제19조제5항의 규정에 따라 확정보험료 수정신고서를 제출한 사업주에 대하여는 100분의 5)에 상당하는 금액을 가산금으로 징수한다. 다만, 가산금의 금액이 소액이거나 그 밖에 징수가 적절하지 아니하다고 인정되어 대통령령이 정하는 경우 또는 대통령령이 정하는 금액을 초과하는 부분에 대하여는 그러하지 아니하다. <개정 2006.12.28>

제25조 (연체금의 징수) ①공단은 사업주가 제17조 내지 제21조의 규정에 의한 납부기한까지 보험료, 이 법에 의한 그 밖의 징수금을 납부하지 아니한 때에는 그 연체기간에 대하여 36월을 초과하지 아니하는 범위안에서 은행의 연체이자율 등을 고려하여 대통령령이 정하는 바에 따라 월 단위로 연체금을 징수한다. 다만, 연체금의 금액이 소액이거나 그 밖에 그 징수가 적절하지 아니하다고 인정되어 대통령령이 정하는 경우를 제외한다. <개정 2006.12.28>
②제1항의 규정에 의한 연체금은 다음 각 호의 어느 하나에 규정된 날부터 산정한다. <개정 2006.12.28>
1. 제17조제1항 및 제19조제2항의 규정에 의한 보험료에 대하여는 제17조제1항, 제19조제2항 및 제3항의 규정에 따른 납부기한의 다음 날
2. 제17조제2항 및 제19조제4항의 규정에 의한 징수금에 대하여는 제17조제1항, 제19조제2항 및 제3항의 규정에 따른 납부기한의 다음 날
3. 제18조의 규정에 의한 보험료에 대하여는 공단이 제27조제1항의 규정에 따라 통지한 납부기한의 다음 날
4. 제21조의 규정에 의한 보험료에 대하여는 그 규정에 따른 납부기한의 다음 날

제26조 (산재보험가입자로부터의 보험급여액의 징수 등) ①공단은 다음 각 호의 1에 해당하는 재해에 대하여 산재보험급여를 지급하는 경우에는 대통령령이 정하는 바에 따라 그 급여에 해당하는 금액의 전부 또는 일부를 사업주로부터 징수할 수 있다.
1. 사업주가 제11조의 규정에 의한 산재보험가입신고를 게을리 한 기간 중에 발생한 재해
2. 사업주가 산재보험료의 납부를 게을리 한 기간 중에 발생한 재해
②공단은 제1항의 규정에 따라 산재보험급여액의 전부 또는 일부를 징수하기로 결정한 때에는 지체없이 이를 사업주에게 통지하여야 한다.

제26조의2 (징수금의 징수우선순위) 제23조제1항 각 호의 순위는 납부기한을 경과한 보험료, 이 법에 따른 그 밖의 징수금

과 체납처분비를 징수(해당보험의 보험료, 관련 징수금과 체납처분비를 우선 징수한 후 다른 보험의 보험료, 관련 징수금과 체납처분비를 징수한다)하는 경우 그 징수순위에 관하여 이를 준용한다.
[본조신설 2006.12.28]

제27조 (징수금의 통지 및 독촉) ①공단은 보험료(제17조제1항 및 제19조제2항의 규정에 의한 보험료를 제외한다), 이 법에 의한 그 밖의 징수금을 징수하는 경우에는 납부의무자에게 그 금액과 납부기한을 문서로 통지하여야 한다. 다만, 제22조의2제3항의 규정에 따라 자동계좌이체의 방법으로 보험료를 납부하는 사업주가 동의하는 경우에는 노동부령이 정하는 바에 따라 정보통신망을 이용한 전자문서로 통지할 수 있으며, 이 경우 그 전자문서는 당해 사업주가 지정한 컴퓨터 등에 입력된 때에 도달된 것으로 본다. <개정 2006.12.28>
②공단은 보험가입자가 보험료, 이 법에 의한 그 밖의 징수금을 납부기한 이내에 납부하지 아니한 때에는 기한을 정하여 그 납부의무자에게 납부의 독촉을 하여야 한다.
③공단은 제2항의 규정에 따라 독촉을 하는 경우에는 독촉장을 발부하여야 한다. 이 경우의 납부기한은 독촉장 발부일부터 10일 이상의 여유가 있도록 하여야 한다. <개정 2006.12.28>

제27조의2 (납부기한 전 징수) ①공단은 사업주에게 다음 각 호의 어느 하나에 해당하는 사유가 있는 때에는 납부기한 전이라도 이미 납부의무가 확정된 보험료, 이 법에 따른 그 밖의 징수금을 징수할 수 있다. 다만, 보험료, 이 법에 따른 그 밖의 징수금의 총액이 500만원 미만인 경우에는 그러하지 아니하다.
1. 국세의 체납으로 체납처분을 받은 때
2. 지방세 또는 공과금의 체납으로 체납처분을 받은 때
3. 강제집행을 받은 때
4. 「어음법」 및 「수표법」에 따른 어음교환소에서 거래정지처분을 받은 때
5. 경매가 개시된 때
6. 법인이 해산한 때
②공단은 제1항의 규정에 따라 납부기한 전에 보험료, 이 법에 따른 그 밖의 징수금을 징수하는 때에는 새로운 납부기한 및 납부기한의 변경사유를 기재하여 사업주에게 통지하여야 한다. 이 경우 이미 납부통지를 한 때에는 납부기한의 변경을 통지하여야 한다.
[본조신설 2006.12.28]

제27조의3 (보험료 등의 분할납부) ①제5조제1항 또는 제3항의 규정에 따른 보험의 당연가입자인 사업주는 제7조의 규

정에 따른 보험관계 성립일부터 1년 이상을 경과하여 보험에 가입한 경우에는 납부기한이 경과한 보험료, 이 법에 따른 그 밖의 징수금의 분할납부를 승인하여 줄 것을 공단에 신청할 수 있다.

②사업주는 제1항의 규정에 따라 분할납부를 신청하는 경우에는 사업주의 재산목록을 제출하여야 한다.

③공단은 제2항의 규정에 따라 제출된 재산목록상의 총 재산의 추정가액이 보험료, 이 법에 따른 그 밖의 징수금의 총액을 넘는 경우에는 보험료, 이 법에 따른 그 밖의 징수금의 분할납부를 승인하여야 한다.

④공단은 제3항의 규정에 따라 분할납부 승인을 얻은 사업주가 다음 각 호의 어느 하나에 해당하게 된 경우에는 분할납부의 승인을 취소하고 분할납부의 대상이 되는 보험료, 이 법에 따른 그 밖의 징수금을 한꺼번에 징수할 수 있다.
1. 분할납부하여야 하는 보험료, 이 법에 따른 그 밖의 징수금을 정당한 사유 없이 2회 이상 납부하지 아니한 경우
2. 제27조의2제1항 각 호의 어느 하나에 해당하는 사유가 발생한 경우

⑤분할납부의 승인과 취소에 관한 절차·방법 및 분할납부의 기간 등에 관하여 필요한 사항은 노동부령으로 정한다.
[본조신설 2006.12.28]

제28조 (징수금의 체납처분 등) ①공단은 제27조제2항 및 제3항의 규정에 의한 독촉을 받은 자가 그 기한 이내에 보험료, 이 법에 의한 그 밖의 징수금을 납부하지 아니한 때에는 노동부장관의 승인을 얻어 국세체납처분의 예에 따라 이를 징수할 수 있다.

②공단은 제1항의 규정에 의한 국세체납처분의 예에 따라 압류한 재산을 공매하는 경우에 전문지식이 필요하거나 그 밖의 특수한 사정이 있어 직접 공매하기에 적당하지 아니하다고 인정하는 때에는 대통령령이 정하는 바에 따라 「금융기관부실자산 등의 효율적 처리 및 한국자산관리공사의 설립에 관한 법률」에 의하여 설립된 한국자산관리공사(이하 "한국자산관리공사"라 한다)로 하여금 압류한 재산의 공매를 대행하게 할 수 있다. 이 경우 공매는 공단이 한 것으로 본다. <개정 2005.12.7>

③공단은 제2항의 규정에 따라 한국자산관리공사로 하여금 공매를 대행하게 하는 경우에는 노동부령이 정하는 바에 따라 수수료를 지급할 수 있다.

④제2항의 규정에 따라 한국자산관리공사가 공매를 대행하는 경우에 한국자산관리공사의 임·직원은 「형법」 제129조 내지 제132조의 적용에 있어서 공무원으로 본다. <개정 2005.12.7>

제28조의2 (법인의 합병으로 인한 납부의무의 승계) 법인이 합병한 때에 합병 후 존속하는 법인 또는 합병으로 인하여 설립되는 법인은 합병으로 인하여 소멸된 법인에게 부과되거나 그 법인이 납부하여야 하는 보험료, 이 법에 따른 그 밖의 징수금과 체납처분비를 납부할 의무를 진다.
[본조신설 2006.12.28]

제28조의3 (상속으로 인한 납부의무의 승계) ①상속이 개시된 때에 그 상속인(「민법」 제1078조의 규정에 따라 포괄유증을 받은 자를 포함한다. 이하 같다) 또는 「민법」 제1053조의 규정에 따른 상속재산관리인(이하 "상속재산관리인"이라 한다)은 피상속인에게 부과되거나 그 피상속인이 납부하여야 하는 보험료, 이 법에 따른 그 밖의 징수금과 체납처분비를 상속으로 인하여 얻은 재산을 한도로 하여 납부할 의무를 진다.

②제1항의 경우에 상속인이 2인 이상인 때에는 각 상속인은 피상속인에게 부과되거나 그 피상속인이 납부하여야 하는 보험료, 이 법에 따른 그 밖의 징수금과 체납처분비를 「민법」 제1009조·제1010조·제1012조 및 제1013조의 규정에 따른 상속분에 따라 안분하여 계산한 보험료, 이 법에 따른 그 밖의 징수금과 체납처분비를 상속으로 인하여 얻은 재산을 한도로 연대하여 납부할 의무를 진다. 이 경우 각 상속인은 그 상속인 중에서 피상속인의 보험료, 이 법에 따른 그 밖의 징수금과 체납처분비를 납부할 대표자를 정하여 대통령령이 정하는 바에 따라 공단에 신고하여야 한다.

③제1항의 경우에 상속인의 존부가 분명하지 아니한 때에는 상속인에게 하여야 하는 보험료, 이 법에 따른 그 밖의 징수금과 체납처분비 납부의 고지·독촉 그 밖의 필요한 사항은 상속재산관리인에게 이를 하여야 한다.

④제1항의 경우에 상속인의 존부가 분명하지 아니하고 상속재산관리인도 없는 경우에는 공단은 상속개시지를 관할하는 법원에 대하여 상속재산관리인의 선임을 청구할 수 있다.

⑤제1항의 경우에 피상속인에 대하여 행한 처분 또는 절차는 상속인 또는 상속재산관리인에 대하여도 효력이 있다.
[본조신설 2006.12.28]

제28조의4 (연대납부의무) ①공동사업에 관계되는 보험료, 이 법에 따른 그 밖의 징수금과 체납처분비는 공동사업자가 연대하여 납부할 의무를 진다.

②법인이 분할 또는 분할합병되는 경우 분할되는 법인에 대하여 분할일 또는 분할합병일 이전에 부과되거나 납부의무가 성립한 보험료, 이 법에 따른 그 밖의 징수금과 체납처분비는 다음 각 호의 법인이 연대하여 납부할 책임을 진다.
1. 분할되는 법인
2. 분할 또는 분할합병으로 인하여 설립되는 법인
3. 분할되는 법인의 일부가 다른 법인과 합병하여 그 다른

법인이 존속하는 경우 그 다른 법인

③법인이 분할 또는 분할합병으로 인하여 해산되는 경우 해산되는 법인에 대하여 부과되거나 그 법인이 납부하여야 하는 보험료, 이 법에 따른 그 밖의 징수금과 체납처분비는 제2항제2호 및 제3호의 법인이 연대하여 납부할 책임을 진다.

[본조신설 2006.12.28]

제28조의5 (연대납부의무에 관한 「민법」의 준용) 이 법에 따라 보험료, 이 법에 따른 그 밖의 징수금과 체납처분비를 연대하여 납부할 의무에 관하여는 「민법」 제413조 내지 제416조, 제419조, 제421조, 제423조 및 제425조 내지 제427조를 준용한다.

[본조신설 2006.12.28]

제28조의6 (고액·상습 체납자의 인적사항 공개) ①공단은 이 법에 따른 납부기한의 다음 날부터 2년이 경과한 보험료, 이 법에 따른 그 밖의 징수금과 체납처분비(제29조의 규정에 따라 결손처분한 보험료, 이 법에 따른 그 밖의 징수금과 체납처분비로서 징수권 소멸시효가 완성되지 아니한 것을 포함한다)의 총액이 10억원 이상인 체납자에 대하여는 그 인적사항·체납액 등(이하 이 조에서 "인적사항 등"이라 한다)을 공개할 수 있다. 다만, 체납된 보험료, 이 법에 따른 그 밖의 징수금과 체납처분비와 관련하여 행정심판 또는 행정소송이 계류 중인 경우 그 밖에 체납된 금액의 일부납부 등 대통령령이 정하는 사유가 있는 경우에는 그러하지 아니하다.

②제1항의 규정에 따른 체납자의 인적사항 등에 대한 공개 여부를 심의하기 위하여 공단에 보험료정보공개심의위원회(이하 이 조에서 "위원회"라 한다)를 둔다.

③공단은 위원회의 심의를 거친 인적사항 등의 공개대상자에게 공개대상자임을 통지하여 소명의 기회를 부여하여야 하며, 통지일부터 6월이 경과한 후 위원회로 하여금 체납액의 납부이행 등을 감안하여 체납자 인적사항 등의 공개 여부를 재심의하게 한 후 공개대상자를 선정한다.

④제1항의 규정에 따른 체납자 인적사항 등의 공개는 관보에 게재하거나, 고용·산재정보통신망 또는 공단 게시판에 게시하는 방법에 따른다.

⑤제1항 내지 제4항의 규정에 따른 체납자 인적사항 등의 공개와 관련한 절차 및 위원회의 구성·운영 등에 관하여 필요한 사항은 대통령령으로 정한다.

[본조신설 2006.12.28]

제28조의7 (「국세기본법」의 준용) 「국세기본법」 제29조 내지 제34조는 보험료, 이 법에 따른 그 밖의 징수금의 체납처분 유예를 위한 납부담보의 제공에 관하여 이를 준용한다. 이

경우 "세법"은 "이 법"으로, "납세담보"는 "납부담보"로, "세무서장"은 "공단"으로, "납세보증보험증권"은 "납부보증보험증권"으로, "납세보증서"는 "납부보증서"로, "납세담보물"은 "납부담보물"로, "국세·가산금과 체납처분비"는 "보험료, 이 법에 따른 그 밖의 징수금과 체납처분비"로 본다.

[본조신설 2006.12.28]

제29조 (징수금의 결손처분) ①공단은 다음 각 호의 1에 해당하는 사유가 있을 때에는 노동부장관의 승인을 얻어 보험료, 이 법에 의한 그 밖의 징수금을 결손처분할 수 있다.

1. 체납처분이 종결되고 체납액에 충당된 배분금액이 그 체납액에 부족한 경우

2. 소멸시효가 완성된 경우

3. 징수할 가능성이 없다고 인정하여 대통령령이 정하는 경우

②공단은 제1항제3호의 규정에 따라 결손처분을 한 후 압류할 수 있는 다른 재산을 발견한 때에는 지체없이 그 처분을 취소하고 다시 체납처분을 하여야 한다.

제29조의2 (체납 또는 결손처분 자료의 제공) ①공단은 보험료 징수 또는 공익목적을 위하여 필요한 경우 「신용정보의 이용 및 보호에 관한 법률」 제17조제2항제1호의 규정에 따른 종합신용정보집중기관이 다음 각 호의 어느 하나에 해당하는 체납자 또는 결손처분자의 인적사항·체납액 또는 결손처분액에 관한 자료(이하 "체납 등 자료"라 한다)를 요구하는 때에는 이를 제공할 수 있다. 다만, 체납된 보험료, 이 법에 따른 그 밖의 징수금과 관련하여 행정심판 또는 행정소송이 계류 중인 경우 그 밖에 체납처분의 유예 등 대통령령이 정하는 사유가 있는 경우에는 그러하지 아니하다.

1. 이 법에 따른 납부기한의 다음 날부터 1년이 경과한 보험료, 이 법에 따른 그 밖의 징수금과 체납처분비의 총액이 500만원 이상인 자

2. 1년에 3회 이상 체납하고 이 법에 따른 납부기한이 경과한 보험료, 이 법에 따른 그 밖의 징수금과 체납처분비의 총액이 500만원 이상인 자

3. 제29조의 규정에 따라 결손처분한 금액의 총액이 500만원 이상인 자

②제1항의 규정에 따른 체납 등 자료의 제공절차에 관하여 필요한 사항은 대통령령으로 정한다.

③제1항의 규정에 따라 체납 등 자료를 제공받은 자는 이를 업무목적 외의 목적으로 누설하거나 이용하여서는 아니 된다.

[본조신설 2006.12.28]

제30조 (보험료징수의 우선순위) 보험료, 이 법에 의한 그 밖의

징수금은 국세 및 지방세를 제외한 다른 채권에 우선하여 징수한다. 다만, 보험료 등의 납부기한전에 전세권·질권 또는 저당권의 설정을 등기 또는 등록한 사실이 증명되는 재산을 매각하여 그 매각대금 중에서 보험료 등을 징수하는 경우에 그 전세권·질권 또는 저당권에 의하여 담보된 채권에 대하여는 그러하지 아니하다.

제31조 (산재보험료 및 부담금 징수 등에 관한 특례) ①공단은 이 법에 의한 산재보험료·산재보험 관련 그 밖의 징수금과 「임금채권보장법」 제8조 및 제14조의 규정에 의한 부담금·그 밖의 징수금을 통합하여 징수하여야 한다. <개정 2005.12.7>
②사업주는 이 법에 의한 산재보험료와 「임금채권보장법」 제8조의 규정에 의한 부담금(이하 "부담금"이라 한다)을 통합하여 신고·납부하여야 한다. <개정 2005.12.7>
③제1항 및 제2항의 규정에 따라 사업주가 산재보험료 및 부담금(각각 그에 대한 연체금 및 가산금을 포함한다. 이하 이 조에서 같다)을 납부한 경우에는 그 총액 중에서 사업주가 납부하여야 할 산재보험료와 부담금의 비율만큼 산재보험료와 부담금을 납부한 것으로 본다.
④공단은 제1항 및 제2항의 규정에 따라 징수 또는 납부된 산재보험료 및 부담금을 「산업재해보상보험법」 제64조의 규정에 따라 설치된 기금 및 「임금채권보장법」 제15조의 규정에 따라 설치된 기금에 각각 납입하여야 한다. <개정 2005.12.7, 2007.4.11>
⑤제4항의 규정에 따라 산재보험료 및 부담금을 각각의 기금에 납입하는 경우의 정산기준 및 정산방법 등에 관하여 필요한 사항은 대통령령으로 정한다.

제32조 (서류의 송달) 「국세기본법」 제7조 내지 제12조의 규정은 보험료, 이 법에 의한 그 밖의 징수금에 관한 서류의 송달에 관하여 이를 준용한다. <개정 2005.12.7, 2006.12.28>

제4장 보험사무대행기관

제33조 (보험사무대행기관) ①사업주 등을 구성원으로 하는 단체로서 특별법에 따라 설립된 단체, 「민법」 제32조의 규정에 따라 노동부장관의 허가를 받아 설립된 법인 및 그 밖에 대통령령이 정하는 기준에 해당하는 법인 또는 개인(이하 "법인 등"이라 한다)은 사업주의 위임을 받아 보험료의 신고, 고용보험 피보험자에 관한 신고 등 사업주가 지방노동관서 또는 공단에 대하여 행하여야 할 보험에 관한 사무(이하 "보험사무"라 한다)를 대행할 수 있다. 이 경우 보험사무를 위임할 수 있는 사업주의 범위 및 법인 등에 위임할 수 있는 업무의 범위는 대통령령으로 정한다. <개정 2005.12.7>
②법인 등이 제1항의 규정에 의하여 보험사무를 대행하고자 하는 경우에는 대통령령이 정하는 바에 따라 공단의 인가를 받아야 한다.
③제2항의 규정에 따라 인가를 받은 법인 등(이하 "보험사무대행기관"이라 한다)이 인가받은 사항을 변경하고자 하는 경우에는 수탁대상지역 등 대통령령이 정하는 사항에 관하여는 공단의 인가를 받아야 하며, 소재지 등 노동부령이 정하는 사항에 관하여는 공단에 신고하여야 한다.
④보험사무대행기관이 제1항의 규정에 의한 업무의 전부 또는 일부를 폐지하고자 할 때에는 공단에 신고하여야 한다.
⑤공단은 보험사무대행기관이 보험사무를 위법 또는 부당하게 처리하거나 그 처리를 게을리한다고 인정되는 경우에는 제2항의 규정에 의한 인가를 취소할 수 있다.

제34조 (보험사무대행기관에 대한 통지) 공단은 보험료, 이 법에 의한 그 밖의 징수금의 납입의 통지 등을 보험사무대행기관에 대하여 행함으로써 그 사업주에 대한 통지에 갈음한다.

제35조 (보험사무대행기관의 의무) 공단이 제24조의 규정에 의한 가산금, 제25조의 규정에 의한 연체금 및 제26조의 규정에 의한 산재보험급여에 해당하는 금액을 징수하는 경우에 그 징수사유가 보험사무대행기관의 귀책사유로 인한 때에는 그 한도안에서 보험사무대행기관이 이를 납부하여야 한다.

제36조 (보험사무대행기관의 장부비치 등) 보험사무대행기관은 대통령령이 정하는 바에 따라 보험사무에 관한 사항을 기재한 장부 그 밖의 서류를 사무소에 비치하여야 한다.

제37조 (보험사무대행기관에 대한 지원 등) 공단은 보험사무대행기관이 제33조제1항의 규정에 따라 보험사무를 대행한 때에는 대통령령이 정하는 바에 따라 징수비용과 그 밖의 지원금을 교부할 수 있다.

제5장 보칙

제38조 (보험료의 수납절차) 이 법에 의한 보험료, 그 밖의 징수금의 수납방법 및 절차 등에 관하여 필요한 사항은 노동부령으로 정한다.

제39조 (납부기한의 연장) 공단은 천재·지변 등 노동부령이 정하는 사유로 인하여 이 법에 규정된 신고·신청·청구 그 밖의 서류의 제출·통지·납부나 징수를 정하여진 기한까지

할 수 없다고 인정되는 때에는 그 기한을 연장할 수 있다.

제40조 (자료제공의 요청) ①공단은 보험료의 징수 등 업무상 필요하다고 인정하는 경우에는 행정자치부·건설교통부·국세청 등 국가기관과 지방자치단체 및 보험사업과 관련되는 기관·단체 등에 대하여 필요한 자료의 제공을 요청할 수 있다. 이 경우 자료의 제공을 요청받은 국가기관·지방자치단체 및 보험사업과 관련되는 기관·단체 등은 정당한 사유없이 이를 거부하여서는 아니된다. <개정 2006.12.28>
②제1항의 규정에 따라 공단에 제공되는 자료에 대하여는 수수료 및 사용료 등을 면제한다.

제41조 (시효) ①보험료, 이 법에 의한 그 밖의 징수금을 징수하거나 그 반환을 받을 권리는 3년간 행사하지 아니하면 시효로 인하여 소멸한다.
②제1항의 규정에 의한 소멸시효에 관하여는 이 법에 규정된 것을 제외하고는 「민법」의 규정에 따른다. <개정 2005.12.7>

제42조 (시효의 중단) ①제41조의 규정에 의한 소멸시효는 다음 각 호의 사유로 인하여 중단된다.
1. 제23조제1항 또는 제2항의 규정에 의한 반환의 청구
2. 제27조의 규정에 의한 통지 또는 독촉
3. 제28조의 규정에 의한 체납처분절차에 따라 행하는 교부청구 또는 압류
②제1항의 규정에 따라 중단된 소멸시효는 다음 각 호의 기한 또는 기간이 지난 때부터 새로 진행한다.
1. 독촉에 의한 납부기한
2. 제27조제1항의 규정에 따라 통지한 납부기한
3. 교부청구 중의 기간
4. 압류기간

제43조 (확정보험료의 소멸시효) 제19조의 규정에 의한 확정보험료의 소멸시효는 다음 보험연도의 첫날(보험연도 중에 보험관계가 소멸한 사업에 있어서는 보험관계가 소멸한 날)부터 진행한다.

제44조 (보고) 공단은 보험료의 성실신고 및 보험사무대행기관의 지도 등을 위하여 필요하다고 인정되어 대통령령이 정하는 경우에는 이 법의 적용을 받는 사업의 사업주, 그 사업에 종사하는 근로자, 보험사무대행기관 및 보험사무대행기관이었던 자에 대하여 이 법의 시행에 관하여 필요한 보고 및 관계서류의 제출을 요구할 수 있다.

제45조 (조사) ①공단은 보험료의 성실신고 및 보험사무대행기관의 지도 등을 위하여 필요하다고 인정되어 대통령령이 정하는 경우에는 소속직원으로 하여금 근로자를 고용하고 있거나 고용하였던 사업주의 사업장 또는 보험사무대행기관 및 보험사무대행기관이었던 자의 사무소에 출입하여 관계인에 대하여 질문을 하거나 관계서류를 조사하게 할 수 있다.
②공단은 제1항의 규정에 따라 조사를 하는 경우 미리 당해 사업주 등에게 조사일시·조사내용 등 조사에 필요한 사항을 통지하여야 한다. 다만, 긴급을 요하거나 미리 통지를 할 경우 그 목적을 달성할 수 없다고 인정되는 경우에는 그러하지 아니하다. <신설 2005.12.7>
③제1항의 경우에 공단직원은 그 권한을 표시하는 증표를 지니고 이를 관계인에게 내보여야 한다. <개정 2005.12.7>
④공단은 제1항 내지 제3항의 규정에 따라 조사를 마친 경우 당해 사업주 등에게 조사 결과를 서면으로 통지하여야 한다. <신설 2005.12.7>

제46조 (업무의 위탁) 공단은 대통령령이 정하는 바에 따라 보험료, 이 법에 의한 그 밖의 징수금의 수납업무의 일부를 체신관서 또는 금융기관에 위탁할 수 있다.

제47조 (해외파견자에 대한 특례) ①「산업재해보상보험법」 제88조제1항의 규정에 따라 산재보험의 적용을 받는 해외파견자(이하 "해외파견자"라 한다)의 산재보험료 산정의 기초가 되는 임금액은 그 사업에 사용되는 동일직종 근로자의 임금액 그 밖의 사정을 고려하여 노동부장관이 정하는 금액으로 하고, 산재보험료율은 해외파견자의 재해율 및 재해보상에 소요되는 금액 등을 고려하여 노동부장관이 정한다. <개정 2005.12.7, 2007.4.11>
②해외파견자에 대한 산재보험가입자의 보험가입의 신청 및 승인, 보험료의 신고 및 납부 등에 관하여 필요한 사항은 노동부령으로 정한다.
③제5조제4항·제5항·제7항, 제7조제3호 및 제10조의 규정은 해외파견자에 대한 산재보험관계의 성립 및 소멸에 관하여 이를 준용한다.

제48조 (현장실습생에 대한 특례) ①「산업재해보상보험법」 제89조제1항의 규정에 따라 산재보험의 적용을 받는 현장실습생(이하 "현장실습생"이라 한다)의 산재보험료 산정의 기초가 되는 임금액은 현장실습생이 지급받는 모든 금품으로 하되, 산재보험료 산정이 어려운 경우에는 노동부장관이 정하는 금액으로 할 수 있다. <개정 2005.12.7, 2007.4.11>
②현장실습생의 산재보험료의 신고 및 납부 등에 관하여 필요한 사항은 노동부령으로 정한다.

제49조 (중소기업사업주에 대한 특례) ①「산업재해보상보험법」 제90조제1항의 규정에 따라 산재보험에 가입한 중·소기

업의 사업주(이하 "중·소기업사업주"라 한다)에 대한 산재보험료 산정의 기초가 되는 임금액은 노동부장관이 정하는 금액으로 하고, 산재보험료율은 그 사업이 적용받는 산재보험료율로 한다. <개정 2005.12.7, 2007.4.11>
②중·소기업사업주의 산재보험의 가입신청 및 승인, 보험료의 신고 및 납부 등에 관하여 필요한 사항은 노동부령으로 정한다.
③제5조제4항·제5항·제7항, 제6조제3항, 제7조제3호 및 제10조의 규정은 중·소기업사업주에 대한 보험관계의 성립 및 소멸에 관하여 이를 준용한다.

제49조의2 (자영업자에 대한 특례) ①「고용보험법」 제113조의 규정에 의한 자영업자는 공단의 승인을 얻어 자기를 이 법에 의한 근로자로 보아 고용보험에 가입할 수 있다. <개정 2007.5.11>
②자영업자에 대한 고용보험료 산정의 기초가 되는 임금액은 자영업자의 소득, 임금수준 등을 고려하여 노동부장관이 정하여 고시한다.
③제13조제2항 및 제4항의 규정에 불구하고 자영업자가 부담하여야 하는 고용보험료는 제2항의 규정에 의한 임금액에 제14조제1항의 규정에 의한 고용안정·직업능력개발사업의 보험료율을 곱한 금액으로 한다.
④자영업자의 고용보험 가입신청·승인 및 보험료의 신고·납부 등에 관하여 필요한 사항은 노동부령으로 정한다.
⑤제5조제5항·제7항, 제7조제3호 및 제10조제1호 내지 제3호의 규정은 자영업자에 대한 보험관계의 성립·소멸에 관하여 이를 준용한다. 이 경우 "사업주"는 "자영업자"로, "사업"은 "자영업"으로 본다.
[본조신설 2005.12.7]

제6장 과태료

제50조 (과태료) ①다음 각 호의 1에 해당하는 자에 대하여는 300만원 이하의 과태료에 처한다.
1. 제11조의 규정에 의한 보험관계의 신고, 제12조의 규정에 의한 보험관계의 변경신고, 제17조의 규정에 의한 개산보험료의 신고 및 제19조의 규정에 의한 확정보험료의 신고를 하지 아니하거나 거짓 신고를 한 자
2. 제44조의 규정에 의한 요구에 불응하여 보고를 하지 아니하거나 거짓으로 보고한 자 또는 같은 요구에 불응하여 관계서류를 제출하지 아니하거나 거짓으로 기재한 관계서류를 제출한 자
3. 제45조제1항의 규정에 의한 질문에 거짓의 답변을 한 자 또는 동항의 규정에 의한 조사를 거부·방해 또는 기피한 자
②제36조의 규정에 의한 장부 또는 그 밖의 서류를 비치하지 아니하거나 거짓으로 기재를 한 자는 50만원 이하의 과

태료에 처한다.
③제1항 또는 제2항의 규정에 의한 과태료는 대통령령이 정하는 바에 따라 노동부장관이 부과·징수한다.
④제3항의 규정에 의한 과태료처분에 불복하는 자는 그 처분의 고지를 받은 날부터 30일 이내에 노동부장관에게 이의를 제기할 수 있다.
⑤제3항의 규정에 의한 과태료처분을 받은 자가 제4항의 규정에 따라 이의를 제기한 때에는 노동부장관은 곧바로 관할법원에 그 사실을 통보하여야 하며, 그 통보를 받은 관할법원은 「비송사건절차법」에 의한 과태료의 재판을 한다. <개정 2005.12.7>
⑥제4항의 규정에 의한 기간 이내에 이의를 제기하지 아니하고 과태료를 납부하지 아니한 때에는 국세체납처분의 예에 따라 이를 징수한다.

부칙 <제7047호, 2003.12.31>
제1조 (시행일) 이 법은 2005년 1월 1일부터 시행한다.
제2조 (보험료 등에 관한 일반적 적용례) 종전 고용보험법 및 산업재해보상보험법에 따라 징수 또는 납부하였거나 징수 또는 납부하여야 할 보험료 그 밖의 징수금에 대하여는 종전의 고용보험법 및 산업재해보상보험법에 의한다.
제3조 (연체금에 관한 적용례) 제25조의 규정은 이 법 시행일 이후에 제17조 내지 제22조의 규정에 의한 납부기한이 지난 보험료의 연체금부터 적용한다.
제4조 (하수급인의 보험관계 성립신고에 관한 특례) 이 법 시행 당시 종전의 고용보험법 제9조제5항 본문 또는 산업재해보상보험법 제9조제1항 본문의 규정에 의한 하수급인이 제11조의 규정에 따라 보험관계의 성립신고를 하는 경우에는 제11조의 규정에 불구하고 2005년 2월 15일까지 보험관계성립신고서를 제출할 수 있다.
제5조 (보험관계 성립일에 관한 경과조치) 이 법 시행전에 종전의 고용보험법 또는 산업재해보상보험법의 규정에 따라 보험가입신청서를 제출하여 이 법 시행일 이후에 공단의 승인을 받은 자는 제7조제3호의 규정에 따라 보험관계가 성립된 것으로 본다.
제6조 (확정보험료 납부기한에 관한 경과조치) 이 법 시행일전에 보험관계가 소멸한 사업의 확정보험료 납부기한은 종전의 고용보험법 또는 산업재해보상보험법의 규정에 따른다.
제7조 (보험사무조합에 관한 경과조치) 이 법 시행 당시 종전의 고용보험법 제64조의 규정에 따라 공단으로부터 고용보험사무조합의 인가를 받은 자 및 종전의 산업재해보상보험법 제58조의 규정에 따라 공단으로부터 산업재해보상보험사무조합의 인가를 받은 자는 이 법 제33조제2항의 규정에 따라 공단으로부터 보험사무대행기관으로 인가를 받은

것으로 본다.

제8조 (과태료에 관한 경과조치) 이 법 시행전의 행위에 대한 과태료의 적용은 종전의 고용보험법 또는 산업재해보상보험법의 규정에 따른다.

제9조 (처분 등에 관한 경과조치) 이 법 시행 당시 종전의 고용보험법 또는 산업재해보상보험법에 의한 공단의 행위 또는 공단에 대한 행위는 각각 그에 해당하는 이 법에 의한 공단의 행위 또는 공단에 대한 행위로 본다.

제10조 (다른 법률의 개정) 임금채권보장법 중 다음과 같이 개정한다.

제3조의2 중 "산업재해보상보험법 제4조의2, 제7조제2항·제3항, 제8조 및 제9조"를 "고용보험및산업재해보상보험의보험료징수등에관한법률 제3조, 제5조제4항·제5항, 제6조제2항 내지 제4항, 제8조 및 제9조"로 한다.

제14조를 다음과 같이 한다.

제14조 (준용) 고용보험및산업재해보상보험의보험료징수등에관한법률 제17조 내지 제21조, 제23조 내지 제25조, 제27조 내지 제30조, 제32조 내지 제37조, 제39조 및 제50조의 규정은 이 법에 의한 부담금 그 밖의 징수금의 납부 및 징수(체당금의 반환요구를 포함한다)에 관하여 준용한다. 이 경우 동법 중 "보험가입자"는 "사업주"로, "보험료"는 "부담금"으로, "보험"은 "임금채권보장"으로, "보험사무"는 "임금채권보장사무"로, "공단"은 "노동부장관(이 법 제23조의 규정에 따라 그 권한을 위탁받은 경우에는 근로복지공단을 말한다)"으로, "개산보험료"는 "개산부담금"으로, "보험연도"는 "회계연도"로, "보험관계"는 "임금채권보장관계"로, "보험료율"은 "부담금비율"로, "확정보험료"는 "확정부담금"으로 본다.

제22조제3항 중 "산업재해보상보험법 제97조 및 제98조"를 "고용보험및산업재해보상보험의보험료징수등에관한법률 제42조 및 제43조"로 한다.

제11조 (다른 법령과의 관계) 이 법 시행 당시 다른 법령에서 종전의 고용보험법·산업재해보상보험법 또는 그 규정을 인용한 경우 이 법 중 그에 해당하는 규정이 있을 때에는 종전의 규정에 갈음하여 이 법 또는 이 법의 해당 규정을 인용한 것으로 본다.

부칙 <제7300호, 2004.12.31>

①(시행일) 이 법은 2005년 1월 1일부터 시행한다.

②(동종사업 일괄적용보험관계성립신고에 관한 특례) 이 법 시행 당시 종전의 고용보험법 제10조의2제1항 또는 산업재해보상보험법 제9조제2항의 규정에 따라 일괄적용을 받지 아니하는 자가 제8조제1항의 규정에 따라 일괄적용을 받게 되는 경우 제11조제2항의 개정규정에 불구하고 2005년 2월 15일까지 일괄적용보험관계성립신고를 할 수 있다.

부칙 <제7706호, 2005.12.7>

①(시행일) 이 법은 2006년 1월1일부터 시행한다.

②(고용안정사업과 직업능력개발사업의 통합에 따른 경과조치) 이 법 시행 당시 종전의 규정에 의하여 징수되었거나 징수 중인 고용안정사업의 보험료 및 그 밖의 징수금과 직업능력개발사업의 보험료 및 그 밖의 징수금은 제13조제1항제1호의 개정규정에 의한 고용안정·직업능력개발사업의 보험료 및 그 밖의 징수금으로 징수되었거나 징수되는 것으로 본다.

③(고용안정사업과 직업능력개발사업의 보험료에 관한 경과조치) 이 법 시행 전에 종전의 규정에 의하여 징수하여야 할 고용안정사업의 보험료 및 그 밖의 징수금과 직업능력개발사업의 보험료 및 그 밖의 징수금에 대하여는 종전의 규정에 의한다.

부칙 <제8117호, 2006.12.28>

제1조 (시행일) 이 법은 공포 후 3개월이 경과한 날부터 시행한다.

제2조 (보험료·가산금 및 연체금 면제의 유효기간) 제22조의3의 개정규정은 2009년 12월 31일까지 효력을 가진다.

제3조 (외국의 사업주가 원수급인인 도급사업의 일괄적용에 관한 적용례) 제9조제2항의 개정규정은 이 법 시행 후 최초로 외국의 사업주와 하도급계약을 체결하는 사업주부터 적용한다.

제4조 (징수특례사업의 특례보험료 납부기한에 관한 적용례) 제21조제4항의 개정규정은 이 법 시행 후 최초로 도래하는 분기부터 적용한다.

제5조 (보험료 등의 일부면제에 관한 적용례) 제22조의3의 개정규정은 이 법 시행 후 최초로 보험관계 성립신고를 하는 보험가입자부터 적용한다.

제6조 (가산금의 경감에 관한 적용례) 제24조의 개정규정 중 가산금의 경감에 관한 부분은 이 법 시행 후 최초로 확정보험료수정신고서를 제출하는 사업주부터 적용한다.

제7조 (납부기한 전 징수에 관한 적용례) 제27조의2의 개정규정은 이 법 시행 후 최초로 동조제1항 각 호의 어느 하나에 해당하는 사유가 발생하는 사업주부터 적용한다.

제8조 (보험료, 이 법에 따른 그 밖의 징수금의 분할납부에 관한 적용례) 제27조의3의 개정규정은 이 법 시행 후 최초로 보험에 가입하는 사업주부터 적용한다.

제9조 (산재보험확정보험료 신고·납부 및 정산의 특례 폐지에 따른 경과조치) 이 법 시행 전에 착공한 건설공사 등에 대하여는 제22조의 개정규정에 불구하고 종전의 규정에 따른다.

부칙 (산업재해보상보험법) <제8373호, 2007.4.11>

제1조 (시행일) 이 법은 공포한 날부터 시행한다.

제2조 내지 제5조 생략
제6조 (다른 법률의 개정) ①생략
②고용보험 및 산업재해보상보험의 보험료징수 등에 관한
법률 일부를 다음과 같이 개정한다.
제4조 중 "「산업재해보상보험법」 제13조"를 "「산업재해보
상보험법」 제10조"로 하고, 제5조제4항 중 "「산업재해보상
보험법」 제5조 단서"를 "「산업재해보상보험법」 제6조 단
서"로 하며, 제6조제2항 중 "「산업재해보상보험법」 제5조
단서"를 "「산업재해보상보험법」 제6조 단서"로 하고, 제7
조제2호 중 "「산업재해보상보험법」 제5조 단서"를 "「산업
재해보상보험법」 제6조 단서"로 하며, 제14조제4항 중 "「산
업재해보상보험법」 제6조"를 "「산업재해보상보험법」 제8
조"로 하고, 제23조제3항 중 "「산업재해보상보험법」 제55
조의2"를 "「산업재해보상보험법」 제60조"로 하며, 제31조
제4항 중 "「산업재해보상보험법」 제80조"를 "「산업재해보
상보험법」 제64조"로 하고, 제47조제1항 중 "「산업재해보
상보험법」 제105조의2제1항"을 "「산업재해보상보험법」 제
88조제1항"으로 하며, 제48조제1항 중 "「산업재해보상보험
법」 제105조의3제1항"을 "「산업재해보상보험법」 제89조제
1항"으로 하고, 제49조제1항 중 "「산업재해보상보험법」 제
105조의4제1항"을 "「산업재해보상보험법」 제90조제1항"으
로 한다.
③법률 제8117호 고용보험 및 산업재해보상보험의 보험료
징수 등에 관한 법률 일부개정법률 일부를 다음과 같이 개
정한다.
제22조의2제1항 전단 중 "「산업재해보상보험법」 제6조"를
"「산업재해보상보험법」 제8조"로 한다.
제23조의2 전단 중 "「산업재해보상보험법」 제40조제2항"을
"「산업재해보상보험법」 제37조제2항"으로 한다.
④내지 ⑨생략
제7조 생략

부칙 (고용보험법) <제8429호, 2007.5.11>
제1조 (시행일) 이 법은 공포한 날부터 시행한다.
제2조부터 제5조까지 생략
제6조 (다른 법률의 개정) ①생략
②고용보험 및 산업재해보상보험의 보험료징수 등에 관한
법률 일부를 다음과 같이 개정한다.
제5조제2항 중 "「고용보험법」 제7조 단서"를 "「고용보험법
」 제8조 단서"로, "「고용보험법」 제8조"를 "「고용보험법」
제10조"로 한다.
제6조제1항 중 "「고용보험법」 제7조 단서"를 "「고용보험법
」 제8조 단서"로 하고, 같은 조 제3항 중 "「고용보험법」 제8
조"를 "「고용보험법」 제10조"로 한다.
제7조제1호 중 "「고용보험법」 제7조 단서"를 "「고용보험법
」 제8조 단서"로 한다.

제17조제1항 본문 중 "「고용보험법」 제8조"를 "「고용보험
법」 제10조"로 한다.
제49조의2제1항 중 "「고용보험법」 제83조의2"를 "「고용보
험법」 제113조"로 한다.
③부터 ⑧까지 생략
제7조 생략

제 5 부

공공부조법

공공부조(Public Assistance)는 생활 능력이 없는 저소득층을 대상으로 한정하여 국가가 일반 재정을 사용하여 최소한의 생활을 보장해주는 사회정책이다.

우리나라는 일제 강점기가 끝나갈 무렵인 1944년에 제정된 조선구호령으로부터 근대적 공공부조가 출발하여, 1961년 조선구호령의 기본틀을 유지한 채 제정된 생활보호법에 의해 범주적 형태의 제도로 유지되어 왔다. 그러던 것이 IMF 외환위기를 겪으면서 사회적으로 보다 굳건한 안전망(safety net)이 필요하다는 인식이 높아지고 국민기초생활보장법이라는 일반적 공공부조 제도로 전환하게 되었다.

현재 시행되고 있는 공공부조 제도는 국민기초생활보장법을 기본으로 하고 있지만, 의료와 관련된 영역은 의료급여법이라는 별도의 개별법에 법적 기반을 두고 있다. 향후 국민기초생활보장법의 여러 급여는 이와 유사하게 개별법으로 발전할 것으로 보인다.

그리고 2006년부터 2010년까지 한시법으로 긴급복지지원법이 시행되고 있다. 이는 긴급한 생활상의 욕구가 발생하였을 때 국민기초생활보장제도의 지원이 이루어지기까지의 응급한 필요를 충족하고자 하는 보충적 성격의 제도이다.

국민기초생활 보장법

연혁

1961. 12. 30 조선구호령 폐지, 생활보호법 제정 법률 913호
1982. 12. 31 전문개정 법률 제3623호
1997. 8. 22 일부개정 법률 제5360호
1999. 2. 8 일부개정 법률 제5836호
1999. 9. 7 생활보호법 폐지, 국민기초생활보장법 제정 법률

제6024호
2004. 3. 5 일부개정 법률 제7181호
2005. 12. 23 일부개정 법률 제7738호
2006. 12. 28 일부개정 법률 제8112호

제1장 총칙

제1조 (목적) 이 법은 생활이 어려운 자에게 필요한 급여를 행하여 이들의 최저생활을 보장하고 자활을 조성하는 것을 목적으로 한다.

제2조 (정의) 이 법에서 사용하는 용어의 정의는 다음과 같다. <개정 2004.3.5, 2005.12.23>
1. "수급권자"라 함은 이 법에 의한 급여를 받을 수 있는 자격을 가진 자를 말한다.
2. "수급자"라 함은 이 법에 의한 급여를 받는 자를 말한다.
3. "수급품"이라 함은 이 법에 의하여 수급자에게 급여하거나 대여하는 금전 또는 물품을 말한다.
4. "보장기관"이라 함은 이 법에 의한 급여를 행하는 국가 또는 지방자치단체를 말한다.
5. "부양의무자"라 함은 제5조의 규정에 의한 수급권자를 부양할 책임이 있는 자로서 수급권자의 1촌의 직계혈족 및 그 배우자를 말한다.
6. "최저생계비"라 함은 국민이 건강하고 문화적인 생활을 유지하기 위하여 소요되는 최소한의 비용으로서 제6조의 규정에 의하여 보건복지부장관이 공표하는 금액을 말한다.
7. "개별가구"라 함은 이 법에 따른 급여를 받거나 이 법에 따른 자격요건 부합여부에 관한 조사를 받는 기본단위로서 수급자 또는 수급권자로 구성된 가구를 말한다. 이 경우 개별가구의 범위 등 구체적인 사항은 대통령령으로 정한다.
8. "소득인정액"이라 함은 개별가구의 소득평가액과 재산의 소득환산액을 합산한 금액을 말한다.
9. "개별가구의 소득평가액"이라 함은 개별가구의 실제소득에 불구하고 보장기관이 급여의 결정 및 실시 등에 사용하기 위하여 산출한 금액을 말한다. 이 경우 소득평가액은

가구특성에 따른 지출요인과 근로를 유인하기 위한 요소 등을 반영하여야 하고, 실제소득의 구체적인 범위는 대통령령으로, 소득평가액의 구체적인 산정방식은 보건복지부령으로 정한다.
10. "재산의 소득환산액"이라 함은 보장기관이 급여의 결정 및 실시 등에 사용하기 위하여 개별가구의 재산가액에 소득환산율을 곱하여 산출한 금액을 말한다. 이 경우 개별가구의 재산범위·재산가액의 산정기준 및 소득환산율 기타 필요한 사항에 관하여는 보건복지부령으로 정한다.
11. "차상위계층"이라 함은 수급권자(제5조제2항에 따라 수급권자로 보는 자를 제외한다)에 해당하지 아니하는 계층으로서 소득인정액이 대통령령이 정하는 기준 이하인 계층을 말한다.

제3조 (급여의 기본원칙) ①이 법에 의한 급여는 수급자가 자신의 생활의 유지·향상을 위하여 그 소득·재산·근로능력 등을 활용하여 최대한 노력하는 것을 전제로 이를 보충·발전시키는 것을 기본원칙으로 한다.
②부양의무자의 부양과 다른 법령에 의한 보호는 이 법에 의한 급여에 우선하여 행하여지는 것으로 한다. 다만, 다른 법령에 의한 보호의 수준이 이 법에서 정하는 수준에 이르지 아니하는 경우에는 나머지 부분에 관하여 이 법에 의한 급여를 받을 권리를 잃지 아니한다.

제4조 (급여의 기준 등) ①이 법에 의한 급여는 건강하고 문화적인 최저생활을 유지할 수 있는 것이어야 한다.
②이 법에 의한 급여의 기준은 보건복지부장관이 수급자의 연령·가구규모·거주지역 기타 생활여건 등을 고려하여 급여의 종류별로 정한다.
③보장기관은 이 법에 의한 급여를 개별가구를 단위로 하

여 행하되, 특히 필요하다고 인정하는 경우에는 개인을 단위로 하여 행할 수 있다. <개정 2006.12.28>

제5조 (수급권자의 범위) ①수급권자는 부양의무자가 없거나, 부양의무자가 있어도 부양능력이 없거나 부양을 받을 수 없는 자로서 소득인정액이 최저생계비 이하인 자로 한다.
②제1항의 규정에 의한 수급권자에 해당하지 아니하여도 생활이 어려운 자로서 일정기간동안 이 법이 정하는 급여의 전부 또는 일부가 필요하다고 보건복지부장관이 정하는 자는 수급권자로 본다.
③제1항의 부양의무자가 있어도 부양능력이 없거나 부양을 받을 수 없는 경우는 대통령령으로 정한다.

제5조의2 (외국인에 대한 특례) 국내에 체류하고 있는 외국인 중 대한민국 국민과 혼인하여 대한민국 국적의 미성년 자녀를 양육하고 있는 사람으로서 대통령령이 정하는 사람이 제5조에 해당하는 경우에는 수급권자가 된다.
[본조신설 2005.12.23]

제6조 (최저생계비의 결정) ①보건복지부장관은 국민의 소득·지출수준과 수급권자의 가구유형 등 생활실태, 물가상승률 등을 고려하여 최저생계비를 결정하여야 한다. <개정 2004.3.5>
②보건복지부장관은 매년 9월 1일까지 제20조제2항의 규정에 의한 중앙생활보장위원회의 심의·의결을 거쳐 다음 연도의 최저생계비를 공표하여야 한다. <개정 2004.3.5>
③보건복지부장관은 최저생계비를 결정하기 위하여 필요한 계측조사를 3년마다 실시하며, 이에 필요한 사항은 보건복지부령으로 정한다. <개정 2004.3.5>

제2장 급여의 종류와 방법

제7조 (급여의 종류) ①이 법에 의한 급여의 종류는 다음과 같다.
1. 생계급여
2. 주거급여
3. 의료급여
4. 교육급여
5. 해산급여
6. 장제급여
7. 자활급여
②수급권자에 대한 급여는 제1항제1호의 생계급여와 수급자의 필요에 따라 동항제2호 내지 제7호의 급여를 함께 행하는 것으로 한다. 이 경우 급여의 수준은 제1항제1호 내지 제4호 및 제7호의 급여와 수급자의 소득인정액을 포함하여 최저생계비 이상이 되도록 하여야 한다. <개정 2006.

12.28>
③차상위계층에 속하는 자(이하 "차상위자"라 한다)에 대한 급여는 보장기관이 차상위자의 가구별 생활여건을 고려하여 예산의 범위 안에서 제1항제2호 내지 제4호·제6호 및 제7호의 규정에 따른 급여의 전부 또는 일부를 행할 수 있다. 이 경우 차상위자에 대한 급여의 기준 및 절차 등에 관하여 필요한 사항은 대통령령으로 정한다. <신설 2006.12.28>
④제1항제3호의 의료급여는 따로 법률이 정하는 바에 의한다. <개정 2006.12.28>

제8조 (생계급여의 내용) 생계급여는 수급자에게 의복·음식물 및 연료비와 기타 일상생활에 기본적으로 필요한 금품을 지급하여 그 생계를 유지하게 하는 것으로 한다.

제9조 (생계급여의 방법) ①생계급여는 금전을 지급함으로써 행한다. 다만, 이에 의할 수 없거나 이에 의하는 것이 적당하지 아니하다고 인정하는 경우에는 물품을 지급함으로써 행할 수 있다.
②제1항의 수급품은 대통령령이 정하는 바에 따라 매월 정기적으로 지급하여야 한다. 다만, 특별한 사정이 있는 경우에는 그 지급방법을 다르게 정하여 지급할 수 있다.
③제1항의 수급품은 수급자에게 직접 지급한다. 다만, 제10조제1항 단서의 규정에 의하여 제32조의 규정에 의한 보장시설이나 타인의 가정에 위탁하여 생계급여를 행하는 경우에는 그 위탁받은 자에게 이를 지급할 수 있다. 이 경우 보장기관은 보건복지부장관이 정하는 바에 따라 정기적으로 수급자의 수급여부를 확인하여야 한다.
④생계급여는 보건복지부장관이 정하는 바에 따라 수급자의 소득인정액 등을 감안하여 차등지급할 수 있다.
⑤보장기관은 대통령령이 정하는 바에 따라 근로능력이 있는 수급자에게 자활에 필요한 사업에 참가할 것을 조건으로 하여 생계급여를 지급할 수 있다. 이 경우 보장기관은 제28조의 규정에 의한 자활지원계획을 감안하여 조건을 제시하여야 한다.

제10조 (생계급여를 행할 장소) ①생계급여는 수급자의 주거에서 행한다. 다만, 수급자가 그 주거가 없거나 주거가 있어도 그곳에서는 급여의 목적을 달성할 수 없는 경우 또는 수급자가 희망하는 경우에는 수급자를 제32조의 규정에 의한 보장시설이나 타인의 가정에 위탁하여 급여를 행할 수 있다.
②제1항의 규정에 의하여 수급자에 대한 생계급여를 타인의 가정에 위탁하여 행하는 경우에는 거실의 임차료 기타 거실의 유지에 필요한 비용은 이를 수급품에 가산하여 지급한다. 이 경우 제7조제1항제2호의 주거급여가 행하여진 것으로 본다.

제11조 (주거급여) ①주거급여는 수급자에게 주거안정에 필요한 임차료, 유지수선비 기타 대통령령이 정하는 수급품을 지급하는 것으로 한다.
②주거급여의 기준 및 지급절차 등에 관하여 필요한 사항은 보건복지부령으로 정한다.

제12조 (교육급여) ①교육급여는 수급자에게 입학금·수업료·학용품비 기타 수급품을 지원하는 것으로 하되, 학교의 종류·범위 등에 관하여 필요한 사항은 대통령령으로 정한다.
②교육급여는 금전 또는 물품을 수급자 또는 수급자의 친권자나 후견인에게 지급함으로써 행한다. 다만, 보장기관이 필요하다고 인정하는 경우에는 수급자가 재학하는 학교의 장에게 수급품을 지급할 수 있다.

제13조 (해산급여) ①해산급여는 수급자에게 다음 각 호의 급여를 행하는 것으로 한다.
1. 조산(助産)
2. 분만전과 분만후의 필요한 조치와 보호
②해산급여는 보건복지부령이 정하는 바에 따라 보장기관이 지정하는 의료기관에 위탁하여 행할 수 있다.
③해산급여에 필요한 수급품은 보건복지부령이 정하는 바에 따라 수급자나 그 세대주 또는 세대주에 준하는 자에게 지급한다. 다만, 제2항의 규정에 의하여 그 급여를 의료기관에 위탁하는 경우에는 수급품을 그 의료기관에 지급할 수 있다.

제14조 (장제급여) ①장제급여는 수급자가 사망한 경우 사체의 검안·운반·화장 또는 매장 기타 장제조치를 행하는 것으로 한다.
②장제급여는 보건복지부령이 정하는 바에 따라 실제로 장제를 행하는 자에게 장제에 필요한 비용을 지급함으로써 행한다. 다만, 이에 의할 수 없거나 이에 의하는 것이 적당하지 아니하다고 인정하는 경우에는 물품을 지급함으로써 행할 수 있다.

제15조 (자활급여) ①자활급여는 수급자의 자활을 조성하기 위하여 다음 각 호의 급여를 행하는 것으로 한다. <개정 2006.12.28>
1. 자활에 필요한 금품의 지급 또는 대여
2. 자활에 필요한 근로능력의 향상 및 기능습득의 지원
3. 취업알선 등 정보의 제공
4. 자활을 위한 근로기회의 제공
5. 자활에 필요한 시설 및 장비의 대여
5의2. 창업교육, 기능훈련 및 기술·경영지도 등 창업지원
5의3. 자활에 필요한 자산형성지원

6. 기타 대통령령이 정하는 자활조성을 위한 각종 지원
②제1항의 자활급여는 관련 공공기관·비영리법인·시설 그 밖에 대통령령이 정하는 기관에 위탁하여 이를 행할 수 있다. 이 경우 그에 소요되는 비용은 보장기관이 이를 부담한다. <개정 2006.12.28>

제2장의2 자활지원 <신설 2006.12.28>

제15조의2 (중앙자활센터) ①수급자 및 차상위자의 자활촉진에 필요한 다음 각 호의 사업을 수행하기 위하여 중앙자활센터를 둘 수 있다.
1. 자활지원을 위한 조사·연구·교육 및 홍보 사업
2. 자활지원을 위한 사업의 개발 및 평가
3. 제16조의 규정에 따른 지역자활센터 및 제18조의 규정에 따른 자활공동체의 기술·경영 지도 및 평가
4. 자활 관련 기관간의 협력체계 및 정보네트워크 구축·운영
5. 그 밖에 자활촉진에 필요한 사업으로서 보건복지부장관이 정하는 사업
②중앙자활센터는 법인으로 한다.
③정부는 중앙자활센터의 설치 및 운영에 필요한 경비의 전부 또는 일부를 보조할 수 있다.
④제1항 및 제2항에서 규정한 사항 외에 중앙자활센터의 설치 및 운영 등에 관하여 필요한 사항은 대통령령으로 정한다.
[본조신설 2006.12.28]

제16조 (지역자활센터 등 <개정 2006.12.28>) ①보장기관은 수급자 및 차상위자의 자활의 촉진에 필요한 다음 각 호의 사업을 수행하게 하기 위하여 사회복지법인 등 비영리법인과 단체(이하 "법인 등"이라 한다. 이하 이 조에서 같다)를 법인등의 신청을 받아 지역자활센터로 지정할 수 있다. 이 경우 보장기관은 법인 등의 지역사회복지사업 및 자활지원사업의 수행능력·경험 등을 고려하여야 한다. <개정 2006.12.28>
1. 자활의욕 고취를 위한 교육
2. 자활을 위한 정보제공·상담·직업교육 및 취업알선
3. 생업을 위한 자금융자 알선
4. 자영창업 지원 및 기술·경영지도
5. 자활공동체의 설립·운영지원
6. 기타 자활을 위한 각종 사업
②보장기관은 제1항의 규정에 의하여 지정을 받은 지역자활센터에 대하여 다음 각 호의 지원을 행할 수 있다. <개정 2006.12.28>
1. 지역자활센터의 설립·운영비용 또는 제1항 각 호의 사업 수행비용의 전부 또는 일부

2. 국·공유재산의 무상임대
3. 보장기관이 실시하는 사업의 우선 위탁
③보장기관은 지역자활센터에 대하여 정기적으로 사업실적 및 운영실태를 평가하고 수급자의 자활촉진을 달성하지 못하는 지역자활센터에 대하여는 그 지정을 취소할 수 있다. <개정 2006.12.28>
④지역자활센터는 수급자 및 차상위자에 대한 효과적인 자활지원과 지역자활센터의 발전을 공동으로 도모하기 위하여 지역자활센터협회를 설립할 수 있다. <개정 2006.12.28>
⑤제1항 내지 제3항에서 규정한 사항 외에 지역자활센터의 신청·지정 및 취소절차와 평가 기타 운영 등에 관하여 필요한 사항은 보건복지부령으로 정한다. <신설 2006.12.28>

제17조 (자활기관협의체) ①시장·군수·구청장(자치구의 구청장을 말한다. 이하 같다)은 자활지원사업의 효율적인 추진을 위하여 지역자활센터, 「직업안정법」 제4조제1호의 직업안정기관, 「사회복지사업법」 제2조제3호의 사회복지시설의 장 등과 상시적인 협의체계(이하 "자활기관협의체"라 한다)를 구축하여야 한다.
②자활기관협의체의 구성 및 운영 등에 관하여 필요한 사항은 보건복지부령으로 정한다.
[전문개정 2006.12.28]

제18조 (자활공동체) ①수급자 및 차상위자는 상호 협력하여 자활공동체(이하 "공동체"라 한다)를 설립·운영할 수 있다. <개정 2006.12.28>
②공동체는 조합 또는 「부가가치세법」상의 2인 이상의 사업자로 설립한다. <개정 2006.12.28>
③보장기관은 공동체에게 직접 또는 중앙자활센터 및 지역자활센터를 통하여 다음 각 호의 지원을 할 수 있다. <개정 2006.12.28>
1. 자활을 위한 사업자금 융자
2. 국·공유지 우선 임대
3. 국가 또는 지방자치단체가 실시하는 사업의 우선 위탁
4. 국가 또는 지방자치단체의 조달구매시 공동체 생산품의 우선 구매
5. 기타 수급자의 자활촉진을 위한 각종 사업
④공동체의 설립·운영 및 지원에 관하여 필요한 사항은 보건복지부령으로 정한다.

제18조의2 (수급자의 고용촉진) 보장기관은 수급자의 고용을 촉진하기 위하여 상시근로자의 일정비율 이상을 수급자로 채용하는 기업에 대하여 대통령령이 정하는 바에 따라 제18조제3항 각 호에 해당하는 지원을 할 수 있다.
[본조신설 2006.12.28]

제18조의3 (자활기금의 적립) ①보장기관은 이 법에 의한 자활지원사업의 원활한 추진을 위하여 일정한 금액과 연한을 정하여 자활기금을 적립할 수 있다.
②보장기관은 자활지원사업의 효율적 추진을 위하여 필요하다고 인정하는 경우에는 자활기금의 관리·운영을 중앙자활센터 또는 자활지원사업을 수행하는 비영리법인에 위탁할 수 있다. 이 경우 그에 소요되는 비용은 보장기관이 이를 부담한다.
③제1항의 규정에 따른 자활기금의 적립에 관하여 필요한 사항은 대통령령으로 정한다.
[본조신설 2006.12.28]

제3장 보장기관

제19조 (보장기관) ①이 법에 의한 급여는 수급권자 또는 수급자의 거주지를 관할하는 특별시장·광역시장·도지사(이하 "시·도지사"라 한다)와 시장·군수·구청장이 행한다. 다만, 주거가 일정하지 아니한 경우에는 수급권자 또는 수급자가 실제 거주하는 지역을 관할하는 시장·군수·구청장이 행한다. <개정 2006.12.28>
②제1항의 규정에 불구하고 보건복지부장관과 시·도지사는 수급자를 각각 국가 또는 당해 지방자치단체가 경영하는 보장시설에 입소하게 하거나 다른 보장시설에 위탁하여 급여를 행할 수 있다.
③수급권자 또는 수급자가 거주지를 변경하는 경우의 처리방법과 보장기관 상호간의 협조 기타 업무처리에 관하여 필요한 사항은 보건복지부령으로 정한다.
④보장기관은 수급권자·수급자·차상위계층에 대한 조사와 수급자 결정 및 급여의 실시 등 이 법에 의한 보장업무를 수행하게 하기 위하여 「사회복지사업법」 제14조의 규정에 의한 사회복지전담공무원(이하 "사회복지전담공무원"이라 한다)을 배치하여야 한다. 이 경우 제15조의 규정에 따른 자활급여 업무를 수행하는 사회복지전담공무원은 따로 배치하여야 한다. <개정 2006.12.28>

제20조 (생활보장위원회) ①이 법에 의한 생활보장사업의 기획·조사·실시 등에 관한 사항을 심의·의결하기 위하여 보건복지부와 특별시·광역시·도(이하 "시·도"라 한다) 및 시·군·구(자치구를 말한다. 이하 같다)에 각각 생활보장위원회를 둔다. 다만, 시·도 및 시·군·구에 두는 생활보장위원회는 그 기능을 담당하기에 적합한 다른 위원회가 있고 그 위원회의 위원이 제4항에 규정된 자격을 갖춘 경우에는 시·도 또는 시·군·구의 조례가 정하는 바에 따라 그 위원회가 생활보장위원회의 기능을 대신할 수 있다.
②보건복지부에 두는 생활보장위원회(이하 "중앙생활보장

위원회"라 한다)는 다음 각 호의 사항을 심의·의결한다.
<개정 2006.12.28>
1. 생활보장사업의 기본방향 및 대책 수립
2. 소득인정액 산정방식의 결정
3. 급여기준의 결정
4. 최저생계비의 결정
5. 제18조의3의 규정에 의한 자활기금의 적립·관리 및 사용
에 관한 지침의 수립
6. 기타 위원장이 부의하는 사항
③중앙생활보장위원회는 위원장을 포함하여 13인 이내의
위원으로 구성하고 위원은 보건복지부장관이 다음 각 호의
1에 해당하는 자 중에서 위촉·지명하며 위원장은 보건복지
부장관으로 한다. <개정 2004.3.5, 2005.12.29>
1. 공공부조 또는 사회복지와 관련된 학문을 전공한 전문가
로서 대학의 조교수 이상인 자 또는 연구기관의 연구원으
로 재직 중인 자 4인 이내
2. 공익을 대표하는 자 4인 이내
3. 관계행정기관소속 3급 이상 공무원 또는 고위공무원단
에 속하는 일반직공무원 4인 이내
④제1항의 규정에 의한 시·도 및 시·군·구 생활보장위원회
의 위원은 시·도지사 또는 시장·군수·구청장이 다음 각 호
의 1에 해당하는 자 중에서 위촉·지명하며 위원장은 당해
시·도지사 또는 시장·군수·구청장으로 한다. 다만, 제1항
단서의 규정에 의하여 다른 위원회가 생활보장위원회의 기
능을 대신하는 경우 위원장은 조례로 정한다.
1. 사회보장에 관한 학식과 경험이 있는 자
2. 공익을 대표하는 자
3. 관계행정기관소속의 공무원
⑤제1항의 규정에 의한 생활보장위원회는 심의·의결과 관
련하여 필요한 경우 보장기관에 대하여 그 소속공무원의
출석이나 자료의 제출을 요청할 수 있다. 이 경우 당해보장
기관은 정당한 사유가 없는 한 이에 응하여야 한다.
⑥시·도 및 시·군·구 생활보장위원회의 기능과 각 생활보
장위원회의 구성·운영 등에 관하여 필요한 사항은 대통령
령으로 정한다.

제4장 급여의 실시

제21조 (급여의 신청) ①제5조에 규정된 수급권자와 그 친족,
기타 관계인은 관할 시장·군수·구청장에게 수급권자에 대
한 급여를 신청할 수 있다.
②사회복지전담공무원은 이 법에 의한 급여를 필요로 하는
자가 누락되지 아니하도록 하기 위하여 관할지역내에 거주
하는 수급권자에 대한 급여를 직권으로 신청할 수 있다. 이
경우 수급권자의 동의를 구하여야 하며 이를 수급권자의
신청으로 볼 수 있다.

③제1항 및 제2항의 규정에 의한 급여의 신청방법 및 절차
등에 관하여 필요한 사항은 보건복지부령으로 정한다.

제22조 (신청에 의한 조사) ①시장·군수·구청장은 제21조의
규정에 의한 급여신청이 있는 경우에는 사회복지전담공무
원으로 하여금 급여의 결정 및 실시 등에 필요한 다음 각
호의 사항을 조사하게 하거나 수급권자에게 보장기관이 지
정하는 의료기관에서 검진을 받게 할 수 있다.
1. 부양의무자의 유무 및 부양능력 등 부양의무자와 관련된
사항
2. 수급권자 및 부양의무자의 소득·재산에 관한 사항
3. 수급권자의 근로능력·취업상태·자활욕구 등 자활지원계
획수립에 필요한 사항
4. 기타 수급권자의 건강상태·가구특성 등 생활실태에 관
한 사항
②시장·군수·구청장은 제1항의 규정에 의하여 신청한 수
급권자 또는 그 부양의무자의 소득·재산 및 건강상태 등을
확인하기 위하여 필요한 자료의 확보가 곤란한 경우 보건
복지부령이 정하는 바에 따라 수급권자 또는 부양의무자에
게 필요한 자료의 제출을 요구할 수 있다.
③시장·군수·구청장은 급여의 결정 또는 실시 등을 위하여
필요한 경우에는 제1항 각 호의 조사를 관계기관에 위촉하
거나 수급권자 또는 그 부양의무자의 고용주 기타 관계인
에게 이에 관한 자료의 제출을 요청할 수 있다.
④보장기관이 제1항 각 호의 조사를 실시하기 위하여 금융
·국세·지방세·토지·건물·의료보험·국민연금 및 고용보험
등 관련전산망을 이용하고자 할 경우에는 관계기관의 장에
게 협조를 요청할 수 있다. 이 경우 관계기관의 장은 정당한
사유가 없는 한 이에 응하여야 한다.
⑤제1항의 규정에 의하여 조사를 실시하는 사회복지전담
공무원은 그 권한을 표시하는 증표를 휴대하고 이를 관계
인에게 제시하여야 한다.
⑥보장기관의 공무원 또는 공무원이었던 자는 제1항 내지
제4항의 규정에 의하여 얻은 정보와 자료를 이 법이 정한
보장목적외에 다른 용도로 사용하거나 다른 사람 또는 기
관에 제공하여서는 아니된다.
⑦보장기관은 제1항 내지 제4항의 규정에 의한 조사결과를
대장으로 작성·비치하여야 하며 조사에 관하여 기타 필요
한 사항은 보건복지부장관이 정한다. 다만, 전산정보처리
조직에 의하여 관리되는 경우에는 전산화일로 대체할 수
있다.
⑧보장기관은 수급권자 또는 부양의무자가 제1항의 규정
에 의한 조사를 거부·방해 또는 기피하거나 검진지시에 따
르지 아니한 때에는 급여신청을 각하할 수 있다. 이 경우
제29조제2항의 규정을 준용한다.

제23조 (확인조사) ①시장·군수·구청장은 수급자 및 수급자에 대한 급여의 적정성을 확인하기 위하여 매년 연간조사계획을 수립하고 관할구역안의 수급자를 대상으로 제22조제1항 각 호의 사항을 매년 1회 이상 정기적으로 조사를 실시하여야 하며, 특히 필요하다고 인정하는 경우에는 보장기관이 지정하는 의료기관에서 검진을 받게 할 수 있다. 다만, 보건복지부장관이 정하는 사항은 분기마다 조사를 실시하여야 한다.

②수급자의 자료제출, 조사의 위촉, 관련전산망의 이용 등 기타 확인조사를 위하여 필요한 사항에 관하여는 제22조제2항 내지 제7항의 규정을 준용한다.

③보장기관은 수급자 또는 부양의무자가 제1항의 규정에 의한 조사를 거부·방해 또는 기피하거나 검진지시에 따르지 아니한 때에는 수급자의 급여결정을 취소하거나 급여를 정지 또는 중지할 수 있다. 이 경우 제29조제2항의 규정을 준용한다.

제24조 (차상위계층에 대한 조사) ①시장·군수·구청장은 최저생계비의 변경 등에 의하여 수급권자의 범위가 변동함에 따라 다음연도에 이 법에 의한 급여가 필요할 것으로 예측되는 수급권자의 규모를 조사하기 위하여 보건복지부령이 정하는 바에 따라 차상위계층에 대하여 조사를 실시할 수 있다. <개정 2005.12.23>

②시장·군수·구청장은 제1항의 규정에 의한 조사를 실시하고자 하는 경우 조사대상자의 동의를 얻어야 한다. 이 경우 조사대상자의 동의는 다음연도의 급여신청으로 본다.

③조사대상자의 자료제출, 조사의 위촉, 관련전산망의 이용등 기타 차상위계층에 대한 조사를 위하여 필요한 사항에 관하여는 제22조제2항 내지 제7항의 규정을 준용한다.

제25조 (조사결과의 보고 등) 제22조 내지 제24조의 규정에 의하여 시장·군수·구청장이 수급권자·수급자·부양의무자 및 차상위계층을 조사한 때에는 보건복지부령이 정하는 바에 따라 관할 시·도지사에게 보고하여야 하며 보고를 받은 시·도지사는 이를 보건복지부장관에게 보고하여야 한다. 시·도지사가 조사한 때에도 또한 같다.

제26조 (급여의 결정 등) ①시장·군수·구청장은 제22조의 규정에 의하여 조사를 한 때에는 지체없이 급여실시의 여부와 급여의 내용을 결정하여야 한다.

②제24조의 규정에 의하여 차상위계층을 조사한 시장·군수·구청장은 제27조제1항 단서에 규정된 급여개시일이 속하는 월에 급여실시 여부와 급여내용을 결정하여야 한다.

③시장·군수·구청장은 제1항 및 제2항의 규정에 의하여 급여실시 여부와 급여내용을 결정한 때에는 그 결정의 요지, 급여의 종류·방법 및 급여의 개시시기 등을 서면으로 수급권자 또는 신청인에게 통지하여야 한다.

④신청인에 대한 제3항의 통지는 제21조의 규정에 의한 급여의 신청일부터 14일이내에 하여야 한다. 다만, 부양의무자의 소득·재산 등의 조사에 시일을 요하는 특별한 사유가 있는 경우에는 신청일부터 30일 이내에 통지할 수 있다. 이 경우 통지서에 그 사유를 명시하여야 한다.

제27조 (급여의 실시 등) ①제26조제1항의 규정에 의하여 급여실시 및 내용이 결정된 수급자에 대한 급여는 제21조의 규정에 의한 급여의 신청일부터 개시한다. 다만, 제6조의 규정에 의하여 보건복지부장관이 매년 결정·공표하는 최저생계비의 변경으로 인하여 매년 1월에 새로이 수급자로 결정되는 자에 대한 급여는 해당연도의 1월 1일을 그 급여 개시일로 한다.

②시장·군수·구청장은 제26조제1항의 규정에 의한 급여실시 여부의 결정전이라도 수급권자에게 급여를 하여야 할 긴급한 필요가 있다고 인정될 때에는 제7조제1항 각 호에 규정된 급여의 일부를 행할 수 있다.

제28조 (자활지원계획의 수립) ①시장·군수·구청장은 수급자의 자활을 체계적으로 지원하기 위하여 보건복지부장관이 정하는 바에 따라 제22조 내지 제24조의 규정에 의한 조사결과를 감안하여 수급자 가구별로 자활지원계획을 수립하고 그에 따라 이 법에 의한 급여를 실시하여야 한다.

②보장기관은 수급자의 자활을 위하여 필요한 경우에는「사회복지사업법」등 다른 법률에 따라 보장기관이 제공할 수 있는 급여가 있거나 민간기관 등이 후원을 제공하는 경우 제1항의 자활지원계획에 따라 급여를 지급하거나 후원을 연계할 수 있다. <개정 2006.12.28>

③시장·군수·구청장은 수급자의 자활여건변화와 급여실시 결과를 정기적으로 평가하고 필요한 경우 자활지원계획을 변경할 수 있다.

제29조 (급여의 변경) ①보장기관은 수급자의 소득·재산·근로능력 등에 변동이 있는 경우에는 직권 또는 수급자나 그 친족 기타 관계인의 신청에 의하여 그에 대한 급여의 종류·방법 등을 변경할 수 있다.

②제1항의 규정에 의한 급여의 변경은 서면으로 그 이유를 명시하여 수급자에게 통지하여야 한다.

제30조 (급여의 중지 등) ①보장기관은 수급자가 다음 각 호의 1에 해당하는 경우에는 급여의 전부 또는 일부를 중지하여야 한다.

1. 수급자에 대한 급여의 전부 또는 일부가 필요없게 된 때
2. 수급자가 급여의 전부 또는 일부를 거부한 때

②근로능력이 있는 수급자가 제9조제5항의 조건을 이행하

지 않는 경우 조건을 이행할 때까지 제7조제2항의 규정에 불구하고 근로능력이 있는 수급자 본인의 생계급여의 전부 또는 일부를 지급하지 아니할 수 있다.
③제29조제2항의 규정은 제1항 및 제2항의 경우에 이를 준용한다.

제31조 (청문) 보장기관은 제16조제3항의 규정에 의하여 지역자활센터의 지정을 취소하고자 하는 경우와 제23조제3항의 규정에 의하여 급여의 결정을 취소하고자 하는 경우에는 청문을 실시하여야 한다. <개정 2006.12.28>

제5장 보장시설

제32조 (보장시설) 이 법에서 보장시설이라 함은 제7조에 규정된 급여를 행하는 「사회복지사업법」에 의한 사회복지시설로서 대통령령이 정하는 시설을 말한다. <개정 2006.12.28>

제33조 (보장시설의 장의 의무) ①보장시설의 장은 보장기관으로부터 수급자에 대한 급여를 위탁받은 때에는 정당한 사유없이 이를 거부하여서는 아니된다.
②보장시설의 장은 위탁받은 수급자에게 보건복지부장관이 정하는 최저기준 이상의 급여를 행하여야 한다.
③보장시설의 장은 위탁받은 수급자에게 급여를 행함에 있어서 성별·신앙 또는 사회적 신분 등을 이유로 차별대우를 하여서는 아니된다.
④보장시설의 장은 위탁받은 수급자에게 급여를 행함에 있어서 수급자의 자유로운 생활을 보장하여야 한다.
⑤보장시설의 장은 위탁받은 수급자에게 종교상의 행위를 강제하여서는 아니된다.

제6장 수급자의 권리와 의무

제34조 (급여변경의 금지) 수급자에 대한 급여는 정당한 사유없이 이를 불리하게 변경할 수 없다.

제35조 (압류금지) 수급자에게 지급된 수급품과 이를 받을 권리는 압류할 수 없다.

제36조 (양도금지) 수급자는 급여를 받을 권리를 타인에게 양도할 수 없다.

제37조 (신고의 의무) 수급자는 거주지역·세대의 구성에 변동이 있거나 제22조제1항 각 호의 사항에 현저한 변동이 있는 때에는 지체없이 관할보장기관에 이를 신고하여야 한다.

제7장 이의신청

제38조 (시·도지사에 대한 이의신청) ①수급자나 급여 또는 급여변경의 신청을 한 자는 그 결정의 통지를 받은 날부터 60일 이내에 시장·군수·구청장의 처분에 대하여 이의가 있는 경우에는 당해 보장기관을 거쳐 시·도지사에게 서면 또는 구두로 이의를 신청할 수 있다. 이 경우 구두로 이의신청을 접수한 보장기관의 공무원은 이의신청서를 작성할 수 있도록 협조하여야 한다.
②제1항의 규정에 의한 이의신청을 받은 시장·군수·구청장은 10일 이내에 의견서와 관계서류를 첨부하여 이를 시·도지사에게 송부하여야 한다.

제39조 (시·도지사의 처분 등) ①시·도지사가 제38조제2항의 규정에 의하여 시장·군수·구청장으로부터 이의신청서를 송부받은 때에는 30일 이내에 필요한 심사를 하고 이의신청을 각하하거나 당해 처분을 변경 또는 취소하거나 기타 필요한 급여를 명하여야 한다.
②시·도지사는 제1항의 규정에 의한 처분 등을 한 때에는 지체없이 신청인과 당해 시장·군수·구청장에게 각각 서면으로 이를 통지하여야 한다.

제40조 (보건복지부장관에 대한 이의신청) ①제39조의 규정에 의한 처분 등에 대하여 이의가 있는 자는 그 처분 등의 통지를 받은 날부터 60일 이내에 시·도지사를 거쳐 보건복지부장관에게 서면 또는 구두로 이의를 신청할 수 있다. 이 경우 구두로 이의신청을 접수한 보장기관의 공무원은 이의신청서를 작성할 수 있도록 협조하여야 한다.
②시·도지사는 제1항의 규정에 의한 이의신청이 있은 때에는 10일 이내에 의견서와 관계서류를 첨부하여 이를 보건복지부장관에게 송부하여야 한다.

제41조 (보건복지부장관의 재결) ①보건복지부장관은 제40조제2항의 규정에 의하여 이의신청서를 송부받은 때에는 30일 이내에 필요한 심사를 하고 이의신청을 각하하거나 당해 처분의 변경 또는 취소의 재결을 하여야 한다.
②보건복지부장관은 제1항의 규정에 의한 재결을 한 때에는 지체없이 당해 시·도지사와 신청인에게 각각 서면으로 재결내용을 통지하여야 한다.

제8장 보장비용

제42조 (보장비용) 이 법에서 보장비용이라 함은 다음 각 호의 비용을 말한다.
1. 이 법에 의한 보장업무에 소요되는 인건비와 사무비
2. 제20조의 규정에 의한 생활보장위원회의 운영에 소요되

는 비용
3. 제8조 내지 제18조의 규정에 의한 급여실시비용
4. 기타 이 법에 의한 보장업무에 소요되는 비용

제43조 (보장비용의 부담구분) ①제42조의 규정에 의한 보장
비용의 부담은 다음 각 호의 구분에 의한다.
1. 국가 또는 시·도가 직접 행하는 보장업무에 소요되는 비
용은 국가 또는 당해 시·도가 부담한다.
2. 제19조제2항의 규정에 의한 급여의 실시비용은 국가 또
는 당해 시·도가 부담한다.
3. 시·군·구가 행하는 보장업무에 소요되는 비용 중 제42조
제1호 및 제2호의 비용은 당해 시·군·구가 부담한다.
4. 시·군·구가 행하는 보장업무에 소요되는 비용 중 제42조
제3호 및 제4호의 비용은 다음 각 목의 범위안에서 보장기
관간에 협의하여 부담한다. 다만, 시·도 및 시·군·구의 수
급자 분포 및 재정자립도 등을 고려하여 국가부담비율, 시·
도 부담비율, 시·군·구 부담비율은 다음 각 목의 범위안에
서 차등하여 적용할 수 있다.
가. 특별시가 관할하는 자치구의 경우에는 그 총액의 100분
의 50 이하를 국가가 부담하고, 국가부담제외분의 100분의
50 이상을 특별시가, 그 100분의 50 이하를 당해 자치구가
부담한다.
나. 광역시 및 도가 관할하는 시·군·구의 경우에는 그 총액
의 100분의 80 이상을 국가가 부담하고, 국가부담제외분의
100분의 50 이상을 당해 광역시 및 도가, 100분의 50 이하를
당해시·군·구가 부담한다.
②국가는 매년 이 법에 의한 보장비용 중 국가부담예정합
계액을 각각 보조금으로 교부하고, 그 과부족은 정산에 의
하여 추가로 교부하거나 반납하게 한다.
③시·도는 매년 시·군·구에 대하여 제2항의 규정에 의한
국가의 보조금에, 제1항제4호의 규정에 의한 시·도의 부담
예정액을 합하여 보조금으로 교부하고 그 과부족은 정산에
의하여 추가로 교부하거나 반납하게 한다.
④제2항 및 제3항의 규정에 의한 보조금의 산출 및 정산방
법등에 관하여 필요한 사항은 대통령령으로 정한다.
⑤지방자치단체의 조례에 의하여 이 법에 의한 급여범위
및 수준을 초과하여 급여를 실시하는 경우 그 초과 보장비
용은 당해 지방자치단체가 부담한다.

제44조 삭제 <2006.12.28>

제45조 (유류금품의 처분) 제14조의 규정에 의한 장제급여를
행함에 있어 사망자에게 부양의무자가 없는 때에는 시장·
군수·구청장은 사망자가 유류한 금전 또는 유가증권으로
그 비용에 충당하고, 그 부족액에 대하여는 유류물품의 매
각대금으로 이를 충당할 수 있다.

제46조 (비용의 징수) ①수급자에게 부양능력을 가진 부양의
무자가 있음이 확인된 경우에는 보장비용을 지급한 보장기
관은 생활보장위원회의 심의·의결을 거쳐 그 비용의 전부
또는 일부를 그 부양의무자로부터 부양의무의 범위안에서
징수할 수 있다.
②사위 기타 부정한 방법에 의하여 급여를 받거나 타인으
로 하여금 급여를 받게 한 경우에는 보장비용을 지급한 보
장기관은 그 비용의 전부 또는 일부를 그 급여를 받은 자
또는 급여를 받게 한 자(이하 "부정수급자"라 한다)로부터
징수할 수 있다.
③제1항 또는 제2항의 규정에 의하여 징수할 금액은 각각
부양의무자 또는 부정수급자에게 통지하여 이를 징수하고,
부양의무자 또는 부정수급자가 이에 응하지 아니하는 경우
국세 또는 지방세체납처분의 예에 의하여 이를 징수한다.

제47조 (반환명령) ①보장기관은 급여의 변경 또는 급여의 정
지·중지에 따라 수급자에게 이미 지급한 수급품 중 과잉지
급분이 발생한 경우에는 즉시 수급자에 대하여 그 전부 또
는 일부의 반환을 명하여야 한다. 다만, 이미 이를 소비하였
거나 기타 수급자에게 부득이한 사유가 있는 때에는 그 반
환을 면제할 수 있다.
②제27조제2항의 규정에 의하여 시장·군수·구청장이 긴급
급여를 실시하였으나 조사결과에 따라 급여를 실시하지 아
니하기로 결정한 경우 급여비용의 반환을 명할 수 있다.

제9장 벌칙

제48조 (벌칙) 제22조제6항의 규정에 위반한 자는 3년 이하
의 징역 또는 1천만원이하의 벌금에 처한다.

제49조 (벌칙) 사위 기타 부정한 방법에 의하여 급여를 받거
나 또는 타인으로 하여금 급여를 받게 한 자는 1년 이하의
징역, 500만원 이하의 벌금, 구류 또는 과료에 처한다.

제50조 (벌칙) 제33조제1항 또는 제5항의 규정에 위반하여
수급자의 급여위탁을 정당한 사유없이 거부한 자나 종교상
의 행위를 강제한 자는 300만원 이하의 벌금, 구류 또는 과
료에 처한다.

제51조 (양벌규정) 법인의 대표자나 법인 또는 개인의 대리인
·사용인 기타 종업원이 그 법인 또는 개인의 업무에 관하여
제48조 또는 제49조의 위반행위를 한 때에는 행위자를 벌
하는 외에 그 법인 또는 개인에 대하여도 각 해당조의 벌금
또는 과료의 형을 과한다.

부칙 <제6024호, 1999.9.7>

제1조 (시행일) 이 법은 2000년 10월 1일부터 시행한다. 다만, 제5조제1항의 규정은 2003년 1월 1일부터 시행한다.

제2조 (다른 법률의 폐지) 생활보호법은 이를 폐지한다.

제3조 (다른 법률의 개정) ①상유아보육법 중 다음과 같이 개정한다.

제17조제1항 및 제21조 중 "생활보호법에 의한 생활보호대상자"를 각각 "국민기초생활보장법에 의한 수급자"로 한다.

②입양촉진및절차에관한특례법 중 다음과 같이 개정한다.

제4조제1호 중 "생활보호법에 의한 보호시설(이하 "보호시설"이라 한다)"을 "국민기초생활보장법에 의한 보장시설(이하 "보장시설"이라 한다)"로 하고, 제4조제2호 내지 제4호 및 제13조 중 "보호시설"을 각각 "보장시설"로 하며, 제23조제2항 중 "생활보호법에 의하여 지급되는 보호금품"을 "국민기초생활보장법에 의하여 지급되는 수급품"으로 한다.

③의사상자예우에관한법률 중 다음과 같이 개정한다.

제10조 중 "생활보호법이 정하는 교육보호"를 "국민기초생활보장법이 정하는 교육급여"로 하고, 제12조 중 "생활보호법이 정하는 장제보호"를 "국민기초생활보장법이 정하는 장제급여"로 한다.

④모자복지법 중 다음과 같이 개정한다.

제12조 중 "생활보호법 등"을 "국민기초생활보장법 등"으로 한다.

⑤일제하일본군위안부에대한생활안정지원법 중 다음과 같이 개정한다.

제4조제1항제1호를 다음과 같이 하고, 동조제2항 중 "생활보호법 제3조"를 "국민기초생활보장법 제5조의 규정에 의한 수급권자"로, "생활보호법 제4조제2항"을 "국민기초생활보장법 제3조제2항"으로 한다.

1. 국민기초생활보장법에 의한 생계급여

⑥발명진흥법 중 다음과 같이 개정한다.

제20조제2항 중 "생활보호법 제3조의 규정에 의한 보호대상자"를 "국민기초생활보장법 제5조의 규정에 의한 수급권자"로 한다.

⑦특허법 중 다음과 같이 개정한다.

제83조제2항 중 "생활보호법 제3조의 규정에 의한 보호대상자"를 "국민기초생활보장법 제5조의 규정에 의한 수급권자"로 한다.

⑧의장법 중 다음과 같이 개정한다.

제35조제2항 중 "생활보호법 제3조의 규정에 의한 보호대상자"를 "국민기초생활보장법 제5조의 규정에 의한 수급권자"로 한다.

⑨주민등록법 중 다음과 같이 개정한다.

제14조의2 중 "생활보호법"을 "국민기초생활보장법"으로 한다.

⑩의료보호법 중 다음과 같이 개정한다.

제4조제1항제1호를 다음과 같이 한다.

1. 국민기초생활보장법에 의한 수급자

제4조 (시범사업의 특례) 보건복지부장관은 부칙 제1조 단서의 규정에 불구하고 이법 시행일부터 2002년 12월 31일까지 제5조제1항의 규정에 의한 수급권자의 범위의 적정을 기하기 위하여 보건복지부장관이 고시하는 지역에서 시범사업을 실시할 수 있다. 이 경우 부칙 제5조 및 제6조의 규정은 적용하지 아니한다.

제5조 (수급권자의 범위에 대한 적용특례) 이 법 시행일부터 2002년 12월 31일까지 수급권자는 부양의무자가 없거나, 부양의무자가 있어도 부양능력이 없거나 부양을 받을 수 없는 자로서 최저생계비를 감안하여 보건복지부장관이 개별가구의 소득평가액과 재산을 기준으로 하여 매년 정하는 수급권자 선정기준에 해당하는 자로 한다.

제6조 (소득인정액에 대한 적용특례) 이 법 시행일부터 2002년 12월 31일까지 제7조제2항 및 제9조제4항의 소득인정액은 제2조제8호의 개별가구의 소득평가액을 말한다.

제7조 (법 시행을 위한 준비행위) ①보건복지부장관은 법 시행을 위하여 필요하다고 인정하는 경우에는 이 법 시행전에 국가·지방자치단체와 공공단체 기타 관계인에 대하여 이 법 시행의 준비에 필요한 자료의 제출 등 협조를 요청할 수 있다.

②제1항의 규정에 의한 협조의 요청을 받은 국가·지방자치단체와 공공단체 기타 관계인은 성실하게 이에 응하여야 한다.

제8조 (자활후견기관 등에 관한 경과조치) 이 법 시행당시 종전의 생활보호법에 의하여 지정 또는 설립된 자활후견기관과 자활공동체는 이 법에 의하여 각각 지정 또는 설립된 것으로 본다.

제9조 (이의신청 등에 관한 경과조치) 이 법 시행전에 종전의 생활보호법에 의하여 제기된 이의신청에 대하여는 종전의 생활보호법에 의한다.

제10조 (보호기금에 관한 경과조치) 이 법 시행당시 종전의 생활보호법에 의한 보호기금은 이 법에 의한 보장기금으로 본다.

제11조 (행정처분 등에 관한 경과조치) 이 법 시행전에 종전의 생활보호법에 의한 보호기관의 처분 기타 행위 또는 보호기관에 대하여 행한 신청 등의 행위는 이 법에 의한 보장기관의 처분 기타 행위 또는 보장기관에 대한 신청 등의 행위로 본다.

제12조 (벌칙에 관한 경과조치) 이 법 시행전에 종전의 생활보호법의 위반행위에 대한 벌칙의 적용에 있어서는 종전의 생활보호법에 의한다.

제13조 (다른 법령과의 관계) 이 법 시행당시 다른 법령에서 종전의 생활보호법을 인용한 경우에 이 법 중 그에 해당하

는 조항이 있는 때에는 종전의 규정에 갈음하여 이 법의 해당조항을 인용한 것으로 본다.

부칙 <제7181호, 2004.3.5>
이 법은 공포한 날부터 시행한다. 다만, 제6조제2항의 개정규정은 2005년 1월 1일부터 시행하고, 제2조제5호의 개정규정은 2005년 7월 1일부터 시행한다.

부칙 <제7738호, 2005.12.23>
이 법은 2007년 1월 1일부터 시행한다.

부칙(국가공무원법) <제7796호, 2005.12.29>
제1조 (시행일) 이 법은 2006년 7월 1일부터 시행한다.
제2조 내지 제5조 생략
제6조 (다른 법률의 개정) ①내지 ⑭생략
⑮국민기초생활보장법 일부를 다음과 같이 개정한다.
제20조제3항제3호 중 "3급 이상 공무원"을 "3급 이상 공무원 또는 고위공무원단에 속하는 일반직공무원"으로 한다.
<16>내지 <68>생략

부칙 <제8112호, 2006.12.28>
①(시행일) 이 법은 2007년 7월 1일부터 시행한다.
②(기존의 의료급여를 받고 있는 차상위자의 장제급여 실시에 관한 경과조치) 이 법 시행 전 「의료급여법」 제3조제1항제9호의 규정에 따른 수급권자 중 희귀난치성·만성질환자 또는 18세 미만 아동인 차상위자로서 2004년 1월 1일 이후 의료급여를 받고 있는 자는 제7조제1항제6호의 장제급여를 받을 수 있다.
③(자활후견기관에 대한 경과조치) 이 법 시행당시 종전의 규정에 따라 자활후견기관으로 지정받은 법인 등은 제16조의 개정규정에 따라 지역자활센터로 지정받은 것으로 본다.
④(보장기금에 관한 경과조치) 이 법 시행당시 종전의 제44조의 규정에 따른 보장기금은 제18조의3의 개정규정에 따른 자활기금으로 본다.

국민기초생활 보장법 시행령

연혁

2000. 7. 27 제정 대통령령 제16924호
2003. 1. 2 일부개정 대통령령 제17877호
2006. 2. 22 일부개정 대통령령 제19351호

2006. 12. 21 일부개정 대통령령 제19768호
2007. 6. 28 일부개정 대통령령 제20131호

제1조 (목적) 이 영은 「국민기초생활 보장법」에서 위임된 사항과 그 시행에 관하여 필요한 사항을 규정함을 목적으로 한다. <개정 2006.2.22>

제2조 (개별가구) ①「국민기초생활 보장법」(이하 "법"이라 한다) 제2조제7호 내지 제9호에서 "개별가구"라 함은 다음 각 호의 자로 구성된 가구를 말한다. <개정 2006.2.22>
1. 「주민등록법 시행령」 제6조제1항의 규정에 의한 세대별 주민등록표에 기재된 자(동거인을 제외한다)
2. 제1호외의 자로서 다음 각 목의 1에 해당하는 자
가. 제1호에 해당하는 자의 배우자(사실상 혼인관계에 있는 자를 포함한다. 이하 같다)
나. 제1호에 해당하는 자의 미혼자녀 중 30세 미만인 자
다. 제1호에 해당하는 자와 생계 및 주거를 같이 하는 자(제1호에 해당하는 자 중 생계를 책임지는 자가 그 부양의무자인 경우에 한한다)
②제1항의 규정에 불구하고 다음 각 호의 어느 하나에 해당하는 자는 개별가구에서 이를 제외한다. <개정 2006.2.22>
1. 현역군인 등 법률상 의무의 이행을 위하여 다른 곳에서 거주하면서 의무이행과 관련하여 생계를 보장받고 있는 자
2. 외국에 3월 이상 체류하는 자
3. 「행형법」 및 「치료감호법」 등에 의한 교도소·구치소·치료감호시설 등에 수용 중인 자
4. 제38조의 규정에 의한 보장시설에서 급여를 받고 있는 자
5. 실종선고의 절차가 진행 중인 자
6. 가출 또는 행방불명의 사유로 경찰서 등 행정관청에 신고되어 1월이 경과되었거나 가출 또는 행방불명 사실을 시장·군수·구청장(자치구의 구청장을 말한다. 이하 같다)이 확인한 자
7. 기타 제1항제1호에 해당하는 자와 생계 및 주거를 달리한다고 시장·군수·구청장이 확인한 자

제3조 (소득의 범위) ①법 제2조제8호에서 "실제소득"이라 함은 다음 각 호의 소득을 합산한 금액을 말한다. <개정 2002.10.14, 2006.2.22>
1. 근로소득 : 근로의 제공으로 얻는 소득. 다만, 「소득세법」의 규정에 의하여 비과세되는 근로소득은 제외하되, 다음 각 목의 급여는 근로소득에 포함한다.
가. 「소득세법」 제12조제4호 거목의 규정에 의하여 비과세되는 급여
나. 「소득세법 시행령」 제16조제1항제1호의 규정에 의하여 비과세되는 급여
2. 사업소득
가. 농업소득 : 경종업(경종업), 과수·원예업, 양잠업, 종묘업, 특수작물생산업, 가축의 사육업, 종축업 또는 부화업과 이에 부수하는 업무에서 얻는 소득
나. 임업소득 : 영림업·임산물생산업 또는 야생조수사육업과 이에 부수하는 업무에서 얻는 소득
다. 어업소득 : 어업과 이에 부수하는 업무에서 얻는 소득
라. 기타사업소득 : 도매업·소매업·제조업 기타 사업에서 얻는 소득
3. 재산소득
가. 임대소득 : 부동산·동산·권리 기타 재산의 대여로 발생하는 소득
나. 이자소득 : 예금·주식·채권의 이자와 배당 또는 할인에 의하여 발생하는 소득 중 보건복지부장관이 정하는 금액 이상의 소득
4. 기타소득
가. 친족 또는 후원자 등으로부터 정기적으로 받는 금품 중 보건복지부장관이 정하는 금액 이상의 금품
나. 제4조제1항제4호 다목의 규정에 의하여 보건복지부장관이 정하는 금액
다. 「국민연금법」·「공무원연금법」·「군인연금법」·「사립학교교직원 연금법」·「고용보험법」·「산업재해보상보험법」·「독립유공자예우에 관한 법률」·「국가유공자 등 예우 및 지원에 관한 법률」·「고엽제후유의증 환자지원 등에 관한 법률」·「자동차손해배상 보장법」·「참전유공자예우에 관한 법

률」 등의 규정에 의하여 정기적으로 지급되는 각종 수당·연금·급여 기타 금품. 다만, 다음의 금품을 제외한다.
(1) 「독립유공자예우에 관한 법률」 제14조 및 「국가유공자 등 예우 및 지원에 관한 법률」 제14조의 규정에 의한 생활조정수당
(2) 법률 제6649호 참전유공자예우에관한법률 중 개정법률 부칙 제4조의 규정에 의하여 지급받는 생계보조비와 동조 제2항의 규정에 의하여 생계보조비를 지급받는 자가 동법 제6조의 규정에 의하여 지급받는 참전명예수당
②제1항의 규정에 불구하고 다음 각 호의 금품은 이를 소득으로 보지 아니한다.
1. 퇴직금·현상금·보상금 등 정기적으로 지급되는 것으로 볼 수 없는 금품
2. 보육·교육 기타 이와 유사한 성질의 서비스 이용을 전제로 제공받는 보육료·학자금 기타 이와 유사한 금품
3. 법 제43조제5항의 규정에 의하여 지방자치단체가 지급하는 금품으로서 보건복지부장관이 정하는 금품

제3조의2 (차상위계층) 법 제2조제11호에서 "소득인정액이 대통령령이 정하는 기준 이하인 계층"이라 함은 소득인정액이 최저생계비의 100분의 120 이하인 자를 말한다.
[본조신설 2006.12.21]

제4조 (부양능력이 없는 경우) ①법 제5조제3항에서 "부양의무자가 있어도 부양능력이 없는 경우"라 함은 부양의무자가 다음 각 호의 어느 하나에 해당하는 경우를 말한다. 이 경우 제2호에 해당하는 부양의무자는 개별가구에 속하지 아니하는 다른 직계혈족에 한하여 부양능력이 없는 것으로 본다. <개정 2006.2.22, 2007.6.28>
1. 수급자인 경우
2. 직계존속 또는 「장애인복지법」에 의한 중증장애인인 직계비속을 자신의 주거에서 부양하는 경우(보건복지부장관이 정하여 고시하는 경우에 한한다)
3. 다음 각 목의 어느 하나에 해당하는 자로서 재산의 소득환산액이 수급권자 및 당해 부양의무자 각각의 최저생계비의 100분의 42에 해당하는 금액을 합한 금액 미만인 경우
가. 제3조에 따른 실제소득(이하 "실제소득"이라 한다)이 최저생계비의 100분의 130 미만인 자
나. 일용근로 등에 종사하는 자. 이 경우 일용근로는 근로를 제공한 날 또는 시간에 따라 근로대가를 계산하는 근로로서 고용계약기간이 1월 미만인 근로로 한다.
4. 제1호 내지 제3호외의 자로서 다음 각 목의 요건을 충족하는 경우
가. 실제소득이 수급권자 및 당해 부양의무자 각각의 최저생계비를 합한 금액의 100분의 130 미만일 것
나. 재산의 소득환산액이 수급권자 및 당해 부양의무자 각의 최저생계비의 100분의 42에 해당하는 금액을 합한 금액 미만일 것
다. 부양의무자의 실제소득에서 부양의무자 최저생계비의 100분의 130에 해당하는 금액을 차감한 금액의 범위안에서 보건복지부장관이 정하는 금액을 수급권자에게 정기적으로 지원할 것
5. 기타 질병·교육·가구특성 등으로 인하여 부양능력이 없다고 보건복지부장관이 정하는 경우
②보건복지부장관은 제1항의 규정에 불구하고 부양의무자인 출가한 딸 등의 부양능력에 대하여는 그 인정기준을 완화하여 정할 수 있다.

제5조 (부양받을 수 없는 경우) 법 제5조제3항에서 "부양의무자가 있어도 부양을 받을 수 없는 경우"라 함은 부양의무자가 다음 각 호의 1에 해당하는 경우를 말한다. <개정 2006.2.22>
1. 「병역법」에 의하여 징집 또는 소집된 경우
2. 「해외이주법」 제2조의 규정에 의한 해외이주자에 해당하는 경우
3. 제2조제2항제3호 내지 제6호에 해당하는 경우
4. 부양을 기피 또는 거부하는 경우
5. 기타 수급권자가 부양을 받을 수 없다고 시장·군수·구청장이 확인한 경우

제5조의2 (수급권자에 해당하는 외국인의 범위) 법 제5조의2에 따라 수급권자가 될 수 있는 외국인은 「출입국관리법」 제31조에 따라 외국인 등록을 한 자로서 다음 각 호의 어느 하나에 해당하는 자로 한다.
1. 대한민국 국민과 혼인 중인 자로서 대한민국 국적의 미성년 자녀[계부(모)자 관계 및 양친자관계를 포함한다. 이하 이 조에서 같다]를 양육하고 있는 자
2. 대한민국 국민인 배우자와 이혼하거나 그 배우자가 사망한 자로서 대한민국 국적의 미성년 자녀를 양육하고 있는 자
[본조신설 2006.12.21]

제5조의3 (차상위자에 대한 급여의 기준 등) ①법 제7조제3항에 따라 차상위자에게 지급하는 급여는 장제급여 및 자활급여로 한다.
②제1항에 따른 장제급여의 지급대상 및 지급금액은 다음 각 호와 같다.
1. 지급대상 : 차상위자 중 「의료급여법」 제3조제1항제9호에 따라 의료급여를 받고 있던 자가 사망한 경우 장제를 치르는 자
2. 지급금액 : 「국민건강보험법」 제45조에 따라 지급되는 장제비 이상의 금액으로 하되, 수급자에게 지급되는 장제

급여 기준을 초과하지 아니하는 범위에서 보건복지부장관이 정하는 금액
③제1항에 따른 자활급여는 차상위자의 근로능력, 취업상태 및 가구여건 등을 고려하여 제17조부터 제21조까지 및 제21조의2에 따른 급여를 행하는 것으로 한다.
④제2항 및 제3항에 따른 장제급여와 자활급여의 신청 및 지급절차 등에 필요한 사항은 보건복지부령으로 정한다.
[본조신설 2007.6.28]

제6조 (생계급여의 지급방법) 법 제9조제2항 본문의 규정에 의하여 생계급여에 해당하는 금전을 매월 정기적으로 미리 지급하는 경우에는 매월 20일(공휴일인 경우에는 그 전일)에 금융기관 또는 체신관서의 수급자 계좌에 입금하는 방법에 의한다. 다만, 수급자가 금융기관 또는 체신관서가 없는 지역에 거주하는 등 부득이 한 사유가 있는 경우에는 해당 금전을 수급자에게 직접 지급할 수 있다.

제7조 (근로능력이 있는 수급자) 법 제9조제5항 전단에서 "근로능력이 있는 수급자"라 함은 18세 이상 64세 이하의 수급자를 말한다. 다만, 다음 각 호의 1에 해당하는 자를 제외한다. <개정 2003.1.2, 2006.2.22>
1. 「장애인고용촉진 및 직업재활법」 제2조제2호의 규정에 의한 중증장애인
2. 보건복지부장관이 정하는 질병 또는 부상에 해당하지 아니하는 질병·부상 또는 그 후유증으로 3월 이상의 치료 또는 요양이 필요한 자
3. 임산부
4. 공익근무요원 등 법률상 의무를 이행 중인 자
5. 기타 근로가 곤란하다고 보건복지부장관이 정하는 자

제8조 (조건부수급자) 법 제9조제5항의 규정에 의하여 자활에 필요한 사업(이하 "자활사업"이라 한다)에 참가할 것을 조건으로 생계급여를 지급받는 자(이하 "조건부수급자"라 한다)는 제7조의 규정에 의한 근로능력이 있는 수급자 중 다음 각 호의 어느 하나에 해당하는 수급자를 제외한 자로 한다. <개정 2006.2.22>
1. 개별가구 또는 개인의 여건 등으로 자활사업에 참가하기가 곤란한 다음 각 목의 어느 하나에 해당하는 자
가. 미취학 자녀 또는 질병·부상 또는 장애 등으로 거동이 곤란한 가구원이나 치매 등으로 특히 보호가 필요한 가구원을 양육·간병 또는 보호하는 수급자(가구별로 1인에 한하되, 양육·간병 또는 보호를 할 수 있는 다른 가구원이 있거나 사회복지시설 등에서 보육·간병 또는 보호서비스를 제공받는 경우를 제외한다)
나. 「고등교육법」 제2조 각 호(제5호를 제외한다)의 규정에 의한 학교에 재학 중인 자

다. 「장애인고용촉진 및 직업재활법」 제8조의 규정에 의한 장애인직업재활실시기관 및 동법 제36조의 규정에 의한 한국장애인고용촉진공단이 실시하는 고용촉진 및 직업재활 사업에 참가하고 있는 장애인
2. 근로 또는 사업에 종사하는 대가로 소득을 얻고 있는 다음 각 목의 어느 하나에 해당하는 자
가. 주당 평균 3일(1일 6시간 이상에 한한다) 이상 근로에 종사하거나 주당 평균 4일 이상의 기간동안 22시간 이상의 근로에 종사하는 자
나. 「부가가치세법」 제5조의 규정에 의하여 사업자등록을 하고 그에 종사하고 있는 자
3. 환경변화로 적응기간이 필요하다고 인정되는 다음 각 목의 어느 하나에 해당하는 자. 이 경우 그 기간은 3월에 한한다.
가. 「병역법」에 의한 입영예정자 또는 전역자
나. 「행형법」 및 「치료감호법」 등에 의한 교도소·구치소·「치료감호시설」 등에서 출소한 자
다. 제38조의 규정에 의한 보장시설에서 퇴소한 자
라. 「초·중등교육법」 제2조제4호 내지 제6호의 규정에 의한 학교 또는 「고등교육법」 제2조 각 호(제5호를 제외한다)의 규정에 의한 학교의 졸업자
마. 질병·부상 등으로 2월 이상의 치료를 받고 회복한 자
4. 기타 자활사업에 참가할 것을 조건으로 생계급여를 지급하는 것이 곤란하다고 보건복지부장관이 정하는 자

제9조 (사회복지시설 등의 우선 이용) 보장기관은 제8조제1호 가목에 해당하는 수급자가 근로활동 또는 자활사업에 참가할 수 있도록 하기 위하여 사회복지시설 등의 보육·간병 또는 보호서비스를 우선적으로 이용할 수 있도록 필요한 조치를 취하여야 한다. <개정 2007.6.28>

제10조 (자활에 필요한 사업) ①법 제9조제5항에서 "자활에 필요한 사업"이라 함은 다음 각 호의 사업을 말한다. <개정 2006.2.22, 2007.6.28>
1. 제18조의 규정에 의한 직업훈련
2. 제19조의 규정에 의한 취업알선 등의 제공
3. 제20조에 따른 자활근로
4. 「직업안정법」 제4조제1호의 규정에 의한 직업안정기관(이하 "직업안정기관"이라 한다)의 장이 제시하는 사업장에의 취업
5. 「고용정책기본법」 제28조제1항제5호의 규정에 의한 취로사업 등
6. 법 제16조에 따른 지역자활센터(이하 "지역자활센터"라 한다)의 사업
7. 법 제18조의 규정에 의한 자활공동체(이하 "자활공동체"라 한다)의 사업

8. 개인 또는 공동 창업
9. 근로의욕 및 능력의 유지를 위한 자원봉사
10. 기타 수급자의 자활에 필요하다고 보건복지부장관이 정하여 고시하는 사업
②시장·군수·구청장은 제1항제9호의 규정에 의하여 생계급여의 조건으로 자원봉사를 제시받은 조건부수급자가 그와 다른 자원봉사를 하고자 하는 경우 그 자원봉사의 내용·기간 및 자원봉사 이행여부의 확인자 등을 고려하여 이를 생계급여의 조건으로 인정할 수 있으며, 필요한 경우에는 자원봉사의 내용 등을 변경하여 인정할 수 있다.

제11조 (생계급여의 조건제시 방법 및 결과통지) ①시장·군수·구청장은 법 제9조제5항의 규정에 의하여 조건부수급자로 결정된 날부터 1월 이내에 당해 조건부수급자가 법 제28조의 규정에 의한 자활지원계획(이하 "가구별자활지원계획"이라 한다)에 따라 자활사업에 참가하는 것을 생계급여의 조건으로 조건부수급자에게 제시하여야 한다.
②제1항의 규정에 불구하고 시장·군수·구청장은 조건부수급자가 근로능력·자활욕구 및 가구여건 등이 취업에 적합한 자인 경우 그 조건부수급자(이하 "취업대상자"라 한다)의 취업을 촉진하기 위하여 당해 시·군·구(자치구를 말한다. 이하 같다)를 관할하는 직업안정기관의 장이 지정하는 자활사업에 참가하는 것을 생계급여의 조건으로 취업대상자에게 제시하여야 한다. 이 경우 시장·군수·구청장은 이에 관한 사실을 직업안정기관의 장에게 지체없이 서면(전자문서를 포함한다)으로 통지하여야 한다. <개정 2007.6.28>
③직업안정기관의 장은 제2항 후단의 규정에 의한 통지를 받은 때에는 제13조제1항의 규정에 의한 개인별 취업지원계획에 따라 취업대상자가 참가할 자활사업을 지정하고 이를 취업대상자 및 시장·군수·구청장에게 지체없이 서면(전자문서를 포함한다)으로 통지하여야 한다. <개정 2007.6.28>
④직업안정기관의 장은 제3항의 규정에 의한 취업대상자의 조건이행여부에 대한 의견 등을 포함한 자활사업 참가결과를 3월마다 시장·군수·구청장에게 서면(전자문서를 포함한다)으로 통지하여야 한다. 다만, 취업대상자가 조건이행을 중도 포기하거나 거부하는 등의 사유가 있는 경우에는 그 결과를 지체없이 서면(전자문서를 포함한다)으로 통지하여야 한다. <개정 2007.6.28>
⑤제2항의 규정에 의한 조건부수급자의 구분기준, 조건부수급자별로 제시할 자활사업의 종류와 내용 및 생계급여의 조건제시 방법 등에 관하여 필요한 사항은 보건복지부장관이 관계 중앙행정기관의 장과 협의하여 정한다.

제12조 (자활사업의 위탁시행) ①시장·군수·구청장 및 직업안정기관의 장은 제10조제1항 각 호의 자활사업을 행하는 공공 또는 민간기관·단체(이하 "자활사업실시기관"이라 한다)의 장에게 조건부수급자에 대한 자활사업을 위탁하여 시행할 수 있다. 이 경우 시장·군수·구청장 및 직업안정기관의 장은 조건부수급자의 수용능력 등에 관하여 미리 자활사업실시기관의 장과 협의하여야 한다.
②자활사업실시기관의 장은 제1항의 규정에 의하여 자활사업의 시행을 위탁받은 조건부수급자의 조건이행여부에 대한 의견 등을 포함한 자활사업 참가결과를 3월마다 시장·군수·구청장 또는 직업안정기관의 장에게 서면(전자문서를 포함한다)으로 통지하여야 한다. 다만, 조건부수급자가 조건이행을 중도 포기하거나 거부하는 등의 사유가 있는 경우에는 그 결과를 지체없이 서면(전자문서를 포함한다)으로 통지하여야 한다. <개정 2007.6.28>

제13조 (취업지원계획) ①직업안정기관의 장은 제11조제2항 후단의 규정에 의한 통지를 받은 취업대상자에 대하여 개인별 취업지원계획을 수립하고 이를 시장·군수·구청장에게 통지하여야 한다. 이 경우 통지를 받은 시장·군수·구청장은 취업대상자의 가구별 자활지원계획에 이를 기록·관리하여야 한다.
②노동부장관은 취업대상자에 대한 취업지원업무를 원활히 수행하기 위하여 매년 12월말까지 종합취업지원계획을 수립하여야 한다.
③직업안정기관의 장 및 노동부장관은 제1항의 규정에 의한 개인별 취업지원계획 및 제2항의 규정에 의한 종합취업지원계획을 수립함에 있어 필요한 경우에는 시장·군수·구청장에게 필요한 자료의 제공을 요청할 수 있다.

제14조 삭제 <2007.6.28>

제15조 (조건부수급자의 생계급여 결정) ①시장·군수·구청장은 법 제9조제5항의 규정에 의하여 보건복지부령이 정하는 바에 따라 사업에 참가한 달의 다음 달부터 3월마다 조건부수급자의 생계급여의 지급여부를 결정하여야 한다. 다만, 조건부수급자가 조건을 이행하지 아니하는 것이 명백한 경우와 직업안정기관의 장 및 자활사업실시 기관의 장으로부터 조건부수급자가 조건을 이행하지 아니한다는 것을 통지받은 경우에는 지체없이 조건부수급자의 생계급여의 지급여부를 결정하여야 한다.
②시장·군수·구청장은 제1항의 규정에 의하여 생계급여의 지급의 중지를 결정한 경우에는 보건복지부령이 정하는 바에 따라 그 사실을 조건부수급자에게 서면(전자문서를 포함한다)으로 통지하여야 한다. <개정 2007.6.28>
③생계급여의 중지기간·생계급여 중지액 및 생계급여의 재개 등에 관하여 필요한 사항은 보건복지부령으로 정한다.

제16조 (교육급여) ①법 제12조의 규정에 의한 교육급여는 다음 각 호의 학교 또는 시설에 입학 또는 재학하는 자에게 입학금·수업료(제5호의 경우에는 학습비를 말한다) 및 학용품비 기타 수급품(이하 "학비"라 한다)을 지급하는 것으로 한다. <개정 2006.2.22>
1. 「초·중등교육법」 제2조제3호의 규정에 의한 중학교·고등공민학교
2. 「초·중등교육법」 제2조제4호의 규정에 의한 고등학교·고등기술학교
3. 「초·중등교육법」 제2조제5호의 규정에 의한 특수학교(중학교 및 고등학교 과정에 한한다)
4. 「초·중등교육법」 제2조제6호의 규정에 의한 각종학교로서 제1호 내지 제3호와 유사한 학교
5. 「평생교육법」 제20조의 규정에 의한 학교형태의 평생교육시설(중학교·고등학교의 학력이 인정되는 시설에 한한다)
②제1항의 규정에 의한 수급자가 「초·중등교육법 시행령」 등 다른 법령의 규정에 의하여 중학교 의무교육을 받거나 학비를 감면 받는 경우에는 그 감면의 범위에 해당하는 학비는 지원하지 아니한다. 다만, 보건복지부장관이 정하는 장학상 필요한자에 대하여는 다른 법령에 의한 학비감면에도 불구하고 학비를 전액 지원할 수 있다. <개정 2006.2.22>
③학비의 지급방법 및 절차 등에 관하여 필요한 사항은 보건복지부령으로 정한다.

제17조 (자금의 대여 등 <개정 2007.6.28>) ①보장기관은 법 제15조제1항제1호에 따라 수급자에게 자활에 필요한 다음 각 호의 자금을 대여할 수 있다. <개정 2007.6.28>
1. 사업의 창업·운영자금
2. 취업에 필요한 기술훈련비
3. 그 밖에 보건복지부장관이 수급자의 자활에 필요하다고 인정하는 비용
②제1항에 따른 자금은 「공공자금관리기금법」에 따른 공공자금관리기금이나 일반회계에서 대여한다. <신설 2007.6.28>
③보장기관은 제1항에 따라 자금을 대여받으려는 자의 자금 대여규모, 사용계획 등이 보건복지부장관이 정하는 기준에 적합한 경우에는 마이크로크레딧 방식(자금을 무보증으로 대여하면서 자활에 필요한 교육·훈련·경영지원 등을 제공하는 방식을 말한다)으로 자금을 대여할 수 있다. <신설 2007.6.28>
④보장기관은 자금을 대여 받은 수급자가 대여신청 당시의 목적대로 자금을 사용하지 아니하는 경우에는 시정을 요구할 수 있으며, 수급자가 정당한 사유없이 그 시정요구를 이행하지 아니한 때에는 대여한 자금을 수급자로부터 회수할 수 있다. <개정 2007.6.28>
⑤자금의 대여신청, 대상자의 선정 및 대여자금의 상환 등에 관하여 필요한 사항은 보건복지부령으로 정한다. <개정 2007.6.28>

제18조 (직업훈련) ①법 제15조제1항제2호의 규정에 의한 기능습득의 지원은 수급자 중 직업훈련이 가능한 자를 직업훈련기관에 위탁하여 직업훈련을 받도록 하고, 그 훈련에 필요한 준비금·수당·식비 등을 지원하는 것으로 한다.
②보건복지부장관은 제1항의 규정에 의한 직업훈련 대상자의 규모, 훈련직종, 대상자 선정기준 등이 포함된 직업훈련의 지원에 관한 계획을 매년 수립하여야 한다. 이 경우 취업효과를 높이기 위하여 훈련직종의 선정 등에 관하여는 관계중앙행정기관의 장과 협의하여야 한다.
③직업훈련기관, 직업훈련비의 지급 및 훈련자의 관리 등에 관하여 필요한 사항은 보건복지부령으로 정한다.

제19조 (취업알선 등의 제공) 보장기관은 법 제15조제1항제3호의 규정에 의하여 수급자에게 그 능력 및 적성에 맞는 직업에 취업할 수 있도록 직업상담 및 직업적성검사 등 적절한 직업지도와 취업알선 등을 직접 또는 직업안정기관에 위탁하여 제공할 수 있다. <개정 2007.6.28>

제20조 (자활근로 <개정 2007.6.28>) ①보장기관은 법 제15조제1항제2호의 규정에 의한 자활에 필요한 근로능력의 향상 및 기능습득의 지원과 법 제15조제1항제4호의 규정에 의한 근로기회의 제공을 위하여 수급자에게 공익성이 높은 사업 또는 지역주민의 복지향상을 위하여 필요한 사업 등에서 유급으로 근로(이하 "자활근로"라 한다)할 수 있는 기회를 제공할 수 있다. <개정 2007.6.28>
②제1항의 규정에 의한 자활근로의 대상사업 및 대상자 선정방법 등에 관하여 필요한 사항은 보건복지부령으로 정한다. <개정 2007.6.28>

제21조 (창업지원) 보장기관은 법 제15조제1항제5호의2에 따라 수급자의 창업 지원 등을 위하여 다음 각 호의 사항을 지원할 수 있다.
1. 창업 업종의 선정 및 사업계획 수립의 지도
2. 기능훈련, 제품개발 등의 지도
3. 세무, 회계, 법률 등 경영관련 교육
4. 공공·민간 창업지원서비스의 연계·알선
5. 그 밖에 창업 지원 및 경영개선에 관한 사항으로서 보건복지부장관이 정하는 사항
[전문개정 2007.6.28]

제21조의2 (자산형성지원) ①보장기관은 법 제15조제1항제5호의3에 따라 수급자의 자활에 필요한 자산형성지원을 위하여 수급자가 제21조의3제1호에 따른 금융기관에 다음 각 호의 어느 하나에 해당하는 용도로 저축한 금액에 보건복지부장관이 정하는 비율을 곱한 금액을 수급자에게 지급할 수 있다. 이 경우 지급하는 금액은 수급자의 가구여건, 취업상태, 근로소득 등을 고려하여 보건복지부장관이 정하여 고시하는 금액을 초과하지 아니하는 범위내로 한다.
1. 주택 구입·임대비
2. 본인 및 자녀의 고등교육비·기술훈련비
3. 사업의 창업·운영자금
4. 그 밖에 보건복지부장관이 고시하는 용도
②보장기관은 제1항에 따라 자금을 지원받는 자에게 자금의 용도 등에 필요한 교육을 실시할 수 있다.
③보장기관은 제1항에 따른 지원을 받은 자가 저축액을 제1항 각 호의 용도와 달리 사용하거나 제2항에 따른 교육을 받지 아니하면 지원금을 회수할 수 있다.
④제1항부터 제3항까지의 규정 외에 지원신청, 대상자 선정, 지원금 지급 및 회수 등에 필요한 사항은 보건복지부장관이 정하여 고시한다.
[본조신설 2007.6.28]

제21조의3 (자활급여의 위탁) 법 제15조제2항 전단에서 "그 밖에 대통령령이 정하는 기관"이란 다음 각 호의 기관을 말한다.
1. 「은행법」, 「증권거래법」, 「보험업법」, 「상호저축은행법」, 「신용협동조합법」 등에 따라 금융업무를 행하는 기관으로서 보건복지부장관이 정하는 기관
2. 법 제15조제1항제4호에 따라 수급자 및 차상위자를 인턴사원으로 채용하는 사업자
3. 자활사업 수행 실적 등을 고려하여 자활급여 수행능력이 있다고 보건복지부장관이 인정하는 기관
[본조신설 2007.6.28]

제21조의4 (중앙자활센터의 설치 및 운영 등) ①법 제15조의2에 따른 중앙자활센터(이하 "중앙자활센터"라 한다)는 정관을 작성하여 주된 사무소의 소재지에 설립등기를 함으로써 성립한다.
②보건복지부장관은 중앙자활센터가 법 제15조의2제3항에 따라 경비를 보조받은 경우에는 경비의 사용에 관한 사항을 보고하게 하거나 그에 관한 서류를 제출하게 할 수 있다.
[본조신설 2007.6.28]

제21조의5 (중앙자활센터의 임원) ①중앙자활센터에 임원으로서 원장 1명을 포함한 11명 이내의 이사와 감사 1명을 두되, 원장을 제외한 임원은 비상임으로 한다.

②원장 및 감사는 정관이 정하는 바에 따라 이사회에서 선임하되 보건복지부장관의 승인을 받아야 한다.
③제1항에 따른 이사 중 당연직이사는 다음 각 호와 같다.
1. 보건복지부의 자활사업을 담당하는 고위공무원단에 속하는 공무원 또는 4급 이상의 공무원 중 보건복지부장관이 지정하는 자
2. 법 제16조제4항에 따른 지역자활센터협회의 장
④제3항에 따른 당연직이사를 제외한 비상임이사는 다음 각 호의 자 중에서 원장의 추천에 따라 보건복지부장관이 임명한다.
1. 자활사업·사회복지 분야에 대하여 학식과 경험이 풍부한 자
2. 정보통신·교육훈련·경영·경제·금융 분야 중 어느 하나 이상의 분야에 대한 학식과 경험이 풍부한 자
⑤임원의 임기는 3년으로 한다. 다만, 당연직이사 중 공무원의 임기는 그 재임기간으로 한다.
⑥그 밖에 임원의 자격·선임·직무에 필요한 사항은 정관으로 정한다.
[본조신설 2007.6.28]

제22조 (지역자활센터의 사업 <개정 2007.6.28>) 법 제16조제1항제6호에서 "기타 자활을 위한 각종사업"이라 함은 다음 각 호의 사업을 말한다. <개정 2007.6.28>
1. 수급자 또는 차상위자의 부업소득 향상을 위한 부업장의 설치·운영사업
2. 자활공동체 또는 부업장의 일감확보 및 판로개척을 위한 알선사업
3. 자활공동체 또는 부업장의 운영을 위한 후원의 알선사업
4. 수급자 또는 차상위자의 자녀교육 및 보육을 위한 자활지원관의 설치·운영사업
5. 기타 보건복지부령이 정하는 자활을 위한 사업

제23조 삭제 <2007.6.28>
제24조 삭제 <2007.6.28>
제25조 삭제 <2007.6.28>

제26조 (수급자 채용기업에 대한 지원) ①법 제18조의2에 따라 지원을 받을 수 있는 기업은 상시근로자의 100분의 20 이상을 수급자로 채용하는 기업으로 한다. 이 경우 채용 당시는 수급자이었으나 채용 후 수급자를 면하게 된 자가 계속하여 취업하고 있는 경우에는 수급자로 산정한다.
②제1항에 따른 기업에 대한 지원기간은 5년의 범위에서 보장기관이 정한다.
③보장기관은 제1항 및 제2항에 따라 지원받는 기업이 수급자 고용비율에 미달하는 경우에는 시정을 요구할 수 있으며, 기업이 정당한 사유 없이 그 시정요구를 이행하지 아

니하면 지원을 중단할 수 있다.

④제1항 및 제2항에 따라 지원을 받고 있는 기업은 수급자의 고용비율, 지원금의 사용내역을 매년 보고하여야 한다.

⑤제1항부터 제4항까지의 규정 외에 지원신청, 지원중단 및 보고 등의 절차 및 방법 등에 필요한 사항은 보건복지부장관이 정하여 고시한다.

[전문개정 2007.6.28]

제26조의2 (자활기금의 설치 <개정 2007.6.28>) ①법 제18조의3제1항에 따른 자활기금(이하 "기금"이라 한다)은 지방자치단체의 조례가 정하는 바에 따라 시·도 또는 시·군·구에 설치할 수 있다. <개정 2007.6.28>

②기금은 당해 지방자치단체의 조례가 정하는 바에 따라 다른 사회복지관련 기금과 통합하여 설치·운영할 수 있다. 이 경우 기금은 다른 사회복지관련 기금과 계정을 분리하여 운용·관리하여야 한다.

[제41조에서 이동 <2007.6.28>]

제26조의3 (기금의 재원) ①기금은 다음 각 호의 재원으로 조성한다. <개정 2007.6.28>

1. 지방자치단체 또는 지방자치단체외의 자로부터의 출연금

2. 다른 기금으로부터의 출연금

3. 금융기관 또는 다른 기금으로부터의 장기차입금

4. 기금의 대여에 따른 이자수입

5. 자활근로의 실시결과 발생하는 수익금

6. 기금의 운용수익

②국가는 기금의 재원확충을 위하여 시·도에 보조할 수 있다.

[제42조에서 이동 <2007.6.28>]

제26조의4 (기금의 용도) 기금은 다음 각 호의 용도로 운용한다. <개정 2006.2.22, 2007.6.28>

1. 자활공동체가 금융기관 등으로부터 대여 받은 자금의 이차보전

2. 법 제15조제1항제1호에 따른 자활근로 참가자의 자활조성을 위한 자금 대여

2의2. 법 제18조제3항제1호에 따른 자활공동체 사업자금 대여

2의3. 법 제18조의2에 따른 수급자 채용기업에 대한 사업자금 대여

3. 제37조의 규정에 의한 지역자활지원계획의 집행을 위하여 필요한 비용

4. 「지역신용보증재단법」 기타 다른 법률의 규정에 의하여 신용보증업무를 수행하는 기관이 다음 각 목의 채무를 신용보증하는 데 소요되는 비용

가. 자활공동체가 금융기관 또는 기금으로부터 대여 받는 채무

나. 수급자가 대여받는 생업자금 채무

5. 수급자 및 차상위자의 자활지원에 필요하여 해당 지방자치단체의 조례로 정하는 사업(기금의 당해연도 지출의 100분의 20 이하에 한한다)

6. 자활사업 연구·개발·평가 등을 위한 비용

[제43조에서 이동 <2007.6.28>]

제26조의5 (기금의 운용·관리 등) ①기금은 시·도지사 또는 시장·군수·구청장이 운용·관리한다.

②시·도지사 또는 시장·군수·구청장은 기금의 수입과 지출에 관한 사무를 행하게 하기 위하여 소속공무원 중에서 기금출납명령관과 기금출납공무원을 임명한다.

③이 영에서 정한 것외에 기금의 운용·관리에 관하여 필요한 사항은 당해 지방자치단체의 조례로 정한다.

[제44조에서 이동 <2007.6.28>]

제26조의6 (이익 및 결손의 처리) ①기금의 결산상 이익금이 생긴 때에는 이를 전액 적립하여야 한다.

②기금의 결산상 손실금이 생긴 때에는 제1항의 규정에 의한 적립금으로 보전하고, 그 적립금으로 부족한 때에는 당해 지방자치단체의 예산으로 이를 보전할 수 있다.

[제45조에서 이동 <2007.6.28>]

제26조의7 (기금의 지도·감독) ①기금의 효율적인 관리를 위하여 필요한 때에는 보건복지부장관은 시·도에 설치된 기금의 운용상황을, 시·도지사는 시·군·구에 설치된 기금의 운용상황을 지도·감독할 수 있다.

②시·도지사는 보건복지부령이 정하는 바에 따라 당해 시·도 및 관할 시·군·구의 설치된 기금의 운용·관리실적을 보건복지부장관에게 제출하여야 한다.

[제46조에서 이동 <2007.6.28>]

제27조 (중앙생활보장위원회의 조직 및 구성) ①법 제20조제2항의 규정에 의한 중앙생활보장위원회에는 부위원장 1인을 둔다.

②부위원장은 위원 중에서 호선한다.

③위원 중 관계 행정기관 소속공무원은 재정경제부·행정자치부·노동부·기획예산처의 차관으로 한다.

제28조 (지방생활보장위원회의 조직과 구성) ①법 제20조제6항의 규정에 의하여 특별시·광역시·도(이하 "시·도"라 한다) 및 시·군·구에 두는 생활보장위원회(이하 "지방생활보장위원회"라 한다)는 위원장 및 부위원장 각 1인을 포함한 15인 이내의 위원으로 구성한다. 이 경우 법 제20조제4항제1호

및 제2호에 규정된 자의 참여기회를 보장하여야 한다.

②부위원장은 위원 중에서 호선한다.

③법 제20조제1항 단서의 규정에 의하여 다른 위원회가 지방생활보장위원회의 기능을 대신하는 경우 위원의 구성에 있어 법 제20조제4항제1호 및 제2호에 규정된 자의 참여기회를 보장하여야 한다.

제29조 (지방생활보장위원회의 기능) ①시·도에 두는 생활보장위원회는 다음 각 호의 사항을 심의·의결한다. <개정 2007.6.28>

1. 시·도의 생활보장사업 기본방향 및 시행계획의 수립에 관한 사항

2. 제37조제2항의 규정에 의한 시·도 자활지원계획에 관한 사항

3. 법 제43조제5항의 규정에 의하여 당해 시·도가 실시하는 급여에 관한 사항

4. 제26조의2부터 제26조의7까지의 규정에 따른 자활기금의 설치·운용에 관한 사항

5. 기타 특별시장·광역시장·도지사(이하 "시·도지사"라 한다)가 부의하는 사항

②시·군·구에 두는 생활보장위원회는 다음 각 호의 사항을 심의·의결한다. <개정 2007.6.28>

1. 시·군·구의 생활보장사업 기본방향 및 시행계획의 수립에 관한 사항

2. 제37조제1항의 규정에 의한 시·군·구 자활지원계획에 관한 사항

3. 법 제43조제5항의 규정에 의하여 당해 시·군·구가 실시하는 급여에 관한 사항

4. 제26조의2부터 제26조의7까지의 규정에 따른 자활기금의 설치·운용에 관한 사항

5. 법 제23조제1항의 규정에 의한 연간조사계획에 관한 사항

6. 보장비용 및 금품의 반환·징수·감면에 관한 사항

7. 기타 시장·군수·구청장이 부의하는 사항

제30조 (위원의 임기와 직무) ①중앙생활보장위원회 및 지방생활보장위원회(이하 "각 위원회"라 한다) 위원의 임기는 2년으로 한다. 다만, 공무원인 위원의 임기는 당해 직에 재직하는 기간으로 한다.

②각 위원회의 위원장은 당해 위원회를 대표하고, 그 회무를 통할한다.

③각 위원회의 부위원장은 위원장을 보좌하며, 위원장이 부득이한 사유로 직무를 수행할 수 없는 때에는 그 직무를 대행한다.

제31조 (회의 및 의사) ①각 위원회의 위원장은 당해 위원회의 회의를 소집하고 그 의장이 된다.

②각 위원회의 위원장은 재적위원 3분의 1 이상으로부터 회의소집의 요청을 받은 때에는 지체없이 이를 소집하여야 한다.

③각 위원회의 회의는 재적위원 과반수의 출석과 출석위원 과반수의 찬성으로 의결한다.

제32조 (의견의 청취) 각 위원회의 위원장은 당해 위원회의 심의사항과 관련하여 필요하다고 인정할 경우 전문가 또는 관계인 등을 출석시켜 의견을 들을 수 있다.

제33조 (간사) 각 위원회의 서무를 처리하기 위하여 각 위원회에 간사 1인을 두되, 각 위원회를 두는 기관의 장이 소속 공무원 중에서 임명한다.

제34조 (수당과 여비) 각 위원회에 출석한 위원·전문가·관계인 등에게는 예산의 범위안에서 수당과 여비를 지급할 수 있다. 다만, 공무원인 위원이 그 소관업무와 관련하여 출석하는 경우에는 그러하지 아니하다.

제35조 (운영세칙) 이 영에서 정하는 것외에 각 위원회의 운영에 관하여 필요한 사항은 당해 위원회의 의결을 거쳐 위원장이 정한다.

제36조 삭제 <2006.12.21>

제37조 (지역자활지원계획) ①시장·군수·구청장은 법 제28조의 규정에 의한 자활지원계획에 따라 수급자의 자활을 체계적으로 지원하기 위하여 다음 각 호의 사항이 포함된 당해 시·군·구 자활지원계획을 매년 1월말까지 수립하고, 이를 시·도지사에게 보고하여야 한다.

1. 당해 연도 및 다음 연도의 자활지원수요와 자활지원사업 실시에 관한 사항

2. 당해 연도 및 다음 연도의 자활지원사업 실시를 위한 재원조달에 관한 사항

3. 다음 연도의 자활사업실시기관 육성·지원계획에 관한 사항

4. 기타 자활지원에 필요한 사항

②시·도지사는 제1항의 규정에 의하여 보고 받은 시·군·구 자활지원계획을 기초로 당해 시·도 자활지원계획을 수립하고, 이를 매년 2월말까지 보건복지부장관에게 보고하여야 한다. 이 경우 시·도지사는 시장·군수·구청장과의 협의를 거쳐 제1항의 시·군·구 자활지원계획을 조정할 수 있다.

③보건복지부장관은 제2항의 규정에 의하여 시·도지사로부터 시·도 자활지원계획을 보고 받은 때에는 시·도 자활지원계획의 시행에 필요한 조치를 취하여야 하며, 관계중

앙행정기관의 장과 협의하여 매년 12월말까지 종합자활지원계획을 중앙생활보장위원회의 심의·의결을 거쳐 수립하여야 한다.

④시장·군수·구청장은 시·군·구 자활지원계획을 수립하는 때에는 지역주민·자활관련 전문가 및 자활기관협의체의 의견을 들어야 하며, 필요한 경우에는 직업안정기관의 장 또는 자활사업실시기관의 장에게 자료의 제공 및 협력을 요청할 수 있다. 시·군·구 자활지원계획을 변경하는 경우에도 또한 같다.

제38조 (보장시설) 법 제32조의 규정에 의한 보장시설은 다음 각 호와 같다. <개정 2006.2.22>
1. 「장애인복지법」 제48조제1항제1호의 규정에 의한 장애인생활시설
2. 「노인복지법」 제32조제1항제1호의 규정에 의한 양로시설 및 동법 제34조제1항제1호·제4호의 규정에 의한 노인의료복지시설
3. 「아동복지법」 제16조제1항제1호 내지 제6호의 규정에 의한 아동복지시설 및 동법 제16조제2항의 규정에 의한 종합시설(동조 제1항제1호 내지 제6호의 시설이 포함된 경우에 한한다)
4. 「정신보건법」 제3조제4호 및 제5호의 규정에 의한 정신질환자사회복귀시설 및 정신요양시설
5. 「사회복지사업법」 제34조제4항의 규정에 의한 부랑인 보호를 위한 시설
6. 기타 보건복지부령이 정하는 시설

제39조 (보조금의 산출) 법 제43조제2항 및 제3항의 규정에 의한 보조금은 법 제22조 내지 제24조의 규정에 의하여 조사된 수급자 총수와 실시 중인 급여의 종류를 기준으로 산출한다.

제40조 (보조금의 정산) ①지방자치단체는 그 지출한 보장비용의 총액이 법 제43조제2항 또는 제3항의 규정에 의하여 국가(시·군·구의 경우에는 시·도를 말한다. 이하 이 조에서 같다)로부터 교부 받은 보조금과 법 제43조제1항제4호의비율에 의한 당해 지방자치단체부담금의 합계액을 초과한 때에는 그 초과 지출된 금액에 대하여 법 제43조제1항제4호의 비율에 의한 보조금의 교부를 국가에 신청할 수 있다.
②지방자치단체는 그 지출한 보장비용의 총액과 법 제43조제2항 또는 제3항의 규정에 의하여 국가로부터 교부 받은 보조금 및 당해 지방자치단체 부담금의 합계액을 정산한 결과 잉여금이 있는 때에는 그 잉여금에서 법 제43조제1항제4호의 비율에 의한 당해 지방자치단체 부담금을 공제하고 잔여 잉여금은 이를 국가에 반납하여야 한다.

제41조 (보장비용의 징수) ①보장기관은 법 제46조제1항의 규정에 의하여 부양능력을 가진 부양의무자로부터 보장비용을 징수하는 경우에는 법 제42조제3호의 규정에 의한 급여실시비용(이하 이 조에서 "징수대상보장비용"이라 한다)의 범위안에서 다음 각 호의 구분에 따라 부양의무자 각각에 대하여 징수하되, 그 부양의무자 각각에 대하여 산출한 금액의 합계액이 징수대상보장비용을 초과하는 경우에는 징수대상보장비용을 부양의무자 각각에 대하여 산출한 금액 간의 비율에 따라 배분한 금액을 각각 징수한다.
1. 제4조제1항제4호의 규정에 의한 부양의무자가 수급권자에게 정기적으로 금품을 지원하지 아니하는 경우 : 제4조제1항제4호 다목의 규정에 의한 보건복지부장관이 정하는 금액
2. 제1호외의 경우에 해당하는 경우 : 징수대상보장비용 전액
②법 제46조제2항의 규정에 의하여 보장기관이 부정수급자에게 징수하는 보장비용은 징수대상보장비용 전액으로 하되, 부정수급자가 2인 이상인 경우에는 부정수급자의수로 나눈 금액을 각각 징수한다.
③보장기관은 보장비용을 징수하는 경우에는 30일 이상의 기한을 정하여 납부통지를 하여야 하며, 부양의무자 또는 부정수급자가 납부기한 내에 납부하지 아니하는 때에는 30일 이상의 기한을 정하여 이를 독촉하여야 한다.
[제47조에서 이동, 종전의 제41조는 제26조2로 이동 <2007.6.28>]

제42조
[종전 제42조는 제26조의3로 이동 <2007.6.28>]

제43조
[종전 제43조는 제26조의4로 이동 <2007.6.28>]

제44조
[종전 제44조는 제26조의5로 이동 <2007.6.28>]

제45조
[종전 제45조는 제26조의6으로 이동 <2007.6.28>]

제46조
[종전 제46조는 제26조의7로 이동 <2007.6.28>]

제47조
[종전 제47조는 제41조로 이동 <2007.6.28>]

부칙 <제16924호, 2000.7.27>

제1조 (시행일) 이 영은 2000년 10월 1일부터 시행한다.
제2조 (다른 법령의 폐지) 생활보호법시행령은 이를 폐지한다.
제3조 (부양능력의 인정기준에 관한 특례) 부양능력의 인정기준에 관한 제4조제1항제3호 및 제4호의 규정을 적용함에 있어 이 영 시행일부터 2002년 12월 31일까지는 동 규정 중 "재산의 소득환산액이 수급권자 및 당해 부양의무자 각각의 최저생계비의 100분의 42에 해당하는 금액을 합한 금액"은 각각 "재산이 수급권자 및 당해 부양의무자 각각의 법 부칙 제5조의 수급권자 선정을 위한 재산기준의 100분의 120에 해당하는 금액을 합한 금액"으로 본다.
제4조 (다른 법령의 개정) ①행정권한의위임및위탁에관한규정 중 다음과 같이 개정한다.
제34조제7항 중 "생활보호법 제11조의 규정에 의한 생활보호대상자"를 "국민기초생활보장법 제15조제1항제2호의 규정에 의하여 수급자"로 한다.
②장애인복지법시행령 중 다음과 같이 개정한다.
제25조제1항 내지 제3항 및 제35조 중 "생활보호법에 의한 보호대상자"를 각각 "국민기초생활보장법에 의한 수급자"로 한다.

부칙 (참전유공자예우에관한법률시행령) <제17759호, 2002. 10.14>
①(시행일) 이 영은 공포한 날부터 시행한다.
②생략
③(다른 법령의 개정) 국민기초생활보장법시행령 중 다음과 같이 개정한다.
제3조제1항제4호 다목 본문 중 "참전군인등지원에관한법률"을 "참전유공자예우에관한법률"로 하고, 동목 (2)를 다음과 같이 한다.
(2) 법률 제6649호 참전유공자예우에관한법률 중 개정법률 부칙 제4조의 규정에 의하여 지급받는 생계보조비와 동조 제2항의 규정에 의하여 생계보조비를 지급받는 자가 동법 제6조의 규정에 의하여 지급받는 참전명예수당

부칙 <제17877호, 2003.1.2>
①(시행일) 이 영은 공포한 날부터 시행한다. 다만, 제7조의 개정규정 중 상한연령에 관한 부분은 다음 각 호와 같이 단계별로 시행한다.
1. 이 영 시행일부터 2003년 12월 31일까지 : 62세
2. 2004년 1월 1일 이후 : 64세
②(경과조치) 이 영 시행당시 종전 제7조 중 연령기준에 따라 근로능력이 없는 수급자로 선정된 자에 대하여는 이 영에 의한 근로능력이 없는 수급자로 본다.

부칙 <제19351호, 2006.2.22>

이 영은 2006년 7월 1일부터 시행한다.

부칙 <제19768호, 2006.12.21>
이 영은 2007년 1월 1일부터 시행한다.

부칙 <제20131호, 2007.6.28>
이 영은 2007년 7월 1일부터 시행한다.

국민기초생활 보장법 시행규칙

연혁

2000. 8. 18 제정 보건복지부령 제169호

2002. 8. 31 일부개정 보건복지부령 제222호

2004. 1. 29 일부개정 보건복지부령 제269호

2007. 6. 29 일부개정 보건복지부령 제406호

제1조 (목적) 이 규칙은 「국민기초생활 보장법」 및 같은 법 시행령에서 위임된 사항과 그 시행에 관하여 필요한 사항을 규정함을 목적으로 한다. <개정 2007.6.29>

제2조 (소득평가액의 산정방식) 「국민기초생활 보장법」(이하 "법"이라 한다) 제2조제9호 후단의 규정에 의한 소득평가액은 「국민기초생활 보장법 시행령」(이하 "영"이라 한다) 제3조의 규정에 의한 실제 소득에서 다음 각 호에 해당하는 금액을 차감한 금액으로 한다. <개정 2002.8.31, 2004.1.29, 2007.6.29>

1. 「노인복지법」 제9조의 규정에 의한 경로연금

2. 「장애인복지법」 제49조에 따른 장애수당, 같은 법 제50조에 따른 장애아동수당 및 보호수당

3. 「모·부자복지법」 제12조제1항제4호의 규정에 의한 아동양육비

4. 「고엽제후유의증 환자 지원 등에 관한 법률」 제7조제7항의 규정에 의한 수당(제2호의 규정에 의한 장애수당에 해당하는 금액에 한한다)

5. 만성질환 등의 치료·요양·재활로 인하여 지속적으로 지출하는 의료비

6. 장애인이 「장애인복지법」 제58조제1항제2호에 따른 장애인복지관 및 같은 항 제3호에 따른 장애인직업재활시설에서 실시하는 직업재활사업에 참가하여 얻은 소득의 100분의 30에 해당하는 금액

7. 영 제10조제1항제3호의 규정에 의한 자활근로 및 동항제7호의 규정에 의한 자활공동체의 사업에 참가하여 얻은 소득의 100분의 30에 해당하는 금액

8. 학생이 얻은 영 제3조제1항제1호 및 제2호의 규정에 의한 소득의 100분의 30에 해당하는 금액

9. 제6호 내지 제8호에 해당하지 아니하는 소득으로서 영 제3조제1항제1호 및 제2호의 규정에 의한 소득에 100분의 10의 범위안에서 보건복지부장관이 정하는 비율을 곱한 금액

10. 기타 가구 특성에 따라 추가적인 지출이 필요하다고 인정되어 보건복지부장관이 정하는 금품

[시행일: 2007.10.12] 제2조제2호, 제2조제6호

제3조 (재산의 범위 및 재산가액의 산정기준) ①법 제2조제10호 후단의 규정에 의한 소득환산의 대상이 되는 개별가구의 재산의 범위는 다음 각 호의 어느 하나에 해당하는 재산으로 한다. <개정 2004.1.29, 2007.6.29>

1. 일반재산

가. 「지방세법」 제180조제2호의 규정에 의한 건축물과 동법 제234조의8의 규정에 의한 토지. 다만, 종중재산·마을공동재산 그 밖에 이에 준하는 공동의 목적으로 사용하는 재산을 제외한다.

나. 「지방세법」 제180조제4호 및 제5호의 규정에 의한 선박 및 항공기

다. 주택·상가 등에 대한 임차보증금(전세금을 포함한다)

라. 그 밖에 가축·종묘(종묘) 등 100만원 이상의 동산. 다만, 장애인재활보조기구 등을 제외한다.

2. 금융재산

가. 현금 또는 수표, 어음, 주식, 국·공채 등 유가증권

나. 예금·적금·부금·저축성보험 및 금전신탁 등

3. 「지방세법」 제196조의2의 규정에 의한 자동차. 다만, 장애인사용자동차 등 보건복지부장관이 정하여 고시하는 자동차를 제외하고, 화물자동차 등 보건복지부장관이 정하여 고시하는 자동차는 제1호의 규정에 의한 일반재산으로 본다.

②영 제2조제2항제1호 내지 제6호에 해당하는 자의 제1항 각 호의 재산을 개별가구의 가구원이 사용·수익하는 경우에는 이를 그 개별가구의 재산에 포함한다.

③제1항 및 제2항의 규정에 의한 재산의 가액은 법 제22조 내지 법 제24조의 규정에 의한 조사일 현재의 시가에 의한다. 이 경우 시가는 불특정 다수인 사이에 자유로이 거래가 이루어지는 경우에 통상 성립된다고 인정되는 가액으로 한다.

④제3항의 규정을 적용함에 있어서 시가를 산정하기 어려운 경우에는 당해 재산의 종류 및 거래상황 등을 감안하여 보건복지부장관이 정하는 바에 의한다.

제4조 (재산의 소득환산액) ①법 제2조제10호의 규정에 의한 재산의 소득환산액은 다음 각 호의 어느 하나에 해당하는 금액을 합산한 금액으로 한다. <개정 2004.1.29, 2007.6.29>
1. 제3조제1항제1호의 재산(이하 이항에서 "일반재산"이라 한다)가액에서 다음 각 목의 금액(이하 이항에서 "기본재산액등"이라 한다)을 차감한 금액에 제2항의 규정에 의한 소득환산율(이하 이항에서 "소득환산율"이라 한다)을 곱한 금액. 이 경우 일반재산가액에서 기본재산액 등을 차감한 금액이 0보다 적은 경우에는 이를 0으로 하고, 그 0보다 적은 차액은 제3조제1항제2호의 재산가액에서 차감한다.
가. 기초생활의 유지에 필요하다고 보건복지부장관이 정하여 고시하는 기본재산액
나. 임대보증금 및 금융기관 융자금 그 밖에 보건복지부장관이 정하여 고시하는 부채
2. 제3조제1항제2호의 재산가액에서 영 제21조의2제1항 각 호의 용도로 저축한 금액으로서 금융기관과의 계약에 따라 해당 용도로만 사용될 수 있도록 개설된 계좌에 입금된 금액(계약기간 만료 전에 해당 저축을 해지하는 경우를 제외한다)을 차감한 금액에 소득환산율을 곱한 금액. 다만, 제1호 후단의 규정에 따라 차감한 금액이 0보다 적은 경우에는 이를 0으로 한다.
3. 제3조제1항제3호의 재산가액에 소득환산율을 곱한 금액
②법 제2조제10호의 소득환산율은 이자율, 물가상승률, 부동산 및 전세가격상승률 등을 고려하여 보건복지부장관이 정하여 고시한다. <개정 2007.6.29>

제5조 (최저생계비 계측조사) ①보건복지부장관은 법 제6조제3항의 규정에 따라 법 제20조제2항의 규정에 의한 중앙생활보장위원회의 심의·의결을 거쳐 계측조사계획을 수립하고 그 계획에 따라 계측조사를 실시한다.
②보건복지부장관은 제1항의 규정에 의한 계측조사를 공공 또는 민간기관·단체 기타 전문가에게 의뢰하여 실시할 수 있다.

제6조 (생계급여의 지급방법) ①시장·군수·구청장(자치구의 구청장을 말한다. 이하 같다)은 법 제26조의 규정에 따라 수급자로 결정된 자에게 최초의 생계급여 금품을 지급하는 경우 그 급여개시일이 급여가 개시되는 달의 15일 이전인 때에는 그 달분의 생계급여 금품을 전부 지급하고, 16일 이후인 때에는 당해 생계급여 금품의 100분의50을 지급한다.
②시장·군수·구청장이 영 제38조의 규정에 의한 보장시설(이하 "보장시설"이라 한다)에 입소 또는 퇴소하는 수급자에게 입소 또는 퇴소하는 날이 속하는 달의 생계급여 금품을 지급하는 경우에는 다음 각 호의 구분에 따라 지급한다.
1. 입소일이 15일 이전인 때 : 그 달분의 생계급여 금품의 100분의 50

2. 입소일이 16일 이후인 때 : 그 달분의 생계급여 금품의 전부
3. 퇴소일이 15일 이전인 때 : 그 달분의 생계급여 금품의 전부
4. 퇴소일이 16일 이후인 때 : 그 달분의 생계급여 금품의 100분의 50
③수급자가 주민등록법상의 거주지를 변경한 경우 전입일이 속하는 달의 생계급여금품은 전입일이 그 달의 15일 이전인 때에는 신거주지의 시장·군수·구청장이, 16일 이후인 때에는 전거주지의 시장·군수·구청장이 각각 이를 지급한다.
④시장·군수·구청장은 법 제30조제1항의 규정에 따라 생계급여가 중지된 수급자 또는 사망한 수급자에 대하여 생계급여의 중지가 결정된 날 또는 사망한 날이 속하는 달의 생계급여 금품을 전부 지급한다. 다만, 사망한 자의 가구에 수급자가 없는 경우에는 그러하지 아니하다.
⑤보장시설에 거주하는 수급자의 경우에는 제1항 내지 제4항의 규정에 불구하고 당해 시설의 소재지를 관할하는 시장·군수·구청장이 당해 수급자가 보장시설에 입소한 날부터 퇴소한 날까지 그 거주일수에 따라 생계급여 금품을 지급한다.

제7조 (생계급여의 중지 및 재개 등) ①시장·군수·구청장은 영 제15조제1항의 규정에 따라 영 제8조의 규정에 의한 조건부수급자(이하 "조건부수급자"라 한다)에 대한 생계급여의 지급여부를 결정하는 경우에는 보건복지부장관이 정하는 자활사업별생계급여조건 이행여부의 판단기준에 따라 결정하되, 그 조건부수급자에 대한 자활사업을 실시하는 영 제10조제1항제4호의 규정에 의한 직업안정기관(이하 "직업안정기관"이라 한다)의 장 및 영 제12조제1항의 규정에 의한 자활사업실시기관(이하 "자활사업실시기관"이라 한다)의 장의 의견을 들어야 하며, 필요한 경우 조건부수급자와 상담을 실시할 수 있다.
②시장·군수·구청장은 영 제15조제2항의 규정에 따라 생계급여의 지급의 중지를 결정한 경우에는 지체없이 조건부수급자에게 생계급여의 중지기간, 생계급여의 중지액 및 급여의 재개에 관한 사항 등을 문서(전자문서를 포함한다)로 통지하여야 한다. <개정 2007.6.29>
③영 제15조제3항의 규정에 의한 생계급여의 중지기간은 조건부수급자에 대한 생계급여의 지급의 중지를 결정한 날이 속하는 달의 다음 달부터 3월로 한다.
④영 제15조제3항의 규정에 의한 생계급여 중지액은 최저생계비 등을 고려하여 매년 보건복지부장관이 정한다.
⑤제2항의 규정에 따라 생계급여의 지급중지결정을 통지받은 조건부수급자가 당초 제시된 조건을 이행하는 경우에는 제3항의 규정에 불구하고 그 조건의 이행을 재개한 달의

다음 달부터 생계급여의 지급을 재개한다.
⑥제2항의 규정에 따라 지급중지결정을 통지받은 조건부 수급자가 당초 제시된 조건을 이행하는 경우 직업안정기관의 장은 시장·군수·구청장에게, 영 제12조제1항의 규정에 따라 자활사업을 위탁시행하는 자활사업실시기관의 장은 시장·군수·구청장 또는 직업안정기관의 장에게 그 사실을 지체없이 문서(전자문서를 포함한다)로 통지하여야 한다. <개정 2007.6.29>

제8조 (임차료의 구분) 법 제11조제1항의 규정에 의한 임차료는 월세임차료를 지급하거나 전세자금(임차보증금을 포함한다. 이하 같다)을 대여하는 것으로 한다.

제9조 (월세임차료의 지급) ①제8조의 규정에 의한 월세임차료는 주택을 소유하지 아니한 수급자로서 타인의 주택을 유료로 임차하여 거주하는 수급자(제10조에 따라 전세자금 또는 월세보증금을 대여받은 자를 포함한다)에게 지급한다. <개정 2007.6.29>
②제1항에 따라 지급하는 월세임차료는 법 제6조제2항에 따라 보건복지부장관이 매년 공표하는 최저생계비 중 주거비의 비중과 수급자 가구의 소득인정액 등을 고려하여 정하는 금액으로 한다. <개정 2007.6.29>
③제2항에서 "수급자가 매월 주택 임차의 대가로 지불하는 금액"이라 함은 다음 각 호의 구분에 따라 산정한 금액을 말한다.
1. 전세로 주택을 임차한 경우 : 전세금에 제4조제2항의 규정에 의한 소득환산율을 곱한 금액
2. 보증부 월세로 주택을 임차한 경우 : 임차보증금에 제4조제2항의 규정에 의한 소득환산율을 곱한 금액과 월세를 합한 금액
3. 월세로 주택을 임차한 경우 : 월세에 해당하는 금액
④제1항의 규정에 의한 월세임차료의 지급방법에 관하여는 생계급여의 지급방법을 준용한다.

제10조 (전세자금의 대여) ①제8조의 규정에 의한 전세자금의 대여를 받고자 하는 자는 관할 시장·군수·구청장에게 문서(전자문서를 포함한다)로 신청하여야 한다. <개정 2007.6.29>
②시장·군수·구청장은 제1항의 규정에 의한 신청에 따라 전세자금의 대여를 결정한 때에는 이를 수급자에게 문서(전자문서를 포함한다)로 통지하여야 한다. <개정 2007.6.29>
③전세자금 대여대상자의 선정기준 및 대여조건 기타 전세자금의 대여에 관하여 필요한 사항은 「주택법」 제60조의 규정에 의한 국민주택기금의 운용에 관한 계획이 정하는 바에 따른다. <개정 2003.12.15, 2007.6.29>

제11조 (유지수선비의 지급기준 및 방법) ①법 제11조제1항의 규정에 의한 유지수선비는 주택을 소유하고 그 주택에서 거주하는 수급자와 타인 소유의 주택에 무료로 거주하는 수급자에게 지급한다.
②제1항의 규정에 의한 유지수선비의 지급은 수급자가 거주하는 주택의 유지에 필요한 점검 또는 수선을 실시하는 것으로 한다. 다만, 점검 또는 수선을 실시할 수 없거나 실시하는 것이 적당하지 아니하다고 인정하는 경우에는 점검 또는 수선에 필요한 금품을 지급할 수 있다.
③제2항 본문의 규정에 의한 점검은 3월마다 실시하되, 주택의 상태 등에 따라 점검주기를 달리 할 수 있다.
④제2항 본문의 규정에 의한 수선은 제3항의 규정에 의한 점검결과에 따라 제1항의 규정에 해당하는 자의 신청을 받아 실시한다. 이 경우 수선의 범위 및 신청방법 등에 관하여 필요한 사항은 보건복지부장관이 정한다.
⑤시장·군수·구청장은 제2항의 규정에 의한 점검 및 수선을 공공 또는 민간기관·단체에 의뢰하여 실시할 수 있다. 이 경우 법 제16조에 따른 지역자활센터(이하 "지역자활센터"라 한다) 또는 자활공동체에 우선적으로 의뢰할 수 있다. <개정 2007.6.29>

제12조 (학비의 분기지급) 영 제16조의 규정에 의한 학비는 다음 각 호와 같이 1년을 4분기로 나누어 이를 지급한다.
1. 제1분기 : 3월 1일부터 5월 말일까지
2. 제2분기 : 6월 1일부터 8월 말일까지
3. 제3분기 : 9월 1일부터 11월 말일까지
4. 제4분기 : 12월 1일부터 그 다음 해의 2월 말일까지

제13조 (학비지급절차) ①제12조 각 호의 규정에 의한 분기별 학비를 지급받고자 하는 수급자 또는 수급자의 친권자나 후견인(이하 "학비지원신청자"라 한다)은 학비지급신청서(전자문서로 된 신청서를 포함한다) 및 해당 학교에서 발급한 수업료 등 납입고지서 사본(전자문서를 포함한다)을 관할 시장·군수·구청장에게 제출하여야 한다. 다만, 제2분기부터 제4분기까지의 학비의 경우에는 관할 시장·군수·구청장이 해당 수급자가 재학하는 학교장에게 수급자의 재학사실을 확인하는 것으로 학비신청을 한 것으로 본다. <개정 2007.6.29>
②제1항의 규정에 불구하고 수급자가 보장시설에 거주하는 경우에는 학비지원대상자명단 및 지원신청금액 등을 기재한 서류(전자문서를 포함한다)를 보장시설의 장이 당해 시설의 소재지를 관할하는 시장·군수·구청장에게 제출하여야 한다. <개정 2007.6.29>
③시장·군수·구청장은 제1항 및 제2항의 규정에 의한 신청이 있는 때에는 학비를 그 납입기한 전에 금융기관 또는 체

신관서에 개설된 학비지원신청자의 계좌에 입금하여야 한다. 다만, 학비지원신청자에게 학비를 지급하여서는 교육급여의 목적을 달성할 수 없다고 인정하는 경우에는 시장·군수·구청장이 직접 학비를 납입하거나 학용품을 지급할 수 있다.

제14조 (거주지 변경시의 학비지급) 수급자가 거주지를 변경한 경우(동일한 개별가구의 일부가 학업 또는 소득활동 등을 위하여 일시적으로 거주지를 변경한 경우를 제외한다)에는 그 전입일이 속하는 학비지급 분기의 다음 분기부터 신거주지의 시장·군수·구청장이 학비를 지급한다. 다만, 전입일이 속하는 학비지급 분기의 다음 분기의 학비가 이미 지급된 때에는 그 다음 분기부터 신거주지의 시장·군수·구청장이 학비를 지급한다.

제15조 (학비의 지급중지) 시장·군수·구청장은 제13조의 규정에 의한 수급자가 휴학·자퇴 및 퇴학 등으로 학업을 계속할 수 없는 사유가 발생하거나 법 제30조의 규정에 따라 급여가 중지된 경우에는 그 사유발생일 또는 급여중지일이 속하는 학비지급 분기의 다음 분기부터 학비의 지급을 중지하여야 한다.

제16조 (전학에 따른 학비의 정산) ①시장·군수·구청장은 수급자의 전학으로 인하여 이미 지급한 금액에 과부족이 있는 때에는 다음 분기 또는 다음 연도의 제1분기분을 지급하는 때에 이를 정산하여야 한다.
②전학하는 학생에 대한 학교별 재학기간은 달을 단위로 하여 계산하되, 전학하는 날이 속하는 달은 전출하는 학교에 재학하는 기간으로 계산한다.

제17조 (해산급여의 지급신청) ①보장기관은 법 제13조제2항의 규정에 따라 해산급여를 「의료급여법」 제2조제2호의 규정에 의한 의료급여기관에 위탁하여 행할 수 있다. <개정 2001.10.9, 2007.6.29>
②법 제13조제3항 본문의 규정에 따라 해산에 필요한 금품의 지급을 받고자 하는 자는 해산급여지급신청서(전자문서로 된 신청서를 포함한다)를 관할 시장·군수·구청장에게 제출하여야 한다. <개정 2007.6.29>
③제2항에 따라 해산급여의 지급신청을 하는 자는 출산의 경우에는 출생증명서를, 사산의 경우에는 의사·한의사 또는 조산사의 사실확인서나 사산의 사실을 증빙할 수 있는 이웃주민의 확인서를 첨부하여 신청하여야 한다. <개정 2007.6.29>

제18조 (장제급여의 신청) ①법 제14조제2항의 규정에 따라 장제에 필요한 비용을 지급받고자 하는 자는 장제급여지급신청서(전자문서로 된 신청서를 포함한다)를 시장·군수·구청장에게 제출하여야한다. <개정 2007.6.29>
②시장·군수·구청장은 단독가구주의 사망 등 불가피한 경우에는 직접 장제를 행할 수 있는 자를 지정하여 장제급여를 할 수 있다.

제19조 (자금의 대여 등 <개정 2007.6.29>**)** ①영 제17조에 따른 자활에 필요한 자금(이하 "자활자금"이라 한다)의 대여를 받으려는 자는 자금대여신청서(전자문서로 된 신청서를 포함한다)에 자금사용계획서(사업의 창업·운영자금을 대여받으려는 경우에는 사업계획서를 말하며, 취업에 필요한 기술훈련비를 대여받으려는 경우에는 기술훈련계획서를 말한다. 이하 같다)를 첨부하여 보장기관 또는 지역자활센터의 장에게 제출하여야 한다. <개정 2007.6.29>
②제1항의 규정에 따라 자활자금의 대여 신청을 받은 보장기관 또는 지역자활센터의 장은 자금대여신청자의 자활의지, 자금사용계획서의 타당성 및 취업·창업가능성을 평가하여야 한다. 이 경우 지역자활센터의 장은 평가결과를 문서(전자문서를 포함한다)로 보장기관에게 제출하여야 한다. <개정 2007.6.29>
③보장기관은 제2항 전단의 규정에 의한 평가를 공공 또는 민간기관·단체에 의뢰할 수 있다. <개정 2007.6.29>
④보장기관은 제2항 또는 제3항의 규정에 의한 평가결과에 따라 자활자금의 대여 여부를 결정하고 이를 신청자와 법 제15조제2항에 따라 자활자금 대여업무를 행하는 기관(이하 "자활사업기관"이라 한다)에 각각 문서(전자문서를 포함한다)로 통지하여야 한다. <개정 2007.6.29>
⑤제4항에 따른 통지를 받은 신청인은 보건복지부장관이 정하는 바에 따라 자활사업기관이 정하는 서류(전자문서를 포함한다)를 해당 자활사업기관에 제출하여야 한다. <개정 2007.6.29>
⑥자활자금의 대여한도·이율·거치기간 및 상환방법은 보건복지부장관이 관계 중앙행정기관의 장과 협의하여 정한다. <개정 2007.6.29>

제20조 (대여자금의 사후관리) ①보장기관은 제19조의 규정에 따라 자활자금의 대여를 받은 자에 대하여 창업 지원 및 취업지원 등 필요한 지원을 할 수 있다. <개정 2007.6.29>
②보장기관은 관할구역안에 거주하는 자활자금의 대여를 받은 자에 대하여 자금사용계획의 추진상황을 지도·감독하여야 하며, 법 제28조의 규정에 의한 자활지원계획(이하 "자활지원계획"이라 한다)에 대여금의 상환여부 및 운영실태 등을 기록·관리하여야 한다. <개정 2007.6.29>
③보장기관은 자활자금의 대여를 받은 자가 거주지를 변경한 경우에는 그 사실을 자활사업기관에게 문서(전자문서를 포함한다)로 통지하여야 한다. <개정 2007.6.29>

제21조 (직업훈련기관) 영 제18조제3항의 규정에 의한 직업훈련기관은 다음 각 호의 1과 같다. <개정 2007.6.29>
1. 「근로자직업능력 개발법」 제2조제3호에 따른 직업능력개발훈련시설
2. 고등교육법 제2조의 규정에 의한 학교
3. 장애인고용촉진및직업재활법 제8조의 규정에 의한 장애인직업재활실시기관
4. 기타 노동부장관이 인정하는 직업훈련시설

제22조 (직업훈련비 등의 지급) 직업훈련에 필요한 준비금·수당·식비 및 취업준비금은 시장·군수·구청장이 직접 또는 당해 직업훈련기관의 장을 통하여 훈련생에게 지급한다. 다만, 노동부장관이 지급방법을 달리 정한 경우에는 그에 따라 지급할 수 있다.

제23조 (직업훈련기관의 훈련관리) 제21조의 규정에 의한 직업훈련기관의 장은 직업훈련을 받는 자가 훈련을 성실히 받지 아니하거나 중도에 탈락하는 때에는 그 사실을, 수료하는 때에는 당해 수료자의 훈련에 관한 기록을 각각 시장·군수·구청장 및 직업안정기관의 장에게 통지 또는 송부하여야 한다.

제24조 (직업훈련수료자의 사후관리) 시장·군수·구청장은 직업훈련을 수료한 자의 취업알선과 직업지도 등에 관한 사항을 자활지원계획에 기록·관리하여야 한다.

제25조 (자활근로의 대상사업 <개정 2007.6.29>) ①영 제20조제2항의 규정에 의한 자활근로의 대상사업은 다음 각 호의 어느 하나와 같다. <개정 2007.6.29>
1. 제11조의 규정에 의한 주택의 점검 또는 수선을 위한 집수리도우미 사업
2. 환경정비사업
3. 재활용품 선별 등 환경관련사업
4. 사회복지시설·학교 등의 시설물 정비사업
5. 노인·장애인·아동의 간병·보육·보호 등 사회복지사업
6. 숲가꾸기 등 산림사업
7. 기타 보건복지부장관, 특별시장·광역시장·도지사(이하 "시·도지사"라 한다) 및 시장·군수·구청장이 정하는 사업
②보건복지부장관, 시·도지사 및 시장·군수·구청장은 제1항의 규정에 의한 자활근로사업을 선정 또는 개발하는 경우에는 수급자의 기능습득 지원과 근로기회의 제공을 동시에 달성할 수 있도록 하여야 한다. <개정 2007.6.29>

제26조 (자활근로 대상자의 선정 등 <개정 2007.6.29>) ①시장·군수·구청장은 제25조제1항의 규정에 의한 자활근로사업을 실시하는 경우에는 생계급여의 조건이 자활근로인 조건부수급자를 우선적으로 선정하여야 한다. 자활근로를 공공 또는 민간기관·단체에게 위탁하여 실시하는 경우에도 또한 같다. <개정 2007.6.29>
②시장·군수·구청장은 수급자의 기능습득과 자활근로사업의 생산성 향상을 위하여 수급자를 지속적으로 특정 자활근로사업의 대상자로 선정할 수 있다. <개정 2007.6.29>

제27조 (지역자활센터의 지정 <개정 2007.6.29>) ①법 제16조의 규정에 따라 지역자활센터로 지정받고자 하는 자는 별지 제1호서식의 지역자활센터지정신청서에 다음 각 호의 서류를 첨부하여 관할 시장·군수·구청장 및 시·도지사를 거쳐 보건복지부장관에게 제출(정보통신망에 의한 제출을 포함한다)하여야 한다. <개정 2004.1.29, 2006.7.3, 2007.6.29>
1. 정관 사본(법인인 경우에 한한다)
2. 사업계획서
②제1항에 따라 신청서를 제출받은 담당 공무원은 「전자정부 구현을 위한 행정업무 등의 전자화촉진에 관한 법률」 제21조제1항에 따른 행정정보의 공동이용을 통하여 법인등기부등본(법인인 경우에 한한다)을 확인하여야 한다. 다만, 신청인이 이에 동의하지 아니하는 경우에는 그 서류를 첨부하도록 하여야 한다. <신설 2006.7.3>
③보건복지부장관은 제1항의 규정에 의한 신청을 받은 때에는 다음 각 호의 사항을 고려하여 지정 여부를 결정하고, 그 결과를 신청인에게 문서(전자문서를 포함한다)로 통지하여야 한다. <개정 2006.7.3, 2007.6.29>
1. 신청인의 지역사회 복지사업 및 자활지원사업의 수행능력 및 경험 등
2. 사업계획서의 타당성 여부
3. 지역자활센터의 지역간 균형 배치
4. 신청인 소재지의 자활지원 수요 및 저소득층 밀집 정도
5. 기타 신청인의 소재지를 관할하는 시장·군수·구청장 및 시·도지사의 의견 등

제28조 (지역자활센터의 지정취소 <개정 2007.6.29>) ①보건복지부장관은 법 제16조제3항의 규정에 따라 지역자활센터의 지정을 취소하고자 하는 때에는 지역자활센터의 지정의 소재지를 관할하는 시·도지사 및 시장·군수·구청장의 의견을 들어야 한다. <개정 2007.6.29>
②보건복지부장관은 지역자활센터의 지정을 취소한 때에는 지체없이 그 사유를 명시하여 당해 지역자활센터의 장, 법 제15조의2제1항에 따른 중앙자활센터(이하 "중앙자활센터"라 한다)의 장, 관할 시·도지사 및 시장·군수·구청장에게 각각 문서(전자문서를 포함한다)로 통지하여야 한다. <개정 2007.6.29>

제29조 (지역자활센터의 평가 <개정 2007.6.29>) ①법 제16조

제3항에 따른 지역자활센터의 평가기준은 다음 각 호와 같다. <개정 2007.6.29>
1. 자활공동체 등의 설립 및 지원실적
2. 지역주민의 자활지원을 위한 지역사회자원 활용정도
3. 지역자활센터의 장 및 종사자의 사업수행능력 및 실적
4. 기타 자활지원을 위한 사업의 실적 등
②보건복지부장관은 지역자활센터에 대한 평가의 지표 및 방법의 개발과 평가의 실시 등을 위하여 필요한 경우에는 자활사업전문가 등이 참여하는 평가위원회를 구성·운영할 수 있다. 이 경우 평가위원회의 위원장은 중앙자활센터의 장으로 한다. <개정 2007.6.29>
③보건복지부장관은 법 제16조제3항의 규정에 의한 평가결과를 지역자활센터의 보조금 등의 지원에 반영할 수 있다. <개정 2007.6.29>

제30조 (지역자활센터의 운영 <개정 2007.6.29>) ①지역자활센터의 장은 다음 각 호의 서류(전자문서를 포함한다)를 시장·군수·구청장 및 시·도지사를 경유하여 보건복지부장관에게 제출하여야 한다. <개정 2007.6.29>
1. 사업계획 및 예산서 : 매 회계연도 개시전까지
2. 사업실적 및 결산서 : 매 회계연도 종료후 2월 이내
②지역자활센터의 장은 지역자활센터의 지원을 받는 자활공동체로 하여금 그가 수행하는 사업으로 인하여 취득한 수익금의 일부를 그 자활공동체의 동의를 얻어 사업수행비용으로 부담하게 할 수 있다. <개정 2007.6.29>
③지역자활센터의 장은 조직·인사·회계 그 밖에 지역자활센터의 운영에 관하여 필요한 규정을 작성·비치하여야 한다. <개정 2007.6.29>

제30조의2 (자활기관협의체의 구성 및 운영) ①법 제17조제2항에 따른 자활기관협의체(이하 "자활기관협의체"라 한다)의 위원장은 시장·군수·구청장이 되며, 위원은 다음 각 호에 해당하는 자로 한다.
1. 지역자활센터의 장
2. 다음 각 목의 기관 또는 시설의 대표자
가. 「직업안정법」제4조제1호에 따른 직업안정기관
나. 상공회의소 및 소상공인지원센터
다. 「사회복지사업법」제2조제3호에 따른 사회복지시설, 그 밖에 자활사업을 행하는 기관으로서 시장·군수·구청장이 인정하는 기관
②자활기관협의체는 다음 각 호의 업무를 효율적으로 수행하기 위하여 실무자회의를 구성·운영할 수 있다.
1. 지역자활사업 추진실적 및 개선필요사항의 점검
2. 조건부수급자의 사업별 적정 대상자의 선정
3. 자활대상자의 사전·사후관리
4. 지역자활지원계획 내용의 검토 및 이행사항의 점검

5. 그 밖에 자활기관협의체의 구성 기관이 협의의 필요성을 제기하는 사항
③시장·군수·구청장은 자활기관협의체의 매년도 운영실적을 매년 보건복지부장관에게 보고하여야 한다.
④자활기관협의체의 조직·운영 및 회의사항에 관하여 그 밖에 필요한 사항은 해당 시·군·구 조례로 정한다.
[본조신설 2007.6.29]

제31조 (지원대상 자활공동체) ①법 제18조제3항의 규정에 따라 보장기관이 지원할 수 있는 자활공동체는 그 구성원 중 수급자가 3분의 1이상인 자활공동체로 한다.
②보장기관은 제1항의 규정에 따라 지원을 받던 자활공동체가 구성원의 변동으로 인하여 지원이 중단됨으로써 자활공동체의 존립이 어려운 경우에는 제1항의 규정에 불구하고 구성원 중 수급자가 5분의 1 이상인 자활공동체에 한하여 3년의 범위내에서 법 제18조제3항의 규정에 의한 지원을 행할 수 있다.

제32조 (자활공동체의 지원요청 등) 자활공동체는 법 제16조제1항 각 호 및 법 제18조제3항 각 호의 규정에 의한 지원을 받고자 하는 경우에는 사업계획서 또는 기술·경영지도 등의 지원요청서(전자문서를 포함한다)에 자활공동체의 정관 또는 규약을 첨부하여 지역자활센터의 장 또는 보장기관에게 제출하여야 한다. 이 경우 지역자활센터의 장 또는 보장기관은 자활공동체의 지원요건, 사업계획 및 기술지원 등의 타당성과 사업수행능력 등을 고려하여 지원여부를 결정하여야 한다. <개정 2007.6.29>

제32조의2 (기금의 운용·관리실적 보고) 영 제26조의7제2항에 따른 전년도자활기금의 운용·관리실적에 관한 보고는 별지 제4호서식에 의하여 매년 2월15일까지 하여야 한다. <개정 2007.6.29>
[제42조에서 이동 <2007.6.29>]

제32조의3 (보장비용의 납부고지 등) 영 제41조제3항에 따른 납부통지는 별지 제5호서식에 의한다. <개정 2007.6.29>
[제43조에서 이동 <2007.6.29>]

제33조 (거주지변경에 따른 업무처리) ①법 제19조제3항의 규정에 의하여 수급자가 거주지를 변경하여 주민등록법에 의한 전입신고를 함에 따라 신거주지의 시장·군수·구청장이 주민등록법 제14조제2항의 규정에 따라 주민등록표와 관련공부의 이송을 요청한 경우에는 전거주지의 시장·군수·구청장은 지체없이 제39조제1항의 규정에 의한 수급자관리카드 등 관련 서류(이하 "수급자관리카드 등"이라 한다)를 신거주지의 시장·군수·구청장에게 이송하여야 한다.

②제1항의 규정에 의하여 수급자관리카드 등을 이송받은 신거주지의 시장·군수·구청장은 그 내용을 확인하여 전거주지의 시장·군수·구청장이 실시하던 급여 또는 실시하려던 급여를 행할 수 있도록 필요한 조치를 하여야 한다.이 경우 법 제21조 내지 법 제23조의 규정에 의한 신청과 조사(제9조의 규정에 의한 월세임차료의 지급에 필요한 조사를 제외한다)를 생략할 수 있다.

③개별가구의 수급자 중 일부가 거주지를 변경하여 주민등록법에 의한 전입신고를 함에 따라 신거주지의 시장·군수·구청장이 주민등록법 제14조제2항의 규정에 따라 주민등록표와 관련 공부의 이송을 요청한 경우에는 전거주지의 시장·군수·구청장은 지체없이 수급자관리카드 등의 사본을 신거주지의 시장·군수·구청장에게 이송하여야한다. 다만, 학업 또는 소득활동 등을 위하여 일시적으로 거주지를 변경하는 경우에는 그러하지 아니하다.

④제3항의 규정에 의하여 수급자관리카드 등의 사본을 이송받은 신거주지의 시장·군수·구청장은 그 내용을 확인하여 법 제26조의 규정에 의한 급여결정 등 필요한 조치를 하여야 하며, 필요한 경우에는 법 제22조 및 법 제23조의 규정에 의한 조사를 실시할 수 있다.

⑤시장·군수·구청장은 제1항 및 제3항의 규정에 따라 수급자관리카드등 또는 그 사본을 이송하고자 하는 경우에는 이를 전산정보처리조직에 의하여 이송할 수 있다. <신설 2004.1.29>

제34조 (급여의 신청) ①법 제21조 또는 법 제29조의 규정에 따라 급여의 신청 또는 급여변경의 신청을 하고자 하는 자는 급여(변경)신청서에 다음 각 호의 서류를 첨부하여 거주지 관할 시장·군수·구청장(법 제19조제1항 단서의 경우에는 실제 거주하는 지역을 관할하는 시장·군수·구청장을 말한다)에게 제출하여야 한다. <개정 2006.7.3, 2007.6.29>

1. 제적등본(호적등본으로 부양의무자를 확인할 수 없는 경우에 한정한다)
2. 임대차계약서(주택을 임대하거나 임차하고 있는 자에 한정한다)
3. 외국인등록사실증명서(해당하는 자에 한정한다)

②제1항에 따라 신청서를 제출받은 담당 공무원은 「전자정부법」 제21조제1항에 따른 행정정보의 공동이용을 통하여 호적등본 및 외국인등록사실증명서를 확인하여야 한다. 다만, 신청인이 이에 동의하지 아니하는 경우에는 그 서류를 첨부하도록 하여야 한다. <신설 2006.7.3, 2007.6.29>

③시장·군수·구청장은 제1항의 규정에 의한 신청을 받은 때에는 신청일, 급여실시여부 결정일 및 결정내용 등을 별지 제2호서식의 기초생활보장급여신청대장에 기록하여야 한다. 이 경우 별지 제2호서식의 기초생활보장급여신청대장은 전산화일로 기록·관리할 수 있다. <개정 2004.1.29,

2006.7.3>

제35조 (자료의 제출요구) ①시장·군수·구청장은 법 제22조제2항(법 제23조제2항 및 법 제24조제3항의 규정에 의하여 준용되는 경우를 포함한다)의 규정에 따라 급여를 신청한 수급권자·수급자·차상위계층에 속하는 자(이하 "차상위자"라 한다) 및 그 부양의무자(이하 "수급자 등"이라 한다)에 대하여 다음 각 호의 자료(전자문서를 포함한다)의 제출을 요구할 수 있다. <개정 2004.1.29, 2007.6.29>

1. 군복무확인서·출입국사실증명서 및 가출확인서 등 가구원 및 부양의무자 확인에 필요한 자료
2. 진단서 또는 장애인등록증사본 등 수급자 등의 근로능력 확인에 필요한 자료
3. 재직증명서 또는 사업자등록증 등 수급자 등의 생계급여 조건 부과결정을 위한 자료
4. 월급명세서 또는 매출신고서 등 수급자 등의 소득을 확인할 수 있는 자료
5. 「금융실명거래 및 비밀보장에 관한 법률 시행령」 제8조의 규정에 의한 금융거래정보자료제공동의서와 거래 금융기관의 통장사본 등 수급자 등의 금융자산 또는 부채를 확인할수 있는 자료
6. 기타 보건복지부장관이 수급자 등의 소득·재산·건강상태, 주거실태 등의 확인에 필요하다고 인정하는 자료

②시장·군수·구청장은 제1항 각 호의 자료의 제출을 요구하는 경우에는 급여여부 및 급여내용의 결정에 필요한 최소한으로 하여야 한다.

③시장·군수·구청장은 제1항 각 호의 자료를 수급자 등에게 제출을 요구하기 전에 법 제22조제3항 및 제4항의 규정(법 제23조제2항 및 법 제24조제3항의 규정에 의하여 준용되는 경우를 포함한다)에 따라 관계기관, 고용주 기타 관계인이나 전산망에 의하여 이를 우선적으로 확보하여야 한다.

제36조 (조사의 위촉) ①시장·군수·구청장은 법 제22조제3항(법 제23조제2항 및 법 제24조제3항의 규정에 의하여 준용되는 경우를 포함한다)의 규정에 따라 관할지역외에 거주하는 급여를 신청한 수급권자의 가구원 또는 부양의무자에 대하여 그 거주지를 관할하는 시장·군수·구청장에게 법 제22조제1항 각 호의 조사를 위촉할 수 있다. 이 경우 조사를 위촉하는 시장·군수·구청장은 조사대상자 및 조사항목을 구체적으로 명시하여야 한다. <개정 2004.1.29>

②제1항의 규정에 따라 조사를 위촉받은 시장·군수·구청장은 정당한 사유가 없는 한 필요한 조사를 실시하고, 그 결과를 조사를 위촉받은 날부터 7일 이내에 문서(전자문서를 포함한다)로 통보하여야 한다. <개정 2007.6.29>

③시장·군수·구청장은 법 제22조제3항의 규정에 따라 법 제22조제1항 각 호의 조사의 일부를 사회복지관 등 사회복

지관련 기관에 위촉하여 실시할 수 있다.
④제3항의 규정에 의하여 조사를 위촉받은 사회복지관련기관은 조사결과를 시장·군수·구청장에게 문서(전자문서를 포함한다)로 제출하여야 한다. <개정 2007.6.29>

제37조 (연간조사계획의 수립) ①시장·군수·구청장은 법 제23조제1항 본문의 규정에 따라 다음 각 호의 사항을 포함한 연간조사계획을 매년 1월말까지 수립하여야한다.
1. 수급자 등의 조사대상자별·조사내용별 조사시기 및 주기
2. 법 제2조제7호의 규정에 의한 소득인정액 산출을 위한 기초자료
3. 법 제22조제1항 각 호의 자료 확보를 위한 협조체계 구축에 관한 사항
4. 수급권자 누락방지를 위한 홍보에 관한 사항
5. 기타 보건복지부장관이 수급자 등의 조사에 필요하다고 정하는 사항

제38조 (차상위계층조사) 시장·군수·구청장은 법 제24조제1항의 규정에 따라 다음 각 호의 어느 하나에 해당하는 자에 대하여 영 제3조의2에 따른 차상위계층에 해당하는지의 여부에 대한 조사를 실시할 수 있다. <개정 2007.6.29>
1. 별지 제2호서식의 기초생활보장급여신청대장에 기재된 자
2. 생계곤란 등의 사유로 다른 법령의 규정에 의한 지원을 받고 있는 자
3. 생계곤란자 등을 대상으로 한 사회복지관련기관의 서비스를 받고 있는 자
4. 기타 시장·군수·구청장이 급여가 필요할 것으로 인지한 자 등

제39조 (조사결과 등의 관리 및 보고) ①시장·군수·구청장은 법 제22조제1항 각 호의 조사결과와 법 제26조의 규정에 의한 급여실시 여부 결정내용 및 수급품의 지급내역 등을 조사표 또는 수급자관리카드에 기록·관리하여야 한다. 이 경우 조사표 또는 수급자관리카드는 전산화일로 기록·관리할 수 있다. <개정 2004.1.29>
②시장·군수·구청장은 법 제25조의 규정에 따라 매분기 첫달 1일을 기준으로 제1항의 규정에 의한 조사표 또는 수급자관리카드를 기초로 작성한시·군·구(자치구를 말한다. 이하 같다)의 수급자현황을 매분기 첫달 15일까지 시·도지사에게 보고하여야 하며, 그 보고를 받은 시·도지사는 시·군·구의 수급자현황을 기초로 하여 작성한 시·도의 수급자현황을 매분기 첫달 말일까지 보건복지부장관에게 보고하여야 한다.
③시장·군수·구청장은 법 제25조의 규정에 따라 매년 9월

1일을 기준으로 제1항의 규정에 의한 조사표 또는 수급자관리카드를 기초로 작성한 시·군·구의 수급자 및 차상위자의 소득·재산현황을 매년 10월 말까지 시·도지사에게 보고하여야 하며, 그 보고를 받은 시·도지사는 시·군·구의 수급자 및 차상위자의 소득·재산현황을 기초로하여 작성한 시·도의 수급자 및 차상위자의 소득·재산현황을 매년 11월 말까지 보건복지부장관에게 보고하여야 한다. <개정 2007.6.29>

제40조 (수급자증명서의 발급) 수급자, 그 친권자 또는 후견인 등이 수급자증명서를 발급받고자 하는 때에는 별지 제3호서식의 신청서를 시장·군수·구청장에게 제출하여야 한다. 다만, 수급자는 정보통신망이나 무인(무인)민원발급기에서 수급자증명서를 직접 발급받을 수 있다.
[전문개정 2004.1.29]

제41조 (긴급급여) ①시장·군수·구청장은 법 제27조제2항의 규정에 따라 급여실시여부의 결정전이라도 수급권자에게 급여를 하여야 할 긴급한 필요가 있다고 인정하는 경우에는 법 제7조제1항제1호의 생계급여를 행할 수 있다. 이 경우 급여기간은 1월로 하되, 필요한 경우에는 1월에 한하여 연장할 수 있다.
②법 제19조제1항 단서의 규정에 의하여 제1항의 규정에 의한 급여를 실시하는 시장·군수·구청장은 수급자의 거주지를 관할하는 시장·군수·구청장에게 급여업무를 이관하거나 수급자와 협의하여 거주지의 이전 등 필요한 조치를 행하여야 한다.
③시장·군수·구청장이 제2항의 규정에 따라 급여업무를 이관하는 때에는 급여의 신청·조사 및 급여내역 등에 관한 자료를 수급자의 거주지를 관할하는 시장·군수·구청장에게 이송하여야 한다.

제41조의2 (보장시설) 영 제38조제6호의 규정에 의한 보장시설은 다음 각 호와 같다. <개정 2007.6.29>
1. 「모·부자복지법」 제19조의 규정에 의한 모자보호시설·모자자립시설·부자보호시설·부자자립시설·미혼모시설 또는 일시보호시설
2. 「성매매방지 및 피해자보호 등에 관한 법률」제5조제1항에 따른 일반지원시설 및 청소년지원시설
3. 「성폭력범죄의 처벌 및 피해자보호 등에 관한 법률」 제25조의 규정에 의한 성폭력피해자보호시설
4. 「가정폭력방지 및 피해자보호 등에 관한 법률」 제7조의 규정에 의한 가정폭력피해자보호시설
5. 「사회복지사업법」 제34조제1항 및 제2항의 규정에 의한 사회복지시설 중 결핵 및 한센병 요양시설
[본조신설 2004.1.29]

제42조 (공통서식) 제13조제1항의 규정에 의한 학비지급신청서, 제17조제2항의규정에 의한 해산급여지급신청서, 제18조제1항의 규정에 의한 장제급여지급신청서, 제19조제1항의 규정에 의한 자금대여신청서, 제34조제1항의 규정에 의한 급여(변경)신청서 및 제39조제1항의 규정에 의한 조사표 및 수급자관리카드는 사회복지관련 사업과 관련하여 보건복지부장관이 정하여 고시하는 공통서식에 의한다. <개정 2007.6.29>

[제44조에서 이동, 종전의 제42조는 제32조의2로 이동 <2007.6.29>]

제43조
[종전 제43조는 제32조의3로 이동 <2007.6.29>]

제44조
[종전 제44조는 제42조로 이동 <2007.6.29>]

부칙 <제169호, 2000.8.18>
제1조 (시행일) ①이 규칙은 2000년 10월 1일부터 시행한다. 다만, 제2조제9호의 규정은 2002년 1월 1일부터, 제4조 및 제9조제2항·제3항의 규정은 2003년 1월 1일부터 시행한다. ②제1항 단서의 규정에 불구하고 제4조의 규정은 법 부칙 제4조의 규정에 의한 시범사업을 실시하는 지역에 한하여 당해 시범사업을 실시하는 날부터 시행한다.
제2조 (다른 법령의 폐지) 생활보호법시행규칙은 이를 폐지한다.
제3조 (월세임차료 지급의 특례) 이 규칙 시행일부터 2002년 12월 31일까지의 제9조제1항의 규정에 의한 월세임차료는 임차형태 및 가구원수 등을 기준으로 보건복지부장관이 정하는 월세임차료지급기준에 따라 지급한다.
제4조 (자활후견기관의 지정에 관한 경과조치) 이 규칙 시행 당시 종전의 규정에 의하여 시장·군수·구청장이 지정한 자활후견기관은 제27조의 규정에 의하여 보건복지부장관이 지정한 것으로 본다.
제5조 (다른 법령의 개정) ①영유아보육법시행규칙 중 다음과 같이 개정한다.
제27조제2항 본문 중 "생활보호법에 의한 생활보호대상자"를 "국민기초생활보장법에 의한 수급자"로 한다.
별표 8 제2호 나목(1)의1. 및 동목(2)의2. 중 "생활보호대상자"를 각각 "국민기초생활보장법에 의한 수급자"로 한다.
별지 제20호서식의 비고란 중 "생활보호대상자"를 각각 "국민기초생활보장법에 의한 수급자"로 한다.
②정신보건법시행규칙 중 다음과 같이 개정한다.
별표 6 제1호 다목 중 "생활보호법에 의한 생활보호대상자"를 "국민기초생활보장법에 의한 수급자"로 한다.

별지 제13호서식의 환자란 중 "생활보호대상여부"를 "기초생활보장대상여부"로 한다.
③정신요양시설의설치기준및운영등에관한규칙 중 다음과 같이 개정한다.
제6조제1항제3호를 다음과 같이 하고, 동조제4항 중 "생활보호대상자"를 "국민기초생활보장법에 의한 수급자"로 한다.
3. 수급자증명서 1부(국민기초생활보장법에 의한 수급자에 한한다)
별표 3 제8호 가목 본문 및 단서 중 "생활보호대상자"를 각각 "국민기초생활보장법에 의한 수급자"로 한다.
별지 제1호서식 중 구비서류란 제3호를 다음과 같이 한다.
3. 수급자증명서 1부 (국민기초생활보장법에 의한 수급자에 한합니다)
별지 제3호서식의 환자란 중 "생활보호대상여부"를 "기초생활보장대상여부"로 한다.
제6조 (다른 법령과의 관계) 이 규칙 시행 당시 다른 법령에서 종전의 생활보호법시행규칙 또는 그 규정을 인용한 경우 이 규칙 중 그에 해당하는 규정이 있는 경우에는 종전의 규정에 갈음하여이 규칙 또는 이 규칙의 해당 규정을 인용한 것으로 본다.

부칙 (의료급여법시행규칙) <제202호, 2001.10.9>
제1조 (시행일) 이 규칙은 공포한 날부터 시행한다.
제2조 및 제3조 생략
제4조 (다른 법령의 개정) ①내지 ④생략
⑤국민기초생활보장법시행규칙 중 다음과 같이 개정한다.
제17조제1항 중 "의료보호법 제10조의 규정에 의한 의료보호진료기관"을 "의료급여법 제2조제2호의 규정에 의한 의료급여기관"으로 한다.
⑥내지 ⑫생략
제5조 생략

부칙 <제222호, 2002.8.31>
이 규칙은 공포한 날부터 시행한다.

부칙 (주택법시행규칙) <제382호, 2003.12.15>
제1조 (시행일) 이 규칙은 공포한 날부터 시행한다.
제2조 내지 제7조 생략
제8조 (다른 법령의 개정) ①내지 ④생략
⑤국민기초생활보장법시행규칙 중 다음과 같이 개정한다.
제10조제3항 중 "주택건설촉진법 제10조"를 "주택법 제60조"로 한다.
⑥내지 <19>생략

부칙 <제269호, 2004.1.29>

이 규칙은 공포한 날부터 시행한다.

부칙 (행정정보의 공동이용 및 문서감축을 위한 건강기능식
품에관한법률 시행규칙 등 일부개정령) <제363호, 2006.7.
3>
이 규칙은 공포한 날부터 시행한다.

부칙 <제406호, 2007.6.29>
이 규칙은 2007년 7월 1일부터 시행한다. 다만, 제2조제2호
및 제6호의 개정 규정은 2007년 10월 12일부터 시행하고,
제34조제2항의 개정 규정은 2007년 7월 4일부터 시행한다.

의료급여법

연혁

1977. 12. 31 의료보호법 제정 법률 제3076호
1991. 3. 8 전문개정 법률 제4353호
1995. 8. 4 일부개정 법률 제4974호
2001. 5. 24 의료급여법으로 변경 법률 제6474호
2002. 12. 5 일부개정 법률 제6758호

2004. 3. 5 일부개정 법률 제7182호
2005. 12. 23 일부개정 법률 제7736호
2006. 10. 4 일부개정 법률 제8036호
2006. 12. 28 일부개정 법률 제8114호

제1조 (목적) 이 법은 생활이 어려운 자에게 의료급여를 실시함으로써 국민보건의 향상과 사회복지의 증진에 이바지함을 목적으로 한다.

제2조 (정의) 이 법에서 사용하는 용어의 정의는 다음과 같다. <개정 2006.12.28>
1. "수급권자"라 함은 이 법에 따라 의료급여를 받을 수 있는 자격을 가진 자를 말한다.
2. "의료급여기관"이라 함은 수급권자에 대한 진료·조제 또는 투약 등을 담당하는 의료기관 및 약국 등을 말한다.
3. "부양의무자"라 함은 수급권자를 부양할 책임이 있는 자로서 수급권자의 1촌의 직계혈족 및 그 배우자를 말한다.

제3조 (수급권자) ①이 법에 의한 수급권자는 다음 각 호와 같다. <개정 2003.5.15, 2004.3.5, 2006.12.28>
1. 「국민기초생활 보장법」에 의한 수급자
2. 「재해구호법」에 의한 이재민
3. 「의사상자예우에 관한 법률」에 의한 의상자(義傷者) 및 의사자(義死者)의 유족
4. 「입양촉진 및 절차에 관한 특례법」에 의하여 국내에 입양된 18세 미만의 아동
5. 「독립유공자예우에 관한 법률」 및 「국가유공자 등 예우 및 지원에 관한 법률」의 적용을 받고 있는 자와 그 가족으로서 국가보훈처장이 의료급여가 필요하다고 요청한 자 중 보건복지부장관이 의료급여가 필요하다고 인정한 자
6. 「문화재보호법」에 의하여 지정된 중요무형문화재의 보유자(명예보유자를 포함한다) 및 그 가족으로서 문화재청장이 의료급여가 필요하다고 요청한 자 중 보건복지부장관이 의료급여가 필요하다고 인정한 자
7. 「북한이탈주민의 보호 및 정착지원에 관한 법률」의 적용을 받고 있는 자와 그 가족으로서 보건복지부장관이 의료급여가 필요하다고 인정한 자
8. 「5·18민주화운동 관련자 보상 등에 관한 법률」 제8조의 규정에 의하여 보상금 등을 받은 자와 그 가족으로서 보건복지부장관이 의료급여가 필요하다고 인정하는 자
9. 그 밖에 생활유지의 능력이 없거나 생활이 어려운 자로서 대통령령이 정하는 자
②제1항의 규정에 의한 수급권자에 대하여는 대통령령이 정하는 바에 따라 이를 구분하여 의료급여의 내용 및 기준을 달리할 수 있다.
③제1항의 규정에 의한 수급권자에 대한 의료급여의 개시일과 수급권자의 선정절차 등에 관하여 필요한 사항은 대통령령으로 정한다.

제3조의2 (난민에 대한 특례) 「출입국관리법」 제76조의2의 규정에 따라 난민의 지위를 인정받은 자로서 「국민기초생활 보장법」 제5조의 수급권자의 범위에 해당하는 자는 수급권자로 본다.
[본조신설 2006.10.4]

제4조 (적용배제) 수급권자가 다른 법령에 따라 의료급여를 받고 있는 경우에는 이 법에 의한 의료급여를 행하지 아니한다.

제5조 (보장기관) ①이 법에 의한 의료급여에 관한 업무는 수급권자의 거주지를 관할하는 시장·군수·구청장(자치구의 구청장을 말한다. 이하 같다)이 행한다.
②제1항의 규정에 불구하고 주거가 일정하지 아니한 수급권자에 대하여는 그가 실제 거주하는 지역을 관할하는 시장·군수·구청장이 행한다.

제6조 (의료급여심의위원회) ①이 법에 의한 의료급여사업의 실시에 관한 사항을 심의하기 위하여 보건복지부와 특별시·광역시·도(이하 "시·도"라 한다)와 시·군·구(자치구를 말한다. 이하 같다)에 각각 의료급여심의위원회를 둔다. 다만, 시·도 및 시·군·구에 두는 의료급여심의위원회의 경우에는 그 기능을 담당하기에 적합한 다른 위원회가 있고 그 위원회의 위원이 제4항에 규정된 자격을 갖춘 경우 시·도 또는 시·군·구의 조례로 각각 정하는 바에 따라 그 위원회로 하여금 의료급여심의위원회의 기능을 수행하게 할 수 있다.
②보건복지부에 두는 의료급여심의위원회(이하 "중앙의료급여심의위원회"라 한다)는 다음 각 호의 사항을 심의한다.
1. 의료급여사업의 기본방향 및 대책 수립에 관한 사항
2. 의료급여기준 및 수가에 관한 사항
3. 그 밖에 보건복지부장관 또는 위원장이 부의하는 사항
③중앙의료급여심의위원회는 위원장을 포함하여 10인 이내의 위원으로 구성하고 위원은 보건복지부장관이 다음 각 호의 1에 해당하는 자 중에서 위촉·지명하며 위원장은 보건복지부차관으로 한다.
1. 공익을 대표하는 자(의료보장에 관한 전문가로서 대학의 조교수 이상인 자 또는 연구기관의 연구원으로 재직 중인 자)
2. 의약계를 대표하는 자 및 사회복지계를 대표하는 자
3. 관계 행정기관 소속의 3급 이상 공무원
④제1항의 규정에 의한 시·도 및 시·군·구 의료급여심의위원회의 위원은 특별시장·광역시장·도지사(이하 "시·도지사"라 한다) 또는 시장·군수·구청장이 다음 각 호의 1에 해당하는 자 중에서 위촉·지명하며 위원장은 당해 시·도지사 또는 시장·군수·구청장으로 한다. 다만, 제1항 단서의 규정에 의하여 다른 위원회가 의료급여심의위원회의 기능을 대신하는 경우 위원장은 조례로 정한다.
1. 의료보장에 관한 학식과 경험이 있는 자
2. 공익을 대표하는 자
3. 관계행정기관소속의 공무원
⑤제1항의 규정에 의한 의료급여심의위원회는 심의와 관련하여 필요한 경우 보장기관에 대하여 그 소속공무원의 출석이나 자료의 제출을 요청할 수 있다. 이 경우 당해 보장기관은 정당한 사유가 없는 한 이에 응하여야 한다.
⑥보건복지부와 시·도 및 시·군·구에 두는 의료급여심의위원회의 기능과 각 의료급여심의위원회의 구성·운영 등에 관하여 필요한 사항은 대통령령으로 정한다.

제7조 (의료급여의 내용 등) ①이 법에 의한 수급권자의 질병·부상·출산 등에 대한 의료급여의 내용은 다음 각 호와 같다.
1. 진찰·검사
2. 약제·치료재료의 지급
3. 처치·수술과 그 밖의 치료
4. 예방·재활
5. 입원
6. 간호
7. 이송과 그 밖의 의료목적의 달성을 위한 조치
②제1항의 규정에 의한 의료급여의 방법·절차·범위·상한 등 의료급여의 기준에 관하여는 보건복지부령으로 정하고, 의료수가기준과 그 계산방법 등에 관하여는 보건복지부장관이 정한다.
③보건복지부장관은 제2항의 규정에 따라 의료급여의 기준을 정함에 있어 업무 또는 일상생활에 지장이 없는 질환 등 보건복지부령이 정하는 사항은 의료급여의 대상에서 제외할 수 있다.

제8조 (의료급여증) ①시장·군수·구청장은 수급권자에게 의료급여증을 발급하여야 한다. 다만, 부득이한 사유가 있는 경우에는 의료급여증에 갈음하는 의료급여증명서를 발급할 수 있다.
②의료급여증의 유효기간은 매년 1월 1일부터 12월 31일까지로 한다. 다만, 다른 법령에서 의료급여기간이 정하여진 경우에는 그 정하여진 기간으로 한다.
③제1항의 규정에 따라 의료급여증을 발급받은 자가 다음 해에 다시 수급권자로 선정된 경우에는 사용 중인 의료급여증에 시장·군수·구청장의 재사용 확인을 받아 계속 사용할 수 있다.
④제1항의 규정에 의한 의료급여증 및 의료급여증명서의 서식과 그 사용 등에 관하여 필요한 사항은 보건복지부령으로 정한다.

제9조 (의료급여기관) ①의료급여는 다음 각 호의 의료급여기관에서 행한다. 이 경우 보건복지부장관은 공익 또는 국가시책상 의료급여기관으로 적합하지 아니하다고 인정하는 때에는 대통령령이 정하는 바에 따라 의료급여기관에서 제외할 수 있다. <개정 2006.12.28>
1. 「의료법」에 따라 개설된 의료기관
2. 「지역보건법」에 따라 설치된 보건소·보건의료원 및 보건지소
3. 「농어촌 등 보건의료를 위한 특별조치법」에 따라 설치된 보건진료소
4. 「약사법」에 따라 등록된 약국 및 동법 제72조의12의 규정에 따라 설립된 한국회귀의약품센터
②의료급여기관은 다음 각 호와 같이 구분하되, 의료급여기관별 진료범위는 보건복지부령으로 정한다. <개정 2006.12.28>
1. 제1차의료급여기관

가. 「의료법」에 따라 시장·군수·구청장에게 개설신고를 한 의료기관

나. 「지역보건법」에 따라 설치된 보건소·보건의료원 및 보건지소

다. 「농어촌 등 보건의료를 위한 특별조치법」에 따라 설치된 보건진료소

라. 「약사법」에 따라 등록된 약국 및 동법 제72조의12의 규정에 따라 설립된 한국회귀의약품센터

2. 제2차의료급여기관 : 「의료법」에 따라 시·도지사가 개설허가를 한 의료기관

3. 제3차의료급여기관 : 제2차의료급여기관 중에서 보건복지부장관이 지정하는 의료기관

③제1항 각 호의 규정에 의한 의료급여기관은 정당한 이유 없이 이 법에 의한 의료급여를 거부하지 못한다.

④시·도지사 또는 시장·군수·구청장은 제1항 각 호의 규정에 의한 의료급여기관이 개설·설치되거나 개설·설치된 의료급여기관의 신고·허가 및 등록사항 등에 변경이 있는 때에는 보건복지부령이 정하는 바에 따라 그 내용을 다음 각 호의 전문기관에게 알려야 한다.

1. 제33조제2항의 규정에 따라 의료급여에 소요된 비용(이하 "급여비용"이라 한다)의 심사·조정업무를 위탁받은 전문기관(이하 "급여비용심사기관"이라 한다)

2. 제33조제2항의 규정에 따라 급여비용의 지급업무를 위탁받은 전문기관(이하 "급여비용지급기관"이라 한다)

⑤제2항제3호의 규정에 의한 제3차의료급여기관의 지정기준 및 지정절차 등에 관하여 필요한 사항은 보건복지부령으로 정한다.

제10조 (급여비용의 부담) 급여비용은 대통령령이 정하는 바에 따라 그 전부 또는 일부를 제25조의 규정에 의한 의료급여기금에서 부담하되, 의료급여기금에서 일부를 부담하는 경우 그 나머지의 비용은 본인이 부담한다. <개정 2006.12.28>

제11조 (급여비용의 청구와 지급) ①의료급여기관은 제10조의 규정에 따라 의료급여기금에서 부담하는 급여비용의 지급을 시장·군수·구청장에게 청구할 수 있다. 이 경우 제2항의 규정에 의한 심사청구는 이를 시장·군수·구청장에 대한 급여비용의 청구로 본다. <개정 2006.12.28>

②제1항의 규정에 의한 급여비용의 청구를 하고자 하는 의료급여기관은 급여비용심사기관에 급여비용의 심사청구를 하여야 하며, 심사청구를 받은 급여비용심사기관은 이를 심사한 후 지체없이 그 내용을 시장·군수·구청장 및 의료급여기관에 알려야 한다.

③제2항의 규정에 따라 심사의 내용을 통보받은 시장·군수·구청장은 지체없이 그 내용에 따라 급여비용을 의료급여

기관에 지급하여야 한다. 이 경우 수급권자가 이미 납부한 본인부담금(제10조의 규정에 따라 수급권자가 부담하여야 하는 급여비용을 말한다. 이하 같다)이 과다한 경우에는 의료급여기관에 지급할 금액에서 그 과다하게 납부된 금액을 공제하여 이를 수급권자에게 반환하여야 한다. 다만, 그 반환하여야 할 금액이 1천원 미만인 경우에는 그러하지 아니하다. <개정 2006.12.28>

④시장·군수·구청장은 급여비용을 지급함에 있어 제2항의 규정에 의한 급여비용심사기관이 의료급여의 적정 여부를 평가하여 시장·군수·구청장에게 알린 경우에는 그 평가결과에 따라 급여비용을 가산 또는 감액 조정하여 지급한다. 이 경우 평가결과에 따른 급여비용의 가감지급의 기준은 보건복지부령으로 정한다.

⑤제1항 내지 제4항의 규정에 의한 급여비용의 청구·심사·지급 등의 방법 및 절차에 관하여 필요한 사항은 보건복지부령으로 정한다. <개정 2002.12.5>

⑥삭제 <2002.12.5>

⑦삭제 <2002.12.5>

제11조의2 (서류의 보존) ①의료급여기관은 의료급여가 끝난 날부터 5년간 보건복지부령이 정하는 바에 따라 제11조의 규정에 의한 급여비용의 청구에 관한 서류를 보존하여야 한다.

②제1항의 규정에 불구하고 약국 등 보건복지부령이 정하는 의료급여기관은 처방전을 급여비용을 청구한 날부터 3년간 보존하여야 한다.

[본조신설 2005.12.23]

제11조의3 (급여대상 여부의 확인 등) ①수급권자는 본인부담금 외에 부담한 비용이 제7조제3항의 규정에 따라 의료급여의 대상에서 제외되는 사항에 소요된 비용(이하 "비급여비용"이라 한다)인지에 대하여 급여비용심사기관에 확인을 요청할 수 있다.

②제1항의 규정에 따라 확인요청을 받은 급여비용심사기관은 그 확인결과를 확인요청자에게 통보하여야 하며, 확인요청한 비용이 급여비용에 해당하는 것으로 확인된 때에는 급여비용지급기관 및 관련 의료급여기관에도 각각 통보하여야 한다.

③제2항의 규정에 따라 통보를 받은 의료급여기관은 과다하게 징수한 금액을 지체 없이 수급권자에게 반환하여야 한다.

④급여비용지급기관은 의료급여기관이 제3항의 규정에 따른 반환을 하지 아니하는 경우에는 당해 의료급여기관에 지급할 급여비용에서 그 과다징수액을 공제하여 이를 수급권자에게 지급할 수 있다.

[본조신설 2006.12.28]

제11조의4 (의료급여기관의 비용 청구에 관한 금지행위) 의료급여기관은 진료 등의 의료급여를 행하기 전에 수급권자에게 본인부담금을 청구하거나 수급권자가 이 법에 따라 부담하여야 하는 비용과 비급여비용 외에 입원보증금 등 다른 명목의 비용을 청구하여서는 아니 된다.
[본조신설 2006.12.28]

제12조 (요양비) ①시장·군수·구청장은 수급권자가 보건복지부령이 정하는 긴급하거나 그 밖의 부득이한 사유로 인하여 의료급여기관과 동일한 기능을 수행하는 기관으로서 보건복지부령이 정하는 기관(제28조제1항의 규정에 따라 업무정지처분기간 중인 의료급여기관을 포함한다)에서 질병·부상·출산 등에 대하여 의료급여를 받거나 의료급여기관외의 장소에서 출산을 한 때에는 그 의료급여에 상당하는 금액을 보건복지부령이 정하는 바에 따라 수급권자에게 요양비로 지급한다.
②제1항의 규정에 따라 의료급여를 실시한 기관은 보건복지부장관이 정하는 요양비명세서 또는 요양의 내역을 기재한 영수증을 요양을 받은 자에게 교부하여야 하며, 요양을 받은 자는 이를 시장·군수·구청장에게 제출하여야 한다.
③제1항의 규정에 의한 요양비의 지급방법 등에 관하여 필요한 사항은 보건복지부령으로 정한다.

제13조 (장애인에 대한 특례) ①시장·군수·구청장은 「장애인복지법」에 따라 등록한 장애인인 수급권자에게 보장구(보장구)에 대하여 급여를 실시할 수 있다. <개정 2006.12.28>
②제1항의 규정에 의한 보장구에 대한 급여의 방법·절차·범위·상한 등에 관하여 필요한 사항은 보건복지부령으로 정한다.

제14조 (건강검진) ①시장·군수·구청장은 이 법에 의한 수급권자에 대하여 질병의 조기발견과 그에 따른 의료급여를 하기 위하여 건강검진을 할 수 있다.
②제1항의 규정에 의한 건강검진의 대상·회수·절차 그 밖의 필요한 사항은 보건복지부장관이 정한다.

제15조 (급여의 제한) ①시장·군수·구청장은 수급권자가 다음 각 호의 1에 해당하는 경우에는 이 법에 의한 의료급여를 행하지 아니한다. 다만, 보건복지부장관이 의료급여의 필요가 있다고 인정하는 경우에는 그러하지 아니하다.
1. 수급권자가 자신의 고의 또는 중대한 과실로 인한 범죄행위에 기인하거나 고의로 사고를 발생시켜 제7조의 규정에 의한 의료급여가 필요하게 된 경우
2. 삭제 <2006.12.28>
3. 수급권자가 정당한 이유없이 이 법의 규정이나 의료급여기관의 진료에 관한 지시에 따르지 아니한 경우
②의료급여기관은 수급권자가 제1항 각 호의 1에 해당되는 경우에는 대통령령이 정하는 바에 따라 수급권자의 거주지를 관할하는 시장·군수·구청장에게 알려야 한다.

제16조 (급여의 변경) ①시장·군수·구청장은 수급권자의 소득·재산상황·근로능력 등에 변동이 있는 경우에는 직권 또는 수급권자나 그 친족 그 밖의 관계인의 신청에 따라 급여의 내용 등을 변경할 수 있다.
②시장·군수·구청장은 제1항의 규정에 따라 급여의 내용 등을 변경한 때에는 서면으로 그 이유를 명시하여 수급권자에게 알려야 한다.

제17조 (급여의 중지 등) ①시장·군수·구청장은 수급권자가 다음 각 호의 1에 해당하는 경우에는 의료급여를 중지하여야 한다.
1. 수급권자에 대한 의료급여가 필요없게 된 경우
2. 수급권자가 의료급여를 거부한 경우
②제1항제2호의 경우에는 의료급여를 거부한 수급권자가 속한 세대원 전부에 대하여 의료급여를 중지시켜야 하며, 의료급여가 중지된 세대에 대하여는 그 해에 다시 의료급여를 행하지 아니한다.
③시장·군수·구청장은 제1항의 규정에 따라 의료급여를 중지한 때에는 서면으로 그 이유를 명시하여 수급권자에게 알려야 한다.

제18조 (수급권의 보호) 의료급여를 받을 권리는 양도 또는 압류할 수 없다.

제19조 (구상권) ①시장·군수·구청장은 제3자의 행위로 인하여 수급권자에게 의료급여를 한 때에는 그 급여비용의 범위안에서 제3자에 대한 손해배상청구의 권리를 얻는다.
②제1항의 경우 의료급여를 받은 자가 제3자로부터 이미 손해배상을 받은 때에는 시장·군수·구청장은 그 배상액의 한도안에서 의료급여를 하지 아니한다.

제20조 (급여비용의 대불) ①제10조의 규정에 따라 급여비용의 일부를 의료급여기금에서 부담하는 경우에 그 나머지 급여비용(보건복지부장관이 정한 금액에 한한다)에 대하여는 수급권자 또는 그 부양의무자의 신청에 따라 제25조의 규정에 의한 의료급여기금에서 이를 대불할 수 있다.
②제1항의 규정에 의한 대불금의 신청 및 지급방법 등에 관하여 필요한 사항은 보건복지부령으로 정한다.

제21조 (대불금의 상환) ①제20조의 규정에 따라 대불을 받은 자(그 부양의무자를 포함하며, 이하 "대불금상환의무자"라

한다)는 보건복지부령이 정하는 바에 따라 대불금을 그 거주지를 관할하는 시장·군수·구청장에게 상환하여야 한다. 이 경우 대불금의 상환은 무이자로 한다.

②제1항의 규정에 의한 대불금상환의무자가 그 거주지를 다른 시·군·구로 이전한 때에는 대불금을 새 거주지를 관할하는 시장·군수·구청장에게 상환하여야 한다.

③제1항 및 제2항의 규정에 의하여 대불금을 상환받은 시장·군수·구청장은 이를 제25조의 규정에 의한 의료급여기금에 납입하여야 한다.

제22조 (독촉 등) ①시장·군수·구청장은 대불금상환의무자가 대불금을 납부기한까지 상환하지 아니한 때에는 납부기한이 경과한 날부터 6월 이내의 기간을 정하여 지체없이 독촉장을 발부하여야 한다.

②시장·군수·구청장은 제1항의 규정에 의한 대불금의 독촉을 받고도 상환하지 아니한 때에는 지방세체납처분의 예에 따라 이를 징수할 수 있다.

제23조 (부당이득의 징수) ①시장·군수·구청장은 속임수 그 밖의 부당한 방법으로 의료급여를 받은 자 또는 급여비용을 받은 의료급여기관(제11조제5항의 규정에 의한 공급자를 포함한다)에 대하여 그 급여 또는 급여비용에 상당하는 금액의 전부 또는 일부를 부당이득금으로 징수한다.

②제1항의 경우 의료급여기관과 의료급여를 받고자 하는 자의 공모에 따라 의료급여가 행하여진 때에는 시장·군수·구청장은 그 의료급여기관에 대하여 의료급여를 받은 자와 연대하여 제1항의 부당이득금을 납부하게 할 수 있다.

③제1항의 경우 의료급여기관이 속임수 그 밖의 부정한 방법으로 수급권자로부터 급여비용을 받은 때에는 시장·군수·구청장은 당해 의료급여기관으로부터 이를 징수하여 그 수급권자에게 지체없이 지급하여야 한다. 다만, 지급하여야 할 금액이 1천원 미만인 경우에는 그러하지 아니하다.

④시장·군수·구청장은 의료급여기관 등이 부당이득금을 납부하지 아니한 때에는 기한을 정하여 독촉할 수 있다.

⑤제4항의 규정에 따라 독촉을 하는 때에는 10일 이상 15일 이내의 납부기한을 정하여 독촉장을 발부하여야 한다.

⑥시장·군수·구청장은 제4항의 규정에 따라 독촉을 받은 자가 그 납부기한까지 부당이득금을 납부하지 아니한 때에는 지방세체납처분의 예에 따라 이를 징수할 수 있다.

⑦제21조제2항 및 제3항의 규정은 부당이득금의 징수 등에 관하여 이를 준용한다.

제24조 (결손처분) 시장·군수·구청장은 다음 각 호의 1에 해당하는 사유가 있는 때에는 시·군·구 의료급여심의위원회의 심의를 거쳐 대불금 및 부당이득금 등을 결손처분할 수 있다.

1. 체납처분이 종결되고 체납액에 충당될 배분금액이 그 체납액에 미달하는 경우
2. 당해 권리에 대한 소멸시효가 완성된 경우
3. 그 밖에 징수할 가능성이 없다고 인정되는 경우로서 대통령령이 정하는 경우

제25조 (의료급여기금의 설치 및 조성) ①이 법에 의한 급여비용의 재원에 충당하기 위하여 시·도에 의료급여기금(이하 "기금"이라 한다)을 설치한다.

②기금은 다음 각 호의 재원으로 조성한다.
1. 국고보조금
2. 지방자치단체의 출연금
3. 제21조의 규정에 의하여 상환받은 대불금
4. 제23조의 규정에 의하여 징수한 부당이득금
5. 제29조의 규정에 의하여 징수한 과징금
6. 당해 기금의 결산상 잉여금 및 그 밖의 수입금

③국가와 지방자치단체는 기금운영에 필요한 충분한 예산을 확보하여야 한다.

④제2항제1호의 규정에 의한 국고보조금의 비율은 보조금의 예산 및 관리에 관한 법령이 정하는 바에 의한다.

제26조 (기금의 관리 및 운용) ①기금은 일반회계와 구분하여 별도의 계정을 설정하여 관리하여야 한다.

②기금은 급여비용, 급여비용의 대불에 소요되는 비용, 제33조제2항의 규정에 의한 업무위탁시 소요되는 비용, 그 밖의 의료급여업무에 직접 소요되는 비용으로서 보건복지부령이 정하는 비용에 한하여 이를 사용하여야 한다.

③시·도지사는 기금에 여유자금이 있는 때에는 다음 각 호의 방법으로 이를 운용할 수 있다.
1. 금융기관 또는 체신관서에의 예치
2. 국·공채의 매입

④이 법에서 정한 것외에 기금의 관리·운용에 관하여 필요한 사항은 보건복지부령이 정하는 바에 따라 당해 지방자치단체의 조례로 정한다.

제27조 (급여비용의 예탁) ①제33조제2항의 규정에 의하여 급여비용의 지급업무가 위탁된 경우에 시·도지사는 기금에서 보건복지부령이 정하는 바에 따라 추정급여비용을 급여비용지급기관에 예탁하여야 한다.

②시·도지사는 제25조제2항제2호의 규정에 의한 지방자치단체출연금 예산이 성립되지 못한 경우 「지방재정법」 제36조의 규정에 불구하고 국고보조금은 즉시 급여비용지급기관에 예탁하여야 한다. <개정 2006.12.28>

제28조 (의료급여기관의 업무정지 등) ①보건복지부장관은 의료급여기관이 다음 각 호의 1에 해당하는 때에는 1년의 범

위내에서 기간을 정하여 의료급여기관의 업무정지를 명할 수 있다. <개정 2006.12.28>
1. 속임수 그 밖의 부당한 방법으로 수급권자 및 그 부양의무자 또는 시장·군수·구청장에게 급여비용을 부담하게 한 때
2. 제11조의4의 규정을 위반하여 본인부담금을 사전에 청구하거나 입원보증금 등 다른 명목의 비용을 청구한 때
3. 제32조제2항의 규정에 의한 명령에 위반하거나 허위보고를 하거나 소속 공무원의 질문 및 검사를 거부·방해 또는 기피한 때
②보건복지부장관은 제3차의료급여기관이 제1항 각 호의 1에 해당하는 경우에는 그 지정을 취소할 수 있다.
③보건복지부장관은 제2항의 규정에 따라 지정취소처분을 받은 제3차의료급여기관에 대하여 그 지정취소일부터 1년 이내에는 제3차의료급여기관으로 다시 지정할 수 없다.
④제1항의 규정에 따라 업무정지처분을 받은 자는 당해 업무정지기간 중에는 의료급여를 행하지 못한다.
⑤보건복지부장관은 제1항 및 제2항의 규정에 의한 처분을 행한 때에는 보건복지부령이 정하는 바에 따라 그 사실을 급여비용심사기관 및 급여비용지급기관에 알려야 한다. <개정 2006.12.28>
⑥제1항 및 제2항의 규정에 의한 행정처분의 기준은 보건복지부령으로 정한다.

제29조 (과징금 등) ①보건복지부장관은 의료급여기관이 제28조제1항제1호의 규정에 해당하여 업무정지처분을 하여야 하는 경우로서 그 업무정지가 수급권자에게 심한 불편을 주거나 그 밖의 특별한 사유가 있다고 인정되는 때에는 그 업무정지처분에 갈음하여 속임수 그 밖의 부당한 방법으로 부담하게 한 급여비용의 5배 이하의 금액을 과징금으로 부과·징수할 수 있다.
②제1항의 규정에 의한 과징금을 부과하는 위반행위의 종별·정도 등에 따른 과징금의 금액 그 밖의 필요한 사항은 보건복지부령으로 정한다.
③보건복지부장관은 제1항의 규정에 의한 과징금을 납부하여야 할 자가 납부기한까지 이를 납부하지 아니한 때에는 국세체납처분의 예에 따라 이를 징수할 수 있다. 다만, 시·도지사에게 권한이 위임된 때에는 시·도지사가 지방세 체납처분의 예에 따라 이를 징수할 수 있다.

제30조 (이의신청 등) ①수급권자의 자격, 의료급여 및 급여비용에 대한 시장·군수·구청장의 처분에 이의가 있는 자는 시장·군수·구청장에게 이의신청을 할 수 있다.
②급여비용에 관한 급여비용심사기관의 심사·조정에 이의가 있는 의료급여기관은 급여비용심사기관에게 이의신청을 할 수 있다.

③제1항 및 제2항의 규정에 의한 이의신청은 처분이 있은 날부터 90일 이내에 문서로 하여야 한다. 다만, 정당한 사유에 따라 그 기간내에 이의신청을 할 수 없었음을 소명한 때에는 그러하지 아니하다.
④이의신청에 대한 결정, 그 결정의 통지 등에 관하여 필요한 사항은 대통령령으로 정한다.

제31조 (소멸시효) ①다음 각 호의 권리는 3년간 행사하지 아니하면 소멸시효가 완성된다.
1. 의료급여를 받을 권리
2. 급여비용을 받을 권리
3. 대불금을 상환받을 권리
②제1항의 규정에 의한 시효는 다음 각 호의 1의 사유로 인하여 중단된다.
1. 급여비용의 청구
2. 대불금에 대한 납입의 고지 및 독촉
③소멸시효 및 시효중단에 관하여 이 법에 정한 사항외에는 「민법」의 규정에 의한다. <개정 2006.12.28>

제32조 (보고 및 검사) ①보건복지부장관은 필요하다고 인정하는 경우에는 기금의 관리·운용 및 의료급여와 관련된 사항에 관하여 시·도 및 시·군·구에 대하여 지도·감독하거나 필요한 보고를 하게 할 수 있다.
②보건복지부장관은 의료급여기관(제12조의 규정에 따라 의료급여를 실시한 기관을 포함한다)에 대하여 진료·약제의 지급 등 의료급여에 관한 보고 또는 관계서류의 제출을 명하거나 소속 공무원으로 하여금 질문을 하게 하거나 관계 서류를 검사하게 할 수 있다.
③보건복지부장관 또는 시장·군수·구청장은 의료급여를 받는 자에 대하여 당해 의료급여의 내용에 관하여 보고하게 하거나 소속 공무원으로 하여금 질문하게 할 수 있다.
④급여비용심사기관은 급여비용의 심사·조정에 필요한 자료를 의료급여기관에 요청할 수 있으며, 자료의 제공을 요청받은 의료급여기관은 특별한 사유가 없는 한 이에 응하여야 한다.
⑤제2항 및 제3항의 경우 소속 공무원은 그 권한을 표시하는 증표를 지니고 이를 관계인에게 내보여야 한다.

제33조 (권한의 위임 및 위탁) ①이 법에 의한 보건복지부장관의 권한은 대통령령이 정하는 바에 따라 그 일부를 시·도지사에게 위임할 수 있다.
②이 법에 의한 시장·군수·구청장의 업무 중 수급권자의 관리, 급여비용의 심사·조정 및 지급업무 등 의료급여에 관한 업무는 그 일부를 대통령령이 정하는 바에 따라 관계 전문기관에 위탁할 수 있다. 이 경우 위탁에 소요되는 비용은 보건복지부장관이 정하는 바에 따라 기금에서 부담한다.

제34조 (단수처리) 의료급여에 관한 비용의 계산에 있어서 「국고금관리법」 제47조의 규정에 의한 단수는 이를 계산하지 아니한다. <개정 2005.1.27, 2006.12.28>

제35조 (벌칙) ①다음 각 호의 1에 해당하는 자는 1년 이하의 징역 또는 1천만원 이하의 벌금에 처한다.
1. 제9조제3항의 규정에 위반한 자
2. 속임수 그 밖의 부정한 방법으로 의료급여를 받은 자 또는 제3자로 하여금 의료급여를 받게 한 자
②정당한 이유없이 제32조제2항의 규정에 위반하여 서류의 제출·보고를 하지 아니하거나 허위로 보고를 하거나 검사를 거부·방해 또는 기피한 자는 1천만원 이하의 벌금에 처한다.

제36조 (양벌규정) 법인의 대표자 또는 법인이나 개인의 대리인·사용인 그 밖의 종업원이 그 법인 또는 개인의 업무에 관하여 제35조의 위반행위를 한 때에는 행위자를 벌하는 외에 그 법인 또는 개인에 대하여도 동조의 벌금형을 과한다.

제37조 (과태료) ①제11조의2의 규정에 따른 서류보존의무를 위반한 자는 100만원 이하의 과태료에 처한다.
②제1항의 규정에 따른 과태료는 대통령령이 정하는 바에 따라 보건복지부장관이 부과·징수한다.
③제2항의 규정에 따른 과태료처분에 불복하는 자는 그 처분을 고지받은 날부터 30일 이내에 보건복지부장관에게 이의를 제기할 수 있다.
④제2항의 규정에 따른 과태료 처분을 받은 자가 제3항의 규정에 따라 이의를 제기한 경우에는 보건복지부장관은 지체 없이 관할 법원에 그 사실을 통보하여야 하고, 그 통보를 받은 관할 법원은 「비송사건절차법」에 따른 과태료의 재판을 한다.
⑤제3항의 규정에 따른 기간 이내에 이의를 제기하지 아니하고 과태료를 납부하지 아니한 경우에는 국세체납처분의 예에 따라 이를 징수한다.
[본조신설 2005.12.23]

부칙 <제6474호, 2001.5.24>
제1조 (시행일) 이 법은 2001년 10월 1일부터 시행한다.
제2조 (의료보호대상자에 관한 경과조치) 이 법 시행 당시 종전의 규정에 의한 의료보호대상자는 제3조의 개정규정에 의한 수급권자로 본다.
제3조 (의료보호심의위원회에 관한 경과조치) 이 법 시행 당시 종전의 규정에 의한 의료보호심의위원회는 제6조의 개정규정에 의한 의료급여심의위원회로 본다.
제4조 (의료보장증에 관한 경과조치) 이 법 시행 당시 종전의 규정에 따라 발급받은 의료보장증은 제8조의 개정규정에 따라 발급받은 의료급여증으로 본다.
제5조 (의료보호진료기관에 관한 경과조치) 이 법 시행 당시 종전의 규정에 의한 의료보호진료기관은 제9조의 개정규정에 의한 의료급여기관으로 본다.
제6조 (보호비용에 관한 경과조치) 이 법 시행 당시 종전의 규정에 의한 보호비용은 제10조의 개정규정에 의한 급여비용으로 본다.
제7조 (의료보호기금에 관한 경과조치) 이 법 시행 당시 종전의 규정에 의한 의료보호기금은 제25조의 개정규정에 의한 의료급여기금으로 본다.
제8조 (지정취소된 의료보호진료기관에 관한 경과조치) 법률 제5853호 의료보호법 중 개정법률 시행 당시 종전의 규정에 따라 지정취소된 의료보호진료기관 중 재지정의 제한기간이 끝나지 아니한 진료기관은 동법 제24조의 규정에 따라 그 남은 기간동안 의료보호에 관한 업무의 정지처분을 받은 것으로 본다.
제9조 (지정취소 등에 관한 경과조치) 법률 제5853호 의료보호법 중 개정법률 시행 당시 지정취소·면허자격정지·과태료 또는 부당이득금에 관한 처분을 하기 위하여 절차가 진행 중인 자에 대한 처분은 동법 시행전의 규정에 의한다.
제10조 (과태료 등에 관한 경과조치) 이 법 시행 당시 종전의 규정에 따라 부과된 과태료 및 부당이득금의 징수에 관하여는 종전의 규정에 의한다.
제11조 (벌칙에 관한 경과조치) 이 법 시행전의 행위에 대한 벌칙의 적용에 있어서는 종전의 규정에 의한다.
제12조 (다른 법률의 개정) ①국민건강보험법 중 다음과 같이 개정한다.
제5조제1항제1호를 다음과 같이 한다.
1. 의료급여법에 따라 의료급여를 받는 자(이하 "수급권자"라 한다)
제7조제1항제1호 및 제9조제1항제5호 중 "의료보호대상자"를 각각 "수급권자"로 한다.
②의사상자예우에관한법률 중 다음과 같이 개정한다.
제9조의 제목 "(의료보호)"를 "(의료급여)"로 하고, 동조제1항 중 "의료보호법"을 "의료급여법"으로, "의료보호"를 "의료급여"로 하며, 동조제2항 중 "의료보호"를 "의료급여"로 한다.
③북한이탈주민의보호및정착지원에관한법률 중 다음과 같이 개정한다.
제25조의 제목 "(의료보호)"를 "(의료급여)"로 하고, 동조 본문 중 "의료보호법"을 "의료급여법"으로, "의료보호"를 "의료급여"로 한다.
제13조 (다른 법령과의 관계) 이 법 시행 당시 다른 법령에

서 종전의 의료보호법 또는 그 규정을 인용하고 있는 경우
에 이 법 중 그에 해당하는 규정이 있는 때에는 종전의 규
정에 갈음하여 이 법 또는 이 법의 해당 규정을 인용한 것
으로 본다.

부칙 <제6758호, 2002.12.5>
이 법은 공포한 날부터 시행한다.

부칙 <제6875호, 2003.5.15>
이 법은 공포한 날부터 시행한다.

부칙 <제7182호, 2004.3.5>
①(시행일) 이 법은 2005년 1월 1일부터 시행한다.
②(수급권자에 관한 적용례) 이 법 시행전에 이미 입양촉진
및절차에관한특례법에 의하여 국내에 입양된 아동에 대하
여도 제3조제1항제4호의 개정규정을 적용한다.

부칙(국고금관리법) <제7347호, 2005.1.27>
제1조 (시행일) 이 법은 2005년 7월 1일부터 시행한다.
제2조 및 제3조 생략
제4조 (다른 법률의 개정) ①내지 ⑥생략
⑦의료급여법 중 다음과 같이 개정한다.
제34조 중 "국고금단수계산법 제1조의 규정에 의한 단수"
를 "국고금관리법 제47조의 규정에 의한 단수"로 한다.

부칙 <제7736호, 2005.12.23>
이 법은 공포 후 3월이 경과한 날부터 시행한다.

부칙 <제8036호, 2006.10.4>
이 법은 공포한 날부터 시행한다.

부칙 <제8114호, 2006.12.28>
①(시행일) 이 법은 공포 후 3개월이 경과한 날부터 시행한
다.
②(급여의 제한 완화에 관한 적용례) 제15조제1항제2호의
개정규정은 이 법 시행 후 최초로 행하는 의료급여부터 적
용한다.

의료급여법 시행령

연혁

2001. 9. 29 전문개정 대통령령 제17379호
2003. 1. 2 일부개정 대통령령 제17878호
2003. 12. 30 일부개정 대통령령 제18206호
2004. 6. 29 일부개정 대통령령 제18460호

2004. 12. 30 일부개정 대통령령 제18622호
2005. 11. 11 일부개정 대통령령 제19129호
2006. 2. 2 일부개정 대통령령 제19313호
2007. 2. 28 일부개정 대통령령 제19918호

제1조 (목적) 이 영은 「의료급여법」에서 위임된 사항과 그 시행에 관하여 필요한 사항을 규정함을 목적으로 한다. <개정 2005.7.5>

제2조 (수급권자) 「의료급여법」(이하 "법"이라 한다) 제3조제1항제9호에서 "대통령령이 정하는 자"라 함은 법 제3조제1항제1호 내지 제8호에 해당하는 자와 유사한 자로서 다음 각 호의 어느 하나에 해당하는 자 중 보건복지부장관이 의료급여가 필요하다고 인정하는 자를 말한다. <개정 2004.12.30, 2005.7.5, 2006.2.2>
1. 일정한 거소가 없는 자로서 경찰관서에서 무연고자임이 확인된 자
2. 보건복지부장관이 정하여 고시하는 희귀난치성질환자
3. 제2호외의 질환으로 6월 이상 치료를 받고 있거나 6월 이상 치료를 요하는 자
3의2. 보건복지부장관이 정하여 고시하는 소득인정액 이하에 해당하는 세대의 18세 미만의 아동
4. 그 밖에 보건복지부령이 정하는 자
[전문개정 2003.12.30]

제3조 (수급권자의 구분) ①수급권자는 법 제3조제2항의 규정에 의하여 1종수급권자와 2종수급권자로 구분한다.
②1종수급권자는 다음 각 호의 자로 한다. <개정 2003.1.2, 2003.12.30, 2004.12.30, 2005.7.5>
1. 법 제3조제1항제1호의 규정에 의한 「국민기초생활 보장법」에 의한 수급자 중 다음 각 목의 1에 해당하는 자
가. 다음 각 항목의 1에 해당하는 자 또는 근로능력이 없거나 근로가 곤란하다고 인정하여 보건복지부장관이 정하는 자만으로 구성된 세대의 구성원
(1) 18세 미만인 자
(2) 65세 이상인 자
(3) 「장애인고용촉진 및 직업재활법」 제2조제2호에 해당하는 중증장애인

(4) 보건복지부장관이 정하는 질병 또는 부상에 해당하지 아니하는 질병·부상 또는 그 후유증으로 인하여 3월 이상의 치료 또는 요양이 필요한 자
(5) 임산부
(6) 「병역법」에 의한 병역의무를 이행 중인 자
나. 「국민기초생활 보장법 시행령」 제38조의 규정에 의한 보장시설에서 급여를 받고 있는 자
다. 「국민기초생활 보장법」 제5조제2항의 규정에 해당하는 자로서 보건복지부장관이 인정하는 자
라. 제2조제2호의 규정에 의한 질환이 있는 자가 속한 세대의 구성원
2. 법 제3조제1항제2호 내지 제8호의 규정에 해당하는 자
3. 제2조제1호 또는 제2호의 규정에 해당하는 수급권자
4. 제2조제4호의 규정에 해당하는 자로서 보건복지부장관이 1종의료급여가 필요하다고 인정하는 자
③2종수급권자는 다음 각 호의 1에 해당하는 자로 한다. <개정 2003.12.30, 2004.12.30>
1. 법 제3조제1항제1호의 규정에 해당하는 자 중 제2항제1호에 해당하지 아니하는 자
2. 제2조제3호 또는 제3호의2의 규정에 해당하는 수급권자
3. 제2조제4호의 규정에 해당하는 자로서 보건복지부장관이 2종의료급여가 필요하다고 인정하는 자

제4조 (수급권자의 선정절차 등) ①보건복지부장관은 수급권자의 선정기준, 시·도별 수급권자의 수를 결정하여 매년 11월 30일까지 특별시장·광역시장·도지사(이하 "시·도지사"라 한다)에게 통보하여야 한다. 다만, 법 제3조제1항제2호 및 제9호의 규정에 해당하는 자에 대하여는 추정인원수를 통보할 수 있다. <개정 2004.12.30>
②시·도지사는 제1항의 규정에 의하여 보건복지부장관이 통보한 범위 안에서 지역적 특수성을 고려하여 시·군·구(자치구를 말한다. 이하 같다)별 수급권자의 수를 확정하여 매년 12월 15일까지 시장·군수·구청장(자치구의 구청장을

말한다. 이하 같다)에게 통보하여야 한다. <개정 2003.12.30>

③시장·군수·구청장은 제2항의 규정에 의하여 시·도지사가 통보한 범위 안에서 수급권자를 선정한다. 이 경우 제1항의 규정에 의한 선정기준에 따라 제2조, 법 제3조제1항제5호 내지 제8호의 규정에 해당하는 자를 선정한 때에는 보건복지부장관의 인정을 받은 것으로 본다. <개정 2003.12.30, 2004.12.30>

④국가보훈처장·문화재청장·통일부장관 및 행정자치부장관은 특별시·광역시·도(이하 "시·도"라 한다)별 법 제3조제1항제5호 내지 제8호의 규정에 의한 의료급여가 필요한 자의 수, 선정기준 등을 명시하여 매년 9월 30일까지 보건복지부장관에게 통보하여야 한다. <개정 2004.12.30>

제5조 (수급권자에 관한 사항의 통보) 시장·군수·구청장은 다음 각 호의 사유가 생긴 때에는 지체없이 보건복지부령이 정하는 바에 따라 「국민건강보험법」 제12조의 규정에 의한 국민건강보험공단(이하 "보험공단"이라 한다)에 그 사실을 통보하여야 한다. <개정 2005.7.5>

1. 제4조제3항의 규정에 의하여 수급권자를 선정한 때
2. 수급권자가 법 제3조제1항의 규정에 의한 수급권자의 요건에 해당하지 아니하게 된 때
3. 법 제16조의 규정에 의하여 수급권자에 대한 의료급여의 내용을 변경한 때
4. 법 제17조의 규정에 의하여 수급권자에 대한 의료급여를 중지한 때

제6조 (의료급여의 개시일) 수급권자에 대한 의료급여는 제4조제3항의 규정에 의하여 수급권자로 선정된 날부터 개시한다. 다만, 제2조제1호의 규정에 해당하는 무연고자는 행정기관이 응급진료를 받게 한 날부터, 법 제3조제1항제3호의 규정에 해당하는 의상자 또는 의사자의 유족은 의상자 또는 의사자가 다른 사람의 생명·신체 또는 재산을 구하다가 신체의 부상을 입거나 사망한 날부터 개시한다. <개정 2004.6.29>

제7조 (위원회의 구성 및 기능) ①법 제6조의 규정에 의하여 시·도에 두는 의료급여심의위원회는 위원장 및 부위원장 각 1인을 포함한 7인 이내의 위원으로 구성하고, 시·군·구에 두는 의료급여심의위원회는 위원장 및 부위원장 각 1인을 포함한 5인 이내의 위원으로 구성한다.

②시·도에 두는 의료급여심의위원회는 다음 각 호의 사항을 심의한다.

1. 법 제25조의 규정에 의한 의료급여기금(이하 "기금"이라 한다)의 관리·운영에 관한 주요사항
2. 시·군·구의 의료급여사업의 조정에 관한 사항

3. 그 밖에 의료급여사업과 관련하여 시·도지사가 필요하다고 인정하여 회의에 부치는 사항

③시·군·구에 두는 의료급여심의위원회는 다음 각 호의 사항을 심의한다. <개정 2003.1.2>

1. 법 제24조의 규정에 의한 대불금 및 부당이득금 등의 결손처분에 관한 사항
2. 의료급여일수의 연장승인에 관한 사항
3. 그 밖에 의료급여사업과 관련하여 시장·군수·구청장이 필요하다고 인정하여 회의에 부치는 사항

제8조 (위원의 임기와 직무) ①보건복지부, 시·도 및 시·군·구에 두는 의료급여심의위원회(이하 "각 위원회"라 한다) 위원의 임기는 3년으로 하되, 연임할 수 있다. 다만, 법 제6조제3항제3호 또는 법 제6조제4항제3호의 규정에 의한 공무원인 위원의 임기는 해당 직에 재직하는 기간으로 한다.

②각 위원회의 위원장은 해당 위원회를 대표하며, 그 위원회의 사무를 통할한다.

③각 위원회의 부위원장은 위원장을 보좌하며, 위원장이 부득이한 사유로 직무를 수행할 수 없는 때에는 그 직무를 대행한다.

제9조 (위원회의 회의 등) ①각 위원회의 위원장은 해당 위원회의 회의를 소집하고, 그 의장이 된다.

②각 위원회의 회의는 해당 위원회를 두는 기관의 장 또는 재적위원 3분의 1 이상의 회의소집 요청이 있거나 위원장이 필요하다고 인정하는 때에 소집한다.

③각 위원회의 회의는 재적위원 과반수의 출석으로 개의하고, 출석위원 과반수의 찬성으로 의결한다.

제10조 (수당 등) 각 위원회의 회의에 출석한 위원에 대하여는 예산의 범위 안에서 수당과 여비를 지급할 수 있다. 다만, 공무원인 위원이 그 소관업무와 직접 관련되어 출석하는 경우에는 그러하지 아니하다.

제11조 (운영세칙) 이 영에 규정한 것외에 각 위원회의 운영에 관하여 필요한 사항은 해당 위원회의 의결을 거쳐 위원장이 정한다.

제12조 (의료급여기관에서 제외되는 의료기관 등 <개정 2007.2.28>) ①법 제9조제1항 각 호 외의 부분 후단에 따라 보건복지부장관이 의료급여기관에서 제외할 수 있는 의료기관 등은 다음 각 호와 같다. <개정 2005.7.5, 2007.2.28>

1. 「의료법」 제31조의 규정에 의하여 개설된 부속의료기관
2. 「의료법」 제53조 또는 「약사법」 제71조제2항의 규정에 의한 면허자격정지처분을 5년 동안에 2회 이상 받은 의료인 또는 약사가 개설·운영하는 의료기관 또는 약국

3. 법 제28조 또는 법 제29조의 규정에 의한 업무정지 또는 과징금 처분을 5년 동안에 2회 이상 받은 의료기관 또는 약국

4. 법 제28조의 규정에 의한 업무정지처분의 절차가 진행 중이거나 업무정지처분을 받은 의료급여기관의 개설자가 개설한 의료기관 또는 약국

②의료급여기관에서 제외되는 기간은 제1항제2호 및 제3호의 경우에는 1년 이하로 하고, 제1항제4호의 경우에는 업무정지처분이 끝나는 날까지로 한다.

제13조 (급여비용의 부담) ①법 제10조의 규정에 의하여 기금에서 부담하는 급여비용의 범위는 별표와 같다. <개정 2003.12.30, 2005.7.5>

1. 삭제 <2005.7.5>

2. 삭제 <2005.7.5>

②삭제 <2005.7.5>

③제1항의 규정에 불구하고 법 제15조제1항의 규정에 의하여 의료급여가 제한되는 경우, 기금에 상당한 부담을 초래한다고 인정되는 경우 등 보건복지부령이 정하는 경우 또는 항목에 대하여는 보건복지부령이 정하는 금액을 수급권자가 부담한다.

④제1항의 규정에 따라 기금에서 부담하는 급여비용 외에 수급권자가 부담하는 본인부담금(이하 "급여대상 본인부담금"이라 한다)과 제3항의 규정에 따라 수급권자가 부담하는 본인부담금은 의료급여기관의 청구에 의하여 수급권자가 의료급여기관에 지급한다. <개정 2004.6.29>

⑤제4항의 규정에 따라 의료급여기관에 지급한 급여대상 본인부담금이 매 30일간 다음 각 호의 금액을 초과한 경우에는 그 초과한 금액의 100분의 50에 해당하는 금액을 보건복지부령이 정하는 바에 따라 시장·군수·구청장이 수급권자에게 지급한다. 다만, 지급하여야 할 금액이 2천원 미만인 경우에는 이를 지급하지 아니한다. <개정 2004.6.29, 2007.2.28>

1. 1종수급권자 : 2만원

2. 2종수급권자 : 20만원

⑥급여대상 본인부담금에서 제5항의 규정에 따라 지급받은 금액을 차감한 금액이 다음 각 호의 금액을 초과한 경우에는 그 초과금액을 기금에서 부담한다. 다만, 초과금액이 2천원 미만인 경우에는 이를 수급권자가 부담한다. <개정 2004.6.29, 2007.2.28>

1. 1종수급권자 : 매 30일간 5만원

2. 2종수급권자 : 매 6개월간 120만원

⑦시장·군수·구청장은 수급권자가 제6항 본문의 규정에 따라 기금에서 부담하여야 하는 초과금액을 의료급여기관에 지급한 경우에는 보건복지부령이 정하는 바에 따라 그 초과금액을 수급권자에게 지급하여야 한다. <신설 2004.6.29>

제14조 (급여의 제한사유 통보) ①의료급여기관의 장은 수급권자가 법 제15조제1항의 규정에 의한 급여의 제한사유에 해당된다고 판단되는 경우에는 의사의 진찰소견, 환자 또는 보호자 그 밖의 관계인의 진술내용, 수급권자의 인적사항 등을 지체없이 수급권자의 거주지를 관할하는 시장·군수·구청장에게 통보하여야 한다.

②시장·군수·구청장은 제1항의 규정에 의하여 통보를 받은 때에는 지체없이 그 수급권자에 대한 의료급여의 필요성 여부를 조사·확인하여 그 의료급여기관에 통보하여야 한다.

제15조 (결손처분) 법 제24조제3호에서 "대통령령이 정하는 경우"라 함은 다음 각 호의 경우를 말한다.

1. 체납자의 재산이 없거나 체납처분의 목적물인 총 재산의 견적가격이 체납처분비보다 적은 것이 확인된 경우

2. 그 밖에 징수할 가능성이 없다고 시·군·구 의료급여심의위원회에서 의결한 경우

제16조 (기금관리공무원) 시·도지사는 기금을 관리하기 위하여 그 소속 공무원 중에서 기금의 지출행위와 징수결정에 관한 사무를 담당하는 기금담당관과 기금의 수입 및 지출에 관한 사무를 담당하는 기금출납원을 임명하여야 한다.

제17조 (이의신청의 결정 및 통지) ①시장·군수·구청장 및 법 제9조제4항제1호의 규정에 의한 급여비용심사기관(이하 "급여비용심사기관"이라 한다)은 법 제30조의 규정에 의한 이의신청을 받은 때에는 그로부터 60일 이내에 결정을 하여야 한다. 다만, 부득이한 사정이 있는 경우에는 30일의 범위 내에서 그 기간을 연장할 수 있다.

②제1항 단서의 규정에 의하여 결정기간을 연장하는 때에는 결정기간이 만료되기 7일전까지 이의신청인에게 이를 통지하여야 한다.

③시장·군수·구청장 및 급여비용심사기관의 장은 제1항의 규정에 의하여 이의신청에 대한 결정을 한 때에는 지체없이 이의신청인에게 이의신청결정서의 정본을 송부하고, 이해관계인에게 그 사본을 송부하여야 한다.

제18조 (검사업무의 지원) 보건복지부장관은 법 제32조제2항의 규정에 의한 의료급여기관에 대한 검사업무를 효율적으로 수행하기 위하여 필요한 경우에는 「국민건강보험법」 제55조의 규정에 의한 건강보험심사평가원(이하 "심사평가원"이라 한다)으로 하여금 그 업무를 지원하게 할 수 있다. <개정 2005.7.5>

제19조 (권한의 위임) 법 제33조제1항의 규정에 의하여 보건복지부장관의 권한 중 다음 각 호의 권한을 시·도지사에게 위임한다.
1. 법 제29조제1항의 규정에 의하여 보건복지부장관이 의료급여기관에 대하여 부과처분한 과징금의 징수권한
2. 법 제32조제1항의 규정에 의한 시·군·구에 대한 지도·감독 및 보고에 관한 권한

제20조 (업무의 위탁) ①법 제33조제2항의 규정에 의하여 시장·군수·구청장의 업무 중 다음 각 호의 업무를 심사평가원에 위탁한다.
1. 법 제11조제2항의 규정에 의한 급여비용(건강검진비용을 포함한다. 이하 같다)의 심사·조정
2. 법 제11조제4항의 규정에 의한 의료급여(건강검진을 포함한다)의 적정성 평가
3. 제1호 및 제2호와 관련된 심사 및 평가기준의 설정
②법 제33조제2항의 규정에 의하여 시장·군수·구청장의 업무 중 다음 각 호의 업무를 보험공단에 위탁한다.
1. 법 제11조제3항 내지 제5항의 규정에 의한 급여비용의 지급
2. 삭제 <2003.1.2>
3. 제1호 및 제2호와 관련된 전산기기에 의한 수급권자의 자격, 개인별 진료내역의 관리
4. 법 제15조의 규정에 의한 의료급여의 제한에 필요한 실태조사 및 자료수집

제21조 (과태료의 부과징수절차) ①법 제37조제2항에 따라 보건복지부장관이 과태료를 부과하고자 하는 때에는 그 위반행위를 조사·확인한 후 위반사실과 과태료금액 등을 서면으로 명시하여 이를 납부할 것을 과태료처분대상자에게 통지하여야 한다.
②보건복지부장관은 제1항에 따라 과태료를 부과하고자 하는 때에는 10일 이상의 기간을 정하여 과태료처분대상자에게 구술 또는 서면에 의한 의견진술의 기회를 주어야 한다. 이 경우 지정된 기일까지 의견진술이 없는 때에는 의견이 없는 것으로 본다.
③보건복지부장관은 과태료의 금액을 정함에 있어서는 그 위반행위의 동기와 결과 등을 참작하여야 한다.
④과태료의 징수절차는 보건복지부령으로 정한다.
[본조신설 2006.4.13]

부칙 <제17379호, 2001.9.29>
제1조 (시행일) 이 영은 2001년 10월 1일부터 시행한다.
제2조 (다른 법령의 개정) ①정신보건법시행령 중 다음과 같이 개정한다.

제22조제1항 단서 중 "의료보호법"을 "의료급여법"으로, "의료보호기금"을 "의료급여기금"으로 한다.
②전염병예방법시행령 중 다음과 같이 개정한다.
제19조의2제1호 중 "의료보호법"을 "의료급여법"으로, "의료보호기금"을 "의료급여기금"으로 한다
제3조 (다른 법령과의 관계) 이 영 시행당시 다른 법령에서 종전의 의료보호법시행령을 인용하고 있는 경우 이 영에 그에 해당하는 규정이 있는 때에는 종전의 규정에 갈음하여 이 영 또는 이 영의 해당규정을 각각 인용한 것으로 본다.

부칙 <제17878호, 2003.1.2>
①(시행일) 이 영은 공포한 날부터 시행한다. 다만, 제3조제2항제1호 가목(2)의 개정규정 중 상한연령에 관한 부분은 다음 각 호와 같이 단계별로 시행한다.
1. 이 영 시행일부터 2003년 12월 31일까지 : 63세
2. 2004년 1월 1일 이후 : 65세
②(1종수급권자에 관한 경과조치) 이 영 시행당시 종전의 제3조제2항제1호 가목 중 연령기준에 따라 제1종수급권자로 선정된 자는 이 영에 의한 1종수급권자로 본다.
③(업무위탁에 관한 경과조치) 이 영 시행당시 종전의 규정에 따라 지급되어야 할 요양비 및 장애인보장구는 보험공단이 이를 지급한다.

부칙 <제18206호, 2003.12.30>
이 영은 2004년 1월 1일부터 시행한다.

부칙 <제18460호, 2004.6.29>
①(시행일) 이 영은 2004년 7월 1일부터 시행한다.
②(본인부담금 상한제에 관한 적용례) 제13조제6항 및 제7항의 개정규정은 2004년 7월 1일 이후에 실시하는 의료급여부터 적용한다.

부칙 <제18622호, 2004.12.30>
이 영은 2005년 1월 1일부터 시행한다.

부칙 <제18935호, 2005.7.5>
이 영은 공포한 날부터 시행한다. 다만, 별표 제3호의 개정규정은 2005년 1월 1일부터 적용한다.

부칙 <제19129호, 2005.11.11>
①(시행일) 이 영은 공포한 날부터 시행한다.
②(기금 부담률의 변경에 관한 적용례) 별표 제4호의 개정규정은 2005년 9월 1일 이후에 실시하는 의료급여부터 적용한다.

부칙 <제19313호, 2006.2.2>
①(시행일) 이 영은 공포한 날부터 시행한다.
②(본인부담금 면제에 관한 적용례) 별표 제3호의 개정규정
은 2006년 1월 1일 이후에 실시하는 의료급여부터 적용한
다.

부칙 <제19445호, 2006.4.13>
이 영은 공포한 날부터 시행한다.

부칙 <제19918호, 2007.2.28>
①(시행일) 이 영은 2007년 7월 1일부터 시행한다. 다만, 제
12조제1항 각 호 외의 부분의 개정 규정은 2007년 3월 29일
부터 시행한다.
②(1종수급권자 본인부담금 부담액 및 일부 지급 등에 관한
적용례) 제13조제5항제1호 및 제6항제1호, 별표 1 제1호의
개정 규정은 이 영 시행 이후 최초로 실시하는 의료급여부
터 적용한다.

긴급복지지원법

연혁

제정 2005.12.23 법률 제7739호 <한시법: 2010.12.22>

제1조 (목적) 이 법은 생계곤란 등의 위기상황에 처하여 도움이 필요한 자를 신속하게 지원함으로써 이들이 위기상황에서 벗어나 건강하고 인간다운 생활을 영위하게 함을 목적으로 한다.

제2조 (정의) 이 법에서 "위기상황"이라 함은 본인 또는 본인과 생계 및 주거를 같이 하고 있는 가구구성원이 다음 각 호의 어느 하나에 해당하는 사유로 인하여 생계유지 등이 어렵게 된 것을 말한다.
1. 주소득자가 사망, 가출, 행방불명, 구금시설에 수용되는 등의 사유로 소득을 상실하고 가구구성원에게 다른 소득원이 없는 때
2. 중한 질병 또는 부상을 당한 때
3. 가구구성원으로부터 방임·유기되거나 학대 등을 당한 때
4. 가정폭력을 당하여 가구구성원과 함께 원만한 가정생활이 곤란하거나 가구구성원으로부터 성폭력을 당한 때
5. 화재 등으로 인하여 거주하는 주택 또는 건물에서 생활하기 곤란하게 된 때
6. 그 밖에 보건복지부장관이 성하여 고시하는 사유가 발생한 때

제3조 (기본원칙) ①이 법에 의한 지원은 위기상황에 처한 자에 대하여 일시적으로 신속하게 지원하는 것을 기본원칙으로 한다.
②「재해구호법」·「국민기초생활 보장법」·「의료급여법」·「사회복지사업법」·「가정폭력방지 및 피해자보호 등에 관한 법률」·「성폭력범죄의 처벌 및 피해자보호 등에 관한 법률」 등 다른 법률에 의하여 이 법에 의한 지원 내용과 동일한 내용의 구호·보호나 지원을 받고 있는 경우에는 이 법에 의한 지원을 하지 아니한다.

제4조 (국가 및 지방자치단체의 책무) ①국가 및 지방자치단체는 위기상황에 처한 자를 찾아내어 최대한 신속하게 필요한 지원을 하도록 노력하여야 한다.
②국가 및 지방자치단체는 이 법에 의한 지원 후에도 위기상황이 해소되지 아니하여 계속 지원이 필요한 것으로 판단되는 자에 대하여는 다른 법률에 의한 구호·보호 또는 지원을 받을 수 있도록 노력하여야 한다.
③국가 및 지방자치단체는 제2항의 규정에 의한 구호·보호 또는 지원이 어렵다고 판단되는 경우에는 민간기관·단체와의 연계를 통하여 구호·보호 또는 지원을 받을 수 있도록 노력하여야 한다.

제5조 (긴급지원대상자) 이 법에 의한 지원대상자는 위기상황에 처한 자로서 이 법에 의한 지원이 긴급하게 필요한 자(이하 "긴급지원대상자"라 한다)로 한다.

제6조 (긴급지원기관) ①이 법에 의한 지원은 긴급지원대상자의 거주지를 관할하는 시장·군수·구청장(자치구의 구청장을 말한다. 이하 같다)이 행한다. 다만, 긴급지원대상자의 거주지가 분명하지 아니한 경우에는 제7조의 규정에 의한 지원요청 또는 신고를 받은 시장·군수·구청장이 행한다.
②제1항 단서의 규정에 불구하고 거주지가 분명하지 아니한 자에 대하여 제7조의 규정에 의한 지원요청 또는 신고가 특정지역에 집중되는 경우에는 보건복지부령이 정하는 바에 따라 긴급지원기관을 달리 정할 수 있다.
③시장·군수·구청장은 이 법에 의한 긴급지원사업을 수행하기 위하여 담당공무원(이하 "긴급지원담당공무원"이라 한다)을 지정하여야 한다.

제7조 (지원요청 및 신고) ①긴급지원대상자와 친족, 그 밖의 관계인은 구술 또는 서면 등으로 관할 시장·군수·구청장에게 이 법에 의한 지원을 요청할 수 있다.
②누구든지 긴급지원대상자를 발견한 경우에는 관할 시장·군수·구청장에게 이 사실을 신고하여야 한다.
③다음 각 호의 어느 하나에 해당하는 자는 진료·상담 등 직무수행 과정에서 긴급지원대상자가 있음을 알게 된 경우

에는 관할 시장·군수·구청장에게 이를 신고하고, 긴급지원 대상자가 신속하게 지원을 받을 수 있도록 노력하여야 한다.

1. 「의료법」에 의한 의료기관의 종사자
2. 「유아교육법」, 「초·중등교육법」 및 「고등교육법」에 의한 교원
3. 「사회복지사업법」에 의한 사회복지시설의 종사자 및 동법 제8조의 규정에 의하여 위촉된 복지위원
4. 「국가공무원법」 및 「지방공무원법」에 의한 공무원

제8조 (현장 확인 및 지원 실시) ①시장·군수·구청장은 제7조의 규정에 의한 지원요청 또는 신고가 있거나 위기상황에 처한 자를 찾아낸 경우에는 지체 없이 긴급지원담당공무원으로 하여금 긴급지원대상자의 거주지 등을 방문하여 위기상황에 대한 확인을 하여야 한다.

②시장·군수·구청장은 위기상황을 확인하기 위하여 필요한 경우에는 관할 경찰관서, 소방관서 등 관계 행정기관의 장에게 협조를 요청할 수 있다. 이 경우 관계 행정기관의 장은 정당한 사유가 없는 한 이에 응하여야 한다.

③시장·군수·구청장은 제1항의 규정에 의한 현장 확인 결과 위기상황의 발생이 확인된 자에 대하여는 지체 없이 제9조의 규정에 의한 지원의 종류 및 내용을 결정하여 지원을 하여야 한다.

④제1항의 규정에 의하여 현장을 확인하는 긴급지원담당공무원은 권한을 표시하는 증표를 지니고 이를 관계인에게 내보여야 한다.

제9조 (긴급지원의 종류 및 내용) ①이 법에 의한 지원의 종류 및 내용은 다음과 같다.

1. 금전 또는 현물 등의 직접지원
가. 생계지원 : 식료품비·의복비 등 생계유지에 필요한 비용 또는 현물 지원
나. 의료지원 : 각종 검사 및 치료 등 의료서비스 지원
다. 주거지원 : 임시거소 제공 또는 이에 해당하는 비용 지원
라. 사회복지시설 이용 지원 : 「사회복지사업법」에 의한 사회복지시설에의 입소 또는 이용 서비스의 제공이나 이에 필요한 비용 지원
마. 그 밖의 지원 : 연료비 그 밖에 위기상황의 극복에 필요한 비용 또는 현물 지원
2. 민간기관·단체와의 연계 등의 지원
가. 「대한적십자사 조직법」에 의한 대한적십자사, 「사회복지 공동모금회법」에 의한 사회복지공동모금회 등의 사회복지기관·단체로의 연계 지원
나. 상담·정보제공 등 그 밖의 지원
②제1항의 구체적인 지원기준·방법 및 절차 등에 관하여

필요한 사항은 대통령령으로 정한다. 이 경우 제1항제1호 가목 및 다목의 지원은 「국민기초생활 보장법」 제6조의 규정에 따라 매년 공표되는 최저생계비를 한도로 한다.

③시장·군수·구청장은 제1항제1호 라목의 규정에 의한 사회복지시설 이용지원에 있어서 관할 사회복지시설의 장에게 지원을 요청할 수 있다. 이 경우 지원요청을 받은 사회복지시설의 장은 정당한 사유가 없는 한 당해 시설의 입소기준에 불구하고 긴급지원대상자가 제10조의 규정에 의한 기간 동안 당해 시설을 이용할 수 있도록 조치하여야 한다.

제10조 (긴급지원의 기간 등) ①제9조제1항제1호 가목 및 다목 내지 마목의 규정에 의한 긴급지원은 1월간의 생계유지 등에 필요한 지원으로 한다. 다만, 시장·군수·구청장이 긴급지원대상자의 위기상황이 계속된다고 판단하는 경우에는 1월의 범위 안에서 기간을 연장할 수 있다.

②제9조제1항제1호 나목의 규정에 의한 지원은 위기상황의 원인이 되는 질병 또는 부상을 검사·치료하기 위한 범위 안에서 1회 실시한다.

③시장·군수·구청장은 제1항 및 제2항의 규정에 의한 지원에 불구하고 위기상황이 계속되는 경우에는 제12조의 규정에 의한 긴급지원심의위원회의 심의를 거쳐 지원을 연장할 수 있다. 이 경우 제9조제1항제1호 가목 및 다목 내지 마목의 규정에 의한 지원은 제1항의 규정에 의한 지원기간을 합하여 총 4월을 초과하여서는 아니되고, 동호 나목의 규정에 의한 지원은 제2항의 규정에 의한 지원횟수를 합하여 총 2회를 초과하여서는 아니된다.

④제3항의 규정에 따른 지원연장에 관한 긴급지원심의위원회의 심의 시기 및 절차는 보건복지부령으로 정한다.

제11조 (담당기구 설치 등) ①보건복지부장관은 위기상황에 처한 자에게 상담·정보제공 및 유관기관·단체 등과의 연계 서비스를 제공하기 위하여 담당기구를 설치·운영할 수 있다.

②보건복지부장관은 긴급지원사업을 원활하게 수행하기 위하여 「대한적십자사 조직법」에 의한 대한적십자사, 「사회복지 공동모금회법」에 의한 사회복지공동모금회 등 민간의 긴급지원 관련기관·단체가 참여하는 협의회를 설치·운영할 수 있다.

③시장·군수·구청장은 긴급지원사업을 원활하게 수행하기 위하여 「사회복지사업법」 제7조의2의 규정에 의한 지역사회복지협의체를 통하여 사회복지·보건의료 관련기관·단체 간의 연계·협력을 강화하여야 한다.

제12조 (긴급지원심의위원회) ①다음 각 호의 사항을 심의·의결하기 위하여 시·군·구(자치구를 말한다. 이하 같다)에 긴급지원심의위원회를 둔다.

1. 제10조제3항의 규정에 의한 긴급지원연장 결정
2. 제14조제1항의 규정에 의한 긴급지원의 적정성 심사
3. 제15조제1항의 규정에 의한 긴급지원의 중단 또는 지원비용의 환수 결정
4. 그 밖에 긴급지원심의위원회의 위원장이 부의하는 사항
②긴급지원심의위원회는 위원장 1인을 포함한 15인 이내의 위원으로 구성한다.
③위원장은 시장·군수·구청장이 되고, 위원은 다음 각 호의 어느 하나에 해당하는 자 중에서 시장·군수·구청장이 임명 또는 위촉한다. 이 경우 제1호 및 제2호에 해당하는 자가 2분의 1 이상이 되도록 구성하여야 한다.
1. 사회보장에 관한 학식과 경험이 있는 자
2. 「비영리민간단체 지원법」 제2조의 규정에 의한 비영리민간단체에서 추천한 자
3. 당해 시·군·구 또는 관계 행정기관 소속의 공무원
4. 당해 시·군·구 지방의회가 추천하는 자
④시·군·구에 긴급지원심의위원회의 기능을 담당하기에 적합하고 위원회 위원 전원이 제3항 각 호의 어느 하나에 해당하는 자격을 갖춘 위원회가 있는 경우 그 위원회는 조례가 정하는 바에 따라 긴급지원심의위원회의 기능을 대신할 수 있다. 이 경우 위원장의 임명이나 위원의 위촉 등에 관한 사항은 제3항 각 호 외의 부분 후단의 규정을 제외하고는 달리 정할 수 있다.

제13조 (사후조사) ①시장·군수·구청장은 제8조제3항의 규정에 따라 지원을 받았거나 받고 있는 긴급지원대상자에 대하여 소득 또는 재산 등 대통령령이 정하는 기준에 따라 긴급지원이 적정한 지의 여부를 조사하여야 한다.
②시장·군수·구청장은 제1항의 규정에 의한 조사를 위하여 금융·국세·지방세·건강보험·국민연금 및 고용보험 등 관련 전산망을 이용하고자 할 경우에는 해당 법률이 정하는 바에 따라 관계기관의 장에게 협조를 요청할 수 있다. 이 경우 관계 기관의 장은 정당한 사유가 없는 한 이에 응하여야 한다.
③긴급지원사업을 담당하는 공무원 또는 공무원이었던 자는 제2항의 규정에 의하여 얻은 정보와 자료를 이 법이 정한 지원목적 외에 다른 용도로 사용하거나 다른 사람 또는 기관에 제공하여서는 아니된다.
④제2항의 규정에 따른 금융에 관한 조사의 구체적 방법 및 절차는 대통령령으로 정한다.

제14조 (긴급지원의 적정성 심사) ①긴급지원심의위원회는 제13조제1항의 규정에 따라 시장·군수·구청장이 행한 사후조사결과를 참고하여 긴급지원의 적정성을 심사한다.
②긴급지원심의위원회는 긴급지원대상자가 「국민기초생활 보장법」 또는 「의료급여법」에 의한 수급권자로 결정된 경우에는 제1항의 규정에 의한 심사를 하지 아니할 수 있다.
③시장·군수·구청장은 제1항의 규정에 의한 심사결과 긴급지원대상자에 대한 지원이 적정하지 아니한 것으로 결정된 경우에도 긴급지원담당공무원의 고의 또는 중대한 과실이 없는 한 이를 이유로 긴급지원담당공무원에 대하여 불리한 처분이나 대우를 하여서는 아니된다.

제15조 (지원중단 또는 비용환수) ①시장·군수·구청장은 제14조제1항의 규정에 의한 심사결과 거짓 그 밖의 부정한 방법으로 제8조제3항의 규정에 의한 지원을 받은 것으로 결정된 자에 대하여는 긴급지원심의위원회의 결정에 따라 지체 없이 지원을 중단하고 지원한 비용의 전부 또는 일부를 반환하게 하여야 한다.
②시장·군수·구청장은 제14조제1항의 규정에 의한 심사결과 긴급지원이 적정하지 아니한 것으로 결정된 자에 대하여는 지원을 중단하고 지원한 비용의 전부 또는 일부를 반환하게 할 수 있다.
③시장·군수·구청장은 제9조제2항의 규정에 의한 지원기준을 초과하여 지원받은 자에 대하여는 그 초과 지원 상당분을 반환하게 할 수 있다.
④시장·군수·구청장은 제1항 또는 제2항의 규정에 따른 반환명령에 응하지 아니하는 자에 대하여는 지방세체납처분의 예에 의하여 이를 징수한다.

제16조 (이의신청) ①제15조제1항 또는 제2항의 규정에 따른 반환명령에 이의가 있는 자는 그 처분을 고지받은 날부터 30일 이내에 당해 시장·군수·구청장을 거쳐 특별시장·광역시장·도지사(이하 "시·도지사"라 한다)에게 서면으로 이의신청할 수 있다.
②시·도지사는 제1항의 규정에 의한 이의신청을 받은 때에는 지체 없이 이를 검토하여 처분이 위법·부당하다고 인정되는 경우에는 시정 기타 필요한 조치를 취할 수 있다.

제17조 (예산분담) 국가 및 지방자치단체는 긴급지원 업무를 수행하기 위하여 필요한 비용을 분담하여야 한다.

제18조 (압류 등의 금지) ①이 법에 의하여 긴급지원대상자에게 지급되는 금전 또는 현물은 압류할 수 없다.
②긴급지원대상자는 이 법에 의하여 지급되는 금전 또는 현물을 생계유지 등의 목적 외의 다른 용도로 사용하기 위하여 양도하거나 담보로 제공할 수 없다.

제19조 (벌칙) 제13조제3항의 규정을 위반한 자는 3년 이하의 징역 또는 1천만원 이하의 벌금에 처한다.

부칙 <제07739호, 2005.12.23>
①(시행일) 이 법은 공포 후 3월이 경과한 날부터 시행한다.
②(유효기간) 이 법은 시행일부터 5년간 그 효력을 가진다.

긴급복지지원법 시행령

연혁

2006.3.23 제정 [대통령령 제19397호] <한시법:2011.3.23>

제1조 (목적) 이 영은 「긴급복지지원법」에서 위임된 사항과 그 시행에 관하여 필요한 사항을 규정함을 목적으로 한다.

제2조 (생계지원) ①「긴급복지지원법」(이하 "법"이라 한다) 제9조제1항제1호 가목에 따른 생계지원의 대상은 법 제5조에 따른 긴급지원대상자(이하 "긴급지원대상자"라 한다)로서 법 제2조 각 호의 어느 하나에 해당하는 사유로 생계유지가 곤란한 자로 한다.
②시장·군수·구청장(자치구의 구청장을 말한다. 이하 같다)은 가구구성원의 수 등을 고려하여 보건복지부장관이 정하여 고시하는 기준에 따른 금액을 제1항에 따른 긴급지원대상자에게 지급하여야 한다. 다만, 긴급지원대상자가 거동이 불편하여 물품구매가 곤란한 경우 등 현금을 지급하는 것이 적절하지 아니하다고 판단되는 경우에는 이에 상당하는 현물을 지급할 수 있다.
③시장·군수·구청장은 제2항 본문에 따라 현금을 지급하는 경우에는 해당금액을 금융기관 또는 체신관서의 긴급지원대상자 계좌에 입금하여야 한다. 다만, 긴급지원대상자가 금융기관 또는 체신관서가 없는 지역에 거주하는 등 부득이한 사유가 있는 경우에는 해당금액을 현금으로 긴급지원대상자에게 직접 지급할 수 있다.

제3조 (의료지원) ①법 제9조제1항제1호 나목에 따른 의료지원의 대상은 긴급지원대상자로서 법 제2조제2호에 해당하는 사유로 의료비를 감당하기 곤란한 자로 한다.
②시장·군수·구청장은 다음 각 호의 어느 하나에 해당하는 의료기관 또는 약국(이하 "의료기관 등"이라 한다)으로 하여금 제1항에 따른 긴급지원대상자에게 검사 및 치료 등의 의료서비스를 제공하게 하여야 한다.
1. 「의료법」에 따라 개설된 의료기관
2. 「지방의료원의 설립 및 운영에 관한 법률」에 따라 설치된 지방의료원
3. 「지역보건법」에 따라 설립된 보건소·보건의료원 및 보건지소
4. 「농어촌 등 보건의료를 위한 특별조치법」에 따라 설치된 보건진료소

5. 「약사법」에 따라 등록된 약국
③시장·군수·구청장은 「국민건강보험법」 및 「의료급여법」에 따른 본인부담금 등을 고려하여 보건복지부장관이 정하여 고시하는 금액의 범위 안에서 의료서비스 제공에 소요되는 금액을 해당의료서비스를 제공한 의료기관 등에게 지급하여야 한다.

제4조 (주거지원) ①법 제9조제1항제1호 다목에 따른 주거지원의 대상은 긴급지원대상자로서 법 제2조 각 호의 어느 하나에 해당하는 사유로 임시거소의 제공 또는 주거비 지원이 필요하다고 인정되는 자로 한다.
②시장·군수·구청장은 제1항에 따른 긴급지원대상자에게 임시거소를 제공하여야 한다. 다만, 임시거소를 제공하는 것이 곤란한 경우에는 거소확보에 소요되는 비용을 긴급지원대상자에게 지급할 수 있다.
③시장·군수·구청장은 제2항 본문에 따른 임시거소 중 국가 또는 지방자치단체 소유가 아닌 임시거소를 제공하는 경우에는 지역 등을 고려하여 보건복지부장관이 정하여 고시하는 기준에 따라 임시거소의 제공에 소요되는 비용을 해당임시거소의 소유자 또는 관리자에게 지급하여야 한다.

제5조 (사회복지시설의 이용지원) ①법 제9조제1항제1호 라목에 따른 사회복지시설의 이용지원은 긴급지원대상자로서 법 제2조 각 호의 어느 하나에 해당하는 사유로 사회복지시설에서 제공하는 서비스가 필요하다고 인정되는 자로 한다.
②시장·군수·구청장은 제1항에 따른 긴급지원대상자가 사회복지시설에 입소하거나 사회복지시설을 이용하게 하고, 보건복지부장관이 정하여 고시하는 금액의 범위 안에서 사회복지시설의 입소 또는 이용에 소요되는 비용을 해당사회복지시설을 운영하는 자에게 지급하여야 한다. 다만, 사회복지시설을 운영하는 자에게 지급하는 것이 적절하지 아니하다고 판단되는 경우에는 사회복지시설의 이용에 소요되는 금액을 긴급지원대상자에게 지급할 수 있다.

제6조 (그 밖의 지원) ①법 제9조제1항제1호 마목에 따른 그 밖의 지원의 종류는 연료비 및 해산비 그 밖에 보건복지부

장관이 정하는 지원으로 한다.
②시장·군수·구청장은 보건복지부장관이 정하여 고시하는
금액의 범위 안에서 제1항에 따른 지원금을 긴급지원대상
자에게 지급하여야 한다. 다만, 지원의 성격상 현금을 지급
하는 것이 적절하지 아니하다고 판단되는 경우에는 긴급지
원대상자에게 현물을 제공할 수 있다.

제7조 (사후조사의 시기 및 기준) ①시장·군수·구청장은 법 제
8조제3항에 따른 지원결정일부터 1월 이내에 법 제13조제1
항에 따른 사후조사를 완료하여야 한다. 다만, 사후조사 중
법 제13조제2항에 따른 금융에 관한 조사의 경우에는 그러
하지 아니하다.
②법 제13조제1항에서 "대통령령이 정하는 기준"이라 함은
다음 각 호의 요건을 모두 충족하는 것을 말한다.
1. 소득이 「국민기초생활 보장법」 제2조제6호에 따른 최저
생계비의 100분의 130이하일 것
2. 재산의 합계액이 보건복지부장관이 정하여 고시하는 금
액 이하일 것. 다만, 금융재산은 120만원 이하이어야 한다.
③제2항에 따른 소득, 재산 또는 금융재산의 구체적인 범위
는 보건복지부령으로 정한다.

제8조 (금융에 관한 조사의 방법 및 절차) ①법 제13조제4항에
따른 금융에 관한 조사는 긴급지원대상자 및 그 가구구성
원 명의의 재산을 대상으로 한다.
②제1항에 따른 조사는 긴급지원대상자 및 가구구성원으
로부터 보건복지부장관이 정하는 바에 따라 금융정보제공
동의서를 제출받아 이를 관계 금융기관 등에 송부하여 조
회하는 것으로 한다.

부칙 <제19397호, 2006.3.23>
①(시행일) 이 영은 2006년 3월 24일부터 시행한다.
②(유효기간) 이 영은 시행일부터 5년간 그 효력을 가진다.

제 6 부

사회복지서비스 및 사회복지 관련법

사회복지서비스라는 용어는 일상적으로 사회서비스와 혼용하여 사용되고 있기 때문에 그 범위와 정의가 다소 혼란스러운 것이 사실이다.

사회복지법의 체계에서는 사회보장기본법에 정의되어 있는 바, 사회복지서비스는 "국가·지방자치단체 및 민간부문의 도움을 필요로 하는 모든 국민에게 상담·재활·직업소개 및 지도·사회복지시설이용 등을 제공하여 정상적인 사회생활이 가능하도록 지원하는 제도"로 정의할 수 있다. 이러한 범주에 속하는 법률은 보통 사회복지사업법 제2조에 정의되어 있는 16개 법률 중 국민기초생활보장법을 제외한 15개 법률을 꼽고 있다.

이 법률들은 우리가 생활주기에 따라서 필요한 다양한 서비스들을 제공해주기 위해 만들어진 것으로 주로 아동, 여성, 노인, 장애인 등의 대상별로 서비스를 규정하고 있다. 또 사회복지공동모금회법 등과 같이 여러 영역들을 지원해주는 역할을 하거나, 농어촌주민의보건복지증진을위한특별법과 같이 특정 지역을 대상으로 설정된 법률도 있다.

사회복지관련법은 사회보장기본법에서 규정한 "보건·주거·교육·고용 등의 분야에서 인간다운 생활이 보장될 수 있도록 지원하는 각종 복지제도"라고 할 수 있다. 여기에 속할 수 있는 법률은 매우 다양하다고 할 수 있는데, 그 중에서도 여성, 가족, 청소년 등과 관련된 기본법들은 사회복지 영역과 겹치는 부분들이다. 이러한 법률들은 사회복지서비스법이라고 보아도 무방한데 사회복지 관련법으로 분류되는 것은 여러 가지 이유가 있지만, 무엇보다 현재 우리나라의 사회복지 영역이 보건복지부 이외에 다양한 중앙정부 부처로 분산되어 있는데 기인한다. 물론 보건복지부가 소관하는 법률만을 사회복지서비스법이라고 보는 것은 아니지만 사회복지학 자체의 성장과 발전이 보건복지부의 활동과 밀접한 관련을 맺고 이루어지고, 다른 부처들은 각각의 여타 학문 영역들과 병행 발전하면서 다소 다른 구성과 체계와 연결되는 경향을 보이고 있다. 현재 여성과 가족 관련 업무는 여성가족부에서, 고용관련 복지는 노동부에서, 청소년 업무는 청소년위원회에서 각각 담당하고 있다.

아동복지법

연혁

1961. 12. 30 <타>조선감화령 폐지 법률 912호
1961. 12. 30 아동복리법 제정 법률 912호
1981. 4. 13 전문개정 법률 제3438호
1997. 8. 22 일부개정 법률 제5358호
1997. 12. 13 일부개정 법률 제5453호
1997. 12. 13 일부개정 법률 제5454호
2000. 1. 12 전문개정 법률 제6151호

2002. 12. 18 일부개정 법률 제6801호
2004. 1. 29 일부개정 법률 제7143호
2004. 3. 22 일부개정 법률 제7212호
2005. 3. 24 일부개정 법률 제7413호
2005. 7. 13 일부개정 법률 제7591호
2006. 9. 27 일부개정 법률 제8006호

제1조 (목적) 이 법은 아동이 건강하게 출생하여 행복하고 안전하게 자라나도록 그 복지를 보장함을 목적으로 한다.

제2조 (용어의 정의) 이 법에서 사용하는 용어의 정의는 다음과 같다. <개정 2005.7.13>
1. "아동"이라 함은 18세 미만의 자를 말한다.
2. "보호를 필요로 하는 아동"이라 함은 보호자가 없거나 보호자로부터 이탈된 아동, 또는 보호자가 아동을 학대하는 경우 등 그 보호자가 아동을 양육하기에 부적당하거나 양육할 능력이 없는 경우의 아동을 말한다.
3. "보호자"라 함은 친권자, 후견인, 아동을 보호·양육·교육하거나 그 의무가 있는 자 또는 업무·고용 등의 관계로 사실상 아동을 보호·감독하는 자를 말한다.
4. "아동학대"라 함은 보호자를 포함한 성인에 의하여 아동의 건강·복지를 해치거나 정상적 발달을 저해할 수 있는 신체적·정신적·성적 폭력 또는 가혹행위 및 아동의 보호자에 의하여 이루어지는 유기와 방임을 말한다.
5. "아동복지시설"이라 함은 제14조의 규정에 의하여 설치된 시설을 말한다.
6. "아동복지시설 종사자"라 함은 아동복지시설에서 아동의 상담·지도·치료·양육 기타 아동의 복지에 관한 업무를 담당하는 자를 말한다.
7. "가정위탁"이라 함은 보호를 필요로 하는 아동을 보호하기에 적합한 가정에 일정기간 위탁하는 것을 말한다.

제3조 (기본이념) ①아동은 자신 또는 부모의 성별, 연령, 종교, 사회적 신분, 재산, 장애유무, 출생지역, 인종 등에 따른 어떠한 종류의 차별도 받지 아니하고 자라나야 한다. <개정 2006.9.27>
②아동은 완전하고 조화로운 인격발달을 위하여 안정된 가정환경에서 행복하게 자라나야 한다.
③아동에 관한 모든 활동에 있어서 아동의 이익이 최우선적으로 고려되어야 한다.

제4조 (책임) ①국가와 지방자치단체는 아동의 건강과 복지증진에 노력하여야 하며 이를 위한 시책을 시행하여야 한다.
②아동의 보호자는 아동을 가정안에서 그의 성장시기에 맞추어 건강하고 안전하게 양육하여야 한다.
③모든 국민은 아동의 권익과 안전을 존중하여야 하며, 아동을 건강하게 양육하여야 한다.
④국가와 지방자치단체는 장애아동의 권익을 보호하기 위하여 필요한 시책을 강구하여야 한다.
⑤국가와 지방자치단체는 아동이 자신 또는 부모의 성별, 연령, 종교, 사회적 신분, 재산, 장애유무, 출생지역 또는 인종 등에 따른 어떠한 종류의 차별도 받지 아니하도록 필요한 시책을 강구하여야 한다. <신설 2006.9.27>

제4조의2 (아동정책조정위원회) ①아동의 권리증진과 건강한 출생 및 성장을 위하여 종합적인 아동정책을 수립하고 관계부처의 의견을 조정하며, 그 정책의 이행을 감독하고 평가하기 위하여 국무총리소속하에 아동정책조정위원회(이하 "위원회"라 한다)를 둔다.
②위원회는 다음 각 호의 사항을 심의·조정한다.
1. 아동정책 및 아동의 권리증진의 기본방향에 관한 사항
2. 아동정책의 개선과 예산지원에 관한 사항

3. 아동정책에 관한 관련 부처간 협조 사항
4. 아동관련 국제조약의 이행 및 평가·조정에 관한 사항
5. 그 밖에 위원장이 부의하는 사항
③위원회는 위원장을 포함한 25인 이내의 위원으로 구성하되, 위원장은 국무총리가 되고 위원은 다음 각 호의 자가 된다. <개정 2005.3.24>
1. 교육인적자원부장관·법무부장관·행정자치부장관·문화관광부장관·정보통신부장관·보건복지부장관·노동부장관·여성가족부장관·기획예산처장관 및 위원회의 심의사항과 관련되어 위원장이 지정하는 중앙행정기관의 장
2. 아동관련 단체의 장이나 아동에 대한 학식과 경험이 풍부한 자 중 위원장이 위촉하는 15인 이내의 위원
④위원회는 제2항제4호의 규정에 의한 국제조약의 이행확인을 위하여 필요한 업무를 관계 전문기관 또는 단체에게 위탁할 수 있다.
⑤위원회는 필요하다고 인정하는 때에는 관계행정기관에 대하여 그 소속직원의 출석·설명과 자료의 제출을 요구할 수 있다.
⑥제1항 내지 제3항에서 정한 것 외에 위원회의 구성 및 운영 등에 관하여 필요한 사항은 대통령령으로 정한다.
[본조신설 2004.1.29]

제5조 (어린이날 및 어린이주간) 어린이에 대한 사랑과 보호의 정신을 높임으로써 이들을 옳고 아름답고 슬기로우며 씩씩하게 자라나도록 하기 위하여 매년 5월 5일을 어린이날로 하며, 5월 1일부터 5월 7일까지를 어린이주간으로 한다.
[전문개정 2004.1.29]

제6조 (아동위원) ①시·군·구(자치구를 말한다. 이하 같다)에 아동위원을 둔다.
②아동위원은 그 관할구역 안의 아동에 대하여 항상 그 생활상태 및 가정환경을 상세히 파악하고 아동복지에 관하여 필요한 원조와 지도를 행하며 아동복지지도원 및 관계 행정기관과 협력하여야 한다.
③아동위원은 그 업무의 원활한 수행을 위하여 적절한 교육을 받을 수 있다.
④아동위원은 명예직으로 하되, 아동위원에 대하여는 수당을 지급할 수 있다.
⑤아동위원에 관하여 필요한 사항은 당해 시·군·구의 조례로 정한다.

제7조 (아동복지지도원) ①아동복지에 관한 다음 각 호의 사항을 수행하게 하기 위하여 특별시·광역시·도(이하 "시·도"라 한다) 및 시·군·구에 아동복지지도원을 둔다.
1. 보호를 필요로 하는 아동에 대한 적절한 보호조치
2. 아동 및 그 가족 또는 관계인에 대한 상담

3. 아동지도에 필요한 가정환경의 조사
4. 아동에 관한 전문적·기술적 지도를 필요로 하는 경우의 개별지도·집단지도 및 그 알선
5. 아동복지시설 또는 보호를 필요로 하는 아동에 대한 조사·지도 및 감독
6. 아동을 위한 지역사회자원의 활용알선
7. 지역사회의 학교 부적응아, 비행청소년에 대한 예방·지도 및 원조
8. 기타 아동의 복지증진 및 육성에 관한 업무
②아동복지지도원은 사회복지전담공무원으로 하고 자격 기타 필요한 사항은 대통령령으로 정한다.

제8조 (보건소) 보건소는 이 법에 의하여 다음 각 호의 업무를 행한다.
1. 아동의 전염병 예방조치
2. 아동의 건강상담, 신체검사와 보건위생에 관한 지도
3. 아동의 영양개선

제9조 (아동의 건강 및 안전) ①아동의 보호자는 아동의 건강유지와 향상을 위하여 최선의 주의와 노력을 하여야 한다.
②국가는 대통령령이 정하는 바에 따라 아동복지시설과 아동용품에 대한 안전기준을 정하고 아동용품을 제작·설치·관리하는 자에게 이를 준수하도록 하여야 한다.
③아동복지시설, 유아보육시설, 유치원, 초·중·고등학교의 장은 대통령령이 정하는 바에 따라 교통안전, 약물오남용 예방, 재난대비 안전 및 성폭력 예방교육을 실시하여야 한다. <개정 2006.9.27>

제10조 (보호조치) ①서울특별시장·광역시장·도지사(이하 "시·도지사"라 한다) 또는 시장·군수·구청장(자치구의 구청장을 말한다. 이하 같다)은 그 관할구역 안에서 보호를 필요로 하는 아동을 발견하거나 보호자의 의뢰를 받은 때에는 아동의 최상의 이익을 위하여 대통령령이 정하는 바에 따라 다음 각 호의 필요한 보호조치를 하여야 한다. <개정 2004.1.29, 2005.7.13, 2006.9.27>
1. 아동복지지도원 또는 아동위원에게 보호를 필요로 하는 아동 또는 그 보호자에 대한 상담·지도를 행하게 하는 것
2. 보호자 또는 대리양육을 원하는 연고자에 대하여 그 가정에서 보호양육 할 수 있도록 필요한 조치를 하는 것
3. 아동의 보호를 희망하는 자에게 가정위탁하는 것
4. 보호를 필요로 하는 아동에 적합한 아동복지시설에 입소시키는 것
5. 약물 및 알콜중독·정서장애·발달장애·성폭력피해 등으로 특수한 치료나 요양 등의 보호를 필요로 하는 아동에 대하여 전문치료기관 또는 요양소에 입원 또는 입소시키는 것

②시·도지사 또는 시장·군수·구청장은 제1항제3호 내지 제5호의 규정에 의한 조치를 할 때까지 필요한 경우에는 적당하다고 인정하는 자에게 일시 위탁하여 그 보호를 필요로 하는 아동을 보호하게 할 수 있다.
③시·도지사 또는 시장·군수·구청장은 제1항제3호 내지 제5호의 조치를 함에 있어 당해 보호를 필요로 하는 아동의 의사를 존중하여야 하며 보호자가 있을 경우에는 그 의견을 들어야 한다.
④시·도지사 또는 시장·군수·구청장은 제1항제1호 내지 제3호의 보호조치가 적합하지 아니한 자에 대하여 제1항제4호의 보호조치를 할 수 있다. 이 경우 시설의 장은 당해 보호를 필요로 하는 아동의 개별보호·관리계획을 세워 보호하여야 하며, 보호를 필요로 하는 아동의 보호자를 참여시킬 수 있다.
⑤시·도지사 또는 시장·군수·구청장은 그 관할구역안에서 약물 및 알콜중독, 정서장애, 발달장애 등의 문제발생 가능성이 있는 아동의 가정에 대하여 예방차원에서의 적절한 조치를 강구하여야 한다.

제11조 (시설보호아동에 대한 퇴소조치 등) ①제10조의 규정에 의하여 아동복지시설에 입소한 보호를 필요로 하는 아동의 연령이 18세에 달하였거나, 보호의 목적을 달성하였다고 인정될 때에는 당해 시설의 장은 그 보호 중인 아동을 퇴소시켜야 한다.
②제1항의 규정에도 불구하고 아동이 다음 각 호의 어느 하나에 해당하는 경우에는 시설의 장이 보호기간을 연장할 수 있다. <개정 2006.9.27>
1. 「고등교육법」 제2조의 규정에 따른 대학 이하의 학교에 재학 중인 경우
2. 제16조제1항제4호의 아동직업훈련시설 또는 「근로자직업능력 개발법」 제2조제3호의 직업능력개발훈련시설에서 교육·훈련 중인 경우
3. 그 밖에 시설에서 계속 보호·양육이 필요하다고 인정하여 대통령령이 정하는 경우

제12조 (친권상실 선고 등의 청구) ①시·도지사 또는 시장·군수·구청장은 아동의 친권자가 그 친권을 남용하거나 현저한 비행 기타 친권을 행사할 수 없는 중대한 사유가 있는 것을 발견한 경우 아동의 복지를 위하여 필요하다고 인정할 때에는 법원에 친권행사의 제한 또는 친권상실의 선고를 청구하여야 한다.
②제24조제1항의 규정에 따른 아동보호전문기관의 장은 제1항의 사유에 해당하는 경우 시·도지사 또는 시장·군수·구청장에 대하여 친권행사 제한 또는 친권상실의 선고를 청구하도록 요청할 수 있다. <신설 2006.9.27>

제13조 (아동의 후견인 선임청구) ①시·도지사 또는 시장·군수·구청장은 친권자 또는 후견인이 없는 아동을 발견한 경우 그 복지를 위하여 필요하다고 인정할 때에는 법원에 후견인의 선임 또는 그 해임을 청구하여야 한다. 이 경우 당해 아동의 의견을 존중하여야 한다.
②아동복지시설에 입소 중인 보호를 필요로 하는 아동에 대하여는 "보호시설에있는미성년자의후견직무에관한법률"을 적용한다.

제14조 (아동복지시설의 설치) ①국가 또는 지방자치단체는 아동복지시설을 설치할 수 있다.
②국가 또는 지방자치단체 외의 자는 관할 시장·군수·구청장에게 신고하고 아동복지시설을 설치할 수 있다.
③아동복지시설의 시설기준 및 설치 등에 관하여 필요한 사항은 보건복지부령으로 정한다.

제15조 (휴지·폐지 등의 신고) 제14조제2항의 규정에 의하여 신고한 아동복지시설을 폐지 또는 휴지하거나 그 운영을 재개하고자 하는 자는 보건복지부령이 정하는 바에 따라 미리 시장·군수·구청장에게 신고하여야 한다.

제16조 (아동복지시설의 종류) ①아동복지시설의 종류는 다음과 같다. <개정 2004.1.29>
1. 아동양육시설 : 보호를 필요로 하는 아동을 입소시켜 보호, 양육하는 것을 목적으로 하는 시설
2. 아동일시보호시설 : 보호를 필요로 하는 아동을 일시보호하고 아동에 대한 향후의 양육대책수립 및 보호조치를 행하는 것을 목적으로 하는 시설
3. 아동보호치료시설 : 불량행위를 하거나 불량행위를 할 우려가 있는 아동으로서 보호자가 없거나 친권자나 후견인이 입소를 신청한 아동 또는 가정법원, 지방법원소년부지원에서 보호위탁된 아동을 입소시켜 그들을 선도하여 건전한 사회인으로 육성하는 것을 목적으로 하는 시설
4. 아동직업훈련시설 : 아동복지시설에 입소되어 있는 만15세이상의 아동과 생활이 어려운 가정의 아동에 대하여 자활에 필요한 지식과 기능을 습득시키는 것을 목적으로 하는 시설
5. 자립지원시설 : 아동복지시설에서 퇴소한 자에게 취업준비기간 또는 취업후 일정기간 보호함으로써 자립을 지원하는 것을 목적으로 하는 시설
6. 아동단기보호시설 : 일반가정에 아동을 보호하기 곤란한 일시적 사정이 있는 경우 아동을 단기간 보호하며 가정의 복지에 필요한 지원조치를 하는 것을 목적으로 하는 시설
7. 아동상담소 : 아동과 그 가족의 문제에 관한 상담, 치료, 예방 및 연구 등을 목적으로 하는 시설
8. 아동전용시설 : 어린이공원, 어린이놀이터, 아동회관, 체

육, 연극, 영화, 과학실험전시시설, 아동휴게숙박시설, 야영
장 등 아동에게 건전한 놀이·오락 기타 각종 편의를 제공하
여 심신의 건강유지와 복지증진에 필요한 서비스를 제공하
는 것을 목적으로 하는 시설
9. 아동복지관 : 지역사회 아동의 건전육성을 위하여 심신
의 건강유지와 복지증진에 필요한 서비스를 제공하는 것을
목적으로 하는 시설
10. 공동생활가정 : 보호를 필요로 하는 아동에게 가정과 같
은 주거여건과 보호를 제공하는 것을 목적으로 하는 시설
11. 지역아동센터 : 지역사회 아동의 보호·교육, 건전한 놀
이와 오락의 제공, 보호자와 지역사회의 연계 등 아동의 건
전육성을 위하여 종합적인 아동복지서비스를 제공하는 시
설
②제1항의 규정에 의한 아동복지시설은 종합시설로 설치
할 수 있다.
③아동복지시설은 각 시설의 고유업무외에도 다음 각 호의
사업을 실시할 수 있다.
1. 아동가정지원사업 : 지역사회아동의 건전한 발달을 위하
여 아동, 가정, 지역주민에게 상담, 조언 및 정보를 제공해
주는 사업
2. 아동주간보호사업 : 부득이한 사유로 가정에서 낮동안
보호를 받을 수 없는 아동을 대상으로 개별적인 보호와 교
육을 통하여 아동의 건전한 성장을 도모하는 사업
3. 아동전문상담사업 : 학교부적응아동 등을 대상으로 올바
른 인격형성을 위한 상담, 치료 및 학교폭력예방을 실시하
는 사업
4. 학대아동보호사업 : 학대아동의 발견, 보호, 치료 및 아동
학대의 예방 등을 전문적으로 실시하는 사업
5. 공동생활가정사업 : 보호를 필요로 하는 아동에게 가정
과 같은 주거여건과 보호를 제공하는 것을 목적으로 하는
사업
6. 방과후 아동지도사업: 저소득층 아동을 대상으로 방과후
개별적인 보호와 교육을 통하여 건전한 인격형성을 목적으
로 하는 사업

제17조 (아동전용시설의 설치) ①국가와 지방자치단체는 아동
이 항상 이용할 수 있는 아동전용시설을 설치하도록 노력
하여야 한다.
②아동이 이용할 수 있는 문화·오락시설·교통 기타 서비스
시설 등을 설치·운영하는 자는 대통령령이 정하는 바에 의
하여 아동의 이용편의를 고려한 편익설비를 갖추고 아동에
대한 입장료와 이용료 등을 감면할 수 있다.
③아동전용시설의 설치기준 등에 관하여 필요한 사항은 보
건복지부령으로 정한다.

제18조 (시설의 장의 의무) 아동복지시설의 장은 보호아동의

권리를 최대한 보장하여야 하며 친권자가 있는 경우 보호
아동의 가정복귀를 위하여 적절한 상담과 지도를 병행하여
야 한다.

제19조 (아동복지시설종사자) ①아동복지시설에는 필요한 전
문인력을 배치하여야 한다.
②아동복지시설종사자의 직종과 수, 그 자격 및 배치기준
은 대통령령으로 정한다.

제20조 (아동복지시설종사자의 교육훈련) ①보건복지부장관은
아동복지시설종사자의 양성 및 자질향상을 위한 교육·훈
련을 실시하여야 한다.
②보건복지부장관은 제1항의 교육훈련을 대학(전문대학을
포함한다) 또는 아동복지단체 기타 교육훈련시설(이하 "교
육훈련시설"이라 한다)에 위탁하여 실시할 수 있다.

제21조 (시설의 개선, 사업의 정지, 폐쇄 등) 보건복지부장관,
시·도지사 또는 시장·군수·구청장은 제14조제2항의 규정
에 의하여 설치된 아동복지시설, 제20조제2항의 규정에 의
한 교육훈련시설(대학 및 전문대학을 제외한다)이 다음 각
호의 1에 해당하는 때에는 소관에 따라 그 시설의 개선, 사
업의 정지, 위탁의 취소 또는 시설의 장의 교체를 명하거나
시설의 폐쇄를 명할 수 있다.
1. 시설이 설치기준에 미달하게 된 때
2. 사회복지법인 또는 비영리법인이 설치·운영하는 시설의
경우 그 사회복지법인 또는 비영리법인의 설립허가가 취소
된 때
3. 설치목적의 달성 기타의 사유로 계속하여 운영될 필요가
없다고 인정할 때
4. 기타 이 법 또는 이 법에 의한 명령에 위반한 때

제22조 (청문) 보건복지부장관, 시·도지사 또는 시장·군수·
구청장은 제21조의 규정에 의한 위탁의 취소 또는 시설의
폐쇄명령을 하고자 하는 경우에는 청문을 실시하여야 한다.

제23조 (긴급전화의 설치 등) 국가와 지방자치단체는 아동학
대를 예방하고 수시로 신고를 받을 수 있도록 긴급전화를
설치하여야 한다. 이 경우 그 설치·운영에 관하여 필요한
사항은 대통령령으로 정한다.

제24조 (아동보호전문기관의 설치) ①국가와 지방자치단체는
학대아동의 발견, 보호, 치료에 대한 신속한 처리 및 아동학
대예방을 전담하는 아동보호전문기관을 설치하여야 한다.
다만, 대통령령이 정하는 범위안에서 아동상담소, 아동복
지시설, 아동학대예방협회 등의 비영리법인을 아동보호전
문기관으로 지정할 수 있다.
②아동보호전문기관에 두는 상담원 등 직원의 자격은 대통

령령으로 정하고, 그 설치기준과 운영에 관하여 필요한 사항은 보건복지부령으로 정한다.

제25조 (아동보호전문기관의 의무) 아동보호전문기관의 업무는 다음과 같다.
1. 학대받은 아동의 발견, 보호, 치료의뢰
2. 아동학대의 예방 및 방지를 위한 홍보
3. 아동학대행위자를 위한 상담·교육 등
4. 아동학대행위자, 아동학대행위자로 신고된 자 및 그 가정에 대한 조사
5. 기타 학대받은 아동의 보호를 위하여 필요한 사항

제26조 (아동학대 신고의무와 절차) ①누구든지 아동학대를 알게 된 때에는 아동보호전문기관 또는 수사기관에 신고할 수 있다.
②다음 각 호의 1에 해당하는 자는 그 직무상 아동학대를 알게 된 때에는 즉시 아동보호전문기관 또는 수사기관에 신고하여야 한다. <개정 2002.12.18, 2004.3.22, 2005.7.13, 2006.9.27>
1. 「초·중등교육법」 제19조의 규정에 따른 교원
2. 「의료법」 제3조의 규정에 따른 의료기관에서 의료업을 행하는 의료인
3. 아동복지시설의 종사자 및 그 장
4. 「장애인복지법」 제48조의 규정에 따른 장애인복지시설에서 장애아동에 대한 상담·치료·훈련 또는 요양을 행하는 자
5. 「영유아보육법」 제10조의 규정에 따른 보육시설의 종사자
6. 「유아교육법」 제7조의 규정에 따른 유치원의 장, 교직원 및 종사자
7. 「학원의 설립·운영 및 과외교습에 관한 법률」 제6조의 규정에 따른 학원의 운영자·강사·직원·종사자 및 동법 제14조의 규정에 따른 교습소의 운영자·교습자·직원·종사자
8. 「소방기본법」 제35조의 규정에 따른 구급대의 대원
9. 「성매매방지 및 피해자보호 등에 관한 법률」 제5조 및 제10조의 규정에 따른 지원시설 및 성매매피해상담소의 장이나 그 종사자
10. 「모·부자복지법」 제8조 및 제19조의 규정에 따른 모·부자복지상담소의 상담원 및 모·부자복지시설의 종사자
11. 「가정폭력방지 및 피해자보호 등에 관한 법률」 제5조 및 제7조의 규정에 따른 가정폭력 관련 상담소의 상담원 및 가정폭력 피해자보호시설의 종사자
12. 아동복지지도원 및 「사회복지사업법」 제14조의 규정에 따른 사회복지전담공무원
③신고인의 신분은 보호되어야 하며 그 의사에 반하여 신원이 노출되어서는 아니된다.

제26조의2 (아동학대 신고의무자 교육) 관계 중앙행정기관의 장은 제26조제2항 각 호의 어느 하나에 해당하는 자의 자격 취득 교육과정에 있어 아동학대예방 및 신고의무와 관련된 교육내용을 포함하도록 하여야 한다.
[본조신설 2005.7.13]

제27조 (응급조치의무 등) ①아동학대신고를 접수한 아동보호전문기관 직원이나 사법경찰관리는 지체없이 아동학대의 현장에 출동하여야 하며, 아동학대행위자로부터의 격리 또는 치료가 필요한 때에는 아동보호전문기관 또는 치료기관의 인도에 필요한 조치를 하여야 한다.
②아동학대의 신고를 접수한 아동보호전문기관이나 수사기관은 대통령령이 정하는 바에 따라 학대받은 아동의 보호와 학대의 방지를 위하여 제10조제1항제2호 내지 제4호의 규정에 의한 조치 등을 의뢰할 수 있다.

제28조 (보조인의 선임 등) ①법원의 심리과정에서 변호사, 법정대리인, 직계친족,형제자매, 아동보호전문기관의 상담원은 학대아동사건의 심리에 있어서 보조인이 될 수 있다. 다만, 변호사가 아닌 경우에는 법원의 허가를 받아야 한다.
②법원은 아동학대의 피해자를 증인으로 신문하는 경우 검사, 피해자 또는 아동보호전문기관의 신청이 있는 때에는 피해자와 신뢰관계에 있는 자의 동석을 허가할 수 있다.
③수사기관이 피해자를 조사하는 경우에도 제1항 및 제2항과 같다.

제28조의2 (가정위탁지원센터의 설치 등) ①국가는 가정위탁사업을 활성화하고 지역간 연계체계를 구축하기 위하여 중앙가정위탁지원센터(이하 "중앙가정위탁지원센터"라 한다)를 둔다.
②지방차지단체(시·도에 한한다. 이하 이 조에서 같다)는 보호를 필요로 하는 아동에 대한 가정위탁사업을 활성화하기 위하여 지역가정위탁지원센터(이하 "지역가정위탁지원센터"라 한다)를 둔다.
③보건복지부장관 및 시·도지사는 가정위탁지원을 목적으로 하는 비영리법인을 지정하여 제1항 및 제2항의 규정에 따른 중앙가정위탁지원센터 및 지역가정위탁지원센터(이하 "가정위탁지원센터"라 한다)의 운영을 위탁할 수 있다.
④가정위탁지원센터의 상담원의 자격 및 배치기준 등 설치기준과 운영, 제3항의 규정에 따른 지정의 요건 등에 관하여 필요한 사항은 대통령령으로 정한다.
[본조신설 2005.7.13]

제28조의3 (가정위탁지원센터의 업무) ①중앙가정위탁지원센터는 다음 각 호의 업무를 수행한다.

1. 지역가정위탁지원센터에 대한 지원
2. 효과적인 가정위탁사업을 위한 연계체계 구축
3. 가정위탁사업과 관련된 연구 및 자료발간
4. 가정위탁사업을 위한 프로그램의 개발 및 평가
5. 상담원에 대한 교육 등 가정위탁에 관한 교육 및 홍보
6. 가정위탁사업을 위한 정보기반 구축 및 정보제공
7. 그 밖에 대통령령이 정하는 가정위탁사업과 관련된 업무
②지역가정위탁지원센터는 다음 각 호의 업무를 수행한다.
1. 가정위탁사업의 홍보 및 위탁가정의 발굴
2. 가정위탁을 하고자 하는 가정 및 가정위탁 대상 아동의 조사
3. 가정위탁 부모의 교육
4. 가정위탁을 하는 가정의 사후관리
5. 그 밖에 대통령령이 정하는 가정위탁사업과 관련된 업무
[본조신설 2005.7.13]

제29조 (금지행위) 누구든지 다음 각 호의 1에 해당하는 행위를 하여서는 아니된다.
1. 아동의 신체에 손상을 주는 학대행위
2. 아동에게 성적 수치심을 주는 성희롱, 성폭행 등의 학대행위
3. 아동의 정신건강 및 발달에 해를 끼치는 정서적 학대행위
4. 자신의 보호·감독을 받는 아동을 유기하거나 의식주를 포함한 기본적 보호·양육 및 치료를 소홀히 하는 방임행위
5. 아동을 타인에게 매매하는 행위
6. 아동에게 음행을 시키거나 음행을 매개하는 행위
7. 장애를 가진 아동을 공중에 관람시키는 행위
8. 아동에게 구걸을 시키거나 아동을 이용하여 구걸하는 행위
9. 공중의 오락 또는 흥행을 목적으로 아동의 건강 또는 안전에 유해한 곡예를 시키는 행위
10. 정당한 권한을 가진 알선기관외의 자가 아동의 양육을 알선하고 금품을 취득하는 행위
11. 아동을 위하여 증여 또는 급여된 금품을 그 목적외의 용도에 사용하는 행위

제30조 (조사 등) ①보건복지부장관, 시·도지사 또는 시장·군수·구청장은 필요하다고 인정할 때에는 관계공무원, 아동복지지도원으로 하여금 아동복지시설과 아동의 주소·거소, 아동의 고용장소 또는 제29조의 금지행위를 위반할 우려가 있는 장소에 출입하여 아동 또는 관계인에 대하여 필요한 조사를 하거나 질문을 하게 할 수 있다.
②제1항의 경우 관계공무원, 아동복지지도원은 그 권한을 증명하는 증표를 제시하여야 한다.

제31조 (비용보조) 국가 및 지방자치단체는 대통령령이 정하는 바에 의하여 다음 각 호의 1에 해당하는 비용의 전부 또는 일부를 보조할 수 있다. <개정 2005.7.13>
1. 아동복지시설의 설치 및 운영과 프로그램의 운용에 필요한 비용 또는 수탁보호 중인 아동의 양육 및 보호관리에 필요한 비용
2. 보호를 필요로 하는 아동의 대리양육이나 가정위탁보호에 따른 비용
3. 아동복지사업의 지도·감독, 계몽 및 선전에 필요한 비용
4. 아동보호전문기관의 설치·운영에 소요되는 비용
4의2. 가정위탁지원센터의 설치·운영에 소요되는 비용
5. 제37조의 규정에 의한 아동복지단체의 지도·육성에 필요한 비용

제32조 (비용의 징수) 시·도지사, 시장·군수·구청장 또는 아동복지시설의 장은 제10조제1항제3호 내지 제5호, 동조 제2항의 보호조치 또는 제25조제1호의 학대받은 아동의 보호 및 치료에 필요한 비용의 전부 또는 일부를 대통령령이 정하는 바에 의하여 각각 그 본인 또는 그 부양의무자로부터 징수할 수 있다.

제33조 (보조금의 반환명령) 국가 또는 지방자치단체는 아동복지시설의 장 등 보호수탁자, 가정위탁지원센터의 장, 대리양육자 및 제37조의 규정에 의한 아동복지단체의 장이 다음 각 호의 1에 해당한 때에는 이미 교부한 보조금의 전부 또는 일부의 반환을 명할 수 있다. <개정 2005.7.13>
1. 보조금의 교부조건에 위반한 때
2. 사위 기타 부정한 방법으로 보조금의 교부를 받은 때
3. 아동복지시설 또는 가정위탁지원센터의 경영에 관하여 개인의 영리를 도모하는 행위를 한 때
4. 이 법 또는 이 법에 의한 명령에 위반한 때
5. 보조금의 사용잔액이 있을 때

제34조 (국유재산의 무상대여) ①국가는 이 법에 의한 아동복지시설을 설치·운영하는 법인에 대하여 이 법에 의하여 위탁한 업무의 처리를 위하여 필요하다고 인정할 때에는 국유재산을 무상으로 대여할 수 있다.
②제1항의 규정에 의한 대여의 대상·조건 및 절차에 관하여는 국유재산법의 규정을 적용한다.

제35조 (면세) 아동복지시설에서 그 보호아동을 위하여 사용하는 건물 및 토지, 시설설치 및 운영에 소요되는 비용에 대하여는 조세특례제한법 기타 관계 법령이 정하는 바에 의하여 조세 기타의 공과금을 면제할 수 있다.

제36조 (압류금지) 이 법에 의하여 지급된 금품과 이를 받을 권리는 압류하지 못한다.

제37조 (아동복지단체의 육성) 국가 및 지방자치단체는 아동의 권리를 보장하고 복지증진을 목적으로 설립된 기관 및 단체(이하 "아동복지단체"라고 한다)를 지도·육성할 수 있다.

제38조 (비밀누설의 금지) 아동복지사업 또는 아동보호전문기관을 포함하여 아동복지업무에 종사하였거나 종사하는 자는 그 직무상 지득한 비밀을 누설하지 못한다.

제39조 (권한의 위임) 이 법에 의한 보건복지부장관 또는 시·도지사의 권한은 그 일부를 대통령령이 정하는 바에 의하여 시장·군수·구청장에게 위임할 수 있다.

제40조 (벌칙) 제29조의 규정을 위반한 자는 다음 각 호의 구분에 따라 처벌한다. <개정 2005.7.13>
1. 제5호 또는 제6호에 해당하는 행위를 한 자는 10년 이하의 징역 또는 5천만원 이하의 벌금에 처한다.
2. 제1호 내지 제4호, 제7호 및 제8호에 해당하는 행위를 한 자는 5년 이하의 징역 또는 3천만원 이하의 벌금에 처한다.
3. 제10호 또는 제11호에 해당하는 행위를 한 자는 3년 이하의 징역 또는 2천만원 이하의 벌금에 처한다.
4. 제9호에 해당하는 행위를 한 자는 1년 이하의 징역 또는 500만원 이하의 벌금에 처한다.

제40조의2 (상습범) 상습으로 제40조 각 호의 죄를 범한 자는 그 죄에 정한 형의 2분의 1까지 가중한다.
[본조신설 2004.1.29]

제41조 (벌칙) 다음 각 호의 어느 하나에 해당하는 자는 1년 이하의 징역 또는 500만원 이하의 벌금에 처한다. <개정 2005.7.13>
1. 제14조제2항의 규정에 의한 신고를 하지 아니하고 아동복지시설을 설치한 자
2. 제30조제1항의 규정에 의한 조사를 거부·방해 또는 기피하거나 질문에 대하여 답변을 거부·기피 또는 허위답변을 하거나, 아동에게 답변을 거부·기피 또는 허위답변을 하게 하거나 그 답변을 방해한 자
3. 허위서류를 작성하여 제19조제2항의 규정에 의한 아동복지시설종사자의 자격을 인정받은 자
4. 제21조의 규정에 의하여 시설폐쇄명령, 위탁의 취소 또는 사업의 정지명령을 받고 사업을 계속한 자
5. 제38조의 규정을 위반한 자

제42조 (미수범) 제40조제1호의 미수범은 처벌한다.

제43조 (양벌규정) 법인의 대표자 또는 법인이나 개인의 대리인, 사용인 기타의 종업원이 그 법인 또는 개인의 업무에 관하여 제40조 또는 제41조의 위반행위를 한 때에는 그 행위자를 벌하는 외에 그 법인 또는 개인에 대하여도 각 해당조의 벌금형을 과한다.

부칙 <제6151호, 2000.1.12>
제1조 (시행일) 이 법은 공포 후 6월이 경과한 날부터 시행한다.
제2조 (아동복지시설에 대한 경과조치) ①이 법 시행당시 종전의 규정에 의하여 시·도지사의 인가를 받거나 시·도지사에 신고한 아동복지시설은 제14조제2항의 개정규정에 의하여 시장·군수·구청장에게 신고한 아동복지시설로 본다.
②이 법 시행당시 종전의 규정에 의하여 시·도지사 또는 시장·군수·구청장으로부터 보호기간의 연장을 받은 자는 제11조제2항의 개정규정에 의하여 시설의 장으로부터 보호기간의 연장을 받은 것으로 본다.
③제15조의 개정규정에 의한 아동복지시설의 재개신고는 이 법 시행후 최초로 휴지신고를 하는 자부터 적용한다.
제3조 (다른 법률의 개정) ①가정폭력범죄의처벌등에관한특례법 중 다음과 같이 개정한다.
제2조제3호차목 중 "아동복지법 제18조제2호"를 "아동복지법 제29조제8호"로 한다.
②입양촉진및절차에관한특례법 중 다음과 같이 개정한다.
제2조제2호 중 "요보호아동"을 "보호를 필요로 하는 아동"으로, "아동복지법 제2조제3호"를 "아동복지법 제2조제2호"로 하고, 제14조제2항 중 "아동복지법 제11조의 규정에 의한 보호조치 또는 제12조의 규정에 의한 시설보호조치"를 "아동복지법 제10조의 규정에 의한 보호조치"로 한다.
제4조 (다른 법령과의 관계) 이 법 시행당시 다른 법령에서 종전의 규정을 인용한 경우에는 이 법 중 그에 해당하는 규정이 있는 때에는 종전의 규정에 갈음하여 이 법의 해당조항을 인용한 것으로 본다.

부칙 (모·부자복지법) <제6801호, 2002.12.18>
제1조 (시행일) 이 법은 공포 후 6월이 경과한 날부터 시행한다.
제2조 내지 제6조 생략
제7조 (다른 법률의 개정) ①내지 ③생략
④아동복지법 중 다음과 같이 개정한다.
제26조제2항제7호를 다음과 같이 한다.
7. 모·부자복지법 제8조 및 제19조의 규정에 의한 모·부자복지상담소의 상담원 및 모·부자복지시설의 종사자
⑤및 ⑥생략

부칙 <제7143호, 2004.1.29>
이 법은 공포 후 6월이 경과한 날부터 시행한다.

부칙 (성매매방지및피해자보호등에관한법률) <제7212호, 2004.1.29>
제1조 (시행일) 이 법은 공포 후 6월이 경과한 날부터 시행한다.
제2조 및 제3조 생략
제4조 (다른 법률의 개정 등) ①생략
②아동복지법 중 다음과 같이 개정한다.
제26조제2항제6호를 다음과 같이 한다.
6. 성매매방지및피해자보호등에관한법률 제5조 및 제10조의 규정에 의한 지원시설 및 성매매피해상담소의 장이나 그 종사자
③및 ④생략

부칙 (정부조직법) <제7413호, 2005.3.24>
제1조 (시행일) 이 법은 공포한 날부터 시행한다. 다만, 다음 각 호의 사항은 각 호의 구분에 의한 날부터 시행한다.
1. 제26조…부칙 제2조 내지 제4조의 규정은 이 법 공포 후 3월 이내에 제42조의 개정규정에 의한 여성가족부의 조직에 관한 대통령령이 시행되는 날
2. 생략
제2조 생략
제3조 (다른 법률의 개정) ①내지 ⑧생략
⑨아동복지법 일부를 다음과 같이 개정한다.
제4조의2제3항제1호 중 "여성부장관"을 "여성가족부장관"으로 한다.
⑩내지 ⑭생략
제4조 생략

부칙 <제7591호, 2005.7.13>
이 법은 공포 후 6월이 경과한 날부터 시행한다.

부칙 <제8006호, 2006.9.27>
①(시행일) 이 법은 공포 후 6개월이 경과한 날부터 시행한다.
②(친권상실 선고 등 청구의 요청에 관한 경과조치) 이 법 시행 전에 발생한 친권행사 제한 또는 친권상실의 청구사유에 대하여도 제12조제2항의 개정규정을 적용한다.

노인복지법

연혁

1981. 6. 5 제정 법률 제3453호
1989. 12. 30 전문개정 법률 제4178호
1993. 12. 27 일부개정 법률 제4633호
1997. 8. 22 전문개정 법률 제5359호
1999. 2. 8 일부개정 법률 제5851호

2004. 1. 29 일부개정 법률 제7152호
2005. 3. 31 일부개정 법률 제7452호
2005. 7. 13 일부개정 법률 제7585호
2007. 8. 3 일부개정 법률 제8435호

제1장 총칙

제1조 (목적) 이 법은 노인의 질환을 사전예방 또는 조기발견하고 질환상태에 따른 적절한 치료·요양으로 심신의 건강을 유지하고, 노후의 생활안정을 위하여 필요한 조치를 강구함으로써 노인의 보건복지증진에 기여함을 목적으로 한다.

제1조의2 (정의) 이 법에서 사용하는 용어의 정의는 다음과 같다. <개정 2007.1.3>
1. "부양의무자"라 함은 배우자(사실상의 혼인관계에 있는 자를 포함한다)와 직계비속 및 그 배우자(사실상의 혼인관계에 있는 자를 포함한다)를 말한다.
2. "보호자"라 함은 부양의무자 또는 업무·고용 등의 관계로 사실상 노인을 보호하는 자를 말한다.
3. "치매"라 함은 퇴행성 뇌질환 또는 뇌혈관계 질환 등으로 인하여 기억력, 언어능력, 지남력, 판단력 및 수행능력 등의 기능이 저하됨으로써 일상생활에서 지장을 초래하는 후천적인 다발성 장애를 말한다.
4. "노인학대"라 함은 노인에 대하여 신체적·정신적·정서적·성적 폭력 및 경제적 착취 또는 가혹행위를 하거나 유기 또는 방임을 하는 것을 말한다.
[본조신설 2004.1.29]

제2조 (기본이념) ①노인은 후손의 양육과 국가 및 사회의 발전에 기여하여 온 자로서 존경받으며 건전하고 안정된 생활을 보장받는다.
②노인은 그 능력에 따라 적당한 일에 종사하고 사회적 활동에 참여할 기회를 보장 받는다.
③노인은 노령에 따르는 심신의 변화를 자각하여 항상 심신의 건강을 유지하고 그 지식과 경험을 활용하여 사회의 발전에 기여하도록 노력하여야 한다.

제3조 (가족제도의 유지 · 발전) 국가와 국민은 경로효친의 미풍양속에 따른 건전한 가족제도가 유지·발전되도록 노력하여야 한다.

제4조 (보건복지증진의 책임) ①국가와 지방자치단체는 노인의 보건 및 복지증진의 책임이 있으며, 이를 위한 시책을 강구하여 추진하여야 한다.
②국가와 지방자치단체는 제1항의 규정에 의한 시책을 강구함에 있어 제2조에 규정된 기본이념이 구현되도록 노력하여야 한다.
③노인의 일상생활에 관련되는 사업을 경영하는 자는 그 사업을 경영함에 있어 노인의 보건복지가 증진되도록 노력하여야 한다.

제5조 (노인실태조사) ①보건복지부장관은 노인의 보건 및 복지에 관한 실태조사를 3년마다 실시하고 그 결과를 공표하여야 한다.
②제1항의 규정에 따른 조사의 방법과 내용 등에 관하여 필요한 사항은 보건복지부령으로 정한다.
[본조신설 2007.1.3]

제6조 (노인의 날 등) ①노인에 대한 사회적 관심과 공경의식을 높이기 위하여 매년 10월 2일을 노인의 날로, 매년 10월을 경로의 달로 한다.
②부모에 대한 효사상을 앙양하기 위하여 매년 5월 8일을 어버이날로 한다.
③치매의 예방과 치료에 관한 사회적 인식을 제고하기 위

하여 매년 9월 21일을 치매극복의 날로 한다. <신설 2007.
1.3>

제7조 (노인복지상담원) ①노인의 복지를 담당하게 하기 위하
여 특별자치도와 시·군·구(자치구를 말한다. 이하 같다)에
노인복지상담원을 둔다. <개정 2007.8.3>
②노인복지상담원의 임용 또는 위촉, 직무 및 보수 등에 관
하여 필요한 사항은 대통령령으로 정한다.<개정 1999.2.8>

제8조 (노인전용주거시설) 국가 또는 지방자치단체는 노인의
주거에 적합한 기능 및 설비를 갖춘 주거용시설의 공급을
조장하여야 하며, 그 주거용시설의 공급자에 대하여 적절
한 지원을 할 수 있다.

제2장 삭제 <2007.4.25> [시행일:2008.1.1]

제9조 삭제 <2007.4.25>
제10조 삭제 <2007.4.25>
제11조 삭제 <2007.4.25>
제12조 삭제 <2007.4.25>
제13조 삭제 <2007.4.25>
제14조 삭제 <2007.4.25>
제15조 삭제 <2007.4.25>
제16조 삭제 <2007.4.25>
제17조 삭제 <2007.4.25>
제18조 삭제 <2007.4.25>
제19조 삭제 <2007.4.25>
제20조 삭제 <2007.4.25>
제21조 삭제 <2007.4.25>
제22조 삭제 <2007.4.25>

제3장 보건 · 복지조치

제23조 (노인사회참여 지원) ①국가 또는 지방자치단체는 노
인의 사회참여 확대를 위하여 노인의 지역봉사 활동기회를
넓히고 노인에게 적합한 직종의 개발과 그 보급을 위한 시
책을 강구하며 근로능력있는 노인에게 일할 기회를 우선적
으로 제공하도록 노력하여야 한다.
②국가 또는 지방자치단체는 노인의 지역봉사 활동 및 취
업의 활성화를 기하기 위하여 노인지역봉사기관, 노인취업
알선기관 등 노인복지관계기관에 대하여 필요한 지원을 할
수 있다.

제23조의2 (노인일자리전담기관의 설치 · 운영 등) ①국가 또는
지방자치단체는 노인의 능력과 적성에 맞는 일자리의 개
발·보급과 교육훈련 등을 전담할 기관(이하 "노인일자리전

담기관"이라 한다)을 설치·운영하거나 그 운영의 전부 또는
일부를 법인·단체 등에 위탁할 수 있다.
②노인일자리전담기관의 설치·운영 또는 위탁에 관하여 필
요한 사항은 대통령령으로 정한다.
[본조신설 2005.7.13]

제24조 (지역봉사지도원 위촉 및 업무) ①국가 또는 지방자치
단체는 사회적 신망과 경험이 있는 노인으로서 지역봉사를
희망하는 경우에는 이를 지역봉사지도원으로 위촉할 수 있
다.
②제1항의 규정에 의한 지역봉사지도원의 업무는 다음 각
호와 같다.
1. 국가 또는 지방자치단체가 행하는 업무 중 민원인에 대
한 상담 및 조언
2. 도로의 교통정리, 주·정차단속의 보조, 자연보호 및 환경
침해 행위단속의 보조와 청소년 선도
3. 충효사상, 전통의례 등 전통문화의 전수교육
4. 문화재의 보호 및 안내
5. 기타 대통령령이 정하는 업무

제25조 (생업지원) 국가 또는 지방자치단체 기타 공공단체가
설치·운영하는 공공시설안에 식료품·사무용품·신문 등 일
상생활용품의 판매를 위한 매점이나 자동판매기의 설치를
허가 또는 위탁할 때에는 65세 이상의 자의 신청이 있는 경
우 이를 우선적으로 반영하여야 한다.

제26조 (경로우대) ①국가 또는 지방자치단체는 65세 이상의
자에 대하여 대통령령이 정하는 바에 의하여 국가 또는 지
방자치단체의 수송시설 및 고궁·능원·박물관·공원 등의 공
공시설을 무료로 또는 그 이용요금을 할인하여 이용하게
할 수 있다.
②국가 또는 지방자치단체는 노인의 일상생활에 관련된 사
업을 경영하는 자에게 65세 이상의 자에 대하여 그 이용요
금을 할인하여 주도록 권유할 수 있다.
③국가 또는 지방자치단체는 제2항의 규정에 의하여 노인
에게 이용요금을 할인하여 주는 자에 대하여 적절한 지원
을 할 수 있다.

제27조 (건강진단 등) ①국가 또는 지방자치단체는 대통령령
이 정하는 바에 의하여 65세 이상의 자에 대하여 건강진단
과 보건교육을 실시할 수 있다.
②국가 또는 지방자치단체는 제1항의 규정에 의한 건강진
단 결과 필요하다고 인정한 때에는 그 건강진단을 받은 자
에 대하여 필요한 지도를 하여야 한다.

제27조의2 (홀로 사는 노인에 대한 지원) ①국가 또는 지방자치

단체는 홀로 사는 노인에 대하여 방문요양서비스 등의 서
비스와 안전확인 등의 보호조치를 취하여야 한다.
②제1항의 서비스 및 보호조치의 구체적인 내용 등에 관하
여는 보건복지부장관이 정한다.
[본조신설 2007.8.3]

제28조 (상담 · 입소 등의 조치) ①보건복지부장관, 특별시장·
광역시장·도지사·특별자치도지사(이하 "시·도지사"라 한
다), 시장·군수·구청장(자치구의 구청장을 말한다. 이하 같
다)은 노인에 대한 복지를 도모하기 위하여 필요하다고 인
정한 때에는 다음 각 호의 조치를 하여야 한다.<개정
1999.2.8, 2007.8.3>
1. 65세 이상의 자 또는 그를 보호하고 있는 자를 관계공무
원 또는 노인복지상담원으로 하여금 상담·지도하게 하는
것
2. 65세 이상의 자로서 신체적·정신적·경제적 이유 또는 환
경상의 이유로 거택에서 보호받기가 곤란한 자를 노인주거
복지시설 또는 재가노인복지시설에 입소시키거나 입소를
위탁하는 것
3. 65세 이상의 자로서 신체 또는 정신상의 현저한 결함으
로 인하여 항상 보호를 필요로 하고 경제적 이유로 거택에
서 보호받기가 곤란한 자를 노인의료복지시설에 입소시키
거나 입소를 위탁하는 것
②보건복지부장관, 시·도지사 또는 시장·군수·구청장(이하
"복지실시기관"이라 한다)은 65세 미만의 자에 대하여도 그
노쇠현상이 현저하여 특별히 보호할 필요가 있다고 인정할
때에는 제1항 각호의 조치를 할 수 있다.
③복지실시기관은 제1항 또는 제2항의 규정에 의하여 입소
조치된 자가 사망한 경우에 그 자에 대한 장례를 행할 자가
없을 때에는 그 장례를 행하거나 당해 시설의 장으로 하여
금 그 장례를 행하게 할 수 있다.

제29조 (치매관리사업) ①국가 또는 지방자치단체는 치매예
방 및 치매퇴치를 위하여 치매연구 및 관리사업을 실시하
여야 한다.
②제1항의 치매연구 및 관리사업의 업무내용 및 기타 필요
한 사항은 보건복지부령으로 정한다.

제29조의2 (치매상담센터의 설치) ①시·군·구의 관할 보건소
에 치매예방 및 치매환자관리를 위한 치매상담센터를 설치
한다.
②제1항의 치매상담센터의 업무, 인력기준 그 밖의 필요한
사항은 보건복지부령으로 정한다.
[본조신설 2007.1.3]

제30조 (노인재활요양사업) ①국가 또는 지방자치단체는 신체

적·정신적으로 재활요양을 필요로 하는 노인을 위한 재활
요양사업을 실시할 수 있다.
②제1항의 노인재활요양사업의 내용 및 기타 필요한 사항
은 보건복지부령으로 정한다.

제4장 노인복지시설의 설치 · 운영

제31조 (노인복지시설의 종류) 노인복지시설의 종류는 다음
각 호와 같다. <개정 2004.1.29>
1. 노인주거복지시설
2. 노인의료복지시설
3. 노인여가복지시설
4. 재가노인복지시설
5. 노인보호전문기관

제31조의2 (「사회복지사업법」에 따른 신고와의 관계) 제33조제
2항, 제35조제2항 본문, 제37조제2항 및 제39조제2항에 따
라 노인복지시설의 설치신고를 한 경우 「사회복지사업법」
제34조제2항에 따른 사회복지시설 설치신고를 한 것으로
본다.
[본조신설 2007.8.3]

제32조 (노인주거복지시설) ①노인주거복지시설은 다음 각 호
의 시설로 한다. <개정 2007.8.3>
1. 양로시설 : 노인을 입소시켜 급식과 그 밖에 일상생활에
필요한 편의를 제공함을 목적으로 하는 시설
2. 노인공동생활가정 : 노인들에게 가정과 같은 주거여건과
급식, 그 밖에 일상생활에 필요한 편의를 제공함을 목적으
로 하는 시설
3. 노인복지주택 : 노인에게 주거시설을 분양 또는 임대하
여 주거의 편의·생활지도·상담 및 안전관리 등 일상생활에
필요한 편의를 제공함을 목적으로 하는 시설
②노인주거복지시설의 입소대상·입소절차·입소비용 및 분
양·임대 등에 관하여 필요한 사항은 보건복지부령으로 정
한다. <개정 2007.8.3>
③노인복지주택의 설치·관리 및 공급 등에 관하여 이 법에
서 규정된 사항을 제외하고는 「주택법」의 관련규정을 준용
한다. <신설 1999.2.8, 2003.5.29, 2007.8.3>
[시행일:2008.4.4] 제32조

제33조 (노인주거복지시설의 설치) ①국가 또는 지방자치단체
는 노인주거복지시설을 설치할 수 있다.
②국가 또는 지방자치단체외의 자가 노인주거복지시설을
설치하고자 하는 경우에는 특별자치도지사·시장·군수·구
청장(이하 "시장·군수·구청장"이라 한다)에게 신고하여야
한다. <개정 2005.3.31, 2007.8.3>

③노인주거복지시설의 시설, 인력 및 운영에 관한 기준과 설치신고, 설치·운영자가 준수하여야 할 사항, 그 밖에 필요한 사항은 보건복지부령으로 정한다. <개정 1999.2.8, 2007.8. 3>

제33조의2 (노인복지주택의 입소자격 등) ①노인복지주택에 입소할 수 있는 자는 60세 이상의 노인(이하 "입소자격자"라 한다)으로 한다. 다만, 입소자격자의 배우자는 60세 미만의 자라 하더라도 입소자격자와 함께 입소할 수 있다.
② 노인복지주택을 설치하거나 설치하려는 자가 노인복지주택을 분양 또는 임대하려는 경우 입소자격자에게 분양 또는 임대하여야 한다.
③제2항에 따라 노인복지주택을 분양받거나 임차한 자는 해당 노인주거시설을 입소자격자가 아닌 자에게 양도(매매·증여나 그 밖에 소유권변동을 수반하는 일체의 행위를 포함한다. 이하 같다) 또는 임대할 수 없다.
④제3항에도 불구하고 노인복지주택을 상속받은 경우 입소자격자가 아닌 자도 노인복지주택을 취득할 수 있다. 다만, 상속에 의하여 노인복지주택을 취득한 자라도 입소자격자가 아닌 자는 노인복지주택에 입소할 수 없으며 입소자격자가 아닌 자에게 해당 노인복지주택을 양도 또는 임대할 수 없다.
⑤시장·군수·구청장은 지역 내 노인 인구, 노인주거복지시설의 수요와 공급실태 및 노인복지주택의 효율적인 이용 등을 고려하여 노인복지주택의 공급가구수와 가구별 건축면적(주거의 용도로만 쓰이는 면적에 한한다)을 일정규모 이하로 제한할 수 있다.
⑥제33조제2항에 따라 노인복지주택을 설치한 자는 당해 노인복지주택의 전부 또는 일부 시설을 시장·군수·구청장의 확인을 받아 대통령령으로 정하는 자에게 위탁하여 운영할 수 있다.
[본조신설 2007.8.3]

제33조의3 (입소자격이 없는 자에 대한 노인복지주택의 처분명령) 시장·군수·구청장은 입소자격이 없는 자로서 노인복지주택을 소유한 자(상속받은 자를 제외한다)에 대하여 상당한 기간을 정하여 해당 노인복지주택을 입소자격자에게 처분하도록 명할 수 있다.
[본조신설 2007.8.3]

제34조 (노인의료복지시설) ①노인의료복지시설은 다음 각 호의 시설로 한다. <개정 2007.8.3>
1. 노인요양시설 : 치매·중풍 등 노인성질환 등으로 심신에 상당한 장애가 발생하여 도움을 필요로 하는 노인을 입소시켜 급식·요양과 그 밖에 일상생활에 필요한 편의를 제공함을 목적으로 하는 시설

2. 노인요양공동생활가정 : 치매·중풍 등 노인성질환 등으로 심신에 상당한 장애가 발생하여 도움을 필요로 하는 노인에게 가정과 같은 주거여건과 급식·요양, 그 밖에 일상생활에 필요한 편의를 제공함을 목적으로 하는 시설
3. 노인전문병원 : 주로 노인을 대상으로 의료를 행하는 시설
②노인의료복지시설의 입소대상·입소비용 및 입소절차와 설치·운영자의 준수사항 등에 관하여 필요한 사항은 보건복지부령으로 정한다. <개정 2007.8.3>
[시행일:2008.4.4] 제34조

제35조 (노인의료복지시설의 설치) ①국가 또는 지방자치단체는 노인의료복지시설을 설치할 수 있다.
②국가 또는 지방자치단체 외의 자가 노인의료복지시설을 설치하고자 하는 경우에는 시장·군수·구청장에게 신고하여야 한다. 다만, 노인전문병원은 의료법에 의한 의료기관을 개설할 수 있는 자(치과의사 및 조산사를 제외한다)에 한하여 시·도지사의 허가를 받아 설치할 수 있다. <개정 2005.3.31>
③노인의료복지시설의 시설, 인력 및 운영에 관한 기준과 설치신고 및 설치허가 등에 관하여 필요한 사항은 보건복지부령으로 정한다. 다만, 노인전문병원의 시설 등에 관한 기준은 「의료법」 제36조의 규정에 의한 의료기관의 시설 등의 기준에 관한 규정 중 요양병원에 관한 규정을 준용하되, 보건복지부령이 따로 정하는 경우에는 그러하지 아니하다. <개정 1999.2.8, 2007.4.11>
④노인전문병원에 관하여 이 법에서 규정된 사항을 제외하고는 의료법의 규정을 준용하되, 그 관리 및 운영 등에 있어서는 이를 의료법 제3조제2항의 규정에 의한 의료기관 중 요양병원으로 본다. <개정 1999.2.8>

제36조 (노인여가복지시설) ①노인여가복지시설은 다음 각 호의 시설로 한다. <개정 2007.8.3>
1. 노인복지관 : 노인의 교양·취미생활 및 사회참여활동 등에 대한 각종 정보와 서비스를 제공하고, 건강증진 및 질병예방과 소득보장·재가복지, 그 밖에 노인의 복지증진에 필요한 서비스를 제공함을 목적으로 하는 시설
2. 경로당 : 지역노인들이 자율적으로 친목도모·취미활동·공동작업장 운영 및 각종 정보교환과 기타 여가활동을 할 수 있도록 하는 장소를 제공함을 목적으로 하는 시설
3. 노인교실 : 노인들에 대하여 사회활동 참여욕구를 충족시키기 위하여 건전한 취미생활·노인건강유지·소득보장 기타 일상생활과 관련한 학습프로그램을 제공함을 목적으로 하는 시설
4. 노인휴양소 : 노인들에 대하여 심신의 휴양과 관련한 위생시설·여가시설 기타 편의시설을 단기간 제공함을 목적으

로 하는 시설
②노인여가복지시설의 이용대상 및 이용절차 등에 관하여
필요한 사항은 보건복지부령으로 정한다.

제37조 (노인여가복지시설의 설치) ①국가 또는 지방자치단체
는 노인여가복지시설을 설치할 수 있다.
②국가 또는 지방자치단체외의 자가 노인여가복지시설을
설치하고자 하는 경우에는 시장·군수·구청장에게 신고하여
야 한다.
③노인여가복지시설의 시설, 인력 및 운영에 관한 기준과
설치신고 등에 관하여 필요한 사항은 보건복지부령으로 정
한다. <개정 1999.2.8>

제38조 (재가노인복지시설) ①재가노인복지시설은 다음 각 호
의 어느 하나 이상의 서비스를 제공함을 목적으로 하는 시
설을 말한다.
1. 방문요양서비스 : 가정에서 일상생활을 영위하고 있는
노인(이하 "재가노인"이라 한다)으로서 신체적·정신적 장
애로 어려움을 겪고 있는 노인에게 필요한 각종 편의를 제
공하여 지역사회 안에서 건전하고 안정된 노후를 영위하도
록 하는 서비스
2. 주·야간보호서비스 : 부득이한 사유로 가족의 보호를 받
을 수 없는 심신이 허약한 노인과 장애노인을 주간 또는 야
간 동안 보호시설에 입소시켜 필요한 각종 편의를 제공하
여 이들의 생활안정과 심신기능의 유지·향상을 도모하고,
그 가족의 신체적·정신적 부담을 덜어주기 위한 서비스
3. 단기보호서비스 : 부득이한 사유로 가족의 보호를 받을
수 없어 일시적으로 보호가 필요한 심신이 허약한 노인과
장애노인을 보호시설에 단기간 입소시켜 보호함으로써 노
인 및 노인가정의 복지증진을 도모하기 위한 서비스
4. 방문 목욕서비스 : 목욕장비를 갖추고 재가노인을 방문
하여 목욕을 제공하는 서비스
5. 그 밖의 서비스 : 그 밖에 재가노인에게 제공하는 서비스
로서 보건복지부령이 정하는 서비스
②제1항에 따른 재가노인복지시설의 이용대상·비용부담
및 이용절차 등에 관하여 필요한 사항은 보건복지부령으로
정한다.
[전문개정 2007.8.3]
[시행일:2008.4.4] 제38조

제39조 (재가노인복지시설의 설치) ①국가 또는 지방자치단체
는 재가노인복지시설을 설치할 수 있다.
②국가 또는 지방자치단체외의 자가 재가노인복지시설을
설치하고자 하는 경우에는 시장·군수·구청장에게 신고하여
야 한다.
③재가노인복지시설의 시설, 인력 및 운영에 관한 기준과

설치신고 등에 관하여 필요한 사항은 보건복지부령으로 정
한다. <개정 1999.2.8>

제39조의2 (요양보호사의 직무 · 자격증의 교부 등) ①노인복지
시설의 설치·운영자는 보건복지부령으로 정하는 바에 따라
노인 등의 신체활동 또는 가사활동 지원 등의 업무를 전문
적으로 수행하는 요양보호사를 두어야 한다.
②요양보호사가 되려는 자는 제39조의3에 따른 요양보호
사교육기관에서 교육과정을 마쳐야 한다.
③시·도지사는 제2항에 따라 요양보호사 교육과정을 마친
자에게 요양보호사의 자격을 검정하고 자격증을 교부하여
야 한다.
④요양보호사의 등급, 등급별 교육과정, 자격증 교부 등에
관하여 필요한 사항은 보건복지부령으로 정한다.
[전문개정 2007.8.3]
[시행일:2008.2.4] 제39조의2

제39조의3 (요양보호사교육기관의 설치 등) ①요양보호사를 교
육하는 기관(이하 "요양보호사교육기관"이라 한다)을 설치
하려는 자는 보건복지부령으로 정하는 기준을 갖추고 시·
도지사에게 신고하여야 한다.
②요양보호사교육기관의 신고절차 등에 관하여 필요한 사
항은 보건복지부령으로 정한다.
[전문개정 2007.8.3]
[시행일:2008.2.4] 제39조의3

제39조의4 (긴급전화의 설치 등) ①국가 및 지방자치단체는 노
인학대를 예방하고 수시로 신고를 받을 수 있도록 긴급전
화를 설치하여야 한다.
②제1항의 규정에 의한 긴급전화의 설치·운영에 관하여 필
요한 사항은 대통령령으로 정한다.
[본조신설 2004.1.29]

제39조의5 (노인보호전문기관의 설치) ①국가 및 지방자치단
체는 노인학대에 관한 다음 각 호의 업무를 담당하는 노인
보호전문기관을 설치하여야 한다. 다만, 대통령령이 정하
는 범위 안에서 다른 노인복지시설을 노인보호전문기관으
로 지정한 경우에는 그러하지 아니하다.
1. 노인학대의 예방 및 방지를 위한 홍보
2. 학대받은 노인의 발견·상담·보호와 의료기관에의 치료
의뢰 및 노인복지시설에의 입소의뢰
3. 노인학대행위자, 노인학대행위자로 신고된 자 및 그 가
정 또는 업무·고용 등의 관계로 사실상 노인을 보호·감독하
는 기관이나 시설 등에 대한 조사
4. 노인학대행위자에 대한 상담 및 교육
5. 그 밖에 학대받은 노인의 보호를 위하여 필요한 사항

②노인보호전문기관에 두는 상담원 등 직원의 자격은 대통령령으로, 그 설치기준 및 운영에 관하여 필요한 사항은 보건복지부령으로 정한다.
[본조신설 2004.1.29]

제39조의6 (노인학대 신고의무와 절차) ①누구든지 노인학대를 알게 된 때에는 노인보호전문기관 또는 수사기관에 신고할 수 있다. <개정 2007.4.11>
②다음 각 호의 1에 해당하는 자는 그 직무상 노인학대를 알게 된 때에는 즉시 노인보호전문기관 또는 수사기관에 신고하여야 한다.
1. 의료법 제3조제1항의 의료기관에서 의료업을 행하는 의료인
2. 노인복지시설의 장 및 그 종사자
3. 「장애인복지법」 제58조의 규정에 의한 장애인복지시설에서 장애노인에 대한 상담·치료·훈련 또는 요양을 행하는 자
4. 가정폭력방지및피해자보호등에관한법률 제5조 및 제7조의 규정에 의한 가정폭력관련상담소의 상담원 및 가정폭력피해자보호시설의 종사자
5. 노인복지상담원 및 사회복지사업법 제14조의 규정에 의한 사회복지전담공무원
③신고인의 신분은 보장되어야 하며 그 의사에 반하여 신분이 노출되어서는 아니된다.
[본조신설 2004.1.29]
[시행일:2007.10.12] 제39조의6제1항제3호

제39조의7 (응급조치의무 등) ①제39조의6의 규정에 의하여 노인학대신고를 접수한 노인보호전문기관의 직원이나 사법경찰관리는 지체없이 노인학대의 현장에 출동하여야 한다.
②제1항의 규정에 의하여 현장에 출동한 자는 학대받은 노인을 노인학대행위자로부터 분리하거나 치료가 필요하다고 인정할 때에는 노인보호전문기관 또는 의료기관에 인도하여야 한다.
[본조신설 2004.1.29]

제39조의8 (보조인의 선임 등) ①학대받은 노인의 법정대리인, 직계친족, 형제자매, 노인보호전문기관의 상담원 또는 변호사는 노인학대사건의 심리에 있어서 보조인이 될 수 있다. 다만, 변호사가 아닌 경우에는 법원의 허가를 받아야 한다.
②법원은 학대받은 노인을 증인으로 신문하는 경우 본인·검사 또는 노인보호전문기관의 신청이 있는 때에는 본인과 신뢰관계에 있는 자의 동석을 허가할 수 있다.
③수사기관이 학대받은 노인을 조사하는 경우에도 제1항

및 제2항의 절차를 준용한다.
[본조신설 2004.1.29]

제39조의9 (금지행위) 누구든지 다음 각 호의 1에 해당하는 행위를 하여서는 아니된다.
1. 노인의 신체에 폭행을 가하거나 상해를 입히는 행위
2. 노인에게 성적 수치심을 주는 성폭행·성희롱 등의 행위
3. 자신의 보호·감독을 받는 노인을 유기하거나 의식주를 포함한 기본적 보호 및 치료를 소홀히 하는 방임행위
4. 노인에게 구걸을 하게 하거나 노인을 이용하여 구걸하는 행위
5. 노인을 위하여 증여 또는 급여된 금품을 그 목적 외의 용도에 사용하는 행위
[본조신설 2004.1.29]

제39조의10 (실종노인에 관한 신고의무 등) ①누구든지 정당한 사유 없이 사고 또는 치매 등의 사유로 인하여 보호자로부터 이탈된 노인(이하 "실종노인"이라 한다)을 경찰관서 또는 지방자치단체의 장에게 신고하지 아니하고 보호하여서는 아니 된다.
②제31조에 따른 노인복지시설(「사회복지사업법」 제2조제3호에 따른 사회복지시설 및 사회복지시설에 준하는 시설로서 인가·신고 등을 하지 아니하고 노인을 보호하는 시설을 포함한다. 이하 "보호시설"이라 한다)의 장 또는 그 종사자는 그 직무를 수행하면서 실종노인임을 알게 된 때에는 지체 없이 보건복지부령으로 정하는 신상카드를 작성하여 지방자치단체의 장과 제3항제2호의 업무를 수행하는 기관의 장에게 제출하여야 한다.
③보건복지부장관은 실종노인의 발생예방, 조속한 발견과 복귀를 위하여 다음 각 호의 업무를 수행하여야 한다. 이 경우 보건복지부장관은 노인복지 관련 법인이나 단체에 그 업무의 전부 또는 일부를 위탁할 수 있다.
1. 실종노인과 관련된 조사 및 연구
2. 실종노인의 데이터베이스 구축·운영
3. 그 밖에 실종노인의 보호 및 지원에 필요한 사항
[본조신설 2007.8.3]
[종전 제39조의10은 제39조의11로 이동 <2007.8.3>]

제39조의11 (조사 등) ①보건복지부장관, 시·도지사 또는 시장·군수·구청장은 필요하다고 인정하는 때에는 관계공무원 또는 노인복지상담원으로 하여금 노인복지시설과 노인의 주소·거소, 노인의 고용장소 또는 제39조의9의 금지행위를 위반할 우려가 있는 장소에 출입하여 노인 또는 관계인에 대하여 필요한 조사를 하거나 질문을 하게 할 수 있다.
②경찰청장, 시·도지사 또는 시장·군수·구청장은 실종노인의 발견을 위하여 필요한 때에는 보호시설의 장 또는 그 종

사자에게 필요한 보고 또는 자료제출을 명하거나 소속 공무원으로 하여금 보호시설에 출입하여 관계인 또는 노인에 대하여 필요한 조사 또는 질문을 하게 할 수 있다. <신설 2007.8.3>

③제1항 및 제2항의 경우 관계공무원, 노인복지상담원은 그 권한을 표시하는 증표를 지니고 이를 노인 또는 관계인에게 내보여야 한다. <개정 2007.8.3>

④제3항에 따른 증표의 내용·형식 등에 관하여 필요한 사항은 보건복지부령으로 정한다. <개정 2007.8.3>

[본조신설 2004.1.29]

[제39조의10에서 이동, 종전의 제39조의11은 제39조의12로 이동 <2007.8.3>]

제39조의12 (비밀누설의 금지) ①이 법에 의한 학대노인의 보호와 관련된 업무에 종사하였거나 종사하는 자는 그 직무상 알게 된 비밀을 누설하지 못한다.

②경찰청장, 시·도지사 또는 시장·군수·구청장은 실종노인의 발견을 위하여 필요한 때에는 보호시설의 장 또는 그 종사자에게 필요한 보고 또는 자료제출을 명하거나 소속 공무원으로 하여금 보호시설에 출입하여 관계인 또는 노인에 대하여 필요한 조사 또는 질문을 하게 할 수 있다. <신설 2007.8.3>

[본조신설 2004.1.29]

[제39조의12에서 이동 <2007.8.3>]

제40조 (변경 · 폐지 등<개정 1999.2.8>) ①제33조제2항의 규정에 의하여 노인주거복지시설을 설치한 자 또는 제35조제2항의 규정에 의하여 노인의료복지시설(노인전문병원을 제외한다)을 설치한 자가 그 설치신고사항 중 보건복지부령이 정하는 사항을 변경하거나 그 시설을 폐지 또는 휴지하고자 할 때에는 대통령령이 정하는 바에 의하여 시장·군수·구청장에게 미리 신고하여야 한다. <개정 1999.2.8, 2005.3.31>

②노인전문병원을 설치한 자가 그 설치허가사항 중 보건복지부령이 정하는 사항을 변경하고자 하는 때에는 의료법이 정하는 바에 따라 시·도지사의 변경허가를 받아야 하며, 그 시설을 폐지 또는 휴지하고자 하는 때에는 동법이 정하는 바에 따라 시·도지사에게 미리 신고하여야 한다. <신설 1999.2.8>

③제37조제2항에 의하여 노인여가복지시설을 설치한 자 또는 제39조제2항의 규정에 의하여 재가노인복지시설을 설치한 자가 그 설치신고사항 중 보건복지부령이 정하는 사항을 변경하거나 그 시설을 폐지 또는 휴지하고자 할 때에는 대통령령이 정하는 바에 의하여 시장·군수·구청장에게 미리 신고하여야 한다. <개정 1999.2.8>

④제39조의3제1항에 따라 요양보호사교육기관을 설치한 자가 그 설치신고사항 중 보건복지부령이 정하는 사항을 변경하거나 그 시설을 폐지 또는 휴지하고자 하는 때에는 대통령령이 정하는 바에 따라 시·도지사에게 미리 신고하여야 한다. <신설 1999.2.8, 2005.3.31, 2007.8.3>

제41조 (수탁의무) 제32조제1항의 규정에 의한 양로시설, 노인공동생활가정 및 노인복지주택, 제34조제1항의 규정에 의한 노인요양시설 및 노인요양공동생활가정 또는 제38조제1항의 규정에 의한 재가노인복지시설을 설치·운영하는 자가 복지실시기관으로부터 제28조제1항제2호 및 제3호, 동조제2항 또는 제3항의 규정에 의하여 노인의 입소·장례를 위탁받은 때에는 정당한 이유없이 이를 거부하여서는 아니된다. <개정 2007.8.3>

제42조 (감독) ①복지실시기관은 제31조의 규정에 의한 노인복지시설 또는 제39조의3제1항에 따른 요양보호사교육기관을 설치·운영하는 자로 하여금 당해 시설 또는 사업에 관하여 필요한 보고를 하게 하거나 관계공무원으로 하여금 당해 시설 또는 사업의 운영상황을 조사하게 하거나 장부 기타 관계서류를 검사하게 할 수 있다. <개정 1999.2.8, 2007.8.3>

②제31조의 규정에 의한 노인복지시설을 설치·운영하는 자는 보건복지부령이 정하는 바에 따라 매년도 입소자 또는 이용자 현황 등에 관한 자료를 복지실시기관에 제출하여야 한다. <신설 1999.2.8>

③제1항의 규정에 의하여 조사·검사를 행하는 자는 그 권한을 표시하는 증표를 지니고 이를 관계인에게 내보여야 한다.

제43조 (사업의 정지 등) ①시·도지사 또는 시장·군수·구청장은 요양보호사교육기관 또는 노인주거복지시설·노인의료복지시설이 다음 각 호의 어느 하나에 해당하는 때에는 그 사업의 정지 또는 폐지를 명할 수 있다. <개정 1999.2.8, 2005.3.31, 2007.8.3>

1. 제33조제3항·제35조제3항 또는 제39조의3제2항의 규정에 의한 시설 등에 관한 기준에 미달하게 된 때

2. 제41조의 규정에 위반하여 수탁을 거부한 때

3. 정당한 이유없이 제42조의 규정에 의한 보고 또는 자료제출을 하지 아니하거나 허위로 한 때 또는 조사·검사를 거부·방해하거나 기피한 때

4. 제46조제5항의 규정에 위반한 때

5. 삭제 <2007.8.3>

②시장·군수·구청장은 노인여가복지시설 또는 재가노인복지시설이 다음 각 호의 어느 하나에 해당하는 때에는 그 사업의 정지 또는 폐지를 명할 수 있다. <개정 1999.2.8, 2007.8.3>

1. 제37조제3항 또는 제39조제3항의 시설 등에 관한 기준에 미달하게 된 때
2. 제41조의 규정에 위반하여 수탁을 거부한 때(재가노인복지시설의 경우에 한한다)
3. 정당한 이유없이 제42조의 규정에 의한 보고 또는 자료제출을 하지 아니하거나 허위로 한 때 또는 조사·검사를 거부·방해하거나 기피한 때
4. 제46조제7항의 규정에 위반한 때
5. 삭제 <2007.8.3>
③제1항 내지 제2항의 규정에 의한 행정처분의 세부적인 기준은 위반의 정도 등을 참작하여 보건복지부령으로 정한다.
제44조 (청문) 시장·군수·구청장은 제43조의 규정에 의한 사업의 폐지를 명하고자 하는 경우에는 청문을 실시하여야 한다. <개정 2005.3.31>

제5장 비용

제45조 (비용의 부담) ①삭제 <2007.4.25>
②다음 각 호의 어느 하나에 해당하는 비용은 대통령령이 정하는 바에 따라 국가 또는 지방자치단체가 부담한다. <개정 2005.7.13>
1. 제23조의2제1항의 규정에 따른 노인일자리전담기관의 설치·운영 또는 위탁에 소요되는 비용
2. 제27조 및 제28조의 규정에 따른 건강진단 등과 상담·입소 등의 조치에 소요되는 비용
3. 제33조제1항·제35조제1항·제37조제1항 및 제39조제1항의 규정에 따른 노인복지시설의 설치·운영에 소요되는 비용
[시행일:2008.1.1] 제45조제1항

제46조 (비용의 수납 및 청구) ①제27조 및 제28조의 규정에 의한 복지조치에 필요한 비용을 부담한 복지실시기관은 당해 노인 또는 그 부양의무자로부터 대통령령이 정하는 바에 의하여 그 부담한 비용의 전부 또는 일부를 수납하거나 청구할 수 있다.
②부양의무가 없는 자가 제28조의 규정에 의한 복지조치에 준하는 보호를 행하는 경우 즉시 그 사실을 부양의무자 및 복지실시기관에 알려야 한다.
③제2항의 보호를 행한 자는 부양의무자에게 보호비용의 전부 또는 일부를 청구할 수 있다.
④제1항 또는 제3항의 규정에 의한 부담비용의 청구 등에 관하여 필요한 사항은 보건복지부령으로 정한다.
⑤제32조제1항에 따른 양로시설, 노인공동생활가정 및 노인복지주택, 제34조제1항에 따른 노인요양시설 및 노인요양공동생활가정을 설치한 자는 그 시설에 입소하거나 그

시설을 이용하는 기초수급권자외의 자로부터 그에 소요되는 비용을 수납하고자 할 때에는 시장·군수·구청장에게 신고하여야 한다. 다만, 보건복지부령이 정한 비용수납 한도액의 범위 안에서 수납할 때에는 그러하지 아니하다. <개정 1999.2.8, 2005.3.31, 2007.8.3>
⑥삭제 <1999.2.8>
⑦제36조제1항의 규정에 의한 노인여가복지시설 또는 제38조제1항의 규정에 의하여 재가노인복지시설을 설치한 자 또는 편의를 제공하는 자가 그 시설을 이용하는 자로부터 그에 소요되는 비용을 수납하고자 할 때에는 미리 시장·군수·구청장에게 신고하여야 한다.

제47조 (비용의 보조) 국가 또는 지방자치단체는 대통령령이 정하는 바에 의하여 노인복지시설의 설치·운영에 필요한 비용을 보조할 수 있다.

제48조 (유류물품의 처분) 복지실시기관 또는 노인복지시설의 장은 제28조제3항의 규정에 의한 장례를 행함에 있어서 사망자가 유류한 금전 또는 유가증권을 그 장례에 필요한 비용에 충당할 수 있으며, 부족이 있을 때에는 유류물품을 처분하여 그 대금을 이에 충당할 수 있다.

제49조 (조세감면) 제31조의 규정에 의한 노인복지시설에서 노인을 위하여 사용하는 건물·토지 등에 대하여는 조세감면규제법 등 관계법령이 정하는 바에 의하여 조세 기타 공과금을 감면할 수 있다. <개정 2007.4.25>
[시행일:2008.1.1] 제49조

제6장 보칙

제50조 (심사청구 등) ①노인 또는 그 부양의무자는 이 법에 의한 복지조치에 대하여 이의가 있을 때에는 당해 복지실시기관에 심사를 청구할 수 있다.
②복지실시기관은 제1항의 심사청구를 받은 때에는 30일 이내에 이를 심사·결정하여 청구인에게 통보하여야 한다.
③제2항의 심사·결정에 이의가 있는 자는 그 통보를 받은 날부터 90일 이내에 행정심판을 제기할 수 있다. <개정 1999.2.8>
④제46조제3항의 규정에 의하여 부양의무자가 부담하여야 할 보호비용에 대하여 보호를 행한 자와 부양의무자 사이에 합의가 이루어지지 아니하는 경우로서 시장·군수·구청장은 당사자로부터 조정요청을 받은 경우에는 이를 조정할 수 있다. <개정 2004.1.29>
⑤시장·군수·구청장은 제4항의 조정을 위하여 필요하다고 인정하는 경우 부양의무자에게 소득·재산 등에 관한 자료의 제출을 요구할 수 있다.

제51조 (노인복지명예지도원) ①복지실시기관은 양로시설, 노인공동생활가정, 노인복지주택, 노인요양시설 및 노인요양공동생활가정의 입소노인의 보호를 위하여 노인복지명예지도원을 둘 수 있다. <개정 2007.8.3>
②노인복지명예지도원의 위촉방법·업무범위 등 기타 필요한 사항은 대통령령으로 정한다.

제52조 삭제 <1999.2.8>

제53조 (권한의 위임 · 위탁) ①보건복지부장관 또는 시·도지사는 이 법에 의한 권한의 일부를 대통령령이 정하는 바에 의하여 각각 시·도지사 또는 시장·군수·구청장에게 위임할 수 있다.
②보건복지부장관, 시·도지사 또는 시장·군수·구청장은 이 법에 의한 업무의 일부를 대통령령이 정하는 바에 의하여 법인 또는 단체에 위탁할 수 있다.

제54조 (국 · 공유재산의 대부 등) 국가 또는 지방자치단체는 노인보건복지관련 연구시설이나 사업의 육성을 위하여 필요하다고 인정하는 경우에는 국유재산법 또는 지방재정법의 규정에 불구하고 국·공유재산을 무상으로 대부하거나 사용·수익하게 할 수 있다.

제55조 (「건축법」에 대한 특례 <개정 2007.8.3>) ①이 법에 의한 재가노인복지시설, 노인공동생활가정 및 노인요양공동생활가정은 「건축법」 제14조의 규정에 불구하고 단독주택 또는 공동주택에 설치할 수 있다. <개정 2007.8.3>
②이 법에 의한 노인복지주택의 건축물의 용도는 건축관계법령에 불구하고 노유자시설로 본다. <신설 1999.2.8, 2007.8.3>

제7장 벌칙

제55조의2 (벌칙) 제39조의9제1호(상해에 한한다)의 행위를 한 자는 7년 이하의 징역 또는 2천만원 이하의 벌금에 처한다.
[본조신설 2004.1.29]

제55조의3 (벌칙) 다음 각 호의 어느 하나에 해당하는 자는 5년 이하의 징역 또는 1천500만원 이하의 벌금에 처한다.
1. 제39조의9제1호(폭행에 한한다)부터 제4호까지에 해당하는 행위를 한 자
2. 제39조의10제1항을 위반하여 정당한 사유 없이 신고하지 아니 하고 실종노인을 보호한 자
[전문개정 2007.8.3]

제55조의4 (벌칙) 다음 각 호의 어느 하나에 해당하는 자는 3년 이하의 징역 또는 1천만원 이하의 벌금에 처한다.
1. 제39조의9제5호에 해당하는 행위를 한 자
2. 위계 또는 위력을 행사하여 제39조의11제2항에 따른 관계 공무원의 출입 또는 조사를 거부하거나 방해한 자
[전문개정 2007.8.3]

제56조 (벌칙) ①제33조의2제2항을 위반하여 입소자격자 아닌 자에게 노인복지주택을 분양 또는 임대한 자는 2년 이하의 징역에 처하거나 위법하게 분양 또는 임대한 세대의 수에 1천만원을 곱한 금액 이하의 벌금에 처한다.
②제33조제2항 및 제35조제2항에 따른 신고를 하지 아니하고 양로시설, 노인공동생활가정, 노인복지주택, 노인요양시설 또는 노인요양공동생활가정을 설치하거나 운영한 자는 2년 이하의 징역 또는 1천만원 이하의 벌금에 처한다.
[전문개정 2007.8.3]

제56조의2 (벌칙) 다음 각 호의 어느 하나에 해당하는 자는 1년 이하의 징역 또는 1천만원 이하의 벌금에 처한다.
1. 제33조의2제3항을 위반하여 양도 또는 임대한 자
2. 제33조의2제4항을 위반하여 입소·양도 또는 임대한 상속자
[본조신설 2007.8.3]

제57조 (벌칙) 다음 각호의 1에 해당하는 자는 1년 이하의 징역 또는 300만원 이하의 벌금에 처한다. <개정 2007.8.3>
1. 제33조제2항·제35조제2항·제37조제2항·제39조제2항 또는 제39조의3제1항의 규정에 의한 신고를 하지 아니하고 양로시설·노인공동생활가정·노인복지주택·노인요양시설·노인요양공동생활가정·노인여가복지시설·재가노인복지시설 또는 요양보호사교육기관을 설치하거나 운영한 자
2. 제39조의11의 규정을 위반하여 직무상 알게 된 비밀을 누설한 자
[전문개정 2004.1.29]

제58조 삭제 <2007.4.25>
[시행일:2008.1.1] 제58조

제59조 (벌칙) 제41조를 위반하여 수탁을 거부한 자는 50만원 이하의 벌금에 처한다. <개정 2007.8.3>
1. 삭제 <2007.8.3>
2. 삭제 <2007.8.3>

제60조 (양벌규정) 법인의 대표자나 법인 또는 개인의 대리인·사용인 기타 종업원이 그 법인 또는 개인의 업무에 관하여 제55조의3·제56조·제57조 또는 제59조의 위반행위를 한

때에는 행위자를 벌하는 외에 그 법인 또는 개인에 대하여
도 각 해당 조의 벌금형을 과한다. <개정 2007.8.3>

제61조 삭제 <2007.4.25>
[시행일:2008.1.1] 제61조

제61조의2 (과태료) ①제39조의11제2항에 따른 명령을 위반
하여 보고 또는 자료제출을 하지 아니하거나 거짓으로 보
고하거나 거짓 자료를 제출한 자 또는 정당한 사유 없이 관
계 공무원의 출입 또는 조사·질문을 거부·기피·방해하거나
거짓의 답변을 한 자에게는 500만원 이하의 과태료를 부과
한다.
②다음 각 호의 어느 하나에 해당하는 자는 200만원 이하의
과태료를 부과한다.
1. 제39조의10제2항을 위반하여 신상카드를 제출하지 아니
한 자
2. 제40조를 위반하여 신고하지 아니하고 노인복지시설을
폐지 또는 휴지한 자
③제1항 및 제2항에 따른 과태료는 대통령령으로 정하는
바에 따라 보건복지부장관, 시·도지사, 시장·군수·구청장이
부과·징수한다.
④제3항에 따른 과태료 처분에 불복하는 자는 그 처분을 고
지받은 날부터 30일 이내에 보건복지부장관, 시·도지사, 시
장·군수·구청장에게 이의를 제기할 수 있다.
⑤제3항에 따른 과태료 처분을 받은 자가 제4항에 따라 이
의를 제기한 때에는 보건복지부장관, 시·도지사, 시장·군
수·구청장은 지체 없이 관할 법원에 그 사실을 통보하여야
하며, 그 통보를 받은 관할 법원은 「비송사건절차법」에 따
른 과태료 재판을 한다.
⑥제4항에 따른 기간 이내에 이의를 제기하지 아니하고 과
태료를 납부하지 아니한 때에는 국세 또는 지방세 체납처
분의 예에 따라 징수한다.
[본조신설 2007.8.3]

제62조 (이행강제금) ①시장·군수·구청장은 제33조의3에 따
른 명령을 이행하지 아니한 자에 대하여 당해 명령의 이행
에 필요한 상당한 이행기한을 정하여 그 기한까지 명령을
이행하지 아니하는 경우 이행강제금을 부과할 수 있다. 이
경우 이행강제금의 금액은 「지방세법」에 따라 해당 노인복
지주택에 적용되는 1제곱미터당 시가표준액의 100분의 10
에 상당하는 금액에 위반면적(주거의 용도로만 쓰이는 면
적을 말한다)을 곱한 금액 또는 「부동산 가격공시 및 감정
평가에 관한 법률」에 따라 해당 노인복지주택에 적용되는
주택가격의 공시금액의 100분의 10에 상당하는 금액으로
한다.
②시장·군수·구청장은 제1항에 따라 이행강제금을 부과하

기 전에 이행강제금을 부과·징수한다는 뜻을 미리 문서로
계고하여야 한다.
③시장·군수·구청장은 제1항에 따른 이행강제금을 부과하
는 경우 이행강제금의 금액, 부과사유, 납부기한 및 수납기
관, 이의제기방법 및 이의제기기관 등을 명시한 문서로 행
하여야 한다.
④시장·군수·구청장은 최초의 명령이 있은 날을 기준으로
하여 1년에 2회 이내의 범위 안에서 당해 명령이 이행될 때
까지 반복하여 제1항에 따른 이행강제금을 부과·징수할 수
있다.
⑤시장·군수·구청장은 제33조의3에 따라 명령을 받은 자가
명령을 이행한 경우 새로운 이행강제금의 부과를 즉시 중
지하고, 이미 부과된 이행강제금은 징수하여야 한다.
⑥시장·군수·구청장은 제3항에 따라 이행강제금 부과처분
을 받은 자가 이행강제금을 기한 이내에 납부하지 아니하
는 때에는 지방세 체납처분의 예에 따라 징수한다.
[본조신설 2007.8.3]

부칙 <제5359호, 1997.8.22>
①(시행일) 이 법은 공포 후 9월이 경과한 날부터 시행한다.
다만, 제2장(제9조 내지 제22조)의 개정규정은 1998년 7월
1일부터 시행한다.
②(노령수당에 대한 경과조치) 이 법 시행당시 종전의 노인
복지법 제13조의 규정에 의한 노령수당은 1998년 6월 30일
까지 지급한다.
③(노인복지시설 등에 관한 경과조치) 이 법 시행당시 종전
의 규정에 의하여 설치된 노인복지시설은 이 법에 의하여
설치된 것으로 본다.
④(다른 법령과의 관계) 다른 법령에서 이 법 시행당시 노인
복지법의 규정을 인용하고 있는 경우 이 법 중 그에 관한
규정이 있는 때에는 이 법의 해당 조항을 인용한 것으로 본
다.

부칙 (행정절차법의시행에따른공인회계사법등의정비에관
한법률) <제5453호, 1997.12.13>
제1조 (시행일) 이 법은 1998년 1월 1일부터 시행한다. <단
서 생략>
제2조 생략

부칙 <제5851호, 1999.2.8>
①(시행일) 이 법은 공포한 날부터 시행한다. 다만, 제39조
의2·제39조의3·제40조·제42조·제43조·제46조제5항   단서·
제52조 및 제57조의 개정규정은 공포 후 6월이 경과한 날부
터 시행한다.
②(경로연금수급권자 인정에 관한 경과조치) 이 법 시행당

시 종전의 규정에 의하여 수급권자로 결정된 자는 제9조제1항제2호의 개정규정에 불구하고 종전의 규정에 의한다.

③(가정봉사원교육기관에 관한 경과조치) 이 법 시행당시 종전의 규정에 의하여 지정된 가정봉사원 교육을 위한 교육기관은 제39조의3제1항의 개정규정에 의하여 신고한 가정봉사원교육기관으로 본다.

④(노인복지시설비용수납승인에 관한 경과조치) 이 법 시행당시 종전의 규정에 의하여 시·도지사로부터 비용수납의 승인을 얻은 것은 제46조제5항의 개정규정에 의하여 비용수납에 관한 신고를 한 것으로 본다.

부칙 (사립학교교직원연금법) <제6124호, 2000.1.12>

제1조 (시행일) 이 법은 공포한 날부터 시행한다.

제2조 내지 제4조 생략

제5조 (다른 법령의 개정 등) ①내지 ⑪생략

⑫노인복지법 중 다음과 같이 개정한다.

제9조제2항 본문 중 "사립학교교원연금법"을 "사립학교교직원연금법"으로 한다.

⑬생략

제6조 생략

부칙 (주택법) <제6916호, 2003.5.29>

제1조 (시행일) 이 법은 공포 후 6월이 경과한 날부터 시행한다. <단서 생략>

제2조 내지 제11조 생략

제12조 (다른 법률의 개정) ①내지 ⑧생략

⑨노인복지법 중 다음과 같이 개정한다.

제32조제3항 중 "주택건설촉진법"을 "주택법"으로 한다.

⑩내지 <47>생략

제13조 생략

부칙 <제7152호, 2004.1.29>

이 법은 공포 후 6월이 경과한 날부터 시행한다.

부칙 <제7452호, 2005.3.31>

제1조 (시행일) 이 법은 공포 후 3월이 경과한 날부터 시행한다.

제2조 (행정처분 등에 관한 일반적 경과조치) ①이 법 시행당시 종전의 제43조제1항 및 제44조의 규정에 의한 행정기관이 행한 처분은 이 법의 개정규정에 의한 행정기관이 행한 처분으로 본다.

②이 법 시행당시 종전의 제33조제2항·제35조제2항·제39조의3제1항·제40조제1항 및 제4항·제46조제5항 본문의 규정에 의한 행정기관에 대하여 행한 신고는 이 법의 개정규정에 의한 행정기관에 대하여 행한 신고로 본다.

부칙 <제7585호, 2005.7.13>

이 법은 공포 후 3월이 경과한 날부터 시행한다.

부칙 <제8200호, 2007.1.3>

①(시행일) 이 법은 공포 후 6개월이 경과한 날부터 시행한다.

②(노인실태조사에 관한 적용례) 제5조의 개정규정에 따른 최초의 실태조사는 2008년에 실시한다.

부칙 (의료법) <제8366호, 2007.4.11>

제1조 (시행일) 이 법은 공포한 날부터 시행한다. <단서 생략>

제2조 내지 제19조 생략

제20조 (다른 법률의 개정) ①내지 ④생략

⑤노인복지법 일부를 다음과 같이 개정한다.

제35조제3항 단서 중 "의료법 제32조"를 "「의료법」 제36조"로 한다.

⑥내지 <17>생략

제21조 생략

부칙 (장애인복지법) <제8367호, 2007.4.11>

제1조 (시행일) 이 법은 공포 후 6개월이 경과한 날부터 시행한다.

제2조 내지 제4조 생략

제5조 (다른 법률의 개정) ①및 ②생략

③노인복지법 일부를 다음과 같이 개정한다.

제39조의6제1항제3호 중 "장애인복지법 제48조"를 "「장애인복지법」 제58조"로 한다.

④내지 ⑬생략

제6조 생략

부칙 (기초노령연금법) <제8385호, 2007.4.25>

제1조 (시행일) 이 법은 2008년 1월 1일부터 시행한다.

제2조 내지 제4조 생략

제5조 (다른 법률의 개정 등) ①노인복지법 일부를 다음과 같이 개정한다.

제2장(제9조부터 제22조까지)을 삭제한다.

제45조제1항을 삭제한다.

제49조 중 "제11조의 규정에 의한 수급권자가 받는 연금과 제31조"를 "제31조"로 한다.

제58조 및 제61조를 각각 삭제한다.

②생략

부칙 (가족관계의 등록 등에 관한 법률) <제8435호, 2007.5.17>

제1조 (시행일) 이 법은 2008년 1월 1일부터 시행한다. <단

서 생략>

제2조부터 제7조까지 생략

제8조 (다른 법률의 개정) ①부터 <30>까지 생략

<31> 노인복지법 일부를 다음과 같이 개정한다.

제21조 중 "호적법 제88조"를 "「가족관계의 등록 등에 관한 법률」 제85조"로 한다.

<32>부터 <39>까지 생략

제9조 생략

부칙 <제8608호, 2007.8.3>

제1조 (시행일) 이 법은 공포 후 1년이 경과한 날부터 시행한다. 다만, 제32조, 제34조 및 제38조의 개정규정은 공포 후 8개월이 경과한 날부터 시행하고, 제39조의2 및 제39조의3의 개정규정은 공포 후 6개월이 경과한 날부터 시행한다.

제2조 (노인복지주택의 공급 등의 제한에 관한 적용례) 제33조의2제5항의 개정규정은 이 법 시행 이후 최초로 「주택법」 제16조에 따른 사업계획승인을 신청하는 노인복지주택의 경우부터 적용한다.

제3조 (노인복지주택의 처분명령 및 이행강제금에 관한 적용례) 제33조의3 및 제62조의 개정규정은 이 법 시행 이후 노인복지주택을 분양받거나 양수한 자부터 적용한다.

제4조 (양로시설 등에 관한 경과조치) 이 법 시행 당시 종전의 규정에 따라 설치된 양로시설, 실비양로시설 및 유료양로시설은 제32조제1항제1호의 개정규정에 따른 양로시설로, 실비노인복지주택 및 유료노인복지주택은 제32조제1항제3호의 개정규정에 따른 노인복지주택으로, 노인요양시설, 실비노인요양시설, 유료노인요양시설, 노인전문요양시설 및 유료전문요양시설은 제34조제1항제1호의 개정규정에 따른 노인요양시설로, 가정봉사원파견시설, 주간보호시설 및 단기보호시설은 제38조제1항의 개정규정에 따른 재가노인복지시설로 각각 본다.

제5조 (노인복지관에 관한 경과조치) 이 법 시행 당시 종전의 규정에 따라 설치된 노인복지회관은 제36조제1항의 개정규정에 따른 노인복지관으로 본다.

제6조 (가정봉사원교육기관에 관한 경과조치) 이 법 시행 당시 종전의 규정에 따라 설치된 가정봉사원의 교육을 위한 기관은 이 법 시행 후 1년까지 요양보호사의 교육을 수행할 수 있다.

제7조 (요양보호사에 대한 경과조치) 이 법 시행 당시 종전의 규정에 따라 노인복지시설에서 생활지도원 또는 가정봉사원으로 근무하고 있는 자는 이 법 시행 후 2년까지 제39조의2제1항의 개정규정에 따른 요양보호사 업무를 수행할 수 있다.

제8조 (벌칙 및 과태료에 관한 경과조치) 이 법 시행 전의 행위에 대한 벌칙 및 과태료의 적용에 있어서는 종전의 규정에 의한다.

장애인복지법

연혁

1981. 6. 5 심신장애자복지법 제정 법률 제3452호	2003. 9. 29 일부개정 법률 제6985호
1989. 12. 30 장애인복지법 제정 법률 제4179호	2004. 3. 5 일부개정 법률 제7184호
1997. 4. 10 일부개정 법률 제5332호	2007. 4. 11 전부개정 법률 제8367호
1999. 2. 8 전문개정 법률 제5931호	2007. 8. 3 일부개정 법률 제8435호

제1장 총칙

제1조 (목적) 이 법은 장애인의 인간다운 삶과 권리보장을 위한 국가와 지방자치단체 등의 책임을 명백히 하고, 장애발생 예방과 장애인의 의료·교육·직업재활·생활환경개선 등에 관한 사업을 정하여 장애인복지대책을 종합적으로 추진하며, 장애인의 자립생활·보호 및 수당지급 등에 관하여 필요한 사항을 정하여 장애인의 생활안정에 기여하는 등 장애인의 복지와 사회활동 참여증진을 통하여 사회통합에 이바지함을 목적으로 한다.

제2조 (장애인의 정의 등) ①"장애인"이란 신체적·정신적 장애로 오랫동안 일상생활이나 사회생활에서 상당한 제약을 받는 자를 말한다.
②이 법을 적용받는 장애인은 제1항에 따른 장애인 중 다음 각 호의 어느 하나에 해당하는 장애가 있는 자로서 대통령령으로 정하는 장애의 종류 및 기준에 해당하는 자를 말한다.
1. "신체적 장애"란 주요 외부 신체 기능의 장애, 내부기관의 장애 등을 말한다.
2. "정신적 장애"란 발달장애 또는 정신 질환으로 발생하는 장애를 말한다.

제3조 (기본이념) 장애인복지의 기본이념은 장애인의 완전한 사회 참여와 평등을 통하여 사회통합을 이루는 데에 있다.

제4조 (장애인의 권리) ①장애인은 인간으로서 존엄과 가치를 존중받으며, 그에 걸맞은 대우를 받는다.
②장애인은 국가·사회의 구성원으로서 정치·경제·사회·문화, 그 밖의 모든 분야의 활동에 참여할 권리를 가진다.
③장애인은 장애인 관련 정책결정과정에 우선적으로 참여할 권리가 있다.

제5조 (장애인 및 보호자 등에 대한 의견수렴과 참여) 국가 및 지방자치단체는 장애인 정책의 결정과 그 실시에 있어서 장애인 및 장애인의 부모, 배우자, 그 밖에 장애인을 보호하는 자의 의견을 수렴하여야 한다. 이 경우 당사자의 의견수렴을 위한 참여를 보장하여야 한다.

제6조 (중증장애인의 보호) 국가와 지방자치단체는 장애 정도가 심하여 자립하기가 매우 곤란한 장애인(이하 "중증장애인"이라 한다)이 필요한 보호 등을 평생 받을 수 있도록 알맞은 정책을 강구하여야 한다.

제7조 (여성장애인의 권익보호 등) 국가와 지방자치단체는 여성장애인의 권익을 보호하고 사회참여를 확대하기 위하여 기초학습과 직업교육 등 필요한 시책을 강구하여야 한다.

제8조 (차별금지 등) ①누구든지 장애를 이유로 정치·경제·사회·문화 생활의 모든 영역에서 차별을 받지 아니하고, 누구든지 장애를 이유로 정치·경제·사회·문화 생활의 모든 영역에서 장애인을 차별하여서는 아니 된다.
②누구든지 장애인을 비하·모욕하거나 장애인을 이용하여 부당한 영리행위를 하여서는 아니 되며, 장애인의 장애를 이해하기 위하여 노력하여야 한다.

제9조 (국가와 지방자치단체의 책임) ①국가와 지방자치단체는 장애 발생을 예방하고, 장애의 조기 발견에 대한 국민의 관심을 높이며, 장애인의 자립을 지원하고, 보호가 필요한 장애인을 보호하여 장애인의 복지를 향상시킬 책임을 진다.
②국가와 지방자치단체는 여성 장애인의 권익을 보호하기 위하여 정책을 강구하여야 한다.

③국가와 지방자치단체는 장애인복지정책을 장애인과 그 보호자에게 적극적으로 홍보하여야 하며, 국민이 장애인을 올바르게 이해하도록 하는 데에 필요한 정책을 강구하여야 한다.

제10조 (국민의 책임) 모든 국민은 장애 발생의 예방과 장애의 조기 발견을 위하여 노력하여야 하며, 장애인의 인격을 존중하고 사회통합의 이념에 기초하여 장애인의 복지향상에 협력하여야 한다.

제11조 (장애인정책조정위원회) ①장애인 종합정책을 수립하고 관계 부처 간의 의견을 조정하며 그 정책의 이행을 감독·평가하기 위하여 국무총리 소속하에 장애인정책조정위원회(이하 "위원회"라 한다)를 둔다.
②위원회는 다음 각 호의 사항을 심의·조정한다.
1. 장애인복지정책의 기본방향에 관한 사항
2. 장애인복지 향상을 위한 제도개선과 예산지원에 관한 사항
3. 중요한 특수교육정책의 조정에 관한 사항
4. 장애인 고용촉진정책의 중요한 조정에 관한 사항
5. 장애인 이동보장 정책조정에 관한 사항
6. 장애인정책 추진과 관련한 재원조달에 관한 사항
7. 장애인복지에 관한 관련 부처의 협조에 관한 사항
8. 그 밖에 장애인복지와 관련하여 대통령령이 정하는 사항
③위원회는 필요하다고 인정되면 관계 행정기관에 그 직원의 출석·설명과 자료 제출을 요구할 수 있다.
④위원회는 제2항의 사항을 미리 검토하고 관계 기관 사이의 협조 사항을 정리하기 위하여 위원회에 장애인정책조정실무위원회(이하 "실무위원회"라 한다)를 둔다.
⑤위원회와 실무위원회의 구성·운영에 관하여 필요한 사항은 대통령령으로 정한다.

제12조 (장애인정책책임관의 지정 등) ①중앙행정기관의 장은 해당 기관의 장애인정책을 효율적으로 수립·시행하기 위하여 소속공무원 중에서 장애인정책책임관을 지정할 수 있다.
②제1항에 따른 장애인정책책임관의 지정 및 임무 등에 관하여 필요한 사항은 대통령령으로 정한다.

제13조 (지방장애인복지위원회) ①장애인복지 관련 사업의 기획·조사·실시 등을 하는 데에 필요한 사항을 심의하기 위하여 지방자치단체에 지방장애인복지위원회를 둔다.
②제1항의 지방장애인복지위원회를 조직·운영하는 데에 필요한 사항은 대통령령으로 정하는 기준에 따라 지방자치단체의 조례로 정한다.

제14조 (장애인의 날) ①장애인에 대한 국민의 이해를 깊게 하고 장애인의 재활의욕을 높이기 위하여 매년 4월 20일을 장애인의 날로 하며, 장애인의 날부터 1주간을 장애인 주간으로 한다.
②국가와 지방자치단체는 장애인의 날의 취지에 맞는 행사 등 사업을 하도록 노력하여야 한다.

제15조 (다른 법률과의 관계) 제2조에 따른 장애인 중 「정신보건법」과 「국가유공자등예우및지원에 관한 법률」 등 대통령령으로 정하는 다른 법률을 적용 받는 장애인에 대하여는 대통령령으로 정하는 바에 따라 이 법의 적용을 제한할 수 있다.

제16조 (법제와 관련된 조치 등) 국가와 지방자치단체는 이 법의 목적을 달성하기 위하여 필요한 법제(법제)·재정과 관련된 조치를 강구하여야 한다.

제2장 기본정책의 강구

제17조 (장애발생 예방) ①국가와 지방자치단체는 장애의 발생 원인과 예방에 관한 조사 연구를 촉진하여야 하며, 모자보건사업의 강화, 장애의 원인이 되는 질병의 조기 발견과 조기 치료, 그 밖에 필요한 정책을 강구하여야 한다.
②국가와 지방자치단체는 교통사고·산업재해·약물중독 및 환경오염 등에 의한 장애발생을 예방하기 위하여 필요한 조치를 강구하여야 한다.

제18조 (의료와 재활치료) 국가와 지방자치단체는 장애인이 생활기능을 익히거나 되찾을 수 있도록 필요한 기능치료와 심리치료 등 재활의료를 제공하고 장애인의 장애를 보완할 수 있는 장애인보조기구를 제공하는 등 필요한 정책을 강구하여야 한다.

제19조 (사회적응 훈련) 국가와 지방자치단체는 장애인이 재활치료를 마치고 일상생활이나 사회생활을 원활히 할 수 있도록 사회적응 훈련을 실시하여야 한다.

제20조 (교육) ①국가와 지방자치단체는 사회통합의 이념에 따라 장애인이 연령·능력·장애의 종류 및 정도에 따라 충분히 교육받을 수 있도록 교육 내용과 방법을 개선하는 등 필요한 정책을 강구하여야 한다.
②국가와 지방자치단체는 장애인의 교육에 관한 조사·연구를 촉진하여야 한다.
③국가와 지방자치단체는 장애인에게 전문 진로교육을 실시하는 제도를 강구하여야 한다.
④각급 학교의 장은 교육을 필요로 하는 장애인이 그 학교

에 입학하려는 경우 장애를 이유로 입학 지원을 거부하거나 입학시험 합격자의 입학을 거부하는 등의 불리한 조치를 하여서는 아니 된다.
⑤모든 교육기관은 교육 대상인 장애인의 입학과 수학(수학) 등에 편리하도록 장애의 종류와 정도에 맞추어 시설을 정비하거나 그 밖에 필요한 조치를 강구하여야 한다.

제21조 (직업) ①국가와 지방자치단체는 장애인이 적성과 능력에 맞는 직업에 종사할 수 있도록 직업 지도, 직업능력 평가, 직업 적응훈련, 직업훈련, 취업 알선, 고용 및 취업 후 지도 등 필요한 정책을 강구하여야 한다.
②국가와 지방자치단체는 장애인 직업재활훈련이 원활히 이루어질 수 있도록 장애인에게 적합한 직종과 재활사업에 관한 조사·연구를 촉진하여야 한다.

제22조 (정보에의 접근) ①국가와 지방자치단체는 장애인이 정보에 원활하게 접근하고 자신의 의사를 표시할 수 있도록 전기통신·방송시설 등을 개선하기 위하여 노력하여야 한다.
②국가와 지방자치단체는 방송국의 장 등 민간 사업자에게 뉴스와 국가적 주요 사항의 중계 등 대통령령으로 정하는 방송 프로그램에 청각장애인을 위한 수화 또는 폐쇄자막과 시각장애인을 위한 화면해설 또는 자막해설 등을 방영하도록 요청하여야 한다.
③국가와 지방자치단체는 국가적인 행사, 그 밖의 교육·집회 등 대통령령으로 정하는 행사를 개최하는 경우에는 청각장애인을 위한 수화통역 및 시각장애인을 위한 점자자료 등을 제공하여야 하며 민간이 주최하는 행사의 경우에는 수화통역 및 점자자료 등을 제공하도록 요청할 수 있다.
④제2항과 제3항의 요청을 받은 방송국의 장 등 민간 사업자와 민간 행사 주최자는 정당한 사유가 없으면 그 요청에 따라야 한다.
⑤국가와 지방자치단체는 시각장애인이 정보에 쉽게 접근할 수 있도록 점자도서와 음성도서 등을 보급하기 위하여 노력하여야 한다.
⑥국가와 지방자치단체는 장애인의 특성을 고려하여 정보통신망 및 정보통신기기의 접근·이용에 필요한 지원 및 도구의 개발·보급 등 필요한 시책을 강구하여야 한다.

제23조 (편의시설) ①국가와 지방자치단체는 장애인이 공공시설과 교통수단 등을 안전하고 편리하게 이용할 수 있도록 편의시설의 설치와 운영에 필요한 정책을 강구하여야 한다.
②국가와 지방자치단체는 공공시설 등 이용편의를 위하여 수화통역·안내보조 등 인적서비스 제공에 관하여 필요한 시책을 강구하여야 한다.

제24조 (안전대책 강구) 국가와 지방자치단체는 추락사고 등 장애로 인하여 일어날 수 있는 안전사고와 비상재해 등에 대비하여 시각·청각 장애인과 이동이 불편한 장애인을 위하여 피난용 통로를 확보하고, 점자·음성·문자 안내판을 설치하며, 긴급 통보체계를 마련하는 등 장애인의 특성을 배려한 안전대책 등 필요한 조치를 강구하여야 한다.

제25조 (사회적 인식개선) ①국가와 지방자치단체는 학생, 공무원, 근로자, 그 밖의 일반국민 등을 대상으로 장애인에 대한 인식개선을 위한 교육 및 공익광고 등 홍보사업을 실시하여야 한다.
②국가는 「초·중등교육법」에 따른 학교에서 사용하는 교과용도서에 장애인에 대한 인식개선을 위한 내용이 포함되도록 하여야 한다.
③제1항 및 제2항의 사업에 관하여 필요한 사항은 대통령령으로 정한다.

제26조 (선거권 행사를 위한 편의 제공) 국가와 지방자치단체는 장애인이 선거권을 행사하는 데에 불편함이 없도록 편의시설·설비를 설치하고, 선거권 행사에 관하여 홍보하며, 선거용 보조기구를 개발·보급하는 등 필요한 조치를 강구하여야 한다.

제27조 (주택 보급) ①국가와 지방자치단체는 공공주택 등 주택을 건설할 경우에는 장애인에게 장애 정도를 고려하여 우선 분양 또는 임대할 수 있도록 노력하여야 한다.
②국가와 지방자치단체는 주택의 구입자금·임차자금 또는 개·보수비용의 지원 등 장애인의 일상생활에 적합한 주택의 보급·개선에 필요한 시책을 강구하여야 한다.

제28조 (문화환경 정비 등) 국가와 지방자치단체는 장애인의 문화생활과 체육활동을 늘리기 위하여 관련 시설 및 설비, 그 밖의 환경을 정비하고 문화생활과 체육활동 등을 지원하도록 노력하여야 한다.

제29조 (복지 연구 등의 진흥) ①국가와 지방자치단체는 장애인복지의 종합적이고 체계적인 조사·연구·평가 및 장애인 체육활동 등 장애인정책개발 등을 위하여 필요한 정책을 강구하여야 한다.
②제1항에 따른 장애인 관련 조사·연구 수행 및 정책개발·복지진흥·재활체육진흥 등을 위하여 재단법인 한국장애인개발원(이하 “개발원”이라 한다)을 설립한다.
③개발원의 사업과 활동은 정관으로 정한다.
④국가와 지방자치단체는 개발원 운영에 필요한 비용을 보조할 수 있으며, 「조세특례제한법」에서 정하는 바에 따라

조세를 감면하고 개발원에 기부된 재산에는 소득계산의 특
례를 적용한다.

제30조 (경제적 부담의 경감) ①국가와 지방자치단체, 「공공
기관의 운영에 관한 법률」 제4조에 따른 공공기관, 「지방공
기업법」에 따른 지방공사 또는 지방공단은 장애인과 장애
인을 부양하는 자의 경제적 부담을 줄이고 장애인의 자립
을 촉진하기 위하여 세제상의 조치, 공공시설 이용료 감면,
그 밖에 필요한 정책을 강구하여야 한다.
②국가와 지방자치단체, 「공공기관의 운영에 관한 법률」
제4조에 따른 공공기관, 「지방공기업법」에 따른 지방공사
또는 지방공단이 운영하는 운송사업자는 장애인과 장애인
을 부양하는 자의 경제적 부담을 줄이고 장애인의 자립을
돕기 위하여 장애인과 장애인을 보호하기 위하여 동행하는
자의 운임 등을 감면하는 정책을 강구하여야 한다.

제3장 복지 조치

제31조 (조사) ①보건복지부장관은 이 법의 적절한 시행을
위하여 3년마다 장애인의 실태조사를 실시하여야 한다.
②제1항에 따른 조사의 방법과 내용 등에 관하여 필요한 사
항은 대통령령으로 정한다.

제32조 (장애인 등록) ①장애인, 그 법정대리인 또는 대통령
령이 정하는 보호자는 장애 상태와 그 밖에 보건복지부령
이 정하는 사항을 시장·군수 또는 구청장(자치구의 구청장
을 말한다. 이하 같다)에게 등록하여야 하며, 시장·군수·구
청장은 등록을 신청한 장애인이 제2조에 따른 기준에 맞으
면 장애인등록증(이하 "등록증"이라 한다)을 내주어야 한
다.
②제1항에 따라 등록증을 받은 자와 그 법정대리인 또는 대
통령령이 정하는 보호자는 해당 장애인이 제2조에 따른 기
준에 맞지 아니하게 되거나 사망하면 그 등록증을 반환하
여야 한다.
③시장·군수·구청장은 장애 상태의 변화에 따른 장애 등급
조정을 위하여 장애 진단을 받게 하는 등 필요한 조치를 할
수 있으며, 장애 진단 명령 등 필요한 조치를 거부하거나
제2항 또는 제5항을 위반한 경우에는 등록증을 반환하게
할 수 있다.
④장애인의 장애 인정과 등급 사정(사정)에 관한 업무를 담
당하게 하기 위하여 보건복지부에 장애판정위원회를 둘 수
있다.
⑤등록증은 양도하거나 대여하지 못하며, 등록증과 비슷한
명칭이나 표시를 사용하여서는 아니 된다.
⑥장애인의 등록, 등록증의 교부와 반환, 장애 진단 및 장애
판정위원회 등에 관하여 필요한 사항은 보건복지부령으로

정한다.

제33조 (장애인복지상담원) ①장애인 복지 향상을 위한 상담
및 지원 업무를 맡기기 위하여 시·군·구(자치구를 말한다.
이하 같다)에 장애인복지상담원을 둔다.
②장애인복지상담원은 그 업무를 할 때 개인의 인격을 존
중하고, 업무상 알게 된 개인의 신상에 관한 비밀을 누설하
여서는 아니 된다.
③장애인복지상담원의 임용·직무·보수와 그 밖에 필요한
사항은 대통령령으로 정한다.

제34조 (재활상담과 입소 등의 조치) ①보건복지부장관, 특별
시장·광역시장·도지사·특별자치도지사 또는 시장·군수·
구청장(이하 "장애인복지실시기관"이라 한다)은 장애인에
대한 검진 및 재활상담을 하고, 필요하다고 인정되면 다음
각 호의 조치를 하여야 한다.
1. 국·공립병원, 보건소, 보건지소, 그 밖의 의료기관(이하
"의료기관"이라 한다)에 의뢰하여 의료와 보건지도를 받게
하는 것
2. 국가 또는 지방자치단체가 설치한 장애인복지시설에서
주거편의·상담·치료·훈련 등의 필요한 서비스를 받도록
하는 것
3. 제59조에 따라 설치된 장애인복지시설에 위탁하여 그 시
설에서 주거편의·상담·치료·훈련 등의 필요한 서비스를
받도록 하는 것
4. 공공직업능력개발훈련시설이나 사업장 내 직업훈련시설
에서 하는 직업훈련 또는 취업알선을 필요로 하는 자를 관
련 시설이나 직업안정업무기관에 소개하는 것
②장애인복지실시기관은 제1항의 재활 상담을 하는 데에
필요하다고 인정되면 제33조에 따른 장애인복지상담원을
해당 장애인의 가정 또는 장애인이 주거편의·상담·치료·
훈련 등의 서비스를 받는 시설이나 의료기관을 방문하여
상담하게 하거나 필요한 지도를 하게 할 수 있다.

제35조 (장애 유형·장애 정도별 재활 및 자립지원 서비스 제공 등)
국가와 지방자치단체는 장애인의 일상생활을 편리하게 하
고 사회활동 참여를 높이기 위하여 장애 유형·장애 정도별
로 재활 및 자립지원 서비스를 제공하는 등 필요한 정책을
강구하여야 하며, 예산의 범위 안에서 지원할 수 있다.

제36조 (의료비 지급) ①장애인복지실시기관은 의료비를 부
담하기 어렵다고 인정되는 장애인에게 장애 정도와 경제적
능력 등을 고려하여 장애 정도에 따라 의료에 소요되는 비
용을 지급할 수 있다.
②제1항에 따른 의료비 지급 대상·기준 및 방법 등에 관하
여 필요한 사항은 보건복지부령으로 정한다.

제37조 (산후조리도우미 지원 등) ①국가 및 지방자치단체는 임산부인 여성장애인과 신생아의 건강관리를 위하여 경제적 부담능력 등을 감안하여 여성장애인의 가정을 방문하여 산전·산후 조리를 돕는 도우미(이하 "산후조리도우미"라 한다)를 지원할 수 있다.
②국가 및 지방자치단체는 제1항의 규정에 따른 산후조리도우미 지원사업에 대하여 보건복지부령이 정하는 바에 따라 정기적으로 모니터링(산후조리도우미 지원사업의 실효성 등을 확보하기 위한 정기적인 점검활동을 말한다)을 실시하여야 한다.
③산후조리도우미 지원의 기준 및 방법 등에 관하여 필요한 사항은 대통령령으로 정한다.

제38조 (자녀교육비 지급) ①장애인복지실시기관은 경제적 부담능력 등을 고려하여 장애인이 부양하는 자녀 또는 장애인인 자녀의 교육비를 지급할 수 있다.
②제1항에 따른 교육비 지급 대상·기준 및 방법 등에 관하여 필요한 사항은 보건복지부령으로 정한다.

제39조 (장애인이 사용하는 자동차 등에 대한 지원 등) ①국가와 지방자치단체, 그 밖의 공공단체는 장애인이 이동수단인 자동차 등을 편리하게 사용할 수 있도록 하고 경제적 부담을 줄여 주기 위하여 조세감면 등 필요한 지원정책을 강구하여야 한다.
②시장·군수·구청장은 장애인이 이용하는 자동차 등을 지원하는 데에 편리하도록 장애인이 사용하는 자동차 등임을 알아 볼 수 있는 표지(이하 "장애인사용자동차등표지"라 한다)를 발급하여야 한다.
③장애인사용자동차등표지를 대여하거나 보건복지부령이 정하는 자 외의 자에게 양도하는 등 부당한 방법으로 사용하여서는 아니 되며, 이와 비슷한 표지·명칭 등을 사용하여서는 아니 된다.
④장애인사용자동차등표지의 발급 대상과 발급 절차 등에 관하여 필요한 사항은 보건복지부령으로 정한다.

제40조 (장애인 보조견의 훈련·보급 지원 등) ①국가와 지방자치단체는 장애인의 복지 향상을 위하여 장애인을 보조할 장애인 보조견(보조견)의 훈련·보급을 지원하는 방안을 강구하여야 한다.
②보건복지부장관은 장애인 보조견에 대하여 장애인 보조견표지(이하 "보조견표지"라 한다)를 발급할 수 있다.
③누구든지 보조견표지를 붙인 장애인 보조견을 동반한 장애인이 대중교통수단을 이용하거나 공공장소, 숙박시설 및 식품접객업소 등 여러 사람이 다니거나 모이는 곳에 출입하려는 때에는 정당한 사유 없이 거부하여서는 아니 된다.

④보건복지부장관은 장애인보조견의 훈련·보급을 위하여 전문훈련기관을 지정할 수 있다.
⑤보조견표지의 발급대상, 발급절차 및 전문훈련기관의 지정에 관하여 필요한 사항은 보건복지부령으로 정한다.

제41조 (자금 대여 등) 국가와 지방자치단체는 장애인이 사업을 시작하거나 필요한 지식과 기능을 익히는 것 등을 지원하기 위하여 대통령령으로 정하는 바에 따라 자금을 대여할 수 있다.

제42조 (생업 지원) ①국가와 지방자치단체, 그 밖의 공공단체는 소관 공공시설 안에 식료품·사무용품·신문 등 일상생활용품을 판매하는 매점이나 자동판매기의 설치를 허가하거나 위탁할 때에는 장애인이 신청하면 우선적으로 반영하도록 노력하여야 한다.
②시장·군수 또는 구청장은 장애인이 「담배사업법」에 따라 담배소매인으로 지정받기 위하여 신청하면 그 장애인을 우선적으로 지정하도록 노력하여야 한다.
③장애인이 우편법령에 따라 국내 우표류 판매업 계약 신청을 하면 우편관서는 그 장애인이 우선적으로 계약할 수 있도록 노력하여야 한다.
④제1항부터 제3항까지의 규정에 따른 허가·위탁 또는 지정 등을 받은 자는 특별한 사유가 없으면 직접 그 사업을 하여야 한다.
⑤제1항에 따른 설치 허가권자는 매점·자동판매기 설치를 허가하기 위하여 설치 장소와 판매할 물건의 종류 등을 조사하고 그 결과를 장애인에게 알리는 조치를 강구하여야 한다.

제43조 (자립훈련비 지급) ①장애인복지실시기관은 제34조제1항제2호 또는 제3호에 따라 장애인복지시설에서 주거편의·상담·치료·훈련 등을 받도록 하거나 위탁한 장애인에 대하여 그 시설에서 훈련을 효과적으로 받는 데 필요하다고 인정되면 자립훈련비를 지급할 수 있으며, 특별한 사정이 있으면 훈련비 지급을 대신하여 물건을 지급할 수 있다.
②제1항에 따른 자립훈련비의 지급과 물건의 지급 등에 관하여 필요한 사항은 보건복지부령으로 정한다.

제44조 (생산품 구매) ①국가와 지방자치단체, 그 밖의 공공단체는 그 소요물품 중 보건복지부장관이 정한 품목과 물량의 범위 안에서 매년 그 품목과 물량을 정하여 장애인복지시설과 장애인복지단체에 생산을 의뢰하여야 하며, 생산한 물품의 구매를 요청받으면 우선적으로 구매하여야 한다.
②국가와 지방자치단체, 그 밖의 공공단체는 장애인복지시설과 장애인복지단체에서 생산한 물품을 수의계약으로 구매할 수 있다.

③제1항과 제2항에 따른 품목과 물량을 지정하는 데에 필요한 사항은 대통령령이 정하며, 수의계약의 절차와 방법 등에 관한 사항은 관계 법령의 규정에 따른다.

제45조 (생산품 인증) ①보건복지부장관은 장애인복지시설, 장애인복지단체에서 생산한 물품의 판매촉진·품질향상 및 소비자와 구매자 보호를 위하여 인증제도를 실시할 수 있다.
②제1항에 따른 인증의 신청·기준·절차·표시방법 및 대상 품목의 선정 등에 관하여 필요한 사항은 보건복지부령으로 정한다.

제46조 (고용 촉진) 국가와 지방자치단체는 직접 경영하는 사업에 능력과 적성이 맞는 장애인을 고용하도록 노력하여야 하며, 장애인에게 적합한 사업을 경영하는 자에게 장애인의 능력과 적성에 따라 장애인을 고용하도록 권유할 수 있다.

제47조 (공공시설의 우선 이용) 국가와 지방자치단체, 그 밖의 공공단체는 장애인의 자립을 지원하는 데에 필요하다고 인정되면 그 공공시설의 일부를 장애인이 우선 이용하게 할 수 있다.

제48조 (국유·공유 재산의 우선매각이나 유상·무상 대여) ①국가와 지방자치단체는 이 법에 따른 장애인복지시설을 설치하거나 장애인복지단체가 장애인복지사업과 관련한 시설을 설치하는 데에 필요할 경우 국유·공유 토지와 시설 등을 우선 매각하거나 임대 또는 무상으로 대부할 수 있다.
②국가와 지방자치단체는 제1항에 따라 국가나 지방자치단체로부터 토지와 시설을 매수·임차하거나 대부받은 자가 그 매수·임차 또는 대부한 날부터 2년 이내에 장애인복지시설을 설치하지 아니하거나 장애인복지단체의 장애인복지사업 관련 시설을 설치하지 아니할 때에는 토지와 시설을 환수하거나 임차계약을 취소할 수 있다.

제49조 (장애수당) ①국가와 지방자치단체는 장애인의 장애 정도와 경제적 수준을 고려하여 장애인의 소득 보전을 위한 장애수당을 지급할 수 있다. 다만, 「국민기초생활 보장법」에 따른 생계급여를 받는 장애인에게는 장애수당을 반드시 지급하여야 한다.
②제1항에 따른 장애수당의 지급 대상·기준 및 방법 등에 관하여 필요한 사항은 대통령령으로 정한다.

제50조 (장애아동수당과 보호수당) ①국가와 지방자치단체는 장애아동에게 보호자의 경제적 생활수준 및 장애아동의 장애 정도를 고려하여 장애로 인한 추가적 비용을 보전(보전)

하게 하기 위하여 장애아동수당을 지급할 수 있다.
②국가와 지방자치단체는 장애인을 보호하는 보호자에게 그의 경제적 수준과 장애인의 장애 정도를 고려하여 장애로 인한 추가적 비용을 보전하게 하기 위하여 보호수당을 지급할 수 있다.
③제1항과 제2항에 따른 장애아동수당과 보호수당의 지급 대상·기준 및 방법 등에 관하여 필요한 사항은 대통령령으로 정한다.

제51조 (비용의 징수) 거짓 그 밖의 부정한 방법으로 장애수당, 장애아동수당 등을 받거나 타인으로 하여금 받게 한 경우에는 수당을 지급한 기관은 그 수당의 전부를 수당을 받은 자 또는 수당을 받게 한 자(이하 "부정수급자"라 한다)로부터 징수하여야 한다.

제52조 (장애인의 재활 및 자립생활의 연구) ①국가와 지방자치단체는 장애인 재활 및 자립생활에 대하여 종합적이고 체계적으로 조사·연구·평가하기 위하여 전문 연구기관에 장애예방·의료·교육·직업재활 및 자립생활 등에 관한 연구과제를 선정하여 의뢰할 수 있다.
②국가와 지방자치단체는 제1항에 따른 연구과제를 수행하는 데에 들어가는 비용을 예산의 범위 안에서 보조할 수 있다.

제4장 자립생활의 지원

제53조 (자립생활지원) 국가와 지방자치단체는 중증장애인의 자기결정에 의한 자립생활을 위하여 활동보조인의 파견 등 활동보조서비스 또는 장애인보조기구의 제공, 그 밖의 각종 편의 및 정보제공 등 필요한 시책을 강구하여야 한다.

제54조 (중증장애인자립생활지원센터) ①국가와 지방자치단체는 중증장애인의 자립생활을 실현하기 위하여 중증장애인자립생활지원센터를 통하여 필요한 각종 지원서비스를 제공한다.
②제1항의 규정에 따른 중증장애인자립생활지원센터에 관하여 필요한 사항은 보건복지부령으로 정한다.

제55조 (활동보조인 등 서비스 지원) ①국가와 지방자치단체는 중증장애인이 일상생활 또는 사회생활을 원활히 할 수 있도록 그 활동에 필요한 활동보조인의 파견 등 활동보조서비스를 지원할 수 있다.
②국가 및 지방자치단체는 임신 등으로 인하여 이동이 불편한 여성장애인에게 임신 및 출산과 관련한 진료 등을 위하여 경제적 부담능력 등을 감안하여 활동보조인의 파견 등 활동보조서비스를 지원할 수 있다.

③제1항 및 제2항의 규정에 따른 활동보조인의 파견 등 서비스 지원의 기준 및 방법 등에 관하여 필요한 사항은 대통령령으로 정한다.

제56조 (장애동료간 상담) ①국가와 지방자치단체는 장애인이 장애를 극복하는 데 도움이 되도록 장애동료 간 상호대화나 상담의 기회를 제공하도록 노력하여야 한다.

②제1항에 따른 장애동료 간의 대화나 상담의 기회를 제공하기 위한 구체적인 사업 등에 관하여 필요한 사항은 보건복지부령으로 정한다.

제5장 복지시설과 단체

제57조 (보호조치 등) 국가와 지방자치단체는 장애인의 성·연령 및 장애의 유형과 정도를 고려하여 제58조에 따른 장애인복지시설에서 보호·의료·생활지도·재활훈련과 자립생활지원 등의 서비스를 제공함으로써 장애인이 기능 회복과 사회성 향상을 도모할 수 있도록 필요한 정책을 강구하여야 한다.

제58조 (장애인복지시설) ①장애인복지시설의 종류는 다음 각 호와 같다.

1. 장애인 생활시설 : 장애인이 필요한 기간 생활하면서 재활에 필요한 상담·치료·훈련 등의 서비스를 받아 사회복귀를 준비하거나 장애로 인하여 장기간 요양하는 시설
2. 장애인 지역사회재활시설 : 장애인을 전문적으로 상담·치료·훈련하거나 장애인의 여가 활동과 사회참여 활동 등에 편의를 제공하는 장애인복지관·의료재활시설·체육시설·수련시설 및 공동생활가정 등의 시설
3. 장애인 직업재활시설 : 일반 작업환경에서는 일하기 어려운 장애인이 특별히 준비된 작업환경에서 직업훈련을 받거나 직업 생활을 할 수 있도록 하는 시설
4. 장애인 유료복지시설 : 장애인이 필요한 치료·상담·훈련 등 편의를 제공받고 그에 소요되는 모든 비용을 시설 운영자에게 납부하여 운영하는 시설
5. 그 밖에 대통령령으로 정하는 시설

②제1항 각 호에 따른 장애인복지시설의 구체적인 종류와 사업 등에 관한 사항은 보건복지부령으로 정한다.

제59조 (장애인복지시설 설치) ①국가와 지방자치단체는 장애인복지시설을 설치할 수 있다.

②제1항에 규정된 자 외의 자가 장애인복지시설을 설치·운영하려면 해당 시설 소재지 관할 시장·군수·구청장에게 신고하여야 하며, 신고한 사항 중 보건복지부령으로 정하는 중요한 사항을 변경할 때에도 신고하여야 한다. 다만, 제62조에 따른 폐쇄 명령을 받고 1년이 지나지 아니한 자는 시설의 설치·운영 신고를 할 수 없다.

③제58조제1항제2호에 따른 의료재활시설의 설치는 「의료법」에 따른다.

④제2항에 따른 장애인복지시설의 시설기준·신고·변경신고 및 입소 등에 관하여 필요한 사항은 보건복지부령으로 정한다.

제60조 (시설 운영의 개시 등) ①제59조제2항에 따라 신고한 자는 지체 없이 시설 운영을 시작하여야 한다.

②시설 운영자는 시설 운영을 중단 또는 재개하거나 시설을 폐지하려는 때에는 보건복지부령이 정하는 바에 따라 미리 시장·군수·구청장에게 신고하여야 한다.

③시설 운영자는 제2항에 따라 시설 운영을 중단 또는 재개하거나 시설을 폐지할 때에는 보건복지부령이 정하는 바에 따라 시설 거주자의 권익을 보호하기 위하여 다음 각 호의 조치를 하여야 한다.

1. 시설의 장에게 시설 거주자를 다른 시설로 보내게 하고 그 이행을 확인하는 조치
2. 시설 거주자가 이용료·사용료 등의 비용을 부담하는 경우 이를 반환하게 하고 그 이행을 확인하는 조치
3. 보조금·후원금 등의 사용 실태 확인과 이를 재원으로 조성한 재산 중 남은 재산의 회수조치
4. 그 밖에 시설 거주자의 권익 보호를 위하여 필요하다고 인정되는 조치

④제1항과 제2항에 따른 시설 운영의 개시·중단·재개 및 시설 폐지의 신고 등에 관하여 필요한 사항은 보건복지부령으로 정한다.

제61조 (감독) ①장애인복지실시기관은 장애인복지시설을 설치·운영하는 자의 소관업무 및 시설이용자의 인권실태 등을 지도·감독하며, 필요한 경우 그 시설에 관한 보고 또는 관련 서류 제출을 명하거나 소속 공무원에게 그 시설의 운영상황·장부, 그 밖의 서류를 조사·검사하거나 질문하게 할 수 있다.

②제1항에 따라 관계 공무원이 그 직무를 할 때에는 권한을 표시하는 증표를 관계인에게 내보여야 한다.

제62조 (시설의 개선, 사업의 정지, 폐쇄 등) 장애인복지실시기관은 장애인복지시설이 다음 각 호의 어느 하나에 해당하는 때에는 그 시설의 개선, 사업의 정지, 시설의 장의 교체를 명하거나 해당 시설의 폐쇄를 명할 수 있다.

1. 제59조제4항에 따른 시설기준에 미치지 못한 때
2. 정당한 사유 없이 제61조에 따른 보고를 하지 아니하거나 거짓으로 보고한 때 또는 조사·검사 및 질문을 거부·방해하거나 기피한 때
3. 사회복지법인이나 비영리법인이 설치·운영하는 시설인

경우 그 사회복지법인이나 비영리법인의 설립 허가가 취소된 때

4. 시설의 회계 부정이나 시설이용자에 대한 인권침해 등 불법행위, 그 밖의 부당행위 등이 발견된 때

5. 설치 목적을 이루었거나 그 밖의 사유로 계속하여 운영할 필요가 없다고 인정되는 때

6. 이 법 또는 이 법에 따른 명령이나 처분을 위반한 경우

제63조 (단체의 보호·육성) ①국가와 지방자치단체는 장애인의 복지를 향상하고 자립을 돕기 위하여 장애인복지단체를 보호·육성하도록 노력하여야 한다.

②국가와 지방자치단체는 예산의 범위 안에서 제1항에 따른 단체의 사업 또는 활동이나 그 시설에 필요한 경비의 전부 또는 일부를 보조할 수 있다.

제64조 (장애인복지단체협의회) ①장애인복지단체의 활동을 지원하고 장애인의 복지를 향상하기 위하여 장애인복지단체협의회(이하 "협의회"라 한다)를 설립할 수 있다.

②협의회는 「사회복지사업법」에 따른 사회복지법인으로 하되, 「사회복지사업법」 제23조제1항은 적용하지 아니한다.

③협의회의 조직과 운영 등에 관하여 필요한 사항은 정관으로 정한다.

제6장 장애인보조기구

제65조 (장애인보조기구) ①"장애인보조기구"란 장애인이 장애의 예방·보완과 기능 향상을 위하여 사용하는 의지(義肢)·보조기 및 그 밖에 보건복지부장관이 정하는 보장구와 일상생활의 편의 증진을 위하여 사용하는 생활용품을 말한다.

②보건복지부장관은 제1항에 따른 장애인보조기구의 품질 향상 등을 위하여 장애인보조기구의 품목·기준 및 규격을 정하여 고시할 수 있다.

제66조 (장애인보조기구의 교부 등) ①국가와 지방자치단체는 장애인의 신청이 있을 때에는 예산의 범위 안에서 장애인보조기구를 교부·대여 또는 수리하거나 장애인보조기구 구입 또는 수리에 필요한 비용을 지급할 수 있다.

②제1항에 따른 비용의 지급은 장애인보조기구의 교부 또는 수리가 곤란하다고 인정되는 경우에만 한다.

③제1항에 따른 신청을 할 수 있는 자의 범위, 장애인보조기구의 교부·대여·수리 및 비용 지급의 기준과 방법 등에 관하여 필요한 사항은 보건복지부령으로 정한다.

제67조 (장애인보조기구업체의 육성·연구지원 등) ①국가와 지방자치단체는 장애인보조기구의 개발·보급을 촉진하기 위하여 장애인보조기구를 생산하는 업체(이하 "장애인보조기구업체"라 한다)에 대한 생산장려금 지급, 기술지원, 연구개발의 장려 등 필요한 조치를 강구하여야 한다.

②국가와 지방자치단체는 장애인보조기구업체의 육성을 위하여 장애인보조기구업체 중 우수업체를 지정하여 자금을 융자하거나 보조할 수 있다.

③국가와 지방자치단체는 제2항에 따라 지정된 우수업체가 지정의 필요성을 상실하였다고 인정될 경우 그 지정을 취소할 수 있다.

④제1항부터 제3항까지의 규정에 따른 생산장려금 지급, 기술지원, 우수업체 지정 및 취소, 자금 융자와 보조 등에 관하여 필요한 사항은 보건복지부령으로 정한다.

제68조 (장애인보조기구 연구개발의 지원 등) ①보건복지부장관은 장애인보조기구의 품질 향상 등을 위하여 장애인보조기구에 관한 연구개발을 장려하고 보호·육성하기 위한 정책을 강구하여야 한다.

②국가와 지방자치단체는 장애인보조기구에 관한 연구개발활동에 대하여 자금의 보조 등 필요한 지원정책을 강구하여야 한다.

제69조 (의지·보조기제조업의 개설사실의 통보 등) ①의지·보조기를 제조·개조·수리하거나 신체에 장착하는 사업(이하 "의지·보조기제조업"이라 한다)을 하는 자는 그 제조업소를 개설한 후 7일 이내에 보건복지부령이 정하는 바에 따라 시장·군수·구청장에게 제조업소의 개설사실을 알려야 한다. 제조업소의 소재지 변경 등 보건복지부령이 정하는 중요 사항을 변경한 때에도 또한 같다.

②의지·보조기 제조업자는 제72조에 따른 의지·보조기 기사(보조기 기사)를 1명 이상 두어야 한다. 다만, 의지·보조기 제조업자 자신이 의지·보조기 기사인 경우에는 따로 기사를 두지 아니하여도 된다.

③의지·보조기 제조업자가 제70조에 따른 폐쇄 명령을 받은 후 6개월이 지나지 아니하면 같은 장소에서 같은 제조업을 하여서는 아니 된다.

④의지·보조기 제조업자는 의사의 처방에 따라 의지·보조기를 제조하거나 개조하여야 한다.

제70조 (의지·보조기 제조업소의 폐쇄 등) ①시장·군수·구청장은 의지·보조기 제조업자가 다음 각 호의 어느 하나에 해당하는 경우에는 그 제조업소의 폐쇄를 명할 수 있다.

1. 제69조제2항을 위반하여 의지·보조기 기사를 두지 아니하고 의지·보조기제조업을 한 경우

2. 영업정지처분 기간에 영업을 하거나 3회 이상 영업정지처분을 받은 경우

②시장·군수·구청장은 의지·보조기제조업자가 의지·보조

기 제조업을 하면서 고의나 중대한 과실로 의지·보조기를 착용하는 사람의 신체에 손상을 입힌 사실이 있는 때에는 6개월의 범위 안에서 보건복지부령으로 정하는 바에 따라 영업정지를 명할 수 있다.

제7장 장애인복지 전문인력

제71조 (장애인복지 전문인력 양성 등) ①국가와 지방자치단체 그 밖의 공공단체는 수화통역사, 점역(점역)·교정사 등 장애인복지 전문인력, 그 밖에 장애인복지에 관한 업무에 종사하는 자를 양성·훈련하는 데에 노력해야 한다.
②제1항에 따른 장애인복지전문인력의 범위 등에 관한 사항은 보건복지부령으로 정한다.
③국가와 지방자치단체는 제1항에 따른 장애인복지전문인력의 양성업무를 관계 전문기관 등에 위탁할 수 있다.
④국가와 지방자치단체는 제1항에 따른 장애인복지전문인력의 양성에 소요되는 비용을 예산의 범위 안에서 보조할 수 있다.

제72조 (의지·보조기 기사자격증 교부 등) ①보건복지부장관은 다음 각 호의 어느 하나에 해당하는 자로서 제73조에 따른 국가시험에 합격한 자(이하 "의지·보조기 기사"라 한다)에게 의지·보조기 기사자격증을 내주어야 한다.
1. 「고등교육법」에 따른 전문대학이나 교육인적자원부장관이 이와 같은 수준 이상의 학력이 있다고 인정하는 학교에서 보건복지부령으로 정하는 의지·보조기 관련 교과목을 이수하고 졸업한 자
2. 보건복지부장관이 인정하는 외국에서 제1호에 해당하는 학교와 같은 수준 이상의 교육과정을 마치고 외국의 해당 의지·보조기 기사자격증을 받은 자
②의지·보조기 기사자격증을 분실하거나 훼손한 자에게는 신청에 따라 자격증을 재교부한다.
③의지·보조기 기사자격증은 다른 자에게 대여하지 못한다.
④제1항과 제2항에 따른 자격증의 교부·재교부 절차와 그 밖에 그 관리에 관하여 필요한 사항은 보건복지부령으로 정한다.

제73조 (의지·보조기 기사 국가시험의 실시 등) ①의지·보조기 기사 국가시험은 보건복지부장관이 실시하되, 실시시기·실시방법·시험과목 그 밖에 시험 실시에 관하여 필요한 사항은 대통령령으로 정한다.
②보건복지부장관은 제1항에 따른 국가시험의 실시에 관한 업무를 대통령령으로 정하는 바에 따라 시험관리 능력이 있다고 인정되는 관계 전문기관에 위탁할 수 있다.

제74조 (응시자격 제한 등) ①다음 각 호의 어느 하나에 해당하는 자는 제73조에 따른 국가시험에 응시할 수 없다.
1. 정신질환자
2. 마약·대마 또는 향정신성의약품 중독자
3. 금치산자·한정치산자
4. 이 법이나 「형법」 제234조·제317조제1항, 「의료법」, 「국민건강보험법」, 종전의 「국민의료보험법」, 「의료보험법」, 「의료보호법」, 「보건범죄단속에 관한 특별조치법」, 「마약법」, 「대마관리법」, 「향정신성의약품 관리법」 또는 「후천성면역결핍증 예방법」을 위반하여 금고 이상의 형을 선고받고 그 형의 집행이 끝나지 아니하였거나 집행을 받지 아니하기로 확정되지 아니한 자
②부정한 방법으로 제73조에 따른 국가시험에 응시한 자나 국가시험에 관하여 부정행위를 한 자는 그 수험을 정지시키거나 합격을 무효로 한다.
③제2항에 따라 수험이 정지되거나 합격이 무효가 된 자는 그 후 2회에 한하여 제73조에 따른 국가시험에 응시할 수 없다.

제75조 (보수교육) ①보건복지부장관은 의지·보조기 기사에 대하여 자질 향상을 위하여 필요한 보수(보수) 교육을 받도록 명할 수 있다.
②제1항에 따른 보수교육의 실시 시기와 방법 등 필요한 사항은 보건복지부령으로 정한다.

제76조 (자격취소) 보건복지부장관은 의지·보조기 기사가 다음 각 호의 어느 하나에 해당한 때에는 그 자격을 취소해야 한다.
1. 제72조제3항을 위반해서 타인에게 의지·보조기 기사자격증을 대여한 때
2. 제74조제1항 각 호의 어느 하나에 해당하게 된 때
3. 제77조에 따른 자격정지처분 기간에 그 업무를 하거나 자격정지 처분을 3회 받은 때

제77조 (자격정지) 보건복지부장관은 의지·보조기 기사가 다음 각 호의 어느 하나에 해당하면 6개월 이내의 범위 안에서 보건복지부령으로 정하는 바에 따라 자격을 정지시킬 수 있다.
1. 의지·보조기 기사의 업무를 하면서 고의 또는 중대한 과실로 의지·보조기 착용자의 신체에 손상을 입힌 사실이 있는 때
2. 제75조에 따른 보수교육을 연속하여 2회 이상 받지 아니한 때

제78조 (수수료) 의지·보조기 기사 국가시험에 응시하려고 하거나 의지·보조기 기사자격증을 교부 또는 재교부받으

려 하는 자는 보건복지부령이 정하는 바에 따라 수수료를
내야 한다.

제8장 보칙

제79조 (비용 부담) 제36조제1항, 제38조제1항, 제43조제1항,
제49조제1항, 제50조제1항·제2항, 제55조제1항, 제66조제1
항 및 제67조제1항·제2항에 따른 조치와 제59조제1항에 따
른 장애인복지시설의 설치·운영에 드는 비용은 예산의 범
위 안에서 대통령령으로 정하는 바에 따라 장애인복지실시
기관이 부담하게 할 수 있다.

제80조 (비용 수납) ①제34조제1항제1호에 따른 조치에 필요
한 비용을 부담한 장애인복지실시기관은 해당 장애인 또는
그 부양의무자로부터 대통령령으로 정하는 바에 따라 장애
인복지실시기관이 부담한 비용의 전부 또는 일부를 받을
수 있다.
②제58조제1항제4호에 따라 장애인 유료복지시설을 설치·
운영하는 자는 그 시설에 입소하는 자로부터 필요한 비용
을 받으려면 미리 시장·군수·구청장에게 신고하여야 한다.

제81조 (비용 보조) 국가와 지방자치단체는 대통령령으로 정
하는 바에 따라 장애인복지시설의 설치·운영에 필요한 비
용의 전부 또는 일부를 보조할 수 있다.

제82조 (압류 금지) 이 법에 따라 장애인에게 지급되는 금품
은 압류하지 못한다.

제83조 (조세감면) ①이 법에 따라 지급되는 금품, 제58조에
따른 장애인복지시설 및 제63조에 따른 장애인복지단체에
서 장애인이 제작한 물품에는 「조세특례제한법」과 「지방
세법」, 그 밖의 조세 관계법령이 정하는 바에 따라 조세를
감면한다.
②국가 및 지방자치단체는 장애인복지시설에 대하여 「기
반시설부담금에 관한 법률」이 정하는 바에 따라 부담금을
부과하지 아니할 수 있다.

제84조 (심사청구) ①장애인, 장애인의 법정대리인 또는 대통
령령으로 정하는 보호자는 이 법에 따른 복지조치에 이의
가 있으면 해당 장애인복지실시기관에 심사를 청구할 수
있다.
②장애인복지실시기관은 제1항에 따른 심사청구를 받은
때에는 1개월 이내에 심사·결정하여 청구인에게 통보하여
야 한다.
③제2항에 따른 심사·결정에 이의가 있는 자는 「행정심판
법」에 따라 행정심판을 제기할 수 있다.

제85조 (권한위임 등) 이 법에 따른 보건복지부장관과 시·도
지사의 권한은 그 일부를 대통령령으로 정하는 바에 따라
국립재활원장, 시·도지사 또는 시장·군수·구청장에게 위임
하거나 관련 단체 또는 법인에 위탁할 수 있다.

제9장 벌칙

제86조 (벌칙) 다음 각 호의 어느 하나에 해당하는 자는 1년
이하의 징역이나 500만원 이하의 벌금에 처한다.
1. 제8조제2항을 위반하여 장애인을 이용하여 부당한 영리
행위를 한 자
2. 제32조제5항을 위반하여 등록증을 양도 또는 대여하거
나 양도 또는 대여를 받은 자 및 유사한 명칭 또는 표시를
사용한 자
3. 제33조제2항을 위반하여 업무상 알게 된 개인의 신상에
관한 비밀을 누설한 자
4. 제59조제2항에 따른 신고 또는 변경신고를 하지 아니하
고 장애인복지시설을 설치·운영한 자
5. 제60조제3항에 따른 시설 거주자의 권익 보호조치를 위
반한 시설 운영자
6. 정당한 사유 없이 제61조제1항에 따른 보고를 하지 아니
하거나 거짓의 보고를 한 자, 자료를 제출하지 아니하거나
거짓 자료를 제출한 자, 조사·검사·질문을 거부·방해 또는
기피한 자
7. 제62조에 따른 명령 등을 받고 이행하지 아니한 자
8. 제69조제2항을 위반하여 의지·보조기 기사를 두지 아니
하고 의지·보조기제조업을 한 자
9. 제69조제3항을 위반하여 폐쇄 명령을 받은 후 6개월이
지나지 아니하였음에도 불구하고 같은 장소에서 같은 제조
업을 한 자
10. 제70조제1항에 따른 제조업소 폐쇄 명령을 받고도 영업
을 한 자

제87조 (벌칙) 다음 각 호의 어느 하나에 해당하는 자는 300
만원 이하의 벌금에 처한다.
1. 제20조제4항을 위반하여 장애인의 입학 지원을 거부하
거나 입학시험 합격자의 입학을 거부하는 등 불리한 조치
를 한 자
2. 제72조제3항을 위반하여 타인에게 의지·보조기 기사자
격증을 대여한 자
3. 제80조제2항을 위반하여 신고를 하지 아니하고 비용을
받은 자

제88조 (양벌규정) ①법인의 대표자, 대리인, 사용인, 그 밖의
종업원이 그 법인의 업무에 관하여 제86조 또는 제87조의
위반행위를 하면 그 행위자를 벌할 뿐만 아니라 그 법인에

도 해당 조문의 벌금형을 과(科)한다.

②개인의 대리인, 사용인, 그 밖의 종업원이 그 개인의 업무에 관하여 제86조 또는 제87조의 위반행위를 하면 그 행위자를 벌할 뿐만 아니라 그 개인에게도 해당 조문의 벌금형을 과한다.

제89조 (과태료) ①다음 각 호의 어느 하나에 해당하는 자에게는 300만원 이하의 과태료를 부과한다.

1. 제32조제3항에 따른 등록증 반환 명령을 거부한 자

2. 제39조제3항을 위반하여 장애인사용자동차등표지를 대여하거나 보건복지부령으로 정하는 자 외의 자에게 양도한 자 또는 부당하게 사용하거나 이와 비슷한 표지·명칭 등을 사용한 자

3. 제40조제3항을 위반하여 보조견표지를 붙인 장애인 보조견 등을 동반한 장애인 등의 출입을 정당한 사유 없이 거부한 자

4. 제60조제1항에 따른 시설 운영 개시 의무를 위반한 자

5. 제60조제2항에 따른 시설의 운영 중단·재운영·시설폐지 등의 신고의무를 위반한 자

6. 제69조제1항을 위반하여 의지·보조기 제조업소의 개설 또는 변경 사실을 통보하지 아니한 자

7. 제69조제4항을 위반하여 의사의 처방에 의하지 아니하고 의지·보조기를 제조하거나 개조한 의지·보조기 제조업자

②제1항에 따른 과태료는 대통령령으로 정하는 바에 따라 시장·군수·구청장(이하 "부과권자"라 한다)이 부과·징수한다.

③제2항에 따른 과태료 처분에 불복하는 자는 그 처분을 고지받은 날부터 30일 이내에 부과권자에게 이의를 제기할 수 있다.

④제2항에 따른 과태료 처분을 받은 자가 제3항에 따라 이의를 제기하면 부과권자는 지체 없이 관할 법원에 그 사실을 통보하여야 하며, 그 통보를 받은 관할 법원은 「비송사건절차법」에 따른 과태료 재판을 한다.

⑤제3항에 따른 기간에 이의를 제기하지 아니하고 과태료를 내지 아니하면 지방세 체납처분의 예에 따라 징수한다.

부칙 <제8367호, 2007.4.11>

제1조 (시행일) 이 법은 공포 후 6개월이 경과한 날부터 시행한다.

제2조 (한국장애인복지진흥회에 관한 경과조치) ①이 법 시행 당시 종전의 규정에 따른 재단법인 한국장애인복지진흥회는 제29조의 개정규정에 따른 재단법인 한국장애인개발원으로 본다.

②재단법인 한국장애인복지진흥회는 이 법 시행 후 6개월

이내에 보건복지부장관의 허가를 받아 정관의 변경 등 필요한 조치를 하여야 한다.

제3조 (처분 등에 관한 일반적 경과조치) 이 법 시행 당시 종전의 규정에 따른 행정기관의 행위나 행정기관에 대한 행위는 그에 해당하는 이 법에 따른 행정기관의 행위나 행정기관에 대한 행위로 본다.

제4조 (벌칙이나 과태료에 관한 경과조치) 이 법 시행 전의 행위에 대해 벌칙이나 과태료 규정을 적용할 때에는 종전의 규정에 따른다.

제5조 (다른 법률의 개정) ①가정폭력방지 및 피해자보호 등에 관한 법률 일부를 다음과 같이 개정한다.

제18조제4항제2호 중 "「장애인복지법」 제29조"를 "「장애인복지법」 제32조"로 한다.

②관세법 일부를 다음과 같이 개정한다.

제91조제5호 중 "장애인복지법 제48조"를 "「장애인복지법」 제58조"로 한다.

③노인복지법 일부를 다음과 같이 개정한다.

제39조의6제1항제3호 중 "장애인복지법 제48조"를 "「장애인복지법」 제58조"로 한다.

④보호시설에있는미성년자의후견직무에관한법률 일부를 다음과 같이 개정한다.

제2조제1호나목 중 "장애인복지법 제48조제1항제1호"를 "「장애인복지법」 제58조제1항제1호"로 한다.

⑤복권 및 복권기금법 일부를 다음과 같이 개정한다.

제30조제1호 중 "「장애인복지법」 제29조"를 "「장애인복지법」 제32조"로 한다.

⑥산업집적활성화 및 공장설립에 관한 법률 일부를 다음과 같이 개정한다.

제16조제6항제14호 중 "제50조제1항"을 "제60조제1항"으로 한다.

⑦위치정보의 보호 및 이용 등에 관한 법률 일부를 다음과 같이 개정한다.

제26조제1항제3호 중 "장애인복지법 제29조"를 "「장애인복지법」 제32조"로 하고, 같은 조 제2항제3호 중 "장애인복지법 제48조제1항제1호"를 "「장애인복지법」 제58조제1항제1호"로 한다.

⑧의료기기법 일부를 다음과 같이 개정한다.

제2조제1항 각 호 외의 부분 단서 중 "장애인복지법 제55조의 규정에 의한 재활보조기구"를 "「장애인복지법」 제65조에 따른 장애인보조기구"로 한다.

⑨장애인 고용촉진 및 직업재활법 일부를 다음과 같이 개정한다.

제2조제8호 중 "「장애인복지법」 제48조제1항제3호"를 "「장애인복지법」 제58조제1항제3호"로 한다.

제8조제2항제2호 중 "「장애인복지법」 제48조제1항제2호"를 "「장애인복지법」 제58조제1항제2호"로 하고, 같은 항 제

3호 중 "「장애인복지법」 제48조제1항제3호"를 "「장애인복지법」 제58조제1항제3호"로 하며, 같은 항 제4호 중 "「장애인복지법」 제53조"를 "「장애인복지법」 제63조"로 한다.

⑩장애인기업활동 촉진법 일부를 다음과 같이 개정한다.

제2조제1호가목 중 "「장애인복지법」 제29조"를 "「장애인복지법」 제32조"로 한다.

⑪제주특별자치도 설치 및 국제자유도시 조성을 위한 특별법 일부를 다음과 같이 개정한다.

제332조를 다음과 같이 한다.

제332조 (장애인복지에 관한 특례)「장애인복지법」 제36조제2항, 제38조제2항, 제43조제2항, 제49조제2항, 제50조제3항, 제58조제2항, 제59조제4항 및 제66조제3항에서 대통령령 또는 보건복지부령으로 정하도록 한 사항은 도조례로 정할 수 있다.

⑫조세특례제한법 일부를 다음과 같이 개정한다.

제88조의2제1항제2호 중 "「장애인복지법」 제29조"를 "「장애인복지법」 제32조"로 한다.

⑬중소기업진흥 및 제품구매촉진에 관한 법률 일부를 다음과 같이 개정한다.

제82조제3호 중 "제53조"를 "제63조"로 한다.

제6조 (다른 법령과의 관계) 이 법 시행 당시 다른 법령에서 종전의 「장애인복지법」 또는 그 규정을 인용한 경우에 이 법 가운데 그에 해당하는 규정이 있으면 종전의 규정을 갈음하여 이 법의 해당 조항을 인용한 것으로 본다.

모·부자복지법

연혁

1989. 4. 1 모자복지법 제정 법률 제4121호
1998. 12. 30 일부개정 법률 제5612호

2002. 12. 18 모·부자복지법으로 개정 법률 제6801호
2006. 12. 28 일부개정 법률 제8119호

제1장 총칙

제1조 (목적) 이 법은 모·부자가정이 건강하고 문화적인 생활을 영위할 수 있게 함으로써 모·부자가정의 생활안정과 복지증진에 기여함을 목적으로 한다. <개정 2002.12.18>

제2조 (국가 등의 책임) ①국가와 지방자치단체는 모·부자가정의 복지를 증진할 책임을 진다. <개정 2002.12.18>
②모든 국민은 모·부자가정의 복지증진에 협력하여야 한다. <개정 2002.12.18>

제3조 (자립에의 노력) 모·부자가정의 모 또는 부와 아동은 그가 가지고 있는 자산과 노동능력 등을 최대한으로 활용하여 자립과 생활향상을 위하여 노력하여야 한다. <개정 2002.12.18>

제4조 (정의) 이 법에서 사용하는 용어의 정의는 다음과 같다. <개정 2005.3.24>
1. "모" 또는 "부"라 함은 다음 각 목의 1에 해당하는 자로서 아동을 양육하는 자를 말한다.
가. 배우자와 사별 또는 이혼하거나 배우자로부터 유기된 자
나. 정신 또는 신체의 장애로 인하여 장기간 노동능력을 상실한 배우자를 가진 자
다. 미혼자(사실혼관계에 있는 자를 제외한다)
라. 가목 내지 다목에 규정된 자에 준하는 자로서 여성가족부령이 정하는 자
2. "모·부자가정"이라 함은 모 또는 부가 세대주(세대주가 아니더라도 세대원을 사실상 부양하는 자를 포함한다)인 가정을 말한다.
3. "아동"이라 함은 모 또는 부에 의하여 양육되는 18세 미만(취학 중인 때에는 20세 미만을 말한다)의 자녀를 말한다.
4. "보호기관"이라 함은 이 법에 의한 보호를 행하는 국가 또는 지방자치단체를 말한다.
5. "모·부자복지단체"라 함은 모·부자가정의 복지증진을 목적으로 설립된 기관 또는 단체를 말한다.
[전문개정 2002.12.18]

제5조 (보호대상자의 범위) 이 법에 의한 보호대상자는 제4조 제1호 내지 제3호에 해당하는 자로서 여성가족부령이 정하는 자로 한다. <개정 1997.12.13, 2002.12.18, 2005.3.24>

제5조의2 (외국인에 대한 특례) 국내에 체류하고 있는 외국인 중 대한민국 국민과 혼인하여 대한민국 국적의 아동을 양육하고 있는 사람으로서 대통령령이 정하는 사람이 제5조에 해당하는 경우에는 이 법에 따른 보호대상자가 된다.
[본조신설 2006.12.28]

제5조의3 (미혼모에 대한 특례) 출산 후 해당아동을 양육하지 아니하는 미혼모는 제5조의 규정에 불구하고 제19조제1항 제8호의 미혼모 공동생활가정을 이용함에 있어서 이 법에 따른 보호대상자가 된다.
[본조신설 2006.12.28]

제6조 삭제 <1998.12.30>

제7조 (모·부자복지상담소<개정 2002.12.18>**)** ①모·부자복지에 관한 사항을 상담하거나 지도하기 위하여 특별시장·광역시장·도지사(이하 "시·도지사"라 한다)와 시장·군수·구청장(자치구의 구청장을 말한다. 이하 같다)은 관할구역 안에 모·부자복지상담소를 설치할 수 있다. 이 경우 시장·군수·구청장은 시·도지사의 승인을 얻어야 한다. <개정 1997.12.13, 2002.12.18>
②모·부자복지상담소의 조직과 운영 등에 관하여 필요한 사항은 대통령령으로 정한다. <개정 2002.12.18>

제8조 (모·부자복지상담원<개정 2002.12.18>) ①특별시·광역시·도와 시·군·구 및 제7조의 규정에 의한 모·부자복지상담소에 모·부자복지상담원을 둔다. <개정 1997.12.13, 2002.12.18>

②모·부자복지상담원의 자격과 직무에 관하여 필요한 사항은 대통령령으로 정한다. <개정 2002.12.18>

제9조 (모·부자복지단체의 육성<개정 2002.12.18>) 국가 또는 지방자치단체는 모·부자복지단체를 지원·육성할 수 있다. <개정 2002.12.18>

제2장 복지의 내용과 실시

제10조 (보호대상자의 조사보고 등) ①시장·군수·구청장은 매년 1회 이상 관할구역안의 보호대상자를 조사하여야 한다.

②시장·군수·구청장은 제1항의 규정에 의하여 보호대상자를 조사한 때에는 그 조사결과를 시·도지사에게 보고하여야 한다.

③시·도지사는 제2항의 규정에 의한 보고를 받은 때에는 이를 여성가족부장관에게 보고하여야 한다. <개정 1997.12.13, 2005.3.24>

④보호기관은 보호대상자와 피보호자의 실태에 관한 대장을 작성·비치하여야 한다.

⑤제1항 내지 제4항의 규정에 의한 조사·보고 및 대장에 관하여 필요한 사항은 여성가족부령으로 정한다. <개정 1997.12.13, 2005.3.24>

제11조 (복지급여의 신청) ①보호대상자 또는 그 친족 그 밖의 이해관계인은 제12조의 규정에 의한 복지급여를 관할시장·군수·구청장에게 신청할 수 있다. <개정 2002.12.18>

②제1항의 규정에 의하여 복지급여를 신청하는 방법·절차 및 이해관계인의 범위 등에 관하여 필요한 사항은 여성가족부령으로 정한다. <개정 1997.12.13, 2005.3.24>

제12조 (복지급여내용) ①국가 또는 지방자치단체는 제11조의 규정에 의한 복지급여의 신청이 있는 경우 다음 각 호의 복지급여를 실시할 수 있다. 다만, 이 법에 의한 보호대상자가 국민기초생활보장법 등 다른 법령에 의하여 보호를 받고 있는 때에는 그 범위안에서 이 법에 의한 급여를 하지 아니한다. <개정 1999.9.7>

1. 생계비
2. 아동교육지원비
3. 직업훈련비 및 훈련기간 중 생계비
4. 아동양육비
5. 기타 대통령령이 정하는 비용

②제1항제4호의 아동양육비를 지급함에 있어서 미혼모 또는 미혼부가 5세 이하의 아동을 양육하는 경우에는 예산의 범위 안에서 추가적인 복지급여를 실시할 수 있다. 이 경우 미혼모 또는 미혼부가 자녀를 양육하지 아니하고 미혼모 또는 미혼부의 직계존속이 양육하는 경우에도 추가적인 복지급여를 실시할 수 있다. <신설 2006.12.28>

③제1항의 규정에 의한 복지급여는 여성가족부령이 정하는 기간을 단위로 하여 이를 실시한다. <신설 1998.12.30, 2005.3.24, 2006.12.28>

제13조 (복지자금 대여) ①국가 또는 지방자치단체는 모·부자가정의 생활안정과 자립을 촉진하기 위하여 다음 각 호의 1의 자금을 대여할 수 있다. <개정 2002.12.18>

1. 사업에 필요한 자금
2. 아동교육비
3. 의료비
4. 주택자금
5. 그 밖에 대통령령이 정하는 모·부자가정의 복지를 위하여 필요한 자금

②제1항의 규정에 의한 대여자금의 한도, 대여방법 및 대여절차 기타 필요한 사항은 대통령령으로 정한다.

제14조 (고용의 촉진) ①국가 또는 지방자치단체는 모·부자가정의 모 또는 부와 아동의 고용을 촉진하기 위하여 적합한 직업훈련의 실시와 취업알선에 노력하여야 한다. <개정 2002.12.18>

②국가 또는 지방자치단체는 각종 사업장에 모·부자가정의 모 또는 부와 아동이 우선 고용되도록 노력하여야 한다. <개정 2002.12.18>

제15조 (공공시설내 매점 및 시설설치) 국가 또는 지방자치단체가 운영하는 공공시설의 장은 그 공공시설안에 각종 매점 및 시설의 설치를 허가하는 경우 이를 모·부자가정 또는 모·부자복지단체에 우선적으로 허가할 수 있다. <개정 2002.12.18>

제16조 (시설우선이용) 국가 또는 지방자치단체는 모·부자가정의 아동이 공공의 아동편의시설과 그 밖의 공공시설을 우선적으로 이용할 수 있도록 노력하여야 한다. <개정 2002.12.18>

제17조 (가족지원서비스) 국가 또는 지방자치단체는 모·부자가정에게 다음 각 호의 가족지원서비스를 제공하도록 노력하여야 한다.

1. 아동의 양육 및 교육 서비스
2. 장애인·노인·만성질환자 등의 부양 서비스
3. 취사·청소·세탁 등 가사 서비스

4. 교육·상담 등 가족관계 증진 서비스
5. 그 밖에 대통령령이 정하는 모·부자가정에 대한 가족지원 서비스
[전문개정 2006.12.28]

제18조 (국민주택의 분양 및 임대) 국가 또는 지방자치단체는 「주택법」이 정하는 바에 의하여 국민주택을 분양하거나 임대하는 경우에는 모·부자가정에 일정비율이 우선 분양될 수 있도록 노력하여야 한다. <개정 2002.12.18, 2006.12.28>

제3장 모·부자복지시설 <개정 2002.12.18>

제19조 (모·부자복지시설 <개정 2002.12.18>) ①모·부자복지시설은 다음 각 호의 시설로 한다. <개정 1998.12.30, 2002. 12.18, 2006.12.28>
1. 모자보호시설 : 생활이 어려운 모자가정을 일시 또는 일정기간 보호하여 생계를 지원하고 퇴소후 자립기반을 조성하도록 지원하는 것을 목적으로 하는 시설
2. 모자자립시설 : 자립이 어려운 모자가정에 대하여 일정기간 주택편의만을 제공함을 목적으로 하는 시설
3. 부자보호시설 : 생활이 어려운 부자가정을 일시 또는 일정기간 보호하여 생계를 지원하고 퇴소후 자립기반을 조성하도록 지원하는 것을 목적으로 하는 시설
4. 부자자립시설 : 자립이 어려운 부자가정에 대하여 일정기간 주택편의만을 제공함을 목적으로 하는 시설
5. 미혼모자시설 : 미혼여성의 임신·출산 시 안전 분만 및 심신건강 회복과 출산 후 아동의 양육지원을 위하여 일정기간 보호함을 목적으로 하는 시설
6. 미혼모자 공동생활가정 : 출산 후의 미혼모와 해당아동으로 구성된 미혼모자가정이 일정 기간 공동으로 가정을 이루어 아동을 양육하고 보호할 수 있도록 지원하는 것을 목적으로 하는 시설
7. 모·부자 공동생활가정 : 독립적인 가정생활이 어려운 모자가정 또는 부자가정이 각각 일정 기간 공동으로 가정을 이루어 생활하면서 자립을 준비할 수 있도록 지원하는 것을 목적으로 하는 시설
8. 미혼모 공동생활가정 : 출산 후 해당아동을 양육하지 아니하는 미혼모들이 일정 기간 공동으로 가정을 이루어 생활하면서 자립을 준비할 수 있도록 지원하는 것을 목적으로 하는 시설
9. 일시보호시설 : 배우자(사실혼관계에 있는 자를 포함한다)가 있으나 배우자의 물리적·정신적 학대로 인하여 아동의 건전양육 또는 모의 건강에 지장을 초래할 우려가 있을 경우 일시적으로 또는 일정기간 그 모와 아동 또는 모를 보호함을 목적으로 하는 시설
10. 여성복지관 : 모자가정 및 미혼여성에 대한 각종 상담을 실시하고 생활지도, 생업지도, 탁아 및 직업보도를 행하는 등 모자가정 및 미혼여성의 복지를 위한 편의를 종합적으로 제공하는 것을 목적으로 하는 시설
11. 모·부자가정상담소 : 모·부자가정에 대한 조사, 지도, 시설입소 등에 관한 상담업무를 수행할 것을 목적으로 하는 시설
②제1항제1호 내지 제6호의 규정에 의한 모·부자복지시설에서의 보호기간 및 보호기간의 연장 등에 관하여 필요한 사항은 여성가족부령으로 정한다. <신설 1998.12.30, 2002. 12.18, 2005.3.24>

제20조 (모·부자복지시설의 설치 <개정 2002.12.18>) ①국가 또는 지방자치단체는 모·부자복지시설을 설치할 수 있다. <개정 2002.12.18>
②국가 또는 지방자치단체외의 자가 모·부자복지시설을 설치·운영하고자 하는 때에는 시장·군수·구청장에게 신고하여야 한다. <개정 1998.12.30, 2002.12.18>
③모·부자복지시설의 시설기준과 설치신고에 관하여 필요한 사항은 여성가족부령으로 정한다. <개정 1997.8.22, 1997.12.13, 2002.12.18, 2005.3.24>

제21조 (폐지 또는 휴지) 제20조제2항의 규정에 의하여 모·부자복지시설의 설치신고를 한 자가 당해 시설을 폐지 또는 휴지하고자 할 때에는 여성가족부령이 정하는 바에 의하여 미리 시장·군수·구청장에게 신고하여야 한다. <개정 1997. 12.13, 1998.12.30, 2002.12.18, 2005.3.24>

제22조 (수탁의무) 모·부자복지시설을 설치·운영하는 자는 시·도지사 또는 시장·군수·구청장으로부터 모·부자복지시설의 이용을 위탁받은 때에는 정당한 사유없이 이를 거부하지 못한다. <개정 2002.12.18>

제23조 (감독) ①여성가족부장관, 시·도지사 또는 시장·군수·구청장은 모·부자복지시설을 설치·운영하는 자로 하여금 당해 시설에 관하여 필요한 보고 및 관계공무원으로 하여금 시설의 운영상황을 조사하게 하거나 장부 등 그 밖의 서류를 검사하게 할 수 있다. <개정 1997.12.13, 1998.12.30, 2002.12.18, 2005.3.24>
②제1항의 규정에 의하여 관계공무원이 그 직무를 행하는 때에는 그 권한을 표시하는 증표를 관계인에게 제시하여야 한다.

제24조 (시설폐쇄 등 <개정 1997.8.22>) 시장·군수·구청장은 모·부자복지시설이 다음 각 호의 1에 해당하는 때에는 그 사업의 정지 또는 폐지를 명하거나 시설을 폐쇄할 수 있다. <개정 1997.8.22, 1998.12.30, 2002.12.18>

1. 제20조제3항의 시설기준에 미달하게 된 때
2. 제22조의 규정에 위반한 때
3. 정당한 이유없이 제23조제1항의 규정에 의한 보고를 하지 아니하거나 허위로 한 때 또는 조사·검사를 거부하거나 기피한 때

제24조의2 (청문) 시장·군수·구청장은 제24조의 규정에 의하여 사업의 폐지를 명하거나 시설을 폐쇄하고자 하는 경우에는 청문을 실시하여야 한다. <개정 1998.12.30>
[본조신설 1997.12.13]

제4장 비용

제25조 (비용의 보조) 국가 또는 지방자치단체는 대통령령이 정하는 바에 의하여 모·부자복지사업에 소요되는 비용을 보조할 수 있다. <개정 2002.12.18>

제26조 (보조금의 반환명령) 국가 또는 지방자치단체는 모·부자복지시설의 장 또는 모·부자복지단체의 장이 다음 각 호의 1에 해당한 때에는 이미 교부한 보조금의 전부 또는 일부의 반환을 명할 수 있다. <개정 2002.12.18>
1. 보조금의 교부조건에 위반한 때
2. 사기 기타 부정한 방법으로 보조금의 교부를 받은 때
3. 모·부자복지시설을 경영함에 있어 개인의 영리를 도모하는 행위를 한 때
4. 이 법 또는 이 법에 의한 명령에 위반한 때

제5장 보칙

제27조 (압류금지) 이 법에 의하여 지급된 금품과 이를 받을 권리는 압류하지 못한다.

제28조 (심사청구) ①보호대상자 또는 그 친족 그 밖의 이해관계인은 이 법에 의한 복지급여 등에 대하여 이의가 있을 때에는 그 결정의 통지를 받은 날부터 90일 이내에 서면으로 당해 복지실시기관에 심사를 청구할 수 있다. <개정 1998.12.30, 2002.12.18>
②복지실시기관이 제1항의 심사청구를 받은 때에는 30일 이내에 이를 심사·결정하여 청구인에게 통보하여야 한다.

제29조 (벌칙) ①다음 각 호의 1에 해당하는 자는 1년 이하의 징역 또는 300만원 이하의 벌금에 처한다. <개정 1997.8.22, 1998.12.30, 2002.12.18>
1. 제20조제2항의 규정에 의한 신고를 하지 아니하고 모·부자복지시설을 설치한 자
2. 제24조의 규정에 의하여 시설의 폐쇄, 사업의 정지 또는

폐지의 명령을 받고 사업을 계속한 자
②제22조의 규정에 위반한 자는 100만원 이하의 벌금에 처한다.

제30조 (양벌규정) 법인의 대표자 또는 법인이나 개인의 대리인·사용인 그 밖의 종사자가 그 법인 또는 개인의 업무에 관하여 제29조의 위반행위를 한 때에는 행위자를 처벌하는 외에 그 법인 또는 개인에 대하여도 각 본조의 벌금형을 과한다. <개정 2002.12.18>

제31조 (권한의 위임) 여성가족부장관 또는 시·도지사는 대통령령이 정하는 바에 의하여 이 법에 의한 권한의 일부를 시장·군수·구청장에게 위임할 수 있다. <개정 1997.12.13, 2005.3.24>

부칙 <제4121호, 1989.4.1>
①(시행일) 이 법은 1989년 7월 1일부터 시행한다.
②(모자보호시설 등에 관한 경과조치) 이 법 시행당시 아동복지법에 의하여 설치된 모자보호시설은 이 법에 의하여 허가를 받아 설치된 모자복지시설로 본다.

부칙 (사회복지사업법) <제5358호, 1997.8.22>
제1조 (시행일) 이 법은 1998년 7월 1일부터 시행한다. <단서 생략>
제2조 내지 제8조 생략
제9조 (다른 법률의 개정 등) ①및 ②생략
③모자복지법 중 다음과 같이 개정한다.
제20조제2항 중 "시·도지사의 허가를 받아"를 "시·도지사에게 신고하고"로 하고, 동조제3항 중 "설치허가에"를 "설치신고에"로 한다.
제24조의 제목 "(허가의 취소 등)"을 "(시설폐쇄 등)"으로 하고, 동조 본문 중 "제20조제2항의 규정에 의한 허가를 취소할 수 있다"를 "시설을 폐쇄할 수 있다."로 한다.
제29조제1항제1호 중 "허가를 받지"를 "신고를 하지"로 한다.
④내지 ⑧생략

부칙 (행정절차법의시행에따른공인회계사법등의정비에관한법률) <제5453호, 1997.12.13>
제1조 (시행일) 이 법은 1998년 1월 1일부터 시행한다 .<단서 생략>
제2조 (초지법 등의 개정에 따른 경과조치) ①및 ②생략
③이 법 시행일부터 1998년 6월 30일까지는 모자복지법 제24조의2의 개정규정 중 "시설을 폐쇄"를 "허가를 취소"로 본다.

④내지 ⑧생략

부칙 (정부부처명칭등의변경에따른건축법등의정비에관한
법률) <제5454호, 1997.12.13>
이 법은 1998년 1월 1일부터 시행한다. <단서 생략>

부칙 <제5612호, 1998.12.30>
제1조 (시행일) 이 법은 공포 후 3월이 경과한 날부터 시행
한다.
제2조 (여성복지관 등의 명칭변경에 따른 경과조치) 이 법
시행당시 종전의 규정에 의하여 설치된 부녀복지관 및 부
녀상담소는 제19조의 개정규정에 의한 여성복지관 및 모자
가정상담소로 본다.
제3조 (벌칙에 관한 경과조치) 이 법 시행전의 행위에 대한
벌칙의 적용에 있어서는 종전의 규정에 의한다.

부칙 (국민기초생활보장법) <제6024호, 1999.9.7>
제1조 (시행일) 이 법은 2000년 10월 1일부터 시행한다.
<단서 생략>
제2조 생략
제3조 (다른 법률의 개정) ①내지 ③생략
④모자복지법 중 다음과 같이 개정한다.
제12조 중 "생활보호법 등"을 "국민기초생활보장법 등"으
로 한다.
⑤내지 ⑩생략
제4조 내지 제13조 생략

부칙 <제6801호, 2002.12.18>
제1조 (시행일) 이 법은 공포 후 6월이 경과한 날부터 시행
한다.
제2조 (보호대상자의 범위 등에 대한 경과조치) 이 법 시행
당시 종전의 규정에 의한 보호대상인 모자가정 및 사회보
장기본법에 의한 지원대상인 부자가정은 이 법에 의한 보
호대상인 모·부자가정으로 본다.
제3조 (모자복지상담소에 대한 경과조치) 이 법 시행 당시
종전의 규정에 의하여 설치된 모자복지상담소는 제7조의
개정규정에 의하여 설치된 모·부자복지상담소로 본다.
제4조 (모자복지상담원에 대한 경과조치) 이 법 시행 당시
종전의 규정에 의한 모자복지상담원은 제8조의 개정규정
에 의한 모·부자복지상담원으로 본다.
제5조 (모자복지시설에 대한 경과조치) 이 법 시행 당시 종
전의 규정에 의한 모자복지시설은 제20조의 개정규정에 의
하여 설치된 모·부자복지시설로 본다.
제6조 (행정처분 등에 관한 경과조치) 이 법 시행전에 종전
의 규정에 의한 보호기관의 처분 그 밖의 행위 또는 보호기
관에 대하여 행한 신청 등의 행위는 이 법에 의한 보호기관

의 처분 그 밖의 행위 또는 보호기관에 대한 신청 등의 행
위로 본다.
제7조 (다른 법률의 개정) ①보호시설에있는미성년자의후
견직무에관한법률 중 다음과 같이 개정한다.
제2조제1호 라목을 다음과 같이 한다.
라. 모·부자복지법 제19조제1항제5호의 규정에 의한 미혼
모 시설
②윤락행위등방지법 중 다음과 같이 개정한다.
제14조제3항을 다음과 같이 한다.
③모·부자복지법 제7조의 규정에 의하여 설치된 모·부자
복지상담소는 상담소의 업무를 수행할 수 있다.
제15조제2항제7호를 다음과 같이 한다.
7. 모·부자복지법 제8조의 규정에 의한 모·부자복지상담원
의 업무
③사회복지사업법 중 다음과 같이 개정한다.
제2조제1항제5호를 다음과 같이 한다.
5. 모·부자복지법
④아동복지법 중 다음과 같이 개정한다.
제26조제2항제7호를 다음과 같이 한다.
7. 모·부자복지법 제8조 및 제19조의 규정에 의한 모·부자
복지상담소의 상담원 및 모·부자복지시설의 종사자
⑤청소년의성보호에관한법률 중 다음과 같이 개정한다.
제17조제1항 중 "모자복지법 제7조의 규정에 의한 모자복
지상담소"를 "모·부자복지법 제7조의 규정에 의한 모·부자
복지상담소"로 한다.
⑥여성농어업인육성법 중 다음과 같이 개정한다.
제11조제1호를 다음과 같이 한다.
1. 모·부자복지법 제4조제2호의 규정에 의한 모·부자가정
중 농어업을 경영하는 모자가정에 대한 지원

부칙 (정부조직법) <제7413호, 2005.3.24>
제1조 (시행일) 이 법은 공포한 날부터 시행한다. 다만, 다음
각 호의 사항은 각 호의 구분에 의한 날부터 시행한다.
1. 제26조…부칙 제2조 내지 제4조의 규정은 이 법 공포 후
3월 이내에 제42조의 개정규정에 의한 여성가족부의 조직
에 관한 대통령령이 시행되는 날
2. 생략
제2조 생략
제3조 (다른 법률의 개정) ①내지 ④생략
⑤모·부자복지법 일부를 다음과 같이 개정한다.
제4조제1호 라목 중 "보건복지부령"을 "여성가족부령"으로
한다.
제5조, 제10조제5항, 제11조제2항, 제12조제2항, 제19조제2
항, 제20조제3항 및 제21조 중 "보건복지부령"을 각각 "여
성가족부령"으로 한다.
제10조제3항, 제23조제1항 및 제31조 중 "보건복지부장관"

을 각각 "여성가족부장관"으로 한다.
⑥내지 ⑭생략
제4조 생략

부칙 <제8119호, 2006.12.28>
①(시행일) 이 법은 공포 후 3개월이 경과한 날부터 시행한
다. 다만, 제5조의2의 개정규정은 2007년 1월 1일부터 시행
한다.
②(미혼모시설에 관한 경과조치) 이 법 시행당시 종전의 규
정에 따라 설치·운영 중인 미혼모시설은 제19조제1항제5
호의 개정규정에 따른 미혼모자시설로 본다. 다만, 이 법 시
행일부터 1년 이내에 제20조제3항의 규정에 따른 시설기준
을 갖추어야 한다.
③(미혼모자 공동생활가정의 신고에 관한 경과조치) 이 법
시행당시 미혼모자 공동생활가정을 설치·운영하고 있는
자는 이 법 시행일부터 3개월 이내에 제20조제3항의 규정
에 따른 시설기준을 갖추어 시장·군수·구청장에게 신고하
여야 한다.
④(다른 법률의 개정) 보호시설에있는미성년자의후견직무
에관한법률 일부를 다음과 같이 개정한다.
제2조제1호 라목 중 "19조제1항제5호의 규정에 의한 미혼
모 시설"을 "제19조제1항제5호·제6호 및 제8호의 규정에
따른 미혼모자시설·미혼모자 공동생활가정 및 미혼모 공
동생활가정"으로 한다.

영유아보육법

연혁

1991. 1. 14 제정 법률 제4328호
1997. 12. 24 일부개정 법률 제5472호
1999. 2. 8 일부개정 법률 제5845호

2004. 1. 29 전문개정 법률 제7153호
2004. 12. 31 일부개정 법률 제7302호
2005. 12. 29 일부개정 법률 제7785호

제1장 총칙

제1조 (목적) 이 법은 영유아를 심신의 보호와 건전한 교육을 통하여 건강한 사회성원으로 육성함과 아울러 보호자의 경제적·사회적 활동을 원활하게 함으로써 가정복지 증진에 기여함을 목적으로 한다.

제2조 (정의) 이 법에서 사용하는 용어의 정의는 다음과 같다.
1. "영유아"라 함은 6세 미만의 취학전 아동을 말한다.
2. "보육"이라 함은 영유아를 건강하고 안전하게 보호·양육하고 영유아의 발달특성에 적합한 교육을 제공하는 사회복지서비스를 말한다.
3. "보육시설"이라 함은 보호자의 위탁을 받아 영유아를 보육하는 시설을 말한다.
4. "보호자"라 함은 친권자·후견인 그 밖의 자로서 영유아를 사실상 보호하고 있는 자를 말한다.
5. "보육시설종사자"라 함은 보육시설에서 영유아의 보육, 건강관리 및 보호자와의 상담 그 밖에 보육시설의 관리·운영 등의 업무를 담당하는 자로서 보육시설의 장 및 보육교사와 그 밖의 종사자를 말한다.

제3조 (보육이념) ①보육은 영유아의 이익을 최우선적으로 고려하여 제공되어야 한다.
②보육은 영유아가 안전하고 쾌적한 환경에서 건강하게 성장할 수 있도록 하여야 한다.
③영유아는 자신 또는 보호자의 성·연령·종교·사회적 신분·재산·장애 및 출생지역 등에 따른 어떠한 종류의 차별도 받지 아니하고 보육되어야 한다.

제4조 (책임) ①모든 국민은 영유아를 건전하게 보육할 책임을 진다.
②국가 및 지방자치단체는 보호자와 더불어 영유아를 건전하게 보육할 책임을 진다.
③시장·군수·구청장(자치구의 구청장에 한한다. 이하 같다)은 영유아의 보육을 위한 적정한 보육시설을 확보하여야 한다.

제5조 (보육정책조정위원회) ①보육정책에 관한 관계부처간의 의견을 조정하기 위하여 국무총리소속하에 보육정책조정위원회(이하 "보육정책조정위원회"라 한다)를 둔다.
②보육정책조정위원회는 다음 각 호의 사항을 심의·조정한다.
1. 보육정책의 기본방향에 관한 사항
2. 보육관련 제도개선과 예산지원에 관한 사항
3. 보육에 관한 관계부처간 협조사항
4. 그 밖에 위원장이 부의하는 사항
③보육정책조정위원회는 위원장을 포함한 12인 이내의 위원으로 구성하되, 위원장은 국무조정실장이 되고 위원은 다음 각 호의 자가 된다. <개정 2005.3.24>
1. 교육인적자원부차관·보건복지부차관·노동부차관·여성가족부차관 및 기획예산처차관
2. 제1호의 위원이 추천하여 위원장이 위촉하는 보육계·유아교육계·여성계·사회복지계·시민단체 및 보호자를 대표하는 자 각 1인
④보육정책조정위원회의 구성 및 운영 등에 관하여 필요한 사항은 대통령령으로 정한다.

제6조 (보육정책위원회) ①보육에 관한 각종 정책·사업·보육지도 및 시설평가사항 등을 심의하기 위하여 여성가족부에 중앙보육정책위원회를, 특별시·광역시·도(이하 "시·도"라 한다) 및 시·군·구(자치구에 한한다. 이하 같다)에 지방보육정책위원회를 둔다. 다만, 지방보육정책위원회는 그 기능을 담당하기에 적합한 다른 위원회가 있고 그 위원회의 위

원이 제2항의 규정에 의한 자격을 갖춘 경우에는 시·도 또는 시·군·구의 조례가 정하는 바에 따라 그 위원회가 지방보육정책위원회의 기능을 대신할 수 있다. <개정 2004.12. 31, 2005.3.24>

②제1항의 규정에 의한 중앙보육정책위원회 및 지방보육정책위원회(이하 "보육정책위원회"라 한다)의 위원은 보육전문가, 보육시설의 장 및 보육교사 대표, 보호자 대표 또는 공익을 대표하는 자, 관계공무원 등으로 구성한다.

③보육정책위원회의 구성·기능 및 운영 등에 관하여 필요한 사항은 대통령령으로 정한다.

제7조 (보육정보센터) ①보육에 관한 정보의 수집·제공 및 상담을 위하여 여성가족부장관은 중앙보육정보센터를, 특별시장·광역시장·도지사(이하 "시·도지사"라 한다) 및 시장·군수·구청장은 지방보육정보센터를 설치·운영하여야 한다. 이 경우 필요하다고 인정하는 경우에는 영아·장애아 보육 등에 관한 보육정보센터를 별도로 설치·운영할 수 있다. <개정 2004.12.31, 2005.3.24>

②제1항의 규정에 의한 중앙보육정보센터 및 지방보육정보센터(이하 "보육정보센터"라 한다)에는 보육정보센터의 장과 보육에 관한 정보제공 및 상담업무 등을 담당하는 보육전문요원 등을 둔다.

③여성가족부장관, 시·도지사 및 시장·군수·구청장은 보육정보센터를 보육관련법인·단체 등에 위탁하여 운영할 수 있다. <개정 2004.12.31, 2005.3.24>

④보육정보센터의 설치·운영 및 기능, 보육정보센터의 장과 보육전문요원의 자격 및 직무, 보육정보센터의 위탁 및 위탁의 취소 등에 관하여 필요한 사항은 대통령령으로 정한다.

제8조 (보육개발원) ①여성가족부장관은 보육에 관한 연구와 정보제공, 프로그램 및 교재개발, 평가척도 개발 및 종사자 연수 등의 업무를 위하여 보육개발원을 설치하거나 당해 업무를 관련 연구기관 등에 위탁할 수 있다. <개정 2004. 12.31, 2005.3.24>

②제1항의 규정에 의한 보육개발원의 설치·운영 및 위탁 등에 관하여 필요한 사항은 대통령령으로 정한다.

제9조 (보육실태조사) ①여성가족부장관은 이 법의 적절한 시행을 위하여 보육실태조사를 5년마다 실시하여야 한다. <개정 2004.12.31, 2005.3.24>

②제1항의 규정에 의한 보육실태조사의 방법·내용 등에 관하여 필요한 사항은 여성가족부령으로 정한다. <개정 2004.12.31, 2005.3.24>

제2장 보육시설의 설치

제10조 (보육시설의 종류) 보육시설의 종류는 다음 각 호와 같다.

1. 국·공립보육시설 : 국가 또는 지방자치단체가 설치·운영하는 보육시설
2. 법인보육시설 : 사회복지사업법에 의한 사회복지법인(이하 "법인"이라 한다)이 설치·운영하는 보육시설
3. 직장보육시설 : 사업주가 사업장의 근로자를 위하여 설치·운영하는 보육시설(국가 또는 지방자치단체의 장이 소속공무원을 위하여 설치·운영하는 시설을 포함한다)
4. 가정보육시설 : 개인이 가정 또는 그에 준하는 곳에 설치·운영하는 보육시설
5. 부모협동보육시설 : 보호자들이 조합을 결성하여 설치·운영하는 보육시설
6. 민간보육시설 : 제1호 내지 제5호에 해당하지 아니하는 보육시설

제11조 (보육계획의 수립 및 시행) ①여성가족부장관, 시·도지사 및 시장·군수·구청장은 보육사업의 원활한 추진을 위하여 여성가족부장관의 경우에는 중앙보육정책위원회, 그 밖의 경우에는 각 지방보육정책위원회의 심의를 거쳐 보육시설 수급계획 등을 포함한 보육계획을 수립·시행하여야 한다. <개정 2004.12.31, 2005.3.24>

②여성가족부장관, 시·도지사 및 시장·군수·구청장은 제1항의 규정에 의한 보육계획의 수립·시행을 위하여 필요한 경우에는 보육시설, 보육관련 법인 또는 단체 등에 대하여 자료제공 등의 협조를 요청할 수 있으며, 그 요청을 받은 보육시설·보육관련 법인 또는 단체 등은 정당한 사유가 없는 한 이에 응하여야 한다. <개정 2004.12.31, 2005.3.24>

③제1항의 규정에 의한 보육계획의 내용·수립시기 및 절차 등에 관하여 필요한 사항은 대통령령으로 정한다.

제12조 (국공립보육시설의 설치 등) 국가 또는 지방자치단체는 국·공립보육시설을 설치·운영하여야 한다. 이 경우 국·공립보육시설은 제11조의 규정에 의한 보육계획에 따라 도시저소득주민밀집주거지역 및 농어촌지역 등 취약지역에 우선적으로 설치하여야 한다.

제13조 (국공립보육시설 외의 보육시설의 설치) ①국·공립보육시설외의 보육시설을 설치·운영하고자 하는 자는 시장·군수·구청장의 인가를 받아야 한다. 인가받은 사항 중 중요사항을 변경하고자 하는 경우에도 또한 같다.

②제1항의 규정에 의한 인가에 관하여 필요한 사항은 여성가족부령으로 정한다. <개정 2004.12.31, 2005.3.24>

제14조 (직장보육시설의 설치 등) ①대통령령이 정하는 일정 규모 이상의 사업장의 사업주는 직장보육시설을 설치하여야 한다. 다만, 사업장의 사업주가 직장보육시설을 단독으로 설치할 수 없을 때에는 사업주 공동으로 직장보육시설을 설치·운영하거나, 지역의 보육시설과 위탁계약을 체결하여 근로자 자녀의 보육을 지원하거나 또는 근로자에게 보육수당을 지급하여야 한다.
②제1항의 규정에 의한 보육시설의 설치·위탁계약 및 보육수당의 지급에 관하여 필요한 사항은 여성가족부령으로 정한다. <개정 2004.12.31, 2005.3.24>

제15조 (보육시설 설치기준) 보육시설을 설치·운영하고자 하는 자는 여성가족부령이 정하는 설치기준을 갖추어야 한다. <개정 2004.12.31, 2005.3.24>

제16조 (결격사유) 다음 각 호의 1에 해당하는 자는 보육시설을 설치·운영할 수 없다.
1. 미성년자·금치산자 또는 한정치산자
2. 정신질환자
3. 마약·대마 또는 향정신성의약품중독자
4. 파산자로서 복권되지 아니한 자
5. 금고 이상의 실형을 선고받고 그 집행이 종료(집행이 종료된 것으로 보는 경우를 포함한다)되거나 집행이 면제된 날부터 3년이 경과되지 아니한 자
6. 금고 이상의 형의 집행유예 선고를 받고 그 유예기간 중에 있는 자
7. 제45조의 규정에 의하여 보육시설의 폐쇄명령을 받고 1년이 경과되지 아니한 자

제3장 보육시설종사자

제17조 (보육시설종사자의 배치) ①보육시설에는 보육시설종사자를 두어야 한다.
②제1항의 규정에 의한 보육시설종사자의 배치기준 등에 관하여 필요한 사항은 여성가족부령으로 정한다. <개정 2004.12.31, 2005.3.24>

제18조 (보육시설종사자의 직무) ①보육시설의 장은 보육시설을 통할하고 보육교사 그 밖의 종사자를 지도·감독하며 영유아를 보육한다.
②보육교사는 영유아를 보육하고 보육시설의 장이 불가피한 사유로 직무를 수행할 수 없을 때에는 그 직무를 대행한다.

제19조 (보육시설종사자의 임면 등) ①시장·군수 또는 구청장은 보육시설종사자의 권익보장과 근로여건 개선을 위하여 보육시설종사자의 임면 및 경력 등에 관한 사항을 관리하여야 한다.
②보육시설의 장은 여성가족부령이 정하는 바에 의하여 보육시설종사자의 임면에 관한 사항을 시장·군수·구청장에게 보고하여야 한다. <개정 2004.12.31, 2005.3.24>

제20조 (결격사유) 다음 각 호의 1에 해당하는 자는 보육시설에 근무할 수 없다.
1. 제16조 각 호의 1에 해당하는 자
2. 제46조 또는 제47조의 규정에 의하여 업무가 정지되거나 자격이 정지 중인 자
3. 제48조의 규정에 의하여 자격이 취소된 후 1년이 경과되지 아니한 자

제21조 (보육시설의 장 및 보육교사의 자격) ①보육시설의 장의 자격은 대통령령으로 정한다.
②보육교사는 다음 각 호의 1에 해당하는 자로서 여성가족부장관이 검정·수여하는 자격증을 받은 자이어야 한다. <개정 2004.12.31, 2005.3.24>
1. 대학(전문대학을 포함한다) 또는 이와 동등 이상의 학교에서 여성가족부령이 정하는 보육관련 교과목 및 학점을 이수하고 졸업한 자
2. 고등학교 또는 이와 동등 이상의 학교를 졸업한 자로서 여성가족부령이 정하는 교육훈련시설에서 소정의 교육과정을 이수한 자
③제2항의 규정에 의한 보육교사의 등급은 1·2·3급으로 하고, 등급별 자격기준은 대통령령으로 정한다.

제21조 (보육시설의 장 또는 보육교사의 자격 <개정 2005.12.29>)
①보육시설의 장은 대통령령이 정하는 자격을 가진 자로서 여성가족부장관이 검정·수여하는 자격증을 받은 자이어야 한다. <개정 2005.12.29>
②보육교사는 다음 각 호의 1에 해당하는 자로서 여성가족부장관이 검정·수여하는 자격증을 받은 자이어야 한다. <개정 2004.12.31, 2005.3.24>
1. 대학(전문대학을 포함한다) 또는 이와 동등 이상의 학교에서 여성가족부령이 정하는 보육관련 교과목 및 학점을 이수하고 졸업한 자
2. 고등학교 또는 이와 동등 이상의 학교를 졸업한 자로서 여성가족부령이 정하는 교육훈련시설에서 소정의 교육과정을 이수한 자
③제2항의 규정에 의한 보육교사의 등급은 1·2·3급으로 하고, 등급별 자격기준은 대통령령으로 정한다.

제22조 (보육교사자격증의 교부 등) ①여성가족부장관은 제21조제2항의 규정에 의하여 보육교사의 자격을 검정하고 자

격증을 교부하여야 한다. <개정 2004.12.31, 2005.3.24>
②여성가족부장관은 제1항의 규정에 의한 보육교사의 자격증을 교부 또는 재교부받고자 하는 자에게 여성가족부령이 정하는 바에 의하여 수수료를 납부하게 할 수 있다. <개정 2004.12.31, 2005.3.24>
③제1항의 규정에 의한 자격의 검정 및 자격증의 교부 등에 관하여 필요한 사항은 여성가족부령으로 정한다. <개정 2004.12.31, 2005.3.24>

제22조 (보육시설의 장 또는 보육교사 자격증의 교부 등 <개정 2005.12.29>) ①여성가족부장관은 제21조제1항 및 제2항의 규정에 따라 보육시설의 장 또는 보육교사의 자격을 검정하고 자격증을 교부하여야 한다. <개정 2005.12.29>
②여성가족부장관은 제1항의 규정에 의한 보육시설의 장 또는 보육교사의 자격증을 교부 또는 재교부받고자 하는 자에게 여성가족부령이 정하는 바에 의하여 수수료를 납부하게 할 수 있다. <개정 2004.12.31, 2005.3.24, 2005.12.29>
③제1항의 규정에 의한 자격의 검정 및 자격증의 교부 등에 관하여 필요한 사항은 여성가족부령으로 정한다. <개정 2004.12.31, 2005.3.24>

제22조의2 (명의대여 등의 금지) 보육시설의 장 또는 보육교사는 다른 사람에게 자기의 성명이나 보육시설의 명칭을 사용하여 보육시설의 장 또는 보육교사의 업무를 수행하게 하거나 자격증을 대여하여서는 아니된다.
[본조신설 2005.12.29]

제23조 (보수교육) ①여성가족부장관은 보육시설종사자의 자질향상을 위한 보수교육을 실시하여야 한다. <개정 2004.12.31, 2005.3.24>
②보수교육은 직무교육과 승급교육으로 구분한다.
③여성가족부장관은 제1항의 규정에 의한 보수교육을 대학(전문대학을 포함한다) 또는 여성가족부령이 정하는 전문기관에 위탁하여 실시할 수 있다. <개정 2004.12.31, 2005.3.24>
④제1항의 규정에 의한 보수교육의 기간·방법·내용, 보수교육 실시기관의 위탁 및 위탁의 취소 등에 관하여 필요한 사항은 여성가족부령으로 정한다. <개정 2004.12.31, 2005.3.24>

제4장 보육시설의 운영

제24조 (보육시설의 운영기준 등) ①보육시설을 설치·운영하는 자는 여성가족부령이 정하는 운영기준에 따라 보육시설을 운영하여야 한다. <개정 2004.12.31, 2005.3.24>
②국가 또는 지방자치단체는 제12조의 규정에 의하여 설치된 국·공립보육시설을 법인·단체 또는 개인에게 위탁하여 운영할 수 있다. 이 경우 최초 위탁은 공개경쟁의 방법에 의한다.
③제14조의 규정에 의하여 직장보육시설을 설치한 사업주는 이를 법인·단체 또는 개인에게 위탁하여 운영할 수 있다.
④제2항 및 제3항의 규정에 의한 보육시설 위탁 등에 관하여 필요한 사항은 여성가족부령으로 정한다. <개정 2004.12.31, 2005.3.24>

제25조 (보육시설운영위원회) ①보육시설의 장은 보육시설운영의 자율성과 투명성을 높이고 지역사회와의 연계를 강화하여 지역실정과 특성에 맞는 보육을 실시할 수 있도록 하기 위하여 보육시설에 보육시설운영위원회를 설치·운영할 수 있다. 다만, 제26조의 규정에 따른 취약 보육을 우선적으로 실시하여야 하는 보육시설과 대통령령이 정하는 보육시설은 보육시설운영위원회를 설치·운영하여야 한다. <개정 2005.12.29>
②보육시설운영위원회는 당해 보육시설의 장, 보육교사 대표, 학부모 대표 및 지역사회인사(직장보육시설의 경우에는 당해 직장의 보육시설 업무 담당자로 한다)로 구성한다. <개정 2005.12.29>
③보육시설의 장은 보육시설운영위원회의 위원정수를 5인 이상 10인 이내의 범위에서 보육시설의 규모 등을 고려하여 정할 수 있다. <개정 2005.12.29>
④보육시설운영위원회는 다음 각 호의 사항을 심의한다. <신설 2005.12.29>
1. 보육시설 운영규정의 제정 또는 개정에 관한 사항
2. 보육시설 예산 및 결산의 보고에 관한 사항
3. 영유아의 건강·영양 및 안전에 관한 사항
4. 보육시간·보육과정의 운영방법 등 보육시설의 운영에 관한 사항
5. 그 밖에 보육시설 운영에 대한 제안 및 건의사항
⑤그 밖에 보육시설운영위원회의 설치·운영에 관하여 필요한 사항은 여성가족부령으로 정한다. <신설 2005.12.29>

제26조 (취약보육의 우선 실시 등) ①국가 또는 지방자치단체와 사회복지법인 그 밖의 비영리법인이 설치한 보육시설과 대통령령이 정하는 보육시설의 장은 영아·장애아 등에 대한 보육(이하 "취약보육"이라 한다)을 우선적으로 실시하여야 한다.
②여성가족부장관, 시·도지사 및 시장·군수·구청장은 취약보육을 활성화하는데 필요한 각종 시책을 수립·시행하여야 한다. <개정 2004.12.31, 2005.3.24>
③취약보육의 종류 및 실시 등에 관하여 필요한 사항은 여성가족부령으로 정한다. <개정 2004.12.31, 2005.3.24>

제27조 (보육시설 이용대상) 보육시설의 이용대상은 보육이 필요한 영유아를 원칙으로 한다. 다만, 필요한 경우 보육시설의 장은 만 12세까지 연장하여 보육할 수 있다.

제28조 (보육의 우선 제공) ①국가 또는 지방자치단체와 사회복지법인 그 밖의 비영리법인이 설치한 보육시설과 대통령령이 정하는 보육시설의 장은 다음 각 호의 어느 하나에 해당하는 자가 우선적으로 보육시설을 이용할 수 있도록 하여야 한다. 다만, 고용정책기본법 제21조제2항의 규정에 의하여 고용촉진시설의 설치·운영을 위임 또는 위탁받은 지방자치단체의 장, 공공단체 또는 비영리법인이 설치·운영하는 시설의 장은 근로자의 자녀가 우선적으로 보육시설을 이용하게 할 수 있다. <개정 2004.12.31, 2005.3.24, 2005.12.29>
1. 「국민기초생활보장법」에 따른 수급자
2. 「모·부자복지법」 제5조의 규정에 의한 보호대상자의 자녀
3. 「국민기초생활보장법」 제24조의 규정에 의한 차상위계층의 자녀
4. 「장애인복지법」 제2조의 규정에 의한 장애인 중 여성가족부령이 정하는 장애등급 이상에 해당하는 자의 자녀
5. 그 밖에 소득수준 등을 고려하여 여성가족부령이 정하는 자의 자녀
②사업주는 사업장 근로자의 자녀가 우선적으로 직장보육시설을 이용할 수 있도록 하여야 한다.

제29조 (보육과정) ①보육과정은 영유아의 신체·정서·언어·사회성 및 인지적 발달을 도모할 수 있는 내용을 포함하여야 한다.
②여성가족부장관은 표준보육과정을 개발·보급하여야 하며 필요시 그 내용을 검토하여 수정·보완하여야 한다. <개정 2004.12.31, 2005.3.24>
③보육시설의 장은 제2항의 규정에 의한 표준보육과정에 따라 영유아를 보육하도록 노력하여야 한다.
④제1항의 규정에 의한 보육과정의 구체적인 내용은 여성가족부령으로 정한다. <개정 2004.12.31, 2005.3.24>

제29조의2 (보육시설생활기록) 보육시설의 장은 영유아의 발달 등을 종합적으로 관찰·평가하여 영유아생활지도 및 초등학교 교육과의 연계지도에 활용할 수 있도록 하기 위하여 여성가족부장관이 정하는 기준에 따라 생활기록부를 작성·관리하여야 한다. <개정 2004.12.31, 2005.3.24>

제30조 (보육시설 평가인증) ①여성가족부장관은 보육서비스의 질적 수준 향상을 위하여 보육시설에 대한 평가인증을 실시할 수 있다. <개정 2004.12.31, 2005.3.24>
②여성가족부장관은 제1항의 규정에 의한 보육시설 평가인증에 관한 업무를 공공 또는 민간 기관·단체 등에 위탁하여 실시할 수 있다. <개정 2004.12.31, 2005.3.24>
③보육시설 평가인증의 실시 등에 관하여 필요한 사항은 여성가족부령으로 정한다. <개정 2004.12.31, 2005.3.24>
④여성가족부장관은 제1항의 규정에 의한 평가인증을 받고자 하는 보육시설 설치·운영자에게 여성가족부령이 정하는 바에 따라 평가인증에 필요한 비용을 납부하게 할 수 있다. <개정 2004.12.31, 2005.3.24>
⑤여성가족부장관은 제1항의 규정에 의한 평가인증의 결과에 따라 보육사업 실시에 필요한 지원을 할 수 있다. <개정 2004.12.31, 2005.3.24>

제5장 건강영양 및 안전

제31조 (건강관리 및 응급조치) ①보육시설의 장은 영유아와 보육시설종사자에 대하여 정기적으로 건강진단을 실시하는 등 건강관리를 하여야 한다.
②보육시설의 장은 영유아에게 질병·사고 또는 재해 등으로 인하여 위급상태가 발생한 경우 즉시 응급의료기관에 이송하여야 한다.
③제1항의 규정에 의한 건강진단 등에 관하여 필요한 사항은 여성가족부령으로 정한다. <개정 2004.12.31, 2005.3.24>

제32조 (치료 및 예방조치) ①보육시설의 장은 제31조의 규정에 의한 건강진단결과 질병에 감염되었거나 감염될 우려가 있는 영유아에 대하여 그 보호자와 협의하여 질병의 치료 및 예방에 필요한 조치를 하여야 한다.
②보육시설의 장은 제1항의 조치를 위하여 필요한 때에는 지역보건법 제7조 및 제10조의 규정에 의한 보건소 및 보건지소 그리고 의료법 제3조의 규정에 의한 의료기관에 협조를 구할 수 있다.
③제2항의 규정에 의하여 협조를 요청받은 보건소·보건지소 및 의료기관의 장은 적절한 조치를 취하여야 한다.

제33조 (급식관리) 보육시설의 장은 영유아에게 여성가족부령이 정하는 바에 의하여 균형있고 위생적이며 안전한 급식을 하여야 한다. <개정 2004.12.31, 2005.3.24>

제6장 비용

제34조 (비용의 부담) ①국가 또는 지방자치단체는 국민기초생활보장법에 의한 수급자와 여성가족부령이 정하는 일정 소득 이하 가구의 자녀 등의 보육에 필요한 비용의 전부 또는 일부를 부담하여야 한다. <개정 2004.12.31, 2005.3.24>

②제1항의 규정에 의한 보육에 필요한 비용은 가구의 소득수준·거주지역 등을 고려하여 차등 지원할 수 있다.

제35조 (무상보육의 특례) ①초등학교 취학직전 1년의 유아 및 장애아에 대한 보육은 무상으로 하되, 대통령령이 정하는 바에 의하여 순차적으로 실시한다.
②제1항의 규정에 의한 무상보육 실시에 드는 비용은 대통령령이 정하는 바에 의하여 국가 및 지방자치단체가 부담 또는 보조하여야 한다.
③제12조 후단의 규정에 불구하고 국가 및 지방자치단체는 제1항의 규정에 의한 무상보육을 받고자 하는 유아 및 장애아를 보육하기 위하여 필요한 보육시설을 설치·운영하여야 한다.

제36조 (비용의 보조 등) ①국가 또는 지방자치단체는 대통령령이 정하는 바에 의하여 제10조의 규정에 의한 보육시설의 설치, 보육교사의 인건비, 초과보육 운영경비 등 운영에 소요되는 경비 또는 보육정보센터의 설치·운영, 보육시설종사자의 복지증진, 취약보육의 실시 등 보육사업에 소요되는 비용의 전부 또는 일부를 보조한다.

제37조 (사업주의 비용부담) 제14조의 규정에 의하여 보육시설을 설치한 사업주는 대통령령이 정하는 바에 의하여 그 보육시설의 운영 및 보육에 필요한 비용의 전부 또는 일부를 부담하여야 한다.

제38조 (보육료 등의 수납) 제12조 내지 제14조의 규정에 의하여 보육시설을 설치·운영하는 자는 당해 보육시설의 소재지를 관할하는 시·도지사가 정하는 범위안에서 그 시설을 이용하는 자로부터 보육료 그 밖의 필요경비 등을 수납할 수 있다. 다만, 시·도지사는 필요시 보육시설 유형과 지역적 여건을 고려하여 그 기준을 다르게 정할 수 있다.

제39조 (세제지원) ①제14조 및 제37조의 규정에 의하여 사업주가 직장보육시설을 설치·운영하거나 보육수당 지급에 소요되는 비용과 보호자가 영유아의 보육을 위하여 지출한 보육료 그 밖의 보육에 소요되는 비용에 관하여는 조세특례제한법이 정하는 바에 의하여 조세를 감면한다.
②제10조제3호의 직장보육시설을 제외한 보육시설의 운영비에 대하여도 조세특례제한법이 정하는 바에 의하여 조세를 감면한다.

제40조 (비용 및 보조금의 반환명령) 국가 또는 지방자치단체는 보육시설의 설치·운영자, 보육정보센터의 장, 교육훈련 위탁실시자 등이 다음 각 호의 1에 해당하는 때에는 이미 교부한 비용 및 보조금의 전부 또는 일부의 반환을 명할 수 있다.
1. 시설운영이 정지·폐쇄 또는 취소된 때
2. 사업의 목적 외에 보조금을 사용한 때
3. 거짓 그 밖의 부정한 방법으로 보조금의 교부를 받은 때
4. 이 법 또는 이 법에 의한 명령을 위반한 때

제7장 지도 및 감독

제41조 (지도와 명령) 여성가족부장관, 시·도지사 및 시장·군수·구청장은 보육사업의 원활한 수행을 위하여 보육시설 설치·운영자 및 보육시설종사자에 대하여 필요한 지도와 명령을 할 수 있다. <개정 2004.12.31, 2005.3.24>

제42조 (보고와 검사) ①여성가족부장관, 시·도지사 또는 시장·군수·구청장은 보육시설을 설치·운영하는 자로 하여금 당해 시설에 관하여 필요한 보고를 하게 하거나 관계공무원으로 하여금 당해 시설의 운영상황을 조사하게 하거나 장부 및 그 밖의 서류를 검사하게 할 수 있다. <개정 2004.12.31, 2005.3.24>
②제1항의 규정에 의하여 관계공무원이 그 직무를 행하는 때에는 그 권한을 표시하는 증표를 지니고 이를 관계인에게 내보여야 한다.

제43조 (보육시설의 폐지·휴지 및 재개 등의 신고) ①제13조제1항의 규정에 의하여 인가된 보육시설을 폐지 또는 휴지하거나 그 운영을 재개하고자 하는 자는 여성가족부령이 정하는 바에 의하여 미리 시장·군수·구청장에게 신고하여야 한다. <개정 2004.12.31, 2005.3.24>
②보육시설의 장은 보육시설이 폐지 또는 휴지되는 경우에는 여성가족부령이 정하는 바에 의하여 당해 보육시설에 보육 중인 영유아를 다른 보육시설로 전원조치하는 등 영유아의 권익을 보호하기 위한 조치를 취하여야 한다. <개정 2004.12.31, 2005.3.24>

제44조 (시정 또는 변경 명령) 여성가족부장관, 시·도지사 또는 시장·군수·구청장은 보육시설이 다음 각 호의 1에 해당하는 경우에는 보육시설의 장 또는 그 설치·운영자에게 기간을 정하여 그 시정 또는 변경을 명할 수 있다. <개정 2004.12.31, 2005.3.24>
1. 제13조제1항의 규정에 의한 변경인가를 받지 아니하고 보육시설을 운영하는 경우
2. 제15조의 규정에 의한 보육시설의 설치기준을 위반한 경우
3. 제17조의 규정에 의한 보육시설종사자의 배치기준을 위반한 경우
4. 제24조제1항의 규정에 의한 보육시설의 운영기준을 위

반한 경우

5. 제38조의 규정에 의한 보육료 등의 수납한도액을 초과하여 수납한 경우

6. 제42조의 규정에 의한 보고를 하지 아니하거나 거짓으로 보고한 경우 또는 조사·검사를 거부하거나 기피한 경우

7. 제43조제1항의 규정에 의한 신고를 하지 아니하고 보육시설을 폐지 또는 휴지하거나 그 운영을 재개한 경우

8. 그 밖에 이 법 또는 이 법에 의한 명령을 위반한 경우

제45조 (보육시설의 폐쇄 등) ①여성가족부장관, 시·도지사 및 시장·군수·구청장은 보육시설을 설치·운영하는 자가 다음 각 호의 1에 해당하는 경우에는 1년 이내의 시설운영 정지를 명하거나 시설의 폐쇄를 명할 수 있다. <개정 2004.12.31, 2005.3.24>

1. 제36조의 규정에 의하여 비용을 보조받은 자가 사실을 거짓으로 보고하여 보조를 받았거나 보조금을 유용하였을 경우

2. 제40조의 규정에 의한 비용 또는 보조금의 반환명령을 받고 이를 반환하지 아니한 경우

3. 제44조의 규정에 의한 시정 또는 변경 명령을 위반한 경우

②제1항의 규정에 의한 행정처분의 세부기준은 여성가족부령으로 정한다. <개정 2004.12.31, 2005.3.24>

제46조 (보육시설의 장의 업무정지) 여성가족부장관은 보육시설의 장이 다음 각 호의 1에 해당하는 경우에는 1년 이내의 범위에서 여성가족부령이 정하는 바에 의하여 보육시설의 장으로서의 업무를 정지시킬 수 있다. <개정 2004.12.31, 2005.3.24>

1. 보육시설의 장의 업무수행 중 고의 또는 중대한 과실로 손해를 가한 경우

2. 보육교사·간호사 또는 영양사 등 당해 업무수행에 필요한 자격이 없는 자를 채용하여 해당 업무를 수행하게 한 경우

3. 제23조의 규정에 의한 보수교육을 연속하여 3회 이상 받지 아니한 경우

제46조 (보육시설의 장의 자격정지 <개정 2005.12.29>) 여성가족부장관은 보육시설의 장이 다음 각 호의 1에 해당하는 경우에는 1년 이내의 범위에서 여성가족부령이 정하는 바에 의하여 그 자격을 정지시킬 수 있다. <개정 2004.12.31, 2005.3.24, 2005.12.29>

1. 보육시설의 장의 업무수행 중 고의 또는 중대한 과실로 손해를 가한 경우

2. 보육교사·간호사 또는 영양사 등 당해 업무수행에 필요한 자격이 없는 자를 채용하여 해당 업무를 수행하게 한 경

우

3. 제23조의 규정에 의한 보수교육을 연속하여 3회 이상 받지 아니한 경우

제47조 (보육교사의 자격정지) 여성가족부장관은 보육교사가 다음 각 호의 1에 해당하는 경우에는 1년 이내의 범위에서 여성가족부령이 정하는 바에 의하여 그 자격을 정지시킬 수 있다. <개정 2004.12.31, 2005.3.24>

1. 보육교사의 업무수행 중 당해 자격과 관련하여 고의 또는 중대한 과실로 손해를 가한 경우

2. 제23조의 규정에 의한 보수교육을 연속하여 3회 이상 받지 아니한 경우

제48조 (보육교사의 자격취소) 여성가족부장관은 보육교사가 다음 각 호의 1에 해당하는 경우에는 그 자격을 취소할 수 있다. <개정 2004.12.31, 2005.3.24>

1. 거짓 그 밖의 부정한 방법으로 자격증을 취득한 경우

2. 자격취득자가 업무수행 중 당해 자격과 관련하여 고의 또는 중대한 과실로 손해를 가하고 금고 이상의 형의 선고를 받은 경우

3. 아동복지법 제29조의 금지행위를 위반하여 동법 제40조의 규정에 의한 처벌을 받은 경우

4. 타인에게 자신의 자격증을 대여한 경우

5. 자격정지처분기간 종료후 3년 이내에 자격정지처분에 해당하는 행위를 한 경우

6. 자격정지처분을 받고도 동 기간 이내에 자격증을 사용하여 자격관련 업무를 행한 경우

7. 자격정지처분을 3회 이상 받은 경우

제48조 (보육시설의 장 또는 보육교사의 자격취소 <개정 2005.12.29>) 여성가족부장관은 보육시설의 장 또는 보육교사가 다음 각 호의 1에 해당하는 경우에는 그 자격을 취소할 수 있다. <개정 2004.12.31, 2005.3.24, 2005.12.29>

1. 거짓 그 밖의 부정한 방법으로 자격증을 취득한 경우

2. 자격취득자가 업무수행 중 당해 자격과 관련하여 고의 또는 중대한 과실로 손해를 가하고 금고 이상의 형의 선고를 받은 경우

3. 아동복지법 제29조의 금지행위를 위반하여 동법 제40조의 규정에 의한 처벌을 받은 경우

4. 제22조의2의 규정을 위반한 경우

5. 자격정지처분기간 종료후 3년 이내에 자격정지처분에 해당하는 행위를 한 경우

6. 자격정지처분을 받고도 동 기간 이내에 자격증을 사용하여 자격관련 업무를 행한 경우

7. 자격정지처분을 3회 이상 받은 경우

제49조 (청문) 여성가족부장관, 시·도지사 및 시장·군수·구청장은 제45조 내지 제48조의 규정에 의한 행정처분을 하고자 하는 경우에는 청문을 실시하여야 한다. 다만, 청문대상자가 정당한 사유없이 이에 응하지 아니하거나 청문이 사실상 불가능한 경우에는 그러하지 아니하다. <개정 2004.12.31, 2005.3.24>

제8장 보칙

제50조 (경력의 인정) ①보육시설에 근무하는 자 중 유아교육법에 의한 유치원교원의 자격을 가진 자에 대하여는 동 시설에서의 근무경력을 유아교육법에 의한 교육경력으로 인정한다.

②유치원(유아교육법 제2조제6호의 규정에 의한 종일제 수업과정을 운영하고 있는 유치원에 한한다)에 근무하는 자 중 이 법에 의한 보육교사의 자격을 가진 자에 대하여는 동 시설에서의 근무경력을 이 법에 의한 보육경력으로 인정한다.

제51조 (권한의 위임 및 위탁) ①여성가족부장관 또는 시·도지사는 이 법에 의한 권한의 일부를 대통령령이 정하는 바에 의하여 시·도지사 또는 시장·군수·구청장에게 위임할 수 있다. <개정 2004.12.31, 2005.3.24>

②여성가족부장관은 이 법에 의한 업무의 일부를 대통령령이 정하는 바에 의하여 법인 또는 단체에 위탁할 수 있다. <개정 2004.12.31, 2005.3.24>

제52조 (도서·벽지·농어촌지역 등의 보육시설) ①시장·군수·구청장은 도서·벽지·농어촌지역 등에 있는 보육시설로서 제15조의 규정에 따른 보육시설의 설치기준 및 제17조제2항의 규정에 따른 보육시설종사자의 배치기준을 적용하기 어렵다고 인정하는 경우에는 제6조의 규정에 따른 지방보육정책위원회의 심의를 거쳐 관할 시·도지사의 승인을 얻어 이를 달리 적용할 수 있다.

②제1항의 규정에 따른 도서·벽지·농어촌지역 등의 구체적인 범위, 보육시설의 설치기준 및 보육시설종사자의 배치기준은 여성가족부령으로 정한다. <개정 2005.3.24>
[전문개정 2004.12.31]

제53조 (보육시설연합회) ①보육사업의 원활한 추진과 보육시설의 균형적인 발전, 보육시설간의 정보교류 및 상호협조 증진을 위하여 보육시설연합회(이하 "연합회"라 한다)를 설립할 수 있다.

②연합회의 조직·운영 및 기능 등에 관하여 필요한 사항은 여성가족부령으로 정한다. <개정 2004.12.31, 2005.3.24>

제9장 벌칙

제54조 (벌칙) ①제36조의 규정에 따라 비용을 보조받은 자가 사실을 거짓으로 보고하여 보조를 받았거나 보조금을 유용하였을 경우 3년 이하의 징역 또는 1천만원 이하의 벌금에 처한다.

②다음 각 호의 1에 해당하는 자는 1년 이하의 징역 또는 500만원 이하의 벌금에 처한다.

1. 제13조제1항의 규정에 의한 설치인가를 받지 아니하고 보육시설의 명칭을 사용하거나 사실상 보육시설의 형태로 운영한 자

2. 제45조제1항의 규정에 의한 정지명령 또는 시설의 폐쇄명령을 위반하여 사업을 계속한 자

제54조 (벌칙) ①제36조의 규정에 따라 비용을 보조받은 자가 사실을 거짓으로 보고하여 보조를 받았거나 보조금을 유용하였을 경우 3년 이하의 징역 또는 1천만원 이하의 벌금에 처한다.

②다음 각 호의 1에 해당하는 자는 1년 이하의 징역 또는 500만원 이하의 벌금에 처한다. <개정 2005.12.29>

1. 제13조제1항의 규정에 의한 설치인가를 받지 아니하고 보육시설의 명칭을 사용하거나 사실상 보육시설의 형태로 운영한 자

1의2. 거짓 그 밖의 부정한 방법으로 제13조제1항의 규정에 따른 보육시설의 설치인가 또는 변경인가를 받은 자

1의3. 제22조의2의 규정을 위반하여 자기의 성명이나 보육시설의 명칭을 사용하여 보육시설의 장 또는 보육교사의 업무를 수행하게 하거나 자격증을 대여한 자 및 그 상대방

2. 제45조제1항의 규정에 의한 정지명령 또는 시설의 폐쇄명령을 위반하여 사업을 계속한 자

제55조 (양벌규정) 법인의 대표자나 법인 또는 개인의 대리인·사용인 그 밖의 종사자가 그 법인 또는 개인의 업무에 관하여 제54조의 위반행위를 한 때에는 그 행위자를 벌하는 외에 그 법인 또는 개인에 대하여도 동조의 벌금형을 과한다.

제56조 (과태료) ①제43조제1항의 규정에 의한 신고를 하지 아니하고 보육시설을 폐지 또는 휴지하거나 그 운영을 재개한 자는 500만원 이하의 과태료에 처한다.

②다음 각 호의 1에 해당하는 자는 300만원 이하의 과태료에 처한다. <개정 2005.12.29>

1. 제26조제1항의 규정에 의한 취약보육을 우선적으로 실시하지 아니한 자

2. 제28조제1항 각 호에 해당하는 자를 우선적으로 보육하지 아니한 자

3. 제31조의 규정에 의한 건강진단실시 또는 응급조치 등을
이행하지 아니한 자
③제1항 및 제2항의 규정에 의한 과태료는 대통령령이 정
하는 바에 따라 여성가족부장관, 시·도지사 또는 시장·군
수·구청장(이하 "부과권자"라 한다)이 부과·징수한다. <개
정 2004.12.31, 2005.3.24>
④제3항의 규정에 의한 과태료처분에 불복이 있는 자는 그
처분의 고지를 받은 날부터 30일 이내에 부과권자에게 이
의를 제기할 수 있다.
⑤제3항의 규정에 의한 과태료처분을 받은 자가 제4항의
규정에 의한 이의를 제기한 때에는 부과권자는 지체없이
관할법원에 그 사실을 통보하여야 하며, 그 통보를 받은 관
할법원은 비송사건절차법에 의한 과태료의 재판을 한다.
⑥제4항의 규정에 의한 기간 이내에 이의를 제기하지 아니
하고 과태료를 납부하지 아니한 때에는 국세체납처분 또는
지방세체납처분의 예에 의하여 이를 징수한다.

부칙 <제7153호, 2004.1.29>
제1조 (시행일) 이 법은 공포 후 1년이 경과한 날부터 시행
한다.
제2조 (보육정보센터 및 보육지도원에 관한 경과조치) 이
법 시행 당시 종전의 규정에 의한 보육정보센터 및 보육지
도원은 각각 이 법에 의한 보육정보센터 및 보육전문요원
으로 본다.
제3조 (보육교사 등에 관한 경과조치) ①이 법 시행 당시 종
전의 규정에 의한 보육시설의 장 및 보육교사의 자격은 이
법에 의한 자격으로 인정한다.
②제1항의 규정에 의하여 보육교사의 자격을 인정받은 자
및 이 법 시행 당시 종전의 제9조제2항제1호의 규정에 의한
학과를 전공 중인 자는 그 학과를 졸업했을 경우와 제9조제
2항제2호의 규정에 의한 교육과정을 이수 중인 자는 그 과
정을 수료했을 경우에 이 법에 의한 자격을 인정한다.
③제1항 또는 제2항의 규정에 의하여 자격을 인정받은 자
에게는 제22조의 규정에 의한 자격증을 교부할 수 있다.
제4조 (보육시설에 관한 경과조치) 이 법 시행 당시 종전의
규정에 의하여 신고한 보육시설은 이 법에 의하여 인가를
받은 것으로 본다.
제5조 (보육시설연합회에 관한 경과조치) 이 법 시행 당시
종전의 규정에 의한 보육시설연합회는 이 법에 의한 보육
시설연합회로 본다.
제6조 (행정처분 등에 대한 경과조치) 이 법 시행 당시 종전
의 규정에 의하여 행정기관 등이 행한 명령 그 밖의 행위
또는 각종 신고 그 밖의 행정기관 등에 대한 행위는 이 법
에 의한 행정기관 등의 행위 또는 행정기관 등에 대한 행위
로 본다.

제7조 (벌칙에 관한 경과조치) 이 법 시행전의 행위에 대한
벌칙의 적용에 있어서는 종전의 규정에 의한다.
제8조 (다른 법률과의 관계) 이 법 시행 당시 다른 법령에서
종전의 영유아보육법의 규정을 인용한 경우에는 이 법 중
그에 해당하는 규정이 있는 때에는 종전의 규정에 갈음하
여 이 법의 해당 조항을 인용한 것으로 본다.

부칙 <제7302호, 2004.12.31>
이 법은 2005년 1월 30일부터 시행한다.

부칙 (정부조직법) <제7413호, 2005.3.24>
제1조 (시행일) 이 법은 공포한 날부터 시행한다. 다만, 다음
각 호의 사항은 각 호의 구분에 의한 날부터 시행한다.
1. 제26조…부칙 제2조 내지 제4조의 규정은 이 법 공포 후
3월 이내에 제42조의 개정규정에 의한 여성가족부의 조직
에 관한 대통령령이 시행되는 날
2. 생략
제2조 생략
제3조 (다른 법률의 개정) ①내지 ⑩생략
⑪영유아보육법 일부를 다음과 같이 개정한다.
제5조제3항제1호 중 "여성부차관"을 "여성가족부차관"으
로 한다.
제6조제1항 본문 중 "여성부"를 "여성가족부"로 한다.
제7조제1항 전단·제3항, 제8조제1항, 제9조제1항, 제11조제
1항·제2항, 제21조제2항 각 호외의 부분, 제22조제1항·제2
항, 제23조제1항·제3항, 제26조제2항, 제29조제2항, 제29조
의2, 제30조제1항·제2항·제4항·제5항, 제41조, 제42조제1
항, 제44조 각 호외의 부분, 제45조제1항 각 호외의 부분,
제46조 각 호외의 부분, 제47조 각 호외의 부분, 제48조 각
호외의 부분, 제49조 본문, 제51조제1항·제2항 및 제56조제
3항 중 "여성부장관"을 각각 "여성가족부장관"으로 한다.
제9조제2항, 제13조제2항, 제14조제2항, 제15조, 제17조제2
항, 제19조제2항, 제21조제2항제1호·제2호, 제22조제2항·
제3항, 제23조제3항·제4항, 제24조제1항·제4항, 제25조제3
항, 제26조제3항, 제28조제1항 본문, 제29조제4항, 제30조제
3항·제4항, 제31조제3항, 제33조, 제34조제1항, 제43조제1
항·제2항, 제45조제2항, 제46조 각 호외의 부분, 제47조 각
호외의 부분, 제52조제2항 및 제53조제2항 중 "여성부령"을
각각 "여성가족부령"으로 한다.
⑫내지 ⑭생략
제4조 생략

부칙 <제7785호, 2005.12.29>
①(시행일) 이 법은 공포 후 3월이 경과한 날부터 시행한다.
다만, 제21조제1항, 제22조제1항·제2항, 제22조의2, 제46조,
제48조 및 제54조제2항의 개정규정은 공포 후 1년이 경과

한 날부터 시행한다.

②(보육시설의 장에 관한 경과조치) 이 법 시행당시 종전의 규정에 따라 보육시설의 장의 자격이 있는 자는 제21조제1항의 개정규정에 따른 보육시설의 장의 자격증을 받은 자로 본다. 이 경우 제21조제1항의 개정규정의 시행 후 1년 이내에 제21조제1항의 개정규정에 따른 요건을 갖추어야 한다.

성매매방지 및 피해자보호 등에 관한 법률

연혁

2004. 3. 22 제정 법률 제7212호

2005. 12. 29 일부개정 법률 제7784호

2006. 2. 21 일부개정 법률 제7849호

제1조 (목적) 이 법은 성매매를 방지하고 성매매피해자 및 성을 파는 행위를 한 자의 보호와 자립의 지원을 목적으로 한다.

제2조 (정의) 이 법에서 사용하는 용어의 정의는 다음과 같다. <개정 2005.12.29>

1. "성매매"라 함은 「성매매알선 등 행위의 처벌에 관한 법률」 제2조제1항제1호에 규정된 행위를 말한다.

2. "성매매알선 등 행위"라 함은 「성매매알선등행위의처벌에관한법률」 제2조제1항제2호에 규정된 행위를 말한다.

3. "성매매 목적의 인신매매"라 함은 「성매매알선등행위의처벌에관한법률」 제2조제1항제3호에 규정된 행위를 말한다.

4. "성매매피해자"라 함은 「성매매알선등행위의처벌에관한 법률」 제2조제1항제4호에 규정된 자를 말한다.

제3조 (국가 등의 책임) ①국가 및 지방자치단체는 성매매를 방지하고 성매매피해자 및 성을 파는 행위를 한 자(이하 "성매매피해자 등"이라 한다)의 보호와 자립의 지원을 위하여 다음 각 호의 사항에 대한 법적·제도적 장치를 마련하고 필요한 행정적·재정적 조치를 취하여야 한다.

1. 성매매, 성매매알선 등 행위 및 성매매 목적의 인신매매를 방지하기 위한 조사·연구·교육·홍보

2. 성매매피해자 등의 보호와 자립을 지원하기 위한 시설(외국인여성을 위한 시설을 포함한다)의 설치·운영

②국가는 성매매 목적의 인신매매의 방지를 위한 국제협력의 증진을 위하여 노력하여야 한다.

제4조 (성매매 예방교육) 초·중·고등학교의 장은 성에 대한 건전한 가치관 함양과 성매매를 방지하기 위하여 대통령령이 정하는 바에 따라 성매매 예방교육을 실시하여야 한다.

제5조 (지원시설의 종류) ①성매매피해자 등을 위한 지원시설(이하 "지원시설"이라 한다)의 종류는 다음 각 호와 같다. <개정 2005.12.29>

1. 일반지원시설 : 성매매피해자 등을 대상으로 1년 이내의 범위에서 숙식을 제공하고 자립을 지원하는 시설

2. 청소년지원시설 : 청소년인 성매매피해자 등을 대상으로 1년 이내의 범위에서 숙식을 제공하고, 취학·교육 등을 통하여 자립을 지원하는 시설

3. 외국인여성지원시설 : 외국인여성인 성매매피해자 등을 대상으로 3월(「성매매알선 등 행위의 처벌에 관한 법률」 제11조의 규정에 해당하는 외국인여성에 대하여는 그 해당기간) 이내의 범위에서 숙식을 제공하고, 귀국을 지원하는 시설

4. 자활지원센터 : 성매매피해자 등을 대상으로 자활에 필요한 지원을 제공하는 이용시설

②일반지원시설의 장은 6월 이내의 범위에서 여성가족부령이 정하는 바에 따라 지원기간을 연장할 수 있다. <개정 2005.3.24>

③청소년지원시설의 장은 청소년이 19세에 달할 때까지 여성가족부령이 정하는 바에 따라 지원기간을 연장할 수 있다. <개정 2005.3.24>

제6조 (지원시설의 설치) ①국가 또는 지방자치단체는 지원시설을 설치·운영할 수 있다.

②국가 또는 지방자치단체외의 자가 지원시설을 설치·운영하고자 할 때에는 시장·군수·구청장(자치구의 구청장을 말한다. 이하 같다)에게 신고하여야 한다.

③지원시설의 설치기준·신고절차 및 종사자의 자격기준·수 등에 관하여 필요한 사항은 여성가족부령으로 정한다. <개정 2005.3.24>

제7조 (지원시설의 업무) ①일반지원시설은 다음 각 호의 업무를 행한다. <개정 2005.3.24, 2005.12.29>

1. 숙식의 제공

2. 심리적 안정 및 사회적응을 위한 상담 및 치료
3. 질병치료 및 건강관리를 위한 의료기관에의 인도 등 의료지원
4. 수사기관의 조사 및 법원의 증인신문에의 동행
5. 법률구조기관 등에의 필요한 협조 및 지원요청
6. 자립자활교육의 실시와 취업정보 제공
7. 「국민기초생활 보장법」 등 사회보장관련법령에 따른 급부의 수령지원
8. 기술교육(위탁교육을 포함한다)
9. 다른 법률이 지원시설에 위탁한 사항
10. 그 밖에 여성가족부령이 정하는 사항
②청소년지원시설은 제1항 각 호의 업무외에 진학을 위한 교육을 제공하거나 교육기관에 취학을 연계하는 업무를 행한다.
③외국인여성지원시설은 제1항제1호 내지 제5호·제9호의 업무 및 귀국을 지원하는 업무를 행한다.
④자활지원센터는 다음 각 호의 업무를 행한다. <개정 2005.3.24>
1. 자활공동체 등의 운영
2. 취업 및 기술교육(위탁교육을 포함한다)
3. 취업 및 창업을 위한 정보의 제공
4. 그 밖에 사회적응을 위하여 필요한 지원으로서 여성가족부령이 정하는 사항

제8조 (지원시설에의 입소 등) ①지원시설에 입소하고자 하는 자는 당해 지원시설의 입소규정을 준수하여야 한다.
②지원시설에서 제공하는 프로그램을 이용하고자 하는 자는 당해 지원시설의 이용규정을 준수하여야 한다.
③지원시설의 장은 입소규정 및 이용규정을 준수하지 아니하거나 그 밖에 단체생활을 현저히 저해하는 행위를 하는 입소자 또는 이용자에 대하여는 퇴소 또는 이용중단 등 필요한 조치를 할 수 있다.
④지원시설의 입소 및 이용절차, 입소규정 및 이용규정 등에 관하여 필요한 사항은 여성가족부령으로 정한다. <개정 2005.3.24>

제9조 (지원시설의 운영) ①지원시설의 장은 입소자 또는 이용자의 인권을 최대한 보장하여야 한다.
②지원시설의 장은 입소자 및 이용자의 사회적응능력 등을 배양시킬 수 있는 상담·교육·정보제공 및 신변보호 등에 필요한 지원을 하여야 한다.
③지원시설의 장은 입소자의 건강관리를 위하여 입소후 1월 이내에 건강진단을 실시하고 건강에 이상이 발견된 경우에는 「의료급여법」에 의한 의료급여의 수급 등 필요한 조치를 하여야 하며, 필요한 경우 의료기관에 질병치료 등을 의뢰할 수 있다. <개정 2005.12.29>

④지원시설의 운영방법·운영기준 등에 관하여 필요한 사항은 여성가족부령으로 정한다. <개정 2005.3.24>

제10조 (상담소의 설치) ①국가 또는 지방자치단체는 성매매피해상담소(이하 "상담소"라 한다)를 설치·운영할 수 있다.
②국가 또는 지방자치단체외의 자가 상담소를 설치·운영하고자 할 때에는 시장·군수·구청장에게 신고하여야 한다.
③상담소에는 상담실을 두어야 하며, 이용자를 임시로 보호하기 위한 보호실을 운영할 수 있다.
④상담소의 설치기준, 신고절차, 운영기준, 상담원 등 종사자의 자격기준 및 수 등에 관하여 필요한 사항은 여성가족부령으로 정한다. <개정 2005.3.24>

제11조 (상담소의 업무 등) 상담소는 다음 각 호의 업무를 행한다. <개정 2005.3.24>
1. 상담 및 현장방문
2. 지원시설이용에 관한 고지 및 지원시설에의 인도 또는 연계
3. 성매매피해자의 구조
4. 제7조제1항제3호 내지 제5호의 업무
5. 다른 법률이 상담소에 위탁한 사항
6. 성매매피해자 등의 보호를 위한 조치로써 여성가족부령이 정하는 사항

제12조 (수사기관의 협조) 상담소의 장은 성매매피해자를 구조할 긴급한 필요가 있는 때에는 관할 국가경찰관서의 장에게 그 소속 직원의 동행을 요청할 수 있으며, 요청을 받은 국가경찰관서의 장은 특별한 사유가 없는 한 이에 응하여야 한다. <개정 2006.2.21>

제13조 (성매매피해자 등의 의사존중) 지원시설 또는 상담소의 장은 성매매피해자 등의 명시한 의사에 반하여 지원시설에 입소하게 하거나 제10조제3항의 보호를 할 수 없다.

제14조 (의료비의 지원) ①국가 또는 지방자치단체는 제9조제3항의 규정에 따라 지원시설의 장이 의료기관에 질병치료 등을 의뢰한 경우에 「의료급여법」상의 급여가 실시되지 아니하는 치료항목에 대한 의료비용의 전부 또는 일부를 지원할 수 있다. <개정 2005.12.29>
②제1항의 규정에 의한 의료비용의 지원범위 및 절차 등에 관하여 필요한 사항은 여성가족부령으로 정한다. <개정 2005.3.24>

제14조의2 (전담의료기관의 지정 등) ①여성가족부장관 또는 시장·군수·구청장은 「성폭력범죄의 처벌 및 피해자보호 등에 관한 법률」 제33조제1항의 규정에 따라 지정받은 전

담의료기관 등 필요한 의료기관을 성매매피해자 등의 치료를 위한 전담의료기관으로 지정할 수 있다.

②제1항의 규정에 따라 지정된 전담의료기관은 지원시설 또는 상담소의 장의 요청이 있을 경우에는 다음 각 호의 의료 등을 제공하여야 한다.

1. 성매매피해자 등의 보건상담 및 지도

2. 성매매피해의 치료

3. 그 밖에 대통령령이 정하는 신체적·정신적 치료

[본조신설 2005.12.29]

제15조 (비용의 보조) ①국가 또는 지방자치단체는 지원시설 및 상담소의 설치·운영에 소요되는 비용을 보조할 수 있다.

②제1항의 규정에 의한 비용의 보조범위 등에 관하여 필요한 사항은 대통령령으로 정한다.

제16조 (지도·감독) ①여성가족부장관, 특별시장·광역시장·도지사(이하 "시·도지사"라 한다), 또는 시장·군수·구청장은 지원시설 또는 상담소의 장으로 하여금 필요한 보고를 명하거나 자료를 제출하게 할 수 있으며, 관계공무원으로 하여금 지원시설 또는 상담소에 출입하여 관계서류 등을 검사하게 할 수 있다. <개정 2005.3.24>

②제1항의 규정에 의하여 출입·검사를 행하는 공무원은 출입하기 전에 방문 및 검사 목적·일시 등을 지원시설 또는 상담소의 장에게 통보하여야 하며, 출입시에는 그 권한을 표시하는 증표를 지니고 관계인에게 이를 내보여야 한다.

제17조 (폐지·휴지 등의 신고) 제6조제2항 또는 제10조제2항의 규정에 따라 신고한 지원시설이나 상담소를 폐지 또는 휴지하거나 그 운영을 재개하고자 하는 자는 여성가족부령이 정하는 바에 따라 시장·군수·구청장에게 신고하여야 한다. <개정 2005.3.24>

제18조 (영리목적운영의 금지) 이 법에 의한 지원시설 또는 상담소는 영리를 목적으로 설치·운영하여서는 아니된다.

제19조 (비밀엄수 등의 의무) 지원시설 또는 상담소의 장이나 이를 보좌하는 자 또는 그 직에 있었던 자는 직무상 알게 된 비밀을 누설하여서는 아니된다.

제20조 (지원시설 및 상담소의 폐쇄 등) ①여성가족부장관, 시·도지사 또는 시장·군수·구청장은 지원시설 또는 상담소가 다음 각 호의 어느 하나에 해당하는 때에는 그 업무의 정지 또는 폐지를 명하거나 지원시설 및 상담소를 폐쇄할 수 있다. <개정 2005.3.24, 2005.12.29>

1. 지원시설이나 상담소가 제6조제3항 또는 제10조제4항의 규정에 따른 설치기준에 미달하게 된 때

2. 제16조제1항의 규정을 위반하여 정당한 사유없이 보고를 하지 아니하거나 거짓으로 보고한 때

3. 제18조의 규정을 위반한 때

4. 지원시설·상담소의 장 또는 그 종사자들이 입소자·이용자에 대하여 「성폭력범죄의 처벌 및 피해자보호 등에 관한 법률」 제2조제1항의 범죄를 범한 때

5. 「사회복지사업법」 제40조제1항제3호 및 제3호의2에 해당하는 경우

6. 이 법 또는 이 법에 의한 명령을 위반한 때

②제1항의 규정에 의하여 업무의 정지 또는 폐지를 명하거나 지원시설 및 상담소를 폐쇄하고자 하는 때에는 청문을 실시하여야 한다.

③제1항의 규정에 의한 처분의 세부적인 종류·기준에 관하여 필요한 사항은 여성가족부령으로 정한다. <개정 2005.3.24>

제21조 (권한의 위임) 여성가족부장관 또는 시·도지사는 이 법에 의한 권한의 일부를 대통령령이 정하는 바에 따라 시·도지사 또는 시장·군수·구청장에게 위임할 수 있다. <개정 2005.3.24>

제22조 (벌칙) 다음 각 호의 어느 하나에 해당하는 자는 1년 이하의 징역 또는 500만원 이하의 벌금에 처한다.

1. 제6조제2항의 규정에 의한 신고를 하지 아니하고 지원시설을 설치·운영한 자

2. 제10조제2항의 규정에 의한 신고를 하지 아니하고 상담소를 설치·운영한 자

3. 제18조 또는 제19조의 규정을 위반한 자

4. 제20조의 규정에 의한 명령을 위반한 자

제23조 (양벌규정) 법인의 대표자나 법인 또는 개인의 대리인·사용인 그 밖의 종사자가 그 법인 또는 개인의 업무에 관하여 제22조의 위반행위를 한 때에는 그 행위자를 벌하는 외에 그 법인 또는 개인에 대하여도 동조의 벌금형을 과한다.

제24조 (과태료) ①다음 각 호의 어느 하나에 해당하는 자는 300만원 이하의 과태료에 처한다.

1. 제16조제1항의 규정에 따른 관계공무원의 출입·검사를 거부·방해 또는 기피한 자

2. 제17조의 규정을 위반한 자

②제1항의 규정에 의한 과태료는 대통령령이 정하는 바에 따라 여성가족부장관, 시·도지사 또는 시장·군수·구청장(이하 "부과권자"라 한다)이 부과·징수한다. <개정 2005.3.24>

③제2항의 규정에 따른 과태료처분에 불복이 있는 자는 그

처분의 고지를 받은 날부터 30일 이내에 부과권자에게 이의를 제기할 수 있다.

④제2항의 규정에 따라 과태료처분을 받은 자가 제3항의 규정에 의하여 이의를 제기한 때에는 부과권자는 지체없이 관할법원에 그 사실을 통보하여야 하며, 그 통보를 받은 관할법원은 「비송사건절차법」에 의한 과태료의 재판을 한다. <개정 2005.12.29>

⑤제3항의 규정에 따른 기간 이내에 이의를 제기하지 아니하고 과태료를 납부하지 아니한 때에는 국세체납처분 또는 지방세체납처분의 예에 의하여 이를 징수한다.

부칙 <제7212호, 2004.3.22>

제1조 (시행일) 이 법은 공포 후 6월이 경과한 날부터 시행한다.

제2조 (지원시설·상담소에 관한 경과조치) ①이 법 시행 당시 종전의 윤락행위등방지법에 의하여 설치된 일시보호소 및 선도보호시설은 이 법에 의한 일반지원시설 또는 청소년지원시설로, 자립자활시설은 이 법에 의한 자활지원센타로, 여성복지상담소는 이 법에 의한 성매매피해상담소로 각각 본다. 다만, 이 법 시행일부터 2년 이내에 이 법에서 정한 시설기준을 충족하여야 한다.

②종전의 윤락행위등방지법에 의하여 설치된 일시보호소, 선도보호시설, 자립자활시설, 여성복지상담소는 이 법 시행일부터 6월 이내에 일반지원시설, 청소년지원시설, 자활지원센터 및 성매매피해상담소로 각각 신고하여야 한다.

제3조 (벌칙에 관한 경과조치) 이 법 시행전의 행위에 대한 벌칙의 적용에 있어서는 종전의 윤락행위등방지법에 의한다.

제4조 (다른 법률의 개정 등) ①사회복지사업법 중 다음과 같이 개정한다.

제2조제1호 사목을 다음과 같이 한다.

사. 성매매방지및피해자보호등에관한법률

②아동복지법 중 다음과 같이 개정한다.

제26조제2항제6호를 다음과 같이 한다.

6. 성매매방지및피해자보호등에관한법률 제5조 및 제10조의 규정에 의한 지원시설 및 성매매피해상담소의 장이나 그 종사자

③청소년의성보호에관한법률 중 다음과 같이 개정한다.

제15조제1항 중 "윤락행위등방지법 제11조제1항제2호의 규정에 의한 선도보호시설"을 "성매매방지및피해자보호등에관한법률 제5조제1항제2호의 규정에 의한 청소년지원시설"로 한다.

④이 법 시행 당시 다른 법령에서 종전의 윤락행위등방지법 및 그 규정을 인용하고 있는 경우 이 법 중 그에 해당하는 규정이 있는 때에는 이 법 또는 이 법의 해당 규정을 인용한 것으로 본다.

부칙 (정부조직법) <제7413호, 2005.3.24>

제1조 (시행일) 이 법은 공포한 날부터 시행한다. 다만, 다음 각 호의 사항은 각 호의 구분에 의한 날부터 시행한다.

1. 제26조 - 부칙 제2조 내지 제4조의 규정은 이 법 공포 후 3월 이내에 제42조의 개정규정에 의한 여성가족부의 조직에 관한 대통령령이 시행되는 날

2. 생략

제2조 생략

제3조 (다른 법률의 개정) ①내지 ⑥생략

⑦성매매방지및피해자보호등에관한법률 일부를 다음과 같이 개정한다.

제5조제2항·제3항, 제6조제3항, 제7조제1항제10호·제4항 제4호, 제8조제4항, 제9조제4항, 제10조제4항, 제11조제6호, 제14조제2항, 제17조 및 제20조제3항 중 "여성부령"을 각각 "여성가족부령"으로 한다.

제16조제1항, 제20조제1항 각 호외의 부분, 제21조 및 제24조제2항 중 "여성부장관"을 각각 "여성가족부장관"으로 한다.

⑧내지 ⑭생략

제4조 생략

부칙 <제7784호, 2005.12.29>

①(시행일) 이 법은 공포 후 3월이 경과한 날부터 시행한다.

②(입소기간을 연장한 일반지원시설 입소자의 입소기간에 관한 경과조치) 이 법 시행당시 종전의 제5조제2항의 규정에 의하여 이미 지원기간을 연장한 자에 대하여 일반지원시설의 장은 동항의 규정에 의하여 다시 지원기간을 연장할 수 있다.

부칙 (제주특별자치도 설치 및 국제자유도시 조성을 위한 특별법) <제7849호, 2006.2.21>

제1조 (시행일) 이 법은 2006년 7월 1일부터 시행한다. <단서 생략>

제2조 내지 제39조 생략

제40조 (다른 법령의 개정) ①내지 <16>생략

<17>성매매방지및피해자보호등에관한법률 일부를 다음과 같이 개정한다.

제12조 중 "경찰관서"를 각각 "국가경찰관서"로 한다.

<18>내지 <47>생략

제41조 생략

정신보건법

연혁

1995. 12. 30 제정 법률 제5133호	2003. 5. 29 일부개정 법률 제6893호
1997. 12. 31 전문개정 법률 제5486호	2004. 1. 29 일부개정 법률 제7149호
2000. 1. 12 일부개정 법률 제6152호	2006. 2. 21 일부개정 법률 제7849호

제1장 총칙

제1조 (목적) 이 법은 정신질환의 예방과 정신질환자의 의료 및 사회복귀에 관하여 필요한 사항을 규정함으로써 국민의 정신건강증진에 이바지함을 목적으로 한다.

제2조 (기본이념) ①모든 정신질환자는 인간으로서의 존엄과 가치를 보장받는다.
②모든 정신질환자는 최적의 치료를 받을 권리를 보장받는다.
③모든 정신질환자는 정신질환이 있다는 이유로 부당한 차별대우를 받지 아니한다.
④미성년자인 정신질환자에 대하여는 특별히 치료, 보호 및 필요한 교육을 받을 권리가 보장되어야 한다.
⑤입원치료가 필요한 정신질환자에 대하여는 항상 자발적 입원이 권장되어야 한다.
⑥입원 중인 정신질환자는 가능한 한 자유로운 환경이 보장되어야 하며 다른 사람들과 자유로이 의견교환을 할 수 있도록 보장되어야 한다.

제3조 (정의) 이 법에서 사용하는 용어의 정의는 다음과 같다. <개정 2000.1.12, 2004.1.29>
1. "정신질환자"라 함은 정신병(기질적 정신병을 포함한다)·인격장애·알코올 및 약물중독 기타 비정신병적정신장애를 가진 자를 말한다.
2. "정신보건시설"이라 함은 이 법에 의한 정신의료기관·정신질환자사회복귀시설 및 정신요양시설을 말한다.
3. "정신의료기관"이라 함은 의료법에 의한 의료기관 중 주로 정신질환자의 진료를 행할 목적으로 제12조제1항의 시설기준 등에 적합하게 설치된 병원(이하 "정신병원"이라 한다)과 의원 및 병원급 이상의 의료기관에 설치된 정신과를 말한다.
4. "정신질환자사회복귀시설"(이하 "사회복귀시설"이라 한다)이라 함은 이 법에 의하여 설치된 시설로서 정신질환자를 정신의료기관에 입원시키거나 정신요양시설에 입소시키지 아니하고 사회복귀촉진을 위한 훈련을 행하는 시설을 말한다.
5. "정신요양시설"이라 함은 이 법에 의하여 설치된 시설로서 정신의료기관에서 의뢰된 정신질환자와 만성정신질환자를 입소시켜 요양과 사회복귀촉진을 위한 훈련을 행하는 시설을 말한다.

제4조 (국가 등의 의무) 국가와 지방자치단체는 국민의 정신건강을 증진시키고, 정신질환을 예방하며, 정신질환자의 의료 및 장애극복과 사회복귀촉진을 위한 연구·조사와 지도·상담등 필요한 조치를 하여야 한다.

제4조의2 (실태조사) ①보건복지부장관은 이 법의 적절한 시행을 위하여 정신질환자의 실태조사를 5년마다 실시하여야 한다.
②제1항의 규정에 의한 조사의 방법과 내용 등에 관하여 필요한 사항은 보건복지부령으로 정한다.
[본조신설 2000.1.12]

제5조 (국민의 의무) 국민은 정신질환자의 장애극복 및 사회복귀노력에 협력하여야 한다.

제6조 (정신보건시설의 설치·운영자의 의무) 정신보건시설의 설치·운영자는 정신질환자와 그 보호의무자에게 이 법에 의한 권리와 권리의 행사에 관한 사항을 알려야 하며, 입원 및 거주 중인 정신질환자가 인간으로서의 존엄과 가치를 보장받으며 자유롭게 생활할 수 있도록 노력하여야 한다. <개정 2004.1.29>

제7조 (정신보건전문요원) ①보건복지부장관은 정신보건 분야에 관한 전문지식과 기술을 가진 자에게 정신보건전문요원의 자격증을 교부할 수 있다.

②정신보건전문요원은 정신보건임상심리사·정신보건간호사 및 정신보건사회복지사로 한다.

③제2항의 정신보건전문요원의 구체적인 업무의 범위·한계 및 자격·등급, 자격증의 교부절차 등에 관하여 필요한 사항은 대통령령으로 정한다.

제7조의2 (결격사유) 다음 각 호의 1에 해당하는 자는 정신보건전문요원이 될 수 없다. <개정 2005.3.31>

1. 금치산자 및 한정치산자
2. 파산선고를 받은 자로서 복권되지 아니한 자
3. 이 법, 형법 중 제233조·제234조(제233조의 죄에 의하여 작성된 허위진단서 등을 행사한 자에 한한다. 이하 같다)·제235조(제233조 및 제234조의 미수범에 한한다)·제269조·제270조제2항 및 제3항·제317조제1항·제347조(허위로 진료비를 청구하여 환자나 진료비를 지급하는 기관 또는 단체를 기망한 경우에 한한다), 보건범죄단속에관한특별조치법, 지역보건법, 후천성면역결핍증예방법, 의료법, 응급의료에관한법률, 농어촌등보건의료를위한특별조치법, 시체해부및보존에관한법률, 혈액관리법, 마약류관리에관한법률, 약사법, 모자보건법, 사회복지사업법 그 밖에 대통령령이 정하는 의료관계법령을 위반하여 금고 이상의 형의 선고를 받고 그 집행이 종료되지 아니하거나 집행을 받지 아니하기로 확정되지 아니한 자

[본조신설 2004.1.29]

제2장 정신보건시설

제8조 (국공립정신병원의 설치 등 <개정 2004.1.29>) ①보건복지부장관 또는 특별시장·광역시장 또는 도지사(이하 "시·도지사"라 한다)는 정신병원을 설치·운영하여야 한다.

②삭제 <2000.1.12>

③보건복지부장관 또는 시·도지사는 정신병원을 설치하는 경우 그 병원이 지역적으로 균형있게 분포되도록 하여야 하며, 정신질환자에 대하여 지역사회관리가 가능하도록 하여야 한다. <개정 2000.1.12>

④제1항의 규정에 의한 정신병원은 제13조제2항의 규정에 의한 사업을 수행하고 지역사회정신보건사업인력에 대한 교육·훈련을 담당한다. <개정 2000.1.12, 2004.1.29>

제9조 삭제<2000.1.12>

제10조 (정신요양시설의 설치·운영 등<개정 2000.1.12>) ①사회복지법인 기타 비영리법인은 보건복지부장관의 허가를 받아 정신요양시설을 설치·운영할 수 있다. 허가 받은 사항 중 보건복지부령이 정하는 중요한 사항을 변경하고자 하는 때에도 또한 같다. <개정 2000.1.12>

②정신요양시설에서의 요양과 사회복귀를 위한 훈련은 보건복지부장관이 정하는 바에 의하여 행하여져야 한다. <개정 2000.1.12>

③보건복지부장관 또는 시·도지사는 정신요양시설의 장에게 정신질환자의 요양과 사회복귀촉진을 위한 훈련에 지장이 없는 범위안에서 지역주민·사회단체·언론기관 등이 정신요양시설의 운영상황을 파악할 수 있도록 당해 시설의 개방을 요구할 수 있다. <신설 2000.1.12>

④정신요양시설의 설치기준, 수용인원, 종사자의 수 및 자격, 이용 및 운영에 관하여 필요한 사항은 보건복지부령으로 정한다.

⑤정신요양시설에 대하여는 제23조, 제24조, 제29조, 제31조 내지 제35조, 제38조, 제40조, 제45조, 제46조, 제55조제2호·제3호 및 제5호, 제56조제3호 및 제4호, 제57조제1호(제26조제5항의 규정에 위반한 경우를 제외한다) 내지 제5호, 제58조, 제59조제1항제3호·제6호 및 제2항 내지 제5항의 규정을 각각 준용한다.

⑥정신요양시설에 관하여 이 법에 규정한 것을 제외하고는 사회복지사업법 중 사회복지시설에 관한 규정을 준용한다.

제10조의2 (정신요양시설의 폐지·휴지·재개신고) 제10조제1항의 규정에 의하여 정신요양시설을 설치·운영하는 자가 그 시설을 폐지·휴지하거나 재개하고자 할 때에는 보건복지부령이 정하는 바에 의하여 미리 신고하여야 한다.

[본조신설 2000.1.12]

제11조 (정신요양시설의 개선, 사업의 정지, 허가취소 등) ①보건복지부장관은 정신요양시설이 다음 각 호의 1에 해당할 때에는 그 시설의 개선, 사업의 정지, 시설의 장의 교체를 명하거나 시설설치의 허가를 취소할 수 있다.

1. 정신요양시설이 설치기준에 미달하게 된 때
2. 사회복지법인 또는 비영리법인이 설치·운영하는 정신요양시설의 경우 그 법인의 설립허가가 취소된 때
3. 삭제 <2000.1.12>
4. 기타 이 법 또는 이 법에 의한 명령에 위반한 때

②제1항의 규정에 의한 행정처분의 세부적인 기준은 그 위반행위의 유형과 위반의 정도 등을 참작하여 보건복지부령으로 정한다. <신설 2004.1.29>

제12조 (정신의료기관의 시설기준 등) ①정신의료기관의 시설, 장비의 기준, 의료인 등 종사자의 수 및 자격 등에 관하여 필요한 사항은 정신의료기관의 규모 등을 고려하여 보건복지부령으로 정한다. <개정 2000.1.12>

②보건복지부장관은 정신질환자에 대한 효율적인 의료의 제공을 위하여 다음 각 호의 1에 해당하는 경우에 정신의료기관의 규모를 제한할 수 있다. <개정 2000.1.12>

1. 300병상 이상의 정신의료기관을 개설하고자 하는 경우
2. 정신의료기관의 병상수를 300병상 미만에서 기존의 병상수를 포함하여 300병상 이상으로 증설하고자 하는 경우
3. 300병상 이상의 정신의료기관을 운영하는 자가 병상수를 증설하고자 하는 경우

③시·도지사 또는 시장·군수·구청장(자치구의 구청장에 한한다. 이하 같다)은 정신의료기관이 다음 각 호에 해당하는 때에는 당해 정신의료기관에 대하여 허가의 취소 또는 폐쇄(의료법의 규정에 의하여 개설신고한 의료기관에 한한다)를 명하거나 보건복지부령이 정하는 바에 의하여 1년의 범위내에서 기간을 정하여 당해 사업의 정지를 명할 수 있다. <개정 2004.1.29>

1. 제1항의 규정에 의한 시설, 장비의 기준, 의료인 등 종사자의 수 및 자격 등에 미달하게 된 때
2. 제33조제1항(제35조제2항에서 준용하는 경우를 포함한다) 또는 제39조제4항의 규정에 의한 명령에 불응한 때
3. 정당한 사유없이 제39조제1항 및 제2항의 규정에 의한 보고를 하지 아니하거나 허위의 보고를 한 때, 관계서류를 제출하지 아니하거나 허위의 서류를 제출한 때 또는 관계 공무원, 정신보건심의위원회위원의 검사·심사를 거부·방해 또는 기피한 때

④시·도지사 또는 시장·군수·구청장은 제3항의 규정에 의하여 허가를 취소하거나 시설의 폐쇄 또는 사업의 정지를 명하고자 하는 경우에는 1년의 범위내에서 기간을 정하여 시정을 명한 후 이에 응하지 아니한 때에 이를 행하여야 한다. <개정 2004.1.29>

⑤제3항의 규정에 의한 행정처분의 세부적인 기준은 그 위반행위의 유형과 위반의 정도 등을 참작하여 보건복지부령으로 정한다. <신설 2004.1.29>

⑥정신의료기관에 관하여 이 법에 규정된 사항외에는 의료법의 규정을 준용한다.

제12조의2 (과징금처분) ①시·도지사 또는 시장·군수·구청장은 제12조제3항 각 호의 1에 해당하여 사업의 정지를 명하여야 하는 경우로서 그 사업정지가 이용자에게 심한 불편을 주거나 그 밖에 공익을 해할 우려가 있는 때에는 사업정지처분에 갈음하여 5천만원 이하의 과징금을 부과할 수 있다.

②제1항의 규정에 의한 과징금을 부과하는 위반행위의 종별·정도 등에 따른 과징금의 금액 그 밖에 필요한 사항은 보건복지부령으로 정한다.

③시·도지사 또는 시장·군수·구청장은 제1항의 규정에 의한 과징금을 납부하여야 할 자가 납부기한까지 이를 납부

하지 아니하는 때에는 지방세체납처분의 예에 따라 이를 징수한다.
[본조신설 2004.1.29]

제13조 (지역사회정신보건사업 등) ①국가 및 지방자치단체는 보건소를 통하여 정신보건시설간 연계체계 구축, 정신질환의 예방, 정신질환자의 발견·상담·진료·사회복귀훈련 및 이에 관한 사례관리 등 지역사회정신보건사업을 기획·조정 및 수행할 수 있다.

②국가 및 지방자치단체는 국·공립정신의료기관을 통하여 제1항의 규정에 의한 지역사회정신보건사업을 지원하고, 시·군·구(자치구를 말한다)간 연계체계 구축, 응급정신의료서비스 제공 등 광역단위의 사업을 수행하며, 그 밖에 지역사회정신보건사업의 활성화를 위하여 필요한 사업을 수행할 수 있다.

③국가 및 지방자치단체는 제1항 및 제2항의 규정에 의한 지역사회정신보건사업을 전문적으로 수행하게 하기 위하여 보건소 또는 국·공립정신의료기관에 정신보건센터를 설치하거나 그 사업을 대통령령이 정하는 기관 또는 단체에 위탁할 수 있다.

④보건소 또는 국·공립정신의료기관은 지역사회정신보건사업의 수행을 위하여 정신질환자를 관리하는 경우에는 본인 또는 보호의무자의 동의하에 행하여야 한다.

⑤보건소에는 대통령령이 정하는 바에 따라 제7조의 규정에 의한 정신보건전문요원을 둘 수 있다.

⑥제1항 및 제2항의 규정에 의한 지역사회정신보건사업의 집중적이고 전문적인 지원을 위하여 보건복지부장관은 중앙정신보건사업지원단을, 시·도지사는 지방정신보건사업지원단을 각각 설치·운영할 수 있다.

⑦제6항의 규정에 의한 중앙정신보건사업지원단 및 지방정신보건사업지원단의 직무범위 및 운영 등에 관하여 필요한 사항은 보건복지부령으로 정한다.
[전문개정 2004.1.29]

제14조 (정신보건연구기관의 설치) 국가는 정신보건의 향상을 도모하기 위하여 정신보건연구를 위한 기관을 설치하여야 한다.

제15조 (사회복귀시설의 설치·운영) ①국가 또는 지방자치단체는 사회복귀시설을 설치·운영할 수 있다.

②제1항에 규정된 자외의 자가 사회복귀시설을 설치·운영하고자 하는 때에는 시설의 소재지를 관할하는 시장·군수·구청장에게 신고하여야 한다. 신고한 사항 중 보건복지부령이 정하는 중요한 사항을 변경하고자 하는 때에도 또한 같다.

③사회복귀시설의 장은 보건복지부장관이 정하는 바에 따

라 정신질환자에 대하여 사회복귀를 위한 훈련을 실시하여
야 한다.
④사회복귀시설의 시설기준, 수용인원, 종사자 수 및 자격,
설치·운영신고, 변경신고, 이용 및 운영에 관하여 필요한
사항은 보건복지부령으로 정한다.
[전문개정 2004.1.29]

제16조 (사회복귀시설의 종류) 사회복귀시설의 종류는 다음과
같다.
1. 정신질환자생활훈련시설
정신질환 때문에 가정에서 일상생활을 영위하는데 지장이
있는 정신질환자를 위하여 일상생활에 적응할 수 있도록
저렴한 요금으로 거실 기타 시설을 이용하게 하고 필요한
훈련 및 지도를 함으로써 정신질환자의 사회복귀를 촉진할
것을 목적으로 하는 시설
2. 정신질환자작업훈련시설
고용되기 곤란한 정신질환자가 자활할 수 있도록 저렴한
요금으로 거실 기타 시설을 이용하게 하고 필요한 훈련을
하며 직업을 알선함으로써 사회복귀 촉진을 도모하는 것을
목적으로 하는 시설
3. 기타 보건복지부령으로 정하는 시설

제17조 (사회복귀시설의 폐지·휴지·재개신고) 제15조제2항의 규
정에 의하여 사회복귀시설을 설치한 자가 그 시설을 폐지·
휴지하거나 재개하고자 할 때에는 보건복지부령이 정하는
바에 의하여 미리 시장·군수·구청장에게 신고하여야 한다.
<개정 2004.1.29>

제18조 (시설설치의 폐쇄 등) ①시장·군수·구청장은 사회복귀
시설이 다음 각 호의 1에 해당하는 때에는 그 시설의 폐쇄
를 명하거나 보건복지부령이 정하는 바에 따라 1년 이내의
범위에서 기간을 정하여 그 사업의 정지를 명할 수 있다.
<개정 2000.1.12, 2004.1.29>
1. 제15조제2항의 규정에 의하여 사회복귀시설을 설치한
사회복지법인 또는 비영리법인이 그 설립허가가 취소되거
나 해산된 때
2. 제15조제3항의 규정에 위반한 때
2을 위반한 때
4. 삭제 <2004.1.29>
②시장·군수·구청장은 제1항의 규정에 의하여 시설의 폐
쇄 또는 사업의 정지를 명하고자 하는 경우에는 1년의 범위
내에서 기간을 정하여 시정을 명한 후 이에 응하지 아니한
때에 이를 행하여야 한다. <개정 2004.1.29>
③시장·군수·구청장은 사회복귀시설이 제1항의 규정에 의
한 시설의 폐쇄명령에 응하지 아니한 때에는 관계공무원으
로 하여금 당해 시설을 폐쇄하기 위하여 다음 각 호의 조치

를 하게 할 수 있다. <신설 2004.1.29>
1. 당해 시설의 간판 등 시설표시물의 제거·삭제
2. 당해 시설이 적법한 사회복귀시설이 아님을 알리는 게시
문 등의 부착
3. 당해 시설의 시설물 그 밖에 업무에 사용하는 기구 등을
사용할 수 없게 하는 봉인
④제1항의 규정에 의한 행정처분의 세부적인 기준은 그 위
반행위의 유형과 위반의 정도 등을 참작하여 보건복지부령
으로 정한다. <신설 2004.1.29>

제19조 삭제<2000.1.12>

제20조 (청문) 보건복지부장관, 시·도지사 또는 시장·군수·
구청장이 제11조, 제12조제3항 또는 제18조제1항의 규정에
의하여 허가를 취소하거나 시설을 폐쇄하고자 하는 때에는
청문을 실시하여야 한다.

제3장 보호 및 치료

제21조 (보호의무자) ①정신질환자의 민법상의 부양의무자
또는 후견인은 정신질환자의 보호의무자가 된다. 다만, 다
음 각 호의 1에 해당하는 자는 보호의무자가 될 수 없다.
1. 금치산자 및 한정치산자
2. 파산선고를 받고 복권되지 아니한 자
3. 당해 정신질환자를 상대로 한 소송이 계속 중인 자 또는
소송한 사실이 있었던 자와 그 배우자
4. 미성년자
5. 행방불명자
②제1항의 규정에 의한 보호의무자 사이의 보호의무의 순
위는 부양의무자·후견인의 순위에 의하며 부양의무자가 2
인 이상인 경우에는 민법 제976조의 규정에 따른다.
③제1항의 규정에 의한 보호의무자가 없거나 보호의무자
가 부득이한 사유로 인하여 그 의무를 이행할 수 없는 경우
에는 당해 정신질환자의 주소지(주소지가 없거나 알 수 없
는 경우에는 현재지)를 관할하는 시장·군수 또는 구청장이
그 보호의무자가 된다.

제22조 (보호의무자의 의무) ①보호의무자는 피보호자인 정신
질환자로 하여금 적정한 치료를 받도록 노력하여야 하며,
정신과전문의의 진단에 의하지 아니하고 정신질환자를 입
원시키거나 입원을 연장시켜서는 아니된다.
②보호의무자는 보호하고 있는 정신질환자가 자신 또는 타
인을 해치지 아니하도록 유의하여야 하며, 정신과전문의의
진단에 따라 정신질환자가 입·퇴원할 수 있도록 협조하여
야 한다. <개정 2004.1.29>
③보호의무자는 정신질환자의 재산상의 이익 등 권리보호

를 위하여 노력하여야 하며 정신질환자를 유기하여서는 아니된다.

제23조 (자의입원) ①정신질환자는 입원신청서에 의하여 정신의료기관에 자의로 입원할 수 있다.
②정신의료기관의 장(병원급 이상의 의료기관에 설치된 정신과의 경우에는 그 의료기관의 장을 말한다. 이하 같다)은 제1항의 규정에 의하여 입원한 환자로부터 퇴원신청이 있는 경우에는 지체없이 퇴원시켜야 한다.
③삭제 <2000.1.12>
④삭제 <2000.1.12>

제24조 (보호의무자에 의한 입원) ①정신의료기관의 장은 정신질환자의 보호의무자의 동의가 있는 때에는 정신과전문의가 입원이 필요하다고 진단한 경우에 한하여 당해 정신질환자를 입원시킬 수 있으며, 입원시 당해 보호의무자로부터 보건복지부령이 정하는 입원동의서 및 보호의무자임을 확인할 수 있는 서류를 받아야 한다. <개정 2000.1.12>
②정신과전문의는 정신질환자가 입원이 필요하다고 진단한 때에는 제1항의 입원동의서에 당해 정신질환자가 다음 각 호의 1에 정한 경우에 해당된다고 판단한다는 의견을 기재한 입원권고서를 첨부하여야 한다.
1. 환자가 정신의료기관내 입원치료를 받을 만한 정도 또는 성질의 정신질환에 걸려 있는 경우
2. 환자 자신의 건강 또는 안전이나 타인의 안전을 위하여 입원할 필요가 있는 경우
③제1항의 입원기간은 6월 이내로 한다. 다만, 정신의료기관의 장은 6월이 경과한 후에도 계속입원치료가 필요하다는 정신과전문의의 진단이 있고 보호의무자가 제1항의 규정에 의한 입원동의서를 제출한 때에는 매 6월마다 시·도지사에게 계속입원치료에 대한 심사를 청구하여야 한다.
④정신의료기관의 장은 제3항의 규정에 의한 심사결과에 따라 퇴원명령을 받은 때에는 당해 환자를 즉시 퇴원시켜야 한다.
⑤정신의료기관의 장은 제1항 및 제3항의 규정에 의하여 정신질환자를 입원 또는 입원기간을 연장시킨 때에는 지체없이 본인에게 입원 또는 입원기간을 연장시킨 사유와 제29조의 규정에 의한 퇴원심사 등의 청구에 관한 사항을 서면으로 통지하여야 한다.
⑥정신의료기관의 장은 제1항 및 제3항의 규정에 의한 입원동의서를 제출한 보호의무자로부터 퇴원신청이 있는 경우에는 지체없이 당해 환자를 퇴원시켜야 한다. 다만, 정신과전문의가 정신질환자의 위험성을 고지한 경우에는 정신의료기관의 장은 퇴원을 중지할 수 있다. 이 경우 보호의무자는 즉시 지방정신보건심의위원회에 이의를 신청할 수 있다.

⑦정신의료기관의 장은 제1항 및 제3항의 규정에 의하여 입원한 환자로부터 퇴원`의 청구가 있는 때에는 정신과전문의의 의견에 따라 퇴원이 가능한 경우 당해 환자를 즉시 퇴원시켜야 한다.

제25조 (시·도지사에 의한 입원) ①정신질환으로 자신 또는 타인을 해할 위험이 있다고 의심되는 자를 발견한 정신과전문의 또는 정신보건전문요원은 시·도지사에게 당해인의 진단 및 보호를 신청할 수 있다.
②제1항의 규정에 의하여 신청을 받은 시·도지사는 즉시 정신과전문의에게 당해 정신질환자로 의심되는 자에 대한 진단을 의뢰하여야 한다.
③정신과전문의가 제2항의 정신질환자로 의심되는 자에 대하여 자신 또는 타인을 해할 위험이 있어 그 증상의 정확한 진단이 필요하다고 인정한 때는 시·도지사는 당해인을 국가나 지방자치단체가 설치 또는 운영하는 정신의료기관 또는 종합병원에 2주 이내의 기간을 정하여 입원하게 할 수 있다.
④제3항의 규정에 의한 자신 또는 타인을 해할 위험의 기준은 제28조의 규정에 의한 중앙정신보건심의위원회의 심의를 거쳐 보건복지부장관이 정한다.
⑤시·도지사는 제3항의 규정에 의한 입원을 시킨 때에는 당해 정신질환자의 보호의무자 또는 보호를 하고 있는 자에 대하여 지체없이 입원사유·입원기간 및 장소를 서면으로 통지하여야 한다.
⑥시·도지사는 제3항의 규정에 의한 진단결과 당해 정신질환자에 대하여 계속입원이 필요하다는 2인 이상의 정신과전문의의 일치된 소견이 있는 경우 당해 정신질환자에 대하여 국가나 지방자치단체가 설치 또는 운영하는 정신의료기관에 입원치료를 의뢰할 수 있다. 다만, 그 관할구역에 국가나 지방자치단체가 설치 또는 운영하는 정신의료기관이 없는 경우에는 그 외의 정신의료기관에 입원치료를 의뢰할 수 있다. <개정 2000.1.12>
⑦삭제 <2000.1.12>
⑧시·도지사는 제6항의 규정에 의한 입원의뢰시 당해 정신질환자 및 보호의무자 또는 보호를 하고 있는 자에 대하여 계속입원이 필요한 사유 및 기간과 제29조의 규정에 의한 퇴원심사 등의 청구에 관한 사항을 지체없이 서면으로 통지하여야 한다.

제26조 (응급입원) ①정신질환자로 추정되는 자로서 자신 또는 타인을 해할 위험이 큰 자를 발견한 자는 그 상황이 매우 급박하여 제23조 내지 제25조의 규정에 의한 입원을 시킬 수 없는 때에는 의사와 경찰관의 동의를 얻어 정신의료기관에 당해인에 대한 응급입원을 의뢰할 수 있다.
②제1항의 규정에 의하여 입원을 의뢰할 때에는 이에 동의

한 경찰관 또는 소방기본법 제35조의 규정에 따른 구급대의 대원은 정신의료기관까지 당해인을 호송한다. <개정 2000.1.12, 2003.5.29>
③정신의료기관의 장은 제1항의 규정에 의하여 입원의뢰된 자에 대하여 72시간의 범위내에서 응급입원을 시킬 수 있다.
④제3항의 규정에 의하여 입원의뢰된 자에 대한 정신과전문의의 진단결과 계속입원이 필요한 때에는 제23조 내지 제25조의 규정에 의하여 입원을 시켜야 한다.
⑤정신의료기관의 장은 제4항의 규정에 의한 정신과전문의의 진단결과 계속입원이 필요하지 아니하는 경우에는 즉시 퇴원시켜야 한다.

제4장 퇴원의 청구·심사 등

제27조 (정신보건심의위원회의 설치 및 종류) ①정신보건에 관하여 보건복지부장관과 시·도지사의 자문에 응하고 정신보건에 관한 중요한 사항의 심의와 심사를 하기 위하여 보건복지부장관소속하에 중앙정신보건심의위원회를, 시·도지사소속하에 지방정신보건심의위원회를 각각 둔다.
②제31조, 제35조 및 제36조의 규정에 의한 심사를 하기 위하여 중앙 및 지방정신보건심의위원회안에 정신보건심판위원회를 각각 둔다.

제28조 (정신보건심의위원회의 직무) ①중앙정신보건심의위원회는 다음 각 호의 사항을 심의한다.
1. 정신보건정책에 관한 사항
2. 정신보건시설기준에 관한 사항
3. 정신질환자의 입원 및 진료에 대한 각종 기준
4. 치료에 대한 동의에 관한 의학적 견해의 제공
5. 재심사청구사건
②지방정신보건심의위원회는 다음 각 호의 사항을 심사한다. <개정 2000.1.12>
1. 정신보건시설에 대한 감독과 시정
2. 정신보건시설에 대한 평가
3. 이의제기된 치료행위의 심사
4. 처우개선에 대한 심사
5. 퇴원 및 계속입원 여부에 대한 심사
③중앙정신보건심의위원회 및 지방정신보건심의위원회(이하 "정신보건심의위원회"라 한다)의 위원은 각각 5인 이상 15인 이내로 하고 임기는 2년으로 하되, 연임할 수 있다.
④정신보건심의위원회의 위원은 정신과전문의와 판사·검사 또는 변호사의 자격이 있는 자, 정신보건전문요원 및 정신보건에 관한 전문지식과 경험을 가진 자 중에서 보건복지부장관 및 시·도지사가 각각 임명 또는 위촉한다. <개정 2000.1.12>

⑤정신보건심판위원회는 정신보건심의위원회 위원 중에서 보건복지부장관 및 시·도지사가 임명한 5인 이상 10인 이내의 위원으로 구성하고 합의체로 안건을 심사해야 한다. 이 경우 위원은 정신과전문의, 판사·검사 또는 변호사의 자격이 있는 자 중에서 각각 1인 이상을 포함하여야 한다. <개정 2004.1.29>
⑥정신보건심의위원회는 심의 또는 심사를 위하여 연 2회 이상 위원회의 회의를 개최하여야 한다. <신설 2000.1.12>
⑦정신보건심의위원회의 구성·운영 기타 필요한 사항은 대통령령으로 정한다.

제29조 (퇴원심사 등의 청구) ①정신의료기관에 입원 중인 자 또는 그 보호의무자는 시·도지사에게 자신 또는 당해 입원환자의 퇴원 또는 처우개선을 청구할 수 있다.
②제1항의 청구절차 등에 관하여 필요한 사항은 보건복지부령으로 정한다.

제30조 (지방정신보건심의위원회에의 회부) 시·도지사는 제24조제3항 및 제29조제1항의 규정에 의한 청구를 받은 때에는 즉시 당해 청구내용을 지방정신보건심의위원회에 회부하여야 한다.

제31조 (퇴원 등의 심사) ①지방정신보건심의위원회는 제30조의 규정에 의한 회부를 받은 때에는 지체없이 이를 정신보건심판위원회에서 심사하여 그 결과를 시·도지사에게 보고하여야 한다.
②제1항의 규정에 의한 심사를 하는 때에는 청구인과 정신질환자가 입원하고 있는 정신의료기관의 장의 의견을 들어야 한다. 다만, 정신질환자 및 보호의무자에게 유리한 경우에는 그 의견을 듣지 아니할 수 있다.

제32조 (위원의 제척) 제31조의 규정에 의한 정신보건심판위원회의 퇴원 등의 심사에는 당해 정신질환자의 입원을 결정한 위원과 당해 정신질환자가 입원하고 있는 정신의료기관에 소속된 위원은 참여할 수 없다. <개정 2000.1.12>

제33조 (퇴원명령 등) ①시·도지사는 제31조제1항의 규정에 의한 지방정신보건심의위원회로부터 보고받은 심사결과에 따라 필요한 경우 정신의료기관의 장에 대하여 당해 정신질환자를 퇴원 또는 가퇴원시키도록 명하거나 처우개선을 위하여 필요한 조치를 취하도록 명하여야 한다.
②시·도지사는 제24조제3항 및 제29조의 규정에 의한 청구를 한 자에 대하여 당해 청구에 관련된 지방정신보건심판위원회의 심사결과 및 이에 따른 조치내용을 청구서 접수일부터 30일 이내에 서면으로 통지하여야 한다. 다만, 부득이한 사유로 기간내에 통지하지 못할 때에는 그 사유와 심

사통지할 기한을 서면으로 통지하여야 한다.

제34조 (재심사청구) ①제29조의 규정에 의한 청구를 한 자 및 제24조제3항의 규정에 의하여 계속입원이 결정된 정신 질환자가 제33조제2항의 규정에 의한 시·도지사의 심사결 과 통지에 대하여 불복이 있거나 기간내에 심사를 받지 못 한 경우에는 보건복지부장관에게 재심사를 청구할 수 있다. ②제1항의 재심사청구의 절차는 보건복지부령으로 정한다.

제35조 (재심사의 회부 등) ①보건복지부장관은 제34조제1항 의 규정에 의한 재심사청구를 받은 때에는 즉시 당해 청구 내용을 중앙정신보건심의위원회에 회부하여야 한다. ②중앙정신보건심의위원회의 심사에 관한 사항에 관하여 는 제31조의 규정을, 위원의 제척에 관하여는 제32조의 규 정을, 보건복지부장관의 퇴원명령 등에 관한 사항에 관하 여는 제33조의 규정을 각각 준용한다.

제36조 (시·도지사에 의한 입원조치의 해제) ①시·도지사는 제 25조의 규정에 의하여 입원한 자가 입원후 3월이 경과하면 당해 환자에 대한 입원조치를 해제하여야 하며, 이를 환자 가 입원하고 있는 정신의료기관의 장에게 통지하여야 한다. 이 경우 당해 정신의료기관의 장은 지체없이 당해 환자를 퇴원시켜야 한다. ②제1항의 규정에 불구하고 시·도지사는 2인 이상의 정신 과전문의에 의한 진단 또는 정신보건심판위원회의 심사결 과 당해 정신질환자가 퇴원시 정신질환으로 자신 또는 타 인을 해할 위험이 있다고 명백히 인정되는 진단 또는 심사 결과가 있는 경우에는 당해인을 계속입원시킬 수 있으며, 그 기간은 계속입원일부터 3월 이내로 한다. ③시·도지사는 제2항의 규정에 의하여 환자를 계속입원시 킬 때에는 당해 환자 및 보호의무자 또는 보호를 하고 있는 자에 대하여 계속입원이 필요한 사유 및 기간을 서면으로 통지하여야 한다.

제37조 (가퇴원) ①제24조 및 제25조의 규정에 의하여 정신 질환자를 입원시키고 있는 정신의료기관의 장은 2인 이상 의 정신과전문의의 진단결과 당해 환자의 증상에 비추어 일시 퇴원시켜 그 회복경과를 관찰하는 것이 필요하다고 인정될 때에는 즉시 퇴원시키고 그 사실을 입원치료를 의 뢰한 보호의무자 또는 시·도지사에게 통보하여야 한다. ②시·도지사는 제1항의 규정에 의한 통보를 받은 때 또는 제33조제1항(제35조제2항에서 준용하는 경우를 포함한다) 의 규정에 의한 가퇴원명령을 한 때에는 당해인의 입원일 또는 계속입원일부터 제24조의 규정에 의하여 입원한 경우 에는 6월의 기간에 한하여, 제25조의 규정에 의하여 입원한 경우에는 3월의 기간에 한하여 각각 퇴원후의 경과를 관찰

할 수 있다.

③시·도지사는 제2항의 규정에 의한 관찰결과 증상의 변화 등으로 인하여 다시 입원시킬 필요가 있다고 인정될 때에 는 2인의 정신과전문의의 의견을 들어 일시 퇴원한 정신질 환자를 다시 입원시킬 수 있다. 이 경우 재입원기간은 재입 원을 한 날부터 3월을 초과할 수 없다. ④제1항 내지 제3항의 규정에 의한 통보, 관찰의 내용과 절 차 및 재입원에 관하여 필요한 사항은 대통령령으로 정한 다.

제38조 (무단퇴원자에 대한 조치) ①정신의료기관의 장은 입 원중인 정신질환자로서 자신 또는 타인을 해할 위험이 있 는 자가 무단으로 퇴원하여 그 행방을 알 수 없는 때에는 관할경찰서장 또는 자치경찰기구를 설치한 제주특별자치 도지사에게 다음의 사항을 통지하여 탐색을 요청할 수 있 다. <개정 2006.2.21> 1. 퇴원자의 성명·주소·성별 및 생년월일 2. 입원일 및 퇴원일시 3. 증상의 개요 및 인상착의 4. 보호의무자 또는 이에 준하는 자의 성명·주소 ②경찰관은 제1항의 규정에 의하여 탐색요청을 받은 자를 발견한 때에는 즉시 그 사실을 당해 정신의료기관의 장에 게 통지하여야 한다. 이 경우 경찰관은 당해 정신질환자를 인도할 때까지 24시간의 범위내에서 당해인을 경찰관서· 의료기관·사회복지시설 등에 보호할 수 있다.

제39조 (보고·검사 등) ①보건복지부장관, 시·도지사 또는 시 장·군수·구청장은 정신보건시설의 설치·운영자에 대한 소 관 업무에 관하여 지도·감독을 하거나 보건소로 하여금 지 도·감독을 하도록 하며, 년 1회 이상 그 업무에 관하여 보고 또는 관계서류의 제출을 명하거나, 관계공무원으로 하여금 당해 시설의 장부·서류 기타 운영상황을 검사하게 하여야 한다. <개정 2000.1.12> ②보건복지부장관 또는 시·도지사는 대통령령이 정하는 바에 의하여 정신보건심의위원회의 위원으로 하여금 정신 보건시설에 출입하여 입원 또는 입소한 정신질환자들을 직 접 면담하여 입원 또는 입소의 적절성 여부, 퇴원 또는 퇴소 의 필요성 또는 처우에 관하여 심사하게 할 수 있다. ③제1항 및 제2항의 규정에 의한 검사·심사를 하는 관계공 무원 및 위원은 그 권한을 나타내는 증표를 지니고 이를 관 계인에게 내보여야 한다. ④보건복지부장관 또는 시·도지사는 제2항의 규정에 의한 심사결과에 따라 정신보건시설의 장에 대하여 당해 정신질 환자를 퇴원 또는 퇴소시키도록 명하거나 처우개선을 위하 여 필요한 조치를 취하도록 명할 수 있다. ⑤정신보건시설의 장은 제4항의 규정에 의하여 퇴원 또는

퇴소시키는 경우에는 보건복지부령이 정하는 바에 의하여
관할 보건소장에게 이를 통보하여야 한다. 다만, 정신질환
자 또는 그 보호의무자가 이에 동의를 하지 아니하는 경우
에는 그러하지 아니하다. <신설 2000.1.12>
⑥제5항의 규정에 의한 통보가 그 관할구역외의 정신질환
자에 관한 경우인 때에는 통보를 받은 보건소장은 정신질
환자의 거주지 관할 보건소장에게 이를 지체없이 통지하여
야 한다. <신설 2000.1.12>

제5장 권익보호 및 지원 등

제40조 (입원금지 등) ①누구든지 응급입원의 경우를 제외하
고는 정신과전문의의 진단에 의하지 아니하고 정신질환자
를 정신의료기관에 입원시키거나 입원을 연장시킬 수 없다.
②제1항의 규정에 의한 진단의 유효기간 등에 관하여 필요
한 사항은 보건복지부령으로 정한다.

제41조 (권익보호) ①누구든지 정신질환자이었다는 이유로
교육 및 고용의 기회를 박탈하거나 기타 불공평한 대우를
하여서는 아니된다.
②누구든지 정신질환자, 그 보호의무자 또는 보호를 하고
있는 자의 동의없이 정신질환자에 대하여 녹음·녹화·촬영
할 수 없다.

제42조 (비밀누설의 금지) 이 법에 의하여 정신질환자에 관련
된 직무를 수행하였던 자 또는 수행하는 자는 이 법 또는
다른 법령에서 특히 규정된 경우를 제외하고는 그 직무의
수행과 관련하여 알게된 타인의 비밀을 누설하거나 발표하
여서는 아니된다.

제43조 (수용금지) 누구든지 이 법 또는 다른 법령에 의하여
정신질환자를 의료보호할 수 있는 시설외의 장소에 정신질
환자를 수용하여서는 아니된다.

제44조 (특수치료의 제한) ①정신질환자에 대한 전기충격요
법·인슐린혼수요법·마취하최면요법·정신외과요법   기타
대통령령이 정하는 특수치료행위는 당해 정신의료기관이
구성하는 협의체에서 결정하되 본인 또는 보호의무자에게
특수치료에 대한 필요한 정보를 제공하고 그 동의를 얻어
야 한다.
②제1항의 협의체는 2인 이상의 정신과전문의와 대통령령
이 정하는 정신보건에 관한 전문지식과 경험을 가진 자로
구성하며, 그 운영절차 등에 관하여 필요한 사항은 대통령
령으로 정한다.

제45조 (행동제한의 금지) ①정신의료기관의 장은 정신질환

자에 대하여 의료를 위하여 필요한 경우에 한하여 통신의
자유, 면회의 자유 기타 대통령령이 정하는 행동의 자유를
제한할 수 있다.
②정신의료기관의 장이 제1항의 행동을 제한하는 경우에
는 최소한의 범위안에서 이를 행하여야 하며 그 이유를 진
료기록부에 기재하여야 한다.

제46조 (환자의 격리제한) ①환자의 격리는 환자의 증상으로
보아서 본인 또는 주변사람이 위험에 이를 가능성이 현저
히 높고 격리외의 방법으로 그 위험을 회피하는 것이 뚜렷
하게 곤란하다고 판단되는 경우에 그 위험을 최소한으로
줄이고, 환자 본인의 치료 또는 보호를 도모하는 목적으로
당해 시설내에서 행하여져야 한다.
②제1항의 규정에 의하여 환자를 격리하는 경우에는 정신
과전문의의 지시에 따라야 하며 이를 진료기록부에 기재하
여야 한다.

제47조 (직업지도 등) 국가 또는 지방자치단체는 정신질환으
로부터 회복된 자가 그 능력에 따라 적당한 직업지도·직업
훈련을 받을 수 있도록 노력하고 이들에게 적절한 직종의
개발과 그 보급을 위하여 노력하여야 한다.

제48조 (단체·시설의 보호·육성 등) 국가 또는 지방자치단체는
정신질환자의 사회복귀촉진 및 권익보호를 목적으로 하는
단체 또는 시설을 보호·육성하고, 이에 필요한 비용을 보조
할 수 있다.
[전문개정 2000.1.12]

제49조 (경제적 부담의 경감 등) 국가 또는 지방자치단체는 정
신질환자 및 그 보호의무자의 경제적 부담을 경감하고 정
신질환자의 사회복귀를 촉진하기 위하여 의료비의 경감·
보조 기타 필요한 지원을 할 수 있다.

제50조 (비용의 부담) ①국가와 지방자치단체는 제25조의 규
정에 의한 진단 및 치료에 소요되는 비용의 전부 또는 일부
를 부담할 수 있다.
②제1항의 규정에 의한 비용의 부담에 관하여 필요한 사항
은 대통령령으로 정한다.

제51조 (비용의 징수) 사회복귀시설·정신요양시설의 설치·운
영자는 그 시설을 이용하는 자로부터 보건복지부장관이 정
하여 고시하는 비용징수한도액의 범위안에서 그에 소요되
는 비용을 징수할 수 있다.

제52조 (보조금 등) ①국가는 예산의 범위안에서 지방자치단
체가 설치하여 운영하는 정신의료기관, 사회복귀시설에 대

하여 설치·운영에 필요한 비용을 보조할 수 있다. <개정 2000.1.12>

②국가 또는 지방자치단체는 제13조제1항 및 제2항의 규정에 의한 지역사회정신보건사업 및 제39조제1항의 규정에 의한 지도·감독에 필요한 비용을 보조할 수 있다. <개정 2000.1.12, 2004.1.29>

③국가 및 지방자치단체는 제13조제3항의 규정에 의하여 지역사회정신보건사업을 위탁하는 기관 또는 단체에게 그 사업의 수행에 필요한 비용을 보조할 수 있다. <신설 2000.1.12, 2004.1.29>

④국가 또는 지방자치단체는 대통령령이 정하는 바에 의하여 영리를 목적으로 하지 아니하는 정신의료기관·사회복귀시설 및 정신요양시설의 설치·운영자에 대하여 예산의 범위안에서 그 설치·운영에 필요한 비용을 보조할 수 있다.

⑤제1항 내지 제4항의 규정에 의한 보조금은 그 목적외에 사용할 수 없다. <개정 2000.1.12>

제53조 삭제 <2000.1.12>

제54조 (권한의 위임) ①보건복지부장관 또는 시·도지사는 이 법에 의한 권한의 일부를 대통령령이 정하는 바에 의하여 시·도지사, 국립정신병원장 또는 시장·군수·구청장에게 위임할 수 있다.

②보건복지부장관은 이 법에 의한 업무의 일부를 대통령령이 정하는 바에 따라 정신보건관련기관이나 단체에 위탁할 수 있다. <신설 2000.1.12>

제6장 벌칙

제55조 (벌칙) 다음 각 호의 1에 해당하는 자는 5년 이하의 징역 또는 2천만원 이하의 벌금에 처한다.
1. 제22조제3항의 규정에 위반하여 정신질환자를 유기한 자
2. 제23조제2항 또는 제24조제4항·제6항의 규정에 위반하여 정신질환자를 퇴원시키지 아니한 자
3. 제33조제1항(제35조제2항에서 준용하는 경우를 포함한다) 또는 제39조제4항의 규정에 위반하여 퇴원 또는 가퇴원명령에 응하지 아니한 자
4. 제36조제1항 후단의 규정에 위반하여 정신질환자를 퇴원시키지 아니한 자
5. 제40조제1항의 규정에 위반하여 정신과전문의의 진단없이 정신질환자를 입원시키거나 입원을 연장한 자
6. 제43조의 규정에 위반하여 정신질환자를 이 법 또는 다른 법령에 의한 시설외의 장소에 수용한 자
7. 제44조제1항의 규정에 위반하여 협의체의 결정이 없거나 정신질환자 또는 보호의무자의 동의를 얻지 아니하고

특수치료를 행한 자
8. 제52조제4항의 규정에 위반한 자

제56조 (벌칙) 다음 각 호의 1에 해당하는 자는 3년 이하의 징역 또는 1천만원 이하의 벌금에 처한다.
1. 제12조제3항 및 제18조제1항의 규정에 의한 사업정지·폐쇄명령을 위반한 자
2. 제15조제2항의 규정에 위반하여 신고를 하지 아니하고 사회복귀시설을 설치·운영한 자
3. 제42조의 규정에 위반하여 직무상 알게된 타인의 비밀을 누설하거나 발표한 자
4. 제45조제1항의 규정에 위반하여 정신질환자의 통신 등의 자유를 제한한 자

제57조 (벌칙) 다음 각 호의 1에 해당하는 자는 1년 이하의 징역 또는 500만원 이하의 벌금에 처한다. <개정 2000.1.12>
1. 제26조제5항의 규정에 위반한 자
2. 제24조제3항의 규정에 위반하여 계속입원신청을 하지 않거나 지연한 자
3. 제33조제1항(제35조제2항에서 준용하는 경우를 포함한다) 또는 제39조제4항의 규정에 위반하여 처우개선명령에 응하지 아니한 자
4. 제41조제2항의 규정에 위반하여 동의를 얻지 아니하고 정신질환자에 대하여 녹음·녹화·촬영을 한 자
5. 제46조제2항의 규정에 위반한 자

제58조 (양벌규정) 법인의 대표자 또는 법인이나 개인의 대리인·사용인 기타 종업원이 그 법인 또는 개인의 업무에 관하여 제55조 내지 제57조의 위반행위를 한 때에는 행위자를 벌하는 외에 그 법인 또는 개인에 대하여도 각 해당 조의 벌금형을 과한다.

제59조 (과태료) ①다음 각 호의 1에 해당하는 자는 100만원 이하의 과태료에 처한다. <개정 2000.1.12>
1. 제10조의2의 규정에 의한 신고를 하지 아니하거나 허위의 신고를 한 자
2. 제17조의 규정에 의한 신고를 하지 아니하거나 허위의 신고를 한 자
3. 제24조제5항의 규정에 위반하여 통지를 하지 아니한 자
4. 제37조제1항의 규정에 위반하여 통보를 하지 아니한 자
5. 제39조의 규정에 위반하여 보고를 하지 아니하거나 허위의 보고를 한 자, 관계서류를 제출하지 아니하거나 허위의 서류를 제출한 자 또는 관계공무원·정신보건심의위원회 위원의 검사·심사를 거부·방해 또는 기피한 자
6. 제41조제1항의 규정에 위반한 자

②제1항의 규정에 의한 과태료는 대통령령이 정하는 바에 의하여 보건복지부장관, 시·도지사 또는 시장·군수·구청장이 부과·징수한다. <개정 2004.1.29>

③제2항의 규정에 의한 과태료 처분에 불복이 있는 자는 그 처분의 고지를 받은 날부터 30일 이내에 보건복지부장관, 시·도지사 또는 시장·군수·구청장에게 이의를 제기할 수 있다. <개정 2004.1.29>

④제2항의 규정에 의한 과태료 처분을 받은 자가 제3항의 규정에 의하여 이의를 제기한 때에는 보건복지부장관, 시·도지사 또는 시장·군수·구청장은 지체없이 관할법원에 그 사실을 통보하여야 하며, 그 통보를 받은 관할법원은 비송사건절차법에 의한 과태료의 재판을 한다. <개정 2004.1.29>

⑤제3항의 규정에 의한 기간내에 이의를 제기하지 아니하고 과태료를 납부하지 아니한 때에는 국세 또는 지방세체납처분의 예에 의하여 이를 징수한다.

부칙 <제5486호, 1997.12.31>

제1조 (시행일) 이 법은 1998년 4월 1일부터 시행한다. 다만, 부칙 제4조의 규정은 공포한 날부터 시행한다.

제2조 (정신의료기관의 시설기준에 관한 경과조치) 이 법 시행당시 설치·운영되고 있는 정신의료기관은 2001년 6월 30일까지 제12조제1항의 규정에 의한 기준에 적합하도록 하여야 한다. <개정 2000.1.12>

[시행일 2000.1.12]

제3조 (정신질환자요양시설에 관한 경과조치) 이 법 시행당시 사회복지사업법에 의한 정신질환자요양시설은 이 법에 의한 정신요양시설로 본다. 다만, 1999년 12월 31일까지 제10조제3항의 규정에 의한 기준에 적합하도록 하여야 한다.

제4조 (정신요양병원에 관한 경과조치) ①이 법 시행당시 종전의 규정에 의하여 운영되고 있는 정신요양병원은 1999년 12월 31일까지 제12조제1항의 규정에 의한 기준을 갖추어 정신병원의 허가를 받아야 한다.

②이 법 시행당시 종전의 규정에 의하여 정신요양병원을 설치 중인 사회복지법인은 1999년 12월 31일까지 제12조제1항의 규정에 의한 기준을 갖추어 정신병원의 허가를 받는 조건으로 종전의 규정에 따라 정신요양병원의 허가를 받을 수 있다.

[시행일 1997.12.31]

제5조 (정신의료법인에 관한 경과조치) ①이 법 시행당시 종전의 규정에 의하여 정신요양병원을 설치할 목적으로 설립된 정신의료법인은 의료법 제41조의 규정에 의한 의료법인으로 본다.

②이 법 시행당시 종전의 규정에 의하여 사회복귀시설을 설치할 목적으로 설립된 정신의료법인은 사회복지사업법

제16조의 규정에 의한 사회복지법인으로 본다.

제6조 (다른 법령과의 관계) 이 법 시행당시 다른 법령에서 정신보건법의 규정을 인용하고 있는 경우 이 법 중 그에 관한 규정이 있는 때에는 이 법의 해당규정을 인용한 것으로 본다.

부칙 <제6152호, 2000.1.12>

이 법은 공포 후 6월이 경과한 날부터 시행한다. 다만, 제12조제2항의 개정규정과 법률 제5486호 정신보건법개정법률 부칙 제2조의 개정규정은 공포한 날부터 시행한다.

부칙 (소방기본법) <제6893호, 2003.5.29>

제1조 (시행일) 이 법은 공포 후 1년이 경과한 날부터 시행한다.

제2조 내지 제4조 생략

제5조 (다른 법률의 개정) ①내지 <18>생략

<19>정신보건법 중 다음과 같이 개정한다.

제26조제2항 중 "소방법 제93조의 규정에 의한 구급대원"을 "소방기본법 제35조의 규정에 따른 구급대의 대원"으로 한다.

<20>내지 <23>생략

제6조 생략

부칙 <제7149호, 2004.1.29>

이 법은 공포 후 6월이 경과한 날부터 시행한다.

부칙 (채무자 회생 및 파산에 관한 법률) <제7428호, 2005.3.31>

제1조 (시행일) 이 법은 공포 후 1년이 경과한 날부터 시행한다.

제2조 내지 제4조 생략

제5조 (다른 법률의 개정) ①내지 <101>생략

<102>정신보건법 일부를 다음과 같이 개정한다.

제7조의2제2호 중 "파산자"를 파산선고를 받은 자"로 한다.

<103>내지 <145>생략

제6조 생략

부칙 (제주특별자치도 설치 및 국제자유도시 조성을 위한 특별법) <제7849호, 2006.2.21>

제1조 (시행일) 이 법은 2006년 7월 1일부터 시행한다. <단서 생략>

제2조 내지 제39조 생략

제40조 (다른 법령의 개정) ①내지 <25>생략

<26>정신보건법 일부를 다음과 같이 개정한다.

제38조제1항 중 "관할경찰서장"을 "관할경찰서장 또는 자

치경찰기구를 설치한 제주특별자치도지사"로 한다.
<27>내지 <47>생략
제41조 생략

성폭력범죄의 처벌 및 피해자보호 등에 관한 법률

연혁

1994. 1. 5 제정 법률 제4702호
1998. 12. 28 일부개정 법률 제5593호

2003. 12. 11 일부개정 법률 제6995호
2006. 10. 27 일부개정 법률 제8059호

제1장 총칙

제1조 (목적) 이 법은 성폭력범죄를 예방하고 그 피해자를 보호하며, 성폭력범죄의 처벌 및 그 절차에 관한 특례를 규정함으로써 국민의 인권신장과 건강한 사회질서의 확립에 이바지함을 목적으로 한다.

제2조 (정의) ①이 법에서 "성폭력범죄"라 함은 다음 각 호의 1에 해당하는 죄를 말한다. <개정 1997.8.22, 1998.12.28>
1. 형법 제22장 성풍속에 관한 죄 중 제242조(음행매개)·제243조(음화 등의 반포 등)·제244조(음화 등의 제조 등) 및 제245조(공연음란)의 죄
2. 형법 제31장 약취와 유인의 죄 중 추행 또는 간음을 목적으로 하거나 추업에 사용할 목적으로 범한 제288조(영리 등을 위한 약취, 유인, 매매 등)·제292조(약취, 유인, 매매된 자를 수수 또는 은닉. 다만, 제288조의 약취·유인이나 매매된 자를 수수 또는 은닉한 죄에 한한다)·제293조(상습범. 다만, 제288조의 약취·유인이나 매매된 자 또는 이송된 자를 수수 또는 은닉한 죄의 상습범에 한한다)·제294조(미수범. 다만, 제288조의 미수범 및 제292조의 미수범 중 제288조의 약취·유인이나 매매된 자를 수수 또는 은닉한 죄의 미수범과 제293조의 상습범의 미수범 중 제288조의 약취·유인이나 매매된 자를 수수 또는 은닉한 죄의 상습범의 미수범에 한한다)의 죄
3. 형법 제32장 강간과 추행의 죄 중 제297조(강간)·제298조(강제추행)·제299조(준강간, 준강제추행)·제300조(미수범)·제301조(강간 등 상해·치상)·제301조의2(강간 등 살인·치사)·제302조(미성년자 등에 대한 간음)·제303조(업무상위력 등에 의한 간음) 및 제305조(미성년자에 대한 간음, 추행)의 죄
4. 형법 제339조(강도강간)의 죄
5. 이 법 제5조(특수강도강간 등) 내지 제14조의2(카메라 등 이용촬영)의 죄

②제1항 각 호의 범죄로서 다른 법률에 의하여 가중 처벌되는 죄는 성폭력범죄로 본다.

제3조 (국가와 지방자치단체의 의무) ①국가와 지방자치단체는 성폭력범죄를 예방하고 그 피해자를 보호하며 유해환경을 개선하기 위하여 필요한 법적·제도적 장치를 마련하고 필요한 재원을 조달하여야 한다.
②국가와 지방자치단체는 청소년을 건전하게 육성하기 위하여 청소년에 대한 성교육 및 성폭력예방에 필요한 교육을 실시하여야 한다.
③제2항의 규정에 의한 청소년에 대한 성교육 및 성폭력예방에 필요한 교육에 관하여 필요한 사항은 대통령령으로 정한다. <신설 1997.8.22>

제4조 (피해자에 대한 불이익처분의 금지) 성폭력범죄의 피해자를 고용하고 있는 자는 누구든지 성폭력범죄와 관련하여 피해자를 해고하거나 기타 불이익을 주어서는 아니된다.

제2장 성폭력범죄의 처벌 및 절차에 관한 특례

제5조 (특수강도강간 등) ①형법 제319조제1항(주거침입), 제330조(야간주거침입절도), 제331조(특수절도) 또는 제342조(미수범. 다만, 제330조 및 제331조의 미수범에 한한다)의 죄를 범한 자가 동법 제297조(강간) 내지 제299조(준강간, 준강제추행)의 죄를 범한 때에는 무기 또는 5년 이상의 징역에 처한다. <개정 1997.8.22>
②형법 제334조(특수강도) 또는 제342조(미수범. 다만, 제334조의 미수범에 한한다)의 죄를 범한 자가 동법 제297조(강간) 내지 제299조(준강간, 준강제추행)의 죄를 범한 때에는 사형·무기 또는 10년 이상의 징역에 처한다. <개정 1997.8.22>

제6조 (특수강간 등) ①흉기 기타 위험한 물건을 휴대하거나

2인 이상이 합동하여 형법 제297조(강간)의 죄를 범한 자는 무기 또는 5년 이상의 징역에 처한다.

②제1항의 방법으로 형법 제298조(강제추행)의 죄를 범한 자는 3년 이상의 유기징역에 처한다.

③제1항의 방법으로 형법 제299조(준강간, 준강제추행)의 죄를 범한 자는 제1항 또는 제2항의 예에 의한다. <개정 1997.8.22>

④삭제 <2006.10.27>

제7조 (친족관계에 의한 강간 등) ①친족관계에 있는 자가 형법 제297조(강간)의 죄를 범한 때에는 5년 이상의 유기징역에 처한다. <개정 1997.8.22>

②친족관계에 있는 자가 형법 제298조(강제추행)의 죄를 범한 때에는 3년 이상의 유기징역에 처한다. <개정 1997.8.22>

③친족관계에 있는 자가 형법 제299조(준강간, 준강제추행)의 죄를 범한 때에는 제1항 또는 제2항의 예에 의한다. <개정 1997.8.22>

④제1항 내지 제3항의 친족의 범위는 4촌 이내의 혈족과 2촌 이내의 인척으로 한다. <개정 1997.8.22>

⑤제1항 내지 제3항의 친족은 사실상의 관계에 의한 친족을 포함한다. <신설 1997.8.22>

제8조 (장애인에 대한 간음 등) 신체장애 또는 정신상의 장애로 항거불능인 상태에 있음을 이용하여 여자를 간음하거나 사람에 대하여 추행한 자는 형법 제297조(강간) 또는 제298조(강제추행)에 정한 형으로 처벌한다. <개정 1997.8.22>

제8조의2 (13세 미만의 미성년자에 대한 강간, 강제추행 등) ①13세 미만의 여자에 대하여 형법 제297조(강간)의 죄를 범한 자는 5년 이상의 유기징역에 처한다.

②13세 미만의 사람에 대하여 폭행 또는 협박으로 다음 각 호의 어느 하나에 해당하는 행위를 한 자는 3년 이상의 유기징역에 처한다. <신설 2006.10.27>

1. 구강·항문 등 신체(성기를 제외한다)의 내부에 성기를 삽입하는 행위

2. 성기에 손가락 등 신체(성기를 제외한다)의 일부나 도구를 삽입하는 행위

③13세 미만의 사람에 대하여 형법 제298조(강제추행)의 죄를 범한 자는 1년 이상의 유기징역 또는 500만원 이상 3천만원 이하의 벌금에 처한다. <개정 2006.10.27>

④13세 미만의 사람에 대하여 형법 제299조(준강간, 준강제추행)의 죄를 범한 자는 제1항 또는 제3항의 예에 의한다. <개정 2006.10.27>

⑤위계 또는 위력으로써 13세 미만의 여자를 간음하거나 13세 미만의 사람에 대하여 추행을 한 자는 제1항 또는 제3항의 예에 의한다. <개정 2006.10.27>

[본조신설 1997.8.22]

제9조 (강간 등 상해·치상) ①제5조제1항, 제6조 또는 제12조(제5조제1항 또는 제6조의 미수범에 한한다)의 죄를 범한 자가 사람을 상해하거나 상해에 이르게 한 때에는 무기 또는 7년 이상의 징역에 처한다. <개정 1997.8.22>

②제7조, 제8조 또는 제12조(제7조 또는 제8조의 미수범에 한한다)의 죄를 범한 자가 사람을 상해하거나 상해에 이르게 한 때에는 무기 또는 5년 이상의 징역에 처한다. <개정 1997.8.22>

제10조 (강간 등 살인·치사) ①제5조 내지 제8조, 제12조(제5조 내지 제8조의 미수범에 한한다)의 죄 또는 형법 제297조(강간) 내지 제300조(미수범)의 죄를 범한 자가 사람을 살해한 때에는 사형 또는 무기징역에 처한다. <개정 1997.8.22>

②제6조 내지 제8조, 제12조(제6조 내지 제8조의 미수범에 한한다)의 죄를 범한 자가 사람을 사망에 이르게 한 때에는 무기 또는 10년 이상의 징역에 처한다. <개정 1997.8.22>

③삭제 <1997.8.22>

제11조 (업무상 위력 등에 의한 추행) ①업무·고용 기타 관계로 인하여 자기의 보호 또는 감독을 받는 사람에 대하여 위계 또는 위력으로써 추행한 자는 2년 이하의 징역 또는 500만원 이하의 벌금에 처한다.

②법률에 의하여 구금된 사람을 감호하는 자가 그 사람을 추행한 때에는 3년 이하의 징역 또는 1천500만원 이하의 벌금에 처한다.

③장애인의 보호·교육 등을 목적으로 하는 시설의 장 또는 종사자가 보호·감독의 대상이 되는 장애인에 대하여 위계 또는 위력으로써 간음한 때에는 7년 이하의 징역에 처하고, 추행한 때에는 5년 이하의 징역 또는 3천만원 이하의 벌금에 처한다. <신설 2006.10.27>

제12조 (미수범) 제5조 내지 제10조 및 제14조의2의 미수범은 처벌한다. <개정 1997.8.22, 1998.12.28>

제13조 (공중밀집장소에서의 추행) 대중교통수단, 공연·집회 장소 기타 공중이 밀집하는 장소에서 사람을 추행한 자는 1년 이하의 징역 또는 300만원 이하의 벌금에 처한다.

제14조 (통신매체이용음란) 자기 또는 다른 사람의 성적 욕망을 유발하거나 만족시킬 목적으로 전화·우편·컴퓨터 기타 통신매체를 통하여 성적 수치심이나 혐오감을 일으키는 말이나 음향, 글이나 도화, 영상 또는 물건을 상대방에게 도달하게 한 자는 2년 이하의 징역 또는 500만원 이하의 벌금에

처한다. <개정 2006.10.27>

제14조의2 (카메라 등 이용촬영) ①카메라 기타 이와 유사한 기능을 갖춘 기계장치를 이용하여 성적 욕망 또는 수치심을 유발할 수 있는 타인의 신체를 그 의사에 반하여 촬영하거나 그 촬영물을 반포·판매·임대 또는 공연히 전시·상영한 자는 5년 이하의 징역 또는 1천만원 이하의 벌금에 처한다. <개정 2006.10.26>
②영리목적으로 제1항의 촬영물을 「정보통신망 이용촉진 및 정보보호 등에 관한 법률」 제2조제1항제1호의 정보통신망(이하 "정보통신망"이라 한다)을 이용하여 유포한 자는 7년 이하의 징역 또는 3천만원 이하의 벌금에 처한다. <신설 2006.10.27>
[본조신설 1998.12.28]

제15조 (고소) 제11조제1항·제13조 및 제14조의 죄는 고소가 있어야 공소를 제기할 수 있다. <개정 1997.8.22, 2006.10.27>

제16조 (보호관찰 등) ①법원이 성폭력범죄를 범한 자에 대하여 형의 선고를 유예할 경우에는 1년동안 보호관찰을 받을 것을 명할 수 있다. 다만, 성폭력범죄를 범한 자가 소년인 경우에는 반드시 보호관찰을 명하여야 한다.
②법원이 성폭력범죄를 범한 자에 대하여 형의 집행을 유예할 경우에는 그 집행유예기간내에서 일정기간동안 보호관찰을 받을 것을 명하거나 사회봉사 또는 수강을 명할 수 있다. 이 경우 2 이상 병과할 수 있다. 다만, 성폭력범죄를 범한 자가 소년인 경우에는 반드시 보호관찰·사회봉사 또는 수강을 명하여야 한다. <개정 1997.8.22>
③성폭력범죄를 범한 자로서 형의 집행 중에 가석방된 자는 가석방기간동안 보호관찰을 받는다. 다만, 가석방을 허가한 행정관청이 필요가 없다고 인정한 때에는 그러하지 아니하다.
④보호관찰·사회봉사 및 수강에 관하여 이 법에 정한 사항 이외의 사항에 관하여는 보호관찰등에관한법률을 준용한다. <개정 1995.1.5, 1997.8.22>

제17조 삭제 <2005.8.4>

제18조 (고소제한에 대한 예외) 성폭력범죄에 대하여는 형사소송법 제224조(고소의 제한)의 규정에 불구하고 자기 또는 배우자의 직계존속을 고소할 수 있다.

제19조 (고소기간) ①성폭력범죄 중 친고죄에 대하여는 형사소송법 제230조(고소기간)제1항의 규정에 불구하고 범인을 알게 된 날부터 1년을 경과하면 고소하지 못한다. 다만, 고소할 수 없는 불가항력의 사유가 있는 때에는 그 사유가 없어진 날부터 기산한다.
②형사소송법 제230조(고소기간)제2항의 규정은 제1항의 경우에 이를 준용한다.

제20조 (특정강력범죄의처벌에관한특례법의 준용) ①성폭력범죄에 대한 처벌절차에는 특정강력범죄의처벌에관한특례법 제7조(증인에 대한 신변안전조치)·제8조(출판물 등으로부터의 피해자보호)·제9조(소송진행의 협의)·제12조(간이공판절차의 결정) 및 제13조(판결선고)의 규정을 준용한다.
②제5조·제6조·제9조·제10조 및 제12조(제5조·제6조·제9조 및 제10조의 미수범에 한한다)의 죄는 특정강력범죄의처벌에관한특례법 제2조(적용범위)제1항의 규정에 의한 특정강력범죄로 본다.

제21조 (피해자의 신원과 사생활비밀누설금지) ①성폭력범죄의 수사 또는 재판을 담당하거나 이에 관여하는 공무원은 피해자의 주소·성명·연령·직업·용모 기타 피해자를 특정하여 파악할 수 있게 하는 인적사항과 사진 등을 공개하거나 타인에게 누설하여서는 아니된다.
②제1항에 규정된 자는 성폭력범죄의 소추에 필요한 범죄구성사실을 제외한 피해자의 사생활에 관한 비밀을 공개하거나 타인에게 누설하여서는 아니된다.
③누구든지 제1항의 규정에 따른 피해자의 인적사항과 사진 등을 피해자의 동의를 받지 아니하고 출판물에 게재하거나 방송매체 또는 정보통신망을 이용하여 공개하여서는 아니 된다. <신설 2006.10.27>

제21조의2 (성폭력범죄의 피해자에 대한 전담조사제) ①검찰총장은 각 지방검찰청 검사장으로 하여금 성폭력범죄 전담 검사를 지정하도록 하여 특별한 사정이 없는 한 이들로 하여금 피해자를 조사하게 하여야 한다.
②경찰청장은 각 경찰서장으로 하여금 성폭력범죄 전담 사법경찰관을 지정하도록 하여 특별한 사정이 없는 한 이들로 하여금 피해자를 조사하게 하여야 한다.
③국가는 제1항 및 제2항의 검사 및 사법경찰관에 대하여 성폭력범죄의 수사에 필요한 전문지식과 피해자보호를 위한 수사방법 등에 관한 교육을 실시하여야 한다.
[본조신설 2006.10.27]
[종전 제21조의2는 제21조의3으로 이동 <2006.10.27>]

제21조의3 (영상물의 촬영·보존 등) ①검사 또는 사법경찰관은 성폭력 범죄를 당한 피해자의 연령, 심리상태 또는 후유장애의 유무 등을 신중하게 고려하여 조사과정에서 피해자의 인격이나 명예가 손상되거나 사적인 비밀이 침해되지 않도록 주의하여야 한다. <개정 2006.10.27>

②검사 또는 사법경찰관은 성폭력범죄의 피해자를 조사함에 있어서 피해자가 편안한 상태에서 진술하도록 조사환경을 조성하여야 하며, 조사 횟수는 필요 최소한으로 하여야 한다. <신설 2006.10.27>
③제1항의 피해자가 16세 미만이거나 신체장애 또는 정신상의 장애로 사물을 변별하거나 의사를 결정할 능력이 미약한 때에는 피해자의 진술내용과 조사과정을 비디오녹화기 등 영상물 녹화장치에 의하여 촬영·보존하여야 한다. 다만, 피해자 또는 법정대리인이 이를 원하지 않는 의사를 표시한 때에는 촬영을 하여서는 아니된다. <개정 2006.10.27>
④제3항의 규정에 따라 촬영한 영상물에 수록된 피해자의 진술은 공판준비 또는 공판기일에서 피해자 또는 조사과정에 동석하였던 신뢰관계에 있는 자의 진술에 의하여 그 성립의 진정함이 인정된 때에는 증거로 할 수 있다. <개정 2006.10.27>
⑤수사기관은 제3항의 요건에 해당하는 피해자 또는 법정대리인으로부터 신청이 있는 때에는 영상물 촬영과정에서 작성한 조서의 사본을 신청인에게 교부하여야 한다. <개정 2006.10.27>
⑥누구든지 제3항의 규정에 따라 촬영한 영상물을 수사 및 재판의 용도 외에 다른 목적으로 사용하여서는 아니 된다. <신설 2006.10.27>
[본조신설 2003.12.11]
[제21조의2에서 이동 <2006.10.27>]

제22조 (심리의 비공개) ①성폭력범죄에 대한 심리는 그 피해자의 사생활을 보호하기 위하여 결정으로 이를 공개하지 아니할 수 있다.
②증인으로 소환받은 성폭력범죄의 피해자와 그 가족은 사생활보호 등의 사유로 증인신문의 비공개를 신청할 수 있다.
③재판장은 제2항의 신청이 있는 때에는 그 허가여부 및 공개, 법정외의 장소에서의 신문 등 증인의 신문방식 및 장소에 관하여 결정할 수 있다.
④법원조직법 제57조(재판의 공개)제2항 및 제3항의 규정은 제1항 및 제3항의 경우에 이를 준용한다.

제22조의2 (전문가의 의견조회) ①법원은 정신과의사·심리학자·사회복지학자 그 밖의 관련전문가에게 행위자 또는 피해자의 정신·심리상태에 대한 진단소견 및 피해자의 진술내용에 관한 의견을 조회할 수 있다.
②법원은 성폭력범죄를 조사·심리함에 있어서 제1항의 규정에 의한 의견조회의 결과를 참작하여야 한다.
[본조신설 2003.12.11]
[종전 제22조의2는 제22조의3으로 이동 <2003.12.11>]

제22조의3 (신뢰관계에 있는 자의 동석) ①법원은 제5조 내지 제9조와 제11조 및 제12조(제10조의 미수범을 제외한다)의 범죄의 피해자를 증인으로 신문함에 있어서 검사·피해자 또는 법정대리인의 신청이 있는 때에는 재판에 지장을 초래할 우려가 있는 등 부득이한 경우가 아닌 한 피해자와 신뢰관계에 있는 자를 동석하게 하여야 한다.
②제1항의 규정은 수사기관이 제1항의 피해자를 조사하는 경우에 관하여 이를 준용한다.
[전문개정 2006.10.27]

제22조의4 (비디오 등 중계장치에 의한 증인신문) ①법원은 제2조제1항제3호 내지 제5호의 규정에 의한 범죄의 피해자를 증인으로 신문하는 경우 검사와 피고인 또는 변호인의 의견을 들어 비디오 등 중계장치에 의한 중계를 통하여 신문할 수 있다.
②제1항의 규정에 의한 증인신문의 절차·방법 등에 관하여 필요한 사항은 대법원규칙으로 정한다.
[본조신설 2003.12.11]
[종전 제22조의4는 제22조의6으로 이동 <2003.12.11>]

제22조의5 (신고의무) 18세 미만의 사람을 보호하거나 교육 또는 치료하는 시설의 책임자 및 관련종사자는 자기의 보호 또는 감독을 받는 사람이 제5조 내지 제10조, 형법 제301조(강간 등 상해·치상) 및 제301조의2(강간 등 살인·치사)의 범죄의 피해자인 사실을 안 때에는 즉시 수사기관에 신고하여야 한다.
[본조신설 1997.8.22]
[제22조의3에서 이동 <2003.12.11>]

제22조의6 (증거보전의 특례) ①피해자 또는 그 법정대리인은 피해자가 공판기일에 출석하여 증언하는 것이 현저히 곤란한 사정이 있는 때에는 그 사유를 소명하여 당해 성폭력범죄를 수사하는 검사에 대하여 형사소송법 제184조(증거보전의 청구와 그 절차)제1항의 규정에 의한 증거보전의 청구를 할 것을 요청할 수 있다. 이 경우 피해자가 제21조의3제3항의 요건에 해당하는 경우에는 공판기일에 출석하여 증언하는 것이 현저히 곤란한 사정이 있는 것으로 본다. <개정 2003.12.11, 2006.10.27>
②제1항의 요청을 받은 검사는 그 요청이 상당한 이유가 있다고 인정하는 때에는 증거보전의 청구를 할 수 있다.
[본조신설 1997.8.22]
[제22조의4에서 이동 <2003.12.11>]

제3장 성폭력피해상담소 등

제23조 (상담소의 설치) ①국가 또는 지방자치단체는 성폭력

피해상담소(이하 "상담소"라 한다)를 설치·운영할 수 있다.
②국가 또는 지방자치단체외의 자가 상담소를 설치·운영
하고자 할 때에는 시장·군수·구청장(자치구의 구청장을 말
한다. 이하 같다)에게 신고하여야 한다. <개정 1997.8.22,
1997.12.13, 2003.12.11>
③상담소의 설치기준과 신고 등에 관하여 필요한 사항은
여성가족부령으로 정한다. <개정 1997.8.22, 2001.1.29,
2005.3.24>

제24조 (상담소의 업무) 상담소의 업무는 다음과 같다.
1. 성폭력피해를 신고받거나 이에 관한 상담에 응하는 일
2. 성폭력피해로 인하여 정상적인 가정생활 및 사회생활이
어렵거나 기타 사정으로 긴급히 보호를 필요로 하는 사람
을 병원 또는 성폭력피해자보호시설로 데려다 주는 일
3. 가해자에 대한 고소와 피해배상청구 등 사법처리절차에
관하여 대한변호사협회·대한법률구조공단 등 관계기관에
필요한 협조와 지원을 요청하는 일
4. 성폭력범죄의 예방 및 방지를 위한 홍보를 하는 일
5. 기타 성폭력범죄 및 성폭력피해에 관하여 조사·연구하
는 일

제25조 (보호시설의 설치) ①국가 또는 지방자치단체는 성폭
력피해자보호시설(이하 "보호시설"이라 한다)을 설치·운영
할 수 있다.
②사회복지법인 기타 비영리법인은 시장·군수·구청장에게
신고하고 보호시설을 설치·운영할 수 있다. <개정 1997.8.
22, 2003.12.11>
③보호시설의 설치기준과 신고 등에 관하여 필요한 사항은
여성가족부령으로 정한다. <개정 1997.8.22, 2001.1.29,
2005.3.24>

제26조 (보호시설의 업무) 보호시설의 업무는 다음과 같다.
1. 제24조 각 호의 일
2. 성폭력피해자를 일시보호하는 일
3. 성폭력피해자의 신체적·정신적 안정회복과 사회복귀를
도우는 일
4. 기타 성폭력피해자의 보호를 위하여 필요한 일

제27조 (상담소 또는 보호시설의 휴지 또는 폐지) 제23조제2항
또는 제25조제2항의 규정에 의하여 설치한 상담소 또는 보
호시설을 휴지 또는 폐지하고자 할 때에는 여성가족부령이
정하는 바에 따라 미리 시장·군수·구청장에게 신고하여야
한다. <개정 1997.8.22, 2001.1.29, 2003.12.11, 2005.3.24>

제28조 (감독) ①여성가족부장관 또는 시장·군수·구청장은
상담소 또는 보호시설의 장으로 하여금 당해 시설에 관하

여 필요한 보고를 하게 할 수 있으며, 관계공무원으로 하여
금 당해 시설의 운영상황을 조사하게 하거나 장부 기타 서
류를 검사하게 할 수 있다. <개정 1997.8.22, 2001.1.29,
2003.12.11, 2005.3.24>
②제1항의 규정에 의하여 관계공무원이 그 직무를 행하는
때에는 그 권한을 표시하는 증표를 지니고 이를 관계인에
게 내보여야 한다.

제29조 (시설의 폐쇄 등) 시장·군수·구청장은 상담소 또는 보
호시설이 다음 각 호의 1에 해당하는 때에는 그 업무의 정
지 또는 폐지를 명하거나 시설을 폐쇄할 수 있다. <개정
1997.8.22, 2003.12.11>
1. 제23조제3항 또는 제25조제3항의 규정에 의한 설치기준
에 미달하게 된 때
2. 정당한 사유없이 제28조제1항의 규정에 의한 보고를 하
지 아니하거나 허위로 보고한 때 또는 조사·검사를 거부하
거나 기피한 때

제29조의2 (청문) 시장·군수·구청장은 제29조의 규정에 의하
여 업무의 폐지를 명하거나 시설을 폐쇄하고자 하는 경우
에는 청문을 실시하여야 한다. <개정 2003.12.11>
[본조신설 1997.12.13]

제30조 (경비의 보조) 국가 또는 지방자치단체는 제23조제2
항 또는 제25조제2항의 규정에 의하여 설치한 상담소 또는
보호시설의 설치·운영에 소요되는 경비를 보조할 수 있다.

제31조 (비밀엄수의 의무) 상담소 또는 보호시설의 장이나 이
를 보조하는 자 또는 그 직에 있었던 자는 그 직무상 알게
된 비밀을 누설하여서는 아니된다.

제32조 (유사명칭사용금지) 이 법에 의한 상담소 또는 보호시
설이 아니면 성폭력피해상담소·성폭력피해자보호시설 또
는 이와 유사한 명칭을 사용하지 못한다.

제33조 (의료보호) ①여성가족부장관 또는 시장·군수·구청
장은 국·공립병원·보건소 또는 민간의료시설을 성폭력피
해자의 치료를 위한 전담의료기관으로 지정할 수 있다.
<개정 1997.8.22, 2001.1.29, 2003.12.11, 2005.3.24>
②제1항의 규정에 의하여 지정된 전담의료기관은 상담소
또는 보호시설의 장의 요청이 있을 경우에는 다음 각 호의
의료 등을 제공하여야 한다.
1. 성폭력피해자의 보건상담 및 지도
2. 성폭력피해의 치료
3. 기타 대통령령이 정하는 신체적·정신적 치료

제34조 (권한의 위임) 여성가족부장관은 이 법에 의한 권한의 일부를 시·도지사 또는 시장·군수·구청장에게 위임할 수 있다. <개정 1997.8.22, 2001.1.29, 2003.12.11, 2005.3.24>

제4장 벌칙

제35조 (벌칙) ①다음 각 호의 1에 해당하는 자는 2년 이하의 징역 또는 500만원 이하의 벌금에 처한다. <개정 1997.8.22, 2006.10.27>
1. 영리를 목적으로 이 법에 의한 상담소 또는 보호시설을 설치·운영한 자
2. 제21조제1항·제2항 또는 제31조의 규정에 의한 비밀엄수의무를 위반한 자
3. 제21조제3항의 규정을 위반하여 피해자의 인적사항과 사진 등을 공개한 자
4. 제29조의 규정에 의한 시설의 폐쇄, 업무의 휴지 또는 폐지명령을 받고도 상담소 또는 보호시설을 계속 운영한 자
②제1항제3호의 죄는 피해자의 명시한 의사에 반하여 공소를 제기할 수 없다. <신설 2006.10.26>

제36조 (과태료) ①다음 각 호의 1에 해당하는 자는 300만원 이하의 과태료에 처한다. <개정 2003.12.11>
1. 정당한 사유없이 제22조의5 또는 제28조제1항의 규정에 의한 신고 또는 보고를 하지 아니하거나 허위로 신고 또는 보고한 자 또는 조사·검사를 거부하거나 기피한 자
2. 제32조의 규정에 의한 유사명칭사용금지를 위반한 자
②제1항의 규정에 의한 과태료는 대통령령이 정하는 바에 의하여 여성가족부장관 또는 시장·군수·구청장이 부과·징수한다. <개정 1997.8.22, 2001.1.29, 2003.12.11, 2005.3.24>
③제2항의 규정에 의한 과태료처분에 불복이 있는 자는 그 처분의 고지를 받은 날부터 30일 이내에 여성가족부장관 또는 시장·군수·구청장에게 이의를 제기할 수 있다. <개정 1997.8.22, 2001.1.29, 2003.12.11, 2005.3.24>
④제2항의 규정에 의한 과태료처분을 받은 자가 제3항의 규정에 의한 이의를 제기한 때에는 여성가족부장관 또는 시장·군수·구청장은 지체없이 관할법원에 그 사유를 통보하여야 하며, 그 통보를 받은 관할법원은 비송사건절차법에 의한 과태료의 재판을 한다. <개정 1997.8.22, 2001.1.29, 2003.12.11, 2005.3.24>
⑤제3항의 규정에 의한 기간내에 이의를 제기하지 아니하고 과태료를 납부하지 아니한 때에는 국세 또는 지방세체납처분의 예에 의하여 이를 징수한다.

제37조 (양벌규정) 법인의 대표자, 법인 또는 개인의 대리인·사용인 기타 종업원이 그 법인 또는 개인의 업무에 관하여 제14조의2 또는 제35조의 위반행위를 한 때에는 행위자를 벌하는 외에 그 법인 또는 개인에 대하여도 각 해당 조의 벌금형을 과한다. <개정 1997.8.22, 1998.12.28>

부칙 <제4702호, 1994.1.5>
제1조 (시행일) 이 법은 1994년 4월 1일부터 시행한다.
제2조 (경과조치) ①이 법 시행전에 행하여진 제2조의 죄에 관하여는 종전의 규정에 의한다.
②1개의 행위가 이 법 시행전후에 걸쳐 행하여진 때에는 이 법 시행전에 행하여진 것으로 본다.
③이 법 제20조 및 제22조의 규정은 이 법 시행전에 공소가 제기된 사건에 대하여는 이를 적용하지 아니한다.
제3조 (다른 법률의 개정) 특정범죄가중처벌등에관한법률 중 다음과 같이 개정한다.
제5조의6 및 제5조의7을 삭제한다.

부칙 (보호관찰등에관한법률) <제4933호, 1995.1.5>
제1조 (시행일) 이 법은 공포한 날부터 시행한다.
제2조 내지 제12조 생략
제13조 (다른 법률의 개정) ①생략
②성폭력범죄의처벌및피해자보호등에관한법률 중 다음과 같이 개정한다.
제16조제4항 중 "보호관찰법"을 "보호관찰등에관한법률"로 한다.
③생략
제14조 생략

부칙 <제5343호, 1997.8.22>
이 법은 1998년 1월 1일부터 시행한다.

부칙 (사회복지사업법) <제5358호, 1997.8.22>
제1조 (시행일) 이 법은 1998년 7월 1일부터 시행한다. <단서 생략>
제2조 내지 제8조 생략
제9조 (다른 법률의 개정 등) ①내지 ⑥생략
⑦성폭력범죄의처벌및피해자보호등에관한법률 중 다음과 같이 개정한다.
제25조제2항 중 "시·도지사의 허가를 받아"를 "시·도지사에게 신고하고"로 하고, 동조제3항 중 "허가"를 "신고"로 한다.
제29조의 제목 "(허가의 취소 등)"을 "(시설의 폐쇄 등)"으로 하고, 동조 본문 중 "허가를 취소할 수 있다"를 "시설을 폐쇄할 수 있다"로 한다.
제35조제2호 중 "허가의 취소"를 "시설의 폐쇄"로 한다.
⑧생략

부칙 (행정절차법의시행에따른공인회계사법등의정비에관한법률) <제5453호, 1997.12.13>
제1조 (시행일) 이 법은 1998년 1월 1일부터 시행한다. <단서 생략>
제2조 (초지법 등의 개정에 따른 경과조치) ①내지 ③생략
④이 법 시행일부터 1998년 6월 30일까지는 성폭력범죄의처벌및피해자보호등에관한법률 제29조의2의 개정규정 중 "시설을 폐쇄"를 "허가를 취소"로 본다.
⑤내지 ⑧생략

부칙 (정부부처명칭등의변경에따른건축법등의정비에관한법률) <제5454호, 1997.12.13>
이 법은 1998년 1월 1일부터 시행한다. <단서 생략>

부칙 <제5593호, 1998.12.28>
이 법은 공포한 날부터 시행한다.

부칙 (정부조직법) <제6400호, 2001.1.29>
제1조 (시행일) 이 법은 공포한 날부터 시행한다. <단서 생략>
제2조 생략
제3조 (다른 법률의 개정) ①내지 <74>생략
<75>성폭력범죄의처벌및피해자보호등에관한법률 중 다음과 같이 개정한다.
제28조제1항, 제33조제1항, 제34조 및 제36조제2항 내지 제4항 중 "보건복지부장관"을 각각 "여성부장관"으로 한다.
제23조제3항, 제25조제3항 및 제27조 중 "보건복지부령"을 각각 "여성부령"으로 한다.
<76>내지 <79>생략
제4조 생략

부칙 <제6995호, 2003.12.11>
①(시행일) 이 법은 공포 후 3월이 경과한 날부터 시행한다.
②(과태료 부과·징수권자의 변경에 관한 경과조치) 이 법 시행 당시 종전의 규정에 의하여 과태료 부과·징수절차가 진행 중인 사건에 대하여는 제36조제2항 내지 제4항의 개정규정에 불구하고 종전의 규정에 의한다.

부칙 (정부조직법) <제7413호, 2005.3.24>
제1조 (시행일) 이 법은 공포한 날부터 시행한다. 다만, 다음 각 호의 사항은 각 호의 구분에 의한 날부터 시행한다.
1. 제26조···부칙 제2조 내지 제4조의 규정은 이 법 공포 후 3월 이내에 제42조의 개정규정에 의한 여성가족부의 조직에 관한 대통령령이 시행되는 날
2. 생략
제2조 생략

제3조 (다른 법률의 개정) ①내지 ⑦생략
⑧성폭력범죄의처벌및피해자보호등에관한법률 일부를 다음과 같이 개정한다.
제23조제3항, 제25조제3항 및 제27조 중 "여성부령"을 각각 "여성가족부령"으로 한다.
제28조제1항, 제33조제1항 및 제36조제2항 내지 제4항 중 "여성부장관"을 각각 "여성가족부장관"으로 한다.
제34조 중 "여성부장관"을 "여성가족부장관"으로 한다.
⑨내지 ⑭생략
제4조 생략

부칙 (사회보호법) <제7656호, 2005.8.4>
제1조 (시행일) 이 법은 공포한 날부터 시행한다.
제2조 내지 제5조 생략
제6조 (다른 법률의 개정) ①생략
②성폭력범죄의처벌및피해자보호등에관한법률 일부를 다음과 같이 개정한다.
제17조를 삭제한다.
③생략

부칙 <제8059호, 2006.10.27>
이 법은 공포한 날부터 시행한다. 다만, 제21조의2의 개정규정은 공포 후 3개월이 경과한 날부터 시행한다.

입양촉진 및 절차에 관한 특례법

연혁

1995. 1. 5 전문개정 법률 제4913호
1999. 1. 21 일부개정 법률 제5670호
2004. 3. 5 일부개정 법률 제7183호

2005. 3. 31 일부개정 법률 제7448호
2007. 5. 17 일부개정 법률 제8435호

제1장 총칙

제1조 (목적) 이 법은 요보호아동의 입양을 촉진하고 양자로 되는 자의 보호와 복지증진을 도모하기 위하여 필요한 사항을 규정함을 목적으로 한다.

제2조 (정의) 이 법에서 사용하는 용어의 정의는 다음과 같다. <개정 2000.1.12, 2005.3.31>
1. "아동"이라 함은 18세미만의 자를 말한다.
2. "보호를 필요로 하는 아동"이라 함은 아동복지법 제2조제2호의 규정에 의한 보호를 필요로 하는 아동을 말한다.
3. "입양아동"이라 함은 이 법에 의하여 입양된 아동을 말한다.
4. "부양의무자"라 함은 「국민기초생활 보장법」 제2조제5호의 규정에 의한 부양의무자를 말한다.

제3조 (책임) ①모든 아동은 그가 태어난 가정에서 건전하게 양육되어야 한다.
②국가 및 지방자치단체는 태어난 가정에서 아동이 건전하게 양육될 수 있도록 지원하고 태어난 가정에서 양육이 곤란한 아동에게는 건전하게 양육될 수 있는 다른 가정을 제공하기 위하여 필요한 조치와 지원을 하여야 한다. <개정 2005.3.31>
③모든 국민은 입양아동의 건전한 양육에 협력하여야 한다.
④국가 및 지방자치단체는 요보호아동의 입양 활성화 및 입양 후 가정생활의 원만한 적응을 위하여 다음 각 호의 사항을 실시하여야 한다. <신설 2005.3.31>
1. 입양정책의 수립 및 시행
2. 입양에 관한 실태조사 및 연구
3. 입양 및 사후관리 절차의 구축 및 운영
4. 입양 및 가족 지원
5. 입양 후 원만한 적응을 위한 상담 및 사회복지서비스 제

공
6. 입양에 대한 교육 및 홍보
7. 입양 모범사례 발굴
8. 그 밖에 보건복지부령이 정하는 필요한 사항

제3조의2 (입양의 날) ①건전한 입양문화의 정착과 국내입양의 활성화를 위하여 5월 11일을 입양의 날로 하고, 입양의 날부터 1주일을 입양주간으로 한다.
②국가 및 지방자치단체는 제1항의 규정에 의한 입양의 날 취지에 적합한 행사 등 사업을 실시하도록 노력하여야 한다.
[본조신설 2005.3.31]

제2장 입양의 요건

제4조 (양자될 자격) 이 법에 의하여 양자가 될 자는 요보호아동으로서 다음 각 호의 1에 해당하는 자이어야 한다. <개정 1999.9.7>
1. 보호자로부터 이탈된 자로서 특별시장·광역시장·도지사(이하 "시·도지사"라 한다) 또는 시장·군수·구청장(자치구의 구청장에 한한다. 이하 같다)이 부양의무자를 확인할 수 없어 국민기초생활보장법에 의한 보장시설(이하 "보장시설"이라 한다)에 보호의뢰한 자
2. 부모(부모가 사망 기타 사유로 동의할 수 없는 경우에는 다른 직계존속) 또는 후견인이 입양을 동의하여 보장시설 또는 제10조의 규정에 의한 입양기관에 보호의뢰한 자
3. 법원에 의하여 친권상실의 선고를 받은 자의 자로서 시·도지사 또는 시장·군수·구청장이 보장시설에 보호의뢰한 자
4. 기타 부양의무자를 알 수 없는 경우로서 시·도지사 또는 시장·군수·구청장이 보장시설에 보호의뢰한 자

제5조 (양친될 자격 등) ①이 법에 의하여 양친이 될 자는 다음 각 호의 요건을 갖춘 자이어야 한다. <개정 1997.12.13>
1. 양자를 부양함에 충분한 재산이 있을 것
2. 양자에 대하여 종교의 자유를 인정하고 사회의 일원으로서 그에 상응한 양육과 교육을 할 수 있을 것
3. 가정이 화목하고 정신적·신체적으로 양자를 부양함에 현저한 장애가 없을 것
4. 양친이 될 자가 대한민국 국민이 아닌 경우 본국법에 의하여 양친이 될 수 있는 자격이 있을 것
5. 기타 양자로 될 자의 복지를 위하여 보건복지부령이 정하는 필요한 요건을 갖출 것
②양친은 양자를 천한 직업 기타 인권유린의 우려가 있는 직업에 종사하지 아니하도록 하여야 한다.

제6조 (입양의 동의) ①제4조 각 호의 1에 해당하는 자를 양자로 하고자 할 때에는 부모의 동의를 얻어야 하고, 부모가 사망 기타 사유로 동의할 수 없는 경우에는 다른 직계존속의 동의를 얻어야 하며, 부모나 다른 직계존속을 알 수 없는 경우에는 후견인의 동의를 얻어야 한다. 다만, 제4조제2호에 해당하는 자를 양자로 하고자 할 때에는 보호의뢰시의 입양동의로써 입양의 동의로 갈음할 수 있다.
②15세 이상인 자를 양자로 하고자 할 때에는 제1항의 규정에 의한 입양동의 외에 양자로 될 자의 동의를 얻어야 한다.
③후견인은 가정법원의 허가를 받지 아니하고 제1항의 규정에 의한 입양의 동의를 할 수 있다.
④제1항 내지 제3항의 규정에 의한 입양의 동의는 서면에 의하되, 동의에 필요한 서류 기타 필요한 사항은 보건복지부령으로 정한다. <신설 1999.1.21>

제3장 입양절차

제7조 (입양의 효력발생) ①이 법에 의한 입양은 「가족관계의 등록 등에 관한 법률」이 정하는 바에 의하여 신고함으로써 그 효력이 생긴다. <개정 2007.5.17>
②제1항의 신고는 양친이 될 자가 양자로 될 자의 후견인과 함께 서면으로 하되, 다음 각 호의 서류를 첨부하여야 한다.
1. 양자로 될 자가 제4조 각 호의 1에 해당하는 자임을 증명하는 서류
2. 제5조제1항의 규정에 의한 양친이 될 자의 가정상황에 관한 서류
3. 제6조의 규정에 의하여 입양을 동의한 사실을 증명하는 서류
③제2항제1호 및 제2호의 규정에 의한 서류는 대통령령이 정하는 기관이 당해서류의 작성에 필요한 조사·확인을 한 후 이를 발급하되, 당해서류의 신청절차 기타 서류의작성 등에 관하여 필요한 사항은 보건복지부령으로 정한다.<신설 1999.1.21>

제8조 (양자) ①이 법에 의하여 양자로 되는 자는 양친이 원하는 때에는 양친의 성과 본을 따른다.
②제1항의 규정에 의하여 양친의 성과 본을 따른 양자가 입양이 취소되거나 파양된 경우에는 본래의 성과 본을 따른다. 이 경우 그 양자이었던 자는 본인이 제4조 각 호의 1에 해당하였던 자임을 증명하는 서류를 갖추어 「가족관계의 등록 등에 관한 법률」이 정하는 바에 의하여 신고하여야 한다. <개정 2007.5.17>

제9조 (입양취소청구의 소의 제한) 이 법에 의하여 입양되어 6월이 경과된 때에는 양자·양친·친부모 기타 관계인은 다음 각 호의 1에 해당하는 때를 제외하고는 입양취소청구의 소를 제기할 수 없다. <개정 2005.3.31>
1. 약취 또는 유인에 의하여 보호자로부터 이탈되었던 자가 양자로 된 때
2. 사기 또는 강박으로 인하여 입양의 의사표시를 한 때

제4장 입양기관

제10조 (입양기관) ①입양기관을 운영하고자 하는 자는 사회복지사업법에 의한 사회복지법인으로서 보건복지부장관의 허가를 받아야 한다. 다만, 국내입양만을 알선하고자 하는 자는 시·도지사의 허가를 받아야 한다. <개정 1997.12.13>
②제1항의 규정에 의하여 허가받은 사항 중 대통령령이 정하는 중요한 사항을 변경하고자 하는 경우에는 신고하여야 한다.<개정 1999.1.21>
③외국인은 입양기관의 장이 될 수 없다.
④입양기관의 장이 입양을 원하는 국가나 그 국가의 공인받은 입양기관과 입양업무에 관한 협약을 체결한 때에는 보건복지부령이 정하는 사항을 보건복지부장관에게 보고하여야 한다.<개정 1997.12.13, 1999.1.21>
⑤입양업무에 관한 협약에 포함되어야 할 사항은 대통령령으로, 입양기관의 시설 및 종사자의 기준과 허가 및 변경신고 등에 관하여 필요한 사항은 보건복지부령으로 정한다. <개정 1999.1.21>

제11조 삭제<1999.1.21>

제12조 (입양기관의 의무) ①입양의뢰된 자의 권익을 보호하고, 대통령령이 정하는 바에 의하여 부모에게 충분한 입양상담을 제공하며, 부모를 알 수 없는 경우에는 우선 부모 등 직계존속을 찾는 노력을 다하여야 한다. <개정 2005.3.31>
②입양기관의 장은 입양알선을 행함에 있어 그 양친이 될

자에 대하여 제5조제1항 각 호의 사실을 조사하여야 한다.
③입양기관에 종사하는 자 또는 종사하였던 자는 그 업무
에 관하여 알게 된 비밀을 누설하여서는 아니된다.
④입양기관의 장은 양친이 될 자에게 입양전에 아동양육에
관한 교육을 실시하여야 하며, 입양성립후에는 보건복지부
령이 정하는 바에 의하여 입양아동과 그에 관한 기록 등을
양친 또는 양친이 될 자에게 인도하고 그 결과를 시장·군수
·구청장에게 보고하여야 한다. <개정 1999.1.21>
⑤입양기관의 장은 입양성립후 6월까지 양친과 양자의 상
호적응상태에 대하여 보건복지부령이 정하는 사후관리를
하여야 한다. 다만, 국외로 입양되는 자의 사후관리는 그 국
가의 국적을 취득할 때까지로 한다. <개정 1997.12.13>
⑥입양기관의 장은 국외로 입양된 자를 위하여 입양된 자
가 그 국가의 국적을 취득한 후에도 모국방문사업 등 대통
령령이 정하는 사업을 시행하여야 한다. <개정 1999.1.21>

제13조 (입양기관의 장의 후견직무) 입양기관의 장은 입양을
알선하기 위하여 보장시설의 장, 부모, 다른 직계존속 또는
후견인으로부터 입양될 자를 인수한 때에는 그 인수한 날
부터 입양이 완료될 때까지 후견인으로서의 직무를 행한다.
<개정 1999.9.7>

제14조 (가족관계등록창설) 입양기관의 장은 입양될 아동을
가족관계등록이 되어 있지 아니한 상태에서 인수한 때에는
그 아동에 대한 가족관계등록창설절차를 거친다.
[전문개정 2007.5.17]

제15조 (입양알선이 곤란한 자 등의 보호) ①입양기관의 장은
다음 각 호의 1에 해당하는 자가 있는 경우에는 시·도지사
또는 시장·군수·구청장에게 이를 보고하여야 한다.
1. 제4조제2호의 규정에 의하여 보호의뢰된 자로서 입양알
선이 곤란한 자
2. 이 법에 의한 입양이 취소되거나 파양선고를 받은 자로
서 그 보호자가 입양기관에 보호를 요청한 자
②시·도지사 또는 시장·군수·구청장은 제1항의 규정에 의
한 보고를 받은 자에 대하여 아동복지법 제10조의 규정에
의한 보호조치를 지체없이 취하여야 한다. <개정 2000.1.
12>

제16조 (국내에서의 국외입양) 외국인이 국내에서 제4조 각 호
의 1에 해당하는 자를 양자로 하고자 할 때에는 그 외국인
은 후견인과 함께 양자로 될 자의 등록기준지 또는 주소지
를 관할하는 가정법원에 보건복지부령이 정하는 바에 의하
여 다음 각 호의 서류를 갖추어 입양인가의 신청을 하여야
한다. <개정 1999.1.21, 2007.5.17>
1. 제7조제2항 각 호의 서류

2. 양자로 될 자가 제4조제1호·제3호 또는 제4호에 해당하
는 자인 경우에는 부양의무자를 확인하기 위한 공고사실이
있었음을 증명하는 서류

제17조 (외국에서의 국외입양) ①외국인으로부터 입양알선을
의뢰받은 입양기관의 장이 입양알선을 하고자 할 때에는
제16조 각 호의 서류를 갖추어 보건복지부장관에게 그 양
자로 될 자의 해외이주에 관한 허가(이하 "해외이주허가"라
한다)를 신청하여야 한다. <개정 1997.12.13>
②양자로 될 자가 해외이주허가를 받고 출국하여 그 국가
의 국적을 취득하는 때에는 입양기관의 장은 보건복지부령
이 정하는 바에 의하여 지체없이 이를 법무부장관에게 보
고하고, 법무부장관은 직권으로 그의 대한민국 국적을 말
소할 것을 등록기준지 관할 가족관계등록관서에 통지하여
야 한다. <개정 1999.1.21, 2007.5.17>
③제1항의 규정에 의한 신청을 받은 보건복지부장관은 다
음 각 호의 1에 해당하는 경우에는 해외이주허가를 하지 아
니할 수 있다. <개정 1997.12.13>
1. 양자로 될 자가 미아 기타 보건복지부령이 정하는 자인
경우
2. 입양기관의 장이 입양을 원하는 국가나 그 국가의 공인
받은 입양기관과 입양업무에 관한 협약을 체결하지 아니한
경우
3. 입양을 원하는 국가가 대한민국과 전쟁상태 또는 적대상
태에 있는 국가인 경우

제18조 (지도·감독 등) ①보건복지부장관, 시·도지사 또는 시
장·군수·구청장은 입양기관을 운영하는 자에 대하여 소관
업무에 관하여 필요한 지도·감독을 하며, 필요한 경우 그
업무에 관하여 보고 또는 관계서류의 제출을 명하거나 소
속공무원으로 하여금 입양기관의 사무소 또는 시설에 출입
하여 검사 또는 질문하게 할 수 있다.
②제1항의 규정에 의하여 검사 또는 질문을 하는 관계공무
원은 그 권한을 표시하는 증표를 지니고 이를 관계인에게
내보여야 한다.
[전문개정 1999.1.21]

제19조 (허가의 취소 등) ①보건복지부장관 또는 시·도지사는
입양기관이 다음 각 호의 1에 해당하는 때에는 6월이내의
기간을 정하여 업무의 정지를 명하거나 제10조제1항의 규
정에 의한 허가를 취소할 수 있다. <개정 1997.12.13>
1. 제10조제5항의 규정에 의한 시설 및 종사자의 기준에 미
달하게 된 때
2. 제12조제1항의 규정에 위반하여 입양의뢰된 자의 권익
을 해할 행위를 한 때
3. 정당한 사유없이 제18조의 규정에 의한 보고를 하지 아

니하거나 허위로 한 때 또는 조사를 거부·방해하거나 기피한 때
4. 이 법 또는 이 법에 의한 명령에 위반한 때
②제1항의 규정에 의한 행정처분의 세부적인 기준은 그 행정처분의 사유와 위반의 정도 등을 감안하여 보건복지부령으로 정한다. <개정 1997.12.13>

제20조 (비용의 수납 및 보조) ①제10조제1항의 규정에 의한 입양기관은 대통령령이 정하는 바에 의하여 양친이 될 자로부터 입양알선에 실제 소요되는 비용의 일부를 수납할 수 있다.
②국가 및 지방자치단체는 양친이 될 자에게 제1항의 입양알선에 실제 소요되는 비용의 전부 또는 일부를 보조할 수 있다.
[전문개정 2005.3.31]

제5장 입양아동 등에 대한 복지시책

제21조 (요보호아동의 발생예방) 국가 및 지방자치단체는 요보호아동의 발생예방에 관한 필요한 시책을 강구하여야 한다.

제22조 (사회복지서비스) 국가 및 지방자치단체는 입양기관의 알선을 받아 아동을 입양한 가정에 대하여 입양아동의 건전한 양육에 필요한 상담, 사회복지시설의 이용 등의 사회복지서비스를 제공하여야 한다.

제23조 (양육보조금 등의 지급) ①국가 및 지방자치단체는 입양기관의 알선을 받아 입양된 장애아동 등 입양아동의 건전한 양육을 위하여 필요한 경우에는 대통령령이 정하는 범위안에서 양육수당·의료비 그 밖의 필요한 양육보조금을 지급할 수 있다. <개정 2004.3.5>
②국가 및 지방자치단체는 입양기관의 운영비와 국민기초생활보장법에 의하여 지급되는 수급품외에 가정위탁보호비용을 보조할 수 있다. <개정 1999.1.21, 1999.9.7>
③제1항의 규정에 의한 양육보조금의 지급과 제2항의 규정에 의한 입양기관의 운영비 및 가정위탁보호비용의 보조에 관하여 필요한 사항은 대통령령으로 정한다. <개정 1999.1.21>

제6장 보칙

제24조 (청문) 보건복지부장관 또는 시·도지사는 제19조제1항의 규정에 의하여 허가를 취소하고자 하는 경우에는 청문을 실시하여야 한다.
[전문개정 1997.12.13]

제25조 (권한의 위임) 이 법에 의한 보건복지부장관 또는 시·도지사의 권한은 그 일부를 대통령령이 정하는 바에 의하여 시·도지사 또는 시장·군수·구청장에게 위임할 수 있다. <개정 1997.12.13>

제26조 (민법과의 관계) 입양에 관하여 이 법에 특별히 규정되어 있는 사항을 제외하고는 민법이 정하는 바에 의한다.

제7장 벌칙

제27조 (벌칙) ①제10조제1항의 규정에 의한 허가를 받지 아니하고 입양알선업무를 행한 자는 3년이하의 징역 또는 2천만원이하의 벌금에 처한다. <개정 1999.1.21>
②제10조제2항 또는 제12조제3항의 규정에 위반한 자는 1년이하의 징역 또는 300만원이하의 벌금에 처한다.

제28조 (양벌규정) 법인의 대표자, 법인 또는 개인의 대리인·사용인 기타의 종사자가 그 법인 또는 개인의 업무에 관하여 제27조의 위반행위를 한 때에는 행위자를 벌하는 외에 그 법인 또는 개인에 대하여도 동조의 벌금형을 과한다.

부칙 <제4913호, 1995.1.5>
①(시행일) 이 법은 공포 후 1년이 경과한 날부터 시행한다.
②(입양인가에 관한 경과조치) 이 법 시행당시 법원에 계속중인 입양인가에 관하여는 종전의 규정에 의한다.
③(입양알선기관에 관한 경과조치) 이 법 시행당시 종전의 고아입양특례법 및 종전의 규정에 의하여 허가 또는 지정받은 입양알선기관은 제10조의 규정에 의하여 허가받은 입양기관으로 본다.

부칙 (행정절차법의시행에따른공인회계사법등의정비에관한법률) <제5453호, 1997.12.13>
제1조 (시행일) 이 법은 1998년 1월 1일부터 시행한다. <단서 생략>
제2조 생략

부칙 (정부부처명칭등의변경에따른건축법등의정비에관한법률) <제5454호, 1997.12.13>
이 법은 1998년 1월 1일부터 시행한다. <단서 생략>

부칙 <제5670호, 1999.1.21>
①(시행일) 이 법은 공포 후 3월이 경과한 날부터 시행한다.
②(입양기관의 변경허가 신청에 관한 경과조치) 이 법 시행전에 종전의 규정에 의하여 입양기관의 변경허가에 관한 서류를 제출한 자는 제10조제2항의 개정규정에 의하여 변

경신고를 한 것으로 본다.

③(입양업무에 관한 협약체결의 승인에 관한 경과조치) 이 법 시행전에 종전의 규정에 의하여 입양업무에 관한 협약 체결의 승인을 신청한 자는 제10조제4항의 개정규정에 의하여 동 협약의 체결에 관한 보고를 한 것으로 본다.

④(벌칙에 관한 경과조치) 이 법 시행전의 행위에 대한 벌칙의 적용에 있어서는 종전의 규정에 의한다.

부칙 (국민기초생활보장법) <제6024호, 1999.9.7>
제1조 (시행일) 이 법은 2000년 10월 1일부터 시행한다. 다만, 제5조제1항의 규정은 2003년 1월 1일부터 시행한다.
제2조 생략
제3조 (다른 법률의 개정) ①생략
②입양촉진및절차에관한특례법 중 다음과 같이 개정한다.
제4조제1호 중 "생활보호법에 의한 보호시설(이하 "보호시설"이라 한다)"을 "국민기초생활보장법에 의한 보장시설(이하 "보장시설"이라 한다)"로 하고,
제4조제2호 내지 제4호 및 제13조 중 "보호시설"을 각각 "보장시설"로 하며, 제23조제2항 중 "생활보호법에 의하여 지급되는 보호금품"을 "국민기초생활보장법에 의하여 지급되는 수급품"으로 한다.
③내지 ⑩생략
제4조 내지 제13조 생략

부칙 (아동복지법) <제6151호, 2000.1.12>
제1조 (시행일) 이 법은 공포 후 6월이 경과한 날부터 시행한다.
제2조 생략
제3조 (다른 법률의 개정) ①생략
②입양촉진및절차에관한특례법 중 다음과 같이 개정한다.
제2조제2호 중 "요보호아동"을 "보호를 필요로 하는 아동"으로, "아동복지법 제2조제3호"를 "아동복지법 제2조제2호"로 하고, 제15조제2항 중 "아동복지법 제11조의 규정에 의한 보호조치 또는 제12조의 규정에 의한 시설보호조치"를 "아동복지법 제10조의 규정에 의한 보호조치"로 한다.
제4조 생략

부칙 <제7183호, 2004.3.5>
이 법은 공포 후 6월이 경과한 날부터 시행한다.

부칙 <제7448호, 2005.3.31>
이 법은 공포 후 6월이 경과한 날부터 시행한다.

부칙 (가족관계의 등록 등에 관한 법률) <제8435호, 2007.5.17>
제1조 (시행일) 이 법은 2008년 1월 1일부터 시행한다. <단

서 생략>
제2조부터 제7조까지 생략
제8조 (다른 법률의 개정) ①부터 <20>까지 생략
<21> 입양촉진 및 절차에 관한 특례법 일부를 다음과 같이 개정한다.
제7조제1항 및 제8조제2항 후단 중 "호적법"을 각각 "「가족관계의 등록 등에 관한 법률」"로 한다.
제14조를 다음과 같이 한다.
제14조 (가족관계등록창설) 입양기관의 장은 입양될 아동을 가족관계등록이 되어 있지 아니한 상태에서 인수한 때에는 그 아동에 대한 가족관계등록창설절차를 거친다.
제16조 각 호 외의 부분 중 "본적지"를 "등록기준지"라 한다.
제17조제2항 중 "본적지 관할 호적관서"를 "등록기준지 관할 가족관계등록관서"로 한다.
<22>부터 <39>까지 생략
제9조 생략

일제하 일본군위안부 피해자에 대한 생활안정지원 및 기념사업 등에 관한 법률

연혁

1993. 6. 11 제정 법률 제4565호
2002. 12. 11 일부개정 법률 제6771호

2005. 7. 29 일부개정 법률 제7637호

제1조 (목적) 이 법은 일제에 의하여 강제동원되어 위안부로서의 생활을 강요당한 피해자를 보호·지원하고 일본군위안부 피해자의 명예회복과 진상 규명을 위한 기념사업을 수행함으로써 이들의 생활안정과 복지증진을 기하고 국민의 올바른 역사관 정립과 인권증진에 기여함을 목적으로 한다. <개정 2005.7.29>
[전문개정 2002.12.11]

제2조 (정의) 이 법에서 사용하는 용어의 정의는 다음과 같다. <개정 2005.7.29>
1. "일본군위안부 피해자"라 함은 일제에 의하여 강제동원되어 성적학대를 받으며 위안부로서의 생활을 강요당한 피해자를 말한다.
2. "생활안정지원대상자"라 함은 일본군위안부 중 생존자로서 제3조의 규정에 따라 등록된 자를 말한다.
[전문개정 2002.12.11]

제2조의2 (국가의 의무) ①국가는 일제하 일본군위안부 피해자의 명예회복과 인권증진을 위하여 진상규명·올바른 역사교육 등에 대하여 적극적으로 노력하여야 한다.
②국가는 일본군위안부 피해자를 적극적으로 발굴하고 일본군위안부 피해자가 안정적인 생활을 유지할 수 있도록 필요한 조치를 강구하여야 한다.
[본조신설 2005.7.29]

제3조 (결정 및 등록) ①생활안정지원대상자가 되고자 하는 자는 대통령령이 정하는 바에 따라 여성가족부장관에게 등록을 신청하여야 한다. <개정 1997.12.13, 2001.1.29, 2002.12.11, 2005.3.24>
②여성가족부장관은 제1항의 규정에 의한 등록신청을 받은 때에는 제6조의 규정에 의한 일본군위안부피해자생활안정지원및기념사업심의위원회의 심의를 거쳐 생활안정지원대상자 여부를 결정하여야 한다. <개정 1997.12.13, 2001.

1.29, 2002.12.11, 2005.3.24>
③여성가족부장관은 제2항의 결정을 한 때에는 이를 등록하고, 그 결과를 신청인에게 통지하여야 한다. <개정 1997.12.13, 2001.1.29, 2005.3.24>

제4조 (생활안정지원대상자에 대한 지원의 내용<개정 2002.12.11>) ①국가는 생활안정지원대상자에게 다음 각 호의 지원을 행한다. <개정 1997.12.13, 1999.9.7, 2001.1.29, 2002.12.11, 2005.7.29>
1. 국민기초생활보장법에 의한 생계급여
2. 의료급여법에 의한 의료급여
3. 생활안정지원금의 지급
4. 간병인 지원
②제1항의 지원을 행함에 있어 생활안정지원대상자는 국민기초생활보장법 제5조의 규정에 의한 수급권자 및 의료급여법 제3조의 규정에 의한 수급권자로 보며, 국민기초생활보장법 제3조제2항의 규정은 이를 적용하지 아니한다. <개정 1999.9.7, 2002.12.11>
③제1항제3호 및 제4호의 규정에 의한 생활안정지원금의 지급 및 간병인 지원에 소요되는 비용은 국가가 이를 부담하며, 생활안정지원금의 지급 및 간병인지원의 기준 및 방법 등에 관하여 필요한 사항은 대통령령으로 정한다. <개정 2005.7.29>

제5조 (임대주택의 우선임대) 국가·지방자치단체 또는 대한주택공사법에 의한 대한주택공사는 주택건설촉진법에 의하여 건설하는 임대주택을 임대하는 경우에 생활안정지원대상자 중 주택을 소유하지 아니한 자에 대하여 건설교통부장관이 정하는 바에 따라 우선 임대하여야 한다. <개정 1997.12.13, 2002.12.11>

제6조 (일본군위안부피해자생활안정지원및기념사업심의위원회 <개정 2002.12.11>) ①다음 사항을 심의하기 위하여 여성

가족부에 일본군위안부피해자생활안정지원및기념사업심의위원회(이하 “심의위원회”라 한다)를 둔다. <개정 1997.12.13, 2001.1.29, 2002.12.11, 2005.3.24, 2005.7.29>
1. 생활안정지원대상자 등록신청사항의 사실여부
2. 생활안정지원대상자의 지원에 관한 사항
3. 제11조의 규정에 의한 기념사업 등에 관한 사항
4. 그 밖에 여성가족부장관이 심의위원회의 심의에 부치는 사항
②심의위원회의 구성 및 운영 등에 관하여 필요한 사항은 대통령령으로 정한다.

제7조 (협조요청) 심의위원회는 생활안정지원대상자 여부를 심의하기 위하여 필요한 때에는 신청인본인, 증인 또는 참고인으로부터 증언 또는 진술을 청취하거나, 행정기관 기타 관계기관에 대하여 필요한 협조를 요청할 수 있다. <개정 2002.12.11>

제8조 (권리의 보호) 이 법에 의한 생활안정지원금을 지급받을 권리는 이를 양도하거나 담보로 제공할 수 없으며, 압류할 수 없다.

제9조 (생활안정지원금의 환수) ①여성가족부장관은 이 법에 의하여 생활안정지원금을 받은 자가 다음 각 호의 1에 해당하는 경우에는 생활안정지원금의 전부 또는 일부를 환수할 수 있다. <개정 1997.12.13, 2001.1.29, 2005.3.24>
1. 사위 기타 부정한 방법으로 생활안정지원금의 지급을 받은 경우
2. 과오급된 경우
②여성가족부장관은 제1항의 규정에 의하여 환수를 하는 경우에 생활안정지원금을 반환할 자가 기간내에 이를 반환하지 아니한 때에는 국세체납처분의 예에 의하여 이를 징수한다. <개정 1997.12.13, 2001.1.29, 2005.3.24>

제10조 (실태조사) ①특별시장·광역시장·도지사는 매년 생활안정지원대상자의 생활실태를 파악하여 여성가족부장관에게 보고하여야 한다. <개정 2005.3.24>
②제1항의 규정에 의한 실태조사의 시기·내용·방법 등에 관하여 필요한 사항은 대통령령으로 정한다.
[전문개정 2002.12.11]

제11조 (기념사업 등) ①국가와 지방자치단체는 일본군위안부와 관련한 다음 각 호의 사업을 수행할 수 있다. <개정 2005.7.29>
1. 일본군위안부 피해자에 관한 기념사업
2. 일본군위안부 피해자에 관한 역사적 자료의 수집·보존·관리·전시 및 조사·연구

3. 일본군위안부 피해자에 관한 교육·홍보 및 학예활동
4. 일본군위안부 피해자에 관한 국제교류 및 공동조사
5. 제1호 내지 제4호의 사업에 부대되는 사업
②제1항의 규정에 의한 사업을 수행하기 위하여 필요한 사항은 대통령령으로 정한다.
[본조신설 2002.12.11]
[종전 제11조는 제14조로 이동 <2002.12.11>]

제11조의2 (국적회복 등의 지원) ①국가와 지방자치단체는 일본군위안부 피해자 중 대한민국 국적을 회복하지 못한 채 외국에 거주하는 자에 대하여 필요한 지원을 하여야 한다.
②제1항의 규정에 의한 지원에 관한 사항은 국적회복 및 고국방문 등을 포함하여 대통령령으로 정한다.
[본조신설 2005.7.29]

제12조 (경비의 보조) ①국가는 지방자치단체가 제11조제1항 각 호의 사업을 수행하는 경우에 예산의 범위안에서 사업경비의 일부를 보조할 수 있다.
②국가 및 지방자치단체는 개인·법인 또는 단체가 제11조제1항 각 호의 사업을 수행하는 경우에 예산의 범위안에서 경비의 일부를 보조할 수 있다.
③제2항의 규정에 의한 경비를 보조받을 수 있는 개인·법인·단체의 요건 및 경비보조절차 등에 관하여 필요한 사항은 대통령령으로 정한다.
[본조신설 2002.12.11]

제13조 (국공유재산의 무상대부) ①국가 또는 지방자치단체는 국유재산법 또는 지방재정법의 규정에 불구하고 일본군위안부 관련 법인 또는 단체가 제11조제1항제1호의 규정에 의한 기념사업을 수행하는 경우에 국유재산이나 공유재산을 무상으로 대부할 수 있다.
②제1항의 규정에 의한 대부의 대상인 법인 또는 단체의 요건 및 대부절차 등에 관하여 필요한 사항은 대통령령으로 정한다.
[본조신설 2002.12.11]

제14조 (권한의 위임·위탁) 이 법에 의한 여성가족부장관의 권한은 그 일부를 대통령령이 정하는 바에 따라 외무부장관에게 위탁하거나 특별시장·광역시장 또는 도지사에게 위임할 수 있다. <개정 1997.12.13, 2001.1.29, 2005.3.24>
[제11조에서 이동 <2002.12.11>]

부칙 <제4565호, 1993.6.11>
①(시행일) 이 법은 공포한 날부터 시행한다.
②(신고자에 관한 경과조치) 1992년 2월 25일부터 1993년 2

월 28일까지 내무부와 대한적십자사조직법에 의한 대한적
십자사 및 관련민간단체를 통하여 외무부에 일군위안부로
서 신고한 자는 제3조제1항의 규정에 의하여 등록신청을
한 자로 본다.

부칙 (정부부처명칭등의변경에따른건축법등의정비에관한
법률) <제5454호, 1997.12.13>
이 법은 1998년 1월 1일부터 시행한다. <단서 생략>

부칙 (국민기초생활보장법) <제6024호, 1999.9.7>
제1조 (시행일) 이 법은 2000년 10월 1일부터 시행한다.
<단서 생략>
제2조 생략
제3조 (다른 법률의 개정) ①내지 ④생략
⑤일제하일본군위안부에대한생활안정지원법 중 다음과 같
이 개정한다.
제4조제1항제1호를 다음과 같이 하고, 동조제2항 중 "생활
보호법 제3조"를 "국민기초생활보장법 제5조의 규정에 의
한 수급권자"로, "생활보호법 제4조제2항"을 "국민기초생
활보장법 제3조제2항"으로 한다.
1. 국민기초생활보장법에 의한 생계급여
⑥내지 ⑩생략
제4조 내지 제13조 생략

부칙 (정부조직법) <제6400호, 2001.1.29>
제1조 (시행일) 이 법은 공포한 날부터 시행한다. <단서 생
략>
제2조 생략
제3조 (다른 법률의 개정) ①내지 <77>생략
<78>일제하일본군위안부에대한생활안정지원법 중 다음
과 같이 개정한다.
제3조제1항, 제3조제2항, 제3조제3항, 제4조제1항, 제6조제
1항제3호, 제9조제1항, 제9조제2항 및 제11조 중 "보건복지
부장관"을 각각 "여성부장관"으로 한다. 제6조 중 "보건복
지부"를 "여성부"로 한다.
<79>생략
제4조 생략

부칙 <제6771호, 2002.12.11>
①(시행일) 이 법은 공포 후 6월이 경과한 날부터 시행한다.
②(경과조치) 이 법 시행전에 종전의 규정에 의하여 일군위
안부생활안정지원심의위원회가 행한 심의는 이 법의 규정
에 의한 일본군위안부피해자생활안정지원및기념사업심의
위원회가 행한 것으로 본다.
③(다른 법률의 개정) 사회복지사업법 중 다음과 같이 개정
한다.

제2조제1항제11호를 다음과 같이 한다.
11. 일제하일본군위안부피해자생활안정및기념사업등에관
한법률

부칙 (정부조직법) <제7413호, 2005.3.24>
제1조 (시행일) 이 법은 공포한 날부터 시행한다. 다만, 다음
각 호의 사항은 각 호의 구분에 의한 날부터 시행한다.
1. 제26조…부칙 제2조 내지 제4조의 규정은 이 법 공포 후
3월 이내에 제42조의 개정규정에 의한 여성가족부의 조직
에 관한 대통령령이 시행되는 날
2. 생략
제2조 생략
제3조 (다른 법률의 개정) ①내지 ⑫생략
⑬일제하일본군위안부피해자에대한생활안정지원및기념
사업등에관한법률 일부를 다음과 같이 개정한다.
제3조제1항 내지 제3항, 제6조제1항제4호, 제9조제1항 각
호외의 부분·제2항 및 제14조 중 "여성부장관"을 각각 "여
성가족부장관"으로 한다.
제6조제1항 각 호외의 부분 중 "여성부"를 "여성가족부"로
한다.
제10조제1항 중 "여성부장관"을 "여성가족부장관"으로 한
다.
⑭생략
제4조 생략

부칙 <제7637호, 2005.7.29>
이 법은 공포 후 6월이 경과한 날부터 시행한다.

사회복지공동모금회법

연혁

1997. 3. 27 제정 법률 제5317호
1999. 3. 31 전문개정 법률 제5960호
2001. 5. 24 일부개정 법률 제6486호

2002. 12. 5 일부개정 법률 제6757호
2004. 1. 29 일부개정 법률 제7159호

제1조 (목적) 이 법은 사회복지공동모금회의 공동모금을 통하여 사회복지에 대한 국민의 이해와 참여를 제고함과 아울러 국민의 자발적인 성금으로 조성된 재원을 효율적이고 공정하게 관리·운용함으로써 사회복지증진에 이바지함을 목적으로 한다.

제2조 (정의) 이 법에서 사용하는 용어의 정의는 다음과 같다.
1. "사회복지사업"이라 함은 사회복지사업법 제2조제1항의 규정에 의한 사회복지사업을 말한다.
2. "사회복지공동모금"이라 함은 사회복지사업 기타 사회복지활동의 지원에 필요한 재원을 조성하기 위하여 이 법에 의하여 기부금품을 모집하는 것을 말한다.

제3조 (기본원칙) ①기부금품은 기부하는 자의 의사에 반하여 모집하여서는 아니된다.
②제17조의 규정에 의하여 조성된 재원(이하 "공동모금재원"이라 한다)은 지역·단체·대상자 및 사업별로 복지수요가 공정하게 충족되도록 배분하여야 하고, 제1조의 목적 및 제25조의 용도에 맞도록 공정하게 관리·운용하여야 한다.
③공동모금재원의 배분은 객관적인 기준에 따라 효율적으로 이루어지도록 하고, 그 결과를 공개하여야 한다.

제4조 (사회복지공동모금회의 설립) ①사회복지공동모금사업을 관장하기 위하여 사회복지공동모금회(이하 "모금회"라 한다)를 둔다.
②모금회는 사회복지사업법 제2조제2항에 의한 사회복지법인으로 한다.
③모금회는 정관을 작성하여 보건복지부장관의 인가를 받아 등기함으로써 설립된다.

제5조 (사업) 모금회는 다음 각 호의 사업을 수행한다.

1. 사회복지공동모금사업
2. 공동모금재원의 배분
3. 공동모금재원의 운용 및 관리
4. 사회복지공동모금에 관한 조사·연구·홍보 및 교육훈련
5. 지회의 운영
6. 사회복지공동모금과 관련된 국제교류 및 협력증진사업
7. 다른 기부금품모집자와의 협력사업
8. 기타 모금회의 목적달성에 필요한 사업

제6조 (정관) 모금회의 정관에는 다음 각 호의 사항을 기재하여야 한다.
1. 목적
2. 명칭
3. 주된 사무소의 소재지
4. 사업에 관한 사항
5. 임원 및 직원에 관한 사항
6. 이사회에 관한 사항
7. 지회의 구성 및 운영 등에 관한 사항
8. 재산 및 회계에 관한 사항
9. 공고에 관한 사항
10. 정관의 변경에 관한 사항

제7조 (임원) ①모금회는 다음 각 호의 임원을 둔다.
1. 회장 1인
2. 부회장 3인
3. 이사(회장 및 부회장을 포함한다) 15인 이상 20인 이하
4. 감사 2인
②임원의 임기는 2년으로 하되, 1회에 한하여 연임할 수 있다.
③부득이한 사유로 후임임원이 선임되지 못하여 모금회의 업무수행에 지장이 있는 경우에는 후임임원이 선임될 때까지 임기가 만료된 임원이 그 업무를 수행한다.

제8조 (이사회) ①모금회는 정관에서 정하는 중요사항을 의결하기 위하여 제7조제1항제3호의 이사로 구성된 이사회를 둔다.
②이사회는 회장이 소집하고 그 의장이 된다.

제9조 (임원의 선임) ①이사회는 다음 각 호의 1에 해당하는 자 중에서 이사를 선임하여야 한다.
1. 경제계·언론계·법조계·의료계·종교계·노동계·사회복지관련학계·시민단체 등에 종사하는 자
2. 사회복지전문가
3. 기타 학식과 덕망이 있는 자
②임원의 선임방법 및 그 자격요건에 관하여 필요한 사항은 모금회의 정관으로 정한다.

제10조 (임원의 직무) ①회장은 모금회를 대표하고, 소관업무를 통할하며, 소속직원을 지휘·감독한다.
②감사는 모금회의 업무집행상황과 재산상황 및 회계를 감사한다.

제11조 (임원의 결격사유) 다음 각 호의 1에 해당하는 자는 모금회의 임원이 될 수 없다.
1. 사회복지사업법 제7조제3항 각 호의 1에 해당하는 자
2. 이 법에 의하여 임원에서 해임된 날부터 5년이 경과되지 아니한 자

제12조 (사무조직) 모금회의 업무를 처리하기 위하여 사무총장 1인과 필요한 직원 및 기구를 둔다.

제13조 (분과실행위원회) ①모금회의 기획, 홍보, 모금, 배분 업무에 관한 사항을 심의하기 위하여 해당분야의 전문가와 시민대표 등으로 구성되는 기획분과실행위원회, 홍보분과실행위원회, 모금분과실행위원회 및 배분분과실행위원회를 둔다. <개정 2002.12.5>
②분과실행위원회의 위원장은 이사 중에서 회장이 위촉하며, 그 위원은 당해 위원장의 제청과 이사회의 의결로 회장이 위촉한다.
③분과실행위원회는 위원장 1인을 포함하여 20인 이내의 위원으로 구성한다. 다만, 모금분과실행위원회는 20인 이상의 위원으로 구성한다.
④분과실행위원회의 위원의 임기는 2년으로 하되, 연임할 수 있다. 다만, 배분분과실행위원은 1회에 한하여 연임할 수 있다.
⑤분과실행위원회가 심의한 사항을 이사회가 변경하고자 할 때에는 당해 분과실행위원회 위원장의 의견을 청취하여야 하며, 이사회의 회의록에 이를 기재하여야 한다.
⑥분과실행위원회의 운영에 관하여 필요한 사항은 정관으로 정한다.

제14조 (지회) ①모금회에 지역단위의 사회복지공동모금사업을 관장하기 위하여 특별시·광역시·도(이하 "시·도"라 한다)에 사회복지공동모금지회(이하 "지회"라 한다)를 둔다.
②지회에는 지회장을 두고 모금회에 준하는 필요한 조직을 둘 수 있다.
③지회장은 이사회의 의결을 거쳐 회장이 임명한다.
④지회의 구성 및 운영 등에 관하여 필요한 사항은 모금회의 정관으로 정한다.

제15조 (지회의 관리) ①모금회의 회장은 필요한 경우 지회의 운영개선을 위하여 지도·감독하며, 지회가 지역의 특성에 맞게 자율적으로 운영될 수 있도록 노력하여야 한다.
②모금회의 회장은 각 회계연도개시 2월전에 각 지회로부터 사업계획서를 제출받아 이를 종합·조정하여 보건복지부장관에게 보고하여야 한다.
③지회에서 조성한 공동모금재원은 당해 시·도의 배분대상자에게 배분하는 것을 원칙으로 한다.

제16조 (조직·운영 등) 모금회의 조직·운영 등에 관하여 이 법에서 규정하고 있는 사항외에 필요한 사항은 정관으로 정한다.

제17조 (재원) 모금회의 사업에 필요한 경비는 다음 각 호의 재원으로 조성한다. <개정 2001.5.24, 2002.12.5, 2004.1.29>
1. 사회복지공동모금에 의한 기부금품
2. 법인 또는 단체가 출연하는 현금·물품·그 밖의 재산
3. 복권및복권기금법 제23조제1항의 규정에 의하여 배분받은 복권수익금
4. 기타 수입금

제18조 (기부금품의 모집) ①모금회는 사회복지사업 기타 사회복지활동의 지원을 위하여 연중 기부금품을 모집·접수할 수 있다.
②모금회는 효율적인 모금을 위하여 일정한 기간을 정하여 집중모금을 실시할 수 있다.
③모금회가 집중모금을 하고자 할 경우에는 그 모집일부터 15일전에 그 내용을 보건복지부장관에게 보고하여야 하며, 그 모집을 종료한 때에는 모집종료일부터 1월 이내에 그 결과를 보건복지부장관에게 보고하여야 한다.

제18조의2 (복권의 발행) ①모금회는 사회복지사업 그 밖의 사회복지활동 등을 지원하기 위한 재원의 조성을 위하여 복권을 발행할 수 있다.

②제1항의 규정에 의한 복권을 발행하고자 할 때에는 그 종류·조건·금액 및 방법 등에 관하여 미리 보건복지부장관의 승인을 얻어야 한다.
③제1항의 규정에 의한 복권의 당첨금을 받을 권리는 그 지급일부터 3월간 행사하지 아니하면 소멸시효가 완성되며, 소멸시효가 완성된 당첨금은 공동모금재원에 귀속된다.
④제1항의 규정에 의한 복권의 발행에 관하여는 사행행위등규제및처벌특례법을 적용하지 아니한다.
[본조신설 2001.5.24]

제19조 (모금창구의 지정) 모금회는 기부금품의 접수를 효율적이고 공정하게 하기 위하여 언론기관을 모금창구로 지정하고, 지정된 언론기관의 명의로 모금계좌를 개설할 수 있다.

제20조 (배분기준) ①모금회는 매년 5월 31일까지 다음 각 호의 사항이 포함된 다음 회계연도의 공동모금재원의 배분기준을 정하여 이를 공고하여야 한다.
1. 공동모금재원의 배분대상
2. 배분한도액
3. 배분신청기간 및 배분신청서 제출장소
4. 배분심사기준
5. 배분재원의 과부족시 조정방법
6. 배분신청시 제출할 서류
7. 기타 공동모금재원의 배분에 관하여 필요한 사항
②모금회는 재난구호 및 긴급구호 등 긴급히 지원해야 할 필요가 있는 경우에는 제1항의 규정에 준하여 별도의 배분기준에 따라 지원할 수 있다. <개정 2002.12.5>

제21조 (배분신청) ①모금회에 배분신청을 하고자 하는 자는 제20조의 규정에 의한 공고에 따라 배분신청서를 제출하여야 한다.
②제1항의 규정에 의하여 제출된 배분신청서는 당해 회계연도에 한하여 효력이 있다.

제22조 (배분신청의 심사 등) ①모금회는 제21조의 규정에 의하여 접수한 배분신청서를 배분분과실행위원회에 회부하여 배분금액·배분순위 및 배분시기 등을 심의하도록 하여야 한다.
②모금회는 제1항의 규정에 의한 심의결과에 기초하여 배분계획을 수립하여야 한다.
③제2항의 규정에 의한 배분계획은 공동모금재원이 분기별로 균형있게 배분되도록 하여야 한다. 다만, 사업의 성격이 일시에 지원할 필요가 있는 경우에는 그러하지 아니하다.

제23조 (배분에 따른 자료요구 등) 모금회는 공동모금재원을 배분받은 자 또는 배분신청을 한 자에 대하여 필요한 서류의 제출을 요구하거나 필요한 조사를 할 수 있다.

제24조 (배분결과의 공고 등) ①모금회는 각 회계연도의 공동모금재원의 배분을 종료한 날부터 1월 이내에 전국적으로 배포되는 1개 이상의 일간신문에 그 배분결과를 공고하여야 한다.
②모금회는 제1항의 규정에 의한 공고외에 다양한 방법과 매체를 통하여 그 배분결과를 알려야 한다.

제25조 (재원의 사용 등) ①공동모금재원은 사회복지사업 기타 사회복지활동에 사용한다.
②각 회계연도에 조성된 공동모금재원은 당해 회계연도에 지출하는 것을 원칙으로 한다. 다만, 재난구호 및 긴급구호 등 긴급히 지원할 필요가 있는 때를 대비하여 각 회계연도의 공동모금재원의 일부를 적립하는 경우에는 그러하지 아니하다. <개정 2002.12.5>
③제2항본문의 규정에 불구하고 다음 각 호의 1에 해당하는 경우에는 각 회계연도에 조성된 공동모금재원의 일부를 이사회의 의결을 거쳐 다음 회계연도에 이월하여 지출할 수 있다. <신설 2002.12.5>
1. 제27조제1항의 규정에 의하여 사용용도 등이 지정되어 기부된 모금재원으로서 모금목적사업의 특성상 당해 회계연도에 지출을 완료하기 어려운 경우
2. 공동모금재원의 배분에 대한 계획이 2 회계연도 이상에 걸치는 경우로서 사업의 성격상 다음 회계연도에 이월하여 지출하는 것이 필요하다고 인정되는 경우
3. 당해 회계연도 말에 집중조성된 모금재원으로서 부득이한 사유로 인하여 당해 회계연도에 지출이 어려운 경우
④기부금품모집과 모금회의 관리·운영에 필요한 비용은 직전 회계연도 모금총액의 100분의 10 범위내에서 이사회의 의결을 거쳐 사용할 수 있다. <개정 2002.12.5>
⑤공동모금재원의 관리·운용방법 및 예산·회계 등에 관하여 필요한 사항은 정관으로 정한다.

제26조 (사업계획의 제출 등) ①모금회는 각 회계연도의 사업계획 및 예산안을 회계연도개시 1월전에 보건복지부장관에게 제출하여야 한다.
②모금회가 예산안을 작성할 때에는 제22조제2항의 규정에 의한 배분계획과 모금경비 및 모금회의 운영비 등을 포함하여야 한다.
③모금회는 각 회계연도종료후 3월 이내에 세입·세출결산서를 작성하여 보건복지부장관에게 제출하여야 한다.

제27조 (기부금품의 지정사용) ①기부금품의 기부자는 배분지

역·배분대상자 또는 사용용도를 지정할 수 있다. <개정 2002.12.5>
②모금회는 제1항의 규정에 의한 지정이 있는 경우 그 지정취지에 따라 기부금품을 사용하여야 한다.
③모금회는 이사회의 의결을 거쳐 제1항의 규정에 의한 지정 및 그 사용방법에 관하여 필요한 사항을 정할 수 있다.

제28조 (회계연도) 모금회의 회계연도는 1월 1일부터 12월 31일까지로 한다. <개정 2002.12.5>

제29조 (유사명칭 사용금지) 모금회가 아닌 자는 사회복지공동모금 또는 이와 유사한 명칭을 사용하지 못한다.

제30조 (모금회 임·직원 등의 신분) 모금회의 임·직원 및 이 법에 의한 기부금품모집업무에 종사하는 자는 형법 제129조 내지 제132조의 적용에 있어서 이를 공무원으로 본다.

제31조 (지도·감독 등) ①보건복지부장관은 모금회의 업무에 관하여 지도·감독을 하며, 필요하다고 인정할 경우에는 관계서류의 제출을 명하거나 소속공무원으로 하여금 그 운영상황을 조사하게 하거나 장부 기타 서류를 검사하게 할 수 있다.
②제1항의 규정에 의한 조사 또는 검사를 행하는 관계 공무원은 그 권한을 표시하는 증표를 관계인에게 내보여야 한다.

제32조 (시정명령 등) 보건복지부장관은 모금회의 운영이 이 법 또는 정관에 위반된다고 인정되는 경우에는 사회복지사업법 제22조 및 동법 제26조를 준용하여 필요한 조치를 할 수 있다.

제33조 (보조금 등) ①국가 또는 지방자치단체는 모금회에 대하여 기부금품의 모집에 필요한 비용과 모금회의 관리·운영에 필요한 비용을 보조할 수 있다.
②제1항의 규정에 의한 보조금은 그 목적외의 용도에 사용할 수 없다.
③국가 또는 지방자치단체는 모금회가 다음 각 호의 1에 해당하는 때에는 이미 교부한 보조금의 전부 또는 일부의 반환을 명할 수 있다.
1. 사업목적외의 용도에 보조금을 사용한 때
2. 사위 기타 부정한 방법으로 보조금의 교부를 받은 때
3. 이 법 또는 이 법에 의한 명령에 위반한 때

제34조 (다른 법률과의 관계) 이 법 또는 모금회의 정관에 규정되지 아니한 사항은 민법 중 재단법인에 관한 규정을 준용한다.

제35조 (벌칙) ①제3조제1항의 규정을 위반하여 강제모집한 자는 3년 이하의 징역 또는 3천만원 이하의 벌금에 처한다.
②제29조의 규정을 위반한 자는 2년 이하의 징역 또는 2천만원 이하의 벌금에 처한다.

제36조 (양벌규정) 법인의 대표자, 법인 또는 개인의 대리인·사용인 기타 종업원이 그 법인 또는 개인의 업무에 관하여 제35조의 위반행위를 한 때에는 행위자를 벌하는 외에 그 법인 또는 개인에 대하여도 해당조의 벌금형을 과한다.

부칙 <제5960호, 1999.3.31>
제1조 (시행일) 이 법은 1999년 4월 1일부터 시행한다.
제2조 (전국공동모금회에 대한 경과조치) ①이 법 시행당시 종전의 규정에 의하여 설립된 전국공동모금회는 이 법에 의한 사회복지공동모금회로 본다.
②이 법 시행당시 전국공동모금회의 임원은 이 법에 의한 사회복지공동모금회의 임원으로 본다.
③사회복지공동모금회는 이 법 시행일부터 1월 이내에 이 법에 의한 정관을 작성하여 보건복지부장관의 인가를 받아 이를 등기하여야 한다.
제3조 (지역공동모금회에 대한 경과조치) ①이 법 시행당시 종전의 규정에 의하여 설립된 지역공동모금회의 조직, 자산, 사업 등 일체의 권리와 의무는 이 법 시행일부터 이 법에 의한 사회복지공동모금회가 이를 승계한다. 이 경우 그 자산은 정관이 정하는 바에 따라 각 지회가 관리·운용한다.
②지역공동모금회는 이 법 시행일부터 1월 이내에 이 법에 의한 지회로 전환하여야 한다.
제4조 (회계연도변경에 따른 경과조치) 사회복지공동모금회의 1999회계연도는 제28조의 개정규정에 불구하고 1999년 9월 30일까지로 한다.
제5조 (다른 법률의 개정) ①장애인복지법 중 다음과 같이 개정한다.
제47조 중 "또는 사회복지공동모금법에 의한 공동모금으로 조성된 재원"을 삭제한다.
②조세특례제한법 중 다음과 같이 개정한다.
제73조제1항제9호를 다음과 같이 한다.
9. 사회복지공동모금회법에 의한 사회복지공동모금회에 지출하는 기부금
③이 법 시행당시 다른 법령에서 사회복지공동모금법 및 그 규정을 인용하고 있는 경우 이 법 중 그에 해당하는 규정이 있는 때에는 이에 갈음하여 이 법 또는 이 법의 규정을 인용한 것으로 본다.

부칙 <제6486호, 2001.5.24>
이 법은 2001년 7월 1일부터 시행한다.

부칙 <제6757호, 2002.12.5>

①(시행일) 이 법은 공포한 날부터 시행한다. 다만, 제28조의 개정규정은 2003년 1월 1일부터 시행한다.

②(회계연도 변경에 관한 경과조치) 이 법 시행 당시 진행 중인 사회복지공동모금회의 회계연도는 2002년 12월 31일에 종료한다.

부칙 (복권및복권기금법) <제7159호, 2004.1.29>

제1조 (시행일) 이 법은 2004년 4월 1일부터 시행한다. <단서 생략>

제2조 내지 제4조 생략

제5조 (다른 법률의 개정) ①내지 ⑪생략

⑫사회복지공동모금회법 중 다음과 같이 개정한다.

제17조제3호를 다음과 같이 한다.

3. 복권및복권기금법 제23조제1항의 규정에 의하여 배분받은 복권수익금

⑬생략

장애인·노인·임산부등의편의증진보장에관한법률

연혁

1997. 4. 10 제정 법률 제5332호
1999. 1. 21 일부개정 법률 제5672호

2003. 12. 31 일부개정 법률 제7040호
2005. 3. 31 일부개정 법률 제7476호

제1조 (목적) 이 법은 장애인·노인·임산부 등이 생활을 영위함에 있어 안전하고 편리하게 시설 및 설비를 이용하고 정보에 접근하도록 보장함으로써 이들의 사회활동참여와 복지증진에 이바지함을 목적으로 한다. <개정 2003.12.31>

제2조 (정의) 이 법에서 사용하는 용어의 정의는 다음과 같다. <개정 2003.5.29, 2003.12.31, 2004.12.31, 2005.3.31>
1. "장애인 등"이라 함은 장애인·노인·임산부 등 생활을 영위함에 있어 이동과 시설이용 및 정보에의 접근 등에 불편을 느끼는 자를 말한다.
2. "편의시설"이라 함은 장애인 등이 생활을 영위함에 있어 이동과 시설이용의 편리를 도모하고 정보에의 접근을 용이하게 하기 위한 시설과 설비를 말한다.
3. "시설주"라 함은 이 법에서 정하는 대상시설의 소유자 또는 관리자(당해 대상시설에 대한 별도의 관리의무자가 있는 경우에 한한다)를 말한다.
4. "시설주관기관"이라 함은 편의시설의 설치 및 운영에 관하여 지도와 감독을 행하는 중앙행정기관의 장과 특별시장·광역시장·도지사(이하 "시·도지사"라 한다) 및 시장·군수·구청장(자치구의 구청장에 한한다. 이하 같다)을 말한다.
5. 삭제 <2005.1.27>
6. "공원"이라 함은 자연공원법 제2조제1호의 규정에 의한 자연공원 및 동조 제10호의 규정에 의한 공원시설과「도시공원 및 녹지 등에 관한 법률」 제2조제3호의 규정에 의한 도시공원 및 동조제4호의 규정에 의한 공원시설을 말한다.
7. "공공건물 및 공중이용시설"이라 함은 불특정다수인이 이용하는 건축물, 시설 및 그 부대시설로서 대통령령으로 정하는 건물 및 시설을 말한다.
8. "공동주택"이라 함은 주택법 제2조제2호의 규정에 의한 공동주택을 말한다.
9. 삭제 <2005.1.27>
10. "통신시설"이라 함은 전기통신기본법 제2조제2호의 규정에 의한 전기통신설비와 우편법 제14조의 규정에 의한 우편물 등 통신을 이용하는 데 필요한 시설을 말한다.

제3조 (편의시설 설치의 기본원칙) 시설주는 장애인 등이 공공건물 및 공중이용시설을 이용함에 있어 가능한 최단거리로 이동할 수 있도록 편의시설을 설치하여야 한다.

제4조 (접근권) 장애인 등은 인간으로서의 존엄과 가치 및 행복을 추구할 권리를 보장받기 위하여 장애인 등이 아닌 사람들이 이용하는 시설과 설비를 동등하게 이용하고 정보에 자유롭게 접근할 수 있는 권리를 가진다. <개정 2003.12.31>

제5조 (다른 법률과의 관계) 이 법에서 특별히 정하고 있지 아니한 편의시설에 관한 사항은 다른 법률이 정하는 바에 따른다.

제6조 (국가 및 지방자치단체의 의무) 국가 및 지방자치단체는 장애인 등이 생활을 영위함에 있어 안전하고 편리하게 시설 및 설비를 이용하고 정보에 접근할 수 있도록 각종 시책을 마련하여야 한다.

제7조 (대상시설) 편의시설을 설치하여야 하는 대상(이하 "대상시설"이라 한다)은 다음 각 호의 1에 해당하는 것으로서 대통령령으로 정하는 것을 말한다.
1. 삭제 <2005.1.27>
2. 공원
3. 공공건물 및 공중이용시설
4. 공동주택
5. 삭제 <2005.1.27>
6. 통신시설
7. 기타 장애인 등의 편의를 위하여 편의시설의 설치가 필요한 건물·시설 및 그 부대시설

제8조 (편의시설의 설치기준) ①대상시설별로 설치하여야 하는 편의시설의 종류는 대상시설의 규모, 용도 등을 고려하여 대통령령으로 정한다.
②편의시설의 구조·재질 등에 관한 세부기준(이하 "세부기준"이라 한다)은 보건복지부령으로 정한다. 이 경우 편의시설에 대한 안내표시에 관한 사항을 함께 정할 수 있다. <개정 1999.1.21>

제9조 (시설주의 의무) ①시설주는 대상시설을 설치하거나 대통령령이 정하는 주요부분(용도변경을 포함한다)을 변경하는 때에는 장애인 등이 항상 대상시설을 편리하게 이용할 수 있도록 편의시설을 제8조의 규정에 적합하게 설치하고 이를 유지·관리하여야 한다. <개정 1999.1.21>
②삭제 <1999.1.21>

제10조 (편의시설에 관한 지도·감독) ①보건복지부장관은 편의시설의 설치·운영에 관한 업무를 총괄한다.
②시설주관기관은 그 소관 대상시설에 대한 편의시설의 설치·운영에 관하여 필요한 지도와 감독을 행하여야 한다.

제11조 (실태조사) ①시설주관기관은 편의시설 활성화 정책의 기초자료 확보 등을 위하여 편의시설 설치에 관한 실태조사를 실시하여야 한다.
②제1항의 규정에 의한 실태조사의 실시시기, 실시방법 등에 관한 사항은 보건복지부령으로 정한다.
③시설주관기관은 제1항의 규정에 의한 실태조사의 실시에 필요한 한도내에서 시설주에 대하여 필요한 자료제출을 요구할 수 있다.

제12조 (설치계획의 수립·시행 및 보고) ①시설주관기관은 편의시설 설치를 촉진하기 위하여 소관 대상시설에 대한 편의시설설치계획을 수립·시행하여야 한다.
②제1항의 규정에 의한 편의시설설치계획에는 다음 각 호의 사항이 포함되어야 한다.
1. 대상시설의 편의시설 설치실태 및 정비계획
2. 대상시설의 건축·대수선·용도변경의 경우 또는 교통수단 구입 등의 경우에 있어서의 편의시설설치계획
3. 대상시설 및 편의시설 설치기준에 관한 홍보
4. 기타 보건복지부령으로 정하는 사항
③시설주관기관은 제1항의 규정에 의한 편의시설 설치계획과 그 시행실적을 대통령령이 정하는 바에 따라 보건복지부장관에게 제출하여야 한다.
④보건복지부장관은 제3항의 규정에 의하여 제출된 계획 등을 종합하여 제12조의2의 규정에 의한 편의증진심의회의 심의를 거쳐 편의시설 설치에 관한 국가종합계획을 수립하여야 한다. <개정 2003.12.31>

제12조의2 (편의증진심의회의 설치 등) ①보건복지부에 장애인등의 편의증진에 관한 중요사항을 심의하기 위하여 편의증진심의회(이하 "심의회"라 한다)를 둔다.
②심의회는 다음 각 호의 사항을 심의한다.
1. 장애인 등에 대한 편의증진정책의 기본방향에 관한 사항
2. 제12조제4항의 편의시설 설치에 관한 국가종합계획 수립과 관련한 사항
3. 장애인 등의 편의증진보장을 위한 제도개선 등에 관한 사항
4. 그 밖에 장애인 등의 편의증진보장을 위하여 관계부처간에 협조가 필요한 사항
③심의회의 조직·운영에 관하여 필요한 사항은 대통령령으로 정한다.
[본조신설 2003.12.31]

제13조 (설치의 지원) ①국가 및 지방자치단체는 민간의 편의시설 설치에 따른 부담을 경감하고 설치를 촉진하기 위하여 금융지원과 기술지원 등 필요한 조치를 강구하여야 한다.
②법인 및 개인이 이 법에서 정하는 편의시설을 설치한 경우에는 당해 시설의 설치에 소요된 금액에 대하여 조세특례제한법, 지방세법 등 조세관계법령이 정하는 바에 의하여 조세를 감면한다. <개정 2003.12.31>

제14조 (연구개발의 촉진 등) ①국가 및 지방자치단체는 편의시설에 관한 연구개발을 촉진하기 위한 시책을 강구하여야 한다.
②보건복지부장관은 편의시설 설치사업의 원활한 추진을 위하여 편의시설 상세표준도를 작성하여 이를 보급하여야 한다. 이 경우 건축물에 대한 편의시설 상세표준도는 해당 편의시설에 관하여 건축법 제19조제4항의 규정에 의한 표준설계도서로 본다.

제15조 (적용의 완화) ①시설주는 다음 각 호의 1에 해당하는 경우로서 제8조제2항의 세부기준에 적합한 편의시설의 설치가 곤란하거나 불합리한 경우에는 세부기준을 완화한 별도의 기준을 정하고 시설주관기관의 승인을 얻어 이에 따라 편의시설을 설치할 수 있다.
1. 세부기준에 적합한 편의시설의 설치가 구조적으로 곤란한 경우
2. 세부기준에 적합하게 편의시설을 설치할 경우 안전관리에 중대한 위험을 초래할 우려가 있는 경우
3. 대상시설의 용도 및 주변여건에 비추어 세부기준을 완화하여 적용하는 것이 적합하다고 인정되는 경우
4. 기타 대통령령으로 정하는 경우
②시설주관기관은 제1항의 규정에 의한 승인을 함에 있어

장애인 등의 이용에 불편이 없도록 하여야 한다.
③제1항 및 제2항의 규정에 의한 승인의 절차 기타 필요한 사항은 대통령령으로 정한다.

제16조 (시설이용상의 편의제공) ①장애인 등의 이용이 많은 공공건물 및 공중이용시설의 시설주는 휠체어·점자안내책자·보청기기 등을 비치하여 장애인 등이 당해 시설을 편리하게 이용할 수 있도록 하여야 한다. <개정 2003.12.31>
②제1항의 규정에 의하여 휠체어·점자안내책자·보청기기 등을 비치하여야 하는 공공건물 및 공중이용시설의 범위와 휠체어·점자안내책자·보청기기 등 비치하여야 할 용품의 종류 등에 관한 사항은 보건복지부령으로 정한다. <개정 2003.12.31>
③제1항의 규정에 의한 휠체어·점자안내책자·보청기기 등의 이용료는 무료를 원칙으로 하되 수리에 소요되는 비용 등을 감안하여 실비로 할 수 있다. <개정 2003.12.31>

제16조의2 (장애인에 대한 편의제공) ①장애인은 대통령령이 정하는 공공건물 및 공중이용시설을 이용하고자 할 때에는 시설주에 대하여 안내서비스·수화통역 등의 편의제공을 요청할 수 있다.
②제1항의 규정에 따라 장애인으로부터 편의제공을 요청받은 시설주는 정당한 사유가 없는 한 이에 응하여야 한다.
[본조신설 2003.12.31]

제17조 (장애인전용주차구역 등) ①공공건물 및 공중이용시설의 시설주는 주차장법령이 정하는 설치비율에 따라 장애인전용주차구역을 설치하여야 한다.
②국가보훈처장과 시장·군수·구청장은 보행에 장애가 있는 자로부터 신청을 받은 경우 장애인전용주차구역에 주차가 가능함을 표시하는 장애인자동차표지를 발급하여야 한다. <개정 2003.12.31>
③누구든지 제2항의 규정에 의한 장애인자동차표지가 부착되지 아니한 자동차를 장애인전용주차구역에 주차하여서는 아니된다. 장애인자동차표지가 부착된 자동차에 보행에 장애가 있는 자가 탑승하지 아니한 경우에도 또한 같다. <개정 2003.12.31>
④제2항의 규정에 따른 장애인자동차표지의 발급대상 등에 관하여 필요한 사항은 대통령령으로 정한다. <신설 2003.12.31>

제18조 삭제 <2003.12.31>
제19조 삭제 <2003.12.31>
제20조 삭제 <2003.12.31>
제21조 삭제 <2003.12.31>

제22조 (자료제출 요구 및 검사) ①보건복지부장관과 시설주관기관은 시설주에게 편의시설의 설치 및 운영에 관련된 자료의 제출을 요구하거나 소속공무원으로 하여금 편의시설설치 및 설치된 편의시설의 세부기준에의 적합성 여부에 관하여 검사하게 할 수 있다.
②제1항의 규정에 의하여 검사를 하는 자는 그 권한을 표시하는 증표를 지니고 이를 관계인에게 내보여야 한다.

제23조 (시정명령 등) ①시설주관기관은 대상시설이 이 법의 규정에 위반한 경우에는 해당 시설주에게 대통령령이 정하는 바에 따라 기간을 정하여 이 법에 적합하도록 편의시설의 설치 및 개선 등 필요한 조치를 명할 수 있다.
②보건복지부장관은 시설주관기관에게 소관 대상시설에 대한 편의시설의 설치 및 개선 등 시정조치를 취할 것을 요청할 수 있으며 시설주관기관은 특별한 사유가 없는 한 이에 응하여야 한다.

제24조 삭제<1997.12.13>

제25조 (벌칙) 제9조제1항의 규정에 위반한 자로서 제23조제1항의 규정에 의한 시정명령을 받고 시정기간내에 이를 이행하지 아니한 자는 5백만원 이하의 벌금에 처한다.

제26조 (양벌규정) 법인의 대표자 또는 법인이나 개인의 대리인·사용인 기타 종업원이 그 법인 또는 개인의 업무에 관하여 제25조의 위반행위를 한 때에는 행위자를 벌하는 외에 그 법인 또는 개인에 대하여도 동조의 벌금형을 과한다.

제27조 (과태료) ①다음 각 호의 1에 해당하는 자는 200만원 이하의 과태료에 처한다. <개정 1999.1.21, 2003.12.31>
1. 제16조제1항의 규정에 의한 휠체어·점자안내책자·보청기기 등을 비치하지 아니한 자로서 제23조제1항의 규정에 의한 시정명령을 받고 시정기간내에 이를 이행하지 아니한 자
2. 정당한 사유없이 제11조제3항 및 제22조제1항의 규정에 의한 자료제출 요구에 불응하거나 허위의 자료를 제출한 자 또는 검사를 거부·기피·방해한 자
②제17조제3항의 규정에 위반하여 장애인자동차표지를 부착하지 아니하거나 장애인자동차표지가 부착된 자동차로서 보행에 장애가 있는 자가 탑승하지 아니한 자동차를 장애인전용주차구역에 주차한 자는 20만원 이하의 과태료에 처한다. <개정 2003.12.31>
③제1항 및 제2항의 규정에 의한 과태료는 시설주관기관이 부과·징수하되, 과태료를 부과하는 위반행위의 종별과 위반정도에 따른 과태료의 금액, 과태료의 부과·징수절차 기타 필요한 사항은 대통령령으로 정한다. <개정 1999.1.21>

④제1항 및 제2항의 규정에 의한 과태료 처분에 불복이 있는 자는 그 처분의 고지를 받은 날부터 30일 이내에 당해 부과권자에게 이의를 제기할 수 있다.

⑤제1항 및 제2항의 규정에 의한 과태료 처분을 받은 자가 제4항의 규정에 의하여 이의를 제기한 경우에는 당해 부과권자는 지체없이 관할법원에 그 사실을 통보하여야 하며, 그 통보를 받은 관할법원은 비송사건절차법에 의한 과태료의 재판을 한다.

⑥제4항의 규정에 의한 기간내에 이의를 제기하지 아니하고 과태료를 납부하지 아니한 경우에는 국세 또는 지방세 체납처분의 예에 의하여 이를 징수한다.

제28조 (이행강제금) ①시설주관기관은 제23조제1항의 규정에 의하여 시정명령을 받은 후 시정기간내에 당해 시정명령을 이행하지 아니한 시설주에 대하여 편의시설 설치비용 등을 고려하여 3천만원 이하의 이행강제금을 부과한다.

②제1항의 규정에 의하여 이행강제금을 부과하는 위반행위의 종별과 위반정도에 따른 금액 기타 필요한 사항은 대통령령으로 정한다.

③시설주관기관은 제1항의 규정에 의한 이행강제금을 부과하기 전에 제1항의 규정에 의한 이행강제금을 부과·징수한다는 뜻을 미리 문서로써 계고하여야 한다.

④시설주관기관은 제1항의 규정에 의한 이행강제금을 부과하는 경우에는 이행강제금의 금액·부과사유·납부기한 및 수납기관·이의제기방법 및 이의제기기관 등을 명시한 문서로써 행하여야 한다.

⑤시설주관기관은 최초의 시정명령이 있은 날을 기준으로 하여 매년 1회 당해 시정명령이 이행될 때까지 반복하여 제1항의 규정에 의한 이행강제금을 부과·징수할 수 있다.

⑥시설주관기관은 제23조제1항의 규정에 의하여 시정명령을 받은 자가 시정명령을 이행하는 경우에는 새로운 이행강제금의 부과를 즉시 중지하되, 이미 부과된 이행강제금은 이를 징수하여야 한다.

⑦제27조제4항 내지 제6항의 규정은 이행강제금의 징수 및 이의절차에 관하여 이를 준용한다.

⑧삭제 <2003.12.31>

⑨삭제 <2003.12.31>

⑩삭제 <2003.12.31>

제29조 (권한의 위임·위탁) 이 법에 의한 보건복지부장관의 권한은 그 일부를 대통령령이 정하는 바에 의하여 시·도지사에게 위임하거나 보건복지부장관의 허가를 받아 설립된 법인에게 위탁할 수 있다.

부칙 <제5332호, 1997.4.10>

제1조 (시행일) 이 법은 공포 후 1년이 경과한 날부터 시행한다.

제2조 (편의시설설치에 관한 경과조치) ①이 법 시행당시 종전의 장애인복지법 제33조의 규정을 적용하여 건축허가 신청등 대상시설의 설치·변경을 위한 행정절차가 진행 중이거나 시공 중인 대상시설에 대한 편의시설의 설치에 관하여는 종전의 장애인복지법 제33조의 규정을 적용한다.

②이 법 시행전에 설치된 대상시설 중 대통령령이 정하는 것은 이 법 시행일부터 2년 이상 7년내의 범위안에서 대통령령이 정하는 바에 따라 편의시설을 설치하여야 한다. 다만, 이 경우에 대상시설의 시설주에게 지나친 부담이 되지 아니하도록 배려하여야 한다.

③제2항의 규정을 위반한 시설주에 대하여 제23조·제25조 및 제28조의 규정을 준용한다.

제3조 (다른 법률의 개정) ①기금관리기본법 중 다음과 같이 개정한다.

별표에 제122호를 다음과 같이 신설한다.

122. 장애인·노인·임산부등의편의증진보장에관한법률

②장애인복지법 중 다음과 같이 개정한다.

제33조제2항 내지 제5항을 각각 삭제한다.

제57조제3호를 삭제한다.

부칙 <제5672호, 1999.1.21>

이 법은 공포한 날부터 시행한다. 다만, 제27조제3항의 개정규정은 1999년 6월 1일부터 시행한다.

부칙 (주택법) <제6916호, 2003.5.29>

제1조 (시행일) 이 법은 공포 후 6월이 경과한 날부터 시행한다. <단서 생략>

제2조 내지 제11조 생략

제12조 (다른 법률의 개정) ①내지 <28>생략

<29>장애인·노인·임산부등의편의증진보장에관한법률 중 다음과 같이 개정한다.

제2조제8호 중 "주택건설촉진법 제3조제3호"를 "주택법 제2조제2호"로 한다.

<30>내지 <47>생략

제13조 생략

부칙 <제7040호, 2003.12.31>

①(시행일) 이 법은 공포 후 6월이 경과한 날부터 시행한다. 다만, 제18조 내지 제21조의 개정규정, 제28조제8항 내지 제10항의 개정규정 및 부칙 제2항은 각각 2004년 1월 1일부터 시행한다.

②(다른 법률의 개정) 기금관리기본법 중 다음과 같이 개정한다.

별표 제122호를 삭제한다.

부칙 (철도사업법) <제7303호, 2004.12.31>
제1조 (시행일) 이 법은 공포 후 6월이 경과한 날부터 시행
한다.
제2조 내지 제5조 생략
제6조 (다른 법률의 개정) ①내지 ⑥생략
⑦장애인·노인·임산부등의편의증진보장에관한법률 중 다
음과 같이 개정한다.
제2조제9호 중 "철도법 제2조제1항"을 "철도사업법 제2조
제1호"로 한다.
⑧생략
제7조 생략

부칙 (교통약자의이동편의증진법) <제7382호, 2005.1.27>
제1조 (시행일) 이 법은 공포 후 1년이 경과한 날부터 시행
한다.
제2조 내지 제4조 생략
제5조 (다른 법률의 개정) 장애인·노인·임산부등의편의증
진보장에관한법률 중 다음과 같이 개정한다.
제2조제5호·제9호 및 제7조제1호·제5호를 각각 삭제한다.

부칙 (자연공원법) <제7456호, 2005.3.31>
제1조 (시행일) 이 법은 공포 후 6월이 경과한 날부터 시행
한다.
제2조 내지 제5조 생략
제6조 (다른 법률의 개정) ①장애인·노인·임산부등의편의
증진보장에관한법률 일부를 다음과 같이 개정한다.
제2조제6호 중 "동조제7호"을 "동조제10호"로 한다.
②생략

부칙 (도시공원및녹지등에관한법률) <제7476호, 2005.3.
31>
제1조 (시행일) 이 법은 공포 후 6월이 경과한 날부터 시행
한다.
제2조 내지 제8조 생략
제9조 (다른 법률의 개정) ①내지 ⑨생략
⑩장애인·노인·임산부등의편의증진보장에관한법률 일부
를 다음과 같이 개정한다.
제2조제6호 중 "도시공원법 제2조제1호의 규정에 의한 도
시공원 및 동조제2호의 규정에 의한 공원시설"을 "「도시공
원 및 녹지 등에 관한 법률」 제2조제3호의 규정에 의한 도
시공원 및 동조제4호의 규정에 의한 공원시설"로 한다.
⑪내지 ⑭생략
제10조 생략

가정폭력 방지 및 피해자보호 등에 관한 법률

연혁

1997. 12. 31 제정 법률 제5487호
2004. 1. 20 일부개정 법률 제7099호

2006. 4. 28 일부개정 법률 제7952호
2007. 4. 11 일부개정 법률 제8367호

제1조 (목적) 이 법은 가정폭력을 예방하고 가정폭력의 피해자를 보호·지원함을 목적으로 한다.
[전문개정 2006.4.28]

제2조 (정의) 이 법에서 사용하는 용어의 정의는 다음과 같다. <개정 2006.4.28>
1. "가정폭력"이라 함은 「가정폭력범죄의 처벌 등에 관한 특례법」 제2조제1호에 규정된 행위를 말한다.
2. "가정폭력행위자"라 함은 「가정폭력범죄의 처벌 등에 관한 특례법」 제2조제4호에 규정된 자를 말한다.
3. "피해자"라 함은 가정폭력으로 인하여 직접적으로 피해를 입은 자를 말한다.
3의2. "아동"이라 함은 18세 미만의 자를 말한다.
4. 삭제 <2006.4.28>

제3조 삭제 <2006.4.28>

제4조 (국가 등의 책무) ①국가와 지방자치단체는 가정폭력의 예방·방지와 피해자의 보호·지원을 위하여 다음 각 호의 조치를 취하여야 한다.
1. 가정폭력 신고체계의 구축 및 운영
2. 가정폭력의 예방과 방지를 위한 조사·연구·교육 및 홍보
3. 피해자를 위한 보호시설의 설치·운영 그 밖에 피해자에 대한 지원서비스의 제공
4. 피해자의 보호와 지원을 원활히 하기 위한 관련 기관간의 협력체계의 구축 및 운영
5. 가정폭력의 예방·방지 및 피해자의 보호·지원을 위한 관계법령의 정비와 각종 정책의 수립·시행 및 평가
②국가와 지방자치단체는 제1항의 규정에 따른 책무를 다하기 위하여 이에 수반하는 예산상의 조치를 취하여야 한다.
③특별시·광역시·도 및 시·군·구(자치구를 말한다. 이하 같다)에 가정폭력의 예방·방지 및 피해자의 보호·지원을

담당할 기구와 공무원을 두어야 한다.
④국가와 지방자치단체는 제5조제2항 및 제7조제2항의 규정에 따라 설치·운영하는 가정폭력관련 상담소와 가정폭력피해자 보호시설에 대하여 경비를 보조하는 등 이를 육성·지원하여야 한다.
[전문개정 2006.4.28]

제4조의2 (가정폭력 실태조사) ①여성가족부장관은 3년마다 가정폭력 실태조사를 실시하여 그 결과를 발표하고, 이를 가정폭력의 예방을 위한 정책수립에 기초자료로 활용하여야 한다.
②제1항의 규정에 따른 가정폭력 실태조사의 방법과 내용 등에 관하여 필요한 사항은 여성가족부령으로 정한다.
[본조신설 2006.4.28]

제4조의3 (가정폭력 예방교육의 실시) 「초·중등교육법」의 규정에 따른 각급 학교의 장은 대통령령이 정하는 바에 따라 가정폭력의 예방 및 방지를 위하여 필요한 교육을 실시하여야 한다.
[본조신설 2006.4.28]

제4조의4 (아동의 취학지원) ①국가 또는 지방자치단체는 피해자 또는 피해자가 동반한 가정구성원 (「가정폭력범죄의 처벌 등에 관한 특례법」 제2조제2호에 규정된 자 중 피해자의 보호 또는 양육을 받고 있는 자를 말한다. 이하 같다)이 아동인 경우 주소지 외의 지역에서 취학(입학·재입학·전학 및 편입학을 포함한다. 이하 같다)할 필요가 있는 때에는 그 취학이 원활히 이루어지도록 지원하여야 한다.
②제1항의 규정에 따른 취학에 관하여 필요한 사항은 대통령령으로 정한다.
[본조신설 2006.4.28]

제4조의5 (피해자에 대한 불이익처분의 금지) 피해자를 고용하

고 있는 자는 누구든지 「가정폭력범죄의 처벌 등에 관한 특례법」에 따른 가정폭력범죄와 관련하여 피해자를 해고하거나 그 밖의 불이익을 주어서는 아니된다.
[본조신설 2006.4.28]

제5조 (상담소의 설치·운영) ①국가 또는 지방자치단체는 가정폭력관련 상담소(이하 "상담소"라 한다)를 설치·운영할 수 있다. <개정 2006.4.28>
②국가 또는 지방자치단체외의 자가 상담소를 설치·운영하고자 할 때에는 시장·군수·구청장(자치구의 구청장을 말한다. 이하 같다)에게 신고하여야 한다. <개정 2004.1.20>
③상담소의 설치·운영기준, 상담소에 두는 상담원의 수 및 신고 절차 등에 관하여 필요한 사항은 여성가족부령으로 정한다. <개정 2001.1.29, 2005.3.24, 2006.4.28>

제6조 (상담소의 업무) 상담소의 업무는 다음과 같다. <개정 2006.4.28>
1. 가정폭력을 신고받거나 이에 관한 상담에 응하는 일
2. 가정폭력으로 인하여 정상적인 가정생활 및 사회생활이 어렵거나 그 밖에 긴급히 보호를 필요로 하는 피해자 및 피해자가 동반한 가정구성원(이하 "피해자 등"이라 한다)에 대한 임시보호를 하거나 의료기관 또는 가정폭력피해자보호시설로의 인도
3. 행위자에 대한 고발 등 법률적 사항에 관한 자문을 얻기 위한 대한변호사협회 또는 지방변호사회 및 「법률구조법」의 규정에 따른 법률구조법인(이하 "법률구조법인"이라 한다) 등에 필요한 협조와 지원의 요청
4. 경찰관서 등으로부터 인도받은 피해자 등의 임시보호
5. 가정폭력의 예방 및 방지에 관한 홍보
6. 기타 가정폭력 및 피해에 관한 조사·연구

제7조 (보호시설의 설치) ①국가 또는 지방자치단체는 가정폭력피해자 보호시설(이하 "보호시설"이라 한다)을 설치·운영할 수 있다. <개정 2006.4.28>
②사회복지법인 기타 비영리법인은 시장·군수·구청장의 인가를 받아 보호시설을 설치·운영할 수 있다. <개정 2004.1.20>
③보호시설에는 상담원을 두어야 하고, 보호시설의 규모에 따라 생활지도원, 취사원, 관리원 등의 종사자를 둘 수 있다. <개정 2006.4.28>
④보호시설의 설치·운영기준, 보호시설에 두는 상담원 등 종사자의 직종과 수 및 인가기준 등에 관하여 필요한 사항은 여성가족부령으로 정한다. <신설 2006.4.28>

제7조의2 (보호시설의 종류) ①보호시설의 종류는 다음 각 호와 같다.

1. 단기보호시설 : 피해자 등을 6월의 범위 안에서 보호하는 시설
2. 장기보호시설 : 피해자 등에 대하여 2년의 범위 안에서 자립을 위한 주거편의 등을 제공하는 시설
3. 외국인보호시설 : 배우자가 대한민국 국민인 외국인 피해자 등을 2년의 범위 안에서 보호하는 시설
4. 장애인보호시설 : 「장애인복지법」의 적용을 받는 장애인인 피해자 등을 2년의 범위 안에서 보호하는 시설
②단기보호시설의 장은 당해 단기보호시설에 입소한 피해자등에 대한 보호기간을 여성가족부령이 정하는 바에 따라 3월의 범위 안에서 1회에 한하여 연장할 수 있다.
[본조신설 2006.4.28]

제8조 (보호시설의 업무) ①보호시설은 피해자 등에 대하여 다음 각 호의 업무를 행한다. 다만, 피해자가 동반한 가정구성원에 대하여는 제1호 외의 업무의 일부를 행하지 아니할 수 있고, 장기보호시설은 피해자 등에 대하여 제1호 내지 제5호의 업무(주거편의를 제공하는 업무를 제외한다)를 행하지 아니할 수 있다. <개정 2006.4.28>
1. 숙식의 제공
2. 심리적 안정 및 사회적응을 위한 상담 및 치료
3. 질병치료 및 건강관리를 위한 의료기관에의 인도 등 의료지원
4. 수사기관의 조사 및 법원의 증인신문에의 동행
5. 법률구조기관 등에 필요한 협조와 지원 요청
6. 자립자활교육의 실시와 취업정보의 제공
7. 다른 법률에 의하여 보호시설에 위탁된 사항
8. 그 밖에 피해자 등의 보호를 위하여 필요한 일
②장애인보호시설을 설치·운영하는 자가 제1항 각 호의 업무를 행함에 있어서는 장애인의 특성을 고려하여 적절한 지원이 이루어 질 수 있도록 하여야 한다. <신설 2006.4.28>
③보호시설의 장은 제1항 각 호로 인한 비용의 전부 또는 일부를 가정폭력행위자로부터 구상할 수 있다. 이 경우 그 구상절차는 국세 또는 지방세 체납처분절차의 예에 의한다. <개정 2006.4.28>

제8조의2 (상담소 및 보호시설 종사자의 자격기준) ①다음 각 호의 어느 하나에 해당하는 자는 상담소의 장, 보호시설의 장 또는 상담소와 보호시설에 종사하는 상담원이 될 수 없다.
1. 미성년자, 금치산자 또는 한정치산자
2. 파산선고를 받은 자로서 복권되지 아니한 자
3. 금고 이상의 형의 선고를 받고 그 집행이 종료(집행이 종료된 것으로 보는 경우를 포함한다)되지 아니하거나 집행이 면제되지 아니한 자
②상담소와 보호시설에 근무하는 상담원은 여성가족부령

이 정하는 요건에 해당하는 자로서, 제8조의3의 규정에 따른 가정폭력관련 상담원 교육훈련시설에서 상담원교육훈련과정을 이수한 자로 한다.

③그 밖에 상담소와 보호시설에 종사하는 종사자의 자격기준에 관하여 필요한 사항은 여성가족부령으로 정한다.

[본조신설 2006.4.28]

제8조의3 (상담원 교육훈련시설) ①국가 또는 지방자치단체는 상담원(상담원이 되고자 하는 자를 포함한다)에 대하여 교육·훈련을 실시하기 위하여 가정폭력관련 상담원 교육훈련시설(이하 "교육훈련시설"이라 한다)을 설치·운영할 수 있다.

②「고등교육법」의 규정에 따른 학교를 설립·운영하는 학교법인, 법률구조법인, 사회복지법인 그 밖에 비영리법인으로서 교육훈련시설을 설치하고자 하는 자는 시장·군수·구청장에게 신고하여야 한다.

③교육훈련시설의 설치기준, 교육훈련시설에 두는 강사의 자격과 수, 상담원교육훈련과정의 운영기준 및 신고절차 등에 관하여 필요한 사항은 여성가족부령으로 정한다.

[본조신설 2006.4.28]

제9조 (피해자 의사의 존중의무) 상담소나 보호시설의 장은 피해자 등의 명시한 의사에 반하여 제8조제1항 및 제18조의 보호를 할 수 없다. <개정 2006.4.28>

제10조 (상담소·보호시설 또는 교육훈련시설의 폐지 등) 제5조제2항·제7조제2항 또는 제8조의3제2항의 규정에 따른 상담소·보호시설 또는 교육훈련시설의 장이 그 시설을 휴지 또는 폐지하고자 할 때에는 여성가족부령이 정하는 바에 따라 시장·군수·구청장에게 신고하여야 한다.

[전문개정 2006.4.28]

제11조 (감독) ①여성가족부장관 또는 시장·군수·구청장은 상담소·보호시설 또는 교육훈련시설의 장으로 하여금 당해시설에 관하여 필요한 보고를 하게 할 수 있으며 관계 공무원으로 하여금 당해시설의 운영 상황을 조사하게 하거나 장부 기타 서류를 검사하게 할 수 있다. <개정 2001.1.29, 2004.1.20, 2005.3.24, 2006.4.28>

②제1항의 규정에 의하여 관계 공무원이 그 직무를 행하는 때에는 그 권한을 표시하는 증표를 지니고 이를 관계인에게 내보여야 한다.

제12조 (인가의 취소 등) ①시장·군수·구청장은 상담소·보호시설 또는 교육훈련시설이 다음 각 호의 어느 하나에 해당하는 때에는 시설의 폐쇄, 업무의 폐지 또는 6월의 범위 안에서 업무의 정지를 명하거나 인가를 취소할 수 있다.

1. 제5조제3항, 제7조제4항 또는 제8조의3제3항의 규정에 따른 설치기준 또는 운영기준에 미달하게 된 때
2. 제5조제3항, 제7조제4항, 제8조의2 또는 제8조의3제3항의 규정에 따른 상담원 또는 강사의 수가 미달하거나 자격이 없는 자를 상담원 또는 강사로 채용한 때
3. 정당한 사유 없이 제11조제1항의 규정에 따른 보고를 하지 아니하거나 허위로 보고를 한 때 또는 관계 공무원의 조사·검사를 거부하거나 기피한 때
4. 제15조의 규정을 위반하여 영리를 목적으로 상담소·보호시설 또는 교육훈련시설을 설치·운영한 때

②제1항의 규정에 따른 업무의 정지·폐지 또는 시설의 폐쇄명령이나 인가취소에 관한 세부기준은 여성가족부령으로 정한다.

[전문개정 2006.4.28]

제12조의2 (청문) 시장·군수·구청장은 제12조의 규정에 따라 업무의 정지·폐지 또는 그 시설의 폐쇄를 명하거나 인가를 취소하고자 하는 경우에는 청문을 실시하여야 한다.

[본조신설 2006.4.28]

제13조 (경비의 보조) ①제13조 (경비의 보조) 국가 또는 지방자치단체는 제5조제2항 또는 제7조제2항의 규정에 의한 상담소 또는 보호시설의 설치·운영에 소요되는 경비의 일부를 보조할 수 있다.

②국가 또는 지방자치단체는 장애인보호시설에 대하여는 여성가족부장관이 정하는 기준에 맞는 시설 및 설비를 설치할 수 있도록 그 비용을 지원하여야 한다. <신설 2006.4.28>

제14조 (상담소의 통합 설치 및 운영) 국가 또는 지방자치단체는 이 법에 의하여 설치·운영하는 상담소 또는 보호시설을 대통령령으로 정하는 유사한 성격의 상담소나 보호시설과 통합하여 설치·운영하거나 설치·운영할 것을 권고할 수 있다.

제15조 (영리목적 운영의 금지) 누구든지 영리를 목적으로 상담소·보호시설 또는 교육훈련시설을 설치·운영하여서는 아니된다. 다만, 교육훈련시설의 장은 상담원교육훈련과정을 수강하는 자에게 여성가족부장관이 정하는 바에 따라 수강료를 받을 수 있다.

[전문개정 2006.4.28]

제16조 (비밀엄수의 의무) 상담소 또는 보호시설의 장이나 이를 보조하는 자 또는 그 직에 있었던 자는 그 직무상 알게 된 비밀을 누설하여서는 아니된다.

제17조 (유사명칭 사용금지) 이 법에 의한 상담소·보호시설 또는 교육훈련시설이 아니면 가정폭력관련 상담소·가정폭력피해자 보호시설 또는 가정폭력관련 상담원 교육훈련시설 그 밖에 이와 유사한 명칭을 사용하지 못한다.
[전문개정 2006.4.28]

제18조 (치료보호) ①의료기관은 피해자 본인·가족·친지 또는 상담소나 보호시설의 장 등의 요청이 있을 경우에는 피해자에 대하여 다음 각 호의 치료보호를 실시하여야 한다.
1. 보건에 관한 상담 및 지도
2. 신체적·정신적 피해에 대한 치료
3. 기타 대통령령이 정하는 의료에 관한 사항
②제1항의 치료보호에 필요한 일체의 비용은 가정폭력행위자가 부담한다. <개정 2004.1.20>
③제2항의 규정에 불구하고 피해자가 치료보호비를 신청하는 경우에는 국가 또는 지방자치단체는 가정폭력행위자를 대신하여 제1항의 치료보호에 필요한 비용을 의료기관에 지급하여야 한다. <개정 2006.4.28>
④국가 또는 지방자치단체가 제3항의 규정에 의하여 비용을 지급한 경우에는 가정폭력행위자에 대하여 구상권을 행사할 수 있다. 다만, 피해자가 보호시설 입소 중에 제1항의 치료보호를 받은 경우나 가정폭력행위자가 다음 각 호 가운데 어느 하나에 해당하는 때에는 그러하지 아니하다. <신설 2004.1.20, 2006.4.28, 2007.4.11>
1. 「국민기초생활 보장법」 제2조의 규정에 의한 수급자
2. 「장애인복지법」 제32조에 의하여 등록된 장애인
⑤제3항의 비용지급을 위한 절차, 제4항의 구상권 행사절차 등에 관하여 필요한 사항은 여성가족부령으로 정한다. <개정 2001.1.29, 2004.1.20, 2005.3.24>

제19조 (권한의 위임) 여성가족부장관은 대통령령이 정하는 바에 의하여 이 법에 의한 권한의 일부를 특별시장·광역시장·도지사 또는 시장·군수·구청장에게 위임할 수 있다. <개정 2005.3.24>
[전문개정 2004.1.20]

제20조 (벌칙) 다음 각 호의 1에 해당하는 자는 1년 이하의 징역 또는 500만원 이하의 벌금에 처한다. <개정 2006.4.28>
1. 제5조제2항·제7조제2항 또는 제8조의3제2항의 규정에 따른 신고를 하지 아니하거나 인가를 받지 아니하고 상담소·보호시설 또는 교육훈련시설을 설치·운영한 자
2. 제12조의 규정에 의한 업무의 정지·폐지 또는 시설의 폐쇄 명령을 받고도 상담소·보호시설 또는 교육훈련시설을 계속 운영한 자
3. 제16조의 규정에 의한 비밀엄수의 의무를 위반한 자

제21조 (양벌규정) 법인의 대표자나 법인 또는 개인의 대리인·사용인 기타 종업원이 그 법인 또는 개인의 업무에 관하여 제20조의 위반행위를 한 때에는 행위자를 벌하는 외에 그 법인 또는 개인에 대하여도 같은 조의 벌금형을 과한다.

제22조 (과태료) ①다음 각 호의 1에 해당하는 자는 300만원 이하의 과태료에 처한다.
1. 정당한 사유없이 제11조제1항의 규정에 의한 보고를 하지 아니하거나 허위로 보고한 자 또는 조사·검사를 거부하거나 기피한 자
2. 제17조의 규정에 의한 유사명칭 사용금지를 위반한 자
②제1항의 규정에 의한 과태료는 대통령령이 정하는 바에 의하여 여성가족부장관 또는 시장·군수·구청장이 부과·징수한다. <개정 2001.1.29, 2004.1.20, 2005.3.24>
③제2항의 규정에 의한 과태료 처분에 불복이 있는 자는 그 처분의 고지를 받은 날부터 30일 이내에 여성가족부장관 또는 시장·군수·구청장에게 이의를 제기할 수 있다. <개정 2001.1.29, 2004.1.20, 2005.3.24>
④제2항의 규정에 의한 과태료 처분을 받은 자가 제3항의 규정에 의한 이의를 제기한 때에는 여성가족부장관 또는 시장·군수·구청장은 지체없이 관할 법원에 그 사유를 통지하여야 하며, 그 통지를 받은 관할 법원은 「비송사건절차법」에 의한 과태료의 재판을 한다. <개정 2001.1.29, 2004.1. 20, 2005.3.24, 2006.4.28>
⑤제3항의 규정에 의한 기간내에 이의를 제기하지 아니하고 과태료를 납부하지 아니한 때에는 국세 또는 지방세 체납처분절차의 예에 의하여 이를 징수한다.

부칙 <제5487호, 1997.12.31>
이 법은 1998년 7월 1일부터 시행한다.

부칙 (정부조직법) <제6400호, 2001.1.29>
제1조 (시행일) 이 법은 공포한 날부터 시행한다. <단서 생략>
제2조 생략
제3조 (다른 법률의 개정) ①내지 <75>생략
<76>가정폭력방지및피해자보호등에관한법률 중 다음과 같이 개정한다.
제11조제1항, 제19조 및 제22조제2항 내지 제4항 중 "보건복지부장관"을 각각 "여성부장관"으로 한다.
제5조제3항, 제7조제3항, 제10조 및 제18조제3항 중 "보건복지부령"을 각각 "여성부령"으로 한다.
<77>내지 <79>생략
제4조 생략

부칙 <제7099호, 2004.1.20>
①(시행일) 이 법은 공포한 날부터 시행한다.
②(국가 등의 구상권 불행사에 관한 적용례) 제18조제4항
단서의 개정규정은 이 법 시행후 최초로 국가 또는 지방자
치단체가 가정폭력행위자를 대신하여 지급하는 비용부터
적용한다.

부칙 (정부조직법) <제7413호, 2005.3.24>
제1조 (시행일) 이 법은 공포한 날부터 시행한다. 다만, 다음
각 호의 사항은 각 호의 구분에 의한 날부터 시행한다.
1. 제26조…부칙 제2조 내지 제4조의 규정은 이 법 공포 후
3월 이내에 제42조의 개정규정에 의한 여성가족부의 조직
에 관한 대통령령이 시행되는 날
제2조 생략
제3조 (다른 법률의 개정) ①가정폭력방지및피해자보호등
에관한법률 일부를 다음과 같이 개정한다.
제5조제3항, 제7조제3항, 제10조 및 제18조제5항 중 "여성
부령"을 각각 "여성가족부령"으로 한다.
제11조제1항 및 제22조제2항 내지 제4항 중 "여성부장관"
을 각각 "여성가족부장관"으로 한다.
제19조 중 "여성부장관"을 "여성가족부장관"으로 한다.
②내지 ⑭생략
제4조 생략

부칙 <제7952호, 2006.4.28>
①(시행일) 이 법은 공포 후 6개월이 경과한 날부터 시행한
다.
②(보호시설에 관한 경과조치) 이 법 시행 당시 종전의 규정
에 따라 시장·군수·구청장의 인가를 받은 보호시설은 이
법의 규정에 따른 보호시설로 본다. 다만, 이 법 시행일부터
1년 이내에 제7조의2제1항 각 호의 개정규정에 해당하는
보호시설의 종류별로 각각 제7조제4항의 개정규정에 따른
설치기준 등을 갖추어야 한다.
③(상담원의 자격에 관한 경과조치) 이 법 시행 당시 여성가
족부령이 정하는 바에 의하여 상담원의 자격이 있는 자는
제8조의2제2항의 규정에 따른 상담원교육훈련과정을 이수
한 것으로 본다.
④(교육훈련시설에 관한 경과조치) 이 법 시행 당시 여성가
족부령이 정하는 바에 따라 가정폭력관련 상담원의 교육과
정을 설치·운영하고 있는「고등교육법」의 규정에 의한 학
교를 설립·운영하는 학교법인, 법률구조법인, 사회복지법
인 그 밖의 비영리법인이 이 법 시행일부터 3개월 이내에
제8조의3제2항의 규정에 따른 신고를 한 경우에는 이 법 시
행일에 신고를 한 것으로 본다. 다만, 이 법 시행일부터 6개
월 이내에 제8조의3제3항의 개정규정에 따른 설치기준 등
을 갖추어야 한다.

부칙 (가정폭력방지 및 피해자보호 등에 관한 법률) <제
8367호, 2007.4.11>
제1조 (시행일) 이 법은 공포 후 6개월이 경과한 날부터 시
행한다.
제2조 내지 제4조 생략
제5조 (다른 법률의 개정) ①가정폭력방지 및 피해자보호
등에 관한 법률 일부를 다음과 같이 개정한다.
제18조제4항제2호 중 "「장애인복지법」 제29조"를 "「장애
인복지법」 제32조"로 한다.
②내지 ⑬생략
제6조 생략

농어촌주민의 보건복지증진을 위한 특별법

연혁

2004. 1. 29 제정 법률 제7151호
2006. 4. 28 일부개정 법률 제7951호

2007. 4. 11 일부개정 법률 제8377호

제1장 총칙

제1조 (목적) 이 법은 농어촌주민의 보건복지증진을 위한 시책을 강화하고 이에 관한 국가 및 지방자치단체의 책임을 명확히 하며 농어촌에 보건의료 및 사회복지시설을 확충함으로써 농어촌주민의 인간다운 삶을 보장함을 목적으로 한다.

제2조 (정의) 이 법에서 사용하는 용어의 정의는 다음과 같다. <개정 2007.4.11>
1. "농어촌"이라 함은 지방자치법 제2조제1항제2호의 규정에 의한 시와 군의 지역 중 다음 각 목의 1에 해당하는 지역을 말한다.
가. 읍·면의 전지역
나. 동의 지역 중 국토의계획및이용에관한법률 제36조제1항제1호의 규정에 따라 지정된 주거지역·상업지역 및 공업지역을 제외한 지역
2. "농어촌주민"이라 함은 농어촌에 거주하는 자를 말한다.
3. "농어민"이라 함은 농업·농촌기본법 제3조제2호의 규정에 의한 농업인과 「수산업법」 제2조제11호의 규정에 의한 어업인을 말한다.

제3조 (적용범위) 이 법은 농어촌·농어촌주민 및 농어민에 대하여 적용한다.

제4조 (다른 법률과의 관계) 이 법은 농어촌보건복지사업에 관하여 다른 법률의 규정에 우선하여 적용한다.

제5조 (국가 및 지방자치단체의 책무) 국가 및 지방자치단체는 농어촌주민들에게 보건의료 및 사회복지 영역에서 실질적인 혜택이 돌아갈 수 있도록 관련제도와 여건을 조성하여야 한다.

제2장 농어촌보건복지기본계획의 수립 등

제6조 (실태조사의 실시) ①보건복지부장관은 농어촌의 보건복지수준에 관한 실태조사를 5년마다 실시하여 공표하여야 한다.
②제1항의 규정에 의한 실태조사의 항목·방법·절차 및 공표 등에 관하여 필요한 사항은 보건복지부령으로 정한다.

제7조 (농어촌보건복지기본계획의 수립) ①보건복지부장관은 제6조의 규정에 의한 실태조사를 토대로 농어촌보건복지기본계획(이하 "기본계획"이라 한다)을 5년마다 수립하여야 한다.
②기본계획에는 다음 각 호의 사항이 포함되어야 한다.
1. 농어촌보건복지정책의 기본목표 및 추진방향
2. 주요 추진과제 및 추진방법
3. 재원조달 방법
4. 농어촌보건복지의 전달체계
5. 그 밖에 농어촌보건복지증진을 위하여 특히 필요하다고 보건복지부장관이 인정하는 사항

제8조 (추진계획 등의 수립) ①보건복지부장관 및 광역시장·도지사(이하 "시·도지사"라 한다)는 기본계획에 따라 농어촌보건복지와 관련된 소관 주요시책의 추진계획(이하 "추진계획"이라 한다)을 매년 수립·시행하여야 한다.
②시장 및 군수는 추진계획에 따라 농어촌보건복지와 관련된 소관 주요추진계획의 실천계획(이하 "실천계획"이라 한다)을 매년 수립·시행하여야 한다.

제9조 (계획수립의 협조) 보건복지부장관, 시·도지사 및 시장·군수는 기본계획·추진계획 및 실천계획의 수립·시행을 위하여 필요한 경우에는 관계 공공기관·민간기관 또는 단체에 협조를 요청할 수 있다.

제3장 농어촌 보건의료의 기반조성

제10조 (공공보건의료기관의 우선 지원) 국가 및 지방자치단체는 공공보건의료에관한법률 제2조제2호의 규정에 의한 공공보건의료기관 중 농어촌에 있는 공공보건의료기관에 대하여 인력·시설 및 장비를 우선적으로 지원할 수 있다.

제11조 (보건진료소의 통합 등에 관한 지역주민의 의견수렴) ① 지방자치단체의 장은 농어촌등보건의료를위한특별조치법 제2조제4호의 규정에 의한 보건진료소를 통합하거나 폐지하고자 하는 경우에는 해당 지역주민의 의견을 수렴하여야 한다.
②제1항의 규정에 의한 지역주민의 의견수렴의 방법 및 절차에 관하여 필요한 사항은 보건복지부령으로 정한다.

제12조 (응급의료체계의 구축) ①국가 및 지방자치단체는 응급의료에관한법률 제13조의2의 규정에 의한 응급의료기본계획 및 지역응급의료시행계획에 다음 각 호의 사항을 반영하여야 한다.
1. 농어촌 응급의료 이용실태의 조사·분석
2. 농어촌 응급의료 취약지의 해소를 위한 응급의료기관의 설치·지정
3. 농어촌 응급의료기관의 인력·장비 및 시설 개선
4. 농어촌 응급환자 이송수단의 확보
②국가 및 지방자치단체는 제1항의 규정에 의한 응급의료기본계획 및 지역응급의료시행계획을 시행하기 위하여 농어촌의 응급의료기관 및 공공보건의료기관에 필요한 재정지원을 할 수 있다.

제13조 (민간의료기관에 대한 보건의료의 제공에 관한 협조요청 등) ①국가 및 지방자치단체는 농어촌주민의 의료수요충족을 위하여 필요한 경우에는 농어촌에 있는 민간의료기관에 대하여 공공보건의료에관한법률 제5조 각 호에 해당하는 보건의료의 제공에 관한 협조를 요청할 수 있다.
②국가 및 지방자치단체는 제1항의 규정에 따라 보건의료를 제공하는 민간의료기관에 대하여 인력 및 재정지원을 할 수 있다.

제14조 (농어촌민간의료기관의 육성) ①국가 또는 지방자치단체는 농어촌주민의 보건향상과 국민보건의료의 균형있는 발전을 위하여 농어촌민간의료기관을 육성하여야 한다.
②국가 또는 지방자치단체가 제1항의 규정에 의한 농어촌민간의료기관의 육성을 위하여 농어촌민간의료기관에 대하여 융자를 하는 경우에는 보건복지부장관이 관계행정기관의 장과 협의하여 정하는 융자금리와 융자기간을 적용할 수 있다.

③국가 또는 지방자치단체는 농어촌민간의료기관의 육성을 위하여 농어촌민간의료기관이 종전의 「재정융자특별회계법」에 따라 2003년 12월 31일 이전에 도입한 차관에 대하여 보건복지부장관이 관계행정기관의 장과 정하는 바에 따라 상환기간의 연장, 금리의 인하 등 조정된 상환조건을 적용할 수 있다. <개정 2006.12.30>

제15조 (암조기검진사업의 우선 실시) ①국가는 암관리법 제9조의 규정에 의한 암조기검진사업을 농어촌에 우선적으로 무상실시하기 위한 시책을 강구하여야 한다.
②제1항의 규정에 의한 암검진항목 및 대상 등에 관하여 필요한 사항은 보건복지부령으로 정한다.

제16조 (정신보건사업의 우선 실시) ①국가 및 지방자치단체는 정신보건법 제10조의 규정에 의한 정신요양시설 및 동법 제15조의 규정에 의한 사회복귀시설 중 농어촌에 있는 시설의 설치·운영 및 시설개선에 필요한 비용의 전부 또는 일부를 우선적으로 지원할 수 있다.
②국가 및 지방자치단체는 농어촌주민의 정신건강증진 및 정신질환의 치료·재활을 위하여 정신보건법 제13조의 규정에 의한 지역사회정신보건사업을 농어촌에 우선적으로 실시하여야 하며, 정신보건센터의 설치·운영 등 동 사업에 필요한 비용의 전부 또는 일부를 지원할 수 있다.

제17조 (구강보건사업의 우선 실시) ①국가 및 지방자치단체는 구강보건법 제7조의 규정에 따라 구강보건사업을 시행함에 있어서 대통령령이 정하는 저소득층 농어촌주민에 대하여 노인의치사업 등의 구강보건사업을 우선적으로 실시하기 위한 시책을 강구하여야 한다.
②제1항의 규정에 의한 구강보건사업에 소요되는 비용은 국가 및 지방자치단체가 부담한다.
③제1항의 규정에 의한 구강보건사업의 항목·대상과 제2항의 규정에 의한 국가 및 지방자치단체간의 비용부담비율 등에 관하여 필요한 사항은 보건복지부령으로 정한다.

제18조 (한방산업의 육성지원) ①국가 및 지방자치단체는 농어민 또는 대통령령이 정하는 자가 한의약육성법 제2조제4호의 규정에 의한 한약재를 재배·가공 또는 유통(이하 "한약재재배 등"이라 한다)하고자 하는 경우에는 소요비용의 일부를 예산의 범위안에서 지원할 수 있다.
②국가는 제1항의 규정에 의한 한약재재배 등의 지원신청절차 및 신청에 대한 심사기준 등에 관한 사항은 보건복지부령으로 정한다.

제4장 농어촌 사회복지의 증진

제19조 (국민기초생활보장법상 수급권자 선정기준의 특례) ①국가는 국민기초생활보장법 제2조제1호의 규정에 의한 수급권자(이하 "수급권자"라 한다)를 선정하기 위하여 농어민가구의 소득평가액을 산정하는 경우에 동법 제2조제8호의 규정에 불구하고 농어민 가구의 특성을 반영한 지출요인을 추가하여 인정할 수 있다.

②국가는 농어민가구의 재산의 소득환산액을 산정하는 경우에 국민기초생활보장법 제2조제9호의 규정에 불구하고 경작농지 등 농어업과 직접 관련되는 재산에 대하여 소득환산기준의 일부를 완화하여 적용할 수 있다.

③제1항의 규정에 의한 지출요인의 추가인정사항과 제2항의 규정에 의한 재산의 범위 및 재산가액의 산정기준에 관하여 필요한 사항은 보건복지부령으로 정한다.

제20조 (자활지원시책의 시행) 국가 및 지방자치단체는 수급권자 및 이와 생활수준이 유사한 농어촌주민의 자활을 지원하고 삶의 질을 향상시키기 위한 시책을 마련하여야 한다.

제21조 (사회복지시설의 우선 지원) 국가 및 지방자치단체는 사회복지사업법 제2조의 규정에 의한 사회복지시설의 개선사업을 실시함에 있어서 농어촌에 있는 사회복지시설에 우선적으로 재정지원을 할 수 있다.

제22조 (영유아의 보육지원 등) ①국가 및 지방자치단체는 농어촌의 보육여건 개선을 위하여 국·공립 보육시설을 우선 설치하거나 그 밖에 보육시설이 설치될 수 있도록 필요한 조치를 하여야 한다.

②국가 및 지방자치단체는 제1항의 규정에 의한 보육시설의 설치·운영과 영유아의 보육에 있어 농어촌의 특성으로 인하여 추가로 소요되는 비용을 지원할 수 있다.

제23조 (아동가정보호사업의 지원 확대) ①국가 및 지방자치단체는 보호가 필요한 농어촌아동에 대한 보호를 활성화하기 위하여 다음 각 호의 가정에 대하여 지원시책을 우선적으로 강구하여야 한다.

1. 소년소녀가 가장인 가정

2. 아동복지법 제10조제1항제3호의 규정에 따라 아동의 보호를 위탁받은 가정

3. 입양촉진및절차에관한특례법 제2조제2호의 규정에 의한 요보호아동(요보호아동)을 입양한 가정

②제1항의 규정에 의한 지원내용 및 범위 등에 관하여 필요한 사항은 대통령령으로 정한다.

제24조 (복합노인복지시설의 설치·운영) ①국가 및 지방자치단체는 농어촌에 거주하는 노인에 대하여 주거·건강증진·여가·문화 등 다양한 복지서비스를 무료 또는 실비로 지원하기 위하여 노인복지법 제31조 각 호의 노인복지시설을 종합적으로 배치한 복합노인복지시설을 설치·운영할 수 있다.

②제1항의 규정에 의한 복합노인복지시설의 설치·운영에 관하여 필요한 사항은 보건복지부령으로 정한다.

제25조 (저소득층 노인의 요양지원) ①국가 및 지방자치단체는 대통령령이 정하는 농어촌의 저소득층노인에게 간병·수발, 일상생활지원, 재활 등의 필요한 서비스를 제공하여야 한다.

②제1항의 규정에 의한 서비스의 내용 및 방법 등에 관하여 필요한 사항은 보건복지부령으로 정한다.

③국가 및 지방자치단체는 간병이 필요한 노인을 부양하고 있는 대통령령이 정하는 저소득층 농어민 가구에 대하여는 간병비용 또는 물품 등을 예산의 범위안에서 보건복지부령이 정하는 바에 따라 지원할 수 있다.

제26조 (모·부자가정 선정기준의 특례) 국가는 농어촌의 모·부자가정을 선정하는 경우에는 모·부자복지법 제5조의 규정에 불구하고 보건복지부령이 정하는 바에 따라 달리 정할 수 있다.

제27조 (건강보험료의 지원) ①국가는 농어민이 국민건강보험법 제62조의 규정에 따라 부담하여야 하는 보험료 중 100분의 50 이내의 금액(동법 제66조의2제1호의 규정에 따라 경감되는 보험료를 포함한다)을 예산의 범위안에서 지원할 수 있다. <개정 2006.12.30>

②제1항의 규정에 의한 보험료의 지원율 등에 관하여 필요한 사항은 대통령령으로 정한다.

제28조 (부과표준소득의 산정에 관한 특례) ①국민건강보험공단(이하 "공단"이라 한다)은 농어민에 대하여 국민건강보험법 제62조제4항의 규정에 의한 보험료부과점수를 산정하는 경우에 동법 제64조제1항의 규정에 불구하고 휴·폐경지 등 대통령령이 정하는 농어민의 재산에 대하여는 다른 재산과 달리 적용할 수 있다. <개정 2006.12.30>

②제1항의 규정에 따라 농어민의 재산에 적용할 보험료부과점수의 산정방법 및 기준 등에 관하여 필요한 사항은 대통령령으로 정한다. <개정 2006.12.30>

제29조 (보험료 등의 결손처분에 관한 특례) 공단은 국민건강보험법 제72조의 규정에 따라 농어민의 보험료 등을 결손처분하는 경우에는 대통령령이 정하는 바에 따라 그 대상 및

방법을 달리 적용할 수 있다.

제30조 (보험료 등 납부기한의 유예) ①공단은 농어민이 재산에 심한 손실을 받은 경우 등 보건복지부령이 정하는 부득이한 사유가 있는 경우에는 국민건강보험법 제69조의 규정에 의한 보험료의 납부기한을 유예할 수 있다.

②농어민은 제1항의 규정에 따라 보험료의 납부기한을 유예받고자 하는 때에는 보건복지부령이 정하는 바에 따라 공단에 신청하여야 한다. 다만, 공단은 농어민이 신청하기 어렵다고 인정되는 경우에는 직권으로 보험료의 납부기한을 유예할 수 있다.

③공단은 제1항의 규정에 따라 보험료의 납부기한을 유예하는 때에는 보건복지부령이 정하는 바에 의하여 농어민에게 보험료 납부기한의 유예기간 등 필요한 사항을 통지하여야 한다.

④공단은 제1항의 규정에 의한 보험료 납부기한의 유예기간이 종료되었으나 납부하기 어려운 사유가 있다고 인정되는 경우에는 보건복지부령이 정하는 바에 따라 분할하여 납부하게 할 수 있다.

제31조 (국민연금보험료의 지원) 국가는 농어민이 국민연금법 제75조제3항의 규정에 따라 부담하여야 하는 국민연금 보험료 중 100분의 50 이내의 금액을 동법이 정하는 바에 따라 예산의 범위안에서 지원할 수 있다.

제32조 (농어촌특별세의 우선 지원) 국가는 이 법에 따라 시행하는 농어촌보건복지사업에 대하여 농어촌특별세로 조성된 재원을 우선하여 지원할 수 있다.

제33조 (준농어촌에 대한 특례) 농어촌 외의 지역으로서 다음 각 호의 어느 하나에 해당하는 지역은 이를 농어촌으로 보아 대통령령이 정하는 바에 따라 필요한 지원을 할 수 있다. <개정 2007.4.11>
1. 「농지법」 제28조의 규정에 따라 지정된 농업진흥지역
2. 「개발제한구역의 지정 및 관리에 관한 특별조치법」 제3조의 규정에 따라 지정된 개발제한구역
3. 「국토의 계획 및 이용에 관한 법률」 제37조제1항제8호의 규정에 따라 개발제한구역 안의 취락을 정비하기 위하여 지정된 취락지구 중 제2호의 개발제한구역에서 해제된 지역으로서 대통령령이 정하는 지역. 다만, 당해 지역 주변에 소재하는 농경지가 제2호의 개발제한구역으로 존치하는 지역에 한한다.
[전문개정 2006.4.28]

부칙 <제7151호, 2004.1.29>

①(시행일) 이 법은 공포 후 3월이 경과한 날부터 시행한다.
②(다른 법률의 개정) 사회복지사업법 중 다음과 같이 개정한다.
제2조제1호에 거목을 다음과 같이 신설한다.
거. 농어촌주민의보건복지증진을위한특별법

부칙 <제7951호, 2006.4.28>
①(시행일) 이 법은 공포 후 3개월이 경과한 날부터 시행한다.
②(준농어촌에 대한 지원에 관한 적용례) 제33조의 개정규정은 2006회계연도의 지원분부터 적용한다.

부칙 (공공자금관리기금법) <제8135호, 2006.12.30>
제1조 (시행일) 이 법은 2007년 1월 1일부터 시행한다.
제2조 내지 제7조 생략
제8조 (다른 법률의 개정) ①내지 ⑤생략
⑥농어촌주민의 보건복지증진을 위한 특별법 일부를 다음과 같이 개정한다.
제14조제3항 중 "재정융자특별회계법"을 "종전의 「재정융자특별회계법」"으로 한다.
⑦내지 <17>생략
제9조 생략

부칙 (국민건강보험법) <제8153호, 2006.12.30>
제1조 (시행일) 이 법은 2007년 1월 1일부터 시행한다. <단서 생략>
제2조 내지 제6조 생략
제7조 (다른 법률의 개정) ①농어촌주민의 보건복지증진을 위한 특별법 일부를 다음과 같이 개정한다.
제27조제1항 중 "제62조제5항제1호"를 "제66조의2제1호"로 하고, 제28조제1항 및 제2항 중 "부과표준소득"을 각각 "보험료부과점수"로 한다.
②생략

부칙 (농지법) <제8352호, 2007.4.11>
제1조 (시행일) 이 법은 공포한 날부터 시행한다. <단서 생략>
제2조 내지 제14조 생략
제15조 (다른 법률의 개정) ①내지 <17>생략
<18>농어촌주민의 보건복지증진을 위한 특별법 일부를 다음과 같이 개정한다.
제33조제1호 중 "「농지법」 제30조"를 "「농지법」 제28조"로 한다.
<19>내지 <77>생략
제16조 생략

부칙 (수산업법) <제8377호, 2007.4.11>
제1조 (시행일) 이 법은 공포한 날부터 시행한다. <단서 생략>
제2조 내지 제14조 생략
제15조 (다른 법률의 개정) ①내지 ⑨생략
⑩농어촌주민의 보건복지증진을 위한 특별법 일부를 다음과 같이 개정한다.
제2조제3호 중 "수산업법 제2조제8호"를 "「수산업법」 제2조제11호"로 한다.
⑪내지 <24>생략
제16조 생략

식품기부 활성화에 관한 법률

연혁

2006.3.24 제정 법률 제7918호

제1조 (목적) 이 법은 식품기부를 활성화하고 기부된 식품을 생활이 어려운 자에게 지원함으로써 사회복지의 증진 및 사회공동체문화의 확산에 이바지함을 목적으로 한다.

제2조 (정의) 이 법에서 사용하는 용어의 정의는 다음과 같다.
1. "식품"이라 함은 「식품위생법」 제2조제1호의 규정에 따른 식품을 말한다.
2. "기부식품"이라 함은 생활이 어려운 자에게 지원할 목적으로 제공된 식품을 말한다.
3. "이용자"라 함은 기부식품을 이용하는 자를 말한다.
4. "제공자"라 함은 기부식품을 이용자에게 직접 또는 간접으로 제공하는 자를 말한다.
5. "사업자"라 함은 제공자 중 제4조의 규정에 따른 기부식품제공사업을 계속적으로 영위하는 자로서 대통령령이 정하는 자를 말한다.

제3조 (신고) ①사업자는 사업장 소재지를 관할하는 시장·군수·구청장(자치구의 구청장을 말한다. 이하 같다)에게 신고할 수 있다.
②제1항의 규정에 불구하고 사업의 규모 및 범위 등을 고려하여 대통령령이 정하는 사업자의 경우에는 사업장 소재지를 관할하는 시장·군수·구청장에게 신고하여야 한다.
③제1항 또는 제2항의 규정에 따라 신고한 사업자가 신고를 철회하거나 폐업하고자 하는 때에는 신고를 한 시장·군수·구청장에게 철회 또는 폐업 신고를 하여야 한다.
④제1항 내지 제3항의 규정에 따른 신고의 기준 및 절차에 관한 사항은 대통령령으로 정한다.

제4조 (기부식품제공사업) 기부식품제공사업의 범위는 다음 각 호로 한다.
1. 기부식품의 모집·관리 및 제공
2. 식품기부를 활성화하기 위한 홍보
3. 그 밖의 기부식품 제공과 관련된 부수사업

제5조 (기부식품의 모집 및 제공) ①제공자 및 사업자는 기부식품의 모집 및 제공 과정을 투명하게 하여야 한다.
②제공자 및 사업자는 기부식품을 모집하거나 제공함에 있어서 선량한 관리자로서의 주의의무를 다하여 기부식품을 안전하게 취급하여야 한다.
③제1항의 규정에 따른 기부식품의 모집 및 제공 등에 관하여 필요한 사항은 대통령령으로 정한다.

제6조 (기부식품의 무상제공) ①제공자 및 사업자는 이용자에게 기부식품을 무상으로 제공함을 원칙으로 한다. 다만, 이용자로부터 대가를 받는 경우에는 모집 과정에서 소요되는 직접 경비를 초과할 수 없다.
②제1항 단서의 직접 경비의 범위 등에 관한 구체적인 사항은 대통령령으로 정한다.

제7조 (국가 등의 지원) ①국가 및 지방자치단체는 식품기부 및 기부식품제공사업을 지원·장려하기 위하여 필요한 시책을 강구하여야 한다.
②국가 및 지방자치단체는 제공자 또는 사업자에게 기부식품제공사업에 필요한 경비의 일부를 보조할 수 있다.
③국가, 지방자치단체 및 공공기관은 필요한 경우 보유식품 중 일부를 제공자 및 사업자에게 제공할 수 있다.

제8조 (민·형사상의 책임감면) ①기부식품의 취식으로 인하여 이용자가 피해를 입은 때에는 다음 각 호의 어느 하나에 해당하는 경우를 제외하고는 제공자(제3조의 규정에 따라 신고한 사업자를 제외한다) 및 기부식품 제공활동에 참여한 자는 민사상 책임을 지지 아니한다.
1. 고의 또는 중대한 과실이 있는 경우
2. 「식품위생법」 제3조의 위생적 취급 기준을 위반한 경우
3. 「식품위생법」 제4조에 따른 위해식품 등인 경우
②기부식품의 취식으로 인하여 이용자가 사상(사상)에 이른 때에는 제공자·사업자 그 밖에 기부식품 제공활동에 참여한 자에게 중대한 과실이 없는 경우에는 그 정상을 참작

하여 「형법」 제266조 내지 제268조의 형을 감경하거나 면제할 수 있다.

제9조 (이용자 보호) ①국가 및 지방자치단체는 이용자 보호를 위하여 필요한 시책을 강구하여야 한다.
②제3조제1항 또는 제2항의 규정에 따라 신고한 사업자는 제공된 식품의 취식으로 인하여 이용자의 생명·신체에 발생한 손해를 보상하기 위하여 손해보험에 가입하여야 한다.
③국가 및 지방자치단체는 제2항의 규정에 따른 보험료의 일부 또는 전부를 보조할 수 있다.

제10조 (지도·감독 등) ①보건복지부장관, 특별시장·광역시장·도지사(이하 "시·도지사"라 한다) 또는 시장·군수·구청장은 제공자 또는 사업자가 제5조제2항을 위반하거나 식품사고 등 식품으로 인한 중대한 위생상의 위해가 우려되는 때에는 그 업무에 관하여 보고 또는 관계서류의 제출을 명하거나 소속 공무원으로 하여금 제공자 및 사업자의 사무소 또는 시설에 출입하여 검사 또는 질문하도록 하는 등 지도·감독할 수 있다.
②제1항의 규정에 따라 관계공무원이 사무소 또는 시설에 출입하여 검사 또는 질문하는 때에는 그 권한을 표시하는 증표를 관계인에게 내보여야 한다.

제11조 (시정명령 등) ①보건복지부장관, 시·도지사 또는 시장·군수·구청장은 제공자 또는 사업자가 다음 각 호의 어느 하나에 해당하는 때에는 보건복지부령이 정하는 바에 따라 일정한 기간을 정하여 그 시정을 명할 수 있다.
1. 제3조제1항 또는 제2항의 규정에 따라 신고한 사업자가 제3조제4항의 규정에 따른 신고 기준에 미달하게 된 때
2. 제5조제1항 또는 제2항의 규정을 위반한 때
②시장·군수·구청장은 사업자가 다음 각 호의 어느 하나에 해당하는 때에는 대통령령이 정하는 바에 따라 사업의 정지를 명하거나 사업장의 폐쇄를 명할 수 있다.
1. 제1항의 규정에 따른 시정명령을 기간 이내에 이행하지 아니한 때
2. 제6조제1항의 규정을 위반한 때
③시장·군수·구청장이 제2항의 규정에 따라 사업장을 폐쇄하고자 하는 때에는 미리 청문을 실시하여야 한다.
④시장·군수·구청장은 사업자가 제2항의 규정에 따른 사업장의 폐쇄명령을 받은 후에도 계속하여 사업을 하는 때에는 관계공무원으로 하여금 사업장을 폐쇄하기 위하여 다음 각 호의 조치를 하게 할 수 있다.
1. 사업장의 간판 그 밖의 사업장표시물의 제거·삭제
2. 사업장이 적법한 사업장이 아님을 알리는 게시문 등의 부착
3. 사업장의 시설물 그 밖에 사업에 사용하는 용구 등을 사용할 수 없게 하는 봉인
⑤시장·군수·구청장은 제4항제3호의 규정에 따른 봉인을 한 후 봉인을 계속할 필요가 없다고 인정되거나 당해 사업자 또는 그 대리인이 당해 사업장을 폐쇄할 것을 약속하거나 그 밖에 정당한 사유를 들어 봉인의 해제를 요청하는 때에는 봉인을 해제할 수 있다. 제4항제2호의 규정에 따른 게시문 등의 경우에도 같다.
⑥시장·군수·구청장은 제4항의 규정에 따른 조치를 하고자 하는 경우에는 미리 당해 사업자 또는 그 대리인에게 서면으로 알려주어야 한다. 다만, 급박한 사유가 있는 때에는 그러하지 아니하다.
⑦제4항의 규정에 의한 조치는 그 사업을 할 수 없도록 하는데에 필요한 최소한의 범위에 그쳐야 한다.
⑧제4항의 경우에 관계공무원은 그 권한을 표시하는 증표를 지니고 관계인에게 이를 내보여야 한다.

제12조 (벌칙) 제6조제1항의 규정을 위반하여 기부식품을 제공한 자는 3년 이하의 징역 또는 3천만원 이하의 벌금에 처한다.

제13조 (양벌규정) 법인의 대표자나 개인의 대리인, 사용인 그 밖의 종업원이 그 법인 또는 개인의 업무에 관하여 제6조제1항의 위반행위를 한 때에는 행위자를 처벌하는 외에 그 법인 또는 개인에 대하여도 벌금형을 과한다.

제14조 (과태료) ①다음 각 호의 어느 하나에 해당하는 자에 대하여는 300만원 이하의 과태료에 처한다.
1. 제3조제2항의 규정을 위반한 자
2. 제5조제1항 또는 제2항의 규정을 위반한 자
3. 정당한 사유 없이 제10조제1항의 규정에 따른 보고를 하지 아니하거나 허위의 보고를 한 자, 자료를 제출하지 아니하거나 허위의 자료를 제출한 자 또는 검사·질문을 거부·기피·방해한 자
②제1항의 규정에 의한 과태료는 대통령령이 정하는 바에 의하여 보건복지부장관, 시·도지사 또는 시장·군수·구청장(이하 "부과권자"라 한다)이 부과·징수한다.
③제2항의 규정에 의한 과태료 처분에 불복이 있는 자는 그 처분의 고지를 받은 날부터 30일 이내에 부과권자에게 이의를 제기할 수 있다.
④제2항의 규정에 의하여 과태료처분을 받은 자가 제3항의 규정에 의한 이의를 제기한 때에는 부과권자는 지체 없이 관할법원에 그 사실을 통보하여야 하며, 그 통보를 받은 관할법원은 비송사건절차법에 의한 과태료의 재판을 한다.
⑤제3항의 규정에 의한 기간 이내에 이의를 제기하지 아니하고 과태료를 납부하지 아니한 때에는 국세 또는 지방세 체납처분의 예에 의하여 이를 징수한다.

부칙 <제7918호, 2006.3.24>

①(시행일) 이 법은 공포 후 6개월이 경과한 날부터 시행한다.

②(사업자의 신고에 관한 경과조치) 이 법 시행당시 제3조제2항의 규정에 따라 제정되는 대통령령에 정하는 기준에 해당하는 사업자는 이 법 시행 후 1년 이내에 신고하여야 한다.

③(다른 법률의 개정) 사회복지사업법 일부를 다음과 같이 개정한다.

제2조제1호에 너목을 다음과 같이 신설한다.

너. 「식품기부 활성화에 관한 법률」

장애인고용촉진 및 직업재활법

연혁

1990. 1. 13 제정 법률 제4219호
1995. 8. 4 일부개정 법률 제4975호
1996. 12. 12 일부개정 법률 제5170호
1997. 12. 13 일부개정 법률 제5454호
1999. 2. 8 일부개정 법률 제5889호
2000. 1. 12 전문개정 법률 제6166호
2001. 1. 29 일부개정 법률 제6400호
2002. 12. 30 일부개정 법률 제06836호
2004. 1. 29 일부개정 법률 제07154호

2004. 12. 31 일부개정 법률 제7298호
2005. 3. 31 일부개정 법률 제7468호
2005. 5. 31 일부개정 법률 제7568호
2005. 12. 30 일부개정 법률 제7828호
2006. 12. 30 일부개정 법률 제8135호
2007. 4. 11 일부개정 법률 제8367호
2007. 5. 25 일부개정 법률 제8483호
2007. 5. 25 전부개정 법률 제8491호
2007. 7. 13 일부개정 법률 제8507호

제1장 총칙

제1조 (목적) 이 법은 장애인이 그 능력에 맞는 직업생활을 통하여 인간다운 생활을 할 수 있도록 장애인의 고용촉진 및 직업재활을 꾀하는 것을 목적으로 한다.

제2조 (정의) 이 법에서 사용하는 용어의 뜻은 다음과 같다.
1. "장애인"이란 신체 또는 정신상의 장애로 장기간에 걸쳐 직업생활에 상당한 제약을 받는 자로서 대통령령으로 정하는 기준에 해당하는 자를 말한다.
2. "중증장애인"이란 장애인 중 근로 능력이 현저하게 상실된 자로서 대통령령으로 정하는 기준에 해당하는 자를 말한다.
3. "고용촉진 및 직업재활"이란 장애인의 직업지도, 직업적응훈련, 직업능력개발훈련, 취업알선, 취업, 취업 후 적응지도 등에 대해서 이 법에서 정하는 조치를 강구하여 장애인이 직업생활을 통하여 자립할 수 있도록 하는 것을 말한다.
4. "사업주"란 근로자를 사용하여 사업을 행하거나 하려는 자를 말한다.
5. "근로자"란 「근로기준법」 제2조제1항제1호에 따른 근로자를 말한다. 다만, 소정근로시간이 대통령령으로 정하는 시간 미만인 자(중증장애인은 제외한다)는 제외한다.
6. "직업능력개발훈련"이란 「근로자직업능력 개발법」 제2조제1호에 따른 훈련을 말한다.
7. "직업능력개발훈련시설"이란 「근로자직업능력 개발법」 제2조제3호에 따른 직업능력개발훈련시설을 말한다.

8. "장애인 표준사업장"이란 장애인 고용 인원·고용비율 및 시설·임금에 관하여 노동부령으로 정하는 기준에 해당하는 사업장(「장애인복지법」 제58조제1항제3호에 따른 장애인 직업재활시설은 제외한다)을 말한다.

제3조 (국가와 지방자치단체의 책임) ①국가와 지방자치단체는 장애인의 고용촉진 및 직업재활에 관하여 사업주 및 국민 일반의 이해를 높이기 위하여 교육·홍보 및 장애인 고용촉진 운동을 지속적으로 추진하여야 한다.
②국가와 지방자치단체는 사업주·장애인, 그 밖의 관계자에 대한 지원과 장애인의 특성을 고려한 직업재활 조치를 강구하여야 하고, 장애인의 고용촉진을 꾀하기 위하여 필요한 시책을 종합적이고 효과적으로 추진하여야 한다. 이 경우 중증장애인과 여성장애인에 대한 고용촉진 및 직업재활을 중요시하여야 한다.

제4조 (국고의 부담) ①국가는 매년 장애인 고용촉진 및 직업재활 사업에 드는 비용의 일부를 일반회계에서 부담할 수 있다.
②국가는 매년 예산의 범위에서 장애인 고용촉진 및 직업재활 사업의 사무 집행에 드는 비용을 적극 지원한다.

제5조 (사업주의 책임) ①사업주는 장애인의 고용에 관한 정부의 시책에 협조하여야 하고, 장애인이 가진 능력을 정당하게 평가하여 고용의 기회를 제공함과 동시에 적정한 고용관리를 할 의무를 가진다.

②사업주는 근로자가 장애인이라는 이유로 채용·승진·전보 및 교육훈련 등 인사관리상의 차별대우를 하여서는 아니 된다.

제6조 (장애인의 자립 노력 등) ①장애인은 직업인으로서의 자각을 가지고 스스로 능력 개발·향상을 도모하여 유능한 직업인으로 자립하도록 노력하여야 한다.

②장애인의 가족 또는 장애인을 보호하고 있는 자는 장애인에 관한 정부의 시책에 협조하여야 하고, 장애인의 자립을 촉진하기 위하여 적극적으로 노력하여야 한다.

제7조 (장애인 고용촉진 및 직업재활 기본계획 등) ①노동부장관은 보건복지부장관과 협의하여 장애인의 고용촉진 및 직업재활을 위한 기본계획을 세워야 한다.

②제1항의 기본계획에는 다음 각 호의 사항이 포함되어야 한다.

1. 장애인의 고용촉진 및 직업재활에 관한 사항
2. 제68조에 따른 장애인 고용촉진 및 직업재활 기금에 관한 사항
3. 장애인을 위한 시설의 설치·운영 및 지원에 관한 사항
4. 그 밖에 장애인의 고용촉진 및 직업재활을 위하여 노동부장관이 필요하다고 인정하는 사항

③제1항의 기본계획, 장애인의 고용촉진 및 직업재활에 관한 중요 사항을 심의하기 위하여 노동부에 장애인고용촉진위원회(이하 "위원회"라 한다)를 둔다.

④위원회에는 장애인의 고용촉진 및 직업재활에 관한 전문적 사항을 조사·연구하기 위하여 5명 이하의 상근연구위원을 둔다.

⑤위원회의 위원 중 3분의 1 이상은 장애인으로 구성하여야 한다.

⑥위원회의 구성·기능과 연구위원, 그 밖에 위원회의 운영에 필요한 사항은 대통령령으로 정한다.

제8조 (교육인적자원부 및 보건복지부와의 연계) ①교육인적자원부장관은 「특수교육진흥법」에 따른 특수교육 대상자의 취업을 촉진하기 위하여 필요하다고 인정하면 직업교육 내용 등에 대하여 노동부장관과 협의하여야 한다.

②보건복지부장관은 직업재활 사업 등이 효율적으로 추진될 수 있도록 노동부장관과 긴밀히 협조하여야 한다.

제2장 장애인 고용촉진 및 직업재활

제9조 (장애인 직업재활 실시 기관) ①장애인 직업재활 실시 기관(이하 "재활실시기관"이라 한다)은 장애인에 대한 직업재활 사업을 다양하게 개발하여 장애인에게 직접 제공하여야 하고, 특히 중증장애인의 자립능력을 높이기 위한 직업재활 실시에 적극 노력하여야 한다.

②재활실시기관은 다음 각 호의 어느 하나와 같다.

1. 「특수교육진흥법」 제2조제3호에 따른 특수교육기관
2. 「장애인복지법」 제58조제1항제2호에 따른 장애인복지관
3. 「장애인복지법」 제58조제1항제3호에 따른 장애인 직업재활시설
4. 「장애인복지법」 제63조에 따른 장애인복지단체
5. 「근로자직업능력 개발법」 제2조제3호에 따른 직업능력개발훈련시설
6. 그 밖에 노동부령으로 정하는 기관으로서 노동부장관이 장애인에 대한 직업재활 사업을 수행할 능력이 있다고 인정하는 기관

제10조 (직업지도) ①노동부장관과 보건복지부장관은 장애인이 그 능력에 맞는 직업에 취업할 수 있도록 하기 위하여 장애인에 대한 직업상담, 직업적성 검사 및 직업능력 평가 등을 실시하고, 고용정보를 제공하는 등 직업지도를 하여야 한다.

②노동부장관과 보건복지부장관은 장애인이 그 능력에 맞는 직업생활을 할 수 있도록 하기 위하여 장애인에게 적합한 직종 개발에 노력하여야 한다.

③노동부장관과 보건복지부장관이 제1항에 따른 직업지도를 할 때에 특별히 전문적 지식과 기술이 필요하다고 인정하면 이를 재활실시기관 등 관계 전문기관에 의뢰하고 그 비용을 지급할 수 있다.

④노동부장관과 보건복지부장관은 직업지도를 실시하거나 하려는 자에게 필요한 비용을 융자·지원할 수 있다.

⑤제3항과 제4항에 따른 비용 지급 및 융자·지원의 기준 등에 필요한 사항은 대통령령으로 정한다.

제11조 (직업적응훈련) ①노동부장관과 보건복지부장관은 장애인이 그 희망·적성·능력 등에 맞는 직업생활을 할 수 있도록 하기 위하여 필요하다고 인정하면 직업 환경에 적응시키기 위한 직업적응훈련을 실시할 수 있다.

②노동부장관과 보건복지부장관은 제1항에 따른 직업적응훈련의 효율적 실시를 위하여 필요하다고 인정하면 그 훈련 기준 등을 따로 정할 수 있다.

③노동부장관과 보건복지부장관은 장애인의 직업능력 개발·향상을 위하여 직업적응훈련 시설 또는 훈련 과정을 설치·운영하거나 하려는 자에게 필요한 비용(훈련비를 포함한다)을 융자·지원할 수 있다.

④노동부장관과 보건복지부장관은 직업적응훈련 시설에서 직업적응훈련을 받는 장애인에게 훈련수당을 지원할 수 있다.

⑤제3항과 제4항에 따른 융자·지원의 기준 및 훈련수당의 지급 기준 등에 필요한 사항은 대통령령으로 정한다.

제12조 (직업능력개발훈련) ①노동부장관은 장애인이 그 희망·적성·능력 등에 맞는 직업생활을 할 수 있도록 하기 위하여 장애인에게 직업능력개발훈련을 실시하여야 한다.

②노동부장관은 장애인의 직업능력 개발·향상을 위하여 직업능력개발훈련시설 또는 훈련 과정을 설치·운영하거나 하려는 자에게 필요한 비용(훈련비를 포함한다)을 융자·지원할 수 있다.

③노동부장관은 직업능력개발훈련시설에서 직업능력개발훈련을 받는 장애인에게 훈련수당을 지원할 수 있다.

④제2항과 제3항에 따른 융자·지원 기준 및 훈련수당의 지급 기준 등에 필요한 사항은 대통령령으로 정한다.

제13조 (지원고용) ①노동부장관과 보건복지부장관은 중증장애인 중 사업주가 운영하는 사업장에서는 직무 수행이 어려운 장애인이 직무를 수행할 수 있도록 지원고용을 실시하고 필요한 지원을 하여야 한다.

②제1항에 따른 지원의 내용 및 기준 등에 필요한 사항은 대통령령으로 정한다.

제14조 (보호고용) 국가와 지방자치단체는 장애인 중 정상적인 작업 조건에서 일하기 어려운 장애인을 위하여 특정한 근로 환경을 제공하고 그 근로 환경에서 일할 수 있도록 보호고용을 실시하여야 한다.

제15조 (취업알선 등) ①노동부장관은 고용정보를 바탕으로 장애인의 희망·적성·능력과 직종 등을 고려하여 장애인에게 적합한 직업을 알선하여야 한다.

②노동부장관은 장애인이 직업생활을 통하여 자립할 수 있도록 장애인의 고용촉진을 위한 시책을 강구하여야 한다.

③노동부장관은 제1항과 제2항에 따른 취업알선 및 고용촉진을 할 때에 필요한 경우에는 그 업무의 일부를 재활실시기관 등 관계 전문기관에 의뢰하고 그 비용을 지급할 수 있다.

④노동부장관은 취업알선 시설을 설치·운영하거나 하려는 자에게 필요한 비용(취업알선을 위한 지원금을 포함한다)을 융자·지원할 수 있다.

⑤제3항과 제4항에 따른 비용 지급 및 융자·지원 기준 등에 필요한 사항은 대통령령으로 정한다.

제16조 (취업알선기관 간의 연계 등) ①노동부장관은 장애인의 취업 기회를 확대하기 위하여 취업알선 업무를 수행하는 재활실시기관 간에 구인·구직 정보의 교류와 장애인 근로자 관리 등의 효율적인 연계를 꾀하고, 제43조에 따른 한국장애인고용촉진공단에서 이를 종합적으로 집중 관리할 수 있도록 취업알선전산망 구축 등의 조치를 강구하여야 한다.

②노동부장관이 제1항에 따른 취업알선전산망 구축 등의 조치를 강구할 때에는 「직업안정법」 제4조제1호에 따른 직업안정기관과 연계되도록 하여야 한다.

제17조 (자영업 장애인 지원) ①노동부장관은 자영업을 영위하려는 장애인에게 창업에 필요한 자금 등을 융자하거나 영업장소를 임대할 수 있다.

②제1항에 따른 영업장소의 연간 임대료는 「국유재산법」에도 불구하고 그 재산 가액(가액)에 1천분의 10 이상을 곱한 금액으로 노동부장관이 정하되, 월할(월할)이나 일할(일할)로 계산할 수 있다.

③제1항과 제2항에 따른 융자·임대의 기준 등에 필요한 사항은 노동부령으로 정한다.

제18조 (장애인 근로자 지원) ①노동부장관은 장애인 근로자의 안정적인 직업생활을 위하여 필요한 자금을 융자할 수 있다.

②제1항에 따른 융자 기준 등에 필요한 사항은 노동부령으로 정한다.

제19조 (취업 후 적응지도) ①노동부장관과 보건복지부장관은 장애인의 직업안정을 위하여 필요하다고 인정하면 사업장에 고용되어 있는 장애인에게 작업환경 적응에 필요한 지도를 실시하여야 한다.

②제1항에 따른 지도의 내용 등에 필요한 사항은 대통령령으로 정한다.

제20조 (사업주에 대한 고용 지도) 노동부장관은 장애인을 고용하거나 고용하려는 사업주에게 필요하다고 인정하면 채용, 배치, 작업 보조구, 작업 설비 또는 작업 환경, 그 밖에 장애인의 고용관리에 관하여 기술적 사항에 대한 지도를 실시하여야 한다.

제21조 (장애인 고용 사업주에 대한 지원) ①노동부장관은 장애인을 고용하거나 고용하려는 사업주에게 장애인 고용에 드는 다음 각 호의 비용 또는 기기 등을 융자하거나 지원할 수 있다. 이 경우 중증장애인 및 여성장애인을 고용하거나 고용하려는 사업주를 우대하여야 한다.

1. 장애인을 고용하는 데에 필요한 시설과 장비의 구입·설치·수리 등에 드는 비용

2. 장애인의 직업생활에 필요한 작업 보조 공학기기 또는 장비 등

3. 장애인의 적정한 고용관리를 위하여 장애인 직업생활 상담원, 작업 지도원 또는 수화 통역사 등을 배치하는 데에 필요한 비용

4. 그 밖에 제1호부터 제3호까지의 규정에 준하는 것으로서

장애인의 고용에 필요한 비용 또는 기기
②제1항에 따른 융자 또는 지원의 기준 등에 필요한 사항은 대통령령으로 정한다.

제22조 (장애인 표준사업장에 대한 지원) ①노동부장관은 장애인 표준사업장을 설립·운영하거나 설립하려는 사업주에게 그 설립·운영에 필요한 비용을 융자하거나 지원할 수 있다.
②노동부장관은 제1항에 따른 융자 또는 지원을 할 때에 다음 각 호의 사업주를 우대하여야 한다.
1. 중증장애인과 여성장애인을 고용하거나 고용하려는 사업주
2. 지방자치단체로부터 지원을 받거나 비영리 법인 또는 다른 민간 기업으로부터 출자를 받는 등 지역 사회의 적극적 참여를 통하여 장애인 표준사업장을 설립·운영하거나 설립하려는 사업주
③제28조제1항에 따른 장애인 고용의무가 있는 사업주가 장애인표준사업장을 발행주식 총수 또는 출자총액 등 대통령령으로 정하는 기준에 따라 실질적으로 지배하고 있는 경우에는 제28조·제29조 및 제33조를 적용함에 있어서 그 장애인 표준사업장에 고용된 근로자를 당해 사업주가 고용하는 근로자 수(다만, 여성·중증장애인을 제외한 장애인은 그 총수의 2분의 1에 해당하는 수를 말하며, 그 수에 단수가 있는 경우에는 올린다)에 포함하고, 해당 장애인 표준사업장을 해당 사업주의 사업장으로 본다. <신설 2007.7.13>
④노동부장관은 중앙행정기관의 장, 지방자치단체 및 「정부산하기관 관리기본법」 제2조제1호에 따른 정부산하기관 등에 장애인 표준사업장에서 생산하는 제품을 우선적으로 구매하도록 하는 등 필요한 협조를 요청할 수 있다. <개정 2007.7.13>
⑤제1항과 제2항에 따른 융자 또는 지원의 기준 등에 필요한 사항은 대통령령으로 정한다. <개정 2007.7.13>

제23조 (부당 융자 또는 지원금 등의 징수 및 지급제한) ①노동부장관은 제21조 및 제22조에 따라 융자받거나 지원받은 자가 다음 각 호의 어느 하나에 해당하는 경우에는 당해 금액 또는 지원에 상응하는 금액을 징수하여야 한다.
1. 거짓 또는 그 밖의 부정한 방법으로 융자받거나 지원받은 경우
2. 사업주가 융자 또는 지원금을 제21조제1항 각 호 및 제22조제1항에 따른 사업의 목적에 집행하지 아니한 경우.
②제1항의 각 호에 해당하는 경우 그 사실이 있는 날부터 3년간 융자 또는 지원을 제한할 수 있다.
[시행일: 2007.8.26] 제23조

제24조 (장애인 고용 우수사업주에 대한 우대) ①노동부장관은 장애인의 고용에 모범이 되는 사업주를 장애인 고용 우수 사업주로 선정하여 사업을 지원하는 등의 조치(이하 "우대조치"라 한다)를 할 수 있다.
②제1항에 따른 장애인 고용 우수사업주의 선정·우대조치 등에 필요한 사항은 대통령령으로 정한다.

제25조 (사업주에 대한 자료 제공) 노동부장관은 장애인을 고용하거나 고용하려는 사업주에게 장애인의 신체적·정신적 조건, 직업능력 등에 관한 정보, 그 밖의 자료를 제공하여야 한다.

제26조 (장애인 실태조사) 노동부장관은 장애인의 고용촉진 및 직업재활을 위하여 2년마다 장애인의 취업직종·근로형태·근속기간·임금수준 등 고용현황 및 장애인근로자의 산업재해 현황에 대하여 전국적인 실태조사를 실시하여야 한다.
[전문개정 2007.7.13]
[시행일:2008.1.1] 제26조

제3장 장애인 고용 의무 및 부담금

제27조 (국가와 지방자치단체의 장애인 고용 의무) ①국가와 지방자치단체의 장은 장애인을 소속 공무원 정원의 100분의 2 이상 고용하여야 한다.
②각 시험 실시 기관(이하 "각급기관"이라 한다)의 장은 장애인이 신규채용 인원의 100분의 2(장애인 공무원의 수가 해당 정원의 100분의 2 미만이면 100분의 5) 이상 채용되도록 시험을 실시하여야 한다. 다만, 「교육공무원법」 제11조제1항에 따른 교사의 신규채용을 할 때에 장애인 응시 인원 또는 장애인 합격자의 수가 장애인 채용 예정 인원에 미치지 못하면 그 부족한 인원을 장애인이 아닌 자로 채용할 수 있다.
③임용권을 위임받은 기관의 장이 공개채용을 하지 아니하고 공무원을 모집하는 경우에도 제2항을 준용한다.
④제1항과 제2항은 공안직군 공무원, 검사, 경찰·소방·경호 공무원 및 군인 등에 대하여는 적용하지 아니한다. 다만, 국가와 지방자치단체의 장은 본문에 규정된 공안직군 공무원 등에 대하여도 장애인이 고용될 수 있도록 노력하여야 한다.
⑤제2항과 제3항에 따른 채용시험 및 모집에 응시하는 장애인의 응시 상한 연령은 중증장애인인 경우에는 3세, 그 밖의 장애인인 경우에는 2세를 각각 연장한다.
⑥「국가공무원법」에 따른 중앙인사관장기관의 장과 지방자치단체의 장은 소속 각급기관의 공무원 채용계획을 포함한 장애인 공무원 채용계획과 그 실시 상황을 대통령령으로 정하는 바에 따라 노동부장관에게 제출하여야 한다.
⑦노동부장관은 제6항에 따른 장애인 공무원 채용계획이

적절하지 아니하다고 인정되면 장애인 공무원 채용계획을 제출한 자에게 그 계획의 변경을 요구할 수 있고, 제1항에 따른 고용 의무의 이행 실적이 현저히 부진한 때에는 그 내용을 공표할 수 있다.

제28조 (사업주의 장애인 고용 의무) ①상시 50명 이상의 근로자를 고용하는 사업주(건설업에서 근로자 수를 확인하기 곤란한 경우에는 공사 실적액이 노동부장관이 정하여 고시하는 금액 이상인 사업주)는 그 근로자의 총수(건설업에서 근로자 수를 확인하기 곤란한 경우에는 대통령령으로 정하는 바에 따라 공사 실적액을 근로자의 총수로 환산한다)의 100분의 5의 범위에서 대통령령으로 정하는 비율(이하 "의무고용률"이라 한다) 이상에 해당(그 수에서 소수점 이하는 버린다)하는 장애인을 고용하여야 한다.
②제1항에도 불구하고 특정한 장애인의 능력에 적합하다고 인정되는 직종에 대하여는 장애인을 고용하여야 할 비율을 대통령령으로 따로 정할 수 있다. 이 경우 그 비율은 의무고용률로 보지 아니한다.
③의무고용률은 전체 인구 중 장애인의 비율, 전체 근로자 총수에 대한 장애인 근로자의 비율, 장애인 실업자 수 등을 고려하여 5년마다 정한다.
④제1항에 따른 상시 고용하는 근로자 수 및 건설업에서의 공사 실적액 산정에 필요한 사항은 대통령령으로 정한다.

제29조 (사업주의 장애인 고용 계획 수립 등) ①노동부장관은 사업주에게 대통령령으로 정하는 바에 따라 장애인의 고용에 관한 계획과 그 실시 상황 기록을 작성하여 제출하도록 명할 수 있다.
②노동부장관은 제1항에 따른 계획이 적절하지 아니하다고 인정하는 때에는 사업주에게 그 계획의 변경을 명할 수 있다.
③노동부장관은 제28조제1항에 따른 사업주가 정당한 사유 없이 장애인 고용계획의 수립 의무 또는 장애인 고용 의무를 현저히 불이행하면 그 내용을 공표할 수 있다.

제30조 (장애인 고용장려금의 지급) ①노동부장관은 장애인의 고용촉진과 직업 안정을 위하여 장애인을 고용한 사업주(제28조제1항을 적용받지 아니하는 사업주를 포함한다)에게 고용장려금을 지급할 수 있다.
②고용장려금은 매월 상시 고용하고 있는 장애인 수에서 의무고용률(제28조제1항을 적용받지 아니하는 사업주에게 고용장려금을 지급할 때에도 같은 비율을 적용한다)에 따라 고용하여야 할 장애인 총수(그 수에서 소수점 이하는 올린다)를 뺀 수에 제3항에 따른 지급단가를 곱한 금액으로 한다. 다만, 제33조에 따라 낼 부담금이 있는 경우에는 그 금액을 뺀 금액으로 한다.

③고용장려금의 지급단가는 노동부장관이 「최저임금법」에 따라 월 단위로 환산한 최저임금액의 범위에서 제33조제3항에 따른 부담기초액, 장애인 고용부담금 납부 의무의 적용 여부, 그 장애인 근로자에게 지급하는 임금액 등을 고려하여 다르게 정할 수 있다. 다만, 중증장애인과 여성장애인의 지급단가는 중증장애인 및 여성장애인이 아닌 장애인에게 적용되는 지급단가의 2배 범위에서 따로 정할 수 있다.
④「고용보험법」과 「산업재해보상보험법」에 따른 지원금 및 장려금 지급 대상인 장애인 근로자 및 그 밖에 대통령령으로 정하는 장애인 근로자에 대하여는 대통령령으로 정하는 바에 따라 고용장려금의 지급을 제한할 수 있다.
⑤제1항에 따른 고용장려금의 지급 및 청구에 필요한 사항은 대통령령으로 정하고, 그 지급 시기·절차 등에 필요한 사항은 노동부장관이 정한다.

제31조 (부당이득금의 징수 및 지급 제한) ①노동부장관은 제30조에 따른 고용장려금을 받은 자가 다음 각 호의 어느 하나에 해당하는 경우에는 당해 금액을 징수하여야 한다. 다만, 제1호의 경우에는 지급받은 금액의 2배에 해당하는 금액을 추가로 징수하여야 한다.
1. 거짓이나 그 밖의 부정한 방법으로 고용장려금을 받은 경우
2. 그 밖에 잘못 지급된 고용장려금이 있는 경우
②제1항 각 호 외의 부분 단서에 따른 추가 징수에 있어서 거짓이나 그 밖의 부정한 방법으로 고용장려금의 지급신청을 한 날부터 3개월 이내에 자진하여 그 부정행위를 신고한 자에 대하여는 추가징수를 면제할 수 있다.
③노동부장관은 고용장려금을 거짓이나 그 밖의 부정한 방법으로 지급받았거나 받으려 한 자에 대하여는 고용장려금을 지급받은 날 또는 지급받으려 한 사실이 있는 날부터 2년간 고용장려금의 지급을 제한할 수 있다.
[시행일:2007.8.26] 제31조

제32조 (포상금) 거짓이나 그 밖의 부정한 방법으로 제30조에 따른 고용장려금을 지급받은 자를 지방노동관서, 제43조에 따른 한국장애인고용촉진공단 또는 수사기관에 신고하거나 고발한 자에게는 대통령령으로 정하는 바에 따라 포상금을 지급할 수 있다.

제33조 (장애인 고용부담금의 납부 등) ①의무고용률에 못 미치는 장애인을 고용하는 사업주(상시 50명 이상 100명 미만의 근로자를 고용하는 사업주는 제외한다)는 대통령령으로 정하는 바에 따라 매년 노동부장관에게 장애인 고용부담금(이하 "부담금"이라 한다)을 납부하여야 한다.
②부담금은 사업주가 의무고용률에 따라 고용하여야 할 장애인 총수에서 매월 상시 고용하고 있는 장애인 수를 뺀 수

에 제3항에 따른 부담기초액을 곱한 금액의 연간 합계액으로 한다. 이 경우 사업주가 중증장애인을 고용하는 경우에는 내야 할 부담금 총액의 2분의 1 이내의 범위에서 중증장애인의 수에 부담기초액의 2분의 1을 곱한 금액을 뺄 수 있다.

③부담기초액은 장애인을 고용하는 경우에 매월 드는 다음 각 호의 비용의 평균액을 기초로 하여 위원회의 심의를 거쳐 노동부장관이 정하여 고시하되, 장애인 고용률(매월 상시 고용하고 있는 근로자의 총수에 대한 고용하고 있는 장애인 총수의 비율)에 따라 부담기초액의 2분의 1 이내의 범위에서 가산할 수 있다. 다만, 부담기초액은 이를 고시하는 그 연도 최저임금액의 100분의 60 이상이어야 한다.

1. 장애인을 고용하는 경우 필요한 시설·장비의 설치, 수리에 드는 비용

2. 장애인의 적정한 고용관리를 위한 조치에 필요한 비용

3. 그 밖에 장애인을 고용하기 위하여 특별히 드는 비용 등

④노동부장관은 「장애인복지법」 및 「산업재해보상보험법」에 따른 직업재활시설 또는 장애인표준사업장, 그 밖에 노동부장관이 정하는 장애인자립작업장에 생산설비와 원료·기술 등을 제공하고 생산관리 및 생산품의 판매를 전담하는 사업주 또는 직업재활시설 및 장애인자립작업장에 도급을 주어 그 생산품을 납품받는 사업주에 대하여 부담금을 감면할 수 있다.

⑤사업주는 노동부령으로 정하는 사항을 적은 신고서와 해당 연도의 부담금을 다음 연도의 첫날부터 90일(연도 중에 사업을 그만두거나 끝낸 경우에는 그 사업을 그만두거나 끝낸 날부터 60일) 이내에 노동부장관에게 신고·납부하여야 한다.

⑥노동부장관은 사업주가 제5항에서 정한 기간에 신고서 또는 부담금을 신고하지 아니하거나 납부하지 아니하였을 때에는 이를 조사하여 부담금을 징수할 수 있다.

⑦노동부장관은 사업주가 납부한 부담금의 금액이 실제로 납부하여야 할 금액과 다르거나 거짓된 신고에 따른 것이라고 인정하는 때에는 이를 조사하여 그 차액을 추징하거나 환급하여야 한다.

⑧부담금은 대통령령으로 정하는 대로 분할 납부를 하게 할 수 있다. 이 경우 분할 납부를 할 수 있는 부담금을 제5항에 따른 납부 기한에 모두 납부하는 경우에는 그 부담금액의 100분의 5 이내의 범위에서 대통령령으로 정하는 금액을 공제할 수 있다.

⑨제4항에 따른 도급의 기준, 그 밖에 부담금 감면의 요건·기준 등에 필요한 사항은 노동부장관이 정한다.

제34조 (부담금 등 과오납금의 충당과 환급) 노동부장관은 사업주가 부담금, 그 밖에 이 법에 따른 징수금과 체납처분비로 납부한 금액 중 잘못 납부한 금액을 환급하려는 때 또는 제30조에 따라 사업주에게 고용장려금을 지급하여야 하는 때에는 대통령령으로 정하는 순위에 따라 납부하여야 하는 부담금, 그 밖에 이 법에 따른 징수금에 우선 충당하고, 그 잔액을 해당 사업주에게 환급하거나 지급할 수 있다.

제35조 (가산금과 연체금의 징수) ①노동부장관은 제33조제6항 및 제7항에 따라 부담금을 징수하는 때에는 사업주가 납부하여야 할 부담금의 100분의 10에 상당하는 금액을 가산금으로 징수한다.

②노동부장관은 제33조에 따른 납부금의 납부 의무자가 납부 기한까지 부담금을 납부하지 아니하였을 때에는 그 연체 기간에 대하여 36개월을 초과하지 아니하는 범위에서 「은행법」 제2조에 따른 금융기관의 연체이자율 등을 고려하여 대통령령으로 정하는 대로 월 단위로 연체금을 징수한다.

③제1항과 제2항에 따른 가산금 또는 연체금은 그 금액이 소액이거나 징수가 적절하지 아니하다고 인정되는 등 대통령령으로 정하는 경우에는 징수하지 아니한다.

제36조 (통지) 노동부장관은 제33조제6항 및 제7항에 따른 징수를 하려 할 때에는 노동부령으로 정하는 바에 따라 납부 의무자에게 그 금액과 납부 기한을 서면으로 알려야 한다.

제37조 (독촉 및 체납처분) ①노동부장관은 부담금, 그 밖에 이 법에 따른 징수금을 납부 의무자가 납부하지 아니하였을 때에는 기한을 정하여 독촉하여야 한다.

②노동부장관은 제1항에 따라 독촉을 하는 경우에는 독촉장을 발부하여야 한다. 이 경우에는 10일 이상의 납부 기간을 주어야 한다.

③제1항에 따라 독촉을 받은 자가 그 납부 기한까지 부담금이나 그 밖에 이 법에 따른 징수금을 납부하지 아니하였을 때에 노동부장관은 국세 체납처분의 예에 따라 징수할 수 있다.

④노동부장관은 제3항에 따른 체납처분의 예에 따라 압류한 재산의 공매(공매)에 전문 지식이 필요하거나 그 밖에 특수한 사정이 있어 직접 공매하기에 적당하지 아니하다고 인정하는 때에는 대통령령으로 정하는 대로 「금융기관부실자산 등의 효율적 처리 및 한국자산관리공사의 설립에 관한 법률」에 따라 설립된 한국자산관리공사(이하 "공사"라 한다)에 이를 대행하게 할 수 있고, 이 경우 공매는 노동부장관이 한 것으로 본다.

⑤노동부장관은 제4항에 따라 공사가 공매를 대행하면 노동부령으로 정하는 바에 따라 수수료를 지급할 수 있다.

⑥제4항에 따라 공사가 공매를 대행하는 경우에 공사의 임원·직원은 「형법」 제129조부터 제132조까지의 규정을 적용

하는 경우 공무원으로 본다.

제38조 (징수 우선순위) 부담금이나 그 밖에 이 법에 따른 징수금의 징수 우선순위는 국세 및 지방세의 다음으로 한다.

제39조 (서류의 송달) 부담금이나 그 밖에 이 법에 따른 징수금에 관한 서류의 송달에 관하여는 「국세기본법」 제8조부터 제12조까지의 규정을 준용한다.

제40조 (소멸시효) 부담금이나 그 밖에 이 법에 따른 징수금을 징수하거나 그 환급을 받을 권리와 고용장려금을 받을 권리는 3년간 행사하지 아니하면 소멸시효가 완성된다.

제41조 (시효의 중단) ①제40조에 따른 소멸시효는 다음 각 호의 어느 하나에 해당하는 사유로 중단된다.
1. 제30조에 따른 고용장려금의 청구
2. 제31조제1항에 따른 고용장려금 환수금의 반환 명령
3. 제33조제7항에 따른 부담금 환급금의 청구
4. 제36조에 따른 납부 통지
5. 제37조에 따른 독촉
6. 제37조에 따른 체납처분 절차에 따라 행하는 교부 청구
7. 그 밖의 「민법」에서 규정하고 있는 시효중단 사유
②제1항에 따라 중단된 소멸시효는 다음 각 호의 어느 하나에 해당하는 기간이 지난 때부터 새로 진행한다. 다만, 제1항제7호에 따라 중단된 소멸시효의 진행은 「민법」에 따른다.
1. 반환 명령에 따른 납부 기한
2. 부담금 환급금의 청구 중의 기간
3. 제36조에 따라 통지한 납부 기한
4. 독촉에 따른 납부 기한
5. 교부청구 중의 기간
[시행일:2007.8.26] 제41조제1항제7호,제41조제2항

제42조 (결손처분) 노동부장관은 체납자에게 다음 각 호의 어느 하나에 해당하는 사유가 있을 때에는 부담금이나 그 밖에 이 법에 따른 징수금을 결손처분(결손처분)할 수 있다.
1. 체납처분이 종결되고 체납액에 충당될 배분 금액이 체납액보다 적을 때
2. 제40조에 따라 소멸시효가 완성될 때
3. 그 밖에 대통령령으로 정하는 바에 따라 징수 가능성이 없을 때

제4장 한국장애인고용촉진공단

제43조 (한국장애인고용촉진공단의 설립) ①장애인이 직업생활을 통하여 자립할 수 있도록 지원하고, 사업주의 장애인 고용을 전문적으로 지원하기 위하여 한국장애인고용촉진공단(이하 "공단"이라 한다)을 설립한다.
②공단은 다음 각 호의 사업을 수행한다.
1. 장애인의 고용촉진 및 직업재활에 관한 정보의 수집·분석·제공 및 조사·연구
2. 장애인에 대한 직업상담, 직업적성 검사, 직업능력 평가 등 직업지도
3. 장애인에 대한 직업적응훈련, 직업능력개발훈련, 취업알선, 취업 후 적응지도
4. 장애인 직업생활 상담원 등 전문요원의 양성·연수
5. 사업주의 장애인 고용환경 개선 및 고용 의무 이행 지원
6. 사업주와 관계 기관에 대한 직업재활 및 고용관리에 관한 기술적 사항의 지도·지원
7. 장애인의 직업적응훈련 시설, 직업능력개발훈련시설 및 장애인 표준사업장 운영
8. 장애인의 고용촉진을 위한 취업알선 기관 사이의 취업알선전산망 구축·관리, 홍보·교육 및 장애인 기능경기 대회 등 관련 사업
9. 장애인 고용촉진 및 직업재활과 관련된 공공기관 및 민간 기관 사이의 업무 연계 및 지원
10. 장애인 고용에 관한 국제 협력
11. 그 밖에 장애인의 고용촉진 및 직업재활을 위하여 필요한 사업 및 노동부장관 또는 중앙행정기관의 장이 위탁하는 사업
12. 제1호부터 제11호까지의 사업에 딸린 사업
③공단은 제2항에 따른 사업을 효율적으로 수행하기 위하여 노동부장관의 승인을 받아 법인 또는 단체에 그 업무의 일부를 위탁할 수 있다.

제44조 (법인격) 공단은 법인으로 한다.

제45조 (사무소) ①공단의 주된 사무소의 소재지는 정관으로 정한다.
②공단은 필요하다고 인정하면 노동부장관의 승인을 받아 분사무소를 둘 수 있다.

제46조 (설립등기) ①공단은 주된 사무소의 소재지에서 설립등기를 함으로써 성립된다.
②제1항에 따른 설립등기와 분사무소의 설치·이전, 그 밖의 등기에 필요한 사항은 대통령령으로 정한다.

제47조 (정관) ①공단의 정관에는 다음 각 호의 사항을 적어야 한다.
1. 목적
2. 명칭
3. 주된 사무소·분사무소 및 제55조에 따른 산하기관에 관

한 사항
4. 사업에 관한 사항
5. 재산과 회계에 관한 사항
6. 임원과 직원에 관한 사항
7. 이사회에 관한 사항
8. 정관의 변경에 관한 사항
9. 공고에 관한 사항
10. 내부규정의 제정·개정 및 폐지에 관한 사항
11. 해산에 관한 사항
② 공단의 정관은 노동부장관의 인가를 받아야 한다. 이를
변경하려고 할 때에도 같다.

제48조 (임원의 임면) ①공단에 이사장 1명을 포함한 10명 이
상 15명 이하의 이사 및 감사 1명을 둔다.
②이사장을 포함한 이사 3명은 상근으로 한다.
③이사장은 노동부장관의 제청에 따라 대통령이 임면(임면)
하고, 이사는 대통령령으로 정하는 당연직 이사 외에는 이
사장의 추천(비상근 이사의 2분의 1은 보건복지부장관이
추천한다)에 따라 노동부장관이 임면한다.
④상근 이사와 비상근 이사 중 각각 3분의 1 이상은 장애인
으로 임명하여야 한다.
⑤감사는 노동부장관이 임면한다.

제49조 (임원의 임기) 이사장과 이사의 임기는 3년으로 하고,
감사의 임기는 2년으로 하되 연임할 수 있다. 다만, 당연직
이사의 임기는 그 재임 기간으로 한다.

제50조 (임원의 직무) ①이사장은 공단을 대표하고 공단의 업
무를 총괄한다.
②상근 이사는 정관이 정하는 바에 따라 공단의 업무를 맡
고, 이사장에게 사고가 있을 때에는 정관으로 정하는 순서
에 따라 그 직무를 대행한다.
③감사는 공단의 업무 및 회계를 감사한다.

제51조 (임원의 결격사유) 다음 각 호의 어느 하나에 해당하는
자는 공단의 임원이 될 수 없다.
1. 대한민국 국민이 아닌 자
2. 「국가공무원법」 제33조 각 호의 어느 하나에 해당하는
자

제52조 (임원의 겸직 제한) 이사장과 상근 이사는 노동부장관
의 승인 없이 다른 직무를 겸할 수 없다.

제53조 (이사회) ①공단에는 그 업무에 관한 중요 사항을 심
의·의결하기 위하여 이사장과 이사로 구성된 이사회를 둔
다.

②이사장은 이사회를 소집하고 그 의장이 된다.
③이사회는 재적 인원 과반수의 출석과 출석 인원 과반수
의 찬성으로 의결한다.
④감사는 이사회에 출석하여 의견을 진술할 수 있다.
⑤이사회에 관하여 필요한 사항은 공단의 정관으로 정한다.

제54조 (직원의 임면) 공단의 직원은 정관으로 정하는 바에
따라 이사장이 임면한다. 이 경우 장애인 채용을 고려하여
야 한다.

제55조 (산하기관) ①공단은 제43조제2항에 따른 사업을 효
율적으로 수행하기 위하여 노동부장관의 승인을 받아 필요
한 산하기관을 둘 수 있다.
②공단의 이사장은 산하기관을 지휘·감독한다.
③산하기관의 설치, 운영 등에 필요한 사항은 공단의 정관
으로 정한다.

제56조 (국유재산 등의 무상대부) 국가는 공단의 설립 및 운영
을 위하여 필요하면 「국유재산법」 및 「물품관리법」에 따라
국유재산과 물품을 공단에 무상으로 대부할 수 있다.

제57조 (자금의 차입) 공단은 제43조제2항에 따른 사업을 위
하여 필요하면 노동부장관의 승인을 받아 자금을 차입(국
제기구, 외국 정부 또는 외국인으로부터의 차입을 포함한
다)할 수 있다.

제58조 (공단의 회계) ①공단의 사업연도는 정부의 회계연도
에 따른다.
②공단은 회계규정을 정하여 노동부장관의 승인을 받아야
한다.

제59조 (사업계획 등의 승인) 공단은 대통령령으로 정하는 바
에 따라 사업연도마다 사업계획과 예산안을 작성하여 노동
부장관의 승인을 받아야 하고, 이 경우 노동부장관은 보건
복지부장관과 협의하여야 한다. 이를 변경하려 할 때에도
또한 같다.

제60조 (사업계획 및 예산안 작성의 특례) ①보건복지부장관은
장애인의 직업재활 등을 위하여 제10조부터 제16조까지의
규정 및 제19조에 따른 사업에 대하여 매년 4월 20일까지
다음 연도의 사업계획 및 예산안을 작성하여 제59조에 따
른 사업계획 및 예산안에 반영될 수 있도록 공단에 요청할
수 있다. 이 경우 공단은 특별한 사유가 없으면 보건복지부
장관이 요청한 사업계획 및 예산안을 제59조에 따른 사업
계획 및 예산안에 반영하여야 한다.
②제1항에 따라 보건복지부장관이 요청하는 예산안의 금

액과 공단이 제10조부터 제16조까지의 규정 및 제19조에
따른 사업계획에 포함된 사업 수행에 필요한 금액을 합산
한 금액은 제33조에 따른 전년도 장애인 고용부담금의 3분
의 1에 해당하는 금액으로 한다.
③제2항에 따라 보건복지부장관이 요청하는 금액과 공단
의 사업 수행에 필요한 금액의 배분 비율은 대통령령으로
정한다.

제61조 (결산서의 제출) 공단은 사업연도마다 세입·세출결산
서를 작성하여 노동부장관이 지정하는 공인회계사의 회계
감사를 받아 다음 사업연도 2월 말일까지 노동부장관에게
제출하여야 한다.

제62조 (잉여금의 처리) 공단은 사업연도마다 사업연도말의
결산 결과 잉여금이 생긴 때에는 이월손실을 보전(보전)하
고 나머지는 다음 연도에 이월하여 사용할 수 있다.

제63조 (수수료의 징수) 공단은 제43조제2항에 따른 사업에
관하여 수수료나 그 밖의 실비를 받을 수 있다.

제64조 (출자 등) ①공단은 사업을 효율적으로 수행하기 위
하여 필요하면 제43조제2항제7호 및 제11호의 사업에 출자
하거나 출연(출연)할 수 있다.
②공단은 제17조에 따른 영업장소 임대를 목적으로 하는
시설을 관리·운영하기 위하여 노동부장관의 허가를 받아
관리기구를 설립할 수 있다. 이 경우 관리기구는 법인으로
하여야 한다.
③공단은 제2항에 따라 설립된 관리기구의 업무에 관하여
지도·감독한다.
④제1항과 제2항에 따른 출자·출연 및 관리기구의 설립에
필요한 사항은 대통령령으로 정한다.

제65조 (업무의 지도·감독) ①노동부장관은 공단의 업무를 지
도·감독한다.
②노동부장관은 공단에 대하여 업무·회계 및 재산에 관하
여 필요한 사항을 보고하게 하거나 그 밖에 필요한 조치를
할 수 있다.

제66조 (비슷한 명칭의 사용 금지) 공단이 아닌 자는 한국장애
인고용촉진공단 또는 이와 비슷한 명칭을 사용하지 못한다.

제67조 (「민법」의 준용) 공단에 관하여는 이 법에 규정된 것
외에는 「민법」 중 재단법인에 관한 규정을 준용한다.

제5장 장애인 고용촉진 및 직업재활 기금

제68조 (장애인 고용촉진 및 직업재활 기금의 설치) 노동부장관
은 공단의 운영, 고용장려금의 지급 등 장애인의 고용촉진
및 직업재활을 위한 사업을 수행하기 위하여 장애인 고용
촉진 및 직업재활 기금(이하 "기금"이라 한다)을 설치한다.

제69조 (기금의 재원) ①기금은 다음 각 호의 재원으로 조성
한다.
1. 정부 또는 정부 외의 자로부터의 출연금 또는 기부금
2. 제33조와 제35조에 따른 부담금·가산금 및 연체금
3. 기금의 운용에 따라 생기는 수익금과 그 밖의 공단 수입
금
4. 제57조에 따른 차입금
5. 제70조에 따른 차입금
②정부는 회계연도마다 제1항제1호에 따른 출연금을 세출
예산에 계상(계상)하여야 한다.

제70조 (차입금) 기금을 지출할 때 자금이 부족하거나 부족
할 것으로 예상되면 기금의 부담으로 금융기관 및 다른 기
금, 그 밖의 재원 등으로부터 차입을 할 수 있다.

제71조 (기금의 용도) 기금은 다음 각 호에 규정하는 비용의
지급에 사용한다.
1. 공단의 사업 수행에 필요한 경비
2. 제30조에 따른 고용장려금
3. 장애인 고용촉진 및 직업재활 정책에 관한 조사·연구에
필요한 경비
4. 직업지도, 직업적응훈련, 직업능력개발훈련, 취업알선
또는 장애인 고용을 위한 시설과 장비의 설치·수리에 필요
한 비용의 융자·지원
5. 장애인을 고용하거나 고용하려는 사업주에 대한 비용·
기기 등의 융자·지원
6. 장애인 표준사업장을 설립하여 운영하거나 설립·운영하
려는 사업주에 대한 비용의 융자·지원
7. 직업지도, 취업알선, 취업 후 적응지도를 행하는 자에 대
한 필요한 경비의 융자·지원
8. 장애인에 대한 직업적응훈련, 직업능력개발훈련을 행하
는 자 및 그 장애인에 대한 훈련비·훈련수당
9. 자영업 장애인에 대한 창업자금 융자 및 영업장소 임대,
장애인 근로자에 대한 직업생활 안정 자금 등의 융자
10. 사업주의 장애인 고용관리를 위한 장애인 직업생활 상
담원 등의 배치에 필요한 경비
11. 제70조에 따른 차입금의 상환금과 이자
12. 이 법에 따라 장애인과 사업주 등이 금융기관으로부터
대여받은 자금의 이차보전(이차보전)

13. 제32조에 따른 포상금
14. 그 밖에 장애인 고용촉진 및 직업재활을 위하여 대통령령으로 정하는 사업에 필요한 비용과 제1호부터 제10호까지의 사업 수행에 따르는 경비

제72조 (기금의 운용·관리) ①기금은 노동부장관이 운용·관리한다.
②기금의 회계연도는 정부의 회계연도에 따른다.
③기금을 운용할 때에는 그 수익이 대통령령으로 정하는 수준 이상이 되도록 하여야 하고, 다음 각 호의 어느 하나에 해당되는 방법에 따라 운용하여야 한다.
1. 「은행법」이나 그 밖의 법률에 따른 금융기관 또는 체신관서에의 예탁
2. 국가 또는 지방자치단체가 발행하는 채권의 매입
3. 「은행법」이나 그 밖의 법률에 따른 금융기관이나 그 밖에 대통령령으로 정하는 자가 그 지급을 보증하는 채권의 매입
4. 「공공자금관리기금법」에 따른 공공자금관리기금으로의 예탁
5. 그 밖에 대통령령으로 정하는 방법

제73조 (기금의 회계기관) ①노동부장관은 기금의 수입과 지출에 관한 사무를 행하게 하기 위하여 소속 공무원 중에서 기금수입징수관, 기금재무관, 기금지출관 및 기금출납공무원을 임명한다.
②노동부장관은 제82조에 따라 공단에 업무를 위탁한 경우에는 기금의 출납 업무 수행을 위하여 공단의 상근 이사 중에서 기금수입담당이사와 기금지출원인행위 담당이사를, 공단의 직원 중에서 기금지출원과 기금출납원을 각각 임명하여야 한다. 이 경우 기금수입담당이사는 기금수입징수관의 업무를, 기금지출원인행위 담당이사는 기금재무관의 업무를, 기금지출원은 기금지출관의 업무를, 기금출납원은 기금출납공무원의 업무를 각각 수행한다.

제74조 (자금계정의 설치) 노동부장관은 기금지출관으로 하여금 한국은행에 기금계정을 설치하도록 하여야 한다.

제6장 보칙

제75조 (장애인 직업생활 상담원 등) ①노동부장관은 장애인의 직업지도, 직업적응훈련, 직업능력개발훈련, 취업 후 적응지도 등 장애인의 고용촉진 및 직업재활을 위한 업무를 담당하는 장애인 직업생활 상담원 등 전문요원을 양성하여야 한다.
②대통령령으로 정하는 일정 수 이상의 장애인 근로자를 고용하는 사업주는 제1항에 따른 장애인 직업생활 상담원

을 두어야 한다.
③노동부장관은 필요하다고 인정하면 제9조제2항에 따른 재활실시기관에서 제1항에 따른 전문요원에 대한 협조 요청이 있을 때에는 지원하여야 한다.
④제1항에 따른 전문요원의 종류·양성·배치·역할 및 자격 등에 필요한 사항은 노동부령으로 정한다.

제76조 (보고와 검사 등) ①노동부장관은 장애인 실태 조사, 장애인 고용 의무 이행 점검, 고용장려금 및 사업주에 대한 각종 지원, 부담금 징수 등의 업무 수행을 위하여 필요하다고 인정하면 관계 공무원으로 하여금 사업장에 출입하여 관계자에게 질문 또는 서류 검사를 하게 하거나 필요한 보고를 하게 할 수 있다.
②제1항에 따라 사업장에 출입하는 공무원은 그 권한을 표시하는 증표를 지니고 이를 관계인에게 내보여야 한다. 이 경우 증표는 공무원증으로 대신할 수 있다.

제77조 (세제 지원) 제69조제1호에 따른 정부 외의 자에게서 받은 출연금 또는 기부금과 제71조제2호의 고용장려금, 제4호부터 제9호 및 제14호의 지원에 대하여는 「조세특례제한법」으로 정하는 바에 따라 조세를 감면한다.

제78조 (경비 보조) 국가 또는 지방자치단체는 장애인 고용촉진 사업을 수행하는 자에게는 그에 따른 비용의 전부 또는 일부를 대통령령으로 정하는 바에 따라 보조할 수 있다.

제79조 (국가와 지방자치단체에 대한 특례) 제28조부터 제42조까지의 규정은 국가와 지방자치단체에 대하여는 적용하지 아니한다.

제80조 (협조) ①국가기관, 지방자치단체, 재활실시기관, 그 밖에 장애인과 관련된 기관 및 단체는 장애인의 고용촉진 및 직업재활을 위하여 노동부장관이 실시하는 시책에 협조하여야 한다.
②노동부장관은 제1항에 따른 시책을 수행하는 자(국가기관과 지방자치단체는 제외한다)에게 필요한 지원을 할 수 있다.

제81조 (자료 제공의 요청) ①노동부장관은 장애인 고용촉진 및 직업재활 사업의 효율적인 운영을 위하여 필요하면 중앙행정기관, 지방자치단체, 그 밖의 장애인 고용촉진 및 직업재활 사업과 관련되는 기관·단체에 필요한 자료의 제공을 요청할 수 있다.
②제82조에 따라 노동부장관의 권한 일부를 위임받거나 위탁받은 공단 등은 위임받거나 위탁받은 업무 수행상 필요하다고 인정되면 국세청·지방자치단체 등 관계 행정기관

이나 장애인 고용촉진 및 직업재활 사업과 관련되는 기관·단체 등에 필요한 자료의 제공을 요청할 수 있다.
③제1항과 제2항에 따라 자료의 제공을 요청받은 자는 정당한 사유가 없으면 이에 따라야 한다.

제82조 (권한의 위임·위탁) 이 법에 따른 노동부장관의 권한은 대통령령으로 정하는 바에 따라 그 일부를 지방노동관서의 장, 특별시장, 광역시장 또는 도지사에게 위임하거나 공단에 위탁할 수 있다.

제83조 (다른 법률과의 관계) 이 법에서 정하지 아니하는 사항은 「근로기준법」, 「직업안정법」, 「근로자직업능력 개발법」 등 노동 관계법에 따른다.

제84조 (벌칙) 제31조제1항제1호에 따른 거짓이나 그 밖의 부정한 방법으로 고용장려금을 지급받은 자는 5년 이하의 징역 또는 1천만원 이하의 벌금에 처한다.

제85조 (양벌규정) ①법인의 대표자, 대리인, 사용인, 그 밖의 종업원이 그 법인의 업무에 관하여 제84조의 위반행위를 하면 행위자를 벌할 뿐만 아니라 그 법인에도 해당 조문의 벌금형을 과(科)한다.
②개인의 대리인, 사용인, 그 밖의 종업원이 그 개인의 업무에 관하여 제84조의 위반행위를 하면 그 행위자를 벌할 뿐만 아니라 그 개인에게도 해당 조문의 벌금형을 과한다.

제86조 (과태료) ①제29조제1항 또는 제2항에 따른 명령을 위반한 자에게는 300만원 이하의 과태료를 부과한다.
②다음 각 호의 어느 하나에 해당하는 자에게는 200만원 이하의 과태료를 부과한다.
1. 제33조제5항에 따른 신고를 하지 아니하였거나 거짓된 신고를 한 때
2. 제76조제1항에 따른 검사를 거부·방해·기피한 때 또는 보고를 하지 아니하였거나 거짓된 보고를 하였을 때
③다음 각 호의 어느 하나에 해당하는 자에게는 100만원 이하의 과태료를 부과한다.
1. 제66조를 위반하였을 때
2. 제75조제2항을 위반하였을 때
3. 제76조제1항에 따른 질문에 대하여 답변을 거부·방해·기피하거나 또는 거짓된 답변을 하였을 때
④제1항부터 제3항까지의 규정에 따른 과태료는 대통령령으로 정하는 바에 따라 노동부장관이 부과·징수한다.
⑤제4항에 따른 과태료 처분에 불복하는 자는 그 처분을 고지받은 날부터 30일 이내에 노동부장관에게 이의를 제기할 수 있다.
⑥제4항에 따른 과태료 처분을 받은 자가 제5항에 따라 이

의를 제기하면 노동부장관은 지체 없이 관할 법원에 그 사실을 통보하여야 하며, 그 통보를 받은 관할 법원은 「비송사건절차법」에 따른 과태료 재판을 한다.
⑦제5항에 따른 기간에 이의를 제기하지 아니하고 과태료를 납부하지 아니하면 국세 체납처분의 예에 따라 징수한다.

제87조 (벌칙 적용에서의 공무원 의제) 제82조에 따라 이 법의 업무를 위탁받아 행하는 공단의 임원 및 직원은 「형법」 제129조부터 제132조까지의 규정을 적용하는 경우 공무원으로 본다.

부칙 <제8491호, 2007.5.25>
제1조 (시행일) 이 법은 공포한 날부터 시행한다. 다만, 제23조, 제31조, 제41조제1항제7호 및 같은 조 제2항 각 호 외의 부분 단서의 개정규정은 공포 후 3개월이 경과한 날부터 시행한다.
제2조 (부담금 부과에 관한 특례) 법률 제7154호 장애인고용촉진및직업재활법 중 개정법률 제27조의 개정규정에도 불구하고 상시 100명 이상 300명 미만의 근로자를 고용하는 사업주에 대하여는 다음 각 호의 구분에 따라 부담금을 부과한다.
1. 상시 200명 이상 300명 미만의 근로자를 고용하는 사업주에 대하여는 2006년 1월 1일부터 부담금을 부과하되, 2006년 1월 1일부터 5년간은 제33조제1항에 따른 부담금을 2분의 1로 감면한다.
2. 상시 100명 이상 200명 미만의 근로자를 고용하는 사업주에 대하여는 2007년 1월 1일부터 부담금을 부과하되, 2007년 1월 1일부터 5년간은 제33조제1항에 따른 부담금을 2분의 1로 감면한다.
제3조 (부담금 부과에서 의무고용률의 적용제외율에 관한 특례) 법률 제7568호 장애인고용촉진및직업재활법 중 개정법률 시행 당시 종전의 제24조제1항에 따른 적용제외율의 적용을 받던 업종에 대하여는 2010년까지 제33조제1항에 따른 부담금을 부과할 때에는 다음의 연도별 적용제외율표를 적용한다.
제4조 (처분 등에 관한 일반적 경과조치) 이 법 시행 당시 종전의 규정에 따른 행정기관의 행위나 행정기관에 대한 행위는 그에 해당하는 이 법에 따른 행정기관의 행위나 행정기관에 대한 행위로 본다.
제5조 (벌칙이나 과태료에 관한 경과조치) 이 법 시행 전 행위에 대하여 벌칙이나 과태료 규정을 적용할 때에는 종전의 규정에 따른다.
제6조 (다른 법률의 개정) ①경제자유구역의지정및운영에관한법률 일부를 다음과 같이 개정한다.

제17조제1항 중 "장애인고용촉진및직업재활법 제24조"를 "「장애인고용촉진 및 직업재활법」 제28조"로 한다.

②제주특별자치도 설치 및 국제자유도시 조성을 위한 특별법 일부를 다음과 같이 개정한다.

제147조제3항제6호 중 "「장애인고용촉진 및 직업재활법」 제25조 및 제73조"를 "「장애인고용촉진 및 직업재활법」 제29조 및 제86조"로 한다.

③지방세법 일부를 다음과 같이 개정한다.

제271조제2항 중 "동법 제36조제2항제1호 내지 제8호"를 "같은 법 제43조제2항제1호부터 제11호까지"로 한다.

제7조 (다른 법령과의 관계) 이 법 시행 당시 다른 법령에서 종전의 「장애인고용촉진 및 직업재활법」 또는 그 규정을 인용한 경우에 이 법 가운데 그에 해당하는 규정이 있으면 종전의 규정을 갈음하여 이 법 또는 이 법의 해당 규정을 인용한 것으로 본다.

부칙 <제8507호, 2007.7.13>

이 법은 공포 후 6개월이 경과한 날부터 시행한다. 다만, 제26조의 개정규정은 2008년 1월 1일부터 시행한다.

연도별 적용제외율표

한국표준 산업 분류 번호	업종명	연도별 적용제외율				
		2006년	2007년	2008년	2009년	2010년
02	임업	45%	35%	25%	15%	5%
B	어업	75%	65%	55%	45%	35%
101	석탄광업	65%	55%	45%	35%	25%
11	금속광업	55%	45%	35%	25%	15%
12	비금속광물 광업 : 연료용 제외	20%	10%	-	-	-
22121	신문발행업	20%	10%	-	-	-
23	코크스·석유정제품 및 핵연료제조업	5%	-	-	-	-
24	화합물 및 화학제품 제조업	5%	-	-	-	-
25	고무 및 프라스틱 제품제조업	-	-	-	-	-
26	비금속광물제품제조업	-	-	-	-	-
271	1차 철강산업	30%	20%	10%	-	-
272	1차 비철금속산업	15%	5%	-	-	-
273	금속주조업	15%	5%	-	-	-
28	조립금속제품제조업	-	-	-	-	-
29	기타 기계 및 장비제조업 : 기계 및 가구제외	-	-	-	-	-
34	자동차 및 트레일러제조업	5%	-	-	-	-
35	기타운송장비제조업(선박건조업<3511>은 제외)	5%	-	-	-	-
3511	선박건조업	40%	30%	20%	10%	-
401	전기업	15%	5%	-	-	-
402	가스제조 및 배관공급업	5%	-	-	-	-
F	건설업	45%	35%	25%	15%	5%
H	숙박 및 음식점업	20%	10%	-	-	-
601	철도운송업	50%	40%	30%	20%	10%
602	육상여객운송업 (도시철도운송업<60211>은 제외)	65%	55%	45%	34%	25%
60211	도시철도운송업	50%	40%	30%	20%	10%
603	도로화물운송업	40%	30%	20%	10%	-
61	수상운송업	45%	35%	25%	15%	5%
62	항공운송업	50%	40%	30%	20%	10%
63	여행알선, 창고 및 운수관련서비스업 (화물취급업<631> 및 창고업<632>은 제외)	10%	-	-	-	-
631	화물취급업	25%	15%	-	-	-
632	창고업	15%	5%	-	-	-
64	통신업	20%	10%	-	-	-
74491	측량업	25%	15%	-	-	-
7591	경비 및 탐정업	30%	20%	10%	-	-
O	교육서비스업	50%	40%	30%	20%	10%
851	의료업	40%	30%	20%	10%	-
852	수의업	40%	30%	20%	10%	-
872	방송업	20%	10%	-	-	-
881	뉴스제공업	20%	10%	-	-	-
883	경기 및 오락스포츠업	10%	-	-	-	-

고령자고용촉진법

연혁

1991. 12. 31 제정 법률 제4487호

2002. 12. 30 일부개정 법률 제6849호

2006. 12. 28 일부개정 법률 제8116호

2007. 5. 17 일부개정 법률 제8472호

제1장 총칙

제1조 (목적) 이 법은 고령자가 그 능력에 적합한 직업에 취업하는 것을 지원·촉진함으로써 고령자의 고용안정과 국민경제의 발전에 이바지함을 목적으로 한다.

제2조 (정의) 이 법에서 사용하는 용어의 정의는 다음과 같다. <개정 2006.12.28, 2007.4.11>

1. "고령자"라 함은 인구·취업자의 구성등을 고려하여 대통령령이 정하는 연령이상인 자를 말한다.

1의2. "준고령자"라 함은 대통령령이 정하는 연령 이상인 자로서 고령자가 아닌 자를 말한다.

2. "사업주"라 함은 근로자를 사용하여 사업을 행하는 자를 말한다.

3. "근로자"라 함은 「근로기준법」 제2조의 규정에 의한 근로자를 말한다.

4. "기준고용률"이라 함은 사업장에서 상시 사용하는 근로자를 기준으로 하여 사업주가 고령자의 고용촉진을 위하여 고용하여야 할 고령자의 비율로서 고령자의 현황과 고용실태 등을 참작하여 사업의 종류별로 대통령령이 정하는 비율을 말한다.

제3조 (정부의 책무) 정부는 고령자의 고용에 관하여 사업주와 국민 일반의 이해를 높이고, 고령자의 고용촉진과 직업안정을 도모하기 위하여 고령자 고용촉진대책의 수립·시행, 직업능력개발훈련 등 필요한 시책을 종합적이고 효과적으로 추진하여야 한다. <개정 2002.12.30>

제4조 (사업주의 책무) 사업주는 고령자의 직업능력계발·향상과 작업시설·업무 등의 개선을 통하여 고령자에게 그 능력에 상응한 고용의 기회를 제공함과 아울러 정년연장 등의 방법에 의하여 고령자의 고용이 확대되도록 노력하여야 한다.

제4조의2 (고령자 등 고용차별 금지) 사업주는 근로자의 모집, 채용 또는 해고를 함에 있어 정당한 사유없이 고령자 또는 준고령자임을 이유로 차별하여서는 아니된다. <개정 2006. 12.28>

[본조신설 2002.12.30]

제4조의3 (고령자고용촉진기본계획의 수립) ①노동부장관은 고령자의 고용촉진에 관한 기본계획(이하 "기본계획"이라 한다)을 관계중앙기관의 장과 협의하여 5년마다 수립하여야 한다.

②기본계획에는 다음 각 호의 사항이 포함되어야 한다.

1. 고령자의 현황과 전망

2. 고령자의 직업능력개발

3. 고령자의 취업알선, 재취업 및 전직지원 등 취업가능성의 개선방안

4. 그 밖에 고령자의 고용촉진에 관한 주요시책

③노동부장관은 기본계획을 수립하는 때에는 「고용정책기본법」 제6조의 규정에 따른 고용정책심의회(이하 "고용정책심의회"라 한다)의 심의를 거쳐야 한다.

④노동부장관은 필요하다고 인정하는 때에는 관계 행정기관 또는 공공기관의 장에게 기본계획의 수립에 필요한 자료의 제출을 요청 할 수 있다.

[본조신설 2006.12.28]

제2장 정부의 고령자 취업지원

제5조 (구인·구직 정보수집) 노동부장관은 고령자의 고용을 촉진하기 위하여 고령자에 관련된 구인·구직에 관한 정보를 수집하고 구인·구직의 개척에 노력하여야 하며 관련정보를 구직자·사업주 및 관련단체 등에 제공하여야 한다.

제6조 (고령자에 대한 직업능력개발훈련 <개정 1997.12.24>)

①노동부장관은 고령자의 고용을 촉진하고 직업능력의 개

발·향상을 위하여 고령자를 대상으로 대통령령으로 정하는 바에 따라 직업능력개발훈련을 실시하여야 한다. <개정 2007.5.17>

②노동부장관은 고령자가 작업환경에 쉽게 적응할 수 있도록 하기 위하여 필요하다고 인정하는 때에는 취업전에 안전·보건에 관한 내용을 포함하여 노동부령이 정하는 적응훈련을 실시하도록 조치하여야 한다.

③고령자의 직업능력개발훈련 및 직업능력개발훈련을 받는 훈련생의 보호에 관한 사항은 「근로자직업능력 개발법」의 규정을 준용하되 고령자의 신체적·정신적 조건 등을 감안하여 특별한 배려를 하여야 한다. <개정 1997.12.24, 2006.12.28>

제7조 (사업주에 대한 고용지도) ①노동부장관은 고령자를 고용하거나, 고용하고자 하는 사업주에 대하여 필요하다고 인정하는 때에는 채용·배치·작업시설·작업환경 등 고령자의 고용관리에 관한 기술적 사항에 대하여 상담·자문 기타 필요한 지원을 하여야 한다.

②노동부장관은 고령자를 고용하거나, 고용하고자 하는 사업주에 대하여 고령자의 신체적·정신적 조건, 직업능력 등에 관한 정보 기타 자료를 제공하여야 한다.

제8조 (사업주의 고령자 교육·훈련 및 작업환경 개선에 대한 지원 <개정 2002.12.30>) ①노동부장관은 사업주가 고령자의 고용촉진을 위하여 필요한 교육 또는 직업훈련 등을 실시할 경우 그 비용의 전부 또는 일부를 지원할 수 있다. <개정 2002.12.30>

②노동부장관은 사업주가 고령자의 취업에 적합하도록 시설을 개선할 경우 그 비용의 전부 또는 일부를 지원할 수 있다.

③제1항 및 제2항의 규정에 의한 지원금은 예산(「고용보험법」에 따른 고용보험기금을 포함한다. 이하 같다)에서 지급하되 그 지급기준 등에 관한 사항은 노동부장관이 정한다. <개정 1999.2.8, 2002.12.30, 2006.12.28>

제9조 (고령자의 취업알선 기능강화) ①정부는 고령자가 그 능력에 맞는 직업에 취업할 수 있도록 고령자에 대한 직업상담, 직업적성검사 등 적절한 직업지도와 취업알선 등을 하여야 한다.

②정부는 고령자에 대한 직업지도와 취업알선 등을 위하여 관련 행정기구와 시설의 정비에 노력하여야 한다.

③노동부장관 및 특별시장·광역시장 또는 도지사는 고령자의 직업지도와 취업알선 등을 담당하게 하기 위하여 소속공무원 중에서 직업지도관을 지명한다. <개정 1997.12.13>

④직업지도관의 자격 등 필요한 사항은 노동부장관이 정한다.

제10조 (고령자고용정보센터의 운영) ①노동부장관은 고령자의 직업지도와 취업알선 등의 업무를 효율적으로 수행하기 위하여 필요한 지역에 고령자고용정보센터를 운영할 수 있다.

②고령자고용정보센터는 다음 각 호의 업무를 수행한다. <개정 2002.12.30>

1. 고령자에 대한 구인·구직등록, 직업지도 및 취업알선
2. 고령자에 대한 직장적응훈련 및 교육
3. 정년연장과 고령자 고용에 관한 인사·노무관리와 작업환경 개선 등에 관한 기술적 상담·교육 및 지도
4. 고령자고용촉진을 위한 홍보
5. 기타 고령자고용촉진에 필요한 업무

제11조 (고령자인재은행의 지정) ①노동부장관은 「직업안정법」 제18조의 규정에 의하여 무료직업소개사업을 하는 비영리법인 또는 공익단체 중 고령자의 직업지도와 취업알선 등에 필요한 전문인력과 시설을 갖춘 단체를 고령자인재은행으로 지정할 수 있다. <개정 1994.1.7, 2002.12.30, 2006.12.28>

②고령자인재은행은 다음 각 호의 사업을 수행한다.

1. 고령자에 대한 구인·구직등록, 직업지도 및 취업알선
2. 취업희망 고령자에 대한 직업상담 및 정년퇴직자의 재취업상담
3. 기타 고령자고용촉진에 필요하다고 인정하여 노동부장관이 정하는 사업

③노동부장관은 고령자인재은행에 대하여 직업안정업무를 행하는 행정기관이 수집한 구인·구직정보, 지역내의 노동력 수급상황 기타 필요한 자료를 제공할 수 있다.

④노동부장관은 고령자인재은행에 대하여 예산의 범위안에서 소요경비의 전부 또는 일부를 지원할 수 있다.

⑤제1항의 규정에 의한 고령자인재은행의 지정기준 및 지정절차 등에 관하여 필요한 사항은 대통령령으로 정한다. <신설 2002.12.30>

제11조의2 (중견전문인력고용지원센터의 지정) ①노동부장관은 퇴직한 고령자로서 경력 등을 고려하여 노동부령이 정하는 자(이하 "중견전문인력"이라 한다)의 직업지도와 취업알선 등을 전문적으로 지원하는 중견전문인력고용지원센터(이하 "중견전문인력고용지원센터"라 한다)를 지정할 수 있다.

②중견전문인력고용지원센터는 「직업안정법」 제18조의 규정에 따라 무료직업소개사업을 하는 비영리법인 또는 공익단체로서 필요한 전문인력과 시설을 갖춘 단체 중에서 지정한다.

③중견전문인력고용지원센터는 다음 각 호의 사업을 수행한다.
1. 중견전문인력의 구인·구직 등록, 직업상담 및 취업알선
2. 중견전문인력의 중소기업에 대한 경영자문 및 자원봉사 활동 등의 지원
3. 그 밖에 중견전문인력의 취업에 필요한 사업으로서 대통령령이 정하는 사업
④제11조제3항 내지 제5항의 규정은 중견전문인력고용지원센터에 관하여 이를 준용한다. 이 경우 "고령자인재은행"은 이를 "중견전문 인력고용지원센터"로 본다.
[본조신설 2006.12.28]
[종전 제11조의2는 제11조의3으로 이동 <2006.12.28>]

제11조의3 (고령자인재은행 및 중견전문인력고용지원센터의 지정취소 등 <개정 2006.12.28>) ①노동부장관은 고령자인재은행 또는 중견전문인력고용지원센터로 지정을 받은 자가 다음 각 호의 어느 하나에 해당하는 경우에는 노동부령이 정하는 바에 의하여 그 지정을 취소할 수 있다. <개정 2006.12.28>
1. 무료직업소개사업을 폐지하는 경우
2. 「직업안정법」 제36조의 규정에 의하여 사업의 정지처분을 받은 경우
3. 사업실적 부진 등 노동부장관이 정하는 사유에 해당하는 경우
②고령자인재은행 또는 중견전문인력고용지원센터로 지정을 받은 자가 그 업무를 폐지하거나 휴업하고자 하는 경우에는 노동부령이 정하는 바에 의하여 노동부장관에게 신고하여야 한다. <개정 2006.12.28>
[본조신설 2002.12.30]
[제11조의2에서 이동 <2006.12.28>]

제11조의4 (고령자 고용촉진을 위한 사업) ①노동부장관은 고령자의 고용촉진을 위하여 다음 각 호의 사업을 할 수 있다.
1. 고령자에 적합한 사회적 일자리의 창출
2. 고령자의 자영업 창업 지원
3. 고령자를 대상으로 하는 취업박람회의 지원
4. 고령자 고용촉진과 고용안정에 관한 정책의 수립과 제도개선에 필요한 조사와 연구
5. 고령자인재은행, 중견전문인력고용지원센터 등 관련 기관의 종사자에 대한 교육 또는 필요인력의 양성
6. 고령자고용 강조기간의 설정·추진
7. 고령자고용 우수기업의 선정·지원
8. 그 밖에 고령자 고용촉진을 위하여 필요한 사업
②제1항 각 호의 규정에 따른 사업의 실시에 관하여 필요한 사항은 대통령령으로 정한다.
[본조신설 2006.12.28]

제3장 고령자의 고용촉진 및 고용안정 <개정 2006.12.28>

제12조 (사업주의 고령자고용 노력의무) 대통령령이 정하는 일정수이상의 근로자를 사용하는 사업주는 기준고용률이상의 고령자를 고용하도록 노력하여야 한다.

제13조 (사업주의 고령자기준고용률 이행계획의 수립 등) ①제12조의 규정에 따른 사업주는 노동부령이 정하는 바에 따라 매년 고령자 고용현황을 노동부장관에게 제출하여야 한다. <신설 2006.12.28>
②노동부장관은 제12조의 규정에 따른 사업주로서 상시 고용하는 고령자의 비율이 기준고용율에 미달하는 사업주에 대하여 노동부령이 정하는 바에 의하여 기준고용율 이행에 관한 계획을 작성하여 제출하도록 요청할 수 있다. <개정 2006.12.28>
③노동부장관은 제2항의 규정에 따른 계획이 적절하지 아니하다고 인정하는 때에는 그 계획의 변경을 권고할 수 있다. <개정 2006.12.28>
④노동부장관은 필요하다고 인정하는 때에는 제2항의 규정에 따른 계획을 작성한 사업주에 대하여 그 계획의 적정한 실시를 권고할 수 있다. <개정 2006.12.28>

제14조 (고령자 고용촉진을 위한 세제지원 등) ①사업주가 제12조의 규정에 의한 기준고용률을 초과하여 고령자를 추가로 고용하는 경우에는 「조세특례제한법」이 정하는 바에 따라 조세를 감면한다. <개정 2002.12.30, 2006.12.28>
②노동부장관은 예산의 범위 안에서 다음 각 호의 구분에 따른 고용지원금을 지급할 수 있다. <개정 2006.12.28>
1. 고령자를 새로이 고용하거나 다수의 고령자를 고용한 사업주 또는 고령자의 고용안정을 위하여 필요한 조치를 취한 사업주에게 일정 기간 동안 지급하는 고용지원금
2. 사업주가 근로자대표의 동의를 얻어 일정 연령 이상까지의 고용을 보장하는 조건으로 일정 연령·근속시점 또는 임금액을 기준으로 임금을 감액하는 제도를 시행하는 경우에 그 제도의 적용을 받는 근로자에 대하여 일정 기간 동안 지급하는 고용지원금. 이 경우 "근로자대표"라 함은 근로자의 과반수로 조직된 노동조합이 있는 경우에는 그 노동조합의 대표자를 말하며, 근로자의 과반수로 조직된 노동조합이 없는 경우에는 근로자의 과반수를 대표하는 자를 말한다.
3. 고령자 및 준고령자의 고용안정 및 취업의 촉진 등을 목적으로 임금체계 개편, 직무재설계(고령자 또는 준고령자에게 적합한 직무를 개발하고 설계하는 것을 말한다) 등에 관하여 전문기관의 진단을 받는 사업주에 대하여 지원하는 고용지원금
③제2항의 규정에 의한 고용지원금의 지급기준 등에 관한 사항은 대통령령으로 정한다. <개정 2006.12.28>

**제15조 (우선고용직종의 선정 등 <개정 2002.12.30>) ①노동부장관은 고용정책심의회의 심의를 거쳐 고령자 및 준고령자의 고용에 적합한 직종(이하 "우선고용직종"이라 한다)을 선정하고, 선정된 우선고용직종을 고시하여야 한다. <개정 1994.1.7, 2002.12.30, 2006.12.28>
②노동부장관은 우선고용직종의 개발 등 고령자 및 준고령자의 고용촉진에 필요한 사항에 대하여 조사·연구하고 관련자료를 정리·배포하여야 한다. <개정 2002.12.30, 2006.12.28>

**제16조 (우선고용직종에 대한 고용 <개정 2002.12.30>) ①국가 및 지방자치단체, 「정부투자기관 관리기본법」에 의한 정부투자기관, 정부출연기관, 정부출자·위탁기관(노동부장관이 정하는 기관에 한한다)의 장은 그 기관의 우선고용직종에 대통령령이 정하는 바에 따라서 고령자와 준고령자를 우선적으로 고용하여야 한다. <개정 2002.12.30, 2006.12.28>
②제1항에서 규정한 자외의 사업주는 우선고용직종에 고령자와 준고령자를 우선적으로 고용하도록 노력하여야 한다. <개정 2002.12.30>

**제17조 (고용확대의 요청 등) ①노동부장관은 제16조의 규정에 의한 고령자와 준고령자의 우선적 채용실적이 부진한 자에 대하여 그 사유를 제출하게 할 수 있으며, 그 사유가 정당하지 아니한 자(사유를 제출하지 아니한 자를 포함한다)에 대하여 고령자 및 준고령자의 고용확대를 요청할 수 있다. <개정 2006.12.28>
②노동부장관은 제13조제4항의 규정에 의한 권고에 불구하고 상시 고용하는 고령자의 비율이 기준고용률에 미달하는 사업주에 대하여 그 사유를 제출하게 할 수 있으며, 그 사유가 정당하지 아니한 사업주(사유를 제출하지 아니한 사업주를 포함한다)에 대하여 고령자의 고용확대를 요청할 수 있다. <개정 2006.12.28>

**제18조 (내용공표 및 취업알선 중단) 노동부장관은 정당한 이유없이 제17조의 규정에 의한 고용확대 요청에 따르지 아니한 자에 대하여 그 내용을 공표하거나 직업안정업무를 행하는 행정기관에서 제공하는 직업지도 및 취업알선 등 고용관련 서비스를 중단할 수 있다.

제4장 정년

**제19조 (정년) 사업주가 근로자의 정년을 정하는 경우에는 그 정년이 60세이상이 되도록 노력하여야 한다.

**제20조 (정년연장에 관한 계획의 작성·제출 등) ①대통령령이 정하는 일정 수 이상의 근로자를 사용하는 사업주는 노동부령이 정하는 바에 따라 매년 정년제도의 운영현황을 노동부장관에게 제출하여야 한다.
②노동부장관은 제1항의 규정에 따른 사업주로서 정년을 현저하게 낮게 정한 사업주에 대하여 정년연장에 관한 계획을 작성하여 제출할 것을 요청할 수 있다.
③노동부장관은 제2항의 규정에 따라 사업주가 제출한 계획이 적절하지 아니하다고 인정하는 때에는 그 계획의 변경을 권고할 수 있다.
④제3항의 규정에 따른 변경권고에 따르지 아니한 경우 그 내용을 공표할 수 있다.
[전문개정 2006.12.28]

**제21조 (정년퇴직자의 재고용) ①사업주는 정년에 도달한 자가 그 사업장에 다시 취업하기를 희망하는 때에는 그 직무수행능력에 적합한 직종에 재고용하도록 노력하여야 한다.
②사업주는 고령자인 정년퇴직자를 재고용함에 있어 당사자간의 합의에 의하여 「근로기준법」 제34조의 규정에 의한 퇴직금과 같은 법 제60조의 규정에 의한 연차유급휴가일수 계산을 위한 계속근로기간 산정에 있어 종전의 근로기간을 제외할 수 있으며 임금의 결정을 종전과 달리할 수 있다. <개정 1997.12.13, 2006.12.28, 2007.4.11>

**제21조의2 (정년퇴직자의 재고용 지원) 노동부장관은 제21조의 규정에 의하여 정년퇴직자를 재고용하거나 그 밖에 정년퇴직자의 고용안정에 필요한 조치를 하는 사업주에 대하여 장려금 지급 등 필요한 지원을 할 수 있다.
[본조신설 2002.12.30]

**제22조 (정년연장에 대한 지원) 노동부장관은 정년연장에 따른 사업체의 인사 및 임금 등에 대하여 상담·자문 기타 필요한 협조와 지원을 하여야 한다.

제5장 보칙

**제23조 (보고와 검사) ①노동부장관은 고령자의 고용촉진을 위하여 필요하다고 인정하는 때에는 사업주·고령자인재은행 또는 중견전문인력고용지원센터에 대하여 이 법 시행에 필요한 사항을 보고하게 할 수 있다. <개정 2002.12.30, 2006.12.28>
②노동부장관은 필요하다고 인정하는 때에는 관계공무원으로 하여금 사업장, 고령자인재은행, 중견전문인력고용지원센터 그 밖의 시설에 출입하여 그 업무상황 또는 장부 기타 물건을 검사하게 할 수 있다. <개정 2006.12.28>
③노동부장관은 제2항의 규정에 따라 검사를 하고자 하는 때에는 사업주 등에게 검사일시와 검사내용 등 검사에 필

요한 사항을 미리 알려주어야 한다. 다만, 긴급하거나 미리 알려 줄 경우 그 목적을 달성할 수 없다고 인정되는 때에는 그러하지 아니하다. <신설 2006.12.28>
④제2항의 규정에 의하여 검사를 행하는 관계공무원은 그 권한을 표시하는 증표를 지니고 이를 관계인에게 내보여야 한다. <개정 2006.12.28>
⑤노동부장관은 제2항의 규정에 따라 검사를 한 때에는 그 사업주 등에게 그 결과를 서면으로 통지하여야 한다. <신설 2006.12.28>

제23조의2 (권한의 위임) 이 법에 따른 노동부장관의 권한은 그 일부를 대통령령이 정하는 바에 따라 지방노동관서의 장 또는 지방자치단체의 장에게 위임할 수 있다.
[본조신설 2006.12.28]

제24조 (과태료) ①다음 각 호의 어느 하나에 해당하는 자는 500만원이하의 과태료에 처한다. <개정 2006.12.28>
1. 제13조제1항의 규정에 따른 고령자 고용현황 또는 같은 조 제2항의 규정에 따른 기준고용률 이행계획을 제출하지 아니한 자
2. 제20조제1항의 규정에 따른 정년제도 운영현황 또는 같은 조 제2항의 규정에 따른 정년연장계획을 제출하지 아니한 자
3. 제23조제1항의 규정에 의한 보고를 하지 아니하거나 허위보고를 한 자
4. 제23조제2항의 규정에 의한 출입 또는 검사를 거부·방해 또는 기피한 자
②제1항의 규정에 의한 과태료는 대통령령이 정하는 바에 의하여 노동부장관이 부과·징수한다.
③제2항의 규정에 의한 과태료처분에 불복이 있는 자는 그 처분의 고지를 받은 날부터 30일이내에 노동부장관에게 이의를 제기할 수 있다.
④제2항의 규정에 의한 과태료처분을 받은 자가 제3항의 규정에 의하여 이의를 제기한 때에는 노동부장관은 지체없이 관할법원에 그 사실을 통보하여야 하며, 그 통보를 받은 관할법원은 「비송사건절차법」에 의한 과태료의 재판을 한다. <개정 2006.12.28>
⑤제3항의 규정에 의한 기간내에 이의를 제기하지 아니하고 과태료를 납부하지 아니한 때에는 국세체납처분의 예에 의하여 이를 징수한다.

부칙 <제4487호, 1991.12.31>
이 법은 1992년 7월 1일부터 시행한다.

부칙 (직업안정법) <제4733호, 1994.1.7>

제1조 (시행일) 이 법은 1994년 7월 1일부터 시행한다.
제2조 내지 제6조 생략
제7조 (다른 법률의 개정) 고령자고용촉진법 중 다음과 같이 개정한다.
제11조제1항 중 "직업안정및고용촉진에관한법률 제9조"를 "직업안정법 제18조"로 한다.
제15조제1항 중 "직업안정및고용촉진에관한법률 제5조의 규정에 의한 직업안정위원회"를 "고용정책기본법 제6조의 규정에 의한 고용정책심의회"로 한다.
제8조 생략

부칙 (정부부처명칭등의변경에따른건축법등의정비에관한법률) <제5454호, 1997.12.13>
이 법은 1998년1월1일부터 시행한다. <단서 생략>

부칙 (근로자직업훈련촉진법) <제5474호, 1997.12.24>
제1조 (시행일) 이 법은 1999년 1월 1일부터 시행한다.
제2조 내지 제7조 생략
제8조 ①및 ②생략
③고령자고용촉진법 중 다음과 같이 개정한다.
제6조의 제목, 동조제1항 및 제3항 중 "직업훈련"을 각각 "직업능력개발훈련"으로 하고, 동조제3항 중 "직업훈련기본법"을 "근로자직업훈련촉진법"으로 한다.
④내지 ⑫생략
제9조 생략

부칙 (직업훈련촉진기금법) <제5882호, 1999.2.8>
제1조 (시행일) 이 법은 공포한 날부터 시행한다.
제2조 및 제3조 생략
제4조 (다른 법률의 개정) ①생략
②고령자고용촉진법 중 다음과 같이 개정한다.
제8조제3항 중 "예산 또는 직업훈련촉진기금법의 규정에 의한 직업훈련촉진기금"을 "예산"으로 한다.

부칙 <제6849호, 2002.12.30>
이 법은 공포 후 3월이 경과한 날부터 시행한다.

부칙 <제8116호, 2006.12.28>
이 법은 공포 후 6개월이 경과한 날부터 시행한다.

부칙 (근로기준법) <제8372호, 2007.4.11>
제1조 (시행일) 이 법은 공포한 날부터 시행한다. <단서 생략>
제2조 내지 제15조 생략
제16조 (다른 법률의 개정) ①및 ②생략
③고령자고용촉진법 일부를 다음과 같이 개정한다.

제2조제3호 중 "제14조"를 "제2조"로 한다.
제21조제2항 중 "동법 제59조"를 "같은 법 제60조"로 한다.
④내지 <24>생략
제17조 생략
부칙 <제8472호, 2007.5.17>
이 법은 2008년 1월 1일부터 시행한다.

저출산고령사회기본법

연혁

2005.5.18 제정 법률 7496호

제1장 총칙

제1조 (목적) 이 법은 저출산 및 인구의 고령화에 따른 변화에 대응하는 저출산·고령사회정책의 기본방향과 그 수립 및 추진체계에 관한 사항을 규정함으로써 국가의 경쟁력을 높이고 국민의 삶의 질 향상과 국가의 지속적인 발전에 이바지함을 목적으로 한다.

제2조 (기본이념) 이 법은 국가의 지속적인 발전을 위한 인구구성의 균형과 질적 향상을 실현하고, 국민이 건강하고 안정된 노후생활을 할 수 있도록 하는 것을 기본이념으로 한다.

제3조 (정의) 이 법에서 사용하는 용어의 정의는 다음과 같다.
1. "인구의 고령화"라 함은 전체인구에서 노인의 인구비율이 증가하는 현상을 말한다.
2. "저출산·고령사회정책"이라 함은 저출산 및 인구의 고령화에 따른 변화에 대응하기 위하여 수립·시행하는 정책을 말한다.

제4조 (국가 및 지방자치단체의 책무) ①국가는 종합적인 저출산·고령사회정책을 수립·시행하고, 지방자치단체는 국가의 저출산·고령사회정책에 맞추어 지역의 사회·경제적 실정에 부합하는 저출산·고령사회정책을 수립·시행하여야 한다.
②국가 및 지방자치단체는 다른 법률의 규정에 의하여 중·장기계획 및 연도별 시행계획 등 주요정책을 수립하는 경우 제20조의 규정에 의한 저출산·고령사회기본계획을 고려하여야 한다.

제5조 (국민의 책무) ①국민은 출산 및 육아의 사회적 중요성과 인구의 고령화에 따른 변화를 인식하고 국가 및 지방자치단체가 시행하는 저출산·고령사회정책에 적극 참여하고 협력하여야 한다.
②국민은 가정 및 지역사회의 일원으로 상호연대를 강화하고 각자의 노후생활을 건강하고 충실하게 영위할 수 있도록 노력하여야 한다.

제6조 (다른 법률과의 관계) 국가는 저출산·고령사회정책과 관계되는 다른 법률을 제정 또는 개정하는 경우 이 법의 목적과 기본이념에 맞도록 하여야 한다.

제2장 저출산고령사회정책의 기본방향

제1절 저출산 대책

제7조 (인구정책) 국가 및 지방자치단체는 적정인구의 구조와 규모를 분석하고 인구변동을 예측하여 국가 및 지방자치단체의 지속적인 성장과 발전을 위한 인구정책을 수립·시행하여야 한다.

제8조 (자녀의 출산과 보육 등) ①국가 및 지방자치단체는 모든 자녀가 차별받지 아니하고 안전하고 행복한 생활을 영위하며 교육과 인성함양에 도움을 주는 사회환경을 조성하기 위한 시책을 강구하여야 한다.
②국가 및 지방자치단체는 자녀를 임신·출산·양육 및 교육하고자 하는 자가 직장생활과 가정생활을 병행할 수 있도록 사회환경을 조성·지원하여야 한다.
③국가 및 지방자치단체는 자녀를 양육하려는 자에게 양질의 보육서비스를 제공하기 위한 시책을 강구하여야 한다.

제9조 (모자보건의 증진 등) ①국가 및 지방자치단체는 임산부·태아 및 영유아에 대한 건강진단 등 모자보건의 증진과 태아의 생명존중을 위하여 필요한 시책을 수립·시행하여야 한다.
②국가 및 지방자치단체는 임신·출산·양육의 사회적 의미와 생명의 존엄성 및 가족구성원의 협력의 중요성 등에 관

한 교육을 실시하여야 한다.

③국가 및 지방자치단체는 임신·출산 및 양육에 관한 정보의 제공, 교육 및 홍보를 실시하기 위하여 필요한 기관을 설치하거나 그 업무를 관련 기관에 위탁할 수 있다.

제10조 (경제적 부담의 경감) 국가 및 지방자치단체는 자녀의 임신·출산·양육 및 교육에 소요되는 경제적 부담을 경감하기 위하여 필요한 시책을 강구하여야 한다.

제2절 고령사회정책

제11조 (고용과 소득보장) ①국가 및 지방자치단체는 일할 의욕과 능력이 있는 고령자가 최대한 일할 수 있는 환경을 조성하여야 한다.

②국가 및 지방자치단체는 연금제도 등 노후소득보장체계를 구축하고 노인에게 적합한 일자리를 창출하는 등 국민이 경제적으로 안정된 노후생활을 할 수 있도록 필요한 조치를 강구하여야 한다.

제12조 (건강증진과 의료제공) ①국가 및 지방자치단체는 연령단계별 건강상의 특성과 주요 건강위험요인을 고려하여 국민의 건강증진을 위한 시책을 강구하여야 한다.

②국가 및 지방자치단체는 노인을 위한 의료·요양 제도 등을 확립·발전시키고 필요한 시설과 인력을 확충하기 위하여 노력하여야 한다.

제13조 (생활환경과 안전보장) 국가 및 지방자치단체는 노후생활에 필요한 기능과 설비를 갖춘 주거와 이용시설을 마련하고 노인이 안전하고 편리하게 이동할 수 있는 환경을 조성하는 등 쾌적한 노후생활환경을 조성하고 재해와 범죄 등 각종 위험으로부터 노인을 보호하기 위하여 필요한 시책을 강구하여야 한다.

제14조 (여가문화 및 사회활동의 장려) ①국가 및 지방자치단체는 노후의 여가와 문화활동을 장려하고 이를 위한 기반을 조성하여야 한다.

②국가 및 지방자치단체는 자원봉사 등 노인의 사회활동 참여를 촉진하는 사회적 기반을 조성하여야 한다.

제15조 (평생교육과 정보화) ①국가 및 지방자치단체는 모든 세대가 평생에 걸쳐 학습하고 능력과 적성에 따라 교육을 받을 수 있도록 교육의 기회를 제공하고, 이를 위한 교육시설의 설치·인력의 양성 및 프로그램의 개발 등 필요한 시책을 강구하여야 한다.

②국가 및 지방자치단체는 세대간 정보의 격차를 해소하기 위하여 정보화 교육, 프로그램 개발 및 장비 보급 등 필요한 시책을 강구하여야 한다.

제16조 (취약계층노인 등) 국가 및 지방자치단체는 저출산·고령사회정책을 수립·시행함에 있어서 여성노인·장애노인 등 취약계층의 노인에 대하여 특별한 배려를 하고 도시·농어촌지역간 격차 등 지역의 특수한 상황을 반영하여야 한다.

제17조 (가족관계와 세대간 이해증진) 국가 및 지방자치단체는 효행을 장려함으로써 노인이 가정과 사회에서 공경받을 수 있도록 하고 세대간 교류의 활성화와 세대간 이해를 증진함으로써 민주적이고 평등한 가족관계가 형성되도록 필요한 사회환경을 조성하여야 한다.

제18조 (경제와 산업 등) 국가 및 지방자치단체는 인구의 고령화에 따른 경제·산업구조 및 노동환경의 변화에 부응하는 시책을 수립·시행하여야 한다.

제19조 (고령친화적 산업의 육성) ①국가 및 지방자치단체는 인구의 고령화에 따른 상품 및 서비스 수요의 변화에 대비한 새로운 산업을 육성하기 위한 기반을 구축하여야 한다.

②국가 및 지방자치단체는 노인에게 필요한 용구와 용품 등의 연구개발·생산 및 보급의 활성화를 위하여 필요한 시책을 강구하여야 한다.

제3장 저출산·고령사회정책의 수립 및 추진체계

제20조 (저출산·고령사회기본계획) ①정부는 저출산·고령사회 중·장기 정책목표 및 방향을 설정하고, 이에 따른 저출산·고령사회기본계획(이하 "기본계획"이라 한다)을 수립·추진하여야 한다.

②보건복지부장관은 관계 중앙행정기관의 장과 협의하여 5년마다 기본계획안을 작성하고, 제23조의 규정에 의한 저출산·고령사회위원회 및 국무회의의 심의를 거친 후 대통령의 승인을 얻어 이를 확정한다. 수립된 기본계획을 변경할 때에도 또한 같다.

③기본계획에는 다음 각 호의 사항이 포함되어야 한다.

1. 저출산·고령사회정책의 기본목표와 추진방향

2. 기간별 주요 추진과제와 그 추진방법

3. 필요한 재원의 규모와 조달방안

4. 그 밖에 저출산·고령사회정책으로 필요하다고 인정되는 사항

④보건복지부장관 및 관계 중앙행정기관의 장은 제3항제3호의 규정에 의한 재원의 규모 및 조달방안에 대하여 미리 기획예산처장관과 협의하여야 한다.

⑤기본계획의 수립절차 등에 관하여 필요한 사항은 대통령

령으로 정한다.

제21조 (연도별 시행계획) ①중앙행정기관의 장은 기본계획에 따라 소관별로 연도별 시행계획(이하 "시행계획"이라 한다)을 수립·시행하고, 지방자치단체의 장은 기본계획 및 중앙행정기관의 시행계획에 따라 당해 지방자치단체의 시행계획을 수립·시행하여야 한다.

②중앙행정기관의 장은 지방자치단체의 시행계획이 기본계획 및 중앙행정기관의 시행계획에 위반되는 경우에는 당해 지방자치단체의 장에게 이를 변경하도록 요구하고, 지방자치단체의 시행계획의 이행상황을 기본계획에 따라 점검할 수 있다.

③관계 중앙행정기관의 장 및 지방자치단체의 장은 제1항의 규정에 의한 다음 해의 시행계획 및 지난 해의 추진실적을 대통령령이 정하는 바에 따라 보건복지부장관에게 제출하고, 보건복지부장관은 이를 종합하여 제23조의 규정에 의한 저출산·고령사회위원회의 심의를 받아야 한다.

④국가 및 지방자치단체는 매년 시행계획에 따른 추진실적을 평가하고 그 결과를 저출산·고령사회정책에 반영하여야 한다.

⑤시행계획의 수립·시행 및 평가 그 밖의 필요한 사항은 대통령령으로 정한다.

제22조 (업무의 협조) ①국가 및 지방자치단체는 기본계획 및 시행계획의 수립·시행을 위하여 관계 공무원 또는 관계 전문가의 의견을 듣거나 관계 기관 및 단체 등에 필요한 자료 제출 등 협조를 요청할 수 있다.

②보건복지부장관은 기본계획안의 작성을 위하여 관계 중앙행정기관 및 지방자치단체의 장에게 저출산·고령사회 관련 계획 및 정책, 관련 자료 또는 의견의 제출 등 필요한 협조를 요청할 수 있다.

③제1항 및 제2항의 규정에 의한 협조요청을 받은 자는 특별한 사유가 없는 한 이에 응하여야 한다.

제23조 (저출산고령사회위원회) ①저출산·고령사회정책에 관한 중요사항을 심의하기 위하여 대통령 소속하에 저출산·고령사회위원회(이하 "위원회"라 한다)를 둔다.

②위원회는 다음의 사항을 심의한다.

1. 저출산 및 인구의 고령화에 대비한 중·장기 인구구조의 분석과 사회경제적 변화전망에 관한 사항
2. 저출산·고령사회정책의 중·장기 정책목표와 추진방향에 관한 사항
3. 기본계획에 관한 사항
4. 시행계획에 관한 사항
5. 저출산·고령사회정책의 조정 및 평가에 관한 사항
6. 그 밖에 저출산·고령사회정책에 관한 중요사항으로서

제5항의 간사위원이 부의하는 사항

③위원회는 위원장 1인을 포함한 25인 이내의 위원으로 구성한다.

④위원장은 대통령이 되고, 위원은 다음 각 호의 자가 된다.

1. 대통령령이 정하는 관계 중앙행정기관의 장
2. 고령화 및 저출산에 관하여 학식과 경험이 풍부한 자 중에서 대통령이 위촉하는 자

⑤위원회에 간사위원 2인을 두며, 간사위원은 보건복지부장관과 제4항제2호의 위원 중 대통령이 지명하는 자가 된다.

⑥위원회의 구성 및 운영에 관하여 필요한 사항은 대통령령으로 정한다.

제24조 (전문위원회 등의 설치) ①위원회의 사무를 처리하기 위하여 위원회에 사무국을 둔다.

②위원회의 업무 중 전문적인 사항을 조사·연구하고 위원회의 심의사항을 검토하기 위하여 위원회에 전문위원회를 둘 수 있다.

③전문위원회는 제2항의 규정에 따른 조사·연구 결과를 위원회에 보고하여야 한다.

④제1항의 사무국 및 제2항의 전문위원회의 구성 및 운영에 관하여 필요한 사항은 대통령령으로 정한다.

제25조 (저출산고령사회정책 추진기구의 설치) ①저출산·고령사회정책의 효율적인 수립, 조정 및 평가 등 위원회의 업무를 지원하기 위하여 보건복지부에 저출산·고령사회정책 추진기구를 둔다.

②제1항의 저출산·고령사회정책 추진기구의 구성 및 운영에 관하여 필요한 사항은 대통령령으로 정한다.

제26조 (관계행정기관의 협조) 위원회는 저출산·고령사회정책을 심의하기 위하여 필요한 경우 관계 행정기관에 자료를 요청할 수 있다. 이 경우 관계 행정기관의 장은 특별한 사정이 없는 한 이에 따라야 한다.

제27조 (국회보고) 정부는 기본계획·시행계획 및 이에 대한 평가 등을 확정한 후 지체 없이 국회에 보고하여야 한다.

제4장 보칙

제28조 (전문인력의 양성) ①국가 및 지방자치단체는 저출산 및 인구의 고령화에 따른 변화에 대응하기 위하여 필요한 분야의 전문인력을 양성하여야 한다.

②국가 및 지방자치단체는 제1항의 규정에 의한 전문인력을 양성하기 위하여 연구소·대학 그 밖에 필요하다고 인정하는 기관을 전문인력 양성기관으로 지정하고, 해당 전문

인력 양성기관에 대하여 필요한 지원을 할 수 있다.

제29조 (조사 및 연구) ①국가 및 지방자치단체는 저출산 및 인구의 고령화에 따른 변화에 대응하기 위하여 필요한 조사 및 연구를 실시하여야 한다.
②국가 및 지방자치단체는 제1항의 규정에 의한 조사 및 연구를 수행하기 위하여 조사연구기관을 설치하거나 연구소·대학 그 밖에 필요하다고 인정하는 기관에 조사 및 연구를 위탁할 수 있다.

제30조 (민간의 참여) 국가 및 지방자치단체는 저출산·고령사회정책에 관하여 민간부문이 참여할 수 있는 환경을 조성하여야 한다.

제31조 (국제교류의 활성화) 국가 및 지방자치단체는 저출산 및 인구의 고령화와 관련한 국제기구 및 국제회의에 참여하고, 정보교환 및 공동조사연구 등 국제협력사업의 추진을 통하여 국제교류를 활성화하여야 한다.

제32조 (지원) 국가 및 지방자치단체는 이 법에 따른 저출산·고령사회정책의 시행을 위하여 관계 법률이 정하는 바에 따라 조세의 감면 등 필요한 지원을 하여야 한다.

부칙 <제7496호, 2005.5.18>
제1조 (시행일) 이 법은 2005년 9월 1일부터 시행한다.
제2조 (기본계획 등에 관한 적용례) 기본계획 및 시행계획은 2006년계획부터 적용한다.
제3조 (이 법 시행을 위한 준비행위) ①보건복지부장관은 이 법 시행 전에 제23조의 규정에 따른 위원회의 설치, 기본계획의 수립 등 저출산·고령사회정책을 수립·추진하기 위하여 필요한 준비를 할 수 있다. 이 경우 관계 중앙행정기관의 장, 지방자치단체의 장 그 밖에 공공단체 및 관계전문가에게 필요한 협조를 요청할 수 있다.
②중앙행정기관의 장 및 지방자치단체의 장은 이 법 시행 전에 시행계획의 수립·시행을 위하여 필요한 준비를 할 수 있다. 이 경우 관계 공무원·관계 전문가 그 밖에 관계 기관 및 단체에 필요한 협조를 요청할 수 있다.

여성발전기본법

연혁

1995. 12. 30 제정 법률 제5136호

1999. 2. 8 일부개정 법률 제5934호

2002. 12. 11 일부개정 법률 제6770호

2005. 12. 29 일부개정 법률 제7786호

제1장 총칙

제1조 (목적) 이 법은 헌법의 남녀평등이념을 구현하기 위한 국가와 지방자치단체의 책무 등에 관한 기본적인 사항을 규정함으로써 정치·경제·사회·문화의 모든 영역에 있어서 남녀평등을 촉진하고 여성의 발전을 도모함을 목적으로 한다.

제2조 (기본이념) 이 법은 개인의 존엄을 기초로 하여 남녀평등의 촉진, 모성의 보호, 성차별적 의식의 해소 및 여성의 능력개발을 통하여 건강한 가정의 구현과 국가 및 사회의 발전에 남녀가 공동으로 참여하고 책임을 분담할 수 있도록 함을 그 기본이념으로 한다.

제3조 (정의) 이 법에서 사용하는 용어의 정의는 다음과 같다. <개정 2005.12.29>

1. "여성정책"이라 함은 남녀평등의 촉진, 여성의 사회참여확대 및 복지증진에 관한 대통령령이 정하는 정책을 말한다.

2. "여성단체"라 함은 남녀평등의 촉진, 여성의 사회참여확대 및 복지증진을 주된 목적으로 설립된 법인 또는 대통령령이 정하는 단체를 말한다.

3. "여성관련시설"이라 함은 남녀평등의 촉진, 여성의 사회참여확대 및 복지증진을 위한 대통령령이 정하는 시설을 말한다.

4. "성희롱"이라 함은 업무, 고용 그 밖의 관계에서 국가기관·지방자치단체 또는 대통령령이 정하는 공공단체(이하 "국가기관 등"이라 한다)의 종사자, 사용자 또는 근로자가 그 지위를 이용하거나 업무 등과 관련하여 성적 언동 등으로 상대방에게 성적 굴욕감 또는 혐오감을 느끼게 하거나 성적 언동 그 밖의 요구 등에 대한 불응을 이유로 고용상의 불이익을 주는 것을 말한다.

5. "사용자"라 함은 사업주 또는 사업경영담당자 그 밖에 근로자에 관한 사항에 대하여 사업주를 위하여 행위하는 자를 말한다.

제4조 (국민의 책무) 모든 국민은 남녀평등의 촉진과 여성의 발전의 중요성을 인식하고 그 실현을 위하여 노력하여야 한다.

제5조 (국가 및 지방자치단체의 책무) 국가 및 지방자치단체는 남녀평등의 촉진, 여성의 사회참여확대 및 복지증진을 위하여 필요한 법적·제도적 장치의 마련과 이에 필요한 재원을 조달할 책무를 진다.

제6조 (적극적 조치 <개정 2002.12.11>) ①국가 및 지방자치단체는 여성의 참여가 현저히 부진한 분야에 대하여 합리적인 범위안에서 여성의 참여를 촉진함으로써 실질적인 남녀평등이 이루어질 수 있도록 관계법령이 정하는 바에 따라 적극적 조치를 취할 수 있다. <개정 2002.12.11>
②여성가족부장관은 국가기관 및 지방자치단체의 장에 대하여 제1항의 규정에 의한 적극적 조치를 취하도록 권고하고 그 결과를 점검하여야 한다. <신설 2002.12.11, 2005.3.24>

제2장 여성정책 기본계획 등

제7조 (여성정책기본계획의 수립) ①여성가족부장관은 여성정책에 관한 기본계획(이하 "기본계획"이라 한다)을 5년마다 수립하여야 한다. <개정 2001.1.29, 2005.3.24>
②기본계획에는 다음 각 호의 사항이 포함되어야 한다.
1. 여성정책의 기본방향
2. 여성정책의 추진목표
가. 남녀평등의 촉진
나. 여성의 사회참여확대
다. 여성의 복지증진

라. 기타 여성정책에 관한 주요시책
3. 여성정책 추진과 관련한 재원의 조달방법

제8조 (연도별 시행계획의 수립 등) ①중앙행정기관의 장과 특별시장·광역시장 및 도지사(이하 "시·도지사"라 한다)는 기본계획에 의한 연도별 시행계획(이하 "시행계획"이라 한다)을 수립·시행하여야 한다.
②여성가족부장관은 시행계획을 조정하고 그 이행상황을 점검하여야 한다. <개정 2001.1.29, 2005.3.24>

제9조 (계획 수립 및 시행의 협조) ①여성가족부장관은 기본계획과 시행계획을 수립·시행하기 위하여 필요한 경우에 관계 중앙행정기관·지방자치단체 또는 공공기관의 장에 대하여 협조를 요청할 수 있다. <개정 2005.3.24>
②중앙행정기관의 장 또는 시·도지사는 시행계획을 수립·시행하기 위하여 필요한 경우에 관계 중앙행정기관·지방자치단체 또는 공공기관의 장에 대하여 협조를 요청할 수 있다.
③제1항 및 제2항의 규정에 의한 협조요청을 받은 자는 특별한 사유가 있는 경우를 제외하고는 이에 협조하여야 한다.
[전문개정 2002.12.11]

제10조 (정책의 분석·평가 등) ①국가 및 지방자치단체는 소관 정책을 수립·시행하는 과정에서 당해 정책이 여성의 권익과 사회참여 등에 미칠 영향을 미리 분석·평가하여야 한다.
②여성가족부장관은 국가 및 지방자치단체에 대하여 제1항의 규정에 의한 정책의 분석·평가에 필요한 지원 및 자문을 할 수 있다. <개정 2005.3.24>
③제1항의 규정에 의한 정책의 분석·평가를 위한 기준 등에 관하여 필요한 사항은 대통령령으로 정한다.
[본조신설 2002.12.11]

제10조의2 (정책의 분석·평가지원기관의 지정 등) ①여성가족부장관은 제10조제1항의 규정에 따라 국가 및 지방자치단체 정책의 분석·평가에 필요한 지원 및 자문을 위하여 국공립연구기관, 정부 및 지방자치단체가 출연한 연구기관 또는 민간연구기관을 정책의 분석·평가지원기관으로 지정할 수 있다.
②국가 및 지방자치단체는 제1항의 규정에 따라 지정된 정책의 분석·평가지원기관(이하 "정책분석·평가지원기관"이라 한다)으로부터 정책의 분석·평가에 필요한 지원 및 자문을 받을 수 있으며, 이 경우 예산의 범위 안에서 그 지원 및 자문에 소요되는 비용을 지급할 수 있다.
③여성가족부장관은 정책분석·평가지원기관이 지정기준 또는 지정조건을 위반한 경우에는 여성가족부장관이 정하

는 바에 따라 시정을 명하거나 그 지정을 취소할 수 있다.
④정책분석·평가지원기관의 지정기준 및 지정조건 등에 관하여 필요한 사항은 여성가족부장관이 정한다.
[본조신설 2005.12.29]

제11조 (여성정책조정회의) ①여성정책에 관한 주요사항을 심의·조정하기 위하여 국무총리 소속하에 여성정책조정회의(이하 "조정회의"라 한다)를 둔다.
②조정회의는 다음 각 호의 사항을 심의·조정한다.
1. 기본계획 및 시행계획에 관한 사항
2. 2 이상의 행정기관에 관련되는 여성정책의 조정에 관한 사항
3. 여성정책의 평가 및 제도개선에 관한 사항
4. 그 밖에 여성정책을 위하여 대통령령이 정하는 사항
③제2항의 규정에 의한 심의·조정사항을 미리 검토하고 조정회의가 위임한 사항을 처리하기 위하여 조정회의에 여성정책실무회의를 둔다.
④조정회의 및 여성정책실무회의의 구성 및 운영 등에 관하여 필요한 사항은 대통령령으로 정한다.
[본조신설 2002.12.11]

제12조 (여성정책책임관의 지정 등) ①중앙행정기관의 장은 당해 기관의 여성정책을 효율적으로 수립·시행하기 위하여 소속공무원 중에서 여성정책책임관을 지정하여야 한다.
②제1항의 규정에 의한 여성정책책임관의 지정 및 임무 등에 관하여 필요한 사항은 대통령령으로 정한다.
[본조신설 2002.12.11]

제13조 (여성관련문제의 조사 등) ①여성가족부장관은 효율적인 여성정책을 수립하기 위하여 필요한 경우에 여성과 관련된 문제에 대한 기초조사 및 여론조사를 실시하여야 한다. <개정 2001.1.29, 2002.12.11, 2005.3.24>
②여성가족부장관은 정보체계의 구축을 통한 여성관련 정보의 제공에 노력하여야 한다. <개정 2001.1.29, 2005.3.24>
③국가 및 지방자치단체가 인적 통계를 작성하는 경우에는 성별을 주요 분석단위에 포함시켜야 한다. <신설 2002.12.11>

제14조 (여성주간) 여성의 발전을 도모하고 범국민적으로 남녀평등의 촉진 등에 대한 관심을 높이기 위하여 대통령령이 정하는 바에 따라 1년 중 1주간을 여성주간으로 한다. <개정 2002.12.11>

제3장 여성정책의 기본시책

제15조 (정책결정과정 및 정치참여) ①국가 및 지방자치단체는

각종 위원회 등 정책결정과정에 여성의 참여를 확대하기
위한 방안을 강구하여야 한다.
②국가 및 지방자치단체는 다양한 방법을 통하여 여성의
정치참여확대를 지원하기 위하여 노력하여야 한다.

제16조 (공직참여) 국가 및 지방자치단체는 공무원의 채용·
보직관리·승진·포상·교육훈련 등의 합리적 운영으로 여성
의 공직참여확대를 위한 여건을 조성하여야 한다.

제17조 (고용평등) ①국가 및 지방자치단체는 관계법률이 정
하는 바에 의하여 근로자의 채용·교육훈련·승진·퇴직 등
고용전반에 걸쳐 남녀평등이 이루어지도록 하여야 한다.
②삭제 <2002.12.11>
③국가·지방자치단체 또는 사업주는 직장 내의 평등한 근
무환경 조성을 위하여 필요한 조치를 취하여야 한다. <개
정 2005.12.29>

제17조의2 (성희롱의 방지 등) ①국가기관 등의 장 및 사업주
는 대통령령이 정하는 바에 따라 성희롱의 방지를 위하여
교육을 실시하는 등 필요한 조치를 하여야 하고, 국가기관
등의 장은 그 조치 결과를 여성가족부장관에게 제출하여야
한다.
②여성가족부장관은 제1항의 규정에 따른 국가기관 등의
성희롱 방지조치 결과를 언론 등에 공표할 수 있다. 다만,
다른 법률에 의하여 공표가 제한되어 있는 경우에는 그러
하지 아니하다.
③제1항의 규정에 의한 성희롱예방교육의 내용·방법 등 성
희롱 방지조치에 관하여 필요한 사항은 대통령령으로 정한
다.
[본조신설 2005.12.29]

제18조 (모성보호의 강화) ①국가·지방자치단체 또는 사업주
는 여성의 임신·출산 및 수유기간동안에 이들을 특별히 보
호하며 이를 이유로 하여 불이익을 받지 아니하도록 하여
야 한다.
②국가 및 지방자치단체는 취업여성의 임신·출산 및 수유
와 관련한 모성보호비용에 대하여 「사회보장기본법」에 의
한 사회보험 및 재정 등을 통한 사회적 부담을 높여 나가도
록 하여야 한다. <개정 2005.12.29>

제19조 (가정교육) 국가 및 지방자치단체는 가정에서부터 남
녀평등에 관한 교육이 이루어지도록 노력하여야 한다.

제20조 (학교교육) 국가 및 지방자치단체는 학교교육에 있어
서 남녀평등이념을 고취하고 여성의 교육기회를 확대하여
야 한다.

제21조 (평생교육 〈개정 2002.12.11〉) 국가 및 지방자치단체는
국·공립연수기관 및 평생교육시설과 그 밖의 연수교육과
정에서 남녀평등의식을 제고하는 교육이 실시되도록 노력
하여야 한다. <개정 2002.12.11>

제21조의2 (여성인적자원의 개발 등) ①국가 및 지방자치단체
는 여성의 사회참여를 촉진하기 위하여 여성인적자원의 개
발을 위한 시책을 강구하여야 한다.
②국가 및 지방자치단체는 여성의 능력향상을 통하여 남녀
가 동등하게 경제활동에 참여할 수 있도록 하는 시책을 강
구하여야 한다.
③국가 및 지방자치단체는 여성의 정보화 능력을 향상시키
기 위한 시책을 강구하여야 한다.
[본조신설 2002.12.11]

제21조의3 (한국양성평등교육진흥원의 설립 등) ①양성평등교
육, 특정 성별에게 불평등이 발생하지 아니하도록 여성과
남성에게 미치는 영향을 인식·반영하는 능력을 증진시키
는 교육(이하 "성인지 교육"이라 한다)을 효율적이고 체계
적으로 추진하고 진흥시키기 위하여 한국양성평등교육진
흥원(이하 "진흥원"이라 한다)을 설립한다.
②진흥원은 법인으로 한다.
③진흥원은 주된 사무소의 소재지에 설립등기를 함으로써
성립한다.
④진흥원에는 정관이 정하는 바에 따라 임원과 필요한 직
원을 둔다.
⑤진흥원은 다음 각 호의 사업을 한다.
1. 양성평등을 위한 교육 및 진흥사업
2. 공무원에 대한 성인지 교육
3. 여성과 남성의 지도력 함양 교육
4. 성희롱 예방교육 강사 등 전문인력 양성사업
5. 공무원 교육훈련기관의 양성평등 교육과정을 강화하기
위한 교류협력 지원사업
6. 양성평등 교육프로그램 개발 연구사업
7. 양성평등 교육 관련 자료 출간 사업
8. 제1호 내지 제7호의 사업에 부대되는 사업 또는 이와 관
련하여 국가기관 등으로부터 위탁받은 사업
9. 그 밖에 진흥원의 목적달성을 위하여 대통령령으로 정하
는 사업
⑥정부는 예산의 범위 안에서 진흥원의 운영에 필요한 경
비를 출연할 수 있다.
⑦진흥원에 관하여는 이 법에 규정된 것을 제외하고는 「민
법」 중 재단법인에 관한 규정을 준용한다.
[본조신설 2005.12.29]

제22조 (여성복지증진) ①국가 및 지방자치단체는 지역·연령

등에 따른 여성복지수요에 부응하기 위한 시책을 강구하여야 한다. <개정 2002.12.11>
②국가 및 지방자치단체는 관계법률이 정하는 바에 따라 저소득 모자가정, 미혼모, 장애인 여성, 가출여성 그 밖에 보호를 요하는 여성에 대한 지원을 위하여 필요한 조치를 하여야 한다. <개정 2002.12.11, 2005.12.29>
③국가 및 지방자치단체는 노인인 여성과 농어촌에 거주하는 여성의 복지증진에 노력하여야 한다.

제23조 (직장 및 가정생활의 병행) 국가 및 지방자치단체는 근로자가 직장생활과 가정생활을 조화롭게 병행할 수 있도록 다음 각 호의 사항에 관한 시책을 강구하여야 한다. <개정 2005.12.29>
1. 영유아 보육시설의 확충
2. 방과후 아동 보육의 활성화
3. 육아휴직제의 정착
4. 직장 내 수유시설의 확충
[전문개정 2002.12.11]

제24조 (평등한 가족관계 확립 등) ①국가 및 지방자치단체는 민주적이고 평등한 가족관계를 확립시키기 위하여 노력하여야 한다.
②국가 및 지방자치단체는 가족구조의 변화에 따라 맞벌이부부·편부모가정 등에 대하여 필요한 지원책을 강구하여야 한다.

제25조 (성폭력 및 가정폭력 예방) ①국가 및 지방자치단체는 관계법률이 정하는 바에 의하여 성폭력범죄의 예방과 피해자 보호를 하여야 한다.
②국가 및 지방자치단체는 관계법률이 정하는 바에 따라 가정에서 발생하는 폭력을 예방하고 피해자를 보호하여야 한다. <개정 2002.12.11>
③국가 및 지방자치단체는 관계법률이 정하는 바에 따라 성폭력 피해자 및 가정폭력 피해자의 상담과 가해자의 교정을 위하여 필요한 시책을 강구하여야 한다. <신설 2002.12.11>

제26조 (가사노동가치의 평가) 국가 및 지방자치단체는 가사노동에 대한 경제적 가치를 정당하게 평가하여 이를 법제도나 시책에 반영하도록 노력하여야 한다.

제27조 (여성국제협력) ①국가 및 지방자치단체는 국제기구나 국제회의에 있어서의 여성의 참여를 확대하고 여성의 국제적 평화증진운동과 국제협력강화를 위한 활동을 지원하여야 한다.
②국가 및 지방자치단체는 여성관련조약의 체결 또는 이행에 노력하여야 한다. <개정 2002.12.11>
③국가 및 지방자치단체는 국내·외에 거주하는 한민족(한민족) 여성간의 교류 및 연대강화에 노력하여야 한다. <신설 2005.12.29>

제28조 (대중매체의 성차별개선) 국가 및 지방자치단체는 대중매체의 성차별적 내용이 개선되도록 지원하고 대중매체를 통한 남녀평등의식을 확산하도록 하여야 한다.

제28조의2 (여성자원봉사활동의 지원) 국가 및 지방자치단체는 여성자원봉사활동의 활성화를 위하여 필요한 지원을 할 수 있다.
[본조신설 2002.12.11]

제4장 여성발전기금

제29조 (기금의 설치 등) ①국가는 이 법의 목적을 실현하기 위한 사업 등의 지원에 필요한 재원을 확보하기 위하여 여성발전기금(이하 "기금"이라 한다)을 설치한다.
②기금은 다음 각 호의 재원으로 조성한다.
1. 국가의 출연금
2. 국가외의 자가 출연하는 현금·물품 기타 재산
3. 기금의 운영으로 생기는 수익금
4. 기타 대통령령이 정하는 수입금
③기금은 여성가족부장관이 관리·운용한다. <개정 2001.1.29, 2005.3.24>
④여성가족부장관은 대통령령이 정하는 바에 따라 기금의 관리·운용에 관한 사무의 전부 또는 일부를 「은행법」 제2조제1항제2호의 규정에 의한 금융기관에 위탁할 수 있다. <신설 2002.12.11, 2005.3.24, 2005.12.29>

제30조 (기금의 용도) 기금은 다음 각 호의 사업에 사용한다 <개정 2005.12.29>
1. 여성의 권익증진을 위한 사업의 지원
2. 여성단체사업의 지원
3. 여성관련시설의 설치 및 운영의 지원
4. 여성의 국제협력사업의 지원
5. 그 밖에 남녀평등 실현, 여성발전 및 가족지원 등을 위하여 대통령령이 정하는 사업의 지원

제31조 (기금의 회계기관) ①여성가족부장관은 기금의 수입과 지출에 관한 업무를 행하기 위하여 소속공무원 중에서 기금수입징수관·기금재무관·기금지출관 및 기금출납공무원을 임명하여야 한다. <개정 2001.1.29, 2002.12.30, 2005.3.24>
②여성가족부장관은 제29조제4항의 규정에 따라 기금의

관리·운용에 관한 사무의 전부 또는 일부를 위탁한 경우에는, 위탁받은 금융기관의 이사 중에서 기금수입담당이사와 기금지출원인행위담당이사를, 그 직원 중에서 기금지출직원과 기금출납직원을 각각 임명하여야 한다. 이 경우 기금수입담당이사는 기금수입징수관의 직무를, 기금지출원인행위담당이사는 기금재무관의 직무를, 기금지출직원은 기금지출관의 직무를, 기금출납직원은 기금출납공무원의 직무를 각각 수행한다. <신설 2002.12.11, 2005.3.24>

제5장 여성단체의 지원 등

제32조 (여성단체 등의 지원 <개정 2002.12.11>) ①국가 및 지방자치단체는 여성단체가 추진하는 남녀평등의 촉진, 여성의 사회참여확대 및 복지증진을 위한 활동에 필요한 행정적인 지원을 할 수 있으며, 예산의 범위안에서 그 활동 등에 필요한 경비의 일부를 보조할 수 있다.
<개정 2002.12.11>
②국가 및 지방자치단체는 비영리법인 또는 비영리단체가 남녀평등과 여성발전을 촉진하는 활동을 하는 경우에 필요한 지원을 할 수 있다. <개정 2002.12.11>

제33조 (여성관련시설의 설치·운영) ①국가 및 지방자치단체는 여성의 권익 및 복지증진과 교육을 위한 여성과 관련된 시설을 설치·운영할 수 있다. <개정 2002.12.11>
②국가 및 지방자치단체는 여성의 권익 및 복지증진과 교육을 위한 여성과 관련된 시설에 대하여 예산의 범위안에서 그 경비의 전부 또는 일부를 보조할 수 있다. <신설 2001.1.29, 2002.12.11>
③국가 및 지방자치단체는 여성의 직업능력개발훈련을 위한 시설(이하 "여성인력개발센터"라 한다)을 설치·운영하거나 여성단체 등에 위탁하여 운영하게 할 수 있다. <개정 2005.12.29>
④지방자치단체는 제3항의 규정에 의하여 운영을 위탁하는 경우에는 예산의 범위 안에서 경비의 전부 또는 일부를 보조할 수 있다. <신설 2005.12.29>
⑤지방자치단체가 제3항의 규정에 의하여 운영을 위탁하는 경우에 그 위탁운영에 관한 사항 및 제4항의 규정에 의한 경비 보조에 관한 사항 등 필요한 사항에 대하여는 당해 지방자치단체의 조례로 정한다. <신설 2005.12.29>

제34조 삭제 <2002.12.11>

제6장 보칙

제35조 (권한의 위임·위탁) 여성가족부장관은 이 법에 의한 권한의 일부를 대통령령이 정하는 바에 따라 시·도지사에 위임하거나 그 사무의 일부를 여성단체 또는 여성정책 관련 전문기관에 위탁할 수 있다. <개정 1999.1.29, 2001.1.29, 2002.12.11, 2005.3.24>

제36조 (여성정책에 관한 연차보고) 정부는 매년 주요 여성정책에 관한 연차보고서를 작성하여 정기국회 개회 전까지 이를 국회에 제출하여야 한다.
[본조신설 2005.12.29]

부칙 <제5136호, 1995.12.30>
①(시행일) 이 법은 공포 후 6월이 경과한 날부터 시행한다.
②(다른 법률의 개정) 기금관리기본법 중 다음과 같이 개정한다.
별표에 제119호를 다음과 같이 신설한다.
119. 여성발전기본법
③(경과조치) 이 법 시행당시 여성정책심의위원회규정에 의한 여성정책심의위원회는 이 법 제10조의 규정에 의한 여성정책심의위원회로 본다.

부칙 (정부조직법) <제5529호, 1998.2.28>
제1조(시행일) 이 법은 공포한 날부터 시행한다. 다만, 부칙 제5조제18항은 1998년 6월 14일부터, 동조 제29항 내지 제31항은 1998년 7월 1일부터 각각 시행한다.
제2조 내지 제4조 생략
제5조 ①내지 <32>생략
<33>여성발전기본법 중 다음과 같이 개정한다.
제10조를 삭제한다.
제36조를 다음과 같이 한다.
제36조(사무처리기관의 지정) 기본계획의 수립, 기금의 관리·운용 등 이 법에서 규정하고 있는 정부의 사무는 정부조직법 제18조제1항의 규정에 의한 여성특별위원회가 수행한다.
<34>생략
제6조 및 제7조 생략

부칙 (정부출연연구기관등의설립·운영및육성에관한법률) <제5733호, 1999.1.29>
제1조 (시행일) 이 법은 공포한 날부터 시행한다.
제2조 내지 제4조 생략
제5조 (다른 법률의 개정) ①내지 ⑤생략
⑥여성발전기본법 중 다음과 같이 개정한다.
제12조를 삭제한다.
제35조 중 "개발원 또는 여성단체"를 "여성단체 또는 정부출연연구기관등의설립·운영및육성에관한법률에 의하여 설립된 한국여성개발원"으로 한다.

⑦내지 <21>생략
제6조 내지 제11조 생략

부칙 (남녀차별금지및구제에관한법률) <제5934호, 1999.2.8>
①(시행일) 이 법은 1999년 7월 1일부터 시행한다.
②(다른 법률의 개정) 여성발전기본법 중 다음과 같이 개정한다.
제11조를 삭제한다.

부칙 (정부조직법) <제6400호, 2001.1.29>
제1조 (시행일) 이 법은 공포한 날부터 시행한다. <단서 생략>
제2조 생략
제3조 (다른 법률의 개정) ①내지 <78>생략
<79>여성발전기본법 중 다음과 같이 개정한다.
제7조제1항, 제8조제2항, 제13조제1항·제2항, 제31조제1항 및 제35조 중 "정부는"을 각각 "여성부장관은"으로 한다.
제9조제1항 중 "정부"를 "여성부장관"으로 한다.
제29조제3항 중 "정부가"를 "여성부장관이"로 한다.
제33조에 제2항을 다음과 같이 신설한다.
②국가 및 지방자치단체는 여성의 권익 및 복지증진을 위한 여성과 관련된 시설에 대하여 예산의 범위안에서 그 경비의 전부 또는 일부를 보조할 수 있다.
제36조를 삭제한다.
제4조 생략

부칙 <제6770호, 2002.12.11>
이 법은 공포 후 3월이 경과한 날부터 시행한다.

부칙 (국고금관리법) <제6836호, 2002.12.30>
제1조 (시행일) 이 법은 2003년 1월 1일부터 시행한다.
제2조 내지 제5조 생략
제6조 (다른 법률의 개정) ①내지 <23>생략
<24>여성발전기본법 중 다음과 같이 개정한다.
제31조제1항 중 "기금출납명령관과 기금출납공무원"을 "기금수입징수관·기금재무관·기금지출관 및 기금출납공무원"으로 하고, 동조제2항을 삭제한다.
<25>내지 <31>생략
제7조 생략

부칙 (정부조직법) <제7413호, 2005.3.24>
제1조 (시행일) 이 법은 공포한 날부터 시행한다. 다만, 다음 각 호의 사항은 각 호의 구분에 의한 날부터 시행한다.
1. 제26조…부칙 제2조 내지 제4조의 규정은 이 법 공포 후 3월 이내에 제42조의 개정규정에 의한 여성가족부의 조직에 관한 대통령령이 시행되는 날

2. 생략
제2조 생략
제3조 (다른 법률의 개정) ①내지 ⑨생략
⑩여성발전기본법 일부를 다음과 같이 개정한다.
제6조제2항, 제9조제1항, 제10조제2항, 제29조제4항 및 제31조제2항 전단 중 "여성부장관"을 각각 "여성가족부장관"으로 한다.
제7조제1항, 제8조제2항, 제13조제1항·제2항, 제29조제3항, 제31조제1항 및 제35조 중 "여성부장관"을 각각 "여성가족부장관"으로 한다.
⑪내지 ⑭생략
제4조 생략

부칙 <제7786호, 2005.12.29>
제1조 (시행일) 이 법은 공포 후 3월이 경과한 날부터 시행한다.
제2조 (재단법인 한국양성평등교육진흥원에 관한 경과조치) ①이 법 시행당시 「민법」 제32조의 규정에 의하여 여성가족부장관의 허가를 받아 설립된 한국양성평등교육진흥원(이하 "법인"이라 한다)은 이사회의 의결에 의하여 그 모든 권리와 의무를 제21조의3의 개정규정에 의하여 설립되는 진흥원이 승계할 수 있도록 여성가족부장관에게 승인을 신청할 수 있다.
②제1항의 신청에 의하여 여성가족부장관의 승인을 얻은 법인은 이 법에 의한 진흥원의 설립과 동시에 「민법」 중 법인의 해산 및 청산에 관한 규정에 불구하고 해산된 것으로 보며, 법인에 속하였던 모든 재산·권리와 의무는 진흥원이 승계한다. 이 경우 재산·권리와 의무에 대한 등기부 그 밖에 공부상의 법인의 명의는 진흥원의 명의로 본다.
③진흥원의 설립 당시 법인의 임원 및 직원은 이 법에 의한 진흥원의 임원 및 직원으로 본다.
제3조 (여성인력개발센터에 관한 경과조치) 이 법 시행당시 종전의 제33조제3항의 규정에 따라 운영 중인 여성인력개발센터로서 특별시장·광역시장 또는 도지사(이하 "시·도지사"라 한다)가 그 경비의 전부 또는 일부를 지원하고 있는 여성인력개발센터는 당해 여성인력개발센터가 소재하는 지역의 시·도지사가 운영을 위탁한 여성인력개발센터로 본다.
제4조 (여성인력개발센터에 대한 국가채권에 관한 경과조치) 이 법 시행당시 종전의 제33조제3항의 규정에 따라 운영한 여성인력개발센터에 대한 국가의 채권은 당해 여성인력개발센터가 소재하는 지역의 특별시·광역시 또는 도가 승계한다.
제5조 (다른 법률의 개정) 남녀차별금지및구제에관한법률폐지법률 일부를 다음과 같이 개정한다.
부칙 제1항 단서를 삭제한다.

건강가정기본법

연혁

2004. 2. 9 제정 법률 제07166호

2005. 3.24 일부개정 법률 7413호

제1장 총칙

제1조 (목적) 이 법은 건강한 가정생활의 영위와 가족의 유지 및 발전을 위한 국민의 권리·의무와 국가 및 지방자치단체 등의 책임을 명백히 하고, 가정문제의 적절한 해결방안을 강구하며 가족구성원의 복지증진에 이바지할 수 있는 지원정책을 강화함으로써 건강가정 구현에 기여하는 것을 목적으로 한다.

제2조 (기본이념) 가정은 개인의 기본적인 욕구를 충족시키고 사회통합을 위하여 기능할 수 있도록 유지·발전되어야 한다.

제3조 (정의) 이 법에서 사용하는 용어의 정의는 다음과 같다.
1. "가족"이라 함은 혼인·혈연·입양으로 이루어진 사회의 기본단위를 말한다.
2. "가정"이라 함은 가족구성원이 생계 또는 주거를 함께 하는 생활공동체로서 구성원의 일상적인 부양·양육·보호·교육 등이 이루어지는 생활단위를 말한다.
3. "건강가정"이라 함은 가족구성원의 욕구가 충족되고 인간다운 삶이 보장되는 가정을 말한다.
4. "건강가정사업"이라 함은 건강가정을 저해하는 문제(이하 "가정문제"라 한다)의 발생을 예방하고 해결하기 위한 여러 가지 조치와 가족의 부양·양육·보호·교육 등의 가정기능을 강화하기 위한 사업을 말한다.

제4조 (국민의 권리와 의무) ①모든 국민은 가정의 구성원으로서 안정되고 인간다운 삶을 유지할 수 있는 가정생활을 영위할 권리를 가진다.
②모든 국민은 가정의 중요성을 인식하고 그 복지의 향상을 위하여 노력하여야 한다.

제5조 (국가 및 지방자치단체의 책임) ①국가 및 지방자치단체는 건강가정을 위하여 필요한 제도와 여건을 조성하고 이를 위한 시책을 강구하여 추진하여야 한다.
②국가 및 지방자치단체는 제1항의 시책을 강구함에 있어 가족구성원의 특성과 가정유형을 고려하여야 한다.
③국가 및 지방자치단체는 민주적인 가정형성, 가정친화적 환경조성, 양성평등한 가족가치 실현 및 가사노동의 정당한 가치평가를 위하여 노력하여야 한다.

제6조 (다른 법률과의 관계) 국가는 건강가정사업과 관련되는 다른 법률을 제정 또는 개정하는 경우에는 이 법에 부합되도록 하여야 한다.

제7조 (가족가치) 가족구성원은 부양·자녀양육·가사노동 등 가정생활의 운영에 함께 참여하여야 하고 서로 존중하며 신뢰하여야 한다.

제8조 (혼인과 출산) ①모든 국민은 혼인과 출산의 사회적 중요성을 인식하여야 한다.
②국가 및 지방자치단체는 출산과 육아에 대한 사회적 책임을 인식하고 모성보호와 태아의 건강보장 등 적절한 출산환경을 조성하기 위하여 적극적으로 지원하여야 한다.

제9조 (가족해체 예방) ①가족구성원 모두는 가족해체를 예방하기 위하여 노력하여야 한다.
②국가 및 지방자치단체는 가족해체를 예방하기 위하여 필요한 제도와 시책을 강구하여야 한다.

제10조 (지역사회자원의 개발·활용) 국가 및 지방자치단체는 건강한 가정구현에 기여할 수 있도록 지역사회자원을 최대한 개발하고 활용하여야 한다.

제11조 (정보제공) 국가 및 지방자치단체는 가족구성원에게 건강한 가정생활을 영위하는데 도움이 되는 정보를 최대한 제공하고 가정생활에 관한 정보관리체계를 확립하여야 한

다.

제12조 (가정의 날) 가정의 중요성을 고취하고 건강가정을 위한 개인·가정·사회의 적극적인 참여분위기를 조성하기 위하여 매년 5월을 가정의 달로 하고, 5월 15일을 가정의 날로 한다.

제2장 건강가정정책

제13조 (중앙건강가정정책위원회) ①건강가정에 관한 주요시책을 심의하기 위하여 국무총리소속하에 중앙건강가정정책위원회(이하 "중앙위원회"라 한다)를 둔다.
②중앙위원회는 다음 각 호의 사항을 심의한다.
1. 건강가정기본계획의 수립 및 시행에 관한 사항
2. 건강가정을 위한 중·장기 발전방향
3. 건강가정제도의 개선에 관한 사항
4. 건강가정정책의 평가
5. 건강가정 전담인력의 선발·관리에 관한 기본방안
6. 국가 및 지방자치단체의 역할 및 비용분담
7. 그 밖에 중앙위원회 위원장이 부의하는 사항
③중앙위원회는 제2항의 심의사항을 검토·연구하기 위하여 중앙위원회에 건강가정실무기획단(이하 "실무기획단"이라 한다)을 둔다.
④중앙위원회는 직무수행을 위하여 필요한 때에는 전문적인 지식과 경험이 있는 관계공무원 또는 관계전문가를 참석하게 하여 의견을 듣거나 관계 기관·단체 등에 대하여 필요한 자료 또는 의견의 제출 등 필요한 협조를 요청할 수 있다.
⑤중앙위원회의 구성·조직 그 밖의 운영 및 실무기획단의 운영에 관하여 필요한 사항은 대통령령으로 정한다.

제14조 (시·도 건강가정위원회) ①건강가정에 관한 중요사항을 심의하기 위하여 특별시·광역시·도(이하 "시·도"라 한다)에 건강가정위원회(이하 "시·도 위원회"라 한다)를 둔다.
②시·도 위원회는 다음 각 호의 사항을 심의한다.
1. 건강가정에 관한 시행계획
2. 건강가정을 위한 재정지원
3. 건강가정과 관련된 사업
4. 그 밖에 시·도 위원회 위원장이 부의하는 사항
③시·도 위원회의 구성·조직 그 밖의 운영에 관하여 필요한 사항은 대통령령으로 정한다.

제15조 (건강가정기본계획의 수립) ①여성가족부장관은 관계중앙행정기관의 장과 협의하고 중앙위원회의 심의를 거쳐 건강가정기본계획(이하 "기본계획"이라 한다)을 5년마다 수립하여야 한다. <개정 2005.3.24>

②기본계획에는 다음 각 호의 사항이 포함되어야 한다.
1. 가족기능의 강화 및 가정의 잠재력개발을 통한 가정의 자립 증진 대책
2. 사회통합과 문화계승을 위한 가족공동체문화의 조성
3. 다양한 가족의 욕구충족을 통한 건강가정 구현
4. 민주적인 가족관계와 양성평등적인 역할분담
5. 가정친화적인 사회환경의 조성
6. 가족의 양육·부양 등의 부담완화와 가족해체예방을 통한 사회비용 절감
7. 위기가족에 대한 긴급 지원책
8. 가족의 건강증진을 통한 건강사회 구현
9. 가족지원정책의 추진과 관련한 재정조달 방안
③기본계획은 국무회의의 심의를 거쳐 확정한다.
④여성가족부장관은 확정된 기본계획을 지체없이 관계중앙행정기관의 장 및 특별시장·광역시장·도지사(이하 "시·도지사"라 한다)에게 통보하여야 한다. <개정 2005.3.24>

제16조 (연도별 시행계획의 수립·시행 등) ①여성가족부장관, 관계중앙행정기관의 장 및 시·도지사는 매년 기본계획에 따라 건강가정시행계획(이하 "시행계획"이라 한다)을 수립·시행 및 평가하여야 한다. 이 경우 관계중앙행정기관의 장 및 시·도지사는 그 시행계획 및 추진실적을 매년 여성가족부장관에게 제출하여야 한다. <개정 2005.3.24>
②시행계획의 수립·추진 및 평가에 관하여 필요한 사항은 대통령령으로 정한다.

제17조 (시·도별 시행계획의 조정 등) ①여성가족부장관은 기본계획에 기초하여 시·도별 시행계획을 조정하고 그 이행상황을 점검하여야 한다. <개정 2005.3.24>
②여성가족부장관은 시·도별 시행계획이 기본계획 및 중앙행정기관의 시행계획에 위배되는 경우에는 당해 시·도지사에게 이를 변경하도록 요구할 수 있다. <개정 2005.3.24>

제18조 (계획수립의 협조) ①여성가족부장관, 관계중앙행정기관의 장 및 시·도지사는 기본계획 또는 시행계획의 수립·시행을 위하여 필요한 때에는 관계공공기관·사회단체 그 밖의 민간기업체의 장에게 협조를 요청할 수 있다. <개정 2005.3.24>
②제1항의 규정에 의하여 협조요청을 받은 자는 특별한 사유가 없는 한 이에 응하여야 한다.

제19조 (교육연구의 진흥) ①국가 및 지방자치단체는 건강가정과 관련된 연구를 진흥하고 전문가를 양성하여야 한다.
②국가 및 지방자치단체는 건강가정을 위한 교육프로그램을 지속적으로 개발·제공하여야 한다.

제20조 (가족실태조사) ①국가 및 지방자치단체는 개인과 가족의 생활실태를 파악하고, 건강가정 구현 및 가정문제 예방 등을 위한 서비스의 욕구와 수요를 파악하기 위하여 5년마다 가족실태조사를 실시하고 그 결과를 발표하여야 한다.
②제1항의 규정에 의한 가족실태조사를 위하여 필요한 사항은 여성가족부령으로 정한다. <개정 2005.3.24>

제3장 건강가정사업

제21조 (가정에 대한 지원) ①국가 및 지방자치단체는 가정이 원활한 기능을 수행하도록 지원하여야 한다.
②제1항의 규정에 의하여 지원하여야 할 사항은 다음 각 호와 같다.
1. 가족구성원의 정신적·신체적 건강지원
2. 소득보장 등 경제생활의 안정
3. 안정된 주거생활
4. 태아검진 및 출산·양육의 지원
5. 직장과 가정의 양립
6. 음란물·유흥가·폭력 등 위해환경으로부터의 보호
7. 가정폭력으로부터의 보호
8. 가정친화적 사회분위기의 조성
9. 그 밖에 건강한 가정의 기능을 강화·지원할 수 있는 관련 사항
③국가 및 지방자치단체는 취업여성의 임신·출산·수유와 관련된 모성보호 및 부성보호를 위한 유급휴가시책이 확산되도록 노력하여야 한다.
④국가 및 지방자치단체는 모·부자가정, 노인단독가정, 장애인가정, 미혼모가정, 공동생활가정, 자활공동체 등 사회적 보호를 필요로 하는 가정에 대하여 적극적으로 지원하여야 한다.
⑤제2항 및 제4항의 규정에 의한 국가 및 지방자치단체의 지원에 관한 세부적 사항은 관계법률이 정하는 바에 의한다.

제22조 (자녀양육지원의 강화) ①국가 및 지방자치단체는 자녀를 양육하는 가정에 대하여 자녀양육으로 인한 부담을 완화하고 아동의 행복추구권을 보장하기 위한 보육 및 방과후 서비스, 양성평등한 육아휴직제 활용을 적극적으로 확대하여 나아가야 한다.
②국가 및 지방자치단체는 가사노동의 가치에 대한 사회적 인식을 제고하고 이를 관련 법·제도 및 가족정책에 반영하도록 노력하여야 한다.

제23조 (가족단위 복지증진) ①국가 및 지방자치단체는 사회보험·공공부조 등 사회보장제도의 운용과 관련하여 보험료의 산정·부과, 급여 등을 운용함에 있어서 가족을 지지하는 시책을 개발·추진하여야 한다.
②국가 및 지방자치단체는 경제·사회, 교육·문화, 체육, 지역사회개발 등 각 분야의 제도·정책 및 사업을 수립·추진함에 있어 가족을 우대하는 방안을 강구하여야 한다.

제24조 (가족의 건강증진) 국가 및 지방자치단체는 영·유아, 아동, 청소년, 중·장년 등 생애주기에 따르는 가족구성원의 종합적인 건강증진대책을 마련하여야 한다.

제25조 (가족부양의 지원) ①국가 및 지방자치단체는 영·유아 혹은 노인 등 부양지원을 요하는 가족구성원이 있는 가정에 대하여 부양부담을 완화하기 위한 시책을 적극적으로 강구하여야 한다.
②국가 및 지방자치단체는 질환이나 장애로 가족내 수발을 요하는 가족구성원이 있는 가정을 적극 지원하며, 보호시설을 이용할 수 있도록 전문보호시설을 확대하여야 한다.
③국가 및 지방자치단체는 가족구성원 중 장기요양을 필요로 하는 질병이나 사고로 간병을 요할 경우 가족간호를 위한 휴가 등의 시책을 마련하여야 한다.

제26조 (민주적이고 양성평등한 가족관계의 증진) ①국가 및 지방자치단체는 부부 및 세대간에 가족갈등이 있는 경우 이를 예방·상담하고, 민주적이고 양성평등한 가족관계를 증진시킬 수 있도록 가족지원서비스를 확대하고, 다양한 가족생활교육·부모교육·가족상담·평등가족홍보 등을 추진하여야 한다.
②국가 및 지방자치단체는 가정폭력이 있는 가정의 경우 가정폭력피해자와 피해자 가족에 대한 개입에 있어 전문가의 체계적인 개입과 서비스가 이루어지도록 노력하여야 한다.

제27조 (가족단위의 시민적 역할증진) ①국가 및 지방자치단체는 가족의 결속력과 가족구성원의 발전을 위하여 가족이 시민으로서의 역할을 증진할 수 있는 기회와 서비스를 제공하여야 한다.
②국가 및 지방자치단체는 가족단위의 자원봉사참여가 확대되도록 노력하여야 한다.

제28조 (가정생활문화의 발전) ①국가 및 지방자치단체는 건강가정의 생활문화를 고취하고 그에 대한 지원정책을 수립하여야 한다.
②국가 및 지방자치단체가 지원하여야 하는 건강가정의 생활문화는 다음 각 호의 사항을 포함한다.
1. 가족여가문화
2. 양성평등한 가족문화
3. 가족단위 자원봉사활동

4. 건강한 의식주 생활문화
5. 합리적인 소비문화
6. 지역사회 공동체문화
7. 그 밖에 건강가정의 생활문화와 관련된 사항

제29조 (가정의례) ①개인과 가정은 건전한 가정의례를 확립하도록 노력하여야 한다.
②국가 및 지방자치단체는 건전한 가정의례를 확립하기 위한 지원정책을 수립하여야 한다.

제30조 (가정봉사원) ①국가 및 지방자치단체는 건강한 가정을 유지하기 위하여 필요한 경우에는 가정을 방문하여 가사·육아·산후조리·간병 등을 돕는 가정봉사원(이하 "가정봉사원"이라 한다)을 지원할 수 있다.
②가정봉사원은 여성가족부령이 정하는 바에 따라 교육을 받아야 한다. <개정 2005.3.24>
③국가 및 지방자치단체는 가정봉사원에게 예산의 범위안에서 일정금액을 지급할 수 있다.
④가정봉사원의 지원에 관하여 필요한 사항은 여성가족부령으로 정한다. <개정 2005.3.24>

제31조 (이혼예방 및 이혼가정지원) ①국가 및 지방자치단체는 이혼하고자 하는 부부가 이혼전 상담을 받을 수 있게 하는 등 이혼조정을 내실화 할 수 있도록 필요한 조치를 강구하여야 한다.
②국가 및 지방자치단체는 이혼의 의사가 정해진 가족에 대하여 이들 가족이 자녀양육·재산·정서 등의 제반문제를 준비할 수 있도록 도움을 주는 지원서비스를 제공하도록 하여야 한다.
③국가 및 지방자치단체는 이혼한 가족에 대하여 양육비에 대한 집행력의 실효성을 강화하고 그 적용대상을 확대하도록 하여야 한다.

제32조 (건강가정교육) ①국가 및 지방자치단체는 건강가정교육을 실시하여야 한다.
②제1항의 규정에 의한 교육내용에는 다음 각 호의 사항이 포함되어야 한다.
1. 결혼준비교육
2. 부모교육
3. 가족윤리교육
4. 가족가치실현 및 가정생활관련 교육 등
③제1항의 규정에 의한 건강가정교육에 관하여 필요한 사항은 여성가족부령으로 정한다. <개정 2005.3.24>

제33조 (자원봉사활동의 지원) 국가 및 지방자치단체는 건강가정과 관련되는 자원봉사활동사업을 육성하고 장려하여야 한다.

제4장 건강가정전담조직 등

제34조 (건강가정사업의 전담수행) 여성가족부, 시·도 및 시·군·구(자치구에 한한다. 이하 같다)는 건강가정사업에 관한 업무를 전담하여 수행할 수 있도록 하여야 한다. <개정 2005.3.24>

제35조 (건강가정지원센터의 설치) ①국가 및 지방자치단체는 가정문제의 예방·상담 및 치료, 건강가정의 유지를 위한 프로그램의 개발, 가족문화운동의 전개, 가정관련 정보 및 자료제공 등을 위하여 중앙, 시·도 및 시·군·구에 건강가정지원센터(이하 "센터"라 한다)를 둔다.
②센터에는 건강가정사업을 수행하기 위하여 관련분야에 대한 학식과 경험을 가진전문가(이하 "건강가정사"라 한다)를 두어야 한다.
③건강가정사는 대학 또는 이와 동등 이상의 학교에서 사회복지학·가정학·여성학 등 여성가족부령이 정하는 관련 교과목을 이수하고 졸업한 자이어야 한다. <개정 2005.3.24>
④센터의 조직·운영 및 건강가정사의 자격·직무에 관하여 필요한 사항은 대통령령으로 정한다.
⑤센터의 운영은 여성가족부령이 정하는 바에 의하여 민간에 위탁할 수 있다. <개정 2005.3.24>

제5장 보칙

제36조 (민간단체 등의 지원) 국가 및 지방자치단체는 건강가정사업을 수행하는 단체 또는 개인에 대하여 필요한 비용의 전부 또는 일부를 보조하거나 그 업무수행에 필요한 지원을 할 수 있다.

부칙 <제7166호, 2004.2.9>
이 법은 2005년 1월 1일부터 시행한다.

부칙 (정부조직법) <제7413호, 2005.3.24>
제1조 (시행일) 이 법은 공포한 날부터 시행한다. 다만, 다음 각 호의 사항은 각 호의 구분에 의한 날부터 시행한다.
1. 제26조 부칙 제2조 내지 제4조의 규정은 이 법 공포 후 3월 이내에 제42조의 개정규정에 의한 여성가족부의 조직에 관한 대통령령이 시행되는 날
2. 생략
제2조 생략
제3조 (다른 법률의 개정) ①생략

②건강가정기본법 일부를 다음과 같이 개정한다.
제15조제1항·제4항, 제16조제1항 전단·후단, 제17조제1항·
제2항 및 제18조제1항 중 "보건복지부장관"을 각각 "여성
가족부장관"으로 한다.
제20조제2항, 제30조제2항·제4항, 제32조제3항, 제35조제3
항 및 동조제5항 중 "보건복지부령"을 각각 "여성가족부
령"로 한다.
제34조 중 "보건복지부"를 "여성가족부"로 한다.
③내지 ⑭생략
제4조 생략

청소년기본법

연혁

1991. 12. 31 청소년육성법 폐지 법률 제4477호
1991. 12. 31 제정 법률 제4477호
1993. 3. 6 일부개정 법률 제4541호
1994. 1. 7 일부개정 법률 제4719호
1995. 12. 29 일부개정 법률 제5076호
1997. 12. 13 일부개정 법률 제5453호
1999. 1. 18 일부개정 법률 제5635호
1999. 1. 29 일부개정 법률 제5733호
1999. 2. 8 일부개정 법률 제5893호
1999. 2. 8 일부개정 법률 제5911호
1999. 2. 8 일부개정 법률 제5914호
2001. 12. 31 일부개정 법률 제6569호

2002. 1. 26 일부개정 법률 제6627호
2002. 2. 4 일부개정 법률 제6656호
2002. 12. 30 일부개정 법률 제06841호
2004. 2. 9 전부개정 법률 제7162호
2005. 3. 24 일부개정 법률 제7421호
2005. 3. 31 일부개정 법률 제7428호
2005. 12. 29 일부개정 법률 제7796호
2005. 12. 29 일부개정 법률 제7799호
2007. 4. 11 일부개정 법률 제8342호
2007. 4. 11 일부개정 법률 제8344호
2007. 5. 11 일부개정 법률 제8432호

제1장 총칙

제1조 (목적) 이 법은 청소년의 권리 및 책임과 가정·사회·국가 및 지방자치단체의 청소년에 대한 책임을 정하고 청소년육성정책에 관한 기본적인 사항을 규정함을 목적으로 한다.

제2조 (기본이념) ①청소년이 사회구성원으로서 정당한 대우와 권익을 보장받음과 아울러 스스로 생각하고 자유롭게 활동할 수 있도록 하며 보다 나은 삶을 누리고 유해한 환경으로부터 보호될 수 있도록 함으로써 국가와 사회가 필요로 하는 건전한 민주시민으로 자랄 수 있도록 함을 이 법의 기본이념으로 한다.
②제1항의 기본이념을 구현하기 위한 장기적·종합적 청소년육성정책을 추진함에 있어서 다음 각 호의 사항을 그 추진방향으로 한다.
1. 청소년의 참여보장
2. 청소년의 창의성과 자율성에 기초한 능동적 삶의 실현
3. 청소년의 성장여건과 사회환경의 개선
4. 민주·복지·통일조국에 대비하는 청소년의 자질향상

제3조 (정의) 이 법에서 사용하는 용어의 정의는 다음 각 호와 같다.

1. "청소년"이라 함은 9세 이상 24세 이하의 자를 말한다. 다만, 다른 법률에서 청소년에 대한 적용을 달리할 필요가 있는 경우에는 따로 정할 수 있다.
2. "청소년육성"이라 함은 청소년활동을 지원하고 청소년의 복지를 증진하며 사회여건과 환경을 청소년에게 유익하도록 개선하고 청소년을 보호하여 청소년에 대한 교육을 보완함으로써 청소년의 균형있는 성장을 돕는 것을 말한다.
3. "청소년활동"이라 함은 청소년의 균형있는 성장을 위하여 필요한 활동과 이러한 활동을 소재로 하는 수련활동·교류활동·문화활동 등 다양한 형태의 활동을 말한다.
4. "청소년복지"라 함은 청소년이 정상적인 삶을 영위할 수 있는 기본적인 여건을 조성하고 조화롭게 성장·발달할 수 있도록 제공되는 사회적·경제적 지원을 말한다.
5. "청소년보호"라 함은 청소년의 건전한 성장에 유해한 물질·물건·장소·행위 등 각종 청소년 유해환경을 규제하거나 청소년의 접촉 또는 접근을 제한하는 것을 말한다.
6. "청소년시설"이라 함은 청소년활동·청소년복지 및 청소년보호에 제공되는 시설을 말한다.
7. "청소년지도자"라 함은 제21조의 규정에 의한 청소년지도사 및 제22조의 규정에 의한 청소년상담사와 청소년시설·청소년단체·청소년관련기관 등에서 청소년육성 및 지도업무에 종사하는 자를 말한다.
8. "청소년단체"라 함은 청소년육성을 주된 목적으로 설립

된 법인 또는 대통령령이 정하는 단체를 말한다.

제4조 (다른 법률과의 관계) ①이 법은 청소년육성에 관하여 다른 법률에 우선하여 적용한다.
②청소년육성에 관한 법률을 제정하거나 개정하는 때에는 이 법에 부합되도록 하여야 한다.

제5조 (청소년의 권리와 책임) ①청소년의 기본적 인권은 청소년활동·청소년복지·청소년보호 등 청소년육성의 모든 영역에서 존중되어야 한다.
②청소년은 안전하고 쾌적한 환경속에서 자기발전을 추구하고 정신적·신체적 건강을 해치거나 해칠 우려가 있는 모든 형태의 환경으로부터 보호받을 권리를 가진다.
③청소년은 자신의 능력개발과 건전한 가치관의 확립에 힘쓰고 가정·사회 및 국가의 구성원으로서의 책임을 다하도록 노력하여야 한다.

제6조 (가정의 책임) ①가정은 청소년 육성에 관하여 1차적 책임이 있음을 인식하고, 따뜻한 사랑과 관심을 통하여 청소년이 개성과 자질을 바탕으로 자기발전을 실현하고 국가와 사회의 구성원으로서의 책임을 다하는 후계세대로 성장할 수 있도록 노력하여야 한다.
②가정은 학교 및 청소년 관련 기관 등에서 실시하는 교육프로그램에 청소년과 함께 참여하는 등 청소년을 바르게 육성하기 위하여 적극적으로 노력하여야 한다.
③가정은 정보통신망을 이용한 유해매체물의 접촉 등 청소년 유해환경으로부터 청소년을 보호하기 위하여 필요한 노력을 하여야 한다.
④가정의 무관심·방치·억압 또는 폭력 등이 원인이 되어 청소년이 가출하거나 비행을 저지르는 경우 친권자 또는 친권자를 대신하여 청소년을 보호하는 자는 보호의무의 책임을 진다.
[전문개정 2005.12.29]

제7조 (사회의 책임) ①모든 국민은 청소년이 일상생활속에서 즐겁게 활동하고 더불어 사는 기쁨을 누리도록 도와주어야 한다.
②모든 국민은 청소년의 사고와 행동양식의 특성을 인식하고 사랑과 대화를 통하여 청소년을 이해하고 지도하여야 하며, 청소년의 비행을 방임하지 아니하는 등 그 선도에 최선을 다하여야 한다.
③모든 국민은 청소년을 대상으로 하거나 청소년이 쉽게 접할 수 있는 장소에서 청소년의 정신적·신체적 건강에 해를 끼치는 행위를 하여서는 아니되며, 청소년에게 유해한 환경을 정화하고 유익한 환경이 조성되도록 노력하여야 한다.

④모든 국민은 경제적·사회적·문화적·정신적으로 어려운 상태에 있는 청소년들에게 특별한 관심을 가지고 이들이 보다 나은 삶을 누릴 수 있도록 노력하여야 한다.

제8조 (국가 및 지방자치단체의 책임) ①국가 및 지방자치단체는 청소년활동의 지원, 청소년복지의 증진 및 청소년보호의 수행에 필요한 법적·제도적 장치를 마련하여 시행하여야 한다.
②국가 및 지방자치단체는 제6조 및 제7조의 규정에 의한 국민의 책임수행에 필요한 여건을 조성하여야 한다.
③국가 및 지방자치단체는 제1항 및 제2항의 업무를 수행하는 데 필요한 재원을 안정적으로 확보하기 위한 시책을 수립·실시하여야 한다.

제2장 청소년육성정책의 총괄조정

제9조 (청소년육성정책의 총괄조정) 청소년육성정책은 국가청소년위원회가 관계행정기관의 장과 협의하여 이를 총괄·조정한다. <개정 2005.3.24, 2005.12.29>

제10조 (청소년정책 관계기관 협의회) ①청소년정책에 관한 관계기관간의 연계·조정과 상호협력을 위하여 국가청소년위원회에 관계기관의 공무원 등으로 구성되는 청소년정책 관계기관 협의회(이하 "협의회"라 한다)를 둔다. <개정 2005.12.29>
②협의회는 다음의 사항을 협의한다.
1. 2 이상의 행정기관에 관련되는 청소년정책의 조정에 관한 사항
2. 여러 부처가 협력하여 추진하여야 하는 청소년정책에 관한 사항
③협의회의 구성·조직 그 밖의 운영에 관하여 필요한 사항은 대통령령으로 정한다.
[전문개정 2005.3.24]

제11조 (지방청소년육성위원회의 설치) ①청소년육성에 관한 지방자치단체의 주요시책을 심의하기 위하여 특별시장·광역시장·도지사(이하 "시·도지사"라 한다) 및 시장·군수·구청장(자치구의 구청장에 한한다. 이하 같다)의 소속하에 지방청소년육성위원회를 둔다.
②제10조제3항의 규정은 지방청소년육성위원회에 이를 준용한다.
③지방청소년육성위원회의 구성·조직 그 밖의 운영에 관하여 필요한 사항은 조례로 정한다.

제12조 (청소년특별회의 개최) ①국가는 범정부적 차원의 청소년육성 정책과제의 설정·추진 및 점검을 위하여 청소

년분야의 전문가와 청소년이 참여하는 청소년특별회의(이하 "특별회의"라 한다)를 매년 개최하여야 한다.
②특별회의의 참석대상·운영방법 등 세부적인 사항은 대통령령으로 정한다.

제13조 (청소년육성에 관한 기본계획의 수립) ①국가는 청소년육성에 관한 기본계획(이하 "기본계획"이라 한다)을 5년마다 수립하여야 한다.
②기본계획에는 다음 각 호의 사항이 포함되어야 한다.
1. 이전의 기본계획에 관한 분석평가
2. 청소년육성에 관한 기본방향
3. 청소년육성에 관한 추진목표
4. 청소년육성에 관한 기능의 조정
5. 청소년육성의 분야별 주요시책
6. 청소년육성에 소요되는 재원의 조달방법
7. 그 밖에 청소년육성을 위하여 특히 필요하다고 인정되는 사항

제14조 (연도별 시행계획의 수립) 국가 및 지방자치단체는 기본계획에 의하여 연도별 시행계획을 각각 수립·시행하여야 한다.

제15조 (계획수립의 협조) ①국가 및 지방자치단체는 제13조 및 제14조의 규정에 의한 기본계획 및 연도별 시행계획의 수립·시행을 위하여 필요한 때에는 공공기관·사회단체 그 밖의 민간기업체의 장에게 협조를 요청할 수 있다.
②제1항의 규정에 의한 협조요청을 받은 자는 특별한 사정이 없는 한 이에 협조하여야 한다.

제16조 (청소년의 달) 청소년의 능동적이고 자주적인 주인의식을 고취하고 청소년육성을 위한 국민의 참여분위기를 조성하기 위하여 매년 5월을 청소년의 달로 한다.

제3장 국가청소년위원회 <신설 2005.3.24, 2005.12.29>

제16조의2 (국가청소년위원회의 설치 <개정 2005.12.29>) ①청소년에 관한 사무를 담당하기 위하여 국무총리 소속하에 국가청소년위원회를 둔다. <개정 2005.12.29>
②국가청소년위원회는 위원장 1인과 상임위원 1인 및 11인 이내의 비상임위원으로 구성하며, 위원장은 정무직으로 보한다. <개정 2005.12.29>
③국가청소년위원회는 「정부조직법」 제2조의 규정에 의한 중앙행정기관으로서 그 소관사무를 수행한다. <개정 2005.12.29>
④국가청소년위원회는 소관사무를 전문적으로 수행하기 위하여 일부 위원으로 구성하는 분과회의를 설치·운영할

수 있으며, 분과회의의 구성방법·운영 등 세부적인 사항은 대통령령으로 정한다. <개정 2005.12.29>
⑤다음의 사항에 관하여는 국가청소년위원회의 심의·의결을 거쳐야 한다. <개정 2005.12.29>
1. 청소년정책의 기본방침에 관한 사항
2. 청소년 관련 법령의 제정·개폐에 관한 사항 및 제도 개선에 관한 사항
3. 「청소년복지지원법」 제12조의 규정에 의한 특별지원청소년에 대한 지원에 관한 사항
4. 「청소년보호법」 제8조의 규정에 의한 청소년유해매체물의 심의·결정에 관한 사항
5. 다른 법률에 의하여 국가청소년위원회의 소관으로 규정된 사항
6. 그 밖에 위원장이 국가청소년위원회의 심의·의결이 필요하다고 인정하는 사항
[본조신설 2005.3.24]

제16조의3 (국가청소년위원회 위원장·위원의 자격과 임명 등<개정 2005.12.29>) ①국가청소년위원회의 위원장은 청소년에 관한 경험과 식견이 풍부한 자 중에서 국무총리의 제청으로 대통령이 임명한다. <개정 2005.12.29>
②국가청소년위원회의 위원은 다음 각 호의 어느 하나에 해당하는 자 중에서 위원장의 추천을 받아 국무총리의 제청으로 대통령이 임명 또는 위촉한다. <개정 2005.12.29>
1. 3급 이상 공무원 또는 고위공무원단에 속하는 일반직공무원의 직에 있거나 있었던 자로서 청소년 관련 업무에 경험이 있는 자
2. 「초·중등교육법」 제2조의 규정에 의한 학교의 교원으로 15년 이상 근무한 경력이 있는 자로서 청소년 관련 업무에 경험이 있는 자
3. 「고등교육법」 제2조의 규정에 의한 학교나 공인된 연구기관에서 부교수 이상 또는 이에 상당한 직에 10년 이상 있거나 있었던 자로서 청소년 관련 연구 또는 업무에 경험이 있는 자
4. 판사·검사·변호사 또는 언론인으로서 10년 이상 근무한 자
5. 공공기관 또는 청소년·시민 단체 등에서 10년 이상 근무한 경력이 있는 자로서 청소년 업무에 관한 전문성이 있는 자
③국가청소년위원회의 위원장은 국가청소년위원회를 대표하고 국가청소년위원회의 직무를 통할한다. <개정 2005.12.29>
④국가청소년위원회의 위원장이 부득이한 사유로 직무를 수행할 수 없을 때에는 상임위원이 그 직무를 대행하고, 위원장과 상임위원이 모두 부득이한 사유로 직무를 수행할 수 없는 때에는 위원장이 미리 지정한 비상임위원이 그 직

무를 대행한다. <개정 2005.12.29>

⑤국가청소년위원회의 위원장 및 위원의 임기는 3년으로 하되, 1차에 한하여 연임할 수 있다. <개정 2005.12.29>

⑥국가청소년위원회의 위원장 또는 위원은 다음 각 호의 어느 하나에 해당하는 경우를 제외하고는 그 의사에 반하여 면직되지 아니한다. <개정 2005.12.29>

1. 금고 이상의 형의 선고를 받은 경우

2. 장기간의 심신쇠약으로 직무를 수행할 수 없게 된 경우

⑦국가청소년위원회의 위원장 및 상임위원은 「정부조직법」 제10조(정부위원)의 규정에 불구하고 정부위원이 된다. <개정 2005.12.29>

⑧국가청소년위원회의 비상임위원은 「형법」 및 그 밖의 법률에 의한 벌칙의 적용에 있어서는 이를 공무원으로 본다. <개정 2005.12.29>

⑨국가청소년위원회는 재적위원 과반수의 출석으로 개회하고, 출석위원 과반수의 찬성으로 의결한다. <개정 2005.12.29>

⑩국가청소년위원회의 위원장은 필요한 경우 국무회의에 출석하여 발언할 수 있다. <개정 2005.12.29>

[본조신설 2005.3.24]

제16조의4 (사무처의 설치) ①국가청소년위원회의 사무를 처리하기 위하여 국가청소년위원회에 사무처를 둔다. <개정 2005.12.29>

②사무처장은 위원장의 명을 받아 사무처의 사무를 처리하고 소속직원을 지휘·감독한다.

[본조신설 2005.3.24]

제16조의5 (조직 및 위임 규정) ①이 법에 규정한 것 외에 국가청소년위원회의 조직에 관하여 필요한 사항은 대통령령으로 정한다. <개정 2005.12.29>

②이 법에 규정한 것 외에 국가청소년위원회의 운영 등에 관하여 필요한 사항은 국가청소년위원회규칙으로 정한다. <개정 2005.12.29, 2005.12.29>

[본조신설 2005.3.24]

제16조의6 (공무원의 파견) ①국가청소년위원회의 위원장은 사무처의 효율적 운영을 위하여 필요하다고 인정하는 때에는 관계 행정기관의 장에게 공무원의 파견을 요청할 수 있다. <개정 2005.12.29>

②제1항의 규정에 의한 요청을 받은 행정기관의 장은 특별한 사유가 없는 한 이에 응하여야 한다.

③파견공무원은 그 복무에 관하여 위원장의 지휘·감독을 받는다.

④파견공무원의 파견근무기간은 특별한 사유가 없는 한 2년을 원칙으로 한다. 다만, 위원장이 필요하다고 인정하는 때에는 1년의 범위 안에서 그 기간을 연장할 수 있다.

[본조신설 2005.3.24]

제16조의7 (계약직 공무원의 채용) ①국가청소년위원회의 위원장은 청소년업무의 효율적인 운영을 위하여 필요한 때에는 「국가공무원법」 제2조 및 동법 제47조의 규정에 의하여 계약직 공무원을 채용할 수 있다. <개정 2005.12.29>

②제1항의 규정에 의한 계약직 공무원의 채용인원·채용자격 및 보수 그 밖에 필요한 사항은 관계기관의 장과 협의를 거쳐 위원장이 정한다.

[본조신설 2005.3.24]

제16조의8 (관계기관 등에의 협조요청) ①국가청소년위원회는 소관업무의 수행을 위하여 필요한 경우에는 행정기관·공공단체 그 밖의 관계기관에 대하여 자료·정보의 제공이나 의견제출 등의 협조를 요청할 수 있다. <개정 2005.12.29>

②제1항의 규정에 의하여 협조를 요청받은 기관은 특별한 사유가 없는 한 이에 응하여야 한다.

[본조신설 2005.3.24]

제4장 청소년시설

제17조 (청소년시설의 종류) 청소년활동에 제공되는 시설(이하 "청소년활동시설"이라 한다), 청소년복지에 제공되는 시설(이하 "청소년복지시설"이라 한다), 청소년보호에 제공되는 시설(이하 "청소년보호시설"이라 한다)에 관한 사항은 따로 법률로 정한다.

제18조 (청소년시설의 설치·운영) ①국가 및 지방자치단체는 청소년시설을 설치·운영하여야 한다.

②국가 및 지방자치단체외의 자는 따로 법률이 정하는 바에 의하여 청소년시설을 설치·운영할 수 있다.

③국가 및 지방자치단체는 제1항의 규정에 의하여 설치한 청소년시설을 청소년단체에 위탁하여 운영할 수 있다.

제19조 (청소년시설의 지도·감독) 국가 및 지방자치단체는 청소년시설의 적합성·공공성·안전성에 대한 국민의 신뢰를 확보하고, 그 설치와 운영을 지원하기 위하여 필요한 지도·감독을 할 수 있다.

제5장 청소년지도자

제20조 (청소년지도자의 양성) ①국가 및 지방자치단체는 청소년지도자의 양성과 자질향상을 위하여 필요한 시책을 강구하여야 한다.

②제1항의 규정에 의한 청소년지도자의 양성과 자질향상

을 위한 연수 등에 관한 기본방향 및 내용은 대통령령으로 정한다.

제21조 (청소년지도사) ①국가청소년위원회는 청소년지도사 자격검정에 합격하고 청소년지도사 연수기관에서 실시하는 연수과정을 마친 자에게 청소년지도사의 자격을 부여한다. <개정 2005.3.24, 2005.12.29>
②국가청소년위원회는 청소년지도사 자격검정에 합격한 자의 연수를 위하여 필요한 경우에는 대통령령이 정하는 바에 의하여 청소년지도사 연수기관을 지정할 수 있다. <개정 2005.3.24, 2005.12.29>
③다음 각 호의 1에 해당하는 자는 청소년지도사가 될 수 없다. <개정 2005.3.31>
1. 미성년자·금치산자 또는 한정치산자
2. 파산선고를 받은 자로서 복권되지 아니한 자
3. 금고 이상의 형을 받고 그 집행이 종료되거나 집행을 받지 아니하기로 확정된 후 2년이 경과되지 아니한 자
4. 금고 이상의 형을 받고 그 집행유예의 기간이 종료되지 아니한 자
5. 법원의 판결 또는 법률에 의하여 자격이 상실되거나 정지된 자
④제1항의 규정에 의한 청소년지도사의 등급, 자격검정, 연수, 자격증의 교부절차 등에 관하여 필요한 사항은 대통령령으로 정한다.

제22조 (청소년상담사) ①국가청소년위원회는 청소년상담사 자격검정에 합격하고 청소년상담사 연수기관에서 실시하는 연수과정을 마친 자에게 청소년상담사의 자격을 부여한다. <개정 2005.3.24, 2005.12.29>
②제21조제2항 내지 제4항의 규정은 제1항의 규정에 의한 청소년상담사에 대하여 이를 준용한다.

제23조 (청소년지도사청소년상담사의 배치 등) ①청소년시설 및 청소년단체는 대통령령이 정하는 바에 따라 청소년육성을 담당하는 청소년지도사 또는 청소년상담사를 배치하여야 한다.
②국가 및 지방자치단체는 제1항의 규정에 의하여 청소년단체 또는 청소년시설에 배치된 청소년지도사 및 청소년상담사에 대하여 예산의 범위안에서 그 활동비의 전부 또는 일부를 보조할 수 있다.

제24조 (청소년지도사청소년상담사의 채용 등) ①「교육기본법」 제9조에 의한 학교는 청소년육성에 관련되는 업무를 수행함에 있어 필요한 경우에 청소년지도사 또는 청소년상담사를 채용할 수 있다. <개정 2005.3.24>
②국가 및 지방자치단체는 제1항의 규정에 의한 채용에 소

요되는 보수 등 필요한 경비의 전부 또는 일부를 보조할 수 있다.

제25조 (청소년육성전담공무원) ①특별시·광역시·도(이하 "시·도"라 한다), 시·군·구(자치구를 말한다. 이하 같다) 및 읍·면·동 또는 제26조의 규정에 의한 청소년육성전담기구에 청소년육성전담공무원을 둘 수 있다.
②제1항의 청소년육성전담공무원은 청소년지도사 또는 청소년상담사의 자격을 가진 자로 한다.
③청소년육성전담공무원은 그 관할구역안의 청소년 및 다른 청소년지도자 등에 대하여 그 실태를 파악하고 필요한 지도를 하여야 한다.
④관계행정기관, 청소년단체 및 청소년시설의 설치·운영자는 청소년육성전담공무원의 업무수행에 협조하여야 한다.
⑤제1항의 규정에 의한 청소년육성전담공무원의 임용 등에 관하여 필요한 사항은 조례로 정한다.

제26조 (청소년육성전담기구의 설치) ①청소년육성에 관한 업무를 효율적으로 운영하기 위하여 시·도 및 시·군·구에 청소년육성에 관한 업무를 전담하는 기구를 따로 설치할 수 있다.
②제1항의 규정에 의한 청소년육성전담기구의 사무의 범위·조직 그 밖에 필요한 사항은 조례로 정한다.

제27조 (청소년지도위원) ①시장·군수·구청장은 청소년육성을 담당하게 하기 위하여 청소년지도위원을 위촉하여야 한다.
②제1항의 규정에 의한 청소년지도위원의 자격·위촉절차 등에 관하여 필요한 사항은 조례로 정한다.

제6장 청소년단체

제28조 (청소년단체의 역할) ①청소년단체는 다음 각 호의 역할을 수행하기 위하여 최선의 노력을 하여야 한다.
1. 학교교육과 상호보완할 수 있는 청소년활동을 통한 청소년의 기량과 품성 함양
2. 청소년복지 증진을 통한 청소년의 삶의 질 향상
3. 유해환경으로부터 청소년을 보호하기 위한 청소년보호업무의 수행
②청소년단체는 제1항의 역할을 수행함에 있어서 청소년의 의견을 적극 반영하여야 한다.

제29조 (청소년단체에 대한 지원 등) ①국가 및 지방자치단체는 청소년단체의 조직과 활동에 필요한 행정적인 지원을 할 수 있으며, 예산의 범위안에서 그 운영·활동 등에 필요한 경비의 일부를 보조할 수 있다.

②개인·법인 또는 단체는 청소년단체의 시설 및 운영을 지원하기 위하여 금전 그 밖의 재산을 출연할 수 있다.
③제1항의 규정에 의한 지원 및 보조범위 등에 관하여는 대통령령으로 정한다.

제30조 (수익사업) ①청소년단체는 정관이 정하는 바에 의하여 청소년육성과 관련한 수익사업을 할 수 있다.
②제1항의 규정에 의한 수익사업의 범위, 수익금의 사용 등에 관한 사항은 대통령령으로 정한다.

제31조 (한국청소년진흥센터의 설치) ①청소년육성을 위한 다음 각 호의 사업을 하기 위하여 한국청소년진흥센터(이하 "진흥센터"라 한다)를 설치한다. <개정 2005.3.24, 2005.12.29>
1. 청소년활동·청소년복지·청소년보호에 관한 종합적 안내 및 서비스 제공
2. 청소년육성에 필요한 정보 등의 종합적 관리 및 제공
3. 다른 법률이 진흥센터에 부여하는 기능의 수행
4. 그 밖에 국가청소년위원회가 인정하는 사업
②진흥센터는 법인으로 한다.
③진흥센터는 그 주된 사무소의 소재지에서 설립등기를 함으로써 성립한다.

제32조 (자료의 요청 등) ①진흥센터는 제31조제1항제2호의 사업수행과 관련하여 다음 각 호의 권한과 책임을 가진다.
1. 공공기관 등에 대한 필요한 간행물·자료의 제공요청
2. 제1호의 규정에 의한 간행물·자료제공자가 요구하는 상당한 대가의 지급
3. 제1호의 규정에 의하여 제공된 간행물이나 자료의 사업목적외의 사용금지
②제31조제1항제2호의 사업에 종사하는 임·직원 및 그 직에 있었던 자는 직무상 알게 된 비밀을 누설하여서는 아니된다.

제33조 (벌칙적용에 있어서의 공무원의제) 제31조제1항제2호의 사업에 종사하는 자는 「형법」 제129조 내지 제132조의 적용에 있어서는 이를 공무원으로 본다. <개정 2005.3.24>

제34조 (정관) ①진흥센터의 정관에는 다음 각 호의 사항을 기재하여야 한다.
1. 목적
2. 명칭
3. 주된 사무소의 소재지
4. 사업에 관한 사항
5. 임원 및 직원에 관한 사항
6. 이사회에 관한 사항
7. 재산 및 회계에 관한 사항
8. 정관의 변경에 관한 사항
②진흥센터의 정관을 변경하고자 하는 때에는 국가청소년위원회의 인가를 받아야 한다. <개정 2005.3.24, 2005.12.29>

제35조 (임원) ①진흥센터에 이사장 1인 및 소장 1인을 포함한 15인 이내의 이사와 감사 1인을 둔다.
②임원은 정관이 정하는 바에 의하여 선임한다.
③이사장·이사(소장을 제외한다) 및 감사는 비상임으로 한다.
④이사장·소장·이사 및 감사의 임기는 각각 3년으로 한다.
⑤임원의 자격에 관한 사항은 대통령령으로 정한다.
⑥다음 각 호의 1에 해당하는 자는 진흥센터의 임원이 될 수 없다. <개정 2005.3.31>
1. 미성년자·금치산자 또는 한정치산자
2. 파산선고를 받은 자로서 복권되지 아니한 자
3. 금고 이상의 형의 선고를 받고 집행이 종료되거나 집행을 받지 아니하기로 확정된 날부터 3년이 경과되지 아니한 자
4. 금고 이상의 형을 받고 그 집행유예의 기간이 종료되지 아니한 자
5. 법원의 판결 또는 법률에 의하여 자격이 상실 또는 정지된 자

제36조 (소장 등) ①소장은 이사회의 제청으로 국가청소년위원회가 임면한다. <개정 2005.3.24, 2005.12.29>
②소장은 진흥센터를 대표하고 진흥센터의 사무를 통할한다.
③소장이 사고가 있을 때에는 정관이 정하는 순서에 의하여 그 직무를 대행한다.
④감사는 진흥센터의 업무와 회계를 감사한다.

제37조 (사업계획서의 제출 등) ①진흥센터는 대통령령이 정하는 바에 의하여 사업계획서 및 예산서를 작성하여 매 사업연도 개시전까지 국가청소년위원회에 제출하여 승인을 얻어야 한다. <개정 2005.3.24, 2005.12.29>
②진흥센터는 사업연도마다 세입·세출결산서를 작성하여 공인회계사의 감사를 받아 다음 사업연도의 3월 20일까지 국가청소년위원회에 제출하여야 한다. <개정 2005.3.24, 2005.12.29>
③국가청소년위원회는 진흥센터에 대하여 사업·회계 및 재산상태에 관한 사항을 보고하게 하거나 소속공무원으로 하여금 장부·서류 그 밖의 물건을 검사하게 할 수 있으며 감독상 필요한 명령을 발할 수 있다. 이 경우 검사를 하는 공무원은 그 권한을 표시하는 증표를 지니고 이를 관계인

에게 내보여야 한다. <개정 2005.3.24, 2005.12.29>

제38조 (보조금 등) ①정부는 예산의 범위안에서 진흥센터의 사업 및 운영에 소요되는 경비를 보조할 수 있다.
②개인·법인 또는 단체는 진흥센터의 운영 또는 사업 등을 지원하기 위하여 금전 그 밖의 재산을 출연할 수 있다.

제39조 (「민법」의 준용〈개정 2005.3.24〉) 진흥센터에 관하여 이 법에 규정한 것을 제외하고는 「민법」 중 재단법인에 관한 규정을 준용한다. <개정 2005.3.24>

제40조 (한국청소년단체협의회) ①청소년단체는 청소년육성을 위한 다음 각 호의 활동을 하기 위하여 국가청소년위원회의 인가를 받아 한국청소년단체협의회(이하 "협의회"라 한다)를 설립할 수 있다. <개정 2005.3.24, 2005.12.29>
1. 회원단체가 행하는 사업과 활동에 대한 협조·지원
2. 청소년지도자의 연수와 권익증진
3. 청소년관련분야의 국제기구활동
4. 외국 청소년단체와의 교류 및 지원
5. 남·북청소년 및 해외교포청소년과의 교류·지원
6. 청소년활동에 관한 조사·연구·지원
7. 청소년관련 도서출판 및 정보지원
8. 청소년육성을 위한 홍보 및 실천운동
9. 지방청소년단체협의회에 대한 협조 및 지원
10. 그 밖에 청소년육성을 위하여 필요한 사업
②협의회는 법인으로 한다.
③협의회는 그 주된 사무소의 소재지에서 설립등기를 함으로써 성립한다.
④협의회에 관하여 이 법에 규정한 것을 제외하고는 「민법」 중 사단법인에 관한 규정을 준용한다. <개정 2005.3.24>
⑤국가는 협의회의 운영 및 활동에 소요되는 경비를 지원할 수 있다.
⑥협의회는 설립목적에 지장이 없는 범위에서 수익사업을 할 수 있으며, 발생한 수익은 협의회 또는 협의회의 운영시설 외의 목적에 사용할 수 없다.
⑦법인·개인 또는 단체는 협의회의 운영 및 사업 등을 지원하기 위하여 금전 그 밖의 재산을 출연 또는 기부할 수 있다.
⑧협의회는 제1항에 의한 활동의 일부를 정관이 정하는 바에 의하여 회원단체에 위탁할 수 있다.

제41조 (지방청소년단체협의회) ①특정지역을 활동범위로 하는 청소년단체는 청소년육성을 위하여 그 지역을 관할하는 시·도의 조례가 정하는 바에 의하여 시·도지사의 인가를 받아 지방청소년단체협의회를 설립할 수 있다.
②지방자치단체는 예산의 범위안에서 해당 지방청소년단체협의회의 운영경비의 전부 또는 일부를 지원할 수 있다.

제42조 (한국청소년상담원의 설립) ①청소년의 올바른 인격형성과 조화로운 성장을 위한 다음 각 호의 사업을 하기 위하여 한국청소년상담원(이하 "상담원"이라 한다)을 설립한다. <개정 2005.3.24, 2005.12.29>
1. 청소년상담 관련정책의 연구개발
2. 청소년 상담기법의 연구 및 상담자료의 제작·보급
3. 청소년 상담사업의 시범운영
4. 상담인력의 양성 및 연수
5. 청소년 상담기관 상호간의 연계 및 지원
6. 제46조 및 제46조의2의 규정에 의한 시·도 및 시·군·구 기관의 청소년상담·위기관련 사항에 대한 지도 및 지원
7. 청소년의 건전한 가치관정립과 부모교육
8. 학업 중단청소년 관련사업에 대한 지도 및 지원
9. 그 밖에 국가청소년위원회가 지정하거나 상담원의 목적 수행을 위하여 필요한 사업
②상담원은 제1항제1호 내지 제4호와 관련된 교육·연구를 보다 과학적·실증적·체계적으로 수행하기 위하여 관련법률의 규정에 따라 전문교육기관을 설치할 수 있다.
③상담원은 필요한 경우에 정관이 정하는 바에 의하여 분원을 둘 수 있다.

제43조 (임원) ①상담원에 이사장 및 원장 각 1인을 포함한 15인 이내의 이사와 감사 1인을 둔다.
②이사장은 이사 중에서 이사회의 의결로 선임하여 국가청소년위원회의 승인을 얻어야 한다. <개정 2005.3.24, 2005.12.29>
③이사장·이사(원장을 제외한다. 이하 이 조에서 같다) 및 감사는 비상임으로 한다.
④이사는 이사회의 제청으로 국가청소년위원회가 임면하고, 그 임기는 3년으로 한다. <개정 2005.3.24, 2005.12.29>
⑤감사는 국가청소년위원회가 임면하고, 그 임기는 3년으로 한다. <개정 2005.3.24, 2005.12.29>

제44조 (원장) ①원장은 이사회의 제청으로 국가청소년위원회가 임면하고, 그 임기는 3년으로 한다. <개정 2005.3.24, 2005.12.29>
②원장은 상담원을 대표하고 상담원의 사무를 통할한다.

제45조 (준용규정) 제31조제2항·제3항, 제34조, 제37조 내지 제39조의 규정은 상담원에 대하여 이를 준용한다.

제46조 (시·도의 청소년상담 및 긴급구조 등의 기관 설치) ①시·도지사는 청소년에 대한 상담·긴급구조·자활·치료 등의 기능을 수행하는 기관을 설치·운영할 수 있다.

②제1항의 규정에 의하여 설치된 기관이 수행하는 구체적
인 기능은 대통령령으로 정한다.
③시·도지사는 제1항의 규정에 의하여 설치된 기관을 청소
년단체 등에 위탁하여 운영하도록 할 수 있다.
④시·도지사는 제1항의 규정에 의한 기관을 법인으로 설치
할 수 있다.
⑤시·도지사가 제1항의 규정에 의하여 설치·운영하는 기
관에 대하여 국가는 예산의 범위 안에서 그 경비의 일부를
보조할 수 있다.
[전문개정 2005.12.29]

제46조의2 (시군구의 청소년지원 등의 기관 설치) ①시장·군수
·구청장은 제46조제1항의 규정에 따른 기능과 청소년활동·
자원봉사·참여·인권 등의 지원기능을 수행하는 기관을 설
치·운영할 수 있다.
②제46조제2항 내지 제5항의 규정은 시·군·구의 청소년지
원기관에 대하여 이를 준용한다.
[본조신설 2005.12.29]

제7장 청소년활동 및 복지 등

제47조 (청소년활동의 지원) ①국가 및 지방자치단체는 청소
년활동을 지원하여야 한다.
②제1항의 규정에 의한 청소년활동의 지원에 관한 사항은
따로 법률로 정한다.

제48조 (학교교육 등과의 연계) ①국가 및 지방자치단체는 청
소년활동과 학교교육·평생교육을 연계하여 교육적 효과를
높일 수 있도록 하는 시책을 수립·시행하여야 한다.
②국가청소년위원회가 제1항의 규정에 의한 시책을 수립
함에 있어서는 미리 관련기관의 협의와 전문가의 의견을
들어야 한다. <개정 2005.3.24, 2005.12.29>
③제2항의 규정에 의한 협의를 요청받은 관련기관은 특별
한 사유가 없는 한 이에 응하여야 한다.

제49조 (청소년복지의 향상) ①국가는 청소년들의 의식·태도·
생활 등에 관한 사항을 정기적으로 조사하고, 이를 개선하
기 위하여 청소년의 복지향상정책을 수립·시행하여야 한
다.
②국가 및 지방자치단체는 기초생활의 보장, 직업재활훈련,
청소년활동지원 등의 시책을 추진함에 있어서 정신적·신
체적·경제적·사회적으로 특별한 지원을 필요로 하는 청소
년에 대하여 우선적으로 배려하여야 한다.
③국가 및 지방자치단체는 청소년의 삶의 질을 향상하기
위하여 구체적인 시책을 마련하여야 한다.
④제1항 내지 제3항의 규정에 관하여는 따로 법률로 정한

다.

제50조 (청소년의 가출 및 비행 예방) ①국가 및 지방자치단체
는 청소년의 가출 및 비행을 예방하고 이들의 건전한 사회
복귀를 돕기 위하여 필요한 복지적 지원을 제공하여야 한
다.
②가정은 국가 및 지방자치단체에 우선하여 청소년의 가출
및 비행을 예방하기 위하여 노력하여야 하며, 가출·비행청
소년의 건전한 사회복귀를 위한 국가 및 지방자치단체 등
의 노력에 적극 협력하여야 한다. <신설 2005.12.29>

제51조 (청소년유익환경의 조성) ①국가 및 지방자치단체는
청소년의 정보화 역량을 배양하기 위한 환경조성에 노력하
여야 한다.
②국가 및 지방자치단체는 청소년에게 유익한 매체물의 제
작·보급 등을 장려하여야 하며 매체물의 제작·보급 등을
하는 자에 대하여 그 제작·보급 등에 관한 경비 등을 지원
할 수 있다.
③국가 및 지방자치단체는 주택단지의 청소년시설 배치 등
청소년을 위한 사회환경과 자연환경의 조성에 노력하여야
한다.

제52조 (청소년유해환경의 규제) ①국가 및 지방자치단체는
청소년에게 유해한 매체물과 약물 등이 유통되지 아니하도
록 하여야 한다.
②국가 및 지방자치단체는 청소년이 유해한 업소에 출입하
거나 고용되지 아니하도록 하여야 한다.
③국가 및 지방자치단체는 청소년을 폭력·학대·성매매 등
유해한 행위로부터 보호·구제하여야 한다.
④제1항 내지 제3항의 규정에 의한 청소년에게 유해한 매
체물·약물·업소·행위 등의 규제에 관하여는 따로 법률로
정한다.

제8장 청소년육성기금

제53조 (기금의 설치 등) ①청소년육성에 필요한 재원을 확보
하기 위하여 청소년육성기금(이하 "기금"이라 한다)을 설치
한다.
②기금은 국가청소년위원회가 관리·운용한다. <개정 2005.
3.24, 2005.12.29>
③국가청소년위원회는 기금의 관리·운용에 관한 사무의
전부 또는 일부를 제31조의 규정에 의한 진흥센터, 제40조
의 규정에 의한 협의회, 「정부출연연구기관 등의 설립·운
영 및 육성에 관한 법률」에 따라 설립된 한국청소년정책연
구원(이하 "청소년정책연구원"이라 한다) 또는 「국민체육
진흥법」 제36조의 규정에 의한 서울올림픽기념국민체육진

홍공단 중에서 선정하여 위탁할 수 있다. <개정 2005.3.24, 2005.12.29, 2007.4.11, 2007.5.11>

④기금의 관리·운용에 관하여 필요한 사항은 대통령령으로 정한다.

제54조 (기금의 조성) ①기금은 다음 각 호의 재원으로 조성한다. <개정 2005.3.24, 2007.4.11>

1. 정부의 출연금
2. 「국민체육진흥법」 제22조제3항제1호 및 「경륜·경정법」 제18조제1항제1호에 의한 출연금
3. 개인·법인 또는 단체가 출연하는 금전·물품 그 밖의 재산
4. 기금의 운용으로 생기는 수익금
5. 그 밖에 대통령령이 정하는 수입금

②제1항제3호의 규정에 의하여 출연하는 자는 용도를 지정하여 출연할 수 있다. 다만, 특정단체 또는 개인에 대한 지원을 용도로 지정할 수 없다.

제55조 (기금의 사용 등) ①기금은 다음 각 호의 사업에 사용한다.

1. 청소년활동의 지원
2. 청소년시설의 설치 및 운영을 위한 지원
3. 청소년지도자의 양성을 위한 지원
4. 청소년단체의 운영 및 활동을 위한 지원
5. 청소년복지증진을 위한 지원
6. 청소년보호를 위한 지원
7. 청소년육성정책의 수행과정에 관한 과학적 연구의 지원
8. 기금조성사업을 위한 지원
9. 그 밖에 청소년육성을 위하여 대통령령이 정하는 사업

②국가 또는 지방자치단체는 제53조제2항 및 제3항의 규정에 의한 기금의 관리기관(이하 '기금관리기관'이라 한다)의 기금조성을 지원하기 위하여 기금관리기관에 국유 또는 공유의 시설·물품 그 밖의 재산을 그 용도 또는 목적에 지장을 주지 아니하는 범위에서 무상으로 사용·수익하게 하거나 대부할 수 있다.

③기금관리기관은 청소년육성 또는 기금의 조성을 위하여 기금의 일부 또는 기금관리기관의 시설·물품 그 밖의 재산의 일부를 청소년단체의 기본재산에 출연 또는 출자할 수 있다.

④기금관리기관은 기금조성의 전망을 고려하여 기금사용을 조절함으로써 궁극적으로 청소년육성을 위한 재원확보에 기여할 수 있는 장기계획을 수립하여 시행하여야 한다.

제56조 (지방청소년육성기금의 조성) ①시·도지사는 관할구역 안의 청소년활동지원 등 청소년육성을 위한 사업지원에 필요한 재원을 확보하기 위하여 지방청소년육성기금을 설치

할 수 있다.

②제1항의 규정에 의한 지방청소년육성기금의 조성·용도 그 밖에 필요한 사항은 조례로 정한다.

제9장 보칙

제57조 (국공유재산의 대부 등) ①국가 또는 지방자치단체는 청소년시설의 설치, 청소년단체의 육성을 위하여 필요한 경우에는 「국유재산법」 또는 「지방재정법」의 규정에 불구하고 그 용도에 지장을 주지 아니하는 범위에서 청소년시설이나 청소년단체에게 국·공유재산을 무상으로 대부하거나 사용·수익하게 할 수 있다. <개정 2005.3.24>

②제1항의 규정에 의한 국·공유재산의 대부·사용·수익의 내용 및 조건에 관하여는 당해 재산을 사용·수익하고자 하는 자와 당해 재산의 관리청 또는 지방자치단체의 장간의 계약에 의한다.

제58조 (조세감면 등) ①국가는 진흥센터·협의회·지방청소년단체협의회·상담원·제46조 및 제46조의2의 규정에 의한 기관·청소년정책연구원 등 청소년단체 및 청소년단체가 운영하는 청소년시설에 대하여 「조세특례제한법」이 정하는 바에 의하여 조세를 감면할 수 있고 「부가가치세법」이 정하는 바에 따라 부가가치세를 감면할 수 있다. <개정 2005.3.24, 2005.12.29, 2007.5.11>

②국가는 진흥센터·협의회·지방청소년단체협의회·상담원·제46조 및 제46조의2의 규정에 의한 기관·청소년정책연구원 등 청소년단체 및 청소년단체가 운영하는 청소년시설에 출연 또는 기부된 재산과 제54조의 규정에 의하여 기금에 출연된 금전 그 밖의 재산에 대하여는 조세특례제한법이 정하는 바에 의하여 소득계산의 특례를 적용할 수 있다. <개정 2005.12.29, 2007.5.11>

③국가는 진흥센터·협의회·지방청소년단체협의회·상담원·제46조 및 제46조의2의 규정에 의한 기관·청소년정책연구원 등 청소년단체 및 청소년단체가 운영하는 청소년시설이 수입하는 청소년활동에 사용되는 실험·실습·시청각기자재 그 밖의 필요한 용품과 고도의 정밀성 등으로 수입이 불가피한 청소년시설·설비 등에 대하여는 「관세법」이 정하는 바에 의하여 관세를 감면할 수 있다. <개정 2005.3.24, 2005.12.29, 2007.5.11>

제59조 (감독 등) ①국가 및 지방자치단체는 청소년육성을 위하여 필요한 경우에 청소년시설 및 협의회·지방청소년단체협의회·제46조 및 제46조의2의 규정에 의한 기관 등 청소년단체에게 업무·회계 및 재산에 관한 사항을 보고하게 하거나 소속공무원으로 하여금 그 장부·서류 그 밖의 물건을 검사하게 할 수 있다. <개정 2005.12.29>

②제1항의 규정에 의하여 검사를 하는 공무원은 그 권한을 표시하는 증표를 지니고 이를 관계인에게 내보여야 한다.

제60조 (포상) 정부는 청소년육성에 관하여 공로가 현저하거나 다른 청소년의 모범이 되는 자에 대하여 포상을 할 수 있다.

제61조 (유사명칭의 사용금지) 이 법에 의한 진흥센터·상담원·협의회가 아닌 자는 한국청소년진흥센터·한국청소년상담원·한국청소년단체협의회 또는 이와 유사한 명칭을 사용하지 못한다.

제62조 (수수료 등) ①다음 각 호의 1에 해당하는 자는 국가청소년위원회규칙이 정하는 바에 의하여 수수료를 납부하여야 한다. <개정 2005.3.24, 2005.12.29>
1. 청소년지도사 자격검정에 응시하거나 연수과정을 이수하는 자
2. 청소년상담사 자격검정에 응시하거나 연수과정을 이수하는 자
②청소년시설을 설치·운영하는 자 및 위탁운영을 하는 단체는 청소년시설을 이용하는 자로부터 이용료를 받을 수 있다.

제63조 (권한의 위임·위탁) 국가청소년위원회는 이 법에 의한 권한의 일부를 대통령령이 정하는 바에 의하여 시·도지사에게 위임하거나 청소년단체에 위탁할 수 있다. <개정 2005.3.24, 2005.12.29>

제10장 벌칙

제64조 (벌칙) 다음 각 호의 1에 해당하는 자는 2년 이하의 징역 또는 2천만원 이하의 벌금에 처한다.
1. 제30조의 규정에 의하여 정관이 정하는 사업외의 수익사업을 한 자
2. 제32조제2항의 규정을 위반하여 직무상 알게 된 비밀을 누설한 자

제65조 (양벌규정) 법인의 대표자 또는 법인이나 개인의 대리인·사용인 그 밖의 종업원이 그 법인 또는 개인의 업무에 관하여 제64조의 위반행위를 한 때에는 행위자를 벌하는 외에 그 법인 또는 개인에 대하여도 동조의 벌금형을 과한다.

제66조 (과태료) ①다음 각 호의 1에 해당하는 자는 500만원 이하의 과태료에 처한다.
1. 제37조제3항 또는 제59조제1항의 규정에 의한 보고를 하

지 아니하거나 검사·명령을 거부·방해 또는 기피한 자
2. 제61조의 규정을 위반한 자
②제1항의 규정에 의한 과태료는 대통령령이 정하는 바에 의하여 국가청소년위원회 또는 지방자치단체의 장(제63조의 규정에 의하여 권한이 위임된 경우를 포함한다. 이하 같다)이 부과·징수한다. <개정 2005.3.24, 2005.12.29>
③제2항의 규정에 의한 과태료처분에 불복이 있는 자는 그 처분의 고지를 받은 날부터 30일 이내에 국가청소년위원회 또는 지방자치단체의 장에게 이의를 제기할 수 있다. <개정 2005.3.24, 2005.12.29>
④제2항의 규정에 의하여 과태료처분을 받은 자가 제3항의 규정에 의하여 이의를 제기한 때에는 국가청소년위원회 또는 지방자치단체의 장은 지체없이 관할법원에 그 사실을 통보하여야 하며, 그 통보를 받은 관할법원은 「비송사건절차법」에 의한 과태료의 재판을 한다. <개정 2005.3.24, 2005.12.29>
⑤제3항의 규정에 의한 기간 이내에 이의를 제기하지 아니하고 과태료를 납부하지 아니한 때에는 국세체납처분 또는 지방세체납처분의 예에 의하여 이를 징수한다.

부칙 <제7162호, 2004.2.9>
제1조 (시행일) 이 법은 공포 후 1년이 경과한 날부터 시행한다. 다만, 부칙 제2조의 시행을 위한 준비행위는 이 법 시행일전이라도 이를 할 수 있다.
제2조 (한국청소년진흥센터의 설립준비) ①문화관광부장관은 제31조의 개정규정에 의한 한국청소년진흥센터(이하 "진흥센터"라 한다)의 설립에 관한 사무를 관장하게 하기 위하여 설립준비위원회(이하 "준비위원회"라 한다)를 구성한다.
②준비위원회는 설립준비위원장(이하 "준비위원장"이라 한다)을 포함한 5인 이내의 설립준비위원(이하 "준비위원"이라 한다)으로 구성한다.
③준비위원장과 준비위원은 문화관광부장관이 위촉한다.
④준비위원회는 이 법 시행전까지 정관을 작성하여 문화관광부장관의 인가를 받아야 한다.
⑤준비위원은 제4항의 규정에 의하여 인가를 받은 때에는 지체없이 연명으로 진흥센터의 설립등기를 한 후 소장에게 사무를 인계하여야 한다.
⑥준비위원장 및 준비위원은 제5항의 규정에 의한 사무인계가 끝난 때에는 해촉된 것으로 본다.
제3조 (지방청소년위원회에 대한 경과조치) 이 법 시행 당시 종전의 규정에 의한 지방청소년위원회는 제11조의 개정규정에 의한 지방청소년육성위원회로 본다.
제4조 (청소년기본계획에 대한 경과조치) 이 법 시행 당시 종전의 규정에 의한 청소년육성에 관한 기본계획은 제13조

의 개정규정에 의한 기본계획으로 본다.

제5조 (청소년수련시설에 대한 경과조치) 이 법 시행 당시 종전의 규정에 의한 청소년수련시설은 제17조의 개정규정에 의한 청소년활동시설로 본다.

제6조 (사단법인 한국청소년단체협의회의 권리·의무 승계에 관한 경과조치) ①이 법 시행 당시 사단법인 한국청소년단체협의회는 이 법 시행후 3월 이내에 제40조의 개정규정에 의한 한국청소년단체협의회(이하 "협의회"라 한다)의 정관을 작성하여 문화관광부장관의 설립인가를 받아야 한다.

②이 법 시행 당시 사단법인 한국청소년단체협의회는 제1항의 규정에 의한 설립인가를 받은 때에는 협의회의 설립등기를 하여야 한다.

③이 법 시행 당시 사단법인 한국청소년단체협의회는 제2항의 규정에 의한 설립등기를 마친 때에는 민법 중 해산 및 청산에 관한 규정에 불구하고 해산된 것으로 본다.

④협의회는 설립등기일에 사단법인 한국청소년단체협의회의 모든 권리·의무 및 재산을 승계한다.

⑤이 법 시행 당시 사단법인 한국청소년단체협의회의 임·직원은 협의회의 임·직원으로 임명된 것으로 보며, 임원의 임기는 종전의 임명일부터 기산한다.

부칙 <제7421호, 2005.3.24>

제1조 (시행일) 이 법은 공포 후 3월 이내에 청소년위원회의 조직에 관한 대통령령이 시행되는 날부터 시행한다.

제2조 (조직 폐지 및 신설에 따른 소관사무 및 공무원 등에 관한 경과조치) ①이 법 시행당시 문화관광부장관의 소관사무 중 청소년에 관한 사무는 청소년위원회가 승계한다.

②이 법 시행당시 문화관광부 청소년국 소속 공무원은 청소년위원회 소속 공무원으로 본다.

③이 법 시행당시 제1항의 규정에 의하여 청소년위원회가 승계하는 문화관광부장관의 소관사무에 관한 문화관광부령은 청소년위원회규칙으로 본다.

제3조 (다른 법률의 개정) ①청소년활동진흥법 일부를 다음과 같이 개정한다.

제3조제1항, 제39조제1항 각 호외의 부분, 제42조제2항, 제43조제2항 및 제72조제3항 중 "문화관광부장관"을 각각 "청소년위원회"로 한다.

제39조제1항제6호, 제41조제1항제5호 및 제43조제3항·제4항 중 "문화관광부장관이"를 각각 "청소년위원회가"로 한다.

제45조제1항·제2항 및 제13조제2항 각 호외의 부분 중 "문화관광부장관에게"를 각각 "청소년위원회에"로 한다.

제69조 중 "문화관광부장관은"을 "청소년위원회는"으로 한다.

제12조제1항제4호·제2항, 제13조제1항 후단·제2항 각 호외의 부분, 제17조제2항, 제19조제2항, 제26조제2항, 제27조제

1항, 제31조제2항제3호·제5호, 동조제3항 및 제68조 각 호외의 부분 중 "문화관광부령"을 각각 "청소년위원회규칙"으로 한다.

②청소년복지지원법 일부를 다음과 같이 개정한다.

제7조제4항 중 "문화관광부령"을 "청소년위원회규칙"으로 한다.

③한국청소년연맹육성에 관한 법률 일부를 다음과 같이 개정한다.

제3조 중 "문화체육부장관은"을 "청소년위원회는"으로 하고, 제7조 및 제8조제1항 중 "문화체육부장관에게"를 각각 "청소년위원회에"로 하며, 제8조제2항 중 "문화체육부장관이"를 "청소년위원회가"로 하고, 제9조 중 "문화체육부장관은"을 "청소년위원회는"으로 한다.

④스카우트활동육성에관한법률 일부를 다음과 같이 개정한다.

제6조 중 "문화체육부장관이"를 "청소년위원회가"로 하고, 제7조 중 "문화체육부장관"을 "청소년위원회"로 하며, 제8조 중 "문화체육부장관은"을 "청소년위원회는"으로 하고, 제9조 중 "문화체육부장관이"를 "청소년위원회가"로, "문화체육부장관에게"를 "청소년위원회에"로 한다.

⑤청소년의성보호에관한법률 일부를 다음과 같이 개정한다.

제20조제1항 및 제3항 중 "청소년보호위원회"를 각각 "청소년위원회"로 한다.

⑥학교폭력예방및대책에관한법률 일부를 다음과 같이 개정한다.

제8조제3항제1호 중 "청소년보호위원회 위원장"을 "청소년위원회 위원장"으로 한다.

⑦담배사업법 일부를 다음과 같이 개정한다.

제13조제3항 중 "청소년보호위원회위원장"을 "청소년위원회 위원장"으로 하고, 제25조제4항 중 "청소년보호위원회 위원장"을 "청소년위원회 위원장"으로 한다.

⑧사법경찰관리의직무를행할자와그직무범위에관한법률 일부를 다음과 같이 개정한다.

제5조제29호 중 "청소년보호위원회"를 "청소년위원회"로 한다.

⑨출판및인쇄진흥법 일부를 다음과 같이 개정한다.

제19조제2항 중 "청소년보호위원회"를 "청소년위원회"로 한다.

제4조 (조직 폐지 및 신설에 따른 다른 법령과의 관계) 이 법 시행당시 다른 법령에서 청소년에 관한 사무와 관련하여 "문화관광부" 또는 "문화관광부장관"을 인용한 경우에는 "청소년위원회"를, "문화관광부 소속 공무원"을 인용한 경우에는 "청소년위원회 소속 공무원"을, 청소년위원회가 승계하는 문화관광부장관 소관사무에 관한 "문화관광부령"을 인용한 경우에는 "청소년위원회규칙"을 각각 인용한

것으로 본다.

부칙 (채무자 회생 및 파산에 관한 법률) <제7428호, 2005. 3.31>

제1조 (시행일) 이 법은 공포 후 1년이 경과한 날부터 시행한다.

제2조 내지 제4조 생략

제5조 (다른 법률의 개정) ①내지 <116>생략

<117>청소년기본법 일부를 다음과 같이 개정한다.

제21조제3항제2호 및 제35조제6항제2호 중 "파산자"를 각각 "파산선고를 받은 자"로 한다.

<118>내지 <145>생략

제6조 생략

부칙 (국가공무원법) <제7796호, 2005.12.29>

제1조 (시행일) 이 법은 2006년 7월 1일부터 시행한다.

제2조 내지 제5조 생략

제6조 (다른 법률의 개정) ①내지 <58>생략

<59>청소년기본법 일부를 다음과 같이 개정한다.

제16조의3제2항제1호 중 "3급 이상 공무원"을 "3급 이상 공무원 또는 고위공무원단에 속하는 일반직공무원"으로 한다.

<60>내지 <68>생략

부칙 <제7799호, 2005.12.29>

제1조 (시행일) 이 법은 공포 후 3월이 경과한 날부터 시행한다.

제2조 (조직명칭 변경에 따른 소관 사무 및 공무원 등에 관한 경과조치) 이 법 시행 전에 청소년위원회가 행한 사무와 이 법 시행당시 청소년위원회의 소관 사무는 국가청소년위원회가 승계하고, 청소년위원회 위원 및 소속 공무원은 국가청소년위원회 위원 및 소속 공무원으로 본다.

제3조 (다른 법률의 개정) ①청소년활동진흥법 일부를 다음과 같이 개정한다.

제3조제1항, 제39조제1항 각 호 외의 부분 및 같은 항 제6호, 제41조제1항제5호, 제42조2항, 제43조제2항 내지 제4항, 제45조제1항·제2항, 제69조, 제72조제3항 중 "청소년위원회"를 각각 "국가청소년위원회"로 한다.

②청소년보호법 일부를 다음과 같이 개정한다.

제2조제1호·제4호·제5호, 제8조제1항 내지 제6항, 제9조제1항·제2항, 제10조제1항, 제11조, 제12조제1항 내지 제6항, 제21조제1항 내지 제3항, 제22조제1항 내지 제3항, 제23조제1항 내지 제3항, 제26조제2항, 제33조의2제1항·제3항, 제42조제1항·제2항, 제43조제1항, 제46조, 제48조제1항 및 제49조제1항·제3항·제4항 중 "청소년위원회"를 각각 "국가청소년위원회"로 한다.

③청소년의성보호에관한법률 일부를 다음과 같이 개정한다.

제20조제1항 및 제3항 중 "청소년위원회"를 각각 "국가청소년위원회"로 한다.

④한국청소년연맹육성에관한법률 일부를 다음과 같이 개정한다.

제3조, 제7조, 제8조제1항·제2항 및 제9조 중 "청소년위원회"를 각각 "국가청소년위원회"로 한다.

⑤스카우트활동육성에관한법률 일부를 다음과 같이 개정한다.

제6조 내지 제9조 중 "청소년위원회"를 각각 "국가청소년위원회"로 한다.

⑥담배사업법 일부를 다음과 같이 개정한다.

제13조제3항 및 제25조제4항 중 "청소년위원회"를 각각 "국가청소년위원회"로 한다.

⑦사법경찰관리의직무를행할자와그직무범위에관한법률 일부를 다음과 같이 개정한다.

제5조제29호 중 "청소년위원회"를 "국가청소년위원회"로 한다.

⑧출판및인쇄진흥법 일부를 다음과 같이 개정한다.

제19조제2항 중 "청소년위원회"를 "국가청소년위원회"로 한다.

⑨학교보건법 일부를 다음과 같이 개정한다.

제6조제1항제14호 중 "청소년위원회"를 "국가청소년위원회"로 한다.

⑩학교폭력예방및대책에관한법률 일부를 다음과 같이 개정한다.

제8조제3항제1호 중 "청소년위원회"를 "국가청소년위원회"로 한다.

⑪청소년복지지원법 일부를 다음과 같이 개정한다.

제13조제2항 중 "제42조 및 제46조"를 "제42조, 제46조 및 제46조의2"로 하고, 제17조 중 "제46조"를 "제46조 및 제46조의2"로 하며, 제13조제2항 및 제17조 중 "지방청소년종합상담센터 및 지방청소년상담센터"를 각각 "기관"으로 한다.

제4조 (다른 법령과의 관계) 이 법 시행당시 다른 법령에서 청소년위원회를 인용한 경우에는 국가청소년위원회를, 청소년위원회 위원장을 인용한 경우에는 국가청소년위원회 위원장을, 청소년위원회 소속 공무원을 인용한 경우에는 국가청소년위원회 소속 공무원을 각각 인용한 것으로 본다.

부칙 (경륜·경정법) <제8342호, 2007.4.11>

①(시행일) 이 법은 공포한 날부터 시행한다.

②및 ③생략

④(다른 법률의 개정) 청소년기본법 일부를 다음과 같이 개정한다.

제54조제1항제2호 중 "「경륜·경정법」 제15조제1항제1호"

를 "「경륜·경정법」 제18조제1항제1호"로 한다.

⑤생략

부칙 (국민체육진흥법) <제8344호, 2007.4.11>

제1조 (시행일) 이 법은 공포한 날부터 시행한다. <단서 생략>

제2조 내지 제7조 생략

제8조 (다른 법률의 개정) ①내지 ⑤생략

⑥청소년기본법 일부를 다음과 같이 개정한다.

제53조제3항 중 "제24조"를 "제36조"로 한다.

제54조제1항제2호 중 "제20조제3항제1호"를 "제22조제3항제1호"로 한다.

제9조 생략

부칙 (정부출연연구기관 등의 설립·운영 및 육성에 관한 법률) <제8432호, 2007.5.11>

제1조 (시행일) 이 법은 공포한 날부터 시행한다.

제2조 (다른 법률의 개정) 청소년기본법 일부를 다음과 같이 개정한다.

제53조제3항 중 "「정부출연연구기관 등의 설립·운영 및 육성에 관한 법률」에 의하여 설립된 한국청소년개발원(이하 "청소년개발원"이라 한다)"을 "「정부출연연구기관 등의 설립·운영 및 육성에 관한 법률」에 따라 설립된 한국청소년정책연구원(이하 "청소년정책연구원"이라 한다)"으로 한다.

제58조제1항 내지 제3항 중 "청소년개발원"을 각각 "청소년정책연구원"으로 한다.

제3조 생략

청소년보호법

연혁

1997. 3. 7 제정 법률 제5297호	2004. 1. 29 일부개정 법률 제07161호
1998. 2. 28 일부개정 법률 제5529호	2004. 3. 11 일부개정 법률 제07187호
1999. 2. 5 일부개정 법률 제5817호	2004. 12. 31 일부개정 법률 제7292호
1999. 3. 31 일부개정 법률 제5942호	2005. 3. 24 일부개정 법률 제7423호
2000. 1. 12 일부개정 법률 제6146호	2005. 12. 29 일부개정 법률 제7799호
2000. 2. 3 일부개정 법률 제6261호	2005. 12. 29 일부개정 법률 제7800호
2001. 4. 7 일부개정 법률 제6460호	2006. 2. 21 일부개정 법률 제7849호
2001. 5. 24 일부개정 법률 제6479호	2006. 4. 28 일부개정 법률 제7943호
2002. 8. 26 일부개정 법률 제06721호	

제1장 총칙

제1조 (목적) 이 법은 청소년에게 유해한 매체물과 약물 등이 청소년에게 유통되는 것과 청소년이 유해한 업소에 출입하는 것 등을 규제하고, 청소년을 청소년폭력·학대 등 청소년유해행위를 포함한 각종 유해한 환경으로부터 보호·구제함으로써 청소년이 건전한 인격체로 성장할 수 있도록 함을 목적으로 한다. <개정 1999.2.5>

제2조 (정의) 이 법에서 사용하는 용어의 정의는 다음과 같다. <개정 1999.2.5, 1999.3.31, 2000.1.12, 2001.4.7, 2001.5.24, 2004.1.29, 2004.12.31, 2005.3.24, 2005.12.29, 2006.4.28>
1. "청소년"이라 함은 만 19세 미만의 자를 말한다. 다만, 만 19세에 도달하는 해의 1월 1일을 맞이한 자를 제외한다.
2. "매체물"이라 함은 제7조 각 호의 1에 해당하는 것을 말한다.
3. "청소년유해매체물"이라 함은 다음 각 목의 1에 해당하는 것을 말한다.
가. 제8조 및 제12조의 규정에 의하여 청소년위원회가 청소년에게 유해한 것으로 결정하거나 확인하여 고시한 매체물
나. 제8조제1항 단서의 규정에 의한 각 심의기관이 청소년에게 유해한 것으로 의결 또는 결정(이하 "결정"이라 한다)하여 청소년위원회가 고시하거나 제12조의 규정에 의하여 청소년에게 유해한 것으로 확인하여 청소년위원회가 고시한 매체물
4. "청소년유해약물 등"이라 함은 청소년에게 유해한 것으로 인정되는 다음 가목 (1) 내지 (7)에 해당하는 약물(이하 "청소년유해약물"이라 한다)과 청소년에게 유해한 것으로 인정되는 다음 나목 (1) 또는 (2)에 해당하는 물건(이하 "청소년유해물건"이라 한다)을 말한다.
가. 청소년유해약물
(1) 「주세법」의 규정에 의한 주류
(2) 「담배사업법」의 규정에 의한 담배
(3) 「마약류관리에 관한 법률」의 규정에 의한 마약류
(4) 삭제 <2000.1.12>
(5) 삭제 <2000.1.12>
(6) 「유해화학물질 관리법」의 규정에 의한 환각물질
(7) 기타 중추신경에 작용하여 습관성, 중독성, 내성 등을 유발하여 인체에 유해작용을 미칠 수 있는 약물 등 청소년의 사용을 제한하지 아니하면 청소년의 심신을 심각하게 훼손할 우려가 있는 약물로서 대통령령이 정하는 기준에 따라 관계 기관의 의견을 들어 국가청소년위원회가 결정하여 고시한 것
나. 청소년유해물건
(1) 청소년에게 음란한 행위를 조장하는 성기구 등 청소년의 사용을 제한하지 아니하면 청소년의 심신을 심각하게 훼손할 우려가 있는 성관련 물건으로서 대통령령이 정하는 기준에 따라 국가청소년위원회가 결정하여 고시한 것
(2) 청소년에게 음란성·포악성·잔인성·사행성 등을 조장하는 완구류 등 청소년의 사용을 제한하지 아니하면 청소년의 심신을 심각하게 훼손할 우려가 있는 물건으로서 대통령령이 정하는 기준에 따라 국가청소년위원회가 결정하여

고시한 것

5. "청소년유해업소"라 함은 청소년의 출입과 고용이 청소년에게 유해한 것으로 인정되는 다음 가목의 어느 하나에 해당하는 업소(이하 "청소년출입·고용금지업소"라 한다)와 청소년의 출입은 가능하나 고용은 유해한 것으로 인정되는 다음 나목의 어느 하나에 해당하는 업소(이하 "청소년고용금지업소"라 한다)를 말한다. 이 경우 업소의 구분은 그 업소가 영업을 함에 있어서 다른 법령에 의하여 요구되는 허가·인가·등록·신고 등의 여부에 불구하고 실제로 이루어지고 있는 영업행위를 기준으로 한다.

가. 청소년출입·고용금지업소

(1) 「식품위생법」에 의한 식품접객업 중 대통령령으로 정하는 것

(2) 「영화 및 비디오물의 진흥에 관한 법률」에 의한 비디오물감상실업 및 「음악산업진흥에 관한 법률」에 의한 노래연습장업 중 대통령령으로 정하는 것

(3) 「체육시설의 설치·이용에 관한 법률」에 의한 무도학원업, 무도장업

(4) 「사행행위 등 규제 및 처벌특례법」에 의한 사행행위영업

(5) 전기통신설비를 갖추고 불특정한 사람 상호간의 음성대화 또는 화상대화를 매개하는 것을 주된 목적으로 하는 영업. 다만, 「전기통신사업법」 등 다른 법률의 규정에 의하여 통신을 매개하는 영업을 제외한다.

(6) 청소년유해매체물, 청소년유해약물 및 청소년유해물건을 제작·생산·유통하는 영업 등 청소년의 출입과 고용이 청소년에게 유해하다고 인정되는 영업으로서 대통령령이 정하는 기준에 따라 국가청소년위원회가 결정하여 고시한 것

나. 청소년고용금지업소

(1) 「식품위생법」에 의한 식품접객업 중 대통령령으로 정하는 것

(2) 「공중위생관리법」에 의한 숙박업, 이용업, 목욕장업 중 대통령령으로 정하는 것

(3) 「영화 및 비디오물의 진흥에 관한 법률」에 의한 비디오물소극장업 또는 「게임산업진흥에 관한 법률」에 의한 게임제공업·복합유통게임제공업 중 대통령령이 정하는 영업

(4) 삭제 <2004.1.29>

(5) 「유해화학물질 관리법」에 의한 유독물영업. 다만, 유독물 사용과 직접 관련이 없는 영업으로서 대통령령이 정하는 영업을 제외한다.

(6) 회비 등을 받거나 유료로 만화를 대여하는 만화대여업

(7) 청소년유해매체물, 청소년유해약물 및 청소년유해물건을 제작·생산·유통하는 영업 등 청소년의 고용이 청소년에게 유해하다고 인정되는 영업으로서 대통령령이 정하는 기준에 따라 국가청소년위원회가 결정하여 고시한 것

6. "유통"이라 함은 매체물 또는 약물 등을 판매(가두판매·자동판매기·통신판매 등을 포함한다. 이하 같다), 대여, 배포, 방송(종합유선방송을 포함한다. 이하 같다), 공연, 상영, 전시, 진열, 광고하거나 시청 또는 이용에 제공하는 행위와 이러한 목적으로 매체물 또는 약물 등을 인쇄·복제 또는 수입하는 행위를 말한다.

7. "청소년폭력"이라 함은 폭력을 통해 청소년에게 신체적·정신적 피해를 발생하게 하는 행위를 말한다.

제3조 (가정의 역할과 책임) <개정 2005.12.29>) ①청소년에 대하여 친권을 행사하는 자 또는 친권자를 대신하여 청소년을 보호하는 자(이하 "친권자 등"이라 한다)는 청소년이 청소년유해매체물과 청소년유해약물등 및 청소년유해업소·청소년폭력·학대 등(이하 "청소년유해환경"이라 한다)에 접촉이나 출입을 못하도록 필요한 노력을 하여야 하며, 청소년이 유해한 매체물과 유해한 약물 등을 이용하고 있거나 유해한 업소에 출입하고자 하는 때에는 이를 즉시 제지하여야 한다. <개정 1999.2.5>

②친권자 등은 제1항의 규정에 따른 노력이나 제지를 함에 있어 필요한 경우 청소년보호와 관련된 상담기관 및 단체 등에 상담하여야 하고, 해당청소년이 가출 및 비행 등의 우려가 있다고 인정되는 상당한 이유가 있는 때에는 청소년보호와 관련된 지도·단속 기관에 협조를 요청하여야 한다. <신설 2005.12.29>

제4조 (사회의 책임) ①누구든지 청소년이 청소년유해환경에 접할 수 없도록 하거나 출입을 못하도록 노력하여야 하고, 청소년이 유해한 매체물과 유해한 약물 등을 이용하고 있거나 청소년폭력·학대 등을 행하고 있음을 안 때에는 이를 제지·선도하여야 하며, 청소년에게 유해한 매체물과 약물 등이 유통되고 있거나 청소년유해업소에 청소년이 고용되어 있거나 출입하고 있음을 안 때, 또는 청소년폭력·학대 등으로부터 피해를 입고 있음을 안 때에는 제21조제3항의 규정에 의한 관계기관 등에 신고·고발하는 등 청소년보호를 위하여 필요한 노력을 하여야 한다. <개정 1999.2.5>

②매체물과 약물 등의 유통을 업으로 하거나 청소년유해업소의 경영을 업으로 하는 자와 이들로 구성된 단체와 협회 등은 청소년유해매체물과 청소년유해약물 등이 청소년에게 유통되지 아니하도록 하고 청소년유해업소에 청소년을 고용하거나 출입하지 못하도록 하는 등 청소년보호를 위하여 자율적인 노력을 다하여야 한다.

제5조 (국가와 지방자치단체의 책임) ①국가는 청소년보호를 위하여 청소년유해환경의 정화에 필요한 시책을 강구·시행하여야 하며, 지방자치단체는 해당지역안의 청소년유해환경으로부터 청소년보호를 위하여 필요한 노력을 하여야

한다.

②국가 및 지방자치단체는 전자·통신기술 및 의약품 등의 발달에 따라 등장하는 새로운 형태의 매체물과 약물 등이 청소년의 정신적·신체적 건강을 해칠 우려가 있음을 인식하고, 이들 매체물과 약물 등으로부터 청소년을 보호하기 위하여 필요한 기술개발과 연구사업의 지원, 국가간의 협력체제구축 등 필요한 노력을 하여야 한다.

③국가 및 지방자치단체는 청소년관련단체 등 민간의 자율적인 유해환경감시·고발활동을 장려하고 이에 필요한 지원을 할 수 있으며 이들의 건의사항에 대하여는 관련시책에 반영할 수 있다.

④국가 및 지방자치단체는 청소년을 보호하기 위하여 청소년유해환경을 규제함에 있어 그 의무를 충실히 수행하여야 한다. <신설 1999.2.5>

제6조 (다른 법률과의 관계) 이 법은 청소년유해환경의 규제에 관한 형사처벌에 있어서 다른 법률에 우선하여 적용한다. <개정 1999.2.5>

제2장 청소년유해매체물의 청소년대상 유통 규제

제7조 (매체물의 범위) 이 법에서 매체물이라 함은 다음 각 호의 1에 해당하는 것을 말한다. <개정 1999.2.5, 2001.5.24, 2004.1.29, 2005.3.24, 2006.4.28>
1.「영화 및 비디오물의 진흥에 관한 법률」의 규정에 의한 비디오물, 「게임산업진흥에 관한 법률」에 의한 게임물 및 「음악산업진흥에 관한 법률」에 의한 음반
2. 삭제 <2001.5.24>
3.「공연법」 및 「영화 및 비디오물의 진흥에 관한 법률」의 규정에 의한 영화·연극·음악·무용, 기타 오락적 관람물
4.「전기통신사업법」 및 「전기통신기본법」의 규정에 의한 전기통신을 통한 부호·문언·음향 또는 영상정보
5.「방송법」의 규정에 의한 방송프로그램. 다만, 보도방송프로그램을 제외한다.
6.「정기간행물의 등록 등에 관한 법률」의 규정에 의한 일반일간신문(주로 정치·경제·사회에 관한 보도·논평 및 여론을 전파하는 신문을 제외한다), 특수일간신문(경제·산업·과학·종교분야를 제외한다), 일반주간신문(정치·경제분야를 제외한다), 특수주간신문(경제·산업·과학·시사·종교분야를 제외한다), 잡지(정치·경제·산업·과학·시사·종교분야를 제외한다) 및 대통령령으로 정하는 기타 간행물(이하 "정기간행물등"이라 한다)과 동법의 규정에 의한 정기간행물 외의 간행물 중 만화·사진첩·화보류·소설 등의 도서류, 전자출판물, 기타 대통령령이 정하는 것
7.「옥외광고물 등 관리법」의 규정에 의한 간판·입간판·벽보·전단 기타 이와 유사한 상업적 광고선전물과 제1호 내지 제6호의 규정에 의한 각종 매체물에 수록·게재·전시, 기타 방법으로 포함된 상업적 광고선전물
8. 기타 청소년의 정신적·신체적 건강을 해칠 우려가 있다고 인정되는 것으로서 대통령령이 정하는 매체물

제8조 (청소년유해매체물의 심의·결정) ①「청소년기본법」 제16조의2의 규정에 의한 청소년위원회(이하 "국가청소년위원회"라 한다)는 제7조의 규정에 의한 매체물의 청소년에 대한 유해여부를 심의하여 청소년에게 유해하다고 인정되는 매체물에 대하여는 청소년유해매체물로 결정하여야 한다. 다만, 다른 법령의 규정에 의하여 당해 매체물의 윤리성·건전성의 심의를 할 수 있는 기관(이하 "각 심의기관"이라 한다)이 있는 경우에는 그러하지 아니하다. <개정 2004.1.29, 2005.3.24, 2005.12.29>

②국가청소년위원회는 각 심의기관이 해당 매체물에 대하여 청소년유해여부의 심의를 하지 아니할 경우 청소년보호를 위하여 필요하다고 인정할 때에는 그 심의를 하도록 요청할 수 있다. <개정 2005.3.24, 2005.12.29>

③국가청소년위원회는 제1항 단서의 규정에 불구하고 다음 각 호의 1에 해당하는 매체물에 대하여는 청소년에 대한 유해여부를 심의하여 청소년에게 유해하다고 인정되는 매체물에 대하여는 청소년유해매체물로 결정할 수 있다. <개정 2005.3.24, 2005.12.29>
1. 제1항 단서의 각 심의기관의 요청이 있는 매체물
2. 제1항 단서의 각 심의기관의 청소년유해여부 심의를 받지 아니하고 유통되는 매체물

④국가청소년위원회 또는 각 심의기관은 매체물 심의결과 그 매체물의 내용이 형법 등 다른 법령에 의하여 유통이 금지되는 내용이라고 판단되는 경우에는 그 매체물에 대한 청소년유해매체물 결정을 하기 전에 관계기관에 형사처벌 또는 행정처분을 요청하여야 한다. 다만, 각 심의기관별로 해당법령에서 별도의 절차가 있는 경우에는 그 절차에 의한다. <신설 1999.2.5, 2005.3.24, 2005.12.29>

⑤국가청소년위원회 또는 각 심의기관은 제작·발행의 목적 등에 비추어 청소년이 아닌 자를 상대로 제작·발행되거나, 매체물 각각에 대하여 청소년유해매체물로 결정하여서는 당해 매체물이 청소년에게 유통되는 것을 차단할 수 없는 매체물에 대하여는 신청 또는 직권에 의하여 매체물의 종류, 제목, 내용 등을 특정하여 청소년유해매체물로 결정할 수 있다. <신설 1999.2.5, 2005.3.24, 2005.12.29>

⑥국가청소년위원회의 심의·결정방법 등 기타 필요한 사항은 대통령령으로 정한다. <개정 2005.3.24, 2005.12.29>

제9조 (등급구분 등) ①국가청소년위원회와 각 심의기관은 제8조의 규정에 의한 청소년유해매체물의 심의·결정시에 청소년유해매체물로 심의·결정하지 아니한 매체물에 대하

여는 청소년유해의 정도, 이용청소년의 연령, 당해 매체물의 특성, 이용시간과 장소 등을 감안하여 필요한 경우에 당해 매체물의 등급을 구분할 수 있다. <개정 2005.3.24, 2005.12.29>
②국가청소년위원회는 각 심의기관이 해당 매체물에 대한 청소년유해여부의 심의·결정시 제1항의 규정에 의한 등급구분을 하도록 요청할 수 있다. <개정 2005.3.24, 2005.12.29>
③제1항 및 제2항의 규정에 의한 등급구분의 대상·종류·방법 등에 대하여 필요한 사항은 대통령령으로 정한다.

제10조 (청소년유해매체물의 심의기준) ①국가청소년위원회와 각 심의기관은 제8조의 규정에 의한 심의를 함에 있어서 당해 매체물이 다음 각 호의 1에 해당하는 경우에는 청소년유해매체물로 결정하여야 한다. <개정 2005.3.24, 2005.12.29>
1. 청소년에게 성적인 욕구를 자극하는 선정적인 것이거나 음란한 것
2. 청소년에게 포악성이나 범죄의 충동을 일으킬 수 있는 것
3. 성폭력을 포함한 각종 형태의 폭력행사와 약물의 남용을 자극하거나 미화하는 것
4. 청소년의 건전한 인격과 시민의식의 형성을 저해하는 반사회적·비윤리적인 것
5. 기타 청소년의 정신적·신체적 건강에 명백히 해를 끼칠 우려가 있는 것
②제1항의 규정에 의한 기준을 구체적으로 적용함에 있어서는 현재 국내사회에서의 일반적인 통념에 따르며 그 매체물이 가지고 있는 문학적·예술적·교육적·의학적·과학적 측면과 그 매체물의 특성을 동시에 고려하여야 한다.
③청소년유해여부에 관한 구체적인 심의기준과 그 적용에 관하여 필요한 사항은 대통령령으로 정한다.

제11조 (심의내용의 조정) 국가청소년위원회는 청소년보호와 관련하여 각 심의기관간에 동일한 내용의 매체물에 대하여 심의한 내용이 상당한 정도로 차이가 있을 경우 그 심의내용의 조정을 요구할 수 있으며 그 요구를 받은 각 심의기관은 특별한 사유가 없는 한 이에 응하여야 한다. <개정 2005.3.24, 2005.12.29>

제12조 (유해매체물의 자율규제) ①매체물의 제작·발행자, 유통행위자 또는 매체물과 관련된 단체는 자율적으로 청소년유해여부를 결정하고 국가청소년위원회 또는 각 심의기관에 그 결정한 내용의 확인을 요청할 수 있다. <개정 2005.3.24, 2005.12.29>
②제1항의 규정에 의한 확인요청을 받은 국가청소년위원

회 또는 각 심의기관은 심의결과 그 결정내용이 적합한 경우에는 이의 확인을 하여야 하며, 국가청소년위원회는 필요한 경우 이를 각 심의기관에 위탁하여 처리할 수 있다. <개정 2005.3.24, 2005.12.29>
③제2항의 규정에 의하여 국가청소년위원회 또는 각 심의기관이 확인을 한 경우 당해 매체물의 확인을 필한 표시를 부착할 수 있다. <개정 2005.3.24, 2005.12.29>
④매체물의 제작·발행자, 유통행위자 또는 매체물과 관련된 단체는 청소년에게 유해하다고 판단되는 매체물에 대하여 국가청소년위원회 또는 각 심의기관의 결정없이 제14조 및 제15조의 규정에 준하는 청소년유해표시 또는 포장을 할 수 있다. <개정 2005.3.24, 2005.12.29>
⑤국가청소년위원회 또는 각 심의기관은 제4항의 규정에 의하여 자율적으로 청소년유해표시 및 포장을 한 매체물을 발견한 때에는 청소년유해여부를 결정하여야 한다. <개정 2005.3.24, 2005.12.29>
⑥매체물의 제작·발행자, 유통행위자 또는 매체물과 관련된 단체가 제4항의 규정에 의하여 청소년유해표시 또는 포장을 한 매체물은 국가청소년위원회 또는 각 심의기관의 최종결정이 있을 때까지 이 법의 규정에 의한 청소년유해매체물로 본다. <개정 2005.3.24, 2005.12.29>
⑦제1항 내지 제6항의 규정에 의한 청소년유해여부의 결정과 확인의 절차 및 방법 등에 관하여 필요한 사항은 대통령령으로 정한다.
[전문개정 1999.2.5]

제13조 삭제 <2004.1.29>

제14조 (표시의무) ①청소년유해매체물에 대해서는 청소년에게 유해한 매체물임을 나타내는 표시(이하 "청소년유해표시"라 한다)를 하여야 한다.
②제1항의 규정에 의한 청소년유해표시를 하여야 할 의무자, 청소년유해표시의 종류와 시기·방법 기타 필요한 사항은 대통령령으로 정한다.

제15조 (포장의무) ①청소년유해매체물에 대해서는 이를 포장하여야 한다. 다만, 매체물의 특성상 포장할 수 없는 것은 그러하지 아니하다.
②제1항의 규정에 의한 포장을 하여야 할 매체물의 종류, 포장의무자, 포장방법 기타 포장에 관하여 필요한 사항은 대통령령으로 정한다.

제16조 (표시·포장의 훼손금지) 누구든지 제14조의 규정에 의한 청소년유해표시 및 제15조의 규정에 의한 포장을 훼손하여서는 아니된다.

제17조 (판매금지 등) ①청소년유해매체물을 판매·대여·배포

하거나 시청·관람·이용에 제공하고자 하는 자는 그 상대방의 연령을 확인하여야 하고, 청소년에게 이를 판매·대여·배포하거나 시청·관람·이용에 제공하여서는 아니된다. <개정 2001.5.24>

②제14조의 규정에 의하여 청소년유해표시를 하여야 할 매체물은 청소년유해표시가 되지 아니한 상태에서는 당해 매체물의 판매 또는 대여를 위하여 전시 또는 진열하여서는 아니된다.

③제15조의 규정에 의하여 포장을 하여야 할 매체물은 포장이 되지 아니한 상태에서는 당해 매체물의 판매 또는 대여를 위하여 전시 또는 진열하여서는 아니된다.

④청소년유해매체물의 판매금지 등에 관하여 기타 필요한 사항은 대통령령으로 정한다.

제18조 (구분·격리 등) ①청소년유해매체물은 이를 청소년에게 유통이 허용된 매체물과 구분·격리하지 아니하고서는 판매 또는 대여하기 위하여 전시 또는 진열하여서는 아니된다.

②청소년유해매체물로서 제7조제1호 또는 제6호에 해당하는 매체물은 자동기계장치 또는 무인판매장치에 의하여 유통할 목적으로 전시 또는 진열하여서는 아니된다. 다만, 다음 각 호의 1에 해당하는 경우에는 그러하지 아니하다. <개정 1999.2.5>

1. 자동기계장치 또는 무인판매장치를 설치하는 자가 이를 이용한 청소년의 청소년유해매체물 구입행위 등을 제지할 수 있는 경우

2. 제2조제5호 가목의 청소년출입·고용금지업소안에 설치하는 경우

③제1항 및 제2항의 규정에 의한 매체물의 구분·격리 및 판매방법 등에 관하여 필요한 사항은 대통령령으로 정한다.

제19조 (방송시간 제한) 청소년유해매체물로서 제7조제5호에 해당하는 것과 제7조제7호에 해당하는 광고선전물 중 방송을 이용하는 것은 대통령령이 정하는 방송시간에는 이를 방송하여서는 아니된다.

제20조 (광고선전 제한) ①청소년유해매체물로서 제7조제7호의 규정에 의한 간판, 입간판, 벽보, 전단, 기타 대통령령이 정하는 광고선전물은 이를 다음 각 호의 1에 해당하는 장소 또는 방법으로 공공연히 설치·부착·배포하여서는 아니된다. <개정 1999.2.5>

1. 청소년출입·고용금지업소외의 업소

2. 공중이 통행하는 장소

3. 청소년의 접근을 제한하는 기능이 없는 컴퓨터통신

②청소년유해매체물로서 제7조제7호의 규정에 의한 광고선전물 중 다른 매체물과 기타 물건 등에 수록·게재·전시 기타의 방법으로 포함된 것은 당해 매체물과 기타 물건 등을 청소년을 대상으로 판매·대여·배포하거나 시청·관람 또는 이용에 제공하여서는 아니된다.

③제1항과 제2항의 규정에 의한 광고선전물의 제한방법·장소, 기타 광고제한에 관하여 필요한 사항은 대통령령으로 정한다.

제21조 (청소년유해매체물목록표의 작성·통보) ①국가청소년위원회와 각 심의기관은 소관 매체물에 대하여 청소년유해매체물로 결정한 때에는 당해 매체물의 목록을 작성하여야 하며, 각 심의기관이 작성할 경우에는 그 목록을 국가청소년위원회에 제출하여야 한다. <개정 2005.3.24, 2005.12.29>

②국가청소년위원회는 청소년유해매체물의 목록을 종합한 청소년유해매체물목록표를 작성하여야 한다. <개정 2005.3.24, 2005.12.29>

③국가청소년위원회는 각 심의기관, 청소년 또는 매체물과 관련이 있는 중앙행정기관, 청소년보호와 관련된 지도·단속기관, 기타 청소년보호를 위한 관련단체 등(이하 "관계기관등"이라 한다)에 제2항의 규정에 의한 청소년유해매체물목록표를 통보하여야 하며, 필요한 경우 매체물의 유통을 업으로 하는 개인·법인·단체에게 통보할 수 있으며, 요청이 있는 경우 친권자 등에게 통지할 수 있다. <개정 2005.3.24, 2005.12.29>

④제2항의 규정에 의한 청소년유해매체물목록표의 작성방법, 통보시기, 통보대상 기타 필요한 사항은 총리령으로 정한다. <개정 1998.2.28>

제22조 (청소년유해매체물의 고시) ①국가청소년위원회는 제8조제1항 본문 및 제3항과 제12조의 규정에 의하여 결정 또는 확인한 매체물에 대하여는 이를 청소년유해매체물로 고시하여야 한다. <개정 1999.2.5, 2001.5.24, 2005.3.24, 2005.12.29>

②각 심의기관은 청소년유해매체물에 대하여 심의의견서를 첨부하여 국가청소년위원회에 당해 매체물의 고시를 요청하여야 한다. <개정 1999.2.5, 2005.3.24, 2005.12.29>

③국가청소년위원회가 제1항 및 제2항의 규정에 의한 매체물을 고시할 때에는 고시의 사유와 효력발생시기를 명시하여야 한다. <개정 1999.2.5, 2005.3.24, 2005.12.29>

④제1항 내지 제3항의 규정에 의한 고시에 관하여 필요한 사항은 총리령으로 정한다. <개정 1998.2.28>

제23조 (청소년유해매체물의 결정취소 등) ①국가청소년위원회는 청소년유해매체물이 더 이상 청소년에게 유해하지 아니하다고 인정할 경우에는 제8조제1항 및 제3항의 규정에 의한 청소년유해매체물의 결정을 취소하고 당해 매체물을

청소년유해매체물목록표에서 삭제하여야 하며 그 사실을 관계기관 등에 통보하여야 한다. <개정 2005.3.24, 2005.12.29>

②각 심의기관은 청소년유해매체물 결정을 취소한 경우에는 국가청소년위원회에 그 사실을 통보하여야 한다. 이 경우 국가청소년위원회는 당해 매체물을 청소년유해매체물목록표에서 삭제하여야 하며 그 사실을 관계기관 등에 통보하여야 한다. <개정 2005.3.24, 2005.12.29>

③국가청소년위원회는 제1항 및 제2항의 규정에 의한 청소년유해매체물의 취소결정이 있는 경우에는 결정이 취소되었다는 사실과 그 사유를 명시하여 고시하여야 한다. <개정 1999.2.5, 2005.3.24, 2005.12.29>

④제1항 내지 제3항의 규정에 의한 결정취소 등에 관하여 필요한 사항은 총리령으로 정한다. <개정 1998.2.28>

제23조의2 (외국매체물에 대한 특례) 누구든지 영리를 목적으로 외국에서 제작·발행된 매체물로서 제10조의 심의기준에 해당하는 매체물을 청소년에게 유통(번역, 번안, 편집, 자막삽입 등의 방법으로 유통하게 하는 경우를 포함한다)하게 하거나 이와 같은 목적으로 소지하여서는 아니된다. <개정 2001.5.24>
[본조신설 1999.2.5]

제3장 청소년유해업소, 청소년유해약물 및 청소년유해행위 등의 규제 <개정 1999.2.5>

제24조 (청소년 고용금지 및 출입제한 등 <개정 1999.2.5, 2001.5.24>) ①청소년유해업소의 업주는 종업원을 고용하고자 하는 때에는 그 연령을 확인하여야 하며, 청소년을 고용하여서는 아니된다. <개정 2001.5.24>

②청소년출입·고용금지업소의 업주 및 종사자는 출입자의 연령을 확인하여 청소년이 당해 업소에 출입하거나 이용하지 못하게 하여야 한다. <개정 1999.2.5>

③청소년유해업소의 업주 및 종사자는 제1항 및 제2항의 규정에 의한 연령확인을 위하여 필요한 경우 주민등록증 그 밖에 연령을 확인할 수 있는 증표(이하 이 항에서 "증표"라 한다)의 제시를 요구할 수 있으며, 증표제시를 요구받은 자가 정당한 사유없이 증표제시를 거부할 경우에는 당해 업소의 출입을 제한하거나 이용하지 못하게 할 수 있다. <신설 2004.1.29>

④제2항의 규정에 불구하고 청소년이 친권자 등을 동반할 때에는 대통령령이 정하는 바에 따라 출입하게 할 수 있다. 다만, 「식품위생법」에 의한 식품접객업 중 대통령령으로 정하는 업소의 경우에는 그러하지 아니하다. <개정 2004.1.29, 2005.3.24>

⑤청소년유해업소의 업주 및 종사자는 당해 업소에 대통령령이 정하는 바에 따라 청소년의 출입·이용과 고용을 제한하는 내용의 표시를 하여야 한다. <신설 1999.2.5>

제25조 (청소년통행금지·제한구역의 지정 등 <개정 1999.2.5>) ①지방자치단체는 청소년보호를 위하여 필요하다고 인정할 경우 청소년에게 정신적·신체적 건강을 해칠 우려가 있는 구역을 청소년통행금지구역 또는 청소년통행제한구역으로 지정하여야 한다. <개정 1999.2.5>

②지방자치단체는 청소년범죄 또는 탈선의 예방 등 특별한 이유가 있는 때에는 대통령령이 정하는 바에 따라 특정시간을 정하여 제1항의 규정에 의해 지정된 구역에 청소년의 통행을 금지하거나 또는 제한할 수 있다. <개정 1999.2.5>

③제1항 및 제2항의 규정에 의한 청소년통행금지·제한구역의 구체적인 지정기준과 선도 및 단속방법 등은 조례로 정하여야 하며, 이 경우 관할국가경찰관서 및 학교 등 해당 지역내의 관계기관과 지역주민의 의견을 반영하여야 한다. <개정 1999.2.5, 2006.2.21>

④지방자치단체 및 관할경찰서장은 청소년이 제2항의 규정에 위반하여 청소년통행금지·제한구역을 통행하고자 하는 때에는 그 통행을 저지할 수 있으며, 통행하고 있는 청소년에 대하여는 해당구역 밖으로 퇴거시킬 수 있다. <신설 1999.2.5>

제26조 (청소년유해약물 등으로부터 청소년보호) ①누구든지 청소년을 대상으로 하여 청소년유해약물 등을 판매·대여·배포하여서는 아니된다. 이 경우 자동기계장치·무인판매장치·통신장치에 의하여 판매·대여·배포한 경우를 포함한다. 다만, 학습용·공업용 또는 치료용으로 판매되는 것으로서 대통령령이 정하는 것은 그러하지 아니하다. <개정 2001.5.24>

②국가청소년위원회는 청소년유해약물목록표를 작성하여 청소년유해약물 등과 관련이 있는 중앙행정기관, 청소년보호와 관련된 지도·단속기관, 기타 청소년보호를 위한 관련단체 등에 통보하여야 하며, 필요한 경우 약물유통을 업으로 하는 개인·법인·단체에게 통보할 수 있으며, 요청이 있는 경우 친권자 등에게 통지할 수 있다. <개정 2005.3.24, 2005.12.29>

③제2항의 규정에 의한 청소년유해약물목록표의 작성방법, 통보시기, 통보대상 기타 필요한 사항은 총리령으로 정한다. <개정 1998.2.28>

④제14조 내지 제16조의 규정은 청소년유해약물 등에 이를 준용한다.

제26조의2 (청소년유해행위의 금지) 누구든지 다음 각 호의 1에 해당하는 행위를 하여서는 아니된다. <개정 2000.2.3, 2004.1.29>

1. 영리를 목적으로 청소년으로 하여금 신체적인 접촉 또는 은밀한 부분의 노출 등 성적 접대행위를 하게 하거나 이러한 행위를 알선·매개하는 행위

2. 영리를 목적으로 청소년으로 하여금 손님과 함께 술을 마시거나 노래 또는 춤 등으로 손님의 유흥을 돋구는 접객행위를 하게 하거나 이러한 행위를 알선·매개하는 행위

3. 영리 또는 흥행의 목적으로 청소년에게 음란한 행위를 하게 하는 행위

4. 영리 또는 흥행의 목적으로 청소년의 장애기형 등 형상을 공중에게 관람시키는 행위

5. 청소년에게 구걸을 시키거나, 청소년을 이용해서 구걸하는 행위

6. 청소년을 학대하는 행위

7. 영리를 목적으로 청소년으로 하여금 손님을 거리에서 유인하는 행위를 하게 하는 행위

8. 청소년에 대하여 이성혼숙을 하게 하는 등 풍기를 문란하게 하는 영업행위를 하거나 그를 목적으로 장소를 제공하는 행위

9. 주로 다류(다류)를 조리·판매하는 업소에서 청소년으로 하여금 영업장을 벗어나 다류를 배달하는 행위를 하게 하거나 이를 조장 또는 묵인하는 행위

[본조신설 1999.2.5]

제26조의3 (청소년대상 무효인 채권) ①제26조의2의 규정에 의한 행위(이하 이 항에서 "유해행위"라 한다)를 한 자가 유해행위와 관련하여 청소년에게 가지는 채권은 그 계약의 형식이나 명목에 관계없이 이를 무효로 한다.

②제2조제5호 가목(1) 및 나목(1)의 규정에 의한 업소의 업주가 고용과 관련하여 청소년에게 가지는 채권은 그 계약의 형식이나 명목에 관계없이 이를 무효로 한다.

[본조신설 2004.1.29]

제4장 청소년보호센터 등 <개정 2005.3.24>

제27조 삭제 <2005.3.24>

제28조 삭제 <2005.3.24>

제28조의2 삭제 <2005.3.24>

제29조 삭제 <2005.3.24>

제30조 삭제 <2005.3.24>

제31조 삭제 <2005.3.24>

제32조 삭제 <2005.3.24>

제33조 삭제 <2005.3.24>

제33조의2 (청소년보호센터 등) ①청소년폭력·학대 등 유해환경으로부터 청소년을 임시로 보호하기 위하여 국가청소년위원회에 청소년보호센터를 둘 수 있다. <개정 2005.3.24,

2005.12.29>

②청소년보호센터에는 피해를 당한 청소년에게 법률상담, 소송업무대행 등의 법률적 지원을 할 수 있도록 전문변호사를 둘 수 있다.

③청소년폭력·학대 등의 피해·가해청소년 및 약물로부터 고통을 받는 청소년의 재활을 위하여 국가청소년위원회에 청소년재활센터를 둘 수 있다. <개정 2005.3.24, 2005.12.29>

④제1항 및 제3항의 규정에 의한 청소년보호센터 및 청소년재활센터에 관한 세부적인 사항은 대통령령으로 정한다. [본조신설 1999.2.5]

제33조의3 삭제 <2005.3.24>

제33조의4 삭제 <2005.3.24>

제5장 보칙

제34조 (보고 등) 시장·군수 또는 구청장(자치구의 구청장을 말한다. 이하 같다)은 이 법에서 정하고 있는 사항의 이행 및 위반여부의 확인을 위하여 필요하다고 인정할 때에는 청소년유해매체물과 청소년유해약물등을 유통하는 자와 청소년유해업소의 업주 등에 대하여 대통령령이 정하는 바에 의하여 필요한 보고와 자료제출을 요구할 수 있다. <개정 2004.1.29>

제35조 (검사및 조사 등) ①시장·군수 또는 구청장은 이 법에서 정하고 있는 사항의 이행 및 위반여부의 확인을 위하여 필요하다고 인정할 때에는 소속공무원으로 하여금 청소년유해매체물과 청소년유해약물 등의 유통 및 청소년의 유해업소 고용과 출입 등에 관련된 장부, 서류, 장소, 기타 필요한 물건을 검사·조사하게 할 수 있으며, 대통령령이 정하는 바에 따라 지정된 장소에서 당사자·이해관계인 또는 참고인의 진술을 듣게 할 수 있다. <개정 2004.1.29>

②시장·군수 또는 구청장은 필요하다고 인정할 경우에는 특별한 학식·경험이 있는 자에게 감정을 의뢰할 수 있다. <개정 2004.1.29>

③제1항의 규정에 의하여 업무를 수행하는 공무원은 그 권한을 표시하는 증표를 관계인에게 내보여야 한다.

제36조 (수거·파기) ①시장·군수 또는 구청장은 청소년유해매체물로 결정된 매체물 및 청소년유해약물 등이 제14조(제26조제4항에서 준용하는 경우를 포함한다)의 규정에 의하여 청소년유해표시가 되지 아니하거나 제15조(제26조제4항에서 준용하는 경우를 포함한다)의 규정에 의하여 포장되지 아니하고 유통되고 있거나, 각 심의기관의 청소년유해여부 심의를 받지 아니하고 유통되고 있는 매체물로서

청소년유해매체물로 결정된 경우에는 그 소유자, 기타 당해 유통에 종사하는 자에 대하여 그 매체물 및 청소년유해약물 등의 수거를 명할 수 있다. <개정 1999.2.5, 2001.5.24, 2004.1.29>
②시장·군수 또는 구청장은 제1항의 규정에 의한 수거명령을 받을 자를 알 수 없거나 수거명령을 받은 자가 이에 따르지 아니할 경우에는 대통령령이 정하는 바에 따라 이를 수거 또는 파기하게 할 수 있다. <개정 1999.2.5, 2004.1.29>
③제1항 및 제2항의 규정에 의한 수거·파기 등에 관하여 필요한 사항은 대통령령으로 정한다.
④시장·군수 또는 구청장 및 경찰서장은 청소년이 소유하거나 소지하는 「주세법」의 규정에 의한 주류, 「담배사업법」의 규정에 의한 담배 및 성기구와 같은 청소년유해약물등과 청소년유해매체물을 수거하여 폐기 또는 기타 필요한 처분을 할 수 있다. <신설 1999.2.5, 2001.5.24, 2004.1.29, 2005.3.24>
⑤시장·군수 또는 구청장 및 경찰서장은 제4항의 규정에 의한 처분을 한 때에는 그 품명·수량·소유자 또는 소지자 및 그 처분내용 등을 관계장부에 기재하여야 한다. <신설 1999.2.5, 2004.1.29>

제37조 (시정명령) ①시장·군수 또는 구청장은 다음 각 호의 1에 해당하는 자에게 그 시정을 명할 수 있다. <개정 1999.2.5, 2004.1.29>
1. 제14조 규정에 위반하여 청소년유해매체물의 청소년유해표시를 하지 아니한 자
2. 제15조의 규정에 위반하여 청소년유해매체물의 포장을 하지 아니한 자
3. 영리를 목적으로 제17조제2항의 규정에 위반하여 청소년유해매체물을 청소년유해표시가 되지 아니한 상태에서 판매 또는 대여를 위하여 전시·진열한 자
4. 영리를 목적으로 제17조제3항의 규정에 위반하여 청소년유해매체물을 포장이 되지 아니한 상태에서 판매 또는 대여를 위하여 전시·진열한 자
5. 영리를 목적으로 제18조제1항의 규정에 위반하여 청소년유해매체물을 구분·격리하지 아니하고 판매 또는 대여를 위하여 전시·진열한 자
6. 영리를 목적으로 제18조제2항의 규정에 위반하여 청소년유해매체물로서 제7조제1호 또는 제6호에 해당하는 것을 자동기계장치 또는 무인판매장치에 의하여 유통할 목적으로 전시·진열한 자
7. 제20조제1항의 규정에 위반하여 청소년유해 광고선전물을 청소년출입·고용금지업소외의 업소, 공중이 통행하는 장소에 공공연히 설치·부착·배포한 자 또는 청소년의 접근을 제한하는 기능이 없는 컴퓨터 통신에 의한 방법으로 이를 행한 자

②제1항의 규정에 의한 시정명령의 종류·절차 및 그 이행 등에 관하여 필요한 사항은 대통령령으로 정한다.

제38조 (이유명시) 시장·군수 또는 구청장은 제36조 및 제37조의 규정에 의한 수거·파기와 시정명령의 처분을 할 때에는 대통령령이 정하는 바에 의하여 그 이유를 명시하여야 한다. <개정 2004.1.29>

제39조 삭제 <2004.1.29>
제40조 삭제 <2004.1.29>
제41조 삭제 <2001.5.24>

제42조 (관계행정기관의 장의 협조) ①국가청소년위원회는 이 법의 시행을 위하여 필요하다고 인정할 때에는 관계행정기관의 장의 의견을 들을 수 있다. <개정 2005.3.24, 2005.12.29>
②국가청소년위원회는 이 법의 규정에 의한 의무이행을 확보하기 위하여 필요하다고 인정할 때에는 관계행정기관의 장에게 필요한 협조를 의뢰할 수 있다. <개정 2005.3.24, 2005.12.29>

제43조 (증표교부 등) ①국가청소년위원회는 청소년유해환경 정화활동을 수행하고 있는 민간의 감시·고발단체에 대하여 행정·재정상 지원을 할 수 있으며, 필요한 경우 업무수행의 효율을 기하기 위해 대통령령이 정하는 바에 의하여 청소년유해환경감시활동을 하고 있음을 나타내는 증표를 교부할 수 있다. <개정 2005.3.24, 2005.12.29>
②제1항의 규정에 의한 민간의 감시·고발단체에는 교사를 포함시킬 수 있다. <신설 1999.2.5>
③제1항의 규정에 의한 민간의 감시·고발단체의 구체적인 종류와 명칭은 총리령으로 정한다. <개정 1998.2.28>

제44조 (신고) ①누구든지 청소년에게 유해하다고 생각되는 매체물과 약물 등이 청소년에게 유통되고 있거나 청소년에게 유해한 업소에 청소년이 고용 또는 출입하고 있음을 발견한 때 및 기타 이 법의 규정에 위반되는 사실이 있다고 인정할 때에는 그 사실을 시장·군수 또는 구청장에게 신고하여야 한다. <개정 2004.1.29>
②시장·군수 또는 구청장은 제1항의 규정에 의한 신고의 활성화를 위하여 필요한 시책을 시행하여야 하며 필요한 경우 신고자에 대한 포상 등을 실시할 수 있다. <개정 2004.1.29>

제44조의2 (선도·보호조치 대상 청소년의 통보 등) ①시장·군수 또는 구청장은 제17조제1항, 제24조제1항 및 제2항, 제26조제1항, 제26조의2제1호 내지 제3호 및 제7호 내지 제9호의

규정에 위반하는 행위를 적극적으로 유발하게 하거나 연령을 속이는 등 그 위반행위의 원인을 제공한 청소년에 대하여는 친권자 등에게 그 사실을 통보하여야 한다.
②시장·군수 또는 구청장은 제1항의 청소년 중 그 내용·정도 등을 고려하여 선도·보호조치가 필요하다고 인정되는 청소년에 대하여는 관할 경찰서장·소속 학교장(학생인 경우에 한한다) 및 친권자 등에게 그 사실을 통보하여야 한다.
[전문개정 2005.12.29]

제45조 삭제 <2002.8.26>

제46조 (권한의 위탁) 국가청소년위원회는 이 법에 의한 권한의 일부를 대통령령이 정하는 바에 의하여 청소년보호 또는 매체물이나 약물 등과 관련된 비영리법인 또는 단체에 위탁할 수 있다. <개정 2005.3.24, 2005.12.29>
[전문개정 2004.1.29]

제47조 (지방청소년사무소의 설치 등) ①특별시장·광역시장·도지사(이하 "시·도지사"라 한다)는 그 관할구역내의 청소년을 보호하기 위하여 조례가 정하는 바에 따라 지방청소년사무소를 설치할 수 있다. <개정 1999.2.5>
②특별시·광역시·도의 관할구역내의 청소년보호를 위하여 기타 필요한 사항에 관하여는 해당 지방자치단체의 조례로 정한다.

제48조 (벌칙적용에 있어서의 공무원의제) ①국가청소년위원회의 사무에 종사하는 공무원이 아닌 위원 또는 직원은 「형법」 제129조 내지 제132조 및 「특정범죄가중처벌 등에 관한 법률」 제2조의 적용에 있어서는 이를 공무원으로 본다. <개정 2005.3.24, 2005.12.29>
②제46조의 규정에 의하여 위탁한 사무 중 심의업무에 종사하는 한국간행물윤리위원회 또는 법인·단체의 위원, 임원, 직원은 「형법」 제129조 내지 제132조 및 「특정범죄가중처벌 등에 관한 법률」 제2조의 적용에 있어서는 이를 공무원으로 본다. <개정 2005.3.24>

제49조 (과징금) ①국가청소년위원회는 정기간행물 등을 발행하거나 수입한 자가 제10조의 심의기준에 저촉된 청소년유해매체물을 제14조·제15조의 규정에 의한 청소년유해표시 또는 포장을 하지 아니하고 당해 청소년유해매체물의 결정·고시전에 유통하였거나 유통 중인 때에는 당해 청소년유해매체물을 발행하거나 수입한 자에 대하여 2천만원 이하의 과징금을 부과·징수할 수 있다. <개정 2005.3.24, 2005.12.29>
②시장·군수 또는 구청장은 제50조 또는 제51조 각 호의 1에 해당하는 행위로 인하여 이익을 취득한 자에 대하여 대통령령이 정하는 바에 의하여 1천만원 이하의 과징금을 부과·징수할 수 있다. 다만, 다른 법률의 규정에 의한 영업허가취소·영업소폐쇄·영업정지 또는 과징금부과 등 행정처분의 대상으로서 행정처분이 이루어진 경우 또는 행정처분이 가능한 경우에는 그러하지 아니하다.
③제1항 또는 제2항의 규정에 의한 과징금을 기한 이내에 납부하지 아니한 때에는 국가청소년위원회 또는 시장·군수·구청장이 국세 또는 지방세체납처분의 예에 따라 이를 징수한다. <개정 2005.3.24, 2005.12.29>
④국가청소년위원회 또는 시장·군수·구청장은 다음 각 호의 1에 해당하는 사유로 과징금의 전액을 일시에 납부하기가 어렵다고 인정되는 때에는 그 납부기한을 연장하거나 분할납부하게 할 수 있다. <개정 2005.3.24, 2005.12.29>
1. 자연재해 또는 화재 등으로 재산에 현저한 손실을 입은 경우
2. 영업에 현저한 손실을 입어 중대한 위기에 처한 경우
3. 과징금의 일시납부에 따라 생계가 곤란할 것으로 예상되는 경우
4. 그 밖에 제1호 내지 제3호에 준하는 사유가 있는 경우
⑤제1항 내지 제3항의 규정에 의하여 과징금으로 징수한 금액은 징수주체가 사용하되, 다음 각 호의 용도로 사용하여야 한다.
1. 청소년유해환경정화를 위한 프로그램의 개발·보급
2. 청소년에게 유익한 매체물의 제작·지원
3. 민간의 청소년선도·보호사업 및 청소년유해환경정화를 위한 시민운동의 지원
4. 그 밖에 청소년 선도보호를 위한 사업으로서 대통령령이 정하는 사업
⑥제1항 내지 제4항의 규정에 의한 과징금의 부과기준, 과징금의 부과 및 납부방법 그 밖에 과징금의 부과·징수에 관하여 필요한 사항은 대통령령으로 정한다.
[전문개정 2004.1.29]

제6장 벌칙

제49조의2 (벌칙) 제26조의2제1호의 규정을 위반한 자는 1년 이상 10년 이하의 징역에 처한다.
[본조신설 1999.2.5]

제49조의3 (벌칙) 제26조의2제2호 또는 제3호의 규정을 위반한 자는 10년 이하의 징역에 처한다.
[본조신설 1999.2.5]

제49조의4 (벌칙) 제26조의2제4호 내지 제6호의 규정을 위반한 자는 5년 이하의 징역에 처한다.
[본조신설 1999.2.5]

제50조 (벌칙) 다음 각 호의 1에 해당하는 자는 3년 이하의 징역 또는 2천만원 이하의 벌금에 처한다. <개정 1999.2.5, 2000.2.3, 2001.5.24, 2004.1.29>
1. 영리를 목적으로 제17조제1항의 규정에 위반하여 청소년에게 청소년유해매체물을 판매·대여·배포하거나 시청·관람·이용에 제공한 자
1의2. 영리를 목적으로 제23조의2의 규정에 위반하여 청소년으로 하여금 범죄의 충동을 일어나게 하는 매체물 등을 유통하게 한 자
2. 제24조제1항의 규정에 위반하여 청소년을 유해업소에 고용한 자
3. 제26조제1항의 규정에 위반하여 청소년에게 제2조제4호 가목(6) 또는 (7)의 약물 또는 나목의 물건을 판매·대여·배포한 자
4. 제26조의2제7호 내지 제9호의 규정에 위반한 자
5. 제36조제1항의 규정에 위반하여 청소년유해매체물 또는 청소년유해약물 등을 수거하지 아니한 자

제51조 (벌칙) 다음 각 호의 1에 해당하는 자는 2년 이하의 징역 또는 1천만원 이하의 벌금에 처한다. <개정 1999.2.5, 2001.5.24, 2004.1.29, 2005.3.24>
1. 제14조, 제24조제5항, 제26조제4항의 규정에 위반하여 청소년유해매체물, 청소년유해업소, 청소년유해약물 등의 청소년유해표시를 하지 아니한 자
2. 제15조의 규정에 위반하여 청소년유해매체물의 포장을 하지 아니한 자
3. 삭제 <2004.1.29>
4. 삭제 <2004.1.29>
5. 제19조의 규정에 위반하여 청소년유해매체물을 방송한 자
6. 제20조제1항의 규정에 위반하여 광고선전물을 설치·부착하거나 배포한 자
7. 제24조제2항의 규정에 위반하여 청소년을 유해업소에 출입시킨 자
8. 제26조제1항의 규정에 위반하여 청소년에게 「주세법」의 규정에 의한 주류 또는 「담배사업법」의 규정에 의한 담배를 판매한 자

제52조 (벌칙) 제16조의 규정에 위반하여 청소년유해매체물의 청소년유해표시 또는 포장을 훼손한 자는 500만원 이하의 벌금에 처한다.

제53조 (벌칙) 제35조의 규정에 위반하여 관계공무원의 검사 및 조사를 거부·방해 또는 기피한 자는 300만원 이하의 벌금에 처한다.

제54조 (양벌규정) 법인·단체의 대표자, 법인·단체 또는 개인의 대리인, 사용인 기타 종업원이 그 법인·단체 또는 개인의 업무에 관하여 제49조의2 내지 제49조의4 및 제50조 내지 제53조의 죄를 범한 때에는 행위자를 벌하는 외에 그 법인·단체 또는 개인에 대하여도 각 해당 조의 벌금형을 과한다. <개정 2004.1.29>

제55조 (형의 감경) 제50조 내지 제52조의 죄를 범한 자가 제37조의 규정에 의한 시정명령을 받고 이를 이행한 경우에는 그 형을 감경할 수 있다.

제56조 (과태료) ①제37조제1항제1호·제2호 또는 제7호의 규정에 의한 시정명령을 이행하지 아니한 자는 500만원 이하의 과태료에 처한다.
②다음 각 호의 1에 해당하는 자는 100만원 이하의 과태료에 처한다.
1. 제34조의 규정에 의한 보고와 자료제출의 요구를 받고도 이에 응하지 아니한 자나 거짓으로 보고 또는 자료를 제출한 자
2. 제37조제1항제3호 내지 제6호의 규정에 의한 시정명령을 이행하지 아니한 자
③제1항 및 제2항의 규정에 의한 과태료는 대통령령이 정하는 바에 의하여 시장·군수 또는 구청장(이하 "부과권자"라 한다)이 부과·징수한다.
④제3항의 규정에 의한 과태료처분에 불복이 있는 자는 그 처분의 고지를 받은 날부터 30일 이내에 부과권자에게 이의를 제기할 수 있다.
⑤제3항의 규정에 의한 과태료처분을 받은 자가 제4항의 규정에 의하여 이의를 제기한 때에는 부과권자는 지체없이 관할법원에 그 사실을 통보하여야 하며, 그 통보를 받은 관할법원은 「비송사건절차법」에 의한 과태료의 재판을 한다. <개정 2005.3.24>
⑥제4항의 규정에 의한 기간 이내에 이의를 제기하지 아니하고 과태료를 납부하지 아니한 때에는 지방세체납처분의 예에 의하여 이를 징수한다.
[전문개정 2004.1.29]

부칙 <제5297호, 1997.3.7>
제1조 (시행일) 이 법은 1997년 7월 1일부터 시행한다.
제2조 (한국간행물윤리위원회에 관한 경과조치) 이 법 시행 당시의 사단법인 한국간행물윤리위원회는 이 법 시행일부터 3월 이내에 문화체육부장관에게 정관변경의 인가를 받을 경우 이 법에 의한 한국간행물윤리위원회로 보며, 이 경우 한국간행물윤리위원회는 종전의 사단법인 한국간행물윤리위원회의 모든 권리와 의무를 승계하는 것으로 본다.

부칙 (정부조직법) <제5529호, 1998.2.28>
제1조(시행일) 이 법은 공포한 날부터 시행한다. <단서생략>
제2조 내지 제4조 생략
제5조 (다른 법률의 개정) ①내지 <16>생략
<17>청소년보호법 중 다음과 같이 개정한다.
제21조제4항, 제22조제4항, 제23조제4항, 제26조제4항 및 제43조제2항 중 "문화체육부령"을 각각 "총리령"으로 한다.
제45조제3항 중 "문화체육부장관이 공보처장관과 협의하여"를 "문화관광부장관이"로 한다.
<18>내지 <34>생략
제6조 및 제7조 생략

부칙 <제5817호, 1999.2.5>
제1조 (시행일) 이 법은 1999년 7월 1일부터 시행한다. 다만, 제27조 내지 제31조의 개정규정은 공포 후 3월이 경과한 날로부터 시행한다.
제2조 (청소년보호위원회 위원에 관한 경과조치) 이 법 시행당시 종전의 제29조제2항의 규정에 의하여 임명 또는 위촉된 청소년보호위원회 위원의 임기에 대하여는 종전의 규정에 의한다.
제3조 (다른 법률의 폐지) 미성년자보호법은 이를 폐지한다.
제4조 (벌칙 등에 관한 경과조치) ①이 법 시행전에 종전의 미성년자보호법, 국민건강증진법 제9조제3항의 규정을 위반한 행위에 대한 벌칙의 적용에 있어서는 종전의 규정에 의한다.
②이 법 시행당시 종전의 미성년자보호법 제5조의 규정에 의하여 경찰서장이 수거한 담배·주류 또는 그와 관계된 물품 및 불량만화, 음란한 문서, 도서, 음반, 비디오물 기타 물건은 종전의 규정에 의하여 반환 또는 폐기하고 이를 관계장부에 기재하여야 한다.
③이 법 시행당시 종전의 미성년자보호법 제2조제2항의 규정에 의한 미성년자출입제한구역은 이 법 제25조의 개정규정에 의한 청소년통행금지구역으로 본다.
제5조 (다른 법률의 개정) ①국민건강증진법 중 다음과 같이 개정한다.
제9조제3항을 삭제한다.
제34조제2항을 삭제한다.
제36조를 삭제한다.
②사행행위등규제및처벌특례법 중 다음과 같이 개정한다.
제12조제4호, 제25조제2항 중 "미성년자"는 각각 "19세미만의 자"로 한다.

부칙 (풍속영업의규제에관한법률) <제5942호, 1999.3.31>
제1조 (시행일) 이 법은 1999년 7월 1일부터 시행한다. <단

서 생략>
제2조 내지 제4조 생략
제5조 (다른 법률의 개정) ①생략
②청소년보호법 중 다음과 같이 개정한다.
제2조제5호 가목(3) 중 "풍속영업의규제에관한법률"을 "체육시설의설치·이용에관한법률"로 한다.

부칙 (마약류관리에관한법률) <제6146호, 2000.1.12>
제1조 (시행일) 이 법은 2000년 7월 1일부터 시행한다.
제2조 내지 제7조 생략
제8조 (다른 법률의 개정) ① 및 ②생략
③청소년보호법 중 다음과 같이 개정한다.
제2조제4호 중 "향정신성의약품관리법의 규정에 의한 향정신성의약품, 마약법의 규정에 의한 마약, 대마관리법의 규정에 의한 대마"를 "마약류관리에관한법률의 규정에 의한 마약류"로 한다.
제50조제3호 중 "향정신성의약품관리법, 마약법, 대마관리법"을 "마약류관리에관한법률"으로 한다.
④내지 ⑦생략
제9조 생략

부칙 (청소년의성보호에관한법률) <제6261호, 2000.2.3>
①(시행일) 이 법은 2000년 7월 1일부터 시행한다.
②생략
③(다른 법률의 개정) 청소년보호법 중 다음과 같이 개정한다.
제26조의2제9호를 삭제한다.
제50조제4호 중 "제26조의2제7호 내지 제9호"를 "제26조의2제7호 및 제8호"로 한다.

부칙 (담배사업법) <제6460호, 2001.4.7>
제1조 (시행일) 이 법은 2001년 7월 1일부터 시행한다.
제2조 및 제3조 생략
제4조 (다른 법률의 개정) ①내지 ⑥생략
⑦청소년보호법 중 다음과 같이 개정한다.
제2조제5호 나목(4) 중 "제조담배의 소매업"을 "담배소매업"으로 한다.
⑧생략

부칙 <제6479호, 2001.5.24>
제1조 (시행일) 이 법은 공포 후 3월이 경과한 날부터 시행한다. 다만, 제2조제5호 나목(3)의 개정규정은 공포 후 4월이 경과한 날부터 시행한다.
제2조 (벌칙에 관한 경과조치) 이 법 시행전의 행위에 대한 벌칙의 적용에 있어서는 종전의 규정에 의한다.
제3조 (다른 법률의 개정) ①사행행위등규제및처벌특례법

중 다음과 같이 개정한다.
제12조제4호 중 “19세미만의 자를”을 “청소년(청소년보호
법 제2조제1호의 규정에 의한 청소년을 말한다. 이하 같다)
을”으로 한다.
제25조제2항 중 “19세미만의 자를”을 “청소년을”으로 한다.
제30조제2항제5호 중 “미성년자를”을 “청소년을”으로 한
다.
②청소년의성보호에관한법률 중 다음과 같이 개정한다.
제2조제1호 중 “19세미만의 남녀를”을 “청소년보호법 제2
조제1호의 규정에 의한 청소년을”으로 한다.

부칙 (출판및인쇄진흥법) <제6721호, 2002.8.26>
제1조 (시행일) 이 법은 공포 후 6월이 경과한 날부터 시행
한다.
제2조 생략
제3조 (다른 법률의 폐지 등) ①및 ②생략
③청소년보호법 중 다음과 같이 개정한다.
제45조를 삭제한다.
제4조 내지 제8조 생략

부칙 <제7161호, 2004.1.29>
①(시행일) 이 법은 공포 후 3월이 경과한 날부터 시행한다.
②(이의신청에 관한 경과조치) 이 법 시행전에 접수된 이의
신청에 대하여는 종전의 규정에 의한다.
③(소의 제기에 관한 경과조치) 이 법 시행전에 접수된 이의
신청에 대한 소의 제기에 관하여는 종전의 규정에 의한다.
④(벌칙 등에 관한 경과조치) 이 법 시행전의 행위에 대한
벌칙 또는 과태료의 적용에 있어서는 종전의 규정에 의한
다.

부칙 (국가공무원법) <제7187호, 2004.3.11>
제1조 (시행일) 이 법은 공포 후 3월이 경과한 날부터 시행
한다. 다만, …<생략>…부칙 제2조는 공포한 날부터 시
행한다.
제2조 및 제3조 생략
제4조 (다른 법률의 개정) ①내지 ⑦생략
⑧청소년보호법 중 다음과 같이 개정한다.
제33조의4제2항 중 “행정자치부장관과의”를 “행정자치부
장관 및 중앙인사위원회와”로 한다.
제5조 생략

부칙 (유해화학물질관리법) <제7292호, 2004.12.31>
제1조 (시행일) 이 법은 공포 후 1년이 경과한 날부터 시행
한다. <단서 생략>
제2조 내지 제10조 생략
제11조 (다른 법률의 개정) ①내지 ⑤생략

⑥청소년보호법 중 다음과 같이 개정한다.
제2조제5호 나목(5)를 다음과 같이 한다.
(5) 유해화학물질관리법에 의한 유독물제조업, 유독물판매
업, 유독물보관·저장업, 유독물운반업 및 유독물사용업
⑦내지 ⑨생략
제12조 생략

부칙 <제7423호, 2005.3.24>
①(시행일) 이 법은 법률 제7421호 청소년기본법 일부개정
법률에 의한 청소년위원회의 조직에 관한 대통령령이 시행
되는 날부터 시행한다.
②(조직폐지 및 신설에 따른 소관사무 및 공무원 등에 관한
경과조치) 이 법 시행당시 청소년보호위원회의 소관사무는
청소년위원회가 승계하며, 청소년보호위원회 소속 공무원
은 청소년위원회 소속 공무원으로 본다.
③(다른 법령과의 관계) 이 법 시행당시 다른 법령에서 청소
년보호위원회를 인용한 경우에는 청소년위원회를, 청소년
보호위원회 위원장을 인용한 경우에는 청소년위원회 위원
장을, 청소년보호위원회 소속 공무원을 인용한 경우에는
청소년위원회 소속 공무원을 각각 인용한 것으로 본다.

부칙 (청소년기본법) <제7799호, 2005.12.29>
제1조 (시행일) 이 법은 공포 후 3월이 경과한 날부터 시행
한다.
제2조 생략
제3조 (다른 법률의 개정) ①생략
②청소년보호법 일부를 다음과 같이 개정한다.
제2조제1호·제4호·제5호, 제8조제1항 내지 제6항, 제9조제
1항·제2항, 제10조제1항, 제11조, 제12조제1항 내지 제6항,
제21조제1항 내지 제3항, 제22조제1항 내지 제3항, 제23조
제1항 내지 제3항, 제26조제2항, 제33조의2제1항·제3항, 제
42조제1항·제2항, 제43조제1항, 제46조, 제48조제1항, 제49
조제1항·제3항·4항 중 “청소년위원회”를 각각 “국가청소
년위원회”로 한다.
③내지 ⑪생략
제4조 생략

부칙 <제7800호, 2005.12.29>
이 법은 공포 후 3월이 경과한 날부터 시행한다.

부칙 (제주특별자치도 설치 및 국제자유도시 조성을 위한
특별법)<제7849호, 2006.2.21>
제1조 (시행일) 이 법은 2006년 7월 1일부터 시행한다. <단
서 생략>
제2조 내지 제39조 생략
제40조 (다른 법령의 개정) ①내지 <30>생략

<31>청소년보호법 일부를 다음과 같이 개정한다.
제25조제3항 중 "관할경찰관서"를 "관할 국가경찰관서"로
한다.
<32>내지 <47>생략
제41조 생략

부칙 (영화 및 비디오물의 진흥에 관한 법률) <제7943호,
2006.4.28>
제1조 (시행일) 이 법은 공포 후 6개월이 경과한 날부터 시
행한다.
제2조 내지 제13조 생략
제14조 (다른 법률의 개정) ①내지 ④생략
⑤청소년보호법 일부를 다음과 같이 개정한다.
제2조제5호 가목(2) 및 동호 나목(3)을 각각 다음과 같이 한
다.
(2) 「영화 및 비디오물의 진흥에 관한 법률」에 의한 비디오
물감상실업 및 「음악산업진흥에 관한 법률」에 의한 노래연
습장업 중 대통령령으로 정하는 것
(3) 「영화 및 비디오물의 진흥에 관한 법률」에 의한 비디오
물소극장업 또는 「게임산업진흥에 관한 법률」에 의한 게임
제공업·복합유통게임제공업 중 대통령령이 정하는 영업
제7조제1호를 다음과 같이 하고, 동조제3호 중 "영화진흥
법"을 "「영화 및 비디오물의 진흥에 관한 법률」,"로 한다.
1.「영화 및 비디오물의 진흥에 관한 법률」의 규정에 의한
비디오물, 「게임산업진흥에 관한 법률」에 의한 게임물 및
「음악산업진흥에 관한 법률」에 의한 음반
제15조 생략

청소년복지지원법

연혁

2004. 2. 9 제정 법률 제07164호

2005. 3. 24 일부개정 법률 제7421호

2005. 12. 29 일부개정 법률 제7799호

제1장 총칙

제1조 (목적) 이 법은 청소년기본법 제49조제4항의 규정에 따라 청소년복지 증진에 관한 사항을 정함을 목적으로 한다.

제2조 (정의) 이 법에서 사용하는 용어의 정의는 다음 각 호와 같다.

1. "청소년"이라 함은 따로 정한 규정이 없는 경우에는 청소년기본법 제3조제1호의 규정에 해당하는 자를 말한다.

2. "청소년복지"라 함은 청소년기본법 제3조제4호에 규정된 청소년복지를 말한다.

3. "특별지원청소년"이라 함은 청소년의 조화로운 성장과 정상적인 생활에 필요한 기초적인 여건이 미비하여 사회적·경제적 지원이 필요한 청소년을 말한다. 다만, 국민기초생활보장법 등 다른 법률의 적용을 받는 청소년을 제외한다.

4. "보호자"라 함은 친권자, 법정대리인 및 사실상 청소년을 보호하는 자를 말한다.

제2장 청소년의 인권보장 및 복지향상

제3조 (청소년의 인권보장) ①청소년은 인종·종교·성·연령·학력·신체조건 등 여타의 조건에 의하여 이 법이 정한 규정을 적용함에 있어서 차별을 받아서는 아니된다.

②청소년은 외부적 영향에 구애받지 아니하면서 자기 의사를 자유롭게 표명하고 스스로 결정할 권리를 가진다.

제4조 (청소년의 자치권확대) ①청소년은 사회의 정당한 구성원으로서 본인과 관련된 의사결정에 참여할 권리를 가진다. 이를 위하여 가정 및 사회는 적절한 노력을 강구하여야 한다.

②국가 및 지방자치단체는 청소년이 원활하게 정보에 접근하고 그 의사를 표명할 수 있도록 하기 위하여 청소년관련 정책의 자문·심의 등의 절차에 청소년의 대표를 참여시키거나 그 의견을 수렴하여야 한다.

③국가 및 지방자치단체는 청소년과 관련된 정책수립절차에 청소년의 참여 또는 의견수렴을 보장하는 조치를 시행하여야 한다.

제5조 (교육 및 홍보) ①국가 및 지방자치단체는 이 법 및 아동의권리에관한협약에서 규정한 청소년의 권리와 관련된 내용을 널리 홍보하여야 한다.

②제1항의 규정에 의하여 청소년관련 기관·단체에서는 청소년을 대상으로 청소년의 권리에 관한 교육적 조치를 시행하여야 한다.

제6조 (청소년의 우대) ①국가 또는 지방자치단체는 청소년에 대하여 국가 또는 지방자치단체가 운영하는 수송시설, 궁·능, 박물관, 공원, 공연장 등의 시설의 이용료를 면제 또는 할인할 수 있다.

②국가 또는 지방자치단체는 다음 각 호의 1에 해당하는 자가 청소년의 일상생활에 관련된 시설을 운영하는 경우 청소년에 대하여 당해 시설의 이용료를 할인하여 주도록 권고할 수 있다.

1. 국가 또는 지방자치단체의 보조를 받는 자

2. 관계법령에 따라 세제상의 혜택을 받는 자

3. 국가 또는 지방자치단체로부터 위탁을 받아 업무를 수행하는 자

③청소년이 제1항 또는 제2항의 규정에 따라 이용료의 면제 또는 할인을 받고자 하는 때에는 이용하고자 하는 시설의 관리자에게 다음 각 호의 1에 해당하는 학생증, 주민등록증, 제7조의 규정에 의한 청소년증 그 밖에 연령을 확인할 수 있는 증빙자료를 제시하여야 한다.

1. 초·중등교육법 제2조의 규정에 의한 학교의 학생임을 증명하는 서류

2. 고등교육법 제2조의 규정에 의한 학교의 학생임을 증명

하는 서류

④제1항 또는 제2항의 규정에 따라 이용료를 면제 또는 할인받을 수 있는 시설의 종류 및 청소년의 연령기준 등은 대통령령으로 정한다.

제7조 (청소년증) ①시장·군수·구청장(자치구의 구청장을 말한다. 이하 같다)은 9세 이상 18세 이하의 청소년에 대하여 청소년증을 발급할 수 있다.

②청소년증은 이를 다른 사람에게 양도하거나 대여하여서는 아니된다.

③누구든지 청소년증과 동일한 명칭 또는 표시의 증표를 사용하여서는 아니된다.

④제1항의 규정에 의한 청소년증의 발급 및 재발급신청과 교부에 관하여 필요한 사항은 청소년위원회규칙으로 정한다. <개정 2005.3.24>

제3장 청소년의 건강보장

제8조 (건강한 심신의 보존) ①국가 및 지방자치단체, 청소년의 보호자 등은 청소년의 건강증진과 체력향상을 위하여 최선의 노력을 하여야 한다.

②국가 및 지방자치단체는 청소년의 건강증진 및 체력향상을 위한 예방·교육 등의 필요한 시책을 강구하여야 하고, 관련기관과 협의하여 청소년의 건강·체력기준을 설정하여 보급할 수 있다.

③제2항의 규정에 관하여 필요한 사항은 대통령령으로 정한다.

제9조 (체력검사와 건강진단) ①국가 및 지방자치단체는 청소년의 체력검사와 건강진단을 실시할 수 있다. 다만, 다른 법률의 규정에 의하여 체력검사 등을 실시하는 청소년을 제외한다.

②국가 및 지방자치단체는 제1항의 규정에 의한 체력검사 및 건강진단 결과를 청소년 본인에게 통보하여야 한다.

③국가 및 지방자치단체는 제1항 및 제2항의 규정에 의한 체력검사·건강진단의 실시 및 결과통보를 전문기관·단체에 위탁할 수 있다.

④제1항 및 제2항의 규정에 의한 체력검사·건강진단의 기준 및 결과통보 등에 관하여는 대통령령으로 정한다.

제10조 (진단결과의 분석) ①국가 및 지방자치단체는 건강진단결과를 분석하여 필요한 대책을 수립·시행하여야 한다.

②국가 및 지방자치단체는 제1항의 규정에 의한 분석을 전문기관에 의뢰할 수 있다.

제11조 (진단결과의 공개금지) 제9조의 규정에 의하여 건강진단을 한 자 또는 건강진단기관에 근무하는 자는 청소년의 건강증진사업의 수행을 위하여 불가피한 경우를 제외하고는 진단결과를 공개하여서는 아니된다.

제4장 특별지원청소년의 지원

제12조 (특별지원청소년에 대한 지원) ①국가 및 지방자치단체는 특별지원청소년에 대하여 필요한 지원대책을 강구하여야 한다.

②제1항의 규정에 의한 지원은 기초적인생활지원·학업지원·의료지원·직업훈련지원·청소년활동지원 등으로 한다. 다만, 다른 법률에 의하여 지원되는 사항을 제외한다.

③제2항의 규정에 의한 지원의 내용·범위·절차 등에 관한 사항은 대통령령으로 정한다.

제13조 (특별지원청소년의 선정 등) ①국가 및 지방자치단체는 대통령령이 정하는 기준·절차에 따라 특별지원청소년을 선정하여야 한다.

②제1항의 규정에 의한 특별지원청소년 선정업무는 청소년기본법 제42조, 제46조 및 제46조의2의 규정에 따라 각각 설치된 한국청소년상담원·기관 등에 위탁할 수 있다. 이 경우 한국청소년상담원·기관은 지원대상 청소년 선정업무의 수행에 필요한 조사 및 상담을 실시하여야 한다. <개정 2005.12.29>

③지원대상 청소년의 선정업무를 위탁받은 단체의 장은 청소년분야의 전문가로 구성된 특별지원청소년 선정심의위원회의 심의를 거쳐 지원대상 청소년을 결정하여야 한다.

④제3항의 규정에 의한 특별지원청소년 선정심의위원회의 구성·운영 그 밖에 필요한 사항은 대통령령으로 정한다.

제14조 (청소년쉼터의 설치·운영) ①국가 및 지방자치단체는 가출청소년의 일시적인 생활지원과 선도, 가정·사회로의 복귀를 지원하기 위하여 청소년쉼터를 설치·운영할 수 있다.

②청소년쉼터의 설치자 또는 운영자는 대통령령이 정하는 바에 따라 청소년쉼터에서 보호를 받고 있는 청소년의 생명·신체에 관한 손해를 배상할 것을 내용으로 하는 보험에 가입하여야 한다.

③국가 및 지방자치단체는 예산의 범위에서 제1항의 규정에 의한 청소년쉼터의 설치·운영 및 활동에 소요되는 경비의 전부 또는 일부를 지원할 수 있다.

제5장 교육적 선도

제15조 (교육적 선도의 실시 등) ①국가 및 지방자치단체는 청소년 본인, 당해 청소년의 보호자 또는 학교의 장의 신청에

의하여 당해 청소년에 대한 교육적 선도(이하 "선도"라 한
다)를 실시할 수 있다. 다만, 당해 청소년의 보호자 또는 학
교의 장의 신청에 의하여 선도를 실시하는 경우에는 반드
시 청소년 본인의 동의를 얻어야 한다.
②선도는 청소년상담사 등 전문가를 통한 상담과 교육·자
원봉사·수련·체육·단체활동 등으로 하며, 그 기간은 6월
이내로 한다.
③국가 및 지방자치단체는 제2항의 규정에 의한 선도결과
를 분석하여 선도의 종료 또는 연장여부를 결정하여야 한
다. 선도기간을 연장하는 경우에는 6월의 기간 이내에서 1
회에 한하여 그 기간을 연장할 수 있으며, 반드시 청소년
본인의 동의를 얻어야 한다.
④선도대상자의 선정 기준·선정 절차·선도 내용·선도 기
간 등 세부적인 사항은 대통령령으로 정한다.

제16조 (시설의 설치·운영 등) 국가 및 지방자치단체는 선도를
위하여 필요한 시설의 설치·운영, 선도프로그램의 개발·보
급, 선도활동에 대한 지원 및 지도자교육 등 선도의 실효성
을 확보하기 위한 노력을 강구하여야 한다.

제17조 (사무의 위탁) 국가 및 지방자치단체는 제15조의 규정
에 의한 사무를 대통령령이 정하는 바에 따라 청소년기본
법 제42조에 의한 한국청소년상담원, 동법 제46조 및 제46
조의2에 의한 기관, 동법 제3조제8호에 의한 청소년단체에
위탁할 수 있다. <개정 2005.12.29>

제18조 (선도후견인) ①국가 및 지방자치단체 또는 제17조의
규정에 의하여 사무를 위탁받은 단체는 선도대상청소년 개
인별로 선도후견인을 지정하여 운영할 수 있다.
②제1항의 규정에 의한 선도후견인은 청소년기본법 제3조
제7호의 규정에 의한 청소년지도자 및 동법 제27조의 규정
에 의한 청소년지도위원으로 위촉한다.
③선도후견인의 임무·위촉기준 등 세부적인 사항은 대통
령령으로 정한다.

제6장 벌칙

제19조 (벌칙) 제11조의 규정에 의한 건강진단결과 공개금지
의무를 위반한 자는 1년 이하의 징역 또는 1천만원 이하의
벌금에 처한다.

제20조 (양벌규정) 법인의 대표자 또는 법인이나 개인의 대리
인, 사용인 그 밖의 종업원이 그 법인 또는 개인의 업무에
관하여 제19조의 위반행위를 한 때에는 그 행위자를 벌하
는 외에 그 법인 또는 개인에 대하여도 동조의 벌금형을 과
한다.

제21조 (과태료) ①제7조제2항 또는 제3항의 규정을 위반하
여 청소년증을 대여·양도한 자 또는 대여·양도 받은 자와
청소년증과 동일한 명칭 또는 표시의 증표를 사용한 자는
50만원 이하의 과태료에 처한다.
②제1항의 규정에 의한 과태료는 대통령령이 정하는 바에
의하여 시장·군수·구청장이 부과·징수한다.
③제2항의 규정에 의한 과태료처분에 불복이 있는 자는 그
처분의 고지를 받은 날부터 30일 이내에 당해 시장·군수·
구청장에게 이의를 제기할 수 있다.
④제2항의 규정에 의한 과태료처분을 받은 자가 제3항의
규정에 의하여 이의를 제기한 때에는 당해 시장·군수·구청
장은 지체없이 관할법원에 그 사실을 통보하여야 하며, 그
통보를 받은 관할법원은 비송사건절차법에 의한 과태료의
재판을 한다.
⑤제3항의 규정에 의한 기간 이내에 이의를 제기하지 아니
하고 과태료를 납부하지 아니한 때에는 국세 또는 지방세
체납처분의 예에 의하여 이를 징수한다.

부칙 <제7164호, 2004.2.9>
①(시행일) 이 법은 공포 후 1년이 경과한 날부터 시행한다.
②(이미 발급한 청소년증에 관한 경과조치) 이 법 시행 당시
시장·군수·구청장이 발급한 청소년증은 제7조제1항의 규
정에 따라 발급된 청소년증으로 본다.
③(청소년쉼터에 대한 경과조치) 이 법 시행 당시 종전의 청
소년기본법 제49조제2항의 규정에 의하여 설치·운영되고
있는 청소년쉼터는 이 법 제14조의 규정에 따라 설치·운영
되는 청소년쉼터로 본다.

부칙 (청소년기본법) <제7421호, 2005.3.24>
제1조 (시행일) 이 법은 공포 후 3월 이내에 청소년위원회의
조직에 관한 대통령령이 시행되는 날부터 시행한다
제2조 생략
제3조 (다른 법률의 개정) ①생략
②청소년복지지원법 일부를 다음과 같이 개정한다.
제7조제4항 중 "문화관광부령"을 "청소년위원회규칙"으로
한다.
③내지 ⑨생략
제4조 생략

부칙 (청소년기본법) <제7799호, 2005.12.29>
제1조 (시행일) 이 법은 공포 후 3월이 경과한 날부터 시행
한다.
제2조 생략
제3조 (다른 법률의 개정) ①내지 ⑩생략
⑪제13조제2항 중 "제42조 및 제46조"를 "제42조, 제46조

및 제46조의2”로 하고, 제17조 중 “제46조”를 “제46조 및 제46조의2”로 하며, 제13조제2항 및 제17조 중 “지방청소년종합상담센터 및 지방청소년상담센터”를 각각 “기관”으로 한다.

제4조 생략

사회복지법인 재무회계 규칙

연혁

2005. 7. 15 개정 보건복지부령 제323호

제1장 총칙

제1조 (목적) 이 규칙은 「사회복지사업법」 제23조제4항 및 제45조제2항의 규정에 의하여 사회복지법인의 재무·회계 및 후원금관리에 관한 사항을 규정하여 재무회계 및 후원금관리의 명확성·공정성·투명성을 기함으로써 사회복지법인의 합리적인 운영에 기여함을 목적으로 한다.
[전문개정 2005.7.15]

제2조 (재무·회계운영의 기본원칙) 사회복지법인(이하 "법인"이라 한다)의 재무·회계는 그 설립목적에 따라 건전하게 운영되어야 한다.

제3조 (회계연도) 법인의 회계연도는 정부의 회계연도에 의한다.

제4조 (회계연도 소속구분) 법인의 수입 및 지출의 발생과 자산 및 부채의 증감·변동에 관하여는 그 원인이 되는 사실이 발생한 날을 기준으로 하여 연도소속을 구분한다. 다만, 그 사실이 발생한 날을 정할 수 없는 경우에는 그 사실을 확인한 날을 기준으로 하여 연도소속을 구분한다.

제5조 (출납기한) 1회계연도에 속하는 법인의 세입·세출의 출납에 관한 사무는 다음연도 2월 말일까지 완결하여야 한다. <개정 1993.12.27>

제6조 (회계의 구분) 법인의 회계는 당해법인의 업무전반에 관한 회계(이하 "법인회계"라 한다), 당해법인이 설치·운영하는 사회복지시설(이하 "시설"이라 한다)에 관한 회계(이하 "시설회계"라 한다)와 법인이 수행하는 수익사업에 관한 회계(이하 "수익사업회계"라 한다)로 구분한다.

제6조의2 (정보통신매체에 의한 재무·회계처리) ①법인의 재무· 회계는 컴퓨터 회계프로그램으로 처리할 수 있다.
②제1항의 규정에 의한 컴퓨터 회계프로그램에 의하여 전자장부를 사용하는 경우에는 그 출력물을 보관하는 것으로 각종 장부 등의 비치를 갈음할 수 있다.
[본조신설 2005.7.15]

제2장 예산과 결산

제1절 예산

제7조 (세입·세출의 정의) 1회계연도의 모든 수입을 세입으로 하고, 모든 지출을 세출로 한다.

제8조 (예산총계주의 원칙) 세입과 세출은 모두 예산에 계상하여야 한다.
[전문개정 1998.1.7]

제9조 (예산편성요령) ①법인의 대표이사는 제2조의 취지에 따라 매 회계연도 개시 1월전까지 그 법인과 시설의 예산편성 요령을 정하여야 한다. <개정 1998.1.7>
②법인 또는 시설의 소재지를 관할하는 시장·군수·구청장(자치구의 구청장을 말한다. 이하 같다)은 특히 필요하다고 인정되는 사항에 관하여는 예산편성요령을 정하여 매 회계연도 개시 2월전까지 법인에 통보할 수 있다. <개정 1998.1.7>

제10조 (예산의 편성 및 결정절차) ①법인의 대표이사는 제6조의 규정에 의한 회계별 예산을 편성하여 이사회의 의결을 거쳐 확정하고, 이를 매 회계연도 개시 5일전까지 관할 시장·군수·구청장에게 제출하여야 한다.
②제1항의 규정에 의하여 예산을 편성할 경우 법인회계와 시설회계의 예산은 별표 1 내지 별표 4에 의한 세입·세출예산과목 구분에 따라 편성하여야 한다.

③시장·군수·구청장은 제1항의 규정에 의하여 예산을 제출받은 때에는 20일이내에 법인과 시설의 회계별 세입·세출 예산개요를 시·군·구의 게시판에 20일이상 공고하고, 법인의 대표이사로 하여금 당해법인과 시설의 게시판에 20일이상 공고하도록 하여야 한다.
④제3항 후단의 규정에 의한 공고는 일간신문 또는 정기간행물의등록등에관한법률 제2조제1호의 규정에 의한 정기간행물에의 게재로 갈음할 수 있다.
[전문개정 1998.1.7]

제11조 (예산에 첨부하여야 할 서류) ①예산에는 다음 각 호의 서류가 첨부되어야 한다. 다만, 단식부기로 회계를 처리하는 경우에는 제1호·제2호·제5호 및 제6호의 서류만을 첨부할 수 있다. <개정 1993.12.27>
1. 예산총칙
2. 세입·세출명세서
3. 추정대차대조표
4. 추정수지계산서
5. 임·직원 보수일람표
6. 당해예산을 의결한 이사회 회의록 사본
②제1항제2호 내지 제5호의 서류의 서식은 별지 제1호서식 내지 별지 제4호서식에 의한다.

제12조 (준예산) 회계연도 개시전까지 법인의 예산이 성립되지 아니한 때에는 대표이사가 시장·군수·구청장에게 그 사유를 보고하고 예산이 성립될 때까지 다음의 경비를 전년도 예산에 준하여 집행할 수 있다.
1. 임·직원의 보수
2. 법인 및 시설운영에 직접 사용되는 필수적인 경비
3. 법령상 지급의무가 있는 경비

제13조 (추가경정예산) ①법인의 대표이사는 예산성립후에 생긴 사유로 인하여 이미 성립된 예산에 변경을 가할 필요가 있을 때에는 제10조 및 제11조의 규정에 의한 절차에 준하여 추가경정예산을 편성·확정할 수 있다.
②대표이사는 추가경정예산이 확정된 날로부터 7일이내에 이를 시장·군수·구청장에게 제출하여야 한다.

제14조 (예비비) 법인의 대표이사는 예측할 수 없는 예산외의 지출 또는 예산의 초과지출에 충당하기 위하여 예비비를 세출예산에 계상할 수 있다.
[전문개정 1999.3.11]

제15조 (예산의 목적 외 사용금지) 법인회계 및 시설회계의 예산은 세출예산이 정한 목적 외에 이를 사용하지 못한다.

제16조 (예산의 전용) ①법인의 대표이사는 관·항·목간의 예산을 전용할 수 있다. 다만, 관간의 전용은 이사회의 의결을 거쳐 관할 시장·군수·구청장의 승인을 얻어야 하고, 동일 관내의 항간의 전용은 이사회의 의결을 거쳐야 하며, 예산총칙에서 전용을 제한하고 있거나 예산 성립 과정에서 이사회에서 삭감한 관·항·목으로는 전용하지 못한다. <개정 1998.1.7>
②대표이사는 제1항의 규정에 의하여 예산을 전용한 때에는 관할 시장·군수·구청장에게 즉시 보고하여야 한다. <개정 1998.1.7>

제17조 (세출예산의 이월) 법인회계와 시설회계의 세출예산 중 경비의 성질상 당해 회계연도 안에 지출을 마치지 못할 것으로 예측되는 경비와 연도 내에 지출원인행위를 하고 불가피한 사유로 인하여 연도 내에 지출하지 못한 경비는 이사회의 의결을 거쳐 다음 연도에 이월하여 사용할 수 있다. <개정 1998.1.7>

제18조 (특정목적사업 예산) 완성에 수년을 요하는 공사나 제조 그밖의 특수한 사업을 위하여 2회계연도 이상에 걸쳐서 그 재원을 조달할 필요가 있는 때에는 회계연도마다 일정액을 예산에 계상하여 특정목적사업을 위한 적립금으로 적립할 수 있다.

제2절 결산

제19조 (결산서의 작성 제출) ①법인의 대표이사는 법인회계와 시설회계의 세입·세출 결산보고서를 작성하여 이사회의 의결을 거친 후 다음연도 3월 31일까지 시장·군수·구청장에게 제출하여야 한다.
②시장·군수·구청장은 제1항의 규정에 의하여 결산보고서를 제출받은 때에는 20일이내에 다음 각 호의 사항을 시·군·구의 게시판에 20일이상 공고하고, 법인의 대표이사로 하여금 당해법인과 시설의 게시판에 20일이상 공고하도록 하여야 한다. <신설 1998.1.7>
1. 법인과 시설의 세입·세출 결산개요
2. 후원금품의 수입 및 사용내역 개요
③제2항의 규정에 의한 공고는 일간신문 또는 정기간행물의등록등에관한법률 제2조제1호의 규정에 의한 정기간행물에의 게재로 갈음할 수 있다. <신설 1998.1.7>

제20조 (결산보고서에 첨부하여야 할 서류) ①결산보고서에는 다음 각 호의 서류가 첨부되어야 한다. 다만, 단식부기로 회계를 처리하는 경우에는 제1호 내지 제3호, 제14호 내지 제22호의 서류만을 첨부할 수 있다. <개정 1993.12.27, 1998.1.7>

1. 세입·세출결산서
2. 과목 전용조서
3. 예비비 사용조서
4. 대차대조표
5. 수지계산서
6. 현금 및 예금명세서
7. 유가증권명세서
8. 미수금명세서
9. 재고자산명세서
10. 기타 유동자산명세서(제6호 내지 제9호의 유동자산외의 유동자산을 말한다)
11. 고정자산(토지·건물·차량운반구·비품·전화가입권)명세서
12. 부채명세서(차입금·미지급금을 포함한다)
13. 제충당금명세서
14. 기본재산수입명세서
15. 사업수입명세서
16. 정부보조금명세서
17. 후원금수입명세 및 사용결과보고서
18. 인건비명세서
19. 사업비명세서
20. 기타비용명세서(인건비 및 사업비를 제외한 비용을 말한다)
21. 감사보고서
22. 법인세 신고서(수익사업이 있는 경우에 한한다)
②제1항제1호 내지 제3호의 서류는 별지 제5호서식·별지 제5호의2서식 내지 별지 제5호의4서식·별지 제6호서식 및 별지 제7호서식에 의하고, 제1항제4호 및 제5호의 서류는 별지 제2호서식 및 별지 제3호서식에 의하며, 제6호 내지 제21호의 서류는 별지 제8호서식 내지 별지 제23호서식에 의한다. <개정 2005.7.15>

제3장 회계

제1절 총칙

제21조 (수입 및 지출사무의 관리) ①법인의 대표이사와 시설의 장은 법인과 시설의 수입 및 지출에 관한 사무를 관리한다.
②법인의 대표이사와 시설의 장은 수입 및 지출원인행위에 관한 사무를 각각 소속직원에게 위임할 수 있다.

제22조 (수입과 지출의 집행기관) ①법인과 시설에는 수입과 지출의 현금출납업무를 담당하게 하기 위하여 각각 수입원과 지출원을 둔다. 다만, 법인 또는 시설의 규모가 소규모인 경우에는 수입원과 지출원을 동일인으로 할 수 있다.

②제1항의 수입원과 지출원은 각각 그 법인의 대표이사와 시설의 장이 임면한다.

제23조 (회계의 방법) 회계는 단식부기에 의한다. 다만, 법인회계와 수익사업회계에 있어서 복식부기의 필요가 있는 경우에는 복식부기에 의한다.
[전문개정 1993.12.27]

제24조 (장부의 종류) ①법인 및 시설에는 다음의 회계장부를 둔다. <개정 1998.1.7>
1. 현금출납부
2. 총계정원장
3. 총계정원장 보조부
4. 재산대장
5. 비품관리대장
6. 소모품대장
7. 삭제 <1998.1.7>
8. 삭제 <1998.1.7>
9. 삭제 <1998.1.7>
10. 삭제 <1998.1.7>
11. 삭제 <1998.1.7>
12. 삭제 <1998.1.7>
②제1항제1호 내지 제6호의 규정에 의한 회계장부는 별지 제24호서식, 별지 제24호의2서식, 별지 제25호서식, 별지 제25호의2서식, 별지 제26호서식 내지 별지 제29호서식에 의한다. <개정 1998.1.7, 2005.7.15>

제2절 수입

제25조 (수입금의 수납) ①모든 수입금의 수납은 이를 금융기관에 취급시키는 경우를 제외하고는 수입원이 아니면 수납하지 못한다.
②수입원이 수납한 수입금은 그 다음날까지 금융기관에 예입하여야 한다. <개정 1998.1.7>
③제1항 및 제2항의 규정에 의한 수입금에 대한 금융기관의 거래통장은 제6조의 규정에 의한 회계별로 구분될 수 있도록 보관·관리하여야 한다. <신설 1998.1.7>

제26조 (과년도 수입과 반납금 여입) ①출납이 완결한 연도에 속하는 수입 기타 예산외의 수입은 모두 현년도의 세입에 편입하여야 한다.
②지출된 세출의 반납금은 각각 지출한 세출의 당해과목에 여입할 수 있다.

제27조 (과오납의 반환) 과오납된 수입금은 수입한 세입에서 직접 반환한다.

제3절 지출

제28조 (지출의 원칙) ①지출은 제21조의 규정에 의한 지출사무를 관리하는 자 및 그 위임을 받아 지출명령이 있는 것에 한하여 지출원이 행한다.
②제1항의 지출명령은 예산의 범위안에서 하여야 한다.

제29조 (지출의 방법) ①지출은 상용의 경비 또는 소액의 경비지출을 제외하고는 금융기관의 수표로 행하거나 예금통장에 의하여 행하여야 한다.
②지출원은 상용의 경비 또는 소액의 경비지출을 위하여 100만원이하의 현금을 보관할 수 있다.

제30조 (지출의 특례) ①지출에 있어서 선금급을 할 수 있는 경비의 범위는 다음과 같다.
1. 외국에서 직접 구입하는 기계, 도서, 표본 또는 실험용재료의 대가
2. 정기간행물의 대가
3. 토지 또는 가옥의 임대료와 용선료
4. 운 임
5. 소속직원 중 특별한 사정이 있는 자에 대하여 지급하는 급여의 일부
6. 관공서(정부투자기관관리기본법에 의한 정부투자기관 및 특별법에 의하여 설립된 특수법인을 포함한다)에 대하여 지급하는 경비
7. 외국에서 연구 또는 조사에 종사하는 자에 대하여 지급하는 경비
8. 보조금
9. 사례금
10. 계약금액이 1천만원이상인 공사나 제조 또는 물건의 매입을 하는 경우에 계약금액의 100분의 50을 초과하지 아니하는 금액
②지출에 있어서 개산급을 할 수 있는 경비의 범위는 다음과 같다.
1. 여비 및 판공비
2. 관공서(정부투자기관관리기본법에 의한 정부투자기관 및 특별법에 의하여 설립된 특수법인을 포함한다)에 대하여 지급하는 경비
3. 보조금
4. 소송비용

제4절 계약

제30조의2 (계약의 원칙) 계약은 상호 대등한 입장에서 당사자의 합의에 따라 체결하여야 하며, 당사자는 계약의 내용을 신의성실의 원칙에 따라 이를 이행하여야 한다.

[본조신설 1998.1.7]

제31조 (계약담당자) ①계약에 관한 사무는 각각 그 법인의 대표이사와 시설의 장이 처리한다.
②법인의 대표이사와 시설의 장은 계약체결에 관한 사무를 소속직원에게 위임할 수 있다.

제32조(계약의 방법) ①법인의 대표이사와 시설의 장(계약체결에 관한 사무의 위임을 받은 자를 포함한다. 이하 "계약담당자"라 한다)은 계약을 하는 경우에는 지명경쟁계약 또는 수의계약에 의하는 경우를 제외하고는 공고를 하여 일반경쟁에 붙여야 한다.
②계약담당자는 다음 경우는 지명경쟁에 붙일 수 있다. <개정 1993.12.27, 1998.1.7>
1. 추정가격이 1억원 이하인 공사 또는 제조의 경우
2. 추정가격이 3천만원이하인 재산을 매각 또는 매입할 경우
3. 예정임대·임차료의 총액이 3천만원이하인 물건을 임대·임차할 경우
4. 삭제 <1993.12.27>
③계약담당자는 다음의 경우는 수의계약에 의할 수 있다. <개정 1993.12.27, 1998.1.7>
1. 공사의 경우 추정가격이 5천만원이하인 경우
2. 물품의 제조·구매·용역 기타 계약의 경우 추정가격(임차 또는 임대의 경우에는 연액 또는 총액기준)이 2천만원이하인 경우
④제1항 내지 제3항의 규정에 불구하고 계약의 목적·성질 등에 비추어 일반경쟁계약에 의할 수 없거나 일반경쟁계약에 의하는 것이 현저하게 불리하다고 인정되는 사유가 있는 경우에는 지명경쟁계약 또는 수의계약에 의할 수 있다.

제33조 (계약서의 작성 및 계약의 성립) ①계약담당자는 계약을 체결하고자 할 때에는 계약의 목적, 계약금액, 이행기간, 계약보증금, 위험부담, 지체상금 기타 필요한 사항을 명백히 기재한 계약서를 작성하여야 한다.
②제1항의 규정에 의하여 계약서를 작성하는 경우에는 계약담당자와 계약상대자가 계약서에 기명날인함으로써 계약이 성립된다.

제34조(계약서의 작성생략) ①계약담당자는 제33조의 규정에 불구하고 다음 각 호의 1에 해당하는 경우에는 계약서의 작성을 생략할 수 있다. <개정 1993.12.27, 1998.1.7>
1. 계약금액이 2천만원이하인 계약을 체결하는 경우
2. 삭제 <1998.1.7>
3. 경매에 부칠 경우
4. 물품매각의 경우에 있어서 매수인이 즉시 대금을 납부하

고 그 물품을 인수할 경우
5. 전기, 가스, 수도의 공급계약 등 성질상 계약서의 작성이
필요하지 아니한 계약을 할 경우
②제1항의 규정에 의하여 계약서의 작성을 생략하는 경우
에는 청구서, 각서, 협정서 등 계약성립의 증거가 될 수 있
는 서류를 받아 비치하여야 한다.

제35조 (보증금) 계약담당자는 경쟁입찰을 하거나, 계약을
체결한 때에는 현금(체신관서 또는 은행법에 의한 금융기
관이 발행하는 자기앞수표를 포함한다) 또는 국가를당사자
로하는계약에관한법률시행령 제37조제2항의 규정에 의한
보증서 또는 증권으로 입찰금액 또는 계약금액의 100분의
10이상의 보증금을 받아야 한다. 다만, 계약보증금을 받음
으로써 계약체결에 현저하게 불리하다고 인정되는 확실한
사유가 있을 때에는 계약담당자는 계약보증금을 받지 아니
할 수 있다. <개정 1998.1.7>

제36조 (직영공사) ①법인과 시설의 각종 공사는 그 법인의
대표이사와 시설의 장의 결정에 따라 이를 직영할 수 있다.
<개정 1998.1.7, 1999.3.11>
②제1항의 공사를 할 때에는 작업일지와 자재수급부, 노임
지급명세표 등을 비치하여 정확하게 기록하고 그 집행, 관
리 및 감독은 이를 전문기술자로 하여금 담당하게 하여야
한다.

제37조(검사조서 작성) ①계약담당자는 계약상대자가 계약의
이행을 완료한 때에는 그 이행을 확인하기 위하여 계약서,
설계서 기타 관계서류에 의하여 스스로 필요한 검사를 하
여야 한다.
②전문적인 지식 또는 기술을 필요로 하거나 기타 부득이
한 사유로 제1항의 규정에 의한 검사를 할 수 없는 때에는
전문기관 또는 기술자로 하여금 필요한 검사를 하게 할 수
있다.
③제1항 및 제2항의 규정에 의한 검사를 할 경우에는 별지
제30호서식 내지 별지 제32호서식에 의한 검사조서를 작성
하여야 한다. 다만, 다음의 경우에는 그 검사조서의 작성을
생략할 수 있다. <개정 1993.12.27, 1998.1.7>
1. 계약금액이 2천만원이하인 계약의 경우
2. 매각계약의 경우
3. 전기, 가스, 수도의 공급계약 등 그 성질상 검사조서의
작성을 요하지 아니하는 계약의 경우

제37조의2 (준용) 계약에 관하여 이 절에서 규정하지 아니한
사항은 국가를당사자로하는계약에관한법령을 준용한다.
[본조신설 1998.1.7]

제4장 물품

제38조(물품의 관리자와 출납원) ①법인의 대표이사와 시설의
장은 그 소관에 속하는 물품(현금 및 유가증권을 제외한 동
산을 말한다. 이하 같다)을 관리한다. <개정 1998.1.7>
②법인의 대표이사와 시설의 장은 그 소관에 속하는 물품
관리에 관한 사무를 소속직원에게 위임할 수 있다.
③법인의 대표이사와 시설의 장(제2항의 규정에 의하여 위
임을 받은 자를 포함한다. 이하 "물품관리자"라 한다)은 물
품의 출납보관을 위하여 소속직원 중에서 물품출납원을 지
정하여야 한다.

제39조 (물품의 관리의무) 물품관리자 및 물품출납원은 선량
한 관리자의 주의로써 사무에 종사하여야 한다.

제40조 (물품의 관리) ①물품관리자는 물품을 출납하게 하고
자 할 때에는 물품출납원에게 출납하여야 할 물품의 분류
를 명백히 하여 그 출납을 명령하여야 한다.
②물품출납원은 제1항의 규정에 의한 명령이 없이는 물품
을 출납할 수 없다.

제40조의2 (재물조사) 법인의 대표이사와 시설의 장은 연 1회
그 관리에 속하는 물품에 대하여 정기적으로 재물조사를
실시하여야 하며, 필요하다고 인정하는 때에는 정기재물조
사 외에 수시로 재물조사를 할 수 있다.
[본조신설 1998.1.7]

제41조(불용품의 처리) ①법인과 시설의 물품관리자는 물품
중 그 사용이 불가능하거나 수리하여 다시 사용할 수 없게
된 물품이 있을 때에는 그 물품에 대하여 불용의 결정을 하
여야 한다.
②제1항의 규정에 의한 불용품을 매각한 경우 그 대금은 당
해법인 또는 시설의 세입예산에 편입시켜야 한다.

제4장의2 후원금의 관리 <신설 1998.1.7>

제41조의2 (후원금의 범위 등) ①법인의 대표이사와 시설의
장은 아무런 대가없이 무상으로 받은 금품 기타의 자산(이
하 "후원금"이라 한다)의 수입·지출 내용과 관리에 명확성
이 확보되도록 하여야 한다. 시설거주자가 받은 개인결연
후원금을 당해인이 정신질환 기타 이에 준하는 사유로 관
리능력이 없어 시설의 장이 이를 관리하게 되는 경우에도
또한 같다. <개정 1999.3.11>
②삭제 <1999.3.11>
[본조신설 1998.1.7]

제41조의3 삭제 <1999.3.11>

제41조의4 (후원금의 영수증 교부 등) ①법인의 대표이사와 시설의 장은 후원금을 받은 때에는 시장·군수·구청장이 부여한 일련번호가 기재된 별지 제35호서식의 후원금 영수증을 후원자에게 즉시 교부하여야 한다.
②법인의 대표이사와 시설의 장은 금융기관 또는 체신관서의 계좌입금을 통하여 후원금을 받은 때에는 법인명의의 후원금전용계좌나 시설의 명칭이 부기된 시설장 명의의 계좌(이하 "후원금전용계좌 등"이라 한다)를 사용하여야 한다. 이 경우 후원자가 영수증 발급을 원하는 경우를 제외하고는 제1항의 규정에 의한 영수증의 교부를 생략할 수 있다.
[전문개정 2005.7.15]

제41조의5 (후원금의 수입 및 사용내용통보) 법인의 대표이사와 시설의 장은 연 1회이상 해당 후원금의 수입 및 사용내용을 후원금을 낸 법인·단체 또는 개인에게 통보하여야 한다. 이 경우 법인이 발행하는 정기간행물 또는 홍보지 등을 이용하여 일괄 통보할 수 있다.
[본조신설 1998.1.7]

제41조의6 (후원금의 수입·사용결과 보고 및 공개) ①법인의 대표이사와 시설의 장은 매반기 종료 후 10일이내에 별지 제19호 서식에 의한 후원금수입 및 사용 결과보고서(전산파일을 포함한다)를 관할 시장·군수·구청장에게 제출하여야 한다. <개정 2005.7.15>
②시장·군수·구청장은 제1항의 규정에 의하여 제출받은 후원금의 수입 및 사용결과 보고의 내역과 후원금전용계좌 등의 후원금 입·출금 내역을 매반기 종료 후 30일 이내에 인터넷 등을 통하여 공개하여야 하며, 공개일부터 3월간 누구든지 이를 볼 수 있게 하여야 한다. 다만, 후원자의 성명(법인 등의 경우는 그 명칭)은 공개하지 아니한다. <신설 2005.7.15>
[본조신설 1998.1.7]

제41조의7 (후원금의 용도외 사용금지) ①법인의 대표이사와 시설의 장은 후원금을 후원자가 지정한 사용용도외의 용도로 사용하지 못한다.
②후원금의 수입 및 지출은 제10조의 규정에 의한 예산의 편성 및 확정절차에 따라 세입·세출예산에 편성하여 사용하여야 한다.
[본조신설 1998.1.7]

제5장 감사

제42조(감사) ①법인의 감사는 당해법인과 시설에 대하여 매년 1회이상 감사를 실시하여야 한다.
②법인의 대표이사는 시설의 장과 수입원 및 지출원이 사망하거나 경질된 때에는 그 관장에 속하는 수입, 지출, 재산, 물품 및 현금 등의 관리상황을 감사로 하여금 감사하게 하여야 한다.
③제2항의 규정에 의한 감사를 함에 있어서는 전임자가 입회하여야 하며, 전임자가 입회할 수 없는 경우에는 그 전임자가 지정하거나 법인의 대표이사가 관계직원 중에서 지정한 입회인을 입회하게 하여야 한다.
④감사는 제1항 내지 제3항의 규정에 의하여 감사를 한 때는 감사보고서를 작성하여 당해법인의 이사회에 보고하여야 하며, 재산상황 또는 업무집행에 관하여 부정 또는 불비한 점이 발견된 때에는 시장·군수·구청장에게 보고하여야 한다.
⑤제4항의 감사보고서에는 감사가 서명 또는 날인하여야 한다. <개정 1998.1.7>

제6장 보칙

제43조(사무의 인계·인수) ①회계사무를 담당하는 직원이 경질된 때에는 당해사무의 인계·인수는 발령일로부터 5일이내에 행하여져야 한다.
②인계자는 인계할 장부와 증빙서류 등의 목록을 각각 3부씩 작성하여 인계·인수자가 각각 기명날인한 후 각각 1부씩 보관하고, 1부는 이를 예금잔고증명과 함께 인계·인수보고서에 첨부하여 법인의 대표이사에게 제출하여야 한다. 이 경우 시설에 있어서는 시설의 장을 거쳐 제출하여야 한다.

제44조 (시행세칙) 이 규칙의 시행을 위하여 필요한 세부사항은 보건복지부장관이 정한다. <개정 1998.1.7>

부칙 <제813호, 1988.2.8>
①(시행일) 이 규칙은 1988년 6월 1일부터 시행한다.
②(정관변경에 관한 경과조치) 법인의 정관 중 재무 및 회계에 관한 규정은 이 규칙 시행일로부터 6월이내에 이 규칙에 맞게 변경하여 정관변경허가를 받아야 한다.

부칙 <제922호, 1993.12.27>
이 규칙은 1994년 1월 1일부터 시행한다.

부칙 <제57호, 1998.1.7>

이 규칙은 공포한 날부터 시행한다.

부칙 <제98호, 1999.3.11>
이 규칙은 공포한 날부터 시행한다.

부칙 <제323호, 2005.7.15>
①(시행일) 이 규칙은 공포 후 2월이 경과한 날부터 시행한다. 다만, 제41조의4의 개정규정은 2006년 1월 1일부터 시행한다.
②(후원금수입및사용결과보고에 관한 적용례) 제41조의6의 개정규정과 별지 제19호 서식은 2006년 상반기 보고분부터 적용한다.
③(서식에 관한 경과조치) 이 규칙 시행당시 종전의 규정에 의한 서식은 2005년 12월 31일까지 이 규칙에 의한 서식과 함께 사용할 수 있다.

조성은

서울대학교 사회과학대학 사회복지학과(문학사)
서울대학교 사회복지학과 대학원 석사과정(문학석사)
서울대학교 사회복지학과 대학원 박사과정(수료)
한신대학교 사회복지학과 초빙교수
경기대, 충남대, 군산대 등 시간강사
현 서울기독대학교 사회복지학과 교수

사회복지 법령집

초판 1쇄 인쇄   2007년 9월 3일
초판 1쇄 발행   2007년 9월 12일

편 저 | 조성은
펴낸곳 | 사회복지전문출판 나눔의집
펴낸이 | 박정희
주 소 | 서울시 구로구 구로3동 대륭포스트타워 2차 1205호
전 화 | 02-2082-0260
팩 스 | 02-2082-0263
www.ncbook.co.kr
book@ncbook.co.kr

값 18,000원
ISBN 978-89-5810-127-7

파본은 구입하신 곳에서 바꿔 드립니다.